新聞出版改革發展項目庫（項目號：0020121580）
財政部文化產業發展專項資金重點資助項目
天一閣藏古籍珍本數字出版工程

龔延明 主編

天一閣藏

明代科舉録選刊

鄉試録（十）

寧波出版社

本册目録

正德八年廣西鄉試録 ……8035
正德十四年鄉試録 ……8065
嘉靖十六年鄉試録 ……8092
嘉靖二十八年廣西鄉試録 ……8126
嘉靖四十年廣西鄉試録 ……8161
嘉靖四十三年廣西鄉試録 ……8195
隆慶四年廣西鄉試録 ……8227
萬曆元年廣西鄉試録 ……8262
萬曆四年廣西鄉試録 ……8297
萬曆七年廣西鄉試録 ……8334
萬曆十年廣西鄉試録 ……8366
弘治十四年雲貴鄉試録 ……8398
正德二年雲貴鄉試録 ……8425
嘉靖元年雲貴鄉試録 ……8454
嘉靖四年雲貴鄉試録 ……8484
嘉靖十三年雲貴鄉試録 ……8503
嘉靖十六年雲貴鄉試録 ……8533
嘉靖二十五年雲南鄉試録 ……8559
嘉靖四十三年雲南鄉試録 ……8590
萬曆四年雲南鄉試録 ……8626

萬曆十年雲南鄉試録 ……………………………………………8660
嘉靖二十五年貴州鄉試録 ………………………………………8696
嘉靖三十一年貴州鄉試録 ………………………………………8727
嘉靖三十四年貴州鄉試録 ………………………………………8759
嘉靖四十年貴州鄉試録 …………………………………………8792
隆慶四年貴州鄉試録 ……………………………………………8820
萬曆四年貴州鄉試録 ……………………………………………8853
萬曆十年貴州鄉試録 ……………………………………………8884

正德八年廣西鄉試録

廣西鄉試録序

皇上嗣大歷服改元之八年是爲正德癸酉天下當大比以取士也於是廣西巡按監察御史朱志榮謀于總督兩廣右都御史林廷選總鎮太監潘忠總兵武定侯郭勛咸謂此國家致治之事莫有大焉者鉅細之務具載甲令盍豫飭所司如令行之而鎮守太監陳彬副總兵金堂相與贊襄益力巡按御史以責任尤專也遂博訪儒紳之有名行者移檄禮聘司鑑衡之任比及期乃入院主監臨之事而以左布政使夏暹右參政蔚春爲提調副使陳陽僉事孫徽爲監試其考試則奎偕教諭姜瀛同考試則學正陳獻教諭鄭悰杜子新方珩訓導鄭鵬也至於右布政周進隆左參政李綱右參政陸徵左參議楊瑋右參議左唐按察使方良永副使翁茂南張弘宜僉事薛金都指揮同知彭鐸又皆協心防範於外蓋斯事重且大亦弗敢以弗預而少有弗處也既鎖院迺合提督學校副使劉台所簡應試之士八百有奇如式三試而校閱之得其文之中式者殊多而僅取如額數第其甲乙揭榜以示仍梓爲録并刻其文之優者進呈於上而傳諸四方録有序奎當承乏乃言曰廣西古百粤地也居荆楚西南距京師殊僻遠其人物之見於史牒者自漢以後漸盛入國朝迄今尤彬彬輩出而名公碩輔業聞望後先相繼與中州等矣是豈無所自耶竊嘗考之我祖宗開基鋭意於敦崇教化夐與前代不同彼漢興雖文武并用然歷四世至孝武元朔而後太學始興有宋固號稱崇儒右文也亦至仁宗慶曆而後有州郡之學惟我聖祖即位之明年遂詔天下立府州縣學以養育人材又明年遂詔天下設科以起懷材抱德之士至十七年乃定今制以取士其儲養簡拔振作人材之意若汲汲焉惟恐後者列聖相承益隆繼述故論其養之也有明經之師有廩餼之供有給復之令而又有憲臣以董正於上其取之也有刻録之傳有錫宴之榮有勸駕之典而又有叙用之格以激厲於其間蓋其所以崇尚而歆艷之使之漸磨造就以自趨於成德達材之域者無弗至故百餘年來薄海内外人才之生咸感發奮厲競自洗濯以效用有古黎獻風廣西雖僻遠其風化所及固不异也則人才之盛宜哉然自昔而觀其用於世者雖所遇不同要

皆馳聲樹績有可述而志者或不然則其所養有未至故見惑於他岐守變於初志中道而不能自立耳夫鈞是人也鈞是化也而人品頓殊如此亦獨何哉余爲是懼用以此告諸士之既見録者以究其終并勵未見録者之志俾益厚自養以待時而與前哲匹休此固同有事場屋者之意而非余之私也

直隸揚州府高郵州寶應縣儒學教諭張奎謹序

正德八年廣西鄉試

監臨官

巡按廣西監察御史朱志榮（仁叔湖廣夷陵州人　戊辰進士）

提调官

廣西等處承宣布政使司左布政使夏暹（景升雲南左衛人　甲辰進士）

廣西等處承宣布政使司右參政蔚春（景元直隸合肥縣人　癸丑進士）

監試官

廣西等處提刑按察司副使陳陽（健夫江西新淦縣人　癸丑進士）

廣西等處提刑按察司僉事孫徽（德夫湖廣襄陽護衛人　癸丑進士）

考試官

直隸揚州府高郵州寶應縣儒學教諭張奎（應明江西餘干縣人　丁卯貢士）

湖廣衡州府耒陽縣儒學教諭姜瀛（子登四川墊江縣人　甲子貢士）

同考試官

湖廣襄陽府均州儒學學正陳獻（汝賢廣東番禺縣人　乙卯貢士）

江西廣信府弋陽縣儒學教諭鄭悰（一貞福建莆田縣人　丁卯貢士）

直隸蘇州府吴江縣儒學教諭杜子新（明甫福建福寧州人　戊午貢士）

浙江衢州府常山縣儒學教諭方珩（純禮福建莆田縣人　辛酉貢士）

直隸蘇州府長洲縣儒學訓導鄭鵬（于漢福建候官縣人　辛酉貢士）

印卷官

廣西等處承宣布政使司經歷司都事吕韶清（叔和廣東順德縣人　吏員）

廣西等處提刑按察司經歷司知事衡式（廷範湖廣興國州人　監生）

收掌試卷官

桂林府知府黄鑅（于宣福建晋江縣人　癸丑進士）

梧州府知府曹琚（仲玉湖廣桂陽縣人　丙辰進士）

受卷官

平樂府知府李守經（秉彝河南汝陽縣人　丁酉貢士）

南寧府同知能吉（伯脩江西臨川縣人　丙辰進士）

彌封官

柳州府賓州知州孫佐（朝相江西清江縣人　戊辰進士）

梧州府鬱林州知州何律（用正廣東番禺縣人　己酉貢士）

謄録官

慶遠府同知李學（行之四川江津縣人　甲午貢士）

桂林府義寧縣知縣潘志高（希道貴州普定衛籍直隸武進縣人　辛酉貢士）

太平府崇善縣知縣侯傑（世英四川南充縣人　監生）

對讀官

南寧府横州知州黄守濂（廉甫福建莆田縣人　壬子貢士）

柳州府馬平縣知縣林元（善辰廣東增城縣人　乙卯貢士）

平樂府荔浦縣知縣周豫（太和江西上饒縣人　監生）

巡綽官

桂林中衛指揮使王鉞（懋揚直隸穎上縣人）

桂林中衛指揮僉事徐洪（德寬直隸溧陽縣人）

桂林右衛指揮使張經（文濟直隸壽州人）

桂林右衛指揮僉事魯英（世傑直隸廬江縣人）

搜檢官

桂林中衛中千户所副千户蔡瑛（廷玉湖廣江夏縣人）

桂林右衛前千户所副千户陳治（克脩福建莆田縣人）

供給官

廣西都指揮使司斷事司斷事劉紳（廷儀湖廣沅陵縣人　監生）

廣西等處提刑按察司照磨所照磨易智（天機湖廣南漳縣人　監生）

桂林府全州灌陽縣知縣王金（憬之直隸天津衛人　監生）

桂林府臨桂縣縣丞曾順（安敬江西雩都縣人　吏員）

桂林府臨桂縣主簿楊誥（天榮雲南太和縣人　知印）

梧州府容縣波羅里大洞巡檢司巡檢楊志（立之湖廣道州人　吏員）

慶遠府廣盈倉副使范清（廉夫湖廣桂陽縣人　吏員）

柳州府洛容縣洛容驛驛丞涂喬（曰昂江西豐城縣人　吏員）
桂林府興安縣白雲驛驛丞董謨（克猷浙江慈谿縣人　吏員）
南寧府宣化縣施湴驛驛丞李典（尚頤江西吉水縣人　吏員）

第一場

四書

道盛德至善民之不能忘也　知者動仁者静　聖人治天下使有菽粟如水火菽粟如水火而民焉有不仁者乎

易

外比於賢以從上也　六四安節亨象曰安節之亨承上道也九五甘節吉往有尚象曰甘節之吉居位中也　是以明於天之道而察於民之故是興神物以前民用　繫辭焉而命之動在其中矣

書

五月南廵守至于南岳如岱禮八月西廵守至于西岳如初十有一月朔廵守至于北岳如西禮歸格于藝祖用特五載一廵守群后四朝敷奏以言明試以功車服以庸　德日新萬邦惟懷　自朝至于日中昃不遑暇食　則克宅之克由繹之

詩

葛之覃兮施于中谷維葉莫莫是刈是濩爲絺爲綌服之無斁　我有嘉賓鼓瑟吹笙吹笙鼓簧承筐是將　文王受命有此武功既伐于崇作邑于豐文王烝哉　薄言震之莫不震疊懷柔百神及河喬嶽

春秋

公及邾儀父盟于蔑（隱公元年）　公次于滑（莊公三年）　同盟于亳城北會于蕭魚（俱襄公十一年）　城楚丘（僖公二年）公至自晋（昭公十六年）

禮記

班朝治軍涖官行法非禮威嚴不行　故國有禮官有御事有職禮有序大樂與天地同和大禮與天地同節　爲上可望而知也爲下可述而志也

第二場

論

居天下之廣居

詔誥表（内科一道）

擬漢定振窮養老之令詔（文帝元年）　擬唐以張玄素爲銀青光禄大夫誥（貞觀十四年）　擬宋理宗經筵進朱熹通鑑綱目表（嘉熙元年）

判語（五條）

上言大臣德政　錢糧互相覺察　縱放軍人歇役　主守不覺失囚　修理橋梁道路

第三場

策（五道）

問　書謂監于先王成憲其永無愆詩謂不愆不忘率由舊章蓋言祖宗之當法也伏睹我太宗文皇帝嘗諭群臣曰兹予繼承天位恪遵成憲仁宗昭皇帝亦嘗諭侍臣曰守成之主動法祖宗斯鮮過舉大哉王言誠萬世人君之龜鑑也洪惟我太祖高皇帝龍飛淮甸奄有萬邦垂憲立法盡善盡美固有非臣下所能周知亦有非言語所能形容者姑舉宣宗章皇帝御製五倫書所載君道之大者如聖孝也聖學也敬天也仁民也求言也聽納也用賢也勤政也謹戒也節儉也而皇祖之懿德美行過古帝王遠甚然於前數者可歷指其實歟抑今日法祖之所當先者何在歟諸士子莊誦聖訓有年請敬陳之毋曰日用由之而不知也問文章所以傳世政事所以澤物君子所當尚也三代以上文章政事之兼具者固毋容議矣姑舉三代以下文章政事言之夫以四百年之漢文章莫若董仲舒何以政事不聞於當時三百年之唐文章莫若韓退之何以政事不著于後世宋之周程張朱皆有文章之名世者也何以政事僅小試而不大著歟之數君子者果但有文章而無政事歟抑别有其故歟論者類謂有文章而無政事則爲腐儒有政事而無文章則爲俗吏然自漢唐宋以來不有文章而措之政事大有足紀者果可目爲俗吏歟不有政事而發爲文章亦有可稱者果可目爲腐儒歟抑果全才之難得歟今之所取法又果安在歟諸士子力學有年發爲文章行將施諸政事願悉陳之毋隱

問　字學之關於天下也大矣所以傳經載道述史記事治百官察萬民而貫通三才者也始於伏羲之畫卦成於蒼頡之造書而其所以畫者何因造

者何據擊壤康衢之播其聲二典三謨之傳於世上而堯舜禹湯文武之爲君所以出令者下而皋陶伊傅周召之爲臣所以行君之令而致之民者曾外於此道歟奈之何燔燒之禍既熾科斗之文不傳有變大篆而爲小篆者有厭篆書而爲隸書者有縮之以簡便華之以姿媚者有爲楷書爲行書爲草書爲飛白者其創始也各有其人其是非也皆有定在可詳辯歟夫字者心之畫也人之賢否見焉治之隆替寓焉古之人執筆而得五妙者當時擅草聖之名一字而得八法者後世加珍藏之重或因掣肘善書之一事而主爲之感悟或因用筆在心之一言而君爲之改容其所繫於家國天下也亦甚重矣然則其要果何在歟諸士子游藝有素於此必知之詳矣願明以告我

問　易曰何以聚人曰財是者誠爲國之命萬事之本國之所以安危事之所以成敗恒必由之也顧其盈虚消息之間乃有大可疑者請借漢唐之事論之蓋漢室初興天下既定民無蓋藏自天子不能具醇駟將相或乘千車財力可謂屈矣然文帝紹統而不見以理財爲事但見今年復民半歲租明年除田之租税若太宗之在唐其孜孜恤民亦有然者凡其所以刻取苛斂如筭舟車榷酒酤税間架除陌錢借商錢之類至武帝德宗而後見焉夫漢文唐宗宜其不足而乃有餘武帝德宗宜其有餘而乃不足其故何耶國家財賦之制一仿于古量入爲出固未嘗乏也夫何比年以來司農之藏少府之用或至告匱將欲務爲寬恤乎則軍國之需無以給將欲肆加征権乎則意外之虞亦當慮古人有謂豐財之道當去其害財者而有三冗之説其果然歟其於今日之理財亦有所裨否歟昔趙充國計河湟得三晨斛可以制羌人不敢動諸葛亮用兵如神而以糧道不繼屢出無功方今四方已寧實皇上盛德固無事乎用師也然有備無患又國家所當預講而博籌者爾諸生懷奇有素願言漢唐所以有餘不足之故而及今日理財之宜用以聞於司計者當亦有所酌處於其間矣

問　兵凶戰危固非學者之所常言至於禦暴禁亂之策亦學者之所當究心者姑與論其一二兵所以衛國必屬之於將將所以統兵必務於得人是强兵要在乎擇將也審矣先正云賢材居上士卒處下人安其業是以無敵我孝宗敬皇帝臨御之日開科以求將材儀式首制迨今皇上嗣大歷服用廷臣議定儀式每每欲萃天下之優於將材者于京師爲統兵衛國計誠萬世不刊之盛典也夫將之論不一而兵之論亦不一故將有八材而何又有八弊歟將德有五而何又有八惡歟將善有五而何又有四欲歟兵强有四而何又有五戒歟武德有七而何又有七禁歟兵勢有三而何又有三機歟顧廣西百粤用武之地猺獞出没之鄉先世有自奮威武而擊曹成之寇者有忠義勇敢而戢

儂賊之兵者有歐陽脩薦其智略可任將軍者有狄青薦其驍勇而破儂賊者有稱其爲文武兼全者有稱其爲一代名將者可歷指其人歟果將材將德將善之足録歟果兵强武德兵勢之足法歟諸士子佩服聖訓景仰前哲於將兵必知之詳於名賢必考之精側陋之中豈無非熊伏龍而深知擇將用兵之略者乎我懷若人適其有遇用將轉而薦之于上庶竭區區以人事君之忠

中式舉人五十五名

第一名　鄭琬　桂林府學生　禮記
第二名　王珵　陽朔縣學增廣生　詩
第三名　方策　桂林府學增廣生　易
第四名　吴顯宗　慶遠府學生　書
第五名　翟務實　臨桂縣儒士　春秋
第六名　陳策　慶遠府學生　詩
第七名　朱鵬　陽朔縣學生　書
第八名　李高　桂林府學生　易
第九名　蔣泮　興安縣學生　書
第十名　佘勉學　馬平縣學生　詩
第十一名　魏寶　臨桂縣學生　易
第十二名　周瑾　臨桂縣學增廣生　春秋
第十三名　易文彬　桂林府學增廣生　書
第十四名　譚才養　賓州學生　詩
第十五名　岑宗本　太平府學生　易
第十六名　江桂　全州學生　禮記
第十七名　莫息　陽朔縣學生　詩
第十八名　林一元　臨桂縣學生　易
第十九名　駱璨　貴縣學生　書
第二十名　陳繼宗　武宣縣學生　詩
第二十一名　唐文明　桂林府學生　易
第二十二名　包壽　桂林府學生　書
第二十三名　許璧　桂林府學生　詩
第二十四名　胡縉　桂林府學生　易

第二十五名　李廷輔　梧州府學生　詩
第二十六名　匡鐘桂　馬平縣學生　易
第二十七名　陳琳　桂林府學增廣生　書
第二十八名　張星　臨桂縣學生　春秋
第二十九名　陳一言　柳州府附學生　詩
第三十名　黎兑　蒼梧縣儒士　易
第三十一名　楊御　潯州府學生　書
第三十二名　張璽　横州學生　詩
第三十三名　李世用　柳州府學生　易
第三十四名　侯位　桂林府學生　書
第三十五名　徐儁　臨桂縣學生　禮記
第三十六名　宋瓏　賓州學生　詩
第三十七名　黎黼　蒼梧縣學生　易
第三十八名　李廷瓚　梧州府學生　詩
第三十九名　薛文　潯州府學生　書
第四十名　胡淮　藤縣學生　易
第四十一名　白采　南寧府學生　詩
第四十二名　毛應鸞　平樂府學生　易
第四十三名　張恩　富川縣學生　書
第四十四名　全麒　靈川縣學生　春秋
第四十五名　莫如德　南寧府學生　詩
第四十六名　周昌齡　恭城縣學生　易
第四十七名　曹鶚　全州學生　詩
第四十八名　陳邦俸　全州學生　禮記
第四十九名　楊浩　桂平縣學生　易
第五十名　陳瑀　宣化縣學生　書
第五十一名　鄭祚　鬱林州學生　詩
第五十二名　陳珦　宜山縣學生　書
第五十三名　趙華　梧州府學生　詩
第五十四名　吴廷對　梧州府學生　書
第五十五名　曹琚　融縣學生　易

第一場

四書

道盛德至善民之不能忘也

王珵

同考試官教諭方批（大學一題最爲冠冕場中士子體貼不真率多蹈襲此作認理精到且氣充文贍無一陳腐語宜録以式後學）

同考試官學正陳批（傳注自明白作者多冗泛可厭惟此篇親切有味無一長語其必深於理學者）

考試官教諭姜批（就理説辭發明透徹千篇一律中僅得此卷亟當付諸梓也）

考試官教諭張批（明明德止至善之實必如此咏嘆乃足）

傳者釋詩言君子所得之極而所感之深也蓋盛德至善人心所同然者也君子既先得之則其感民之不忘殆自有不容已者乎傳者引淇澳之詩明明德者之止於至善此則指其實而嘆美之謂夫不易感者民心不可誣者明德詩云有斐君子終不可諠兮者豈無謂耶蓋言明明德之君子一身所萃有以充此心之全體渾然萬理之畢具何有於滲漏一已所得有以妙此心之大用沛然萬事之順應何有於假借游泳於物則至精至當之地纖瑕莫指一人道之標準也陟降於民彝無頗無僻之鄉一疵不存一人倫之表極也閎於中肆於外可法而可則根於心生於色可觀而可度夫君子備是盛德至善如此顧何心於民之不忘哉殆見民雖不同而所同者此心拭目乎盛德之光範自有以啓其景仰之懷心雖不同而所同者此理濡耳乎至善之休風自有以動其企慕之念一家仰之不忘一國仰之不忘巍乎山斗之在上而在在具瞻也一國慕之不忘天下慕之不忘儼乎麟鳳之瑞世而人人快睹也是非不欲忘也懿德之在人心天理自孚殆有繫於衷而不能已者私媚云乎哉是非不敢忘也理義之悦人心天機自動卒有纓於情而不容已者驩虞云乎哉是則君子極所得於己而深所仰於人如此傳者釋詩以明明明德者之止至善不其至乎抑淇澳之詩衛人所以美武公者大學乃引之以明明德者之止至善豈古聖之可法獨一武公歟要之此詩首言求止之方次言得止之驗終言得止之實功不缺而序不紊足以示學者入德之門造道之的故引之耳然推其極雖堯之克明湯之懋昭亦不外此學者誠知加求止之功循求止之序則盛德至善在我武公二聖之地位可至而文武親賢樂利之業又不過舉此措之耳

先儒謂先引淇澳明明德者之得所止所以發新民之端後引烈文明新民之得所止所以著明明德之驗詎不信夫

知者動仁者静

方策

同考試官訓導鄭批(論語題士子每每發動静二字不出令人厭觀此篇融會傳注成文且挑剔明白而知仁體段宛然在目必嘗苦心於本領者)

考試官教諭姜批(動静字發揮痛快且用字用句無一奇怪險僻讀之令人躍然録之以式)

考試官教諭張批(題似平易而措辭實難此作不爲題窘其必富於學者)

聖人論人之造理异而具體自异焉蓋理之在人本同而人之所造則异也則夫體段之具又得無一動一静之异哉聖人各著以示人宜矣且夫欲知知仁之喜好不同當知知仁之體段本异是故知周明通而是非昭然其不昧知者也知者之體主於動動豈蕩無所見而徇物哉想其一事具一理也此心有以達其幾微萬事具萬理也此心有以達其妙用接於日用者有常有變而應之在我者無適無莫隨宜制事不拘於一隅也散之天下者有順有逆而處之在我者無將無迎因時順理□執於一端也左之左之旁取逢原之有資右之右之泛應曲當之無礙動非此之謂乎欲淨理還而心德渾然其克全仁者也仁者之體主於静静豈寂無所感而絶物哉想其處物爲義也彼則安于此而依之深在物爲理也彼則安于此而守之固物之常變叢於前而吾心之敦厚一義自持無歆羡也境之順逆變於前而吾心之凝重一理自定無畔援也肫肫乎自暫至久不因物而有遷坦坦乎由少而老不知誘而物化静非此之謂乎是則知者未嘗不静而其體則主於動仁者未嘗不動而其體則主於静此所以其樂有山水而其效有樂壽也歟抑嘗因是言而求其人若賜之達而優於從政即知者之動若顔之愚而三月不違即仁者之静至吾夫子則合斯二者而兼全之觀其設教杏壇因材變化何如其知動戹於陳蔡絃歌自如何如其仁静要之夫子一身太極之全體也先儒謂其非體仁知之深不能如此形容旨哉言乎

聖人治天下使有菽粟如水火菽粟如水火而民焉有不仁者乎

鄭琬

考試官教諭姜批(題本不難作者多認理不定詞率泛冗令人厭觀獨

此篇明白切當而且氣格春容擺脱塵俗信非稺筆可到執此可以知子之爲政矣）

考試官教諭張批（場中作孟子義佳者絶少此篇信筆胸中寫出聖人治天下化民成俗之由深得立言本意且才思英發詞語精健必八桂瓌奇養之有素者也可嘉可嘉）

聖人治世惟有以足民食自有以興民行甚矣民食治化之所關也聖人有道以足之則民行之興亦自有不容已者乎想昔孟子之意謂夫不患世未治而患民心之未仁不患民未仁而患政制之未善是故聖人者出以一身而撫輿圖之廣以一人而宰兆民之繁知治世當以大德也于焉易田薄斂立善政以開民菽粟之源知爲政不在小惠也于焉食時用禮制成規以節民菽粟之流使其藏於民者源源相繼比閭無間於族黨如水火之時時常足隨取而隨與也不云烝民其乃粒乎使其蓄於下者陳陳相因鄉遂無間於都鄙如水火之在在皆給隨求而隨得也不云百室其盈止乎夫菽粟如水火則衣食足而禮義自生俯仰給而廉耻自作將見民之出作入息者一皆興孝興弟篤恩義於綱常倫理之天民之耕食鑿飲者罔不興禮興讓惇良心於民彝物則之域仁風行而偷風消閭閻之下殆有所謂順帝之則者矣求其胥戕而不仁者何有乎仁俗洽而澆俗泯里巷之間殆有所謂遍爲爾德者矣求其胥殘而不仁者何得乎吁以民行之興而由於民食之足如此有天下者可不知所先務哉抑論之民生固不可無養而民富則不可無教斯二者治天下之不可偏廢也古帝王所以仁民之道率不外此然論其施爲之序則養民尤其急務況戰國之時民窮財盡救死不贍奚暇治禮義哉故孟子於此章之論獨歸重於養民之政是雖有所感而發亦曰教由養立欲君人者先急其本而後驅之善非謂民食既足遂不教而聽其自化也不然何昔者陳王道於宣王乃於養民之後而必曰謹庠序之教申之以孝弟之義觀此可以知孟子發言之微意矣噫

易

外比於賢以從上也

方策

同考試官訓導鄭批（此題場中士子易於下筆而難於整齊其講比賢從上不覺失之重複獨此卷提掇明白略無贅辭必精於説易者高薦何忝）

考試官教諭姜批（聖人象傳之意正如此子獨能闡明之殆熟於本領故也）

考試官教諭張批（説理明净）

象傳論柔爻之進輔於有德以委身於明君也失德位兼隆之君臣子難逢之會也四得是君而外輔之庸有不正而吉也哉昔周公於比之六四既繫以外比之貞吉之辭矣吾夫子小象從而申之謂夫比以得賢爲貞臣願得君而事彼六四也以柔正之德當親比之時位居承弼固已出而比人矣而比得所比以有德者而爲依歸匪人之傷寧復有之身進廟堂固已出而有輔矣而輔得所輔有賢人焉而爲倚托失身之誚誰能加之夫六四之外比於賢如此豈非以其從上也哉誠以卦之九五剛健而純德邁等倫矣而崇高是履巍然建極之大君普天之下尊无二上者焉中正而粹賢超儔類矣而曆數在躬赫然顯比之令主四海之廣仰惟一人者焉四之外比正惟其以柔順之德而上輔於此君光依日月之下所謂夙夜匪懈以事一人者是已贊化調元何一而不可行者乎正惟其以柔正之臣而順麗乎大明誠同葵藿之傾所謂忠順不失以事其上者是已立德立功有一之不得遂者乎是則五之爲君間世而一出四之從五千載而一時得正而吉也顧不宜哉大抵君臣之分雖相懸君臣之道未始不相須也故君不得臣則无以行其萬化臣不得君亦无以展其平生但自古昔以來有其君者未必有其臣有其臣者未必遇其君相須之殷相值之難唐虞賡歌所以曠千古而一見也然則四之於五何幸而躬逢夫子於四寧不喜談而樂道之也哉噫唐虞遠矣求其上下交而成德業者深有望於今日

是以明於天之道而察於民之故是興神物以前民用

李高

同考試官訓導鄭批(説出聖人作易之由與教人之意詳盡可録可録)

考試官教諭姜批(題本冠冕而文亦官樣録之)

考試官教諭張批(切實簡當)

聖人通天人之理有以肇卜筮之用焉夫一貫天人聖心之妙契也如是而作爲卜筮以教人易之用豈不大行於天下哉大傳此章專論卜筮及此謂夫易理既體具於聖心易教必興行於天下是故天道幽遠而難明者也聖人纖塵不染有以洞燭其潛庸默運之機若何而變化若何而生成難明者於是乎大明矣民故浩繁而難察者也聖人内境常清有以周知夫民生日用之故如何而得失如何而憂虞難察者於是乎畢察矣夫天道明則知蓍龜靈氣之所鍾而可興其用民故察則知生民趨避之莫識而當開其先於是興蓍以筮用之四十有九分揲掛扐之法以立興龜以卜鑽之七十有二雨霽蒙驛克之

兆以見用静用作者賴以指迷豐功於是乎肇啓矣有爲有行者資其贊决大業于此乎開先矣是則聖人之通天人而立卜筮如此則利生民澤後世厥功何如其大哉大抵有人心之易有造化之易有易書之易神知易貢之德易之具於聖心者也天道民故之類易之見於造化者也至於畫卦卜筮易始載於易書矣非聖心有易无以通乎造化非造化有易无以會乎聖心非筆之於書則易將自造化聖人而止耳百姓何以與其能哉此三才合一之道也學者求易於易不若求於造化求於造化不若求於吾心

書

德日新萬邦惟懷

吴顯宗

同考試官教諭鄭批（德日新二句是言人心離合之機至下文懋德建守方是作工夫處士子多以仲虺勉成湯如此用工殊戾本旨是篇依傳注敷衍明白而辭理蔚然其必深於書者歟）

考試官教諭姜批（新德萬邦懷處發揮明白）

考試官教諭張批（人君新德而懷諸侯此作深合傳意）

一人之修德無間其功群辟之仰德無間其地蓋德乃繫屬天下之本也人君修德而能常其功則諸侯之仰德寧有間乎仲虺勸勉成湯統御諸侯之道有如此其意若謂君天下以德爲本君德之修否係萬邦之向背王可不益修其德而思所以繫其心乎是故奮剛健不息之誠顧天明命而疏瀹之功視□爲有加推日孜孜也持謙冲不滿之心懷帝降衷而澡雪之力視昔爲彌篤終日乾乾也敬以直内存養于念慮之微大政如是微言如是渣滓消融而萬象爲之森羅湛然全體之無瑕義以方外省察於事爲之著大廷如是深宫如是邪穢蕩滌而萬景爲之俱新昭然大用之不昧如是則一德有恒足以收人心之放一德無貳足以合天下之離萬邦雖遠焉有不懷者乎振舉於此而遠者聞焉思欲望闕廷而納欵鼓舞于風聲之下蓋异地而同心軌範於此而遠者效焉思欲依衮冕而稽顙沐浴於德教之中蓋殊方而一志曰朝曰覲顒然六服承德之休殆若萬派之必趨乎東也曰會曰同翕然庶邦丕享之盛殆若衆星之必拱乎北也夫有天下而爲天下君必君德新而萬邦懷則人心之收放合離其本固有在而其機亦可畏也王可不思所以盡今日之責而徒爲來世之恐哉抑仲虺是篇爲釋成湯之慚而作也愚嘗因是竊疑前古聖人順天應人心事光明顧尤恐恐然有不勝之情不滿之懷而其輔弼大臣開釋勸諭無慮數百言要之不過述天命本人情諄諄乎修德檢身之説終不敢指其心

事之底藴直謂其必無以破其跼蹐不寧之心則其在上不似失之迂而在下不似失之泛乎夫君臣之際關天下古今之大防此正見有商君臣心之不容已言之不苟發皆出於常情之外者先民謂此心之慚此誥之釋皆不可無吁旨哉

自朝至于日中昃不遑暇食

朱鵬

同考試官教諭鄭批(不遑暇食是言文王勤政之心雖一食之頃有不遑暇非言文王果於不食也作者多昧此意此篇説出文王不暇逸之心明白痛快非有心得者不能到此宜取之以冠本房)

考試官教諭姜批(文王勤勞之心此作可想見)

考試官教諭張批(發出文王無逸之心)

時已周於一日心不逸於終食聖王勤政事然也甚矣聖王圖治之切也一日之周而無終食之逸其勤於政事也如此哉昔周公舉文王之無逸以告成王此則言其勤政事意謂有國家者未有不以勤而興盍不觀我周之文王乎自□至于日之中計一日之晷時之更涉悠悠乎已居一日之半歷時固不淺也自中至于日之昃計一日之運時之更閱綿綿乎已盡一日之終歷時固何多也人之大情自謂享有天下孰不欲珍饈迭舉於移時醉飽爲歡於終日文王之心則以爲一政未修甽畝之艱難係焉一事未舉閭巷之怨詛關焉求治如渴而憂勤之心恒存於旦晝之頃視民如傷而惕勵之念每切於朝夕之間或朝而饔歟爲時特轉移也一朝饔之不遑文王非要譽也精神所運惟欲納庶政於惟和之域汲汲乎規畫之周詳心自有不遑耳或暮而飧歟爲時特奄忽也一暮飧之不暇文王非矯情也意念所注惟欲措庶事於惟康之境皇皇乎綜理之微密心自有不暇耳即一日而一歲一月之日可因而類推舉一食而一身一家之奉可由而例見文王之勤政事如此今王爲文王之文孫而嗣有文王之大業烏可不思所以法文王以慰其在天之靈哉抑周公斯言特文王無逸中之一節耳然要之君人者之大法亦孰有要于此者乎向使時君世主深體而力行之必不至窮口腹之欲流連光景萬事之所由必理萬民之所由必治召太和迎善氣壽國脉而享長年蓋有必然者噫有周八百年有道之長孰謂不自文王一食之頃有不遑暇中來哉

詩

文王受命有此武功既伐于崇作邑于豐文王烝哉

王珵

同考試官教諭方批（場中士子率於受命武功處體貼欠真且發揮安民意不出獨此篇認理精到措詞豐麗宜録以冠本房）

同考試官學正陳批（就安民上説出聖人遷豐之心痛快可取）

考試官教諭姜批（理明詞暢其善説詩者）

考試官教諭張批（議論新奇文采奪目真作手也）

聖人奉天伐暴而即有事於遷都此可見其克君也蓋伐暴畢而遷都繼舉所以爲安民計也聖人以之其克君也何如哉此詩言文王遷豐之事意謂維我文王一德之敬止布而爲適求厥寧之心上帝於是乎聿懷一德之小心運而爲適觀厥成之念皇天於是乎默眷啓之詢仇也則得專征伐昭然大命之有歸啓之去暴也則載授鈇鉞居然成命之誕膺天命既受天討斯行聲罪於倡亂之崇加兵於肆釁之國是伐是肆鋤强梗於三旬之餘武功丕著於當時是絶是忽除讒邪於一掃之後罪人斯得於授首崇侯既伐則民歸日衆舊邑不能以盡容人心咸歸則國勢浸盛新都不容於不作于焉相厥山川而作邑于豐城池廟寢殆將涣制度於一新于焉審其向背而建都于豐朝市祖社殆將鼎規模於肇造舉國生靈盡携而東下民於此乎王勃勃乎興王之氣象矣五廟鍾簴悉卷而行萬邦於此乎向駸駸乎一統之規模矣夫然豈不爲克君乎吾見崇侯伐而豐邑成非但拓不拔之鴻基也而所以求厥寧者有其所文王父母斯民信乎招徠之有道矣尚何有弗克耶豐邑成而人心繫非但開無前之偉績也而所以觀厥成者有其漸文王君臨億兆誠哉撫綏之有方矣尚何有或歉耶吁方奉命以除暴而即遷都以安民文王之克君如此詩人述而美之宜矣大抵天以安民爲心而文王乃安民之主故伐崇雖所以奉天亦所以安民遷豐雖所以安民亦所以奉天要皆有不容已者固非逞私憤利土地之爲也此所以重光乎先世繼述之托大裕乎後世集統之事至武王而天下歸周皇王維辟良有以哉後世若蠶食六國既非本於奉天營朝宫渭南亦非本於安民其於君道之得失較然矣噫周以八百秦以二世不爲無所自云

薄言震之莫不震疊懷柔百神及河喬嶽

陳策

同考試官教諭方批（此作以朝會祭告作主意深得本旨且議論雋永

筆力清勁葩經中得此誠奇才也健羡健羡)

同考試官學正陳批(頌題似易實難作者多窘澀滯晦此篇體認明白發揮殆盡故録)

考試官教諭姜批(辭理俱優杰作也)

考試官教諭張批(作頌題有理致)

朝群后而無不服祭群神而無不格天眷周王然也蓋巡守而朝會祭告有天下者之首務也周王一舉而人神兩受其職謂非天眷之有在乎此巡守而朝會祭告之樂歌也意謂我周王膺上天右序之命舉一代巡守之典則所以致驗於人神者當何如耶是故以朝會言之獻琛效贄於方岳諸侯非一職也今則正朔一之制度同之略示警省於衆志俾知姬運方亨而耳目爲之一新政令考之風俗齊之薄示震動於人必俾知曆數有在而觀聽爲之一改但見庶邦冢君仰王度之焕昭慮天威之莫測莫不稽首稱藩而驚惕不遑在南霍者無异於東岱也六服群辟睹王綱之丕振知國憲之有常莫不拱手聽命而戰懼不暇在北恒者無間於西華也朝會之下寧有一人之不服者乎以祭告言之鍾靈萃英於兩間百神非一類也今則置茅蕝設表望几其利澤及民而當祀者隨方致享而懷安之不遺奠璧玉陳牲帛凡其功德在世而當告者隨地克禋而招徠之有道以至深廣莫如河至難格也一皆格之來格俯望秩而居歆四瀆以之效靈不獨丘陵墳衍之屬然也崇高莫如嶽至難享也一皆享之來享依燔柴而昭鑑五嶽以之赫异不獨古昔聖賢之類然也祭告之下寧有一神之不格者乎是則驗之明而群后服驗之幽而百神格人神受職天之右序有周於斯見矣子我周王寧不爲可必哉嗟夫有天下而巡守人君所以親萬民之大綱馭諸侯之大柄也以舜受堯禪尚不免朝群后而遍群神况武王革命之主乎今觀其巡守以諸侯則震驚以群神則感格要皆非人力所能爲也此所以此般頌之于邁頌之而爲萬世之美談也歟後世有東封泰山爲足以誇耀列國西幸汾陰爲足以讋服四海其於先王□□之意何如耶愚於此深感武王之盡君道

春秋

同盟丁亳城北會于蕭魚(俱襄公十一年)

翟務實

同考試官教諭杜批(是篇以盟誠立説而造詞謹嚴能斷悼公之得失結尤有餘味佳士也)

考試官教諭姜批(使悼公復生亦當心服)

考試官教諭張批（文字得春秋謹嚴之法）

霸主講信以要貳春秋著其非推誠以服貳春秋著其美觀晋悼公之處鄭有以見盟不足恃而誠足以感人也春秋始書盟而終書會得失較然矣何則鄭在春秋實南北之樞紐爲夷夏之重輕中國得鄭則可以拒楚楚得鄭則可以拒中國犧牲玉帛待於境上固其常態也今也悼公復霸争鄭於楚鄭人乃於三駕之餘特爲行成之舉使悼公於此能早見預待而御之有術吾知鄭雖反覆不常敢不自服乎胡乃惑於范宣子之見又爲亳城北之盟救灾患恤禍亂非不美也未免事盟詛之澆風奬王室同好惡非不善也不能脱牲歃之薄俗是以壇坫未掃口血尚腥而鄭又從楚伐宋雖渝隊命亡氏之言踣其國家之語莫之顧也是何慢鬼神至於此極耶良由悼公要之以盟爾要之以盟固不能服鄭而楚染指垂涎之念其肯休乎是故春秋特書曰同盟于亳城北者非志同欲也惡鄭反覆而悼公不臧之謀自見矣既而諸侯伐鄭東門觀兵鄭人又遣伯駢之使復爲請會之舉使悼公於此不改弦易轍而服之無道吾知鄭雖從違有在其肯心服乎幸而聽夫魏絳之謀不事盟誓之末禮鄭囚遣歸國而一誠相與無猜忌之心納斥候禁侵掠而二氣相孚無疑間之念由是兵車百乘歌鍾二肆而鄭之賂晋益厚雖被良霄之執二十四年之久莫敢叛也是何遵約束至於許遠耶良由悼公感之以誠爾感之以誠固足以服鄭而楚人狼貪虎噬之毒自不敢肆矣是故春秋特書會于蕭魚者非惡其厚疑也謂鄭不可信而悼公善勝之績自著矣吁悼公之於鄭楚經營圖回老成持重雖失之於前而卒得之於後如此庶幾乎召陵之不戰而城濮之績不越是矣推原所自又魏絳知武子之力於乎臣能進言君肯聽言則雖區區之霸如悼公者功業尚如此而况不爲霸者乎故曰無競維人四方其訓之

城楚丘（僖公二年）公至自晋（昭公十六年）

周瑾

同考試官教諭杜批（遣詞老健立法森嚴讀之自能使人懲勸也）

考試官教諭姜批（作麟經文字有氣可觀必老手也）

考試官教諭張批（理明而詞足以發之作春秋義須如此）

奮於自立者春秋之所予甘於自弃者春秋之所譏此魯昭見辱於晋而安之不及衛文公之所行多矣春秋備書予奪自見嘗讀易曰天行健君子以自强不息春秋諸侯知德者鮮矣孰意衛之文公而亦可語此邪蓋衛爲狄滅東徙渡河野處曹邑被苫蓋蒙荆棘狐貍所居豺狼所嗥觀許穆夫人載馳之

賦蓋有人情所不堪者使文公於此不能振奮而失恐懼省戒之時則亦後日之魯昭耳胡足取哉文公不然憤悱警懼恐恐然自强之不暇衣大布之衣服大帛之冠務材訓農也通商惠工也敬教勸學授方任能凡所以興滯補弊者筭無遺策卒之元年革車三十乘季年三百乘而城郭朝市焕然一新衛之强也日盛矣噫夏少康處微弱之時而祀夏配天不失舊物文公其庶幾乎春秋於城楚丘而不書桓公城衛雖曰不與諸侯專封蓋亦移其善於文公焉耳又嘗讀易曰困亨者因困窮而致亨也魯秉周禮有道者多矣孰意傳至昭公而獨懵於此耶蓋魯为晋辱三見却於河上兩拘留於國中足趑趄口囁嚅奔走道途伺候盟主匪范獻子誘惰之諫必有意料所不及者使昭公於此耻於危辱而有激昂勉勵之志則亦前日之衛文耳復何議哉昭公不然泄泄沓沓且施施然自得而不耻徒習威儀之末竟忘守身之本不困心衡慮也不徵色發聲也甘爲人下安於辱中凡所以處已待物者舉無成法卒之今年居于鄆明年次乾侯而辛苦墊隘無所底告魯之削也滋甚矣噫越勾踐當患難之際而卧薪嘗膽志必報吴昭公果知此歟春秋於公至自晋而不書晋人止公雖曰若爲君父諱辱蓋深致其貶於昭公焉耳吁自立也則小可大弱可强自弃也則强亦弱大亦小春秋取彼而譏此欲人强於爲善之意深切著明矣抑愚於此又有感焉文公固可予矣齊桓擅天子之大權而城衛雖若興滅繼絶然於周官封國之制何如昭公固可譏矣晋昭聽莒人之愬而拒魯雖若抑强扶弱然於孔子明遠之訓何如於乎此桓公所以止於霸而晋昭則削弱不亢歟中庸貴去讒君子尚論夫王道有以也

禮記

班朝治軍莅官行法非禮威嚴不行

鄭琬

考試官教諭姜批（發揮四者必發於禮處綽有理致且氣格清健尤非諸作可及故録）

考試官教諭張批（認理透徹措詞典雅本房之冠舍子其誰）

隨寓以治處政資禮以肅乎政夫禮之所興衆之所治也苟治政非禮而欲政之肅焉難矣哉見於曲禮其旨如此蓋謂政之見於施者其目有四政之資乎禮□□要則一是故朝廷之間位有上下不班身朝儀不整矣必使公卿序于上大夫士序于下等級分明井乎其不紊軍旅之事局有左右不治則軍容不飭矣必使既樹和門於左又樹和門於右部分嚴明森乎其難越若夫分職以莅官貴得其體也如天官掌邦治地官掌邦教俾凡次于朝著者靖共爾

位可焉謹守以行法貴得其施也如施典于邦國施則于都鄙俾凡隸于官司者恪遵成憲可焉然治此庶政而欲威嚴之行舍禮其何以耶蓋禮以剛斷爲主截然而不可易所以服人心者在是以裁割爲義凛然而不可踰所以定民志者在是如班朝也治軍也不以禮爲綱維吾見尊卑之體統不明監領之紀律不整人將輕於犯違可慢而不可畏矣威嚴其能以自行乎威嚴之不行政之不行也禮可忽於斯哉如莅官也行法也不以禮爲防範吾見百司之職業不修一王之貞度不振人將易於抗背知玩而不知憚矣威嚴其能以自行乎威嚴之不行政之不行也禮可離於斯哉吁治政必待於禮而後行此禮所以爲政之本也歟大抵禮制不同散見於人倫日用之常而實天理之顯設者也先王用此以立教所以爲人心世道計至博矣然此特其一事耳若夫成己成物决疑明倫與凡爲學事神何莫而不一資於禮乎噫明禮君子必恭敬撙節退讓者良有以夫

爲上可望而知也爲下可述而志也

鄭琬

考試官教諭姜批（文理醇正信非衆作可及）

考試官教諭張批（寫出上下一誠相與之盛宛然在目必邃於經學者）

有人君待臣之誠有人臣事君之誠蓋君臣必相孚而後可言治也然則君之待臣臣之事君孰有外於一誠哉昔聖人之意謂夫君臣之間欲一德之交孚在一誠之相與彼君位乎上其威若雷霆宜不可望而知也然其所以待夫臣者勢雖隔越而情則相通位雖懸絶而心則無間蓋必本思惟之眷顧發而爲禮貌之慇懃振意念之懇切形而爲思遇之隆重表裏一致而不飾之以僞迨見爲臣者瞻顔色而知其所存吾君之視我以手足者固瞭然於心目之間望容貌而知其所蕴吾君之寄我以耳目者已洞然於形迹之表是非臆度也誠之見信於其臣者然耳謂非人君待臣之誠可乎若夫臣位乎下其分若天淵宜不可述而志也然其所以事夫君者厥職允修而心無自欺厥業克崇而志靡有懈蓋必言焉有物而堅秉一念之精忠行焉有格而貞守一已之雅操始終一轍而不文之以欺迨見爲君者嘉其志而明著其美鞠躬盡瘁之成勛不徒見之稱揚將勒之金石而不磨歆其心而論譔其德矢心竭力之就緒非徒形之羡慕將施之鼎彝而不泯是非溢美也誠之感孚於其君者然耳謂非人臣事君之誠可乎夫君臣之相與不離於一誠如此此所以上下交而成一德之盛也歟嗟夫君臣一體也上下一心也若上不可望而知則下疑下不

可述而志則上惑上下疑惑而能有爲於天下未之有也故唐虞之世曰都曰俞于一堂之上君臣相得若家人父子然宜其治隆俗美而非後世之所能及也然成王聖君也周公聖臣也猶不免於東土之避則後世宜若之何殆必如孔子曰君使臣以禮臣事君以忠

第二場

論

居天下之廣居

鄭琬

考試官教諭姜批（廣居道理最爲廣大最難下筆此篇亹亹無慮千餘言而且字字句句俱着題目似不經意自神會天出論場筆力無出子之右也噫子得非空群之驥歟此行還當遇伯樂也）

考試官教諭張批（題本明白正大但場中作者泛泛言仁陳腐可厭求其立意高古認理親切措詞滂沛僅見此篇得士如子可以貢之於上矣）

以至大無形居而屬之大丈夫能居焉當于其心與理而求之也何則居而有形則居爲有限不能出宇宙之外居之小者也乃若居之其體無形其大無外有囊括宇宙之具蓋大之至可以居名而不可以居求者苟不自其心與理而求之吾見茫昧恍忽卒至於莫可致詰之地何能得其大之的而見其居之安真有以度越於尋常萬萬也哉天下之廣居者何仁是也即所謂理也無形之居也居之至大可以居名而不可以居求者也居之者何大丈夫之心也大丈夫弘是心而居此廣居則天地萬物皆吾胸中物矣回視區區功利之徒直妾婦耳□足以語此噫大哉孟子斯言邃於道之言也即其言而求其所以言蓋非但闢景春之陋見實所以牖當時之人心非但牖當時之人心實所以自任吾道之深不得已而發此言也請畢其説道器之判久矣愚聞之形而上者謂之道形而下者謂之器立人之道曰仁與義仁固道之大也形而上者也初不滯於形而可以器名者也孟子以仁爲天下之廣居不幾指器爲道混道器於無别而道也器也將可比而同之乎吁有是哉聖賢立言各有攸當泥其言而不究其旨其不悖聖賢之本意者幾希仁道至大不可名貌天下廣居蓋亦本仁道之全體擬議彷彿以不可限量之名而名其不可名貌者耳非滯於形也詎可徇其名不究其實致泥於道器之説而謂仁非天下廣居耶何也天地生物流行不息之心而人生得之以爲心焉即仁也即資始之乾元資生之坤元也善之長也合天下之理而

一之者也貫天下之人與物而無間者也斂之不盈一掬放之則包四海彌六合舉天下而莫能加者具於性分爲無形之居蓋居極天下之廣而廣莫有廣焉者也是廣居也藏於大始隱於渾淪天開地闢而人生焉此居固已弘博融漾巍巍乎凌日星而摩霄漢崢嶸於天地間矣培植于唐虞修復于夏商粉飾潤澤於文武周孔歷春秋而戰國相攘相奪風靡波蕩加之爲我之楊兼愛之墨自立門户從旁竊據此居之在天下幾於决裂覆墜非復舊物所幸衛之有人而彼不得肆其説奈之何世變江河愈趨愈下不入於异端則趨於功利遂使儀衍之徒得以横行天下售縱横捭闔之説摇唇鼓舌求逞一日之快設藩籬立町畦分尔我限疆界群天下之人卑卑瑣瑣不知廣居爲何事相率而入於小丈夫之域旨堂者誰歟肯構者誰歟勤垣墉而塗蔇茨者誰歟堂堂廣居門墻掃迹莽然一荒丘也不有大丈夫誰則居之大丈夫何如而居之也其氣清其質粹其心純□□無爲其意不云乎仰而觀乾吾父也吾廣居之資始俯而察坤吾母也吾廣居之資生天地之塞吾廣居之槖籥天地之帥吾廣居之根柢借曰不體乾父坤母之心曠此廣居而弗居焉天地民物將判乎與我不相管攝不相聯屬朋分角立不能融爲一家之春則天地不才之子也悖德之子也天地之所以生我者何如賦我者何如委重而責成於我者何如顧自暴自弃而卒之自小如此焉忍乎不忍乎於是體乾元資始之心以爲心法坤元資生之德以爲德講貫於廣居者有素涵養於廣居者有本操存而踐履於廣居者有依闢其門升其堂入其室始之以灑掃應對而終之以精義入神之妙先之以格致誠正而後之以聖神功化之極聲色貨和土木甲兵异端邪説交攻群擾抵隙投間欲爲吾廣居之害焉者蓋種種也一屏而逐之根株悉拔邪穢盡滌使之降伏退聽無一得肆其害於吾之廣居而吾得以安居其間褒衣博帶吾廣居之衣冠言動也闊步長趨吾廣居之升降俯仰也周情孔思帝驟王馳吾廣居之經綸康濟也一視而同仁天下吾廣居一家也大觀而無我中國吾廣居一人也天下之民老者少者愚闇者强梁者柔懦者顛連而無告者吾廣居之同胞也衣之食之教之治之裁之引之無一而不囿之廣居之中天下之物飛者走者潛者躍者形色而夭喬者吾廣居之黨與也撙之節之愛之養之對而育之無一而不納諸廣居之内以四海則咸熙也以六合則同春也達而在上居此廣居而與民由之一堯之其仁如天也舜之其德好生也湯之克仁文之止仁也窮而在下居此廣居而獨善其身一孔之安仁也顔之不違仁也夷齊之求仁得仁也富貴不能淫此廣居貧賤不能移此廣居威武

不能屈此廣居軒軒磊磊光明俊偉天地可參化育可贊爲往聖繼絶學爲萬世開太平真有以拓吾廣居之規模仰副天地所以付畀之重與共所以責望之厚不愧不怍挺乎振古之人豪天地間一克肖子也所謂大丈夫者其事業如此其氣象如此視彼淺襟狹量管見鄙識持捭闔睢許之術鼓唇吻而懼諸侯直淺淺小丈夫者之爲耳烏可挈而與之同日語哉抑孟子斯言或者謂恐近於兼愛之説此蓋不知孟子抑豈善讀孟子者乎理一而分殊程朱之論備矣居天下之廣居理之一也由此而天下之正位立焉天下之大道行焉品級隆殺施爲緩急固自有截然而不可紊者存焉蓋分之殊也後此而有横渠西銘之作其意蓋本諸此先儒謂西銘爲原道之宗祖愚謂孟子蓋西銘之宗祖歟噫不有先覺孰開我人千載之下豈無以心感心而自任大丈夫之事業者乎謹論

表

擬宋理宗經筵進朱熹通鑑綱目表（嘉熙元年）

胡縉

同考試官訓導鄭批（典實詳明而且老成渾厚表之佳者）

考試官教諭姜批（表有典則可取）

考試官教諭張批（駢儷有體必長於四六者）

伏以道載諸經妙彌綸之化於萬世事存乎史昭鑑戒之法於百王政雖獨斷於宸聰識必有資於舊典故學求古訓賢君復殷世之太平而好問用中聖帝開虞朝之盛治若近世朱熹之綱目本歷代名儒之纂修起自烈王之戊寅訖於世宗之顯德大書分注正統表年其綱則法春秋而兼采群史之長其目則仿左氏而并稽諸儒之粹蓋合千數百年之行事著爲五十九卷之成書凡國家之興衰可開卷而盡得凡制度之損益可觸目而周知詳備非李壽之長編簡要删司馬之通鑑誠典刑之總會册牘之淵林也恭惟體居離正德秉乾剛右道崇儒恩數加於前哲繼志述事政每監于先王猶勤周文未見之心益懋宣王厲精之志乃謂此書之旨趣永爲世道之範模發揮命講於經筵善惡思求乎往轍臣等久塵勸講慙無啓沃於淵衷偶荷傳宣喜獲敷陳于黼扆爰進九重之御仰祈乙夜之觀彼緝熙光明詩著仔肩之義而剛健篤實易稱多識之功伏願考諸君臣事爲之間察其成敗安危之迹行其所善勿視爲簡册之陳言戒其所非不諉諸國家之故事於焉遠追夏商以上之治豈徒不數漢唐以來之君臣等無任瞻天仰聖激切屏營之至謹以朱熹通鑑綱目若干卷隨表上進以聞

第三場

策

第一問

鄭琬

考試官教諭姜批（君道十事正欲士子知我聖祖德行之懿列聖繼述之善此子敷答詳明及陳今日法祖之所當先者亦甚懇切忠愛末數語尤有警策足占□養薦之於上他日亦可以備顧問矣）

考試官教諭張批（我皇祖盡君道之大詳具於五倫書場中漫舉其目而於事實漠如也此策鋪張揚厲殆盡而復敬陳法祖守成之先務誠可爲今日率由之一助宜録以獻）

前聖之創業者固盡善而盡美後聖之守成者尤至精而至密蓋創業固難守成亦不易也惟我聖祖貽謀有以裕乎後而神孫繩武有以光乎前共成正大光明之業於億萬斯年之永正孟子所謂先聖後聖其揆一也猗歟盛哉愚也游化日光天之下坐鳶飛魚躍之中固不能紬金匱之文發蘭臺之祕然祖功宗德輝耀瑶編聖略神謀崢嶸寶閣亦嘗伏讀御製五倫有以仰窺乎君道篇之大略矣謹稽首頓首敬陳我皇祖之盛蓋如恭遇仁祖諱日而泣下不止永懷終天之恨此聖孝之大也雖大舜之終慕豈不异世而同符省覽尚書洪範而聖心有契□爲注疏之舉此聖學之大也雖武王之銘丹書豈不异代而同心語敬天也則當久旱之餘而減膳素食其周宣之側身修行乎語仁民也則當兵革之後而減租免賦其帝堯之憂民不遂乎儒士唐仲實直對築城頗怨即命罷之此求言之廣也夫豈漢宣帝詔求直言而徒事虚文者可彷彿其一二參軍宋思顔正言豢虎無益即命殺之此聽納之勇也又豈魏文帝行獵失鹿而勉强赦人者可比擬其萬一若夫用賢也則授何真以江西參政用慰來歸之誠勤政也未旦臨朝晡時還宫即成湯之克用宅俊文王之不遑暇食焉謹戒也則謂徐達以致謹於初保安天下之重節儉也雕飾奇巧一切不用即穆王之怵惕惟厲夏禹之卑宫惡服焉是則皇祖不世之鴻休無前之偉績真度越古帝王萬萬矣愚也仰高太虚固不能窺以管望洋滄海亦豈能測以蠡哉然執事又詢以法祖之所當先者愚竊以爲古之聖人達而在上者宜莫如堯如舜亦莫如高宗窮而在下者又莫如孔子而堯且考古舜亦稽古高宗又學古孔子猶好古則今日之務所宜先而不可後者固無外於法祖之一事而皇祖之所行者又孰非世世爲法爲則於天下後世者邪欽惟皇上念祖宗創業之艱難思今日守成之不易體太宗仁宗之心覽商書周詩之訓凡所

以法祖者真如堯舜揖遜之傳文武授受之法而二三大臣之守法又有所謂皋夔伊傅周召之輩天下臣民方將睹二帝三王太平之治於無窮也夫復何言若夫唱爲祖宗不足法之説而敢附會迎合立爲一年一變法之説或率意而輕法或衆辯而侮法或擊斷而外法則王安石吕惠卿之徒萬世之罪人也愚竊耻之而不敢爲且不忍爲焉草野之人狂瞽之言不知忌諱取其意而略其詞可也未識執事者以爲然乎否

第二問

王珵

同考試官教諭方批（文章政事之顯晦顧時之盛衰與君之用否何如耳此篇敷答詳明剖析當理可以占知其素藴也允宜高薦）

同考試官學正陳批（隨問隨答而文采爛然文章可謂無負矣异日施之政事必有大可觀者得士如此吾儕可以自慶）

考試官教諭姜批（文章政事相爲體用觀子今日之文章則异時之政事從可知矣健羨健羨）

考試官教諭張批（文章政事存乎其人尚論其世自當有得此策敷對詳明且有斷制子之胸中品藻素定矣）

文章政事之純疵本乎學術之淺深文章政事之顯晦由乎人君之用舍蓋詩書禮樂皆潤澤生民之具而功名事業實吾道顯設之緒固不可岐而二之者豈可如歐陽子所謂文章止於潤身政事止於及物者哉故曰本乎學術之淺深也然文章有餘而不得竟其所施者□又係於其時人君之用舍何如耳是烏足爲文章累耶愚也當懷鉛提槧之餘其於斯二者之議亦嘗輾轉於胸中久矣請因明問而詳言之夫文章天下之公器近可以傳之家國遠可以傳之天下後世政事平生之設施上可以致君下可以澤民斯二者固君子之所尚也然三代而上内而賡歌外而岳牧亦皆剛簡直寬之德出而使長入而使治無非俊造秀義之士君民相忘於道化之中天下交孚於泰和之治固不知所謂文章亦不知所謂政事也自夫三代以還有區區於操觚弄翰之末者有汲汲於粉飾太平之具者於是乎文章政事始分爲二途矣以漢言之董仲舒一代之名儒也正誼之言漢之文章宜莫有過之者施之政事綽乎有餘然天人之策一陳而江都之命隨下矣政事不聞於當時厥有由哉以唐言之韓退之一代之山□也原道一篇唐之文章亦莫有過之者措之政事豈有不足然佛骨之表朝陳而潮陽之貶夕行矣功業不著於海内豈無以哉至若宋之周程張朱道承孔孟學有淵源前後著作輝煌炳耀文章固無容喙矣使其大

得設施則二帝三王之治化伊傅周召之事功猶反掌也然或隨用隨罷或小試郡邑奈之何哉此宋之諸君子文章政事不能兩全者職此故也要之功名不足以累其心而其名則至今不衰人君用人其可忽诸雖然徒事於誦説章句之末則流於儒之腐徒事於法律刀筆之陋則墮於吏之俗古人典謨之腴發爲雍熙之治絃歌之化本乎文學之施儒術飾吏事不可誣者彼漢之蕭曹丙魏唐之王魏房杜宋之趙范吕李雖未有制作之本於學術然天資之美能輔相其君以成一代之盛治是豈可以俗吏少之哉若夫漢之劉歆楊雄隋之王通薛收唐之盧王楊駱雖嘗有著述之顯名當時然學問之偏出於謟諛放浪而爲無實之空談是烏得免夫腐儒之誚哉愚也學非經緯才非經濟然以仁義爲儒固不敢爲夫腐者以教化爲吏尤不敢爲夫俗者蓋自有吾聖賢之家譜在也不曰文學子游子夏乎政事冉有季路乎等而上之則吾夫子之删述六經垂憲萬世攝行相事政化大行焕乎文章巍乎成功自生民以來未有盛於孔子也是則所謂才之全也乃所願則學孔子也執事幸勿以爲嘐嘐

第三問

方策

同考試官訓導鄭批（字學一策書譜書評皆有成説子能二陳之必嘗游於藝者敬羨敬羨）

考試官教諭姜批（子豈嘗從事字學而得家數者與何其知要如此也）

考試官教諭張批（書法隨世异制而揮染因人异趣要之取其心畫之正不徒藝焉而已比策能悉之用録以示夫放意取妍者）

聖賢之開物成務莫大乎字之作聖賢之作字代繩一根乎心之理蓋文非字則弗傳字非理則無本故作文而有其字則動於此而應於彼自有以成天下之務作字而根於理則理無窮而字無窮自足以資萬世之用小則可以潤乎身大則可以濟乎世是字學之所關也豈淺淺哉請因明問而陳之自夫太極既判之初兩儀始奠之候言其俗則顓蒙而質樸之未散言其政則結繩而號令之未施于時則字未之有也迨夫河出圖洛出書伏羲因之以畫卦而字之點畫於是乎胚胎矣然八卦雖畫而文猶未著蒼頡繼之則據理以造書而聲音以諧形體以正字於是乎大明矣由是經以之傳道以之載史以之而不失其書事以之而不遺其記百官之政賴此以舉萬民之情賴此以通上而堯舜禹湯文武之爲君詞命賴此心涣頒下而臯陶伊傅周召之爲臣王命賴此以出納是則字之用於天下也不其大歟及周嗣世宣王中興而史籀有大篆之作顧篆書之體雖創於一時而科斗之文猶存乎自古奈之何世入於秦

吾道之厄燔燒之禍既熾科斗之文不傳李斯變大篆而爲小篆斯之罪不容誅也然而小篆之所有猶有蒼史之遺意豈可以其人而遂泯其善歟程邈變小篆而爲隸書邈之隸亦非優也然而秦人厭篆之繁難喜隸之省經豈非滅詩書而專任吏之過歟漢襲秦弊欲縮之以簡便未免失之疏而西京之教寂無所聞者有自來也晋矯漢失欲華之以姿媚不免失之縱而清談之風習以成俗者有由然也是皆世與道違字與時變無足議也若夫王次中爲楷書此楷之始魏鍾胡爲行書此行之始張芝承杜崔諸人之工而愈妙於草書此草書之始蔡邕睹皇都匠人之巧而刻意於飛白此飛白之始然要其歸則之數體者皆適於述作之用究其本則楷與行者尤切於日用之常學之者其可不知所先務哉夫字也者原於心之理發於心之用得之則令聞廣譽施於身廓之則格君輔國鳴於世曷不觀諸古人乎張伯英得執筆之五妙而草聖之名見稱於當世王逸少得求字之八法而蘭亭之書加重於貞觀宓子賤能製肘善書正其言而使之言而魯君遂爲之感悟非格君之善者乎柳公薩謂用筆在心心正則筆正而憲宗即爲之改容非諷諫之□者乎之數子者以字學而成天下之事也不其大歟雖然亦有要矣善乎程子曰某作字時甚敬非要字好即此是學夫敬也者所以求放心明義理而爲學之所當先也使學字者誠能閑邪以存其敬持敬以養其心慾無不去而體以之全理無不窮而知以之致將見援筆以施於字不求其工而自工因字而見於爲不求其應而自應即吾前所謂周天下之用而成天下之事者不過此心之轉移耳愚也於字願學而未能譬之射焉將執此以爲的不識執事然之否也

第四問

李高

同考試官訓導鄭批（漢唐財用贏縮之由今日理財處置之宜條答亹亹卓有定見此豈但務於窮經者乎）

考試官教諭姜批（理財正今日要務非識時務者不能有此晝籌）

考試官教諭張批（財賦一策正欲觀士子酌古準今有用之學場中敷演問目了無完音此策區處時宜切當非特取其記憶也録之以備司國計者之一晝）

爲國莫要於理財理財莫先於節用蓋財用者生人之本有國之常經不可一日而無者也故易載裒多益寡書稱懋遷有無然非有以節之則所謂取之盡錙銖用之如泥沙雖盡括天下之所出恐亦有不足於國之用者此爲國者固以理財爲要而理財又以節用爲先誠萬世不易之定論也理財之説古

今談之盡矣愚不能復有説也請借明問所舉漢唐之事而紬繹以對夫漢高之興當始皇頭會箕歛之後唐室之起承煬帝窮奢極侈之餘故文帝太宗之紹統宜乎國用不足矣然文帝則躬修節儉勸課農桑宫室苑囿車騎服御無所增益有不便輒弛以利民是其務爲節用在漢之諸君未能或之先也太宗則去奢省費輕徭薄賦選用廉吏使民衣食有餘自不爲盜是其恭儉之政在唐之諸君亦未有與之并也夫用節則費省費省則國富雖寬恤之詔屢下征榷之令不行亦何害其國用之有餘乎至於武帝德宗承數世之積累固宜國用有餘也然武帝則外事四夷内興工役故常賦不足而榷酒酤筭舟車造緡錢之法興矣德宗則不能推誠待物尊賢使能故兩河用兵月費百萬府庫之積不支數月而税間架除陌錢括商錢之法起矣即是而觀則其盈虚消息之間夫豈專在於下哉我太祖有天下取民之制一仿于古田賦之外惟有商税凡漢唐苛刻之政一切罷去神謀遠慮所以惠澤斯民培養元氣者至矣既而永樂間歲之所入不足所出故一時拳宜俯從臣下之請乃有户口食鹽有坑冶采鑄有鈔關設置有竹木榷取初猶暫行今著爲令蓋立法之初雖未爲不善而今之奉行者恐未肯悉體朝廷本意也則今日之理財者可不思所以寬恤之哉蓋地力之生物有大數人力之成物有大限取之有度用之有節則常足取之無度用之無節則常不足此所以必欲節用以止財之流不可横斂以傷財之源也宋之名賢若蘇轍有曰所謂豐財者非求財而益之也去事之所以害財者而已矣事之害財者三曰冗吏曰冗兵曰冗費三冗既去天下之財得以日生而無害是亦豈非節用之意哉蓋斜封墨敕額外羡增所謂冗吏也列屯坐食老弱不練所謂冗兵也横恩濫賜之溢出修飾營造之泛興禱祀游玩之紛舉所謂冗費也三者之中冗費爲甚誠能節用則不耗財於無益之事不費財於無用之地不施財於無功之人而國用之充自足以却虜禦戎矣尚何有於充國孔明之患哉若舍此而别求富國足用之術則不過桑弘羊蠹國壞民之爲固非有神運天雨之法也愚也繩樞草舍之人井蛙甕雞之見固不知所謂理財亦不知所謂國計所知者紙上陳言易與大學而已不曰節以制度不傷財不害民乎又不曰生財有大道乎是故始終爲執事陳之惟執事矜其愚恕其狂斐進而教之幸也

第五問

譚才養

同考試官教諭方批（不意書生中有習知兵事如吾子者尚囊括底蘊以俟他日鎖鑰北門）

同考試官學正陳批(條答無遺末復歸重得人亦確論也經生如此其文事武備者耶)

考試官教諭姜批(善答足見學識)

考試官教諭張批(事實不遺且有斷制)

知安危之相爲倚伏則國家於兵法當振舉於平時知文武之相爲倚用則學者於兵法當備陳於今日蓋久安而危不防則危必作隆文而武弗繼則武必衰皆非保邦長治之良圖文武并行不悖之全策也此其所以未事之先當求夫將爲有能之將兵爲有制之兵而臨事之日庶幾將得士心兵識將意近足以保安天下遠足以流芳後世若漢之諸葛宋之名將乃可以語此而我國朝選將材定武舉則又安不忘危文不廢武超百王而獨邁者政不必以兵爲諱也執事發策首逮於此其亦慮關廟廊而憂先天下者乎愚請復其萬一兵果可言耶古人有曰先王耀德不觀兵吾不得而知也兵果不可言耶古人又曰兵者生民之大本吾亦不得而知也要之治世雖未嘗好戰也亦未嘗忘戰也既未嘗好兵也亦未嘗去兵也然而兵屬於將將統乎兵而君又擇乎將君不擇將是以國予敵也將不練兵是以主予敵也甚矣兵將之間容可忽耶兵將之論容可已耶虞舜惟其明是也故當四方風動之時而在内則明射侯以爲教養之術在外則奮武衛以爲備禦之防汲汲然惟恐兵之未練固不聞以兵爲諱也武王惟其明是也故當四海永清之時而於春夏則有振旅茇舍之名於秋冬則有治兵大閲之法汲汲然惟恐兵之未練亦不聞以兵爲諱也我孝宗敬皇帝惟心舜武之心也故開求將之科而創試材之式我皇上惟心先帝之心也故求將材於天下而定武舉於京師統兵衛國計出萬全久安長治其盛矣哉蓋嘗聞之武侯矣所謂將材有八如道德齊禮仁將也而又義禮智信無一而不全好賢從諫大將也而短兵長射無往而不利者是已若夫貪求妬賢好佞荒淫之類兹非八弊歟所謂將德有五如廉節孝悌可以勵俗而揚名信義力行可以交友而立功者是已若夫謀不能料是非亂不能正刑法之類兹非八惡歟所謂將善有五知敵之形勢與夫進退虚實之道知天時人事與夫山川夷險之勢者是已若夫議欲共而謀欲密衆欲静而心欲一兹非四欲歟夫具是材全是德備是善充是欲而其曰惡曰弊無一毫存焉其爲將也非天下之全將而何哉自夫兵言之所謂兵强有四君政脩也臣陳力也民服教也兵從令也是已而其兵義者王兵應者勝兵忿者亡兵貪者死兵驕者敗兹非五戒歟所謂武德有七制亂也耀德也時動也守成修備也勤政興利也是已而其曰輕曰慢曰盗曰欺與背曰亂與誤兹非七禁歟所謂兵勢有

三五星合度天勢也險易殊形地勢也主聖將賢人勢也是已而其事機作而不能應勢機動而不能圖情機發而不能行者非三機歟夫以有是强兼是德乘是勢而於所謂戒與機者無有一若我廣右固幅員之荒服也交廣之界限也犬羊之出没也金革之交鳴也山川之險阻也我祖宗亦以此爲軨轄而嚴總師於要衝執事亦以此爲鎖鑰而詢先代之名將夫所謂奮揚威武而擊曹戍之寇者非黄齊歟忠義果敢而戢儂賊之兵者非梁仲保歟歐陽脩薦其智略可任將軍者張守約也狄青薦其驍勇而破儂賊者黄逵也文武兼全則有陳本道焉一代名將則有楊文廣焉嗚呼才不易生將不易名戎不易制功不易立而數君子卒能建不世之奇績垂不世之偉名雖其將才將德將善之足稱者固未純乎諸葛之所云也而皆千夫之持萬人之雄矣其兵强武德兵勢之足法者亦未必純乎諸葛之所云也而皆節制之帥勇鋭之卒矣執事有懷於前而又有望於後乃曰側陋之中豈無非熊伏龍而深知擇將用兵之略者是亦問陶朱於三家之市求忠信於十室之邑雖然兵民本一塗文武非二道而前人固有以攻刺擊殺之事非儒其衣冠者所可能也愚竊謂鳴條之師誰爲之牧野之師誰爲之東山之師又誰爲之則夫山鳴谷應之間固未必無鷹揚虎嘯之士也然則將之爲將何以擇之不拘於門望也不拘於地理也而得一杰然於庸將之中者則知其爲才之小得一杰然於才將之中者則知其爲才之大而又窮之言辭以觀其變與之簡牒以觀其誠明白顯問以觀其德使之以財以觀其廉試之以色以觀其貞凡於諸葛之所尚者尚之所懲者懲之如此而曰將不得人未之聞也借曰專制閫外皆膏粱之流運籌帷幄者非韜略之輩真兒戲耳何有於擇將兵之爲兵又何以用之必先明之物采辯之等列以昭其尊卑貴賤順之少長習之威儀以申其孝弟忠信而又於未戰則養其財將戰則養其力既戰則養其氣既勝則養其心凡於諸葛之所用者用之所革者革之如此而曰兵不得人未之聞也借曰散於州縣者籍爲營壘之符浮於田畝者律以卒伍之令亦虚文耳抑何有於用兵愚於此又有説焉論兵非難論將爲難得良將非難得良相爲難未有將得人而兵非其兵者也亦未有相得人而將非其將者也故韓信之拜將由於蕭何趙充國之進計本於魏相將顧不係於相耶有方叔則不患師干之不試有吉甫則不患武事之不嚴兵顧不係於將耶是故閲兵在將任將在相而論相又在我皇上總乾斷廣離明以爲將將之藿衡也

廣西鄉試録後序

正德癸酉瀛應聘預廣右校試由岳陽浮洞庭觀衡岳迤邐入安道寔桂嶺第一程也立馬四望萬山在目而草木蘩密遼廓眇忽竊喜踪迹未半天下倏得奇觀夙願亦足少償不兩舍許抵清湘則風景更熾而長松古栢夾道綿三百里餘其霜皮溜雨黛色參天有偃蓋蛟龍形者有穲徙鶴翅迴者又有錯落龍鱗出者且風韻颼飀若奏笙簧掩竽籟而勝益奇至桂林則山峭拔如畫水清而駛松栢益茂蓋山川之秀産乎异材者如此於戲地靈人杰固也鍾於物者且然人生其間豈無光明俊偉之習卓犖魁奇之才文章德行之士可以名世者乎及得士之文讀之不豐贍而平淡則清勁而飄逸雖所造有淺深醇疵不同然養之正詞之順氣之充概有足觀者柳子厚嘗怪陽德之炳耀獨發於紛葩瓌麗而罕鍾乎人是方恐兼有之也雖然松栢之可愛者豈直瀛前所狀者哉有心也記禮者稱之後凋也孔子取之必有以也今夫貞心勁質禦攘冰霜剛也四時一貫榮悴不易常也歒毒以蔽行道無苦仁也蔦與女蘿上有兔絲義也雖春陽氣王不與群木鬥榮謙也凡此數德可比君子及乎將用大可以柱明堂棟大厦次之爲榱爲桷非若樗櫟之竟老山林耳矣然則諸士子歷階而升其亦松栢之有資於世用者乎而其自處所宜比德松栢殷勤封殖爲他日廊廟器則於地之靈可謂無負矣不然是亦凡草木而已奚取焉事竣謹書此列于左

湖廣衡州府耒陽縣儒學教諭姜瀛謹序

正德十四年鄉試録

廣西鄉試録序

愚嘗端居而思致治之大典惟賓興賢能亘古今而弗替者曷故焉曰是三綱之所繫也九疇之所屬也故自成周以降至于後世雖正朔偏安裔夷雲擾而猶知科舉取士之爲重際遇我朝列聖稽古右文其典益備耳目之所睹記蓋蔑以加矣正德己卯復當大比之期巡按廣西監察御史曹珪祇奉德音此爲首務棘闈既拓士類争先維時總督兩廣都御史楊旦執經用武注意斯文而總鎮太監王堂總兵官撫寧侯朱麒鎮守太監傅倫副總兵張祐皆預聞焉今致仕左布政使何珊先事授晝既即厥緒於是合四道所簡之士鎖院而三試之其在内提調則右參政黄衷右參議梁億爲之監試則按察使宗璽僉事俞緇爲之至於監臨獨任其責者御史曹珪也暨考校試卷則教諭周尚文楊國本李從龍林德振常儒甫陳錫實應聘而來其在外襄理則右布政使翁茂南左參政彭夔右參政宋愷副使張祜劉潮僉事姚鵬楊譽李淳都指揮同知戴儀皆夙夜匪懈聿觀厥成既遵制額取士刻文爲録以獻世讓忝兹文柄其爲自幸實多矣惡能已於言乎惟昔先王之世若井田若封建若賓興賢能皆所謂大經大法也然彼二者同塗殊歸不能保其不變也是故井田之後變而爲税畝徵租封建之後變而爲罷侯置守獨賓興之典萬世炳如日星嗚呼此可以觀世道之所寄矣夫廣西古百粤之區也當先王盛時井田封建猶未嘗及猶不識不知而况鄉舉里選之制乎以今日人文之盛觀之可以知我列聖化成天下之績矣諸士子生逢景運睹河洛而不思禹功可乎或曰今之選舉賓興果如周禮之三物而無變乎否也愚應之曰學校以善其基明倫以敦其本養之六經以造其道博之五策以試其能然則三物固在是矣又何變焉雖然吾所憂者吾人之變耳静言庸違嚮道中廢修于家而壞于天子之庭者聖賢之罪人也又焉得爲三代之士乎世讓不敏願諸士子幸更相勉圖之

直隸鳳陽府潁州潁上縣儒學教諭方世讓謹序

正德十四年鄉試

監臨官

巡按廣西監察御史曹珪（廷獻湖廣黄岡縣人　辛未進士）

提調官

廣西等處承宣布政使司右參政黄衷（子和廣東南海縣人　丙辰進士）

廣西等處承宣布政使司右參議梁億（叔永廣東順德縣人　辛未進士）

監試官

廣西等處提刑按察司按察使宗璽（朝用直隸建平縣人　己未進士）

廣西等處提刑按察司僉事俞緇（子宜江西鄱陽縣人　戊辰進士）

考試官

直隸鳳陽府潁州潁上縣儒學教諭方世讓（伯禮湖廣巴陵縣人　庚午貢士）

江西南昌府新建縣儒學教諭周尚文（質夫福建閩縣人　庚午貢士）

同考試官

廣東惠州府博羅縣儒學教諭楊國本（在培福建莆田縣人　庚午貢士）

江西南昌府南昌縣儒學教諭李從龍（司雨福建莆田縣人　丁卯貢士）

山東濟南府青城縣儒學教諭林德振（如玉福建閩縣人　丙子貢士）

山東兖州府城武縣儒學教諭常儒甫（遜學福建莆田縣人　癸酉貢士）

福建興化府仙遊縣儒學教諭陳錫（元與廣東南海縣人　庚午貢士）

印卷官

廣西等處承宣布政使司照磨所照磨汪福（大錫江西樂平縣人　吏員）

廣西等處提刑按察司照磨所照磨易智（天機湖廣南漳縣人　監生）

收掌試卷官

桂林府知府童旭（賓暘湖廣沔陽州人　己未進士）

慶遠府知府陳大中（時甫湖廣蘄州人　戊辰進士）

受卷官

南寧府知府李津（濟之廣東四會縣人　壬戌進士）

平樂府同知陳珖（朝用廣東饒平縣人　甲子貢士）

彌封官

潯州府推官朱恩（廣仁直隸無錫縣人　辛酉貢士）

桂林府全州知州章諍（直言直隸太湖縣人　戊午貢士）

南寧府横州知州馮會（宗元廣東南海縣人　戊午貢士）

謄録官

太平府養利州知州萬應選（克賢江西安福縣人　癸卯貢士）

平樂府賀縣知縣曹瓛（廷璧直隸通州人　監生）

南寧府武緣縣知縣姚明誠（廷教廣東潮陽縣人　監生）

太平府永康縣知縣楊斆（學文江西豐城縣人　辛酉貢士）

對讀官

太平府左川知州李欽承（惟説錦衣衛籍河南獲嘉縣人　庚午貢士）

柳州府賓州知州姚世棻（廷芳福建閩清縣人　辛酉貢士）

桂林府靈川縣知縣馮賓（汝賢廣東南海縣人　甲子貢士）

巡綽官

桂林中衛帶俸署都指揮僉事王佐（允臣比京山後人）

柳州衛帶俸都指揮僉事顧俊（文秀直隸壽州人）

桂林右衛指揮使張經（文濟直隸壽州人）

桂林中衛指揮僉事王鎮（静夫順天府大興縣人）

搜檢官

桂林中衛指揮同知胡爵（大錫直隸徐州人）

桂林中衛指揮僉事張勇（尚義直隸寶坻縣人）

桂林中衛中左所副千户張磐（世安應天府江寧縣人）

桂林右衛右所正千户莫愚（希顔廣西臨桂縣人）

供給官

桂林府通判楊鑾（用節直隸淮安衛人　監生）

桂林府臨桂縣縣丞吴翹楚（時旺湖廣會同縣人　監生）

桂林府臨桂縣主簿曹時（宜之四川壘溪千户所人　監生）

柳州府象州吏目林喬（自收江西南城縣人　監生）

全州守禦千户所吏目舒上達（進之江西玉山縣人　知印）

富川守禦千户所吏目黄寬（子洪福建莆田縣人　吏員）

桂林府古田縣典史陳祚（文夫福建莆田縣人吏員）

慶遠府宜山縣典史徐尚盈（希禹湖廣麻城縣人　吏員）

桂林府遞運所大使李源（汝洪福建晋江縣人　吏員）

桂林府臨桂縣東江驛驛丞杜剛（時中廣東瓊山縣人　吏員）

南寧府横州永淳縣永淳水驛驛丞盛德輝(元英廣東饒平縣人　承差）

柳州府賓州在城驛驛丞甘舜韶（克諧福建候官縣人　承差）

桂林府全州醫學典科蔣文皞（時雍廣西全州人　醫生）

第一場

四書

三十而立四十而不惑　人莫不飲食也鮮能知味也　天子討而不伐諸侯伐而不討

易

忠信所以進德也修辭立其誠所以居業也知至至之可與幾也知終終之可與存義也　聖人亨以享上帝而大亨以養聖賢　歸奇於扐以象閏五歲再閏故再扐而後掛　陽卦奇陰卦耦

書

惟德動天無遠弗屆滿招損謙受益時乃天道帝初于歷山往于田日號泣于旻天于父母負罪引慝祇載見瞽瞍夔夔齊慄瞽亦允若至誠感神矧兹有苗　佑賢輔德顯忠遂良　不作無益害有益功乃成不貴异物賤用物民乃足　僕臣正厥后克正

詩

知子之來之雜佩以贈之知子之順之雜佩以問之知子之好之雜佩以報之　既見君子錫我百朋　受福無疆四方之綱　在彼無惡在此無斁庶幾夙夜以永終譽

春秋

初獻六羽（隱公五年）衛人來媵（成公八年）伯姬歸于宋季孫行父如宋致女晋人來媵（俱成公九年）齊人來媵（成公十年）齊師遷紀郱鄑郚（莊公元年）　王姬歸于齊（莊公十一年）伯姬歸于杞（莊公二十五年）公及齊侯宋公陳侯衛侯鄭伯許男曹伯會王世子于首止（僖公五年）公會宰周公齊侯宋子衛侯鄭伯許男曹伯于葵丘（僖公九年）　晋荀吴帥師伐鮮虞（昭公十五年）晋荀吴帥師滅陸渾之戎（昭公十七年）

禮記

三年耕必有一年之食九年耕必有三年之食　天垂象聖人則之郊所以明天道也　合生氣之和道五常之行君毋以小謀大毋以遠言近毋以内圖外

第二場

論

臺諫以天下公議爲主

詔誥表（内科一道）

擬漢賜民今年田租之半詔（文帝二年）　擬唐加左僕射房玄齡爲太子少師誥（貞觀十三年）　擬宋蘇軾等進唐陸贄奏議表（元祐八年）

判語（五條）

出使不復命　官馬不調習　告狀不受理　徒囚不應役　造作不如法

第三場

策（五道）

問　帝王之御極皆有典則垂訓而其後世之君能守文繼志者亦或鮮矣若我孝宗敬皇帝暨惟今上大明會典之作誠所謂善繼善述而集一代之大成者故其制作損益皆本於聖祖高皇帝御製群書然其實有因事而類見者有專主以立法者可得而詳言歟予嘗伏讀而嘆其大綱日麗萬目星羅體統截然而名分不易也可指言其實歟唐虞而下致治莫備於周不知會典之規模大要有合於周制者果何在歟自是而降若漢唐宋若胡元皆未嘗無一代之作也參之會典可同日而語乎至於所謂制异壙典法殊紀傳事雖微而必録令已寢而亦書文移之載革去潤色而務從實者又未必無其説也爾諸生誦法傾心之日久矣願鋪張揚厲探本泝源以對毋遜毋忽

問　立德立功立言儒者之業也固有優於德而功或不逮茂於功而言則不文信乎其兼長之難矣抑不知先立乎其大者則其次者可略不然則交致之功果亦有要乎否耶蓋嘗迹古人之故而疑焉姑舉其著者質之夫忠直廉約德之屬也理治安攘功之屬也詞章訓詁又言之屬也然忠潔而負讒於楚顧以爲過嚴直而見憚於漢恒疑於褊去官留犢者或斥其矯垢衣惡食者或辨其奸若然者德將何據而修耶睢陽之績未免流俗之口澶淵之役僟於城下之盟請伐高麗者或致病於腹心應變成務者或致亂於天寳若然者功將何施而可耶潛心大業灾异之論可疵博極群書美新之累非細頌聖德者而風雅不類著僮約者以過舉自彰若然者立言君子又將何所取正而後精且粹耶豈数子有諸己者不能無弊抑後儒之評之見互有得失也諸生修於家也素矣其德其業固未可知如以言取子即今日之急也不可不對

問　事變萬殊理無定在而人之智慮有所及有所不及稽諸古人已行之迹其在當時可否异同之議若持訟牒於公庭有未易以口舌争焉姑舉其可見者與諸士評之夫矯命專師均一恤鄰也而有是有非立國樹黨均一謀國也而有得有失逼水置陣其勢同也然一以之勝一以之負空國出師其迹同也然一由之成一由之敗矯制立功若非矣或者又以爲可封負罪受辟當刑矣或者又以爲不當刑忘君之讎者彼此同歸議者乃判功罪爲兩途復父之讎者彼此無間斷者輒施輕重之二典靈州之弃守聚議紛紛未必皆是也綏州之城否衆口藉藉不能無非也凡此之類窮理者所當精察而明辨諸士子格物致知之學其有素矣請悉心剖析以爲古今一大斷案不亦可乎毋委曰我則不暇

問　言行君子之樞機也古稱吉人之辭寡而病商俗之靡曰利口焉若是乎聖人之不貴言也而語善專對言果不可以已耶又曰亂世之人尚通而聖人著其教也必危行焉若是乎君子之行果而已中庸乃譏行怪又安在其不尚通耶後世賢者語默之間通檢之迹或應對辨給或言若不出或詞甚清辨或終日恂恂或輕肆直言或不答國事或東身自修或任心獨詣或候見不顧或惟事造謁或耻與俗交或自同傭人是其語者默者檢者通者後世蓋嘗仰而觀之不知其言也於事何所述其默也於道何所營其通也何以周務而其檢也何以育德耶抑不知於聖人言動之度果有合乎否也兹欲言罔口過而行鮮怨惡焉何道而可

問　養民與兵政之紀也蓋不祛其患而厚其生天下無安民不裕其食而節其力天下無良兵此有識者所共知也巖栖露宿老稚沿江而行丐廣西之民困矣健逃老死單弱隨籍而紀録廣西之卒耗矣民困而供億且繁卒耗而饋餉不減此又有識者所共憂也振而處之曷爲其方乎蓋嘗聞之柴中行之爲幹官而减苗斛應孟明之爲經略而除抑配至我朝或停逃亡之租或節無經之費養民之術可謂要矣而不救於逋負者何耶許仲宣爲轉運而罷征交之士謝麟知桂州而全近郡之兵至我朝或借戍於湖廣或仰給於廣東養兵之術亦謂備矣而無補於脱耗者何耶昔人有言臨政論治不若退而更化今必公私俱贍而民始裕戰守有備而兵始精不知更其化而後可以赴吾民之急乎抑其舊政者可修而舉也諸生皆明當世之務而於鄉邦之故計之必審幸盡言之以告在位者

中式舉人五十五名

第一名　陳汝謨　潯州府學生　詩
第二名　楊琇　桂林府學生　易
第三名　拱廷臣　桂林府學生　春秋
第四名　唐脩　全州學增廣生　書
第五名　蔣識　全州學生　禮記
第六名　張資　桂林府學生　詩
第七名　侯嘉祥　横州學生　春秋
第八名　劉廷叙　桂林府學生　易
第九名　戴希顥　柳州府學附學生　書
第十名　費頤　臨桂縣學生　詩
第十一名　唐鎬　全州學生　禮記
第十二名　沈道充　馬平縣學生　詩
第十三名　周乾　臨桂縣學生　易
第十四名　劉璋　臨桂縣學生　書
第十五名　李寀　臨桂縣學附學生　詩
第十六名　黎巽　梧州府學生　易
第十七名　何世綸　興業縣學生　書
第十八名　張宿　柳州府學生　詩
第十九名　白誕　臨桂縣學增廣生　春秋
第二十名　劉存仁　懷集縣學增廣生　禮記
第二十一名　張烜　河池州學生　詩
第二十二名　李宗暘　桂林府學生　易
第二十三名　鄧祥龍　太平府學生　詩
第二十四名　胡億　臨桂縣學生　書
第二十五名　劉卿　桂林府學生　詩
第二十六名　胡恪　桂林府學附學生　易
第二十七名　秦健　柳州府學生　詩
第二十八名　張惠　富川縣學附學生　書
第二十九名　李賓　桂林府學生　詩
第三十名　葉宗傑　靈川縣學生　易
第三十一名　袁具體　全州學生　春秋

第三十二名　鄭滄　柳州府學生　詩
第三十三名　胡偉　臨桂縣學增廣生　書
第三十四名　蔣秩　全州學增廣生　禮記
第三十五名　馬才倫　全州學生　詩
第三十六名　熊消　南寧府學生　書
第三十七名　鄭希智　懷集縣學生　易
第三十八名　石堅　柳州府學生　詩
第三十九名　林禮　陽朔縣學生　書
第四十名　劉金　梧州府學生　易
第四十一名　周希賢　南寧府學增廣生　書
第四十二名　羅大用　臨桂縣學增廣生　春秋
第四十三名　洪經　興安縣學生　易
第四十四名　陳一善　柳州衛儒士　書
第四十五名　雷守震　宣化縣學生　禮記
第四十六名　王詢　慶遠府學生　詩
第四十七名　吴全　臨桂縣學生　春秋
第四十八名　蔣琭　平樂府學生　詩
第四十九名　高泮　全州學生　易
第五十名　陳良貴　恭城縣學生　書
第五十一名　蘇華　陽朔縣學生　易
第五十二名　黄珮　潯州府學生　書
第五十三名　胡伸　桂林府學生　易
第五十四名　馬昂　桂林府學生　禮記
第五十五名　伍倫　義寧縣學生　詩

第一場

四書

三十而立四十而不惑

楊琇

同考試官教諭常批（論語一題士子類騁浮辭讀之令人可厭是作獨能融會傳注成文且筆勢整整未嘗苟下一語蓋有所得者也是宜録出以式

後學）

考試官教諭周批（論語義如此作良是）

考試官教諭方批（集注意正如此）

既壯而有定守既强而有定見聖人自言其所進然也夫聖雖無所不通非可以不學而至者也苟不求諸所示之學抑何由而知其然哉想昔吾夫子之意若曰理具於心皆吾之所當炽心見於事皆吾之所當爲吾十有五嘗志於學矣由十五而三十追惟斯時道蓋有所得耶以心御氣而不爲氣所御雖紛紜舛錯之集吾則居貞守固而屹無所撓焉以心移氣而不爲氣所移雖紛華盛麗之來吾則居安操約而略無苟動焉確乎其操而非强制也卓乎其守而非力勝也其自立有如此者由三十而四十追惟斯時道蓋無所疑耶凡事所當然者事至則理形介石之因足以决萬變之幾微而理欲其判然矣凡物所當然者物來則順應一致之理有以通吾心之百慮而得失其較然矣剖析不患其弗詳也辨别不患其弗盡也其不惑有如此者是則三十而立則無所事志也可知四十不惑則無所事守也可知聖人進德固亦有序也哉雖然夫子生知安行豈嘗若是其積累歟特因其近似以自名見其亦由學而至所以勉進後人耳後世乃謂聖本生知非學可至是又自弃已噫典謨何病乎芻蕘途人豈乖於堯舜有志於大學者其潛心焉

人莫不飲食也鮮能知味也

劉存仁

同考試官教諭林批（或問之義甚明場中士子疑爲所窘殊不通暢惟此作詞理兼到是宜録出）

考試官教諭周批（詞氣純厚自是中庸文字様宜録以式）

考試官教諭方批（體貼詳明句句皆本色語非性理之學不能有此）

中庸明人同具乎道之中自失乎道之中夫道以中爲至也人皆有之而自不察此所以有過不及之弊歟中庸引夫子之言以釋首章之義如此且道之所謂中者乃天命人心之正當然不易之理固不外乎民生日用之間也試言諸飲食彼夫冬而湯夏而水人莫不飲也飲有正味必察之而後知人或飲以濟渴未之能察也則飲焉而得其正味者幾何朝而饔夕而飧人莫不食也食有正味必察之而後得人或食以濟饑未之能察也則食焉而識其正味者幾何是故若知若愚不能外此道而爲知則道常在人而人何可離道乎今則知者知之過愚者不及知其在知者之揣摩也猶夫愚者之昏昧也然則知此

道而察其中者何落落歟道之不行有由也已若賢若不肖不能外此道而爲行則道常在人而人何可違道乎今則賢者行之過不肖者不及行其在賢者之刻意也猶夫不肖者之卑污也然則行斯道而察其中者何寥寥歟道之不明有由也已吁道之得喪由於中之存亡中之存亡係於人之察否然則中庸果不可能也哉粤自先王迹熄教化廢而堤防壞士學於异端之後言道德者矜高遠而遺世用語政理者務卑近而非師古當時號賢知者猶不免於過中失正他尚何望焉子思懼夫愈久而愈失其真也於是推本堯舜以來相傳之意揭其體要於中庸之首章此以下又歷引言以發厥旨可謂喫緊爲人矣學者玩味而有得焉精一執中之傳豈俟他求而後得哉

天子討而不伐諸侯伐而不討

陳汝謨

同考試官教諭楊批（討伐二字説得透徹孟子尊王黜伯底意溢於言表而文復峻整筆力學力亦甚相副録之非但見子之才也）

考試官教諭周批（辭嚴義正是孟子文字録之）

考試官教諭方批（理致到處辭氣亦到作者作者）

大君出用師之命列辟奉用師之命蓋治師邦之大政也命出於上而奉於下焉尚何僭紊之有哉昔孟子舉三王之事以律五霸之罪謂夫古者王章克正侯度聿修威福之柄不移征伐之藿亦异是故畿方千里提封萬國天子也其勢雖有常尊矣然政典所專則天討焉蓋四方之國有方命而不恭者刑固當修也於焉發六師之號申九伐之瀺命彼方伯帥群后而底天罰嚴簡書之譴重推轂之威詔彼連帥徵有衆而致邦禁將見王威所向足以畏大而懷小何嘗親用黄鉞御戎行而制攻取耶赫怒所震足以推亡而固存何嘗躬屬櫜鞬濟貪忿而夸武功耶列爵惟五分土惟三諸侯也其守雖有常度矣然夙夜所謹則王命焉蓋天子之所有越志而衡行者兵固當加也於焉竭股肱之力整卒乘之雄聲其不率之罪陳之原而肆之市同兄弟之邦受馳驅之役歸以不恪之曲誅其君而吊其民將見奉辭而往惟武服之是共曷敢不禀於王假義以干國紀耶御命而行惟師律之是正曷敢不由其上矯制以亂天綱耶是則天子專討則畿兵不外出而威已行諸侯致伐則敵國不相征而分自定五霸之師顧不出此其僭侈之罪大矣抑嘗觀夫子之言曰天下有道則禮樂征伐自天子出故羲和之征史臣善之桓公伐楚春秋譏焉聖賢傳心之法如此夫何淮北之師美宣王之自將彤弓

之錫許臣子之專征哉噫是又可以觀聖人立教之經馭世之藿矣蓋非姬運之中衰夷狄之篡弑則淮北幾何而不爲勤遠略而彤弓不至於竊主威耶此有天下者所以當守經而行藿也

易

忠信所以進德也修辭立其誠所以居業也知至至之可與幾也知終終之可與存義也

楊琇

同考試官教諭常批（此題士子類能言之到幾義處便蹈襲可厭此作挑剔明白録之）

考試官教諭周批（易義明暢宜録）

考試官教諭方批（詞不費而意盡佳作）

文言詳君子進修之學所以發其憂勤之故也蓋進德修業九三爲學之事也則夫終日乾乾者非以此耶想其意謂夫九三君子身雖處乎危地心惟務乎進修是故内焉不誠則德无途而可進忠信其進德之基也必其主於心者念念誠一而天命之懿以全肫肫真實而无妄之本以立則得於心者有不自知其益而高明之域可造矣外焉不誠則業无地而可居修辭立誠其居業之地也必其見於事者言辭修省而本然之誠是立樞機謹擇而固有之真是存則見於事者有不自知其積而廣大之境可入矣夫忠信固所以進德然何如而見其德之進耶蓋理得於心至善而无惡者謂之至至乃幾之所在也真知爲吾所當止之處内主忠信以至之是行雖未至而知有所先則於至之所在而爲幾之所在者可與知之而不昧矣德有不進者歟修辭立誠固所以居業抑何如而見其業之居耶蓋理見於事至當而歸一者謂之終終乃義之所在也灼見爲吾所終止之方修辭立誠以終之是知已在先而行復克副則於終之所在而爲義之所在者可與存之而不失矣業有不居者歟是則進德者心也内也修業者事也外也九三君子之學内外兩進此所以終日乾乾而无咎者豈易得哉大抵憂所當憂而卒於无憂懼所當懼而卒於无懼此理之必然者九三君子聖人之德備矣今一處乎危地且進修惕厲以求無過若是其勤也世有一善不聞而冥行无忌者欲其不陷於危難矣哉噫其亦不占者也

歸奇於扐以象閏五歲再閏故再扐而後掛

劉廷敘

同考試官教諭常批（此題上閏字已兼兩閏言五歲再閏不過明再扐

後掛之義是篇體認親切録之）

考試官教諭周批（潔净精微可與言易矣）

考試官教諭方批（説理之文煞有瑜潤理學也）

大傳論筮法歸餘有所合再變有所始也甚矣筮法之妙也歸餘所合再變所始非大傳指而言之抑何以知其然哉昔聖人之意謂夫大衍之數出於河圖然其爲用各有所合是故虚一分二之餘掛一揲四之後左手之策不能无奇也或一二或三四歸而扐於左手第三第四指之間扐之蓋有定所焉右手之策不能不餘也或一二或三四歸而扐於左手第二第三指之間歸之蓋有定在焉歸奇於扐如此蓋掛一揲左扐左象夫三歲積盈虚之餘日分而爲一閏也揲右扐右象夫五歲積盈虚之餘日合而爲再閏也所謂歸餘有所合者如此然筮法再扐後掛者何耶蓋曆法五歲之間既積餘以一閏復積餘以再閏矣然後别起積分故揲蓍之法左右之策既各一揲而一扐矣于是别起掛一以爲後變之始求卦之方既四揲左右之策而歸奇矣于焉别起一掛以爲後變之端九變而成三畫雖曰得乎内卦也其間凡有再扐者莫不皆然否則蓍策无窮其變未終可以前萬民之用哉十有八變成卦雖曰得乎全體也其中凡有再扐者罔不皆爾否則蓍數无端其變未竟何以决斯世之疑哉所謂再變有所始者如此是則曆法難知也而筮法與之合筮法至妙也而曆法與之準大傳聖人闡之以告人得无意歟抑論之聖人幽贊於神明而生蓍參天兩地而倚數筮法之立豈但象閏而已耶觀其分二以象兩儀掛一以象三才揲四以象四時何者不寓於其間哉噫天生神物非聖人制而用之不過植物之流耳其何以通天下之志定天下之業斷天下之疑哉嗚呼聖人之功大矣

書

惟德動天無遠弗召滿招損謙受益時乃天道帝初于歷山往于田日號泣于旻天于父母負罪引慝祗載見瞽瞍夔夔齊慄瞽亦允若至誠感神矧兹有苗

戴希顥

同考試官教諭李批（此作斂華就實篇末寫出君臣上下可否相濟而感通無間虞廷雍容泰和氣象宛然在目必深於學書者）

考試官教諭周批（簡潔）

考試官教諭方批（長題文字難於該括此作得之允宜録出）

大臣歷著遠人有可感之理所以贊相臣之修德也甚矣德之無所不感也然則遠人未化亦惟修德以感之耳何以勤兵爲哉伯益從禹征苗而贊之

以此若曰今兹師舉三旬而苗猶未服意者威武不足恃而德化有未至乎夫德者人心同然之善天人感應之機人惟無德耳德則發乎邇見乎遠自升聞於亭毒之表誠於此形於彼自旁達乎冲漠之虚然則還兵而修德者此其時也况乎忽持盈之戒而充然自足不期損而必損守撝謙之行而卑以自牧不求益而受益是乃天道之自然而非人力之所能違也曷亦觀諸帝乎帝初於歷山之下往于畎畝之時于旻天于父母日以號泣惟怨慕之不已負其罪引其慝痛自克責一懟尤之不存于焉敬其爲子之職以往見之而惟恐少違其志竭其事親之敬以承順之而惟恐不得其心帝之誠孝如此瞽瞍亦信而順之也然豈惟是哉神明之幽視之有弗見也至誠之馨香有以感之亦且爲之來格况蕞爾有苗矣乎聽之有弗聞也誠意之精華有以格之亦且爲之時歆况蠢兹有苗矣乎是則感化之理遠而天愚而瞽瞍幽而鬼神皆不出乎德之外也由是而增修其德焉何患乎有苗大抵莫强於人心而可以義動可以仁感莫柔於人心而不可以威刼不可以力屈苗亦人耳而豈威武之可服哉伯益有見於此而歷言以贊之禹即班師而不以爲屈舜即敷德而不以爲嫌卒之有苗之格無不中吾意料之所及者則苗也可謂無負於舜而舜禹無負於伯益也所謂一乃心力其克有勛者信夫

不作無益害有益功乃成不貴异物賤用物民乃足

唐脩

同考試官教諭李批（通篇無陳言無俗氣讀之令人洒然）

考試官教諭周批（説召公進戒之意明白通暢諸作不及）

考試官教諭方批（體認親切筆力清健殆有識之士也允宜高薦）

大臣告君謹所爲以成治謹所好以阜民夫人君之好尚所繫爲甚重也治功之成民生之阜皆本於此其可以不謹哉召公作旅獒之書以戒武王及此若曰吾欲王拳拳致謹於一獒者豈無謂與蓋君者治功之所待以成也作無益而害有益則心馳於外而所以自治者疏矣如功何故如游觀之樂非天攸若非民攸訓要之皆無益也而敬德以祈天命立政以安天下非有益乎是必决擇於二者之間無游于逸而忘情於庶政之勤勞無淫于觀而弛志於萬幾之兢業夫如是吾知其勇往之氣不撓於外誘耽樂之從無皇於心思德之敬者日以新月以盛何有乎廢時而失事政之立者遠不忘邇不泄何有乎從欲以勞人上焉而天休滋至也下焉而海隅率俾也功有不成者哉君者民生之所賴以足也貴异物而賤用物則志荒於欲而所以責民者厚矣如民何故

如奇巧之玩寒不可儒饑不可粟要之皆异物也而服食之所必用器用之所必資非用物乎是必藿衡乎二者之則奇者不育也惟珍重乎布帛菽粟之需巧者不售也惟慎惜乎水火木金土之産夫如是吾知敦朴之風足以回侈靡儉約之德足以厲習染厚本而抑末生者衆爲者疾而服食之給無窮損上而益下食以時用以禮而器用之資不竭仰之則無乎不事也俯之則無乎不畜也民有不足者哉夫治功不自成也而成於所爲之謹民生不自足也而足於所好之謹使不致謹於一獒之獻而苟焉受之則非所以成功足民而重累吾王之盛德也此所以不得而已於言與嘗因是言之忠臣愛君必防其漸老成謀國先正其本故旅獒之貢召公作書象箸之作箕子進諫是蓋履霜之大戒治世之膏肓也然召公之書行於武王箕子之諫不行於商紂此其聖益聖愚益愚治亂興亡之判邈乎天淵之不相及有由然哉噫後之爲臣者固當以二臣爲法爲君者尤當以武王爲法

詩

既見君子錫我百朋

陳汝謨

同考試官教諭楊批(菁莪一題場中多爲所窘清麗可愛者僅見此篇)

考試官教諭周批(辭味雋永善説詩者)

考試官教諭方批(明暢可録)

詩人於所見之賓必狀其至悦之情也甚矣詩人之好賢也今於所見之賓而必狀其至悦之情焉宜其燕飲之際而咏歌之也歟菁莪詩人之意蓋謂好賢之誠既通見賢之樂斯盛凡爾君子皆我良翰鴻漸之儀昔蓋可望而不可即矣今也萃止於鍾鼓既設之餘龍光之德昔嘗可聞而不可睹矣今也既覯於承筐是將之頃中而和順外而英華咸奉我以周旋傾戴散而爲笑語矣音爲金玉質爲圭璋舉接我以宴好歆慕轉而爲獻酬矣是君子之既見其喜幸之何如彼世之所嗜者貨也兹焉見彼君子喜樂之心生如重貨之多於我乎子也人之所欲者利也兹焉見此君子愛悦之情至如奇貨之溢於我乎居也初筵之間人徒見其温温之恭而已抑不知上下胥悦周行所示若披寶藏之府而觀其富有方以百朋之貺何過乎几席之上人徒見其衎衎之樂而已抑不知君臣交會忠告所益若發良賈之積而見其深藏儗以多貝之獲何泰乎噫周王於燕飲之歌而極道其見賢之喜如此盛時君臣相與氣象豈不於是而見歟大抵上下之交豈可以聲音笑貌爲哉蓋必有真德實意潜孚默運乎其間然後可以感人心而成德業也周之王者有知乎此因其飲食而制爲

禮法鹿鳴之歌菁莪之咏其所以交上下而感人心者如此故得人之效至爲天子使而媚于庶人焉嗚呼盛矣君人者其尚鑑兹哉

在彼無惡在此無斁庶幾夙夜以永終譽

費頤

同考試官教諭楊批（周人忠厚之義發揮明盡深得詩正而葩之體録之）

考試官教諭周批（詞理整贍佳文也）

考試官教諭方批（説譽字得旨而文亦可觀取之）

詩人於二代之後美其得人心於無間而保善聲於無窮也蓋君子未有不得人心而蚤有譽於天下者也今二代之後人心交愛寧有不保其譽者乎此二王之後來助祭之詩也意謂德之感於人者有廣狹之殊則譽之加於已者有久暫之异觀大夏之後之爲君於杞國也杞人無小無大罔不愛之而有以愜一國之輿情殷之後之爲君於宋國也宋人無貴無賤靡不悦之而有以慰一方之顒望其在彼無惡如此及其服兹黼冔祼將于京也有嚴有翼而容貌修整自有以聳人之觀於薦廣牡相予肆祀也有萋有且如澤鷺之潔白自有以快人之睹其在此無斁又如此夫然則庶幾其能夙夜以永終此譽矣蓋二君者天子有事膰焉有喪拜焉等威不同乎列國人固以此而稱之也統承先王用天子禮樂尊寵大异乎庶邦人固以此而譽之也然或不爲人心之所歸則膰焉拜焉之禮或有時而不然矣今既有以致人之交愛則足以俾有周之無斁而今日之所稱者雖百歲猶一日可也夙而復夜夜而復夙寧有不稱之時耶或不爲人心之所向則天子禮樂之用或有時而中輟矣今既有以致人之胥悦則足以與我國而咸休而今日之所譽者雖没世而不渝可也自夙而夜自夜而夙寧有失譽之時耶是則人不難於保譽而難於得人心苟於其難者而能易則夫易者又何難之有耶周王獻助祭之臣而其言如此其愛人以德也何如哉大抵興王之君必存二代之後者所以尊其先世受命之君俾承祀而不廢且示天下公器又使時君常以覆車爲戒耳蓋一舉而衆義具焉此有周之法之所以爲善而非後世之所能及也

春秋

初獻六羽（隱公五年）衛人來媵（成公八年）伯姬歸于宋季孫行父如宋致女晋人來媵（俱成公九年）齊人來媵（成公十年）

侯嘉祥

同考試官教諭陳批（題本傳中之冠冕者士子率多舉此遺彼輕重失

宜獨此作體悉明白又筆力雄偉治經者顧不當爾耶是宜録出）

考試官教諭周批（詞足以發經旨佳士也）

考試官教諭方批（得胡傳意）

祀樂舉春秋因褒以見貶婚禮行春秋因貶以見褒夫褒貶爲春秋大法固有相因以見而不可偏廢者也考諸魯事則聖心之公可知矣且六羽之獻于魯也祀仲子於新宫損文樂之舊數斯亦祀事之常耳何謂因褒以見貶耶蓋天子八佾諸侯六佾此樂制也今舞列以六恪遵周室之制度降殺以兩無復分外之僭逾斯可褒矣然魯之所以頻僭差者果可得而掩哉是故在大廟則用以祀周公非所以康周公也在群廟則用以祀群公非所以尊群公也今日之用六既是則前此之用八果非矣春秋之法好而知其惡特書初獻見魯之得不足以救既往之失固褒之也實貶之也若伯姬之歸于宋也來媵則衛晋與齊致女則季孫行父斯亦婚姻之常耳何謂因貶以見褒耶蓋諸侯一娶九女大夫承命往致此禮制也今三國來媵則縱欲之罪有歸貴卿遣行則溺愛之私以著斯宜貶矣然伯姬之所以特取重者豈無自而然哉是故賢行著於家故致女使卿特厚其嫁遣之禮賢名聞於遠故諸國争媵信其無妬忌之行内外之逾制雖非而伯姬之賢德不誣矣春秋之法惡而知其美據事詳書見在人之失不能以掩伯姬之賢固貶之也亦褒之也噫貶不以褒而廢則人知惡之當戒褒不以貶而廢則人知善之當勉聖人之心何心哉大抵善惡者在人之情褒貶者天下之公聖人心無毁譽如鏡之無妍醜也因事物善惡而施褒貶焉不期公而自公耳然則有天下國家之責而司賞罰之藋者亦何莫學夫春秋

齊師遷紀郱鄑郚（莊公九年）

拱廷臣

同考試官教諭陳批（聖經言師言遷傳有明據此作乃能發文定意於千載之上可謂得謹嚴之法者高薦何忝）

考試官教諭周批（發揮傳意不混不遺杰作也允宜高薦）

考試官教諭方批（非精於治經者不能有此録之）

春秋於大國遷邑顯其迫小之强著其滅小之罪此郱鄑郚之徒所以變文言師言遷也在昔紀以蕞爾之邦密邇齊人之境啓釁積忿久已成於世讎動衆搆兵近又增乎新怨至乃大舉一國之衆而爲三邑之遷使其民不獲享安土之利致其君不能庇重遷之民紀之受謂亦云憯矣齊之肆惡亦

已甚矣聖人修經至此有概于中故遷不言師而特以師稱者若曰爲國圖存紀之力猶足與守大衆見迫齊之勢莫之敢當干戈是加驅之爲已屬也戎馬是蹂攘之爲已利也噫籲衆慼出矢言盤庚之所以安衆志者果無謂哉顧乃憑其横逆脅使降附强凌弱衆暴寡非甚不義者爲之乎故特稱師見紀畏威而遷齊之暴因一言而顯矣夫邑不言遷而特以遷書者若曰三邑之遷固于斯而不免紀國之亡亦自此而莫支其貪若狼盡疆其土地矣其食如蠶盡有其人民矣噫興滅國繼絶世武王之所以歸民心者豈無道哉顧乃恣行殄滅殘忍無忌弱之肉强之食非至不仁者爲之乎故特書遷見紀自是而滅齊之罪不再貶而見矣吁必稱師而後齊之暴顯必書遷而後齊之罪著謂春秋爲孔子之刑書信矣夫抑猶有説焉齊爲無道暴虐乎紀爲紀計者正宜早爲善圖求以免禍可也夫何前日憤然與戰大非保邦之道頻年主魯求援又非可宗之人速國之亡也固亦宜矣若夫齊襄隱忍於朝紀優容於存季嬀勉於葬伯姬逆天悖理無所不爲乃欲以是爲禮爲義爲仁以蓋其滅國之惡吾誰欺欺天乎

禮記

天垂象聖人則之效所以明天道也

蔣識

同考試官教諭林批（則天象明天道處惟此篇能説出人所未説細玩之深有意味子必有所受之也宜録之以定初學禮者不决之議）

考試官教諭周批（得經旨）

考試官教諭方批（有考據）

記者原取法於天之由著大報於天之義夫聖人則天之象者則天之道也饗帝於郊而大報之非明天之道而何哉昔記者論效及此謂夫報以功施有是功則有是祭禮以義起有是祭則有是義盍於郊而觀之是故日月者天垂之象也聖人于以動而觀静而玩萬事之紀立焉星辰者天垂之象也聖人于以遠而探近而索四時之柄定焉如日中星鳥日永星火東作南訛之事斯興其他開一務成一物何者不本於天象以爲之考中度衷乎宵中星虚日短星昴西成朔易之事斯舉其他創一法立一制何者不本諸天象以爲之利用厚生乎然作則雖始於聖人垂象實原於天道先王於是時維冬至罄對越之忱悃於南郊之丘以冕則异於常也以衮則异於常也日用上辛竭奏格之精禋於南郊之兆以車則异於常也以旗則异於常也是非徼福以自媚也所以表章天象之所在天道之所在昭昭然溥之而横乎四海者此也報之隆非以

其功之隆乎非矯誣以惑人也所以發楊天象之所存天道之所存暴暴然推之而及乎後世者此也報之崇非以其功之崇乎吁郊則禮也報則義也先王豈無義而爲虚禮也哉抑論天何言哉道而已聖人何言哉亦天而已矣先王制禮以明天之道與社以報地之道其義一也若夫所謂天書之降實所以誣天封禪之議實所以褻天果可語先王之禮哉故曰有國家者郊社之義不可不知

合生氣之和道五常之行

唐鎬

同考試官教諭林批（題本好説人多失於浮泛晚得此卷字字輕重皆有分曉平易中自是過人當進之以與天下之士友焉）

考試官教諭周批（有理趣）

考試官教諭方批（善組織）

贊化工之妙迪人心之天惟樂然也甚矣樂妙天人之和也先王作樂欲以之爲造化人心之用焉樂其大矣乎樂記論聲音之應感及此蓋謂本與末而兼該情與文而俱備先王之樂固已盡善盡美矣將安用耶是故陽一動而爲春爲夏生長由之而始陰一静而爲秋爲冬收藏由之而終此生育之氣也先王用樂以合焉寓諸聲音者發而爲揺蕩之機使聖以産之仁以長之一大化爲之均調義以守之中以藏之一大順爲之洋溢發舒之内而有停畜嚴頻之中而有絪緼不亢不肅所謂動四氣之和者此也吾之氣順天地之氣豈有不順乎得乾之剛而爲仁爲禮信亦存焉得坤之柔而爲義爲智信亦賦焉此五常之行也先王用樂以道焉形諸節奏者宣而爲感召之方使發之也仁行之也中一僞爲之不容裁之也義處之也正一誠爲之無間嚴毅發於慈巽之餘和易形於直方之際能讓能斷所謂著萬物之理者此也吾之心正天下之心豈有不正乎吁化工以樂而和人心以樂而善樂云樂云鐘鼓云乎哉嗟夫天下之道二邪正之間而已故樂能贊天地之和亦能傷天地之和能善民心之德亦能敗民心之德此無他古樂與新樂和淫不同也如齊宣好世俗之樂魏文好鄭衛之音皆先王之罪人也然而當時之化不時則不生男女無辨則亂升非樂也人也故君子當自修以端作樂之本云

第二場

論

臺諫以天下公議爲主

陳汝謨

同考試官教諭楊批（臺諫一論是昔之聖人見得一人之聰明不足以盡天下的庶務故以耳目付臺諫而臺諫主公議則四海九州之情自得其操術可謂簡要矣場中士子專以忠諫直作議論不知歸重在人主上□失立言本意惟此作有根據有發揚且下筆措詞脱□陳腐氣習蓋蓄學有待之士也允宜録出以示學者）

考試官教諭周批（論有抑揚開闔收拾在□數語有識者之言也得士如此司校文者可以塞責矣）

考試官教諭方批（臺諫一論文勢滚滚從胸中流出長江大河之才予其有之甚矣公議之難也异日揚乎大廷子慎無忘斯言）

人主設官以通天下之言本諸人心所同然者而已何也一人之心思不足以徧天下之耳目一人之聰明不足以盡天下之見聞人主聰明必有所寄然後任言責者得以盡難言之事而廟廊之上日聞所不聞之言下無隱情上無壅聽求天下無治豈可得哉否則堂下遠於百里而跬步之外不勝其异議矣知乎此元城劉氏所謂臺諫之論每以天下公議爲主者可得而論已請終其説日月經乎中天大可以被八荒而小或不能入一室之下彼固無用此區區小明也人主之知何以异是是故九州中處四海外環君以眇然之躬深居九重之上一日萬幾蓋亦繁且難哉將欲竭聰明營耳目包羅籠絡使天下之衆必無所用其奸吾知其不能也昔之聖人有見於此遂以耳目之任付之臺諫之官蓋不自用其聰明而以臺諫爲聰明不自私其聞見而以臺諫爲聞見不自役其耳目而以臺諫爲耳目非以小明不足恃而天下之情不可不通也乎然官以諫爲名則責任與百司异何哉專一事者任一事之責而止守一職者任一職之責而止至於天下之得失生民之利害社稷之大計惟所見聞而不係職司者獨臺諫得言焉得其言而不言與言之而不盡其道奈天下何奈社稷生民何於乎此所以必以公議爲主耶夫君之使臣臣之事君大公至正之道而已矣大公至正之道非滅人言以求覆過取小亮以私其君者之謂也以天下之公心言天下之公議而已且公議何爲而生歟蓋天理之在人心者發爲至情人情之不容已者形爲公議公議之同然者而爲是是非非今執途

之人而與之爲謀彼未必能也聚一邑之人而求之當有所得矣邑之人豈必智於途人也哉論者多則其見公耳又即邑之人而與之爲謀雖有中未必盡得也合一郡之人而求之所得者多矣郡之人豈必智於邑人也哉論者愈多則其見愈公耳而況天下同然之議其不公者乎故曰匹夫匹婦離而聽之雖愚合而聽之則神偏而聽之雖闇公而聽之則精臺諫舍此不足以言職矣故公議之所是臺諫必是之君曰不可臺諫曰可君曰不然臺諫曰然吾敢沽名哉知有公議而已公議之所非臺諫必非之君曰可從臺諫曰勿從君曰可聽臺諫曰勿聽吾敢求勝哉知有公議而已甚至君非不尊也一或枉道於天反道於地覆道於社稷無道於黎元于焉持公議而必争之宰執非不貴也一或悖道於君逆道於人黷道於貨亂道於刑于焉據公議而必折之他如事不可以輕入重罪不可以生入死公議所不容也敢緘默乎法不可以剥害於人財不可以擅加於賦公議所不愜也敢淟涊乎情不可以委之於倖亂不可以啓之於萌公議所必戮也又敢依違而不力乎夫然則人主耳目之寄在衆賢而不在群小陟罰臧否之柄在公朝而不在私門生民有欲可以言通吾一人之身不出户庭而四海九州物物無遁情矣論而至是則知公議行而臺諫之職盡臺諫賢而天下之治成古之聖人能通天下爲一身者其用此道歟雖然臺諫之設信善矣耳目之責信專矣一或匪人則公議之場未必不爲假借私拳之地耳目之重未必不爲報復恩怨之資故必廣大之士而後取善也公必直諒之士而後論事也正必剛介之士而後持説也堅必誠篤之士而後納言也信合是而觀則知臺諫者輔治之要也公議者臺諫之要也慎人者公議之要也修身以端取人之則者又爲君者之要也是爲論

表

擬宋蘇軾等進唐陸贄奏議表(元祐八年)

張資

同考試官教諭楊批(忠愛之意發爲嚴正之詞告君者當如是矣)

考試官教諭周批(得駢儷體)

考試官教諭方批(典雅)

元祐八年五月七日臣蘇軾臣吕希哲臣豐稷臣趙彦若臣范祖禹等誠惶誠恐稽首頓首上言伏以昭德塞違獻納有裨於至治篤信好古典刑端屬於老成惟善人能受乎盡言而智者每視夫成事兹遇人惟求舊法不喜新隆大孝於慈宫克篤周文視膳問安之至敬紹徽猷於列聖恒懷伯益滿損謙益之嘉謨盛德過人虚心無我罷青苗止雇役明斷實出於宸衷開言

路起廢官正道方亨於今日臣等論思是職未酬一得之愚採摘不嫌竊效三篇之對伏見唐宰臣陸贄者言不離於道德學可帝師論每切乎事情才幾王佐觀其奏議一編之經略將與伊傅争衡比諸治安諸策之規模豈容董賈獨步下詔而罪己萬方仰洗天浴日之功削號以改元九廟仗旋乾轉坤之力他如用人聽言之法足裨明目達聰之萬分治邊馭將之方庶幾行遠升高之一助究其術雖不盡於當世徵厥數似有待於明時臣等鉛槧譾材草茅末學備員講讀慚負聖明憂時之念無窮而識則有限補衮之心彌切而言或未能用資藥石之談藉爲曝芹之獻上塵乙夜之覽先求九弊之端儻置坐隅不止於言語文字之益若能心得自兼夫堯舜禹湯之明伏願主善爲師聖學日躋於有極以人爲鑑皇圖天啓於無疆臣等無任瞻天仰聖激切屏營之至謹以所校奏議二十二卷隨表上進以聞

第三場

策（五道）

第一問

陳汝謨

同考試官教諭楊批（會典一書實備國家一代之制周官法度大抵在是子生於百粤之鄉迺能條陳若是固足以占用世之學益見聖教漸摩無間遐邇也夫）

考試官教諭周批（聖制策鋪叙甚善宜録）

考試官教諭方批（會典一問欲觀諸士子究心聖謨處子獨條答無遺且文勢雄偉爽朗奇士奇士）

對觀乎日月星辰而後知天之所以爲高明觀乎山嶽河海而後知地之所以爲博厚苟不觀乎一代之制作百司之典章抑何以知聖皇垂統繼序之所以爲大者哉請因明問而敬陳之自古帝王之御極也莫不有典有則以爲法於天下以垂訓其子孫焉顧其後世能敬承其道而不墜演益其緒而濟美者稽之史册亦不多見也我太祖高皇帝掃除胡元肇造區夏版圖既定典章一新當時御製諸書皆太平之基業也我英宗睿皇帝嘗欲纂輯條格潤色諸書未底于成而龍馭昇遐我孝宗敬皇帝宅心繼述思集大成迺命内閣儒臣纂輯一代之制定爲會典之書凡殿廷内政宗室等差則取諸皇明祖訓孝慈録凡約束臣民懲奸斥僭則取諸大誥大明令教民榜兵

制則取之軍法定律刑辟則取之大明律而内外執法之官則取諸憲綱以爲則至於百司庶務纎悉畢舉則一一皆本於諸司職掌之所載也是故先之以本朝官職制度而大綱舉次之以事物儀文而萬目張内列五軍六部以爲居重馭輕之本外列都司藩臬以爲承宣防範之寄郡縣之設提封萬里而各統于藩司衛所之兵犬牙相參而各總于方鎮土官荒服屬吏部者列于郡縣之次屬兵部者列于衛所之次其體統名分蓋猶冠屨衣裳截然而不可易者也至論其設官則文武雖并置也而事皆歸于文職文職各有司也而其成必關内閣亦如周之六卿分職以倡九牧而冢宰實掌邦治焉其大要合於周制者蓋在此矣自周而降若漢之規模略定于三章唐之儀式僅頒乎六典會要作於宋而光嶽弗完經世紀於元而彝倫斯斁擬諸會典不可同日而語明矣至於制异墳典者蓋謂欲宜於今而不泥於古法殊紀傳者蓋謂叙其事而不録其名體有所重故事雖微而必録義可以訓故令雖寢而必書文字之間盡用行移之語而不少潤飾者蓋將使山谷田野之民易於誦習而便於遵守然耳嗚呼天地之道所以博厚高明者由其爲物不貳我祖宗之制作所以光前裕後者本乎聖德之至誠自洪武以至于今百六十年間天下一統而無敝者其本端在于此愚也不識不知順帝之則而已蕪詞不足以復明問惟進教之幸甚

第二問

唐脩

同考試官教諭李批（三場匀稱儒業一策上下古今出入子史而評論明當末復重於所養非斷然有識者不能如此且反覆詳辯而筆力愈健凡近者殆未可窺其際也表而出之用勵多士）

考試官教諭周批（策場所以觀士之閎博此篇故實不遺而品藻精當且辭氣整贍若有未盡其才者得士如此可稱賢科矣）

考試官教諭方批（策目淺易答者類見其難此卷能答所問而文且典重豈亦有德者之言乎）

對儒有鳴世盛而垂世遠必本諸中者深而發乎外者宏矣德也功也言也所以鳴世即所以垂世也是故德而不一非純德也功而不正非崇功也言而不經非通言也真儒無不純之德不崇之功不通之言也上而兼焉次而各舉其盛焉後世猶有誒焉可也德不足而求之功功不足而求之言抑淺爾噫天下微全人而君子有定論矣夫德由身修而大小分功由時建而邪正形言由道考而醇駁判裒小而成大去邪而就正祛駁而歸之醇吾以是觀其養矣

執事者于德于功于言皆屬舉而詢焉愚有以知君子慨世之深意矣且忠如屈原朱子以爲過直如汲黯楊氏疑其褊廉如時苗元世祖乃斥其矯約如王安石蘇洵乃辯其奸蓋嘗昡於其迹至於自湛其身與淮南寢謀之事夫然後知過之者乃所以許之疑之者乃所以信之而似德之害者固不容已於辯且斥耳義如張巡未免流俗之毁斷如寇準卒來孤注之喻勇如李靖而東坡譏其失才如姚崇而潁濱病其非蓋嘗惑於其説至於蕺全天下之半與親扶日轂之事夫然後知温公之論一出於至公欽若之讒不失爲士憸而逢君之惡者亦不容已於譏且病耳若夫董仲舒潛心大業而真氏論其流於灾异楊子雲博極群書而程子貶其首撰美新王褒著僮約而顔氏示戒韓愈頌聖德而子由鄙焉夫以仲舒承秦滅學之後六經離析之餘賢良之策度越諸子其推陰陽錯行之故蓋有得乎春秋灾异之變視雄承諛之語可并觀耶昌黎文起八代之衰道濟天下之溺泰山北斗學者依歸其警藩鎮叛逆之意蓋吻合乎風雅勸懲之旨想□□□之文可例論耶執此以往則先止之取舍後賢之定論可具見矣雖然有三義焉蓋自其一者而論之必德盛者業可大而言可法也自其分者而言之藴之爲德發之爲功爲言也自其修於人者言之天質之美固不足以勝其涵養之力也是以原之忠黯之直張之烈寇之斷董之學得本原韓之佐佑六經皆有端厚以爲之質剛大以爲之氣而濟之以雄偉不常之才考其所立德雖未合乎中庸功則高視乎一世而其言又有聖人之道賴之以復明者多矣後之論者猶復云爾何哉蓋聖賢之學體用一原而存養之密内外兼致故其德足以動高玄功足以周物務而其言又足以宣人文而憲萬世自夫道學不明而人才成就大抵不能無可論者要亦非數子之責也然愚竊有憾焉原之怨黯之忿寇之不學韓之好進此君子所以喜其天質之美而惜其涵養之力也嗚呼孰謂千載而下而有仲舒之醇正睢陽之忠義者哉謹對

第三問

楊琇

同考試官教諭常批（評論古人行事得失乃學者一項窮理工夫所不可缺然非博極群書不能也今子於此條答無遺豈非尚友者耶）

考試官教諭周批（觀此一策蓋博學宏辭之流也健羨健羨）

考試官教諭方批（叙事詳盡而斷制精明非若左氏專以成敗論事者矣佳士佳士）

不患乎疑事之難決而貴存至公之心不畏乎衆論之難折而貴操大中

之矩蓋公則不私而天下之猶豫自定中則不偏而天下之議論自明不私不偏其於衆言之混淆吾折以本然之則而有餘力尚何狐疑之患哉請因明問而陳之事之交於前者雖無常形理之具於心者自有定則理同而事异不害其爲同理异而事同適所以爲异慨自嬴秦黷武邯鄲幾傾無忌襲擊晋鄙以赴平原之急雖非大義而勇於救患猶或可嘉項籍何爲者顧以偏裨之職矯殺宋義以救新趙而又戕害主帥大義乖矣陳勝舉事尺土未階張耳勸立六國以爲自固之計雖非公謀而外假虚名或能樹黨酈食其何爲者乃於垂成之漢贊立六國以撓楚藿是爲割地資敵淺謀甚矣韓信伐趙置背水陣而士卒有死之心其致勝宜也漢王以惰卒而當强大之楚於睢水非納侮而何王翦伐楚將六十萬衆而函谷爲虚其成功幸也符堅舉大衆而寇安輯之晋於淮淝非取敗而何甘陳矯詔以斬郅支匡衡以爲不當封者義也劉向謂其排妬不免於計利之言薄昭恃勢而殺漢使李德裕以爲殺之當者正也温公謂其未然不免於公義之損管仲不死子糾蓋桓公當立而子糾不當立耳故孔子與其功若王魏之苟難殊於仲矣子程子謂其先有罪而後有功不亦當歟梁悦爲父復讎蓋知義不共天而法令不暇顧耳故昌黎薄其罪元慶之復父讎等於悦矣陳子昂乃欲誅其人而表其閭不亦過歟靈州爲宋人保障之境不可弃者也輔臣之言爲是楊億李沆以爲可弃其殆未之思乎綏州乃敵人戎馬之場不可城者也洪湛之言爲非孫全照以爲宜緩其亦計之熟乎吁群疑滿腹判之在於一心衆難塞胸折之憑乎一理傳曰藿然後知輕重度然後知長短舍至公之鑑其何以决天下之疑昧大中之矩又何以斷天下之務哉雖然評古人之得失將以驗吾身之得失較往行之是非期以審吾行之是非苟徒觀人而昧反觀察人而忘自察則亦何益於身心哉末學管窺未知是否幸執事進而教之

第四問

拱廷臣

同考試官教諭陳批（聽言信行孔門自有故步此篇貫串經史品量人物而不失藿衡况議論辯博辭氣莊整若德人儼雅色不可犯察子所存殆非無之而工言者也將信子爲端士矣薦之以華科目）

考試官教諭周批（言行一策正關士習此篇斂華就實黜通尚檢辭氣舂容而斷制有據世有如此才宜其穎脱而出矣）

考試官教諭方批（五策皆無可疵而言行一篇尤敻出諸士之右録之將以喻浮誕者云）

對道術正士之言行初無可擇氣習异士之言行始有所偏天下之事以言而傳將亦以言而廢以行而立將亦以行而荒蓋言有切謾而行有夷險也今夫叩鐘鼓而聽其鏗訇天下無异聲由道路而騁夫康莊天下無异徑人之於言行也亦然節而後言志而後動則鏗訇之聲徹於外而康莊之馳將達於天下矣夫惟言必簡而節始中行至中而志始堅不中乎節不堅乎志則言固苟言而行亦詖行耳善乎宋儒之論曰先道而言故無不信之言先義而行故無不果之行知此然後可與論言行矣是故聖賢者萬世言行之準也觀夫贊吉人而稱寡辭叙敝俗而病利口語世變而薄尚通敦操已而重危行至於四方之使則未嘗以有言弃中庸之道又未嘗以怪异求何也夫言慎者德崇而誕者風靡行果者德久而通者詭隨此固言行之大端也若夫子員無私叔向所召子産有辭諸侯賴之柴愚參魯著在高業而狷者不爲亦惟所取焉是言果不可已而通果不必尚也審爾雖然君子豈樂爲是費辭者哉誠以道術不可以不明人心不可以不正故也大道既隱民訛寖彰柔巽流而爲諛佞貞實散而爲夸毗其言行之可觀者亦其習俗之近古者也蓋嘗求之古人語默之間而有得乎宇文融之應對辯給周勃之言若不出王夷甫之詞甚清辯李廣之終日恂恂嵇康之輕肆直言徐穉之不答國事矣又嘗稽之古人通檢之迹而有得乎卓茂之束身自修郗超之任心獨詣關康之之候見不顧何思澄之惟事造謁陸龜蒙之耻與俗交申屠蟠之自同傭人矣蓋求之而不辯稽之而不察果能有以盡夫人乎否耶故曰言有切謾而行有夷険者也夫以聚斂禍唐者孰與厚重之安劉廢事亂晋者孰與簡易之效績直遂戕生者孰與明哲之自容曠世不羈者孰與恭愛之被聘俗方婁護者又孰與人不敢干之高尚及乎樂開入學之賢見幾而作之智或者殆未可以醇疵判矣由是觀之誕者不必述事而謹者然後可以營道通者不必周務而果者然後可以育德噫聖人之言動又豈有舍道德而爲之度者哉而執事者不詢又欲求以去夫口過怨惡之道焉益有以見開示承學之盛心矣夫言由中出行由心制者也君子先立其誠於是乎有易心之語比義之行矣韓愈儒者也其著言行之箴顧不推本於此何耶噫誠豈易言哉昔顔淵問仁而請其目夫子曰非禮勿視非禮勿聽非禮勿言非禮勿動程子嗣而爲之四箴誠之一語蓋三致意焉退之之學非心學也無惑乎其未之前聞也雖然何以知要曰言忠信行篤敬雖蠻貊之邦行矣此孔氏家法也請敬事斯語

第五問

蔣讖

同考試官教諭林批（民事敝而不修軍政涣而無緒廣西之恒患也此

策首言任人任蘿已得其要而叙事精確初無浮冗不根之談見於施行當亦有濟如子者豈亦先天下之憂者歟吾將卜子於用矣）

考試官教諭周批（士子適用之學類於時務一策見之此篇辭醇事覈諒非能言而不能行者）

考試官教諭方批（士子叙時政者不激即迂此篇酌古準今言利害處尤明白痛切而文復渾厚深暢經濟之學也）

善養民者任賢其先也善養兵者任蘿其要也蓋裕民非難民且不足而國計方殷欲一於裕民爲難也强兵非難兵且不足而時難荐至欲急於强兵爲難也雖然事有難爲之勢而亦有不難爲之理殆未可執一論也察耗敝之原廣豐殖之利均撫馭之政然必量緩急之宜而詳夫施爲之方理之所易也如此愚故先之以任賢任蘿之論矣廣西之民困矣而致困之原四有盗賊以撓其生有征派以屈其力有侵漁以蝕其心然究其歸則守令之未擇也廣西之卒耗矣而致耗之原四工巧者敝於投附奸宄者敝於脱漏貧懦者敝於征調然求其故則蘿禁之未一也夫以至困極耗之際而猶泥夫故常之迹必欲如昔人之減苗斛除抑配歟今也逃亡之租亦既停無經之費亦嘗節矣必欲如昔人之罷征交屯近郡歟今也寇則在門庭兵則不出境而廣東之餉且歲至湖廣遞戍之軍日接踵於道矣必欲滅四郊之盗蠲兩税之征逐侵漁之吏編户之民非不足以刷積歲之忿而快其心吾恐十室九空緩急之宜吾民不能以懸俟矣必欲正投附之罰完脱漏之伍節貧懦之差尺籍之衆非不足以申號令之重而作其氣吾恐十羊九牧施爲之方吾人不得以專制矣夫惟至困之民而守之以不能懸俟之勢枯魚之肆不其多乎且歲入不登於舊經費遂逾於初官之所急即民之所需也爲民計者惟廣豐殖之利而已昔羊祜之始鎮襄陽也軍無百日之儲祜乃墾田八百餘頃及其季年遂有十年之積蓋古人已試之效也廣西之野原田久於蕪穢水泉廢於荒窒列郡蓋相望也必若募逃逋之徒給墾闢之具分疆刋石使有定分再歲而熟民知所趨矣由是於常賦則放貶納而徵土著於公田則給傭直而收贏餘雖微叔子之效公私其或少贍乎夫惟極耗之卒而振之以不能專制之威枘鑿之用可相入乎且衛乏而需於所所乏而需於軍下之所惡即上之所欲也爲軍計者惟均撫馭之政而已昔雍子之爲謀主於晋也彭城之役歸老幼返孤疾二人役歸一人陣楚次而降彭城又古人已成之績也廣西之兵丁壯役之樵蘇孱幼没之奴隸宿弊蓋相緣也必若嚴貴精之法廣營屯之田招亡察隱俾無欺菽逾時而定軍實可閲矣由是精練者則執干戈而衛社稷羸弱者則負耒耜而助餱糧雖無雍子之績什伍其或少復乎振飭之務此其梗概耳夫民無

定情而政且繁守令不擇則苟且之意多而化不流軍有常局而弊易濫藿禁不一則影占之私盛而法不統苟得其人則撓民者有所控制屈民者有所通融蝕民者有所畏憚而凡豐殖之利將經久而無遺矣苟一其藿則投附者無所依憑奸宄者無所竄匿征調者無所怨咨而凡撫馭之政將均齊而專一矣雖然豈特廣西之患哉不恤緯而憂王室誠非嫠婦之任也惟執事者教之

廣西鄉試録後序

正德己卯秋八月下澣廣西鄉試録就緒有日矣尚文等七人實受幣聘來典文衡方事之殷寢不安席食不下咽憂心冲冲惟恐其有負也撤棘之前夕卷束于箱榜登于堂待旦而出院尚文等暫憩小集取館人饗日所供酒㦸薄定禮飲獻酬有節雍雍愉愉歡而不譁所以舒其和弛其藴節宣其勞而樂王事之有成也既而相與諗曰古者列國卿大夫聘問宴饗必賦之矣吾徒此行得無内疚乎好賢莫如緇衣杕杜近似之矣誠之發於中心而敢有怠於此乎淇澳之切磋琢磨求其精而益致其精矣寧復有遺材之憾乎菁莪棫樸雨露之所濡也國家作人造士之功莫大焉南山之臺其德盛矣邦家之基以人事君之謂也當軸諸君子有焉雖然受賜不報豈只尚文等之愆抑亦諸士之耻也遂歌天保以祝聖明坐者皆肅容拱而立御史曹珪聞之曰是可以警有位華鹿鳴矣命附諸末簡以爲序

江西南昌府新建縣儒學教諭周尚文謹序

嘉靖十六年鄉試録

廣西鄉試録序

我皇上繼天立極慨然有超軼唐虞之志求善治於天下求天下之治於人才求人才於科目三年一舉一惟皇祖舊章是率而恒加慎重焉龍飛以來凡五舉矣中慮省試甄録之或未精命京官出司考試事行之再謂終非便乃復選聘教職爲之如初今歳又當三年之期先是禮部以其事上請頒行天下俾舉行如例厭薄近來程試之文失渾厚之體追慕隆古之盛申飭所司務各校閲如式所以黜浮崇雅正人心以端士習一道德以同風俗又靡有遺慮焉者天下何其幸歟於是廣西藩司以其事白巡按監察御史諸演先期移檄走幣遐藩聘學官之通于經術發身科目者來典文鑑建以春秋何文俸辛樂以易李典鄧玉瓚以書宋希文林謹以詩湯紹夔以禮記各以職應聘至如既集建乃相與憂曰兹省也介居荆揚之南古爲百粤之地迨入我朝風氣大開人文丕著故建學校聯師儒設科目其制與諸藩同今入其境見其群山糾紛矗峙者若削迴旋者若翥犖峭若琢玲瓏若鏤湘水出其北灕江潴其東以達于府江千里不能休聞西有潯江上接太南慶柳之派莫知其源下合府江流爲梧江以匯于其東南歸宗于海論山水之勝當甲天下昔人語山川之秀不鍾于物則鍾于人兹無瓌奇物産也其間人才之生豈無英杰者在哉今將求之文藝之中第恐吾儕好尚不同甄别或爽有負今日付托之重是則可憂也已僉曰誠哉是言也懼哉雖然亦惟知其要而已矣伏讀綸音有曰文卷務要醇正典雅明白通暢如有似前鈎棘奇僻痛加黜落大哉王言以文取士之法如斯而已者也今日之責惟公其心共敬承之期於取之如訓其庶乎其庶乎戒期入院維提調則左布政使萬潮右参政林士元維監試則副使蕭晚僉事汪大受維續差御史陳遷以憂止於途御史諸演寔監臨之是故以其職告之曰兹盛典也凡我執事各有攸司怠若事有愆諸罔弗虔且勉乃合提學僉事潘恩所選士三試之如制分房校閲得士五十五人如額見其文率雅淡平實根極理致發自性情其辭之達乎習之正乎氣之昌乎無乃山川之徵與聖化漸摩之自乎乃相與喜曰昨懼不任今得此吾儕之憂可釋也已僉曰兹維吉士

進之禮闈殆無忝于訓辭之云斯則可慶也已於是録其姓名次其先後及其文二十一篇以獻尚冀多士争相淬礪以大厥成於异日仰副聖明旁求俊乂之夙心則主司之慶又竊有大於今日者矣維時提督兩廣軍務兼理巡撫兵部左侍郎兼都察院右副都御史潘旦嘉惠後學士類知奮維右布政使夏邦謨左參政陳毓賢右參議陳大珊副使鄒輗翁萬達僉事鄔閲操松分任效能以協贊于外士之得以直達于省無復昔時道路之虞則總兵官安遠侯柳珣副總兵張經左參將孫繼武右參將沈希儀與有勞焉其入試也魚貫而進得免于懷挾之累以成今日取舍之公寔監臨約束之嚴藩臬綜理之密抑亦外有都指揮梁鼎顧邦重相與祇閑之而不敢忽也

福建福州府候官縣儒學教諭陳建謹序

嘉靖十六年鄉試

監臨官

巡按廣西監察御史諸演（宗易浙江餘姚縣人　丙戌進士）

提調官

廣西等處承宣布政使司左布政使萬潮（汝信江西進賢縣人　辛未進士）

廣西等處承宣布政使司右參政林士元（舜卿廣東瓊山縣人　甲戌進士）

監試官

廣西等處提刑按察司副使蕭晚（啓旦江西吉水縣人　辛巳進士）

廣西等處提刑按察司僉事汪大受（叔可直隷婺源縣人　己丑進士）

考試官

福建福州府候官縣儒學教諭陳建（廷肇廣東東莞縣人　戊子貢士）

河南河南府洛陽縣儒學訓導辛樂（宗韶山東安丘縣人　乙酉貢士）

同考試官

山東濟南府武定州儒學學正何文倖（先敬福建福州左衛人　乙酉貢士）

江西撫州府崇仁縣儒學教諭湯紹夔（汝和四川安岳縣人　己卯貢士）

山東兗州府魚臺縣儒學教諭宋希文（仲質湖廣黄岡縣人　乙酉貢士）

河南開封府許州長葛縣儒學教諭李典（倫叙福建莆田縣人　甲午

貢士）

福建建寧府政和縣儒學教諭鄧玉瓚（汝獻江西泰和縣人　乙酉貢士）

浙江杭州府海寧縣儒學教諭林謹（宜敬廣東揭陽縣人　戊子貢士）

印卷官

廣西都指揮使司經歷司經歷趙世重（廷舉湖廣漢山縣人　監生）

廣西等處提刑按察司經歷司經歷錢崑（邦鎮湖廣銅鼓衛人　監生）

收掌試卷官

桂林府知府楊沔（東之應天府句容縣人　己丑進士）

柳州府知府汪仲成（汝玉直隸績溪縣人　丙戌進士）

受卷官

平樂府同知周訓（彦學江西寧州人　戊子貢士）

梧州府推官熊揖（應濟江西南昌縣人　丙子貢士）

彌封官

柳州府同知吴預（少凱廣東東莞縣人　己卯貢士）

潯州府通判程文（質甫直隸當塗縣人　己卯貢士）

平樂府平樂縣知縣黄玠（孝徵福建龍溪縣人　庚午貢士）

謄録官

桂林府同知趙遠（原静永寧衛官籍江都縣人　庚午貢士）

梧州府鬱林州知州冉藍（朝章湖廣石門縣人　癸酉貢士）

柳州府象州武宣縣知縣羅釗（彦時福建懷安縣人　己卯貢士）

梧州府蒼梧縣知縣項寵（子忠直隸休寧縣人　監生）

對讀官

慶遠府推官安和（彦節四川巴縣人　監生）

南寧府横州知州陳岳（舜咨廣東海陽縣人　丙子貢士）

桂林府臨桂縣知縣陳旨（諭明廣東南海縣人　監生）

梧州府岑溪縣知縣熊垚（元敷江西豐城縣人　乙酉貢士）

巡綽官

桂林中衛指揮同知白泫（源潔全寧山後人）

桂林中衛指揮僉事衛相（汝弼直隸合肥縣人）

桂林中衛指揮僉事柳浦（子南直隸全椒縣人）

桂林中衛指揮僉事莫愚（希顔廣西臨桂縣人）

搜檢官

桂林中衛左千户所正千户魏容（德裕直隸定遠縣人）

桂林中衛右千户所正千户袁賓（汝賢江西餘干縣人）

桂林右衛後千户所正千户胡紹富（尚禮湖廣武寧縣人）

桂林右衛中千户所副千户戴冠（子儀江西萬安縣人）

供給官

廣西都指揮使司經歷司都事包朴（子厚浙江鄞縣人　監生）

廣西等處承宣布政使司照磨所照磨彭大節（忠夫湖廣瀏陽縣人　監生）

桂林府通判伍重（子厚湖廣新化縣人　監生）

桂林府推官蘇璞（在石福建莆田縣人　丙子貢士）

桂林府經歷司知事朱惠（天惠浙江嘉興縣人　監生）

桂林中衛經歷司知事郭韶（聖樂廣東新會縣人　吏員）

桂林府全州判官朱慇（益之浙江崇德縣人　監生）

桂林府臨桂縣縣丞陳舜和（繼美江西進賢縣人　監生）

桂林府臨桂縣主簿崔志義（時宜廣東電白縣人　監生）

桂林府臨桂縣典史周棠（民愛湖廣祁陽縣人　吏員）

桂林府遞運所大使何端（于中福建莆田縣人　吏員）

桂林府臨桂縣東江驛驛丞熊智（廷哲湖廣道州人　吏員）

桂林府臨桂縣南亭驛驛丞蔡仕齊（國用江西豐城縣人　吏員）

桂林府靈川縣大龍驛驛丞李春鳳（祥夫湖廣巴陵縣人　吏員）

桂林府興安縣白雲驛驛丞高明（德輝湖廣麻城縣人　吏員）

第一場

四書

行夏之時乘殷之輅服周之冕樂則韶舞放鄭聲遠佞人鄭聲淫佞人殆　郊社之禮所以事上帝也宗廟之禮所以祀乎其先也明乎郊社之禮禘嘗之義治國其如示諸掌乎　思誠者人之道也

易

乾始能以美利利天下不言所利大矣哉大哉乾乎剛建中正純粹精也　柔在内而剛得中説而巽孚乃化邦也　象者言乎象者也爻者言乎變者也

窮神知化德之盛也

書

萬邦黎獻共惟帝臣惟帝時舉　乃審厥象俾以形旁求于天下說築傅巖之野惟肖爰立作相王置諸其左右凡厥庶民無有淫朋人無有比德惟皇作極　天惟純佑命則商實百姓王人罔不秉德明恤小臣屏侯甸矧咸奔走惟茲惟德稱用乂厥辟故一人有事于四方若卜筮罔不是孚

詩

瞻彼淇奥綠竹猗猗有匪君子如切如磋如琢如磨瑟兮僩兮赫兮咺兮有匪君子終不可諼兮　其旂淠淠鸞聲嘒嘒載驂載駟君子所屆君子之車既庶且多君子之馬既閑且馳壽考且寧以保我後生

春秋

夏城中丘（隱公七年）　夏四月辛巳晉人及姜戎敗秦于殽（僖公三十有三年）春王二月甲子晉侯及秦師戰于彭衙秦師敗績（文公二年）夏楚人侵鄭（宣公三年）冬楚子伐鄭（宣公四年）楚人伐鄭（宣公五年）楚子伐鄭晉郤缺帥師救鄭（宣公九年）　春晉侯使韓穿來言汶陽之田歸之于齊（成公八年）

禮記

古者公田藉而不稅市廛而不稅關譏而不征林麓川澤以時入而不禁故天生時而地生財人其父生而師教之四者君以正用之　作者之謂聖述者之謂明　是故聖人之制行也不制以已使民有所勸勉愧耻以行其言禮以節之信以結之容貌以文之衣服以移之朋友以極之欲民之有一也

第二場

論

聖人天地之用

詔誥表（內科一道）

擬漢戒二千石修職事詔（文帝後二年）　擬唐以張九齡爲中書令誥（開元二十二年）　擬宗廟禮成群臣賀表

判語（五條）

出納官物有違　致祭祀典神祇　懸帶關防牌面　軍民約會詞訟失時不修堤防

第三場

策（五道）

問　帝王之治本於道帝王之道本於心堯舜禹湯文武致治之盛後世莫及有由然矣三代而下若漢高祖若唐太宗若宋藝祖撥亂興治皆千古英雄之主有宋大儒謂千五百年堯舜三王之道未嘗一日行於天地之間豈自漢以來治皆非與三君之善政史不絶書皆不足信與惟我太祖高皇帝所存者無非堯舜之心所行者無非堯舜之道盡倫盡制卓冠百王蓋其廣大精微未易遍觀而盡識然而聖諭之所敷錫儒臣之所表揚亦有可仰窺萬一者與其各述所聞以觀所識之大小毋徒諉曰帝王之學與韋布不同

問　諸士子學古入官將有天下國家之責然志不先定而克有建立者鮮矣宣宗章皇帝御集歷代臣鑑凡善可爲法惡可爲戒所以昭示臣工燦然明備有志者讀之寧不躍然思齊惕然内省矣乎顧上下數千載紀述浩繁非一時問答所能盡試舉善惡之大關係治亂安危者其餘自可以類見論古今人物而别其是非亦格物之一端其究言之毋讓

問　讀易至泰之彖傳有曰内陽而外陰内健而外順内君子而外小人君子道長小人道消乃知君子之道亨世之所由泰也世至於泰治之極也夫以極治之功必待君子之衆而後能成則君子者國之楨幹有天下者宜自知之古之人君有由多士以致盛治及其後王不能由之遂以不振考之經典可見後世賢如漢高孝武唐之玄宗宋之神宗亦有知其臣之賢而用之不能盡其才明謂臣之妬賢飾詐顧任用以終身甘爲基禍之主其故何耶或曰正人指邪人爲邪邪人亦指正人爲邪或曰有君子之真朋有小人之僞朋邪正真僞之間甚難乎其爲辨矣不識辨之亦有方耶或曰天下之治亂在朝廷朝廷之輕重在執政論執政才否而進退之者人主之職也不識丞弼之任必得如古之何人而後可人主亦必以何道用之而後能盡其職耶今欲使天下盡爲君子無一小人參乎其間不識何爲而可得耶子諸子皆君子路上人而拔茅茹以其彙又今時則然也故問之

問　周禮大司馬以九伐之灋正邦國大司寇以五刑糾萬民後世兵刑之説所由出焉不知自周以上其治天下者亦藉此否乎先儒謂先王之世以道治天下後世只以法把持天下夫兵與刑皆法也而周制甚密則古之帝王亦不能廢此以治矣何爲有古今道法不同之論乎孟子曰仁者無敵易曰聖

人以順動則刑罰清而民服信斯言也宜莫如禹何有苗之師三旬功尚未成必待舞干羽于兩階而後格當時之民尚亦有不順于道猶未免於下車之泣乎夫兵刑於五行屬金於四時爲秋以剛爲用以威爲名者也何玄默化民之君得稱仁者之勇行法之當以英武平海内者乃不免悔於遼左之役蘊古之戮乎兹又不知何爲而後各得其道乎願明著于篇以覿用世之志

問　天下之益莫大於利民利民之道莫先於財財者民之喉命大學以生之者衆食之者寡爲之者疾用之者舒爲理財之要今觀廣西四者之患俱備不知在昔何如古之君子之於天下也隨事立法補苴缺漏疏剔棼穢亦頗詳明其法蓋皆古之遺制可以施之於今如限民名田定制明等二者之法立於董賈皆所以爲財計也蘇轍固取之矣欲舉而施之於此不知何如苟其故不在於兹則將何如可圖旦夕之裕必得何如斯爲久遠之謀雖有良有司不知計之所出諸君子生於斯長於斯習聞習見於斯平居相議必有成説以病我有司之不能知而行也久矣願原始要終言之以裨不逮毋曰大丈夫志存天下安事一方

中式舉人五十五名

第一名　蔣時行　全州學生　春秋
第二名　安欽　桂林府學增廣生　易
第三名　易貞元　臨桂縣學生　禮記
第四名　徐可相　臨桂縣學生　書
第五名　李資深　河池州學生　詩
第六名　殷從儉　桂林府學增廣生　易
第七名　胡位　臨桂縣學生　書
第八名　許棟　桂林府學附學生　詩
第九名　蔣仲哲　全州學生　易
第十名　倪朝惠　全州學增廣生　禮記
第十一名　袁文貴　護衛人監生　易
第十二名　吕育　柳州府學生　詩
第十三名　廖紹裕　梧州府學生　易
第十四名　潘嗣美　桂林府學生　易
第十五名　王欽　義寧縣學生　書

第十六名　唐汾　全州學生　禮記
第十七名　祝壽　桂林府學增廣生　詩
第十八名　陸崗　潯州府學生　書
第十九名　簡嚴　柳州府學生　易
第二十名　阮霽　慶遠府學生　詩
第二十一名　楊潒　灌陽縣學附學生　書
第二十二名　毛德禎　富川縣學生　易
第二十三名　王賓　賓州學生　詩
第二十四名　唐朝瑚　全州學附學生　詩
第二十五名　莫華　平樂府學生　春秋
第二十六名　魏希儒　臨桂縣學附學生　書
第二十七名　夏汝礪　融縣學生　詩
第二十八名　盧尚賢　桂林府學生　易
第二十九名　吴汝賢　義寧縣學增廣生　書
第三十名　陳學夔　慶遠府學生　詩
第三十一名　蒙大賚　賓州學生　禮記
第三十二名　陳儒　柳州府學生　詩
第三十三名　潘慎學　桂林府學增廣生　書
第三十四名　甘思學　横州學生　詩
第三十五名　李齡高　臨桂縣學生　春秋
第三十六名　左文　古田縣學增廣生　易
第三十七名　熊希程　馬平縣學生　詩
第三十八名　龍旆　融縣學生　書
第三十九名　胡欽　桂林府學生　易
第四十名　李資仁　宜山縣學生　詩
第四十一名　李成材　慶遠府學生　書
第四十二名　任儒　桂林府學生　易
第四十三名　佘玄　柳州府學生　詩
第四十四名　汪珂　富川縣學生　書
第四十五名　唐一岑　桂林府學生　禮記
第四十六名　吕天恩　灌陽縣學生　易
第四十七名　花有稪　賓州學生　詩

第四十八名　計嘉拜　馬平縣學生　易
第四十九名　楊逢元　鬱林州學生　詩
第五十名　熊希朱　柳州府學生　春秋
第五十一名　胡寧　藤縣學生　書
第五十二名　楊維嵩　桂林府學生　詩
第五十三名　李檑　桂林府學生　易
第五十四名　李資　臨桂縣學增廣生　書
第五十五名　羅衣　柳州府學生　春秋

第一場

四書

行夏之時乘殷之輅服周之冕樂則韶舞放鄭聲遠佞人鄭聲淫佞人殆安欽

同考試官學正何批(辭明意盡宛然孔子告顏淵氣象)

考試官訓導辛批(説出孔門問答之旨可録)

考試官教諭陳批(程子深知聖人之心此作得之)

聖人各告大賢酌古之道而示以所宜戒也夫先王之法已備酌取之而可以治矣然於鄭聲佞人則又不可不知謹焉宜夫子以是答顏淵之問蓋曰爲治之道無他也審先王之道以用之而慎夫天下之大防而已矣是故敬授人時王政所先夏時以寅爲正驗其時令正而且善統之至當者也而時之行也取諸夏焉任重致遠維車之用殷人始以輅名考其制度樸而有辨質之得中者也而輅之乘也取諸殷焉冕以承祀也周冕之飾不靡不奢其文之中乎服冕則惟周之從樂以宣化也韶舞之作盡善盡美其樂之盛乎樂則惟韶舞之用聞有所謂鄭聲者矣於鄭聲則放之勿使得以入耳而感心又有所謂佞人者矣於佞人則遠之使不得以乘間而抵隙蓋鄭聲者淫樂也能蕩人之性情者也溺之其弊必流故放之可也佞人者利口也能覆人之邦家者也近之則危必至故遠之可也夫然則集厥大成而法備帝之道易溺之欲又無自而入以感移其志慮之正治天下之道其在兹乎抑考周衰聖王不作天下不復有順天應時之治吾夫子慮後世之有天下者雖欲仿古之迹或不免於私意妄爲而已故既作春秋以爲百王不易之大法復於此斟酌四代之禮樂示顏子以準的使孔顏有爲於時當何如哉惜乎載之空言而已夏時至今行之餘皆不傳悲哉若鄭聲佞人之戒甚明而

後世亦有不悟由此以至危亡者斯又可悲之甚矣

郊社之禮所以事上帝也宗廟之禮所以祀乎其先也明乎郊社之禮禘嘗之義治國其如示諸掌乎

徐可相

同考試官教諭鄧批（說明字得聖人之心是知禮者）

同考試官教諭李批（講治國處脱凡）

考試官訓導辛批（辭簡而理明）

考試官教諭陳批（非區區祝史之事者）

中庸揭聖人制禮之義而著其達於治焉夫事天事親之義大矣能明乎此於治國何有哉中庸贊武王周公達孝至此蓋謂禮莫重於郊社亦莫重於禘嘗斯固武王周公之所盡心者乎是故冬至燔於泰壇夏至瘞於泰折禮嚴郊社而仁道備焉上下同流素昭格于璧琮之外而陶匏藺栗肅將其乾乾對越之誠仁人事天於是乎有明饗矣大祭殷于五載常祭秩于四時禮隆宗廟而孝道備焉陟降庭止自感孚於祝嘏之先而灌鬯幽全式薦其勿勿著存之敬孝子事親於是乎有成禋矣斯禮也非聖人莫能制亦非聖人莫能明誠知夫如是而郊如是而社其禮廣大精微饗帝之心有神會焉知夫如是而禘如是而嘗其義深遠篤厚饗親之心有默契焉則其於治國也禮義在我一理足以體天下之物而不遺仁孝在我一德足以通天下之志而無間蓋所得者聖人之心心外無餘道所達者聖人之道道外無餘治矣不猶視諸掌之甚易也耶吁饗帝饗親而治道備郊禘之禮其至矣武王周公繼述之善如此夫抑聞之仁孝之道在實不在文君人者誠思上天付托之重祖宗創造之難盡道其間期于百姓太和萬物咸若天心斯悦矣不愆不忘率由舊章祖宗之心斯慰矣乃若實不足而文有餘吾未見其能饗也詩曰夙夜基命宥密又曰儀式刑文王之典日靖四方周家有道之長曆過其卜夫豈偶然者哉

思誠者人之道也

李資深

同考試官教諭林批（思誠工夫當如是耶可録）

同考試官教諭宋批（明善爲思誠之本此作得之）

考試官訓導辛批（體認親切）

考試官教諭陳批（是蓋有志於思誠者）

大賢論思實其理者人之所當然也夫人必具是實理而有未實者非其本然也必思實之非人道而何孟子論誠身而承之以此若謂降衷秉彝本無不實之理而形生神發容有不實之心不求其實可乎是故知天之所命於我者理也無妄也而不容於欲以間之者也惕然于中思自全其天命之本然念我之所受於天者性也至實也而不容於僞以參之者也戚然于懷必欲復其所性之本體自一事之微以至萬事之應隨事反觀而一毫或欺此心不能以自慊焉自瞬息之間以至日月之久隨時内省而一息尚存此志不容以少懈焉是之謂思誠者也如此者其人之道乎蓋萬物皆備於我苟未至反身而誠必如此而後可以體萬物以成其身也舍是則無致力之地矣四端非由外鑠苟未能全體此心必如此而後可以充四端以盡其才也外此則無用功之要矣是人之不得不然者也故曰人之道也吁人道能盡而天道可得悦親信友獲上治民又安往而不致其極哉大哉思誠之功乎抑論爲物不貳天之所以爲天也至誠無息聖人之所以爲聖也天地萬物之道誠盡之矣然思誠者不先知其善之所在則隱微之中真妄錯雜事交物感無所適從雖欲勉强以誠之其可得乎故曰不明乎善不誠乎身矣堯舜所謂精一孔門所謂博約大學所謂格致誠正修身中庸所謂擇善固執千聖心學相傳若合符節噫世有厭觀理之煩而師心自用者亦獨何哉

易

乾始能以美利利天下不言所利大矣哉大哉乾乎剛健中正純粹精也

安欽

同考試官學正何批（講大哉處迥异衆作且□□□之統體一元流行之妙已在其中深得本義之旨録之）

考試官訓導辛批（理明辭健）

考試官教諭陳批（是知乾道者）

文言指乾道而贊之因以著其全德之妙焉夫一氣流行以備動静之德乾之所以爲大也宜文言贊之而因嘆其無窮之妙矣昔夫子作文言以申彖傳之意及此謂夫觀於流行之化而後見乾道之大究其全德之藴而後知乾道之妙是故乾之爲道動於至静之餘一之達也氣始行焉而化育之功漸顯感於至寂之中誠之通也機始出焉而生物之意潛孚能以至美之利以利天下之物無物不遂莫知機緘之所自也極其自然之功以成富有之業無所不利而不指名其所利也是乾本一氣之運也流行無間以全造化之功氣本一元之貫也動静既分而兼四德之用其道如此何其大哉大哉乾乎專言其體

不可屈也何剛如之兼言其用不可息也何健如之其行也無過不及不曰中乎其立也不偏不曰正乎陽剛無陰柔之雜不雜則純也純又極於至精誠所謂精純者爾天德無邪惡之累無累則粹也粹又極於至精乃所謂精粹者爾此乃於穆不已之命至誠自然之妙也吁非乾不能以運四德非四德不足以成乾之大知其所以爲大妙固在其中矣抑論乾之有是四德猶人之有是四端也四德之統於元猶四端之統於仁也乾惟至健故一元之氣不息而四德備矣君子自强故一念之仁不息而四端全矣所以曰君子行此四德者故曰乾元亨利貞然在天爲命在人爲性性與命各一者也非盡性以至於命者惡得而知之

窮神知化德之盛也

殷從儉

同考試官學正何批（題本精微此作發揮殆盡是亦究心於理學者）

考試官訓導辛批（辭足以達意）

考試官教諭陳批（潔净）

大傳原聖人至命之妙由於自致者也夫窮神知化與天爲一矣此乃自致之妙何容心哉大傳以感應之理釋咸九四爻義以學言之至此謂夫感則有必應之理學亦有自然之機彼崇德而外未之或知者往而屈也其應之以來而信也自有不容言之妙矣是故神也者妙萬物而無方造化之理動静之間者也神豈易窮者乎化也者著萬物而有迹造化之事流行不已者也化豈易知者乎未之或知之餘冥會乎造化之理合一不測之妙達之無間所不易窮者有以窮之默契乎造化之事推行有漸之妙順之不違所不易知者有以知之何以能然耶蓋神不可致思者也假思勉以强之則無心之妙非有心之所及也化不可助長者也假智力以致之則自然之妙非勉然之可能也乃其下學之功既盡德極天下之至大而能化也通神明之德而於神也不假於思勉自無不窮矣仁極天下之熟而聖不可知也知變化之道而於化也不假於智力自無不知矣是則神化者天之良能命所在也窮神知化則窮理盡性以至於命也然乃自然之應非天下之至神其孰能與於此哉抑論神天德化天道德其體道其用天之所以爲天神化盡之矣聖人全體太極而動静不違存之而爲神也行之而爲化也則所謂善事天者矣故曰窮神則善繼其志知化則善述其事噫天下之妙至神化已極語道者知此謂之見道學易者知此謂之見易世有不極精義利用之功驟以語乎窮神知化者是爲遠化妄意也躐

等也終不足以窮神知化

書

萬邦黎獻共惟帝臣惟帝時舉

徐可相

同考試官教諭鄧批（就本題發揮詞理俱足而禹俞未然之意亦備見矣宜録）

同考試官教諭李批（舉善而頑自化有言外之意）

考試官訓導辛批（文有氣格宜式多士）

考試官教諭陳批（典雅之文）

群賢思奮於時則人君宜盡其用夫君德遠著固所以興起天下之賢也於是而用之可或遺乎哉大禹復帝舜之意若曰莫難畢致者天下之賢亦莫難遠届者人君之德二者相爲感通也帝德之光誠既至於海隅矣則海隅之内邦以萬計其間具有才德而隱於草茅賢何限也彼將睹聖人之在上則不欲自負於明時感德意之旁通則思以協成乎治化列官分職維君子使而股肱耳目之攸司固有神交於帝室者矣亮采惠疇期于予治而岳牧揆工之拜命固有徯志於衡門者矣帝也斯其勤旁求之典而禮意遍及於遐陬廣立賢之方而敷施罔遺於側陋惟其賢焉服于大僚以備臣鄰以資弼直也惟其德焉列于庶位以撫五辰以凝庶績也如是則君子充位而小人退聽不惟不容且將格而化矣帝也不此之圖而區區庶頑讒説之慮何哉抑觀堯舜之世不能無小人者庶頑讒説是也然而重華協帝舜德之光無遠弗被而九德咸事俊乂在官則既野無遺賢矣卒之四凶有苗不能爲治化之累而讒説殄行竟無聞焉豈舜以禹之言而隆盛德至治者乎君德日見其不足臣言日儆其有餘此可爲萬世保治之法

凡厥庶民無有淫朋人無有比德惟皇作極

胡位

同考試官教諭鄧批（用下文意融會成篇詞不費而理自足佳作也）

同考試官教諭李批（通篇醇暢以周官終之尤妙）

考試官訓導辛批（醇正可録）

考試官教諭陳批（得旨）

論臣民之趨正由人君之表正也蓋君正而莫敢不正矣皇極之建固以表正萬邦者乎昔箕子演洪範之疇以告武王至此若曰保極者民也而建極者君也欲民之保則知君之不可不建矣今夫人君中天下而立有民焉有臣

焉民常患其朋淫于家同惡相濟而莫之禁也臣常患其比德于朝誣上行私而不可已也若夫徵諸庶民則見物軌倫叙各由其道無從匪彝以即于淫觀諸在位則見靖恭正直各守爾典罔不同心以協于公兹民兹臣是所謂保極者也然豈民臣之自能哉良由君以五位而統天下之尊以一德而示天下之準明物察倫道之盡也而儀刑造就化之行也道立乎大中至正之矩則化成夫公平廣大之休民之無淫君固以無黨約其情矣臣之無比君固以無偏黜其私矣而猶有違戾焉者此豈人之性也哉故曰民之視效在君也極之建皇之不可以已夫抑皇極之説自箕子昉之洛龜呈瑞天錫之禹而九疇之理寓焉神而會之發天之秘傳聖之心者箕子也而克殷初問其道遂明人得以至今有□者武王之功也周家令治端有所自周官一書即洪範之遺意而備其節目者也合而觀之則治道具矣

詩

君子之車既庶且多君子之馬既閑且馳

許棟

同考試官教諭林批（講君子之車馬殊异諸作而於諷處得温柔之教可以爲文矣）

同考試官教諭宋批（詞旨明備可録）

考試官訓導辛批（典實）

考試官教諭陳批（清潤）

大臣陳歌於君盛稱其所乘焉夫萬乘之所臨車馬之多可知矣大臣作歌而盛稱之豈職爲車馬哉昔召康公從游之日作詩以戒成王此其卒章也若曰吾君嗣文武而統萬方有君子之德業及良辰而舒眺覽于卷阿以來游以言其車耶行之而奏肆夏登之而聞和鸞天威斯不違焉者也豈非君子之車乎有玉輅焉有金輅焉又有象輅焉所以備法駕之尊嚴有貳車焉有從車焉又有使車焉所以儷驂騑於左右以其粼粼輻集而非數之可計故曰既庶且多焉是車也供一日之游衍也誠多矣必以求賢於天下而大車以載之抑亦取之隨足哉以言其馬耶十二閑之所儲太僕正之所戒臣庶不敢齒焉者也豈非君子之馬乎龍騋之質雖極於壯强而範我馳驅尤其教之有素也千里之足雖難以獨先而行地無疆乃力之所優也以其駪駪調習而有德之可稱故曰既閑且馳焉是馬也供一時之暇豫也誠侈矣必以延英於宇内而蕃馬以錫之抑亦用之有名哉噫老成諷君之意深矣愚觀孟子之論以巡狩省耕當天子之遊豫然則游非是不貴也夫卷阿無亦于觀于逸歟召公欲陳戒而難於言故特稱車馬之盛於鳳

凰梧桐之後使其因遊以得賢而并有以待之即清明之舉矣此聖賢用世之道也或疑成王令主何致有失抑知召公嘗諫旅獒矣武王非聖乎於成王何貶焉

壽考且寧以保我後生

李資深

同考試官教諭林批（敷叙中興之盛明暢宜録以獻）

同考試官教諭宋批（得頌之體）

考試官訓導辛批（豐腴）

考試官教諭陳批（雅麗）

詩人頌賢王久於其道而有以裕諸後焉夫王業之振而能垂裕後昆則福之所及者遠矣中興之盛何如哉舊説以此爲祀高宗之樂也慨自盤庚没而殷道衰高宗者起而新之外平荆楚内服諸侯其業之所建豈惟及其身已乎德之格於天者盛而福之集於已者隆有所謂壽考者焉荷天之休衍而爲難老之慶有所謂康寧者焉受天之祐協而爲大順之詳端拱九五之尊而年所永歷蓋有茀禄爾康純嘏爾常者矣垂衣穆清之上而夷夏率俾蓋有伴奂爾游優游爾休者矣夫其享國五十有九年而所以爲子孫承藉之地者不已具耶植本者深有以永苞桑之業詒謀也遠足以鞏磐石之宗皇圖無勞於締造也凡其正國勢而表四方者不异於四海來假之日矣靈長之祚引之於勿替乎大業無俟於經營也凡其播風聲而顯威靈者不殊於荆楚奮伐之時矣景命之僕承之於無斁乎夫其福之所垂者遠則其功之所成者大賢王之業玆非可頌者與抑考高宗舊勞於外學於甘盤作其即位恭默思道不敢荒寧爰相傳説所以懋中興之績嘉靖殷邦厥有由矣讀殷武之頌者合以無逸之書則知先王所久安長治未始不以憂勤惕勵得之有天下國家者其毋以位爲樂而自遺乃恤哉

春秋

夏四月辛巳晋人及姜戎敗秦于殽（僖公二十有三年）春王二月甲子晋侯及秦師戰于彭衙秦師敗績（文公二年）

蔣時行

考試官訓導辛批（書法嚴而叙事不遺可録）

考試官教諭陳批（得旨）

霸國敗鄰之貪兵聖人并罪之敗鄰之忿兵聖人獨罪之此經於晋之敗秦師于殽于彭衙而書之各不同也昔者孔子因魯史作春秋記諸侯之行事也僖

公三十有三年夏四月辛巳晉人及姜戎敗秦于殽夫殽之戰晉襄親將之師也其敗秦也亦有禽之執耳何不曰晉侯而書人秦穆大國之師也其見敗也亦否臧之常耳何不曰秦師而書秦蓋晉有先君之喪也秦雖輕舉天何奉於晉哉秦有納文之惠也鄭雖同姓好無深於秦矣以悖而得勝大義不予也秦聽杞子之言襲鄭而利其危且用孟明爲將勤民而與其尸以貪而致敗失道寡助也故人之削其侯也秦之例於狄也一事而交譏其二焉文公二年春王二月甲子晉侯及秦師戰于彭衙秦師敗績夫彭衙之戰秦兵忿而先動也何在所略而不罪晉兵應而後發也何以爲主而書及蓋秦之志報于殽之讎也而晉之所屈乎若引咎責躬以尋舊好秦必歃盟而退矣晉之威藉文公之烈也而秦之所怯乎若推誠遣介諭以禍福彼將釋胄而休矣晉乃恃假仁之力迎擊於一旦折首獲醜而甘心之惡則已甚哉秦雖昧度德之訓事忿于七伐力窮勢屈而爲囚焉情則可矜哉故書晉侯及秦師以見責之攸歸書秦師敗績以見失之宜恕二國而獨譏其一焉有國者明乎殽彭衙之義而修睦息争之道安可以一日而不講乎春秋書法蓋如此抑猶未也秦雖報讎之師然無告于天子晉非受命之伯不過摟伐諸侯而得罪於王法焉且夫齊桓九合諸侯不以兵車而晉文自踐土以來會于温盟于翟泉圍鄭至于襄未已故夫子一仁之一譎之昭訓簡册豈非爲天地立心爲生民立命歟論春秋征伐者尚質以孟子無義戰之説焉可也

春晉侯使韓穿來言汶陽之田歸之于齊（成公八年）

蔣時行

考試官訓導辛批（嚴整）

考試官教諭陳批（深得聖人之旨）

春秋於内地之紊均罪其取之者尤罪其與之者此汶陽之歸而内外皆歉於道也故春秋備責焉且汶陽魯故田也舊嘗見侵於齊矣及袁婁有令而此田復歸于魯焉斯則疆域之正也奈之何復有來言之舉乎齊人請之晉人聽之韓穿言之魯人從而歸之與奪無常取舍靡定咎將誰執乎哉吾聞之矣非其義也非其道也一介不以取諸人汶陽本屬魯封原非齊土其非所當取明矣何齊頃者侈然貪得而不顧其取非所有據非所安惡乎其可也晉也靦然二命而不顧其信不可知義無所立曷爲其宜也韓穿身爲列卿乃曾無救正之益而有阿順之私又豈所以言事君之忠也是兹一取厥罪維均矣經故於晉侯穿之下特以來言書夫來言者緩詞也以彼自知理曲不敢遽言之也而取之者之罪著矣又自其與者言之非其義也非其道也一介不以與諸人

汶陽受之先王傳之先君其非所當與明矣彼齊人之貪得可拒也乃衰微不振遽然而畀之歸幾何不爲齊之陵侮也晋人之貳命可責也乃懦弱無立唯然惟命之聽幾何不爲晋之縣鄙也韓穿之徇命尤不無可罪也乃明知之而不敢違私言之而不敢忤尚何以號儒書而稱秉禮也是玆一與魯亦失之矣經故於韓穿來言之下特以歸之于書夫歸之于者易詞也見魯惟强是憚遂以歸之也而與之者之罪著矣所謂春秋一句而包數義其是之類夫抑因此尤不能無慨焉王風告逝所頼以維持世道者霸而晋景所爲反覆乃如此無惑乎諸侯之解體而日後不免于蒲之收拾也向非悼公出而振之則不待終春秋而爲戰國矣此愚所以爲世道重慨于晋霸而於齊也魯也何多尤

禮記

故天生時而地生財人其父生而師教之四者君以正用之

易貞元

同考試官教諭湯批（法天治政歸本於正身良是）

考試官訓導辛批（意融詞達）

考試官教諭陳批（明暢）

三才各著其功聖君兼盡其道夫人之所頼於天地父師者大矣盡君道而兼用之非聖人其孰能哉記禮運者若曰道原於天而備於我法天治政豈待外求者哉是故天以一元之氣流行不已寒暑相推而四時行焉地以承天之施絪緼無間形氣相化而百貨殖焉惟人中處於天地之間自一身以至於分宗别姓皆本於父之所生自始學以至於成德達材皆係於師之所教人君統天地而臨兆民夫何爲哉蓋其敦修仁義以端治教之原懋建中和以立參贊之本治曆明時任土作貢而裁成輔相於其間天地之能自我用之咸有秩而無違矣利用厚生道德齊禮而怙冒作新於其上父師之能自我用之各有終而無弊矣夫天之時不能以自授地之財不能以自阜父之生不能以自遂師之教不能以自行不有聖人四者之用幾息矣聖人位育之功大矣哉抑考之書傳所稱若所謂定四時齊七政六府孔修則壤成賦制民之産設庠序學校以教之堯舜三王彌綸參贊之功不可尚已三代以降春作南門夏城中丘是謂違天之時開阡陌度鹽鐵是謂專地之利繁刑黷武是謂傷民之生至於人倫之教益蕩廢無遺矣嗚呼斯民也獨非三代而上善養善教之民耶

作者之謂聖述者之謂明

倪朝恵

同考試官教諭湯批（講聖明作述各有指歸）

考試官訓導辛批（語意斟酌）

考試官教諭陳批（簡瑩結有餘味）

記者舉有功於禮樂者而各歸其人焉蓋作述皆有功於禮樂者也謂非聖明而能之乎記者舉此以見禮樂之非人不行也若曰天下待禮樂而治禮樂待人而興由夫知禮樂之情而有作也開物成務通天下之變於未窮飾治象功創一代之制而不襲若是者其所謂聖乎窮神知化達性命之源仁熟義精建中和之極是故道由我立而法由我出也非聖不足以與於此矣由夫識禮樂之文而有述也審於節文修其小而大體不易稽之度數舉其墜而舊典復完若是者所谓明乎通古今之故真伪不淆昭事物之原是非不眩是故匪古弗信而匪善弗師也非明不足以與於此矣夫聖可以作可以述存乎時位明可以述不可以作存乎德然则周公之兼作述孔子之述而不作亦何病其爲聖也哉雖然明可能也聖不可能也禮樂之文可考而識也禮樂之情不可思繹而知也然則如之何曰君子修德以凝道存養之久至於此心齋莊中正無斯須之不敬廣博易良無斯須之不和則禮樂之情在我文可得而用矣未至於此徒以考索億度而爲之其如禮樂何哉

第二場

論

聖人天地之用

蔣時行

考試官訓導辛批（以聖人有心無爲之意立論出入横渠康節間蓋亦嘗觀於天地聖人而有得者耶佳士佳士）

考試官教諭陳批（格高而意邃奇特之才不可以尋常繩墨例觀）

造化道也顯道者聖人也聖人以其所承於造化者而成性而變化順焉事物出焉彌綸參贊功用於是乎無窮焉顯諸有也而造化之藴則固未嘗有焉無心之妙非有心所及也聖人亦造化而已然猶以有爲爲應迹而不以其所可憂者而同其無憂有相之道存乎我也是故微聖人則造化之藴不可得而見道幾於息而天地無全功矣夫天地以道寄聖人而聖人盡之以前民用以範圍天地是故天位乎上地位乎下而聖人成位乎其中者以道言也天地不能違道聖人不能違天地天下萬物不能違聖人故程子曰聖人天地之用今夫輕清而上浮重濁而下凝者天地之形體也以人謀爲能而參伍錯綜之

以行于萬物者聖人之迹也以形體擬天地而以有爲之迹求聖人皆非也天地本之道以職覆載而造化之妙固行于其間焉聖人者肖天地而不離焉者夫惟其肖天地而不離也故能爲天地官是故陰陽之機循環迭運聚散相因屈信相倚升降相乘絪緼相揉蓋相兼相制欲一之而不能而天下萬物形形色色生生化化之理森然已具蓋推之前而莫知其始引之後而莫究其終是神明之奥而天地之道也道無定用惟變是用用無定體惟化是體是故體用變化盡之于天地矣天地果何待於聖人而聖人者亦豈能貪天地以爲功哉天地鼓物而無心聖人因身而發智智以知化存神不舍而繼其善焉蓋盡性之事而致用之本也合内外一顯微貫動静存虚明久至德兼體而不累順應而不滯攝群動而不宰曲成萬物而不遺幽替於神明参天兩地以立極而不設而天地之用於是乎始昭昭矣故曰天覆地承非聖人不形天施地生非聖人不成天神地靈非聖人其誰爲貞故知天地造化也道也而不尸其功聖人亦道也而以其所得於天地者相天地而天地之功見焉是用也藏於造化發於聖人而達之於天下聖人非有所加也蓋仰觀俯察因其所自有者而爲之經而一聽其所自利道固然也故天地者妙乎此者也聖人者乘乎此者也天下者囿乎此者也莫或使之莫或禦之聖人之所以爲天地用而以用天下萬物於無窮者噫亦大矣人徒以功用之大見聖人而聖人不與焉非惟聖人有所不與也天地亦有所不能與焉不與者不與知也不以耳目形迹而爲知其智崇矣智崇故用彰彼去智者一於無而用智者一於有一於無則滅性而無感一於有則有我而徇物無感則塞而不通徇物則流而不返皆非所以致用而達道之原也故曰無思也無爲也寂然不動感而遂通天下之故非知道者孰能識之

同前

易貞元

同考試官教諭湯批（程子嘗云只是一理而天人所爲各自有分與此正相發此作得之）

考試官訓導辛批（詞約而意該）

考試官教諭陳批（平實）

天地聖人有同乎曰天命於穆不已聖人純亦不已是不可以謂之异也天地聖人有异乎曰鼓萬物而不與聖人同憂是不可以謂之同也聖人曷爲天地用曰合同异以成其用然則奈何曰在天在人道無二而分有間道無二

也者性命合一之謂也成性存存命之所以不已也分有間也者天地無心而人有心之謂也有心故有憂是天人之分殊也聖人盡人之分體天地之道彌綸參贊於其間而天地之用可見矣夫衆人之心私私則萬殊聖人之心公公則一故聖人通天下萬世以爲心者也通天下萬世以爲心是亦天地之心而已矣以天地之心贊天地之化自綱常禮樂之大以至於器用食貨之微其經制雖出於聖人而其實莫非天道之自然天地之藴自聖人發之是故聖人代天理物繼其志而述其事焉者也八卦九章以體天地之撰五音六律以宣天地之和六節五制以昭天地之紀播五穀名百物以興天地之利天叙有典聖人敕之天秩有體聖人庸之天命有德五服以章之天討有罪五刑以用之萬民萬物極天地之所覆載聖人盡之垂衣裳而治取諸乾坤上棟下宇取諸大壯書契取諸夬耜耒取諸益舟楫牛馬之利取諸涣隨弧矢以威天下取諸睽凡其開物成務先天而天弗違後天而奉天時皆所以爲天地用也乃若氣化人事之不齊天地無所與其能是必有賴於聖人裁成輔相通其變於未窮洪水方割爲之隨山刊木決川距海以平之旱澇蟲蝗之灾爲之坊庸以備之十二荒政三十年之通以濟之天時不能無盈虚爲之均調氣朔以齊之地利不能無饒乏爲之懋遷有無以阜之以至於堯舜之禪授湯武之放伐人將謂是皆聖人所自爲若無與於天者而不知聖人皆循事物之理合人心之公順性命之正而爲之然則非聖人之自爲也實代天而爲之者也而其所以爲天地之用益昭昭矣雖然天地之道無窮而人之分有限元凱之舉四凶之誅堯不能無待於舜地平天成舜不能無待於禹制禮作樂文武不能無待於周公集群聖之大成作六經以詔萬世自伏羲以來不能無待於孔子故聖人者順天應時行爲而爲之者也如非其時義必求兼舉而强爲之非天地自然之用矣然而天地之道則雖合千古聖人之所爲亦不可得而盡也堯舜所以病博施文王所以望道未見孔子所以自謂丘未能一皆聖人純亦不已之心也是千聖之所同也嗚呼窮神而後善繼其志知化而後善述其事微聖人純亦不已之心不足以存神而體化天地之用不可得而見矣

表

擬宗廟禮成群臣賀表

蔣仲哲

同考試官學正何批（我皇上制隆一代陋洗千古是作揄揚殆盡可以稱慶矣）

考試官訓導辛批（敷揚朝制之備祭禮之詳極有次第可録）

考試官教諭陳批(詳明典雅)

嘉靖十五年閏十二月十二日具官臣某等恭遇宗廟禮成謹奉表稱賀者伏以制緣義備用昭顯赫之尊禮以時詳式稱親崇之意典隆一代法定百王允矣極其情文匪直侈乎觀示恭惟皇帝陛下涵和濡粹育聖德於龍潛順天應人履帝位而虎變安安存堯帝之心法穆穆著文王之德容道契中庸體以能撰能守理推敬一極于饗帝饗親維萃著致孝之辭聚誠於己而涣明立廟之訓合散于幽享禮貴豐祀先宜稱情必求其中節道固貴乎有權契自淵衷斷由睿智七世九廟慕盛舉於商周异室同堂厭陋沿於唐宋謂宜專尊乎太祖明必世祀于文皇禮欲隆於所生恩期報於罔極尊膺帝號斯此心之覺安廟以世名歉於義之未盡推先意以光聖治析群疑而廣孝思乃經乃營爰繼爰述儀文緣諸情之安處興作及乎治之豐時因舊爲新飾華增美都宫極其弘麗輪奂美乎精明神祖聖宗崇以百世之不易左昭右穆各隆一代之具瞻附更先皇之廟於東區專饗獻帝之尊以南面禘祭以五年時祫以三季適其繁簡之宜特饗於立春大祫於季冬備乎始終之義奉皇考以四時備物之祀盡人子以天下養親之情質之鬼神無疑建諸天地不悖以孝以饗如在如聞維因奏假以無言用緝熙于純嘏臣等生逢盛世仕際昌期賁是王章乃知作者之聖囿于禮教而悟敦典之功聿永觀于厥成思備受其多福欲揚至意而莫罄名言者也伏願慎此匕鬯見于羹墻和樂感乎幽明上下一於恭敬光天化日常得百姓之歡心端冕凝旒永作萬年之祭主臣等無任瞻天仰聖欣躍屏營之至謹奉表稱賀以聞

第三場

策(五道)

第一問

安欽

同考試官學正何批(以道法才德權衡千古深得朱子評論漢唐之意而善推廣之者)

考試官訓導辛批(書生能於文字中仰窺我皇祖聖德之盛亦可以觀所識之大矣)

考試官教諭陳批(敷答明盡篇終尤見志趨不凡)

致天下之治存乎道行天下之道存乎德維持天下存乎法運用天下存乎才夫德也者天德也純乎天理之心而無所雜焉者也夫道也者王道也純

乎天理之政而無所私焉者也是故德之所至道亦至焉才在其中矣道之所至治亦至焉法在其中矣是二帝三王之所同也後世之所謂英主者率以才力法制運用維持於其間與聖人作處天地懸隔知此則知我太祖高皇帝直繼堯舜三王之盛合德同道於上下數千年間有可得而言者矣竊聞之有宋大儒朱熹之言曰人心惟危道心惟微惟精惟一允執厥中堯舜禹相傳之密旨也夫人心道心迭爲勝負而一身之是非得失天下之治亂安危莫不係焉是以欲其擇之精守之一凡其所行無一事之不得其中而於天下國家無所處而不得其當堯舜禹之所以相傳者既如此矣至於湯武則聞而知之而能身之以至於此者也孔子之所以傳之顔淵曾參者此也曾子之所以傳之子思孟軻者此也天下雖大而所以治之者不外乎此自孟軻既没天下不復知有此學千五百年雖或不無小康而堯舜三王周公孔子所傳之道未嘗一日行於天地之間嗚呼執此以論古今治道之純駁其孰得而遁其情耶夫堯舜禹之精一執中湯之以體制心以義制事武王之敬勝怠義勝慾是之謂天德也即所謂格物致知誠意正心修身者也克明峻德以親九族平章百姓協和萬邦以至所謂惟皇上帝降衷于下民若有恒性克綏厥猷惟后所謂天佑下民作之君作之師惟其克相上帝寵綏四方是之謂王道也即所謂自修身以至齊家治國平天下者也道者德之用也若夫建立綱紀分正百職順天揆事創制立度以盡天下之務則治之法也法者道之用也是故道法合一存乎德而聖人渾然天理之心可見矣漢之高祖唐之太宗宋之藝祖身除秦隋五季之亂以創立一代之治功皆所謂千古英雄之主然以二帝三王律之則所謂精一敬義之德所謂明德協和綏猷惟后君師下民之道概乎未之有聞也其所以撥亂興治則以其有運用天下之才有維持天下之法焉耳夫三君者皆能總攬群策收拾人心識達天下之大勢而其取之動中幾會而其守之能懷遠圖是之謂運用天下之才史稱高祖仗義討罪舉動光明約法三章與民休息次律令定章程制禮儀規摹宏遠其稱太宗薄斂省刑任賢納諫立口分世業租庸調之法定府兵之制號令典章燦然罔不完其稱藝祖修文偃武代虐以寛收藩鎮之權重文臣之任勸農桑恤刑獄崇節儉戒妄殺禁羡餘之獻是皆三君已行之事類非溢美是之謂維持天下之法究其實則其所謂才者才焉而已矣所謂法者法焉而已矣雖或假借仁義之迹而實未嘗真有修德體道之心是以縱人欲而妨天理往往有之高祖大綱正矣何爲乎有分羹之語和親之約戚姬之寵憂羹之侯知人善任矣何爲乎弗遠張卿之佞弗去審食其之奸除秦苛法矣何爲乎數夷功臣之族輕田租矣何爲乎口賦之筭買爵

贖罪之法又安用之綿蕝之儀武德之舞其視先王禮樂竟何如也太宗脅父臣虜推刃同氣閨門慚德人所耻言終唐之世三綱不正代有夷狄之風太宗實自啓之其他任數御下狎昵佞人矜武功而勤遠略殆其細故未暇以盡責也藝祖假陳橋之變逼主禪位揆之禪授征伐之義兩無所歸在位四年而始郊十七年而郊其於惟辟奉天之道安在馮瓚李檝之徒非辜就獄徒以快趙普之私而弗之禁川班親兵廩給逾分繼援郊賞之例乃盡殺訴者四十輩而配其餘可謂賞不僭而刑不濫乎一兵一財皆自制之積貯金帛期以易敵人首卧榻鼾睡之言何其示人不廣如此朱子謂漢高祖私意猶未甚熾然已不可謂之無唐太宗則無一念不出於人欲直以其能假仁借義以行其私當時與之争者才能智術既出其下又不知有仁義之可借是以彼善於此而得以成其功耳大抵三君者雖不無善政可書然考其事而察其心皆以利天下爲主是以安危成敗之慮重而是非理欲之念輕可以謂之濟世之才救時之法而不足以語夫天德王道之純然則自秦漢以迄于宋千五六百年雖謂堯舜三王之道未嘗一日行於天地之間非過論也及至胡元亂華宇宙大變天生我太祖高皇帝直繼堯舜湯武而興聖神文武天授獨全豪杰雲從弔民伐罪初無黄屋左纛之念既而驅除群盗統一華夷繼天出治盡君師治教之道爲天地立心爲生民立命爲往聖繼絶學爲萬世開太平而紀綱法度以經緯乎其間又咸正而無缺自天開地闢以來未有如此之盛是豈無本而能然哉蓋嘗考諸當時聖諭之所敷錫儒臣之所稱揚有以仰窺聖德於萬一矣嘗建觀心亭諭學士宋濂曰人心虚靈乘氣機出入操而存之爲難罔敢自暇自逸况有事於天地廟社尤用祇惕反視却聽上契冲漠體道凝神誠一弗二庶幾將事之際對越在天洋洋乎如臨其上嘗諭禮部侍郎曾魯曰古帝之治莫盛於堯舜觀其授受要在允執厥中又曰人君一心治化之本存於中者無堯舜之心欲施於政者有堯舜之治决不可得也諭參政蔡哲曰此心如止水明鏡無分毫私意累之然後揆事度物廓然無滯若使留胸中微有芥蒂既不得爲公矣因講易至家人諭大學士朱善曰齊家治國其理無二使一家之中長幼内外各盡其分事事循理則一家治矣一家既治達之一國以至天下亦舉而措之耳御注洪範諭贊善劉三吾曰洪範一篇帝王爲治之要道所以叙彝倫立皇極保萬民序四時成百穀本於天道而驗於人事遂疏其旨爲注朝夕省覽因南郊戒飭百官曰人以一心對越上帝毫髮不誠怠心必乘其機瞬息不敬私欲必投其隙能知天人之心不二則吾心之誠敬自不容於少忽嘗諭侍臣曰仰觀天象見一星失次即爲憂惕量度民事有當速行者即次第筆記待旦

發遣至觀論語論學士詹同觀大學衍義論侍臣則於孔子節用愛人之言真德秀黷武傷生之戒每拳拳焉合而觀之於觀心亭諭宋濂於南郊戒飭百官見我太祖與天地合德之心焉於觀論語論詹同於觀天象及大學衍義論侍臣見萬物一體之心焉於講易論朱善見齊家正始之心焉於御注洪範見建極叙倫裁成輔相之心焉至於論曾魯論蔡哲則此心全體大用一以貫之而無遺聖德高明廣大純粹精微遠紹精一敬義之傳於數千載之上於此可仰見矣肆我皇明致治之盛道純法備追隆堯舜監于夏商周而時出之其大者若定父母宗親之服别兄弟戚屬之婚謹郊廟百神之祀母后不預朝政春宫不設專官藩封不攝民事戚宦不干國典上自朝廷下至臣庶冠婚喪祭之儀服舍器用之制各有等差著爲條格三綱既淪而復正五典已斁而復敦夫是之謂治道蓋極純而無雜矣六鄉分治而無專政之嫌五府隸軍而無專兵之患學校養士惟教以經書科舉取才不雜以詞賦貢賦有定額而嚴之以擅科之條徭役有定則而申之以私役之禁銓選有定員考課有定法而飭之以專選濫舉之戒褒忠表節斥巧文言利之徒崇儉絶奢却竹簟金鞍之獻選將練兵而常以佳兵爲戒蠲租省賦而猶以傷民爲憂夫是之謂治法蓋極備而無遺矣雖然愚生所識無异管窺若夫峻烈洪勳實未易以殫述當時文武大臣表稱聖聽有云守帝王之心法明聖賢之道統罷黜百氏表章六經範圍造化曲成萬物有過化存神之妙有綏來動和之應蓋諸臣見而知之所稱尤切愚生管窺之見厥有明徵矣自唐堯虞舜以來三千餘年再睹聖德神功之大猗與盛哉列聖相承儀刑具在逮我皇上峻德重光克敬克一是以繼志述事深契太祖之心制禮作樂遠紹唐虞之治道純而法備未易敷揚我皇明億萬載無疆之休實于今日再培植而恢弘之矣海宇臣民曷勝慶幸抑明問開導諸生毋自諉曰帝王之學與韋布不同竊意此蓋宋儒有爲之言非通論也皋陶陳謨曰允迪厥德謨明弼諧伊尹曰惟尹躬暨湯咸有一德如其學業不同何以謨明而弼諧何以咸有一德也哉大學之道修身以爲家國天下之本自天子至於庶人一而已矣方今堯舜在上愚生雖無由得佐下風而實竊有皋陶伊尹之志敢因執事開導盛心而就正焉如不以爲嘐嘐尚當再陳未盡之蘊

第二問

易貞元

同考試官教諭湯批（歷舉古人善惡可爲勸懲末復責備諸有道君子足覘子所學之大他日必不安於小就矣）

考試官訓導辛批（評古人賢否深協輿論可録）

考試官教諭陳批(條答詳盡)

治莫先於任人忠邪不可以不辨人莫先於立志取舍不可以不嚴夫忠良用者治之本邪佞進者亂之階自昔人君鮮不好治而惡亂好忠而惡邪然而任用忠良之效恒少而親信邪佞之害恒多則以其辨之不早辨耳章縫者流居常議論指摘古今忠邪如睹黑白及至身膺厥任攻取之交誘於外而得失之念動於中則其爲善弗誠去惡弗果卒不自知其墮於不肖之歸者亦多矣苟非立志堅剛卓然不惑其何以定取舍之極必爲君子而不爲小人也哉伏讀我宣宗章皇帝御集歷代臣鑑三十七卷起春秋列國以迄于元上下二千餘載自子産而下善可爲法者二百一十三人自田蚡而下惡可爲戒者七十三人蓋唐虞三代諸臣已見經典者不煩重録矣録成頒賜群臣俾時觀閲思齊内省之訓拳拳然所以佑啓臣子者大矣録中所載善惡之狀披閲了然無容贅論執事欲舉其善惡之大關係治亂安危者論别是非蓋將以觀諸生之志顧愚何足以承之然歷觀史策忠邪治亂之故有慨於心久矣請試陳之爲明問復人臣之善莫要於正已莫急於用賢莫切於安民惡莫甚於殃民莫重於蔽賢莫辱於私已持此以定忠邪之分判治亂之幾如權衡之不可欺以重輕繩墨之不可欺以曲直明君之所以進退百官賢臣之所以省躬修職其要蓋不出此周召而上名世德業載諸經典者尚矣春秋以後吾於列國得一人焉曰鄭僑於漢得三人焉曰蕭何鄧禹諸葛亮於唐得一人焉曰房玄齡宋得四人焉曰李沆韓琦范仲淹司馬光傳稱子産行無越思惟義所在其爲鄭也選賢以任事立法以齊衆鄭之賢者若馮簡子若子太叔若公孫揮若裨諶用之各當其才民之所善從而行之其所惡從而改之三年而有畜我田疇教我子弟之頌使得志行乎天下豈獨鄭國大治而已乎漢酇侯何首勸高祖養民以致賢人曹參韓信何實進之輯和諸將除民疾苦民安其法致有畫一之謡終身不治垣屋曰其令後世師吾之儉漢室元功舍酇侯其誰與歸高密侯禹杖策鄴下首勸光武延攬英雄務悦民心諸將若寇恂以下多禹所舉皆稱其才卒成大業其篤行淳備薄遠名勢可爲後世法東漢宗臣其亦無忝也已忠武侯亮澹泊寧静寡欲養心撫百姓示儀軌開誠心布公道恢復王業惟以得人心爲本境内人才如蔣琬費褘輩隨才器使咸盡其長大功垂成而將星俄殞其興漢討賊精忠大義與日月争光可也唐文昭公玄齡每從太宗征伐諸將争取金帛公獨收人物致之幕府竭節任公不欲一物失所杜如晦與公同心輔政公實進之貞觀之民家給人足公有力焉史稱其持衆美效之君又謂理致太平善歸人主爲唐宗臣諒哉宋文靖公沆論治以不用浮薄喜事

之人爲先節用愛人行之惟恐弗逮四方水旱盜賊日有陳奏以動人主憂勤之心内行修謹不求聲譽動遵條制人莫敢干以私宋之賢相得君以直道終始吾必以公爲首稱忠獻公琦折節下士急於奬拔人才嘗因歲歉賑活饑民數百萬計兩朝定策推而弗居危疑之際知無不爲曰人臣盡力事君死生以之至於成敗天也豈可豫憂其不濟遂輟不爲哉文正公仲淹儉於自奉而好施予每感激論天下事振作士大夫之功居多先天下之憂而憂後天下之樂而樂上百官圖指斥時宰用人不公及參知政事條陳十事皆知人安民之急務雖不久於朝設施未竟而規模亦宏遠矣温國公光居處動作具有禮法平生所爲無不可对人言英宗初立疏請信用忠直疏遠讒諂逮事神宗極詆新法不便於民終相哲宗除民之害急於饑渴保甲保馬市易青苗等法力與罷除君子謂其有旋乾轉坤之功是皆三代以後相臣之粹然杰出者也自餘則漢有王陵張釋之汲黯第五倫楊震唐有宋璟張九齡陸贄裴度李絳宋有富弼王曾歐陽修趙抃包拯吕公著李綱趙鼎諸賢皆無愧於正已然或任用不專或當國不久是以用賢安民之志未究厥施遭遇則然非諸賢之弗逮也至於經武定國漢則有張良曹參周勃趙充國馮龔唐則有李靖郭子儀李晟宋則有曹彬宗澤岳飛是皆豪杰之才有安民之功亦不失已人君安不忘危如諸臣者何可少哉至於惡可爲戒如江充梁冀鳳莽敦洮輩身爲大逆自蹈赤族之誅曹操司馬懿則亦未辟之莽敦耳皆非人類所不忍言其他如張湯王温舒來俊臣周興爲殃民之罪魁李林甫盧杞蔡京章惇蔡卞黄潜善秦檜賈似道爲黨奸賊賢誤國殃民之元惡是皆專私一已視國家生民之安危利病略無休戚於其心其罪可勝誅耶或曰魏相姚崇之才魏徵之直周瑜之英略趙普之功勲許衡之學術宜皆不可泯没如之何曰魏相姚崇才矣而剛正不足魏徵直矣而節義有虧趙普濟時之功渝盟之罪不以相掩可也周瑜背漢而甘心於權賊犯人臣之大戒餘何足觀許衡知勸元主用漢法而不能存宋於未亡之時亦不容不責備於賢者耳曰臣鑑皆列之善類何哉曰善善長而惡惡短帝王無外之度也仁也衆善咸備而纖惡畢除臣子不貳之心也義也抑亦臣鑑不録管夷吾之例也然則人君之辨忠邪人臣之嚴取舍將安所折衷乎曰田蚡以下七十三人皆惡之大者人臣事君如事天斷不爲此矧在王法之所必誅而無赦者不復以污人牙頰間乃若相業顯著自子産以至於司馬光志節忠貞自王陵以至於趙鼎經武定國自張良以至於岳飛雖其才器不能盡同而皆忠於所事有正已用賢安民之心人君誠得諸賢者量才授任各盡其長而用之自足以建長治久安之業有如魏相姚崇之依違取容魏徵

趙普之反復悖義必處之各於其所不使僞得以亂真庶幾忠邪之辨無有遁情人臣省躬修職亦必以是爲準而其取善成身又當充類以至其極夫人臣之義莫大於格君諸臣雖賢似於此有所未盡庶幾焉者其諸葛亮范仲淹司馬光乎必求道德明碩繼往聖之學達先王之治者則如程顥程頤朱熹其人而後可所不録於臣鑑豈非以其紹續道統無待表揚亦如皋陶伊周已見經典不必更録者耶程子曰爲宗社生靈長久之計惟是輔養上德朱子曰誠以天下爲己任當自格君心之非始欲格君心當自身始皋陶伊周所以克艱厥臣其道固如此如有用我執此以往以正己格君爲大本以用賢爲急務以安民爲實功而於孔明興漢討賊之義希文先憂後樂之志君實活國救民之心皆兼體而時出之正色立朝雖使莽操京卞復生必皆逆折不見之奸而坐寢未形之變其庶幾昭代之純臣矣乎抑愚聞之善常隳於自賢惡每長於自恕一念自賢百善皆遏矣一念自恕衆惡皆生矣故必痛絶自賢自恕之心而後可以盡爲臣之道其要只在責志不識執事以爲如何

第三問

徐可相

同考試官教諭鄧批（人才之進退關世道之否泰明子之説於時則亦難乎其爲小人矣）

同考試官教諭李批（昌大之詞可知君子之所養矣）

考試官訓導辛批（敷陳治道有用之學也）

考試官教諭陳批（以三大二難立説迥异諸作）

天下有三大治天下者有二難何謂三大曰大智也大公也大順也何謂二難曰任賢勿貳也去邪勿疑也有大智而後有以成天下之大公有大公而後有以致天下之大順三者相因以爲功者也然必任賢勿貳去邪勿疑而後有以成天下之大智斯二者又相待以致用者也故自其任賢言之老成者或謂其爲遲鈍忠厚者或謂其爲寡昧鯁諒者或謂其爲賣直廉潔者或謂其爲矯激好古者或謂其爲戾俗五者之見横于中而意遂沮矣且忌者因得以顯排而陰擠讒者因得以投間而抵隙二者之於君心一爲所乘鮮不惑矣所以任賢以勿貳爲難也自其去邪言之本奸也而悦其有爲本佞也而悦其附己本刻削也而閲其振法本聚斂以殃民也而悦其富國本貪污無耻也而悦其側媚不忍發其幽獨之私五者之情動于中而不見其邪矣且黨同者或與曲譽而盛美賄親者或與甘詞而營寵抑或其人能竊窺人主意向以自結納三者之於君心一爲所入雖有指言其邪則亦弗之信矣所以去邪以勿疑爲難

也書曰自古商人亦越我周文王立政立事牧失準人則克宅之克由繹之兹乃俾乂此則任賢勿貳之謂也又曰國則罔有立政用憸人不訓于德是罔顯在厥世繼自今立政其勿以憸人此則去邪勿疑之謂失詩曰王國克生維周之楨濟濟多士文王以寧蓋言周之先王知君子爲國之楨幹也克盡二難之道故多助於四友之臣以成其王業此周道之所以興也又曰維彼忍心是顧是復民之貪亂寧爲荼毒蓋言幽厲諸君不知君子繫國之安危昧乎二難之道故信任榮夷公輩以墜其先業此周道之所由衰也孔子曰我觀周道幽厲傷之蓋亦有感於斯夫幽厲者性與小人合與君子戾宜其然矣後世之君亦有以賢見稱而不能盡其道者則惑之甚也噫吾嘗讀史而知其故矣漢高帝知周昌之賢以爲御史大夫趙堯欲竊其位不可以顯排得也乃薦昌爲趙王相高帝信其言於是周昌去而堯得有其位矣孝武帝知董仲舒之賢將以大用其才公孫弘深嫉其能不可以明言斥也乃薦舒爲膠西相武帝聽其言於是仲舒行而弘得專其任矣斯二者巧中之也唐玄宗謂李林甫妬賢嫉能可謂知其佞矣顧寵任之益篤雖有宋璟賢相而擯弃終身卒以成乎天寶之難宋神宗謂王安石飾詐鈎名可謂識其奸矣乃信用之獨專雖有吕范諸賢而貶謫殆盡卒以釀夫靖康之禍斯二者欲蔽之也賢者如此況於不賢者乎知之者如此況於不知之者乎此君子所以難進而小人之所以不易退也此君子之道所以易憂而小人之道所以不易消也此大智之君所以不常有而大公之道不易行大順之化不易成也非君子之不幸也世道之不幸也非小人之過也用之者之過也李德裕有正人邪人相指之疑歐陽脩有真朋僞朋不同之論蓋皆感時傷治長慮却顧之言也要之邪正真僞之間本亦無難辨者朱熹有曰凡光明正大疏暢通達無纖芥可疑者必君子也回互隱伏閃倏狡獪不可方物者必小人也張浚亦曰不私其身慨然以天下百姓爲心此君子也謀身之計甚密而天下百姓之利害不顧焉此小人也又曰言之剛正不撓無所阿徇此君子也辭氣柔佞切切然伺候人主之意於眉目顔色之間此小人也難進易退此君子也叨冒爵禄蔑無廉耻此小人也由二子之言以求之則君子小人之情狀見矣然人主不能盡接天下之人亦惟先於耳目之所及者辨之而已今夫丞弼之位皆棟輔之任上關君德之盛衰下繫生民之休戚昔人所謂天吏之副職者也必得有敷求哲人之心如伊尹者可也次則願如王曾之正色立朝者焉必得有握髮吐哺以下天下之士如周公者可也次則願如范仲淹文彦博之能容諫官者焉吴澄有言曰天下之治亂在朝廷朝廷之輕重在執政論執政賢否而進退之者人主之職也蓋亦有見於此故人主

之於大臣必清心以觀之因事以驗之見其才之果可用也任之必專不以其咈己而二三其心使讒佞得有可乘之隙知其人之果不良也去之必決不以其順己而懷狐疑之志俾藤蘿得有可附之端夫然後人主得其職矣人主得其職夫然後公卿得其人矣公卿得其人天下固以類應之矣自古至治之世不能無小人難乎其爲小人如四凶之在帝舜之時是已極敝之世未嘗無君子難乎其爲君子如三仁之在商紂之時是已能不難乎其爲君子則必難乎其爲小人矣如此何憂乎君子之不進而小人之不退也何憂乎君子之道不長而小人之道不消也何憂乎天下後世無大智之君也何憂乎無大公之道與大順之化也所謂天下有三大治天下者有二難如斯而已矣執事讀易於泰見君子之功而有楨幹之喻可謂善於讀易者也夫凡陽必明凡陰必晦易以陽爲君子陰爲小人乃剛柔淑慝之分天下之大分也若聖人在上而使立朝皆剛正之士陰邪不得以參乎其間斯則謂之善於用易者矣嗚呼使天下盡爲君子唯帝其難之雖然舉直錯諸枉能使枉者直乃聖人之微權也抑又聞之二三大臣人主所與分别賢否進退人材以圖天下之事自非同德協恭和衷彼此坦然一以國家爲念而無一毫有己之私間於其間無以克濟也其要又在人主正其心誠其意使之博選士大夫之聰明達理直諒敢言忠信廉節足以有爲有守者隨其器能置之列位使之交修衆職以上輔君德下固邦本則天下之泰可長保矣易曰雲從龍風從虎聖人作而萬物睹又曰觀國之光利用賓于王此區區今日願進之心也幸執事諒之毋曰書生志在温飽

第四問

李資深

同考試官教諭林批（兵以不殺爲威刑以不用爲祥玆聖人立法意也子能言之具有援據有裨世道矣録之）

同考試官教諭宋批（以仁義行法是知聖人者）

考試官訓導辛批（詞嚴義正足見忠愻）

考試官教諭陳批（得慎重之意）

知聖人立法之意而後可與論聖人之法有聖人用法之本而後可以行聖人之法夫法者治之具也非聖人之得已也不得已而後有法則其意固有在蓋不屑屑於取必以窮法之用若謂吾有可恃之法無故得以自逞以敵天下之欲此豈聖人立法之意哉且方其法之未立也必先務盡其本修之吾身順以施之於天下使天下皆入吾道化之中天下同安于其常吾同亦得以常而治之至於天下不能盡知吾意而吾道化有所不及無以通之則吾治窮矣

於是存意外之慮爲先事之防道不足以自遂而法斯立焉法立可以通治之變使吾道化不至於窮是法固治之具也而實王道之權非離道以爲用者也若不知立法之意欲以語乎聖人之法則將謂兵必主於征伐刑必主於殺戮不窮其用不已矣若不先修其本而徒恃其法則將日事征伐殺戮而日亦不足矣恐聖人之法不如是之蹙也執事以此下詢承學知有仁人長者之心矣愚何人斯足以與知焉雖然竊嘗聞之自師卦既畫而天下遂知有兵黄帝時已有涿鹿之戰矣周公大司馬掌九伐之灋以正邦國特其益詳耳非謂至此而後有兵之名也自噬嗑既畫而天下遂知有刑帝舜時已有四凶之誅矣周設大司寇以五刑糾萬民蓋其義始備耳非謂至此而後有刑之名也是故曰眚曰伐曰壇曰削曰侵曰正曰残曰杜曰滅此九伐之義然必各有所主而後用之也故馮弱犯寡則眚之賊賢害民則伐之暴内陵外則壇之野荒民散則削之負固不服則侵之賊殺其親則正之放殺其君則殘之犯令陵政則杜之外内亂鳥獸行則滅之是知兵也者乃稽實待虚之制使天下知吾之有兵也畏而不敢干吾之典吾固不得而强用之矣曰野曰軍曰卿曰官曰國此五刑之目然亦必各有所因而後施之也故野刑上功糾力軍刑上命糾守卿刑上德糾孝官刑上能糾職國刑上願糾暴是知刑也者亦存體應用之義使天下知吾之有刑也懼而不敢犯吾之憲吾亦不得而固施之矣夫聖人立法固所以嚴未然之防然其所恃以爲治者固自有所以爲之本者在也是故於侯國則修德以懷之所謂儆戒無虞罔失法度罔游于逸罔淫于樂毋怠毋荒者是已於吏民則躬行以化之所謂正身以正朝廷正朝廷以正百官正百官以正萬民者是已懷之而猶有弗吾順者乃法所必討夫然後九伐之灋舉焉則討乃天討征一國而四方諸侯懼是爲天子之兵不戰而屈人者也化之而猶有弗吾率者法所必罰夫然後五刑之法施焉則罰乃天罰戮一人而天下之人懼是爲國人殺之雖死不怨殺者也是故先王之治雖不窮兵以爲武而海内乂安雖不嚴刑以爲威而天下大順降及後世不脩其本而全任其法一任其法而必窮其用强兵尚力以謀旦夕之安峻法煩刑以期申韓之效程子所謂先王之世以道治天下後世只以法把持天下蓋謂此也夫仁者無敵孟子蓋嘗言之誠以時雨之師民之應之疾於影響若征苗弗克豈禹之仁未足以動人哉弗忍窮黷退修文德仁之至爾故七旬來格乃其效焉聖人以順動則刑罰清而民服易傳亦已言之夫有至德之感民之從之譬諸風草彼下車而泣豈禹之化未足以服民哉聖人之心願治無窮德之盛爾雖一人未順猶不足焉由孟子之言觀之則知仁乃王師之要以其所不愛及其所愛者皆非也由

易傳之言觀之則知順乃祥刑之要若威以亂政貨以奪法者皆非也故夫斯二者於五刑屬金言其烈也於四時爲秋言其肅也雖則以剛爲體必宜以柔用之剛而知柔則剛不過不過則中中則協雖則以威爲名必宜以德將之威之以德則威不褻不褻則震震則懾是故玄默如漢文柔德若性成矣然匈奴桀驁則欲親御六飛以征之朱黼稱其有仁者之勇薄昭有罪則能確守三尺以誅之司馬光謂其得行法之當豈沉潛有剛克之用乃如是耶英武如唐太宗剛威似足尚矣然遼左之役久而無成從而悔之曰魏徵若在不使朕有是行張蘊古殺之非罪既而悔之曰自今死刑仍三覆奏乃刑豈高明昧柔克之義以至此耶嗟夫兵者凶器也以不用爲勝所以先王耀德不觀兵必不得已而用之如武王所謂寧爾也非敵百姓也斯可已刑者死道也以能措爲上所以聖王任德不任刑必不得已而用之如曾子所謂如得其情則哀矜而勿喜斯可已推而言之德者仁義之謂也所以爲教考也周禮亦必先之以平邦國之九法而後有九伐之正先之以掌國之五禁而後有五刑之糾皆以仁義而行法也化以仁義而法固名焉而已矣後世教之不立而責人重取必於就吾之法而後已焉此則以法而行仁義也然猶近於先王之意其所否者不知責人以何謂而惟法是遑斯失之矣恭惟我太祖高皇帝以神武定天下以文德綏太平於兹二者尤拳拳焉慎重其用與侍臣論夷狄之禍則曰修武備謹邊防來則禦之去則勿窮追焉諭楊憲則曰民之爲惡譬如衣之積垢加以澣濯則可以復潔威以刑戮而使民不敢犯其爲術也淺矣嗚呼至哉王言真萬世之龜鑑願以是爲獻不識執事者然否

第五問

蔣時行

考試官訓導辛批（列陳十困八危盡廣西之患而併兵屯戍之策鑿鑿可行通達時務士也高薦允宜）

考試官教諭陳批（憂先鄉土以措諸天下可也）

天下之所可畏者勢也所不可忽者時也所可恃者人也所不可必者權也夫勢必積而後成智者不俟其既著而後能知及其成於既久果如昔之所料則其將來又可知矣此則可畏之甚也失今不圖所以處之之道將必至於極盛而不可爲仁者見之不能不惻然于懷此則時之不可失也然隨時補救調停寬其一分使受一分之惠其責在於有司之得人耳此特可濟萬分之一終無救於必然之弊必大更張布置昔之所有而今之所失者復之昔之所無而今之所有者去之所不可去前所未計後將至於無計者作何術以處之此

則權在朝廷與執政大臣非區區有司所能自盡者也執此以論廣西乃爲今日對證之方願毋拘以文法俾得錯綜繹其見聞之略以悉一方之利害可乎
明問有曰利民莫先於財財者民之喉命仁人之言其利博哉又曰觀於廣西四者之患俱備不知在昔何如興言及此何其幸哉夫廣西無他物産惟農而已近來之農有十困焉膏腴之田多没賊巢困於復業之難也村落之田防賊出没困於耕穫之難也附郭之田戎馬蹂踐困於防畛之難也高者不禁十日之晴困於備旱之難也低者漂于一夜之漲困於防潦之難也殺敗墟里荆棘封丘困於番耕之難也避賊處所原隰亢惡困於開墾之難也收成甫畢剽奪者至困於蓋藏之難也掠去人口懸價待贖困於立命之難也乞貸於人必倍其息困於通濟之難也凡此十者皆民之大患而十者之外有八危焉瘴疫失耕阽於死亡其危一也水旱無收阽於死亡其危二也賊盜妨農阽於死亡其危三也役期漸數阽於死亡其危四也徵科漸增阽於死亡其危五也逋負日積阽於死亡其危六也兵革不息阽於死亡其危七也稱貸無門阽於死亡其危八也夫民負此十困而無一舒阽於八危而無一濟其勢何如哉夫因往可以推來即今可以知後他日何如哉聞之國初雖有猺獞雜居于間其類尚寡故古田懷遠皆爲上縣自宣德正統以來貴州之夷由黎平透入玆土依類附黨以生以育動以萬計其禍遂蔓延不支二邑淪爲賊巢而賊勢大張民之失業者多矣國初雖有官兵與民戍守其守有要故本省衛所尚足以禦自成化以來溪峒之蠻負險固以作不靖撫臣建議設官增戍分營列屯歲調數萬其費遂繁二廣雖有歲運而發解不全食之不給者屢矣國初雖有藩封之建止於一府之用所需有數所供有限嗣是以來枝分派益日昌月盛始焉食禄之家一今之食禄者七百餘家矣國初雖有額解物課一皆惟正之供隨地所有不責其無近年以來市漆市鐵概派均徵實則不及别省大郡之一輒以兩廣并稱之矣由前之一者而觀之則所謂生之者衆爲之者疾不可得也其何以開財之源乎由後之三者而觀之則所謂食之者寡用之者舒不可得也何以節財之流乎限民名田董生之法也蓋兼并之民衆而貧民失職耕者窮餓而不耕者得食故爲立此法焉蘇轍嘗欲行之而不果也今之内地誠有此弊若以此法行之於彼其利甚大廣西之民户占數頃之田者一郡無幾則無可限之田矣定制明等賈生之法也蓋兼併以有餘而驕心易起富者奢而無制貧者耻而興盜故爲立此法焉蘇轍亦欲施之而未遂也今之江南信有此風若以此法施之於彼其利甚博廣西之民屋備三間之制者一鄉無幾則無可明之等矣故以財利民固天下所難以財利廣西之民尤今日之至難者也爲今

之計田之遠者未能卒復其不甚遠而可耕者曲爲保障俾得以盡力其中以時而種穫尚可以廣十之二三用之急者不可遂已其不甚急而可緩者量爲寬恤使得以少舒其氣以次而舉行或得以寬其百之一二此乃補漏振頹之策因仍苟且之論亦必得賢有司而後可與議此也若求爲益無方不一大勞則不能久逸不有遠慮則必有近憂懷遠古田之猺殺占民村滅没縣治彼禽獸類法所必除者乘乎收成之候籍其稻粱之資驅二十萬立功之狼兵率之以忠勇之將益之以屯戍之卒窮巢搗穴盡其噍類以復洪武求樂之舊庶諸蠻知警而次第可治否則一紀生養吾不知其所終也宗室之服食宫室輿馬冠婚喪葬之費俱不可缺者每歲常禄凡用幾萬房价喪禮諸費歲亦千計不數年後又當倍於今日矣受之者以爲當得恒不足用而有後時之責民之輸納日苦增加逋負逃亡有以也宜仰承祖訓篤厚親親達權通變裒多益寡或將房喪等用派之鄰省或歲增鹽利勿拘一萬五千之常仍裁抑奢靡之過禁制嬖幸之繁限年三十歲以外無子方許立一次室庶以義制恩而後利可久否則十年分析吾又不知其所給也懷遠古田既復或城其地改爲衛鎮以其田爲屯田即以其兵耕而守之鎮之以參將游擊之官食其利以守其要害可歲省養兵之費數十萬二處既寧柳桂之民得以安其業矣若永安荔浦等州縣之有其名而無其實者皆當以此法處之亦有可改設長官司者如是則歲調官土之兵將以漸而可減矣其分哨屯戍之兵一軍常兼兩軍之費至於賊之臨也兵少不支卒以聽其虜掠而去此實虚費者爾莫若併力領以游擊之將一有跳梁地方即便督發鵰剿乃可以漸而收功也信能行此數者而又於額外之坐派量爲停免則所謂生之者衆而爲之者疾在是矣則所謂食之者寡而用之者舒在是矣以財益我廣西之民莫大於是然乃改絃易轍之圖其權在上請而行之可也未敢過望於我有司者嗟夫以天下觀之譬諸一人朝廷者心也湖廣諸藩者身也廣西者肢節也肢節受病身必不寧矣身既不寧心亦遂不安矣是故肢節雖小有關於心身廣西雖小且遠豈不有關於内地與朝廷也哉然肢節之痿必由元氣之不貫也善察國脉者必宣通元氣以達于肢節之末使得以舒展自如則身安而心泰矣井蛙拘墟之見未達汪洋幸執事進之以與語乎海也

廣西鄉試録後序

嘉靖丁酉天下鄉試之期維時巡按御史諸演寔監臨廣西試事肅防貞率惟暨所司弘公而單明得士五十五人蓋西粤之英也乃遵制爲録以獻樂當序諸末簡惟天篤佑下民彙生賢才以資治理代不乏人國家旁求俊乂翕受敷施惟以保安黎庶君子成己成物以爲學雖在畎畝之中而亦預有天下國家之責隱居以求其志行義以達其道古之人皆然是三者蓋所以相成而未嘗相悖也諸士子試自深思天之啓我知覺寧安是虚技而已乎國家將通我名籍寧藉是虚榮而已乎我幸而獲聞聖賢之教從事於學寧甘自菲薄悠悠虚生而已乎吾聞君子不好富貴而好其人之賢不惡貧賤而惡其人之不肖不耻才能智慧不如人而耻忠信禮義之薄慎斯三者庶知所以自立修德明道以待天下之用期于不負天之所畀不負國家之所作養諸士子咸若此有司亦與有榮哉乃或識趣庸陋惟取青捷紫榮身肥家日孳孳焉則有司之所甄録與諸士平生之所畜積見聞適足以爲吾民病有一若此有司無窮之辱將何所逃諸士子尚念之哉雖然有司所知者諸士之言焉耳庸違與否存乎其人有司亦既無如之何矣自今以往皆諸士進德之時惟德業崇卑與志高下諸士子尚念之哉

河南河南府洛陽縣儒學訓導辛樂謹序

嘉靖二十八年廣西鄉試録

廣西鄉試録序

洪惟皇上協天敷極文明之化浹邇暨遠今玆己酉復當鄉試之期惟廣西監臨御史王士翹慶逢鴻典乃播宣上德用揚作人之懿以興起百執事復飭章度俾百執事得各因職舒效用成以人事君之忠簾内外罔弗共焉先是巡按御史蕭世延程用擴式授事責成緎儀諸方禮聘儒臣右都御史張岳昔柄文鐸再振武戈邇復兼制夙教維新兵部右侍郎兼右副都御史歐陽必進肅清方隅表宣文化士無警奪顓攻術業太保總兵官平江伯陳圭克佐成焉珊與教諭林高岡至則謬主考試同考試則學正吴時昭教諭江汝楫馬進階蕭祥庚林以毅聞實提調則左布政使鄭漳右參政魏良輔監試則副使沈宏僉事何中行既鎖院進提學僉事謝少南遴簡士千有百人三試之奉制額擢五十五人録其名及文以獻珊以例僭序篇首夫廣西嶺徼之地其極界去京師萬里冠裳文物由漢而下漸同中州至唐柳宗元始教爲進士業史稱湘南之士執經其門爲文多中程度然唯其文而已矣宋張栻爲静江乃闡濂洛關閩之説訓教學徒朱熹謂其明義反本遵先王之遺意文士駸駸有興第時值偏安王化無本君子有遺憾焉仰惟我太祖高皇帝用夏變夷紀綱四方廣西内附於是王封官守無异齊魯蓋自漢入中國至是始盡用中國之治成祖文皇帝暨我列聖相承一道教化熙洽故其人文由黄虞後亦至我國家始開百八十餘年其間輔弼端揆之臣往往迭出今即窮陬僻邑談道而謀義禮作而行脩是孰使之然哉皇上中興德教光被人文化成雖跂行喙息之鄉胥陶鑄于禮樂鼓舞于風聲矧如粵西冠裳文物齊而中州若是久遠者哉故珊觀諸士文藝其雄深雅健蓋有得于宗元之緒如劉禹錫所謂繁星麗天而芒寒色正望而敬于五行者庶幾再見且其語性命則窺從出之源議政事則究躬行之實或則經以闡微或確質以孚理擴如奥如金響玉韻張栻所爲拳拳于往日者類亹亹然發之詞端無疑礙無矯頗珊竊斂袵豈唯齊魯之所與同雖都人士炳炳蔚蔚何以异哉因是而仰嘆而俯思益有感于皇上德化之應文教之訖於戲盛矣抑聞之國家之選士非爲士榮已也天工所需而萬化攸畀

乃其責重矣顧于始進不免程諸文藝亦豈徒取諸空言已也孔孟之學必成己而成物故曰夫人幼而學之壯而欲行之夫行之云者行其所學焉爾非能亮天工而宣萬化安所徵學然切近精實取諸其身而已珊嘗考諸張栻其告語粵西之士謂心爲萬事之宗必收其放存其良謂天下之事皆人所當爲必自其視聽言動之間而求諸君臣父子夫婦昆弟朋友之實斯則孔孟之微言而周程之大旨取諸身而至足推之事而有常粵西之先民固聞之而今固傳之亦憾其不克究施矣方今全盛之日諸士對主司既發之文詞慨若自任珊竊感焉如挹諸士于張栻之門而待之于孔孟周程之途非敢取諸其空言云爾况由此而升試春曹奉廷問所以先資自獻者已即此在可不慎乎哉不然則瓌奇絶特之文雖無殊宗元乃其人得無不可者乎主司過慮復丁寧而不自已亦誠過望他日輔弼端揆之臣有自是科繼出大行張栻之説亮天工而宣萬化以佐于聖明之廷豈唯主司之幸亦廣西無窮之光也詎不益盛矣哉諸士勉旃是舉也右布政使楊本仁掌使司少南署按察右參將劉遠署副總兵事署都指揮僉事李霽署都司皆防檢于院以外而俾無所擾于内者也右參政潘徽右參議康朗副使徐禎僉事趙埴左參將王寵咸有事于蒼梧兩江而督傳厲兵供衛百執事以逮諸士與有勞焉左參政范欽僉事楊濂署都指揮僉事張武先期入賀萬壽都督僉事副總兵沈希儀先期調征海南然樂逢盛舉則自睹興事胥交慶焉得附書之

福建興化府儒學教授詹珊謹序

嘉靖二十八年廣西鄉試

監臨官

巡按廣西監察御史王士翹（民瞻江西永新縣籍安福縣人　戊戌進士）

提調官

廣西等處承宣布政使司左布政使鄭漳（世績福建閩縣人　丁丑進士）

廣西等處承宣布政使司右參政魏良輔（師召江西新建縣人　丙戌進士）

監試官

廣西等處提刑按察司副使沈宏（維遠浙江崇德縣人　乙未進士）

廣西等處提刑按察司僉事何中行（粹甫廣東順德縣人　壬辰進士）

考試官

福建興化府儒學教授詹珊（廷佩江西浮梁縣人　丁未進士）

江西廣信府鉛山縣儒學教諭林高岡(鳳鳴福建懷安縣人　丙午貢士）

同考試官

直隸徐州儒學學正吴時昭（以德福建懷安縣人　癸卯貢士）

直隸鳳陽府潁州太和縣儒學教諭江汝楫（濟之江西南昌縣人　庚子貢士）

湖廣武昌府蒲圻縣儒學教諭馬進階(康甫四川内江縣人　庚子貢士）

福建汀州府上杭縣儒學教諭蕭祥庚(文焕江西泰和縣人　庚子貢士）

浙江嚴州府淳安縣儒學教諭林以毅(成弘福建候官縣人　丙午貢士）

湖廣常德府武陵縣儒學教諭聞實（子虚貴州永寧衛籍直隸合肥縣人　丙午貢士）

印卷官

廣西等處承宣布政使司經歷司經歷胡仲仁（體元雲南昆陽州人　監生）

廣西等處提刑按察司經歷司知事馬堯德(伯仁浙江會稽縣人　知印）

收掌試卷官

桂林府知府胡岳（宗高江西鄱陽縣人　壬辰進士）

梧州府知府翁世經（可貞福建福清縣人　乙未進士）

受卷官

平樂府知府謝紘（章甫浙江會稽縣人　己丑進士）

柳州府知府王三接（汝康直隸太倉州籍崑山縣人　乙未進士）

慶遠府同知吴旦（啓東直隸休寧縣人　戊子貢士）

思恩軍民府同知周璞（懷玉福建福寧州人　乙酉貢士）

彌封官

平樂府同知林爗（貞華福建閩縣人　壬午貢士）

桂林府通判簡而芳（實之江西新喻縣人　甲午貢士）

梧州府通判羅相（弘弼江西新昌縣人　甲午貢士）

桂林府推官尹圭（汝信江西安福縣人　監生）

謄録官

柳州府象州知州王嘉麟（仁伯雲南大理衛籍山東聊城縣人　丙子

貢士）

太平府左州知州鄧體静（復仁廣東順德縣人　乙酉貢士）

桂林府陽朔縣知縣張士毅（仁卿廣東瓊山縣人　乙卯貢士）

平樂府平樂縣知縣詹世龍（見卿廣東海康縣人　庚子貢士）

對讀官

桂林府全州知州王瑩芝（伯潤福建長泰縣人　戊子貢士）

平樂府永安州知州何應和（景陽廣東東莞縣人　乙酉貢士）

慶遠府河池州知州邵濬（一原浙江太平縣人　戊子貢士）

梧州府鬱林州北流縣知縣蕭遴（子彦江西新喻縣人　甲午貢士）

巡綽官

桂林中衛指揮僉事沈綱（國彰直隸無錫縣人）

桂林中衛指揮僉事王猛（濟之山東文登縣人）

桂林中衛指揮僉事郝文（從周山後錦州人）

桂林右衛指揮僉事林廷傑（國興福建候官縣人）

搜檢官

桂林中衛左千户所副千户周繼祖（承勛直隸合肥縣人）

桂林中衛右千户所正千户袁繼文（宗周江西餘干縣人）

桂林中衛前千户所副千户時蔭（繼芳直隸定遠縣人）

桂林中衛左千户所正千户沈勛（懋功直隸無錫縣人）

桂林中衛左千户所副千正周鏞（子泉廣東海陽縣人）

桂林右衛前千户所副千户王承宗（世德直隸長洲縣人）

供給官

廣西等處承宣布政使司理問所理問吴奉（以訓江西貴溪縣人　監生）

廣西等處承宣布政使司照磨所照磨周承芳（繼喜山西靈石縣人　知印）

廣西等處承宣布政使司照磨所檢校趙稃（均實直隸嘉定縣人　監生）

廣西等處提刑按察司照磨所檢校王誾（賓暘直隸天長縣人　監生）

桂林府靈川縣知縣李全（仁卿廣東和平縣籍江西吉水縣人　監生）

桂林府古田縣知縣李瓊（賓瑞山東清平縣人　監生）

平樂府賀縣知縣黄點（叔與湖廣荆門州人　監生）

思明府忠州同知蕭顯沂（魯卿湖廣茶陵州人　監生）

桂林府經歷司經歷陳敬（入道廣東欽州人　監生）

桂林府照磨所照磨顧應辰（子逢直隸華亭縣人　監生）

南寧府照磨所照磨俞章（德音浙江烏程縣人　監生）

桂林中衛經歷司知事張文（載之湖廣江夏縣人　監生）

桂林右衛經歷司知事徐栢（子勁直隸潜山縣人　監生）

南寧衛經歷司知事邵南（世化浙江餘姚縣人　監生）

廣西等處承宣布政使司理問所提控案牘何玨（國重湖廣永明縣人　吏員）

廣西都指揮使司斷事司吏目林世明（德昭福建福清縣人　吏員）

桂林府臨桂縣主簿項良臣（汝忠江西貴溪縣人　知印）

桂林府臨桂縣典史歐陽英（邦濟福建閩縣人　吏員）

桂林府興安縣典史柴一元（仁大浙江餘姚縣人　吏員）

桂林府臨桂縣東江驛驛丞孫守成（汝賢貴州宣慰司水東司人　承差）

桂林府陽朔縣古祚驛驛丞葉文明（天啓浙江餘姚縣人　承差）

桂林府遞運所大使歐陽上（方升湖廣桂陽縣人　吏員）

第一場

四書

顔淵季路侍子曰盍各言爾志子路曰願車馬衣輕裘與朋友共敝之而無憾顔淵曰願無伐善無施勞子路曰願聞子之志子曰老者安之朋友信之少者懷之　上天之載無聲無臭至矣　至於心獨無所同然乎心之所同然者何也謂理也義也聖人先得我心之所同然耳

易

彖曰大畜剛健篤實輝光日新其德　受兹介福以中正也　易與天地準故能彌綸天地之道　復德之本也恒德之固也

書

帝曰咨四岳有能典朕三禮僉曰伯夷帝曰俞咨伯汝作秩宗夙夜惟寅直哉惟清伯拜稽首讓于夔龍帝曰俞往欽哉　其爾克紹乃辟于先王永綏民説拜稽首曰敢對揚天子之休命　文王惟克厥宅心乃克立兹常事司牧人以克俊有德　不剛不柔厥德允修

詩

四之日其蚤獻羔祭韭　樂具入奏以綏後禄　昭兹來許繩其祖武於

萬斯年受天之祜受天之祜四方來賀於萬斯年不遐有佐　四海來假來假祈祈景員維河殷受命咸宜百禄是何

春秋

春齊人陳人曹人伐宋（莊公十有四年）　秦人伐晋（文公三年）晋侯伐秦（文公四年）　夏齊人伐我北鄙（僖公二十有六年）晋欒書帥師救鄭（成公六年）冬公會晋侯宋公衛侯曹伯莒子邾子滕子薛伯杞伯小邾子齊世子光伐鄭十有二月己亥同盟于戲（襄公九年）　夏公會齊侯于夾谷公至自夾谷齊人來歸鄆讙龜陰田（俱定公十年）叔孫州仇帥師墮郈季孫斯仲孫何忌帥師墮費（俱定公十有二年）

禮記

禮也者猶體也體不備君子謂之不成人設之不當猶不備也禮有大有小有顯有微大者不可損小者不可益顯者不可揜微者不可大也故經禮三百曲禮三千其致一也未有入室而不由户者　是故情見而義立樂終而德尊　忠臣以事其君孝子以事其親其本一也氣如白虹天也精神見于山川地也

第二場

論

君子修之吉

詔誥表（内科一道）

擬漢勸學興禮詔（元朔五年）　擬唐以給事中馬周爲中書舍人誥（貞觀十二年）　擬宋以孔宜爲曲阜主簿奉孔子祀謝表（乾德四年）

判語五條

講讀律令　攬納税糧　服舍違式　驛使稽程　修理倉庫

第三場

策（五道）

問　從古開基造命之主其得國之正致治之隆皆未有如我太祖高皇帝之盛者也仰惟功德高厚身兼創守未易窺測然其恢鴻略以啓再造之景運垂燕翼以綿萬世之太平者必有道焉可得而揚言之與程氏論王道必本之學術孔子嘆堯無能名固曰焕乎其有文章然則學術文章亦可以窺皇祖

之萬一否乎伏聞皇祖與待制秦裕伯論學術學士詹同論文章聖謨洋洋固是道也當時或發之事業修之播告與夫臣工之所贊述亦可得而聞其概與詩書所稱二帝三王之道詳矣其同符者可指言之與漢唐宋開造之迹與其學術文章固無足論者恭惟皇上中興聖德天縱學術文章淵源炳蔚光揚前烈丕纘祖謨我皇祖申錫無疆之休至是益巍巍蕩蕩矣聖祖神孫授守一道必有所本與諸士子服濡聖化有年願鋪張于篇以鳴國家之盛

問　經以載道學以窮經誦其文弗知其義淆於衆莫折其衷謂之窮經可乎兹以經學之疑與二三子訂之周官太卜掌三易夏商之易取七八周易取九六何不同也周易上經三十卦下經三十四卦或謂以反觀之皆十八卦然與否與孔子删書斷自唐虞以下迄周終於秦誓秦誓費誓果可與帝王之書相繼而并傳乎傳之後儒何以爲古文今文之辨詩三百始關雎也有謂詩有四始者其説何居春秋之義微哉婉矣有謂大義數十炳如日星者其要安在禮記始於曲禮名曲禮者何義豈著作於曲臺緇衣依仿論語作緇衣者何人曷拘泥於援引月令紀時政紀王居紀方位王制言爵位言官制言巡狩抑皆經世不易之道否耶後世有孟氏易梁丘易大小夏侯尚書歐陽尚書言詩者四家各爲專門言春秋者三傳互相牴牾言禮者後蒼大小戴王鄭异喙而争鳴其於聖經孰爲得其宗派也他如太玄擬易與司馬氏之潜虚孰優湯征擬書與河内女子之秦誓孰正馬鄭之發明衛孔之序疏孰有功於毛詩范氏之集解戴氏之解疑孰無愧於公穀皇熊諸氏南北异派孰於經禮無背馳耶此皆經學之大疑知道者所宜辨析其究言之

問　忠孝生人之大端節義持身之大閑所以扶綱常立人紀世道攸賴試稽往牒與諸士商之仗節匈奴與志不忘宋者其忠同乎陳情歸養與弃官尋母者其孝同乎畏知却金與擲金不顧者孰優千家待火與千畝給族者孰賢抑其所遇時勢不同或出一念感激未必其蹈于中庸否耶夫忠孝一道也盡忠晋室者何以絶裾于親負名國士者何以辱身于虜節義并用也抗表不屈者何以有三上書之議輔政同心者何以有附許史之譏漢庭師傅當時倚重視觀槐里今廷辱數言邪佞顯矣柳州惠政千古流芳觀王叔文陳情一表悖謬甚矣是數子者得失可言要之勢難曲全時不我遇有當原情誅心者邪余觀甌駱既郡風氣漸開賢材彙征後先表著若正色立朝募兵衛國刻木祀母甘露降亭亦可以言忠孝矣忤時謝病駡賊守城還妾不取直金却賜請蠲郡賦亦可以言節義矣不知亦視古相伯仲否也諸士幸際明時應兹掄選居常臧否古人詳矣矧同鄉先哲尤在景仰顧所自期待當不止是其詳著之以

覘异時所樹立者

問　綏衆保邦守令莫先禦侮敵愾將帥獨重蓋聞古之守令將帥固有京師蒙福而河内願留虎爲却走而犬不驚吠野麥獻瑞而三异化成其視民不忍欺人不敢犯民不見吏路不拾遺者何如也或雄虎視于山東或絶胡騎于塞北或三十年遠却秦兵或一人不殺而下江南其視雅歌投壺輕裘緩帶單騎見虜西賊膽寒是何如也我朝稽古立法文武并用故當時前後粤西諸臣有民饑不暇請賑捐俸以活者有課農興學禱雨隨應者又有衣冠入峒賊隨以化者是皆守令之賢果有龔黄卓魯之循良否耶有克静江而禁止剽掠者有掛印出鎮而秋毫無犯者又有平兩江五溪而峒寨悉降者是皆將帥之良果有伏波韓岳之風聲否耶逖矣南服二者之選視内爲重而民流户泯甚于昔時飛矢鳴鏑殆無虚日其故安在兹欲使布列郡縣介胄封疆者咸得其人果何道以致之諸士目睹衷惕有懷久矣願明著于篇

問　我皇祖式昭丕訓有曰治兵始可以休兵講武始可以偃武穆如遠哉固萬世保大之鴻憲也乃若廣西則自昔用武之地所不可一日而去兵者今試撮舉要害莫如三江紛紛之議胡累日積歲卒無畫一豈治兵講武未得其道邪夫斷藤之冠最號劇猾乃今曠然空土旅人宵征矣古田近邑往稱繁庶數十年來顧爾頑梗此其故何哉時與勢殊邪抑所謂治兵講武昔勤而今或弛邪説者謂左右兩江經略已定所未備者節目之詳若府江一帶與古田獞獠非别有區畫未可但已然與否與夫平居而負天下之責士之自待宜不多讓且鄉井之間耳目時及必有抱百年無事之策者况休兵偃武有司願聞固不得而默如也

中式舉人五十五名

第一名　張元舉　古田縣學生　易

第二名　鍾徠秀　全州學附學生　春秋

第三名　陶曾　鬱林州學生　書

第四名　趙恂　馬平縣學生　詩

第五名　蔣焞　全州學生　禮記

第六名　李際時　平樂府學生　易

第七名　胡希旦　桂林府學生　春秋

第八名　周希正　南寧府學生　書

第九名　張翀　柳州府學生　詩
第十名　唐文迪　全州學生　禮記
第十一名　麥春芳　平南縣學生　易
第十二名　雷古　宣化縣學生　書
第十三名　陳豫章　馬平縣學生　詩
第十四名　蔣調　全州學生　易
第十五名　陳塤　慶遠府學生　書
第十六名　秦邦本　桂林府學生　詩
第十七名　周一桂　古田縣學附學生　春秋
第十八名　張襄　臨桂縣學附學生　易
第十九名　徐應龍　桂林府學生　書
第二十名　魏文壽　桂林府學生　詩
第二十一名　甘用世　賓州學增廣生　詩
第二十二名　鄭肇基　臨桂縣學生　書
第二十三名　唐朝烈　全州學增廣生　詩
第二十四名　舒燁　古田縣學生　易
第二十五名　陳廷式　賓州學生　詩
第二十六名　黄楷　横州學生　書
第二十七名　李文華　桂林府學生　詩
第二十八名　白驥　臨桂縣學生　易
第二十九名　陽沛　臨桂縣學增廣生　春秋
第三十名　何應宿　蒼梧縣學生　詩
第三十一名　周之岐　桂林府學生　書
第三十二名　龍大升　桂林府學生　易
第三十三名　徐朝卿　平樂府學附學生　詩
第三十四名　常若愚　桂林府學增廣生　禮記
第三十五名　曾夢鹿　融縣學生　易
第三十六名　劉宗武　貴縣學生　詩
第三十七名　黎大紳　潯州府學生　書
第三十八名　龍雨主　臨桂縣學生　詩
第三十九名　蔡應麟　灌陽縣學生　易
第四十名　鍾以召　鬱林州學生　詩

第四十一名　涂光裕　臨桂縣學附學生　書
第四十二名　陳上書　靈川縣學生　禮記
第四十三名　郭琳　古田縣學生　易
第四十四名　陳詔　陽朔縣學生　書
第四十五名　王价　賓州學生　詩
第四十六名　劉凱　臨桂縣學生　春秋
第四十七名　劉晋　靈川縣學生　易
第四十八名　秦紹益　柳州府學生　書
第四十九名　譚世美　全州學生　詩
第五十名　王建極　武緣縣學生　易
第五十一名　董雲山　賀縣學生　書
第五十二名　莫務名　宣化縣學生　詩
第五十三名　賓成章　全州學增廣生　易
第五十四名　范天祐　柳州府學增廣生　書
第五十五名　唐朝宗　全州學生　春秋

第一場

四書

顔淵季路侍子曰盍各言爾志子路曰願車馬衣輕裘與朋友共敝之而無憾顔淵曰願無伐善無施勞子路曰願聞子之志子曰老者安之朋友信之少者懷之

張元舉

同考試官教諭林批（詞暢理順善學聖賢而有得者）

同考試官教諭蕭批（聖賢氣象讀此宛然可見）

考試官教諭林批（言志處親切有味佳士也）

考試官教授詹批（能發聖賢之藴宜魁多士録之）

聖賢問答各言其志而大小可見也夫志於人大矣觀於聖賢之志而其小大之异有不可見哉昔顔淵季路侍於聖門夫子啓之曰士固有志人每异趨二子之志何不各言之蓋示以辨志之教也子路乃言曰人惟病于自私是故不能以所有者公於人由則願己之有是車馬輕裘焉通於朋友初無所吝也至於敝壞亦不爲憾也此其由之志乎顔淵乃言曰人惟狃于自滿是故恒

以所長者矜於人回則願己之有是善與勞焉善世不伐有而若無也有功不德實而若虚也此其回之志乎子路喜於有聞從而請曰夫子之志固所願聞蓋欲審所尚以爲的也夫子乃告之曰不齊者在物之情順施者吾心之理天下之人有老者有朋友有少者至不一也其欲安其欲信其欲懷情則同也吾欲使斯人老者養之以安朋友與之以信少者懷之以恩即其所有之理盡其所處之道於彼無加也於我無與也廓然其大公物來而順應吾之志如斯而已矣吁子路之不私者物也顔淵之不有者善也勞也若夫子則無物無我無善無勞如太和元氣之渾然流行而萬物各得其所此固聖賢之别也謂爲天地氣象詎不信哉大抵聖人之心天地之心也天地普萬物而無心聖人順萬事而無情道一而已回由二子則固囿於天地中者由之升堂回之卓爾時雨化之矣然他日四子言志獨與曾點而此不與回由豈弗如點哉或與或告無非至教告之者乃所以深與之故聖人之教猶天地之化不可以淺近窺也

上天之載無聲無臭至矣

鍾徠秀

考試官教諭林批（不顯篤恭之妙惟天道足以擬之義理精深作者往往難於措辭此篇善形容善發明非有心得者不能宜録之）

考試官教授詹批（無聲無臭不過見天道之微妙必循字求義則失之粗矣此作獨爲得之至矣處講尤透徹蓋其力學深造故言之親切而有味也魁選允宜）

中庸引言天道之至妙足以狀君子之至德也夫德而不顯德之至者也非即天道其何以擬之子思子由下學立心之始而推以及此若曰言道君子盡之矣言德不顯盡之矣然所謂不顯之德者可以易言哉彼皇矣蒸民之詩猶有迹也是未足以盡其妙也不若文王之詩有曰上天之載無聲無臭夫聲臭有氣無形固極天下之微妙者矣然猶曰無聲無臭猶曰無臭則是動静不可求其端也陰陽不可求其始也以是而擬不顯之德吾知微乎至微同一見聞所不及妙乎至妙均非方體所能窺於穆之命即君子之退藏於密理固徹上而徹下者也可謂上下异致乎無極之真即君子之神明其德善言人而徵諸天者也可以天人殊觀乎乾知始而妙萬物者精矣性性以存神者亦非粗也於稽其類足以極形容之妙蓋得意而不可得名焉天不言而成變化者深矣物物以過化者亦非淺也即彼喻此足以盡擬議之微蓋至極而無復餘藴焉吁不顯之德擬諸天道君子之所以不可及也德至于此謂之天德學至于

此謂之聖學過此以往其未之或知者乎抑觀子思子之作中庸始以天命之性終以上天之載者其義何居始之以天言自天賦人也終之以天言以人合天也天人合一終篇之義淵乎深矣而其爲己謹獨之功下學上達之幾尤有不可誣者是故君子知天知人然後可與論學可與入德矣

至於心獨無所同然乎心之所同然者何也謂理也義也聖人先得我心之所同然耳

陶曾

同考試官教諭馬批（論心性聖人渾融明到體認理義尤真讀之有餘味）

考試官教諭林批（人心同然處説理最妙）

考試官教授詹批（發明性善意詳切是有心學之士）

大賢指人心同然之妙而徵諸聖人焉蓋理義人心所同然者也惟聖人爲能全之亦何以异於人哉孟子之意若曰人受天地之中以生繼之者善成之者性其統之者心也彼口之同耆耳之同聽目之同美夫物則亦有然者也而况于吾心乎小體且然而况于大體乎是其心之所同然者果何在邪方其未感之先中涵而理具是理也心所同得者也懿德之好非秉彝之性乎及其既感之後用顯而義行是義也心所同有者也時出之宜非可欲之善乎至虚者必至靈良心真切之地以己而度人一也有物者必有則良知良能之天以一心而觀萬心同也夫理義爲心所同然如此不觀諸聖人乎語聰明之盡若弗可及矣然不過清明在躬先知乎此理之在我者察之由之□思而無不通焉耳語道德之極若出乎類矣然不達陽明常勝先覺乎此義之在我者性焉安焉不勉而無不中焉耳理所同也而盡性踐形以至於順理之裕者聖人亦率是性豈能於性分之外而有所增益者乎義所同也而觀物察則以極於精義之妙者聖人亦與人同豈能外人性之常而更有所事者乎吁此可見理義不假外求聖人可學而至也人性之善豈不信哉抑是理也即吾心之全體喜怒哀樂未發之中仁義禮智之性也是義也即吾心之大用發而皆中節之和惻□羞惡辭讓是非之情也孺子入井而怵惕形焉爾汝之受而慚忿生焉此則悦理義之真也學而至於能悦火然泉達理義不可勝用矣然則悦之時義大矣哉

易

彖曰大畜剛健篤實輝光日新其德

張元舉

同考試官教諭林批（交養立意甚是切當詞亦純雅可取）

同考試官教諭蕭批（畜德全功盡於此矣録以爲式）

考試官教諭林批（畜義詳明易道精矣）

考試官教授詹批（以内外言畜是知易者）

彖傳發大畜之義必本其德之所由畜焉夫德必内外交修而後日新之盛可幾也卦德具有是善名卦之義有在矣彖傳之意若謂君子之學不有所畜固无以要其成畜之不大亦先无以致其極伏羲所以名卦爲大畜者蓋言學裕諸中而涵養足以資无窮之用道克于己而蘊畜有以妙不匱之源固有大畜之義矣而果何所取乎蓋大畜之爲卦也内體乾也其德爲剛健外體艮也其德爲篤實輝光惟其内之剛健則天德之良不奪於攻取之私而毅然者不失吾常强立之德常伸於萬物之上而浩然者適得吾體天理爲主人欲退聽矣惟其外之篤實輝光則庸行之謹允迪乎道義之正而敦復足以自考君子之光日著於踐履之餘而昭明足以有融闇然而章誠不可揜矣夫然則敬以直内而義方於外者有本利用安身而致養於内者有資學不病于一偏而德自修于罔覺有長裕不設之機矣功已極於交致而道自積於厥躬有時乃日新之益蓋至是則由美而大而窮神知化之地可馴至焉謂之大畜信其然乎大抵天下之德必畜之大而後可以會其全畜德之功必循其序而後可以造其極否則凌節不遜者失之驟矣惡足以言畜德哉故天子之行不逾矩必自志學始而孟子之自得亦于深造以道得之也後之君子欲從事于畜德之功者可不致審于内外交修之學哉

易與天地準故能彌綸天地之道

李際時

同考試官教諭林批（易道之大子能真知而善言者可録）

同考試官教諭蕭批（易書盡天地之道是作能發易書之藴）

考試官教諭林批（理順語新彌綸處尤見善講）

考試官教授詹批（論易與天地之道皆自胸中流出）

大傳言易書之大而有以妙手造化之道也夫道莫大于天地而皆具于易書此易道之大所以侔乎天地而聖人用之也與嘗謂易書未作道在天地易書既作道具易書是易者聖人載道之器也吾嘗仰而觀之天以道而運于上故言大者必歸焉而易之于天初无彼此之别也吾嘗俯而察之地以道而奠于下故言大者必歸焉而易之于地實可有合一之妙也超乎形器之外與上下而同其神運于陰陽之表兼俯仰而一其類信乎惟天地爲大惟易書準之矣故凡道之散見于兩間者若是乎不一也易則渾然全具合萬爲一而不

見其有遺道之根柢于太極者若是乎至精也易則燦然條析一實萬分不淪于无別卦畫立而有以極天下之賾凡陽皆奇凡陰皆偶并包并蓄而天地無餘藴矣諸爻設而有以效天下之動剛柔立本變通趨時脉絡分明而造化其不息矣故曰彌綸天地之道信乎既非空疏又无淆雜而彼此兼盡焉不然則天地亦大矣是易胡能準之也哉雖然易非聖人不能作亦非聖人不能用故用以窮理而幽明死生之道昭焉用以盡性而安土樂天之道形焉用以至命而範圍曲成神化之道著焉是无往而非道則无往而非易无往而非易則无往而非聖人之用所以然者聖人有心易焉學者苟不求之心則雖日對聖人且无如之何而況易書所載皆陳迹乎故曰神而明之存乎其人

書

帝曰咨四岳有能典朕三禮僉曰伯夷帝曰俞咨伯汝作秩宗夙夜惟寅直哉惟清伯拜稽首讓于夔龍帝曰俞往欽哉

陶曾

同考試官教諭馬批（虞廷慎重典禮之意發明殆盡作爲程式之文録之）

考試官教諭林批（寅直意講得透徹取之）

考試官教授詹批（此作詞既清雅氣亦充暢深得帝舜命官典禮之意宜爲多士式）

聖君求禮官得人而命之因讓而申飭之也夫典禮貴得人也觀聖君所以命夷者不亦慎且專耶昔舜重禮官之選而咨于四岳謂夫治人之道莫急於禮而禮莫重於祭是故三禮也者所以備郊社之義而修孝享之誠也惟賢者達其情亦惟賢者能其事汝諸臣有能典朕三禮者乎于是僉協廷論之公而以伯夷對蓋諒其足以膺帝之命也此固素履之孚者故帝然其舉而咨伯曰汝作秩宗而以禮神爲職其知交神之道乎夫交神之道格之以心而已汝其致嚴於夙夜而亹亹乎善事吾心務祇肅之匪懈操存於念慮而惺惺乎敬以直内使私曲之弗萌則其心無物欲之污自有得乎静虚之體而精明之德已豫乎於對越之先矣寧不可事神乎哉既而夷致拜稽之敬而讓於夔龍蓋慮已不足以堪帝之命也然夔龍匪優於夷者故帝雖然之而復飭之曰秩宗之命朕方嚴於汝而汝可遜諸人乎況廷論有歸勿之廢焉爾矣汝其往莅厥職而寅直之語奉之以周旋慎乃攸司而主敬之心勿忘於夙夜庶百神爲之受職三禮不爲虚文而民心以同治道於是乎出矣其無替朕命也哉噫帝之委重乎夷亦至矣抑于是見任選之嚴焉見薦揚之公焉見推讓之和焉見簡畀之專焉夫咨四岳嚴也舉伯夷公也讓夔龍和也不聽其讓專也一事而衆

美咸備此禮官所以得其人也厥后伯夷降典并禹稷而成殷民之功有以哉

文王惟克厥宅心乃克立兹常事司牧人以克俊有德

周希正

同考試官教諭馬批（善發文王知人得人之旨結復歸重純心尤爲有見）

考試官教諭林批（周公告成王法祖用人意子能得之）

考試官教授詹批（知至信篤意發明無遺且文理瑩粹子亦宅俊之賢者允宜高薦）

聖君於三宅惟其知而信之故能用得其人也蓋知之至信之篤則用無弗當者矣此聖君所以爲知恤歟周公告成王若曰建官爲治之要也三宅百官之表也敬得其人則用使皆吉人矣文王於三宅何如哉蓋嘗即其行事觀其用心而於精神心術之微真有以洞察而無眩相知以心相得以道而於聚精會神之日直與之孚契而弗疑不徒謀諸面也而究極其底藴之精是能獨觀其深而明哲之用有真知也不徒信以迹也而起信於中孚之吉是能深諒其德而忱恂之及皆至誠也所謂惟克厥宅心如此而用之有不得其人乎蓋惟其知之至也既足爲選用之地而信之篤也又極其簡在之專故能度德定位而立爲常事者用得一時之俊彦而卓乎爲有德之人以德詔爵而用爲常伯者克致乎俊乂之在官而藹乎爲常德之士天事之理天民之托凡所以相修和之治者非三德之宣則六德之嚴也夫孰非德稱其位者乎以之任事以之牧民凡所以弼咸和之化者非純德之望則秉德之良也又焉有位浮其德者乎是皆用得其人而準人可類見矣我文王知恤而興夫豈偶哉抑文之知恤亦以純心爲之地耳詩人頌文王曰緝熙敬止又曰文王之德之純言純心也夫純則一一則公公則明明且公而知人善任固其所矣易通之言曰純心要矣用賢急焉文王蓋兼有之

詩

昭兹來許繩其祖武於萬斯年受天之祜受天之祜四方來賀於萬斯年不遐有佐

趙恂

同考試官教諭聞批（修詞純整説理詳明蓋有志於光裕之孝者）

同考試官教諭江批（此作能得詩人本意説天人處尤明暢善學詩者矣）

考試官教諭林批（此篇簡而備純而切誦之而有餘味録之可傳）

考試官教授詹批（措辭清簡不失經旨是善言創守者可取）

詩人贊聖孝之著而因推其垂裕之遠焉甚矣聖人之孝通于天下也繼其道而天人交與不亦垂裕之遠哉是詩美武王作也至此若曰德之未至者固不足以成可大之業則亦不足以垂可久之休惟我武王孝思之至孚于萬邦順德之應光于四海其道之昭明也有如此吾知創守一道前之所詒後之所承也誠使爲之來世者率乃攸行而繼序之不忘鑑干成憲而率履之不越世德之所在夫固天命之所歸而禄位名壽集之於大來之慶也豐亨豫泰引之於優游之休也君德之無窮則天命亦無窮於萬斯年殆不改夫于京之舊受天之祜寧有窮乎夫既受天之祜則天人一機天之所與人之所歸也將見爲之諸侯者切朝宗之心冠裳於是乎咸萃虔入覲之禮玉帛於此乎攸同人心之所趨夫固多助之所至而疏附先後罔不輸沃心之益也奔走禦侮咸願盡篤棐之忠也君德之無窮則人心亦無窮於萬斯年殆不异夫媚兹之日得人之助又可既乎是何也武王之道天命人心之本也不惟可法於天下而且可傳於後世盛德大業亦至矣周之子孫惡得而不繹思之抑觀中庸論武王周公之達孝曰善繼人之志善述人之事至此詩所稱則又言武王之孝光裕先後而道爲可傳焉是蓋能繼人之志者故其志爲可繼能述人之事者故其事爲可述也厥後明文昭定武烈成鳧鷖既醉之太平者論者以爲有所木信矣是故頌武王而稱成康之德不衰有以哉

四海來假來假祈祈景員維河殷受命咸宜百禄是何

張翀

同考試官教諭聞批（此題固見成湯世澤之遠亦重後王能以武德繼湯故受命咸宜此爲得之）

同考試官教諭江批（商家以世德相承故得人心土地之盛而命禄因之此作發揮明備用録以式）

考試官教諭林批（講以德字立意詞亦整明商家一統之盛讀此可見矣）

考試官教授詹批（此篇説成湯遺後之德意最詳盡真佳士也）

商人祀先必言時王一統之盛而表其得天之隆也夫人心萃而國勢尊王者大一統之盛也則其受命之宜獲福之多不亦從可見乎此商人所以播之於宗廟登歌也其意蓋謂一代王業有開必先有承必後而世德世業夫固有相因者矣我商今日之天下何如哉是故王者饗親而祀所以明有孝也而人心之萃涣恒於是今焉龍旂之載有以奔走乎群工大糦之承有以會同乎四海凡夫肅雝秉德以爲有廟之假者固已祈祈其衆多矣王者宅中而治所

以明有尊也而國勢之盛衰恒於是今焉景山峙於中有以會陰陽之交大河環於外有以據天設之險則夫居重馭輕以爲四方之極者固已翼翼然其整飭矣夫以人心向往之同山河表裏之固如此則受命不殆在殷之先后有以逢其適世德重光在武丁孫子有以承其休曆數膺而帝心簡在夫固履之不疚而質之不愧矣其受命也不亦咸宜乎由是命之所集者畀之福澤以厚其生天之所眷者錫之富有以大其業百順聚而天休滋至夫固受之不匱而積之不尭矣其荷百禄也不其信然乎是則即其統治之盛見其得天之隆天人上下之間其機固如此揆厥所由何莫非先后貽福之所及哉大抵王者中天下而立有可傳之業必有可繼之德德盛而可繼業之傳也不亦遠哉商之天下歷數世而人心土宇如故固湯之武德遺之也遺之而不忘所遺則又存乎爲後者所繼承何如耳讀詩者固當知先德之所遺又當知所以不忘所遺者然後可

春秋

秦人伐晋（文公三年）晋侯伐秦（文公四年）

鍾徠秀

考試官教諭林批（此題作者類多以王事常情分説子獨歸善秦穆深得傳意可以爲式）

考試官教授詹批（讀此終篇不惟知秦穆之賢亦可見聖人責備賢者與人改過之意宜録之）

春秋以王事望賢君因其貳過而責之備因其改過而善之深蓋遷善補過王者之事觀秦晋交伐而春秋之予奪秦穆者義可見矣秦抱取汪彭衙之耻于是有伐晋之役胡以責秦君子曰穆自殽函以來歸作誓言一念悔悟之明匪曰自責如流者乎使其勇於改過不遠之復誰能議之乃以爲三戰三北吾辱矣濟河焚舟封尸取邑必願比一洒然後快於心與忿不懲懲不窒有如是者是其内訟之念不勝夫耻敗之心前日之誓蓋静言而庸則違矣曾是可以爲賢乎經於秦穆以人稱豈固微秦哉若曰文過者庸人之事穆以賢者而亦爲此其去庸人一間耳於王事不已遠乎是故貶而稱人所以備責之云晋懷取官及郊之憤于是有伐秦之師胡以善秦君子曰穆自彭衙以來罔恤誓詞一念逞忿之私匪曰責人無難者乎使其終於憚改迷復之凶誰其與之乃以爲搆怨搆兵吾過矣攻我邧邑圍我新城固甘於直受不復尤而效之也争以息怨以遠有如是者是其令圖之美足以蓋既往之愆前日之言始躬行而允蹈之矣非賢而能若是乎經於晋襄以爵稱豈徒恕晋哉若曰報怨者常人之情穆處無道而弗報焉其視常

人有間矣於王事不已近乎是故不譏晋侯所以深善秦伯云明乎此則知聖人所以待秦晋者大改過嘉釋怨樂與人爲善之意深矣抑仲虺之誥唯曰改過吉甫之詩唯曰補闕商湯周宣固由此其選乎秦誓之詞蓋庶幾焉所以列于百篇之末也惜乎賤勇夫貴良士惡娟疾思彦聖徒托空言而孟明子桑無能將順此秦穆所以僅霸西戎君子不能無遺憾焉

夏公會齊侯于夾谷公至自夾谷齊人來歸鄆讙龜陰田（俱定公十年）叔孫州仇帥師墮郈季孫斯仲孫何忌帥師墮費（俱定公十有二年）

胡希旦

考試官教諭林批（曲盡孔子神化之妙非邃於經學者不能及此）

考試官教授詹批（聖人以禮行于齊魯俄頃之化未易形容此能發明之而歸重於禮是善作者可以薦矣）

春秋紀望國外服内順之事見聖化之大行也夫聖人者存神而過化者也齊服而侵地歸三家順而私邑毁其感化之機一何妙哉且魯本周公之後世稱秉禮之邦定公嗣守日益弗競以言乎敵國外患則有齊焉自揚州門廩丘攻齊固甘心於魯者兩國之平未幾夾谷之會遂講時則犁彌以謀獻萊夷以兵逞乃齊人復以享行震于其躬魯幾不測矣幸有孔子相君於會歷階而升談而却曰干盟偪好曰不祥愆義其詞嚴而義則正者于是齊君愧於古道齊臣引以謝過鄆讙龜陰之田章章然咸來歸焉由以禮責齊而齊化也不然彼以霸國餘業革車使從夫固脅持之術胡遽心服若此哉非所謂一言而威重於三軍者乎故書會書來歸雖疑於自序其績不以爲嫌也以言乎越禮内叛則有三家焉自世卿專郈費城三家固厲階於魯者侯犯之叛未幾狃輒之謀益險時則費人逞其奸家隸擬其後雖三卿亦不能制末大必析魯幾不免矣幸而孔子爲政於國明以禮制諭以忠貞曰家藏甲兵曰邑固城池其名正而言則順者于是叔孫悟而革心季孫悦而改圖郈費之邑凛凛然相繼墮焉由以禮正三家而三家化也不然彼皆植根已深弱幹强枝夫固僭逼之態胡遽效順若此哉非所謂以禮爲國而可以爲之兆者乎故書墮郈墮費見其推而行諸魯國而準而王政可行也吁齊之服三家之順此孔子所以見諸行事之深切著明者也變齊變魯之幾亦略可覘矣嗟乎孔子在魯兆足以行信也三田歸而魯之削弱滋甚二邑毁而成之負固自如豈亦有所不能哉蓋其所能者人所不能者天天乎人也何尤而東周之志聖人固未嘗一日忘魯也

禮記

是故情見而義立樂終而德尊

蔣焞

同考試官學正吴批(體認義立德尊處最爲親切是深達樂禮之妙者録之可見)

考試官教諭林批(發明作樂始終之善詳盡可式)

考試官教授詹批(書義樂德正字講説甚切文亦純正是知樂之情者)

記者論樂備始終之善焉夫樂之教合人己而一之也而德義由之備焉所觀不亦深乎記樂記者通論樂舞之理如此意謂先王之作樂備始終之善而極功化之隆非無因而强作者矣彼樂之始作也存乎情惟其情動於中而後樂形于外是故詩以言其志也歌以咏其聲也舞以動其容也律吕之布被要皆心術之流形文物之昭宣本之志意之湮鬱是情見於樂之初矣而君子之義立於是可見焉蓋其反情和志攻取之私不能摇其湛一之體比類成行邪僻之氣無以干其天德之良感必以正所以養其心知者罔不宜也義之與比所以行其衆體者無不順也夫義立於樂之先則所以著之樂者皆正否則本之既荒何以成其始耶樂之終行也存乎化惟其教被於至廣而後化行於無外是故或聽之和以敬也或聽之和以順也或聽之和以親也風移俗易而天下皆寧心安氣和而斯世大順是化行於樂之終矣而君子之德尊自是可知焉蓋其志既和矣擴而克之以至於備道全美之極行既成矣廓而大之而造于篤恭不顯之神一人和德於上故百姓感而太和焉順之達者信之體也惟聖建其有極故斯民歸於皇極焉化之宣者德之盛也夫德尊於樂之行則所以驗其樂者益善否則用之既窒何以成其終耶是則樂之本立是爲己者和而平此所以獨樂其志不厭其道也樂之用行是爲人者愛而公此所以備舉其道不私其欲也然則生民之道樂孰大焉抑樂之爲道猶天地之化也樂之本於德猶化之由於氣也氣之不盛無以神其化而及於物德有未深又何以著之樂而感乎人哉君子之爲樂也本之身心性情以爲之體達諸聖神功化而爲之用以宣八風之氣以平天下之情終之于道配天地淵乎微矣然必禮之用行而後樂之效達故周子曰萬物得其理而後和又曰禮先樂後然則禮樂之用爲急而推行之序又有所自始云

忠臣以事其君孝子以事其親其本一也

唐文迪

同考試官學正吴批(忠孝本一意甚難發揮此作獨明白順暢是學禮有得者也)

考試官教諭林批（善道忠孝自盡之意）

考試官教授詹批（即忠孝説出備義甚悉觀子之文他日所樹立者可知矣勉之）

觀賢者之敬於所事同於内盡其心也夫忠以事君孝以事親臣子之道殊矣而内盡之心要之無不同焉備之爲義端可識矣記祭統者意謂賢者之能祭本於能備即其内盡外順而所謂備者見矣是故賢者在國自事君言之有臣道焉而忠其所先也今觀其事君也靖共爾位利害休戚舉切于其心篤棐厥辟腹心手足若爲之一體責難而弼唐虞之治恭之大也居安而陳盛滿之戒慮之遠也是其所以忠于君者一德而不貳矣賢者於家自事親言之有子道焉孝其所先也今觀其事親也分之所在則用勞用力而各伸其情時之所在則致養致思而各成其愛舉足出言之不傷不忘全而歸之也喜之怒之而勿忘勿怨順以受之也是其所以孝于親者聚順而無愧矣夫忠以事君賢者之心非有假於外也蓋臣之所止在于是焉夫苟一行之有疑於君臣道虧矣彼不貳之誠要皆中心之盡無所逃于天地者也孝以事親賢者之心非有倚於物也蓋子之所止在于是焉夫苟一念之有戾於親子道虧矣彼罔極之報要皆秉彝之致無以易其天性者也故遠之事君明有尊也倫之不可逾也比之爲子則國之順者家之理也名位雖殊心膂共之夫何迹之拘哉邇之事父明有親也情之不可已也比之爲臣則忠之輸者孝之移也遠近雖异懿德同之夫何理之間哉是則賢者之事君親内盡於己斯外順於道矣此其所謂備而能盡祭之義與抑古人祭祀以感格爲重而幽明之交以忠信爲先然必吾之備得于素定而後神之歆見于陟降仁人享帝孝子享親端不外此書曰黍稷非馨明德惟馨又曰鬼神無常享享于克誠夫曰明德曰誠備之謂也至於能享則百神受職百貨可極景福之介純嘏之錫無往不利矣然則祭也者又休咎感召之機也可無慎乎

第二場

論

君子修之吉

張元舉

同考試官教諭林批（通篇俱在圖内發明不事泛言是有理學之士宜應首選）

同考試官教諭蕭批(敬與吉意慎説有分曉蓋優於論者)

考試官教諭林批(以太極立意甚得周子之旨)

考試官教授詹批(此篇説出太極之理渾融明白可録)

人心一太極也君子作聖之功主敬以全夫太極而已矣太極之理隨物而賦隨在各足自聖人以達於衆人一也聖人全之而衆人昧焉人化物而滅其天其去聖人始遠矣非聖人之有异於人也君子知吾之心即聖人之心吾心之太極即聖人之心之太極一念幾微之際聖狂天淵之判而可以不敬乎敬則欲寡理明静虚動直太極在我而聖人可學焉故曰君子修之吉敬也者修之之功吉也者修之之驗此周子作圖之意可得而測識矣蓋嘗論之太極動静陰陽分而兩儀立真精妙合萬物生而變化形自其統體者言之萬物一太極無不包括也自其散殊者言之一物一太極不相假借也是人物莫不有此太極之理動静其機也仁義中正其具也所謂天地之心而人之極也執塗之人而可爲堯舜者此也而何假於君子之修之耶必修之而後吉太極之理豈由外鑠我哉誠以人之生也負陰而抱陽形生神發之後繼善成性之餘渾然理也粹然精也初無聖人君子之别也唯夫五常之性感物而動善惡以分萬事以出欲動情勝利害相攻陰濁汨而失之於静太極之體所以昏也悔吝生而失之於動太極之用所以窒也動静交戰人極不立而所以定之者不能不賴於聖人也彼聖人者性與天合一動一静莫非仁義中正之德而又本之於静以立人極以一天下之動以贊化育以參天地是以天地日月四時鬼神咸有所不能違矣君子有見於聖人之與我同也以爲吾心之極與聖人之極非有异者也聖人有以全動静之德而立人極而吾未能焉則誠自弃自暴而自遠於聖人吾不可以不修之也然聖人之主静也無欲者也貞夫一者也寂然不動感而遂通天下之故者也吾未能聖人而静焉求之不幾於强制吾心坐忘而坐馳者耶於是乎有主敬之功焉敬也者所以學爲静者也所以貫動静而用其力者也念慮未發之際則即其體而不失乎存之之妙敬之涵養於静者如是也念慮既發之時則因其端而致夫察之之功敬之涵養於動者如是也其行之也必求其中其處之也必求其正其發之也必求其仁其裁之也必求其義合動静而一於敬者也一於敬則吾心常惺惺矣常整齊嚴肅矣常虚常靈而夜氣清矣陽明勝而德性用人欲净而天理流行矣由是而居之安資之深取之左右逢其原以静則有常以動則不括以之爲己則順而祥以之爲人則愛而公以之爲天下國家則無所處不當所謂聰明睿智皆由是出者有也所謂守之貴行之利廓之配天地者有也吾知天地之德也日月之明也

四時之序也鬼神之吉凶也一無極而太極之理爲之也太極之理存乎我者既無闕欠則是踐形惟肖吾之德亦聖人之德矣不愧屋漏吾之明亦聖人之明矣知化以善述其事窮神以善繼其志吾心之照臨通乎晝夜吾心之往來同乎屈伸一聖人之出入造化者矣其合德合明合序合吉凶聖人之所能者吾亦能之聖人固無欲而静不假脩爲以立極吾亦敬以作所而人極於我乎立矣君子之吉孰大於是然君子豈有心於獲吉而計其功哉亦曰修之自我者當如是其吉與否有不在我者雖聖人不能必君子固將居易以俟之而已而天之所助者順也人之所助者信也履信思乎順是以自天祐之吉無不利也在易震之象曰君子以恐懼修省夫君子固動必以天者矣然感洊雷之義則其恐懼修省之必自有所不能已也蹇之象曰君子以反身修德夫君子之德固無所闕矣然當處蹇之時則其反身修德之念自有所不容已也曰修省曰修德非所以全夫太極之理哉非君子之修之而求至於聖人之立極者哉抑觀太極一圖周子嘗手授二程矣二程有所得而廣之一則曰動亦定静亦定無將迎無内外固聖人主静之説也一則曰涵養須用敬固君子修之之功也然於此圖則未嘗輕以語人非以其微妙而難言者乎故曰先生之精因圖以示先生之藴因圖以發又曰百世道術淵源詎不信夫

同前

蔣焞

同考試官學正吴批（詞氣清健是善作者取之）

考試官教諭林批（此用易通誠字立意語新可録）

考試官教授詹批（周子倡道學以覺天下意發明詳盡）

儒者倡明斯道而示天下以求道之要然後知天之不遠于人而入聖者有階矣夫道之在天下本無不明而人之爲學多昧焉而不知求昧者未覺而忽倡其説以鳴於天下是故言天言聖既不可以少貶于高論則天下之驟聞而駭畏難而阻者吾懼其且千百爲群而起矣然天者未始不爲人而聖人者可學而至者也第學絶而罔傳倡寡而和稀夫人未之知耳于是必示以修之之説知所修則及門者可望見于堂室而至之不難矣知所至則知聖人之道在我而所謂天者亦不异于我矣今夫天之運也陰静陽動而已矣孰網維是太極而已矣詩曰維天之命於穆不已誠也誠即太極也聖人之同天全乎動静之德而已矣所以全動静之德者主静而已矣即誠也即太極之所以立也天維誠故陰陽錯焉五氣布焉四時行而萬物生焉天之爲道盡于是矣聖人

維誠故人極立焉中正仁義出焉由是而與天地合其德日月合其明四時合其序鬼神合其吉凶而聖人之爲聖人盡于是矣夫天道若是乎其淵以妙也聖人之道若是乎其高且美也語塗之人而曰天之道備于而躬聖人者而可至也有不聞而駭畏而阻者哉然不知天無心渾其誠也聖人有心誠而已矣天之道唯聖人能全之而君子之求道修其爲聖人者而已矣蓋人之生也繼之者善成之者性天之道在人也方其湛然虚明萬理畢備何者非天聖人此心塗人亦此心也然聖人所以异于人者不淆于欲而已君子之修之求所以無欲而已無欲則誠誠未可以遽至持之以敬斯幾矣何以言之天人之昏昧放逸遂至於欲動情勝利害和攻者豈其性哉不知檢其心耳心無所檢則肆肆則認欲爲理而無以全其天矣惟在罔念而侮聖人之言矣卒蹈于難難險阻而百逆萃之夫固有以自取之爾是以君子持敬之功不可以已也然貫動静而無不在者聖人之誠君子之持敬亦自其動静求之可矣子思子曰戒慎乎其所不睹恐懼乎其所不聞夫不睹不聞此何時也戒慎恐懼此何心也斯静無不存矣不但已也又曰莫見乎隱莫顯乎微君子必慎其獨隱也微也此何時也君子慎獨此何心也斯動無不察矣其行之也中其發之也仁聖人定之于動者何如也吾修之而求于動不敢以弗敬焉則中與仁可幾而太極之用庶乎行矣其處之也正其裁之也義聖人定之于静者何如也吾脩之而求于静不敢以弗敬焉則正與義可幾而太極之體庶乎立矣聖人與天地合其德吾而未能然易知簡能可求也從而修之而天地之德幾矣聖人也日月合其明吾而未能然當知當行可求也從而脩之而日月之明幾矣聖人與四時合其序鬼神合其吉凶吾而未能焉時止時行福善禍淫可求也從而脩之而四時之序鬼神之吉凶幾矣由是静虚而明通動直而公溥以之爲己則順而祥以之爲人則愛而公以之爲天下國家則無所處而不當故曰吉是君子之所履也非假于外也又由是將無所用于修而聖人之域忽不自知其優入而所謂天道者亦不□于我而得之矣於戲聖人以誠而合天君子以敬而入聖道果遠乎哉學聖者不曰有階已設然周子之望于人者深矣顧聞是圖手授程子之外鮮有傳者程子得之不復聞有所授豈默識言意之表固難其人邪朱子作解亦曰辯詰紛然苦于應酬之不給則知而信之而果于脩爲者亦希見矣抑周子豈徒望于當時已也百世而下神會心解有如周子承墜緒于孔孟則倡鳴絶學者固不可病其寡和雖然以誠敬爲入門程子蓋已言之矣

表

擬宋以孔宜爲曲阜主簿奉孔子祀謝表（乾德四年）

趙恂

同考試官教諭聞批（純雅典則得宋表體）

同考試官教諭江批（敷揚叙述俱有次第可録）

考試官教諭林批（表貴駢儷尤尚精雅此作可取）

考試官教授詹批（述先聖而不失之誇言五代而不失之怨宛然孔氏家法亦得恭謝之體表之佳者）

乾德四年正月某日具官臣孔宜伏蒙聖恩以臣宜爲曲阜主簿奉臣祖孔丘祀謹奉表稱謝者伏以運隆天造恩徽穆被于宫墻澤逮雲仍寵秩重光於俎豆綬分里邑喜切門庭於昭曠代之榮茂衍承家之系臣宜誠惶誠恐稽首頓首緬惟逖祖生值成周降宿紱麟鍾兩儀之間氣金聲玉振集群聖之大成聞而知之期應五百餘歲識其大者教傳七十二賢慨道大而世莫能容故時違而主不終遇曰王曰帝斯文在兹先聖先師美報於後漢肇祀于過魯唐集議而從房并録孫枝丕延祖委褒成紹聖名以代殊王襲賓崇禮緣時异駸尋五季之世罔念三恪之傳眇此尼宗幾同編户無曰末裔敢期屈蠖之伸利見大人幸睹飛龍之會兹蓋伏遇體元則大凝命奉宸清和克紹於帝猷顯懿肆聯於王表願聖人早生之祝昌期適應當時慶赤光滿室之祥文明預覘今日軍中不釋卷何淮甸數車以爲多天下自此寧信華山一言而可証蜀宫辨鏡讀書知宰相之賢汴雪解貂頒賜來元戎之感乃當天與人歸之際式昭崇儒重道之風惟制作定世符允資垂憲在君師立人極雅屬弘文慨自唐移適存殷鑑經殘教弛詎云絃誦之微世降道污遑恤典章之議非大聖之有作何絶學之能典初御乾龍配位亟成于藻繪甫開日馭祀儀聿正于春秋贊揬宸章燦奎文之焕赫詔增畫戟儼法衛之森羅褒嘉遠邁于前王瘞叙復覃于後嗣猥蒙殊錫濫及匪材伏念臣謬忝科名未閑詩禮昔遭喪亂抱祭器以徒傷今遘聖明睹朝衣而思振俛奉揚于王化僅守六經冀表正乎儒風愧膺一命荷天休之滋至思祖德以如存泰嶽維巖倏增高于闕里洙源有混并演浚于長河臣敢不奠獻陳詞慶千年之獲偶蒸嘗合族諭萬指以知恩矢畏門高祗欽國厚式懷貽穀勵成訓于過庭益勉傾葵攄孤忠于對闕伏願純綏帝社愉饗天心道統承千載之正傳德業參兩間而成位雅樂攸定協音律以宣八風文德聿脩舞干羽以來五國福昭景貺早傳沙塞之肅清禳錫溥將永奠瑶圖于鞏固臣無任瞻天仰聖激切屏營之至謹奉表稱謝以聞

第三場

策(五道)

第一問

張元舉

同考試官教諭林批(我聖祖暨我皇上學術文章敻卓千古無能名狀此作頌揚有法録之爲百世臣民佩服之助)

同考試官教諭蕭批(鋪張不遺揄揚有則是必佳士)

考試官教諭林批(我聖祖神孫授守一道此策備之猗歟盛哉)

考試官教授詹批(敷對詳整必藴藉之士録之)

知道統之承傳者可以論帝王之學術矣知天地之易簡者可以論帝王之文章矣大道統之承傳非心其丁寧告語而後學術之真傳可得也即其默契潛孚而妙若合一者斯學術之至者也天地之易簡非必其摹擬形似而後文章之真訣可得也即其生成化育而妙出無心者斯文章之至者也然根本盛大而後英華敷茂兼内外而該本末其實一以貫之而已王天下者負有君師之責故學術文章均之不可闕焉然溯觀前古固未有如我太祖高皇帝暨我皇上之獨盛者矣愚也何足以知之姑敬述所聞質之執事慨自胡元污我華夏九十餘年之間天地之精陰陽之奧萃于中國文明之域以成斯民禮義之衷者淆奪于薰染剥蝕于污衊殆亦甚矣天厭元德篤生我高皇帝□而□□□不唯復自古帝王之土宇而又有以天下生人之靈性天地以位日月以明山河以奠草木鳥獸以若以寧洪荒而降章部紀元凡幾更革至是又一大開闢也故既以身創萬古未有之業而又永垂萬世丕延之統得國之正致治之隆振古鮮儷豈偶然哉夫衰極而盛否極而泰固天眷之有在然我皇祖弘道以迓景命履貞而凝休祥者固自有以致之也蓋帝王有帝王之學術非儒者佔俾之云而已昔者堯舜禹湯文武所以見知聞知者乃其要旨危微精一敬怠義欲焉爾數聖人後得其傳者或寡矣我皇祖則曠百世□□承之觀其與待制秦裕□□學術曰爲學之道志不可滿量不可隘意不可矜志滿則盈量隘則驕意矜則小故聖人之學以天爲準賢人之學以聖爲則苟局于狹小而拘于凡近豈能克廣其學哉斯言也非得于帝王之真傳者而有是乎人見皇祖之奄有六合規模氣象恢恢乎下下與天地同流而不知其根本盛大固有自矣是故以内夏外夷之大分檄中原以伐暴救民之至仁喻將帥建學校而先北方罷詞賦而顓經術削正山□之封號條定祭祀之章程禁

兄弟之婚約父母之服謹宫府之政嚴内外之防大政大事未易縷數然無一而非人倫之切近物理之精實皆所以援拯生民之昏溺而覺之以斯道者也是故學術之盛難乎其形容矣帝王有帝王之文章非書生藻麗之云而已典謨其至也□□□□也乃其正詮平易敷暢發揮事□□□□漢而下操其藝者或蠡矣我皇祖則駕千載而獨得之觀其與學士詹同論文章曰古人爲文章明白易知無深怪險僻之語近世文士不究道德之本不達當世之務立詞雖艱深而意實淺近即使過於相如何裨實用斯言也非得於文章之真傳者而有是哉人見皇祖之酬應萬幾諄切懇至洋洋乎如造化之簡易易知而不知其英華敷茂特餘事耳是故作祖訓以示聖子神孫製樂章以祭天享地思□□□□□天性之真□□□□□□之异注洪範則傅箕子之□□□□□□蔡沉之失他如農桑學校詔赦宥存恤之文萌賢之篇省頑之諭弘詞隱義未可類求然無一而非性情之正大聖賢之精微皆所以洗滌近代之纖媚而訓之以敷言者也是故文章之盛難乎其名狀矣然愚又嘗聞之皇祖誥諭臣下有曰以仁義定天下雖遲而長久又曰周之仁厚可以爲法又曰聖人統馭四海而宰制萬物仁以居之義以行之故賢者樂有仁義而不肖者有所視效於戲我皇祖平時之言一則曰仁義二則曰仁義可以仰窺聖德精微□□□□□理醇固此則所謂根本盛大與□□□□□合一者然也當時臣下之□□□□□作爲文章舉筆立就莫不言近而指遠至于詔諭遐方明燭萬里若見肺肝又曰帝爲文或不喜書命侍臣坐榻下操觚受詞終食之頃滚滚千餘言天光昭回赫著簡衮真所謂天之文也於戲我皇祖爲文之妙一則曰明燭二則曰昭回又可以仰窺聖學啓口容聲莫非至德此則所謂英華敷茂與天地化育同一妙出無心者然也若夫漢高之不事詩書唐宗之閨門慚德宋藝祖之質朴自然其得國致治與其學術文章豈可以同日而語哉仰惟皇上嗣承大統聖祖天仰□□□□□□有□□□□□□不言神授于默成者故學術無一而不孚契文章無一而不吻合伏睹明倫大典一書推明統嗣之不同詳論義情之兼益尊尊親親并行攸當名正言順禮備樂成立人極而光聖孝所謂考三王而不謬建天地而不悖者也是書也質諸皇祖祖訓之篇正本以睦親齊家以及天下之義真同條而共貫矣至于册天之文恭上□□□□帝泰號義取人情道通神理蓋□□□□重建極者也是文也質諸皇祖初定郊天之禮欽崇昊天并隆四祖三陽開泰敬率臣僚恭祀之文真异世而同符矣嘗御制敬一箴有曰匪一弗純匪敬弗聚即皇祖之言曰兢兢業業不敢自逸曰誠一弗二對越在天之義也心箴有注則揭要於克正之一言四箴有注則歸

重於辯賢否審聽納善號令合道理之數語而皆究極於此心即皇祖之言曰人心虛靈乘氣機出入操而存之爲難之指也又如欽天記頌之製答□□徵于於穆所以明祗受之誠也□□□□□□□□□□之求也其他制禮作樂宏綱大要浩博如天地流衍如江河要皆學術文章之昭著與皇祖之學術文章同一涣乎炳蔚而爲太平有道之長其在今日則尤巍巍蕩蕩不可名言矣雖然文章之美本於學術之正而學術文章又必本於道德我皇祖暨我皇上道德之隆與天地并是以藴之爲學術則道統相傳之緒帝王之聖學也發之爲文章則日星山河之麗天地之至文也敷之爲治道則兼五帝軼三王雍熙泰和之至治也皇明億萬載無疆之休端在是矣愚生莫整揄揚何□□□□□

第二問

周希正

同考試官教諭馬批(百家專門之學諸儒合一之見此策備之可與論經矣)

考試官教諭林批(士以明經致用疑一策折衷盡觀子之藴足占所用)

考試官教授詹批(經學疑義辨析無遺□□□□□之士可到是宜録出)

聖人之作經以明道也學者之窮經以會道也道載於經經不作道幾乎息矣道不會經不可傳矣訓詁者失之鑿擬經者失之僭支離附會將以明之適以晦之將以擬之適以叛之可乎知此則可以究經學之微而辯諸儒之得失矣且夫六經之作聖人所以泄天地之秘而教萬世無窮也是經雖不同而其爲明道則一而已蓋嘗求之□□□□□數以存理也數無定體故夏商□□□□□不變爲占周取九六以變爲占取數於變者以其有變易之義也乃若卦之别於上下經者則以卦可反觀而無反者八上經反卦二十四止爲十二而不反者六固十八卦也下經反卦三十二止爲十六而不反者二亦十八卦也故曰以反觀之皆十八卦聖人之旨深哉書之道紀帝王爲治之迹也秦誓費誓并傳者何費之誓師得甘誓牧誓之遺意秦之悔過有改過不吝之餘風亦可訓矣乃若古今文之辯則自秦火既烈孔壁所藏安國所傳者二十五篇謂之古文即蝌蚪書也伏生所授晁錯所傳者二十九篇謂之今文即漢隸書也然今文多艱澀古文反平易學者可無辯與詩以志民風昭國政三百篇而始關雎王化之本也漢儒四始之説則以關雎之治家爲國風始鹿鳴之治□□□□□王之述先德爲大雅始清□□□□□三頌始義各有攸當也若春秋之作定褒貶示勸懲夫子假魯史以寓王法也程子謂其大義數十炳如日星非以尊君而卑臣貴王而賤霸内中國而外夷狄之類乎至於微

詞奥義各適乎時措之宜者未易窺測故曰史外傳心要典也禮記一書定於孔聖成於七十子之徒示天下以恭儉莊敬之道也曲禮名義言禮之委曲纖悉耳彼謂作於曲臺者其妄誕不經之甚與緇衣之語意仿魯論而作也然不免援引拘泥其漢儒附會之失與吕不韋修月令似也然紀時政而雜灾异嫌於巫史之流而王者四時异居服色也悉依方位則陽陽拘忌之説耳漢博士録王制似也然叙爵位而竊軻書不過因襲之見而官制仿左氏之舊巡狩雜公穀之文亦影響糟粕之粗耳惡足以知禮經者哉□□□□□紛紛究心經學而六之□□益以□□□氏雜陰陽灾异之説梁丘本京房數學之流淺之乎言易矣若楊子雲之太玄司馬光之潜虚則求之愈深而失之愈遠優劣奚足較耶夏侯講明洪範徒爲希世取寵之資歐陽八世傳書未明貨寶無總之義其言書可知矣若白居易之湯征河内女子之秦誓則僭竊之甚而繆妄之尤正否奚足言耶漢平帝立四家詩固以申公轅固韓嬰毛公爲宗也然申轅韓皆章句陋儒而毛特優於三子云爾故曰齊魯毛韓詩之末也彼馬融鄭康成衛宏孔穎達輩雖有功毛詩寧無愧於先聖與春秋三傳固左丘明公羊穀梁互相牴牾也然左氏浮誇公穀誣謬蓋胥失之故曰三傳作而春秋散也彼范甯作集解戴宏作解疑雖無愧公穀抑何補於聖經乎后蒼得高堂生十七篇之傳乃倡明禮□□□□□同師后蒼共氏分門王通鄭康成俱□□□戴同經异説南北派凡數十家熊安其表表者且不免背本經而援外義他何足言哉是皆摹擬其近似補掇其緒餘詳於訓詁而略於大義工於考索而昧於會通以言乎知道則未也昔人有言秦人焚書而書存漢儒窮經而經絶其深有感矣故曰明之者晦之擬之者叛之也然則經終不可明乎待其人焉爾有宋奎聚大儒迭興得群聖心學之傳發六經未發之藴程朱之於易蔡仲默之於書朱元晦之於詩禮胡安國之於春秋咸有以詣其極而朱子則集其大成者故易書詩春秋諸傳爲聖經羽翼而儀禮經傳通解實於禮經大有發明所謂昭如日星學者由是以求聖人之道六經在吾心矣其於經學復奚疑

第三問

張翀

同考試官教諭聞批（書生談大節歷歷可數必有志士録之）

同考試官教諭江批（尚論古人忠孝節義皆能識其大而言有折衷非習於口耳者可以觀志矣）

考試官教諭林批（議論正而品題當非徒取其文也考試官教授詹批（論先哲歸諸聖賢是以全德自期者）

士之生于天地間因貴乎有以自立尤貴乎有以適道何者天下之勢常變無形事幾之來緩急亦异毀則蔑義者謂之失己大過不及者謂之失中二者雖有間矣以言乎適道則未也君子知此而求諸己方其無事之際涵養於内者必有不可易之見以定其守及其事變之遇振作於外者必有不可奪之氣以鼓其趨夫然後心與道會道與天會行成而名立心安而德全矣且夫蘇武之使匈奴猶洪皓之使金也北海嚙雪之苦無异於陽山瘴海之憂雖其厚功薄賞與夫坐貶殊方均難以病其忠要之□□□□九年之久者其氣猶烈也李密之陳情歸養猶朱壽昌之弃官尋母也形影之相弔無异於年久之不知一則罔終餘年之是慮一則不省所恃之爲憂要皆不失其爲孝獨於少事僞朝之云不無遺憾也金一也楊震畏四知而不受管寧見攫金而不顧有所畏於心者終不若不動於心者之爲優然關西孔子之語子孫清白之遺而名動一時震亦未可厚非焉惠一也晏嬰之待火千家范仲淹之給族千畝假仁假義者終不若先憂後樂者之爲愈然狐裘三十年豚肩不掩豆而以其君顯嬰亦未可過議焉忠而不能孝者温嶠之絶裾非也其灑泣登舟以急君而討峻之功遂成王事多難不遑將母賢於王導遠矣此忠義慷慨風節表著所以稱爲晋室之名臣焉孝而不能忠者李陵之辱身罪也雖矢窮力竭以就降而國士之風安在□□□志敗名失節愧於子卿多矣即别□□□情未忘漢亦何以贖前日之咎哉韓愈羨二鳥之榮三上書以干進用夫固戚戚之窮者而佛骨一表名高千古君子取其節焉况文起八代之衰道濟天下之溺如愈可多得哉此蘇軾所以謂其浩然而獨存者也魏相痛霍氏之横因許廣漢以行其説夫固比匪之傷者而輔政同心名垂史册君子取其義焉况諫伐匈奴一疏條漢便宜數事如相可深讓哉此張栻所以惜其進之不能以正也張禹之在漢庭望重師傅而灾异之對陰黨王氏槐里令朱雲所以欲請尚方之劍也禹之邪佞可知或譏其不識剛正字者此爾柳宗元之在柳州惠政流芳而王叔文母死代表陳情豈固甘心於王伾輩之外黨耶宗元之悖謬可見或譏其不識節義字者此爾之數子者人品不同行事亦异千載而下□□昭如是非得失固有不能遁其情者□□粤西僻在嶺徼自有郡縣以來風氣日開人文漸著如覃光佃之忠言日進彈劾無避其爲臣忠矣而攀蠟召兵即募死士以入衛孤軍倍道敢抗金虜而不辭李珙之忠又難於佃也丁蘭之刻木祀母每事必禀其爲子孝矣而毋喪廬墓有甘露芝草之祥扁易亭名來蘇軾表章之美梁詔之孝無愧於蘭也論劉季述輩而謝病以歸官終侍講者唐之趙觀文也因李接攻城而奮兵與戰罵賊以斃者宋之毛士毅也行不同而節同均

之有可取焉歸奉母不受錫賚而請蠲一郡丁賦者後漢之梁嵩是已郡人立祠以報德非其人情之感乎買妾憫父測然遣還而不索原受直金者有宋之馮商是已竟得馮京以爲嗣非其天道之報乎事不同而義同均之爲可嘉焉之數子者山川靈异咸鍾其□□行高潔均適乎道忠孝節義信其無□□古人矣是皆廣右前哲而其他光明俊偉作於前者殆未易悉舉唯論世尚友者能自師法云爾極而論之則前數子者皆一行一事之美適于道者或寡矣必如周公之忠然後可以爲忠之至所謂赤舄几几德音不瑕者是已必如大舜之孝然後可以爲孝之至所謂爲法於天下可傳於會後世者是已必如泰伯之節與夫夷齊之義然後可以爲節義之至所謂無得而稱求仁而得仁者是已是數聖賢者道全而德備體立而用行遇君則爲忠遇親則爲孝遇事變之來則爲節爲義不思不勉從容中道蓋易地而皆然者也顧士之所自擇者當何如亦曰取法乎上而已矣雖然人秉天地之正氣與元氣相爲流通三代以前道德隆盛泰和之氣渾厚未鑿是故後先相望無非忠孝節義之士粹乎其□□也三代以後道衰德薄人漸澆漓故當時忠孝節義者寥寥僅見可取者少而可議者多亦其時勢然也於乎三代以前之士吾不得而見得見如蘇武韓愈范仲淹其人亦可矣蘇韓范三子吾不得而見得見如丁蘭管寧楊震以下諸君子亦可矣論人至此不能重有所感云

第四問

鍾徠秀

考試官教諭林批（條陳先正之賢補救今日之悉誠如子言地方仰賴録之）

考試官教授詹批（守令將帥在粵西尤急而貴於得人子能較量不爽區畫周悉其識時務者乎）

善爲治者能立天下之法而後天下之治成善用法者能操天下之機而後天下之法裕夫法立則可循機操則可久而古先哲王所以長治久安凡有法以爲聯屬人心之具而通變不窮與時偕行則又視法之所趨□□亟反而善調之非法則無所依據將□□而莫吾一非機以運之于中吾見法敝而治亦隨之矣是可與語治哉蓋嘗聞之書曰德惟善政政在養民言牧民之良也詩曰文武吉甫萬邦爲憲言將兵之善也是故三代而上治出于一州牧侯伯皆惟其人無事則爲卿有事則爲將此所以愛植甘棠績歌采芑召公之德方叔之休至今猶爲美談自郡縣置而守令設兵農分而將相不兼矣然亦未嘗借才於异代也以守令言之京師蒙福世祖所以獎郭伋也願借一年河内所

以留寇恂也麥穗兩岐張堪所以守漁陽也化致三异魯恭所以令中牟也宋均守九江虎爲却走岑熙守魏郡犬不驚吠非有善政能如是乎其視卓茂之力行教化而民不忍欺董宣之鋤擊豪强而人不敢犯賈敦實之政尚清净而民不見吏張允濟之治從寬簡而路不拾遺治效淺深固較然矣以將帥言之□□據函谷雄虎視於山東李牧在雁六絶胡騎於塞北三十餘年秦兵不加廉頗之重趙也一人不戮江南自下曹彬之取唐也非有勇略能如是乎其視祭遵之取用儒術雅歌投壺羊祜之恩信服人輕裘緩帶郭汾陽之威德素著單騎見虜范文正之甲兵數萬西賊破膽事爲優劣自可觀矣故嘗謂郭寇張堪宋岑能吏也魯恭能而良者也卓董賈張其循良之儔匹與王李廉頗勇將也曹彬勇而仁者祭羊郭范其儒將之翹楚與我國家以神武定天下以文德致太平憲天立法酌古垂制布列郡縣者既藹藹之吉人守禦封疆者又赳赳之武士故百八十餘年内安外謐文熙武恬真匹休隆古三代之盛而陋□□唐宋于下風者由此其選也試舉其績□嶺西者如章復之守桂林課農興學百廢具舉暇日則行飲射讀法之禮大旱則有每禱輒雨之應何源之守梧州時值饑饉議欲請賑源恐待報之無及乃亟捐俸以活民若張霖之宰馬平則有愛民如子之心有感神捕虎之驗恩信孚於峒賊衣冠化其强暴此三子者皆守令之賢而章復則尤能以禮讓爲政教有古循良之風其與龔遂黄霸之治渤潁卓茂魯恭之治密牟蓋相伯仲矣又如揚璟以征南將軍攻克静江戒張彬之屠戮下剽掠之禁令卒致土官遣使齎印來降山雲以總兵掛印出鎮廣西臨戰陳則身先士卒持廉介則秋毫無犯卒致蠻夷慴服居民安堵若江陰侯吴良之討兩江五溪懷之以恩德招之以納款洞寨二百餘所悉爲編户興師不逾四月遂定古州此三子者皆將帥之良而山雲則尤能以威信馭土官有古良將之風其與馬援之在漢韓世忠岳飛之在宋蓋相頡頏矣嗟乎宜於古者或不宜於今遠有所慕者則近或有所遺郭伋王剪之輩歷世遠矣姑舍是也章復諸子非守令之法則乎山雲諸子非將帥之軌範乎誠使今之爲守令者貪墨是懲每先公而後私怠荒必戒不見利而忘義勸相以時而賦税以平優恤其財而愛養其力常體乎節用愛人之意則居者有樂土之願逃者有復業之望又何户口流亡之足患哉爲將帥者公以奉法而衛士不爲私門之役廉以莅官而軍貲不爲房闥之需督其屯種而斂納以時嚴其簡教而賞罰惟信常念乎士卒甘苦之同則居常而結其歡心遇變而得其死力又何盜賊克斥之足慮哉然此特論其概耳若夫粤西邊鄙民之生于其地者其害尤倍于中州□□而墾田寡也賊繁而角奪甚也法廢□□横興也食衆而生産

微也所賴官于其地者爲之啓利而捐害耳不然中谷之嘆興六月之師動邊民其終魚鱉乎必于守令也超遷不拘于資格考覈靡徇于愛憎如卓茂令密邑而以爲太傅張平長全椒而以爲議即可也不惑于即墨之毁言日至致察于膠東之户口僞增可也而又遴選近地沙汰老弱使風氣相宜精神不倦庶得以安其位而行其志民患其有瘳乎于將帥也爵必視其功績任必擇其智勇如范仲淹所謂搜羅班中試以武藝歐陽脩所謂校其軍中拔爲大將可也申武學之教不視爲虚文嚴臨陣之法以驗其實用可也而又勿奪其權少繩以法使鼓舞有方展布如意庶得以畢其技而效其長民生其有賴乎是謂通其法于不窮識其重而亟反之者也有復受直息事而不思所以宣力布武者非天也昔漢文帝患匈奴難制而拊髀以思頗牧宣帝稱良二千石欲與共圖治理故漢世良吏爲盛而良將亦多享國長久夷狄無患有以也我皇上明見萬里屢頒綸音軫念遐陬凡所以立天下之法操天下之機以生以衛此粤西之民者無所不至矣則夫厝斯民於衽席襁褓之安而忠誠圖報以永紓國家南顧之勤者守令事也將帥責也守人得人則民安食足將帥可無事矣將帥得人則兵强盗息守令可卧治矣而所以監督守令將帥者尤不可不加之意焉昔人有言太守吏民之本又曰禹稷伊尹之志苟得一縣亦可小試孫子古之良將也其言曰視卒如嬰兒可與赴深溪視卒如愛子可與之俱死知此則知守令之可以行吾志而將帥之可以成功矣竊嘗因是而有感焉論治非難識體爲難如有用我願執此以往執事以爲何如

第五問

唐文迪

同考試官學正吴批（談要害如親歷論經略如宿將非徒以文事鳴者）

考試官教諭林批（有識見有區畫可與論兵矣斯粤西休兵之助乎）

考試官教授詹批（論兵策多出卓見非苟言者取之）

蓋聞之才智之士有志于興世務豈徒然哉明以照之隱微以疏解而通健以决之礙塞以摧廓而裕是故天下無難處之事無不可成之功惟夫見之弗審則疑疑則阻廢墜之弊生矣行之弗勇則玩玩則弛偏枯之患成矣易曰動而明雷電合而章言威照之不可以已也經世務者亦于此求之而已□夫廣西亦飫壤也土田腴而易耨山藪□而多産江四出而泉貨可通民近質而繁訟罔作然而今日徵兵明日理餉終歲文移强半居此此其故何哉無亦諸夷爲之擾擾爾休兵偃武既無其期則治兵講武張皇而稽謀也者安可一日忘皇祖之訓哉且夷不可化而内邪然谷永恩信烏滸冠帶國麒納土慶遠服

屬是其樂生之心與中國同也夷不可屏而外邪伏波標銅柱遠人稽首武襄度崑崙智高喪魄是其畏死之心與中國同也夫樂生畏死彼既與木石殊則所以制馭而羈縻之者必有道矣執事謂三江之議紛紛未一此非愚生所得聞也然耳目所及則有可言者請得而終言之廣西之有三江是緯絡之大經而風氣之攸萃也然其地則廣矣西極融洛南抵交阯北分湘源東帶□□蒼梧其間郡縣□□置堡寨之聯綿誠足以壯雄偉之圖□□要之津矣然山麓險阻或不足容方軌林木茂密或不勝施剪伐近地犖确而不可田則屯戍弗便也峻嶺斗折而不易達則樵牧弗便也是以盗賊窟穴其間夷性無恒喜人怒獸未可常理格而爲害滋蔓矣今舉左右兩江觀之自斷藤平而左江之患十減其七何也山遠而淵藪失憑江闊而蹤迹易露舊日之峽爲無人之境矣故謂左江一帶經畫已定不爲無見損之益之唯潯州分閫使得兼制于都泥武宣之界以塞盗賊之門户南太二郡特假開府節鉞之副以爲粤駱之表裏亦庶幾紀綱之密者乎自近歲五都之役右江之威十伸其九何也强者觸目于京觀弱者俯首于輸納沿江之隘已爲往來之孔道矣故謂四三年間道路稀警不爲無據益之損之唯象州永福之間移建一縣邑□□有恃西融慶遠之間别假一節鉞則□顧不虚亦庶幾經制之詳者乎如此則明有所必照而夷情罔遁威有所必伸而體勢其益尊矣雖然此二者若不可已而可緩若在所當務而猶可待也乃其最先莫如府江其最急莫如古田矣夫府江何以言最先也是門庭之寇也平樂而北三司控于會城龍江而南兩府扼其總要而鳥鼠之穴顧盤亘其中悔禍無日此可以不加之意邪聞其沿江而盗往往來自遠地東則富賀恭城西則永安修仁荔浦或百星而趨或數舍而至攸往忽來皆無旬日之計驅而除之寧無法乎竊嘗道德適中之處爲昭平鎮城堡差壯野亦寬衍説者謂于此地宜如此北方之制設一游擊屯兵數千以十之三泝流駐于廣運以十之三沿流駐于龍門三分其衆聯以百艘畫地爲限載日爲役俾絡繹江洋之中旌旗彌望金鼓相聞上下呼應如左右手彼爲盗者置足無所何時何地得肆其掠舟之凶乎不唯不得肆而已彼失鹽米之利既窘生理兼受巡邏之密復遭捕縛吾見革面聽招且不暇矣又何盗之能爲哉此一説也古田何以言最急也是腹心之患也夫省城西北不逾一舍柳郡東來纔接縣境而虎狼之毒顧根帶其中鞠頑有年此可以不爲之所邪聞之縣之渠魁往往劫挾良善阻其輸賦十年之前令猶間至數歲以來徒事羈縻或叛或懷要非一心之人從而攻之寧無成乎又嘗聞麻陽之師連跨數省説者謂俟其收功移而南向此不可失蓋靖州南指搗其腹心武岡西出衝其肩腋而

我全廣帥海南之勝旅舉三州之勁卒數道并進彼區區一隅腹背受敵顧此失彼將何以爲謀乎第見其進退維谷而已蓋武靖逼而南則退失甌脱□□全廣張而北則進無獵獲之場吾知洗心乞命且不暇矣又何邑之敢據哉此又一説也是在今之經世務者留心焉爾然唐韓愈氏有言嶺外夷獠尋常亦各營生急則死聚相保德既不能綏懷威又不能臨制以致攻劫侵暴在今日得不有如其言者乎苟有之古田之叛拒固當有别爲之畫者矣宋紹興建議謂溪峒綿亘非一州得專約束故游民惡少之弃本者商旅之避征税者盗賊之亡命者往往由入交相鼓煽深爲邊患在今日又不有如其議者乎苟有之則府江之出没固當有别爲之防者矣雖然事之來也勢有淹速君子之動也時有利鈍故惟剛明之才審勢而應待時而行易曰出而有獲何不利之有正謂此也此固經世道者之所素定粤西之民方喁喁然群切望焉狂瞽及此不知忌諱惟執事大其爲容幸甚

廣西鄉試録後序

嘉靖己酉當天下大比之歲高岡被聘校文粤西録成有序監臨御史王士翹授高岡以末簡高岡何言哉夫振飭科條以軌度其衆惴惴焉蚤夜以易仰成聖天子求賢之制此監臨者之心也百執事之責也高岡何言哉高岡惟賓興之典自周人三物之制不行試言遂不可易後世之士劬劬焉聲華是究而飭躬軌道之意疏飾情而詭物深衷而自澤或失則輕或失則淺或失則卑夫帝王需材以用世也而輕也奚以任也淺也奚以受也卑也易以陵也即得士若此國將焉賴哉是故浮華者不可任以治取士而得浮華焉猶獲乎赤箭青芝也雖美無所用之高岡受聘之初亦未嘗不惴惴焉蚤夜以惕天地之生材也洪纖一氣纖之不可爲洪辟則棘之不可爲櫝也聖王之用材也小大异任小之不可爲大辟則榱之不可爲棟也吾受提斤之任而入粤求材能無惕乎或曰因材而篤天地生物之仁隨材器使匠氏不得已之意差乎士乎吾寧使人不得不用不用不已而使人不得已而用之乎我國家養士百八十餘年仁義禮樂亦既浹洽聖皇御極涵濡益深聲教四達夷夏渢渢乃今甌粤之士人知飭躬崇學争自澡雪與日俱新蓄材待用視昔爲盛頃高岡執策而來也自衡湘而南觀粤之山盤礴周遍草木賁若紫翠丹青蔚不可辨雲鬱霆蓄爲蒸爲澤又渾凝閎奥珍詭中涵愈窮愈不可測而其孤峰峻嶙壁立千仞奇矯絶塵濯濯乎若與日星俱動也業已灑然异之謂人生其間實鍾靈秀豈無賢

杰隽拔之士出而爲國建經世之業者邪既而觀諸士之文或鋪張帝王之道或究極天人之理文不流放言無枝葉篤實敷英詞旨震絶炯炯乎若與星岩埒奇而淳粹博練意語天出鎔謨箎誥析理入微則固躍躍乎涣焉以釋也夫文之足以知人也自昔言之其人狷者其文急以怨狂者其文怪以怒纖者其文碎夸者其文誕由中發外人若自貌莫之或失也則夫今日粤之諸士吾未睹其貌而得其神情文固神情之所注也沈雄者干城之才精鍊者宗廟之器峻潔者命世之英吾知其不爲狷不爲狂不爲纖夸而重也無弗任也深也無弗受也辟則大車以載攸往而利也諸士之謂邪皇上仁合天地道協黄虞觀乎人文以化成天下求才圖治遐荒靡遺而主司慎簡精良企克國用爾諸士行且對揚明廷受禄公朝其將何以答之邪君子曰大德不官大道不器大信不約夫階進之日受任之地也如金在鎔一塵爲黷如駿在馭九折弗回約不當如是邪記曰先勞而後禄又曰凡學官先事士先志爾諸士其益懋平生所學志以先之勞以成之用效忠於國毋負主司今日達才之意云

江西廣信府鉛山縣儒學教諭林高岡謹序

嘉靖四十年廣西鄉試録

廣西鄉試録序

嘉靖辛酉秋八月例大比天下士監察御史高應芳按廣西職司監臨夙夜祗懼思茂對聖天子求賢至意聘焕然教諭吴敦本曲試教諭何嵩王廷臣黄協心宋治周鶴年沈喬楠分試而提調則左布政使陳堯右布政使姜良翰監試則副使陶大年僉事鄭一龍共餘百執事遴選以從遂晋提學副使黎澄揀士一千五百有奇三試之遵制取五十五人并録其文以獻焕然謹稽首颺言曰猗歟盛哉皇上道化人文之美於粤士而知之矣自昔盛治莫如陶堯史臣誦放勛之極光被四表萬邦黎獻共惟帝臣豈不謂明德之被見於人才而化成之效必於其最遠而著者是徵耶廣西古百粤地僻介嶺嶠與蠻獠相雜風氣閟鬱者數千餘年幸際我太祖啓運再闢洪濛建學育才於是文治日洽出而贊鈞衡布臺省茂著勛猷者時不乏人聖天子膺天御極同符于堯詔諸藩貢士凡十四舉而粤士與于遴拔者類攄英懋實倍蓰于前辟之璠璵産于砂礫中而澤自輝夫豈偶然者哉蓋天地貞淑之氣自北而南其發揚也有時而所以應時裁成者以聖人久於其道也廣西居南服極界當聖天子所面之方是謂嚮離離者明也萬物相見明盛之謂也今陽德麗正四十餘年文命所及如日月之照臨無遠弗届即草木异彙猶欣欣向榮况養育於庠序中沃灌本實孔厚有不彪炳於文明如萬物之相見矣乎故精英暢萃識者謂鬱金翠羽之珍芳苓僊茅之奇不能當也必於人才乎發之固宜其濯耀光華炳然蔚然月异而歲不同也今次第其所試文不爲支詞曲議率憲經印史澤之於道其析理體事奇氣軼逸隱然如桂嶺摩天蒼鬱不假雕飾而思深旨遠條貫今古又似灕波汪洋莫殫涯涘是雖元氣蘊積之久至是昌發而拔除舊習望迎新美於是仰聖德所被深遠矣古人觀一方以卜天下即廣西人文有若此則中州可知繼是賢才濟濟弼贊聖明久道之化詎堯之多歷年所已耶抑嘗聞之天下有道則行有枝葉以言不足貴也而躬行之難陶唐之時黎民且敏德矣於静言者猶警庸違諸士生逢昌運親見帝堯于今日褎然應兹舉者凡五十五人莫不以陶堯之道自陳然唐虞之際有五人而孔子稱以爲盛以才

之難也使五十五人者施諸事任不以五人自期而或庸違寧無愧於敏德之黎民矣乎故序以侈諸士所遭之幸而因以勖之云是舉也提督兩廣軍務兵部右侍郎兼都察院右僉都御史張臬簡命肅將文武爲憲總兵官平江伯陳王謨經武翼文宣猷鎮遠左參政王惟恕右參政畢鏘右參議蔡文副使吴元璧莊朝賓僉事歐陽瑜夏栻皆防範于外綜理維周副總兵王寵左參將祝明右參將范德榮署都指揮僉事鄒繼芳梁高皆捍衛于外疆埸攸寧右參政董策僉事余一鵬署都指揮僉事謝敕以入賀行按察使敖宗慶以入覲行預有勤勞刑部郎中張正位以恤刑至嘉樂厥成例得備書

福建建寧府儒學教授李焕然謹序

嘉靖四十年廣西鄉試

監臨官

巡按廣西監察御史高應芳（惟實江西金溪縣人　癸丑進士）

提調官

廣西等處承宣布政使司左布政使陳堯（敬甫直隸通州人　乙未進士）

廣西等處承宣布政使司右布政使姜良翰（希召浙江金華縣人　甲辰進士）

監試官

廣西等處提刑按察司副使陶大年（長卿浙江會稽縣人　辛丑進士）

廣西等處提刑按察司僉事鄭一龍（千田福建惠安縣人　庚戌進士）

考試官

福建建寧府儒學教授李焕然（予晦湖廣沅州人　丙午貢士）

直隸蘇州府崑山縣儒學教諭吴敦本（守之江西浮梁縣人　甲午貢士）

同考試官

浙江金華府蘭谿縣儒學教諭何嵩（肖申廣東順德縣人　癸卯貢士）

湖廣武昌府咸寧縣儒學教諭王廷臣（明遇雲南後衛籍陝西興平縣人　戊午貢士）

直隸寧國府旌德縣儒學教諭黄協心（存之江西吉水縣人　壬子貢士）

福建福州府羅源縣儒學教諭宋治（儆吾廣東新會縣人　癸卯貢士）

浙江嘉興府嘉興縣儒學教諭周鶴年（與齡廣東南海縣人　庚子貢士）

江西南安府上猶縣儒學教諭沈喬楠（培之廣東饒平縣人　己酉貢士）

印卷官

廣西等處承宣布政使司經歷司經歷周大布（奇惠福建莆田縣人　監生）

廣西等處提刑按察司經歷司經歷吕道煇(曰潛直隸太倉州人　監生）

收掌試卷官

桂林府知府陸九成（子韶浙江東陽縣人　丁未進士）

南宁府知府郭應聘（鈞賓福建莆田縣人　庚戌進士）

受卷官

梧州府知府何思贊（紹襄廣東順德縣人　庚戌進士）

慶遠府知府曾雲（子龍江西泰和縣人　戊子貢士）

思恩軍民府知府何派行（應充廣東香山縣人　辛丑進士）

平樂府同知劉時舉（仲賢貴州銅仁府籍江西吉水縣人　丁酉貢士）

彌封官

柳州府同知伍宇（參之江西安福縣人　辛卯貢士）

柳州府象州知州吴必學（以思福建南平縣人　丁酉貢士）

柳州府來賓縣知縣鄭天憲（宗善廣東揭陽縣人　甲午貢士）

潯州府桂平縣知縣夏建中（國正廣東海陽縣人　庚子貢士）

謄録官

桂林府推官謝光業（建卿廣東揭陽縣人　癸卯貢士）

桂林府全州知州黄應升（公階福建莆田縣人　癸卯貢士）

平樂府脩仁縣知縣楊希説（殷望廣東海陽縣人　己酉貢士）

慶遠府荔波縣知縣陳表（汝儀貴州銅仁府人　壬子貢士）

桂林府臨桂縣知縣麥天惠（元與廣東南海縣人　丁酉貢士）

對讀官

南寧府横州知州陳坦（存履福建懷安縣人　丁酉貢士）

桂林府陽朔縣知縣吴國用（道亨廣東程鄉縣人　丙午貢士）

桂林府靈川縣知縣李秉同（子中廣東東莞縣人　戊子貢士）

南寧府横州永淳縣知縣朱倫（合之湖廣桂陽縣人　壬子貢士）

平樂府恭城縣知縣楊鈞（伯立雲南嵩明州人　己酉貢士）

巡綽官

桂林中衛指揮使滕良輔（世傑山後人）

桂林中衛指揮僉事朱以孝（宗舜直隸未安縣人）

桂林中衛指揮僉事田義(希范直隸唐縣人)桂林右衛指揮僉事莫用珪(朝重廣西臨桂縣人)

搜檢官

桂林中衛右千户所正千户袁繼文(宗周江西餘干縣人)

桂林右衛前千户所正千户楊璋(汝器山東長山縣人)

桂林中衛前千户所正千户陳相(良佐直隸清流縣人)

桂林右衛左千户所副千户陳策(獻可直隸徐州人)

桂林中衛中千户所副千户趙陞(國恩湖廣桃源縣人)

桂林右衛前千户所副千户趙士林(維賢直隸遵化縣人)

供給官

廣西等處承宣布政使司理問所理問汪希賢(淑顏江西永新縣人　監生)

廣西都指揮使司經歷司都事沈渭(一清浙江餘姚縣人　監生)

廣西等處提刑按察司經歷司知事劉楷(宗正直隸南陵縣人　監生)

廣西等處提刑按察司照磨所照磨徐夔(一卿雲南後衛籍直隸寶應縣人　監生)

廣西等處提刑按察司照磨所檢校毋鴻(惟高四川釰州人　監生)

廣西都指揮使司斷事司吏目馮紀(于綱廣東順德縣人　吏員)

太平府通判王汝奇(薦甫江西豊城縣人　監生)

桂林府永福縣知縣陳洪猷(惟良江西弋陽縣人　監生)

桂林府興安縣知縣揭泮(宗學福建歸化縣人　監生)

桂林府全州同知熊轂(汝式江西新建縣人　監生)

桂林府經歷司知事姜鵬(朝舉直隸五河縣人　吏員)

桂林府照磨所照磨張文華(子實江西浮梁縣人　吏員)

柳州府經歷司知事朱銓(平夫直隸興化縣人　監生)

桂林中衛經歷司知事李欽(子敬廣東博羅縣人　吏員)

桂林府臨桂縣縣丞謝庭訓(克承廣東臨高縣人　監生)

梧州府藤縣縣丞王宗予(時行湖廣京山縣人　監生)

桂林府靈川縣主簿趙策(公弼江西安福縣人　監生)

桂林府廣儲倉太使洪同春(良景福建龍溪縣人　吏員)

太平府全茗州史目楊一元(春芳直隸石埭縣人　監生)

桂林府臨桂縣典史郭有玉(汝器福建福清縣人　吏員)

桂林府永福縣典史莫大夏（一陽浙江太平縣人　吏員）
潯州府貴縣典史袁鑰（邦重福建建安縣人　吏員）
桂林府臨桂縣東江驛驛丞李宣（廷綱廣東博羅縣人　吏員）
桂林府靈川縣大龍驛驛丞陳斐然（仲裁四川内江縣人　承差）

第一場

四書

言思忠事思敬　舟車所至人力所通天之所覆地之所載日月所照霜露所隊凡有血氣者莫不尊親　若禹皋陶則見而知之

易

各正性命保合太和　日月得天而能久照四時變化而能久成聖人久於其道而天下化成觀其所恒而天地萬物之情可見矣　夫易聖人之所以極深而研幾也唯深也故能通天下之志唯幾也故能成天下之務唯神也故不疾而速不行而至子曰易有聖人之道四焉者此之謂也　履和而至謙尊而光

書

濬哲文明温恭允塞　三百里揆文教二百里奮武衛　乂用明俊民用章　亦越成湯陟丕厘上帝之耿命乃用三有宅克即宅曰三有俊克即俊嚴惟丕式克用三宅三俊其在商邑用協于厥邑其在四方用丕式見德

詩

三之日于耜四之日舉趾同我婦子饁彼南畝田畯至喜　民之質矣日用飲食群黎百姓遍爲爾德　菶菶萋萋雝雝喈喈君子之車既庶且多君子之馬既閑且馳　貽我來牟帝命率育

春秋

齊侯來獻戎捷（莊公三十一年）　楚人侵鄭（宣公三年）楚子伐鄭（宣公四年）　晋欒書帥師救鄭（成公六年）遂滅偪陽（襄公十年）晋荀吴帥師敗狄于大鹵（昭公元年）

禮記

處其所存禮之序也玩其所樂民之治也圭璋特琥璜爵　著不息者天也著不動者地也一動一静者天地之間也　君子服其服則文以君子之容有其容則文以君子之辭遂其辭則實以君子之德

第二場

論

聖人與天地同用

詔誥表（内科一道）

擬漢定振窮養老之令詔（文帝元年）　擬唐加左僕射房玄齡太子少師誥（貞觀十三年）　擬宋五星聚奎群臣賀表（乾德五年）

判語（五條）

官員赴任過限　人户以籍爲定　致祭祀典神祇　軍民約會詞訟　修理橋梁道路

第三場

策（五道）

問　書稱萬邦黎獻共惟帝臣惟帝時舉敷納以言詩頌文王之德曰周王壽考遐不作人是知帝王之治天下必以振作人材爲先而以言試人唐虞且不廢焉漢唐宋制科之設實昉諸此説者謂豪杰之士往往由之以進昔人有議其以空言取人者其亦未必盡然歟然則鄉舉里選之制果不可行於後世歟洪惟我朝設科取士稽古定制至精至密得人之盛遠超前代我皇上敬一弘化壽考作人天下人材長養於聖世者雖遐荒绝徼亦彬彬然向風效用矣伏覩歷科廷試策士欽蒙渙頒宸翰光賜玉音諭迪多士明切懇至不但試之以言已也今聖製傳播海内久矣尒粤士莊誦之餘其亦有以鋪張揚厲以彰我聖天子求賢至意之萬一乎今日之試實惟觀光之初行將有大廷之對者也請具陳之以覘共惟帝臣之志

問　儀禮一書漢儒所述以韓愈氏之博雅好古于微辭奥義尚不能通曉則古禮之不行久矣今之儒生多尊信韓子者果能讀其書歟抑亦與禮記有相發明者歟粤西僻在嶺表風俗朴茂民生其間無紛華盛麗之習庶幾乎所謂忠信之人可以學禮者兹欲與之講明儀禮使人人周旋揖讓于其間吾知其不能矣無已則有晦菴朱氏焉所著家禮皆化民成俗之事士大夫家類能行之獨不可試而爲之歟中間隨時損益抑亦有可言者歟夫禮緣人情非以强世貴乎行之有漸耳兹欲舉鄉約以正其習立社學以養其蒙而徐及乎禮文之事其施爲次第亦可擬議歟君子居其鄉則思善其俗諸士其明以告我毋謙讓未遑焉

問　書契之來遠矣其義則學者不可以不究焉如古文變而爲大篆小篆是矣但前此已有雲鳥龜魚鍾鼎蝌蚪之製其原可得聞歟篆書變而爲隸書楷書是矣然此外又有古文奇字隸古草聖八分飛白之出其始可得言歟夏書無聞何塗山桐栢之碑人莫能辨周書同文何石鼓孔壁之載人莫能通在周保氏外史成均大行人所掌巡者是果何法漢興童子石渠馬援賈逵所修習者是果何書六義古以養蒙何老師不能盡通其故字母漢以製字何經生至乃歷詆其疏許氏説文世稱精密乃後人則有子母不明之論也嗣後又有字林刊定字書字總集注繫傳六家之作説者惟有取於鄭氏之證略其詳亦可得聞歟王氏字説自謂精詳乃當時已有象形弗類之誚也他如復古論六書故六書論六書類什假借論正僞等篇之著論者惟歸重於趙氏之本義其詳亦可得論歟晋多善書何以獨取鍾王二帖唐立字學何以只稱顔柳二家或觀運箒游魚争道舞劍器而悟作字之方者其於古法亦有所得焉否歟或以止戈爲武居門爲閏日月爲易朔來爲棗者其於書意亦有所會焉否歟夫書乃六藝之一而載籍必因之譬諸飲食啓居而不可須臾離焉者諸生童而習之白首若時人可乎願備言之以觀小學之教

問　天下之勢内則郡邑外則邊陲郡邑所以保民守令爲重邊陲所以禦侮將帥爲急斯二者安攘之大計也然安内之術莫要于裕民生崇教化息盜賊聞古之人治渤海者郡有積蓄之富守蜀郡者民有禮教之興長朝歌者境無盜賊之虞今之爲守令者多矣何郡邑之中治效未盡臻耶攘外之術莫要于勤訓練正紀綱恤士卒聞古之人教步兵于澤潞者天下推勇誅亂將于朔方者諸鎮奉法與士卒同甘共苦者秦不敢圖今之爲將帥者衆矣何邊陲之上成功未多見耶夫一代之才自足以濟一代之用夫豈無其人耶抑責成之未至耶兹欲吏稱其職閭閻無愁嘆之聲將得其人斥堠無烽火之警内寧外謐永保太平之業將何施而可諸士子抱匡時之略久矣幸詳言之將以轉聞于上

問　西粤古夷裔也世之治夷者大約有三曰招撫曰戍守曰征勦斯三者事雖异用而機實相因不可不察也古之人有直抵居風遂绝崑崙手教開示身親賊壘者矣其有得於治夷之術否耶國朝分符建閫一時經略諸臣撫勦并用規書益詳真足以邁前猷光先烈矣邇乃遺孽漸肆竊發無已於斯三者何先抑别有當務之急者乎或謂狼心叵測營弊滋多然未可嚴束而遽撤也兹欲蠻夷帖服坐消其剽掠之虞土目款誠默奪其驕盈之氣屯營無改精采百倍如之何而後可願究言之毋隱

中式舉人五十五名

第一名　馬千乘　全州學生　詩
第二名　徐與久　桂林府學生　易
第三名　張延熙　桂林府學生　春秋
第四名　張源　賓州學生　書
第五名　何敢復　興業縣學生　禮記
第六名　李邦奇　慶遠府學生　詩
第七名　徐進階　柳州府學生　書
第八名　王怡　桂林府學生　易
第九名　何才璞　全州學增廣生　詩
第十名　劉一德　臨桂縣學附學生　易
第十一名　文應奎　古田縣學生　書
第十二名　王佩瑶　平樂府學生　詩
第十三名　丁用中　灌陽縣學生　春秋
第十四名　金明漢　柳州府學生　書
第十五名　倪良材　宜山縣學生　易
第十六名　毛德紹　富川縣學生　禮記
第十七名　劉作沛　平樂府學生　詩
第十八名　鄧之松　南寧府學生　書
第十九名　毛汝起　臨桂縣學生　易
第二十名　何天德　南寧府學生　詩
第二十一名　覃守道　北流縣學生　書
第二十二名　張孫振　桂林府學生　易
第二十三名　莫如學　平樂府學生　詩
第二十四名　郝國相　桂林府學生　易
第二十五名　蔣論　全州學增廣生　詩
第二十六名　鄧元卿　桂林府學增廣生　易
第二十七名　鄧之梅　宣化縣學生　書
第二十八名　張民準　全州學生　詩
第二十九名　宋大韶　梧州府學生　春秋
第三十名　徐一鶚　馬平縣學生　易

第三十一名　施懋　橫州學增廣生　書
第三十二名　顔應衮　橫州學生　詩
第三十三名　莫强　馬平縣學生　易
第三十四名　楊邦直　融縣學生　書
第三十五名　陸九逵　臨桂縣學生　禮記
第三十六名　滕表章　全州學增廣生　易
第三十七名　向曦　恭城縣學生　詩
第三十八名　成大忠　柳州府學生　書
第三十九名　李岳齡　桂林府學生　易
第四十名　蔣學成　潯州府學生　書
第四十一名　蔣煇　全州學生　詩
第四十二名　朱程　古田縣學附學生　書
第四十三名　李嘉會　臨桂縣學附學生　易
第四十四名　王貽德　全州學生　春秋
第四十五名　蔣蒙吉　全州學附學生　詩
第四十六名　譚文光　賓州學生　書
第四十七名　蔣學益　全州學生　詩
第四十八名　黎襄　藤縣學生　禮記
第四十九名　張時泰　臨桂縣學生　詩
第五十名　鄧逢吉　南寧府學生　書
第五十一名　譚汝讓　興業縣學生　春秋
第五十二名　伍廷節　藤縣學生　詩
第五十三名　何燾　桂林府學增廣生　易
第五十四名　何東周　桂林府學增廣生　詩
第五十五名　蔣遵箴　全州學附學生　易

第一場

四書

言思忠事思敬

馬千乘

同考試官教諭王批（歸重敬字得題意）

考試官教諭吴批(理明詞暢可録)

考試官教授李批(親切)

君子於言事而各思其當然之理焉蓋忠主言敬主事皆其理之當然者也君子思之聖功之本在是矣夫子列九思之目意謂心以思爲官思以近爲要君子所思豈止聰明温恭之德而已哉彼聲諸口則有言而忠者言之本也言不思忠則言皆無實矣君子知出身加民言之所關甚大也而所以殫厥思者必主於忠焉樞機之發凝神於無妄也話言之昭定慮於由衷也凡立誠以修其辭者不敢以虚假之念雜之是忠以盡已雖不止出言爲然而因言思忠則言皆有物而千里之外應之矣君子所以全其作乂之德者蓋如此措諸躬則有事而敬者事之則也事不思敬則事皆邪動矣君子知發邇見遠事之所繫至重也而所以研諸慮者必主於敬焉客感紛至而内應常直也散殊有萬而存主惟一也凡兢業以圖其幾者不敢以慢易之心入之是敬以作所雖不待臨事始然而隨事思敬則執事有恪而天下之動貞夫一矣君子所以懋其直内之德者蓋如此夫言必思忠則言無不實而所以措諸事者益遠事必思敬則事無不慎而所以踐其言者益力君子九思之功此其最切者歟何也蓋忠者德之基也敬者德之萃也忠以基之敬以萃之德之盛也君子於言事之間思之以至於無思而無不通則至誠無息篤恭不顯之地此其優入之矣作聖之功孰有要於斯二者雖然一以貫之者敬其本也故曰敬者聖學之所以成始而成終

舟車所至人力所通天之所覆地之所載日月所照霜露所隊凡有血氣者莫不尊親

徐與久

同考試官教諭周批(發揮尊親二字明切録之以式多士)

考試官教諭吴批(詞雅意盡時義之佳者)

考試官教授李批(明暢)

中庸於至聖之德必極言其盡人而胥戴焉甚矣人心不易感也盡天下之人類而尊親之非至聖之德其孰能與於此中庸此章明天道也蓋曰至聖之臨天下也本其天淵不測之神而出之爲華夷丕冒之化惟非兩間之人類焉則性殊而感斯窒矣是故自其洋溢中國施及蠻貊者推之而舟車之所可至人力之所可通人迹經歷之處如彼其廣遠也極之而天地之所覆載日月霜露之所照隊乾坤形氣之積若是其無垠也凡其禀血氣以有生而均之爲斯民之類者莫不仰聖人之在上而共起維辟之思幸聖德之覃敷而均切孔

邇之念尊之爲元后也則政教號令咸欽承焉由其無所逃之分以一于聖人之治統者蓋盡人而合其敬矣親之爲父母也則生養休息咸怙冒焉因其不可解之情以就于聖人之撫育者蓋盡民而合其愛矣是蓋天地無外則聖德之在民心者亦無外人類不殊則尊親之在聖人者亦不殊其始也充積一心而其發也光被四表盛德大業至矣哉吁此聖德之所以配天而川流之妙用蓋於是而可識矣雖然聖人於天豈特配之已哉蓋天地雖大亦囿於形氣者耳而覆載寒暑之偏不能不賴聖人以裁成輔相之則雖謂聖人有功於天地可也然要其所以致此者皆一誠之所爲耳誠者天道也是故欲知聖人參天之治者當知聖人純天之心

若禹皋陶則見而知之

張源

同考試官教諭宋批（見道之文宜録以式）

同考試官教諭黄批（發見知處融徹如親見唐虞之盛者録之）

考試官教諭吴批（精雅不類時作）

考試官教授李批（意深語奇）

聖帝有見知之人道之所以傳也夫斯道之傳自堯舜始也大賢舉見知之人以爲言其意不有在哉今夫天下之不息者道也道之所賴以傳者聖人也是以五百載而聖人出見知聞知皆足以得斯道之統而見知者又所以爲聞知之先稽之上古應運而興得統於天者堯舜也而當日之見知者何人哉時則有若大禹能入聖域而身親見之者也精一執中之秘實面受於容命而聖人之藴所以爲淵微者皆於祇承之下觀其深也時則有若皋陶克邁種德而身親見之者也知人安民之謨既日思乎贊襄而二帝之道所以爲神妙者皆於親炙之餘睹其奥也一道之授守相爲感通而千聖傳心之要法自堯啓之自禹皋而與聞之矣一德之君臣相爲孚契而萬古斯文之正脉自舜闡之自禹皋而領會之矣是堯舜雖極盛必得禹皋之見知而後其盛也爲益傳禹皋雖名世必得堯舜於見知而後其傳也爲有自堯舜之聖天下之大聖也天之生大聖固將以肇斯道之統於五百載之前禹皋之知天下之真知也天之生見知又所以開聞知之聖於五百載之後此湯之所賴以得統於堯舜而文王孔子之相傳亦因之矣夫豈偶然者哉噫孟氏之言其意蓋有在也夫孔子之道即堯舜也孟氏雖未得爲孔子徒而相去未遠私淑獨真雖以孟氏爲孔門之禹皋可也堯舜禹皋上而爲君相則其道行孔孟下而爲師則其説長先

後不同其揆一也千百世之下有聞知孔子之道者又得孟氏見知以先之是以韓愈曰孟子之功不在禹下

易

日月得天而能久照四時變化而能久成聖人久於其道而天下化成觀其所恒而天地萬物之情可見矣

王怡

同考試官教諭周批（發明恒久意義甚是詳悉）

考試官教諭吴批（文整意盡）

考試官教授李批（文理精純）

彖傳即天人有恒之理而極言之以見恒道之大也蓋天下之理不出乎一恒而已觀諸造化聖人而皆不外是焉其義不亦深哉此恒道之所以爲大而彖傳言之以示人也意謂不觀易理無以知恒久之材不觀天人何以見恒道之大是故天之道有日月四時焉乃所以甄陶萬類而通之於不窮者也此而無恒則造化或幾乎息矣但見晝夜相推而明生焉麗天者不見其止息寒暑相推而歲成焉錯行者無有於停機以之而照臨下土者此也以之而出入造化者此也非天道之所以爲恒者乎聖人之治天下有道焉乃所以鼓舞萬民而通之於不倦者也此而無恒則治化或幾乎窒矣但見其本日新之德溢而爲悠久之徵運無息之誠積而爲光天之化以之而同明於日月者此也以之而同序於四時者此也非聖人之所以爲恒者乎夫日月四時并行於天地者也聖人則并立於兩間者也觀造化聖人之恒如此而天地萬物之理不因可見也哉蓋恒者一理所貞合顯微而無間萬世無弊與上下而同流今仰觀俯察廣大雖不可窮而易簡之德昭焉則貞觀不忒而天地之所以爲天地者其情咸得而見之矣散殊雖不可紀而群分之理著焉則并育不害而萬物之所以爲萬物者其理咸得而推之矣寧復有遁情也哉故見此者謂之見道知此者謂之知易此恒道所以爲大而聖人言之以贊易也歟抑嘗聞之子思子曰致中和天地位焉萬物育焉夫位育之效本於中和則夫聖人之久道化成而天地萬物宜即位育於其中矣君子誠能由恒之理以致中和則恒道在我而位育之效有不可馴致者耶然則爲之當奈何亦曰自立不易方始

履和而至謙尊而光

徐與久

同考試官教諭周批（發明二卦之意殆盡文之佳者）

考試官教諭吳批（敷暢精密）

考試官教授李批（得履謙旨）

聖人揭二卦之德而因各著其妙焉蓋履有自然之用而謙有必然之益也聖人揭言其妙而二卦之德不因可見也哉大傳之意以易道之大不徒具于卦也固將推而見於用不徒見諸用也要當約而反之心今夫上天下澤而履卦畫焉固先王之所以辨上下而定民志矣然有和焉而不可强也有至焉而不可易也觀夫緣情順理隨事有自然之安通變宜民即物有當然之則上承天道而典制行焉其會通者一高卑之定體也下治民情而人文著焉其宣賁者一散殊之實用也聯其情而不至于矯協於則而不過乎中則嘉會之流通于是爲極致而天下之至禮在是矣否則人心不安天理不協顧尚可以言禮哉自地在山中而謙卦畫焉君子固嘗以是審好惡而察人情矣然而謙卑者其心也尊光者其益也觀夫退讓不矜雖自卑矣而無競之烈孰得而尚之含章不露雖自晦矣而日章之實孰得而掩之始焉卑以自牧終焉高不可逾一地道之卑而上行也内焉實德中涵外焉光輝宣著一天道之下濟而光明也德以禮恭而益盛位以致恭而不危君子之謙亨于是爲有終而天下之盛德在是矣否則亢而有悔滿而招損其尚可以言謙哉夫惟有是禮也則基立矣有是謙也則柄持矣執此以往將無所處而不得其當尚何憂患之足慮耶抑論九卦之妙散之爲九德約之在一心隨其所用各异其名而已自其用於和行也則曰履而謙在其中矣自其用於制禮也則曰謙而履在其中矣孰知夫謙也者即吾不自滿假之心而履也者即吾心自然之序也引伸觸類六十四卦何者而非吾心之妙用乎必舉九德而三言之謂非明易道之興見文王憂患之意耶雖然開物成務四聖之心一也合而觀之可也

書

三百里揆文教二百里奮武衛

徐進階

同考試官教諭宋批（體莊詞暢得疏通知遠之旨）

同考試官教諭黄批（帝王内順外威之盛此作見之）

考試官教諭吳批（敦重整肅）

考試官教授李批（典明有則）

聖人定綏服之制惟因其勢而德威异用焉蓋内外勢也而德以治内威以治外斯盡制矣聖人疆理之善有如是夫史臣紀大禹弼成五服至此意謂人君之理天下也固先于嚴華夏之辨尤貴乎慎德威之施予於大禹弼服之

制徵之矣何則王者昭德建中以示民極必有文以飾治也文教弗修則習俗异尚而表率之無機俾民之從欲以治也難矣粤稽綏服之制有處乎内而爲三百里者焉是雖漸遠乎王畿而實聯屬乎侯向所以因勢而鼓舞之者利用文也則陳之藝極而振民育德用端其趨嚮之方彰之物采而隨材曲成恒重其作新之術仁以漸之義以摩之凡可一道德以同風者無不申之訓誥也禮以導之樂以陶之凡可敦典則以興行者無不敷之文命也夫然則觀民設教既啓其維新之習而應侯順德自底于昭明之化矣聖人之治内以文也其制不亦善乎王者宣威揚烈以示民防必有武以戡亂也武衛弗飭則蠻夷猾夏而禦侮之無備欲民之胥匡以生也難矣粤稽綏服之制有處乎外而爲二百里者焉斯乃遐處于邊壤而迫近乎外夷所以因勢而防範之者利用武也則申之紀律而詰毖夫折衝之策以助教化之不及敕之武備而戒嚴夫禦戎之道以弼政治於無窮時其簡閲嚴其部伍使布列于邊疆者咸有敵愾之義也除其戎器慎其封守使講武于甲胄者悉有鷹揚之風也夫然則王靈丕振自消其憑陵之患而聖武布昭益壯夫蕃垣之勢矣聖人之治外以武也其制不亦嚴乎是則大禹綏服之制不惟俯因乎地理尤且曲盡乎治功此其所以内順外威弼成有虞之治爲弗可及也歟雖然聖人之治德威二者可相須而不可偏廢也蓋廢一則弱并用則疆理固然也此有虞之世所以文命敷而四方風動矣然猶以苗頑爲慮所以明刑奮武陳謨祇承君臣儆戒惓惓焉吁此固聖人安不忘危制治保邦之深意也論者謂典謨爲萬世致治者之法信夫

乂用明俊民用章

張源

同考試官教諭宋批（文有矩度而燦然成章可以爲式）

同考試官教諭黄批（發明休徵之應詳盡無遺）

考試官教諭吴批（得旨）

考試官教授李批（明順）

治道隆而賢才輔休徵之所感也夫修政任人爲治之要務也則夫治隆於上而賢用於時寧非休徵之所感哉昔箕子演庶徵之疇以告武王至此謂夫天人之分不同感應之機則一是故體元者大君之責贊化者輔理之功觀其所感而交修之道益見矣誠使五事得而休徵應焉其效豈特見於百穀用成已哉彼政治待人而行夫固因時而爲顯晦者也今惟歲月日時之無易也則陰陽和調天工由之以寅亮而庶績之咸熙者有以昭崇功廣業之規模五

氣順布治運由之以昌明而庶政之惟和者有以彰修政立事之精采議紀法於朝廷之上則有典有則凡其文章之著而敷爲經綸之業者一皆赫奕而不可揜也頒紀法於邦國之間則有倫有要凡其藝極之陳而播爲文明之化者一皆振舉而不可紊也斯則太和神保合之機文治顯精明之象而成功之焕然者殆與天地相爲昭矣治功不其明乎賢才待人而用夫固相時而爲進退者也今惟歲月日時之無易也則貞元會合咸切觀光之願而拔茅彙征用以展其經濟之猷聖作物睹共興利見之懷而庶明勵翼因以攄其潜德之藴抱名世之具而思堯舜其君民者莫不願立王朝而畢效其浚明亮采之施也負經世之才而思黼黻乎皇猷者莫不共爲帝臣而咸樂夫疏附先後之用也斯則世道際亨嘉之運明良慶相會之期而多士之濟濟者悉出而爲邦家之光矣俊民不其章乎夫觀於乂用明而天下之治法舉矣俊民用章而天下之治人用矣是皆休徵之致也爲君臣者可不知省驗而慎所以感之哉雖然此非無徵也稽之唐虞則平章協和而元凱在位至于有周則穆穆迓衡而卷阿鳳凰之歌得人獨盛焉今觀其時曰無虞曰雍熙而泰和景象充周于宇宙間噫此固體信達順之機中和位育之理也箕子告武王以庶徵矣而又欲其隨分省驗致望之意不益切哉要之五事修而天休應者其常也間有不盡然者亦惟盡人以事天而已知道者其識之

詩

三之日于耜四之日舉趾同我婦子饁彼南畝田畯至喜

王佩瑶

同考試官教諭王批（豳人力田氣象發揮殆盡）

考試官教諭吳批（精粹之文）

考試官教授李批（詞昌意晰）

觀豳民勤於力農可以見其謀食之預矣蓋國家之大事在農固民生之所恃以爲休戚者也豳民勤於所事而不敢忽焉其斯以爲風俗之厚歟昔周公以成王將莅政當戒以民事故陳后稷公劉風化之所由以教之至此謂夫王知我周所以有天下之由乎吾觀於豳而知先公風化之遠矣蓋其化民以成俗也以小人之所依在食而稼穡之惟寳當先故於三陽獻歲土膏動矣時尚未可耕也乃於鎡基之當飭者飭之耒耜之當備者備之是雖東作之未興而一念之憂勤固已隱然其不可釋矣是何如其慮事之周耶迨夫四陽畢達天氣降矣時則田可耕也乃於田疇之當易者易之黄茂之當種者種之是雖地脉之方盈而三務之勤勞固已蹙然其不敢懈矣是何

如其趨事之勤耶斯時也少者在田老者饁之率我婦子而筐筥之是承載彼壺漿而饑渴之有備是蓋藉百畝以爲生故自不覺其同心而協力矣男服乎外女事乎内寧有廢時而失事者乎農夫在野田畯至焉睹草萊之盡闢而樂觀夫田事之修念人力之攸同而預卜夫室家之慶是蓋安百姓以爲悦自不覺其神怡而心曠矣上喜乎下下順乎上曾有怠荒而被譴者乎夫稼穡乃一事之微而豳民每事必謀之預者凡以先公之化漸漬在人故自不覺其憂勤惕厲之至此也然則我周之德與周之所以王居然可見而凡嗣厥服者其容以弗念耶抑周人以農事開國故其君臣平日所相告語者往往必先及焉如書則有無逸於詩則有七月於頌則有思文不一而足無非欲人知稼穡之艱難以不負先王所以經國貽謨之至意也周家之業孰謂不本於是哉故讀詩者觀於豳風而後知成王之守成周公之輔相均之爲不可及也已嗚呼此周業之所以爲益昌也歟

菶菶萋萋雝雝喈喈君子之車既庶且多君子之馬既閑且馳

何才璞

同考試官教諭王批（説出召公忠愛之心微婉可誦）

考試官教諭吴批（詞理蔚然）

考試官教授李批（醇慤）

大臣喻明良感會之機而因興其車馬之盛欲其君之待用也蓋明良相遇機不偶也有車馬之盛而用以待賢夫豈無益於人國也哉昔召公從王游於卷阿之上而諷之以此若曰天下之物不可以苟合而機之所在則必以類從吾嘗有感於梧桐鳳凰之盛矣彼梧桐天下之美材也鳳凰天下之靈鳥也二者皆物之至也類之同也故必梧桐之生也菶菶萋萋焉凝醇化于朝陽有以極其生之盛其盛也將必有所待矣然後鳳凰之鳴也雝雝喈喈焉振希聲于治世有以極其鳴之和其鳴也亦必擇所止矣是鳳凰之棲于梧桐也一出於物感之良不猶賢者之集於治朝也皆由於有道之致耶夫菶菶萋萋則雝雝喈喈矣以言君子之車則丘甸之所供出以萬乘而輪轅之載道亦已庶而多矣以言君子之馬則僕圉之所司出自天閑而馳驅之中則亦已閑而馳矣惟車之多也則自乘輿之外祇爲虚車矣何獨以有用之物而置之無用之地哉惟馬之良也則自驂服之外祇爲留良矣何不以天下之物而周天下之用乎吾正發深長之思而用以待賢則車馬雖多亦不厭其爲多得賢自輔之益不將自此而致之耶抑成王爲有周令德之主而周召榮畢諸臣率皆名世之賢可謂有君有臣矣而召公卷阿之

誦猶拳拳於鳳凰梧桐之喻車馬待賢之説何也蓋卷阿之游世道方泰所可憂者保泰爲尤難耳易曰勿憂宜日中宜照天下也言保泰之道也賢者保泰之資也車馬待賢之具也然後知召公之慮至深切矣此可爲以人事君者之法

春秋

晋欒書帥師救鄭（成公六年）遂滅偪陽（襄公十年）

張延熙

同考試官教諭沈批（知聖人所以善二將之意）

考試官教諭吴批（叙斷明悉）

考試官教授李批（得謹嚴體）

春秋兩善霸臣之用兵以其進退之得宜也夫進退之權將所司也欒書之退以全師荀罃之進以取勝無愧於爲將矣故春秋予焉且欒書曷爲而救鄭耶所以禦嬰齊也桑隧之遇請戰者衆矣書也罷兵而去之其勇未足稱也而謂善之者何蓋兵固取于克敵而尤謹夫昌進之戒是故知難而退軍之善政也彼繞角始至楚師遂遁晋已得志矣而可求勝不已欲徼利于申息之師乎幸而書也堅守三帥之言不屑二縣之勝從善以衆雖有同括之請弗徇焉卒之三軍返旆衆不敢遏非明於專制之體者能之乎不然殘民以逞其志而計功受賞其將誰庇焉噫陘亭次而楚遂服召陵之績天下嘉之書殆庶幾乎此矣春秋特書其救所以善之也偪陽曷爲而滅耶將以封向戌也役久無功請歸者衆矣罃也亟戰而克之其仁未足稱也而謂善之者何蓋兵固貴于慎戰而尤重夫懼敵之耻是故見可而進軍之善政也夫以偪陽之小諸侯圍之雖勝亦不武矣而可畏難以歸欲藉口于水潦之降乎幸而罃也鋭意于二事之就刻期于七日之取投机以出雖有匄偃之請弗恤焉卒之二將親登城遂克取非明於專制之體者能之乎不然勤君以興諸侯而又無武守其將焉用之噫棫林至而師大還遷延之役天下耻之罃殆度越乎此矣春秋特書其争所以善之也是知宜退而退退匪怯也宜進而進進匪黷也匪怯者近仁匪黷者近義其皆晋之良乎比事以觀而林父之罪莫逭矣抑欒書善矣然救兵方歸而鄭又告急使能推不戰之意如知武子之所以屈楚焉不可以紓鄭人頻年之難哉若偪陽雖小亦先王封建之國也未聞有罪而滅之蓋吴勢日强欲通中國故爲之開道耳經書遂滅于會柤之下所謂以實屬詞而罪自見者也讀經者知之

晋荀吴帥師敗狄于大鹵（昭公元年）

丁用中

同考試官教諭沈批（春秋賤欺詐此作得之）

考試官教諭吴批（精切不浮）

考試官教授李批（有斷制）

霸臣攘夷而勝之非其道春秋所以譏之也于以見大鹵之役以詐勝耳寧能免于君子之譏哉昔狄人侵晋荀吴禦之於是有大鹵之敗焉考之六月之詩則大鹵爲禹服之地荀吴非窮治之師春秋乃以爲譏者何歟蓋王者之疆理天下也固莫嚴於夷夏之防而王者之制馭夷狄也則尤耻夫狙詐之習彼禹服之内而狄師至焉大防潰矣夫固利用禦之者也苟欲懲其猾夏而加以正兵孰曰非義戰乎何乃慮彼徒我車之非利也聽魏舒以定謀惟舍車而徒之是崇也戮嬖人以徇衆以五乘爲三伍兩于前也伍于後也而誘之以不知爲五陳以相離専爲右也参爲左也而薄之以未陳借曰以什共車可以免侵軼之虞也而不知行師非難也律爲難廢先王之制以逞私智之圖其得謂之律乎借曰毁車崇卒可以覬襲擊之便也而不知獲功非難也正爲難挾狙詐之術以徼一時之利其得謂之正乎致使車戰之法亡而變詐相尚步卒之端起而苟簡日趨一勝之功不足償無窮之害矣君子謂是役也狄至而攘之無异於玁狁之伐矣詐戰以勝之不遠於王者之師乎是故特以敗狄爲文蓋詐戰曰敗所以譏之也其示後世用師者紀律是遵無爲詭遇之獲止齊有法罔蹈否臧之凶也哉抑晋自悼公聽魏絳之謀綏靖戎夷邊庭無警故能専意楚鄭以成三駕之績天下稱賢霸焉平公嗣位無先君之明狄人亦敢掠其封内而不忌也荀吴不思增修德政而徒恃詐諼之謀其何以復世霸之業乎雖然吴可盡非乎鮮虞之伐或以城降拒而弗受謂不欲獲城以邇奸也其正大之見又非一時諸臣所及焉故君子不可以一眚掩大德

禮記

處其所存禮之序也玩其所樂民之治也

何敢復

同考試官教諭何批（文意暢達足稱佳士）

考試官教諭吴批（意悉詞暢）

考試官教授李批（文理純到）

記者言聖人法造化之妙而政所由以善焉夫聖人之政通於造化者也

法而施之則禮序而民治矣政不以之而立乎記禮運君子之意以爲聖人之治政也惟本諸天道而無所强斯施諸天下而無不行彼天高地下萬物散殊此天地鬼神之所存也不有以處之則植禮之本隳矣惟聖人則腒合其高下之體效而法之以立夫一世之宏規辨察其散殊之情化而裁之以建夫天下之大典是天地鬼神之所存吾有以處之矣由是典禮協於會通而至文之咸秩者物則以之而允當章程定於法軌而殷禮之肇稱者品節以之而詳明禮不由之而序乎是序者禮也而所以使之序者則固聖人經綸之迹也否則天秩不序矣禮將何自而庸之耶流而不息合同而化此天地鬼神之所樂也不有以玩之則化民之機窒矣惟聖人則繹思其周流之衷而所以莅乎民者一春生夏長之道融會其化醇之豫而所以臨乎下者一産聖育仁之德是天地鬼神之所樂吾有以玩之矣田是至和通於上下而群黎之於變者自率德於皇極之歸大化洽於四方而萬邦之協和者自潜孚於帝則之順民不由之而治乎是治者民也而所以使之治者則固聖人範圍之用也否則太和不合矣人將何自而治之耶以此觀之可見禮之序非自序也而序於天地鬼神之所存民之治非自治也而治於天地鬼神之所樂聖人法天而不私已盡制而不曲防此其所以必參天地并鬼神也與雖然天下之事何莫而非天地鬼神之所爲也中庸之言三重必曰建諸天地而不悖質諸鬼神而無疑而況其他乎然求其要亦惟在我而已天子建中和之極則道與天地合智與鬼神通而何治化之不可成也哉故曰大人先天而天弗違後天而奉天時者也噫此其所以爲聖人之盛矣乎

著不息者天也著不動者地也一動一静者天地之間也

毛德紹

同考試官教諭何批（以禮樂發明天地甚得本章意義）

考試官教諭吴批（見理精到）

考試官教授李批（得旨）

記者論禮樂闡天地之妙用而天地之道盡於是矣夫生成萬物而各得其職則天地之道盡矣然皆本禮樂以著之則禮樂之功用不既彰彰矣乎樂記君子論禮樂成功之所合此則極言其妙用以見之也蓋謂禮樂之與造化一而已矣故不觀禮樂無以闡造化之精微不觀造化無以顯禮樂之妙用彼天位乎上人固知其生物而不息矣而不知其爲樂也惟樂著乎乾知太始之初則是一元之氣斡旋於無方而於穆之所以完其精者實由樂而鼓其機萬

象之森丕顯于不已而太虛之所以妙其運者實自樂而宣其化蓋不息者天也而亦樂也樂非天之所以爲天耶地位乎下人固知其成物而不動矣而不知其爲禮也惟禮居乎坤作成物之位則是含弘之體既隆於凝寂而安貞之所以裕其吉者自禮而有以辨其秩光大之用已極於順承而厚德之所以普其載者由禮而有以别其等蓋不動者地也而亦禮也禮非地之所以爲地耶夫自其不息而觀之是樂之著也而非動乎自其不動而觀之是禮之著也而非静乎一動一静若不足以盡乎天地之道也然而天地之道亦不過此而已夫乾也者非静之專則動之直而動常生於静極之餘坤也者非動之闢則静之翕而静常生於動極之後資始之元乃所以爲保合之貞是動者未嘗不静也故一動一静以言乎天地之間則備矣成言之艮乃所以基方出之震是静者未嘗不動也天地雖至大豈於動静之外復有他道者哉是則觀天地者于動静盡之矣觀禮樂者于天地見之夫聖人於此安得不昭揭之以示人與大抵天地禮樂相爲流通者也故其始也法天地以爲禮樂其終也以禮樂而贊陰陽一而已矣使禮樂非天地不幾於荒乎天地非禮樂不幾於息乎自聖人作禮樂而後天地之精蘊可得而見聖人之制作夫豈强世難行者哉

第二場

論

聖人與天地同用

馬千乘

同考試官教諭王批（聖人功業之盛脗合天地極難形容場中類掇浮辭令人厭觀此作精醇簡當惟陳言務去讀之而所養可知矣宜録以式多士）

考試官教諭吴批（精粹之詞昌大之氣此作見之可以式矣）

考試官教授李批（文理沛然悉自胸中流出者）

論曰大矣哉道之用乎聖人所以成有相之能而同流於造化者也何則道也者流行於天下無物不有無時不然惟無物不有故其察無外惟無時不然故其流不窮而天下民物之所取足天地聖人之所得以爲盛者也天地以其無外不窮之道而成造化萬物資焉聖人以其無外不窮之道而成治功萬民育焉然則聖人之用固與天地相似而不違矣中庸所以舉覆載成物而歸之至誠有以也今夫天浮陽運旋於外確然示人大矣今夫地純陰凝聚於中隤然示人廣矣兩儀分四象立於是而鼓之以雷霆潤之以風雨經之以日月紀之以四時畜之以山澤流之以河海而百化興焉至於日月相代而久照四

時相推而久成風雨露雷不忒其常山澤河海不移其所是天地之道所以爲博厚高明悠久者如是故能覆載成物而非人之所能及也聖人亦人耳其耳目口鼻居處服用固與人同何以能同乎天地覆載成物之用耶蓋天地雖廣大不越乎道而已是道也函於太始隱於無形求之於天地未判人物未生之前而道固已在矣求之於天地既判之後則道在天地也求之於人物既判之後則道在天地也求之於人物既生之後則道在天地又在聖人也故以天地觀聖人則聖人天地中之一人也以道觀天地則天地道中之一物也以言其全體則天地聖人之所不能盡者此道也以言其大用則天地之所以盡物聖人之所以盡民者此道也故曰天得一以清地得一以寧聖人得一以爲天下正一者何也此道也夫天地無心而成化也其風雷之行日月之明四時之序山澤河海之流峙所以爲博厚高明悠久之至者皆其元氣之自運而因物以盡物者也聖人有心而無爲也其禮樂刑政之施紀綱法度之立典章文物之著所以爲博厚高明悠久之極者皆其至德之自徵而因民以盡民者也天地因物以盡物則雖其飛走草木洪纖高下之不齊而天地所以予之者各足其性不見其有不足非物物而分之也聖人因民以盡民則雖其中國蠻貊廣谷大川老幼賢愚之不齊而聖人所以治之者各順其情不見其有不獲非人人而濟之也是故道之用本無外也有外之用不足以擬諸天地聖人有以盡斯道無外之用則其博厚高明舉天地之所覆載者而亦覆載之不遺也道之用本不窮也有窮之用不足以擬諸天地聖人有以盡斯道不窮之用則其悠久舉天地之所成者而亦曲成之不弃也此用之未顯則所以覆載成物之理會於聖人之一心而退藏諸密蓋所存者神而天地之志所爲善繼也此用之既敷則所以覆載成物之理散爲天下之大業而彌布六合蓋所過者化而天地之事所爲善述也天下之民各以其分取足於聖人政治教養之仁老有所終壯有所養幼有所長以咸若於無疆而不知其有賴于覆載生成之聖功猶天下之物各以其分取足於天地生長收藏之府而跂行喙息蠕動以相禪於無極而不知其有賴于覆載生成之造化若是則聖人之用上下與天地同流也豈可以殊觀哉故曰域中有二大法象莫大乎天地功業莫大乎聖人此之謂也噫大矣哉道之用乎神乎此而無象羲軒之所以爲皇也運乎此而難名唐虞之所以爲帝也明乎此而不居其功夏后商周之所以爲王也下此則爲霸者之假仁愚其民而已矣又其下則爲刑名爲術數劫其民而已矣至是則民無所覆載怙冒而聖人之用息矣聖人之用息而天地之用豈不失其所以裁成輔相者哉雖然聖人之道大而有本本立而體備體備而用行故爲物不二

者天地之本也至誠無息者聖人之本也不有至誠之立本而欲爲聖人之同用安可得哉故曰有天德便可語王道其要只在謹獨而篤恭天下平之盛必自衣錦尚絅之心始之也歟

表

擬宋五星聚奎群臣賀表（乾德五年）

徐與久

同考試官教諭周批（有典有則表之佳者）

考試官教諭吴批（得駢儷體）

考試官教授李批（精粹典麗）

乾德五年春三月某日臣某等恭遇五星聚奎者皇穹垂象瑶光闡至治之精聖主當陽玉宇開純熙之運禎祥有俶申錫無疆麗色動於泰階歡聲遍乎寰海事誠非偶文不在兹臣等誠懽誠忭稽首頓首上言竊惟天地設位星辰之象既懸帝王明時休咎之徵不爽先幾可睹往牒具陳虹流啓兆於金天電繞發祥於軒帝觀畢明而夷貢取類甚彰驗斗覆而歲穰求端則顯惟兹五官之緯又爲衆星之宗雖伏見异時難聚於一舍而贏縮有度實關乎六符粤自天統初開若合璧若連珠肇神聖迎日之筴及乎王圖再啓或入房或聚井昭周漢受命之徵應若轉環信如合契矧彼奎宿寔主文章野屬徐州之分度接降婁之次蓋列宿之經各有分布而五星之聚此尤難逢有開必先無微不著若非關於景運何以見諸曜靈恭惟晋明出地離照中天乘人歸天與之機風還揖遜崇稽古右文之治日見淳龎闢乾坤於一統之盛舉禮樂於三代之隆褒封聖裔教人知儒道之尊親策賢科取士重文學之選至誠昭假明德馨香兹者單閼值歲乃天道方泰之期姑洗應辰正物類就新之候真元符惟時之帝命乾象應丕顯之文思蓋視聽言貌思之事翼翼克修故金木水火土之星煌煌并耀同度同道不疾不徐瑞彩騰於咸池休光燭乎匡衛芒寒色正萃五德之英華珠貫貝連浮九天而璀燦精存神守麗職宣明登靈臺以仰觀適當戍位召太史而推步用獻吉占彼馬負龜呈實開羲禹相傳之統而鳳來麟至足徵周孔未墜之文躬遇今時獲瞻上瑞東壁圖書何假青藜之夜照中原文獻載觀黄道之日熙萬國自此太平四方争爲快睹雖昆明同游長卿何取於歌頌暮景應令世南莫得而揄揚誠兆帝王道化之盛而陋漢唐符録於不足言也臣等仰曆數之有歸光幸得於依日視明星之有爛志徒切於拱辰顧身非箕尾之降生而德豈潁川之上應文明有象雀躍曷勝經緯無能駿奔莫效敢不夙夜在公更勵明明之節時幾是敕用攄耿耿之忠伏願學有熙緝于

光明敬益懋昭於宥密三辰奠位不忘致中致和七政齊衡無慮恒風恒雨北極偕南極以同煥文運與世運而并昌儲養真儒續千載不傳之緒丕厘耿命享萬年有道之長臣等無任瞻天仰聖激切屏營之至謹奉表稱賀以聞

第三場

策（五道）

第一問

李邦奇

同考試官教諭王批（能揄揚我二祖我皇上道化作人之盛殆不可以遐方一隅之士目之也允宜首薦）

考試官教諭吴批（我皇上策勵多士至意未易名言是作獨能窺測對揚於萬一蓋涵濡聖化而有得者奇士奇士）

考試官教授李批（以草莽之士而能仰窺宸翰鋪張揚厲可使天下傳而誦之末復以忠自勖尤見效用明時之志録之）

嘗聞帝王有安天下之慮則不得不懷用人之圖人臣有先天下之心則不容不攄盡忠之計蓋人才用則僉謀合而國家之贊理有資忠藎攄則群策孚而天下之事功可立此上下交而德業成堯舜所以登庸宅俊協和用乂之嘉猷而我聖天子甄拔賢良以保合雍熙於千萬載無疆之盛典也區區漢唐宋之制烏可以同日語哉請因明問而敷陳其概粤自胡元猾夏天地晦冥三綱既淪九法攸斁我太祖高皇帝肇造區夏輯寧邦家即於登極之初年建設學宫以育天下之賢士隨於洪武十七年詳定科試以收天下之人才由是海内之士服左衽而言侏㑩者咸得以囿於衣冠禮樂之歸而一時樂育之菁莪真如出泥塗而登之袵席矣此誠一時之大幸也成祖文皇帝盛德豊功重熙累洽始則分命儒臣纂修大全性理布之四方而天下之道德以一繼則修成法以申飭學校科目之制而天下之風俗以同由是章縫之士説禮樂而敦詩書者復得以究夫性命道德之微而一時人文之丕變者譬諸撥雲霧而睹日星矣此又一時之大幸也惟我皇上以聖神文武之資紹五帝三王之統君師萬世政教四方德侔天地一春生夏育之仁明并兩儀一日照月臨之鑑以故士之甄陶於大造之化者少有所養咸鼓舞於鳶飛魚躍之中長有所成率淬礪其保乂奮庸之志此誠足以超越百王垂法千古而爲千萬世取士育才之成憲也士生斯世抑何幸躬逢其盛哉愚嘗考之往古如唐虞之世登明俊良疇咨側陋敷奏以言明試以功其於用人之法可謂深得其要矣故當時得於

彙進者九德咸事百工允厘以百僚則師師也而沕穆之風㒺焉以在朝則濟濟也而時雍之化洽焉是一時用人之功誠非後世之所能及矣漢興去古未遠猶以賢良文學策士然當時誦法六經正誼明道四百年間所可稱者惟董仲舒輩數人而已申公開端而不言其詳公孫弘矯情而盡弃其學則漢之爲漢其得人已可知也已唐興崇重文學其取人往往有直言極諫廷試之科然憂時感事經國恤民三百年間所可誦者惟張九齡韓休裴度數人而已至如薛登已論其游言劉祥道復議其多濫則唐之爲唐其得人亦可知也已宋朝以理學養士以政事取人雖嘗累設賢科而其得人之盛如韓琦富弼歐陽修王十朋諸人視之漢唐似爲猶盛然明經者專誦帖括射策者不究本意則宋之爲宋其得人不有可言者哉所以然者以上之求之者不以實而以名故下之應之也多不以情而以僞所以是非顛倒賢不肖混淆而政治人心因之廢壞且將以人才爲不足恃矣豈非用人者之至慮哉何以知其然也如肯從吾游遣詣相國府者漢高帝求賢之詔也而其詞近於嫚嫚則僅足以牧頑鈍之才六代禮樂三王質文者唐歷科策士之詞也而其言近於浮浮則不足以致忠實之士夷狄盜賊水旱霜蝗此宋歷朝策士之論也而其言近於泛泛則人無定見衆論紛紜是未免於議論多而成效少之弊也如是而欲盡得天下之士不亦難哉恭惟我皇上經綸治化㾮寐人才自登寶位以來取士之科已十三舉於兹矣每遇廷試欽蒙焕頒玉音以策多士愚竊伏草茅莊誦聖製一皆欽若天道勉法祖宗飭勵群工勤恤民隱與夫用人理財之道尊華攘夷之略久安長治之方愚有以仰窺皇上延訪之心即望道未見之心治安之計即九官分命之計也大哉其聖人之言乎至哉其聖人之心乎堯舜所以致一時之雍熙者亦在於此祖宗所以開萬世之太平者亦在於此豈若漢唐宋之矜誇浮泛取士者所敢仰望其萬一哉宜乎一時之士彬彬向風精白承德其有不自靖自獻以罄共惟帝臣之願者無若人也昔人有言在江湖之上則憂其君在廟堂之上則憂其民蓋言士君子未嘗一日而忘情於天下也邇者伏蒙大廷賜問皇上引諭諄切盎然如春陽之温垂訓叮嚀諤然如父子之愛信乎千載之一時矣諸士子生逢斯世其將何以竭誠輸悃以致其自效之忱耶謂其有是心而不言者非忠也有是心而言之不盡者非忠也言之盡而行或皆之者非忠也譽髦之士亦嘗見其語仁義則祖三王矣語功業則陋五伯矣語道德性命則師孔孟矣其問豈無上以實求下以實應如蘇軾之不負國家者乎豈無平生所得蓋在此舒如司馬光之不負所學者乎又豈無憂時論事潛心大計如孔文仲之期致太平者乎使所得皆若人焉其何用而不可否則聖

天子求賢之盛心真如覆載而顧可以自負自弃也哉故愚以爲人之生患在於不際其時耳際其時而不思所以自效者非臣也昔孟子周流齊魯非堯舜之道不敢陳於王前孔子雖爲委吏乘田亦思所以自盡其職蓋聖賢事君之誠類皆如此故人臣之處世方其未進也必思所以爲國之心及其既進也必攄所以謀國之計如程頤之將欲告君必以至誠盟諸心而後發如杜甫之平生自守雖一飯未嘗敢忘君如范仲淹之每事必先憂後樂如司馬光之聞喜不簪花必如是庶幾乎以之在位則可以成濟世之功以之在下亦不失爲自守之士而國家所以涵養作成之恩亦可以不至於有所負矣不然是則富貴焉爾矣功名焉爾矣寧不重有負於聖天子求賢之至意哉然則爲士人之計宜何如亦曰事君以忠其斯而已矣此萬世爲人臣者之標的也請以是對惟執事其進教之

第二問

王怡

同考試官教諭周批（古人用禮所以勸民興行今人漫不講究俗斯敝焉此策區畫精詳議論博洽固經世之才也）

考試官教諭吴批（粵人樸質宜示之禮子能識其大者豈止一鄉之士已耶）

考試官教授李批（通達古今之宜可與言禮者）

今夫禮之爲教也聖人所以正人倫厚風俗别嫌明微之大道也彼有苦其繁縟就其簡易遂以古禮爲縣疣附贅無益于治亂興衰之數而莫知所重者多矣于是儒生學士爲之收輯遺經補其殘缺相與授之門人守其師説歷數世而不易其業當時亦立之博士號曰某氏經焉然未有著之行事者蓋難之也今之君子亦惟講求其故實參酌其時宜使吾之行禮不失古人之遺意期以補偏□敝約之中正之矩而已執事以禮爲問愚何足以知之雖然俎豆之事嘗聞之矣請得而陳焉成周之時禮制大備見于周官六典可知也秦燔六經典籍放失漢興除挾書之令古文漸出于民間于是儀禮十七篇爲高堂生所傳又有出于淹中者河間獻王采而獻之于朝合之得五十六篇如冠昏聘覲特牲少牢諸篇實與周官相爲表裏其所缺者軍禮耳豈其以兵爲諱耶抑漢儒名家一經之外不復講解耶其後傳之鄭康成作爲注疏而禮經燦然復明于世然一時縉紳先生學士之徒亦莫之能行也至唐韓愈氏慨然以明經博古爲己任亦病其難讀止撮其微辭粤旨著于篇而恨不得周旋揖讓于其間矧今之學者其賢不及韓子而讀書之弊不有童而習之皓首紛如者乎

無惑乎其難也愚獨幸其有與禮記相發明者如禮記之冠義即儀禮之冠禮也禮記之婚義即儀禮之婚禮也至于燕射莫不皆然而士相見禮則又禮記有之儀禮無焉諺云嘗鼎一臠其旨可知士而志于慕古何必得見全經之爲快哉雖然即使儀禮尚在其行之亦難矣何也古今之不相及也姑以吾鄉言之彼冠者成人之道也今則總角而嬉者已字而號之儼然先生長者之列矣及其冠也醮而祝之彌文也何取于三加之義乎婚者人倫之始也今則生而富室人争委禽蒿簪布帷雖賢弗娶論財之風猶未殄也慎終大事也今則布席迎賓鬻産供佛泥堪輿之説以徼後福而哀戚蔑聞也祀先致其敬也今則宇祠弗潔也櫝主弗設也巵酒盂羹取具臨時神將吐之矣如此而欲行儀禮可乎無已則有朱子家禮焉蓋其爲書本之人情通之世故詳而不繁簡而不俚質而不陋文而不靡中間隨時損益則三加之用時服也常饌之代俎肉也燕器之代祭器也楮錢之代幣帛也繼儀禮而通其變者也是故用之于家則倫理正恩愛篤用之于鄉則貴賤有章男女有别器用有辨等威有制而暴亂不作盎然太和施之天下四達而不悖矣斯禮也近時士大夫家類能行之獨不可倡之齊民乎迺若出之無本是無基而作墉也行之無漸是履階而不由級也于是乎有鄉約之法焉擇其鄉之賢者而率其鄉之人使其尊德尚齒賙貧恤困婚喪必告飲射必赴歲時伏臘必會少不凌其長卑不瀆其尊也其有飲博嬉游健訟鬬狠窳其行而隳其業者諭之諭之而不率則白之有司而加刑焉不列于會于是乎有社學之法焉擇其父老之賢者教其鄉之子弟使其歌詩讀書正容謹節見長者不敢先也見公卿貴人不敢慢也入見其父兄怡聲悦色不敢傲也推衣讓食不敢越也其有智慮開明身通文藝者升之鄉校而視其成焉如此而禮教可行矣昔者唐虞之世比屋可封夫堯舜雖聖豈能使人人之皆善哉亦倡而應之者之衆耳今使一人議禮衆人從而應之雖欲其不行不可得已一人議禮衆人從而訕且笑之雖欲其行不可得已吾之欲行禮者非强世也欲使一人倡之衆人應之以銷鄙倍之萌以成仁厚之俗以不失古人之遺意而已聞之記曰禮非從天降也非從地出也由人心生者也心之所由生者敬也是故陶匏蠒栗可饗上帝溪毛澗藻可羞宗廟藜羹二簋可待賓客言有敬也敬則人皆可能也吾鄉僻在嶺表風氣茂朴所謂忠信之人可與學禮者也愚竊有志焉願與二三子之博古者爲綿蕞之習使士大夫家倡之百姓强有力者應之其不及者觀之惟其敬不惟其文而玉帛之餽輿馬之飾殽饔酒醴之燕勞一切豐儀縟節悉罷不用蓋不以其所不能者病人而後禮可行也孰謂家禮不在粤哉於戲古禮之不復久矣昔者孔子講道于

魯四方歸之然洙泗之間少肩其長齗齗如也自吾倡爲此説不有群聚而譁之者乎亦有見其衣冠揖讓爲之低回嘆息而不能去者乎夫民不可與慮始者也修明教化整齊風俗惟有位者圖之愚何幸觀其成焉

第三問

何敢復

同考試官教諭何批（字學久失其傳經生類趨時好而不知求諸古義此作窮本達纔足能究心於小學之教者録之）

考試官教諭吴批（字雖六藝之一學者必用之然古義人多不能曉此作辨説明白而文氣沛然一瀉千里异時戴筆摛詞之士端有望矣）

考試官教授李批（引用有據可以爲學書者之助）

古者聖人觀民以設教也其書有義焉有法焉義以該乎法而法之所由生法以衍乎義而義之所從出故學者必窮其本以原其始之所自來復知其變以究其終之所極至則規矩準繩五聲二變而記載之功可以通之於不匱矣欲知字學之説者可不致辨於斯乎蓋自天高地下雨粟零書而書契之傳已非一朝一夕之故矣故蒼頡觀鳥迹以成字文伏羲類物情以畫八卦穗書始於炎帝龜書衍於洛章史籀因古文以作大篆李斯變大篆以作小篆而文籍盛興矣非三代以前之可見者乎程邈損篆書而爲隸王次仲變隸書而爲楷古文别出謂之奇字以隸存古謂之古書八分廣於鍾繇草聖衍於懷素而載籍益繁矣非三代以後之可見者乎夏書雖稱無傳然塗山桐栢之碑獨與古文不類者或疑爲唐人假託之文也不然豈錫圭告成之後安知其無制度耶周文雖監二代而岐陽石鼓之詩乃亦雜有小篆者或疑爲宇文蒐狩之詞也推此則孔壁韋編之載安知其無訛僞耶保氏掌六書之教外史掌三皇五帝之書故大司徒以此教萬民大行人以此巡察天下蓋書欲同文之意而已矣漢初令童子習字九千方得爲史宣帝於石渠講論深嘆古法不存光武時馬援因極論字法之訛至和帝遂命賈逵專修蒼頡舊法殆治欲同道之意而已矣六書古以養蒙後儒乃有不通其義者則以象形指事者易知而轉注諧聲者難辨也使非情深義隱而何以難究之若是耶字母始於漢世而後儒乃至類指其疏者則以音韻既已不倫形體又復不辨故也若非牽合附會而何以疏謬之若是乎許慎説文摠群書爲五百四十類使子以母生母以子隱參互錯綜可謂精密惜其以子爲母者有二百十類之誤焉如句生拘鉤菐生僕□不知拘當入手鉤當入金僕當屬人𦒱當屬臣也蓋句菐是子類而不能轉生金手有母形而反爲假托則其所失蓋不止於轉注不明而已故鄭樵作六

書證略取其三百三十母以爲形收其八百七十子以爲聲窮其本支以合一千二百之數極其變態以盡萬物無窮之情條分縷析各有攸歸而説文之誤於是乎其可刊矣然或者又謂其所得不過假借而已轉注之法猶若有所未明或以指事爲象形或以諧聲爲會意是猶不免亦有許氏之病也然則書其可以易言乎哉若夫吕忱之字林李陽冰之刊定郭忠恕之字書楊承慶之字總徐鉉之集注徐鍇之繫傳雖其間意見略有不同要皆各就其所長以互相羽翼也安可盡以爲非是而置之耶王安石作新經字説每一物必有一音一字必有一義其用心似亦勤矣如以鴉爲雅以鸛爲觀以水之小者爲淺金之小者爲錢而不察夫牛之身肥於鹿鹿之走疾於牛今麤犇二字其義皆殊是其所失蓋不止於水皮水骨而已惟趙古則本義一書直以子母相生各有次第分爲十類以象天地爲篇十二以象四時列爲三百六十部以當一期之數定爲一千三百字以當萬類之繁配其生成并其晦義而古今之缺庶幾乎其可補矣然或者又疑其分用太拘序次重複或當繁而轉約或當約而轉繁是猶不免亦有泥古太深之弊也然則書其可以易訂乎哉若夫張有之復古篇戴侗之六書故楊恒之六書論倪鏜之六書類什許謙之假借論周伯琦之正譌篇雖其間詳定不能盡同要皆各就其所得以互相發明也安得盡以未是而廢之耶晋人最號能書而鍾元常王逸少獨得擅名者亦惟以其出於鍾鼎之再變故勢若斜而反正也否則霧捲霞收龍翔鳳翥是一風雲月露之華耳何足以爲异而紀之耶唐人專立字學而顔真卿柳公權特稱獨步者則以其實得晋人之一壯故如端人正士望之而儼然可敬也自非運筆在心直節勁氣是一銀鈎鐵畫之技耳何足以爲善而稱之耶蔡邕因運箒而製飛白之奇趙孟頫觀游魚而得右軍之法張旭觀擔夫争道與公孫大娘舞劍器而悟運筆之方要皆一理感通得之於心而應之於手者也非神悟而能若是哉楚子以止戈爲武明堂以在門聽政爲閏漢儒以日月爲易東方朔以朔來朔來爲棗無非隨文衍義本之於天而參之以人者也非精義而能若是哉大抵天垂象以示人人創制以作則故聖人觀人文以化成天下君子遵訓義以垂範後人蓋萬物之理始於象形滋於指事廣於會意備於諧聲四者不足然後假借以通其聲聲有未合然後轉注以通其義此其一定之理自有截然而不可易者至於時有消息而俗尚因之以异宜運有古今而文質因之以异用如鼉鼓興而蕢桴廢污樽息而筵几張大輅起於推輪龍舟生於落葉其轉移遷變之勢又豈可以一定拘哉故學書者必探其本以究其點畫之由興察其時以觀其趨向之所止庶幾乎低昂損益與時偕行而記載之功自可以等穹壤而

傳之於不朽矣故徐鉉謂大凡設高門大扁必須專用古書至於日用常行則今文亦自足用記曰窮本知變樂之情也習書之義無乃亦近於是乎請以是爲明問復惟執事其進教之

第四問

張延熙

同考試官教諭沈批（軍民利病究極根源安内攘外之略盡於是矣識時務者在俊杰子真其人耶宜録之以爲明廷獻）

考試官教諭吴批（剖析古今卓有定見而歸究於久任覈實尤切時務有士如此堪爲國家得人慶矣）

考試官教授李批（規畫時政鑿鑿可行子其文武之士耶主司拭目以觀經世之績）

求致理之要者用人而已矣求用人之效者務實而已矣人不用則事何由任未可以言理也實不務則政何由成未可以言效也是故知天下之廣非得人以任之弗乂也則必敷求俊彦以列于位俾無缺人廢事之虞知庶官之繁非有法以稽之罔功也則必綜覈名實以考其成俾無作僞飾虚之弊夫然後百司庶府罔不勵翼以自盡其忠文治武功罔不振奮以日底于績久安長治之術端在是矣而奚事他求哉請因明問所及而詳言之夫自封建之法廢而郡邑之制興先王慮民生之不易也於是有守令之設以司牧之所以承流宣化任至重也昔人謂守令者民之師帥非虚言也自今言之財用詘則民生不遂教化弛則民俗不淳盗賊滋則民無以樂其業是三者内安之至要也稽之紀載罷兵勸農郡有積蓄非龔遂渤海之治乎建學興禮民知教化非文翁蜀郡之政乎誘擒盗賊人稱神明非虞詡朝歌之績乎是皆有見夫郡邑之責之重而不敢受直怠事以曠厥官者也守令者此其選也自猾夏之漸起而疆場之備嚴先王懼戎狄之不可厭也於是有將帥之設以攘斥之所以敵愾禦侮任至重也昔人謂將者三軍之司命非虚言也自今言之訓練怠則士不服習紀綱廢則軍無威令兵不恤則無以得其死力是三者攘外之至要也考之往昔教習步兵天下推勇非李抱貞之鎮澤潞乎按戮亂將諸鎮奉法非郭子儀之帥朔方乎與士卒同甘苦終抗强秦非吴起之守西河乎是皆有見夫邊陲之責之重而不敢弃命廢職以尸厥位者也將帥者此其選也洪惟我朝稽古致治選賢與能任守令者非甲科之彦即鄉貢之英任將帥者非武舉之雄即世勛之胄宜乎閭閻绝愁嘆之聲斥堠無烽火之警遠至而邇安内寧而外謐也然觀之近日誠有如執事之所慮者焉何則勤恤之詔屢下而奉行德意

者或事虚文督責之法固嚴而承踵宿弊者猶未改轍浚膏血以自肥者罔恤餓豺狼之誚任喜怒以肆虐者時聞逢乳虎之謡徵科無緩二之仁奚怪道殣之相望力役違過三之制何冀民力之普存怨咨起而水旱作饑寒迫而盗賊興安内之策容有未盡者矣累歲豢養也卒有戎寇之警即紛紛以調兵一矢未加也偶拾俘獲之遺遂悻悻以徼賞剥削之不堪者反兵相攻有甚于脱巾之譟姑息之太過者威不克愛寧禁夫當門之呼知虜勢之難禦也則一切爲苟且之謀懼責任之孔艱也則百計營脱免之策邊防弛而寇益深供億繁而民愈困攘外之略容有未盡者矣夫致治者未有不資乎賢才成功者未聞借才于异代今揚于王庭列于庶位不可謂無人矣顧所以綜覈而責成之者或有未至耳何則懷速化之望者子惠之意必微爲僥幸之計者忠義之心必薄子惠之意微則其出之於政也必爲己而不爲民忠義之心薄則其立之爲功也必顧身而不顧國爲今之計亦惟采實不采文而已采文之弊莫甚于遷轉之速采實之要莫先于歴任之久昔漢文帝時居官者長子孫至有以官爲氏漢宣帝時二千石有治效者璽書褒勉增秩賜金或爵至關内侯或補公卿之缺今獨不可仿而行之乎戰國時李牧守雁門十餘年匈奴遠遁宋太祖時李漢超備契丹董遵誨備西夏皆十餘年不易今獨不可仿而行之乎何者守令惟其久也則既無速化之望自無苟且之心凡所以興民之利除民之害必殫其心力以求經久可行之圖而不敢飾詐以要譽吾見財用之詘思所以裕之也而儲蓄廣矣教化之弛思所以興之也而禮讓成矣盗賊之滋思所以息之也而民有寧宇矣何古人之不可及哉將帥惟其久也則既無僥幸之圖自無推避之意凡其攻取之策防守之具必殫其心力以求周悉萬全之計而不敢作僞以肆欺吾見訓練之法彼自能勤也而兵有勇矣紀綱之廢彼自能正也而士用命矣士卒之勞彼自能恤也而人忘其死矣何古人之不可及哉或曰如其賢者久而任之可也苟非其人害不益滋乎則曰所謂久任者爲地方計也非爲其人計也撫按監司森列于上朝不道者夕去之矣夕不法者朝斥之矣蓋遷轉之不欲速者使其盡心以修職也斥之必速者恐其播惡以貽禍也二者并行而不悖何患焉或曰黜陟之典所以勸天下之仕者也任久而陟不及焉不有以沮爲善者之志乎則曰躐級而挨遷者不便于久任旌賢而超擢者無損于深資夫苟治行卓异實惠及民武略懋昭成勞可紀即越次而超遷之亦足以酬之矣何名爲沮乎夫慈母之保赤子也時其饑寒疴癢而噢咻之故得以若其所性而無札瘥夭昏之患千金之子之保其家也固其閈閎扃鍵而儆備之故得以全其所有而無水火盗賊之虞何也其心誠於爲子則所以

安全而養育之者無所不用其至其心誠於爲家則所以扞禦而藩衛之者無所不用其周爲守令者以實心出實政若慈母之保其子焉爲將帥者以實意行實事若千金之子之保其家焉尚何郡邑之中内治有不修邊陲之上外患有不彌哉是故求用人之效在于務實而究務實之要始于久任久任之法行而太平無疆之業可長保矣若曰勢有所不可人有所不堪而别求新异之説則非愚生之所敢知也不識執事以爲何如

第五問

徐進階

同考試官教諭宋批（廣右夷患最劇而狼營驕蹇於撫剿戍守之策未有能善用之者此作剖析利害皆切當事情如操刃而割刃隨手下無一不中肯綮且文辭高古有西漢風步録之允宜）

同考試官教諭黄批（曉暢疆場之事足占才略）

考試官教諭吴批（議事詳明揮詞雄健令人豁然）

考試官教授李批（敷陳時務可見施行）

治夷之道猶治身也明於治身者可與治夷矣人之一身精神元氣其本也耳目手足其用也疾痛其害而藥石其治之者也善治身者必先理其元氣固其精神然後耳目手足爲我用也而客邪不入藥石不必施矣善治夷者必先肅我軍容修我内政使精神元氣完固凝聚然後狼夷可役而孽孽可弭也撫剿戍守皆可緩矣苟爲不然而徒驅狼兵以滅賊是勞耳目運手足而欲以却疾也撫剿戍守之雜施多方以藥之者也攻治愈急元氣愈索四體不仁遂成痼疾寧不大爲身害哉執事憂及粤夷而策所以治之甚盛心也愚請反覆撫剿戍守之説推明古今經略之義究狼兵之害營堡之弊而昌拔本塞源之論也執事幸垂聽焉常謂粤之有夷也蓋禽獸之類而疥癬之疾耳刀耕火種嗜腐孌生無貫朽粟陳庾庫之積也誅茅伐竹構巢列栅無宫室城郭隍塹之制也控弩挾矢運牌秉鏢無長戟大鏃飛砲之具也椎髪袒裼無浮圖水犀全裝慣帶之雄也上下山坂跣足徒步無輕車飛騎相與馳騁而後先也蜂屯蟻聚豕竄麏跳無部伍紀律出入變化之不可測也而顧撫剿之紛紛戍守之岌岌者何哉深淵大澤蛇虺居之其類不可滅也虎豹咆哮躑躅於山林之間暴不可馴而害莫能制也夫夷亦猶是也是故萬山盤錯千里迴遭合圍之勢未易就也我聚彼散東擊西馳突出之黨未易窮也懸崖窅洞密箐崇篁方軌列騎不可前也草木蒙薈嵐潦鬱蒸全師大衆不可久也兵興十萬日費千金野火漏巵不可繼也師老兵疲我衰彼鋭難進易退不可支也故按兵釋甲藏鋒

蓄鋭飛檄以諭之厚利以誘之使上不煩於調度下不困於供輸兵不勤於徵調財不匱於冗濫吏無奔走之勞將士無鋒鏑之苦疫癘之患也而彼亦得以保其首領全其妻子與吾民并生於天地之間誠大造之洪恩馭夷之上策也列營分戍給餉募兵常山之蛇首尾相應臂指之勢伸縮相使登高瞭遠潛伏之賊不能逾也據險邀擊逸出之寇不可歸也故彼不潰垣我獲安堵亦弭患之本圖護民之要略也乃若負固盈惡出匣走壙於是發偏師以掩之神出鬼没星馳電擊如縱鷹犬逐狡兔隨所向而莫之逃也率大衆以臨之禽蒐草薙掃穴蕩巢如煽爐火焦柔毛立見灰燼莫之解也故不計傷損不惜勞費舉積威之素奮一鼓之勇以貽數十年之安者情有所大不得已也然招撫尚矣而不可濫也彼惡未稔姑從寬假元凶既俘稍釋支黨招之誠是也無故而濫施焉玩矣故招撫可行於威之已立而不可行於令之既弛所以開自新之途而難以結怙終之賊也戍守要矣然不可恃也備多力分我勢弗壯層巒沓徑彼出罔測置星散之卒禦狼奔之衆未見其可也故營堡可以截畸寇而難於遏夥盗所以防向撫之餘醜而非以抗方張之勍敵也今有人惜兒啼以飴餂之飴盡而啼弗已也見鼠穴慮其壞垣也捧土塞之此窒彼通終莫能禁也故夫威不立而行撫餂驕子而飴之者也賊未定而列戍見鼠穴而塞之者也然則撫守征勦其用雖异而機實相因者乎殆未可執一論也是故窮追轉戰直抵居風馬援之志壯矣而令狐熙之手教開示亦綏柔之方也卷甲兼程遂绝崑崙狄青之筭奇矣而裴懷古之躬臨賊壘亦招徠之術也故能削平僭亂化誨凶梗民到于今稱之者不衰也國朝迅掃腥膻諸蠻納款成化以來爰命重臣建旄分閫當時如韓雍以永順保靖兩江土兵剪修仁荔浦藤峽而撫其殘黨王守仁以湖楚歸師田州新附擣斷藤八寨而傾其巢穴又分設屯所以控扼之移置巡司以伺摘之規畫之密真足以邁前猷勛業之隆信有以光先烈矣閲歲既久遺孽復滋蠶食草竊日侵月削廣以右無寧宇焉而峽寨之寇猖獗尤甚今將撫而守之乎抑亦征且勦之乎夫威詘而撫必不遂也法弛而守必不完也亦既陳之矣然征勦舉每資狼兵狼兵之利什一而害倍蓰也奉檄遷延桀驁難制所在騷屑鷄犬不寧虚數實支糧餉滋濫厚賞大賚溪壑難填甚至納賄縱寇妄殺上功賊未殄而民已殘事未寧而藏已竭脱有徵側儂智高輩乘機構亂長驅席卷又將何以禦之此所謂獨坐窮山放虎自衛而反噬可虞也若夫戍守之弊更僕未易數焉夫營兵之别有二曰番休曰募戍其類有三曰旗軍曰狼目曰打手班軍素稱脆弱目兵漫無統紀更替不常已無固志行糧差簿又鮮鬬心此番休者之不足恃也真狼雖勇而糧每兼支打手稍馴

而名多影替又兼支者多非真狼影替者亦有兼數此募戍者之不足恃也月給無别何以激猛士之雄心功賞稍輕難以致健鬭之死力而又關支例索查點賄通領哨侵剋失事扣罰入微出廣勢不至於虚冒不已也然營兵之入雖微而公家之費巨萬終歲類計地方荼毒何限功級有幾而此輩竟不可撤譬之贅疣有累無益而不可去也爲今之計盍亦反其本乎夫兵無常勢顧用之何如耳諸葛亮以節制之師七擒孟獲無待於外也晋馬隆募兵三千横行绝域未聞乏人也吴起曰民有膽勇氣力者聚爲一卒樂於進戰效力以顯其忠勇者聚爲一卒能逾高超遠輕足善走者聚爲一卒今軍伍之中有此乎又曰短者持矛戟長者持弓弩强者持旌旗勇者持金鼓弱者給廝養知者爲謀主今營旅之中備此乎又曰以近待遠以佚待勞以飽待饑圓而方之坐而起之行而止之左而右之前而後之分而合之結而解之每變皆習乃授其兵是謂將事今將領之中諳此乎而衛所之旗士役占賣閑日漸消耗郡邑之民款送迎差攝迄無寧息精神元氣久已索然區區借力於狼兵末矣而何怪其驕且恣耶是故必擇任使虚聽納廣召募簡精鋭勤訓練嚴紀律明賞罰吊死問疾撫傷恤孤一切結之以恩信而又覈軍旗之盈縮禁民款之勞役厘營堡之虚濫激勵而振刷之則我之軍容既肅内政益修精神元氣盎然流動充滿而不可竭蠢兹小醜將狼視却顧睥睨而不敢輕動狼士之驕悍亦皆讋服震駭可以頤指而氣使之矣由是以撫則安以守則固以征剿則克舉而措之裕如也此拔本塞源之論而今日當務之急者乎管見如斯惟執事進而教之幸甚

廣西鄉試録後序

皇上御極之四十年辛酉秋八月廣西例舉士于鄉巡按御史高應芳綜核防範規條咸秩曁諸執事夙夜矢心共贊厥成蓋賓興重典比往尤慎云事竣爲録以獻敦本承役校文見人材之盛而仰窺聖化之隆也乃作而言曰夫天之生材爲世道計然必至治之朝而後天下多君子何也斯化成之徵也聖王之於天下其化導涵育之澤素孚於平日若水之漸漬而不自知而天下之人亦日游於化翕然變其故習以進于道德之歸若風之鼓舞而不自倦是故堯舜久於帝位時則有若皋稷元凱諸臣文王壽考而遐不作人機之相爲感應不能已也故曰不息則久久則徵此謂至治也明興百九十餘年列聖相承經制大備培植人材益宏以遠皇上道總君師治隆教養飭禮憲經宣布人極巍乎成功焕乎文章蓋自開科以來已十有四舉於兹矣於是德化融徹無遠

弗届菁莪棫樸之風徧於寰宇人文衣被四海大同即廣以西固古之邊服也乃今士生其間沾濡於化成之中争相濯磨以求爲君子敷仁闡義彬彬郁郁視中州比美焉宜哉夫天地之於物噓以陽春而復有風霆雨露以需其化故氣啚而時至無不攄華吐秀色色具陳燦然見亨嘉之會而楩楠豫章之材亦不擇地而有焉故觀物而人文可知也觀物之在天地而人文之在聖代可知也始敦本受聘而來竊願竭區區得真材以圖涓涘之報今閲其文概能開闔經傳發揮性命其辭贍以則其思淵以和其識閎以莊真治世之音而濟時之材也即一方而推之天下可知也猗與休哉皇上久道作人之化其兼帝王而獨盛者邪且所貴於文者非徒以其言也謂其能昭德顯猷樹儀表極經緯乎天地之紀匡立乎民物之命於世道有賴也爾諸士行將出而仕者尚期先資成信自靖自獻有大烈於世辟則楩楠豫章上可以供清廟明堂之需而其次亦各隨材以致用輔翼休明光被無極而天地爲昭此文之至也亦有司得人之慶也豈使虞周之士獨得擅其聲榮哉夫匠氏以其身司巨室之任非大木不可也夙夜殫心力以求而得之購之千金及至運斧斤則枵外而窳中不免弃材焉匠氏之心其重有懼也已矣敦本於諸士得其文而未能無懼心也其勉之哉

直隸蘇州府崑山縣儒學教諭吴敦本謹序

嘉靖四十三年廣西鄉試録

廣西鄉試録序

皇上神聖壽考紹天闡極四十有三年而當甲子一元之統蓋基命萬年之首歷而陽德運行之載始也易曰萬物出乎震震東方也甲乙位焉子者孳也陽氣倡化字養萬物也故孚甲於甲孳萌於子仁澤滲液乾元始亨大矣哉天行之周也非帝德之廣運其孰能與於此哉是歲復當天下大比士之期函夏之内道化磅礴純粹懿鑠光明爲奕綴學之士飲醇和而含景耀莫不奮迅淬礪思一吐胸中之藴熙大猷萬分之一也先是臺臣言選舉法行久士習刓敝四方所貢或間以非人不稱求賢審官之典願有以賡飭之也上下其章禮部議以爲國家規萬世之安定舉士之法至密也奉而行之存乎其人奉法不至訾議乃興而法非不具也請敕御史謹察執事之不如法者士湛溺浮僞之習文肆而用寡宜令督學憲臣汰凡冗簡茂士以應有司之求諸俶詭淫靡之詞不得與推擇則可以得真才裨聖化他率舉正如故事詔曰可方是時監察御史黄泮祗命闕下代前御史曾承芳巡按廣西親奉德音嚴駕載馳不遑寧處至則届期矣執憲塞違加嚴常歲維時提督兩廣軍務兵部右侍郎兼右僉都御史吴桂芳秉鉞有虔廓清大憝嶺海既乂文教誕敷總兵官恭順侯吴繼爵共建洪伐靖寇寧人以故八桂之士得竱心壹志居業以待問乃以前巡按御史顧曾唯先期禮聘衮及教授韓以孚爲考試官教授林大亨教諭何所聞陳士介佘光裕成果陳舜卿爲同考試官提調則右布政使許應元左參政陳其樂監試則按察使陳典副使蔡文及諸執事三肅而申儆焉於是進提學副使何寬所取士一千三百人試之得五十有五人録其文以獻衮既卒業而後得竊窺我明文德之炳燿至於斯而莫可加也已是豈不足以彰聖天子久道作人之驗哉夫明詔一日下而萬里裔徼之士無不丕應徯志納於軌則之内者讀其文畔乎道者鮮矣其粹然而得雋者皆明體而可適之用者也則豈一朝一夕之及哉惟昔唐虞之際十六族遞興而在野順則比屋可封其在有周思皇多士生於王國而中林兔罝之人亦肅肅有禮是三聖人者皆期頤在位當時之士被風濡教游泳涵潤之漸非一歲之積固宜得人之多寥廓千載而

鮮繼也然方之于今則陋矣何者分北三苗則聲教所曁猶有遺也荆蠻來威則江介以南政弗及也豈若今日道德之澤仁義之紀遐邇同風匝洽無外乎然則振古以來於斯爲盛矣雖然臺察之讜言禮臣之竑議不可不深長思也夫求士於藝文由中世以降莫之能變矣而文果足以盡士乎哉自夫子稱文莫由人躬行未得論篤是與非必君子而子夏大賢也猶曰出見紛華盛麗而悦入聞道義之言而樂何則感於物而動人之情也發乎情止乎禮義惟賢者能之今袞之所得乎多士者洋洋纚纚溢皆滿志信道義之言已雖多士資以自獻其身而成信者固曰篤於論而文之者也君子色莊袞其知乎哉夫持難知之論以求易感之情袞之所不敢必也有如一日怵於紛華不成其信則主司有遺罪而士有餘詬此袞之所爲過計者也夫士之自待未嘗薄也亮采之佐浚明之臣翊成昭代之治非乏於曩時也而袞則過爲之計者誠以聖天子神化之浹廣於唐虞有周之世而士之效用也曾無師師濟濟之衆至乃屢騰臣工申飭之請上廑宵旰仄席之思則舛矣孟子曰待文王而興者凡民也况於聖上軼三登五而望清光之士猶有待於勸厲此不可以不深長思者也是舉也右參政黎民衷劉子興副使李慎僉事朱安期陳一松協恭綜理庶事允釐镇守廣西副總兵王寵擄猷折衝兩江晏謐署都指揮僉事袁爵督察儆巡内外以肅副使成子學右參議姚世熙與議始圖至是則已入賀萬壽矣法得并書

浙江紹興府儒學教授劉袞謹序

嘉靖四十三年廣西鄉試

監臨官

巡按廣西監察御史黄泮（魯在福建龍溪縣人　癸丑進士）

提調官

廣西等處承宣布政使司右布政使許應元（子春浙江錢塘縣籍順天府東安縣人　壬辰進士）

廣西等處承宣布政使司左參政陳其樂（惟和江西貴溪縣人　辛丑進士）

監試官

廣西等處提刑按察司按察使陳典（子厚保定中衛中所官籍　庚戌進士）

廣西等處提刑按察司副使蔡文（孚中福建南靖縣籍龍溪縣人　丁未進士）

考試官

浙江紹興府儒學教授劉衮（思補直隸鹽城縣人　戊子貢士）

湖廣武昌府儒學教授韓以孚（在中河南汝陽縣籍直隸吴縣人　癸卯貢士）

同考試官

江西九江府儒學教授林大亨（時嘉貴州前衛籍浙江錢塘縣人　乙卯貢士）

直隸徽州府婺源縣儒學教諭何所聞（希韶廣東順德縣人　丁酉貢士）

福建漳州府漳浦縣儒學教諭陳士介（尹憲廣東南海縣人　丁酉貢士）

直隸安慶府懷寧縣儒學教諭余光裕（武可廣東順德縣人　乙卯貢士）

浙江紹興府蕭山縣儒學教諭成果（應陽直隸鹽城縣人　乙卯貢士）

江西饒州府樂平縣儒學教諭陳舜卿（敬虞直隸江陰縣人　庚子貢士）

印卷官

廣西都指揮使司經歴司經歴胡則山（道東江西廬陵縣人　監生）

廣西等處承宣布政使司照磨所照磨曾傳（懋賢江西吉水縣人　監生）

收掌試卷官

梧州府知府錢邦偁（叔美湖廣蘄水縣人　癸丑進士）

南寧府知府方瑜（元忠直隸歙縣人　甲辰進士）

受卷官

柳州府知府涂麟（于藪廣東番禺縣人　甲午貢士）

平樂府知府聞實（子虚貴州永寧衛籍直隸廬州人　丙午貢士）

桂林府同知成相（公輔直隸海門縣人　癸卯貢士）

太平府左州知州林烁（貞義福建閩縣人　癸卯貢士）

彌封官

柳州府同知伍宇（參之江西安福縣人　辛卯貢士）

梧州府同知施宗誼（子達直隸青陽縣人　癸卯貢士）

桂林府通判陳表（汝儀貴州銅仁府人　壬子貢士）

南寧府横州知州夏建中（國正廣東海陽縣人　庚子貢士）

梧州府鬱林州知州李一德（恒甫福建晋江縣人　丁酉貢士）

謄録官

桂林府陽朔縣知縣吴國用（道亨廣東程鄉縣人　丙午貢士）

桂林府靈川縣知縣蕭端賁（日質廣東潮陽縣人　丙午貢士）

桂林府永福縣知縣何嵩（肖申廣東順德縣人　癸卯貢士）

柳州府融縣知縣施弘璉（仕商福建惠安縣人　癸卯貢士）

平樂府賀縣知縣段雲鴻（子冲雲南嵩明州人　乙卯貢士）

對讀官

慶遠府同知黄礱（金卿廣東新會縣人　癸卯貢士）

太平府推官謝評（汝較山東朝城縣人　監生）

桂林府古田縣知縣周鶴年（與齡廣東南海縣人　庚子貢士）

梧州府陸川縣知縣張子翼（汝臨廣東瓊山縣人　丙午貢士）

梧州府懷集縣知縣沈詔（釣言浙江仁和縣人　丁酉貢士）

南寧府隆安縣知縣繆文英（才甫雲南呈貢縣籍直隸常熟縣人　戊午貢士）

巡綽官

桂林中衛指揮使韓文啓（道甫山後小興州人）

桂林右衛指揮使林厚（載之直隸蕭縣人）

桂林中衛指揮同知葛文韜（興周直隸壽州人）

桂林右衛指揮同知劉希文（望道湖廣桃源縣人）

搜檢官

桂林中衛指揮僉事朱以孝（宗舜直隸來安縣人）

桂林中衛指揮僉事白玉（瑞卿直隸全寧縣人）

桂林右衛指揮僉事莫用珪（朝重廣西臨桂縣人）

桂林右衛指揮僉事何用璋（以特湖廣江夏縣人）

桂林中衛前所正千户陳相（良佐直隸清流縣人）

桂林中衛中左所副千户劉虞武（世賢直隸遷安縣人）

供給官

廣西等處承宣布政使司經歷司經歷史傳（良才浙江鄞縣人　監生）

廣西等處承宣布政使司理問所理問汪希賢（淑顔江西永新縣人　監生）

廣西等處承宣布政使司經歷司都事沈暘（景暉浙江德清縣人　監生）

廣西等處提刑按察司照磨所照磨許希萊（敬甫直隸溧陽縣人　監生）

廣西等處提刑按察司照磨所檢校施籥（克宣浙江歸安縣人　監生）
廣西等處承宣布政使司理問所案牘張琥（廷珍湖廣均州人　吏員）
桂林府臨桂縣知縣王國善（用彰廣東揭陽縣人　監生）
平樂府恭城縣知縣葉天仁（元夫江西寧都縣人　監生）
桂林府義寧縣知縣張四維（全吾雲南左衛官籍直隸鳳陽縣人　監生）
平樂府富川縣知縣符大賓（尚賢廣東合浦縣人　監生）
桂林府全州同知汪文昭（懋中直隸歙縣人　監生）
柳州衛經歷司經歷萬寧（允坤江西南昌縣人　監生）
馴象衛經歷司經歷徐恩（世承福建建安縣人　吏員）
桂林府照磨所照磨張文華（子實江西浮梁縣人　吏員）
南寧府宣化縣縣丞馮惠（仁甫浙江錢塘縣人　吏員）
桂林府臨桂縣主簿林子善（禧甫福建福清縣人　吏員）
太平府恩城州吏目王岳（喬甫直隸江浦縣人　監生）
平樂府永安州吏目楊秀瑞（應期貴州思州府人　監生）
桂林府遞運所大使宋育才（仰德福建莆田縣人　吏員）
桂林府全州遞運所大使潘銘（希西直隸婺源縣人　吏員）
桂林府臨桂縣典史郭有玉（汝器福建福清縣人　吏員）
桂林府古田縣典史廖元（維資福建漳浦縣人　吏員）
桂林府靈川縣典史周霖（天澤湖廣靖州人　吏員）
桂林府靈川縣大龍驛驛丞陳斐然（仲裁四川内江縣人　承差）

第一場

四書

如或知爾則何以哉　可以贊天地之化育則可以與天地參矣　欲爲臣盡臣道

易

聖人以神道設教而天下服矣　允升大吉上合志也　是興神物以前民用聖人以此齋戒以神明其德夫　百官以治萬民以察

書

皇天眷命奄有四海爲天下君　山川鬼神亦莫不寧曁鳥獸魚鼈咸若會其有極歸其有極曰皇極之敷言是彝是訓于帝其訓凡厥庶民極之敷言是

訓是行以近天子之光　推賢讓能庶官乃和

詩

稱彼兕觥萬壽無疆　征伐玁狁蠻荆來威　倬彼雲漢爲章于天周王壽考遐不作人追琢其章金玉其相勉勉我王綱紀四方　懷柔百神及河喬嶽

春秋

秋九月齊侯宋公江人黄人盟于貫（僖公二年）　九月晋侯宋公衛侯鄭伯曹伯會于扈晋荀林父帥師伐陳（宣公九年）　秋七月齊侯使國佐如師己酉及國佐盟于袁婁（成公二年）夏公會齊侯于夾谷公至自夾谷齊人來歸鄆讙龜陰田（倶定公十年）　夏叔孫豹會晋趙武楚屈建蔡公孫歸生衛石惡陳孔奂鄭良霄許人曹人于宋（襄公二十有七年）叔孫豹會晋趙武楚公子圍齊國弱宋向戌衛齊惡陳公子招蔡公孫歸生鄭罕虎許人曹人于虢（昭公元年）

禮記

黍曰薌合粱曰薌萁稷曰明粢稻曰嘉蔬　禮樂皆得謂之有德德者得也事君先資其言拜自獻其身以成其信　温良者仁之本也敬慎者仁之地也寬裕者仁之作也孫接者仁之能也禮節者仁之貌也言談者仁之文也歌樂者仁之和也分散者仁之施也儒皆兼此而有之猶且不敢言仁也其尊讓有如此者

第二場

論

聖神繼天立極

詔誥表（内科一道）

擬漢開籍田詔（文帝二年）　擬唐以左光禄大夫陳叔達爲禮部尚書誥（貞觀六年）　擬宋以文彦博富弼平章事翰林學士歐陽脩賀表（至和二年）

判語（五條）

官員襲廕　別籍异財　禁止迎送　擅調官軍　帶造段疋

第三場

策（五道）

問　稽古益贊堯曰乃聖乃神乃武乃文孔子曰惟天爲大惟堯則之而史臣之叙典也首之以欽堯之命舜也在允執其中一言不知所謂欽與執中者果足盡堯之大歟堯得統於天嗣是聖人之得統於堯者果不出於欽與執中之外歟漢唐而下無論已我太祖開天立極再造華夏其諭侍臣有曰體道凝神誠一弗二我成祖定鼎奠基功兼創守其諭侍臣有曰心能静虚自然純是天理不知二聖之旨有符於堯乎否也我皇上明德統天聖神文武雖堯莫尚已堯之民且無能名矧爲今日之民哉然御製敬一箴頒在學宫諸士服習久矣不知敬即堯之所謂欽一即堯之所謂執歟請揄揚之以觀涵濡聖化之盛

問　宋有名臣言行録又有道學名臣言行録夫名臣一也乃以道學别之豈諸臣皆於道未有聞歟我朝先正嘗編爲皇明名臣録或以勛烈樹或以制作張或以文章鳴非不錯然足矣近時有摘取十有五人者别爲録名之曰理學名臣不知其勛烈制作文章之用與諸臣同乎异也又有惜詮次之尚遺再加考訂增補命之曰理學名臣重編不知其去取果能不詭於先哲歟諸生以尚友爲事者願縱言之無讓

問　聖人垂教有曰道藝曰文藝學者所習有曰德業曰舉業修德業者以文藝爲疣贅游舉業者以道藝爲迂闊是二者果不同與抑習之者之自异與子貢曰夫子之文章可得而聞也夫子之言性與天道不可得而聞也是果然與而夫子之自謂則曰文不在兹專言文抑又何耶國家以文取士士由側陋而揚于天子之廷非舉業莫進也將舉德業而弃之耶抑敝蓰舉業逃遁於世而求其所謂德業者耶宋儒有言文辭藝也道德實也篤其實而藝者書之然則不離舉業而德業固在耶諸生修德業而游於舉業必能言同异之分得失之辯也其詳以告我

問　大學一書儒者修己治人之道具於此矣孔子著之而爲經曾氏門人又以其所聞而爲之傳可謂粲然明備不知於詩書所載亦有同歟一貫之傳曾子獨得其宗而又以忠恕發之於此其有合歟否歟傳至於宋程子爲之表章朱子作爲章句而又補格物致知之傳以嘉惠後學可謂有功於是書矣而或者乃謂其傳初未嘗亡特雜見於經傳中其信然歟果如其説豈朱子顧無見於此歟嗣後真西山作大學衍義我朝丘文莊又爲衍義補益加詳焉二家之言可以羽翼是學否歟諸士誦習有年必有定論於中矣願悉陳於篇

問錢幣之興所以通有無之用足衣食之源王者以是阜民而成教化也上古邈矣夫自九府之法備於太公輕重之權通於管仲而後刀布泉貨之夥流及後世然則泉府外府之所掌與萬室千室之所藏其詳亦有可聞者歟漢氏以來隨時變易然要以成務宜民故患重則鑄榆莢患輕則鑄半兩而逐利之民或積餘贏以稽市物或私鼓鑄以觸法網不知當時何以制其敝歟或欲以白金皮幣佐錢之用而法終不行或欲用布帛及穀廢錢不行而議亦終寢其得失可知也抑將何以處其中歟議改幣者欲仿古也而卒致天下之亂爲交會者非古法也而顧得變通之宜然則古固不可法歟他如子母輕重之論詳矣而當時不用七福博禍之諫切矣而明君不聽意者二子之言其或有未至者歟諸士子志於經術宜無所不盡心者今天下同俗四民樂利而廣右之民顧獨有幣重之患豪右積滯充棟以專利而貧者曾不得自名一錢此諸士同室之憂也其將何以變通之歟願有聞焉以覘用世之學

中式舉人五十五名

第一名　鄧全策　全州學生　易
第二名　馬希燧　賀縣學生　書
第三名　周希尹　慶遠府學生　詩
第四名　張炳之　桂林府學增廣生　春秋
第五名　馬宗魯　古田縣學附學生　禮記
第六名　陳文彬　陸川縣學增廣生　易
第七名　吴應科　馬平縣學生　詩
第八名　蔣元倬　北流縣學生　書
第九名　黄守規　貴縣學生　詩
第十名　陶之欽　桂林府學生　易
第十一名　王訓承　臨桂縣學增廣生　書
第十二名　杭廷佐　南寧府學生　詩
第十三名　古尚友　臨桂縣學增廣生　春秋
第十四名　魏豫之　桂林府學增廣生　書
第十五名　楊雲才　桂林府學增廣生　易
第十六名　陳雲鵾　全州學附學生　禮記
第十七名　廖必才　全州學生　詩

第十八名　許登雲　桂林府學生　書
第十九名　蔣思誠　臨桂縣學附學生　易
第二十名　陳立中　潯州府學生　詩
第二十一名　劉必光　桂林府學增廣生　書
第二十二名　陶之明　桂林府學增廣生　易
第二十三名　俞思誠　柳州府學生　詩
第二十四名　林大經　博白縣學訓導　禮記
第二十五名　王自强　賓州學生　詩
第二十六名　高自登　靈川縣學生　易
第二十七名　熊烈　富川縣學生　書
第二十八名　靳邦僎　古田縣學生　春秋
第二十九名　徐與禄　桂林府學生　易
第三十名　陳舜道　桂林府學生　書
第三十一名　屈陞　貴縣學增廣生　詩
第三十二名　蔣時材　全州學附學生　易
第三十三名　李湛　宣化縣學增廣生　書
第三十四名　周應壁　全州學生　禮記
第三十五名　文承誥　全州學增廣生　易
第三十六名　周育賢　南寧府學生　詩
第三十七名　葉肇梓　蒼梧縣學生　春秋
第三十八名　唐廷燦　全州學增廣生　易
第三十九名　黎九皋　古田縣學生　書
第四十名　黄中　桂林府學生　書
第四十一名　唐之儒　慶遠府學生　詩
第四十二名　趙獻章　全州學附學生　易
第四十三名　支國柱　古田縣學生　書
第四十四名　楊宇　河池州學歲貢生　詩
第四十五名　劉一道　桂林府學生　書
第四十六名　李檦　梧州府學生　詩
第四十七名　左懋貞　臨桂縣學附學生　易
第四十八名　唐仲科　全州學附學生　詩
第四十九名　朱應運　陽朔縣學生　書

第五十名　趙一鶴　全州學附學生　春秋
第五十一名　陳雲鵠　全州學生　禮記
第五十二名　王道中　古田縣學生　易
第五十三名　丁士髦　柳州府學增廣生　詩
第五十四名　李汝極　桂林府學生　易
第五十五名　趙偉　柳州府學生　詩

第一場

四書

如或知爾則何以哉

鄧全策

同考試官教諭陳批（此題聖人示人求志之學作者多支離可厭獨此作發明聖人本意殆盡而文尤典雅可録）

考試官教授韓批（純雅平正儒者用世之志於此占之）

考試官教授劉批（典雅孔子事道之心此亦可見）

聖人擬群賢之見用因探其所致用焉蓋見用非難而以致其用者爲難也此聖人之於群賢必探其志而發之與昔夫子之在當時每懷乎濟天下之心而於及門之徒恒願其爲斯世之用乃因四子之侍而導之使言曰功以志而崇志因言以宣爾之平居嘗以人不吾知爲歎矣夫不知固不可以求售然有能則豈終於無知乎誠使譽命上逮上有克知灼見之君舉而加之於位而相須之意甚殷潛德升聞下有迪知忱恂之臣引而升之於公而交孚之情彌固斯時也可以致用之時也爾也非遇不合固不能先時而有爲見可而出亦不容及時而不爲或與君協德而精白承休也以資翼爲以資明聽若何而求以自靖矣乎或與臣協恭而奮庸熙載也以爲疏附以爲先後若何而期以自見矣乎際其時之可而用不適焉是速官謗者也□必不爲也惟其言之浮而實不副焉是貽諸責者也爾尤必不爲也盍各言爾志哉噫吾於是乎見夫子之善誘矣易之小畜曰君子以懿文德其大畜曰不家食吉是知古人之學體用合一畜焉者固以基其發也然三子志於事功而夫子惟點之與何哉事功濟時也與點樂天也比而觀之有并行而不悖者

可以贊天地之化育則可以與天地參矣

馬希燧

同考試官教諭余批（作此題者不冗則雜此作詞氣春容指意詳密善言至誠功化之極致録之以式）

同考試官教諭陳批（中庸義作者類始多掇拾獨此篇説參贊處精切非有養之士不能也）

考試官教授韓批（晶瑩）

考試官教授劉批（是善言天人之學者）

至誠於造化成其能斯與之凖矣夫天地之大也猶有所不及至誠有以成其能焉寧不與之凖乎中庸推極至誠之功用若此今夫天地化育其流行賦予於人物者渾然各足也而何言乎至誠之贊之也蓋天地能賦人物以性不能使之皆盡其性至誠爲能盡之則是因心以錫類凡人物之有憾於天地者胥賴其有相之道焉範圍曲成而天地於是乎有全功矣修道以立教凡天地之有歉於人物者克盡其綏猷之責焉裁成輔相而造化於是乎有全能矣夫其贊天地之化育若此寧不可與天地參乎天統元氣萬物覆焉至誠盡天之所覆而成之其廣運亦無外矣非高明配天者耶地統元形萬物載焉至誠盡地之所載而成之其含弘亦無疆矣非博厚配地者耶天位乎上地位乎下至誠成位乎其中矣天一以清地一以寧至誠得一以爲貞矣豈可差殊觀哉噫盡性之功斯其至乎抑性者萬物一源萬物本吾一體故大人所存必以天下爲度而一物失常是亦性分之有歉也中庸論性徵其效於位育極其功於參贊非深味一體一源之理不能及之見此者謂之實理事此者謂之實學

欲爲臣盡臣道

周希尹

同考試官教諭陳批（此題作者類掇套語成篇是作清新典雅不襲故常他日爲臣必能盡道矣）

考試官教授韓批（足覘希聖事君之蘊宜録以式）

考試官教授劉批（説盡道處透徹且忠愛之誠溢於言外）

人臣以盡道爲心善事君者也甚矣爲臣不易也而欲盡其道焉非善事君者能之哉孟子將論人倫當法堯舜此以臣事言之也意謂君之所賴者臣臣之當盡者道是道也秩之於天則君尊臣卑所以爲天下之大倫根之於心則委身事君所以明天下之大義其可以不盡哉茲欲一日立乎其位必一日業乎其官一日不盡乎其心若一日不能安乎其位道在於尊主則以先王之仁心爲必可法益弘吾責難之恭道宜於庇民則以先王之仁政爲必當行益

懋吾陳善之敬天工之委畀者甚殷而精白以承之者常毅然任天下之重知無不爲不使有一毫之或歉也職任之付托者甚繁而殫竭以圖之者常隱然先天下之憂爲無不力不敢有一念之或遺也分雖等諸天澤而莫踰道則通於乾坤而無間此臣道所以難盡而不容不盡也歟雖然道豈待于外哉天之生人物則全具聖人爲法天下可傳後世固先得人心之同然而卒未嘗有所加也大禹功底平成可謂天下之大忠矣面從之戒雖舜不能不爲禹慮焉况不及禹者乎故曰不以舜之所以事堯事君不敬其君者也

易

聖人以神道設教而天下服矣

鄧全策

同考試官教諭陳批（神道設教是聖人至德順治之功此作精邃切當而才思充贍宜録以式）

考試官教授韓批（講神道設教處精切是宜録之）

考試官教授劉批（理順詞新是深於易者録之）

聖人妙爲觀之德有以成天下之順治焉夫聖人與天爲一道也即其所以爲觀者何莫非神之所爲哉彖傳極言觀道若此意謂大哉觀乎天得之以成歲功聖人得之以成治功均不能外焉者也彼四時不忒固天之所以爲觀矣不有聖人之神道乎基命宥密淵然運萬化於無形凝思穆清亹乎應萬幾而無迹建中自我而所以錫厥庶民者約之於不見不聞之地表正自我而所以式是百辟者宰之於何思何慮之中是其神道設教與天之神道一而已矣初何心於天下之服也然是神道也發之微妙而不可見充之周遍而不可窮但見潛孚於道化之中者聿興夫顒若之仰循習於德教之内者均切乎媚兹之忱惟欽若焉惟從乂焉自百官以及萬民莫不丕應而徯志也無淫朋焉無比德焉由畿甸以達要荒靡不丕式而見德也曾有不服者哉是知天下之服雖由於聖人而所以服者則本於聖人之神道也天道神而四時順聖道神而萬民服均不外一觀如此觀之義不其大哉抑論聖人神道設教固如天之運於上矣然禮樂刑政所以維持天下之具初未嘗廢兢業萬幾而天下不見運動之勞何其神也故曰天地無心成化又曰天地以生物爲心曰聖人有心無爲又曰大聖人之所作爲嗚呼盡之矣

是興神物以前民用聖人以此齋戒以神明其德夫

同考試官教諭陳批（齋戒神明其德迺聖人至誠用以示人不假卜筮

而知吉凶也得潔静精微之旨毋踰此篇）

考試官教授韓批（易藴發揮殆盡宜録之以式多士）

考試官教授劉批（易道神妙子亦真知而善言者）

聖人作易以豫民用而因以自妙其用也蓋易非聖人不能作而亦非聖人莫能用也作之以利天下而用之其妙若此聖人之於易深矣大傳專言卜筮至此若曰不假易而知吉凶者聖人之所以聖也百姓日用而不知易其可無作乎是故明天道而察民故於是知神物之當興矣故興蓍以爲筮而得失憂虞之象著凡民志之所通者由筮以先之也興龜以爲卜而雨霽蒙繹克之兆顯凡民疑之所决者由卜以先之也修道立教聖人盡有相之道而利用出入天下被曲成之仁矣而聖人亦豈忘其所有事哉蓋其吉凶與民同患也致謹於考筮而思慮純一物不得以雜之至德之淵穆與天載而同神也致審於稽卜而操存嚴翼欲不得以乘之真性之昭融與貞明而并運也易與心涵神以知來者至是而益見其神動與易會知以藏往者至是而愈驗其知用之於己既動罔不臧而推之於人復制無不備此聖人所以爲易之管而立天下萬世之人極也與噫學易者能求聖人之心則於易也幾矣雖然蓍龜神也聖人之所作亦神也後世顧以卜筮小之何哉傳又不云乎神而明之存乎其人夫聖人於易曰洗心曰齋戒學者不求諸心而以用易則於易遠矣故易心學也學易者必善事其心然後可

書

皇天眷命奄有四海爲天下君

馬希燧

同考試官教諭陳批（帝堯盛德得天意發揮明潔蓋深於經學之士）

考試官教授韓批（語意精到文法莊重真得伯益贊帝堯之旨而祗承于帝忠愛之心藹然可見）

考試官教授劉批（眷命處發揮親切可録以式）

聖君膺天眷之隆一德之所感也夫惟德動天也聖君膺天眷而極其隆豈非德之所感哉伯益贊堯因以勉舜之克艱也意謂天人妙感通之理德福有類應之徵帝也盛德蔑以加矣天眷其容已乎吾知明德惟馨既凝昭受之本而精華旁達足當簡在之求天非私于帝帝有以克享於天日監在兹保佑而勿替也帝非求于天天不能庸釋于帝臨下有赫眷顧而無已也昔也肇封唐土天厚之以有國矣今則奄四海而有之疆域所莅九州盡屬于提封壤地所供五服悉登于貢賦是其羅六合以爲家合華夷而一統尺地皆其有也何

富之至耶昔也初起唐侯人戴之爲邦君矣今則付天下而君之居位凝命典禮命討之獨專乘龍御天甸侯要荒之共撫是其合萬國以朝宗中天地而爲主一民莫非臣也何尊之至耶吁可以驗大德受命之不誣矣雖然堯豈無所用其心哉水土之平親賢之急羲和之命蓋惓惓焉信堯優于克艱也禹陳謨而舜不自居舜稱堯而益不及舜君臣都俞吁咈略無一毫滿假之意真相濟以道也不然舜何愧于堯益豈不知舜哉讀是書者猶可相見唐虞氣象

山川鬼神亦莫不寧暨鳥獸魚鼈咸若

蔣元倬

同考試官教諭佘批(雅純簡切若見聖治之隆也佳士)

考試官教授韓批(當時泰和氣象蔚然可掬宜録以式)

考試官教授劉批(精瑩疏鬯似知聖化者録之)

觀聖世氣化之大順可徵其格天矣甚矣達順之難也聖世之化理無不寧且若焉謂非懋德以格天也哉伊尹述之以告太甲欲其知取法也意謂人君以一身爲天地神民之主則以一心爲中和位育之原夏王之懋德而罔有天灾也其諸大順之聚矣乎何則山川鬼神皆本造化以成能者涣而靡萃欲其咸寧難矣兹焉泰和磅礴乎宇宙而坤德協於安貞嘉氣鬯達乎幽明而百靈同於效順流峙爲山川奠其坎止之常也闔闢爲鬼神通乎屈伸之感也未有不寧者焉是豈有意以徼之哉蓋莫尊如天百神之所受職而聽命焉者天且弗違况於山川鬼神乎至若鳥獸魚鼈皆得天地以有生者萬有不齊欲其咸若難矣兹焉茂對均被于庶彙而化育爲之流行深仁旁及於淵潛而性命爲之各正禽獸居之率其飛走之恒也魚鼈生焉適其潛泳之機也未有不若者焉是豈有心以鼓之哉蓋遍覆者天群生之所資始而并育焉者天不愛道况於鳥獸魚鼈乎噫懋德格天之功章章如是禹吾無間然矣爲嗣王者其可不監於有夏哉大抵人君代天出治無一非其統理而感召之機端不容誣帝王因天事天因地事地山不槎蘖澤不伐夭其用心何至也心和氣和天地之和應矣伊尹陳戒而拳拳於此其真爲老成之愛君也夫

詩

稱彼兕觥萬壽無疆

周希尹

同考試官教諭何批(詞婉意足得温柔敦厚之旨佳士佳士)

考試官教授韓批(得詩之肯綮佳士佳士録之)

考試官教授劉批（盛時忠愛之心讀此宛然如見）

豳民之愛君必舉酒以祝其壽焉夫福莫先於壽也豳人舉酒而以是祝君忠愛抑何至哉周公追述后稷公劉風化之所由以戒成王及此意謂君之與民有不可逾之分有不容間之情吾人受君之賜弘矣今當穡事告成將何以用其情耶彼朋酒既備可以洽上下之交也則取而酌之以昭媚茲之敬兕觥其觩可以供將享之具也則酌而獻之以效奉上之誠然亦豈徒獻其物而無所致其祝哉彼壽定於天人之所不可必者吾君仁愛潜孚而天心允鑑年所之多歷其必衍而爲萬年之永乎壽以享福人之所不易致者吾君昭格有素而純嘏是膺難老之永錫其必引而爲無疆之筭乎長保其位也長保其禄也君國阜民殆將與世運相爲靈長矣天和其永綏也元神永固也分土列爵殆將與天地相爲悠久矣夫惟君惠民必久於其道而后仁澤沛於無窮惟民仰德必壽享萬年而后怙冒荷於無替此豳民所以形爲祝願之詞也其忠愛無已固如是夫抑觀豳之君民之際忠誠兼至情義藹如其俗至厚揆其所由亦惟念稼穡之艱難俾民自食其力而已厥後成王保介噫嘻諸詩宛然先世之風遂致太和在宇宙間謂非得於訓戒之力哉此萬世君臣之所當法也

倬彼雲漢爲章于天周王壽考遐不作人追琢其章金玉其相勉勉我王綱紀四方

吴應科

同考試官教諭何批（善説聖人之心法且體裁整齊文詞純雅殆异乎諸子之撰也高薦允宜）

考試官教授韓批（理趣雋永宜録之以式多士）

考試官教授劉批（聖人善教善政發明殆盡録之）

詩人兩興聖人之德有以會王道之全焉夫化以作人治以統人王道備矣非文王之德之盛其孰能與於斯哉宜詩人取興而形諸咏歌也意豈不曰至涣者人之心至神者君之德文王得人以造周是豈無其故哉嘗仰觀雲漢而知其化天下者有道焉象亘東南長竟周天之度光聯箕斗明垂下濟之章是有至大之體者必有至明之用矣矧我周王壽考有不作人者乎蓋聖德固妙於感通亦必積久而後成也今多歷年所有以膺壽祺之介則至化敷宣鼓其維新之機也純德涵濡變其比德之習也凡得於甄陶者若或振其氣而使之奮矣寧有自外於文教者哉又嘗俯察物理而知其統天下者有道焉追琢

以爲文雕飾盡人官之能金玉以爲質純瑩得天成之妙是有制器之精者必有成器之利矣矧我周王之勉勉有不綱紀四方者乎蓋聖治固神於推行亦推純心而後達也今純亦不已有以持不息之貞則志意之所孚交範圍之而不過也精神之所運用曲成之而不遺也凡在其聯屬者若或握其機而繫其心矣曾有睽於至治者哉夫振作而人迪其教則師道立矣綱紀而人訓其政則君道立矣君師道盡天下歸心焉然則髦士六師固囿於政教之中者其歸於文王也固宜雖然聖人之治本於德而其修德本於敬然則文王壽考之所感化勉勉之所致力者固不外於敬止之一言也其格天心以此其孚人心亦以此厥後武王成王守爲家法用集大統而永天眷焉故知敬者爲帝王傳心之要

春秋

秋九月齊侯宋公江人黄人盟于貫（僖公二年）

張炳之

同考試官教授林批（齊桓績在制楚此作能得春秋予之之意）

考試官教授韓批（説出聖人予齊之意宜録）

考試官教授劉批（莊重整飭是作春秋者）

霸主結遠以攘外春秋深予之焉此見齊桓之服楚慮周義著在此盟也春秋予之無非爲世道計與貫澤曷盟乎齊桓服江黄也夫楚讎大邦齊未有以膺之而徒結爾與國春秋何予之深耶蓋中國之不獲寧者以荆楚爲之梗也不制乎楚何以免民左衽之憂楚之未來威者以與國爲之翼也不結江黄無以孤其外助之勢故桓公不憂夫有楚也而江黄之不吾與是可憂也不患不能服楚也而其黨之不能携所深患也於是約誓以申其詞用合諸侯之衆江黄自遠而定盟焉夫江黄既盟則楚勢自孤於東方矣招徠以携其黨預圖制楚之計遠國自外爲犄角焉夫犄角用賴則齊威益震於江漢矣是兵雖未舉也然剪楚羽翼萬全之謀已臧由是而振旅陘亭由是而來盟召陵孰謂帖服荆楚之慮不周於今日哉患雖未却也然制敵腹背折衝之形已定自是而荆蠻是懲自是而周室始尊孰謂免民左衽之義不箸於此盟哉嗚呼武王牧野之師盛矣猶誓友邦遠及八國焉豈以齊桓之遠締江黄而非爲攘夷安夏計耶貫之盟誠霸業之一大機也顧可少乎哉諸侯皆在獨言遠國者聖人許是盟也經世者可以思矣抑齊之霸也仲之功也其屈楚也江黄之力也齊資其力而不能免其難所負多矣盟貫之日管仲蓋逆知江黄之必受禍料齊不能救之非謂齊服楚可無資於江黄也而幸其言之驗要之始勤終溢霸事靡

常君子曰江黄之滅不在執濤塗之後矣

九月晋侯宋公衛侯鄭伯曹伯會于扈晋荀林父帥師伐陳（宣公九年）

古尚友

同考試官教授林批（晋之有禮陳之弃義斷案甚明且行文齊整可録）

考試官教授韓批（嚴整）

考試官教授劉批（渾融傳意成文宜冠本房）

春秋紀兵好有予夫近禮者有罪夫弃義者此見晋之得於討陳而陳之失於從楚也宜春秋以禮義而示予奪與扈之會何晋謀陳也陳靈不會於是有林父之伐春秋曷爲而予晋也蓋曰霸者之行於諸侯也非無服人之患惟有禮以綏之之難陳也貳晋事楚信有罪矣晋苟合諸侯之師而兼將往伐未見其力之不濟者顧戒淫怒而厚省躬匿威武而覿文告必序成不至而後攻伐始加焉是其先會也徼與同好心實修乎詞命繼而伐之也懲其不恪師則利於執言晋不幾於有禮哉噫因壘之風遠矣春秋時猶有言招携以禮如仲父之所以告齊者晋其近之又曷爲而罪陳也蓋曰小國之介于大國也非徒疆令之從惟有義以裁之之貴晋也主盟救陳可無與乎陳苟嚴從違之節而矢心事晋尤見其防之不潰者顧甘自卑而比匪人背盟主而附荆夷雖諸侯輯睦以待而竟執迷弗反焉是扈之會也晋將以懷之也既無以啓其北從之念而師之伐也晋將以威之也又無以挽其南向之懷陳不爲弃義哉噫商兑之戒深矣春秋時乃有反覆朝楚如鄭伯之所以貳晋者陳其蹈之故春秋書林父帥師伐陳於會扈之下若曰不遽伐而會以待之晋無負於陳矣會不至而自我致武陳非果於負晋哉此固聖人予晋罪陳意也春秋禮義之大宗此類見矣抑舉動人君大節也奸邪窺之四鄰視之晋靈不君宣子專政晋有瑕矣而且歸生徵舒皆自楚謀之四方諸侯誰不解體陳縱不貳其能久有之乎悼公復霸内修外攘駸駸乎二文之業有餘耀焉君子曰晋君方明八鄉和睦蓋异於靈成時矣

禮記

禮樂皆得謂之有德德者得也

馬宗魯

同考試官教諭成批（發明得禮樂處典實可録以式）

考試官教授韓批（是禮樂有得於心者）

考試官教授劉批（造理之文）

君子備中和以成德而皆本於心得焉夫中和會於心斯禮樂有真得矣此君子成德之實不可以觀知樂之妙乎樂記之意蓋以禮樂本爲合一之理君子自有兼體之能人惟無心得之妙而始不可以語成德矣君子不惟審音以知樂也而且能知樂以幾禮焉則聲音寓于倫理會通於進反之文而中正和樂自兼修以濟其美節奏象于事行兼總夫和敬之實而恭敬温文自交養以成其行率而循之則交錯於中所以建中和之極者此也舉而措之則發形於外所以奮至德之光者此也禮樂皆得而可以謂之有德矣然是德也豈有待於外哉蓋禮樂非外至也由心生者也君子之知夫樂也知之以心焉有聲之樂皆無聲者以體其撰樂有真得而德與樂俱隆矣君子之幾乎禮也幾之以心焉有體之禮皆無體者以會其精禮有真得而德與禮俱盛矣夫是之謂禮樂皆得也夫是之謂有德也而君子知樂之妙觀其深矣抑君子之於禮樂匪徒得於身心已也擴而充之至禮不讓而天下治至樂無聲而天下和萬物得其所焉天地將爲昭焉德而至此其盛無以加矣此中和位育之功體信達順之道

事君先資其言拜自獻其身以成其信

陳雲鷴

同考試官教諭成批（此作詞意剴切若自陳心事者乎他日殆能成信者耶）

考試官教授韓批（明晰莊重）

考試官教授劉批（雅邕可式）

君子之事上也務實其言而已夫言從而行之則所言爲不虚矣其斯以爲純臣矣乎聖人言此以立爲臣之準也意以人臣之事君也有自許之訏謨所以虔其始有自靖之大節所以厚其終故當其筮仕也致君之策已備於素養矣於是形之論列以爲委質之資澤民之具已修於前定矣於是見之敷言以爲效用之本幸際時之不偶而輸誠於立朝之初今日有稽之言皆他時可底之績也感明主之見知而矢志於策名之始一時已試之略皆終身可行之規也自許如此而自效容可苟哉于焉稽首以受其命自獻以致其身上弼之君則苟利社稷遑恤其他也精白承休必此心之無愧而所言之不虚斯已矣下推之民則有益生民不知有已也夙夜匪懈必尒位之靖共而所言之克踐斯已矣官守獻其職焉言責獻其忠焉先資之時此身已非已有矣則夫不有其身者正所以行如其言而無負於立朝之初心也内而獻其猷焉外而獻其

力焉拜命之日此身已屬之君矣則夫能致其身者正所以終如其始而無負於策名之初志也非所以成其信耶使先言矣而不知所以自獻則無以成其信矣如事君何在昔古人起莘數語竟著阿衡離巖三篇卒成良弼言之於先而信之於後遂爲天下萬世之純臣何者其所養者豫也故隱居無求志之實斯行義無達道之功

第二場

論

聖神繼天立極

鄧全策

同考試官教諭陳批（聖神繼天承統傳心之要□未易形容士子類掇浮言莫得肯綮此作獨能闡發其精藴且精醇典麗雄渾古健不類時作可爲多士式矣録之）

考試官教授韓批（圓活若隋珠温潤若楚玉善作也）

考試官教授劉批（聖神精藴子能發之殆潛心有得者）

道其原于天而具于心乎聖人所以得統于天而爲萬世法者亦惟其心之純乎理而已是理也本於天散於物統會於人心心有萬變而理則至一無二者也理一也而天下之動常病於不一者太極之理本無不一而夫人自二之也聖人亦人也得統于天而人極立焉是聖人功用之大非夫人所得而及也人見聖人功用之大也以爲聖人有大异於人者而不知亦惟以其理之一者純之於心耳然則聖人固不能异天下而立之極亦不能外一理以達乎天固自有心極存焉而萬世之極在是矣夫所謂理之一者何也曰中也中也者太極之本然天下之正理也聖人以是中而會之於心故曰聖人之心純乎理也朱子序中庸而曰上古聖神繼天立極所以見道統之傳其所由來者遠也且夫道統之傳曷昉乎生人之初道在天地渾渾焉噩噩焉不可得而名之孰可得而傳之也迨夫風氣日開聖人始生聖人者禀二氣之精舍五行之秀備聰明睿智之質夫固天所獨厚而非天私於聖人也葢將作之君師以爲斯道計耳聖人之生也有所自故其出也有所爲而繼天立極之功於是乎獨歸於聖人矣夫天之道至神也而聖人何以繼乎天天下至大而千萬世至遠也而聖人何以立其極噫聖人之所以爲聖人蓋必有所以爲之者矣而非人力私智之所及也易曰先天而天弗違後天而奉天時言聖人之所以合天也又曰聖人以神道設教而天下服言聖人之所以感人心也至於言天則曰一陰一

陽之謂道言人則曰繼之者善成之者性是可見天之所以爲道即人之所以爲性而聖人之所以繼天立極者必不能有加于性分之外也上古之世聖神迭興曰庖羲氏曰神農氏曰黄帝曰堯曰舜是數聖人者皆天命爲億兆之君師而繼天立極者也此道統所自來也人見數聖人之治天下也變而通神而化禮不相襲而樂不相沿也則曰聖人有异道而不知此可以語其迹耳而非所以語其心也自今觀之八卦以畫蓋天以象甲歷以推中星以考璣衡以在何莫而非聖神理天之法也而其以心相授受者不在是也州野以分步畝以制水土以平山川以奠土壤以則何莫而非聖神理地之法也而其以心相授受者不在是也書契以治棟宇以居衣裳以垂弧矢以威耒耜以利鍾律以和何莫而非聖神理人之法也而其以心相授受者不在是也聖人之以心相授受者何哉亦曰理而已矣盍觀之堯舜乎曰允執厥中云者堯之所以命舜也曰惟精惟一允執厥中云者舜之所以命禹也夫堯舜所與相告戒者一中之外無聞焉是豈有所秘而不傳者哉夫亦以天下之理莫大於中耳蓋是中也天之命也人之心也三極之矩也羲農以來相傳之心法也堯以其得於天者而傳之舜舜以其得於堯者而傳之禹聖聖相承守而不失會於心達於政光被於四表風動於四方莫非道也而亦莫非中也是故天叙有典聖人有以惇之而天下後世五典之極立矣天秩有禮聖人有以庸之而天下後世五禮之極立矣天命有德討有罪聖人有以章之用之而天下後世五服五刑之極立矣推而至於人時之授律度之同四岳之咨九功之叙大章大韶之作孰非天之道也孰非天下後世之極也指斯道之的開聖學之源立生民之命垂萬世斯文之統繼天立極之功孰有大於堯舜而亦何者而非一理之所爲哉向使洪荒之世堯舜不作則執中之旨孰濬其源精一之訓孰昭其軌後世將紛拏諠豗貿貿焉莫知所取衷矣惟夫有堯舜焉以立極于其上也是以禹湯文武之爲君皋陶伊傅周召之爲臣相繼代作或得之而爲祗台爲建中爲敬止爲建極而主治于上焉或得之而爲邁種爲一德爲主善爲碩膚爲篤棐而輔治于下焉皆所謂繼志述事濟美乎堯舜者也蓋理至於中則千聖一心道至於堯舜則千古一極道之所以昭於日星流於江河而不至於晦且絶者何者而非堯舜之遺也及周之叔季而有仲尼者出祖述憲章垂世立教雖不得君師之位而繼往開來之功有賢於堯舜者子思子憂道學之失其傳也於是取仲尼之遺訓而中庸作焉曰擇善曰固執曰時中曰致中曰用中無非所以推明堯舜以來相傳之意蓋精一執中之旨至堯舜而始發率性修道之論至子思

而益明此子思所以有功於堯舜也朱子推原道統之傳始于聖神繼天立極而要歸於堯舜之執中朱子之心其亦子思之心乎雖然此聖人事也學者由擇善以致其精由固執以守其一二者交致其功而無間焉則中道可以馴致而堯舜其在我矣乃若博物洽聞以爲精離形去智以爲一是自陷於支離虛妄而不可與入堯舜之道非所以道中庸也

表

擬宋以文彦博富弼平章事翰林學士歐陽修賀表（至和二年）

陳文彬

同考試官教諭陳批（發揮有宋君臣情誼真篤）

考試官教授韓批（鏗鏘有金石聲是四六中之絶佳者）

考試官教授劉批（駢麗精切渾厚典雅）

至和二年某月日翰林學士臣歐陽脩恭遇聖明以文彦博富弼同中書門下平章事謹上言稱賀者伏以黄扉宅俊經綸闡黼黻之猷絳闕宣麻弼亮集珪璋之彦耆舊同登于一日明良遘會乎千年鼎鉉光流章縫喜溢臣修誠懽誠忭稽首頓首竊以設官以爲民極立政在人疏爵以代天工良臣惟聖矧此中書政本尤爲下民具瞻紫極躔輝上應三台之象彤墀簉羽班先八座之尊佐一人以理萬幾陶融景化正六符而調四序燮贊陰陽自非柱石之英曷稱樞機之選虞庭枚卜阿閣呈鳳儀之祥傳野鹽梅彤日消雉雊之沴一德交孚于載亳爲式九圍二公分治乎成周永清四海蓋人主職先論相惟王者能自得師末世風微鼎實希聞良弼熙朝運啓泰征雅重元僚顧人才未易周知而來章難於有慶躍龍騁驥自昔徒誇求馬得麟于今僅見伏念臣彦博臣弼王佐良才大臣雅量朴忠自許天下皆知可用之賢仁智不凡冲歲即動時人之望撫綏河北壯猷净掃潢池奉使虜廷直節驚傳朔漠綰銅符于秦益政洽承宣迓竹馬于青齊功多救濟幸聖人明見萬里肝膽相加謂宰司位冠群僚耆耇是用天開泰運道合明時玆蓋伏遇膺命册玄應期握紀紹列聖重熙之緒御極餘三十年接千古道統之傳挺生當五百歲乃文乃武欽明上契于神堯克儉克勤祗德同符乎大禹御經筵以進講納誨如流開章閣以延儒求賢若渴富藏四海孝洽三宫兩儀奠而七曜明太平有象百姓和而萬物理至治無疆念惟輔弼之司實爲腹心之寄爰徵舊德并晋台階拔彦博于永興望從中外起富弼于鄭蔡言用縉紳位列南槐謀斷均調玉燭身依北斗規隨共轉洪鈞材舘瑞氣浮春紫陌歡聲滿路雲從龍風從虎貞元符會合之期金作礪

旱作霖喜起洽雍熙之運人惟求舊延登何事乎于旌謀出僉同總攬真賢於夢(卜臣)幸際休辰躬逢景會天顔有喜咫尺忝近臣之知帝德難名敷奏愧詞垣之寵聽綸音而雀躍莫罄颺言望仙仗以鵷隨惟知舞蹈伏願主善爲師任賢勿貳達四聰明四目堯仁廣運于鈞天協五紀撫五辰箕福斂時于斗極天與長而地與久彌聖壽之萬年日之升而月之恒鞏皇圖於億載臣無任瞻天仰聖激切屏營之至謹奉表稱賀以聞

第三場

策(王道)

第一問

鄧全策

同考試官教授林批(我二祖誠一静虚心源遠契唐堯我皇上敬一心學近符二祖此作發揚殆盡蓋涵濡聖化而有得者)

考試官教授韓批(帝堯與我聖上曠世而相感者心學也精一與敬一异世而同符者道統也求其闡揚聖化之隆者惟是作得之子豈粤西士乎)

考試官教授劉批(我二祖曁我皇上道法之精得統於天傳心於堯子能敷揚而叙述之其有得於聖化者深矣)

開道統之原者其天乎承心學之傳者其聖乎天何言哉天不言而示人以於穆不已之精者莫非其道之所在也聖人何爲哉聖人無爲而承天以純一不二之懿者莫非其心學之所傳也故帝王之治莫不以道爲本帝之道莫不以心爲事得其心則道與治固可得而言矣觀乎此則堯之所以得統於天開萬世心學之古始聖祖之所以嗣統於堯超歷世諸君於下風而我皇上聖學統天同符二祖欽若祗玄直溯帝堯久道化成之效至德淵微之應愚生雖陋有不可以揄揚其萬一乎請敬陳之夫自孔子討論墳典之書斷自唐虞而下以上古淳朴隨事爲治法度未立至堯而始明治道因事立法其施政制事皆依循法則著見功迹可以为後世典常故二帝之書皆謂之典其叙堯之治曰放勳贊堯之德曰欽明文思安安者言以此四德行放勳之事故其所爲皆得義理之至當而謂之安安也不曰聰明而曰欽明與序言异者蓋立事則欽慎爲大舉德則聰明爲先程子亦嘗有是言矣然其先天以開人因時而立政天之所以作民君師而爲萬世開太平之治立道統之傳者則欽之一言該括盡矣益之贊曰帝德廣運乃聖乃神乃武乃文孔子曰大哉堯之爲君巍巍乎

惟天爲大惟堯則之迹其所以爲聖神文武而與天同其大者豈能有加於欽之一言哉夫自修身齊家以至平天下者治之道也則始於明俊德而後由睦九族以和萬邦者皆此欽之爲也建立治綱分正百職至於創制立度盡天下之事者治之法也則自疇咨以下允釐百工之績以咸熙庶政者一則曰欽哉二則曰欽哉皆此心之推也若其爲事之大莫過授受之際豈不能諄於告戒而侈有論説哉迨其命舜之辭不過曰天之歷數在爾躬允執厥中而已曰歷數者求端於天而以其道統之傳望之也曰執中者求端於心而以其聖學之要語之也噫堯之所以爲大者可知矣舜亦以命禹而益之以三言者則所以發明堯之一言必如是而後盡也惟聖人之德愈高故其所慎於幾微者愈謹聖人之心益虚故共所見於告戒者益詳要之中即欽也精一即所以執也欽不外乎此心之中執必有假於精一之力帝王之授受可知也自是而後湯有日新之銘武王有丹書之戒曰祇台德先曰建中建極莫非其相傳之心法也下至遜志時敏以求建事宥密緝熙以求顯德其學何學也莫非其所傳之欽與中也嗣是而漢而唐若宋其間英君誼辟非無有志於道然或雜焉而未純或多欲而未至是皆於其人心道心未有以辨其危微之幾故於其惟精惟一未能以致其允執之學而所謂欽者失之放逸所謂中者流於偏倚而不能無過不及之差奚足以續道統之傳哉洪惟我太祖高皇帝文武聖神度越百王然於兵戈之餘即書衍義于廡壁而謂學士宋濂曰朕之爲君上畏天地下畏兆民兢兢業業不敢自逸而又曰體道凝神誠一弗二其見於觀心亭記者可知也大要不過曰敬而已成祖文皇帝道兼作述功并創守仍於萬幾之暇著爲聖學心法一書而親爲之序其得學士解縉正心講章則曰心能静虚自然純是天理是心也即太祖誠一弗二之心也上接湯武不傳之緒而遠遡精一執中之旨則我二祖之聖學傳心其源有自至我皇上之神明默契能自得師其天從欽明之德固無异於放勳而獨得心法之秘殆有光於前聖敬一有箴心箴有注其曰匪敬弗聚則所謂欽明文思允恭克讓光于四表格于上下者皆聚於此矣其曰匪一弗純則所謂疇咨登庸宅揆亮采夙夜惟寅出入惟允者皆純於此矣曰畏天勤民不遑寧處是即時幾時敕之心也曰静虚無欲日新不已是即兢業弗懈之心也外是而豳風有歌無逸有記而敬形於殿亭矣欽天有頌廟祀有詩而敬形於郊廟矣肆今至治馨香昭著乎靈貺神化融徹協應乎休徵從古所未有也孔子於堯曰蕩蕩乎民無能名焉囿於天地者不知天地之爲大冒於日月者不知日月之爲明聖德神功之盛非可以言語形容是猶天地日月之不可以繪畫而稱贊之也涵泳其化而莫測其自漸濡其

德而莫有其功殆猶康衢之謡曰不識不知順帝之則而已又何敢區區較其欽之與敬執之與一其孰爲在堯之德而孰爲在我聖天子之心法也哉先聖後聖其揆一也世不必同也善繼善述其道一也時不必同也故謂我皇上之敬一得統於堯爲同符於二祖焉可也謂我皇上之心學獨得於天焉百世以俟焉亦可也抑宋儒蔡氏有言敬者天之所福百祥之所集也蓋人之一心有所敬畏則精神思慮日由乎天理之中而躬行之合度者無非天命之流行矣百祥有不集乎故小心翼翼昭事上帝文王之所以懷多福也嚴恭寅畏治民祗懼商宗之所以歷永年也夫豈幸而致之歟仰惟我皇上主敬之學心得獨邁乎百王無逸之訓操存無間於昕夕敬天勤民日亹亹焉夫固所以基命永固駕周軼商而與天地同悠久者也天降景瑞曠世希覯既昭示之矣愚也翔泳道化之中躬睹其盛幸矣又豈能測高遠而極淵深哉膚聞未説惟執事其進教之謹對

第二問

馬希燧

同考試官教諭佘批（策士以人物一觀考古之學一察諸生胸中銖而非漫然博舉而策難之也子能考核詳盡品藻明當非尚友有素者能之乎）

同考試官教諭陳批（理學一策正以觀士子所向子能銓次往哲既覈且孚而景行之志溢於言外殆能闖濂洛關閩之門而睹其奥者歟）

考試官教授韓批（條答明悉足占所養）

考試官教授劉批（評隲精覈足占尚友之志）

嘗謂儒者之學學爲聖人而已論人者折衷於聖人之道則天下無遺議矣蓋天下之道貞于一而發明全體于聖人聖人者道學之宗斯文之的也儒者學道而以聖人爲準則明之於心行之於身措之於事業無非道者斯無愧於儒矣否則即事功著作表見一時抑其細焉而已許魯齋曰傳記中人才杰然可觀以道理觀之只是偏才聖人則圓融渾全百理皆具知此則可以論古今之人物矣執事發策而以國朝理學名臣爲問愚也學未通方何足以尚論前哲請言其概而就正焉可乎古人有言曰太上立德其次立功其次立言蓋修己者舍是無以成名觀人者舍是無以論世故三者皆不朽之具而亦權衡人物之則也夫士君子之生于人國也或顯或晦或出或處皆謂之臣或勳烈可紀或制作可稱或文章可傳皆謂之名臣臣以名名亦可以不朽于後世而復有所謂理學云者自其有得於聖人之學者言之也聖人之學心學也藴之而爲天德發之而爲王道所謂體用一原者是已三代而上士無异學誦讀畎

畝者成格天之功遜志版築者樹濟川之烈天德王道固不可得而二之也後世此學不明工訓詁以爲高競詞章以爲奇或以天資用事隨世以就功名而聖學蓋寥寥矣宋以忠厚立國賢臣碩輔項背相望人才視漢唐爲盛紫陽朱子輯爲名臣言行録以表前修示來哲其用心亦以勤矣然録止八朝之前而未竟於中興之後景定間朋溪李幼武氏輯爲别集續集以補朱子所未備而又有道學名臣之編起自濂溪周子終于九峰蔡氏凡四十有二人焉其曰道學名臣者所以别於名臣也蓋宋之道學倡于濂溪光大于程張而集其成于朱子若游楊尹蔡豫章延平南軒東萊諸儒又皆翼而行之者也探聖賢之奥究義理之極謂之曰道學奚愧焉彼名臣録所載諸臣功業文章非不焜燿一世而概之以聖人之道或未之有聞也我朝列聖相承道化隆洽綴學之士枕經籍書植節之臣浮英湛德麟游鳳覽彬彬然稱盛矣先臣彭惠安公韶仿朱子之意彙而編之爲皇明名臣録其去取之嚴論贊之確粹乎無以議焉即其表著當時勒之旂常勛烈樹矣布之經綸制作張矣寫之琬琰文章鳴矣非不錯然足矣而其於理學之淵源則吾未之或知也厥後豐城楊廉氏又摘取十有五人者别爲録命之曰理學名臣蓋舊收於録者四人廣其所未録者十有一人也自今觀之學以復性爲主踐履篤實卓然以明道自任非河東薛瑄乎學以主敬爲本履繩蹈矩慨然以古人自期非餘于胡居仁乎其餘諸臣起於徵召有若吴與弼陳獻章列于科目有若陳選張元禎羅倫周瑛莊昶黄仲昭章懋張吉蔡清處於下位終於布衣有若鄒智陳真晟雖其顯晦异齊出處异致要之志存希聖而不屑流俗學本窮理而不惑异端其言可以翼經其行可以程世皆不詭於聖人而無愧於理學之名者也嗣是吴興陸崑氏惜詮次尚遺復有重編之作其間有增入者焉則汪克寬宋濂趙撝謙方孝孺丘濬楊守陳也有更定者焉則張元禎莊昶鄒智也夫以克寬之踐履濂之經濟撝謙之考古孝孺之文誼濬之博雅守陳之論著於理學概有聞焉録之似矣至於張元禎莊昶之晚節少貶鄒智之年少英鋭抑而列于附録夫亦幼武附録張戩吕大忠之意與豈其謬以私智而短長之乎雖然愚竊有説焉幼武之録斷自周子而下以宋之理學濂溪爲宗而非謂前賢之盡無其學也廉之録斷自薛瑄而下以本朝之理學文清爲正而非謂國初之盡無其人也廉之言曰本朝正統景泰間以理學爲倡者河東薛敬軒其讀書録遍考國初以來諸所著述粹然一出于正未有或之先者也即此則其用意蓋可識矣近時若餘姚王守仁泰和羅欽順皆著書明道有光前修而録未之及焉其將有待於後之君子乎大抵學道者必明諸心而後進修之矩立論人者必折諸聖而後取舍之極

明國朝理學之所以大明于世者諸賢羽翼之功而諸賢之所以風示來學者則二子采輯之力亦不可誣也雖然律己與取人异尚論與尚友异蓋律己不可不嚴而取人則重其大焉可也尚論不可不博而尚友則法乎上焉可也方今聖天子建中和之極洽菁莪之化若大海之浸膏澤之潤亦既家孔孟而户程朱矣士生斯世景行先哲尚友千古以求無負於聖人之教而諸賢之優劣固無容苛議之也彼其俳竊以爲學梔蠟以爲詞高虚玄遠以爲談則又風會之流司世教者之憂也

第三問

周希尹

同考試官教諭何批（條對無遺且歸重於道德尤爲探本之論）

考試官教授韓批（有學有見佳士佳士）

考試官教授劉批（道藝文藝貫通只一理岐而二之非也此議出嘵嘵者當翕然定矣）

君子之學也蓄乎道而發於文其仕也資乎文以明夫道文道之器也言語文字之華莫非身心性情之實道文之輿也積之於淵微未有不達之於繪藻者故文與道一也而爲其業者豈容有二乎哉執事發策以道藝文藝德業舉業爲問愚生嘗究心焉請陳所聞以復可乎夫天下無二理聖人無二教求道德仁義有於吾身所謂道藝也由是而出之則文藝矣非道藝之外别有文藝也含濡道藝充然有得所謂德業也由是而出之則舉業矣非德業之外别有舉業也譬諸草木根柢者本也枝葉者文也謂枝葉非草木可乎譬諸水出蒙者源也達坎者流也謂流坎非水可乎孔子大聖千聖心傳之理備矣萬世彝倫之極建矣而其自謂曰文不在兹孔子之文則心傳之秘之所發彝倫之道之所著而非有二也故無行不與文之施於身也六經垂訓文之繫於言也猶日月星辰之麗天山川草木之麗地而精微管是矣子貢曰夫子之文章可得而聞也夫子之言性與天道不可得而聞也此自學者言之而夫子之性道文章本無二也後世不察以性道爲微渺而不雜於文以文章爲粗迹而不入於道故爲其業者自爲异同互有得失非道與文固然也且求道於道曷若求道於文適燕越者按圖考籍踵而行之而燕越可至矣倉庫之積巨萬雖智巧有不能盡而閲其記載則厥數較然然則圖籍記載其可廢乎文者所繇適於道之路而記載乎道者也文其可廢乎三代而後以文取士者代有其制士之業文以應上之舉者亦代有其人漢以制策非所謂文乎而得醇儒董仲舒觀正誼明道之言仲舒深於道者也而何病於文仲舒如此則當時亞於仲舒者

似未可以文弃之也唐以詩賦非所謂文乎而得名儒韓退之觀原道闢佛之論退之深於道者也而何病於文退之如此則當時亞於退之者似未可以文訾之也宋變制策詩賦而爲經義亦所謂文也而得大儒程明道朱晦菴觀二子傳受著述深得道統之傳者也當時講論之友及門之徒皆有得於道而亦有以文舉於時者然天下後世惟知道學之爲是而未有議其文舉之爲非則以文不背於道而舉業之不可廢也明矣國家造士教以道德而後試之以文謂非文不足以得士也士懷道德不托於文無以自見故發揮於文而道德可得而察焉則舉業不可廢也嘗試論之今之所謂舉業非明經乎士能言易矣而得其時則潔凈精微之理存言書矣而得其中則疏通知遠之理存禮得其序而著於言則恭儉莊敬之理存樂得其和而著於言則廣博易良之理存詩言思無邪也而温柔敦厚之理存春秋言正名分也而屬詞比事之理存又推而言之談忠孝天而君親之事篤匪懈之實談廉節矣而立朝之操勵介石之固慷慨以敷謨而骨鯁之節無改於始終先憂以矢志而兼濟斯民不負其所學士之爲舉業如此則考其言也有其實也著之文也根之心也周子曰文詞藝也道德實也篤其實而藝者書之此之謂也惟耽功名者托言乎道德嗜寵利者飾詞乎仁義則文自文道自道相去遠矣奚舉業爲故由乎義則二藝一藝也二業一業也不可以言异由乎利則道藝德業是也文藝舉業非也不可以言同同則得异則失得失之分學者亦謹於微而已矣易曰差之毫釐謬以千里此學舉業者所當知請以是足明問未及之意惟執事進教之幸甚

第四問

張炳之

同考試官教諭林批（大學一書皆聖賢全體大用之學賴孔門而道以傳至宋儒而義始備其言不同無非互相發明羽翼斯道者也子能敷對具悉不鑿不迂其必深造而有得者）

考試官教授韓批（議論博洽條答詳明且善發問目中所未發者可以式多士矣）

考試官教授劉批（質經釐傳確右卓識非淺學可到）

昔者夫子之教始於詩書而終於禮樂學者載籍極博猶考信於六藝詩書禮樂皆六藝所傳也聖門之徒身通者七十人可與言詩而稱起子者獨商賜二子爲其有得於言語之外而不滯章句之末升堂如申而猶以不能闕疑强所不知以爲知見誨責焉其他可知矣及其自謂信而好古吾猶不及史之闕文然則疑信之貴相傳章句之不可泥自孔氏之教而已然况於後世之學

哉執事發策而以大學一書下詢承學愚生學章句滯者也其何以發歸趣而仰承明問蓋嘗莊誦聖經旁稽列傳而得其概矣請試陳之夫自孔子見道不行退而明道於洙泗之上日衛反魯而後樂正雅頌各得其所翼易序書修春秋爲一王之大法六經之籍備矣其與門弟子答問爲仁爲政事君爲邦之道則見諸魯論二篇者斷斷焉而具天德王道之大明體適用之全則莫若大學一篇始於格致誠正以修其身先自治也終於齊家治國以平天下後治人也其序之不可亂其功之不可闕燦然明備昔人譬之玉盤無缺語其全也樶其要旨與詩首關雎周南召南皆修齊之理而書之克明俊德親睦九族協和萬邦者其揆一焉已矣蓋詩書所稱見諸行事之實而其道行大學所具托諸空言之間而其道明道行於一時者其功大道明於萬世者其澤遠也又奚讓哉故大學之書不爲書而爲經言其與六經并傳而同歸於道也其後經殘教弛則自焚坑之餘而六籍簡脱魯壁之藏而遺文失真漢儒附會之過混載戴記之中而後孔氏之所爲經與曾氏門人之所爲傳放失錯雜而莫能爲正矣可勝嘆哉夫以一貫之傳獨得其宗於曾子而忠恕之藴闡明其理於門人要之一即忠也即所謂明德也貫即恕也即所謂修齊治平也蓋不待列傳之所發明宋儒之所表章而内外合一之學推己及人之道咸見於曾子之一唯矣噫傳之者曾氏之門人也非曾子也曾子其何假於傳義哉而其門人相與發明其意非有所增於聖經也而聖經之旨亦藉之而益顯矣故讀大學者能得其大意之攸存與其天德王道之所在則雖聖經一篇思過半矣程氏兄弟寔始尊信表之於戴記而自爲一書次之以簡編而兼破衆説使聖經賢傳之旨燦然既晦而復明者二程氏之功也朱子得二程之傳於延平李氏之門乃復章句以别之爲傳以補之謂格物致知獨不可缺焉者而董矩堂車清臣輩則謂傳未始缺遂通經文知止以下四十二字於聽訟之前草廬吴澄氏頗不然其説夫傳門格致誠如朱子之所補而以知止繼在止至善之後在朱子寧無見於文義之相承也周禮冬官之缺或謂其雜見於五官而未嘗亡則格致傳之混於經文而未嘗缺亦或有其理然愚固以爲疑信相傳章句不泥則孔門氏之所爲教也我太祖高皇帝始正大統開科取士定以四書五經即詔天下學校經生學士一以程朱爲準而禁其亂易則董子所謂一道德同風俗春秋大一統之義也又奚廑執事之問哉愚生所嘉樂而誦嘆咏復之不已者則惟於宋臣真德秀衍義一書惜其不用於理宗端平之朝而端有待於治教休明之日也洪惟我聖祖於投戈講藝之餘即嘉學士宋濂之請令左右大書揭之廡壁以代丹青其所以覃精帝王之學者至矣一日因其條析復諭濂曰人主能

以義理養性則非僻不能侵興學校教民則外侮不能作是不惟崇尚其書抑且親用其言矣我皇上聖神中興崇儒重道又嘗因輔臣進講大學衍義感賦爲詩倡和彙帙名曰翊學竊嘗伏讀一二而見其曰致治貴有本本端化自平曰身修本心正家國治同然曰國治乃昭明萬邦斯協焉蓋有以仰窺聖學日新緝熙之功亦於是書焉有取也豈徒羽翼聖經而已哉若夫補治國平天下之要歸聖神功化之極所以兼本末合内外以成夫全體大用之學則有如學士丘文莊公濬所輯其書之廣博貫穿綱舉目分無非發明大學之理以求致用之意觀其自序謂臣之此編校之前書文雖不類意則貫通其爲書進在先朝亦嘗嘉其考據精詳論述該博有補政治遂命刊行亦足以著昭代之哲猷宣人文之彪炳以翼聖經於既往垂文獻於將來庶乎其近之矣雖然大學一書通乎上下貫乎小大而一之者也達乎古今兼乎疑信而傳之者也在儒生學子則於格物致治之傳以爲不可不補在經生曲士則於衍義與補之書以爲所不必加若論集大成之心則雖大戴所載自修身以至天圓十篇固非曾子所自著然其名言讜論如尊所聞行所知之説董子亦嘗引之古今以爲至言於混經爲傳以正格致之文固未必然而以比諸注疏纖緯言之猶爲近理而不可廢也丘氏衍義之補其博學多識固無容論然其涉獵寡要徒資學者之廣洽而切近精實如真德秀所謂惟學惟敬可以存養此心惟親近君子可以維持此心數語則真可爲啓沃之資而垂世之格言也有志於是書者其亦服習其言而誦繹其義内之有裨於身心以爲修齊治平之本外之有期於實用以躋斯世於親賢樂利之休斯爲得之若循章敷義以希取世資則非古者之所以教人而亦豈執事之所以策承學之意乎哉

第五問

馬宗魯

同考試官教諭成批（錢幣之法積弊已久終無有振刷之者以無善策也此作究利害之源審因革之故酌變通之宜行之可以通融上下而公私不困矣非素負經濟之略者孰能道之得士如此可以自慶）

考試官教授韓批（剖析利害斟酌古今鑿鑿可行子其識時務者乎句占經世之略矣）

考試官教授劉批（救弊之法能審酌時勢條答無遺足覘經濟之學矣）

制天下之用者貴有以順民之情救天下之敝者貴有以因時之政阜民以利用而立經常可久之規相時以救敝而審隨事通變之宜舉而措諸天下無難矣夫法常期於可久也而窮則變不通於民之故者則無以豫順動之宜

患常生于偏重也而變則通不達於時之義者則無以善更化之機故阜民非以利國也而國無不裕修政非以理財也而財亦恒足誠經制之訏猷而治平之要道也執事以錢幣爲問愚也學不足以通時則常參之古今之變而得其梗概焉古者列廛爲市以聚貨帛通於貿遷而有無相濟取諸噬嗑而衣食攸奠錢幣之興有自來矣太公始立九府之法有太府玉府内府外府泉府天府職内職金職幣皆掌財賦之官也凡物之出入輕重則通以圜法焉是緣法以濟用也管仲乃通輕重之權民有餘則輕故人君斂之以輕民不足則重故人君散之以重蓋民事之不可緩也凡輕重斂散之以時則均以準平焉是審權以稱物也其創制立法爰及後世利於刀布於布流於泉行於貨而錢幣之用益以廣矣然周官財賦所自出也而錢幣惟重外府掌邦布之出入以共百物而待國之用泉府掌以市之征布斂市之不售貨之滯於民用者上以足國而朝聘征伐行焉下以足民而冠婚喪祭給焉成周之制所以卓冠夏商而上追唐虞之盛也齊固富强之國也而實藏富於民使萬室之邑必有萬鍾之藏藏繦千萬千室之邑必有千鍾之藏藏繦百萬以奉耕耘而器械鍾廩必取贍焉以均貧富而大賈畜家毋豪奪焉區區之齊雖以顯伯名而亦王道之所不廢也自是而變易不一輕重靡常漢興患秦之重也令民得鑄筴錢而不軌之民乃畜積餘贏以稽市物文帝患其輕而多也使民放鑄其文半兩而吴鄧之錢乃滋蔓於天下夫慮錢之重而矯枉過輕弛錢之禁而末流罔制適以開僥幸之門而啓劫奪之釁此其法之不善變也元狩之間以縣官大空而豪賈或累萬金而不佐公家之急公卿議造白金皮幣以贍用本以抑兼并也元帝之末以盜鑄者多富人藏錢滿室而民皆弃本而逐末貢禹議以布帛及穀而代錢思以利農功也然縟質彌文無資於實用布帛穀粟不可以分析徒持悖謬之見而起紛更之端宜其説之不可行也夫師丹之見欲以改幣而附會於龜貝之文是王制傷於匪頒而百姓頓亡其利也宋真宗以後乃有交會而通融於質劑之約是雖一時補滯救偏之方而亦非經久常行之道也以蔡倫之術而侔太公之法以濟民者而反以厲民豈不謬哉單穆之諫王也而有子母輕重之權蓋以民之所患恒有輕重上則持操縱之權而行之子可廢而母不可廢也賈誼之告君也而條博禍七福之由蓋以鑄錢之情召禍起奸上則制收銅之利而有之所以因禍而爲福轉敗而爲功也然二子之論均未究於折衷言雖詳而二君弗用豈不惜哉自九府以來或爲半兩或爲大錢或爲八銖或爲四銖不知幾變矣惟漢之五銖爲得其中或爲亦赤仄或爲當千或爲鵝眼綖繯或爲荇葉又不知其幾更矣惟唐之開元爲得其中大道隱而利巧生堤防

弛而僞錢盛作之者無忌用之者無疑而變之生於小民者不可窮矣我國家之於錢幣也制爲通寶相兼行使天下同文四方樂業上下相通公私稱便已非一日矣而廣右乃以澆瘠之地多旁落之奸豪并者或擁貲而尊利而貧賤者曾莫私於一錢何相遼若是也兹欲銷古以爲今廢真而存僞爲之阜民也而欲順民情者去其所以害法者而已爲之審時也而善通時變者去其所以蠹政者而已宋儒曾鞏有言曰天下之貨有約於今而浮於舊者有約於舊而浮於今者浮者必求浮之自而杜之約者必求約之由而從之而所以去浮存約者非今日之急務乎張方平之論足國亦曰天下之蠹在於兼併而其所以言兼并者曰上侵王者之利焉下錮齊民之業焉豪奪單弱冒逾王制而莫之禁焉因其富厚交通貴勢而莫之止焉然則明限以嚴分者又非通方之至要乎夫然後法立而可久而操輕重之權以制其出入之度而不患於不均道運而不窮而酌盈虚之數以濟其貿通之用而不患於無備則天下之敝消於無形而天下之利可保於無疆矣

廣西鄉試録後序

聖天子建極圖治四十有三年歲在甲子秋八月天下復當鄉試之期先是皇上允禮部之請申飭所司正文體謹防範數事條格詳備賓興之典益加慎重焉維時廣西巡按御史黄泮寔司監臨祗承德意夙夜劼毖百務綜理罔弗周暨諸執事亦矢心協力庸底厥緒事既竣以孚以職事宜序諸末簡竊惟天生人才所以爲佐佑化理敷錫庶民之具然其生也必值氣運方隆人文宣朗之會而后鳩靈炳异應時而興以有爲於世非偶然也廣西古百粤之區而蠻夷雜揉之域三代以還僻在南服山川結閟風氣文物鬱而未宣迨我太祖高皇帝文武聖神廓清函夏戊申之歲静江邕宜初入版圖即建學聯師聿定科舉取士之制士始喁喁嚮風矣人文其肇於是乎成祖文皇帝繼勛集統平定安南廣右寔其近地武功既偃文教翔洽且頒五經四書大全於膠庠士益斌斌然思奮人文其昌於是乎我皇上道格九玄化流八極菁莪棫樸之澤浸潤遍徹無遠弗届雖炎徼遐陬無异中土其視堯之光被四表萬邦黎獻其惟帝臣禹之文命誕敷四海者何以加諸是年又當甲子曆數無疆周而復始文運之隆自此而千萬年從可知也士生其時逢陽遘會侁侁然來試於有司莫不有奮庸熙載之願而人文於是爲極盛矣夫人文之盛言乎其時也至於士之致用則存乎其自立者何如非人之可預必也國家罷前代詞賦之制惟以

經術搜羅俊乂皇上寤寐真才屢形詔旨蓋將籍之以康濟世務興贊太平非直爲三歲之常典已也夫風馳雲屬聲應氣感重華立而元凱升姬文出而思皇集蓋自古有然者烏有上以實求而士不以實應者哉孔子曰能行之士必能言之是故先觀其言而揆其行今校三試之文大率昭朗性靈之真而卒澤於仁義道德之實談理不詭於聖經摛辭不涉於繪艷然自鏗乎燁然鸞鳳偕翔韶濩并奏而蔚爲國華焉乃作而嘆曰此盛世之人文而鴻漸之吉士也是可以爲世道慶矣雖然蟠松綺蘭天下之奇玩也黄蘇錦縠天下之奇品也君子不之尚者謂其不切於用也故兹所望於士者爲楩楠豫章爾爲布帛菽粟爾棟宇明堂弘濟蒼生試之有用施之有功兹非所謂真才而維持太平者耶在昔廣右名公中立不撓有若馮京論諍蹇諤有若陳元他如申朔之廉慎有猷黄齊之循良擅績非諸士之鄉人也乎彼漢宋之時甌駱荒遐材輔寥寥諸子挺出馳聲實於中外流芳郁於簡册有如此者矧多士生堯舜之世被涵濡之久争自濯磨以期嚮用者乎兹登名薦書行且對揚大廷服有官政褎然充任使矣建德樹業無論鄉先哲宜以皋夔稷契自勵以上翊國家雍熙悠久之治使後世稱得人之盛焉庶幾哉克副文明之會而於賓興之典亦有光寵矣乃若志渝其初行不孚言是自虚也非今日求真才意也爾多士懋戒哉其無負於兹選也哉

湖廣武昌府儒學教授韓以孚謹序

隆慶四年廣西鄉試録

廣西鄉試録序

隆慶庚午我皇上登極之四年也天下復當大比士監察御史李良臣祇承上命巡按廣西方攬轡出燕衛道荆襄兢兢然懼弗逮馳檄所司以粵壤寔遐且僻賓興彝典其維先事之圖所司將御史檄緘儀列省延聘儒臣無何御史至彰程貞紀既備益虔期於登崇俊良以仰副聖天子寤寐求賢至意先是總督兩廣右都御史兼兵部左侍郎劉燾恢弘治教山海底寧今提督兩廣兵部左侍郎右僉都御史李遷揆文奮武綱紀聿新巡撫廣西右僉都御史殷正茂秉憲敷文甄陶素洽八桂之士咸得專志明經挾藝待問届期御史申飭試事以燧及教諭陳冠司考試學正鐵世材教諭宋邦達林獻芹梁幹陳三俊同考試提調則左布政使郭應聘左參政楊銓監試則按察使萬思謙僉事楊文明簾以外暨百執事咸慎簡以從已迺進提學副使陰武卿所簡士一千四百有奇鎖院三試之遵制拔其俊五十有五人并録其文之優者以獻燧以職事宜序諸簡端謹稽首颺言曰士之致用於天下也莫重乎文質之相成故論士者恒憂其相勝而難於有濟何者文勝之士類多樂聲名喜詩書然其弊也則競藻絢而乏雅致視仁義道德或視爲繪飾之資而不求實用於世何補也若質之勝者悃愊以爲心直抗以爲氣渾然天真無所雕琢然或尚簡素而略邊幅重本實而厭英華雖隆雅敦朴確有古風亦未必其通方達變盡宜於今而傳於後也顧光明俊偉之業非徒質直者所能成而樂聲名喜詩書者又或鮮持執而不足以遺大投艱惟本質而濟之以文則碩輔奇勛胥此出矣廣右古百粵地灕波桂嶺蜿蟺磅礴清淑之氣于焉鬱積人生其間率多悃愊直抗無澆漓委靡之習蓋得之天者甚厚自古然也我國家以禮樂道化鼓鑄寰宇文教所被無遠弗届廣右人士涵濡既久蒸蒸嚮風而自奮於同文之世者衆矣兹適大比縱觀其所爲文類能采道德之華掇仁義之精經術文采寖與中土相埒夫士之悃愊直抗天真未斲固近道之質大受之基也而又飾以文學如此是猶梗楠豫章斲以斧斤裛以藻繡必稱乎清廟明堂之用昆吾干將淬以清水斂以越砥何難于斷蛟剸犀之功也哉由是知廣右之士必將足以鳴世

無疑矣且以天時地理人事稽之則兹歲固氣運之獨盛者蓋廣右興地當天下西南西屬金而南屬火歲在庚午庚爲金而午爲火金以肅殺爲義有武道焉火以光明爲象有文道焉然金非能自爲用也必鍛之以火而後可以成器武非可以獨用也必綏之以文而後可以成治要皆相須而不可缺者也兹地自成化以來人習承平武備稍弛遂致醜夷漸違聲教今天子惻然南顧特命重臣爲經略計武功固期震矣而又適當掄才之期所得多士足以彰英華而贊治化文武并茂與地之西南歲之庚午相爲符應其士之彬彬稱盛也有由然矣爾諸士當氣運之隆沐賓興之典毋徒曰此足爲紆青拖紫服冕乘軒之階也必即其飾之文者篤之爲德行效之爲事功無事則用文以綏太平如火之足以長物有事則用武以戡禍亂如金之足以收物斯無負盛時而亦有光斯典矣若修之家而用則盭言於静而庸或違是巨㮂液樠而被之翬文曷堪負棟頑鉛鼓冶而鏤以螭章奚逃缺折又何取于文之足以鳴世也并以是爲諸士勖是舉也鎮守總兵官征蠻將軍右都督俞大猷振揚武衛雅重章縫副使鄭一龍應存卓陳其樂邵惟中左參議龔大器僉事金柱皆綜理于外共襄盛舉左參將黄應甲右參將王世科游擊將軍丁山署都指揮僉事錢鳳翔董龍王德懋皆捍禦于外與有勤勞左布政使周僩右參政佘敬中曹天祐以遷秩行皆虔恭始事快睹人文者也法得備書

江西贛州府儒學教授王燧謹序

隆慶四年廣西鄉試

監臨官

巡按廣西監察御史李良臣（直甫貴州普安衛籍直隸江寧縣人　乙丑進士）

提調官

廣西等處承宣布政使司左布政使郭應聘（君賓福建莆田縣人　庚戌進士）

廣西等處承宣布政使司左參政楊銓（朝明直隸華亭縣人　丙辰進士）

監試官

廣西等處提刑按察司按察使萬思謙（益甫江西南昌縣人　丁未進士）

廣西等處提刑按察司僉事楊文明（仲謨江西南昌縣人　壬戌進士）

考試官

江西贛州府儒學教授王燧（時用直隸丹徒縣人　丙午貢士）

浙江温州府樂清縣儒學教諭陳冠（子加直隸長洲縣人　己酉貢士）

同考試官

山東東昌府臨清州儒學學正鐵世材（用卿雲南永昌衛籍浙江杭州衛人　甲子貢士）

江西九江府湖口縣儒學教諭宋邦達（士充福建莆田縣人　辛酉貢士）

湖廣荆州府松滋縣儒學教諭林獻芹（曉忠廣東東莞縣人　甲子貢士）

福建建寧府政和縣儒學教諭梁幹（秉楨廣東東莞縣人　戊午貢士）

直隸松江府華亭縣儒學教諭陳三俊（懋績廣東南海縣人　壬子貢士）

印卷官

廣西等處承宣布政使司經歷司經歷王化（德成浙江桐鄉縣人　監生）

廣西等處提刑按察司經歷司知事王元吉（汝旋浙江餘姚縣人　監生）

收掌試卷官

桂林府知府馬濂（濬卿直隸無錫縣人　庚戌進士）

梧州府知府陸一鵬（應程浙江餘姚縣人　丙辰進士）

潯州府知府陳復升（以見福建長樂縣人　丙辰進士）

受卷官

平樂府知府陳子佐（道誨福建惠安縣人　丙辰進士）

南寧府知府林喬相（廷翰福建晋江縣人　壬戌進士）

思恩軍民府知府張志淑（在旌浙江臨海縣人　甲午貢士）

桂林府同知黎楚（子立廣東番禺縣籍順德縣人　丙午貢士）

平樂府同知蔡萬（一之福建晋江縣人　己未進士）

彌封官

慶遠府同知何世彦（汝賓雲南賓川州籍江西德安縣人　丙午貢士）

桂林府推官王頤（觀生湖廣沔陽衛籍直隸潛山縣人　戊辰進士）

桂林府全州知州方沆（子及福建莆田縣人　戊辰進士）

梧州府容縣知縣張學顔（子的廣東瓊山縣人　乙丑進士）

平樂府脩仁縣知縣唐執中（惟道雲南後衛籍直隸贛榆縣人　甲子貢士）

謄録官

南寧府通判陳表（汝儀貴州銅仁府人　壬子貢士）

太平府左州知州林烋(裕甫廣東博羅縣人　乙丑進士)

桂林府靈川縣知縣蒲凝重(鎮之廣東南海縣人　乙丑進士)

桂林府臨桂縣知縣李蒙亨(養正貴州前衛官籍浙江仁和縣人　辛酉貢士)

慶遠府天河縣知縣朱彬(中甫福建莆田縣人　戊午貢士)

對讀官

南寧府横州知州鄭國臣(嘉鄰廣東海陽縣人　癸卯貢士)

潯州府貴縣知縣吴敬夫(懋德浙江餘姚縣人　己酉貢士)

南寧府宣化縣知縣胡秉文(顯謨福建莆田縣人　辛酉貢士)

南寧府武緣縣知縣楊大韶(成舜福建將樂縣人　己酉貢士)

梧州府鬱林州博白縣知縣王文明(璧遠廣東海陽縣人　甲子貢士)

巡綽官

桂林中衛指揮僉事魯鎮(國用直隸和州人)

桂林中衛署指揮僉事柳世忠(藎臣直隸全椒縣人)

桂林右衛署指揮僉事于燦(源潔山東平度州人)

湖廣茶陵衛指揮僉事劉學孔(以時遼陽山後人)

搜檢官

桂林中衛左所正千户魏良卿(世臣直隸定遠縣人)

桂林中衛右所正千户晏之鶴(九皋湖廣黄梅縣人)

桂林中衛右所副千户歐文賓(子敬江西臨川縣人)

桂林中衛後所副千户靳懋勛(克承直隸大興縣人)

桂林中衛中左所副千户周鏞(子泉直隸常熟縣人)

桂林右衛前所副千户趙士彬(名秀直隸遵化縣人)

供給官

廣西等處承宣布政使司經歷司都事楊純(于里江西上饒縣人　監生)

廣西等處提刑按察司照磨所照磨許希萊(孝甫直隸溧陽縣人　監生)

廣西等處承宣布政使司理問所案牘劉時用(子中江西湖口縣人　吏員)

廣西都指揮使司斷事司吏目朱紳(朝卿福建邵武縣人　吏員)

桂林府通判葉銁(汝容江西上饒縣人　癸卯貢士)

桂林府經歷司知事王啓進(以禮江西廬陵縣人　吏員)

梧州府照磨所照磨葉棟(隆吉浙江山陰縣人　儒士)

馴象衛經歷司經歷何詔（承恩貴州思南府籍湖廣麻城縣人　吏員）
奉議衛經歷司經歷張震（得振福建懷安縣人　吏員）
桂林府全州判官諸葛昇（季明浙江蘭谿縣人　監生）
桂林府臨桂縣縣丞黄世安（本欽廣東三水縣人　吏員）
桂林府臨桂縣主簿龔冲霄（鵬舉貴州婺川縣人　監生）
平樂守禦千户所吏目褚相（德忠浙江錢塘縣人　知印）
梧州守禦千户所吏目丘昂（廷高江西新城縣人　吏員）
鬱林守禦千户所吏目饒謙（甫恭福建龍溪縣人　知印）
桂林府臨桂縣典史魏期（必信福建福清縣人　吏員）
桂林府靈川縣典史朱冠（章甫福建懷安縣人　吏員）
太平府永康縣典史李材（繼周廣東新會縣人　吏員）
桂林府遞運所大使鄭若紹（若中福建莆田縣人　吏員）
桂林府全州遞運所大使甘煦（惟和江西豐城縣人　吏員）
桂林府靈川縣白石潭巡檢司巡檢田税（子常湖廣麻陽縣人　吏員）
桂林府古田縣桐木鎮巡檢司巡檢蕭昂（志翀福建懷安縣人　吏員）
桂林府義寧縣桑江口巡檢司巡檢劉伋（衛卿江西安福縣人　知印）
桂林府陽朔縣伏荔市巡檢司巡檢曾克廉（國和廣東揭陽縣人　吏員）
桂林府全州柳浦驛驛丞吴熒（思光福建漳浦縣人　承差）
桂林府臨桂縣蘇橋驛驛丞郁珮（朝儀江西餘干縣人　吏員）
桂林府臨桂縣東江驛驛丞胡忠（汝信浙江山陰縣人　吏員）

第一場

四書

舉直錯諸枉能使枉者直樊遲退見子夏曰鄉也吾見於夫子而問知子曰舉直錯諸枉能使枉者直何謂也子夏曰富哉言乎　誠則明矣明則誠矣　思天下之民匹夫匹婦有不被堯舜之澤者若己推而内之溝中其自任以天下之重如此

易

象曰地中有水師君子以容民畜衆　安節之亨承上道也　唯幾也故能成天下之務　離也者明也萬物皆相見南方之卦也聖人南面而聽天下嚮明而治蓋取諸此也

書

帝曰咨汝二十有二人欽哉惟時亮天功　九州攸同四隩既宅九山刊旅九川滌源九澤既陂四海會同六府孔修庶土交正底慎財賦咸則三壤成賦中邦　一曰貌二曰言三曰視四曰聽五曰思　先知稼穡之艱難乃逸則知小人之依

詩

九月肅霜十月滌場朋酒斯饗　夜如何其夜鄉晨庭燎有煇君子至止言觀其旂　經營四方告成于王　思文后稷克配彼天　立我烝民莫匪爾極貽我來牟帝命率育無此疆爾界陳常于時夏

春秋

冬十有二月齊侯鄭伯盟于石門（隱公三年）　遂伐楚（僖公四年）十有一月壬戌晋侯及秦伯戰于韓獲晋侯（僖公十有五年）　衛人救陳（宣公十有二年）公會晋侯宋公衛侯曹伯齊世子光莒子邾子滕子薛伯杞伯小邾子伐鄭會于蕭魚（襄公十有一年）　春王正月季孫宿叔老會晋士匄齊人宋人衛人鄭公孫蠆曹人莒人邾人滕人薛人杞人小邾人會吴于向（襄公十有四年）

禮記

虞夏商周有師保有疑丞設四輔及三公不必備唯其人語使能也　禮樂負天地之情達神明之德降興上下之神而凝是精粗之體領父子君臣之節是故大人舉禮樂則天地將爲昭焉　百官得其宜萬事得其序　天地四方者男子之所有事也故必先有志於其所有事然後敢用穀也

第二場

論

爲天下國家有九經

詔誥表（内科一道）

擬漢議賑貸及養老詔（文帝元年）　擬唐以韓休爲黄門侍郎同平章事誥（開元二十一年）　擬宋宣撫使狄青平廣南群臣賀表（皇祐五年）

判語（五條）

官吏給由　荒蕪田地　禁止迎送　優恤軍屬　修理倉庫

第三場

策（五道）

問　人君圖治保邦莫要於文武二道詩稱文武維后書稱乃武乃文爲天下君蓋文以致太平武以戡禍亂其道不可偏廢也周之盛王訪範敘疇卜洛作誥車攻簡閲吉日蒐獮傳之至今以爲稱美者可得聞其詳歟洪惟我太祖高皇帝廓清區夏禮備樂和成祖文皇帝汛掃夷荒論經討藝文德武功古今獨盛迨我世宗肅皇帝入承大統謨烈重光誠如昔人所謂文武并用長久之道也我皇上正位嗣服丕闡鴻猷如建元一詔制并典謨郊社一議祀從周禮與首臨太學日御經筵皆以隆稽古右文之治也頒聖諭以飭邊圉采群議以簡邊才與躬親大閲敕理軍儲均以肅詰戎訓武之規也聖文神武章顯炳耀固人人可得而揄揚矣其與祖宗并古盛王果相符合歟諸士子涵濡德化必有明于文武之道可爲今日獻助者願詳陳之將以轉聞于上

問　斯道之在天下未嘗一日而無統自孔子敘書斷自唐虞故稽斯道之統者必昉于堯舜若精一執中之傳帝王之心法無以加矣嗣是而禹湯文武下逮孔子遞相傳授所見于孟子終篇之敘與韓愈原道之論有灼鑑矣然孟子謂堯舜之道并傳于湯而禹之見知但爲聞知之自得湯之傳者文王而已而武且不與也原道則謂堯傳于舜舜傳于禹禹傳于湯湯傳于文武互有不同何歟萊朱散宜生之徒言行略無可見孟子乃亦及之説者謂見知不過爲聞知之羽翼不必其人之名世也然禹亦以見知列焉豈禹果無得統之傳歟若謂見知聞知果有軒輊于其間也則見知文武之道者莫如周公矣乃置之不言而顧及于宜生也抑又何歟繼孔子者孟子古今無异論矣然謂顔氏曾氏獨得其宗何無與于統與將謂顔曾見知于孔子則孟子宜居于聞知矣其敘以見知自命何歟孟子之後建圖屬書默契道體如濂溪者誠足以嗣統矣而伊川乃直屬之明道謂孟子之後一人斯豈無其故歟繼周程者莫如朱子元儒亦嘗以集諸儒之大成許之矣顧今爲良知之學者又若于陸氏有取何歟諸士平日仰止既有定見折衷必有定説願爲我告焉

問　學者所以稽往轍訓來祼者必考信於典籍粤自書契既造載籍蔚興唐虞而上厥有五典三墳夏商以來爰著九丘八索至周方策大備國家之所職掌學士大夫之所誦習彬彬然稱盛矣然仲尼删述六經垂世立教而墳

典丘索多删而不録焉豈盡荒誕而無足采與抑他固有説與秦政不綱燔滅文章以愚黔首漢興學校廣求异書西漢則有總群書而奏七略者東漢則有依七略而爲書部者其校讎討論諸賢可得聞其概乎逮六朝唐宋諸君雖趣舍不倫而亦多重圖籍宋有别撰七志者梁有更爲七録者皆遞相祖述整比卷帙例之兩漢何似也唐修群書四部宋作崇文總目皆分曹綜緝甄明科部例之宋梁孰優也夫六經修目仲尼厄於秦火古今惜之漢唐宋藝文志簡編最爲博洽然説者謂六經未嘗亡而遞考歷代所載之書十已亡其六七此又何説也抑吾儒博綜群籍當必有窮本知要之學不繫於篇帙之存亡與多士其詳著于篇以爲稽古考文者采焉

問　粤西自入中國版圖迨漢聲教漸被繇是英才挺生代有作者乃今究觀人物之林蓋有世業春秋持論識大體者有擊猺有功民咸頌德者有保障南土無愧竇融者有淑問得竟人稱爲皋陶者有不畏疆禦立收常侍暴客者有條對水旱明于陰陽大義者斯皆漢氏之良也在唐則持節者開擴化外掇科者抗言謝歸糾義者助平交趾斯寥寥矣宋之人材最著故有雄才壯猷受知英主聲績獨光于中外者有獻書議政作牧遺思并見褒于大儒者有少稱神童進爲名御史者有疏陳廟謨退無忝于倫魁者有知昌化著循良之績者有爲講讀多啓沃之功者而三爲舉首褎然號名執政尤有中立不倚之操焉可得而悉數其人歟國家景運隆興鴻彦輩出或疏停夷貢以寬民力或臨鑿庾嶺以裨綱運或討邊夷而滇人沐其猷或懲席寵而黠酋伏其法或躋樞筦而時以文學稱或列上卿而人以完名羡或崇勛勁節退居東湖或醇德清風令終桂里或柄大政定大策而奠安社稷之功居多之數君子者雖所樹立不同然皆炳灼顯著斯列聖熙洽之鍾而粤壤羽儀之表也諸士亦嘗稽其名實否乎願品列之以觀尚友之學

問　嶺表疆域土猺叛服不常爲患非一日矣今皇上軫念南服特簡重臣兼發内帑俾興問罪之師誠地方一大幸也文武將吏欽承威命師出有期第兵無常形謀豫定容可不熟爲之計乎夫曲道相伏險阨相薄雖有長技將安所施則我師有過險之虞矣當其未入也何以使敵不得據險以扼我耶巢穴盤據徑路紆迴一夫當關誰與爲敵在彼有負險之守矣及其既入也何以使敵不得恃險以持我耶或謂調狼兵以制諸猺從其素所畏也又有謂狼難教練惟善搜剿而不長于捍禦狼可純用否與或謂立土司以控諸猺欲其有所屬也又有謂民近縣治猶可馴擾而未可以盡弃土司可純任否與昔人有輕騎至壁賊衆迎降者有盛夏行師大破賀州者有用永保之兵而殲夷修荔

劇寇者有率田州之旅而蕩掃斷藤諸猺者其所以經略於先區畫於後已試之明效抑可仿而行之與爾諸士負桑梓之憂於制禦之方講之必熟尚明言之以爲進取之助

中式舉人五十五名

第一名　洪敷誥　臨桂縣學生　易
第二名　彭啓忠　南寧府學生　詩
第三名　史著勳　桂林府學增廣生　書
第四名　秦延緒　臨桂縣學生　春秋
第五名　徐雩　臨桂縣學生　禮記
第六名　朱寬　臨桂縣學生　易
第七名　伍睿　全州學生　書
第八名　李宜春　臨桂縣學增廣生　詩
第九名　梁岱　南寧府學生　易
第十名　鄧一元　灌陽縣學生　詩
第十一名　張言　馬平縣學增廣生　書
第十二名　張文錦　古田縣學增廣生　春秋
第十三名　吴大有　柳州府學生　詩
第十四名　陳善政　柳州府學生　書
第十五名　蔣增　全州學生　禮記
第十六名　莊宇毅　容縣儒學訓導　易
第十七名　劉胤祚　南寧府學生　書
第十八名　唐民和　全州學增廣生　詩
第十九名　廖守俊　全州學附學生　易
第二十名　孔祖堯　古田縣學生　詩
第二十一名　蕭如惠　臨桂縣學附學生　易
第二十二名　經仁謙　全州學附學生　書
第二十三名　金凌漢　洛容縣學生　詩
第二十四名　石中美　桂林府學生　詩
第二十五名　趙一鵠　全州學附學生　春秋

第二十六名　蔣希孟　全州學附學生　詩
第二十七名　郭良楫　桂林府學生　易
第二十八名　莫可尚　馬平縣學生　詩
第二十九名　竇仲秬　全州學生　書
第三十名　陽光宇　桂林府學增廣生　易
第三十一名　趙存豫　柳州府學生　詩
第三十二名　蔣承熙　全州學生　易
第三十三名　蔣資乾　恭城縣學增廣生　書
第三十四名　王章　全州學附學生　詩
第三十五名　李中立　古田縣學生　禮記
第三十六名　王應湯　永安州學生　易
第三十七名　權用溥　柳州府學生　書
第三十八名　周相成　臨桂縣學附學生　易
第三十九名　唐民教　全州學附學生　春秋
第四十名　湯民仰　永福縣學生　詩
第四十一名　李兆鷟　博白縣學生　書
第四十二名　梁國相　賓州學生　易
第四十三名　陳大諫　陸川縣學生　詩
第四十四名　曹英　融縣學增廣生　書
第四十五名　張嘉熙　古田縣學生　易
第四十六名　梁大政　南寧府學生　詩
第四十七名　李任春　思恩軍民府學附學生　書
第四十八名　李中道　桂林府學生　易
第四十九名　杭廷臣　南寧府學生　詩
第五十名　趙夣霖　古田縣學增廣生　春秋
第五十一名　余錫　南寧府學生　書
第五十二名　徐進陞　柳州府學生　詩
第五十三名　孫振芳　南寧府學生　易
第五十四名　舒應麟　全州學增廣生　禮記
第五十五名　林中翹　賓州學生　書

第一場

四書

舉直錯諸枉能使枉者直樊遲退見子夏曰鄉也吾見於夫子而問知子曰舉直錯諸枉能使枉者直何謂也子夏曰富哉言乎

洪敷誥

同考試官教諭批（場中作富哉言乎每難著語獨此作瑩徹含畜且論舉錯有關治道取之豈徒以其文耶）

考試官教諭陳批（典雅純正宜式多士）

考試官教授王批（説理明盡）

聖人一言盡仁知之道而惟賢者識其大也蓋仁知合一聖言之所以爲大也子夏因遲之問而嘆之也有以哉夫子之告樊遲意以愛人知人仁知之理固然也子有疑焉盍觀用舍之道乎彼天下有直者焉知而舉之與天下共舉之也有枉者焉知而錯之與天下共錯之也斯則道之所在吾以道公是非而天下以榮以辱位之所在吾以位公進退而天下以勸以懲謂不能使枉者直乎是夫子之言已合仁知而一之矣何遲猶未之達也乃退而問於子夏焉蓋徒知舉錯爲知人之事而不知化枉兼愛人之仁矣子夏聞而嘆之曰富哉言乎蓋語此而遺彼者辭之及也有盡言近而指遠者意之貫也無窮今觀夫子之言舉直者官人之哲也而因以化枉則言不止於知焉帝王所以弘錫類之機者在是矣洋洋乎其天下之至言耶錯枉者絀惡之明也而因可使直則知不足以盡焉帝王所以溥曲成之化者寓是矣優優乎其天下之善言耶吁一仁知也自夫子發之寓其意於用舍之間自子夏聞之會其理於言辭之表遲也可以自悟矣抑考知人則哲能官人安民則惠黎民懷之是仁知之道固帝王致治之要也然理本一致機實相通知人而因以化人知之未始不仁也愛人而不必遍愛仁之未始不知也仁知交相爲用而聖人舉錯之化益明矣學者合而觀之始得

誠則明矣明則誠矣

史著勳

同考試官教諭宋批（發明天人一致之旨詳盡無遺可謂積學有得者

矣宜録以式）

考試官教諭陳批（清順不凡）

考試官教授王批（理精詞暢）

中庸申言誠明合一之妙勉人以求誠也蓋誠之與明本一貫之理也故觀於終之極致又豈可以异視哉中庸望人以求誠也意謂天人之分雖异而性教之歸則同是故自誠而明者非曰既誠而猶有俟于明也蓋純此理之謂誠明特誠之精焉耳苟真實無妄者既完于降衷之初則真知不眩者自通于於穆之表誠之復焉實體之渾涵合萬物於兼照也誠之通焉實用之流行晰萬理於無遺也誠之所至明自至焉殆與天道之貞觀一其機矣所謂聖人之性者非耶自明而誠者非曰既明而終有歉于誠也蓋知此理之謂明誠固明之真焉耳苟至明察其幾有見于萬境之皆徹則反躬踐其實庶幾于一真之自如善吾明矣而身之誠者不由于外鑠也知吾致矣而意之誠者無俟于他求也明之所至誠亦至焉殆與聖人之至誠同其道矣所謂賢人之教者非耶是知誠則明者性盡而教無不立也明則誠者教行而性亦可盡也性教殊名而天人一致誠之者奚容以自諉乎大抵誠明本一理性教無二機而所以統之者心也故吾性之知爲良知吾性之能爲良能此誠即此明也此明亦此誠也而命之爲性修之爲教特隨在而异其名耳吾君子大其心以體之則合天人通性教而一以貫之矣夫然後足以語盡性之學

思天下之民匹夫匹婦有不被堯舜之澤者若已推而内之溝中其自任以天下之重如此

彭啓忠

同考試官學政鐵批（伊尹自任澤民意思發揮清暢雋永是深知尹之心者録之）

考試官教諭陳批（發明親切）

考試官教授王批（詞意貫徹）

觀聖人憂天下之心其所自任者大矣蓋天生聖人爲天下計也尹以天下爲己責肯自貶以求行其道耶孟氏推之以曉萬章所以辨要湯之惑也若曰聖人之任天下也以道其憂天下也以心伊尹以天民自待矣其爲心果何如耶蓋尹既以堯舜之道樂諸己必思以堯舜之澤被諸人故其爲心也舉斯世斯民之衆咸欲濟之而無遺雖匹夫匹婦之微所以憂之爲甚切一有不被其澤是吾之道有未行也誠若由己之溺而思所以拯其危者不容以不亟矣

一有不獲其所是吾之責有未盡也誠若溝中之納而思所以措之安者不能以自遑矣尹之爲心如此是其心先天下之憂視一人之身爲天下之身也躋斯世而唐虞之而後其願始慰焉道濟天下之溺視宇宙之事爲分内之事也盡斯民而知覺之而後其責始塞焉畎畝藏修之時萬物一體之懷已素具矣敢曰天下至大也非一己所能獨任而欲諉之於人耶詩書誦説之日父毋天下之心已素存矣敢曰天下之民至衆也非一人所能兼濟而不以任之於己耶吁惟其所志者大則所以自視者必不小惟其所任者重則所以自待者必不輕割烹要湯之説何其妄歟大抵人有不爲而後可以有爲尹當耕莘之時惟知以堯舜之道自樂而萬鍾千駟不足以動其中者志定故也故幡然而起以堯舜君民爲己任而卒成撥亂反正之功豈偶然哉宋儒謂伊尹格天事業始於一介取與信矣是故君子貴辨志之學

易

象曰地中有水師君子以容民畜衆

朱寬

同考試官教諭梁批（體認容民畜衆精確明切而詞氣清爽可爲多士式矣）

考試官教諭陳批（詞理明暢高薦允宜）

考試官教授王批（詞不煩而意足）

易具寓兵之象君子有足兵之政焉夫兵不外于民也君子政在容民而兵寓焉其善于體師者乎今夫坤象爲地坎象爲水地中有水則是大順之内至險伏焉至静之中不測藏焉師之象也君子體之以爲水固險也而不外于地兵雖衆也又寧有外于民乎於是大其撫字之恩而囿黎庶于安全因以寓夫即戎之勢擴其怙冒之澤而阜群生于樂育有以豫乎敵愾之資制之田里教之樹畜凡以厚民之生也而有勇之衆於此畜焉不出乎深耕易耨之中所以爲折衝禦侮者有其具矣出入相友守望相助凡以奠民之居也而有制之兵由此畜焉不越乎同溝其井之外所以爲攻堅擊鋭者有其人矣當其無事則比閭族黨之夫此民也亦此兵也而所養皆所用未有被吾之患而不捍吾之患者也及其有事則伍兩卒旅之衆此兵也亦此民也而所用皆所養未有沐吾之仁而不用吾之命者也是民雖非爲衆而容衆實以容民而畜矣其與地中有水者何异哉吁君子其善于體師之象矣抑是成周之制也卒乘起於井田軍法寓於蒐狩國無養兵之費民無徵調之煩所以建久安長治之道者良有由也後世作丘甲履田税兵農始分而爲二焉踐卒材官之紛紜府兵彍

騎之迭變其於畜衆之義大相遠矣安得舉容民之政而行之乎

離也者明也萬物皆相見南方之卦也聖人南面而聽天下嚮明而治蓋取諸此也

洪敷誥

同考試官教諭梁批（順題發揮不求雕刻而典雅春融洗脱俗套且以南面嚮明串講尤爲灼見録之）

考試官教諭陳批（融粹精切深於易學者）

考試官教授王批（精潔）

大傳釋後天之離顯於造化而成於治功也蓋離位乎南化之所由顯也然則聖人之治天下謂不有取於此哉説卦論物之隨帝以出也至此蓋謂帝不可見也而必見于物物不自見也而相見乎離是豈無謂哉蓋離也者適維新之會而彰明盛之休有明之義焉萬物至此則始出者悉呈其象而發榮滋長之勢焕乎其莫掩也潔齊者皆流其形而宣著盛大之機勃乎其愈彰也所以然者離位正南四時之氣盛於夏而此有以當其會五行之用著于火而此有以司其藿夫固物之所由相見而離之所以爲明也聖人之治不有取爾乎吾見恭己以正南面體統于此乎尊也而向離明之地因以顯夫文明之治功禮樂明備天地將爲之昭矣正位以臨天下皇極于是乎建也而御陽明之方于以敷乎休明之治教經緯有章人文自爲之焕矣其在造化則帝歷于南而光輝之象以著其在聖化則位向乎南而丕顯之治以昭萬民之利見不猶夫萬物之相見矣乎謂之曰蓋取諸此信乎觀萬物而識化工之神因氣化而得法天之治後天之離其合天人而一之者乎而圖位之妙可知矣雖然天道以離爲用而必役之以坤蓋氣之盛也不節則過焉故得坤以成其冲和也聖人以明照四方苟明之過焉則傷于察故有其明而不自用其明者亦所以培元氣而代天工也書曰明作有功惇大成裕固敷政法天并行不悖之道也斯又繼離者之所當知

書

帝曰咨汝二十有二人欽哉惟時亮天功

史著勳

同考試官教諭宋批（辭旨春融渾厚虞廷都俞氣象宛然在目）

考試官教諭陳批（詞理精到）

考試官教授王批（典則可誦）

聖君總敕群臣欲其敬以相天事焉蓋庶官所治皆天事也敬以相之臣職其無忝乎帝舜所以總敕群臣者意曰人君之所畏者惟天而已而所頼以事天者惟臣而已咨汝二十有二人也詔之官聯固有崇卑之异秩而辨其官守實皆天事之攸關者也是必恪共乃職而有嚴有翼于以克相乎上帝之宜敬爾有官而無怠無荒于以奉若乎上天之載四岳敬於内治也而群牧亦敬於外治焉兢兢然合志以贊化工俾天職之分布於所司者日奏咸熙之績斯已矣百棶敬于統理也而庶官亦敬于分理焉業業然一德以調元化俾天事之責成於有位者日見明作之功斯已矣勛庸之舊著者當因夫天功之既亮而敬以圖厥終也蓋造化無全能而待人以成其能雖欽翼以承之猶恐範圍之用未弘也可以怠心處之乎責任之方新者當成夫天功之初亮而敬以虔其始也蓋天道無全功而待人以成其功雖祇慎以圖之猶恐有相之道未盡也可以慢心乘之乎是則敬以盡職而因以事天信乎臣道有關於天道也爾群臣盍亦是務乎嘗觀易以財成輔相歸之元后而此以亮天功者責之臣何耶蓋君道有心而無爲而岳牧九官之臣所頼以理庶職猶之天道無心而成化而四時五行之吏所資以成歲功也然則帝舜之命君道也亦天道也厥後皋陶陳知人之謨而亦以人代天工責之有虞之君臣交儆以事天者固如此

先知稼穡之艱難乃逸則知小人之依

伍睿

同考試官教諭宋批（周公告成王本旨發明精切録之以式）

考試官教諭陳批（剀達）

考試官教授王批（雅飭有文）

大臣原君子恤民之故見無逸之所自也夫民之所重者稼穡也君子知其難而體之奚暇以自逸耶周公告成王意若曰天下之事未始不成於勤而荒於逸者也君子所以能無逸者何哉誠以君位至逸也稼穡至艱難也惟不知其難而遽享乎逸始有忽民依而自肆者矣君子則心存於民隱而預識乎百畝之憂慮切於民生而周知乎三農之務時而東作也不必身親乎耕稼而先天下以達其勤動之故者昭然若所備嘗焉時而西成也不必下同乎穡人而先天下以察其胼胝之勞者確然若所親見焉由是而居大君之位以享天下之逸也有不知小民之依乎吾知居於深宫者此心也既灼見乎畎畝艱難之實則履乎帝位者亦此心也自洞察夫烝民粒食之源知小人之依於稼也而我稼之未同何以立斯民之大命乎則夫思艱圖易以作天下之依者蓋有

不遑寧處者矣矧敢縱逸乎哉知小人之依於穡也而穡事之未成何以貽斯民之率育乎則夫事制典防以開天下之麗者蓋有惟日孜孜者矣况敢逸豫乎哉夫古之居君位者始於憂勤而終於逸樂此所以稱無逸者歸之也吾王其監之哉仰論書戒無逸詩陳豳風姬公固惓惓以農事詔王矣迺孟子以并耕爲害治何也蓋人君以心勞天下則易故民依不可忽以形勞天下則難故農事不可兼此其意各有攸當而識治體者當辨之於早矣後世忘祖德而忽民難舍憂勤而縱逸樂者其無以豳風無逸之説告之與

詩

經營四方告成于王

彭啓忠

同考試官學正鐵批（體格莊嚴詞語精鍊於經營告成意發揮詳盡殆志存立功者與）

考試官教諭陳批（條暢）

考試官教授王批（莊重）

詩人美夫將必自其攘夷奏功者言之也蓋大將有事於外者王命也天既攘夷而成功矣得不入告於王哉詩人叙其事以美之也若曰王者之治以内順外威爲盛人臣之職以攘外安内爲功彼淮夷侵陵而興師薄伐虎既受成于王矣使其經營之未就抑將何以告其成乎今虎也奉天討以徂征而式固謀猷期得乎萬全之道遵廟謨以制勝而式遏寇虐冀成夫底定之休四方之疆宇莫非王土也悉心於恢拓之圖而侵者復焉荒者闢焉務俾有利于社稷斯已矣四方之人民莫非王臣也殫力於綏懷之略而渙者萃之來者安之務俾有益于生靈斯已矣如是而成功也能不爲王告哉蓋始焉簡書之授王固欲觀厥成也兹大憝既殄而懋乃丕績用敷奏於天子之庭昔焉推轂之遣王固欲救厥寧也兹大敵既克而以奏膚公用對揚乎一人之命以其恢拓之功從而上聞焉則知土宇昄章無改於舊而天王一統之業自是其永保乎以其綏懷之功從而上達焉則知萬方攸同不失其初而九重南顧之憂自是其可釋乎吁召虎之經營也以定王國之事也不爲幸功其告成也以佐天子之忠也非爲希寵其真可謂中興之賢佐者歟抑吾于是而見馭夷之道也淮夷倡亂召公討之不玩寇不黷武而惟在于經營信乎老成持重正易所謂師貞丈人吉也是以有顯允之方叔而玁狁之難襄有赫赫之南仲而昆夷之患息故誦是詩者雖嘉穆公之功而宣王得人之盛不亦尤可美歟

思文后稷克配彼天立我烝民莫匪爾極貽我來牟帝命率育無此疆爾界陳常于時夏

李宜春

同考試官教諭陳批（發揮題意明徹而詞更整潔是深於詩者）

考試官教諭陳批（義精詞雅讀之灑然）

考試官教授王批（詞理瑩粹）

詩人頌聖祖與天合德而必本其養民之極功焉夫承天意以養民而教因以行焉聖祖之功亦偉矣此其德之所以配天也歟此周人尊祖配天之詩也意謂必有天下之大德斯可享天下之大報我周南郊之祭人知以稷配天矣而豈知其德之有同於天乎惟我后稷先天以開人而經緯之章合貞觀以并運因地以盡利而彌綸之績與造化而同流藴之爲文德之精者即乾元於穆之體也發之爲文治之華者即天道高明之用也此其德真足以配天矣然果何以見之蓋民生有欲不能以自遂也稷則教之稼穡開天下粒食之原而利興於當時澤被於後世矣孰非其至德耶惟天惠民不能以自致也稷則貽我來牟承上帝率育之命而天雖無爲稷代有終矣孰非其成能耶由是生養遂則禮義之心自生無有疆界之殊而以正君臣以篤父子彝倫攸叙之風達之天下矣洪荒之世不奕然爲文明之會乎民生厚則正德之功自奮無有彼此之限而各尊其尊各親其親人紀肇修之化遍於中國矣顓蒙之俗不燁然爲聲教之都乎吁后稷上承帝命之命是能爲天地立心矣下開教養之端是能爲生民立命矣此其德不謂之至德乎而南郊之配夫孰曰不宜抑論周人郊而祀天以后稷之文德配至明堂則配以文王亦曰文之所以爲文與天之所以爲天一也然則不有文德不足以配天明矣周人制禮精義於此可以想見明於其義則仁孝之道備而尊親之化行此夫子所謂治國其如視諸斯也讀詩者當自得之

春秋

冬十有二月齊侯鄭伯盟于石門（隱公三年）

秦延緒

同考試官教諭林批（此題傳意甚略作者類失之膚淺此篇意思清婉而豐腴深得聖人公世之志）

考試官教諭陳批（辭義森嚴）

考試官教授王批（莊重典雅）

春秋惡諸侯之講信所以志大道之公也此見聖人之志公天下者也特

盟之私自石門始矣是以見惡於春秋吾聞常事不書春秋例也石門之盟亦常事爾而何以書蓋自敬信孚于虞夏卓乎無以尚也而誥誓肇於商周則既浸以薄矣况盟又豈盛世之事哉使齊鄭苟能以信而相諭則斯盟也將焉用之徒以結援於鄭僖謂不詔言於神將無以固其約矣而不知言不由衷盟無益也徒欲致讎於宋莊謂不締交於齊將無以遂其私矣而不知君子屢盟亂是用長也是果王法之所得爲乎聖人於此有感焉蓋以于邾之盟蔑雖嘗惡之然猶以爲自魯要之爾天下未必其皆魯也今齊也鄭也乃特起爲斯役焉吾知今日離以二明日參以三而天下之不爲魯者無幾矣噫安得信孚於不言之表使有虞之休風復見於今日邪于宋之盟宿雖常病之然猶以爲自隱欲之爾諸侯未必其皆隱也今僖也莊也乃相率爲斯舉焉將見爾惟我詐我惟爾虞而諸侯之不爲齊鄭者無幾矣噫安得敬存於不令之餘而使有夏之善俗不專美於前耶世道已衰也而以盛世期之人心不古也而以古道望之三代之英雖未之逮而大道之行則其所素志者矣故盟雖常事而經必書之豈特爲齊鄭慮焉已哉抑論司盟周制也孔子周人也以周人而變周制然則從周之説非歟蓋聖人作春秋爲百王法其本則自正人心始盟可惡也亦可革也雖變周之制何惑焉是從周者遵時之義道以守經也變周者復古之志道以達權也故曰聖人隨時變易以從道又何相悖之有哉

衛人救陳（宣公十有二年）公會晋侯宋公衛侯曹伯齊世子光莒子邾子滕子薛伯杞伯小邾子伐鄭會于蕭魚（襄公十有一年）

張文錦

同考試官教諭林批（發揮二臣引過讓善典明切當經義之最優者）

考試官教諭陳批（清新）

考試官教授王批（蒼健）

春秋以忠教天下而於過稱己善稱君者有取焉夫忠者人臣事君之道也衛晋之大夫有焉春秋得不取之以教天下之爲人臣者乎粤自匪躬之義微而凡便於身圖者苟有過也非惟文之且將諉之矣求其引爲己責者誰歟吾於衛得一人焉興救陳之師以干清丘之盟固孔達之過亦衛侯之過也晋使之來岌岌乎社稷之幾危矣達則曰先君之約不敢背也大國之討不敢亢也一時辱國之罪毅然當之而不辭惟知任其事而未常有其身所謂食焉而不避其難者是矣傳曰過則稱己非孔達其誰與歸耶自讓德之道喪而凡急於邀功者苟有善也非惟伐之且將攘之矣求其推以與人者誰歟吾於晋得

一人焉成蕭魚之會以致鄭樂之歸固魏絳之善亦晋侯之善也金石之賜藹藹乎上下之胥慶矣絳則曰戎狄之和國之福也諸侯之合君之靈也八年輔國之勛退然讓之而不居惟知代其終而未嘗有其成所謂不敢貪天功爲己力者是矣傳曰善則稱君非魏絳又誰與歸耶于其引過於己也可以見忘己之公焉于其推善於君也可以見尊君之義焉春秋於二子均之有取焉其所以作民之忠者何其至哉噫此華元子反不明人臣之義而擅必上之功所以不免聖人之惡也已雖然孔達弃信罪固不可得而辭矣用人以至於誤國伊誰之咎歟若魏絳相君之功固云偉矣及其辭樂又曰抑臣願君安其樂而思其終頌不忘規非賢而能之乎以此而觀則晋悼之賞不廢典其賢於衛穆成勞之報也遠矣

禮記

禮樂負天地之情達神明之德降興上下之神而疑是精粗之體領父子君臣之節是故大人舉禮樂則天地將爲昭焉

徐雩

考試官教諭陳批（禮樂合造化與贊化之妙極難形容此作得旨而詞氣渾融可以觀所養矣）

考試官教授王批（通暢）

記者極言禮樂之妙而因著聖人之贊化也蓋禮樂與造化相爲流通也聖人舉之而化昭焉不可以其爲用之妙哉今夫禮樂之在天下也臣能管乎人情矣然豈儀文聲容之謂乎蓋嘗有以觀其深矣彼天地之情廣大而不可象此其負之蓋兩儀肇和序之端而同和同節者成其能也神明之德微妙而不可測此其達之蓋屈伸秘藏用之機而敦和别宜者顯諸仁也通乎幽明之故而和敬之感孚則上下之神昭格矣貫乎道器之全而制作之大備則精粗之體□會矣紀綱人道之大端而合情飾貌之下父子君臣之節所由領矣是蓋禮樂之妙用所該雖甚廣要皆造化之事也然則欲贊化育之道舍禮樂其何以哉是故大人有見於此則必仰觀俯察處至序以制禮而經曲之悉備有以昭著其散殊之文玩至和以作樂而情文之兼該有以發揚其不息之妙無聲無體之呈露固成象成形者之所由彰也凡夫氣化之未周者將自此以幽贊之矣極和極順之顯設固并育并行之所由宣也凡夫玄工之不逮者將緣是以默助之矣夫天地之化育必體樂以昭宣如此則天地且不能違矣而况於人乎此其所以能管乎人情也雖然制作者其具也中和者其本也天子能建中和之極則至樂無聲而天下化至禮不讓而天下治雖無制作亦可也苟

爲無本則雖欲盡制抑末矣其如禮樂何哉而又何治情宣化之足云故程子謂禮樂只是和序其亦探本之論與

百官得其宜萬事得其序

徐雩

考試官教授王批（規格俊雅而意更明暢讀之令人躍然）

考試官教諭陳批（典雅切實）

用人行政之皆善人君養盛所致也夫治天下有本身之謂也今人無可適而政無可間其君正莫不正乎記者之意若曰君身爲萬化之原朝廷立四方之極故觀天子之德配天地而可以知化理之周矣彼先王設官分職以佐天下之治固嘗建百官矣未易使之皆宜也今天子隨在養德則元首之明自足以端股肱之則度德叙位而百僚效靖共之節因能授任而多士輸勵翼之誠以之登庸廊廟而爲邇臣與必能寅亮弘化而足以承事一人也以之服采邦國而爲遠臣與必能綜理庶務而足以宣力四方也蓋人臣本有當然之分而又得明君以表儀之夫固各盡其當然而協諸義矣百官孰有不宜者乎先王敦典成務以盡天下之賾固嘗有萬事矣未易使之皆序也今天子養德之備則元首之明自足以致庶事之康推行以漸貞百度而有常施爲當可熙庶績而不亂以大綱則舉焉正體統而建之爲維皇之極者昭如也以萬目則張焉修紀法而敷之爲下土之式者秩如也蓋政事本有自然之等而又得明君以總攬之夫固各循其自然而歸諸理矣萬事孰有不序者乎夫百官得宜則任官惟賢而事益理萬事得序則位事惟能而官益勸此其相須以有成而天子之所以治天下參天地也與雖然養德在君而所以成君之德者又在臣也蓋人臣能將順匡救而使吾君動皆合宜行已有序則禮義全而君德備所以贊化育而參天地者亦自我得之矣否則君心不正則非禮之禮非義之義日滋也其如用人行政何噫孟子有格君心之責望大人其意微矣

第二場

論

爲天下國家有九經

彭啓忠

同考試官學正鐵批（九經之要本在一誠誠即人之生理而爲仁此天人一貫之道也（促作獨能發之其真探本之論歟）

考試官教諭陳批（見理精徹立論古雅）

考試官教授王批（議論正大）

人君有天下國家之責必欲有以治之非可以徒法爲也亦惟道之本諸身者運之而已矣古今之言治者必曰道道固未有不出乎身者出乎身而施之家推之國達之天下雖行之萬世而不易可也斯則經之所由名也經即道也道一而已矣而曰九經自爲天下國家言也是故由吾身以及于家國天下曰修身也尊賢也親親也敬大臣也體群臣也子庶民也來百工也柔遠人也懷諸侯也以天下國家而約之吾身則曰所以行之者一也此夫子告魯哀公之言雖所以推廣文武之政而實所以立萬世君道之準也今夫人君一身至寡也天下國家至大也天下國家之人至衆也賢者親者大臣群臣庶民百工遠人諸侯其所以取足于我者又紛然至不一也以至寡之身握至大之勢御至衆之人而欲一其至不一之情豈智術法令之所能爲哉無亦因其自有之理而我有以應之因其各足之分而我有以與之而已必我有以應之與之而後可則不求諸身而求諸天下國家也衹見其日鶩于叢瑣而不可爲也已誠知夫天下國家之人即一人也一人之身即天下國家之身也如是而視吾身如是而視天下國家使我與天下國家共爲一體元氣充滿流行而四肢百骸莫不相貫視聽持行罔不相用無有壅塞凌悖間隔而不通之處是爲大公而無我大公而無我故能順應而不窮斯吾身與天下國家并理之至術也噫身爲本一爲要焉所謂一者豈出于夫子所言哉夫子前此曰修身以道脩道以仁仁者人也後此則曰誠身誠者天之道也自天而言謂之誠自人而言謂之仁誠非仁之肫肫乎仁非誠之生生乎天道誠也而其一元之氣運行不息其始萬物者元也其品物流形爲亨元之流形也其變化既成萬物爲利貞即元之變化也曰復其見天地之心曰天地之大德曰生天地之心何嘗一日而不生物哉天命流行物與無妄吾身之所自來也屬之于心則曰人得天地生物之心以爲心然則夫子所謂誠與仁者非二也即所謂一也此理在人渾然無欲粹然不雜謂之至善能明善則能誠身誠身即仁其身也能仁其身則吾身爲德之聚而達德非三也爲道之管而達道非五也爲人之存而文武非爲先也故能視天下國家之人惟我而視我惟人凡人之有所取足于我者我皆有以順其性平其情不違其所願而與之各得其所賢者吾有以尊之義之所以盡也親者吾有以親之仁之所以至也于大臣敬之于群臣體之庶民子之百工來之遠人諸侯則柔之懷之何莫而非親親之殺尊賢之等也禮之所以達也故曰所以行之者一也是爲天下國家之常經而二帝王王之所不能易者也稽諸陶唐氏睦族和邦授時釐工莫非經也而實堯之明德能仁其身爲之

稽諸有虞氏齊政輯瑞詢岳命官莫非經也而實舜之精一能仁其身爲之夏商以來六事之治五服之制人紀之修官刑之儆莫非經也而實禹湯之好善執中能仁其身爲之迨周文王以緝熙仁其身故刑于寡妻以至兄弟以御于家邦振作綱紀而九經之政行焉武王以執競仁其身故始于治内暨于治外以至制禮作樂不泄不忘而九經之政弘焉文武之道即堯舜之道也夫子祖述堯舜憲章文武而志欲行周公之道亦所以行堯舜之道行文武之道也春秋之時邪説起而學術散霸政作而王風微道在夫子而不得爲有位者之事故自言曰大道之行三代之英丘未之逮也而竊有志焉吁亦悲矣猶有魯哀公之問非幸邪魯吾父母之邦也周公之後也昔者魯公之國周公訓以不弛其親不遺大臣不弃故舊不求備一人魯公以此治其國三年報政曰尊賢而親親是九經固魯先公之所行也歷世漸遠不無廢墜吾特從而修舉之則一變至道魯爲周公伯禽之魯矣使吾欲道之行而姑就功利之國孰若從魯之爲易是故不薄其君之不爲文武問焉必告告焉必盡好學力行知耻與人一已百人十已千之説皆爲哀公設也而夫子之情亦激矣不然九經之章吾道一以貫之一言而足何樂乎其詞之費也夫不灼其形昧者弗睹不烈其聲聵者弗聞灼其形烈其聲而猶弗睹弗聞如哀公夫子且奈之何噫九經之義昭然漢以霸蝕唐以夷弃宋未盡行明而行之不能無待于知人知天者

表

擬宋宣撫使狄青平廣南群臣賀表(皇祐五年)

洪敷誥

同考試官教諭梁批(狄青崑崙之捷場中能悉其故實者絶少獨此作叙事詳明摛詞典雅且忠愛之誠盎然可掬非特四六之工已也)

考試官教諭陳批(體裁莊整詞藻焕發)

考試官教授王批(駢麗可則)

皇祐五年宣撫使狄青大破蠻賊儂智高于邕州廣南悉平臣某等謹奉表稱賀者伏以六師雷動隼與指翼軫以南征五嶺風清鰲極控湖湘而北奠運謨猷于帷幄銷氛祲於潢池捷獻崑崙歡騰河洛臣某等誠歡誠忭稽首頓首竊惟虞帝嚴猾夏之防士師敕法周官重攘夷之略司馬專征舞于羽于七旬有苗來格勤師徒於六月獫狁于襄蓋人主守在四夷用昭文德以威不軌而天王治大一統當除戎器以戒不虞粵若廣南寔稱邊徼在虞周尚違聲教至秦漢始入職方馬援收徵側之勛百蠻褫魄任逴諭蒼梧之詔列郡歸心迨有唐既疲河北之師致中葉遂隳日南之績夷酋跋扈勢有類乎鴟張險阻憑

陵衆實同于蟻聚自昔乍臣而乍叛伊誰七縱而七擒顧今海内爲家豈容榻邊思鼾天佑一德日靖四方恭惟文明憲古睿智沉幾本忠厚以纘圖推誠信而懷遠五兵常偃藹然天地之春群策畢收沛若江河之决西傾元昊則横山涇原之境烽燧不驚北弭契丹則燕雲幽薊之民干戈載戢兆庶共訢於翼戴萬方盡被乎陶鎔蠢兹儂族之蠻初屬廣源之種渠魁倡亂始盤據於一方群黨協謀遂蔓延于二廣敢移書而求節鉞輒僭號以擬乘輿烏合五千餘人鼓行略地鯨吞六七巨郡扇虐薰天釜底楊鬐甘效涸鱗之狀轍前攘臂妄逞怒螳之凶哀鞠狂圖包藏逆釁雖鬼方未伐奚損商室之中興而密旅不共難釋周文之赫怒上廑宵旰博訪安攘紓籌策於九重兼聽輿人之誦聞鼓鼙于四境爰思將帥之遺迺命樞貳之重臣俾膺經略之大任綸綍自天而下制重登壇牙旗向日而開命隆專閫鷹鸇奮擊乘雲氣而度斗南貔虎成群挾風聲而逾嶺表晡傳蓐食宵下險關嚴陳曙失律之誅三軍股栗鼓賈達先登之勇群醜魂揺驅精鋭以摧其前席卷建瓴之勢麾蕃落直擣於後刃迎破竹之鋒彼黨方豕突而狼奔我師咸投石而超距追亡百里山川震逐北之威俘馘萬人草木動征西之氣殲厥醜類固我封疆救民水火之中室家胥慶旋師枕席之上簞食來迎士已樂乎投戈野咸安於負耒追蹤銅柱紀不世之奇勛奏績玉階彰曠時之偉略是皆宸衷獨斷明威電照于域中遂令將校同心號令風行乎閫外固將除凶而翦逆誠非黷武以窮兵築京觀於邕南翼翼奠華夷之界限息狼烟于甌駱明明壯百二之山河臣等敵愾有懷憂時共念勞未伸於汗馬拊己知慚心嘗切于據鞍聞風思奮仰窺勝算嘆識帝王之有真幸際凱旋知仁者之無敵車騎懽呼於重譯衣冠蹈舞于千斑伏願駿烈覃敷鴻恩遐暨乃文乃武用對帝臣之心作福作威式敷皇極之訓右驧虞貍首瑶圖鞏周道於綿延朝荆楚享氏羌實籙寧湯孫於壽考臣等無任瞻天仰聖忻躍屏營之至謹奉表稱賀以聞

第三場

策（五道）

第一問

史著勳

同考試官教諭宋批（我皇上文武之道匹休二祖先皇此策揄揚殆盡而復以天道望我皇上一其心以培元氣振神氣其素抱忠愛之誠者歟薦先多士宜也）

考試官教諭陳批（我國家文武一道威德兼隆信足以軼唐虞而媲成周者子能鋪張揚厲以鳴其盛而純一不息之論更覘臣于忠愛無已之情宜録以式）

考試官教授王批（我皇上嗣統覲揚光烈子能備極揄揚未復進一心之論尤見忠悃）

帝王所以敷𠱾聲教恢擴弘猷躋熙皥之休揚乂安之烈者非徒著飾夫文具而取辦于武功已也要必有至聖之德篤于淵微至神之幾妙於獨運故其存之也玄遠而不可測其發之也時出而不可窺以化成天下也而聲教暨于四方以肅將天威也而弘猷奠於萬世夫是以綏懷戢寧遠至邇安而帝業以成治道無壅也於戲此天道也天之道於穆不已者也化工默運而温冽之氣通復之序萬物生且成乎其間矣帝王之道則天者也至德無爲而仁義之用恩威之布天下和且平於其間矣是故帝王之文非以致飾於天下也治定而文斯顯則天下以文贊之其諸天道陽舒之運而能培國家元氣之長者乎帝王之武非以立威於天下也亂輯而武斯顯則天下以武贊之其諸天道陰肅之運而能揚國家神氣之精者乎故唐堯之大也書稱之則曰乃武乃文夫堯起諸侯而爲天子光天下是文武之放勛也然惟帝德廣運爾堯不自知也周文之盛也詩稱之則曰文武維后夫文王起岐周而爲西伯顯西土是文武之顯謨也然惟厥德不回爾文亦不自知也武王之順天應人變伐大商武功成焉遂訪箕子叙九疇皇極敷言之訓而至文于是乎闡矣周公之繼武相成卜建東都武功寓焉乃作洛誥訓殷頑畢公保釐之命而文教于是乎著矣至于宣王紹文武之績成安攘之勛會諸侯于東都復有周之境土詩人於車攻美其簡閱焉於吉日美其蒐獮焉蓋兵戢而時動動則威備弛則玩玩則無振此宣王之用文事而飭武功所以爲内順治而外威嚴也夫文武之用與變推移而張弛之機隨時以著周之盛王所以爲聖而至今傳頌之不衰者也洪惟我太祖高皇帝之開天也混一區宇汛掃腥羶武功亢矣是故其平江漢也翦吴會也討蜀越也戢荆湖也以及于元都廓清西南底定開闢之極功也夷考其渡江登極之詔所謂克當天心受天明命者與然而簡命儒臣集禮典樂釐正效祀升中因吉立卧碑於黌宫也頒大誥於中外也蓋六合嚮德而遠邇同文矣方天心厭亂神异潜孚若有以默發聖心焉一仗劍而群雄懾服九有頌聲是啓億萬載之耿光者與帝堯同運非富天下者也成祖文皇帝之繼天也起自北平嗣大歷服武烈彰矣是故其戡寧夏也降西戎也掃幕北也克南交也以至于島夷歸命遼海静波皆丕承之偉績也夷考其定鼎金陵之詔所謂

克相上帝寵綏四方者與然而肇創内閣崇重儒臣日御經筵不廢寒暑廣修纂以訂書籍也頒大全以訓諸士也蓋臣民仰德而治教休明矣方天命有在詳异荐徵若有默定大數焉一揮戈而内難悉平四方頌德是弘億萬載之大烈者與文武同道不失天下之顯名者也迨我世宗肅皇帝之入承大統也則發明正學而敬一著箴也闡揚儒術而五箴釋注也重幸胄監而聖諭有紀也克謹禋祀而欽天有記也皆炳蔚之文也然安南不庭則問罪興師北虜跳梁則練兵遣將倭奴煽禍特簡重臣以驅撻之苗夷侵叛爰分閫帥以鎮壓之法不貸於勛舊刑不弛于僨將親閲章疏而離照旁通分任臣工而乾綱總攬其撫民之仁温乎若太和之普被而萬物皆春也其勵精之武凛乎若雷霆之震迅而奸宄讋服也所以培百年之休運固萬世之治安者真上與二祖同符矣我皇上嗣累葉之洪基紹列聖之駿烈乾坤合德而文武兼資試即其大者言之如建元一詔明定保之原著紹述之美録忠諫之節寬賦役之征停織造之使禁珠玉之采皆以爲民也郊祀之親俯采禮官之議幸學之典益隆重道之儀御經筵則儒臣進講以資啓沃也重科目則表正文體以挽淳風也皆聖政之要務是天下之至文也如邊圉少警有諭誡之辭儲積未充有實邊之令以六師未振非所以重武衛也親大閲以激勵之邊才未廣非所以重封疆也命諸司得薦揚之是詰戎訓武之規即祖宗之遺也聖猷神斷淵乎弘深中外諸臣欣逢快睹仰窺我皇上文武之德固將訖聲教於無外壯皇猷於無疆者其與隆古盛王先後一道授受一心猶天之造化生成乎萬物温冽爲序通復相成而不自知也草茅之所欲竊有獻者無亦以天道望我皇上而已上天之運不息而其化有漸生物不測者其功也而爲物不二者其本也故天道不二而聖心惟一一則純純則無欲一則恒恒則無息思天之民不可下也懷保之政常先焉思天之臣不可易也激勸之典常隆焉思天之權不可褻也近習之馭常嚴焉思天之明不可息也經筵之講常重焉順天命者必揚違天道者必絀所以培元氣於靈長振神氣於赫奕者率不外此是道也即祖宗之道而堯文武宣之所以爲文武者統是矣書曰惟天聰明惟聖時憲愚願以爲吾君告不識可以轉聞于上否

第二問

洪敷詰

同考試官教諭梁批（聖賢道統之傳發明詳盡而末總歸之天尤爲有見子其潛心斯道而有得者與）

考試官教諭陳批（知道之言出人意表）

考試官教授王批(諸説异同剖析獨爲明盡)

斯道之在天下也有相承之統君子固當沿其源而溯其流古人之尚論也有不一之見學者不可執其疑而失其是夫道之有統也前乎千百世之上以承天道而主斯文後乎千百世之下以繼往聖而興來學然時有顯晦而道無存亡言有詳略而聖無加損君子惟當觀其大旨究其意之所存焉爾豈可據其一而疑之哉今夫道統之説何所昉乎董子曰道之大原出于天是天者道統之所自來也傳曰聖人者道之管是聖人者道統之所由寄也粤自洪荒以上記載無傳故孔子叙書斷自唐虞者以精一之旨自堯而始也然三代以上其統每屬之在位之人若堯舜之後有禹湯禹湯之後有文武文武之後有周公爲君爲相位各不同要皆達而在上其道行行者統之所由立也三代以下其統每屬之無位之士若孔子之後有孟軻孟軻之後有周程朱子或師或友時各未遇要皆窮而在下其道明明者統之所由紹也此其大概也試舉孟子終篇之疑韓愈原道之論及孔門宋儒之緒而悉論之彼自精一執中承堯之統者舜也原道謂堯以是傳之舜矣孟子乃以堯舜至湯一舉而并言之何也蓋孟子謂斯道大約五百年而一興故凡肇統于先者均啓嗣聖之緒初無彼此也非軼舜也視韓所述何有于軒輊乎祇台德先承舜之統者禹也原道謂舜以是傳之禹矣孟子乃以禹皋陶爲見知而不叙諸統何也蓋孟子惟以五百年爲斯道一傳故凡未越百年者均屬見知之列原無優劣也非略禹也視韓所叙何有于低昂乎當殷士之來歸親訪洪範之傳使斯道既蔽而復明者文之後賴有武王也而孟氏終篇無一言及之若于武爲未與于統者然不知父子迭聖同出一時稱人世德從其所尊兹叙文而不及武者豈非以舉父則子可該之意歟觀其他日叙統于文王之後復繼以不泄不忘之言則可以知孟子叙武之心矣原道所謂湯以是傳之文武者不既同耶當周命之方新大衍禮樂之制親睹文考之懿範者見知莫周公若也孟子乃置之不言而顧及于宜生之儔若以周公爲無得于文王者然不知交儆以道祇在君臣信史之傳取其協贊兹周公之不與于見知者豈非以父子之間而略之歟觀其他日叙統于武王之後復綴之思兼數語則可以諒孟子叙周公之心矣原道所謂文武以是傳之周公者不既合耶要之禹之去堯舜也武周之去文王也皆在百年之内故禹爲見知非有所劣武周之不得嗣統于文王非有所遺也由堯舜至湯也由湯至文王也由文王至孔子也適當乎五百之期故湯文雖非有加于禹而得以直接乎虞夏孔子雖非賢於周公而得以直接乎文王也昔草廬謂伏羲爲上古之元堯舜其亨禹湯其利文武周公其貞非有見而云然

乎愚謂道統之所由立者蓋如此自周轍既東大道日隱文武周公之緒幾墜于地矣惟夫子講道于洙泗之濱而一貫之旨爲萬世傳心之脉于時及門之士蓋三千而得其宗者獨顔氏曾氏也然後世叙統反不及焉豈非以聖師在上門弟不得以方其軌歟自列國争雄權謀相煽孔門仁義一脉幾于澌絶矣惟孟子壁立于群雄之中而知言養氣爲吾道赤幟之立則聞知孔子之道而繼其統者信無逾于孟氏也然其自叙乃以見知自命豈其志在闢邪以任之不親則排之不力歟濂溪周子金井玉淵光風霽月圖書之作默契邃古不傳之秘晦庵稱其非秦漢諸儒所及當矣然伊川乃以孟子之後一人歸之明道非無以也蓋伊川所稱衹以明道闢邪之功可匹孟子非謂道統之傳輕濂溪爲無得也亦何妨于茂叔之統乎紫陽朱子苦心極力繭絲牛毛著述之贍大發千聖之奥許衡稱其集諸儒大成當矣然今爲良知之學者若于陸氏有取非無故也蓋陸氏之學務明心朱子之學在窮理故恒情樂徑悟而憚積累是以厭常而喜新也亦何損于元晦之統乎要之孔子也顔曾孟也倡斯道于大亂之後其任之也難此堯舜湯文之道所以至今不廢也濂溪也程朱也振絶學于寥廓之餘其見之也卓此堯舜湯文之道所以千載一日也昔勉齋謂由孔子而後曾子子思繼其微至孟子而始著由孟子而後周程張子繼其微至朱子而始著豈無見而妄言乎愚謂道統之所由紹者蓋如此竊嘗論之道之傳與不傳由于人之遇與不遇然有天焉非人之所能與也不係于見聞之間吾嘗怪夫孔門諸子若子貢者其悟非不敏其問非不切也然終日侍于夫子之側乃謂性與天道不可得而聞於戲文章之外豈復有性與天道哉若回之愚參之魯則無不聞矣何也蓋天之所與者在顔曾不在賜而道之所傳者以遇不以見也故自古聖賢以道相授受者其聞雖在于五百年之後而其知則在于五百年之先由堯舜以下逮于程朱皆遇也皆天也不然雖日侍其側不可謂有所見雖日誦其書不可謂有所聞而此心相遇之真知實有超于耳目之所不及者矣嗟夫觀道統之絶續一係于天是又世道升降之一大機也敢以質于明問

第三問

秦延緒

同考試官教諭林批（以經學守約爲言而考究説明議論精確子其博而能約者）

考試官教諭陳批（博雅之學精切之論録之）

考試官教授王批（宏博淹貫之學於此作見之）

文所以載道者也必持精約之論而後可垂於無窮學所以明道者也必敦反約之功而後有裨於實用何也道原於天管於心匪文弗載匪學弗明也工著述者繁文侈説而不求諸至當則其論畸焉而弗精是裂乎道者也而奚以垂無窮之訓乎稽往牒者遠綜博覽而不要其指歸則其功泛焉而靡約是晦乎道者也而奚以裨身心之實乎故善作者會其精而修文則道載於文而傳之也遠稽古者反其約以爲學則道明於學而積之也深究其歸則一心盡之矣心存則道得文爲至文學爲實學兹固多識者之要軌而儒生之所當亟亟以講求者也今夫典籍何昉乎太古之世其民醇醇其政悶悶上無誥戒之施下安忘言之化時則人文未闡也粤自篆籀形製載籍所以蔚興簡竹汗青文墨由是駿發庖羲氏於是造書契以代結繩之政焉羲黄以降洪荒載闢柬帙漸備三皇有三墳以述大道之要五帝有五典以紀常道之經是皆先天開人遐哉邈乎弗可尚也已夏商以來風氣聿開制作乃作述八索則八卦之奥義悉陳著九丘則九州之風土具載是皆隨事立教因時有作殆弗可加也已周人監于夏商方策大備外史掌三皇五帝之書則國家之所職掌者此也楚左史倚相能讀三墳五典八索九丘則學士大夫之所誦習者此也郁郁之文六合同風九有共貫後有作者弗可及矣逮乎叔季縟文勝而實德衰史籍繁而异説熾仲尼懼覽者之不一也乃明舊章定禮樂删詩篇而爲三百因魯史而修春秋讀易道以黜八索述職方以除九丘討論墳典斷自唐虞皇奴以來之所著述多删而弗録者豈其書盡無足采哉蓋世遠風遐遺軌失據殘編斷簡贋説亂真故倡并耕而治者藉説於神農述陰陽醫方者竊談乎黄帝他如太素太初之論多涉謬悠三皇十紀之書咸屬迂誕夫事無徵則聞者創駭言有證則習者心融此仲尼所以不能無所折衷也仲尼既殁聖學榛蕪戰國從衡衆説蜂起挾藝者吐舌而争談窮經者分門而肆辯真僞溷淆莫可究詰於是秦人乘之而坑焚之禍起矣斯豈可獨咎乎秦皇哉則諸儒恣辯博而忘反約之過也漢興懲亡秦之敝除挾書之律然干戈甫釋表章未遑迄乎孝武廣求异書而嗣世相承崇重經籍於是劉歆總群書而奏七略曰輯略曰六藝略曰諸子略曰詩賦略曰兵書略曰術數略曰方技略條貫粲然固西京之選也而猶有遺議者以六經聖人之至教而歆乃次之於輯略則非矣光武中興篤好文雅而明章繼軌敦尚儒術於是班固傅毅等依七略而爲書部自輯略而六藝略以至方技略舊貫昭然亦東京之盛也而猶有遺憾者以間有七略之所無而班氏乃益之以己見則躓矣降自晋魏隋陳之間雖時代更异趣舍不倫而好事之君慕古之士亦未嘗不以撰述爲意故縹囊緗帙采遺亡於秘書

寶軸錦標函圖籍於别殿誠更僕未易數也以宋梁言之王儉撰七志於武帝之世如曰經典曰諸子曰文翰曰軍書曰陰陽曰術藝曰圖譜是已阮孝緒著七録於普通之中如曰經典曰記傳曰子兵曰文集曰技術曰佛録曰道録是已之二子者遞相祖述整比卷帙非不自附於作者之林也而一病於文義之淺近一病於辭義之割裂例之兩漢風斯下矣况於聖經乎以唐宋言之玄宗命殷踐猷等修群書四部爰别經史子集之名仁宗命王堯臣等作崇文總目悉仿開元四部之例之諸臣者分曹綜緝甄明科部非不馳聲於翰墨之苑也而唐則失之浩繁宋則失之缺略方之宋梁且未優矣况於史漢乎由是觀之六經修於仲尼厄於秦火即得之屋壁所藏口耳所授者其不絶如綫爾漢唐宋諸書連篇累帙藏在石室播之寰宇固宜家傳而人誦之矣鄭夾漈氏乃謂秦人焚書而書存而歐陽永叔所見唐四庫書目百不存一焉者豈無其故乎夫六經者聖人傳心之書也統括群聖包舉造化易以道吾心之時書以導吾心之中而詩則道吾心之性情也禮以道吾心之敬樂以道吾心之和而春秋則道吾心之是非也文發於心經傳於後百家同指千古不磨夫繁星至難數計矣而求之天則明衆匯可涯測矣而歸之海則一然則六經者群書之天與海也其不亡於秦燼也宜哉歷代曲籍皆掇拾以爲考訂之具也剿襲往緒罔知取裁以采掇爲工者則極意於蒐羅而碔砆美玉莫辨焉以并蓄爲富者則取盈於箱篋而魯魚亥豕莫稽焉言不由衷行之不遠匪直灾木且資覆瓿昔有實敝帚而鬻之以千金者卒忘其帚之敝也宋人寶燕石以爲玉而藏之華匱者既發藏乃知其燕石也然則藝文志者歷代之敝帚燕石爾其不傳於世也有由哉嗟乎千聖一道千人一心學者不求之載籍而求之六經不求之六經之迹而求之作經者之心窮理以明之居敬以養之弗雜於聲色貨利之私弗遷於紛華波蕩之感養吾心之時中即羲畫未陳墳典未述而易與書固在也養吾心之和敬即經曲未制聲容未作而禮與樂固在也養吾心之是非與性情則風雅頌之未起褒貶予奪之未彰而詩與春秋固在也心存則道得道得則文自生以之述作可以翼經而垂訓以之遠覽可以考古而信今而學之能事畢矣易曰君子多識前言往行以畜其德軻書曰君子博學而詳説之將以反説約也愚生誦法孔孟而漢唐宋所不敢知者故有味於反約之説執事其以爲何如

第四問

梁岱

同考試官教諭梁批（評品往哲如持權衡以較輕重銖兩不差且辭復

雅健可追漢人手筆）

考試官教諭陳批（敷對無遺蓋志存尚友者）

考試官教授王批（論人物而得其心可爲斷案）

籲俊以光洪猷者熙世之治也奮庸以樹遠績者哲士之程也蓋人材之生何地無之顧其時之所遭或异而士之致用其器業若相倍蓰然故夫英度卓識審時圖幾入足以弼諧化理出足以潤澤生民者斯大受之才也其若隨世程能效時宣力或陳讜議以毗政或捍疆圉以衛國者斯亦適用之才善圖治者所當兼收而并蓄者也審如是則粤西之人才即在往代已可睹記矧國家重熙累治所以丕振而長育之者久矣則夫潤飾鴻猷光揚駿烈之士超軼往代豈偶然之故哉執事發策以粤西人才爲問蓋欲愚生志其大也竊嘗觀之人才之生關于氣運而實繫乎風化之轉移故有時雍風動之俗而後有亮采惠疇之賢有籲俊尊帝之猷而後有迪知忱恂之哲有用協丕式之治而後有三宅三俊之材周之棫樸菁莪譽髦久之而後奔走禦侮疏附先後諸臣出焉蓋人才作興若斯其難也人亦有言燕趙之士懷慷慨而宋鄭多沉略秦晋之士張果毅而齊魯富聲名嗟乎斯殆囿于風氣之説未暇究觀化澤者歟粤西古甌駱之地方其阻于聲教也仁賢隱閟亡可概見秦人雖并百越置郡而發謫騷然漢興蕩平南越開拓境土漸涵及乎世祖始復崇尚風教於是人才彬彬出矣夷考其時陳元世業春秋議立左氏學官蓋篤信士也至立朝忠鯁諫止督察三公復識君人大體昔人謂其克蓋厥考事新之愆其賢可知矣申朔雅尚儉素不事紈綺蓋廉静士也至舉孝廉爲九貞都尉擊賦有功民無不頌厥德吴人爲著先賢傳紀之其賢可知矣士燮精核經傳見稱名流及爲交趾太守爰致疆埸無事民不失業方之竇融保河西何以過之耶鄧盛事母至孝矢聲尉曹及覆竟左尚之獄一以恩意感動片言伏之方之皋陶淑問豈無其由耶徐徵素行方直之畏疆禦爲督郵時收致唐衡暴客髠之郡市蓋持節不撓其英略有足稱焉養奮博通墳藉一時名儒當和帝時條對陰陽水旱無少牽合蓋正色敢言其大義有足取焉夫是六子咸漢才咸出東京無亦光武明章之烈振作于上者有成效而興起于下者無遺壤哉唐人雖置桂容邕三管厥後藩鎮竊據士無寧宇故人才罕稱惟趙觀文掇巍科而以抗言謝歸庶於見幾之君子乎韋厥持使節而服生蠻開擴化外于向糾義兵而助高駢平定交趾斯亦凋乎希矣有宋鼎建南服文教易敷士風益奮方建隆初周渭召試時務受知藝祖即能誅縣吏之奸弭監軍之叛减僞國挽算之籍駸歷中外聲績赫然可不謂奇士哉而教授廣州獻本政書十三篇慨然有志復古時則

有若林勛焉張敬夫稱其人才卓然有以也作牧三州躬操廉介惟以恩信結民夷心時則有若蔣允濟焉朱元晦稱其遺愛在人有以也覃光佃幼抱岐嶷著名御史内肅朝儀外紓邊策其繫國安危若此王世則早掇倫魁增光使節進憂國本退播英聲其繫時輕重若此知昌化軍而請增賓興之額減折納之輸者黄齊循良之績也爲講讀官而疏陳謹獨之謨建修武之策者陶崇啓沃之功也若馮京三爲舉首號名執政而中立之操始終不變所謂大臣以道事君者京有之矣宋之人才於斯爲盛洪惟我國家列聖相承身任君師之責遐陬僻壤均沾教澤賢才應運而生又豈往代所可倫擬哉今觀黄驥以侍從使西域諭南交而停外夷貢焉諸疏輙見嘉納自是陝右之民賴以全安者衆矣王溥以藩司理冤獄禁侵占而鑿庾嶺教車運諸法咸裨經濟自是廣南之户賴以蕃阜者多矣包裕討雲南之夷圖爲經久而滇人悉心歸之至論其憲度貞肅尤有謇諤之風焉馮俊懲楊畢之暴不避席寵而閩人闔户倚之至考其駕馭土夷尤有威權之略焉張燦早列清華晚躋樞筦而正心之教士人宗之志者稱其詩章力擬古人非過也蔣昇歷官郡邑晋秩上卿而窮理之學終身誦之志者稱其言行無愧古人非過也吴廷舉勛猷氣節足以起懦激頑疏歸東湖好學不倦稱之者謂其才如干將鏌鎁志如長川逝河節如堅松勁栢信矣屠楷雅量清操足以黜浮敦薄優游桂里以壽考終稱之者謂其守身如籧伯玉立朝如文潞公居鄉如司馬君實信矣蔣冕休休有容由文學入柄大政卒而受遺定策迎立真主銷危疑於未著奠社稷於乂安者冕等二三大臣之功也稱之者謂其德業文章如有源之水信知言哉夫此數君子者樹休烈于當時垂芳聲于後世炳炳烺烺較之漢唐宋諸臣遠過之矣其諸一節一行之士播在記牒尤有未易以枚舉者頃歲以來鴻材彙征内而秉衡握軸外而仗鉞擁旄以及廊署岳牧布列庶位者濟濟相望晋之履公卿輔弼之任以翊國家中興之治其所建樹將必與帝王名世之佐相後先矣徛與盛哉詩曰思皇多士生此王國王國克生維周之禎言才賢之利於國也易曰雲從龍風從虎聖人作而萬物睹言人類之神於應也今聖天子雍熙成化綱紀作人一時名賢際雲龍之會而應彙征之期者蓋所在嚮風而承德焉愚也生逢唐虞之世上嘉皋夔之風竊願友天下之善士又尚論古之人未敢以一方自限量也敢以是爲明問復

第五問

彭啓忠

同考試官教諭陳批（時務策關繫最要是作以任將達權爲主甚合機

宜議論鑿鑿可行足徵經濟）

考試官教諭陳批（區畫精詳足占用世之學）

考試官教授王批（籌畫切中機宜誠達時務者）

御夷有常而任將爲急制勝有機而達權爲要夫人之著能各不同也故爲將者有偏全之技有攻守之才惟選擇而責成之使專于其任焉斯則得統御之略矣夫兵之爲勢無常形也故達權者有伸縮之相仍有剿撫之相因惟隨時而運用之使萬全不爽焉斯可幾安攘之圖矣爲將者惟其剛而弗審誇而無當也故於兵則易視之其自許也則曰我熟夷地諳夷情也至使當一隊守一障焉則進退維谷尺寸不效矣若是者不早擇之可乎治兵者惟其誕而寡謀泥而不通也故臨事則輕言之其策敵也不過曰夷强可剿弱可撫也至使臨大敵制大事焉則措置壽張經理失據矣若此者不豫圖之可乎執事憤土猺叛亂之久幸重臣簡命之臨思文武將吏之佐詢必勝久安之畫爲一方計至審也愚生敢借前籌哉敬以舊聞者陳焉夫嶺表之有蠻夷也其種落非一類其窟宅非一隅其侵叛非一日其詒罹非一方也然今之號最黠而禍最鉅者莫若近省之土猺焉蓋其枕藉兩江連亘融洛拒龍門之阿扼都狼之隘地至阻也左連三鎮右達九寨背永寶綏靖之陰達荔永藤峽之交穴至衆也往者抗王師戕二將繼則掠省帑斃藩臣窺覘靖邸侵竊縣治患至無已也聖天子軫念南顧而重臣握符矣計重糧餉至内帑給儲矣然承制而專決一方建纛而總握群略者重臣之事也至運謀畫於帷幄定進止於封郊宣恩威於燓伐奮勇力於戰陣者文武諸吏之職也執事所謂欽承威命而興師有期又云兵無常形而謀貴豫定蓋率兵者將而兵勝者謀而謀成貴豫也兵志有之曰將者國之輔也輔周則國强夫將必以周爲輔矧今之土猺地隘而穴衆非可以一歸一隊徑指而直搗之者是所以分命諸將不可不擇之精也又曰伐謀爲上野戰爲下夫兵之所伐在謀矧今之土猺爲患又至無已非可一朝一夕草薙而禽獮之者是所以相機達權不可不計之深也且能道韜略者鮮究其指趨喜談時事者弗裨於適用鳴劍抵掌罕著伊吾之勛杜門思奮未效北平之績不知吾方以蕩巢掃穴之責寄之也而彼之非有建明者遂爾委之重寄可乎謀在於剿者則謂抹馬犒師輕資匿影或攻其不守或出其不虞靡不得志於夷者也謀在於撫者則謂集我重兵壓彼境土開布威信之令重加悔罪之恩夷亦有人心者也不知彼方以聽招降附之辭詐我也而我非有大懲創之者遂爾絡其詐中可乎諸將不可不慎擇者然將得人則謀必定矣謀定則審達權之略而明於行師之始兵法所謂輔之周者雖計勝於未出師之前

可期也爲謀不可不素定者然知好謀則將斯得矣得將則因才智之長而授機密之策兵法所謂攻其心者雖萬全於既行師之後可必也人亦有言任相易而任將難夫將之難知也然觀其年以知其强勇試其言以考其智略其至要莫若稽其行事驗其平生或累立戰功或嘗經陷陣昔人謂兵官非嘗試之惡知其能者則選將之術也若夫羸弱不可以服衆輕率不可以諏謀其大致在於脂韋夤緣誇談飾用聽其言則美施於用則疏昔人謂兵不擇將以卒與敵者則任將之鑑也任使既稱謀猷既周問罪於貫盈之夷發紓夫人神之憤蠢兹土猺安能久逃鈇鉞也是故曲道相伏險阨相薄至險不足虞也何者昔者二馬之禍惟其識不遠而謀不臧者也夫綿綿翼翼不測不克者師之律也以曲道險阨之途而以無人之境視之行不遠間諜止不定行幕經隘不搜竊伏之奸紓道不匝住守之卒使猺突出以截我也是豈素豫之將耶使其土著之夫結之有素緝事之役待以殊恩分遣於數月之先而申覘於臨發之期雖敵人動静罔不織悉周焉行旌所至或布勇士於險巘或陟高巘以瞭遠如亞夫然將并崤澠之伏兵而殲之也而反使之據險以扼我者有是邪故曰是不素豫之將也往者巢穴之盤惟其始之挫而終之餒者也夫嘽嘽焞焞如霆如雷者師之法也以盤據紆迴之區而以天造之險視之外覘之不先備内應之不先圖出没不知其所從虚實不知其所措使猺堅壁以制我也是豈將之善謀者邪使其内宅之窟得其地形外宅之門得其險要多募敢死之士而懸以破格之賞雖敵人之信息罔有毫髮遺焉分道而進或犂賊巢於夾攻之頃或執巨魁於懸購之下如班超然將指西域之名王而俘之也而反使之恃險以持我者有是耶故曰是不達權之將也諸猺之跳踉巉絶而輕越溪澗也其性則然也何者彼非有棟宇之居衣履之飾生而烙蹠履險若飛而中國之足弗及之也彼狼兵者雖有内屬之名實其侏離之類忍饑行鬬跣躍射生素相類也以蠻夷攻蠻夷固中國之形也然狼者懷野心者也非惟其頑之難於教練抑且悍之不便指麾且今之狼與昔大相懸也异日者官帑之儲峙充而餉犒之給賜厚是故土兵調至如歸以飽其欲也今土兵之給既微且薄矣土官又從而朘削之故就調者非梟雄之兵而猶挾驕蹇之氣也與我兵雜處也視戰勝則争我兵之前而善於搜捕視不勝則要求重賞然後肯赴敵其氣盈而易衰可以一用而不可再也近者於永安之役而知夫狼果不可以純用也漢土兼制此自古破夷之常法者非邪諸猺之不樂控制而便於其黨也亦性然也何者彼非有上下之分官長之素刀耕而食火種以生而中國之法弗加之也彼土司者雖有冠裳之形不過羈縻之制佩刀帶劍以强爲威亦相近也治蠻

夷以不治亦一時之權也然土司者非漢官也恐一時獲捍禦之利而終畢有騷擾之虞且今之設土司因便利田宅也异日者編氓之土田既侵没於猺手幸其驅逐於我兵是故吾民之胥慶冀復其故也今設爲土司將併其有矣夫并其故而奪之是無辜者去猺蠻之害而復益以水火之虐也故莫若弃其阻險者而畀於土司其邇縣治者猶可畀吾民而俾之耕種其勢則可以兩利而俱存吾民將德我之曲全而不忍遠之也往者觀復修荔之事而知縣民之必不可弃也内華而外夷此自古封域之大限者非邪昔之人有如裴懷古之討歐陽倩也乃輕騎至壁而賊衆迎降彼非徒恃一札之手書也蓋南蠻之役誅止首惡先已服其心矣况因其自陳而亟赴之懷古其得破謀之算者與有如岳飛之討曹成也盛夏興師而賀州以平彼非有破敵之异術也蓋經畫既具師出不意先已破其膽矣况席累勝之威而馳之飛其有達權之機者與執事謂韓雍用永保之兵以殲夷脩荔也愚則曰雍兹役兼兩京江廣之兵與土漢達官之衆也其首破修荔次及斷藤磨崖之烈于今賴之雍其謀斷兼資之大將也夫執事謂王守仁率田州之旅以蕩掃諸猺也愚則曰守仁兹役兼用湖廣廣東之諸將而加之永保北歸之士也其銜枚疾走八寨悉平京觀之偉於今爲烈守仁其智勇具備之儒將也夫此皆經畫之略豫審於其始而區處之策克成於其終執事欲仿其已試之明效則亦擇將定謀剿撫相因恩威并濟而已矣善謀者潛於九地之下而發於九天之上敵雖欲知之而不得所以知之者也達變者晝於一時之宜而垂之爲千百世之久睹其利而不至詒其害者也首惡可誅也而種類之不可盡者開其歸附而與其自新可也土司可置也而平衍之可以居民者參之漢官以制其滋蔓可也若風霆之迅震而繼之開明之日若雪霜之栗烈而繼之和煦之春斯柔遠能邇蠻夷率服之道也敢以爲進取之助何如

廣西鄉試録後序

隆慶庚午秋八月廣西鄉試事竣御史李良臣率諸大夫若執事勸饗諸士工歌鹿鳴繼之南山諸什將馳賢書貢天府顧冠以執事宜序末簡序曰始冠膺聘檄道衡山也則前睹九嶷諸峰邐迤横亘逾永而南狀若奔驥望之嘆曰兹其爲嶺粤之始鍾也夫既入境清湘縈帶文嶂矗空遶以三江峙以八桂巉絶明秀寰中罕儷聳然异之曰兹其爲天地之奥區也夫既鎖院畢試閲其文詞根極理要弗鶩葩藻七篇論對言人人殊咸稽傳注明性術也肅然三復

之曰兹其大羹玄酒之遺敦尚典雅而緣以辭采者夫何粤西産才若是富也往讀王制稱天子之田南不盡衡山然則粤西者固三代之所不能仁太樸真元渾淪而未斵詩書禮樂湮鬱而未伸者與夫天地泰而群賢生聖人作而萬物睹神龍襄首則雲氣追隨葳鳳呈苞則珍禽蘩集氣之相感遐邇悉通也乃粤西人士入唐抵宋始蒸蒸出而特盛于我國家熙皡之朝無亦山川有待人事聿興氣與運符道因時顯者與爾諸士兹以言進也言者達心之器而致用之階也自昔名世之英篤弼之佐率以言顯唐虞之盛則有若禹皋之矢謨殷商之興則有若伊傅之對命成周之際則有若尚父獻書箕子陳疇數聖賢者誦言以明心奮身以致主然言之罔不劘事情而底績用裨贊襄而潤皇猷者也故行業著于當世聲稱浹乎于兹今之談者則云虞夏商周之士之進也或以事舉或以德庸或云夢協或云卜徵匪專之于言誠是也我國家令制聚士而甄陶諸學宫稽行於有司而賓興之於三歲蓋非徒曰以試得之以言揚之爾也顧視虞夏商周之辨才有同符焉者今諸士之自獻其言也述虞夏叙商周舍性術弗陳外傳注弗演鏘然可觀矣然言華也行實也諸士者如其攄心以發言心罔弗孚即行以稽言行罔弗成矣兹冠以是爲諸士望之也夫士而不以禹皋伊傅箕望之業待其身匪善致身者也士而不以虞夏商周之盛事其君匪能致君者也諸士行矣將以言對大廷揚敷納明烈訓者繼自今若曰明盛間值川岳匪虚既已應毓秀而慶遭逢也所持以終身者惟敏顧于言弗懈於行用是無忝昔人不愧賢科已矣抑愚竊尚有懼焉顧兹文嶂桂嶺之巉絶而亦有夷酋异物之竊爲憑依也清湘三水之明秀而亦有炎風蒸嵐之因以時作也諸士者間或有言馳于心行違于始則醇駁且不相掩他日人將訾之其於明盛之值川岳之鍾胥有負焉則使斯録也不幾爲弗信之書與故冠之願與諸士勖之也

浙江温州府樂清縣儒學教諭陳冠謹序

萬曆元年廣西鄉試録

廣西鄉試録序

聖天子御寓紀元是爲萬曆癸酉天下士當大比于鄉上采言官議詔下郡國諸所登進皆崇本實毋爲浮夸骫骳習海内人士亦既仰承德意斌斌嚮風矣維時廣西巡按監察御史唐鍊職司監臨賡飭百度先期走幣延諸文學至則以洛及教授蔡存省爲考試教諭劉起鵬李子象爲同考試而提調則屬之左布政史楊成左參議高則益監試則屬之按察使高察僉事夏道南諸執事皆慎簡以充先是府江諸夷弗靖提督兩廣軍務都察院右都御史兼兵部右侍郎殷正茂巡撫廣西都察院右副都御史郭應聘與御史會疏請討一舉蕩平故士得益修絃誦之業即洛等袛役而來也亦夷猶即次無復曩時震駴之警矣既鎖闈合提學僉事江圻所簡士一千四百有奇試之遵制拔其儁五十五人復梓其文爲録以獻洛宜叙請簡端洛惟賢喆之生雖乾坤鍾秀川嶽孕靈其所涵濡造就于聖人之化者不淺尠載昔姬周文武迭興道化隆洽至成王以緝熙寡密荷厥仔肩于時周公居左召公居右同德協心廑吐握之謀廣延攬之策故其所布列於常伯常任準人及執贄而見者濟濟多俊乂士然大都皆岐酆西土之産此固成周氣運之盛昌謂非聖世作人之明徵不可也廣右固山川殊异之區也洛觀諸士子之文覃思經籍綜貫理道言人人殊而其裹精吐奇含貞抒素類能熠目快心是故有博大閎肆者則桂嶺堯山之亘峙也有澎湃浤洞一瀉千里者則湘灕三江之瀠洄也有峭拔巃嵸不事雕繪而環巧天成者則勾漏仙都七星龍隱之掩映也瓊裾玉佩和鳴鏗鏘泠然宣成柳州之遺響而萬夫不奪之氣視銅柱崑崙之概相頡頏焉兹特山川之能哉國朝二百餘年崇儒重道鼓鑄陶冶非一朝夕而今上神聖出震繼離與周成媲美一時碩輔精白贊襄蘄垂周召之勛以紹酆鎬之盛誠爲千載一遘然則諸士子漸磨之深與感奮之勇不覺其得心應手之若是也其在兹乎其在兹乎夫睹圓折者識其珍闚丹穴者神其羽因言考德洛固知諸士之必能楨世而殿邦矣然洛猶有説焉夫士隱約蓬茨孰不冀乘時顯庸也迺今顯庸矣顧庳庳然不自振燿至偭規矩而改錯斯何以故素絲之染易緇百鍊之鋼

難淬自昔慨之矣爾諸士在膠庠中亦聞主上之董正百官乎蓋嘗莊誦敕詞首欲正人心滌宿垢共襄王道與海内更始其有依阿洪涊噂沓滃訛者國有常憲大哉王言與周官三事大夫之訓先後同符焉夫周官者成王致太平之書而周召所與共篤棐者也其言曰功崇惟志業廣惟勤爾諸士既隨計吏以上异日布列有位展采錯事則將何以辨志而貞業哉亦惟皇極之敷言是訓是迪其庶幾永底于休以無負爾山川之靈乃或澤鞭以幸售抱腊以爲璞使人得而詬訾其後豈洛所望於爾多士也歟是舉也詰兵鎮遠則總兵署都督同知李錫綜理防範于内外則右參政鄭茂副使金柱沈子木莊國楨徐作右參議李文續僉事高克謙參將錢鳳翔王世科王承恩都司署都指揮僉事汪可大許文楊照以入賀行者右參政李鳳副使劉廷舉以遷秩行者左參政胡直咸先後與勞以使節莅止者成安伯郭應乾大理寺評事杜詩中書舍人王莛蔣務稼行人司行人彭應時咸有事兹土法得并書

湖廣承天府儒學教授朱洛謹序

萬曆元年廣西鄉試

監臨官

巡按廣西臨察御史唐錬（純之湖廣常德衛官籍浙江仁和縣人　壬戌進士）

提調官

廣西等處承宣布政使司左布政使楊成（汝大直隸長洲縣籍無錫縣人　丙辰進士）

廣西等處承宣布政使司左參議高則益（汝謙江西南昌縣人　壬戌進士）

監試官

廣西等處提刑按察司按察使高察（汝哲四川内江縣人　丙辰進士）

廣西等處提刑按察司僉事夏道南（宗時浙江餘姚縣人　己未進士）

考試官

湖廣承天府儒學教授朱洛（周卿江西新淦縣人　丁卯貢士）

浙江杭州府儒學教授蔡存省（宣懋福建晋江縣人　戊午貢士）

同考試官

福建福州府連江縣儒學教諭劉起鵬（舒卿江西泰和縣人　己酉貢士）

福建汀州府武平縣儒學教諭李子象（汝賢廣東揭陽縣人　戊午貢士）

印卷官

廣西等處承宣布政使司經歷司都事梅一元（子仁直隸宣城縣人　監生）

廣西等處提刑按察司經歷司經歷朱士先（養忠江西萬安縣人　吏員）

收掌試卷官

桂林府知府彭文質（在份福建莆田縣人　己未進士）

南寧府知府杜思（子睿浙江鄞縣人　丙辰進士）

受卷官

平樂府知陳子佐（道誨福建惠安縣人　丙辰進士）

梧州府知府許嶽（子峻浙江錢塘縣人　庚戌進士）

潯州府知府楊珂（士佩福建晋江縣人　乙丑進士）

太平府知府林廷顯（斯德福建福清縣人　壬子貢士）

彌封官

桂林府同知陳所學（在行廣東番禺縣人　壬子貢士）

慶遠府同知蕭騰鳳（明仲福建晋江縣人　戊辰進士）

桂林府通判蕭時中（宜卿福建永安縣人　戊午貢士）

梧州府推官杜業（道脩福建晋江縣人　戊午貢士）

桂林府全州知州方沆（子及福建莆田縣人　戊辰進士）

桂林府陽朔縣知縣鍾昌（繼文廣東東莞縣人　辛未進士）

謄録官

廣西都指揮使司經歷司經歷李炤（伯明廣東大埔縣人　乙卯貢士）

思明府同知殷濡（子霑直隸常熟縣人　戊辰進士）

太平府推官黄見可（進甫福建詔安縣人　戊午貢士）

梧州府鬱林州知州李煒（伯誠廣東順德縣人　丙午貢士）

梧州府鬱林州博白縣知縣王文明（璧遠廣東海陽縣人　甲子貢士）

對讀官

梧州府同知熊瑞（憲祥江西南昌縣人　戊辰進士）

潯州府推官趙宗鳳（德夫福建龍溪縣人　甲子貢士）

桂林府永寧州判官梁柱臣（彦國廣東順德縣人　丙午貢士）

桂林府臨桂縣知縣翟守謙（時益廣東東莞縣人　壬子貢士）

太平府永康縣知縣華衷（原善雲南永昌府籍直隸宣城縣人　戊午

貢士）

巡綽官

桂林中衛指揮使王爵（天錫直隸潁上縣人）

湖廣茶陵衛指揮僉事劉學孔（以時山後人）

梧州守禦千户所署指揮同知劉朝棟（在隆直隸三河縣人）

全州守禦千户所指揮僉事謝能繼（志夫直隸壽州人）

搜檢官

桂林中衛指揮使蔣清（源潔直隸鳳陽府人）

桂林右衛指揮使徐尚忠（以恕直隸鳳陽府人）

桂林右衛署指揮同知劉希武（思烈湖廣桃源縣人）

湖廣荆州衛指揮僉事錢濟世（懷忠直隸當塗縣人）

桂林中衛中右千户所正千户朱冕（端甫直隸江都縣人）

桂林右衛後千户所正千户胡賓（國彦湖廣武陵縣人）

供給官

廣西等處承宣布政使司理問所理問董棻（子美浙江鄞縣人　監生）

廣西等處承宣佈政使司照磨所照磨楊秦（子晋浙江山陰縣人　知印）

廣西等處承宣佈政使司照磨所檢校鄭孔先（子行廣東香山縣人　監生）

廣西等處提刑按察司經歷司知事瞿夢麟（仁甫湖廣黔陽人　歲貢）

廣西都指揮使司斷事司斷事余世榮（汝仁直隸婺源縣人　監生）

梧州府鬱林州同知陳米（天爵直隸懷遠縣人　吏員）

南寧府武緣縣知縣錢盛（汝德湖廣武昌縣籍浙江餘姚縣人　選貢）

慶遠府河池州荔波縣知縣唐簪（光甫湖廣湘潭縣人　歲貢）

桂林府經歷司知事王啓進（以禮江西廬陵縣人　吏員）

桂林中衛經歷司經歷張克武（文經福建閩縣人　吏員）

潯州衛經歷司經汪雲鳳（從陽湖廣羅田縣人　吏員）

南寧衛經歷司經歷陳第（子登廣東饒平縣人　吏員）

桂林府全州吏目徐烝民（仲則直隸長洲縣人　監生）

南寧府横州吏目文宗洛（道程湖廣醴陵縣人　監生）

全州守禦千户所吏目楊名學（儒實雲南石屏州人　知印）

賀縣守禦千户所吏目錢良才（國器浙江烏程縣人　吏員）

桂林府臨桂縣典史王德讓（遜之湖廣羅田縣人　吏員）

平樂府恭城縣典史黄邦奇（廷偉福建莆田縣人　吏員）
桂林府税課司大使程大綺（廷彩湖廣均州人　吏員）
桂州府遞運所大使何國正（朝綱廣東高要縣人　吏員）
梧州府廣備倉大使廖增（益夫福建上杭縣人　吏員）
桂林府全州建安巡檢司巡檢朱起霖（紹説福建莆田縣人　知印）
桂林府靈川縣白石潭巡檢司巡檢陳廷光（一清廣東澄海縣人　吏員）
桂林府全州城南驛驛丞李廷相（添佐湖廣黄岡縣人　承差）
桂林府永福縣三里驛驛丞吴璋（汝化直隸高郵州人　吏員）

第一場

四書

子曰志於道據於德依於仁游於藝　修身則道立尊賢則不惑　孟子曰禹惡旨酒而好善言湯執中立賢無方文王視民如傷望道而未之見武王不泄邇不忘遠周公思兼三王以施四事其有不合者仰而思之夜以繼日幸而得之坐以待旦

易

厥孚交如信以發志也　晉康侯用錫馬蕃庶晝日三接　萬有一千五百二十　天地之道貞觀者也日月之道貞明者也天下之動貞夫一者也夫乾確然示人易矣夫坤隤然示人簡矣爻也者效此者也象也者像此者也

書

明四目達四聰　惟學遜志務時敏厥修乃來允懷于兹道積于厥躬惟斅學半念始終典于學厥德修罔覺監于先王成憲其永無愆　時人斯其惟皇之極　迪知忱恂于九德之行乃敢告教厥后曰拜手稽首后矣曰宅乃事宅乃牧宅乃準兹惟后矣

詩

七月在野八月在宇九月在户　鶴鳴于九皋聲聞于天魚在于渚或潛在淵樂彼之園爰有樹檀其下維穀他山之石可以攻威　玉儀抑抑德音秩秩無怨無惡率由群匹受福無疆四方之綱　儀式刑文王之典日靖四方

春秋

夏齊侯衛侯胥命于蒲（桓公三年）公會晉侯宋公衛侯曹伯齊世子光莒子邾子滕子薛伯杞柏小邾子伐鄭會于蕭魚（襄公十有一年）　秋

公會宋人齊人代徐（莊公二十有六年） 晋欒書帥師救鄭（成公六年）夏五月甲午遂滅偪陽（襄公十年）齊人來歸鄆讙龜陰田（定公十年）

禮記

天子布德行惠 五行四時十二月還相爲本也五聲六律十二管還相爲宫也五味六和十二食還相爲質也五色六章十二衣還相爲質也故人者天地之心也五行之端也食味别聲被色而生者也 禮者殊事合敬者也樂者异文合愛者也 邇臣守和宰正百官大臣慮四方

第二場

論

爲聖本由學而成

詔誥表（内科一道）

擬漢却千里馬詔（文帝元年） 擬唐以張九齡爲中書令誥（開元二十二年） 擬以薛瑄爲禮部侍郎兼翰林院學士直文淵閣謝表（天順元年）

判語（五條）

官吏給由 功臣田土 服舍違式 飛報軍情 修理倉庫

第三場

策（五道）

問 自古明良相遇不偶然也喜起賡歌都俞吁咈三代以還不可尚矣漢唐而下雖治不埒古然英主賢臣亦時相與規切若續虞人之箴試理人之策頒訓廉謹刑之銘者載在史册當時果可以飭臣工歟條上故事進君臣屏風進稽古録無逸諸圖者亦有裨於君道否歟洪惟我太祖高皇帝開天立極名臣碩彦應運雲蒸大誥三篇首叙君臣同游宣宗章皇帝勵精勤政禮敬大臣君臣一體千載一時也然伏讀賢奸傳官箴臣鑑三書詞嚴義正衮鉞并陳秩秩乎儆位之謨也其詳可得聞歟列聖相承重熙累洽大臣保泰持盈悉心獻納有進鑑古録者有進講學親政篇者孜孜乎輔德之誠也其概亦可指歟我皇上聰明天縱作求世德嗣位之初平壹召見輔臣虚懷訪落御書示渥一德和衷後先一致也乃因士習澆漓官方刓缺特頒敕諭述敝習以示戒明職守以定準不知視二聖所製諸書之旨同歟异歟輔臣仰承德意思宏啓沃爰製帝鑑圖説分秩兼資乎法戒采事稽數于陰陽不知於先臣所進三書其孰

爲詳略歟爾諸生夙抱忠愛之忱願揚厲而敷陳之以彰上下交修之實

問　六經之稱雖見于經解至莊子述孔子之言治六經遷史則名爲六藝此其得名之始與夫六經聖人所以統天地之心使人不悖其本性其理一也而楊雄班固王通之徒皆分屬而言之至有配五行分四時者其果得六經之旨歟又有謂易爲五經之原者有謂六經莫備于書者有謂春秋兼五經之用者有謂禮爲道德之極者然則聖人作經亦有所偏重歟有謂治六經者必先通乎四書不知四書六經所以相通之類可得聞歟有謂六經之道同歸其教相通而文詞亦有互似者可指而言之歟後世有議經者有僭經者有叛經者其生於心而害於事可究其實歟先儒有云六經聖人之心學也又曰六經聖人之用其論説甚備可謂得聖人之旨矣不知所以爲養心之要致用之實者何居試詳言以觀明經之學

問　周官曰儒以道得民而儒之名始著孔子有君子小人之辨而其義益明禮記儒行一篇其條十有五然詞繁意複論者謂非孔子之言然歟否歟楊子稱通天地人曰儒似矣而荀子析而爲四司馬遷列而爲五宋濂又分爲七而作解是歟非歟漢唐而下載在儒林傳者固多矣其果以道得民而爲君子乎有宋真儒輩出作史者别立道學傳不知道與儒果可分乎濂洛關閩諸子道學之宗也豈儒果不足稱乎先儒又謂周至精程至正邵至大朱極大盡精而貫之以正果奚别乎又有謂金華廣漢武夷之學與濂洛鼎立爲三而諸家不與焉亦有見否歟諸士列在儒林久矣盍亦究其同异以明志乎毋徒支詞漫對也

問　將才難得而論將尤難古今稱名將者多矣然勛名雖同致用各异試捃摭一二與諸生評之有監軍後期戮以正法者有不斬裨將示不敢專者有與卒同衣食致士死戰者有重車余粱肉士有饑色者有行無部伍而軍極簡易者有嚴正部曲而軍不得休者有治師訓整而諸將不敢仰視者有齊名一時而寬厚得人過之者是數子皆良將家也而行事不同若此將人品亦因之歟嘗睹載籍有謂將之術五有謂將之品二又或謂必六術五權三至五無壙而後可語天下之將不識前數子者果皆能無愧否乎夫將者國之輔也君不擇將以國予敵其要在上選用而信任之爾陸贄歐陽脩蘇軾蓋嘗言之抑可采而行歟方今南北之兵未嘗罷也乃善將兵者寥寥罕聞焉則慎選將帥其道宜何如而後可

問　士抱藝待用出則攄自靖之業處則懷當世之憂廣右民貧土瘠供億稱艱夷獠錯居兵釁易動試舉時務所急者與諸士商之會省屯兵設將所

以居重馭輕也乃土兵三千十冒六七班軍兵款徒寄空名卒然有警即煩征調議者欲盡撤狼兵召練客兵俾緩急可恃似矣顧漢兵一日食而當狼兵五坐食之久公私交困何策以善其終歟營堡分兵列戍所以保境安民也乃戍守之卒既寡且疲田主里排與賊勾結甚者豪勢包食其田議者欲專意招安量輸煙竈俾歲時羈縻似矣然夷性喜攻殺者十九而奉漢法者十一巨奸大猾鼓煽出没何計以消其黨歟量地制賦則壤之遺也囊户口稅畝半爲夷侵疆理紊矣邇者兵威稍振有司方議平均乃影射成風清之未幾而告訐踵至豈丈量之法卒不可行歟分屯給軍養兵之遺也今屯田子粒半爲官占行伍耗矣邇者地方多故部檄日行清理乃詭冒成習督之愈急而玩愒如故豈屯種之制獨不可講歟夫計兵食以固根本嚴交通以杜釁端清田賦以厚民生復屯種以資軍實皆粤西所宜急講而有司掣肘難任者諸生桑梓之慮必有概于中矣惟悉心著于篇俟執事者採焉

中式舉人五十五名

第一名　徐尚賓　永寧州學生　春秋
第二名　莫與高　柳州府學生　詩
第三名　劉業成　太平府學生　書
第四名　李敷華　靈川縣學附學生　禮記
第五名　張孫繼　桂林府學生　易
第六名　秦中權　博白縣貢生　書
第七名　黄尚學　永寧州學附學生　易
第八名　經仁木　全州學生　詩
第九名　曹學蘇　全州學增廣生　春秋
第十名　蔣在廷　全州學附學生　禮記
第十一名　蕭雲舉　南寧府學生　詩
第十二名　周　祐　富川縣學生　書
第十三名　唐天祥　全州學附學生　易
第十四名　吕調和　潯州府學生　書
第十五名　周兆熊　臨桂縣學生　詩
第十六名　袁世南　全州學生　易
第十七名　姚子楠　宣化縣學生　書

第十八名　毛鳳綵　永寧州學生　詩
第十九名　蔣瑩然　全州學增廣生　易
第二十名　唐民敏　全州學附學生　春秋
第二十一名　常真傑　巷城縣學生　詩
第二十二名　陳國柄　全州學附學生　禮記
第二十三名　金君憑　柳州府學生　書
第二十四名　伍伯椿　全州學增廣生　易
第二十五名　譚廣泮　貴縣貢生　詩
第二十六名　周　統　宣化縣學生　書
第二十七名　伍成大　全州學附學生　易
第二十八名　陳廷獻　潯州府學生　詩
第二十九名　竇時春　全州學增廣生　書
第三十名　文以進　全州學生　易
第三十一名　吴道遠　賓州學生　詩
第三十二名　邵思謙　南寧府學生　書
第三十三名　黎可耕　陸川縣學生　詩
第三十四名　陳善治　桂林府學增廣生　易
第三十五名　陽文炳　永寧州學生　春秋
第三十六名　滕元坤　全州學附學生　詩
第三十七名　周豫忠　南寧府學生　書
第三十八名　郭應翰　懷集縣學生　詩
第三十九名　毛如綸　桂林府學增廣生　易
第四十名　李兆雄　宜山縣貢生　詩
第四十一名　楊際會　容縣學附學生　書
第四十二名　周大賚　永寧州學生　詩
第四十三名　蔣　熡　全州學增廣生　禮記
第四十四名　蔣仲善　全州學增廣生　易
第四十五名　朱　萃　陽朔縣學生　詩
第四十六名　昌自傑　全州學生　易
第四十七名　唐一唯　義寧縣學生　書
第四十八名　劉　旹　平樂府學生　詩
第四十九名　霍文謨　藤縣學生　春秋

第五十名　王仲斌　永寧州學生　易
第五十一名　經仁恒　全州學附學生　詩
第五十二句黄朝衮　貴縣學生　書
第五十三名　王應乾　馬平縣學生　詩
第五十四名　賀　表　興安縣學生　易
第五十五名　魏鍾寧　桂林府學生　書

第一場

四書

子曰志於道據於德依於仁游於藝

徐尚賓

同考試官教諭劉批（認理精切而詞復力洗塵套字字皆有根據且以心字貫之必邃於理學者）

考試官教授蔡批（講道德仁藝深得大旨録之）

考試官教授朱批（簡明切當）

聖人論心學在會其全而已蓋道德仁藝皆統于心也君子修此四者爲學其全乎夫子示人之意謂夫天下之理不外於心而君子之學善事其心然有兼體之功焉不可偏廢者也何則自其率性而見於日用之謂道學以致道非其志弗至也必研幾於進修之始求端於物則之常其所擇之精辨之早者一惟天下之達道焉此則先明諸心而不迷所往矣自道之得於心而爲德德之不恒以其守弗固也必乘其自得之機懋夫服膺之力其所始乎由是終乎由是者湛然德性之常用焉此則恒以一德而無所事志矣自德之全於心而爲仁仁之難成以違仁者衆也必操存罔間于須臾虚明不雜之周欲其所造次於是顛沛於是者渾乎天理之周流焉此則中心安仁而無所事守矣學而至此庶可與語純心已乎至若藝者道德仁之散見亦養心者所不廢也是必會而通之以繹其趣優而游之以適其情斯則應務因以不匱而此心庶其有養矣豈曰藝成而下非君子之所貴也而可無游歟要之由道德仁以及于藝而吾心之理盡之矣自志道據德依仁以及游藝而事心之功盡之矣兼内外該本末其斯以爲善學乎抑論古者小學教以六藝而夫子論學乃以游藝終焉何也記有之不興其藝不能樂學故操縵安弦施于正業之後此大學之教也然非其要也夫子天縱之聖自謂不在多能而三月不違一貫授受惟回之

愚參之魯得之藝如求達如賜不與焉噫聖學傳心之要端可識矣希聖者念之

修身則道立尊賢則不惑

莫與高

同考試官教諭理李批（講道立不惑處脱去浮詞直明本旨而語復渾融時義之佳者）

考試官教授蔡批（鎔意鑄詞潔雅不凡宜式多士）

考試官教授朱批（明净典雅）

聖人指言常道之效有本之身者有取之人者蓋修身尊賢九經之先務也行之而各有其效人君可不知所力哉夫子告哀公若曰九經之目始於修身而繼以尊賢者以身者出政之本而賢者輔政之具也是惟不修修則必有其效是惟不尊尊則必有其效玆試言之君道貴立不立非所以示衆庶也今惟修身則大本大原之地無所偏倚而標準於是乎植焉彝倫叙而物軌斯端以御家邦而道立於邇也人紀修而儀刑斯著以臨天下而道立於遠也所謂樹之風聲陳之藝極此身庶乎其無愧矣非修身之效乎君德貴明有惑其何以辨幾微也今惟尊賢則啓心沃心之余必多聞見而藻鑑於是乎彰焉涵有深而聰明亶大賢明其大者不惑于其大也論思久而智慮融次賢明其小者不惑于其小也所謂察乎人倫明乎庶物斯理庶乎其無疑矣非尊賢之效乎有是道立之身則賢益知所尊有是不惑之心則身益知所修以是身以是賢而立政政其有不舉乎經常之道其益如此抑論九經之目雖繁而修身尊賢已思過半然其始則在立志故文之敬止武之敬勝皆志以率氣也志立則誠誠則道德九經一以貫之矣哀公曰寡人不能進於是也惡在其爲志也夫子未言修身尊賢之事而先及其效亦懼哀公之畏難也夫後之有志於文武之政者自立志始

孟子曰禹惡旨酒而好善言湯執中立賢無方文王視民如傷望道而未之見武王不泄邇不忘遠周公思兼三王以施四事其有不合者仰而思之夜以繼日幸而得之坐以待旦

劉業成

同考試官教諭劉批（此題重群聖憂勤惕勵之心上而道統意于言外見之是作發揮明爽不事纏擾宜録以式）

考試官教授蔡批（理明詞雅）

考試官教授朱批（峻潔）

大賢於群聖而各舉其任道之心焉蓋聖人以斯道爲己任也任之切則其心之憂勤惕勵也寧容已乎且聖人之經世以道而其任道以心心之不息道之所以常存也吾嘗仰稽群聖而觀其憂勤惕勵之心豈惟堯舜爲然哉于夏而得禹焉禹之心何心也旨酒是惡善言是好危微之戒禹之祇承於舜者也于商而得湯焉湯之心何心也惟中是執惟賢是用日躋之敬湯之纘服于禹者也于周而得文武焉文作于前而加意于斯道斯民視之如傷也望之未見也文其純臨保之心者乎武承于後而致謹于易忽易忘邇之不泄也遠之不忘也武其秉執兢之心者乎夫得禹湯之心者文武也成文武之德者周公也公則以三王之道雖各行于當時而三王之事當變通于今日故因其時與勢之所值思欲兼而施之方其未合則反覆以思不知繼日之爲勤也及其既得則黽勉于行不知待旦之爲勞也周公之善繼善述而敷求哲王者又何如其爲心也哉吁此道統之所由傳也繼周公者又豈無以周公之心爲心而繩斯道于不墜者乎此孔孟之心所以不容已也大抵聖賢以心相傳而究其所以爲心亦惟致謹于幾希之間爾蓋理欲之幾甚微而心之存亡甚易衆人惟肆而失之故愈危而愈微聖人惟敬而存之故既聖而益聖此一中之所由傳而萬世心學之原也孔子之作春秋孟子之闢楊墨無非欲人存此心而已有斯道之責者念之

易

厥孚交如信以發志也

張孫繼

同考試官教諭李批（發志處發揮殆盡一結尤見忠愛取之）

考試官教授蔡批（講上下交孚宛然盛世氣象）

考試官教授朱批（清雅脱塵）

爻有同心之化由其誠能動物也蓋至誠而不動者未之有也信以發志其交孚也固宜夫子象傳之意以爲人君之治有也保大定功莫尚乎賢養賢致民莫先乎信一信立而君道其庶幾矣大有六五柔順虚中信之質也虚己以應九二之賢而上下歸之周公之辭曰厥孚交如蓋言其始也純心以任賢其繼也因賢以得衆誼之相維分不得而間之觀心于朝君臣其一體也情之相繫迹不得而疏之觀心于野天下猶一家也若是者非强之也亦非私也乃信以發志爾蓋人臣之媚兹其君孰無是志也惟上無以發之則雖其義不可逃求其感奮而興未必然也天下之歸向其君孰無是志也惟上無以發之則

雖其情不容已求其激昂而起未必然也兹惟信也則因其心之所固有動其機之所自然百官承式莫不曰君之用上敬下如是其真純也有是中孚之主而忍以不忠事之乎惇德之信所以發其靖獻之心也萬民從欲莫不曰君之以貴下賤如是其懇至也有是至誠之主而忍以不誠事之乎任人之信所以發其效順之懷也夫是以其孚交如不可解也以此治有何有之足虞雖然此君道爾若乃臣子之分則豈必其君之信而後發哉周公之爲臣也几赤舄而遜碩膚信固此誠也不信亦此誠也孔子不信於魯而父母之邦依依不舍然則此爻之義爲治有之君告也若夫臣道則必如周孔而後可

天地之道貞觀者也日月之道貞明者也天下之動貞夫一者也夫乾確然示人易矣夫坤隤然示人簡矣爻也者效此者也象也者像此者也

黄尚學

同考試官教諭李批（既不失卦爻吉凶通章大旨而因題立意前後聯屬無斧鑿痕録之）

考試官教授蔡批（易旨渾融文義雅潔）

考試官教授朱批（簡明貫徹）

大傳即造化以明人事因言造化之理備於易書也蓋貞一之理通之天人者也乾坤之所示爻象之所陳何莫非此理哉大傳論卦爻吉凶至此若曰易書之所有卦爻而已卦爻之吉凶貞勝不獨人事之必然已也有理焉盍觀之造化乎道莫大於天地渾淪旁薄人不得而名之也其所正而常者觀而已矣觀之外無貞也有天地則有日月往來推遷人不得而窮之也其所正而常者明而已矣明之外無貞也天下之動吉凶相勝曷有紀哉順此理則吉逆此理則凶其所正而常者一而已矣猶之貞觀貞明之不易者也然是貞觀也非徒以其形體爲也夫乾確然健也其示人也以易顯仁藏用無容心也夫坤隤然順也其示人也以簡效法作成無多事也所謂貞觀者不在此耶是易簡也非徒以其法象言也易之有爻效此者也奇偶之變一節之乾坤也易之有象像此者也消息之异全體之乾坤也所謂易簡者不在此耶乾坤立而爻象生易書之本也爻象成而吉凶著衆動之原也彼其貞一之理信乎猶之天地日月不可易也吁君子觀于貞勝之機察乎貞一之理則知所以慎其動矣抑論之觀象玩辭觀變玩占學易之功也苟徒以趨避也豈不淺之乎用易哉君子心天地之心體易簡之德當不囿於吉凶之内者故嘗爲之説曰吉凶同患聖人之心趨吉避凶凡民之事盡性至命君子之易

書

明四目達四聰

劉業成

同考試官教諭劉批（講明達二字親切經義之可録者）

考試官教授蔡批（發出大舜命岳之意宛然）

考試官教授朱批（詞理俱到）

聖君謀治於大臣欲其廣視聽于天下焉夫視聽以天下則民情無不達矣此道盡而民焉有不得其所者哉宜帝舜首詢于四岳也意曰人君通天下以爲一身則必公天下以爲視聽四岳者作朕耳目而民情之通塞繫焉者也將何以輔我哉誠以今日紹堯致治固嘗見時雍之化矣然四海至大而民情之伏也無窮則遺于吾明之外者尚多也爾其爲我明四目焉倡率作之權以廓吾大觀之哲太和景象吾固得而快睹也而四海困窮吾亦得而兼照焉合四方之明爲一人之明固有不下堂階而視周於萬里矣昔之時雍者庶其再見矣乎亦嘗聞擊壤之歌矣然四方至廣而民情之隱也無盡則遺于吾聰之外者何限也爾其爲我達四聰焉任率先之責以大吾兼聽之公九叙惟歌固得而聞其休也而下民其咨亦得而聞其戚焉合四方之聰爲一人之聰固有不降皇序而聽徹于閭閻矣昔之擊壤者庶其常聞矣乎是蓋人君不自用其聰明而憲天以爲聰明大臣不自有其視聽而因民以爲視聽此嘉言所以罔伏而萬邦所由咸寧也帝舜以此首詢四岳其急先務也哉抑古之帝王紸纊塞耳冕旒蔽目誠不欲以聰明徇天下也乃帝舜有明目達聰之説豈徒以好察爲明偏聽爲務哉蓋天下大勢如一人身精神流貫則元氣充實此好問好察而用其中舜之所以爲大智也君天下者尚鑑兹哉

迪知忱恂于九德之行乃敢告教厥后曰拜手稽首后矣曰宅乃事宅乃牧宅乃準兹惟后矣

秦中權

同考試官教諭劉批（迪知忱恂即臯謨采采意是作不用繁詞而題意明徹可式多士）

考試官教授蔡批（典雅順鬯）

考試官教授朱批（雅潔）

大臣明于知人而敬以薦之君也甚矣君道在知人也大臣知之明而後薦之君其斯以爲知恤也歟周公述以告成王蓋曰用賢以尊帝者君也求賢以事

君者大臣也禹之籲俊尊帝觀諸臣之薦賢見矣彼九德者藴之心而彰諸行人君所賴以充三宅之用者胥此也使大臣知之未明固不敢以薦之上矣今惟同心同德既以契其心得之原而日宣日嚴又能稽其載采之實蓋迪知而忱恂之斯則薦賢之誠在我而所以致之君者有本矣乃敢告教其君焉先之拜稽以明有敬而繼之曰后以尊其名將望之以其實也于是告之曰所貴乎后者匪徒以位高天下而貴以賢理天下后于九德之行也以之宅乃事宅乃牧宅乃準焉體上天生賢之心而翕受以弘其用則九德咸事而后之所以對上帝者于是乎克盡矣承上天付托之重而委任以責其成則天工人代而天之所以作元后者于是爲無負矣是蓋履其位思盡其實有其實斯稱其名夏臣之忠愛至矣禹之籲俊尊帝以此吾王其知法哉抑此大禹得之皋陶而見知于虞廷者也堯舜禹以一中照臨於上而孔壬之畏猶兢兢焉則當時君臣致謹于迪知忱恂有道矣蓋惟中則好惡不偏而官人斯當此當時所以庶明勵翼而野無遺賢也不然用舍偏而匪人進所謂九德者皆非矣然則君相用人其有本哉故曰取人以身

詩

鶴鳴于九皋聲聞于天魚在于渚或潛在淵樂彼之園爰有樹檀其下維穀他山之石可以攻玉

莫與高

同考試官教諭李批(體認含蓄是得詩人言外之意者録之)

考試官教授蔡批(咏物處清奇可翫)

考試官教授朱批(擺脱宿塵宜式多士)

詩人屢托物以致咏其旨遠矣蓋理微而物顯也即物而觀理詩人其得諷諫之遺者哉且夫由誠明以合德公好惡而不偏君人之理道盡矣詩人欲遠有所明而近有所托也故其詞曰鶴鳴于九皋聲聞于天夫鶴物之善鳴者也矢音于坎澤而清響之上聞地不得而限之九皋雖邃也而有聲斯應者四達而不悖矣魚在于渚或潛在淵夫魚物之善藏者也悠然于清淺而淵泉之潛躍迹不得而拘之淵渚雖异也而有動斯游者兩在而無方矣園有樹檀景與地皆可樂也而維穀生焉佳植而雜之以凡材造化其無全美乎他山之石形與質皆可憎也而治玉資焉良璞而藉之以磨礪天地其無弃物乎夫觀九皋之鳴鶴而誠不容掩者可推矣觀淵渚之潛魚而理無定在者可察矣檀園而其下維穀則之其所愛而辟者非也山石而用以攻玉則之其所惡而辟者非也誠則明明則誠聖修可以立極好知惡惡知美絜矩足以平情由是引而伸之觸類而長之則天下皆物皆道也君人之理其殆庶幾乎吁詩人其善于

陳善納誨者矣嗟夫進諫之道未易言也使人君畏吾之言不若使樂吾之言言之者無罪聽之者易入其有裨于人國也大矣此作詩者之微旨也孔子曰吾其從諷諫乎其有取于鶴鳴者歟

儀式刑文王之典日靖四方

經仁木

同考試官教諭李批（全用本色語而言簡意足若親見當時登歌之盛者允宜高薦）

考試官教授蔡批（有結構有鋪叙佳士佳士）

考試官教授朱批（明暢中有典實取之）

周王法典安民而享親者有道矣蓋文王之典所以安民者也周王法而行之感格其有本哉我將之詩及此意謂文王與昊天一道也後王于文祖一氣也明堂啓而將享行庶幾天之我右矣而感格于文王者寧不可必哉誠以監觀四方求民之莫者天之心也怙冒西土視民如傷者文王之心也文王往矣而孫謀之燕貽者至備也是彝是訓奉以爲綏輯之猷文王遠矣而典則之佑啓者至詳也不愆不忘率以爲惠和之具以修五禮以宣六樂載在周官固四方所繹思者我其儀而刑之而駿惠之無斁日與天下共守焉而自西徂東其用以咸寧矣以明五刑以齊八政布在方策固四方所媚兹者我其則而效之而緝熙之有常日與天下共循焉而自南自北其賴以丕懷矣時有損益無改于垂訓之初惟兹衆庶藉以保乂者恃此典刑爾敢作聰明以失求寧之意哉勢有會通一仍其開創之始凡厥下民賴以康阜者惟此典章爾敢任智術以失觀成之意哉夫法文之典所以存文之心也存文之心所以體天之意也文王既右享矣而天不可知乎抑明堂大享周人尊尊親親之禮也乃其登歌首以靖四方爲言者何居蓋敬天勤民法祖君道之大端也燔柴越栗黄琮蒼璧禮之文爾不以文而以實周人其合祭義矣彼弃德神吐祝史愧辭何足語此主祀者辨之

春秋

夏齊侯衛侯胥命于蒲（桓公三年）公會晋侯宋公衛侯曹伯齊世子光莒子邾子滕子薛伯杞伯小邾子伐鄭會于蕭魚（襄公十有一年）

徐尚實

同考試官教諭劉批（此題傳意甚明作者多失之牽合此篇詞理俱到深得聖人公世之志）

考試官教授蔡批（明暢典雅）

考試官教授朱批（理明詞順）

春秋志公天下兩有取于以信相與者焉夫盟非公世之志也蒲之命蕭魚之會皆相信而不盟焉故春秋取之昔齊侯與衛以牧伯相推也于是有蒲之命焉春秋善之者何蓋自司盟之官設而詛祝之習成焉亦先王所不禁也彼二國分党而伯圖肇興各愛其情者孰不曰必盟而後約也今齊衛不事明神之質而善詞命以相諭東州之伯自衛戴之北州之牧自齊推之而不貳不參之心交如矣噫大道之公隱矣而乃有以信相守如二君者不亦善乎故春秋特起胥命之文見其事爲近正也若晋悼服鄭因行成相結也于是有蕭魚之會焉春秋美之者何蓋自盟載之法立而約劑之俗興焉亦叔世所不免也彼二境交款而誓言屢違以疑待鄭者孰不曰必盟而後定也今晋悼無事載書之尋而申禮文以相接斥堠納焉什其疑也侵掠禁焉布其惠也而無詐無虞之心坦如矣噫傾危之俗熾矣而乃有以信待人如晋侯者不亦美乎故春秋特紀蕭魚之會見其績爲可序也夫善于蒲之命則戴伯者不必于盟也美蕭魚之會則招携者亦不必于盟也此聖人志公天下彼參盟者又奚爲哉雖然于蒲命而桃丘之會中違雖得于齊而竟失于曾蕭魚會而伐陳之師罔功晋雖得于鄭而竟失于陳是以君子猶惜齊衛爲五伯濫觴之始而晋悼爲善之弗克終也良可慨夫

齊人來歸鄆讙龜陰田（定公十年）

曹學蘇

同考試官教諭劉批（此題多以聖人不嫌序績立意似非作經者之本義此作頗出常套取之）

同考試官教授蔡批（詞嚴義正）

考試官教授朱批（深得經旨）

春秋紀大國歸地之誠見聖人用禮之績焉夫禮者服人之本也三田歸而齊人之服誠矣非聖人以禮化强之績乎蓋自夾谷會而齊人謀黎彌言而萊兵劫魯之危也岌岌矣孰意三田之來歸乎維時孔子具官而從以禮相見神人德義禮之大也則舉而詔之以啓其良干盟偪好禮之悖也則因而折之以讋其志是以景公以夷狄之俗責己而改過是圖晏子以君子之道畜君而謝過以質邪謀寢焉强敵爲之傾心也侵疆歸焉土宇爲之光復也噫表東海者齊也縱有睦魯之心則不執兵于邊鄙亦已幸矣今隨感而化是聖人一言重於三軍也綏之斯來動之斯和吾于是知禮之可以爲國矣争伯業者景也

縱有歸地之心則待請而後與固其常也今誠服而歸是聖人功化神於俄頃也期月而可三年有成吾于是知聖人用世之績矣然則斯歸也其諸异乎濟西讙闡之歸歟斯來也其亦猶夫屈完之來歟春秋特書齊人來歸鄆讙龜陰田所以見齊人心服而歸田孔子以禮化强之績也聖人以天自處何自序之爲嫌哉抑聞之晏嬰知矣而不知仲尼乃導其君以謝過獨何歟蓋孔子之聖夫人能知之豈晏子果不知乎其托爲詞説以沮之或亦歸女樂之意歟雖然三田歸而齊景服義之美著矣其獻替之功不可誣也故曰晏子以其君顯

禮記

天子布德行惠

李敷華

同考試官教諭劉批（以一仁字櫽括德惠而上下文意聯綴含蓄是精於禮者宜冠本房）

考試官教授蔡批（發得人君順時行政意出）

考試官教授朱批（醖藉簡潔）

王者因時之政在以仁育民焉蓋布德行惠仁政也王者順時以施之其能奉若天道者乎記者之意謂夫天之立君以爲民也君之行政以憲天也彼季春之月生氣盛矣陽氣泄矣人君及是時也當何如故天之大德曰生者也君則體天之生氣而好生之心于斯洽焉天以陽生萬物者也君則順天之陽氣而答陽之治于斯出焉對時茂育而慈祥愷悌之念誕布于無方與物皆春而博施濟衆之澤流行于莫禦天下雖至廣也德教之洋溢則胥一世以惠綏之蓋恩不必自己出凡所以行令而致之民者是即大君之深恩矣其猶乾始不言而庶類均沐其美利之休乎生民雖至衆也帝德之廣運則合萬民而惠孚之蓋愛不必自已施凡所以宣上而達之下者莫非人君之至愛矣其猶天載無聲而品彙均荷其并育之化乎要之德與惠非二也自仁之存諸心爲德自仁之及于物爲惠德者惠之本惠行而德斯布矣王者憲天之政固如此則其參天地而贊化育也有由然哉抑論賑乏周困是爲德惠固矣而繼之以聘賢禮士者何也蓋天生物不能自遂而付之君君繼天不能獨理而寄之臣則任賢圖治尤帝王要務而爲天下得人所以爲仁之大也堯之舉舜舜之舉禹臯陶率是道爾不然春和議賑一代賢主也而胡以未遑少之故曰堯舜之仁不偏愛人急親賢也

禮者殊事合敬者也樂者异文合愛者也

蔣在廷

同考試官教諭劉批（敬愛即在事文之中特不因事文而有殊异爾是作足以發之）

考試官教授蔡批（講合敬合愛處精透）

考試官教授朱批（詞氣雅暢）

記者于禮樂而著其情之出於一焉甚矣禮樂有自然之情也事文异而敬愛一是可見其情之同矣此禮樂感化之由而記者著之意謂禮樂之道合乎造化而感夫人心然人心之所由感亦以禮樂本無异情爾自聖人防民僞以教之中而禮制焉禮自外作有其事必有其敬者也人皆以事殊則敬與之俱殊矣而不知至賾不齊者其燦然之迹至敬無文者其秩然之原經禮固惟三百矣而所以綱紀乎人道一中正以爲之質也曲禮固惟三千矣而所以品節乎人情一恭順以爲之制也善觀大禮者不求諸事求諸敬斯其悉禮之精乎自聖人防民情以教之和而樂作焉樂由中出有其文必有其愛者也人皆以文异則愛與之俱异矣而不知治其飾無非英華之發動其本悉出和順之休五聲雖异其音而聲之所以成文爲音者皆欣喜之發越也六律雖异其數而律之所以得數有常者皆歡愛之流行也善觀大樂者不求諸文求諸愛斯其知樂之深乎吁禮樂有敬愛之情如此情同而四海之内合敬同愛也固其所哉雖然聖人之禮樂通天地而感四海固也君子于此有致禮樂之功焉誠能以禮治躬以樂治心則莊敬嚴威易直子諒愛敬備于一身而中和之極建矣舉而措之天下民莫不承聽承順參贊位育之化亦繇是致焉然則禮樂可斯須去身哉圖治者盍審諸

第二場

論

爲聖本由學而成

徐尚實

同考試官教諭劉批（以盡人合天立意得聖學要領至發揮大禹作聖工夫無餘藴高薦允宜）

考試官教授蔡批（議論根據造語高古佳士）

考試官教授朱批（典實莊重）

論曰聖人不以其得之天者自恃而以其修之人者事天故其成聖也不以天而以人夫聖人者天之所生以寄斯道之統者也生之也不偶故其畀之也獨厚畀之也獨厚故其望之也獨隆使圣人自恃其厚於天也而不思學以

成之則天下萬事萬物之理寧能會之於至精至一以無失其中而當天之意乎是故其憂勤惕勵之心不能自釋而盡人合天之學不容已也張敬天曰禹之爲聖本由學而成噫其知禹者乎其善言天人之際者乎且夫學之名何始乎伏羲神農黄帝各以其道而爲君仰觀俯察制器尚象天下稱聖焉不聞其所謂學也孔子删書斷自唐虞而下其言堯舜之聖一則曰放勛格天一則曰重華協帝不聞其所謂學也是數聖人者皆繼天立極之君也豈其得之天者至厚而無俟於學與抑禹之聖不及三皇二帝而必待於學與曰是不然洪荒之世吾無得而論矣堯之克明非學以明之乎舜之大智非學以知之乎是故都俞吁咈皆學之事百揆岳牧皆學之人總章衢室皆學之地耄老倦勤皆學之時堯與舜焉不學特無學之名爾無學之名而有學之實此聖人之心學均之爲善事其天也何獨於禹而疑之禹得統於舜者也堯之命舜曰允執厥中中之一言帝王心學之傳盡之矣舜之命禹則益之以三言蓋至於禹之時沕穆之氣恐其漸漓也故人心不得不戒其危道心不得不戒其微非精非一何以守中禹之聞斯言也曰曆數在我矣民心屬我矣天之厚而望我何以副之於是有所默然長思焉有所惕然深省焉有所汲汲不能自已焉不以有天下爲樂而以任天下是懼民生未遂何以上追夫標枝野鹿之世民心不古何以遠紹夫協和於變之風九載弗績幹蠱蓋愆何以近仿乎克諧蒸乂之孝危者如何而安微者如何而著精者何以不雜一者何以不二任之重故憂之深憂之深故學之篤是故一饋十起一沐三握無時非學也克勤于邦克儉于家無地非學也昌言拜益底績俞皋無人非學也飲食菲之宫室卑之衣服惡之無事非學也猶未也克艱之謨幾康之迪其祗承于帝者皆學也鼓鐘之設磬鐸之陳其下詢于人者皆學也九功之叙九叙之歌其錫之天下者皆學也典則之貽疇範之列其垂之後世者皆學也夫以尊居九重富有四海之身而勞心焦思胼手胝足不自暇逸以學如此豈聖人誠有所不足哉不以天之厚我者是恃而以天之望我者是憂耳聰目明天之厚我也而必以視聽明威之學廣之聲律身度天之厚我也而必以準繩規矩之學約之天無外聖人之心亦無外天不息聖人之心亦不息心不息故學不已學不已故聖必成九州攸同四隩既宅人皆曰禹其輔相天地之聖人乎而不知其成允成功之學成之也六府孔修三事允治人皆曰禹其左右生民之聖人乎而不知其祗台德先之學成之也危者安而微者著精者不雜而一者不二以紹執中之傳人皆曰禹其繼往開來之聖人乎而不知其寸陰必惜思日孜孜之學成之也雖其得之天者不同而其修之人者實力譬之百尺之臺雖由丘陵而增築之功不可誣也

九仞之淵雖由川澤而疏浚之勞不可誣也孰謂禹之爲聖而不由學以成之乎噫殷湯聖也而制事制心文武聖也而緝熙敬勝周公聖也而繼日待旦孔子聖也而忘食忘憂千聖授受共此學也而又何疑於禹也雖然學一也而後之學者何其多岐矣乎卑之以功利左之以刑名陷溺之以詞章訓詁而精一執中之旨晦矣彼功利刑名無論也而詞章訓詁亦豈希聖者所事哉朱子曰帝王之學與韋布不同誠以帝王之所重者此心此中之外無餘事也故經傳雖博取其足以裨益身心而已矣史籍雖繁取其足以監戒興亡而已矣不此之務而誇多涉獵樂此不疲於心學乎何有也此又有志於聖者所當知

表擬以薛瑄爲禮部侍郎兼翰林院學士直文淵閣謝表(天順元年)

莫與高

同考試官教諭李批(詞藻典麗才思悠長陳謝中不忘獻替非徒四六之工已也宜録以式)

考試官教授蔡批(文非雕繪語極渾成讀之想見忠愛佳士佳士)

考試官教授朱批(駢麗典則)

天順元年某月某日大理寺卿臣薛瑄伏蒙聖恩以臣爲禮部侍郎兼翰林院學士文淵閣辦事謹奉表稱謝者秩佐寅清備論思而聯紫禁任隆調燮參帷幄而覲丹霄殊恩下逮于儒臣特簡首勤于明聖翰史當清華之選春卿兼密勿之司彌切冰兢深慚蚊負臣瑄誠惶誠恐稽首頓首竊惟昊帝載分龍紀名五官而順四時軒皇肇啓鴻圖奠三辰而任六相虞廷典禮咨伯寔惟秩宗周室建官姬公時兼太宰春曹居貳卿之亞隋代以侍郎名銜學士擅兩制之榮唐宗以翰林侍草坐而論道股肱心膂以相資入則宣猷舟楫鹽梅之是賴十載掌絲綸于紫殿寵深雉尾之陪廿年握樞軸于黄扉恩厚龍津之讌自兩漢而下咸崇敷瓊摛藻之英由三代以還皆重論道經邦之彦故事雖沿于往昔得人莫盛於明時高祖開基朱宋陶吴帷平文章而詳奏啓文皇膺曆黄胡金解始參軍國而預機謨如溥如綸如時勉之賢名高一代惟溥惟榮惟士奇之業望著三朝蓋惇典代言必才行擅長者方稱其選而調元補衮非謀斷兼資者莫充其員如臣戇愚驟蒙顯録一朝殊遘千載榮施恭惟皇帝陛下玄德神凝英資天授道符出震繫四夷萬國之歡心位應明離纘二祖一宗之丕緒留神問學孝養久達于重闈注念老成敬恭克謹于群祀飭風憲以開薦舉敦節儉而謹灾祥省役蠲租惓惓民間之疾苦進賢去慝孜孜吏治之勸懲屬當帝命之維新特軫宸衷之求舊惟爰立賢于夢卜乃眷倚下及芻蕘晋貳南宫併兼藝苑瞻依北斗侍直文淵蘭省綴次

于文昌已高曳履薇垣映纏于華蓋尚忝覆甌篋羽彤墀班隨八座凝輝黼扆位接三台俯愧迂儒濫承异數伏念臣瑄河汾末品志學欲宗洙泗之源澤绛庯流傳心切求關閩之派飭躬礪節以明道不在多言復性教人謂工文無裨實用夙承師訓長竊賢科攬轡湖湘未能肅官而懲貪墨校文齊魯亦頗正士習而抑浮夸繼以虚名謬蒙拔擢旋因法守幸遂投閑優召偶及蓬門孤踪再登棘寺詎意上天開泰明主憐才既拜兼官復司直贊臣敢不講明心體究極化源夙夜闕廷敷求當世之彝典趨蹌禁闥討論累朝之憲章雖才略不逮宋祁願陳禦戎之策顧純誠仰希吉甫竊附薦賢之忠庶上下同心威靈丕振于夷夏而君臣合德治理有光于祖宗伏願主善爲師親賢是寶太阿不移于嬖近慎選前後左右之人三尺日總于朝廷潜孚天地鬼神之佑外威嚴而内順治景命焕六服之車書家禮樂而户弦歌皇圖新萬年之曆數臣瑄無任瞻天仰聖激切屏營之至謹奉表稱謝以聞

第三場

策（五道）

第一問

徐尚賓

同考試官教諭劉批（君臣乎敬我祖宗朝盛事皇上推誠禮下千載一時子能揄揚休美而篇終以保泰爲言尤見忠愛宜冠多士）

考試官教授蔡批（援古質今發明上下交成之意詳盡讀之令人感奮他日必能效忠者敬服敬服）

考試官教授朱批（條答詳明獻納勤懇非徒工文者）

君臣之交孚也其千載之昌時乎君臣之交儆也其萬世之常道乎時者運之所乘而醇漓因之不可一也有交孚之殷則志通于無間道者治之所出而否泰係之不可易也有交儆之實則治保于無虞此自古明良所以精神翕聚元氣融浹不謀而自合不介而自親而成開泰保泰之鴻猷者用此道也知此則我皇祖列聖綦隆于前我皇上媲美于後君臣相與所以通地天之泰而成一德之治者不可以颺庥於萬一乎嘗考之易之泰九二以剛中應五而六五柔中虚己以受之此上下交而爲泰之時也泰之初君與臣交會而泰益開泰之極君與臣交儆而泰益保時之隆也道之至也雖天地之交不越此矣唐虞之興也中天也泰運撫矣當其時君臣家視寰寓而身視天下喜起賡歌都俞吁咈何其孚也而違弼之戒時機之敕惓惓焉興道以秉時故言泰者莫唐虞若也三代相與詩書所

稱蓋猶得而想見其盛迺孔子逖覽帝制近矚王猷喟然興曰唐虞之際於斯爲盛蓋有感於希覯之時相成之道云三代以還風斯下矣願治者豈不嘉樂虞周名號長美哉然手足腹心情既相隔而鹽梅麴櫱德未交承豈時之淳龐不齊而道之修否頓异哉姑就明問所及者言之漢帝續虞人之箴以示群臣唐宗發理人之策以試縣令宋主頒訓廉謹刑之銘以敕百官非不焕然美矣顧制作徒工而同心之誼則尠魏相條上故事李絳進君臣屏風司馬光進稽古録孫奭進無逸圖非不井然備矣然章奏雖懇而格心之道猶微交孚交儆之實開泰保泰之方其謝三代亦已久矣而况唐虞哉洪惟我太祖高皇帝延攬英豪廓清華夏于時謀臣碩輔應運雲蒸若徐達李文忠劉基宋濂諸人相與訪議疇咨燕樂賜予而萬世之鴻圖肇於是矣嘗伏讀大誥三篇首言君臣同游曰同心一氣立綱陳紀曰感格天地時和年豐大哉皇謨所以交上下而啓泰階者何至也迨我宣宗章皇帝厲精政治禮敬儒紳于時侍從論思應期林會若楊榮楊溥楊士奇胡濙諸人相與披豁雍容給饌召對而萬世之駿烈弘於是矣嘗伏讀賢奸傳官箴臣鑑三書或列人品之善惡而勸懲具昭或嚴諸司之職掌而規戒咸備大哉帝典所以勵臣鄰而綿泰祚者何至也列聖相承重熙累洽百辟交奮精白承休進鑑古録如李賢進講學篇如楊守陳進勤政要如王鏊荷累朝之優渥攄一得以開陳啓沃實資于聖心獻納有功於衮闕所以交孚交儆而昌泰運於無疆者又不在於列聖之禮遇而群賢之交修哉我皇上以聰明仁孝之資紹祖宗帝王之統踐祚以來動遵成憲首御平臺召見輔臣即成周之訪落不足以喻其盛屢灑宸翰特昭天寵雖有商之一德不足以匹其隆一時意氣感動薦紳凡揚英舒翹逖聽垂聲者莫不洗濯淬勵樂覩黄虞之化而欣承都俞之風美哉洋洋乎固皇王之盛事而宗社之洪庥也迺宸衷益圖治理風示臣工念士習澆漓官方刓缺特頒敕諭誕誥多方大要言窺隙竇者巧於獵取快恩讎者偏於愛惡老成擯而不用便捷喜爲有才宜滌宿垢以襄王道綵綸涣汗訶旨森嚴與高皇大誥之篇章皇三書之旨均足以揭日月而垂宇宙者矣頃輔臣仰荷倚眷矢竭忠誠皇皇焉考歷代之事備美惡之詳繪圖直解兼資法戒分卷類列取數陰陽名曰帝鑑圖説進之黼座較諸先臣所進尤爲簡易明白真足以比藥石而永龜鑑者矣統而言之道者歷萬世而不更時則曠千載而一值天以時授之高皇而以其道作之於前有君有臣以之交孚以之交儆先天而時不違焉者也天以時授之皇上而以其道繼之於後有君有臣以之開泰以之保泰後天而時克奉焉者也然則交會之際其一見於唐虞而再見於今日者乎雖然愚生芹曝之忱猶欲爲皇上泰道之助者復有説焉謹幾微一也慎終始二也防壅蔽三也辨名實四也夫干霄

之木起於青葱重溟之流成於涓滴言積漸也今臨御大廷元碩夾輔外朝既肅矣而退居深宮燕安易溺得無以徑竇誘之乎必謹之于不見不聞而達之于起居食息一念之萌神明對焉一行之動師保臨焉防微杜漸其道大光矣故幾微不可不謹也夫行百里者半九十爲九仞者虧一簣言鮮終也今勵精伊始庶寮儆惕百度惟貞矣然閲歷歲時玩愒易生得無以近習移之乎必不徇之于目前而慮之于百千萬世經筵常講無廢學焉章奏躬覽無怠政焉則遐思遂慮其永無愆矣故終始不可不慎也帝王以視德周天下一蔽於私即几席弗察矣况萬里之外乎必作敢言之氣杜寵幸之門面詰多欲者在所容而罔上羡餘者罪之可也條奏水旱者在所嘉而日獻符瑞者斥之可也則聰明益廓不降皇序而四海周知矣故壅蔽不可不防也帝王以崇尚風天下一眩於名則爲諼者將置力矣而何以臻考成之效乎必誅意不誅文采實不采名勞心撫字者最之而僞增户口者勿賞也無書抵政府者拔之而捷徑終南者勿徵也則真僞不淆無事綜覈而百工競勸矣故名實不可不辨也是四者今日之急務皆敕諭之所已及而帝鑑之所備載者也繹而思之推而廣之斷而行之則泰道益隆澤被海隅名垂天壤而億萬年雍熙之盛端在兹矣敢以是爲當宁獻

第二問

莫與高

同考試官教諭李批（經學不明人持异議此作折衷群言而末歸于讀書窮理居敬持志是沉潛經術而有得者宜録以式）

考試官教授蔡批（闡明六經之旨犁然深中肯綮取之）

考試官教授朱批（以高古之文發精確之見佳士佳士）

知事心之學者可語窮經之本矣知致用之方者可語窮經之實矣夫道也者原于一心而見之萬事者也六經也者聖人舉斯道以筆之書示人求諸心而致之用者也故不知事心之學而摘句尋章者末焉爾矣不知致用之方而計功謀利者虚焉爾矣是故六經聖人心學究其本言也君子反而求之心焉浩浩乎萬理一原而格致誠正貫之矣六經聖人之用舉其實言也君子推而致之用焉淵淵乎一本萬殊而修齊治平舉之矣故易以言此心之時焉吉凶之所以考者取是以考之也書以言此心之中焉政事之所以達者取是以達之也詩以言此心之正焉淑慝之所以辨者取是以辨之也春秋言心之變焉是非之所以公者取是以公之也禮樂言心之敬和焉而暴慢鄙詐之遠者取是以遠之也天下之道豈有餘藴哉知此可以復明問矣何則觀龍演卦文字未興學鳥爲文書契始立迨皇帝王伯迭興而孔子述之于是而六經作焉

考之經解其教可知已執事謂始于莊子史遷之言固也然觀論語孟子所載六經之名亦已散見而門弟子之所誦習講求者也蓋六經之理不外乎吾心聖人即是筆之於書使人求諸心以致其用焉爾故原於天之謂命具于人之謂性修于人之謂教蘊之爲德行之爲道惇之爲倫散之爲物積于中而暢于外爲文舉而措之爲事業夫固一而不二也同而不异也至近至易而不可以求諸遠且難者也故求諸心則六經之理會焉謂之萬理一原可也致之用則六經之道備焉謂之萬殊一本可也匡衡曰六經聖人所以統天地之心使不悖其本性得之矣而議者紛紛不同何哉自分析者言之于楊子見説天説事説體説志説理之辯焉于班固見仁表義用知術信符之殊焉于文中子見辨事正情制行和德舉往知來之論焉于邵子見四府之述焉究其説未爲不是然六經同原謂聖人各有所因而作則可謂六經各有所屬而殊則不可觀者以意逆志斯已矣自偏重者言之周子易爲五經之原以時言也董鼎六經莫備于書以事言也胡安國春秋五經之用以斷言也荀子禮爲道德之極以用言也推其義未嘗不明然六籍并重謂其旨互相通貫則可謂其書獨有所重則不可觀者因言會意斯已矣先儒謂治六經者必先通乎四書儒臣王禕嘗申其説矣今自其言觀之治易始于中庸治書始于大學治春秋始孟子治詩禮樂始論語及究其詳則以中庸性命至誠合太極之旨焉大學明德爲本合峻德之訓焉孟子尊王抑伯先義後利合春秋之法焉論語關雎太師鄉黨諸篇合詩禮樂之義焉是其度彼參此燦然有條然不知聖人立言之際果各有所主焉否也毋亦近于牽合與六經之道同歸而教與詞亦不可泥也昔人又于此比擬焉故論其教則易之知來藏往非不疏通知遠也書之惟精惟一非不潔净精微也詩之發乎性情止乎禮義亦非不恭儉莊敬也是其説猶近若辭則聖人因經命意各自爲體原不相通雖韓子正法奇葩之言已屬文人之習或者乃于易取中孚九二鳴鶴在陰數語于詩取抑三章其在于今數語以例經文之互似特偶合者爾不知聖人作經之時果有意于兼通模擬否也毋亦過于推求歟夫六經之道一也自四者之説興而言始煩然而未害也若夫生于心而見于言害于事者其議經僭經叛經者乎是故劉知幾疑書伯益之事何休以周禮爲六國陰謀之書王安石以春秋爲斷爛朝報議者如此然以歐陽脩之賢且疑十翼焉况其他乎楊雄之擬易白居易之續書束晳之賡華黍僭者如此然以司馬光之賢且作潜虚焉况其他乎公孫弘之阿世劉歆之獻符命張禹以不語怪神欺君叛者如此然杜鎬老儒乃以圖書爲神道設教不近于叛乎夫由前觀之析言也偏重也牽合也過求也似于聖人作經之旨

未能渾融然推重專經亦不易之論也豈盡出于尋章摘句者乎由後觀之議也僭也叛也則于聖人作經之旨大相乖戾然叛經之害尤大孰非所謂計功謀利者乎是故窮經者亦惟求諸心以致之用而已矣何以紛紛辭説爲哉故能求諸心則雖孔明之獨觀大旨陶潜之不求甚解君子以爲通經矣能致其用則雖劉元城守不妄語之一言李沆誦節用愛人之數語君子亦以爲通經矣然則養心之要致用之實豈待于遠求哉雖然未易言也亦嘗聞王褘之言而有得矣蓋六經聖人心學以心畫心法心聲心制與夫史外傳心之要典言也可謂窮經得其本矣六經聖人之用以趨吉避凶圖治立政别勸懲辨上下象功德明道義言也可謂窮經知其實矣是故諸心焉則知六經之理無一非吾之所固有而拘于章句祇見其蔽也已致諸用焉則知六經之道無一非吾之所當爲而溺于功利祇見其舛也已然則窮經者何居以心驗之以身體之從容默會于幽閑静一之中超然自得于意言象數之表一念之發一息之存必涵泳乎六經焉由是持之恒久而所謂時也中也正也變也敬與和也一以貫之矣是之謂有本之學將有言也將有行也必準則于六經焉由是措諸事業所謂考吉凶也達政事也辨淑慝也公是非也莊敬和樂一以貫之矣是之謂務實之學由是德以立道以行倫以篤物以化文以成業以著由是性盡命至而教彰六經不于是而會通耶雖然經未易窮也苟不得其要則求諸心而或淪于空虚致諸用而未免于駁雜何以立本而務實乎朱子曰爲學莫先於窮理窮理惟在於讀書讀書之法貴循序而致精其本又在居敬而持志噫此固承學之所勉焉而未逮者也

第三問

劉業成

同考試官教諭李批（敷對詳而趨向正蓋留心於君子儒者）

考試官教授蔡批（發明純儒之道而推本於躬行關係世教不尠取之）

考試官教授朱批（發揮儒道一貫之旨詳盡）

天下之道一而已矣二之非道也儒者之學亦一而已矣二之非學也夫道非他也原於天地散於民物流行於古今待人而行者也儒者之學非他也統天地之心握民物之紀貫古今之緒以待後學者也是故明此以立本則盡性而至命焉明此以達用則政立而教彰焉明此而得位則爲君爲相焉明此而不得位則爲師爲弟子焉以修於家則宗族鄉黨孚化焉以行於天下則中外遠邇歸心焉是豈有二道亦豈有二學也哉故主之者心也辨之者志也考之者經也運之者才也驗之者功化也故擬之弗精者其失也

雜與之弗慎者其失也輕析之過詳者其失也支而儒者之學晦矣執事發策以儒道爲問豈以諸生列儒林將以究其志乎愚非其人也敢誦所聞以對且儒之名何始也昔唐虞三代之際以君則曰皇曰帝曰王以臣則曰聖曰賢曰俊乂曰忠良而儒之名不少概見何哉蓋是時明良交會世運方隆非無儒也夫人而爲儒也迨周公以文德致太平而太宰之九兩大司徒之本俗始有儒之名焉孔子以君子小人定趨向始分儒之品焉儒行一篇詞繁意複固非聖筆也然讀其篇章彬彬馴雅不詭于道亦聖門之流裔爾可盡廢乎是故通天地人舉其全也魯國之儒一人昭其實也乃或岐而爲四爲五爲七不亦言愈詳而道愈晦乎彼大儒小儒雅儒俗儒并列者荀卿子之言也然大與雅君子之謂也小與俗小人之謂也奚四之云乎淳于髡荀卿慎到鄒奭與孟子同傳馬遷之史也自今觀之博聞强記迂大閎衍果與述唐虞三代之德者若是班乎田仲王孟游俠之儒遷固文史之儒莊列曠達之儒良平智數之儒毛萇鄭玄章句之儒管晏事功之儒孔孟道德之儒此宋濂之七儒解也自今觀之游俠曠達謬也智數事功譎也文史章句淺也豈道全德備者可并論乎然司馬談叙六家指要列儒于道法之後遷史蓋有所受矣韓愈論二家相用援墨于儒道之中宋氏亦囿于見矣若是者皆不知儒道之大也豈不失之雜乎自是而後此義益微當漢之時六學殘缺則尚訓詁故儒林傳所載丁寬施讎劉昆洼丹輩爾而賢如董仲舒下帷發憤潛心大業先儒謂有儒者氣象乃别爲傳述豈以繁露諸篇非專門訓詁者比耶則漢之所謂儒可知已唐之時正學晦蝕則尚疏義故儒學傳所載顔師古孔穎達輩爾賢如韓愈文本六經心存仁義論者謂起八代之衰乃亦别爲傳述豈以原道諸篇非專經討論者比耶則唐之所謂儒可知已宋承五季之後聖學日雜故尚理學作史者乃以胡瑗蔡元定陸九淵真德秀列諸儒林而周敦頤程顥兄弟張載朱熹而下又别爲道學豈以周程諸子者得孔孟之正傳而非儒林可概乎夫道不行百世無善治學不傳千載無真儒未有道而非儒亦未有儒而不本于道者也今乃分傳焉何其視儒之輕而岐道于二乎竊意宋史既創道學傳則儒林不當復見周程張朱固爲正宗矣其餘諸子或同時或生乎前後其聲應氣求獨非羽翼斯道者乎而胡可别也然考漢人論序惟録通經名家之徒唐人紀載詆取誦習傳授之學則宋史别儒林於道學亦因陋承誤爾若是者亦不知儒道之大也其不失之輕乎元儒劉因又爲之説曰周至精邵至大程對正朱子極大盡精而貫之以正蓋于圖書之旨見其精也于經世之書見其大也于辨异端闢

邪説見其正也于居敬窮理反躬見其集諸儒之大成也初讀之未嘗不快其言之當徐而察之大非淪于粗也正非局于器也毋亦言之詳而過于析歟宋濂又復舉宋諸儒之學而并論之曰永嘉曰永康曰金溪曰横浦則各有所評焉若金華若廣漢若武夷則獨有所取焉是其微意要自有在以愚言之摘其微而議之者方人之事取其長而師之者爲己之功况諸君子入道之途雖有异同非判然黑白若前之五儒七儒之辨也豈暇雌黄于其間哉嗚呼道一也儒者之學亦一也一則精精則不可雜陳矣一則大大則不可輕與矣一則全全則不可過析矣而諸説紛紛何以明道於天下也哉洪惟聖祖開天崇儒重道經書傳注頒布學宫列聖紹統聿申謨訓教一文同天下士皆知崇正學迪正道不以异説參之故今人才輩出光輔盛治儒者之效昭著一時矣董仲舒所謂百家殊方指意不同者非今所患也韓愈所謂入主出奴入附出污者非今所憂也程氏所謂彌近理而大亂真者非今所慮也愚謂今之急者其責士以實行乎蓋論儒於聖學未明之前擇之不可不精論儒於聖學既明之後行之不可不力今天下士日盛矣文日昌矣乃或閎議論而缺反躬貴詞華而略名檢析玄奥而忽切近駕成説而炫已見儒云儒云豈是之謂哉夫道非難行也孔子曰道不遠人孟子曰人人親其親長其長而天下平歸而求之有餘师是豈待辨说者哉诚使今之爲儒者於家庭倫理之間食息起居之際辭受取與之節謹而不逾是即所谓君子儒而孔孟程朱之徒也虽議論微有不同吾且將師之而况粹然出于正者乎若越禮義之閑忽孝弟之義蔑存省之功弛廉靖之防即使日誦虞廷危微精一之言孔門博約一貫之旨祗爲口耳之學爾吾何取焉故曰與其行不足而言有餘也不若言不足而行有餘也又曰天下有道則行有枝葉爲儒者豈必他求哉于己取之而已矣是故知儒道之出于一則不可以輕擬知儒道之貴于行則不在於繁言謹對

第四問

李敷華

同考試官教諭劉批（將家者流材品靡一此作摭采悉評騭當而以天下之將屬之郭中令是今古確論至陳選任將帥之道尤鑿鑿可行非經生漫語也敬羡敬羡）

考試官教授蔡批（天下未嘗無將顧所以選任之者何如爾子能亹亹談之謂子頎俊士非耶）

考試官教授朱批（該而中腴而不浮）

執事發策承學而以將材下詢因及所以選將之道愚生鉛槧士也不習介胄之技安足奉條對哉顧跧伏草莽嘗聽鼓鼙而思將帥久矣敢誦所聞以復執事試垂聽焉夫將者國之輔也輔周則國强輔隙則國弱將之有繫于人國也厥惟重矣粤自鷹揚奮于八百尚父流聲車徒陳于六月元戎茂績三杰當逐鹿之秋肆翼炎祚雲臺繪功臣之像庸顯中興故有一代之明君則必有一代之良將應運而生佐命而起謀臣猛士雲合風從或讚帷幄之算或奉疆埸之任皆能建鉅勋于當年垂鴻名于來禩曷嘗借材于异代哉然將之材未易言也不知古今乃匹夫之勇而徒讀父書者適足以僨師臨難决疑非一劍之任而謀定後戰者始可以楊伐嘗觀孔子論行軍之道則曰臨事而懼好謀而成剛勇罔謀者不得與焉噫斯言也其萬世爲將者之矩矱乎夫將一也有一軍之將有一國之將有天下之將一軍之將芟敵搴旗以力勝者也將之下也一國之將折衝夷難以智勝者也將之次也所謂天下之將則勛庸在社稷精忠貫日月以德勝者也將之上也德者何敬而已語在蘭陵論將篇其言由制號政令以及遇敵决戰爲六術由無欲將惡廢以及慮事用財爲五權由不受命于主有三爲三至敬謀敬事敬吏敬衆敬敵爲五無壙慎行六術五權三至而處之以恭敬無壙夫是之謂天下之將通于神明矣有味哉其言之也恭敬云者非孔子所謂臨事之懼乎善將者能由兹道則孫子之所語爲將五術如曰智曰仁曰信勇嚴皆得其全體蘇明允氏之所謂賢將將亶其人也奚翅稱才將哉愚嘗逖覽往古名將斌斌史册未可更僕數也然求其可居天下將者誰歟試即明問所及者熟數而細評之文能附衆武能威敵者穰苴也爲齊捍燕晋之師莊賈監軍後期而至即斬以徇其申令何嚴矣故穰苴兵法後世譚兵者必宗焉大將軍衛青擊匈奴裨將蘇建盡亡其軍于法不宥乃具歸天子自裁之蓋不敢席肺腑之寵擅專誅于境外爾史著其以和柔自媚于上天下靡得而稱述之誠知言哉卧不設席行不騎乘者吴起也爲魏將擊秦親裹餱糧與士卒最下者同衣食其待下亦仁矣然卒以刻暴少恩亡其軀仁安在焉驃騎將軍霍去病封狼居胥禪姑衍厥功不世乃還軍重車餘粱肉而士有饑者蓋其少而侍中貴不省士爾然爲將尚方略匈奴未滅無心治第又可盡訾耶程李東西衛尉也廣軍無部伍行陣就善水草屯舍止不擊刁斗未嘗遇害不識正部曲行伍營陣士吏治軍簿至明軍不休息虜亦不得犯其時士卒樂從廣之簡而苦不識之煩然廣之勇氣無雙名震匈奴結髮從軍大小七十餘戰竟以數奇不侯千載而下猶爲扼腕彼不識廑廑謹于文法惡足軼聲飛將也李郭齊名一時也光弼嚴毅沈果治師訓整始至朔方斬張用濟而軍中爲之股慄子儀恕以御下賞罰必信頤指宿將若部曲然而寬厚得人過之其時

將士樂子儀之寬而憚光弼之嚴然子儀略平大難再造王室屢遭讒間聞命就道無纖芥顧望以身繫天下安危者二十年完名高節爛然獨著若光弼被搆奄寺遂陷嫌郄而拙于謀己君子有遺慨焉合而觀之由數子致用之异以定數子爲將之品汾陽賢將哉其天下乎臨淮蓋庶幾焉衛霍而下并稱才將矣未可一律論也雖然之數子者莫不際時遘會而當時之君亦皆能慎選而善任之以盡其用固宜休烈顯乎無窮聲稱浹乎于兹也已方今天下之患比構于胡南挂于越邇者雲中上谷黠虜雖款關矣而薊鎮遼左尤滋訌焉東西兩粵捷書雖交馳矣而山海殘孽日蠢蠢也廟堂之上攄計樽俎决筴前箸所以爲剋敵制勝之算靡不備至而烽燧未盡熄邊鄙未盡寧議者謂患在無將且今之握鈐擁纛仗鉞執綏者豈少也大都溺其職矣巽慄首鼠者率庸瑣而木强奸黠狙獪者多奥援而竊重又其賈名飾實之流每每習褒衣之揖讓而騎射罔閑弄墨士之筆端而措施則誖若而將也國家安所賴之洪惟聖天子御極兼統覆載乂安區夏德威四訖然邊境之慮尚廑宵旰思得桓桓文武之士布列中外詔下所司廣開薦辟而搜羅將材視文吏益棘真虎臣驍帥據鞍躍馬之秋也顧寥寥罕睹豈以天下之大遂無其人耶毋亦選任之道尚有可議者歟以言乎選將也非出世胄之蔭授則由武科之拔遷膏粱紈袴每暗于韜鈐弓馬記誦未盡乎跅跎以言乎任將也始于束縛之太嚴繼以功罪之罔辨威令不行于偏裨徒擁空銜呰謷淆亂于煩言致令解體天下之所以無將也職此矣是故選用有二道焉廣搜拔也精教試也夫芝草無根醴泉無源將相無種自古記之矣穰苴擢于間伍李廣起于良家衛青人奴去病假子昔之用人何無方也故掄將之法取之門第不若取之行間求之内服不若求之邊徼宜下各邊筦鑰重臣博采四方山林中謀勇絶倫者疏名上聞置之轅門寄以亭障本兵視所成績而重畀焉武弁之裔武舉之制皆將家進用之途也光弼襲父封子儀舉异等名碩將業皆由兹出胡可廢之顧教育不可不預而試閱不可不嚴其教之也在内責成于武校在外兼督于憲臣先以諸家兵法使博觀成敗之迹參以職方圓本使備知形勢之宜其試之也較騎射必主于穿札策方略毋取其支辭力足以挽强引重者收之而豐軀碩幹者弗與焉智足以運籌决勝者收之而記録章句者弗與焉昔歐陽脩欲于軍伍中求將選其技精而最勇者百人之中得一人以爲隊將合十隊得一人爲裨將合十裨得一人爲大將蘇軾欲試之于治兵觀其顔色和易以見其氣約束聖明以見其威坐作進退以見其能斯兩言者最得擇將之意誠能采而行之則進取之途闢拘攣之見越而山林而奇杰之士將杖策而效命矣然選將非難任將爲難既選之矣而任之不專雖選何益是故其機在於明功罪而其要在於重事權夫張

鵠以行賞罔不射矣立標而使赴罔不趨矣今將領有功稽覈遷延積歲未叙而望風折北與夫玩寇養亂之徒或得以脱於吏議而法不少加則誰爲之激勸而奔走者故必仿古人賞不逾時之制小之金帛之賚大之爵秩之增叙勛録勩毋嫌隆渥而縮弱無能撓敗多方者亟議罰焉是惟無賞賞之必當而果是惟無罰罰之必當而嚴庶幾人知勸阻乎則功罪安得而不明也夫孟賁力雄萬夫縶其手則豎子易之矣騏驥日騁千里維其足則駑馬先之矣今出師命將權從中制事多掣肘而又董之以監軍拘之以文法是維騏驥之足而縶孟賁子之手也是故勿以機宜從中遥制使得迅耳目策應可也勿以文法繩之使得游刃其間無所顧避可也勿以監軍統之使得昂首信眉不萎薾喪氣可也有信可結則如秦武之盟甘茂而不嫌于瀆有權可假則如漢文之按轡亞夫而不病于屈有法可任則如宋祖之歸訴於郭進而不害于專何者彼足以集天下事而吾亦信其能集也則亦遑恤乎其他故陸贄有云運機遥制則多變戎帥稟命則不威迺欲人君敦以付授之義固以親信之恩假以便宜之權待以殊常之賞使大小咸極其分賢愚各適其懷斯言也最得任將之意誠能采而行之則浮議不奪精神自奮定計於胸臆之中而制勝於千里之外决策於毫芒之際而收功於指顧之間吾之幕下將馳孫吴而走頗牧也事權又安得而不重哉選任有道則才賢之將輩出效用由是北掃匈奴可以奏凱於龍城由是南翦凶酋可以勒勛于銅柱而奠南北赤子于衽席之安者端在是矣書生之論如此不識執事以爲何如

第五問

張孫繼

同考試官教諭劉批（兵食二事正今日粤西急務子能洞晰弊源計處詳盡非有先憂之志者不能吾將天下事屬子矣勉之）

考試官教授蔡批（地方重務若燭照數計然有志經濟者）

考試官教授朱批（明達時務而文足以發之宜録以式）

執事發策諸生欲議兵馭夷興屯清賦爲地方計良厚書生習父老之傳聞抱桑梓之一得欲借箸而前籌無繇也兹承明問敢布其愚語曰按調而移柱者善曲者也酌俗而制事者善治者也惟執事垂聽焉夫粤西交廣上游宗藩世守郡縣星羅環四方而與吾民錯居者極目皆夷獠也故會省屯重兵爲根本計也乃狼兵歲更十冒六七班軍借名于鄰省輪番靡常兵款應募于市民老稚參半尺籍穿存而緩急一無所恃于是始議撤狼兵召練客兵矣夫以狼制獞猶以虎制羊百粤長技恃此久矣而可遽撤爲哉營堡分戍兵爲剽掠防也乃戍卒單疲聞警輒潰里排通賊劫掠表裏爲奸豪勢包食賊田彼此兩

利城社有托而狐鼠日以縱横于是始議專招撫量輸煙竈矣夫以撫娱賊猶以餅啖兒百粵積習相沿久矣而可覆蹈爲哉户口税額半爲夷侵乘兵威而丈勘非多事也顧借口賊占逋負爲常駕言抛荒影射得計細民税浮于田則喜輕豪右田浮于税則懼重轉相搆煽妄騰加賦之名而阻撓有司牢不可破夫禹貢則壤周禮辨方食土之毛而忘其報獨非王民耶子粒屯田半爲官占奉部檄而清查非生擾也顧倔强武弁日肆侵漁占據豪强久紊經界軍樂于脱伍而弃之若遺官利于營私而視爲己有轉相蒙蔽倡爲年遠之説而粉飾文具弊不可詰夫屯田湟中積穀塞下因地之利而且耕守寧非往事耶嘗觀漢韓安國之説曰利不什不易業功不百不變常故懲噎而廢食者愚也逆緒而理棼者亂也今所以處廣右者寧有他哉要不過通權變酌要機無改弦易轍之名而得補偏救弊之術爾夫平時人自爲耕不費尺帛斗粟之養而有事坐得其力可當衝鋒冒鏑之能者粤之狼兵是矣往者朝下三尺之紙夕報數千之集非我抗也邇來稍稍驕蹇一二奉法不前者何哉連歲疲于征調精壯困于傷殘有功則賞多逾時出征則漢將朘削欲以服其心而得其力難矣故戍守會省者先務軍聲而已誠得一良將領之時其教習申之軍令戒戢將校毋事漁獵班軍兵款汰冗核實恩可以結則分甘損滋法可以伸則徇師釁鼓果得勝兵三千大舉則大創小戰則小勝縱横闔闢惟吾所指較之召集無賴人鮮固志杼軸坐耗帑藏日虚而一有不給則脱巾呼道如往歲者功相千萬也故土兵不可不練也兵臨則有禽奔獸駭之恐兵退則有蜂屯蟻聚之虞者粤之夷獠是矣往者兩江勾劫無虚日古田蠶食無寧歲患非細也邇來大事掃蕩一二時復跳梁者何哉蛇虺志在吞噬窟穴易以依憑而奸滑從中鼓之恐官則曰糾黨復聚恐賊則曰大兵將臨欲以安漢法而制其命難矣故分戍營堡者先禁交通而已誠得各將領嚴守信地杜絶私交里排籍名官府毋容反復誘煽聽撫則量輸煙竈出劫則先事報聞一切包食庇賊如柳慶諸郡廉得其狀盡爲釐正大舉則集各堡以爲防小入則時雕剿以示武或撫或剿勝算在我較之豺狼當道日煩公家膏腴厚利盡歸私室而簸弄得計戕官據邑如懷遠者利相什百也故交通不可不嚴也丈地均糧立法本善銖稱寸度弊孔實多近日明詔停止深爲擾民爾顧二三郡邑詔書以前已經丈量者欲援而盡罷之過矣蓋粤之田非江南比也江南有水患田之高下患在不均粤西有夷患糧之失額患在不明即興全灌臨諸州邑或舊額什九而實徵不滿什一者寧能置不問哉往歲承委者地里有遠近任事有勤惰未能一一沿坵履畝減故增新勢所必至要于處之而已一曰令民自首以得頃畝之多寡二曰

官爲覆量以質報數之虚實三曰官民一則毋以飛洒容奸四曰量復舊額毋以新增作課其借口賊占妄援近徵以撓官府者必置之法不少貸如此而謂糧額不清未之信也衛所珠聯官舍坐食屯種失額行伍穿虚近日勘合清查本爲足兵爾顧數十衛所經年委官無一報完者欲援詔而并寢之謬矣且粵之屯與關隴一也耕以十之三服農畝而因夫授田爲自食之制獲以十二計抵口分而歲徵六石待不時之需俾兵得自食其力官得歲收其餘屯日增而兵日充焉古法寧不善哉乃今正軍勞于征調正糧歸于餘丁豪民利無差而包佃武弁利無糧而侵漁屯政日壞勢所必至要在清之而已一曰稽原額以覈見存之田二曰課餘丁以查買閑之役三曰節優免以稽隱漏之差四曰嚴詧屯杜侵欺之弊其借口民侵妄稱埋没以阻官府者必重法繩之不少惜如此而謂屯政不修未之信也雖然愚猶有説焉孫子論兵以選將爲急大學理財以用人爲先蓋將者三軍之司命君受之制而無所制于人者也守令者百姓之司命承君之令而致之民者也練土著任偏裨禁侵削勤優恤調之即至無敢後時驅之即行無敢違令威足以懾其氣廉足以服其心此將之事也而鼓脣吻恃胸臆微勞則竊爲己功有事則委之將校者非所與矣巡行阡陌遍歷郊丘均原隰量肥瘠輕傜薄賦視官如家信足以結其心而明足以照其隱此守令之事也而飾眉睫獵虚聲應文以逃責飾僞以邀名者非所與矣牧帥既得其人以之練兵馭夷隱然韓白之望以之查屯清賦藹然龔卓之風故曰牧帥不可以不慎也夫多指亂視多言亂聽今事之難任凡以議論之多爾一人稱便則朝而攘臂一人以爲不便則夕而投杼十羊九牧誰其聽之故議事之始必根究弊源熟思其便定議之後必詢謀僉同委任責成不惑于群議不阻于邪謀不怵于勢要雖毁言日至而不以爲疑雖人心稍拂而不以爲懼如此則練兵也制夷也丈勘也興屯也皆次第舉矣故曰議論不可不一也粵西僻遠禁網疏闊習俗獷悍易動難安吏兹土者一切姑息因仍務爲寬大人心玩愒非一日矣故大將之令必伸于偏裨偏裨之令必伸于士卒監司之令必行于守令守令之法必行于豪强大將令肅則土官之虚冒里排之交通可按法而治也文臣令行則奸豪之阻撓武弁之頑梗可執吏而議也冠履之分既嚴則澆風丕變夷夏之防既飭則邪沴潜消如是而地方諸因革皆可爲矣故曰紀綱不可不振也夫委任專矣議論一矣紀綱振矣至于斟酌時宜鼓舞群動選賢馭將挈領提綱自有當事者石畫在愚生何敢容喙焉

廣西鄉試録後序

今天子統承丕丕基握符紀元聿新鴻猷濬哲徇齊神資首出聖學日蒸彰聞中外瘝寐賢雋賓興海宇爰自畿甸達于侯綏江介嶺海之間甌脱斗辟之内士有章縫而呫嗶者咸忻聖作而快先睹于時巡按御史唐鍊監臨廣西試事録成存省以職事宜叙諸末簡存省聞之重華南巡警蹕賁于衡湘聲教達于梧野西粤固古帝之流化區也秦漢以戈船載闢桂林象郡歷唐彌顯奇人墨士往往與桂蠹翠翻文犀馴象并貢稱珍明興樹藩設學材賢彙征名卿碩輔勛猷代著下至酋長莫不慕義趨風解結投弩競列纓緌之林猗其盛哉然存省嘗涉湘浮灕攬結西粤之勝海陽中峙支嶂萬分攢戟列珪翥鶩翔鴛岧嶢崔嵬玲瓏崒屼雲譎波詭不可狀陳而其間二三巍巒赤立乎漢表若偉丈人儒長者高踞俯視群子弟蒲伏趨走聽指授之不皇也又若元戎搴旗連百萬熊羆追垓下戰昆陽虎臣驍騎角力之恐後也斯其山川奇勝雖秦蜀莫之甲也蓋蹶然嘆曰西粤材賢之衆多其間名公卿之勛猷以揆之今日其方權輿而未可津涯者歟何則昆侖之氣鼓行域内自北徂南而西粤固南國之極壤精華之尤萃也以彼其山川而值精華之萃則自今蒸蒸奮豈可量哉曩又聞莅兹土者唯固守簡闊舊晝多未嘗事事曰吾無攖也已而凪穴木樵魋跣之餘孽卵育日繁豪噬我民其極至侵疆奪邑戕官剸吏歲罔虚日襟喉爲之鬲塞諸司猶然視曰吾無攖也頃得節鉞大吏繡斧使臣毅然議征於是古田先復府江繼通刊除翁鬱旁㘣日南之遐談者則曰西粤之人事又何其與天運地靈相協應也然則西粤材賢駿發而鴻宣引長而勿替斯又非其時歟兹者大比賓興羅搜卓犖諸士乘昌運遘盛時而適際聖作之期則三試之所揮霍有司之所鑑遴紘詞奥義鏗耳溢眥纚纚藝林固足以進叩南宫矣不知其翼運應時仰對聖人求賢之實詎止斯藝已乎夫士之爲藝談儒行則宗聖修而詆老佛論治法則尊王道而卑五伯籌國計則上商周而下管桑非不章章著也然一朝布之中外較其行事與曩所言者若兩人焉何哉則以未達國家求賢之實者也詩曰濟濟多士維周之楨士胡以克楨哉書曰不惟逸豫唯以亂民詩又曰百辟卿士媚于天子不解于位民之攸暨是則國家自養士布列有位冀爲國楨非斯世斯民無爲也士自始學至列有位爰楨乃國非斯世斯民無事也此國家求賢之實亦士之自靖也士既不知其實而修之方其學操翰輒私心卜曰吾得繇是飽刀泉華閭里足矣他吾奚有有晋是者曰吾得繇是樹名檢階顯融則身名兼之矣他吾奚有又有晋者則又曰吾得繇是抒猷悃垂後世可也是非無世與民之事也而其實非也既非其實則士雖日日

操翰而宗聖修是竅言聖修也其行有老佛覆詆之者矣雖日日操翰而陳王道是竅言王道也其政有五伯覆卑之者矣日日操翰而偉商周是竅言商周也其計有管桑覆下之者矣夫國家求賢之實若此而士固如彼則世與民將焉賴國家亦焉用三試士爲也是必有古之已饑已溺一夫引辜者作夫乃可以斡世而膏澤斯民則士於國家允楨之矣藝云乎哉嗟乎今西粤士欲以翼運應時仰對聖人求賢之實安知不有若而人者繩繩繼繼贊睿德而啚鴻化也存省滋望矣故曰今日未可以津涯也

浙江杭州府儒學教授蔡存省謹序

萬曆四年廣西鄉試録

廣西鄉試録序

萬曆丙子秋八月天下復大比于鄉惟今天子稟首出之資接萬年之統聖學日新皇猷遐鬯稽古禮文之事靡不修飭邇者詔禮官議行釋奠驛召闕里之裔如京觀禮乃以是月令日法駕臨幸太學文武大吏扈蹕以從儒臣學士執經勸講方領矩步之徒圜集於橋門皇皇哉儒林之極觀帝王之盛節也會有司貢士適當其期首善之化自幾甸暨于海宇秀艾烝烝驩欣鼓舞咸切利見之思維廣以西則巡按監察御史陸萬鍾祗命監臨奉至尊休德百度益以庀毖總督兩廣軍務兵部左侍郎兼右僉都御史凌雲翼節鉞載臨肅清嶺海巡撫廣西都察院右副都御使吴文華綏服貞教興起譽髦之達等以前巡按御史李采菲聘至則之達及教諭朱信亮爲考試教諭梁肇脩單文盛許渙王寵麟劉萃同考試左布政使高察右參政朱奎司提調按察使吴椿副使彭文質司監試諸執事咸遴選以充既鎖闈合提學副使高則益所東士一千五百有奇三試之遵制額拔五十五人爲録以獻之達謹稽首而序曰之達文質無所底濫職文學嘗稽載籍觀成周選士之制考德藝興賢能賓禮隆重所藉以隸社稷庇烝黎者甚厚明興紹天闡繹偃武陳常胍隆周之大寧監賓士之遺意著之令甲網羅俊髦雖遐荒疏俗黌塾棋置文治熠然勃興垂二百餘祼士由此塗著勛名于春秋者與成周埒顧科目之制取士以文始未嘗不樸茂後稍浸淫也之達竊莊誦高皇之訓有曰明道理通世物無事華藻於乎美哉始基之矣其時士敦本質辭不淈于法度而致用皆效實故足術也弘治而前此道未沫裔兹以降靡麗之漸人久矣迺今主上德懋淵懿秉恭儉先天下二三碩輔相與矢精白而斡旋之一時經生學子頓剗華雕還師古始已駸駸乎國初至舊焉矧又勸學興禮以風之哉廣右介居西南垂山川盤鬱毓爲人文多鴻龐敦固之士其擢制科登膴仕鏗鍧雪煜爲世所称颂者繹繹相望始之達遵岳麓而西也涉洮湘靈渠陟降于堯山桂嶺之間而盱衡于黨巷則見物力侵而土風儉僿無芬華綺麗之觀既入簾縱閲諸士所爲文類皆含英茹荄揔微説約不騖精于棘猴雕龍而闡晰經術敷陳今古悉中肯窾自

非涵泳主德靡然顧化何能及此以故之達等于諸士亟收之誠欲得真才以裨實用非徒貴其華也昔孔子侍于魯君君賜之桃與黍黍以雪桃也乃孔子則先飯黍而後啗桃蓋黍者五穀之長祭爲上盛桃雖華而悦人其實不登于廟先後殊用貴賤之義也樹人者毋抑是類乎故士之工言而不中于仁不如訥之愿也縟儀而不協于禮不如野之朴也勇往而不準于經不如退之讓也炫明而不適于用不如晦之藏也今諸士惇本實遘昌明應右文之盛際祛骫骳之陋習第藉令奉其所有一比之于道出而副有司之求猶之嘉穀秀實升豆籩而薦清廟行必資之矣是在諸士知所自樹而主司者不藉有樹人之慶哉是舉也清戎監察御史李頤肅憲維風總兵官征蠻將軍署都督同知李錫詰戎鎮遠右布政使李鳳右參政管副使事沈子木副使吴善徐作左參議秦舜翰右參議陳應春僉事李一迪王一卿皆修秩于外參將王瑞倪中化亦孔昭王德懋署都指揮佥事夏尚忠黄允中皆防範于外按察使仍管參政事吴一介副使顧章志以入賀行左參議劉應峰以遷秩行皆與襄始事刑部署員外郎朱湘以讞獄至則適觀厥成者也法得并書

福建興化府儒學教授李之達謹序

萬曆四年廣西鄉試

監臨官

巡按廣西監察御史陸萬鍾（元量直隸華亭縣人　乙丑進士）

提調官

廣西等處承宣布政司左布政使高察（汝哲四川内江縣人　丙辰進士）

廣西等處承宣布政使右參政朱奎（季文江西南昌縣人　己未進士）

監試官

廣西等處提刑按察司按察使吴椿（壽卿江西新建縣人　己未進士）

廣西等處提刑按察司副使彭文質（在份福建莆田縣人　己未進士）

考試官

福建興化府儒學教授李之達（積之江西東鄉縣人　丁卯貢士）

浙江紹興府上虞縣儒學教諭朱信亮（廷寅江西南昌縣人　乙卯貢士）

同考試官

直隸常州府無錫縣儒學教諭梁肇脩（幼希廣東順德縣人　辛酉貢士）

浙江湖州府長興縣儒學教諭單文盛（質甫江西臨川縣人　戊午貢士）

江西九江府德安縣儒學教諭許涣（希文江西南城縣人　壬子貢士）
江西吉安府萬安縣儒學教諭王寵麟（世瑞湖廣麻城縣人　庚午貢士）
江西饒州府鄱陽縣儒學教諭劉萃（子升湖廣江陵縣人　庚午貢士）

印卷官

廣西等處宣布政使司經歷司經歷鄒穆（均遠江西宜春縣人　吏員）
廣西等處提刑按察司經歷司經歷石维端（民肅福建福清縣人　吏員）

收掌試卷官

桂林府知府吴肇東（守初直隸太湖縣人　戊辰進士）
南寧府知府杜思（子睿浙江鄞縣人　丙辰進士）

受卷官

平樂府知府羅黄裳（美至廣東高明縣人　己未進士）
潯洲府知府戴濂（希茂浙江麗水縣人　壬戌進士）
柳州府知府王任重（尹卿福建晋江縣人　戊辰進士）
思恩軍民府知府侯國治（平裕廣東南海縣人　甲午貢士）
慶遠府同知蕭騰鳳（明仲福建晋江縣人　戊辰進士）

彌封官

桂林府同知梁直（養浩廣東東莞縣人　乙卯貢士）
桂林府推官孫承南（可遂江西清江縣人丁卯貢士）
桂林府永寧州知州鄭應齡（君亮福建莆田縣人　戊午貢士）
南寧府新寧州知州趙宗鳳（德夫福建龍溪縣人　甲子貢士）
桂林府臨桂縣知縣王懋中（惟一江西南城縣人　甲戌進士）

謄録官

思明府同知周易（伯時應天府句容縣人　乙卯貢士）
桂林府全州知州石應魁（啓文直隸上海縣人　戊午貢士）
柳州府遷江縣知縣丘鏸（廷任福建龍巖縣人　己酉貢士）
平樂府平樂縣知縣莊希益（舜卿廣東海陽縣人　甲子貢士）
桂林府全州判官蘇士潤（惟德福建晋江縣人　乙丑進士）

對讀官

平樂府推官陳宗寶（介玉福建大田縣人　丁卯貢士）
柳州府象州知州謝一楓（叔夏江西安福縣人　壬子貢士）
太平府養利州知州王之緒（世德雲南臨安衛籍山東安丘縣人　辛酉貢士）

潯洲府桂平縣知縣何予方（以義廣東南海縣人　壬子貢士）
柳州府懷遠縣知縣林志寅（亮卿福建閩縣人　癸卯貢士）

巡綽官

桂林中衛指揮使朱椿（汝壽直隸無爲州人）
桂林中衛指揮使蔣清（源潔直隸懷遠縣人）
桂林右衛指揮同知霍世寵（承恩直隸梁縣人）
桂林中衛指揮僉事範實（秀夫直隸壽州人）

搜檢官

桂林中衛指揮僉事靳懋勛（克承順天府大興縣人）
桂林右衛指揮僉事許承業（紹勛直隸合肥縣人）
桂林中衛中所正千户鄭維新（汝意直隸嘉定縣人）
桂林右衛左所副千户陳希堯（汝忠直隸徐州人）
桂林中衛左所副千户顧立（守之直隸無錫縣人）
桂林中衛前所百户王昭（御章山東兖州府人）

供給官

廣西都指揮使司斷事司斷事余世榮（汝仁直隸婺源縣人　監生）
廣西等處承宣布政使司照磨所檢校朱玟（士瑞江西萬安縣人　監生）
廣西等處提刑按察司照磨所照磨閔鵬（延瑞浙江烏程縣人　知印）
桂林府經歷司經歷劉必通（全貫江西新昌縣人　儒士）
南寧衛經歷司經歷陳第（子登廣東饒平縣人　吏員）
馴象衛經歷司經歷周濟（有仁福建侯官縣人　吏員）
桂林府經歷司知事羅作（以新江西吉水縣人　知印）
桂林中衛經歷司知事胡資（守訓江西清江縣人　吏員）
桂林府照磨所照磨吴三省（誠甫山東博平縣人　監生）
桂林府臨桂縣縣丞房亮（惟明浙江嘉興縣人　吏員）
桂林府臨桂縣主簿張楚賓（子善湖廣瀏陽縣人　選貢）
桂林府全州吏目陳憲謨（汝綱湖廣沅陵縣人　吏員）
龍州吏目孫如河（宗禹浙江餘姚縣人　吏員）
全州守禦千户所吏目辛舜韶（宗角廣東順德縣人　吏員）
灌陽守禦千户所吏目司儒（國珍直隸含山縣人　吏員）
桂林府靈川縣典史梁伯才（子振廣東茂名縣人　吏員）
平樂府平樂縣典史檀賢興（惟佐直隸貴池縣人　吏員）

平樂府富川縣典史趙贇理（期純福建龍溪縣人　吏員）
桂林府臨桂縣兩江口巡檢司巡檢吴曰文（用賓湖廣沅陵縣人　吏員）
桂林府興安縣唐家鋪巡檢司巡檢譚紹芳（宗緒廣東高明縣人　吏員）
桂林府遞運所大使黄鍾（國儒福建莆田縣人　吏員）
桂林府全州城南驛驛丞脩世元（子陽福建長汀縣人　吏員）
桂林府全州山棗驛驛丞楊錦（有文江西崇仁縣人　吏員）
南寧府横州州門驛驛丞徐繼孝（思道浙江崇德縣人　吏員）
桂林府永寧州永福縣三里驛驛丞張英才（子樂福建永安縣人　吏員）
桂林府陽朔縣古祚驛驛丞潘應星（文光湖廣江夏縣人　承差）

第一場

四書

夫子聖者與何其多能也子貢曰固天縱之將聖又多能也子聞之曰大宰知我乎吾少也賤故多能鄙事君子多乎哉不多也　郊社之禮所以事上帝也　聖人人倫之至也欲爲君盡君道欲爲臣盡臣道二者皆法堯舜而已矣

易

大有柔得尊位大中而上下應之曰大有其德剛健而文明應乎天而時行是以元亨　九二貞吉象曰九二貞吉以中也　夫乾其静也專其動也直是以大生焉夫坤其静也翕其動也闢是以廣生焉廣大配天地　臨觀之義或與或求

書

文命敷于四海祇承于帝曰后克艱厥后臣克艱厥臣政乃乂黎民敏德　終始慎厥與惟明明后　其爾典常作之師　一人有慶兆民賴之其寧惟永

詩

羔羊之皮素絲五紽退食自公委蛇委蛇　禾易長畝終善且有曾孫不怒農夫克敏曾孫之稼如茨如梁曾孫之庾如坻如京乃求千斯倉乃求萬斯箱黍稷稻粱農夫之慶　之綱之紀燕及朋友百辟卿士媚于天子不解于位民之攸塈　紹庭上下陟降厥家

春秋

晋人敗狄于箕（僖公三十有三年）十有二月乙丑季孫行父及晋郤犨盟於扈（成公十有六年）　宋人齊人楚人盟於鹿上（僖公二十有

一年）　三月公會齊侯宋公陳侯衛侯鄭伯許男曹伯盟于牡丘遂次于匡公孫敖帥師及諸侯之大夫救徐（僖公十有五年）六月公會單子晋侯宋公衛侯鄭伯莒子邾子齊世子光己未同盟于雞澤陳侯使袁僑如會戊寅叔孫豹及諸侯之大夫及陳袁僑盟（襄公三年）　八月晋荀吴帥師滅陸渾之戎（昭公十有七年）

禮記

天子乃命將帥選士厲兵簡練桀俊專任有功以征不義詰誅暴慢以明好惡順彼遠方　故自郊社祖廟山川五祀義之修而禮之藏也　樂者敦和率神而從天禮者别宜居鬼而從地故聖人作樂以應天制禮以配地禮樂明備天地官矣　臣下竭力盡能以立功於國君必報之以爵禄故臣下皆務竭力盡能以立功是以國安而君寧

第二場

論

正心爲天下萬事之本

詔誥表（内科一道）

擬漢賜天下今年田租之半昭（文帝二年）　擬唐以李靖等爲黜陟大使分行天下誥（貞觀八年）　擬輔臣疏内外文武臣工職名於屏風恭進御覽表（萬曆二年）

判語（五條）

官員赴任過限　丁夫差遣不平　禁止師巫邪術　邊境申索軍需　失時不修堤防

第三場

策（五道）

問　帝王之興中天地爲綱常主繫於民彝世教至重也是故治莫先於明倫倫莫大於君親古今言忠孝者至虞舜周公極矣載在傳記鑿鑿可考孝經一書説者以爲成於曾子門人之手明順教孝爲世所宗迨漢有擬作忠經十八篇者篇中意旨又若不專爲人臣訓不知與孝經可相表裏否洪惟太祖高皇帝開天立極人紀肇修貽謨垂範至宏且遠成祖文皇帝闡烈綏猷製爲聖學心法一書其於臣道子道蓋縷縷言之孝順事實紀孝行甚具宣宗章皇帝思古明良之

盛製歷代臣鑑其叙臣事甚詳又命汝臣編輯五倫書頒布中外即古之誕告多方訓迪百官何以加焉二百餘年敦叙興行百司憲度庶民歸極有繇然也皇上禀睿纂曆諸所陳之象魏宣之涣汗者無不討累朝故實而脩明之祇若列祖敬事兩宫以孝治先天下二三喆輔精白承休庶幾與重華元聖比隆矣上益鋭於理宸翰飛灑頒賜臣工直以古良弼望諸輔佐至部臺講讀之臣并加寵勸所以作忠者又何懇也明良相遇千載一時薄海内外有不躍然思奮者乎諸生抱經待問兹移孝爲忠之日也將安所報稱哉其悉陳所藴

問　記有之帝入太學承師而問道則視學之典所從來久矣然天子曰辟廱而又曰成均于義何居釋奠禮也而又曰釋菜于制何别抑可言其大較否鎬京辟廱四方咸服炳乎莫可尚已漢而後有詔諸生雅吹擊磬盡日乃罷者有會諸儒執經問難正坐自講者有召博士發春秋題者有詔祭酒講孝經者有命講周易泰卦與説命三篇者有令説論語因閲東序三禮圖者豈皆有得于承師問道之意否歟洪惟我皇上挺明哲之資執粹清之道踐祚以來儲思聽納典學緝熙篤禮儒賢頻開講幄爍哉聖德侔往初矣乃者車駕幸太學釋奠先師因御彝倫堂命儒臣進講盛節駿聲涣揚寓内學士大夫交口而侈頌之諸生身游膠庠雖在萬里外亦靡不借爲色澤然皇上修問道閎摹而爲臣子者不能將盛美以效靖獻謂今日何倘欲闡道術要眇仰裨聖學宥密其説何繇執事者願有聞也

問　王政莫大于明時授時莫先于治曆羲氏和氏之法載在堯典時詳不得盡聞然以閏月定四時所以成歲功也後世增入歲差之説不知昉之者誰歟豈置閏之外復有所謂差歟古今改曆者無慮數十家自黄帝訖秦末改者凡六由西漢訖東漢改者凡五由魏訖隋末改者凡十三由唐訖周末改者凡十六由宋太祖訖宋末改者凡十八由金訖元改着凡三其詳可得陳歟就中推驗之精後代莫能外者有三家今尚有可尋歟夫一曆之改非偶合億中也兼綜群議考測圖影思無遺智法無遺術宜其永久不變也即歷代長于曆者不數歲而輒差其故何歟我朝承運以來三曆協于五紀二統徵諸七政堯欽舜敕不是過矣然曆雖以大統爲名而積分猶授時之數年遠數盈漸差天度臺官建議欲隨時修改者屢矣不知果有定見歟占天象者不過擬諸日月之交食耳漢魏以前日食俱在朔以後或在晦又何歟班固作漢志明治曆不可不擇者有三今求而應者有若人歟諸士冥搜博考必有達天人之際者願究言之將以轉告于太史

問　自古論治者貴識體識其大也嘗稽載籍因時立政代有損益大都

不越質文遲速寬猛動静之變耳昔周監二代孔子致美於郁郁之文矣他日乃曰虞夏之道寡怨於民商周之道不勝其弊胡軒輊不同若此也伯禽治曾三年而報政周公曰何遲也曾後世其北面事齊矣太公治齊五月而報政周公曰何疾也孔子顧不與之以爲必一變而後至魯夫速者可與圖功而其俗乃不魯若遲者可以近古而策其受命於霸將何適而可歟寬一也黄霸用之潁川而大治子太叔用之鄭國而多盜嚴一也孔明用之治蜀而興嚴延年用之東海而敗何趣舍同類而收效殊科也宓子賤身不下堂彈琴而理單父巫馬期以星出以星入單父亦理將服勤之績顧不若優游之驗與易言聖人通其變使民不倦意其所用以綱紀振作者固自有道歟二三子學古入官講於當世之務熟矣其悉心折衷以對

問　夏典要荒周官蕃鎮夷官之設其來尚易明興平定百粤諸酋納款因而官之俾世掌其土比封建之遺焉惟時二祖開天皇稜大抗夷裔之長重足疊迹以待徵令繼及之際或獻馬貢方物萬里赴闕請命最謹嗣後熙恬世際詳近略遠諸酋稍稍越法馴至于今威令漸弛驕蹇時肆徵調愆期什伍虚冒侵疆逋賦嫡孽稱兵西南之間幾成尾大説者謂繳勘授官始于天順之詔輸粟給劄起于成化之中然歟否歟又謂二廣威力全藉士兵一切釁瑕向示包荒不盡漢法將何以善其後歟兹欲振舉頽綱收綜長策不納悔不黷兵内寧而無外憂其要安在諸生比境連壤耳目睹記最真不可謂細故也願詳言制馭之略

中式舉人五十五名

第一名　金輝漢　馬平縣學生　書
第二名　陳貴科　馬平縣監生　詩
第三名　孫梦熊　藤縣學生　易
第四名　馬中化　全州學增廣生　春秋
第五名　張正蒙　賓州學增廣生　禮記
第六名　文體循　全州學附學生　易
第七名　吴懋昭　思恩軍民府學增廣生　書
第八名　莫若知　柳州府學生　詩
第九名　吕興周　臨桂縣監生　易
第十名　馬千官　全州學增廣生　詩
第十一名　陶應元　鬱林州學生　書

第十二名　鄧凌雲　梧州府學生　詩
第十三名　吴時輝　全州學附學生　易
第十四名　程啓後　宣化縣學生　書
第十五名　蔣守迪　全州學附學生　春秋
第十六名　程樂道　太平府學生　易
第十七名　黄應奎　臨桂縣學生　書
第十八名　王珽　宜山縣學生　詩
第十九名　丘九疇　慶遠府學生　禮記
第二十名　廖應舉　鬱林州學生　書
第二十一名　吴一陽　宜山縣學生　詩
第二十二名　李念　桂林府學生　易
第二十三名　熊國兆　桂林府學增廣生　詩
第二十四名　鍾敏　富川縣學生　書
第二十五名　蔣士賓　全州學增廣生　易
第二十六名　蔣時櫄　全州學附學生　春秋
第二十七名　胡如孟　藤縣學生　詩
第二十八名　戴九牧　馬平縣學增廣生　書
第二十九名　徐昌會　桂林府學增廣生　易
第三十名　張素藴　永福縣學增廣生　詩
第三十一名　趙良知　宣化縣學附學生　書
第三十二名　羅文經　馬平縣學生　詩
第三十三名　董兆麟　桂林府學生　禮記
第三十四名　蔣時諧　全州學附學生　易
第三十五名　李兆昕　梧州府學生　詩
第三十六名　屠惠生　臨桂縣學附學生　書
第三十七名　張九功　臨桂縣學生　詩
第三十八名　林致禮　上思州監生　易
第三十九名　李希説　横州學生　詩
第四十名　趙弘學　桂林府學增廣生　春秋
第四十一名　李一鵷　容縣學生　詩
第四十二名　盧德魁　南寧府學生　書
第四十三名　莫恃英　靈川縣學生　易

第四十四名　鄧壽鵠　全州學附學生　易
第四十五名　鄧一纯　宣化縣學生　書
第四十六名　佘治之　馬平縣學增廣生　詩
第四十七名　劉弘毅　南寧府學生　書
第四十八名　王之舟　桂林府學增廣生　易
第四十九名　吴學規　容縣學生　詩
第五十名　翟炜　臨桂縣學增廣生　春秋
第五十一名　莫召臣　桂林府學生　易
第五十二名　雷三傑　南寧府學生　書
第五十三名　張倫　貴縣學生　禮記
第五十四名　吴邦俊　桂林府學生　易
第五十五名　卿廷彦　灌陽縣學生　詩

第一場

四書

夫子聖者與何其多能也子貢曰固天縱之將聖又多能也子聞之曰大宰知我乎吾少也賤故多能鄙事君子多乎哉不多也

金輝漢

同考試官教諭單批（孔子之聖不在多能此作理明意盡皆本色語宜録以式）

考試官教諭朱批（發揮明浄）

考試官教授李批（精瑩透徹）

聖人因人兩擬以聖而執藝以示其意焉夫聖非藝之可名也大宰昧而不知賢者知而未盡聖人述所能以示其意也有以哉且夫聖者道之至而天所成也能者道之緒而聖所該也大宰徒見聖之能而不見聖之聖故問於子貢曰夫子聖者與何其多能也執聞見之知而疑聖之得名者在是淺之乎觀聖矣子貢則見聖之聖而亦見聖之能故告於大宰曰固天縱之將聖又多能也本聰明之盡而意藝之兼能者在是智足以知聖矣然聖則孔子不居也多能亦非君子所尚也夫子乃聞而嘆曰世莫我知也已太宰其知我乎我之多能非如賜之所謂天縱而無不能也吾少也賤未獲效用于當時多能鄙事因以博習于名物耳夫君子豈其能之多云乎哉守吾心之體要不徇象以弊其

精神執天下之易簡不遍物以窮其耳目道本至一君子亦一之而已吾方學君子而未能焉若謂之聖則豈敢哉是知聖者德也多能藝也德成而藝自涵焉局于藝矣即無所不能不過竊君子之餘德者本也藝者末也本立而末自裕焉得其本矣即有所未能亦不失君子之實夫子直述己之多能而推不多于君子厥旨深哉噫德藝一理也博約一事也博而寡要是無本也逐藝遺德是玩物也不然周公稱才美畢公勤小物寧獨藝乎哉無言之訓一貫之傳學者合而觀之孔門傳受心法可識矣

郊社之禮所以事上帝也

陳貴科

同考試官教諭梁批（因郊社以明達孝措語不繁而意義融貫杰作也）

考試官教諭朱批（體認精到）

考試官教授李批（筆力雄渾）

觀聖人之所以享帝而制禮之精見矣夫惟仁人爲能享帝也禮行於郊社而上帝所由享焉其義不既精乎中庸贊武周之達孝蓋曰聖人之制禮也其用意也遠故其取義也精我觀周禮而知武周之爲達孝也已何則迎陽氣之始復而升中于天禮行于郊也泰壇之奉非徒將享之彌文而已順陰氣之始萌而告虔于澤禮行于社也泰折之舉非徒祼獻之飾節而已然其義何居乃所以事上帝耳體辨於兩儀而祭以時行將以報其施生之德制隆於昭代而禮緣義起用以酬其廣大之功司覆司載本至尊而無尚也然元后萬民之父母其位有相爲對越者夫是以明禋舉焉而上帝是祇禮自不嫌于僭矣惟玄惟默若至幽而難假也然大君天地之宗子其氣有相爲流通者夫是以殷薦行焉而上帝是皇禮自不病其瀆矣是蓋本事親之心因推之爲事天之典所謂享帝之仁人者在是即事天之仁益顯其爲事親之孝所謂純天之翼子者在是我周郊社之禮而豈徒哉吁聖人制作之精也如此謂之達孝固宜抑有虞氏禘皇帝而郊嚳則郊社之禮自古志之矣夫子何亟稱于周耶蓋尊尊親親周道大備而達孝錫類非武周繼述之善未能也先儒有曰舜爲人道之極萬世仰之不可加周爲王制之備萬世由之莫能易信哉

聖人人倫之至也欲爲君盡君道欲爲臣盡臣道二者皆法堯舜而已矣

孫梦熊

同考試官教諭劉批（筆力簡勁講法堯舜處尤得本旨取之）

考試官教諭朱批（洗盡塵語）

考試官教授李批（詞明理順）

大賢論惟聖盡倫而因舉君臣所當法者焉夫倫盡於聖而堯舜君臣之極也然則欲盡道者舍是其奚法哉孟子勉當時之意若曰立人之道莫大於倫盡倫之極莫過於聖蓋天叙有典本斯民所共由也然由之而未盡者不可以言至矣聖人者智本夙成一心而契天經地義之懿德由天縱一身而會民彜物則之全本達德以行乎達道析之極其精也而天下之軌範立於此矣由至誠以經綸大經合之盡其大也而萬世之標準建於此矣是其盡倫也誠無异於規矩之盡物也而有志於惇倫者將安所取法哉是故上焉者有君道當盡也如知爲君之難而欲盡其道亦法堯而已矣下焉者有臣道當盡也如知爲臣之不易而欲盡其道亦法舜而已矣爲平章爲協和大哉堯之爲君也萬世稱聖焉今思仁心仁政無忝於高位之履必去其不如堯者以就其如堯者爲慎徽爲時叙巍乎舜之爲臣也萬世稱聖焉今思責難陳善而效其恭敬之實必去其不如舜者以就其如舜者法堯則君之倫至矣法舜則臣之倫至矣殆猶規矩設而天下之爲方圓者不能外乎吁孟子此言其所以責望當時之君臣者意獨切矣嗟夫聖人非絶德堯舜與人同耳故聖人此心吾人亦此心也盡此心以治民即堯矣盡此心以事君即舜矣苟不惟其心惟其迹則嘉唐虞者不免漢其治於道乎何有是以論治者貴善事其心

易

九二貞吉象曰九二貞吉以中也

文體循

同考試官教諭劉批（尋認本題詞簡意精他日必善處壯者）

考試官教諭朱批（發正中意真切有餘味）

考試官教授李批（通篇剴切讀之凜然）

二聖於壯爻與其事之善而原其心之純焉夫處壯莫善於貞而中其本也九二以之宜二聖交發其義與且君子之處壯非正無以保其盛非中無以裕其原卦之九二居陰失正而所處得中是故周公係爻慮其有用壯之失也而戒以貞吉焉蓋大壯利貞時則然也故當其時者不可以過壯也是必以天下之公理行天下之公事動有關于君德則爲之而弗過于激也政有裨于民瘼則爲之而弗失于驟也觀其所發一天地正大之情焉惟正可以懾群邪而彼之伺隙乘釁者皆不得撓吾剛動之謀矣此正道行而吉之所以大來乎孔子傳象本其有得正之心也而原其以中焉蓋因中求正理

則然也故事之正者不容以襲取也由其以天下之公道秉天下之公心上攄其忠以格君之心爲心也下宣其猷以惠民之心爲心也察其所存一天地受中之懿焉惟中可以貫萬事而措之行己立朝者悉有以閑夫非禮之履矣此中心純而貞之所以獲吉乎合而觀之聖人爲吾道慶也深矣而其爲君子謀也至矣雖然是道也必君臣合德而後可蓋中以行正者臣道也而中心無爲以守至正君道也君以中正爲大壯之主則有孚攣如而中正之臣咸得乘時以自效是謂上下交而泰道長也何壯之不可保耶此二聖未發之旨玩易者不可不知

夫乾其静也專其動也直是以大生焉夫坤其静也翕其動也闢是以廣生焉廣大配天地

吕興周

同考試官教諭劉批（直説題旨脱去浮詞非苟作者）

考試官教諭朱批（雅淡可以爲式）

考試官教授李批（醇正典切）

大傳推易之廣大本於天地而配之也夫德妙動静天地之所以廣大也觀天地而易之廣大夫何間耶今夫易之爲書也通遠邇焉塞兩間焉人知其廣矣大矣抑孰知其原于天地乎夫乾天也天以一氣運于上而有動静焉静則專一而不貳動則直遂而不撓一專一直交而萬物胥此乎始矣此乾之所以大也易以效天也大不于是而生乎夫坤地也地以一氣承乎天而有動静焉静則翕聚而有常動則發舒而不匮一翕一闢交而萬物胥此乎成矣此坤之所以廣也易以法地也廣不于是而生乎夫惟天爲大而易有天道焉是天之理盡于易也而易之大而無外者足以配乎天矣大而至于配天則遠近上下莫有出於天者而何一之不備耶惟地爲廣而易有地道焉是地之理盡於易也而易之廣而無方者足以配乎地矣廣而至于配地則遠近上下莫有出於地者而何一之不該耶信乎易與天地準而凡變通之宜與夫陰陽之義易簡之善皆自此而包括之矣善言易者其亦求端于天地乎抑論天地者象形也易者奇偶也以象形視天地則有迹矣以奇偶視易則有文矣文者道之顯也迹者道之著也以道而觀則象形無迹也奇偶無文也道會于吾心也學者致吾心之廣大而天地易理以一心而涵之矣故曰神而明之存乎其人

書

其爾典常作之師

吴懋昭

同考試官教諭單批（法典守官不難措詞而鋪叙圓融略無斧鑿是有手段者允宜高薦）

考試官教諭朱批（淘煉精純）

考試官教授李批（春容可誦）

賢王之訓治官惟守當代之法而已夫周之典常法之盡善者也有治官之責者可不以是爲師哉成王訓迪百官及此意曰王制以時爲大臣子以趨時爲忠凡我有官君子學古而裁度之固可以適治矣然豈但已哉我周之法創立本於文武制作成於周公固一代之典常而入官者所當師也爾其仰王制之昭垂而欽之爲攸司者務守乎明徵之範思聖謨之定保而慎之爲出令者毋忘乎佑啓之方監二代而損益法何備也于是師其法焉之綱之紀遵成憲以攸行更三聖而經綸意何精也于是師其意焉一弛一張奉舊章以時措爲天子論思之臣燮理寅亮其職也廟謨國體具於先世之所規畫者其道本可繼惟善繼之而已矣爲天子分猷之臣率屬倡牧其責也吏漢民瘼見於昭代之所講明者其事本可述惟善述之而已矣蓋前王之謨烈徵諸庶民即萬邦猶作孚矣况在位之君子耶周官之法度垂諸后昆即萬世猶永賴矣况今日之臣工耶信能以是爲師則入官者不惟學古而且師今行政者不必更化而可善治所以敬厥職者其道得矣噫周王之訓迪厥官其有得於制治保邦之要乎抑於是而知成王守成之令主也自古創業之君典則所貽至深且遠繼體者能世守而勿失雖至今存可矣成王繼序不忘既以法典嚴諸已至是又嚴諸臣其慮淵哉雖然基命宥密祗勤于德則又法典之本也願治者其圖之

一人有慶兆民賴之其寧惟永

金輝漢

同考試官教諭單批（敬刑獲福勸勉之意溢于言表他日服政必能以欽恤爲心者敬服敬服）

考試官教諭朱批（文思雋永）

考試官教授李批（格調雅馴）

賢王期君民獲福之遠勉諸侯之敬刑也夫刑者所用以資治安者也君慶民賴而極於永寧非敬刑何以致之哉穆王訓同姓諸侯也蓋曰人臣之典獄也

所職者惟持天下之平故所用者足綏天下之福爾能敬五刑以成三德其效果何如耶彼上而一人以恤刑爲心者也兹則刑措而慶集焉予政罔干樂觀化中之盛也從欲以治坐致垂拱之休也始之奉我一人者至是而斂福於一人矣不有慶乎下而兆民以懷刑爲分者也兹則刑清而咸賴焉民日遠罪有所藉以全生也家用平康有所倚以立命也始之天齊于民者至是而造福於民矣不有賴乎君而有慶是君寧於上也民而咸賴是民寧於下也豈特于今爲然哉太和之氣洽朝野以交孚自衍爲永終之祜大順之風合中外以交暢自篤爲永綏之祥繼今而爲君者非一世也深仁所培足以爲長我王國之本則蒙成業者世世此有慶焉宗社寧謐之祉不愈遠而有光乎繼今而爲民者非一世也厚澤所被足以爲保我黎民之基則承餘庇者世世此永賴焉海宇寧一之休不愈久而弗替乎夫慶在一人而賴及兆民安在一時而垂及後世敬刑成德之化其所貽者遠矣必如是而後見日勤之效也爾同姓諸侯其尚欽念之哉抑刑者成也一成而不變故君子盡心焉心者天下萬世之所繫命也吕刑之作雖云誥四方以權宜一時之急然一篇之中惓惓於敬刑多懼之戒其藹然惻怛之意成康忠厚之澤千載而下猶可想見矣吁此孔子所以有取而録之也歟

詩

禾易長畝終善且有曾孫不怒農夫克敏曾孫之稼如茨如梁曾孫之庾如坻如京乃求千斯倉乃求萬斯箱黍稷稻粱農夫之慶

莫若知

同考試官教諭梁批（有周以農事爲首務是作發明上下一體之情渾見盛時氣象宜録以式）

考試官教諭朱批（義意含蓄）

考試官教授李批（簡潔而盡）

公卿於農事致民之力而不居其功焉甚矣公卿之重農也下不愛其力而上不有其功其真一體而無間者哉此詩述公卿力農奉祭而作也意謂明君以稼穡爲務未始不以有年爲祥然力則欲其出於民也功則惡其歸諸己也我公卿殆有以辨此乎彼禾之弗治有秋未可必也國有惰農且貽曾孫之戚矣自今觀之禾皆易治無遺力焉竟畝如一無遺利焉則終善且有適愜祈年之願而曾孫之若殆與田畯之喜相協矣然農夫以曾孫之悦爲悦者也莫不曰服田力穡我農人之職也曾孫不怒凡以其敏耳吾何敢自愛焉感上心之懌豫益相率而從事矣其諸悦以先民而民忘其勞者乎稼之弗登穡人罔成功也君有違欲亦非田野之利矣自今觀之如茨如梁稼何盛也如坻如京庾何盛也則千倉萬箱

誠裕十千之取而黍稷稻粱殆與善有之占相符矣然曾孫以農夫之慶爲慶者也必將曰自天降康雖明神之貺也百穀用登凡以爲農耳吾何力之有焉念小民之勤動將歸其功而不居矣其諸以美利利天下而不言所利者乎吁盡勸相之道而下不弛其勞獲順成之休而上不專其美君民一體之情藹然於田事之際盛世氣象不可想見哉抑自古有年非天時適然亦和氣有以召之公卿惟致力於民者盡故民竭力以事其上惟不自有其功故民亦忘帝力於何有也是以民和而神降之福海内稱極治焉使仁不足以成民則德馨不修神且吐之國與民將何賴耶是故君子先成民而後致力於神

紹庭上下陟降厥家

馬千官

同考試官教諭梁批（成王體道之密模寫殆盡是深於詩者宜録以式）

考試官教諭朱批（義精句煉讀之灑然）

考試官教授李批（詞旨瑩徹）

隨在述先王之事嗣王體道之勤見矣蓋先王之事即道也于庭于家而紹之道其有不得者哉成王朝廟延訪群臣作也蓋曰先王之治本於道先王之道見于行維予小子方判渙之難就而值多難之未堪所以敷求先王者可但已耶誠以清明開一統之業昭考所嘗上下以聽外治者有庭也朕今踐其位既不能就其道矣而可無紹于此乎貽謀垂燕翼之規昭考所嘗陟降以正内治者有家也朕今承其家既不能就其道矣而可無紹于此乎于是本國典之宣昭而不愆不忘求副承辟之重守家法之明備而以似以續克盡纘服之心一上一下頒紀法于朝廷者憲章具在也吾其講求先王之治迹而端冕凝旒之際一周旋而不敢忘焉一陟一降垂彝範于宫壺者典則具存也吾其彷彿先王之身教而宵衣旰食之圖一步趨而不敢違焉雖執競之德用爲經綸之本者不能窺其微矣即其所以正百官正萬民者而求之庶幾道同于繼治不至悠遠而難及耳群臣皆有對揚王庭之忠者將何以助我乎雖敬勝之衷用爲正始之原者不能探其藴矣即其所以修于身齊于家者而求之庶幾道顯于繩武不至判渙而難合耳群臣咸有克定厥家之責者將何以益我乎夫道不可見則述諸事事有可紹則藉其休成王之體道勤而咨訪至矣其纘先烈而保鴻業者厥有由哉抑世德作求子道也虚已求言君道也有成王之訪落而後有周召之弼違有周召之弼違而後有鳧鷖之治化日就月將緝熙典學其覲光而揚烈也有自來矣此固萬事守文者之法

春秋

三月公會齊侯宋公陈侯衛侯鄭伯許男曹伯盟于牡丘遂次于匡公孫敖帥師及诸侯之大夫救徐（僖公十有五年）六月公會單子晋侯宋公衛侯鄭伯莒子邾子齊世子光己未同盟于雞澤陳侯使袁僑如會戊寅叔孫豹及諸侯之大夫及陳袁僑盟（襄公三年）

馬中化

同考試官教諭王批（春秋之義重於謹權故溴梁不得與牡丘雞澤例書也是作得之宜録以式）

考試官教諭朱批（詞義嚴整）

考試官教授李批（跌宕不群）

春秋紀兵信而名有所繫見權之統于上也夫權不可以下移也牡丘雞澤之役而皆統於諸侯焉聖人繫之以名宜哉且禮樂征伐人君之大權也權以統分分以辨名名以守禮諸侯保有其國者恃此耳觀於桓悼之事而溴梁之盟抑何戾哉牡丘之會齊桓以救徐合而諸侯同次於匡矣乃率師以往救者則公孫敖與諸大夫也聖人書曰諸侯之大夫者何蓋救灾恤患征伐之權係焉次而救桓其有怠心乎然創伯之君英明之烈尚存而七國從之以遏楚鋒以紓徐困命由諸侯制也則夫仗鉞臨戎以爲同惡之恤者大夫特承命以從事耳孰敢奸大權以徼寵耶經故擊以諸侯見救徐之大夫猶統於牡丘之諸侯也雞澤之會晋悼爲懼楚合而諸侯業已同盟矣乃許成以盟陳者則叔孫豹與諸侯大夫也聖人書曰諸侯之大夫者何蓋講信修睦禮樂之權係焉協而盟悼其有戒心乎然復伯之君剛明之氣方揚而八國從之以伐楚謀以通吴好令自諸侯出也則夫刑牲歃血以爲明神之要者大夫特奉令以共讀耳孰敢竊大權以私交耶經亦繫以諸侯見盟陳之大夫猶統於雞澤之諸侯也若夫溴梁之會荀偃怒而高厚貳列侯在而諸臣盟君若贅旒大夫張矣宜春秋特書大夫以示謹禮之意歟雖然事常積於至微謀多忽於未兆徐之救親往可也而命大夫袁僑之至無盟可也而命大夫則溴梁專盟謂非馴致之漸乎要之司馬司盟天子權出于諸侯罪也桓悼伯功去王事遠矣於晋平又何尤焉此聖人作經必嚴王伯之辨

八月晋荀吴帥師滅陸渾之戎（昭公十有七年）

蔣守迪

同考試官教諭王批（遷戎於内地晋與有責荀吴滅之僅足以贖故春

秋無褒貶耳是作能明書法録之）

考試官教諭朱批（辭達氣昌）

考試官教授李批（格嚴語勁）

春秋紀伯臣靖華之兵而平詞以示義焉夫夷不可以亂華也荀吴於陸渾而滅之近乎義矣春秋所以無貶與且陸渾之戎睦於楚而爲中國患久矣滅之者晋荀吴也斯與潞氏甲氏之滅等耳春秋舉其名氏异於林俆士會之書何哉蓋以洛邑爲天地之中帝王所自立也固非裔夷之可窺王畿爲都會之區臣民所歸往也亦非醜類所可雜維兹陸渾本以允姓之戎徙居伊雒之地夷夏大防蕩然潰矣有安攘之慮者固宜滅此而後朝食也何幸晋之有是舉耶因其貳楚而肆伐以兵既得夫執言之利數其亂華而盡驅其族庶幾乎敵愾之師屠蒯將命蓄謀若甚秘也然志在膺戎即有棘津之涉而非以爲詐矣祭史用牲聲威若甚震也然事在舉義即有甘鹿之逐而非以爲暴矣客容之猛萇弘料之虜公奏於雒社華夏之氣以紓赫赫宗周不將胥此而廓清乎授戎之夢宣子徵之俘馘獻於文宫腥穢之風以殄翼翼京邑不將由是而底定乎此荀吴之師雖未足語夫柔服之道而視彼淫逞以圖强霸者則有間矣故春秋不以罪林父士會者罪之也獨舉其名氏而紀以平詞纔免於貶耳亦非以爲褒也滅戎而猶無褒則虚内事外者在所禁矣聖人謹於用兵固如此哉雖然荒服之制載於周官膺懲之訓垂於魯頌戎何人也而可使入中國邇王都哉被髮野祭辛有已有隱憂晋爲大國乃不能修尊獎攘却之職而與秦共遷之始謀不臧厲階由作向非荀吴之師其不胥而爲夷者幾希吁後之議徙戎者無亦得於春秋之旨乎

禮記

天子乃命將帥選士厲兵簡練桀俊專任有功以征不義詰誅暴慢以明好惡順彼遠方

張正蒙

同考試官教諭許批（題意重在征不義以明惡此作得之宜冠多士）

考試官教諭朱批（詞雅瑩而意聯絡可以式矣）

考試官教授李批（以古詞發揮征令讀之雄心）

王者命將奮武而因以服乎遠焉夫遠方觀化者也王者欲明好惡以順之得不命將而示之武歟且聖王所以昭大順于四方者在以義正天下而已故時維孟秋天地之義氣始顯王者之義師由興乃于是有將帥之命焉以士則選之而材官之悉具以兵則厲之而戎器之是除杰俊之士簡練以先乎衆

有功之將推誠以任之專夫卒服習器用利而又簡能任功若此者凡以爲師出計也而其稱斯師也則謂之何亦曰征不義而已明王之世惟民從義固無有下殘上慢以干我天誅者一或有之不義孰甚焉張薄伐之威而聲其罪以致討整徂征之旅而正其罪以修刑是誅暴也非黷武也蓋不義之暴天下有同惡焉王者與天下同其惡故爲天下除其殘所惡在此所好在彼而遠方之心志于是乎一矣是誅慢也非勤兵也蓋不義之慢斯世有公惡焉王者與斯世公其惡故爲斯世除其害即所用惡知所用好而遠方之觀聽于是乎新矣威振殊俗而畏威以效順者翕如也孰敢有犯所惡而爲不義者乎德洽窮荒而懷德以即叙者忻如也孰有違所好而不慕義者乎夫禁虣戢亂武之善經服遠安民王之善政先王之因時命將也有以夫於乎兵者聖人不得已而用之也天無所不覆王者體天之心亦無所不愛迨暴慢之亂作雖聖人有不能自遂其愛而征伐興焉卒之好惡明而遠方自服則仁覆之治又無不暨是義也乃所以成其仁也聖人豈樂于觀兵哉故天道先春而後秋王道先仁而後義

樂者敦和率神而從天禮者别宜居鬼而從地故聖人作樂以應天制禮以配地禮樂明備天地官矣

丘九疇

同考試官教諭許批（能發明禮樂之用是知禮樂之本者）

考試官教諭朱批（瑩徹可録）

考試官教授李批（精健）

觀禮樂合造化之用而聖人因有以成其能也蓋禮樂有自然之功用也聖人盡制作以官天地固其所哉且夫論禮樂者不惟溯其效法之原尤當要其成功之極故周流同化顯之爲作長之仁是天地之和也而斯樂之成有以敦厚之然和非他也即陽之伸爲神而天由之以生物者也樂惟敦和有不達其氣之伸而與天并運乎高下散殊凝之爲斂藏之義是天地之宜也而斯禮之成有以區别之然宜非他也即陰之屈爲鬼而地由之以成物者也禮惟别宜有不斂其氣之屈而與地同流乎夫禮樂之用合乎造化如此聖人法其和而樂作焉以從天者上應乎天而平中之雅若于乾知大始有幽贊矣法其宜而禮制焉以從地者下配乎地而儀則之陳若于坤作成物有默相矣是禮非强制所以配地而至序之寓于經緯者何其明且備也樂非徒作所以應天而太和之寓于播比者何其明且備也制作善而敦和别宜之功顯則天地位而氣覆形載之職全陽一嘘而萬物以作以長天得其所以爲天也陰一吸而萬

物以斂以藏地得其所以爲地也向微聖人應天之樂配地之禮疇能致之哉吁禮樂之道大矣始之者天地終之者聖人也夫聖人胡能以禮樂官天地耶蓋通性命可與議禮樂推位育必本之中和惟聖人達性命之原建中和之極所以舉禮樂而天地爲昭也儀文鐘律云乎任制作者當思其本矣

第二場

論

正心爲天下萬事之本

陳貴科

同考試官教諭梁批（君心萬化之原是作援證古今根極體要末歸本心學具見忠愛佳士也）

考試官教諭朱批（有議論有風骨）

考試官教授李批（雄渾正大）

論曰治天下有幾焉人君欲致治于天下不可不識其幾而圖之幾者何心也人君以一身寄之巍巍之上爲天地民物之主庶務于我乎裁決家國天下于我乎觀嚮百官萬民于我乎拱手而待命六合之内孰非吾事也苟不得其所謂幾者而握之而欲事事而爲之理將以彌綸天地材官萬物總人群而成治功也不亦勞且艱哉人君知其然是故不求治于治而求治于心蓋誠見夫此心正否理亂關焉是天下之大幾也幾在我而化在天下有莫知所以然者是天下之大順也握大幾成大順則身佚而事治上可以帝中可以王是人主之大要也正心爲天下萬事之本旨哉朱子之言其善于論治者乎今夫人之一身耳聽目視手持足行四者之不相借官也而心寔統之故心曰天君蘊之爲性發之爲情而措之則爲事禮樂异制刑政异施慶賞威罰异用斂之不盈一掬極之可以配天地横四海皆是心也吾心之體廓然太公粹然至正其初本如是而或失其體者物欲撓之耳不觀諸水乎正錯勿動可燭鬚眉湛濁一淆莫辨妍醜心亦若是矣故冥冥而行者見寢石以爲伏虎見植木以爲後人也冥冥蔽其明也醉者越百步之溝以爲蹞步之澮俯而出城門以爲小之閨也湎亂其神也欲之撓心爲蔽爲亂又有不可勝言者且人君尊居九重其權無不可致凡天下之可喜可好雜然于吾前者皆足以誘吾心而爲之蠱是故身安曲房口御五齊命之曰損心之鴆毒耳極曼淫目備佳治命之曰伐心之斧斤佞幸當先宵人在側命之曰賊心之蝨蝨人主之心關於天下甚重而攻之者其衆又如此若遂聽其攻而不爲制至使四肢百骸得以役吾心而吾

心爲萬化之本原者反洸洋儻蕩莫之持檢則庶務之所取裁者何如家國天下之所觀嚮者何如百官萬民之所拱手待命于我者何如而顧可以是不正之心應之乎甚哉人君之不可不正其心也君心者表也表直而景直表枉而景枉君心者槃也槃圓而水圓槃方而水方故采山探淵所以爲富也上好貨則臣下百吏乘是而興利于游于田所以爲適也上好逸則臣下百吏乘是而婾窳建章甘泉所以爲觀也上好土木則臣下百吏乘是而忕侈入海登岱所以爲奇也上好長生則臣下百吏乘是而誕謾闢疆服遠所以爲大也上好黷武則臣下百吏乘是而喜功興利之人出而民力殫矣婾窳之人出而百度隳矣忕侈之人出而天下隨風靡矣誕謾之人出而天下争鶩于怪矣喜功之人出而大荒窮塞之外日多事矣其幾始于一心而其流弊乃應于天下吁豈不大可畏哉是故人君知吾之心不可有嗜好也有一嗜好則天下争以其好者中吾之欲而吾心既中於欲即方寸之地涣然而莫爲之主其所以權衡萬事而推行之者日見其誖謬蹠盭而治愈不可幾于是乎有正心之道焉然心之正未易言也必有洞察幾微之明而後能正其心必有果確無難之勇而後能正其心必有專一不貳之誠而後能正其心蓋吾之心本公而無私也中而匪偏也正而匪邪也與接爲搆日以心鬭則公者鑿而私矣中正者漓而偏而邪矣幾微之介是故宜用察也非至明不能也黜其私以全公也克其偏以用中也袪其邪以歸正也凛若馭馬兢若執盈非至勇不能也廓乎公不以私間渾乎中不以偏間純乎正不以邪間天精天粹萬物作類非至誠不能也故宴安珍御不極口體所以防此心之毒曼聲冶色不快耳目所以閑此心之伐佞幸宵人屏于左右所以剔此心之蠹如是者心正貨賄游畋懼其汩吾心也我則慎之土木長生懼其蕩吾心也我則杜之窮兵黷武懼其暴吾心也我則誡之如是者心正未也書史所以明此心也吾何可廢開卷之益學問所以存此心也吾何可替就將之勤賢人君子所以輔養此心也吾何可乏啓沃之助而師保疑丞三公四輔日與之稽古正學無爲以守至正可也如是者心正猶未也負扆端黻此心矣深宫燕間亦此心焉享帝格廟此心矣警御承接亦此心焉寡欲以培之主静以凝之蜎蜎蠖濩弗忘也廣厦細旃弗肆也如是者心正吾心既正則萬事之大本大原皆自我而握其幾矣由此以宰制天下如户之有樞如車之有輪將隨吾所闔闢運旋而罔不宜者唯公也故能通天下唯中也故能一天下唯正也故能齊天下以禮樂則脩明以刑政則振舉以慶賞威罰則足以勸善而懲奸由是帷帟有徽音綴衣皆常吉而宫闈正由是藝極陳風聲樹而朝廷正由是大臣法小臣廉而百官正由是智不詐愚衆不暴寡勇不

苦怯而萬民莫敢不正其有衺而不治者則微矣此順之至也化之極也聖帝明王之治由此其選也豈非正心之明驗歟當舜之世庶政乂而黎民敏德矣乃其命禹則曰人心惟危道心惟微惟精惟一允執厥中湯以天錫勇智表正萬邦而仲虺所以勖之者曰懋昭大德建中于民以義制事以禮制心夫虞商豈不稱極治哉而其相授受相告勉尤惓惓于心學如此君人者欲襲迹帝王之盛亦足以稽矣於乎斯道也乃千聖傳心之宗旨而亦萬世言治者之準的也然下必有格心之臣而後能進此言上必有純心之主而後可以此言進故漢之時董仲舒嘗以對武帝矣卒無能格其多欲之蔽唐文皇弓矢之喻若有解于正心者而不能不廑十漸之陳誠則以其心之未純故也朱子接洙泗淵源倡明理學于有宋之季而正心誠意之説所以爲修齊治平之本者尤三復不置焉噫此豈直爲有宋君臣發哉

表

擬輔臣疏内外文武臣工職名於屏風恭進擬覽表（萬曆二年）

金輝漢

同考試官教諭單批（結構有體該括不遺皇上知人安民至意及大臣獻納之忠讀之可想匪徒四六之工已也健羡健羡）

考試官教諭朱批（蒼然之質淵然之光）

考試官教授李批（騈麗可則）

萬曆二年某月某日輔臣某等謹將所製内外文武臣工職名御屏一座上進者伏以帝王弘致治之謨安民惟要聖哲操馭臣之柄課職寔先欲内順外威之兼隆必文經武緯之共濟敬攄一得奏記千官恭製清防仰塵睿覽具官臣某等誠惶誠恐稽首頓首上言竊惟執樞運化大君囿六合以爲家列秩宣猷元首聯百司而同體故虞廷稽載采幽明類别於肆朝周室肇時巡震疊丕彰於式序緣藉省觀之遍聿昭慶讓之公醇古既還遺風猶在綜名實而覈吏治績紀循良披輿圖而恢帝紘任專桓赳蒼生軫念屏書剌史之名紫殿聞言柱寫涇陽之令并撰廉刑二訓儆貪戾以惠窮簷獨頒軍戒三篇讋威萌以和大衆迹垂往牒事軼前聞磨礪胥切臣工隆污有關世道肆我皇明啓運遏亂略而民困宏紓聖祖統天端化原而官常載肅文皇懋遴庶職籍内外姓名於武英之南廊仁宗慎簡諸司揭藩臬履歷於奉天之西序用賢求治憂勤不替于累朝計吏保邦延攬尤殷于今日兹蓋伏遇皇帝陛下睿資挺植聖學緝熙翰灑宸章焕堯文於五位册尊徽號隆舜孝於兩宫召對寵平臺資舟楫鹽梅之助傳宣頒禁籞敕銓衡樞筦之司時當大計而親獎廉能復允奏除而躬

臨選授縉紳揚采慶元氣之發舒介胄騰歡快神威之丕振凡此經綸大政率由宵旰深惟顧八埏寥邈非摹形制或聞見之未周庶府森羅不假標題將勸懲之無據臣等祇承德意少效贊襄謹屬吏兵總領之臣備采遠邇職司之隸提綱挈要就簡删繁自兩京逮及諸藩由郡守溯之朝著握持鉛槧次第丹青用紀載於監觀奉神明於坐照御屏巍聳依稀頫疆域以宅中黼座時憑左右儼臣鄰之在列置諸文華後殿庶幾密邇清光假以講幄餘閑亦可備延顧問撫馭具存之掌上搜羅盡在於目前按籍而妍媸莫逃若冰鑑之昭融群品試功而黜陟不爽猶璣衡之斟酌四時伏念臣等質任朴忠功微調燮荷三朝之知遇報塞惟艱慶一德之遭逢對揚敢後學雖慚於丹扆義竊附於諫屏地險周詢仿曾公亮更書别籍官聯積録希吕文穆探取夾囊豈云因事納忠尚冀知人則哲伏願皇猷遐邕帝鑑常明見萬里於几席間仁覃蔀屋辨群才於堂階下彙拔茹茅奠二祖八宗之鴻基邁五帝三王之駿業文教揆而武衛奮華夷共載鞏社稷於金甌九德事而庶績凝朝野咸寧熙寰區於玉燭臣等無任瞻天仰聖激切屏營之至謹以所製内外文武職名屏風一座隨表上進以聞

第三場

策（五道）

第一問

孫夢熊

同考試官教諭劉批（重本惇倫風示在上我列聖謨訓之昭皇上繼述之善子能掇往陳今鋪張而揚厲之末歸本敬一尤得靖獻之義宜冠多士）

考試官教諭朱批（上下今古闡析忠孝大義殆盡讀之令人感奮可以式矣）

考試官教授李批（敷答詳明矩矱嚴整）

聖王所以宰制六合綜理民物置之仁義禮樂之域而錫之平康正直之福者豈無所本哉以修人極則藹然與天下相熙洽而萬世之倫紀立焉以扶世教則秩然與天下相綱維而萬世之謨訓昭焉意之所眎辨於立的化之所趣疾於偃草是以端冕垂裳而化行俗美無爲恭己而物阜民康德與三五比隆名與天壤俱遠也執事首發策而以忠孝之説進諸生甚大惠也今薄海内外承休函祉漸濡我祖宗豐芑之仁棫樸之化二百餘禩于兹矣聖天子丕宅君師神靈睿知以臨之愷悌敬睦以先之即含生之倫無不矯首跂踵慕誼嚮風迪於彝而若於訓况於章縫之士沐浴君親闓澤者有不蹶然興起思以臣

子大義自效者乎請陳其説夫人君中天地而立爲綱常之主爲紀法之宗臨御寰區陶冶品庶其望治需澤者至衆也整齊而軌束之者至無極也然勸率之樞在上不在下轉移之柄以實不以名上以孝治天下而後爲子者化焉上以忠作天下而後爲臣者勸焉三代之盛其治大順其俗大同卓乎尚已豈抱寂守默無所爲哉亦豈家喻户曉爲之訓哉書有之天秩有典敕我五典五惇哉又曰惟皇上帝降衷于下民厥有恒性克綏厥猷惟后自天秩之自我敕之自帝降之自后綏之立教之本端可識矣夫典一也而君親爲重性一也而事君事親爲本記曰父母生之恩莫大焉君親臨之厚莫重焉此忠孝之説也舜大聖人也以玄德君天下者而萬世稱大孝底豫之化舜之心也而夔夔之形於祇載者不知也周公大聖人也以顯德相天下而萬世稱大忠篤棐之忱周公之心也而几几之形於赤舄者不知也舜孝矣而叙百揆徽五典以膺羲堯之統則忠爲益純故能成從欲之治周公忠矣而善繼志善述事以成文武之德則孝爲益達故能成迓衡之休是二聖爲人倫之至而千古頌治功之極厥有由哉後世乃有孝經一書説者謂成于曾子門人之手以天子諸侯卿大夫士庶人爲序凡列爲十八章當煨燼散逸之餘雖未必盡出于夫子之言然其教孝章順明生人之大綱不可易也與諸經并傳可矣忠經一書出於東漢馬融之作以聖君冢臣百工守宰兆人爲序亦擬爲十八章雖篇旨雜出不專爲人臣立訓然其勸忠著教明臣子之大義不可廢也與孝經相表裏其庶矣顧其書不列于學官義不講于庠塾至元而斯道晦蝕久矣洪惟我太祖高皇帝汛掃腥膻重開寓縣驅一世之椎結而冠裳之開天立極功何偉也乃其爲教則大誥有諭官之詞明孝之章使人不後君不遺親而大指在於懲惡資世通訓有民用前民用後使人報其君親其親而大指在於勸善洋洋睿謨昭垂海宇佑啓神聖至宏遠矣文皇帝際龍乘之運重燕貽之圖製爲聖學心法綱凡有四目凡三十有一言臣道則欲其致身效勞匪躬匪懈言子道則欲其慎行其身不辱父母條分縷析真可以爲萬世法程謂新命已申故習未革非以一有衆也作孝順事實紀帝王則首舜文紀賢哲則首參季凡二百有七人爲事不同而教天下以孝者一何備也章皇帝繼之謂堂陛相隔明良難逢非以儆有位也作歷代臣鑑善可爲法則始於鄭子産惡可爲戒則始於漢田蚡凡二百八十餘人爲事没而教天下以忠者一何懇也又以爲言行尚遺紀載未備復命儒臣編輯五倫全書頒示中外其叙臣道也始於輔德終於恬退所以補臣鑑之所未及其叙子道也始於伯奇終於劉氏所以發事實之所未詳。炳焕日月昭回雲漢要以明彰癉於既往示懲勸于將來即古帝王之誕告訓迪蔑以加焉作述相承後先一轍是故歷十餘祀而天眷益隆人紀益敕雖有阻山憑海之虓而輿圖鞏如磐石雖有佞豎逆藩之孽而宗社安如泰山以綱常素明而民志素定也今皇上稟上聖之資履盈成之運倚任耆宿咨諏治理謂奉先之孝在率舊章則討累朝故實而修明之而不獨師其作爲之迹事親之節在奉慈闈則承兩宮德意而推廓之而不獨謹其問侍之儀至其遵憑几之言而勤學親賢重山陵之禮而召見面諭我皇上之以孝先天下者至矣謂股肱元首一體相須乃宸翰寵錫荐及輔佐而部臺講讀之臣亦廑奎畫之頒內治外嚴兩事兼舉乃綸音嚴飭首及本兵而臣工考核之後又奉更始之諭若其督吏治廉能而宴賞特賜覽除目奏進而銓選躬臨皇上之以忠作天下者至矣合而觀之祖宗之垂訓言教也言教立故人紀明而天下一於所向主上之建極身教也身教端故人心正而天下習於所安神謨之貽由今日而丕承丕顯聖政之美率成憲而不愆不忘故自踐阼以來明良之遇相得益章天人之交孚契孔固九服印流百司稟度南越勒名於銅柱北狄解辮於玉關山無鳴鏑之虞海絶揚波之警蓋前史之所未嘗談而祖宗時之不數見也一時熙恬氣象豈不與重華亢聖度德比隆哉愚生嘗跧伏草野竊觀皇上躬行節儉被服孝慈鼓舞臣工尊尚往古真不世出之主矣執事者乃復進以移孝爲忠之説詎非臣子忠愛無已之心哉夫桴觸響應言所倡也行百里者半九十言所竟也今主上率先忠孝天下亦既翕然景從矣然仁人孝子其理相通君明臣良其機相感承祖宗父母之貽而不善推其所欲則孝猶歉於錫類是仁之未及也故好生之德慎徽之懿萬世稱仁焉而後舜之孝爲不匱今主上尊養極隆孝友克篤矣然而宗藩之鱗衛寰宇者皆祖宗所欲親睦者也寧無有歌行葦而獻之者乎天下之鰥寡孤獨顛連無告者皆祖宗之所欲優恤者也豈無有歌鴻雁而爰及者乎仁而及此是能體親之心充吾之愛而天地萬物無不各得其所矣斯不謂善推其孝哉重股肱心膂之寄而或未究其所蘊則忠弗獲以自盡是明之未及也故明保之資和恒之托萬世稱明焉而後周公之忠爲益顯今主上會際明良道隆交泰矣然延納雖勤而補牘執奏之魏徵折柳必諫之程子豈盡皆和顔色以受之乎綜覈雖嚴而下考之倪寬豈盡舉僞增之王成豈盡黜乎明而及此必能以臣之心爲己之心而效忠宣力之士無不畢竭其知矣斯不謂善作其忠哉雖然有本焉敬一是也敬則純而私欲不雜故能弘至仁以成其孝一則公而賢奸不蔽故能運至明以成其忠昔孟氏論大孝終身慕父母而五十之慕獨歸之大舜史稱成王將冠朝祖見諸侯而史雍之頌獨命于周公繼二聖而作者可以勃然興矣敢以是爲聖天子純

孝勸忠之助

第二問

馬中化

同考試官教諭王批（視學乃君人崇儒重道盛節我皇上以冲德肇舉是典風教丕彰子能揄揚休美式闡雅道末復進以仁孝尤得勸講至意是抱忠愛之忱者敬服敬服）

考試官教諭朱批（對揚敷暢悉露忠悃而詞尤卓雅）

考試官教授李批（考古揚今義精制備）

帝王之御世也以立君師之矩存乎教以端教化之原本于道夫道術之明必有所自出是故表章之典宜崇焉崇表章所以敬道也而萬古之聖真愈演迤于不窮教化之行必有所由始是故首善之風宜樹焉樹首善所以勸學也而四方之標準自昭布于無外故興秩節修殷儀禮之文也其數可陳也隆道術貞教化禮之實也其義難知也苟不惟其所以實而直循往襲故眡曰文具而已焉道化謂何耳於乎知其義而敬守之非明天之孰能與于斯且夫道彌綸造化周流六虛者也洋洋乎大哉人主不可不殫心焉古之所謂道術者惡乎在曰在于聖人堯舜以帝焉而聖禹湯文武以王焉而聖周公以相焉而聖蓋聖人未興天下多得一曲焉以自好自數聖人作而三極之道管是矣周室衰而詩書微禮樂缺有間孔子以聖德遭季世要删詩書述正禮樂因史記修春秋以寓王法後之學者言六藝靡不折中而數千載綱常之理不少忞忞者皆其作經垂訓之功也自孔子出而數聖人之道又一是矣所謂儒術之宗萬世之師非耶在昔隆古莫不有學而祀於學者載籍無稽焉爰周郅隆兼立四代以舜禹湯文爲先聖而取左右四聖者爲先師合饗之至如素王特祀正道大興則昉于炎漢盛于隋唐釋奠之禮遂爲千百代令典而世主以垂聲彤管有褒述矣然愚又嘗溯而考之上庠下庠肇自有虞鄉學國學分於三代辟廱成均孰非天子之學乎顧總三代而名之則曰辟廱而辟明雍和之意寓總五帝而名之則曰成均而成行均習之意存此其義之各有攸在也上丁仲丁命以樂正先聖先師祭于四時釋奠釋菜孰非王者之禮乎顧釋奠于禮爲稍隆而有樂有牲幣釋菜于禮爲甚略而不舞不授器斯其制之不能無辨也此其大較也乃若視學之典著于月令詳于世子而莫備于大戴禮保傅之一篇按古視學大都主于養老東京而後此禮浸亡而或以釋奠或以講經則猶承師問道之遺意焉夫問道于上而所以教天下者自王都達之九有若桴觸而響應風行而草偃矣故古之人一舉事而衆皆喻于教者此物此志也鎬京辟

廱無思不服説者謂其講學行禮有以致之烝哉武王誠萬古稱烈矣歷選群辟以迄于今若漢之光武親臨觀饗詔諸生雅吹擊磬而盡日乃罷明帝袒割三雍會諸儒執經問難而正坐自講唐之高祖幸國學召博士徐文遠發春秋題而异其占對太宗觀釋奠詔祭酒孔穎達講孝經而嘉其進頌宋之太宗命李覺孫奭講泰卦説命各有味于其言仁宗令直講馬龜符説論語一篇因閲禮圖于東序之數君者皆一世之英也并能尊未有之至聖焕可述之文章豈不爲奕异代聲施到今哉然意雖微而出之未醇事足誇而實則不副篤信讖文始開佛教律以聖人中正之道則誖矣家法罔正天倫負慚繩以聖人修齊之道則拂矣曲宴賦詩釣魚興咏概以聖人端本之道則逕庭矣即禮聖于宫墻講業于黌舍要亦修故事而飾榮觀耳又何惑其治功之不足軼休三五乎洪惟我皇上濬哲夙生徇齊神授以茂齡宅丕后纘二祖八宗之基緒是堯舜禹湯文武之統也以至德躬師帥暢九垓八埏之文明是堯舜禹湯文武周孔之道也踐阼以來道化房皇函夏寧謐海内群生靡不受祉而鼓掖于大順是唐虞夏商成周之治也聖學日新寒燠靡間公孤晝接注倚彌殷降諭臣工定百官之凖嘉納圖説勤乙夜之觀御製一十二條而儆誡昭命書四箴六箴而顧諟備迺者車駕幸大學釋奠先師萬乘躬臨增輝俎豆偉儀也張幄横經儒臣進講文武大吏環侍而拱聽壯觀也召三氏于闕里賜師生之璽書而錫宴錫鏹幣賚予頻蕃湛恩也隆師重道章教樹風是以功羨于五帝名冠于三王而漢唐宋諸君方兹褊矣愚也萬里草澤守窔奥而未睹天庭雖欲竭精揚厲安知前後而執事乃求所以靖獻者于鯫生不左計與顧帝王之道集于孔子而皇上今日之所嚴事而禮之者爲是道也愚生甄育熙世習先聖之術亦知有孔子而已矣無己則持此而效之乎何也君道多矣而其大者能外敬天法祖兩事哉昔孔子嘗以告魯君曰仁人不過乎物孝子不過乎物是故事親如事天事天如事親善乎其言之也夫物實理也實理誠也一誠立而修身事親知人知天靡不具矣此道術之妙聖學之要君人者察此故帝王不難侔而治易幾也皇上德象重玄孝奉兩宫郊祀必親星异虔禱而天變畏脩復史職躬臨銓授而祖憲明仁孝之道豈尠于皇上哉惟設誠于内而致行之則在聖心益加之意爾誠思天之命難諶而涉冰之懼不輟于慮天之怒易干而戲豫之惕不替于思天之視聽易忽而若保之懷不弛于念自出入起居以及命令賞罰常若上帝臨汝日監在兹焉斯天下之至仁也誠思祖宗之德澤不可不培務敦大以成裕祖宗之法度不可不飭務明作以崇功祖宗之遺體不可不愛務保身以保民自深宫獨行以至大庭廣衆常如在于其上在于左右焉斯天

下之至孝也允若時則孔子對君之精藴我皇上潛孚而身體之若挹尼父于千載而與之相授受講勸不虚誦釋奠非彌文將天眷永膺先猷克紹鞏億萬年之國祚而永固之矣書生之譚無甚高論執事能毋以下體否

第三問

金輝漢

同考試官教諭單批（天道難知歲差久無定法此作考究詳明議論精確末歸重于持敬法天尤得治曆之本宜録以式）

考試官教諭朱批（博雅之學精覈之論）

考試官教授李批（諸家异同剖析明盡）

曆法之難言也久矣天道無端惟數可以推其機天道至妙因數可以明其理是故理因數顯者也數從理出者也理數可相倚而不可相離者也治曆以正天時因時以興民事而帝王爲治之先務在是矣何則日月之運行星辰之次舍凡可推步而知者亘古今而不變者也日月有盈縮朓朒之不齊焉星辰有遲留疾伏之不一焉往來出入于二道之間者雖竭天下之智巧而不能盡者也于天運有常之中而參之隨時變通之術驗之以陰陽寒暑之氣積之以絲稍秒忽之數其于曆也庶幾乎自黄帝命羲和占日常儀占月車區占星象大撓作甲子而容成總其術曆所自始也少昊使玄鳥氏司分伯趙氏司至青鳥氏司啓丹鳥氏司閉而鳳鳥氏爲曆正法所由傳也顓頊命南正仲司天北正黎司地而建孟春爲元是爲曆宗帝堯使羲仲叔主春夏和仲叔主秋冬以閏月定四時是爲曆紀舜察璣衡禹衍疇範周官設馮相保章古之帝王所以奉若天道者其法雖不盡傳其意固可得而識矣然古未有閏也至堯命羲和而後置閏閏法立則四時之氣候不忒矣古未有歲差也至晋虞喜諸人而後立差差法立則七政之躔度不爽矣二者相用而不可偏廢者也古人改曆者無慮數十家由黄帝訖秦末凡六改惟史官喪紀疇人子弟分散春秋因魯曆而譏置閏之差秦曆無定法而置閏常在十月之後是三代至秦已非黄帝之舊矣由漢高祖訖漢末凡五改張蒼用顓帝曆司馬遷作太初曆劉歆作三統曆李梵作四分曆劉洪作乾象曆可謂備矣而惟太初爲善蓋其説本于鍾律以黄鍾八十一分爲日法復自前曆上元推之得閼逢攝提格之歲爲甲子冬至日月如合璧五星如連珠而晦朔弦望不爽毫髪當時一十七家之疏遠者悉罷矣由魏文帝訖隋末凡十三改由唐高祖訖周末凡十六改晋有春秋長曆杜預之長慶曆何承天之元嘉新曆崔浩之五寅元曆馬重績之調元曆隋劉焯之皇極曆唐高祖有傅仁均曆高宗有李淳風曆開元有一

行大衍曆代宗有實應五紀曆徐承嗣有建中正元曆徐昂有元和宣明曆穆宗時有長曆昭宗時有景福崇元曆周王樸有欽天曆可謂備矣而惟大衍爲最蓋其説起于蓍策以卦當歲以爻當月以策當日以天地之二始位剛柔以天地之二終紀閏餘以卦氣定七十二候以中星正二十四氣以晦朔正日月之會以日度正周天之數章部紀元皆合于易而二十三家之曆盡廢矣由宋太祖訖宋末凡十八改由金熙宗訖元末凡三改吴昭素衛樸之乾元奉元曆吴處訥周琮之應天明天曆壽皇之會元曆孝宗之乾道曆史序宋行古之義天崇天曆皇居卿姚舜輔之觀天占天曆陳得一之統元曆楊級初之大明曆元許衡之授時曆耶律楚材之庚午曆皆各有所取也而惟授時爲近之蓋簡儀仰儀及諸儀表皆郭守敬創爲之宿度餘分約爲大半少未得其的乃用二線推測餘分纖微皆有可考而又當時四海測景之所凡二十有七東極高麗西極滇池南逾珠崖北盡鐵勒皆古人所未及爲者其法具載元史可謂度越前古矣合而觀之隨時更改代有損益而推驗精密不過三家耳豈皆憑胸臆以作聰明任智巧以愚耳目爲哉廣集衆見而周思曲算之無遺博采群言而參伍錯綜之不謬然後定而行之宜其推往知來信今傳後也即歷代長于曆者亦不數歲而輒差何哉考之堯時冬至躔在虚一度夏至在柳十四度春分在胃十二度秋分在氐十度至唐開元大衍曆冬至日躔在斗十度夏至在井十度春分在奎七度秋分在軫十四度宋統元曆冬至在斗二度夏至在井六度春分在奎初度秋分在軫七度此歷代之曆可驗者也晋虞喜覺其差乃以天爲天歲爲歲立差法以追其變而算之以五十年差一度然失之太過久而驗之弗合也何承天倍增其數約以百年差一度而又不及劉焯取二家中數以七十五年爲近之僧一行以大衍推之得八十三年而差一度久而驗之又弗合也許衡王恂郭守敬以六十六年而差一度算已往減一算算將來加一算至精密矣今據其法步之又弗合也此歷代之不可驗者也或者曰四時寒暑無形而運于下日月星辰有象而見于上二者常動而不息一有一無出入升降或遲或速不相爲謀其久不能無差忒者勢使然也夫以歲差而歸之勢其能有合乎哉然其所以差者由天周有餘日周不足也天周有餘則天常平運而舒日周不足則日常内轉而縮天日之差于中星驗焉堯之冬至初昏昴中而日在虚七度虚者北方之宿則日行北陸躔于玄枵之子也今之冬至初昏室中而日在箕三度箕者東方之宿則日行東陸躔于析木之寅也是去堯未四千年而差五十度矣古曆之簡易者今安得仿而求之乎或曰定朔之法莫驗于日月之交食書詩春秋所載日食俱在朔漢魏以後日食或在晦者蓋

日行一度月行十三度有奇言其平行也二十九日有奇而會言其經朔也夫日者陽之精也行南陸則盈行北陸則縮月者陰之精也近日則行疾遠日則行遲古者止用經朔故月一大一小日食或在朔二月食或在望之前後漢魏以後日食多在晦其弊蓋坐此耳張衡分九道何承天定小餘李淳風之定朔皆是矣然日躔有自然之度而以己意附之可乎善乎杜預之言曰陰陽之運隨動而差差而不已遂與曆錯曆家者流欲以管窺之見而推合以驗天不知以有常之理而順天以求合差法何時而明哉洪惟我太祖高皇帝承乾御極膺曆授圖數由天悟理本神孚二統相持則徵諸七政三曆相讎必協于五紀占天有臺而璿璣之器存造曆有官而羲和之職舉銅候有儀而推測之法立其積分一授時之數也其置閏一大易之旨也分至啓閉即少昊之所命也春夏秋冬即陶唐之所授也敬天勤民也至矣而執事猶有謂年遠數盈隨時改曆之説是豈無所本歟嘗考博士元統之議曰曆日之法其來尚矣今曆雖以大統爲名而積分猶授時之數况授時曆以至元辛巳爲曆元至洪武甲子積一百四年以曆法推之得三億七千六百一十九萬九千七百七十五分經云大約七十年而差一度每歲差一分五十秒辛巳至今年遠數溢漸差天度擬合修改太祖是其言矣開創未遑也正德十三年五月己亥朔日食起復弗合員外郎鄭繼之日官周濂請驗交食以更曆元矣武廟未之行也嘉靖三年正月五星聚營室歡修德以應天修省以承慶少卿樂護之疏可考也請登臺測影調元正曆以求未定之差法少卿華湘之疏可采也諸臣先後之建白豈無所見而云然哉嘗以赤道考之勝國至元辛巳改曆天正冬至赤道歲差一度五十秒今退天三度五十二分五十秒矣黄道歲差九十二分九十八秒今退天三度二十五分七十四秒矣故距元辛巳至洪武甲子僅一百四年迄今則二百九十五年每歲差一分五十秒約七十年差一度今合差四度餘矣考曆元以坐致千歲之日授民時以永垂萬年之統者不有待于今日哉竊聞之改曆之法有四一曰立元二曰測候三曰察度四曰定朔夫歲朔又復謂之元作曆者每以十一月甲子夜半朔旦冬至爲曆元必也用大史公三紀大備之法本范史紀元之目如大初所謂四千六百十七歲已盡都無絲髮之餘特起新曆之第一日則曆元不差後其可久乎是謂立元馬融謂天體不可測知天之度者惟有璣衡一事夫璣衡即今之渾儀也歷代以來其法漸備至郭守敬又加詳焉獨不可仿而行之乎是謂測候易之革曰澤中有火革君子以治曆明時夫作曆有常度也惟觀五星以測三垣觀三垣以測二十八宿觀二十八宿以察中星是謂察度定朔之法必于交食驗之張何所考皆不能無差惟郭守

敬以辰集時刻所在之日爲定朔此其爲最精者是謂定朔治曆之人有三一曰專門之裔二曰明經之儒三曰精算之士夫漢之公孫卿壺遂司馬遷請改正朔矣而不能爲算也乃鄧平唐都洛下閎之徒出然後成大初之曆崔浩之魏曆稱精矣而惟高允能辨五星聚井之差程子嘗曰堯夫差法冠絶古今堯夫嘗曰楊子雲知曆法又知曆理許衡郭守敬王恂之作曆也窮極四海竭盡心思就晷測影凌駕百代夫唐都洛下閎鄧平專門之裔也子雲堯夫許衡明經之儒也高允郭守敬王恂精算之士也誠得三者之人而行改曆之法庶可備一代之制而樹未來之準矣抑猶有説焉書曰惟天聰明惟聖時憲又曰惟王奉若天道又曰聖人有國則日月不食星辰不動朱子曰王者修德行政用賢去奸能使陽盛足以勝陰則月常避日而不食蓋天子者法天者也法天者持敬者也持敬以法天則先天而弗違後天而奉時自與天地合德日月合明四時合序矣位育參贊之道燮理弼亮之功豈假于器數藝術之末者歟愚也惟知三光全寒暑時爲聖人之賜而已何容置喙于其間哉

第四問

張正蒙

同考試官教諭許批（因時立政通變宜民爲治至要也是作于質文遲速寬猛動静之間參和補救約之于中非識時知變者不能及也用世之才允宜高薦）

考試官教諭朱批（通達治體詞足發意讀之爽然）

考試官教授李批（條議剴切非徒答問者）

爲政者有定體乎非君子所以運天下也爲政者無定體乎非君子所以一天下也吾所知者惟其治天下之意而已夫天下至大也群生至夥也好惡相疑誕信相攻愚智相駭不啻如六馬之易驚江河之易决也治國家而弭人民者非不欲爲法以盡天下後世之變顧其情狀之伏也兆於毫芒更於俄忽將有出於吾之所不及逆其形而預爲之待虞其巧而曲爲之防事日益新則智日益出而物之變日益滋智不足以勝物則天下之情將脊脊棼棼而無所底止而勢於是乎始窮古之君子觀風會之淳漓而乘其運洞物情之向背而握其機抑淫詭暢澮漠其創始而化之因弊而易之也以其意運量乎天下而不示其所以化之易之之道天下之人化上之意而不知其所以整齊改革之由王道之行也其庶矣乎愚生伏處奥渫非通達國體者也雖然竊嘗窺陳編而檃括其概矣粵自堯舜禹之相授守一道也其化蕩蕩其俗于于無救弊之政也大禹之言政自養民之外無費詞也夏后氏以還風氣開而世變日繁聖

君賢相始相與反其所敝而救其所不足故康王之命畢公曰道有升降政由俗革則因時之政當時講之詳矣俗革者法也養民者意也得其意斯得其法矣今之論治者曰質文狃於尚也遲速拘於趣也寬猛歧於術也動静局於形也若是乎其樊然殽亂也即聖人欲爲一切之聰明以要束之亦難矣愚則曰聖人不能違時也能不失時而已是故有改制之名無變道之實質文异尚其宜一也遲速异趣其情均也寬猛异術其用兼也動静异形其器豫也昔者夏之政忠忠之弊小人以野商人承之以質質之弊小人以鬼周人承之以文三王之道若循環然逮於周而天下之變極矣先進禮樂庶幾乎彬彬君子哉及其弊也暴孽情飾淫志文武周公之德其衰矣夫子傷周道而追思虞夏既雕既琢其將復歸於樸乎然則從周者從其文質之得中者也爲下不倍之義也感周道之弊者憂文勝之趨如水之日流於下而不可返也斟酌四代之意也故曰質文殊而其宜一也齊魯之興也伯禽變其俗革其禮三年而報政可謂遲矣太公簡其君臣禮從其俗五月而報政可謂疾矣方二公以宿德巍勛肇基啓宇豈非聖人之遺化好禮樂之國哉然疾者近於强而不可與持久遲者近於弱而其教可長存蓋其積漸然也周公之嘆睹微而推其著也孔子之論由今而反諸古也要之勢窮則變變則通使魯公能循方册以復文武之舊必不至積弱而折入於齊桓公敬仲能惇信明義以修太公之遺烈則田氏安得竊齊國而代之惟其衰而莫爲之救或救之而不得其道是以其勢日趨於極重而不可反耳非其始爲政者之過也故曰遲速殊而其情均也黄霸施寬和於綜覈之日乘强之勢者利用惠而法固未嘗弛也若鄭俗之淫未殄餘風子太叔一朝反其舊而呴濡之衡扼既解則群馬竊轡矣此非寬之失也不善用寬者之咎也諸葛孔明承劉璋暗懦之後乘弱之勢者利用威而惠固未嘗壅也若嚴延年之鷙烈則馬力竭而猶求焉靡不敗矣此非嚴之失也不善用嚴者之咎也至矣哉大舜與孔子乎御衆以寬矣而不捐四裔之罰寬則得衆矣而不徐徐於兩觀之誅苟有大舜孔子之心則刑罰者皆至仁之作用也曾何病於寬乎故曰寬猛殊而其用兼也宓子賤之宰單父也穆穆乎彈琴而理其逸若此矣巫馬期爲之非見星出入則不能治其勞若彼焉非獨其才不同其器之深淺异也凡器之所受者大則以我待物而有餘所畜者隘則以物博我而不足以單父之褊乃有賢於不齊者五人子賤事之而稟度順之而行所無事焉居静以制動者也巫馬期智巧果敢之列也攖其神以役於物知有動焉耳祗勞形怵心索然而無餘味矣宓子之所爲巫馬氏非不欲爲之也顧才可竭而器不可强耳故曰動静殊而其器豫也嗟夫天下之變其具可熟數於前

矣夫膠柱不可以鼓瑟者滯於音也夏蟲不可以語冰者篤於時也曲士不可以語治者溺於聞也故夫質文也寬猛也遲速也動静也可用於天下而不足以用天下天下之勢譬諸人之一身然善理身者謹食息節嗜欲使寒暑七情之毒不能奸其中其適乘間而入也爲醫師者必診其虚實急緩標本之候而投之劑此法之常也有和扁者視察色觀毫而見胜腑之癥結辯志氣之强弱則剖胸易心隨其所投靡不立效要於勿壅勿闕固其元氣而調其榮衛此神明其意而不牽於法者也聖人不能使勢之不變猶人身之不能無疾也獨盈虚之紀達消長之化猶之視臟腑辯志氣之明也析幾於萌芽起教於微眇操縱闔闢手撓指顧而四方之民莫不俱至者此豈有炫奇飾幻之術哉天下之弊起於民之有厭倦之心而其爲患莫大於德不足而求勝其民當其未厭也雖商君愚之以徙木驅之以實塞而不能箝秦民不便之口及其既厭也則沛公以崛起草創之約能使全秦之父老慆慆乎若嬰兒之入於慈母之懷而惟恐失之何者曲防而障者難爲功順風而吹者易爲力天下之情方燋然爽惑而求解矣吾因其情而爲之振湯火於衽席之上則趨之如響赴及其久也人情狃於治安而其巧無所泄狡者思詐强者思暴德不足以返民之性情則將出於智力以求勝之上以智力勝其下則下亦以智力勝其上未有上下交相勝而能治者也故自古聖人之爲天下因其固然不敢恃一己之智力以勝之觸而後應迫而後動不得已而後起要於使天下忘其厭倦之心欣然思戴其君上而莫測其所以然質文在我如甘苦之相和而成味繪素之相錯而成章也遲速在我如泰豆造父氏行乎獨木之塗内得於中心而外合於馬志也寬猛在我如大弦濁以春温小弦謙折以清克諧以鳴而不相害也動静在我如三十輻共轉於一轂當其無有車之用也行而無迹事而無傳故功蓋天下而似不已出化貸萬物而民莫得名又何紛紛乎繩約膠漆以固結天下爲哉雖然此非聖人之所爲天之所設也天之道運而無所積照臨者爲日月沾濡者爲雨露鼓動震撼者爲雷霆孰主張是其太極之默運而不能自止者乎聖人之道以無私爲主以無爲爲常窅然空然精神四達無施而不得彼其睎習尚之隆污理道之沿革如造化之相代乎吾前而吾不知其所以爲之者洋洋乎遠撫而長駕德閎而恩博豈人力也哉昔帝虞氏言天王之用心曰天德而出寧日月照而四時行若晝夜之有經雲行而雨施矣斯德之盛而古之極也列禦寇氏不得其説乃謂聖人以智籠群愚猶籠衆狙也抑何枝辭琢正之甚哉管蠡之見惟執事試詳擇焉

第五問

陳貴科

同考試官教諭梁批（粵西大務夷獠與土司并而土司又患在内者是作情態備陳駕馭得體而末歸于得人尤爲根極之論匪直留心世務而已佳士佳士）

考試官教諭朱批（造語暢雄叙事詳覈）

考試官教授李批（處置周詳鑿有實用）

國家之柔遠也以德而利用在威人臣之靖邊也以才而利用在信德以濟威則威讋而裔夷慕義才以布信則信立而异類嚮風二者要在審勢達變而吾之操縱不失焉耳若夫劫之以勢而威益褻籠之以詐而術愈窮馴至于體統凌夷法令隔閡釁端滋萌師徒數起欲以振頽綱而收長策惠中國以綏要荒難矣故善理國者不徒吾德之足以懷而尤恃吾威之不可犯善馭夷者不患吾力之不足以懾而患吾信之不足孚知此則百粵之事可得而言矣執事策諸生而以夷官下詢大聖朝無外之治垂遠夷世守之經甚遐算也請先陳其狀而後及制馭之方執事試垂聽焉夫自有西南夷以來即有夷官爲之藩籬屏蔽其種類最夥其盤據最邃雜習蠻風脱略漢法徵兵不俟合符慮囚無煩覆讞出非甲胄不行入非扃鍵不居其俗也弃禮義上首功勇于公戰怯于私鬬苟有利焉不顧其後其于父子兄弟禽獸耳貪而嗜殺其性也毒弩長矛强弓利劍茂林叢箐疾于走兔扳崖躡蹬捷于升猱探穴則風雨經旬搜伏則瘴癘累日其長技也溪峒夷獠所在充斥夷之畏狼如貍捕鼠以故積威所劫未戰先怖惟死與走無敢枉敵者鼓行而前所向披靡其先聲也堅甲利兵雖資捍禦而狼貪麕獷未易擾馴軍令不遵點閘不服虚數實支受賄縱賊而所過荆榛不減于寇其虐焰也尺布斗粟我無所養而朝令夕集彼謂當然有事則出而應伍鋒鏑不辭無事則歸而力耕繇賦薄貢此中國之所資也地廣官高習兵擅利生齒益繁財貨益廣詐以謀成罪以功解種憂釀禍蔑玩内地此中國之所虞也前代乍叛乍臣姑置不論明興二祖開基神武振世天戈所指雲附景從百夷之長皆席藁俟俘納款乞宥海涵天覆待以不死乃因地置官任土效貢俾世掌故部爲我外藩即周人疆以戎索之意約法疏簡要示羈縻而已然繼及之際令甲具昭或獻劍馬或貢方物萬里赴闕印首請命蓋朝廷假之官秩以固邊圉土酋籍國寵靈以長醜類貽謀之遠經制之周秦漢而下所未有也天順八年上兩宮徽號詔許繳呈勘奏即給冠裳成化十五年因方隅旱灾詔令輸粟濟邊即許沿襲于是經制既卑規取愈陋乃至介使未將威福自恣戎心日玩驕悍漸啓矣孝宗末年發憤釐革正德間旋

復隳廢世宗始曲爲條約稍復國初之舊大抵創始者多遠圖喜事者輙厭故建白日煩紛更愈甚其究也綱紀瀾涣處置垂方察察汶汶罔上遂私迨乎逆節犯順干戈相尋叱咤徒勤獮薙失策竭膏血于邊氓貽憂勤于廷議是故大而逞逆則爲㺿猇濬猛小而作孽則爲蘇受楷寰師老財費而剿撫莫施日蔓月滋而恩威并爽當事諸臣蓋與有責矣可盡責之夷裔者流哉夫輪轂不運甚者必起而易輸乃可駕也琴瑟不調甚者必起而改絃乃可鼓也今欲使之俯首聽命先讋伏其野心而交臂請纓能盡得其死力土酋獲有領之安而國家免尾大之慮其道豈有他哉吾所以自治者有四一曰信賞罰二曰愼名器三曰定經界四曰嚴勘襲而重事權則内治之本也我之所以爲彼謀者亦有四一曰申降削二曰暴罪過三曰孤黨與四曰禁撥置而體夷情則駡馭之要也何謂信賞罰土酋調發全藉國威而威令之行全賴賞罰邇來徵兵禦宄甘言誘之罷役論功靦然食約以故兵出如借師行如寇若奉驕子置不敢問賞既不信罰安從施哉宜申舊章明賞格獲級者立驗轅門頒金紀籍擾民者按治戲下請劍行誅夫啖之以財貨則群然樂趨督之以威刑則凛然服役緩急有令彼亦無所藉口以干後至者矣何謂愼名器故事土人有功惟優賞賚邇因邊方財詘始議官階彼本猴冠既難俯伏更加虎翼益肆憑陵曩時單騎入郭屏息階下今則輿皂充擁比迹漢官簾近堂卑冠下履上此其漸不可長也自今雕剿常勞惟多金帛大征殊績始議品銜庶等威辨而覬覦消名分嚴而激勸著何謂定經界夷漢櫛比疆域易淆川谷星羅畦畛無别力强則蠶食無厭勢弱則蝟縮受侵宜先之文告各守舊封繼之丈勘一清兼并分圖畫界勒石垂盟其挾衆仇鄰争疆啓釁者廉其屈直移兵向之庶强梗絶廣地之謀柔懦獲保境之便何謂嚴勘襲土人猇悍甘臣妾我者以結勘之權在我也惟考定譜牒則世系可求預陳嫡孽則宗庶不紊先以合族之議上之郡郡上之司司請之督撫類報之部一如武職從事舊者未老不得謝事繼者未勘不得署官則予奪在我釁孽不萌何謂申降削土酋據地連城生殺予奪惟其所使苟任其胸臆漸至恣榷爲虺弗摧爲蛇奈何自今骫法觸憲愆期抗令者一不悛白之督府革其章服再不悛請之天朝削其世官或郡降爲州州降爲邑邑降爲巡司擇族之賢者易而立之夫奪彼與此則爲惡者懼以大更小則體勢自卑孰敢有越厥志而自失操柄者何謂暴罪過諸酋聲勢相軋誇詐自雄即罹譴呵削秩褫裳而僻處一隅揚揚猶昔也自今有麗法者按其罪狀暴之鄰境曰某地某負慝作奸戒諭不省今已裂裳罷秩正我典刑覆轍不遠尔毋效尤彼酋聞之有不消阻閉藏瞿然改行以冀復舊物者乎何謂禁撥置土人椎魯戇于理道不敢吾抗者有文法以牽制之也邇來無良亡命竄名其間外煽内訌因

緣爲奸利宜詗其舞文用事者治之五方流徙投夷有禁土目占恡法與同科則奸宄不容徑竇自塞何謂孤黨與力小則易使以義國小則無邪心今土酋大者提封千里擁衆數萬鴟張鷙擊莫敢誰何顧其御下少恩骨肉最忌一觸法網人懷异圖俟其難作吾從中劈畫之或裂地授官或分兵自部一寸之土一旅之衆我無所利焉凡以定制耳夫勢分難合息朋奸掉臂之謀地小易制絶恃强跋扈之患孰肯發首難而貽利他人者由前四事是我之所自治者也而重事權爲急蓋百粤夷獠貼然聽令者惟督撫耳自襄毅韓雍討平之後而所竄餘孽弘示包荒自文成王守仁經略之餘而至今遺言尚謂姑息故曩時赴調恐後今則催督或煩曩時報兵必實今則名數多冒襲替廢置朝廷雖假閫外之權而伸縮弛張臣子尚牽域外之議自今震疊之威必行于土官土官之命盡制于幕府一切便宜不從中制則賞罰可信名器可慎經界可定勘襲可嚴而中國威令常伸如震霆矣由後四事是我之所爲彼謀也而體夷情爲急今夫父兄之于子弟苟役使煩勞且不能無厭况夷獠之性歲歲調發奔走道途不得顧其室家治其田里其能無倦且怨乎及事平則功歸于上而彼一無所與債帥墨吏又往往視爲奇貨其能無怒且慢乎既倦且怨又慢且怒始而徵調違期既而空文逃罪上嫉下憤月積日深當事者不惟開誠之圖而直恃籠絡之術以故諭之益梗撫之益疑卒至禍亂相尋而不解也故平居無事則布信懷恩有事出征則宣威仗義芻糗必豐毋使客兵一而當土兵五可也功級必賞毋以冒死所得而攘之將校可也廉浚刻之吏平争鬬之端則降削可申罪過可暴黨與可孤撥置可禁而土夷中心誠服若腐鼠矣雖然愚生猶有説焉漢得一谷永守鬱林而烏滸内屬唐得一李靖撫嶺南而遠夷安堵我明沐英守雲南而滇酋效順黄福治安南而交人寢謀是故先王慎擇邊吏重于内地講求曠度略于曲防寧使化理稍塞倔强一隅毋俾輿圖廣收貽憂萬姓惟夫吏好蓄積政多解弛或遠嫌自潔或求勝喜功則遐陬日以多故耳故遠方之官非有爲不足以戢亂非有守不足以服人非久事任無以諳土俗非重權力無以專責成誠得其人而任之寬其約束優以寵榮即滿考不代豈惟兩江土酋可繫頸而制命將百粤夷獠亦伏喙而寒心矣復祖宗之憲章而正夷夏之大分壯國家之神氣而垂嶺海之久安要不出此語曰明王有道守在四夷内治之謂也又曰閫外之事一以付之任人之謂也敢以復于執事

廣西鄉試録後序

主上楙峻德章洪業深惟太平之原右文賓賢以風寓内寓内士無問遐遜靡不刮劘灑濯軌策前塗以待登選是歲丙子秋廣西鄉試事竣既已得士之雋者而籍奏之矣故事信亮宜有言綴末簡竊惟勛華之世道化郅隆七旬格苗兩階舞干文德敷於遐阻聲教訖于要荒萬邦黎獻共惟帝臣而徯帝舉抑何盛也迺其知而舉之也則敷納以言焉爾稽九德稽載采焉爾而科條簡濶不少概見亡其所用者不必所養乎比考命官之詞勞來匡直輔翼以振新其德者如此其備故當其時士皆有常言罔攸伏而孔子獨稱唐虞爲盛際有繇也廣西距京圻萬里古百粤地我明統一區宇文命誕敷武功丕振士之涵濡衣被既久屬者醜類蕩夷四郊新去湯火圭蓽奥渫之儒摶心揖志益以修其故業而嚮閉疏遡未皇暇庠序之事者今皆爲置學官弟子獲燿暗忽于光明佖蓄舒而聲文闡視敷文舞干之世詎非越千載而再覯哉皇上天縱聖神雅嚮儒術頃慮士習漸窳特俞輔臣之請取儒林要束而庚飭之俾視學者奉以靡軼真堯舜振德盛心也諸士躬際昌期祇服睿訓其所感奮踔厲者豈不烝烝然景附響應愈益思乘時自效哉乃今擷所爲文觀之言即人人殊大都根極理道揚扢今往刋華芟秕闡發本實彬彬乎質而文也敻逸疇曩方寓内士且凌駕之作而嘆曰斯非主上德化所暨及者耶是可以言揚矣雖然虞廷之知人匪獨言焉爾已行有九德於是乎徵故三六具而浚亮茂也今諸士言之洵有文矣第令指九者之德而數之而不能盡讎其文空言之謂何古之君子身所實有則言以宣之言所自許則信以成之是以衷外篤懿文行光融爲世誦美信亮方執此以鏡考諸士而諸士亦曷以成其信乎夫吞舟之鱗不游淵垂天之翼不控榆枋其志遠也辟閭巨闕不以割騂騮騄駬不以捕鼠其用巨也故尚友匹休所以明志植德砥行所以利用諸士誠能羽括鏃礪遠而志巨而用無論之九見即有二三于兹亦足爲彦士使攝尺寸之柄亢聲騰茂允無負堯舜之世矣不者静言庸違帝世將弃之且以不適詘主司亦安所傅其咎也昔齊宣好竽而南郭處士廩食者數百人迨一一聽之有抱竽而走耳諸士拔自倫比褎然續食縣次信亮私幸其無濫吹也繼自今上春官將有一一而聽者在焉其尚和其聲以善鳴也哉

浙江紹興府上虞縣儒學教諭朱信亮謹序

萬曆七年廣西鄉試録

廣西鄉試録序

萬曆己卯天下復當賓興士御史顧鈐以上命按廣西得監臨試事遵故事聘禮繼及教諭陳志頤爲考試官教諭嚴思恭吕朝陽王元弼訓導徐雲山吴道東爲同考試官以左布政使吴椿右布政使盧仲佃司提調按察使林澄源副使歐陽模司監試暨百執事遴選咸稱入鎖院御史進禮繼等而盟之曰簾以内諸文學典之惟衡乃平惟鑑乃明慎之哉又進諸司而盟之曰簾以外諸大夫百執事典之科指具存矩矱必飭亦自盟也曰予所不虔恖以詒子大夫憂則有昭昭之監在焉約已罔弗兢兢祇厥事乃合提學副使鐘繼英所程士一千四百有奇三試之得士五十有五人梓其文以獻禮繼不佞以職事宜叙首簡乃颺言於諸士曰爾諸士亦知今日之奇遘乎夫桂林百粤之地幅隕二千里夷獠之族錯編氓而居者殆半其誦法詩書群黌校之間得號爲士斯已難矣矧去天萬里士白首牖下無繇望見帝閽者何限而一旦舉之奥渫彈冠出里待對大廷抑又難焉至於聖人御極山海廓清諸士處得修其故業出得覿其耿光翱翔天衢若升虚邑則何啻難之蓋千載一遘耳禮繼故曰奇也然竊有過計焉夫士者民所則也舉於千萬人之中爲明時用天下所環指而竊睨也是故負超俗之望則標準難蒙國士之遇則稱塞難際治平之時則表見難一不當人將求多而疵瑕之亡論諸士即主司者有餘責矣諸士其何以自效乎夫鉅細异材淺深异智方圓异器强弱异力稟有固然弗可强也乃心之精神則無不可自盡者要在本之以慤耳故亏調而後求勁馬服而後求良士必慤而後智能著蓋慤則精專而神定誠之所極金石爲糜即智能稍不及彼固足以辦之况其過人者耶今廟堂作則垂範專尚本實思得忠信樸茂之士布列有位而弃浮修實在中土稍難之何則其所漸者深也乃廣右越在西南僻徼士生其間類多恂恂悃愊無一切靡麗之觀即所爲文大都發明理奥宗本經訓斤斤守其尺寸雖光采崛奇差遜中土禮繼等無寧收之意所謂忠信樸茂之士不出此耳語云社樹之峨峨不如茗柯之細實侈言無當固不若簡樸者之適用

也且諸士不見桂嶺山諸山終古巍巍乎氣從昆侖自北徂南而極于西粤則其基厚也又不見湘漓諸水終古洋洋乎勢從海陽支分爲二而瀠洄數千里則其源深也士躡雲霄之會將揁榦王國恢弘帝猷以建巍巍洋洋之業而使基弗厚源弗深則胡以應之忠信樸茂固士之基與源也操兹往焉而益以閱天下之義理習國家之典刑精神所注何事弗任所以標準天下稱知己而報明時端在是矣脱或出見紛華弁髦本質靡然改玉初終若兩人則不惟負此舉負此時回視閭里編氓且非故我安所貴士矣諸士勉哉是舉也先總督兩廣都察院右都御史兼兵部左侍郎今晋南京兵部尚書凌雲翼治教兼弘肅清嶺海總督兩廣兵部右侍郎兼都察院右僉都御史劉堯誨威德并楙興起譽髦先巡撫廣西都察院右副都御史今晋户部右侍郎吴文華握憲經文甄陶素洽巡撫廣西都察院右副都御史張任壯猷崇雅綱紀聿新鎮守廣西總兵官署都督僉事王尚文詰戎靖遠章縫樂業其襄試事于外者左參政彭文質右參政王原相右參政兼僉事陳應春副使陳俊侯國治右參議姜忻右參議兼僉事李一迪參將于嵩倪中化李應祥韓文啓張榜咸與有力焉副使周舜岳左參議毛爲光署都指揮僉事吕應暘則以入賀行右參政莊國禎則以遷秩行亦與襄始事法得并書

福建福州府福清縣儒學教諭尹禮繼謹序

萬曆七年廣西鄉試

監臨官

巡按廣西監察御史顧鈐（朝肅浙江仁和縣人　辛酉貢士）

提調官

廣西等處承宣布政使司左布政使吴椿（壽卿江西新建縣人　己未進士）

廣西等處承宣布政使司右布政使盧仲佃（田叔浙江東陽縣人　丙辰進士）

監試官

廣西等處提刑按察司按察使林澄源（仲清福建蕭田縣人　己未進士）

廣西等處提刑按察司副使歐陽模（宏甫福建南安縣人　己未進士）

考試官

福建福州府福清縣儒學教諭尹禮繼（世敬浙江龍游縣人　戊午貢士）

江西吉安府廬陵縣儒學教諭陳志頤（吉甫廣東海陽縣人　癸酉貢士）

同考試官

直隸鎮江府丹陽縣儒學教諭嚴思恭（子安雲南後衛籍浙江嘉興縣人　庚午貢士）

江西饒州府餘干縣儒學教諭吕朝陽（相□廣東順德縣人　壬子貢士）

湖廣黄州府黄安縣儒學教諭王元弼（汝諧江西新建縣人　丁卯貢士）

江西九江府瑞昌縣儒學訓導徐雲山（從瞻湖廣麻城縣人　丁卯貢士）

湖廣常德府龍陽縣儒學訓導吴道東（傳之貴州思州府人　庚午貢士）

印卷官

廣西等處承宣布政使司經歷司經歷劉陽生（子復湖廣攸縣人　監生）

廣西等處提刑按察司經歷司經歷施巽（惟制浙江長興縣人　監生）

收掌試卷官

桂林府知府吴肇東（守初直隸太湖縣人　戊辰進士）

潯州府知府蕭騰鳳（明仲福建晋江縣人　戊辰進士）

受卷官

梧州府知府陸萬垓（天溥浙江平湖縣人　戊辰進士）

南寧府知府黎天啓（允忠廣東順德縣人　癸卯貢士）

柳州府知府李遇春（以仁福建閩縣人　壬子貢士）

桂林府同知梁直（養浩廣東東莞縣人　乙卯貢士）

慶遠府推官姚光泮（繼昭廣東南海縣人　乙丑進士）

彌封官

南寧府同知周易（伯時應天府句容縣人　乙卯貢士）

桂林府推官孫承南（可遂江西清江縣人　丁卯貢士）

平樂府永安州知州張仲仁（汝心雲南臨安衛籍陝西洋縣人　甲子貢士）

梧州府容縣知縣伍可受（以大福建清流縣人　丁丑進士）

潯州府桂平縣知縣孫世禎（正甫貴州清平衛籍直隸安東縣人　丁丑進士）

謄録官

梧州府推官蔣上欽（思敬廣東新寧縣人　丁卯貢士）

桂林府全州知州蕭奇熊（懋男福建莆田縣人　甲子貢士）

慶遠府河池州知州漆文昌（隨暹江西新昌縣人　辛酉貢士）

桂林府臨桂縣知縣王懋中（惟一江西南城縣人　甲戌進士）
桂林府靈川縣知縣陳一洙（國潰福建漳浦縣人　丁丑進士）
潯州府貴縣知縣譚耀（章伯廣東東莞縣人　丁丑進士）

對讀官

桂林府通判李佳徵（吉甫湖廣施州衛籍江陵縣人　恩貢）
柳州府推官劉正（德卿廣東保昌縣人　甲子貢士）
桂林府永寧州知州鄭應齡（君亮福建莆田縣人　戊午貢士）
桂林府陽朔縣知縣梁肇脩（幼希廣東順德縣人　辛酉貢士）
梧州府岑溪縣知縣魏天奎（文啓江西南昌縣人　戊午貢士）
柳州府武宣縣知縣饒養浩（義甫貴州銅仁府籍江西崇仁縣人　辛酉貢士）

巡綽官

桂林右衛指揮同知霍世寵（承恩直隸巢縣人）
桂林右衛指揮僉事劉承忠（良臣山東博興縣人）
桂林中衛指揮僉事靳延秩（天錫直隸泰興縣人）
桂林中衛署指揮僉事徐應元（子明直隸無爲州人）

搜檢官

桂林右衛指揮僉事林有蕙（汝秀福建侯官縣人）
桂林右衛指揮僉事蔡忠（廷直直隸山陽縣人）
桂林中衛中左所正千户劉虞武（世賢直隸遷安縣人）
桂林中衛中左所正千户張汝元（體仁直隸江寧縣人）
桂林中衛前所署正千户王懋業（惟德湖廣華容縣人）
桂林中衛中所副千户李夢孔（宗文河南歸德州人）

供給官

廣西等處承宣布政使司照磨所照磨夏希元（文貞浙江天台縣人　監生）
廣西等處提刑按察司經歷司知事胡其祥（惟兆直隸桐城縣人　吏員）
廣西等處提刑按察司照磨所照傅琪（廷器江西金溪縣人　知印）
廣西都指揮使司經歷司都事羅時濟（天民直隸貴池縣人　監生）
廣西都指揮使司斷事司斷事曾佐（子才江西廣昌縣人　監生）
桂林府經歷司經歷劉必通（全貫江西新昌縣人　儒士）
柳州府經歷司經歷朱幟（子建直隸太湖縣人　吏員）

桂林右衛經歷司經歷揭喬桂（懋卿福建歸化縣人　吏員）
柳州衛經歷司經歷梁天啓（彦式廣東高明湘人　吏員）
慶遠衛經歷司經歷陳坦（孟裕福建福清縣人　吏員）
奉議衛經歷司經歷陳本（須贊福建莆田縣人　吏員）
南寧衛經歷司經歷陳第（子登廣東饒平縣人　吏員）
桂林府照磨所照磨張詔（汝宣四川渠縣人　監生）
桂林中衛經歷司知事胡資（守訓江西清江縣人　吏員）
桂林府臨桂縣縣丞房亮（惟明浙江嘉興縣人　吏員）
慶遠府宜山縣縣丞彭士英（子才貴州石阡府籍江西分宜縣人　恩貢）
桂林府臨桂縣主簿張楚寶（子善湖廣瀏陽縣人　選貢）
桂林府靈川縣主簿薛量（季德浙江鄞縣人　儒士）
梧州府蒼梧縣主簿唐良積（餘慶浙江建德縣人　吏員）
桂林府靈川縣典史梁伯才（子振廣東茂名縣人　吏員）
桂林府永寧州永福縣典史王用中（文舜浙江烏程縣人　吏員）
慶遠府河池州思恩縣典史林雲逵（紫卿福建莆田縣人　吏員）
桂林府税課司大使楊騰龍（起雲雲南昆明縣人　吏員）
桂林府興安縣唐家鋪巡檢司巡檢許榮（育才福建莆田縣人　吏員）
桂林府永寧州永福縣橫塘驛驛丞陳訓（汝導湖廣武岡州人　吏員）
桂林府臨桂縣南亭驛驛丞朱家相（文恩廣東海陽縣人　吏員）
桂林府陽朔縣古祚驛驛丞李廷隆（子吉江西浮梁縣人　吏員）
桂林府靈川縣大龍驛驛丞李佾（列夫直隸武進縣人　承差）
桂林府興安縣白雲驛驛丞余應旂（曰行江西南昌縣人　吏員）

第一場

四書

居敬而行簡以臨其民不亦可乎居簡而行簡無乃大簡乎子曰雍之言然　唯天下至誠爲能經綸天下之大經　日月有明容光必照焉

易

君子進德脩業忠信所以進德也修辭立其誠所以居業也知至至之可與幾也知終終之可與存義也　説而巽孚乃化邦也　然則聖人之意其不可見乎子曰聖人立象以盡意設卦以盡情僞繫辭焉以盡其言變而通之以盡利鼓之舞之以盡神乾坤其易之緼耶乾坤成列而易立乎其中矣　大有衆也同人親也

書

臣哉鄰哉鄰哉臣哉禹曰俞帝曰臣作朕股肱耳目　王忱不艱允協于先王成德　其汝克敬德明我俊民　澤潤生民四夷左衽罔不咸賴

詩

坎坎伐檀兮置之河之干兮河水清且漣漪　俾爾多益以莫不庶　思齊大任文王之母思媚周姜京室之婦大姒嗣徽音則百斯男　王釐爾成來咨來茹嗟嗟保介維莫之春亦又何求如何新畬於皇來牟將受厥明明昭上帝迄用康年命我衆人庤乃錢鎛奄觀銍艾

春秋

祭公來遂逆王后于紀（桓公八年）春紀季姜歸于京師（桓公九年）冬楚子使椒來聘（文公九年）　楚人執鄭行人良霄（襄公十有一年）夏楚子蔡侯陳侯鄭伯許男徐子滕子頓子胡子沈子小邾子宋世子佐淮夷會于申（昭公四年）秋晉荀吴帥師伐鮮虞（昭公十有五年）

禮記

是故禮者君之大柄也　近者説服而遠者懷之此大學之道也　修身及家平均天下此古樂之發也子民如父母有憯怛之愛有忠利之教親而尊安而敬威而愛富而有禮惠而能散其君子尊仁畏義耻費輕實忠而不犯義而順文而静寬而有辨甫刑曰德威惟威德明惟明非虞帝其孰能如此乎

第二場

論

輔助德業而致太平

詔誥表（内科一道）

擬漢舉賢良文學詔（元光元年）　擬唐以裴度爲中書侍郎同平章事誥（元和十年）　擬宋龍圖閣學士孫奭進無逸圖表（天聖五年）

判語（五條）

舉用有過官吏　錢糧互相覺察　致祭祀典神祇　縱放軍人歇役　修理橋梁道路

第三場

策（五道）

問　王業根本莫重農桑周自后稷開基文武纘緒親耕親蠶爲天下先一時成法具經籍中可備述歟考詩書所稱先公先王未聞親耕親蠶之禮乃王業實肇基是時其故何歟自漢而後有足稱者歟我太祖高皇帝再造區寰軫念民瘼伏讀元年之詔與廷諭諸臣孰非萬世當服膺者可得而恭述歟列聖繼體崇實嗣徽務本有訓織婦有詞穀祇蠶壇有賦悉心於民依之念説者謂軼周室而過之亦可陳其概歟我皇上冲年御宇恤灾蠲賦加惠黎元至渥也是歲仲春俞廷臣之請修籍禮有日矣未幾有旨期於來年意必有待將二者并舉以重盛典歟頃因春雨特廑天語令農夫乘時力田無惰業聞者莫不舉手加額思見仁政之成真千載一時也多士躬逢盛世沐浴太和願颺言之以附於豳風無逸之歌

問　天下之事未有不玩於習而作於明王者授人以官而不考其成是權不懸而欲輕重辨也堯命舜曰詢事考成乃言底可績皋陶曰屢省乃成此在後世且以爲督責之術而唐虞行之輒成無爲之治何歟春秋所紀有自朝日至日入無不自計乃職者周禮所紀有歲時月日無不有考者此悉遵唐虞之遺以致盛治而後之稱綜核稱總攬稱强明果敢者又卒不免有遺議也抑又何歟我祖宗列聖以來法紀嚴明稽核整肅上下奉行至兢兢也乃近者狃於治平日就偷安即所上計簿入聖覽者每廢時日我皇上從輔臣請稽查積年章奏立限考成非唐虞詢事考言意哉中外臣工罔不滌玩惕改觀聽月有成歲有報矣欲自今行之永永不替不知此外尚有當講可以佐此者歟諸士行且服官聽任使者請先言之以觀用世之具

問　守令者民之師帥繫焉而建威銷萌則在良將二者所需至亟矣粵西去天萬里地瘠民貧且夷落盤錯其間時出爲患所需二者不尤亟歟乃談達不羈之士謂此也不足起名則何昔之垂聲西土彬彬盛也試質所聞彼鬱林之廉石伏波之銅柱爛然睹已有刺容管而綏定八州有令布山而惠及眴嫠有順俗設教禁而士人得師有睦鄰諭酋豪而蠻夷歸命均稱良吏矣孰爲

優歟有給士焚營而卜陽破有詵諜逸囚而曹成遯有斬袁用而儂智高敗走有趨懷遠而羅世念請降均稱良將矣孰最奇歟今主上神聖加意宇内大簡文武吏士計安元元嚴且悉矣頃徵郡國縣道治行最者增秩優异之介胄有乘一障畫一策即拔起戎行爲軍鋒冠士生斯時有不自矜奮者非夫也果人人各抒所抱卓有昔人風歟抑溺其職者未盡無歟兹欲宣德振威民安閭里夷戢疆埸則何所施設哉諸士其悉意陳之毋遜

問　善理財者不加賦而國自足説者謂無是理然至於賦必不可加而用必不可不足也則謂之何今之稱瘠土者孰過粤西乃其備征剿急歲用也又孰過粤西吾於此得二策焉鹽筴者籌國長計也自管子制鹽禁一切生于木産于池煮于海者俱掌之官爲經國之助粤西非産鹽之地近議出公帑轉鬻南海輸之湖湘之計歲入可當常賦一二矣比聞湘湖之間稍稱苦鹽食國計既不可廢而民困又不可不理也將何道以處之而使公私兩利耶泉布自然之利自周立圜府而八兩五銖鵝眼綫環制益紛紛比歲海宇開局鑄錢乃粤西錢法流行獨易即今稍有赢羡可備兵荒需矣但地處極邊無所得銅以故開爐爲獨少今且苦於銅之不繼銅不繼將至廢局將何道以通之而使經久可行耶此二者粤西以縮爲盈之術也子多士留心世務日久况桑梓哉願有以相告

問　兵者不得已而用也然亦有不可不用粤西猺獞雜居山谷盤錯深箐陰木莫知涯際固盗賊之所必穴也胡可無兵勿論往事姑以近日言之無古田之舉胡以成永寧無府江之舉胡以安平樂信哉荆棘必剪而後嘉禾可生也比歲粤東大征羅旁并議及粤西之六十三山七山等巢時以兵糧弗繼暫從撫處今西之諸巢未聞叛迹東之餘孽旋肆跳梁撫與剿孰爲長算耶説者謂東西賊巢彼此藏匿非一時夾剿難語全功而兵興糧從費且鉅萬粤西空乏何以辦此耶狼兵一調騷擾村邑大衆一動玉石俱焚何以戢悍卒保善類耶舉事不難難於善後根株不拔勢必滋蔓功既告成何以插群黎成久安耶然諸巢與粤東爲鄰阻在一隅乃八寨稱腹心患征剿之師果孰所當先孰所當後耶多士生于其鄉籌之已熟其詳著于篇此旦夕見之施行者毋虚談

中式舉人五十五名

第一名　王應泰　馬平縣學生　詩

第二名　文立本　全州學附學生　易

第三名　劉延祚　桂林府學生　書
第四名　胡天霞　全州學生　春秋
第五名　李時盛　桂林府學附學生　禮記
第六名　張孫念　臨桂縣學生　易
第七名　曹學程　全州學生　詩
第八名　戴九有　馬平縣學生　書
第九名　莫應奎　永寧州學生　易
第十名　蔣之秀　全州學生　詩
第十一名　譚汝講　興業縣學生　書
第十二名　文希信　全州學附學生　春秋
第十三名　蕭相　宣化縣學生　詩
第十四名　徐昌期　桂林府學增廣生　易
第十五名　唐振文　桂林府學增廣生　書
第十六名　舒應鳳　全州學生　禮記
第十七名　施大德　柳州府學生　詩
第十八名　吕興齊　桂林府學生　易
第十九名　崔之環　靈川縣學生　書
第二十名　盛邦奇　灌陽縣學生　詩
第二十一名　李汝恭　臨桂縣學生　易
第二十二名　胡秉忠　桂林府學生　書
第二十三名　蔣時梧　全州學附學生　春秋
第二十四名　黄守傑　貴縣學生　詩
第二十五名　周珏　恭城縣監生　易
第二十六名　鄧允吉　南寧府學生　書
第二十七名　崔之璋　靈川縣學生　詩
第二十八名　劉三顧　宣化縣學附學生　禮記
第二十九名　陳懋功　梧州府學生　易
第三十名　陳善行　馬平縣學生　書
第三十一名　俞夢麒　馬平縣學生　詩
第三十二名　鄧全復　全州學附學生　易
第三十三名　王端黻　臨桂縣學增廣生　書
第三十四名　唐繼顔　全州學生　詩

第三十五名　劉朝賓　永寧州學生　易
第三十六名　伍表世　全州學附學生　書
第三十七名　盧學易　養利州學附學生　詩
第三十八名　張汝耀　桂林府學生　易
第三十九名　鄧思贊　全州學增廣生　書
第四十名　杭廷對　宣化縣學生　詩
第四十一名　王學承　臨桂縣監生　春秋
第四十二名　蒙文伯　賓州學生　易
第四十三名　汪若水　富川縣學附學生　書
第四十四名　唐民勵　全州學生　詩
第四十五名　何復亨　臨桂縣學增廣生　易
第四十六名　謝朝紀　宜山縣學生　禮記
第四十七名　何耿　興業縣學生　書
第四十八名　萬俸　永淳縣學生　詩
第四十九名　伍昌禓　全州學生　易
第五十名　謝天倫　宣化縣學生　書
的五十一名　蔣希禹　全州學附學生　詩
第五十二名　彭子正　桂林府學生　易
第五十三名　鄧國材　横州學增廣生　詩
第五十四名　張五瑞　桂林府學增廣生　易
第五十五名　陸可行　懷遠縣學生　禮記

第一場

四書

居敬而行簡以臨其民不亦可乎居簡而行簡無乃大簡乎子曰雍之言然

王應泰

同考試官教諭王批（君子執簡御煩惟在一敬是作説理明透詞約意足殆可與論簡者宜録以式）

考試官教諭陳批（簡當得體）

考試官教諭尹批（醇雅可誦）

賢者以敬論簡而聖人與之也蓋簡主於敬而一於簡焉不可也聖人所

以然賢者之言與仲弓見夫子可伯子之簡而言曰簡一也行之在天下而居之在吾心論簡者顧所以居之何如耳居之以敬吾心之自治嚴矣而行之以簡順其所無事焉是我有執而民無擾也或者其可乎居之以簡吾心之自治疏矣而所行又簡廢其所有事焉是我無執而民斯玩也無乃太簡乎是夫子之可伯子微詞葉仲弓未之喻也而仲弓之論簡確論也聖人不能易也故曰雍之言然蓋治以有本而立雍不尚夫簡而尚夫居敬之簡論治斯有本也率斯言而帝王垂裳之化不外是矣道以無弊而行雍不病夫簡而病夫居簡之簡議道斯無弊也率斯言而帝王恭己之道不越是矣信乎其可使南面也然此乃仲弓受之夫子者非自爲之言也其問仁也曰見賓承祭敬也不欲勿施簡也孔門論學皆治論治皆學非有二也南面之使亦知其請事斯語者深乎故曰受之夫子也

唯天下至誠爲能經綸天下之大經

劉延祚

同考試官教諭吕批(講經綸處明析而統貫於一誠甚得本旨非造理精到之士不能)

考試官教諭陳批(詞旨瑩徹)

考試官教諭尹批(體認精邃)

中庸論至誠之盡倫所以明天道也夫大經未易盡也非天下至誠其孰能經綸之哉中庸論至誠功用若曰大哉倫乎其理一誠而已誠有未至者斯倫有未盡耳唯天下至誠實理完於天賦一心有以涵秩叙之精真機率於性成一身有以會倫物之極大經有不得不分者唯至誠爲能經之因天下自然之等爲天下而區别焉若緒之有理而不亂也大經有不得不合者唯至誠爲能綸之因天下自然之類爲天下而聯屬焉若系之有統而無間也天合人合經雖不一然皆本一誠以品節之則既辨其异復統其同天經地誼之懿固獨惇於此矣所以爲天下立人極其在斯乎主恩主敬經雖不同然皆本一誠以範圍之則既分其群復聚其類民彝物則之常固獨全於此矣所以爲萬世正人紀其在斯乎此修道之教也而盡性至命該之矣噫斯其爲天道歟大抵至誠經綸非二也存之聖心皆大經也發之大經皆聖心也外心以求經綸非也中庸一書自造端夫婦及武周制作三重九經莫非經綸地也莫非心也學者求諸心而誠焉則經綸可幾矣

日月有明容光必照焉

文立本

同考試官教諭嚴批（發揮聖道有本深切著明而醖藉自别可以式矣）

考試官教諭陳批（脱去塵俗）

考試官教諭尹批（明潔可取）

觀天象之明無遺照而聖道之有本可知矣夫日月無微不照者以其明之有本也觀聖道者亦稽諸此而已孟子欲學聖者探其本也若曰大哉聖人之道非自爲大也必有所以本之者不觀諸日月乎彼日月懸象而明著焉分陰分陽是各一其明也日月相禪而明生焉根陰根陽是合一其明也明著而不息則光普而不遺苟可容其光者皆其照之所必及明生而不窮則光遠而不禦苟得容其光者皆其照之所必徹其在四表光被之矣即一隙之小亦旁燭焉何光輝之盛若斯乎然則明者彰矣而所以運其明者孰主宰是哉其在萬古光垂直矣即一間之微亦洞達焉何光昭之大若斯乎然則明者見矣而所以貞其明者孰根祇是哉故觀容光之必照而知日月之明之有本矣孔子之道其大則日月之明中天者也而人皆仰之其有本則日月之精得天者也而人孰窺之善學者亦惟探其本而已矣本者何誠是已誠故大語誠則孔子之一貫堯舜之執中天地之不貳皆是道也何論日月哉噫非私淑有得者不能推本言之故曰孟子之學獨識其大

易

君子進德修業忠信所以進德也修辭立其誠所以居業也知至至之可與幾也知終終之可與存義也

張孫念

同考試官教諭嚴批（講進修處卓有定見是深於易者允宜高薦）

考試官教諭陳批（明簡可誦）

考試官教諭尹批（潔净得旨）

文言於君子而詳其進修之實焉蓋君子以進德修業爲心者也然非忠信立誠亦何以造其極哉文言論乾九三若謂君子者天下所由以觀德業焉其責不易盡其心恒不自逸也九三所以日乾而夕惕者果何心哉亦以德吾性也業吾職也此理之合一者本無一息之或間德欲其進也業欲其修也此心之交儆者自無一時至或違德何如而進耶忠信者實心也有實心而實理可凝也非所以進德乎業何如而修耶修詞立誠者實言也有實言而實行可履也非所以居業乎忠信雖可以進德未可語德之至也知其至而忠信以至

之則一心有以窮其神而幾微之理晰矣德之底於日新也不在是歟立誠雖可以居業未可語業之終也知其終而立誠以終之則一身有以體其化而時出之義裕矣業之臻於富有也不在是歟噫君子進修之功必如是而後造其極也則其心之憂勤寧自已哉抑是心也正君子所以法天之學也蓋天地之德業一誠也聖人之德業亦一誠也无妄以剛自外來而爲主於内言誠大畜以剛健篤實言日新故君子之求誠主於剛而已剛則能誠誠故不息而憂勤惕勵之心自有所不容已耳於戲此聖學也亦乾道也

然則聖人之意其不可見乎子曰聖人立象以盡意設卦以盡情僞繫辭焉以盡其言變而通之以盡利鼓之舞之以盡神乾坤其易之緼耶乾坤成列而易立乎其中矣

吕興齊

同考試官教諭嚴批（發立象盡意明徹無遺子其言足盡意者耶宜録以式）

考試官教諭陳批（詞意明順）

考試官教諭尹批（簡净得體）

聖人所以盡意者於乾坤盡之而已蓋易不外乎乾坤也然則盡聖人之意者舍乾坤其奚以哉大傳若曰甚矣哉聖人覺民之意無窮也然意無窮而言有限聖人蓋有不能恝然者是豈終無可見哉亦以聖人之意盡於象象之理盡於乾坤故仰觀俯察而聖心擬議者既立夫奇偶之畫斯類情體撰而聖意之包涵者泄於形象之表由是重之而爲卦而情僞盡焉發之而爲辭而言盡焉莫非象也亦莫非意之所由盡也由是通變于民而利盡焉鼓舞于民而神盡焉莫非象也亦莫非意之所由盡也夫乾坤未立意固以默而藏乾坤既立意遂以象而顯則乾坤也一易之緼也何也乾列于左而凡陽之易而爲陰者胥立本于其中坤列于右而凡陰之易而爲陽者悉肇端乎其内所以設卦繫辭者從此出也所以通變鼓舞者從此推也易之緼不歸於乾坤而何吁此乾坤之象所以立也此聖人之意所以盡也善學易者因其象之立求其意之存其於易也思過半矣雖然易一陰陽也陰陽一太極也反之吾心而各足也使天下皆能於心焉求之則何俟於象之立而意之盡也奈之何百姓之愚不能得意而忘象此易書所以不得不作也噫立象盡意豈聖人得已哉

書

臣哉鄰哉鄰哉臣哉禹曰俞帝曰臣作朕股肱耳目

戴九有

同考試官教諭吕批（發明君臣一體意甚切而詞復整肅不浮可以式矣）

考試官教諭陳批（精邃典雅）

考試官教諭尹批（婉切有味）

聖君咏臣職之重因明其義之切也甚矣臣之關於君者重也觀諸一體之相須而其義之切不益見哉帝舜感禹弼直之語遂爲之咏曰臣哉鄰哉鄰哉臣哉夫臣而繫之鄰則凡服在大僚而爲保治之佐者孰無後先疏附之責乎信乎弼之不容不直也鄰而屬之臣則凡左右厥辟以贊保治之業者不在宅揆亮工之選乎信乎直之必藉於弼也夫弼直之語自禹陳之既啓帝之所未發而臣鄰之職自帝咏之益契禹之所欲言宜其感之深而遂俞之也帝復從而申之曰汝知臣所以爲鄰之義乎彼人非股肱無以運行朕不能自運行乎天下所資以爲馮翼者臣也其作朕之股肱乎人非耳目無以視聽朕不能自視聽乎天下所資以達聞見者臣也其作朕之耳目乎四體效職而後元首尊良臣交修而後君治廣兹其相須爲至切而臣鄰之義見矣有弼直之責者其尚無負斯托哉抑論帝王通天下爲一身其視天下之大呼吸癢疴靡不相關非獨股肱其臣而已故其精神日加于四海而無壅閼何者一體故也舜嘗明四目矣達四聰矣而四方從欲應若指臂非一體之明驗歟

澤潤生民四夷左衽罔不咸賴

譚汝講

同考試官教諭吕批（發揮明透而語更俊雅殆非騁蔓詞者）

考試官教諭陳批（明達可誦）

考試官教諭尹批（雅潔）

賢王期大臣化殷而澤及于無外焉蓋殷民化而四夷攸賴此王者無外之治也非大臣成終而能然歟昔康王期畢公之意若曰惟兹殷士非獨係邦之安危亦四夷所視以休戚者也我公繼二公以化殷既道洽而政治矣由是道久而澤益流其及民也溥政敷而仁愈沛其入人也深昔嘗旌淑以示之勸矣兹則淪濡於道化殆盡人而可旌焉群然遍德之風也昔嘗别慝以導之趨矣兹則漸摩於治教殆無慝之可别焉熙然導義之俗也此殷民所以永賴也而其所及寧有限耶吾知王畿安則天下舉安而德自施乎無外殷民順則遠邇俱順而化自被于無方不獨環四封者賴之也雖四夷之遠亦皆沐餘澤以恬熙太和之景象由東郊而達之華夏廓如矣不獨列編氓者賴之也雖左衽之俗亦皆霑餘潤以寧

謐大順之休風自下都而通之宇宙蕩如矣必至是而保釐之托副三后之功成予小子殆永有慶也公其圖諸抑論成周盛時九夷重譯中國聖人之化窮極天壤何有于蕞爾之殷民哉乃成康之君周畢君陳之佐相繼綏輯猶然廑安危之慮焉此見周家忠厚之至而商先王之德澤結于人心而不可解者亦足徵矣

詩

思齊大任文王之母思媚周姜京室之婦大姒嗣徽音則百斯男

王應泰

同考試官教諭王批（推本聖德處具見精蘊而聖德不專藉于人尤知所本者可與言詩矣）

考試官教諭陳批（詞旨瑩徹）

考試官教諭尹批（莊雅之作）

觀周家内德相承則聖德爲有自矣甚矣内治有關于君德也天啓文德而所賴于聖母賢妃者豈其微哉此詩人咏歌文王之德而推本之曰文王之德固天縱之而其所由盛尤有獨際其隆者彼自古帝王君臨天下每難于母后之聖維此大任乃文王之母焉齊莊本于性生而祇服明于婦順執之以事周姜凡致慤而慤致愛而愛允乎媚兹之忱而婦道其克稱矣蓋天將啓一人明聖之資故先于篤生者而厚其眷母以德聖則子以母聖淵源所漸夫豈偶然之故哉自古人君正位於外每難于内助之賢維此太姒乃文王之妃焉貞静協于思齊而孝敬嗣乎思媚由之以昌姫籙凡繼體而聖克肖而賢莫非盛德之徵而多男以百計矣蓋天將翼我周明聖之運故先于配德者而發其祥后以德承則君以德顯贊助所及豈曰小補之哉吁此文王之德之純有以夫雖然文王亦不專藉乎此也成以聖母助以賢妃天之所以開聖人也小心翼翼聖人之所以事天也事天至則天純而天在我矣故繼之曰亦保亦臨事天也亦式亦入純天也故聖人不恃其得天而修其所以純天者

王釐爾成來咨來茹嗟嗟保介維莫之春亦又何求如何新畬於皇來牟將受厥明明昭上帝迄用康年命我衆人庤乃錢鎛奄觀銍艾

曹學程

同考試官教諭王批（説出成王勵民重本之意宛然在目蓋究心經義而有得者取之）

考試官教諭陳批（格調高古讀之灑然）

考試官教諭尹批（嚴整精密）

周王詳戒農官惟欲求成法而已蓋秉時治田成法具在也明農者可自緩于咨度哉周王戒農官若曰我周以農事開國固立之官以董其事又嘗釐之法以受其成矣世相授守允爲畫一之規法當講求非直循行之具凡爾臣工欲敬有位其尚來咨焉以詢其實來茹焉以度其詳誠莫有急於今日者咨茹維何嗟嗟保介職副農然皆以勸農爲責均當於成法是求也一歲之計在于春仰觀天時春則暮矣三農之務乘乎春俯察新畬今何如哉毋但曰田之難治而時可後也試觀來牟明昭之賜將受於上帝而豐穰之利可必于新畬失今不治非法也何以承天之休乎毋但曰效之難獲而力可懈也率時農夫錢鎛之興方勤於俶載而銍艾之舉奄觀於新畬失今不治非法也何以察地之利乎此皆成法所在賜於王者爲甚重而繫於民者爲不輕也汝農官尚其敬之哉吁周王亦可謂善訓迪者歟抑務農重穀明王寳之故躬先耕籍訓官飭務勤民重本之精意固有不專在於成法者是以咨嗟勸勉洋洋乎盈廟堂徹閭野宣之史館被之金石後世猶可想見其盛徒法云乎哉昔人以農事爲帝王傳心之要詎不信夫

春秋

冬楚子使椒來聘（文公九年）

胡天霞

同考試官訓導徐批（發春秋進楚之意明盡且筆力謹嚴宜冠本房）

考試官教諭陳批（詞義凛然典則可式）

考試官教諭尹批（格正詞明）

春秋於遠人之修禮而特等之於中國焉夫楚爲聖賢之後聖人常欲其進於善也况以禮而自通焉安得不中國之哉昔楚僭稱王經嘗以號舉矣亦以人書矣椒之來聘一進而中國之遂無嫌乎蓋聖人以謹嚴訓天下故純於夷者不輕進以決其防而尤以忠恕待天下故變於夷者不輕絶以隘其量楚何人哉越章之僭雖流入於夷狄而祝融之烈猶未泯於宗周惟其執迷不返則雖欲引之而不能耳乃者共玉帛以告虔深懲乎爲讎之暴命越椒以修禮益堅乎慕義之心聘以結好惟中國之君能然而穆之令其臣者以之則去逆效順視先世之元德爲有光矣安可追其既往而絶之乎聘以獻物惟中國之臣能然而椒之承其君者以之則思善悔過視先代之顯功爲無忝矣安可逆其將來而弃之乎聖人以爲楚之類既如此而其行又如此故其君書爵其臣書名而稱使亦慎用刑重絶人之意歟抑是聘也其狼淵之後乎楚之聘何爲者以商臣之逆而濟以范山之謀志在北方久矣特以魯爲人望之國竊慕義之名以自文耳自是楚日驕中

國日狎至於主會王盟而天下大勢駸在楚矣春秋之進楚者其憂楚也夫

楚人執鄭行人良霄（襄公十有一年）夏楚子蔡侯陳侯鄭伯許男徐子滕子頓子胡子沈子小邾子宋世子佐淮夷會于申（昭公四年）

文希信

同考試官訓導徐批（晋悼之賢具見此文是擅場之作也録之）

考試官教諭陳批（詞氣謹嚴格調高古）

考試官教諭尹批（詞簡格整）

春秋紀内外之屈服而伯主之績見矣此悼之駕楚服鄭以謀勝以誠感也春秋所以與之歟晋至中葉悼公復霸命昭糾逖之勛業紹館穀之烈其功伐著於春秋何踔絶也彼外之强而撓霸者莫如楚于汜振旅之後屢争而不可制其誰能威之東門三駕而北圖遽寢豈其以力屈之哉蓋惟謀可以制勝楚非屈於晋也屈於謀也息民聽於魏絳還師聽於知罃分軍逆來楚且疲於奔命矣及至良霄之遣執一行人而其憤已洩不然會伐之師方興告絶之使復至馮二廣之力以臨之其不夷爲縣鄙乎觀楚之屈而知謀之能制敵也内之携而背霸者莫如鄭于戲要言之後屢盟而不可信其誰能懷之蕭魚一會而南轅遽挽豈其以力服之哉蓋惟誠可以動物鄭非服於晋也服於誠也入盟命於趙武遣告命於叔肸赦囚禮歸鄭且懷其明德矣及至申之會歷二十四年而其志始攜不然紓民之謀孔多擇疆之畝猶在勤二境之使以待之其不渝此載書乎觀鄭之服而知誠之能感人也悼其霸之賢者乎然晋所以霸蓋有繇也悼以君子之資而得賢人之輔君明臣睦夫是以九合諸侯而繼三覲之績耳彼二國謀臣曰晋不可敵曰晋不弃鄭其亦豫見於此乎

禮記

是故禮者君之大柄也

李時盛

同考試官訓導吴批（治國莫急乎禮是作發揮透徹而講大柄處語尤不俗宜録以式）

考試官教諭陳批（詞理精到）

考試官教諭尹批（雅健）

記者重禮而指其切於治也夫人君之治國必有爲之柄也然其大者孰有過於禮哉記禮運者蓋曰甚哉人君之道不可無所執而在明其所執之大吾嘗自禮之得失觀之而知禮之於治爲最切矣蓋禮者先王以承天之道也

而君之凝承天命者必以是爲持循之要務禮者先王以治人之情也而君之統理民物者必以是爲運量之要樞經禮三百秩然示人序矣隆而由之則所守者至約而可以定天下之民志曲禮三千燦然示人文矣敬而守之則所持者至簡而可以立斯世之大防刑政所以輔治而非治之所關也惟禮爲義理之凖得則治而失則亂人君所以化導海内而消其僭亂之萌者賴有此耳其所當執者果孰大於此哉法度所以維治而非治之所急也惟禮爲中正之規用則安而舍則危人君所以綱維天下而杜其陵替之漸者恃有此耳其所當務者孰能爲之大哉噫禮爲君之大柄如此用器者不可一日而舍乎柄治國者獨可一日而廢乎禮哉然禮亦難言矣君子必修己以敬而無體之禮立故能以禮讓爲國乎何有否則綿蕞之儀野外之陋習也果何補於治云是禮者君之大柄也敬者禮之權輿也圖治者其審諸

修身及家平均天下此古樂之發也

舒應鳳

同考試官訓導吴批（古樂和敬通於治道子獨究本旨而詞能達意可與言樂矣取之）

考試官教諭陳批（體格嚴整）

考試官教諭尹批（明潔）

賢者推君子端本之化而歸諸正樂焉甚矣樂觀其深也以之修己治人非正樂而能若是乎子夏告文侯意曰樂之作非以其音也聽樂者非徒聽其音也君子誠能於古樂語而道之而明其何敬之理焉則涵濡深而性情之融化者有自淪漸久而道德之和順者愈真以之修身而身無不修矣由是身者家國天下之本也身修以及家則宜其家人而一家於此乎齊焉家齊以及天下則正是四國而天下於此乎均平焉君子明樂之效至於如此夫豈今樂之可與能哉蓋惟古樂之發也其聲足樂而不流故聆其聲者足以平心而宣化其文足論而不息故覩其文者足以同文而出治和矣而敬發焉此敬德之化所以歛諸吾心而施之天下者翕如也敬矣而和發焉此和德之化所以融諸吾心而達之天下者藹如也咸英韶濩之音于今雖不可復睹而唐虞三代之化于樂而實有明徵矣古樂之發如此君子惟恐其語之不詳也又安有聽之恐卧耶文侯可以自悟矣大抵古之聖王心和氣和天地之和應焉故樂之作也盡神而聽之者盡理後世新聲代變本之則無何足言樂又何貴於聽也夫子曰人而不仁如樂何噫知仁而後正樂可興修齊均平之道在此矣

第二場

論

輔助德業而致太平

王應泰

同考試官教諭王批（人君非賢輔無以治而好學又用賢之本也是作能發明之而構思精深摛詞古雅殆非淺學可到宜録爲多士式）

考試官教諭陳批（平實中有古調佳作也）

考試官教諭尹批（氣充詞逸迥异諸作）

論曰人君得賢以成天下之治者無他惟先之好學而已矣夫聖主必得賢臣以弘治功賢臣亦賴聖主以端治本是二人者未始不相須也然而恒阻於相遇之疏者以上無好學之君故下無弼直之臣所以明良不交德業未盛而治道藐然卑卑無足論者是故君之圖治也莫急於親賢而其親賢也莫先於好學君而好學則天下稱聖主矣主聖則臣賢臣賢則君德益崇君業益廣而開天下於太平者由此其致也輔助德業而致太平請因范氏之論而申之今夫人君以眇然之躬寄之乎巍然之上四海之廣兆民之衆其所以待治於我者何可勝數近而朝廷欲其正之内而中國欲其安之外而荒服欲其撫之推而極於天地莫不欲其調燮而奠麗之其責何重也人君以一人之身而當紛紜艱大之務如必自爲而後太平之業始成吾懼其力不勝而日不給也也已易曰首出庶物萬國咸寧言聖人得位行道致太平之占也書曰野無遺賢萬邦咸寧言群材畢集而後天下各得其理也夫崇臺峻宇非一木之材也洪流巨浸非一勺之潤也盛德大業非一己之能也所由致者衆矣故天將興太平之治必篤生聖人爲斯世之主又必降生賢哲以供斯世之用然自古聖明之君未始不欲得賢以官天地府萬物共建不世之治而賢哲之士亦未始不欲得聖明之君以彰道德顯事業翊成太平之功然而千百載乃一相遇焉此其故何也蓋人君好尚關天下之耳目繫天下之安危而天下之人亦各挾其術而投於人主之好衆好交攻則君心日蔽君心日蔽則賢士日疏矣安望其輔助德業而弼成至治哉誠使人君知德業不自隆也而本於賢才知賢才不自輔也而由於好學於是惟精惟一允執厥中取堯舜之所以學者而學焉學而好焉不矜不伐制事制心取禹湯之所以學者而學焉學而好焉亦式亦入不泄不忘取文武之所以學者而學焉學而好焉夫好堯舜禹湯文武之學則

其心即堯舜禹湯文武之心也其道即堯舜禹湯文武之道也固不必弓旌之招也蒲輪之聘也而物色之旁求也一人元良則庶明勵翼當必有皋夔稷契伊吕周召之儔出於其間爲之相導前後爲之左右夾持由是近而朝廷則以法相序以禮相睦而朝廷莫不正矣内而中國則禮樂明備刑政修舉而中國莫不安矣外而荒服則大小相維强弱相守而荒服莫不撫矣上而經天則陰陽循序日月順軌而天道莫不調燮矣下而緯地則山之不童澤之不涸而地道莫不奠麗矣將天下之人稱之曰此協和風動之業也平成允殖之休也攸同永清之績也太平極治之世不在唐虞三代而復見於今日矣何其盛哉夫弓矢不調則后羿不能以中鵠驂服不馴則造父不能以致遠上下不交則帝王無以治天下然則欲致太平者可不好學以爲夾輔之本哉雖然日與諸儒講論同异心非不顓也然雜以霸道卒爲基禍之君耆舊如蕭望之宗正如劉更生可謂左右有人矣然優游不斷何補於儒生之純用由是而知明君以務學爲急務學以知道爲先苟爲知道則精一數言何要約也然足以致放勛之盛如不知道即白虎石渠徒滋聚訟耳何裨於君德何益於治道哉此又君人所當知

表擬宋龍圖閣學士孫奭進無逸圖表（天聖五年）

張孫念

同考試官教諭嚴批（措詞莊雅用意謹嚴而忠懇之忱溢于言表深得臣子告君之體）

考試官教諭陳批（不事雕鏤工緻自不可到）

考試官教諭尹批（典則駢儷宛然宋人矩矱）

天聖五年某月某日龍圖閣學士臣孫奭謹以所繪無逸圖上進者伏以帝王懷保治之艱道存居敬臣子效匡時之略志在納忠謹稽古以陳詞用繪圖而進御上裨睿覽下竭愚誠臣奭誠惶誠恐稽首頓首竊惟繼體守成當識王業艱難之自深居端拱宜知小民稼穡之依自昔聖帝明王莫不憂深慮遠迨成王爲有周之令主而姬公陳無逸之良規謂治民者不敢荒寧以基業者克自抑畏殷鑑不遠自祖甲而溯及中宗周命維新由太王而傳及文考備述前人之迪哲用匡厥后之持盈此元聖保惠之謨乃萬世君人之鑑顧世多逸豫而臣鮮憂危獻賦上林徒侈游田之樂繪屏長夜益增淫佚之資貞觀寶箴初聞讜論開元金鑑僅見嘉言未能儆戒于無虞安望治平之有象欲輪忠悃實待明時兹蓋伏遇仁孝性成聰明天啓纘祖宗之統心切時幾握參兩之權

功勤日昃財以不蓄爲富惠遍浹於閭閻兵以不用爲威恩覃敷于寰宇經筵御講盛暑猶專慈幄問安常朝必謹是聖敬蓋已緝熙于宥密然臣愚每欲啓沃於論思伏念臣奭奮迹草茅獨諳田家之味致身廊廟誤沾仙仗之香封祀疏陳荷優容于先帝學田請給蒙嘉納于聖皇荐列儒紳叨陪近侍遭逢不偶忍謝葵傾納約有階敢忘芹獻竊計豐亨之治當存乾惕之心道已備於周書忠無加於姬旦敬稽往蹟爰假丹青詳述前聞用加摹寫上下數百年理亂之故編摩不遺先後六七君修短之由形容殆盡爲商家爲周室懿範具在目中曰天命曰民情龜鑑可陳掌上排雲補衮祇輸一得之忱就日銘盤切冀九重之矚儻蒙燕暇時賜監觀主善爲師知其繪後于素惟敬作所察其意不在圖則經史未披揖古人千載之上堂階不下燭群情萬里之餘雖不敢上擬户牖之銘亦庶幾下同韋弦之助也伏願治謹日中憂先天下罔于觀罔于逸恒思一日二日之煩即康功即田功不忘匹婦匹夫之勝學古訓而有獲監成憲以無愆寶曆綿長凝命軼景員之盛金甌鞏固卜年邁郟鄏之隆臣無任瞻天仰聖激切屏營之至謹以所繪無逸圖隨表上進以聞

第三場

策（五道）

第一問

王應泰

同考試官教諭王批（農桑生民首務我祖宗家法之美皇上勤民之誠是作發揚殆盡）

考試官教諭陳批（我國家良法美意子能闡揚之非夙抱經濟者耶敬服敬服）

考試官教諭尹批（事核詞雅非騁言説以爲奇者比宜録以式）

帝王之治天下也不能以一身勞天下而不能不以其一身風天下其風天下者何也政治之首務則農桑是也生民之大端則衣食是也生民一日不得食則饑其饑也聖人曰我饑之也一日不得衣則寒其寒也聖人曰我寒之也民以衣食爲天聖人則以民爲天民不得其所天聖人之心則有遑遑不能自已者此非不知自逸也其心誠慮四海之廣九州之衆一有不得其所不得不以身嘗之也慮其無食也乃身爲之勸以導之耕慮其無衣也乃身爲之勸以導之蠶蓋聖人之所爲天必與民之所以爲天者各相足而後已也此親農親桑所以爲風天下之道而我太祖之開極列聖之紹基皇上之御天必有以

身勞之而風動四方也執事策士首及乎此愚生耕而食織而衣者也游皞皞之中而誦法先王之道請以成周之所以致盛治者爲執事誦之人孰不曰帝王以天下之食爲食其所食者玉也以天下之衣爲衣其所衣者錦也乃曰必身親爲之耕而與民同食必身親爲之蠶而與民同衣此則許行之所以説神農者堯舜且不暇爲之乃不知聖人不能以一身勞天下而不能不以一身風天下帝王愛天下甚於愛其身誠不欲以天下食一人必欲以一人爲天下食也不欲以天下衣一人必欲以一人爲天下衣也以一人爲天下食乃天下之所取足以爲食以一人爲天下衣乃天下之所取足以爲衣吾讀豳風七月之詩而嘆周之君王身親耕稼以勸天下耕其風天下以足食乎吾讀葛覃之詩而嘆周之后妃身治葛事以勸天下蠶其風天下以足衣乎何者彼誠不愛一身之勞而欲以所勞者風天下也以躬籍之禮考之周則曰孟春天子爲籍千畝冕而朱紘躬秉耒措之于參保介之御間天子三推以時入之以供粢盛乃王后則率六宫而生穜稑之種獻之于王此則躬籍之禮先天下以勸農者也以親蠶之禮考之周則曰季春王后薦鞠衣於先帝齊戒親東鄉躬桑禁婦女毋觀蠶事既登分繭稱絲以供郊廟之服而天子則作居范宫以觀桑者飲于桑中此則親蠶之禮先天下以勸桑者也夫親耕者帝也而后則獻種兹父道也亦猶乎母道也親蠶者后也而帝則觀桑兹母道也亦猶乎父道也以宗廟粢盛必曰帝所親籍以郊廟之服必曰后所親蠶兹勸民也亦所以饗帝也所以饗親也兹二者所以爲風天下之道也而仁孝之大端畢舉之矣自周而後籍田有歌望耕有臺先農有壇東郊有儀非不侈然具也乃吾獨有取於漢文之親耕則以其躬儉爲天下先也蠶織有室先蠶有祠躬蠶有壇養蠶有經非不侈然具也乃吾獨有取於明德之濯龍則以其躬儉爲六宫冠也我太祖起自民間混一寰宇思天下之無食欲有以食之思天下之無衣欲有以衣之欲以一身風民以農桑者何不至也洪武己酉太祖親耕籍田于南郊太后親率内外命婦蠶于北郊曰天子籍田千畝所以供粢盛備饋饌其率天下以躬耕而導之足食者也曰民間但有隙地皆令種桑其率天下以躬蠶而導之足衣者也諭廷臣則曰衣帛當思織女之勤食粟當念農夫之苦諭司農卿則曰自什一之制湮奇巧之技作而後農桑之業廢其拳拳於天下作其勤起其惰者也仍於内苑置籍田蠶室以時觀省我太祖所以垂範作則於前何一時一念不以此二者以身勞之而風天下耶列聖以來以太祖之心爲心以太祖之政爲政成祖務本之訓因仁宗巡道途而作也而天下之耕者勸宣宗織婦之賦因見田間織婦而作也天下之蠶者勸世宗更翼善冠親耕臺下籍田皇后親

祀先蠶詣采桑臺乃豳風無逸之詩穀祇蠶壇之賦宸章燦爛不一而足我列聖所以繼美承芳於後何一時一念不以此二者以身先之而風天下耶肆我皇上冲年御宇四海向風雨暘愆期則徹樂減膳露禱宫中其祈農者何勤也淮徐水灾則遣官發賑蠲免公租其恤民者何急也東南織造半減前額積逋絲絹并從除免何懇懇念民農桑之苦也以衣三澣以事再思親灑宸翰以相警省何肫肫敦尚躬儉之風也邇者持俞廷臣之請將舉籍禮未幾下明旨期舉于來年則親耕以風天下耕親蠶以風天下桑所以供粢盛供祭服以輸皇上之仁孝者四海將快睹之是孰非皇上以一人足天下之食以一人足天下之衣而風天下者耶是孰非皇上之敬天尊親備仁孝之大端者耶是孰非周家之七月葛覃所以成有道之長者耶是孰非遵太祖之開極垂範而百世不改者耶是孰非守列聖之紹美承芳而奕世無斁者耶抑愚有説焉皇上以冲睿之年秉天縱之聖華夷一統中外一心即堯舜垂衣端拱之化奚讓焉乃治理不難于其始而難于其終不貴于其文而貴于其實勸農以耕是也乃民之不耕而食者何以驅也又民之無所得耕者何以恤也大司農之數數告乏者何以充也勸民以桑是也乃民之不織而衣者何以易也風俗之侈靡以淫巧相尚者何以禁也織造之有加而東南之無以辦也何以節也兢乎其兢慎乎其慎後無改于其前終無變于其始堯舜端拱垂衣之化不在唐虞而在今日此則葵藿書生所望於聖天子者也

第二問

文立本

同考試官教諭嚴批（是作以皇上考成爲體天下不息末復以勖學爲言是抱忠愛之誠者録之）

考試官教諭陳批（發明皇上考成之意有關治體之大最爲真切可嘉）

考試官教諭尹批（議論剴切格調古雅是通達國體而有得者取之）

天之所以爲天者何也曰健也健者不息也人君者奉天之不息以子民也人臣者奉君之不息以共職也天唯不息故風雨露雷鼓舞萬物者弗窮也君唯不息故慶賞刑威鼓舞萬民者弗已也臣唯不息故章程約束竭力以效之君者匪懈也是何也必有所爲乃可以無爲必有所事乃可以無事也君曰我無爲也舉所謂慶賞刑威且敝帚視之其敝必將至於有所不可爲臣曰我無事也舉所謂章程約束且瓦礫視之其勢必至於多事而且僨事是故上下交相警以有成也其成者君奉此不息以成天也臣奉此不息以成君也書曰元首明哉股肱良哉庶事康哉是明也良也乃其所以康也非執事者之所謂

作於明者哉元首叢脞哉股肱惰哉萬事墮哉是叢也惰也乃其所以墮也非執事者之所謂玩於習者哉觀此則我皇上之稽查章奏隨事考成奉天之不息以鼓舞天下臣工者可得而言也愚生讀易至豫曰盱豫悔至蠱曰裕父之蠱未嘗不置書嘆也曰盱者其所以至悔乎裕者其所以成蠱乎至大有曰遏惡揚善順天休命至乾曰終日乾乾夕惕若又悚然懼躍然省也曰揚善遏惡者其君之所以順天命保大有者乎曰乾乾惕若者其臣之所以懷憂勤履危疑者乎爲人君者一日二日有萬幾凛乎若朽索之馭六馬則安得當六馬之逸而惟其索之朽是何以齊萬幾爲人臣者進思盡忠退思補過夙夜以事一人則安得進無所思退無所補是何以事一人然後知發强剛毅明君所以宰制六合而怠緩悦從且無以理一身何以理天下爲也千古而上稱極治者則孰過唐虞哉其所有五臣以相都俞吁咈也何事詢何事省也乃堯之命舜曰詢事考言乃言底可績其於臯陶曰屢省乃成是其所詢者所省者即所謂禹臯稷契益之人也即所謂平水土播百穀敷五教明五刑共工朕虞之事也而帝之必詢之必考之也乃四方之所以風動萬邦之所以協和也唐虞而下稱極治者孰過成周哉其所有十臣以相疏附後先也則何事計何事考也而春秋所紀王公卿士自朝日至日入無不自計乃職者周禮所載歲時月日無不有考者是其所計者所考者則所謂周公旦召公奭散宜生南宫之人也即所謂勤王家修有夏田功康功之事也周之必計之必考之也乃萬邦之所以咸和四海之所以永清也吾於西漢得一君焉曰宣帝是也則綜覈名實以爲治也吾於東漢得一君焉光武是也則總攬威權以爲治也吾於唐得一君焉德宗是也則强明果斷更條格以爲法也説者謂漢業衰於宣帝察察之過也夫漢宣當霍氏後乾剛倒持非綜核無以起敝乃不咎孝元之優柔而罪宣帝之明察耶説者謂治體夫于光武攬權之過也夫光武當新莽後王綱解紐非總攬無以維風乃不知光武之得而謂光武之失耶獨德宗剛褊自用苛察爲明其所明者非所明而明也其所察者非所察而察也此尚不足與孝宣光武言而可語治天下之大道哉我太祖肇造區夏設官分職我列聖獨秉威權賞勤罰惰開濟作考功圖令所司日記行事較勤惰高皇帝賜第以旌其賢此非我祖宗立考成之勸者哉顧佐糾不職三十人章皇帝即時罷斥賜璽書褒美此非我祖宗立考成之罰者哉薄海内外無不奉宣德意遵行勿怠二百年來紀綱整肅法度修明則太祖奉此不息者以立極於先列聖奉此不息者以承美於後故有以駕唐虞軼周室邁漢唐也邇年狃於治安樂於簡便章程顯布而奉行則稍習於偷安約束嚴明而遵守則稍流於怠慢貪墨酷鷙有定論也乃

遲留不發則何所懲惡也功賞虚冒有明徵也乃稽遲不上則何所懲欺也錢穀額賦徵解有期也乃會計徒具而輸輓後時何以充國計也刑獄擬議輕重有律也乃停閣逾年而冤抑不白何以重民命也條陳利病詳勘已定也乃徒取文具而不亟下何以補民生也中外習以爲常莫知其非此非所以修臣職也此非所以仰體皇上奉天不息以出治之心也皇上俞輔臣之請下稽查之令沉章積牘起弊維風按時之先後以定其限隨事之緩急以考其成内閣則總其綱也部院則分其事也臺省則核其實也下之監司下之郡縣出之九重之上達之萬里之遠若雷之震之也若風之披之也此則以唐虞之所詢所省者詢之省之也何過於明此則以成周之所計所考者計之考之也何過于察内外臣工罔不洗滌積玩夙夜秉公奉詔書者惕惕然若天語之臨也入聖覽者兢兢然若天顔之莅也論報嚴明故貪墨酷鷙無所匿也報勘真實故功賞虚冒無所售也輸納有限故錢穀額賦無後時也問理有條故刑獄冤抑無覆盆也條別有章遵行不失故利民生者無不舉也此則皇上奉天之不息以出治而内外臣工罔不若也群臣體天之不息以從上而久遠章奏無不理也此以有爲爲無爲以有事爲無事之道也雖然是不息也存之爲内聖之心非勤學不足純此心也發之爲外王之業非勤政不足弘此業也我皇上日御經筵講論不輟其所以爲聖學者何勤也日御朝宁寒暑不輟其所以爲聖政者何勤也草莽之士則以爲勤學者其本也勤政者其用也今天下華夷一統海宇晏然稱極治矣此心少有所息則聲色貨利得撓其真也左右近習得抵其間也土木游佚得投其隙也非所以語純心也勤學也誠願皇上之慎之也養之於不睹不聞之中察之於莫見莫顯之際無怠朝也無怠夕也内外相孚始終無間將五帝不足帝三王不足王也故曰天之所以爲天者何也曰健也健者不息也天行健君子以自强不息有味哉其言之也

第三問

劉延祚

同考試官教諭吕批（邇來文武吏鮮實效以采名多也子能爲覈實之論而筆力雄勁宜冠本房）

考試官教諭陳批（粤西需二者最亟子能劑量不爽而叙論謹嚴宜録以式）

考試官教諭尹批（課嚴名實法兼内外於大計有裨録之非徒尚其文也）

天下有法内之材有法外之材法内之材中材也待之法内而人知所勉法外之材豪杰也待之法外而人競于勸何也豪傑之士其志卓然所存遠也

其猷廓然所施弘也其氣浩然所挾持確而正也彼其身視赤子家視郡縣疆場弗安且寧奮其三者而爲之所非以上之法也而上之人不以法外待之即彼不爲沮亦豈所以鼓豪杰而風天下乎若夫中材則异是矣各有所用亦各有所偏明敏者戒於太察温良者戒於無斷湛静者戒於後時不齊之以法察而不已則苛急矣斷而不足則庸懦矣時而太後則事機債矣故法者所以救其偏而全其用胡可廢也以法之内外視天下材而爲之待此帝王所以臨制海内陶冶人群之至術也執事以粤西文武吏士策諸生計安邊方甚厚請摭所聞以對自昔選吏任將若岳牧之命渭濱之載尚矣在漢則神爵五鳳間郡國有治理效天子爲下璽書勞問且不次徵入爲公卿此其最著乃遣將之儀猶有古人推轂之風以時揚旌之士皆能爲國家信威邊境蓋漢世得人烝烝盛矣粤西固先秦所拓地也稱藩則自漢始經略既久稍視中州考覽往牒則其人聲實往往而在一守令言之陸績守鬱林壓石歸舟人服其廉澤孰茂焉嗣是則撫酋豪而定八州元結所以剌容管挫强禦而惠獨韰唐頌所以令布山柳子厚順俗設理而俗化且授諸生以經義人文興焉張敬夫諭夷釋怨而夷安且爲横山革買馬宿蠹去焉皆號良吏也而柳張其領袖乎以將帥言之馬援平交阯標柱界地夷懾其威勛莫偉焉嗣是則度尚一焚營鼓士而卜陽授首岳飛一縱囚誤敵而曹成就俘軍士玩令狄青先斬袁用以徇則智高之變靖矣懷遠要害和斌先提步騎以據則世念之患銷矣皆號良將也而岳狄其翹楚乎我國家大簡天下文武吏士爲億萬世計尤加意於邊二百年來匪獨中州稱得人即粤西亦皆彬彬質有其文武焉若何源若蕭嘉祐及山雲輩未可一二數也庶幾哉其與昔人并軌馳乎我皇上神明天授益廑民艱頃憂吏道稍稍耗廢特詔廷臣嚴加甄别且舉增秩賜金故事行久任法以需厥成介胄有乘障破敵抵掌畫策旋起徒步建大將風聲所樹令天下士有駕龔黄而凌韓白之氣何論粤西哉然愚竊有异焉天下材品大都有三彼材之墨而眊也酷烈也無論已其餘則中材也豪杰也豪杰不數見而中材比比今之吏發奸摘伏鈎鉅不事有矣得無有淵察爲明者乎敬老慈孤蒲鞭示辱有矣得無有狐疑不决者乎雅風醇俗卧理自如有矣得無有閣置廢事者乎此中材之吏之所患也今之將開張押闔隨機應變或能之而巧傷於竭澤不免也分甘損滋愛士如子或能之而籌窘於前箸不免也審時度勢老成持重或能之而膽怯於望風不免也此中材之將之所患也其材若彼其患若此將胡以振之蓋昔者漢宣帝勵精爲治有名實不相應必知其所以然故治稱盛今覈吏非不詳也然巧吏每炫名以最課上或徇名而課吏是故喜卓詭則教吏鉅箭

者顯矣美儇捷則奏成手中者先矣事筐篋則禮義化俗者弗尚矣於郡縣何裨焉今覈將非不密也然黠將恒買名以邀功上或采名而任將是故快談辯則能讀父書者售矣憑級報則性喜殺戮者競矣奇征戰則坐困羌夷者見絀矣於疆埸奚賴焉此名實之覈不可不嚴也覈之維何三年無囚不以無异見遺而户口僞增必斥也四壁堅守不以無功聽讒而馬邑生事必誅也凡此覈之嚴矣然後視中材之患懸其法整齊之有爵賞以誘乎其前不然者則奉三尺隨其後彼既有慕於爵賞而又悚乎其黜罰則日兢兢焉惟上之所奔走明敏者不以苛刻伐平和温良者不以優柔敗果斷湛静者不以玩愒誤事機即中材文武吏其奮而至豪杰不難也語曰尺有所短寸有所長飭其短全其長而各適其用寧非法之善哉雖然此待中材之法也非所以論於法之外也若夫豪杰之士無法而勸者也教養未厚於烝庶而簪蔀或抱幽憂戎馬猶生於郊圻而溪峪時肆凶焰皆其所恫瘝而深愧者奚俟人責之而後爲彼不事吾法而吾以常法拘之視中材等是使不羈之士與牛驥同皂此鮑焦所以忿於世也謂宜於文法外稍寬繩束以大展其所注厝是故吏而豪杰也則憫窮而輒赦不爲矯賑饑而擅發不爲專由潁川徵至公卿不爲驟誠優之也將而豪杰也則按轡徐行不爲屈與數十萬金勿問不爲疑去中官都統不爲恣誠假之也夫十圍之木置諸廟堂則稱良材斲之小而弃焉反拱把弗若矣連城之璧世所傳以爲至寶混之碟與瓦礫同則狂夫易之矣故善待豪杰者必於法之外也噫法内法也法之外而能奔走豪杰不用法者之法也尤所以爲善用其法也以法内待天下之中材而人益勉以法外待天下之豪杰而人益勸天下士更相勸勉爲良吏爲名將則何昔人不可追而國家其有不登諸理乎

第四問

胡天霞

同考試官訓導徐批（鹽筴錢法爲粤西急務而平官鹽之价開廣南之路尤行鹽鑄錢所必資者子能發明詳盡豈直可以經生目之耶）

考試官教諭陳批（講粤西鹽筴錢法鑿鑿可行且筆力高古讀之悚然起敬）

考試官教諭尹批（讀子之文知子通達世務且淹貫古典矣録之）

君子之理財也豈能求之財之外哉求之財之外者是謂蠹國是謂瘠民吾無取焉吾惟順其財之所自生而講求其故劑量于輕重變通于緩急因其賦之必不可加稍有以充其賦因其用之必不可不足稍有以足其用不病乎其私而有濟于其公夫亦何所不可苟不察其所以而惟泥於故常乃吾當縮

乏之地處兵荒之交所需四出莫知所應其於國計民瘼無裨萬分一則何以善其後執事因粤西之縮於財以近日所行之鹽筴錢法講求其無病于公私可行於經久甚盛心也承學未與經國之事則何所知然不可不有以復明問今海内稱瘠土當多事者則孰過粤西哉巖壑交錯水脉不生無可耕之地也谷箐孤險雞犬不聞無可耕之民也爲郡者九不足當東南一二大郡也爲邑者七十有七不足當東南一二大邑也爲土州爲土縣爲土司者環四面以居公租不入法令不行一有事且嗷嗷望我以濟也是執事之所謂賦之必不可加者也萬山盤錯道路孤遠三江夾出舟楫艱難今日報劫路則道路塞明日報劫江則舟楫阻某處議鵰剿某處議夾剿日所需於軍餉者紛如也某州告饑且云將盡出爲盜某縣告饑且云將坐以待斃搜之民間無可貸搜之倉庫無可發日所請於公帑則繹如也此執事之所謂用之必不可不足者也賦必不可加而又不可不加用必不可不足而又不能足爲粤西籌者自古難之矣自近日鹽筴行司庫稍有所貯乃公私輒又告病蓋民生所不可一日缺者莫如鹽東南煮于海西北産于池生于井永康崖鹽出于水石決源釃流脉寫膏浸神液陰漉甘鹵密起自管子謹正鹽筴計口食鹽始立禁以佐兵賦而倚頓郭縱羅裒皆擅鹽之利見于貨殖傳者可考也粤西非産鹽之地鹽之由南海出湖湘也其路必由粤西當事之臣因粤西公賦之縮得請于朝出公帑之積轉鬻南海達于桂林召商上納每二年可足三運每四運可得十萬本息相半用助兵荒之需名曰官鹽商人出私本由别路運其一由清遠縣至連州其一由封川江至寧遠原額食熟鹽後乃改造生鹽越界變賣紊亂成規遂不可制名曰私鹽官鹽轉輸頗難而其價亦稍高私鹽乘便往返爲易而其價亦稍下以故私鹽盛行官鹽阻滯今鹽場積至六百萬有奇此公之所以病也官鹽滯不得不禁私鹽羅兵譏察無所得縱私鹽之行非復往昔之便湖湘之民籍鹽于粤西者不得不告困此私之所以病也夫病之生也必有所以爲病之原不究其原而欲救其病其道無由也故欲通官鹽之滯不得不平官鹽之價使其價不甚遠於私則人何苦不樂趨於官欲嚴私鹽之禁不得不重私鹽之稅使其稅不甚遠於官則人何苦冒犯于私通利于國而不病于民公利于商而不病于國審如是而鹽有不行者乎此鹽筴之不可不講者也自近日錢法行兵荒稍有所需乃銅料又苦不繼蓋民生所利用者莫如錢若布帛尺拆之則裂金銀細分之則耗惟錢之爲用實於金利於刀流於泉自太公立九府圜法而周則母子相權秦則上下相等漢爲八銖筴錢赤仄五分理道夷陵有鵝眼綫環之别風飄水浮之异大較錢重則病國錢輕則病民唯我朝錢法輕重相

等粤西僻在邊徼民便於錢頃皇上從廷臣之請令天下分省各得各自鑄錢以便行使粤西舊苦乏錢新錢一出鼓舞稱便今所患者不在錢之不行而在錢之不廣不在錢之不廣而在銅之不繼開局之初即工作之具銅料之需俱取足粤東乃粤東之銅亦取辦他省開局既多用銅日廣銅價高貴貿易爲難且在在有鬻銅出省之禁此東路之銅有所不足恃也新錢既行舊錢遂閣原議以新易舊聽民自至局兩平相易至者如流今則舊錢漸少不及夙昔十之一二此舊錢之易有所不足恃也不得已則以官吏齎銅價易於貴之鎮遠乃道路孤遠時日曠久不足以應急需則將奈何夫利之興也必有所以爲利之原不得其原而欲興起利其道無由也銅産於滇滇之由楚至粤也其路爲獨僻商賈不至故得銅爲獨難今滇之廣南與粤之田州其地爲接壤由廣南至田州江從舟楫行也止半月程其路爲甚便滇人議開官路置驛舍辦車馬惟以粤西應置五驛費無所辦論大事者不計小費誠兩省公議協通此道則銅至如流矣從而立稅課廣錢局其利豈止於今日之費耶此錢法之不可不講也雖然鹽價既平公私俱利故必大出公帑爲鹽本乃可以充公家之用則轉運之法不可不行也由大舟轉至梧州立場以頓由小舟運至桂林立廠以發自梧州而上多立博淺之船自昭平而上廣布哨守之卒則官鹽無滯轉運不難其所積於司庫者豈止於今日之所餘已哉南路既通銅料日廣故必多開爐以鑄錢乃可以備兵荒之需則私鑄之禁不可不嚴也城中則宗室私鑄以撓公家之權曠遠則土官私鑄以擅公家之利請一切繩以法可行者禁之以官不可行者請之於上則官錢無滯流行日廣其所以備兵荒之需則豈止於今日之所餘已哉嗚呼廣行鹽之利是轉粤東之所生以充粤西之所積闢運銅之路是轉滇之所有以濟粤西之所無往來日衆財賦日生行之十年而後之粤西非今之粤西比矣此百世之利也不知執事者可采而見之施行否也

第五問

李時盛

同考試官訓導吴批（粤西猺獞撫勦事宜具見此篇讀至功級俘獲處令人惻然真仁人之言哉反覆慨嘆可深長思録之非徒以文辭之古雅也）

考試官教諭陳批（兵家事以不樂言不諱言立柱而議論疊出區畫詳明籌粤西者尚有出此哉）

考試官教諭尹批（事情周悉敷敘詳明子其有感時事而概于衷者宜録以傳）

君子未始樂言乎兵而亦未始諱言乎兵樂言之則有用於其所不當用

而何以全吾之仁諱言之則有不用於其所不可不用而何以行吾之義用於其所不可用是疲民也其勢必至於弗戢不用於其所不可不用是玩寇也其勢必至於弃民君子爲之審輕重之辨酌先後之宜必有所用以成其不用也必有所不用以全其用也執事者有感於粤西之猺獞歲歲征勦弗息也下策愚生愚生粤西人也請言粤西猺獞之大略而後及所以處之者西粤猺獞居萬山之中當三江之險深箐絶壑人迹有所不通也古木懸崖日月有所不照也層岡疊阜莫知其涯際也荒村遠落莫窮其終始也種類莫可識别巢穴莫可跟尋其所以爲室廬者則巖巔也其所以相往來者則狼虎也其所以代耒耜者則鋒鏑也殆天驕之若犬羊豺狼然莫可以人理化也粤之西則有曰大藤曰八寨曰連城曰六十三山曰七山等巢諸若此類莫可枚舉也粤之東則有曰羅旁曰王母曰雲稍曰母雞等巢諸若此類莫可枚舉也濱于江者擾及舟楫濱于路者擾及行旅民財被劫虜且及公賦村落被剽略且及城邑如是而猶曰兵不祥器也而吾諱言之是居者無以爲居將弃編氓也行者無以爲行將弃商賈也公賦無以維公賦將弃公賦也城邑無以爲城邑將弃城邑也此必不可者也其動大衆者不得不動也其興大役者不得不役也調兵數十萬不得計擾也費糧數十萬不得計其費也何者誠計其大也誠不得不爲士民請命也大兵一動風聲輒露其濱江濱路探知内地消息者寧無有潛避遠匿脱然於鋒鏑之外者耶其深山絶澗耕山而食結茅而居不識内地言語不通者寧無有莫知禍端駢首於鋒鏑之下者耶其所報功級者果皆慣盜劇惡耶其所報俘獻者果皆寇賊種類耶同生天地同稟血屬使其蠢然無知莫知所謂而受俘獲罹刀鋸也此又仁人之所隱而天地日月之恩有所不及也然則兵者將諱言之耶將樂言之耶往歲督府重臣因粤東羅旁諸巢爲地方害且數十年動衆二十萬一舉殲之兵威所震山谷爲空計所得功級俘獻即萬萬勿計也乃西之六十三山等處逼近羅旁畏威悔罪乞憐求生編里輸差盡從撫處一時東西兩山并稱寧靖説者謂當時收兵大早經略事宜尚未萬全逃匿餘黨尚未捜捕乃不逾年舊日餘孽呼携潛出盤據舊巢劫掠水陸攻擾所城謂其藏匿者在六十三山等巢然無實迹可考也謂其糾合者爲六十三山等獞亦無實迹可據也即日將東西夾勦滅此朝食而西之糧餉稱乏八寨濱近之民又數數請兵將從撫耶將從勦耶較之八寨將孰先耶將孰後耶此執事者之所以私憂而過計之也竊以爲撫勦有定議而恩信不可失也兵糧有定處而騷擾所當禁也行師有紀律而玉石所當辨也善後有長策而犬羊不可無統也地方有緩急而機宜不可失也此今日爲粤西籌者誠無以過之

也夫曰撫勦有定論而恩信不可失者何也蓋六十三山連城等山與羅旁相去不遠其所藏匿其所糾合誠不知其有無夾勦之師欲杜禍根收全功誠不可已也然昔之受招安當編差者尚未有叛逆顯迹也一旦使之概受鋒鏑何以示往日之恩信開後日之悔悟也大兵一出願察其素受招處者許立旗插牌以保其生其怙惡不悛素未招撫者必誅無赦則畏威感恩忠信行于蠻貊矣此以勦行撫之道也夫曰兵糧有定處而騷擾所當禁者何也蓋粤西司庫所入不支所出興師十萬支糧三月欲取辦粤西難矣兩廣用兵調粤西之兵食粤東之糧舊有定額無議也但近日右江一帶饑歉特甚狼兵一調勢必騷動窮山空谷乘時將起而爲盜請出公帑之積預買糧食分布大兵所過州縣以備行糧饑荒處所大加賑恤以安反側兵一出境一切糧食取濟粤東則閭里寧輯民得安生糧餉有藉不至告乏此動衆安民之道也夫曰行師有紀律而玉石所當辨者何也蓋東西猺獞其相濱大江州邑浪人糾合出没焚燒刼殺無歲無之誠不可不誅乃其在遠地與華人絶不相聞一概取而殺戮俘獲之以爲功無乃傷天地之和虧好生之德也今之用兵誠不以殺戮爲功而以安集爲功不以俘獲爲功而以制馭爲功使凶惡醜類無所逃於天罰而無辜群生得保全於太和之世豈不恩威并著哉此則神武不殺之道也夫曰善後有長策而犬羊不可無統者何也蓋夷性獷悍難馴惟自服其酋長今宇内疆土與夷爲界者不知幾千萬里也獨有土官者制服爲易而其莫相君長自相種類者則剽掠出没莫可制也大功既成請以猺獞所居之山川畫地分區擇其衆所推服者令其招出遺黨分地以居官給以名色不徵其租税行之三年地方無事立爲土司等官令其約束地方聽調徵發仍增置哨堡廣添兵卒則地方永永無虞也此以夷治夷之道也夫曰地方有緩急而機宜不可失者何也蓋六十三山等山當粤西之一隅乃八寨患在腹心士民數數請兵緩急之辨亦既較然矣顧一省所急者在八寨兩省所急者在夾勦欲獨舉之則不可欲兼舉之則不能願且置八寨於不論兵威一振八寨諸獞果能悔罪輸誠分土立官自同齊民豈不能略其既往許其將來如其怙罪不悛爲害地方則乘此餘威以殲滅之特摧朽也此則酌量緩急之道也嗚呼兵者豈得已哉將樂言之耶將諱言之耶樂言之而所謂寡人妻孤人子獨人父母見聞所不及者獨不足念耶諱言之而近日古田之復城邑府江之通往來可以無兵得之耶酌量於緩急之間識察於輕重之勢以撫爲勦則其不用也猶用也爲雨露爲日星而莫非天地之仁也以勦爲撫則其用也猶不用也爲雷霆爲霜雪而莫非天地之義也仁義并行恩威兼著此兵家之善道也愚生書生也何所知因

明問而陳其一得者如此惟執事者進教之

廣西鄉試録後序

萬曆己卯秋巡按廣西御史顧鈐奉皇帝典制賓士于澤宫闋歌謂志頤曰士且駕矣若亦何言志頤伏内忖泳游恩澤如海未知所報而告所愧以訓人越鷄伏鵠難矣雖然使誨規矩者必班倕離朱然後可匠將微乎告諸士曰有司之求士甚于士之求有司也比者玄黄以志頤而來以爲權衡以爲律量揣銖黍度毫末瞠乎其視芒也手其編中程𤰈矣竟蒐之而殊患其愉也此何愛而不忍哉曰人才實難脱一不終安得以瑕瑜不掩爲解而污賢能書蓋其慎也士由此進于天子矣譬則貢焉明金綷羽英犀澤象雖遐裔之林不數數産也日月而獲之意駭色動置驛而上而不知都市之駢闐天府之委擲直奇贏已耳士無自謂英英奇矣而妄驅馳脱一不終猶可污今日賢能書也其慎自愛哉且夫取士以藝法之窮也豈無他科自周漢以來置罷罷置凡以十數明興要氏六經之言以爲卒亡以隃而已昔孔子觀於上古患其言不皆爾雅削觚裁方所存者廑廑止此爲萬世程授學者習之雖才不達猶堪自植訓詁之興棼如絲毛至朱子乃有條貫六經之旨復章章著明我聖朝統一道真塞岐旁示周行令學者尊尚師説不悖亦足以修行先王之道矣由此言之雖有超觀冥覽衹嘵嘵亂群無益今所不取而况俗化雕文欒難攻之書而弋獨用之言以飾其瑣譎謬悠之論讀之如太上靈檢絶域重譯非同文之化而罔施于用文章道喪瀰瀰下矣此世之所謂千金而有司方敝帚弃者也士無寧詆有司耗哉士第以故業往即經緯國華康贊聖功無匱用已毋更和謁師不信有司將謂聖賢掌不然之辯以迷世而有司張無目之羅以招不制之羽也必非指矣劉邵有言人之質量中和最貴中和之職必平淡無味故能調成五材變化應節是以觀人察質必先其平淡而後求其聰明吾願諸士以平淡赴公家羽毛齒角之珍不能過也志頤今所以誨者軋軋不具又非奇理雖然亦猶行古之道也猶冠者持□父之醮言□□持吾所以受□父之醮言安有持□之醮言而不免責哉

江西吉安府廬陵縣儒學教諭陳志頤謹序

萬曆十年廣西鄉試録

廣西鄉試録序

萬曆壬午秋八月廣西當復大比士前御史李東敖選相繼疏請代上命御史馬呈圖馳往監臨之至則謹布禮官科條令西士力正文體以歸大雅諸不急務姑未遑專意掄文既戒既毖乃提調以左參政彭富右參政胡維新監試以按察使陳應春右參政兼僉事葉朝陽其執經品藻則以敬修暨教諭賈宗正爲考試官教諭梁懋勳王希堯訓導郭蓋臣丁繼宗張沛陳茂鶱爲同考試官餘百執事亦各慎遴部署以待乃合饗誓衆就棘闈以提學僉事袁昌祚所選士一千五百有奇嚴扃鐍而試之三擇其俊五十有五人籍奏之敬修嘗聞三代之盛南不過衡山而粵西當衡嶽西南數百餘里未列禹貢職方氏然南交分宅紀在帝典而八桂扶疏由秦漢迄今世以名郡孰謂山海經書繆悠語也第其時山川尚緼祕神奇即有雄特右武尠文學故後世靡得稱云兹敬修幸以校役溯洮源出靈渠其堯山漓水環車幰後先奇秀刺目彼靈氣在天地蜿蜒南下若大軍鼓行將趨溟海始飲馬蓐食而三江若帶諸山皆屹然壁立若重關束扼之此其積久磅礴以待文明鴻化厚發於賢儁有顯融也頃歲十寨平捷告郊廟岑溪大峒亦相率蛾伏願繕城授田如昭江俱齒編氓守亭障者歲鮮横草之警川無駭艫陸無剽槖皆喁喁仰聖德苞覆萬里諸士益得以從事鉛槧而希大雅之矩日彬彬焉即銓第其所爲文類能明習世務而不詭於道義其咀華斂鄂視制式罔失尺矱而英思勁氣坌發淊溢直與此中奇秀争雄長於穎素間莫可禁圉非夫聖化之型範靈氣之鼓龠也有是哉顧惟士起三代所敷對率簡質無長語而考論其所表樹輒與言相晝一以其心榮利不入而一意於亮天工明主德故稱爲不二心之臣盛莫加焉今諸士言則既纚纚侈矣假令以厝諸用能一一必成信者乎夫論疆土則化軼三代而謂無一庶幾於三代之士者耻也言詞視三代益閎以肆而行實不相副者虚也語曰玉産於山工得琢焉而真璞不完士修於家主得用焉而純白不存信若言也毋寧國家熙化靡所恃賴將五嶠三江得無謂其生也實徼靈于彼今不惠之光寵而重泄越之慚負若何今有指嘉畝以語人曰是歲萬鍾其藨蓘不

力登囷不如數則世必以譙語者爲謾諸士今萬鍾儇矣行奉大對服中外事以自試於蕉蓑一切聲利棼華方日朋起而戰其中扃稍不制而甘之必且言行相背馳若兩人然業何辭而謝斯世之不譙吾謾也尚務守一於其心如農夫之有畔歲服勤以爲常罔以靡麗渝貞繁膴改素諸所展錯各求自效其長而要諸衷皆務斷斷明主德勿後斯樹駿垂鴻榮鏡史籍敬修且竦意以拜諸士之貺是舉也前總督兩廣兵部右侍郎兼右僉都御史今晋南京都察院右都御史劉堯誨威略茂宣弘裨文教今總督兩廣兵部尚書兼左副都御史陳瑞規恢謨烈賁及章縫巡撫廣西兵部右侍郎兼右僉都御史郭應聘德威久孚文武丕式若前總兵署都督同知王尚文崇儒奮武參議彭應時李浹副使徐儒皆以綜理宣猷副總兵李應祥參將白玉金丹周勳署都指揮僉事戴應麟鍾維岳蔡春及皆以扞掫袛事其入賀則右布政使今轉左胡定副使秦寵其遷秩及檄調則右布政吴善參政項思教參議陳尚伊副使劉世賞吴哲而刑部員外郎孫從龍行人司行人孫愈賢則皆以使命弭節玆土光重人文者也法得并書

江西贛州府興國縣儒學教諭汪敬修謹序

萬曆十年廣西鄉試

監臨官

巡按廣西監察御史馬呈圖（道甫四川内江縣人　辛酉貢士）

提調官

廣西等處承宣布政使司左參政彭富（中禮雲南大理衛籍合肥縣人　壬戌進士）

廣西等處承宣布政使司右參政胡維新（文化浙江餘姚縣人　己未進士）

監試官

廣西等處提刑按察司按察使陳應春（汝和福建長樂縣人　壬戌進士）

廣西等處承宣布政使司右參政兼按察司僉事葉朝陽（見心浙江秀水縣人　乙丑進士）

考試官

江西贛州府興國縣儒學教諭汪敬修（道卿直隸婺源縣人　庚午貢士）

江西撫州府樂安縣儒學教諭賈宗正（誠甫浙江東陽縣人　庚午貢士）

同考試官

河南開封府蘭陽縣儒學教諭梁懋勳（孺建廣東番禺縣人　甲子貢士）

湖廣鄖陽府竹山縣儒學教諭王希堯（惟中雲南中衛籍直隸當塗縣人　己卯貢士）

應天府溧陽縣儒學訓導郭藎臣（孝仲四川成都縣人　丙子貢士）

湖廣長沙府湘鄉縣儒學訓導丁繼宗（惟孝湖廣沅州人　丁卯貢士）

直隸蘇州府長洲縣儒學訓導張沛（德夫福建甌寧縣人　庚午貢士）

直隸揚州府儀真縣儒學訓導陳茂鶩（文成福建閩縣人　癸酉貢士）

印卷官

廣西等處承宣布政使司經歷司經歷徐洌（惟深浙江天台縣人　選貢）

廣西等處提刑按察司經歷司經歷黄良會（見可福建連江縣人　監生）

收掌試卷官

桂林府知府傳時望（仲瞻四川萬縣人　戊辰進士）

梧州府知府陸萬垓（天溥浙江平湖縣人　戊辰進士）

受卷官

潯州府知府江萬仞（若度福建晋江縣人　癸丑進士）

柳州府知府陳大猷（鳴羽廣東南海縣人　戊辰進士）

慶遠府知府高文炳（象南直隸上海縣人　辛未進士）

桂林府同知梁直（養浩廣東東莞縣人　乙卯貢士）

平樂府同知鄭應齡（君亮福建莆田縣人　戊午貢士）

彌封官

桂林府推官李道先（充登福建安溪縣人　甲子貢士）

桂林府永寧州知州尹廷俊（位甫雲南蒙自縣人　辛未進士）

桂林府臨桂縣知縣邵以仁（純甫貴州普安衛籍應天府上元縣人　庚辰進士）

桂林府靈川縣知縣陳一洙（國潢福建漳浦縣人　丁丑進士）

平樂府富川縣知縣周篤棐（式時廣東潮陽縣人　庚午貢士）

謄録官

平樂府推官顏志邦（用行湖廣茶陵州人　恩貢）

平樂府永安州知州岳如厚（體坤福建崇安縣人　辛酉貢士）

桂林府興安縣知縣唐廷麟（惟瑞廣東歸善縣人　丁卯貢士）

梧州府容縣知縣伍可受（以大福建清流縣人　丁丑進士）
潯州府貴縣知縣譚耀（章伯廣東東莞縣人　丁丑進士）
南寧府隆安縣知縣張邦燮（允和廣東東莞縣人　戊午貢士）

對讀官

桂林府通判李佳徵（吉甫湖廣施州衛籍江陵縣人　恩貢）
梧州府推官徐雲山（從瞻湖廣麻城縣人　丁卯貢士）
梧州府鬱林州判官常正和（介卿四川富順縣人　辛酉貢士）
桂林府陽朔縣知縣梁鶴鳴（體誠廣東三水縣人　癸酉貢士）
柳州府來賓縣知縣潘思誠（明伯廣東河源縣籍順德縣人　甲子貢士）
慶遠府天河縣知縣丁時楨（子猷雲南永昌府人　丁卯貢士）

巡綽官

桂林右衛指揮同知霍世寵（承恩直隸巢縣人）
湖廣永定衛指揮僉事吴國奇（德源直隸鳳陽縣人）
灌陽守禦千户所指揮僉事劉大經（伯常直隸南皮縣人）
湖廣衡州衛右所副千户倪冠（汝詹直隸儀真縣人）

搜檢官

桂林右衛指揮僉事劉承忠（良臣山東博興縣人）
古田守禦千户所指揮僉事晏之鶴（九皋湖廣黄梅縣人）
平樂守禦千户所指揮僉事吴朝臣（國卿直隸巢縣人）
湖廣永州衛右所百户龔守（濂卿湖廣京山縣人）
湖廣荆州衛後所百户李祖元（子亨湖廣石首縣人）
湖廣夷陵守禦千户所百户宋表（子端直隸定遠縣人）

供給官

廣西等處承宣布政使司理問所理問許繼榮（勉仁福建詔安縣人　監生）
廣西等處承宣布政使司經歷司都事陳謨（直表江西清江縣人　監生）
廣西等處承宣布政使司照磨所檢校翁僑（孔與江西上饒縣人　監生）
廣西等處提刑按察司經歷司知事戴經筵（嘉謨浙江昌化縣人　歲貢）
廣西等處提刑按察司照磨所照磨王應龍（時乘直隸長洲縣人　吏員）
廣西都指揮使司經歷司經歷羅時濟（天民直隸貴池縣人　監生）
廣西都指揮使司斷事司斷事曾佐（子才江西廣昌縣人　監生）
桂林府全州判官奚善（宗元直隸蕪湖縣人　監生）

桂林右衛經歷司經歷揭喬桂（懋卿福建歸化縣人　吏員）
柳州衛經歷司經歷楊元良（以養福建將樂縣人　吏員）
柳州府照磨所照磨李玉潤（廷珍江西新淦縣籍清江縣人　吏員）
桂林府臨桂縣主簿徐鳳舞（在竹四川涪州人　吏員）
思明府憑祥州吏目楊騰龍（起雲雲南昆明縣人　吏員）
慶遠府東蘭州吏目陳傳（良爵浙江山陰縣人　吏員）
全州守禦千户所吏目梁會金（配乾廣東高要縣人　吏員）
桂林府臨桂縣典吏陳文欽（元勖廣東饒平縣人　吏員）
桂林府靈川縣典吏陸陵（汝崗福建甌寧縣人　吏員）
桂林府興安縣典吏劉思誥（汝命江西贛縣人　吏員）
桂林府陽朔縣典吏張霖（啓章福建莆田縣人　吏員）
桂林府永寧州永福縣典吏王用中（文舜浙江烏程縣人　吏員）
桂林府永寧州義寧縣典吏張鵬（騰南福建仙遊縣人　吏員）
桂林府稅課司大使張應澄（汝淵雲南鄧川州人　吏員）
桂林府興安縣唐家鋪巡檢司巡檢余泉（達甫福建惠安縣人　吏員）

第一場

四書

子曰辭達而已矣　修道之謂教道也者不可須臾離也　舜何人也予何人也有爲者亦若是

易

聖人養賢以及萬民　九二之孚有喜也　言行君子之所以動天地也可不慎乎　昔者聖人之作易也將以順性命之理是以立天之道曰陰與陽立地之道曰柔與剛立人之道曰仁與義兼三才而兩之故易六畫而成卦分陰分陽迭用柔剛故易六位而成章

書

有能奮庸熙帝之載使宅百揆亮采惠疇　非天私我有商惟天佑于一德非商求于下民惟民歸于一德德惟一動罔不吉歲月日時無易百穀用成　惟公克成厥終

詩

我稼既同上入執宫功晝爾于茅宵爾索綯亟其乘屋其始播百穀二之

日鑿冰冲冲三之日納于淩陰四之日其蚤獻羔祭韭　鶴鳴于九皋聲聞于天　受禄于天保右命之自天申之千禄百福子孫千億穆穆皇皇宜君宜王　成王不敢康夙夜基命宥密

春秋

夏單伯會伐宋（莊公十有四年）次于陘楚屈完來盟于師盟于召陵（僖公四年）　楚公子嬰齊帥師伐莒（成公九年）秋楚公子壬夫帥師侵宋（襄公元年）　五月公及諸侯盟于皋鼬（定公四年）

禮記

凡爲君使者已受命君言不宿於家　天子使其大夫爲三監監於方伯之國　大章章之也　儒有内稱不辟親外舉不辟怨程功積事推賢而進達之不望其報君得其志苟利國家不求富貴其舉賢援能有如此者

第二場

論

平天下之要道

詔誥表（内科一道）

擬漢賜天下田租之半詔（文帝二年）　擬宋以文彦博富弼同平章事誥（至和二年）　擬吏部尚書兼翰林院學士李賢等進大明一統志表（天順五年）

判語（五條）

講讀律令　市司評物價　私越冒度關津　聞有恩赦而故犯　有司官吏不住公廨

第三場

策（五道）

問　書陳典學詩咏緝熙即紀傳所稱唐虞三代之隆亦各有師授故君人者未有不懋學而能以明聖自表見者也後世學術廢闕主德鮮茂間有喜近儒紳游神縹素則前史以爲豔談若召講石渠稱制臨决講論經理夜分不寐精選文學之士更日直宿引入與論前言往行自巳至申然後釋卷寫尚書無逸篇于屏兹其章章較著也其於古帝王所謂學者同乎抑或華實异也皇上神聖天縱鋭意進修即位以來非隆冬盛夏不輟講筵即端居禁中亦日親

典籍無它嗜好雖高成不足侔矣顧帝王之學非專事博雅爲名必有本始嘗觀我太祖成祖與儒臣論經術治理每推原於心體世宗殖學甚盛而敬一之箴學士大夫至今誦之兹非卓然與唐虞三代同源合契者哉兹欲繩祖武而纂聖傳惟聖天子已有定術顧揚厲休美而因獻其罨罨之思以少佐聖學之萬一則諸士烏得以不敏謝也其著于篇

問　帝王保命凝圖於天人之際兢兢焉稽古孰逾堯舜二典所載可鏡已三代而後時亦有詔灾异求直言與蠲租賑粟者以文以實可指乎我太祖順天應人再造寰宇考其求言之詔或以五星并見或以七曜紊度而蠲賑之令無歲不下何敕天閔人之切也亦可揚厲之并溯其本歟今皇上德茂中外道洽華夷至盛也邇象緯失次至廑下諭修省都畿彌月不雨疫癘爲眚則又躬自齋禱即靈雨三應且不謂祥貺也更命司農發帑賑恤惠藥以濟所疾苦核民間積逋盡蠲之春噓和洽咸用汔康此其敬天勤民之心何如于祖宗有相符否夫天心仁愛因象致儆今既消弭之顧當宁尤切切不置即非堯舜之心與諸士生斯世幸親見之豈無所攄究以寬宸懷萬分一執事者將轉以聞

問　太史公有言學者載籍極博猶考信於六藝則周孔代降士之立言者第取諸六藝足矣而何其説之多歧也漢初止叙六家其後稍别爲九流而諸子肇編則自周文有感於捕獸逐麋之對而師事鬻子始也嗣是老莊競騖而鬼谷鶡冠子華野老青史尉繚皆以子名紛紛莫可究詰云漢成帝始令劉子政校讎殺青所紀凡百八十餘家視前滋侈矣迨梁通事舍人復加品騭之爲説似核然首稱諸子爲入道見志之書而大賢若子輿氏亦旽列其内何比方失倫也顧其説其人可詳述歟厥後齊丘文中鹿門玄真代有著述較前數子其説孰爲得也頃者士習浮誕爲文或祖述老莊靡曼不根之談數下功令禁止至其覽華而食實弃邪而采正不爲彼説所誘奪則在其人自决擇何如爾兹欲舉諸子而别以九流舉九流而本諸六家要其歸務不詭於六藝其究安在幸詳言之非第以徵博雅也

問　古者司勛詔功祭于大烝爲典凡六其有道與德者使教焉没則以爲樂祖而祭于瞽宗次亦祠于社示不忘云兹名宦鄉賢之所爲祀也明興立二祠于學宫歲二丁釋奠畢有司帥博士弟子謁祠意義甚盛姑無暇遠引即以粤西舊牒所紀載者而尚論其世則宦蹟自史禄而下百數十人其中則有歌賈父來晚者有稱府君恩廣大者有便宜活萬夫者有恩信被异域者此其彪然較著也獻民自陳元而下亦百數人則有士依避難者有再試及第而高遁者有抵營諭賊使順歸者有去邕州而人思之如一日者亦其彪然較著也

可具述歟頃者積漸滋濫天子令禮臣覆言官疏下郡國釐正之至斤斤矣顧典籍廢缺靡所考鏡故有列祀者未必皆名賢而名且賢者曾不得以希俎豆之餘芬與烝庶無异甚非所以重盛典章往而勸來也兹欲精核而慎擇之務令祀必當其實毋徇世俗爲低昂其道何繇願悉心言之以觀嚮往

問　聖人養天下在田賦爲貢爲助爲徹其法在正經界心至均也三代下田不皆在官故有限有均有永業爲塞兼并計耳其于古法得失何如承平日久詭灑吞噬賦且混淆矣百姓苦之幸天子神聖下所司清丈天下莫不願觀化成緩須臾視息也寧獨粤以西姑即粤以西清丈言之古今墾業若干盈虧無定數能試屈指否憲式示所部則官履畝胥里執度罔不詳覈敝源則平額復夙夜祇竣兹役矣第魚鱗叢造舞弄抽移究詰爲難郡若縣長吏少不慎偵之不無貽憂异日者否况俠豪大家佃僕异種相藉避征税久之恐成厲階破壞良法以累蔀屋氓不淺計坊之當何以重之人有遺力故地有遺利將何以督成之地有可耕人無可耕將何以招徠之猺獞非吾族類將何以馴伏使回心疾耕以同齊民世酋負固隱蓄將何以處置俾盡獻圖版以增國額夫必使土無曠民無游即寸尺盡入貢賦斯毋負於聖人均天下之心也諸生首四民受廛或有概于中如漢文學論鹽鐵者其籌之

中試舉人五十五名

第一名　譚汝試　興業縣學生　書
第二名　陶明禮　平樂府學生　禮記
第三名　劉祖堯　臨桂縣學生　易
第四名　楊允京　容縣學增廣生　詩
第五名　彭子光　桂林府學生　春秋
第六名　伍匡世　全州學生　書
第七名　徐昌兆　桂林府學生　易
第八名　項雲　柳州府學生　詩
第九名　張揆　臨桂縣學生　易
第十名　袁士楚　養利州學生　書
第十一名　劉華祚　永寧州學生　禮記
第十二名　晏景卿　鬱林州學生　詩
第十三名　鄧全清　全州學生　書

第十四名　伍就湯　全州學生　易
第十五名　馬玄衮　全州學生　詩
第十六名　蔣守浩　桂林府學增廣生　春秋
第十七名　方大復　臨桂縣學生　詩
第十八名　張鳳翼　柳州府學生　書
第十九名　濮之濱　桂林府學生　易
第二十名　蔣以述　全州學附學生　詩
第二十一名　譚汝誠　興業縣學生　書
第二十二名　蔣本盛　全州學附學生　詩
第二十三名　毛如絲　桂林府學生　易
第二十四名　潘紹忠　宣化縣學生　書
第二十五名　孫紹芳　永寧州學生　詩
第二十六名　李維棟　靈川縣學生　易
第二十七名　曹學易　全州學生　禮記
第二十八名　唐民懷　南寧府學生　書
第二十九名　蔣洪道　全州學附學生　詩
第三十名　廖必孚　全州學附學生　易
第三十一名　梁雍　柳城縣學生　書
第三十二名　林喬木　全州學生　詩
第三十三名　文尚賓　桂林府學增廣生　易
第三十四名　鍾四麟　鬱林州學生　書
第三十五名　湯鮑瑞　貴縣學生　詩
第三十六名　蔣弘吉　全州學生　春秋
第三十七名　雷啓御　南寧府學生　書
第三十八名　羅文綱　馬平縣學生　詩
第三十九名　劉子成　永寧州學生　禮記
第四十名　郭祥鴻　南寧府學生　易
第四十一名　卿廷聘　灌陽縣學生　書
第四十二名　黄思讓　武緣縣歲貢生　詩
第四十三名　伍常振　全州學附學生　禮記
第四十四名　秦曰藩　梧州府學生　易
第四十五名　支國樑　桂林府學生　書

第四十六名　秦劉胤　懷遠縣學生　詩
第四十七名　顔燦如　永寧州學增廣生　易
第四十八名　孟養性　宜山縣學生　詩
第四十九名　周邦舉　潯州府學生　易
第五十名　唐體元　全州學生　禮記
第五十一名　蔣守倫　全州學附學生　春秋
第五十二名　董仲榮　柳州府學生　書
第五十三名　廖東晞　陽朔縣學生　詩
第五十四名　鄭彦　全州學附學生　易
第五十五名　梁景朱　鬱林州學生　書

第一場

四書

子曰辭達而已矣

譚汝試

同考試官訓導郭批（以精邃之識發爲易簡之詞務去陳言還歸大雅非子誰可語達者宜冠多士）

考試官教諭賈批（理致雋永）

考試官教諭汪批（辭意精雅）

聖人示修辭者不以文勝焉蓋辭之所修意之所寓也意達而辭斯善矣奚取於文之勝哉夫子之意若曰自世之不能忘言而以言者尚其辭勢也君子所不廢也然是辭也豈簡要之莫崇而以其浮者示天下抑典則之不貴而以其華者炫天下哉吾知未有辭先有意而意所以主乎其辭既有意斯有辭而辭不過宣乎其意立訓者意將以明道也能闡揚其藴使可明徵止耳此而繁華務焉無乃晦道乎非所以明吉人之辭寡也陳謨者意將以經世也能敷布其旨使足承聽止耳此而藻飾加焉無乃誇世乎非所以昭君子之論篤也蓋心聲吐露其自然而然也既有得於易簡之理而意趣流通有不文而文者又安取乎枝葉之盛近而遠約而盡吾以爲世之修辭者不當如是耶吁斯言也夫亦感時之文勝而挽之質也然非聖人意也四時行百物生方欲與天相忘於言而又何辭之爲辭之勝聖人之憂也憂之而身示之觀其所删述筆削而聖人之辭可知矣獨奈何風之愈下其説滋長而夫子之憂滋甚也

修道之謂教道也者不可須臾離也

陶明禮

同考試官訓導丁批（體格渾成語意融徹講不可離處尤親切有味非邃養者不能）

考試官教諭賈批（理貫詞晰）

考試官教諭汪批（善發題旨）

中庸論道修于教而切于人也夫道於人固甚切也聖人之教修此耳而入教者可離道哉且夫性命合而聖人之道易明也其爲教亦易行也第人不知教之所由名則以爲道之不甚切耳孰知聖人之設教非離道者也即所爲道而脩之聖人之脩道非强世者也因所固有而裁之禀氣异矣而命則同惟本其命于天者一品節焉皇極所以建也賦質殊矣而性則一惟緣其率於性者一裁成焉物軌所以彰也斯則聖人之教不離乎道也而是道也獨可離乎人哉吾知此理此身其相須爲甚切而一動一静即頃刻不可違道寓於物其紛然散殊者皆道也吾不能離物乃離道乎即離之須臾不可也道行於時其沛然流行者皆道也吾不能離時乃離道乎即離之須臾不可也故由其不可離者而修之聖人之所爲教也從其不可離者而入之君子所以體聖人之教也而天人性命將一以貫之矣嗟乎道無古今聖愚一也彼聖人所以參贊位育而成教焉者豈其運用有殊絶哉亦吾性道中故物耳君子誠密其功于須臾則盡性至命而德業將上下同流何聖人之不若也故曰下學極功即上達能事

舜何人也予何人也有爲者亦若是

劉祖堯

同考試官訓導張批（認理精切而復力洗時套字字皆有根據是亦見道之言）

同考試官教諭王批（命意渾融措詞剴切蓋有希顔之志者録之）

考試官教諭賈批（精鍊非苟作者）

考試官教諭汪批（整潔可誦）

觀大賢希聖之言而道一足徵矣甚矣聖人無异於人也有爲舜而舜不可爲哉此顔子見道之言也而孟子引以告滕文公若曰古今聖賢一道也舜以是受之堯顔淵以是希乎舜者也其言不云乎舜作千載之上今之稱

舜必曰聖人也其去予也遠矣予生千載之後人之謂予必曰鄉人也其去舜也遠矣然自予觀之舜即至德人耳舜何人也回雖不敏亦人耳予何人也惟限以聖凡之見故視爲二人而不知有必爲之心則實無難事倫物之明察非舜其獨知也予以其知者致知之及其知之一也舜何爲其不可爲也仁義之安行非舜其殊行也予以其行者果行之及其成功一也予何爲其不舜若也蓋惟精惟一之妙舜固以其無爲者而繼堯之統而此心此理之同予將以其有爲者而與舜同歸噫此顔子之所以希舜者也知舜之可爲而溯之堯其道一也道一而性善之旨愈明矣世子疑吾言乎抑天有恒性厥賦惟均而秉懿在民其好德一也惟是异端紛紛而世之無志者不足以有爲性道始爲天下裂嗟夫爲舜則舜希顔而顔微孟氏之開示吾志固在也而况性善之訓昭如也

易

聖人養賢以及萬民

劉祖堯

同考試官訓導張批（養賢及民是聖人之善用其養處此作意旨瑩明發揮雅暢佳士）

同考試官教諭王批（刻雕追琢不厭咀嚼是易義之最佳者）

考試官教諭賈批（文氣疏爽繳結尤有餘味）

考試官教諭汪批（詞簡而意足録之）

聖人養先于賢而所及者廣矣甚矣聖人善用其養也因賢以及萬民其及不亦廣乎夫子傳頤彖而極言之也意謂頤道之大非特天地之于萬物也而聖人之于萬民亦有然者蓋聖人欲舉萬民而養之者其心也不能盡萬民而自養之者其勢也故愛不遍物而鼎養致隆必先於仁賢之賚斯心有所寄而膏澤下究自弘乎博施之恩吾爲天下得人而推厚禄與賢者共之由是容保無彊而民作康不必家賜人給而賢者之施惠於民也皆吾惠也吾不以天下自養而隆大烹以養乎賢者由是教思無窮而民作乂不必家喻户曉而賢者之導民於善也皆吾善也是其始也爲萬民而養賢君主其要臣職其詳天下服聖人之智其既也以賢人養萬民臣效其勞君享其逸天下稱聖人之仁然則聖人之盡民信與天地之盡物而同功矣頤道之大曷以加此抑論養賢固足以及民養民亦足以致賢堯養舜矣而成敷治之功由上以達下也文王養二老矣而獲鷹揚之佐由下以應上也後世此禮闕而豐于自養或賢者未養所養非賢宜仁民之政弗行也噫頤道其可以弗講哉

言行君子之所以動天地也可不慎乎

徐昌兆

同考試官訓導張批(天人感通之理説得透徹而格正詞瑩深於易者)

同考試官教諭王批(題裁整潔詞意渾邕後段發當慎意尤見警策讀之令人惕然)

考試官教諭賈批(詞旨融徹)

考試官教諭汪批(典雅明盡)

大傳極言君子之言行通於造化而不可忽也夫天地至大也而言行足以動之如之何其可忽哉此夫子釋中孚爻義也意以爲言行之在人固甚微而其所感通則甚大樞機之發豈特爲榮辱之主已哉蓋無形無聲者天地也而其應未嘗不係於人心有言有爲者君子也而其感未始不通乎造化言行而善即居室之間天地之和氣應焉蓋順吾心之理固所以順天地之心而休徵之至惟善有以動之也言行而不善即居室之間天地之戾氣應焉蓋逆吾心之理固所以逆天地之心而咎徵之至惟不善有以動之也夫一身之榮辱匪輕也而通極于造化尤匪輕也千里之應違可畏也而感通于天地尤可畏也言方出乎其身而休咎之徵隨之此其所關之大雖擬之後言尤恐不足以當天地之心也而可以弗慎乎行方發乎其邇而順逆之氣因之此其所係之重雖議之後動尤恐不足以召天地之和也而敢以弗慎乎吁觀是人當擬議於中孚之爻矣雖然君子戒慎之心豈待言行而後有哉不動而敬敬在事先不言而信信在言前一誠之孚固已先天地而弗違矣榮辱休咎之徵云哉故言行之可以動天地也慎之至也而要其極至於成變化參天地也誠之至也

書

有能奮庸熙帝之載使宅百揆亮采惠疇

譚汝試

同考試官訓導郭批(虞帝爲天下得人之心此作獨能摹寫蓋深於書者)

考試官教諭賈批(正大和平宛虞廷氣象)

考試官教諭汪批(莊重得命官體)

聖君欲光乎前政思得人而重任之焉夫亮采惠疇則于前政有光矣宜帝舜欲求其人而責成之與意謂繼治者貴崇功圖功者在論相稽昔帝堯中天而興以事則明以類則順其載盛矣紹堯而治可無人以熙之乎有能經綸

具而明作立功式廣其若時之治參贊豫而勵精爲政益弘其若釆之休是功成于昔者雖巍乎其難繼而業廣于今者將焕乎其常新矣有人如此不可以當總理之任乎于焉宅以百揆之位責之熙載之功庶政至賾也彼其亮之率作之有要俾庶績之丕釐天工人代而昭然各得其理也庶類不一也彼其惠之百工之寅亮俾品彙之咸亨位育所及而怡然各順其情也斯則相道有人實盡其奮庸之力而治功振起真見乎帝載之熙矣百揆所係之重如此廷臣可不求其人以副我之托哉噫舜爲天下得人之心見矣嘗論之舜德重華治成從欲則熙帝之功可自致之又何資于百揆哉蓋求相臣以弘化君道也不自用而取諸人大知也當是時臣主俱聖而都俞吁咈卒成風動之治者以此彼以夢卜求者失之拘而以吏事責者失其體宜治之不古若哉

惟公克成厥終

伍匡世

同考試官訓導郭批（畢公以元老保釐東郊厥任重矣此作發康王期望大臣意懇切周至明經之隽也）

考試官教諭賈批（語不煩而意獨至）

考試官教諭汪批（雅重舂容）

賢王于大臣而期以化成之治焉夫治貴於成終也畢公繼化殷之治而成終之責容自諉哉康王所以期之也若謂因時以立政治之宜也合德以相成治之極也惟此東郊周公慎始君陳和中要皆化矣而未成若爲之而有待者于公寧無厚望乎其克益弘綏定之猷而變通宜民式臻化理之盛勿替懋昭之緒而張弛因俗□要至治之成剛用而不已則折而不剛以終之者公之責也將使風聲之樹翕然其大同而式化者由之以觀厥成斯可也柔用而不已則廢而不柔以終之者公之事也將使德義之俗熙然其丕洽而允升者胥之以底于成斯可也此則寬嚴异施而風移世變于昔者既有以肇開先之保釐并用而餘風盡殄于今者又有以獲底績之休二公之所爲于此有全能矣事若相反而道實相成東郊之治不得公而有終耶此固公之所必克者也予小子何幸得仰其成哉嗟夫頑民蕞爾何至煩師保更治歷三紀而猶廑成終之慮豈過計歟夷考其時賢聖繼作君臣同德以苞覆含生氣廣大真如天地非所謂必世後仁者哉姒籙之長信非偶矣彼以小康自足者視此何如

詩

受禄于天保右命之自天申之千禄百福子孫千億穆穆皇皇宜君宜王

楊允京

同考試官教諭梁批（題莊詞整而過繳處尤雋永有味忠愛之忱藹然宜録以式）

考試官教諭賈批（詞旨典雅不著一閑語）

考試官教諭汪批（醇潔可録）

天之眷君有常耳徵于後嗣之多賢焉夫天心仁愛惟君也以有常之眷而得子孫之多賢君福其至乎頌假樂者答鳧鷖若曰王者受天命爲人民主則近福其身遠福其后皆天也吾王既以顯德宜人民矣天眷豈其微哉天之禄所以綏有德也今君德之昭受者已徵于咸宜而天心之寵綏者猶垂于未艾畀以禄之可大而保之右之命之何眷顧之有加也申以禄之可久而保也右也命也又何重復之不厭也是福在天而君受之凡此顯禄天所予也德在君而天福之凡此百福君所千也天將錫子孫之多則自百而千自千而億而嗣續之益廣天將錫子孫之賢則穆穆而敬皇皇而美而顯德之重光以此敬美之德而爲君則宜于君世稱夫良翰焉以此敬美之德而爲王則宜于王世頌夫明聖焉本支并茂永享乎天眷之申賢哲相承無改于天禄之舊干禄百福何以加諸吁此詩人所以爲忠愛也然頌主福則曰顯德願子孫則曰穆皇則固有所致之者而非徒天眷之恃也美不忘規厥旨深矣説者謂假樂鳧鷖諸詩爲周家太平之盛而必推本于君德之茂知言哉

成王不敢康夙夜基命宥密

項雲

同考試官教諭梁批（發揮題意明徹而詞更雅潔讀之洋洋然其太龢之音與）

考試官教諭賈批（詞葩而正善學詩者）

考試官教諭汪批（理明詞瑩）

詩人頌賢王之保命惟勤以進德而已夫命基于德也賢王存心之勤而積德之宥密也有由哉頌成王者謂夫創業固難守成不易我周之命受於二后矣成王繼之何如彼天命至重惟德足以基之君德難成惟勤足以積之也故成王也志切勵精而不安于成命之集心存無逸而每勤於脩德之圖上宇之版章天所命也二后勤勞以遺之我敢安居以撫乎兢兢然自夜而夙而積

德以凝承之者無怠朝焉人心之攸同天所命也二后憂勤以莅之我敢荒寧以肆乎凛凛然自夙而夜而積德以憑藉之者無怠夕焉德有以宥爲貴者兹愈操存則愈光大日見其宏以深而溥將之命此其容受之有基矣德有以密爲貴者兹愈涵養則愈精微日見其静以密而於穆之命此其凝聚之有基矣推成王匪康之心方切乎泮涣之慮而要成王積德之素則已造于宥密之純夫是以能保成命而與二后并稱也嘗考訪落敬之諸篇成王力學者至矣而無逸之書七月之咏周召啓迪不啻詳焉德躋宥密豈自致哉後之守成者將若何亦曰修德要矣親賢急焉

春秋

夏單伯會伐宋（莊公十有四年）

彭子光

同考試官訓導陳批（發平詞意甚明而語復莊重可式）

考試官教諭賈批（簡勁無一浮語）

考試官教諭汪批（意精詞妥）

經於内臣從霸之兵而平詞以紀之焉此單伯之會師以臨宋其兵爲有名矣所以免於貶乎且單伯曷爲會伐宋也偕陳曹以從齊討宋之貳也則宜從再序之例矣而經平詞紀之者何蓋兵之動也惟揆諸義揆諸義而弗協則主者與從者皆比也揆諸義而協則主者與從者皆正也兹三國之伐果若東門求寵乎哉迺單伯之行非子羽請兵者類矣比杏有會宋寔奸之魯爲人望正所需于協謀討貳者何可以弗會耶睢陽有伐齊實倡之魯爲鄰壤正所亟于同心翼霸者又何嫌於會耶内遣上卿悉敝賦以共濟非從齊也從攘夷之義也外聯陳曹見衆志之僉同非比桓也比尊王之霸也天下未有議桓之伐宋者其可議單伯之會伐乎故春秋直書單伯會伐若曰宋無惡於伐則無惡於會矣故平詞以紀之如此不然胡不與再序四國者同書哉知此而翼戴尊攘之義明矣嗟夫此聖人不得已之意也是時列國上卿尚知請命于周自單伯女叔而後命卿無幾矣則五伯興而侯度之日恣也噫不有齊桓則周室陵夷夷狄强横九鼎之問寧待定王時哉此聖人猶有取於從霸之單伯也

楚公子嬰齊帥師伐莒（成公九年）秋楚公子壬夫帥師侵宋（襄公元年）

蔣守浩

同考試官訓導陳批（鄭無可救發揮詳悉而於中叙事灑灑然令人喜讀）

考試官教諭賈批（格調嚴整）

考試官教諭汪批（旨明詞警）

春秋兩削外救則貳國之昧義也夫從楚非義也而鄭一溺於利一溺於惠亦奚取於楚之救哉宜春秋削之也蓋嘗觀華夷之際矣象否泰則外四夷者甚嚴審從違則入幽谷者必禁故春秋於鄭之從楚每致謹焉彼嬰齊之伐莒非以銅鞮故乎俘其君而戮其使於時蓋未有拯伯鐲之難者而子重至焉宜簡書之急在是舉矣君子曰彼于鄧之成何爲也蔑德忘親而寵賂是彰則貪不足言而坊潰甚矣授鉞欒書而問焉正伯義所得討者鄭當討而救之亦焉用是渠丘之暴哉此子重之救所爲不經見也故止書伐莒以鄭之迫於欒書義無可救者也壬夫之侵宋非以洧上故乎入其俘而敗其兵于時蓋未有援瓠丘之置者而子辛至焉宜纓冠之往在是舉矣君子曰彼彭城之納何爲也披地祟奸而叛人是登則悖不足言而坊潰又甚矣推轂韓厥而問焉正伯義所當討者鄭當討而救之亦烏用是吕留之師哉此子辛之救所爲不經見也故止書侵宋以鄭之討於韓厥義無可救者也雖然鄭之從楚非矣浹辰而三都克何晉之未聞屏蔽也若後虎牢之城終不免爲脅持計耳何惑乎鄭之反覆依違也故君子觀楚之進而未嘗不慨盟戲蕭魚之晚

禮記

凡爲君使者已受命君言不宿於家

陶明禮

同考試官訓導丁批（以簡奥之詞挑剔題旨而講不宿家處尤能發爲使分義即他日承皇華之遣不當如是耶佳士佳士）

考試官教諭賈批（古雅不浮）

考試官教諭汪批（句健意足）

臣使於君以奉命爲急焉蓋臣者行君之命而達之天下者也有其受之莫敢緩矣而奚以家爲哉且夫鼓舞天下人君所以制命奉揚休命人臣所以爲忠故凡爲君使者豈可以君命而宿於家哉吾知君使臣以禮而選擇以行也必寄以文命之重臣視君如天而肅將其命者當忘乎家室之私朝而受命朝行之矣承言王所而邁往不俟於崇朝蓋曰今日之事君之事也以家之顧而稽君之事可乎夕而受命夕行之矣拜命自公而啓行不遑於夙夜蓋曰吾之有身君之身也不有其身乃有其家可乎念綸音之載道則馳驅之靡寧豈不懷歸也畏此簡書而不敢也不然褻君命而宿于家如忠

臣之不私何思王言之爲重故父母之難將非故遺親也懼其後君而不遑也不然留君命而宿于家如王事之靡盬何吁凡爲使者能持是心以事君君命其不辱哉然此非易易也以不可逃之分而行之無所僞之心斯能乃心罔不在王室駪駪騑騑以稱任使而永有譽彼北山之咏何取賢勞哉嗟夫君命一也進而趨命孔不俟駕出而祗命禹不入門二聖之承君命如此哉吾請以爲法

大章章之也

劉華祚

同考試官訓導丁批（此題士子非夙擬者故場中作者往往瑣掇牽合殊失本旨子獨能超脱神解不假繩削而自入矩度是善鳴堯樂之盛者高薦允宜）

考試官教諭賈批（詞理雅鬯）

考試官教諭汪批（體局正大）

樂名於聖帝而義取章德焉蓋德以樂章也堯德章於天下而取以名樂也宜哉且夫有一代之興必有一代之樂聖人作之以象成君子觀之以知德者也是故觀於大章而堯德不可知哉彼五帝殊時不相沿者樂也樂作於帝而所由辨者名也乃堯之樂獨曰大章者何也非謂金石以章其聲而鏘乎其可聽也非謂行綴以章其容而奕乎其可睹也蓋以其生當元會而欽明文思之懿有以昭格于多方運際中天而聖神文武之盛有以照臨於下土如天之德雖蕩蕩乎莫能名矣然成功文章天下之所敷賁者皆其德之章章較著者也由是形見于樂而聖德之宣著者可象矣樂之所以名大章者此也峻德之明雖巍巍乎不可仰矣然協和於變萬國之所孚宣者皆其德之昭昭丕顯者也由是表著于樂而帝德之廣運者彌光矣大章之所以爲章者此也信乎樂由德作德以樂著觀堯樂名章而樂之時義大矣哉雖然樂有文德有武功禹曰大夏猶然入聖未優而濩且慚德武且未盡善其視大章不無少讓焉者功不勝德也然則大章其絶響乎噫天地覆載聞而忘味德音可和獨韶耳千載之下有餘思哉

第二場

論

平天下之要道

張揆

同考試官訓導張批（場中作者類多浮冗此作發揮絜矩之義明白懇切而體格正大辭意高古是有裨于治道者）

同考試官教諭王批（滚滚千餘言皆自胸中流出無一毫牽合幫湊而縱横曲折理趣悠然其大匠運斤成風者耶宜録以式多士）

考試官教諭賈批（通篇寫本色語而開闔頓挫反覆悠揚有蘇長公筆力敬服敬服）

考試官教諭汪批（不用支詞而文理冲蔚當是作乎）

君子之化天下也有本而其運天下也有機舉天下而會之心本也以吾心而通乎天下機也不求其本則將率吾之意而强人必從不持其機則雖有意於人之從而其勢亦從窒也然則天下之不治未必皆斯人之過或者吾亦有過焉爾君子之道則不然即吾之所欲而推之而不病豈爲私因人之所欲而應之而不嫌其爲徇吾固不待施之政教而其心將曰下焉者必不吾違天下亦不待吾政教之加而其心將曰上焉者必不吾拂始也能通天下之志而終也聯屬天下以成其身此致治之所以爲盛也而其要豈外于絜矩哉曷觀之天地乎天地之于萬物未嘗有心而能使萬物各得其所靈者爲人啇者爲鳥獸蚑息蠕動者爲昆蟲皆以類取凡于天地之化而無不均焉故曰天地無心而成化至于栽培傾覆之際若其有必然者而亦非有所厚薄其間是故春榮而秋瘁晝動而夜息雖物亦不自知其所以然而於天地又奚憾焉使其道有所偏則物不得其平而天地之化或幾乎塞矣故曰以直養萬物夫聖人之道猶天地也聖人之于萬民猶其于萬物也然天地無心以成之而聖人有心以應之宜若异于天地焉者而不知聖人之心上與天地一下與天下一雖聖人不得以私心與之而天下囿于聖人之道亦若天之覆地之載而取足于聖人之仁是其有心之化未必非無心者以致之也君子知治天下之道其本在我而其機又不必求諸天下故反而觀之吾心焉思吾所喜天下必有欣然以同樂者思吾所憎天下必有拂然以同惡者思吾所憂天下必有惻然以同戚者思吾所懼天下必有凛然以同畏者夫吾凡以求治者爲天下也非爲我也故其視吾之心惟天下而其視天下皆吾之心其忍恝然而已哉蓋天下之所欲不能自遂必賴吾以濟之而其所惡亦不能自去

又必賴吾以袪之然則天下之望我也甚殷而我之慰天下也亦甚切蓋嘗盡吾之孝矣而不忍民之頑嚚未變也蓋嘗致吾之弟矣而不忍民之交相爲瘉也蓋嘗廣吾之慈矣而不忍民之顛連無告也不惟是也爲天下進賢則與天下同舉之爲天下退不肖則與天下同弃之爲天下生財則不敢斂天下之怨爲天下用財則不敢侈天下之費凡利在天下者興之必力而不敢私一身之圖凡害在天下者除之必速而不敢貽一身之患玆絜矩之道所由立也今夫工師之爲矩也寸寸度之至于尋丈不繆然後合衆材成大用均齊方正而無偏枉之失業此法廢即公輸無所用其巧離婁無所用其明夫治器亦有然者何獨至于治天下疑之君子之爲矩也其亦有由矣始之以致格其準繩之稽乎繼之以誠正其程度之立乎約之以修身其範圍之定乎吾之心不出是理之外而天下之心不出吾心之外同人于野吾得此道于易焉遵道遵路吾得此道于書焉遍爲爾德吾得此道于詩焉順事恕施吾得此道于春秋焉以天下爲一家以中國爲一人吾得此道于禮焉必如夫子之所謂己所不欲勿施于人必如孟子之所謂行有不得反求諸己視家知國視國知天下若是而曰天下不平未之有也不然四海遠矣或以壅滯而不能平兆民廣矣或以怨懟而弗可平萬機煩矣或以叢脞而弗暇平天下之治果何由而成之嘗考益之戒舜曰罔違道以干百姓之譽罔咈百姓以從己之欲然後知絜矩之道蓋始矣己之所欲咈百姓以從之固不可至于順斯民之情以求其譽則亦以欲從人耳而聖王固不屑爲之也何也天下之民至愚而神者也惟其神也必有機以鼓舞之惟其愚也必有本以禁道之若一徇其情而違道有所不計則吾之所施已不得其平而何以平天下爲哉故雖政教以督率之而不爲多事刑罰以董治之而不爲寡恩征伐以剿刈之而不爲過暴要皆去其所以不平者就其所以平者故絜矩之道操之若約而施之寔博爲之似易而推之寔難行之若近而垂之愈乂協和于堯風動于舜平成于夏允殖于殷咸和於周凡古帝王治道之美至歷千載如一日者彼皆得是要也嗣乃窮以知術驅以法令壞以侈靡愛養變爲窮黷則矩敝矣制度馳爲優游則矩失矣紀綱淪爲姑息則矩移矣忠厚改爲紛更則矩違矣其僅足以望古之治者則驩虞焉而其於平天下之要概乎未有聞也善徒圖者觀古今得失之故可以鑑哉

表

擬吏部尚書兼翰林院學士李賢等進大明一統志表（天順五年）

譚汝試

同考試官訓導郭批（鋪張我朝輿圖一統之盛規模弘遠體裁莊重而

文采蔚然奪目是表中之獨步者宜録以式）

考試官教諭賈批（叙事詳核措詞駢儷而末更寓規諷之忠非徒工於四六而已）

考試官教諭汪批（豐瞻典則是足以華國矣録之）

天順五年某月某日具官臣賢等奉命編輯大明一統志成謹用繕寫裝潢呈進者伏以受天明命萬年仰日月之照臨纘祖鴻圖一統昭乾坤之覆載創貽有自紹述彌光臣賢等誠惶誠恐稽首頓首粵惟古昔帝王肇建無窮之緒必資紀籙永垂可久之規畫野制昉軒轅步極筭精豎亥爰稽謨典參考職方封山濬川咨十二官而命牧揆教奮衛别五百里而建侯郟鄏之鼎始新卜年卜世洛師之墨初食宜民宜仁辨區域於司徒執度相參乎居邑藏簡編於外史保障兼重乎塞垣山海不經宇寰徒記追金玉靡昭王度而埏垓空侈帝紘鹿逐龍興府籍先收於勝筭狐鳴虎踞霸功詎紀乎偏安混一無由函三奚望欽惟聖祖肇造洪基握象契元首三才而開物除凶刷耻渾六合以爲家率土共惟帝臣蒸民會歸皇極尚廑貽燕爰集儒髦言輯輶軒將欲載艱難之業志餘弓鼎竟未成渾灝之書事豈偶然時如有待恭惟皇帝陛下德隆協帝福斂惟皇正位紫樞受球而綴下國穆容黼宁輯瑞而覲群工中天化日重暉慶合堯封而再睹异域青雲蔟彩聖占周曆以彌昌蓋觀乎天文人文已見化成之治而思夫丕承丕顯可忘啓佑之功爰率祖之攸行乃自天而申命取材藝苑分館蓬山競效編摩期奏全功于菲劣詎能筆削仰承獨斷於淵深類以群分例因義起經史之綱羅盡矣流略之證引昭然系首大明尊歸一統昭回玉版鑠懿金鋪翼翼京師儷天樞而表則巍巍方岳絡地軸而作屏由二十八宿之分垣察氛祲于經緯從千八百國之列土稽沿革于封疆采謡問俗而孅惡互陳胙土籍茅而親賢并建志學校志書院志戎衛具文武之弛張紀公署紀壇廟紀關梁儼幽明之森列山川詳流峙之勝用示壯觀方產存華實之毛豈珍异品徵文獻於鄉賢名宦而流寓并收卓矣風猷如在摭遺迹於寺觀墓陵而僊釋附紀逖哉玄覽何窮褒列女以嗣徽音王化首二南之意别裔夷不亂華夏聖人嚴四塞之防文省而意則該實符而名不爽使寸天尺地一舉目而可知即往古來今如指掌而易見傳疑傳信此豈一家之言有要有倫可爲萬世之典尤詳禹貢無論周官臣等才謝三長慚左狐之上乘業窮五技拜班馬於下風窺測海天僅同蠡管閲歷寒暑甫竣槧鉛緬懷二酉之藏竊比九州之戒傳誤敢辭訛豕反約或免汗牛幸萃全編上塵乙覽伏願體元居正纂大合華安富尊榮勿恃輿圖之廣威嚴順治當知創守之難凛馭馬以持盈訓旅獒

而慎德則豐亨豫大和調玉燭於瑶圖而鼎盛泰來化溢金甌於寶曆臣等無任瞻天仰聖激切屏營之至謹奉表隨進以聞

第三場

策（五道）

第一問

譚汝試

同考試官訓導郭批（我祖宗心法同符帝王而皇上心法同符祖宗聖學淵源度越千古矣是作能窺測其精微揚厲其盛美而要歸於純亦不已尤見忠懇宜録以式）

考試官教諭賈批（揄揚我皇上緝熙聖學既極詳悉而末所敷陳尤知靖獻之義是涵濡聖化而有得者）

考試官教諭汪批（規頌得體具見學識）

論聖學者豈以萬乘之尊躬博士之業足稱述哉其研精省驗欲以資化理故日求諸聞且見者以廣其聰明其操存檢約欲以敦化原故日求諸不聞且見者以養其純一二者交致于心亹亹而不息故德業長裕而名號休美也非大聖人其孰能與此者乎請對揚之今夫烝庶之家稍能操奇贏必聚詩書延師儒不惜伏臘費課其子力學上則望其邁迹夐倫顯融於當世次亦望其辨物數計資稍謹守先世之籍毋墜況人主之尊纂有鴻業爲宗社天人之所繫命非第奇贏任也故典學緝熙之説自高成二君而始見於詩書顧所從來久遠矣考諸韓詩外傳謂黄帝學于大墳顓頊學于禄圖堯學于務成子附舜學于尹壽禹學于西王國湯學于貸乎相文王學于錫疇子斯武王學于太公雖於六籍靡所考見而帝王之務學兹亦足以徵焉晚近世而斯道闕矣其稍能近儒紳親縹素考騖於今古之林則前史往往艷談之故石渠臨决肇於宣帝夜分講論見於光武文學直宿引與論議著於貞觀自已至申然後釋卷稱於興國屏書無逸紀於明道非不誠好學也而終不能與聖人聯鑣而共軌者其所繇异術也彼唐虞三代經綸探討原非二途其學已實而不華而危微祇敬之念其握之爲本始者尤足以綱百爲而統群籍故能神聖獨詣卓然稱邁迹夐倫之主彪炳往諜若漢唐宋數君其能然乎而亦不失爲堇堇守先籍者則學之功也洪惟皇上睿德天授聖功日新即位以來非隆冬盛夏不輟講筵端居禁中亦日親典籍無他嗜好嘗于文華殿御書學二帝三王治天下大經

大法又嘗御書謹天戒任賢能親賢臣遠嬖佞明賞罰謹出入慎起居節飲食收放心存敬畏納忠言樽節用凡十二事蓋暬御之所未箴工師之所未誦而我皇上方且兢兢然常凝常運於淵閎沕穆之原而研精省驗於鑑觀獻納之所翕受殆舉二帝三王而美墻見也故邇來邊堠息燧海波鮮揚河淮安流遼左屢捷大小臣工皆据法守職中外樂業玆非懋學之符鏡哉乃執事復求所以佐萬分一者愚以爲今所急第法祖宗已爾夫人主之鋭意有爲語以帝王則怡然滿志語以先世家法必且謂其習見而易爲然馳神遠慕未易以驟至而見成功則内惑而趨不固此武帝神宗之所以鮮完美也故不若學祖宗效何者以祖宗所得雖二帝三王不能加也嘗觀我太祖之聖學淵源未易闡述而舉其大略則若諭李善長以心爲身之主帥若一事不合理則百事皆廢所以常自點檢諭宋濂以人心虚靈乘氣機出入操而存之爲難玆非危微之後再揭奥眇者乎成祖之諭楊士奇也曰帝王之學貴切己實用一切浮泛無益之語勿進至其諭解縉則謂每退朝默坐未嘗不思管束此心爲切要思爲人君但于宫室車馬服食玩好無所增加則天下自然無事皇皇乎聖學之大律也迨于世宗殖學甚盛毋清問策士裁决章疏皆啓口成章公卿大夫曾不能贊一詞而其所爲敬一箴者有曰匪敬弗聚匪一弗純又舉聖學之要領而摽括之至矣盡矣則今所當仰求祖宗心法者夫寧有他矩哉故特達卓偉之質不以自有恐易驕也日升川至之年不以自恃恐易惰也窮富極貴鉅麗之觀不以自御慮易侈也其威足以震懾庶官而辨足以籠挫萬物不敢自用慮易壅也其餘力足富記誦而麗詞章不敢自逞慮騖於外也綽約靡曼便嬖使令日嬛給而伺進不以易吾聖賢神僊黄白與游畋喜功之説不以易吾經術慮易誘也深宫燕閑猶之乎聆烔誨納顯諍屬屬乎其弗敢弛也夙夜寧寂猶之乎奉駿奔事對越勉勉乎其弗敢間也日取諸前言往行以涵泳於吾心參酌於世務而本其所爲心則又兢兢業業舉經術世務而一以貫之毋勤始而怠終毋炫名而遺實是隨所聞見與所不聞見皆若乾道之常運純亦不已焉斯祖宗之美可承帝王之盛不難致也高成且將讓德區區漢唐宋諸君又何足多談

第二問

徐昌兆

同考試官訓導張批（我皇上祗承天戒昭示臣民蓋尚實而非尚文也此作善敷厲揄揚末進忠悃尤占偉識异日必不負所學者）

同考試官教諭王批（心本忠愛體得對揚是善發事天之實者）

考試官教諭賈批（援故證今揚厲備至篇末讜言尤臣子因事納誨之衆也允宜高薦）

考試官教諭汪批（得敷對之體非徒以文取也録之）

帝王之克謹天戒非緣戒而後求謹也其感格有本而銷弭有實故天鑑其令德而降之嘉福雖异而無損也夫帝王之精氣上貫于天而下通於烝庶其夙夜閔閔欲以握天人之會而固其存何嘗一日忘祇畏哉及至天心示儆而深惟所以迎和卻沴之實莫急於惠民故側身修行既先百司庶府以請命于天而後舉元元之急而振業之俾有寧宇故民心得而天意回曆祚滋固此本實俱得之效而非以循常式按舊儀示具而已彼循式按儀業祈天者亦豈能盡罷不舉哉顧感格銷弭之無道而顓顓以是爲亟圖則末矣故太上修本實其次修儀式非是愚難言之兹愚生所以閲覽往籍而竊窺我太祖皇上之能得天也自昔至治之世豈能必氣運之常休嘉哉則堯舜被之矣洪水猛獸日聞於區夏而唐虞終不失爲郅隆之會堯舜不以是故貶聖名者何哉欽明允恭其自結于天心者已厚而警予其咨之語於二聖日諄復焉及考其所以祇事而弭灾者非有殊郵絶迹可具述也羲和分宅璣衡齊政用以欽若于泱圠無垠之表第不越于民時之敬授民食之惟時止爾故帝王履常撫順固無一念不敬天無一念不勤民及遇譴告則又以帝天視聽主於民心而惠民急焉是謂本實而堯舜其盛也後世若漢之文帝以日食求直言數蠲田租宋藝祖因苦雨焚香禱天曹州饑運粟賑之斯亦足稱勤恤民隱哉試方之堯舜則莫有敢與者以感格無本而僅能省躬施惠於一時所謂亡羊補牢第修儀式爾故曰次也我太祖高皇帝滌新諸夏統一天人諸所規畫皆足以繄輿情鞏明命至詳也居嘗諭學士宋濂朕之爲君上畏天地下畏兆民兢兢業業不敢自逸此其心雖古堯舜何以加焉乃洪武三年庚戌夏久不雨欲躬禱於山川壇先命皇后與諸妃執爨爲農家食皇太子諸王供饋于齋所至期素服草履徒步詣于壇席藁露坐晝曝日中夜卧于地衣不解帶皇太子捧榼進蔬食雜麻麥菽粟已而大雨至九年秋以七曜紊度求直言十八年春以五星并見求直言二十六年夏以太白經天京師大旱求直言諸以軍興水旱虫蝗雷震免租者十有六賑者三贖鬻子者一夫天厭元亂民幸得脱湯火已戴聖祖之德厚矣而灑惠弛征用以厚集瘡痍祇承天戒若此故雖有灾沴不敵禎符茂啓無彊之曆迄于今是賴非聖祖之得天有是哉頃者象緯失次皇上既惕心引慝帥先群臣復采言官疏下禮臣飭中外修省務實保民重以春夏間不雨環郊圻數百里疫癘交蒸良可閔惻皇上敕躬齋禱旋令禮官趣京兆尹謁祠如

儀無何靈雨三應玄貺響答皇上方且愸然不爲快心動色以侈昭格更命司農發帑賑粟施藥餌省行户恤商人而補其直減契券之税以濟所疾苦已復蠲諸藩積逋海内喁喁交口而頌盛德此豈修儀節爲文具第令無遜漢宋二君已哉嘗觀文華殿御書首謹天戒時星象順序雨暘未衍期也而聖心已惓切焉則其精意所感格不燔柴而饗不祝史而歆尤昭然與天合符此非本實俱得紹堯舜而繩太祖之懿矩者乎昔桓公問管仲以王者何貴因語以貴天桓公仰而視天無得也仲曰所謂天者非謂蒼蒼莽莽之天也君人者以百姓爲天故敬天勤民用若兩驂而機則環貫明君欲謹天戒未有不自勤民始也今虜騎款關太倉之積足支數年京師閒稍多蓋藏而四方烝庶日就瘠薄可爲寒心故毋以京師概視天下而自謂豐亨豫大爲足恃稍寬督責之令俾民之上歲賦不能如期與或罹于罰不能即輸贖粟者毋致以肌膚爲縲紲棰楚之叢而徐責其輸斯長吏得以安意奉職而民困漸起矣諸腹裏客兵業未可亟亟裁罷第徐爲解散之或還屬籍或就屯伍終其身闕者不補積數年後可使漸耗而吾民亦漸免於供餉之煩亦一便也士額業不可增其多材郡邑第當如禮臣議按歲而補其額數毋令民間俊秀以留滯抱扼腕吏自郡守以上頃適道路皆自貶損以明聖德至與齊民無异而郵傳積困尚未盡蘇謂宜杜耗蠹之源嚴苛索之禁庶民力不疲於奔命得轉而緣南畝而所最急者似宜優養言官之氣使幸畢其誠且屢求直言前事可質驗也凡此皆不務變法而稍變通之以勤吾民而又加恩勿濫賞賚勿輕燕私勿昵諸不急之工一切省罷則實政實惠可與堯舜同符太祖合契用以祗若天心而眷命益篤矣漢儒謂灾异爲天之仁愛誠然哉詩曰畏天之威于時保之竊謂可以仰舒宸慮者或不出此非敢如京房劉向拘拘徵驗之説也惟恕其狂

第三問

楊允京

同考試官教諭梁批（諸子百家書浩瀚充棟學者鮮克遍核是篇考覽周詳品隲妥當而結以辨意見一段尤切玄竅是有關於世教者録之）

考試官教諭賈批（考據詳核而斷案瞭然足占素養）

考試官教諭汪批（學識俱到）

夫夏商以前正道明私説息迨于周末文勝能言之士欲以謏聞譁世各騁其所長争爲名高夫子慮道之不明文之煩惑也乃返而端居洙泗之上取帝王列國之簡册品裁而删定之爲經凡六雖問學若游夏至不能贊一辭何其雅醇而要眇與天地相終始弗可易也兩漢以來人各是其所見若别子析

統自爲名家久而分鑣并驅幾舉吾道而裂之迄于今益流宕靡曼不可底止其上者自謂獨得旨趣而炫以爲奇次亦剽竊其餘稍緣飾之而矜以爲博此世道升降之大較而士習之通患也嘗考司馬遷叙傳陰陽儒墨名法不過六家迨劉子政當孝成之世受詔卒父業始總加校定爲七略奏之而以諸子爲一略次於六藝凡百八十九家中分爲十種班固用其説作藝文志而黜小説家不列第以儒道陰陽名法縱横墨與農雜定爲九種皆原其所本始而諸子始有區囿矣顧其書亦多散佚不存姑以今所睹記者論之則儒家首晏嬰而孫卿子陸賈典語賈誼新書仲舒繁露劉向説苑桓寬鹽鐵楊雄法言諸書僅得儒者之流裔而子思曾孟舉世所誦服以羽翼六經乃概列其中舛矣若孔叢子亦志述仲尼稍附益之與陸賈輩無异而班志弗及何也道家首伊尹太公其書鮮存今所知則鬻子老子文子管子莊列關尹鶡冠諸家而辛鈃子華其説皆祖尚老氏或其書後出故不録爾陰陽則司星子韋與黄帝泰素不盡顓爲陰陽家言法家則有慎子韓非名家則有鄧析尹文公孫龍墨家止有墨子七十二篇縱横若蘇張詳具史記而爲書無考若鬼谷之飛箝捭闔固蘇張所北面而師事之者今其書尚在何偶遺之耶雜家則有尉繚子吕氏春秋淮南内外諸篇農家書皆鮮傳即氾勝之十八篇其單言稍散見於載籍非完書也至梁通事舍人劉勰復爲著論而諸子益燦然可睹矣其中所稱述自孟軻荀卿而下共二十三家内管晏莊列墨翟尹文鬼谷尸佼尉繚鶡冠文子慎到韓非吕氏淮南凡一十五家已考論于前可略也惟青史子在小説家乃班氏所黜居九種之外野老在農家隨巢在墨家志有其目而二書皆闕騶子在陰陽申商在法家其言行史記具之而爲書亦世所鮮覯云勰又於陸賈劉楊之外益以王符潛夫崔寔正論仲長昌言杜夷幽求以廣班志所未備然四子皆出班氏之後故前志不載若幽求子今亦罕傳之矣乃荀悦申鑒當時號爲小荀子與徐幹中論頗近正理皆可附儒家之後何通事之弗録也至其首論諸子爲入道見志之書其説未敢深信而孟軻之淵懿博達固所謂絶塵而奔者亦與諸子概列此其見與班氏何异若班氏之言曰使其人遭明王聖主得其所折中皆股肱之材也嗟嗟此豈蘇張公孫龍輩能當之乎又何罪夫劉通事也自是則文中鹿門可綴於儒齊丘無能天隱玄真可歸於道餘蓋更僕未易數矣大都諸子皆出於漢後多仿象爲之或不甚雅馴姑不遠論即以鬻子捕獸逐麋之對文王不以爲耄夫而師事之因自詮次其言爲百家之始而文義簡短不類周初且班志僅六篇至逢行珪表上乃有十四篇得非後世依托而增益之者乎故舉鬻子而諸子可例也乃執事下詢欲舉諸子而别以九流舉

九流而歸之六家而務求不詭於六籍之義爲意甚盛愚則以班志區囿已定無容復述而雜家多本於道縱横持論頗涉於名農事有羲和授時之義於陰陽家頗近即函九爲六亦無不可者第求以不詭於六籍之義則難言之矣夫六籍爲教與帝王賢聖之藴奥具載其中其分經辨義則若春夏秋冬各有令序無相越也其會經合義則若真精元氣自爲脉絡無相離也彼諸子者曾庶幾有一於是乎故覽華而食實弃邪而采正雖在其人之所决擇而終不可以烏附之僅效媲吾稻粱者此經子之辨也顧農雜縱横諸家齊術在今頗衰止不足深較今所病者惟道與儒而儒道二家最後出者又惟釋氏當周末釋起西竺其教略類道流而加以超脱寂滅爲宗意青牛老氏既適流沙而其教始出亦道家之别支而獨詣者也自漢明帝求得其書初尚不敢列於諸家其後始漸起而與道爲二後又漸起而與儒道鼎足爲三今則無論儒道即神聖若吾夫子者亦幾與分庭而争席矣在國初爲文引用老子莊列者有禁今則佛經僧録竄入其中輒矜炫以爲獨得其靡曼不根殊甚此所以功令數下而禁戒之諄切也今欲正經術其要莫急於辨意見夫意見者固吾心之虚靈所觸而通者也業豈能盡廢然其端有正有私士之潜心經術積久而貫通以試之用輒資深逢原出入不詩所聞此意見之正也非是私矣其經術非能熟習而精詣之也其佛老莊列亦非能熟習而精詣之也第以其質之偶的於穎悟涉獵其藩復胸度而臆决之嘵嘵然以語諸人曰儒也以試之天下國家其用正佛老也以用之身心性命其義精久而援引二氏附和以經術而舉事鶩之矣故聽其説若不异於聖人而繹其旨又若蘇張之縱横公孫龍之堅白又徐而覈其實又若似於無非無舉之鄉原是説之難持者也故既辨意見而每歲所取士必嚴核所誦法其浮誕無當者即負藻才輒擯不録則士爲學必知守六經其爲文必不詩六經正道明而私説息矣

第四問

陶明禮

同考試官訓導丁批（名賢二祠風化所關此對尚論先哲軒輊較然足覘嚮往末欲推明禮意詳覈奏□尤得慎重之指可録）

考試官教諭賈批（評品甚精而議處更有灼見）

考試官教諭汪批（稽覈詳確）

昔之君子其砥行植業非以爲名也人或舉名而歸之則其舉之者必且惴惴然若操九鼎捧璧玉惟恐一不當而至於毁也故所舉之賢益彰爾可以風厲于當世後之君子豈身已有意於爲名其子若孫又欲以其名爲祖父光

寵而議舉者與柄舉者又且重違其欲名之心或徇于情怵于勢而掩于利舉俎豆之大典雷同附和以歸諸無异常人之身而卓瑩瑰瑋者或遺於聞見靡所章勸甚無謂也此豈崇祀指哉按周制凡有功紀于王之太常祭于大烝司勛詔之爲典凡六王功約勛國功曰功民功曰庸事功曰勞治功曰力戰功曰多匪是者弗得濫及其道德爲後學準繩則秩祀瞽宗次亦祀于社以示不忘兹先王之崇德報功章往而勸來者禮意最深遠矣明興稽古經制爲名宦鄉賢二祠于學宫士之丕懋勛猷行能信於鄉國足應祀典者各以所由舉入祠而歲令握紀之臣謹察其不如法者輒得裁罷每二丁釋奠禮畢有司率博士詣祠唯謹誠重之也粤西故仕國其士習樸茂頗有先民之遺風故其爲賢亦略相等今考諸故諜宦績自史禄而下凡百三十七人獻民自陳元而下亦百二十七人不具述述其較著者則賈琮爲刺史察民所爲盜之故因而撫荒蠲役戮止渠魁百姓以安巷路間皆以來晚歌之得便計矣而許仲宣不待奏報輒罷所部兵俾不委命於炎瘴者殆萬餘人無何交州送款上疏待罪見何定也而余靖之帥二廣幾十年恩信被於异域其功尤足多者若陳臨閔死囚之無嗣令其妻得侍獄中舉子雖情涉姑息其事或難盡循而哀矜之仁不可少也士爕守交趾中原人士往依避難者以百數其保境功比於竇融偉矣陳坦然單騎行賊壘爲書約矢射圍中諭叛卒禍福無何卒降而賊自平事聞賜錦袍銀帶悉謝不受義何高也而蔣允濟守邕管恩信結於民心思之如一日庶幾廩廩德讓君子之風焉若趙觀文再試上第以言忤宰相意輒謝病歸雖所志未盡效於時而嘉遁之節不可易也故其英聲駿烈雖去今數百餘年而猶能使人仰慕不輟籍令俎豆者而皆若前數公豈不光我痒序油然觀感而興起者乎顧有或謬不然於今者何也其内有所親厚則尺寸之功而楊詡之以爲蓋世之也其外有所憑藉則取節之行而藻飾之以爲邁夷也其下有所結納則里巷之譽而异翼之以爲懿爍也故有奮臆妄議持方寸之楮鼓其喙於握紀者之前不逾月已得報祀何後世之多賢而祀易成也則前所謂情徇勢怵而利之掩也頃者聖天子深惟崇報之義特采言官疏令禮官下所司釐正而爲籍奏之德意甚厚今長吏方兢兢奉行日求所不應祀者亟罷之以儆煩濫但其故老無徵載籍希闊靡所考驚即銖稱而櫛數之未必無遺議者稽核難也且其前已令得冒祠今即罷去於章勸之楮已損故不若及今而慎爲之禁滌時之弊而原禮之意以檢律之庶可止也何爲時弊曰今之議舉者習於文矣不考論其行事而詳著之以待稽核惟以獎飾浮詞虚張之故稱宦蹟則曰約己裕民頌思勿替矣誦獻民則曰好義循禮無問顯晦矣欲不與則恐

賢而見遺欲與則屢詢而乖實甚則有貴顯异籍未嘗睹其平生徒以其祖籍之偶同則曰此吾鄉之哲者相率而牽引之而不知其無當也而白屋寒畯或有高義卓行庶幾於太丘叔度之流者輒弃不復道則徇迹之過也故議舉者務必詳述其事一切爲浮漫語者罷之其异籍而不出其鄉亦不必援引之以爲重果行義無玷即隱約窮巷亦與表見而又推明禮意以示之禮之祀于大烝以功六也試按其所表樹於六者孰當如僅守尺寸持禄無顯過者不得概祠禮之祀于瞽宗矣道德也今所稱賢于鄉者試詰其行事于孔氏之道率履幾何闡發幾何不如是則無非無舉者又慮其原也亦不得從先進之林而登之祀典故實者不能遺而虚者不能飾而典禮可正也今令甲每旌表孝節必以疏聞俟報可良以重風化也俎豆於聖人之宫爲百世規其隆渥豈下旌表哉似宜仿奏聞之例歲舉行之候核實報可乃祠則柄有所握而名不得以徇人即求名者雖日奔走焉而終不得以虚濫應祀此敦禮之大原雖煩瀆而必不可已者愚生之所竊望也

第五問

彭子光

同考試官訓導陳批（丈地均糧國家重務而弊孔不塞貽害匪輕子能究極根源而區畫周詳具覘成筭是可悉見諸行矣）

考試官教諭賈批（條答清丈利弊明如指掌）

考試官教諭汪批（遠猷卓識經濟才也）

夫國之所急在足賦民之所急在樂業顧天下未有不樂業之民而能出其身以供國賦者此酌時經制之略所以急於民也民之生資地力以贍公私之求其贍私恒急而贍公恒緩故賦額之不可詘夫人而知之然使有其賦無其民弗能供也有其民而不均其賦弗能久也故均賦則賦足而民安不均賦則賦不足耳民擾吾欲求其安而去其擾則莫若舉今已足額之田酌貧富而均其輸爲法制以經之故上無加賦之害而下有安業之利是我之所急嘗在於民而其利更及於賦也夫古今田賦之屢變也雖使大撓持籌隸首布筭弗能悉矣然大較有二三代以上其田常在官三代一下其田常在民田在官則貢之助之徹之其法惟在正經界經界既正則事權常握于上而民無他翼故什一行而頌聲作然自春秋之後而法已陵夷雖好古若孟軻亦僅能舉大略而已由是秦人始變阡陌而田漸入於民即武帝時去周秦未遠也而董仲舒已謂富者田連阡陌而貧者無立錐之地則其制之不均概可睹云于是限于漢均于魏永業于唐皆以抑雄擅之家而禁其圉奪使編户齊氓稍得事休息

其法非不善也然限田議始仲舒而述於師丹哀帝終不能用魏孝文用李安世之説爲均田尚屬草創至唐武德間復加損益而爲口分永業之制顧令民得以從遷鬻其田而制益紊矣厥後括田行於開元致張虚數方田行於熙寧而旋以棼擾報罷其利端弊孔大都與漢唐宋相終始而卒無善制者豈非惠民之無術哉高皇帝起蹟民間習聞豪宗梗賦狀故元年戊申首定賦法暨辛酉而黄册成已廉知富民詭灑州縣度田多不實乃分遣國子生武淳等周行天下度其税糧多寡爲區每區有長四人領以耆民躬履田畝按區運步因圖次其田形籍奏之謂之魚鱗圖册較前代獨詳且前代抑豪右皆主於裁其田必不能奪富者之有以爲貧者之食故法易格今不責其治田多寡而惟即多寡定賦故富者不能巧遁而賦易均前代履畝主括地則筭及林麓山川主檢覆則筭及室廬里落主畫方則先定品式後履田畝今惟就田定區法簡而易覈古者八尺爲步步百爲畝周時建司馬法止用六尺其步益縮迨于唐始用二百四十步爲畝視周制倍寛今用之則計畝廣而民税輕故漢元始時田賦號稱極盛而考諸洪武間天下額田凡八百四十九萬六千有奇尚溢於元始八百二十七萬五百有奇之數玆善制之明驗哉承平久而奸巧叢矣富者得田而賦不及貧者得賦而田不及憂樂倒置國計滋損蓋自弘治以後而額田堇堇四百餘萬視洪武初殺半矣天子閔然念之令司農下郡國按額履畝别其勤惰而殿最之即有强宗巨室亦皆俯首聽命而不敢以骫天子之明法諸願延須臾以承休澤者喁喁如也乃粤西則豪右逾制或不下他藩而溪峒土酋或蠶食齊民之業莫敢誰何或田稍犬牙其中輒以此輩爲解而避租賦此清理視他藩尤難之難也顧德意所嚮諸長吏莫不奉行唯謹會峒蠻稍欲恣睢以傲命吏我已分布健兒入其巢不旬月而渠黨面縛如犬左效諸酋聞之宜回心面内願奉約束初額田九萬六千三百有奇後失額一萬八千有奇今竣事田九萬六千五百有奇税糧稱是蓋粤西之履畝屢矣皆奪於群議迄無成功至是始復額有羨咸誦聖天子威德萬里盛矣乃執事猶惓惓焉其爲西人計慮至深遠也愚則以爲莫若勤民而均其賦且吾所謂均非謂賦可勿急也非盡如前代欲限制其田以遺貧民業也非舉貧富而較量之欲平衡而稱適也物之不齊物理固然惟計今見額多田則多賦少田則少賦田膏腴則從重田瘠鹵則從輕俾貧弱者不致偏累而稍紓其目前之急富而强有力者不得隱匿詭灑以公賦積私家世謂均平固皇上之所爲履畝意也昔杜君卿有言簿書既廣必籍衆功籍衆功則政由群吏欲以紀人事之衆寡明地利之多少雖申商督刑不可得而詳矣此疾諸胥之緣絶爲奸也執事謂册籍得無爲

异日者憂誠慮之矣今惟督縣官務精稽覈仿魚鱗之式爲之一不當毋但罪吏即縣官亦得議廢置有不人人自效者乎及籍成以上諸郡郡以上諸司亦復精覈如前則參伍既備弊安得而乘也豪家張虚愒而食獞田且役其人爲之佃僕恐致厲階固矣今田已籍于官諸獞亦頗知其不足恃第按畝而酌其賦責之必輸及登稼時禁豪毋虐取之使獞亦得爲食否則還之獞人以供吾賦或稍與輕科以懷之其無主者入爲官田以待别授且令以後豪家毋得窺小利而納獞人故佃僕可馭也其猺獞故有生熟二鍾今熟者已願就田賦而齒編氓亦宜與之輕科而重禁里魁毋得苛求使之安堵其生猺獞每不利於熟者之來歸而爲我用或行煽誘或肆讎殺或指其田爲彼田而群起與争則申固兵防禁其出没重則兵之如是足矣不必求諸化之外也土酋在上世止責以扞禦籍其兵力故田無頃畝而聽其自輸糧爲額今原額不失姑聽其便第在左江者頗輸租而在右江者率漸積逋負故督責宜加焉其有怙强而奪民田或受民詭托以滋隱避第按籍而清之重則罪及酋必不能捍吾法矣縢兵之田業不可罷即以供餉而不責其賦且吾餉亦可以罷給而備軍與諸荒蕪而始籍者則徐待三年後始征其租或仍以輕科取之朝耕尺寸之田暮入差徭之籍兹陳靖之慷慨於宋代者其言可繹也而又廣招徠勤督率毋使草萊彌目有土而不可食是吾不務加賦而惟務足民久之民足而賦均足焉兹非兩利而俱便者乎故不限而晝一不均而稱平不永業口分而公私無困可以廣德意而惠無窮雖不貢不徹而其意未嘗不同於三代竊以爲粤西便計或不出此猶慮其狂瞽而無當也惟進教之

廣西鄉試録後序

秋八月廣西鄉試竣事宗正幸以薄技共盛典當有言申告諸士曰兹非成周時所稱賢能書哉彼鄉大夫提衡而品裁者皆平居所灼見不謬其實故能光天府而重祖廟之藏與天球琬琰交珍而世守然所用稍有不適輒以罰舉者無赦故往往稱得人今宗正於諸士即稱同業然居産殊壤未嘗通邂逅接殷勤也僅以方寸之管盈尺之楮藿衡於三日間所揮霍即揮霍僅取一藝能稱别質文不誖其意指即赫然賢儁選矣是能必其德行果醇固而適用者乎漢初取士御史下郡守勸駕而署其行義及年其後定四科以學通行修經中博士者爲次高等猶庶幾三物之指最後定口率郡口二十萬并邇蠻獥者歲舉不過一人何其

儉也粤西故雜蠻落入昭代始駸駸媲盛中土即一二窟穴近亦解辮受約東蔚然爲文明陝區士授經率多專門名家乃今積三載輒得五十有五人計所遇殆倍蓰漢氏而其夙夜黽黽祓心注目而求之者第以其經中博士業止爾有如察署行義其出入或誇所聞以試諸用輒弗當而因按舉不適者罪安所離逖兹宗正之所爲葸葸懼也顧聞之士在校若金在陶惟主德所鎔鑄必有顯效頃者世風日競於文士漱藝尤靡曼不根有傷雅道天子閔之下功令數加釐正西士雖疏逖猶訢訢知嚮方焉乃御史敖選之請代也上念粤西當賓興有日矣故事御史當按部必引奏始遣也恐致後期乃詔閣臣趣御史大夫特疏御史名以請不逾時命下趣御史行夫粤西遠在萬里蕞爾諸士何足廑聖衷而眷眷若此是其中得無有倜儻瑰瑋之士足以副德意應昌會陋漢氏而庶幾成周濟濟之盛者乎比御史至百執事皆驚顧以爲迅速既而得其所繇皆感激頌聖德不遠裔土况諸士又所賓興而求者也有不益感奮願效其材諝以佐任使而終始所砥礪必本德行兢兢然罔敢玷闕用少報萬分之一庶幾足稱賢能書哉宗正請執簡俟其後

江西撫州府樂安縣儒學教諭賈宗正謹序

弘治十四年雲貴鄉試録

雲貴鄉試録序

皇上臨御十有四年秋雲貴例當大比先期雲南藩臣舉令典請於前巡按監察御史林世遠禮聘儒紳以司考校維時兩藩鎮守太監劉昶楊友總戎黔國公沐崑豐潤伯曹愷咸雅重斯文巡撫都御史陳金拓新試院規模宏敞申飭百司悉遵罔怠刑部員外郎蔡鍊適慮囚于斯監察御史何琛陳恪分地巡按而激勸之及期琛實監臨焉凡場屋事既極力修舉乃八月將試前二日率諸執事者入院遂昌言於庭曰賓興俊乂國家用人第一途脱毫髮弗公弗慎即逃憲典能違物議乎即違物議能逭鬼責乎凡有事於此者各矢心滌慮以共成我國家之盛典以甄授兩藩之真才俾獲效用其尺寸固吾黨以人事君之心也僉曰敢不用命爰合提學副使王臣沈庠所校士如式闈棘試之越旬日誥等手披目閲晝夜罔敢一息懈既得其文理之優等者三倍額數猶不敢自專復會衆校閲一以理到辭達爲主乃遵制額秪取五十人既録其名氏邑裡復取其文之優者録於後將獻諸天子以傳示四方誥當序諸首惟我祖宗致治之道大綱小紀雖罔遺闕而於學校科目尤慎且至肆雲貴古滇國西南夷地自漢歷唐雖載版圖然越居荒遐勢不得比内郡而其人材之著往牒者僅可僂指尋爲蒙段據由宋及元淪胥异域幾四百年竟遼邈無聞逮我太祖高皇帝綏定華夷然後盡入職方顧惟百有三十年來治化雖漸被而習俗猶未韋宜其人材之出未可遽倫諸藩也而乃垂聲震烈濟濟彬彬不相上下邇年守臣請加取士之額皇上慨賜允俞以獎進之是何其鼓舞之神變化之速若此耶誥聞之人才之生於世猶五穀之植於壟畝也五穀之植雖與凡卉均霑天地之氣化然其培植長養得於人力者爲多故其成就視他草木獨异無弗濟世用者若雲貴之士被我祖宗天涵地育之化無間諸藩而列聖之所以陶鎔興作之者益有加焉則其顒顒而出遠陋前古而并軼諸藩者夫豈偶然哉然則諸士子登名是録者迴視前古之遭際何如而其圖惟報稱豈可自儕於庸衆人而已耶昔人有言以爵禄榮遇之故而思效忠於上者中人以下者之所爲也若夫豪杰之士雖無爵禄榮遇猶思效忠況崇階厚給湛恩渥典

迴出他途萬萬者乎諸生當有所處矣鄉試之録凡有事場屋如提調監試考試下逮受卷諸執事例得書則既見於次簡如布政梁方黄璉閆鉦按察便陳孜劉福参政黄東山徐節陳睿副使槐王一言陳嵩毛科吴球包裕周鳳陰子淑参議郭緒張璠王杲翁迪僉事胡榮曹佺范玶王懋中龔嵩朱儀則皆秉德率令以造就人才於平日者法得附見也因及之

湖廣德安府應城縣儒學教諭歐陽誥謹序

弘治十四年雲貴鄉試

監臨官

巡按雲南監察御史何琛（廷獻四川成都後衛軍籍福建莆田縣人　甲辰進士）

提調官

雲南等處承宣布政使司左布政使李韶（克諧四川當順縣人　戊戌進士）

雲南等處承宣布政使司右参政張朝用(惟賢四川瀘州人　甲辰進士）

監試官

雲南等處提刑按察司副使曹玉（德潤應天府江寧縣人　戊戌進士）

雲南等處禔刑按察司僉事郁容（弘德直隸常熟縣人　甲辰進士）

考試官

湖廣德安府應城縣儒學教諭歐陽誥□（賜之江西泰和縣人　己酉貢士）

湖廣長沙府湘陰縣儒學教諭高巖（維瞻四川瀘州衛人　壬子貢士）

同考試官

四川順慶府廣安州儒學學正王竇（時用湖廣麻城縣人　壬子貢士）

直隸鳳陽府臨淮縣儒學教諭秦煜（德輝浙江慈谿縣人　己酉貢士）

湖廣荆州府松滋縣儒學教諭王世雍(仲和廣西柳城縣人　戊午貢士）

江西南昌府進賢縣儒學訓導張球（宗韶廣東南海縣人　庚子貢士）

福建邵武府光澤縣儒學訓導潘祥（伯圖廣東南海縣人　壬子貢士）

印卷官

雲南等處承宣布政使司照磨所照磨杜培（本齊浙江平陽縣人　由吏員）

雲南等處提刑按察司經歷司知事程樂（正聲江西餘干縣人　由監生）

收掌試卷官

楚雄府知府朱繼祖（孝思江西高安縣人　甲辰進士）

姚安軍民府知府王嘉慶（祐之四川洪雅縣人　甲辰進士）

受卷官

臨安府同知白道寓（貫之四川成都縣人　庚子貢士）

安寧州知州陳亮（志明直隸廣德州人　戊戌進士）

彌封官

雲南府晋寧州知州喻敬（修己四川内江縣人　癸卯貢士）

雲南府昆陽州知州林昕（弘耀廣東揭陽縣人　庚子貢士）

謄録官

師宗州知州房瑾（士珍廣東東莞縣人　癸卯貢士）

嵩明州知州吴原聰（復明湖廣通山縣人　甲午貢士）

封讀官

楚雄縣知縣范璋（邦獻浙江餘姚縣人　庚戌進士）

浪穹縣縣丞王雄（世杰順天府永清縣人　癸丑進士）

巡綽官

雲南左衛指揮使羅裕（克寬湖廣桃源縣人）

雲南右衛指揮使高勝（克仁直隸巢縣人）

雲南中衛指揮使張經（時佩山後人）

雲南前衛指揮僉事胡斌（朝用直隸當塗縣人）

搜檢官

雲南後衛指揮使方仲（時中直隸定遠縣人）

雲南中衛指揮使吴經（大綸河南固始縣人）

雲南右衛指揮僉事余韜（用武湖廣蘄州人）

廣南衛指揮僉事賀昂（士顒直隸壽州人）

供給官

雲南等處承宣布政使司經歷司都事甯襄（廷佐直隸蕪湖縣人　由監生）

雲南府通判趙應舉（文顯四川大足縣人　由監生）

大理府經歷司經歷甄綺（世美直隸東鹿縣人　由監生）

雲南府昆明縣典史黄新（明德四川中江縣人　由吏員）

楚雄府碍嘉縣典史劉思宗（紹元四川巴縣人　由吏員）
大理府洱西驛驛丞陳萬堅（廷玉四川資縣人　由吏員）

第一場

四書

事其大夫之賢者友其士之仁者　故君子不動而敬不言而信　其爲氣也至大至剛以直養而無害則塞于天地之間其爲氣也配義與道無是餒也是集義所生者非義襲而取之也行有不慊於心則餒矣我故曰告子未嘗知義以其外之也必有事焉而勿正心勿忘勿助長也

易

比輔也下順從也原筮元永貞无咎以剛中也　象曰風自火出家人君子以言有物而行有恒初九閑有家悔亡　易知則有親　君子藏器於身待時而動何不利之有

書

敷奏以言明試以功　王懋乃德視乃烈祖無時豫怠奉先思孝接下思恭視遠惟明聽德惟聰　弘敷五典式和民則爾身克正罔敢弗正民心罔中惟爾之中夏暑雨小民惟曰怨咨冬祁寒小民亦惟曰怨咨厥惟艱哉思其艱以圖其易民乃寧嗚呼丕顯哉文王謨丕承哉武王烈啓佑我後人咸以正罔缺出入起居罔有不欽發號施令罔有不臧

詩

升彼虚矣以望楚矣望楚與堂景山與京降觀于桑卜云其吉終焉允臧靈雨既零命彼倌人星言夙駕説于桑田匪直也人秉心塞淵騋牝三千　伐鼓淵淵振旅闐闐　申伯番番既入于謝徒御嘽嘽周邦咸喜戎有良翰不顯申伯王之元舅文武是憲　儀式刑文王之典日靖四方

春秋

九月及宋人盟於宿（隱公元年）　晋侯齊師宋師秦師及楚人戰于城濮楚師敗績（僖公二十八年）晋人秦人戰于河曲（文公十有二年）晋欒書帥師救鄭（成公六年）公會晋侯齊侯宋公衛侯鄭伯曹伯莒子邾子于商任（襄公二十一年）公會晋侯齊侯宋公衛侯鄭伯曹伯莒子邾子薛伯杞伯小邾子于沙隨（襄公二十二年）　諸侯遂圍許曹伯襄復歸于曹遂會諸侯圍許（俱僖公二十八年）　冬十月壬午公子遂會晋趙盾盟

于衡雍乙酉公子遂會雒戎盟于暴（俱文公八年）

禮記

故祭帝於郊所以定天位也朝廷濟濟翔翔　紀綱既正天下大定　凡人之所以爲人者禮義也禮義之始在於正容體齊顔色順辭令容體正顔色齊辭令順而后禮義我修以正君臣親父子和長幼君臣正父子親長幼和而后禮義立故冠而后服備服備而后容體正顔色齊辭令順故曰冠者禮之始也是故古者聖王重冠

第二場

論

孟子以道自任

詔誥表（内科一道）

擬漢令禮官勸學興禮詔（元朔五年）　擬唐以户部侍郎裴垍爲中書侍郎同平章事誥（元和三年）　擬宋龍圖閣直學士趙汝愚進名臣奏議表（淳熙十三年）

判語（五條）

官員赴任過限　丁夫差遣不平　禁止師巫邪術　縱放軍人歇役　子孫違犯教令

第三場

策（五道）

問　我太祖高皇帝以神武定天下其除亂之功比迹湯武而時勢之難爲有甚焉者及其治定之後又有大誥三編頒示天下蓋與湯誥之誕告萬方酒誥之明大命于妹邦同一與民更始之意也蓋嘗伏而讀之竊有疑焉湯武之誥纔數十言而止而三誥之爲言乃至二百四條一不已而至于再再不已而至于三其化導之難易不同如此者何也抑不知其化之之大意導之之大法亦有同焉者否也夫巍巍成功振耀千古洋洋聖謨流布天下雖在凡民亦與知之況豪杰之士乎此有司策士所以首舉爲問之意也

問　虞舜以五臣興周文以四友隆古之帝王未有不得賢人而共理者也然載籍所記博乎難以議矣姑舉漢世言之則在高帝有所謂三杰者有所謂四皓者在武帝有所謂三儒者其人品之優劣可悉得而言歟抑西京之賢

尚有出於三杰四皓三儒之外者歟而當時致治之盛果皆出於此乎否也考論古人賢否蓋欲因以觀諸士子尚友之志幸毋以不暇略之

問　地陰也法當安静邇者雲南宜良諸郡縣地震壞民廬舍壓損人物者凡若干上聞九重天子軫念遠遣禮官祭告厥咎何由夫變不虚生必有感召載之前史固不可誣即今論之天子致中和於上大臣修職業於下宜其海岳效靈罔有變异而乃如此豈天心仁愛欲以戒懼吾君俾益保治於無窮歟抑滇南一方政事亦有所缺失也夫六事自責者大旱而雨修正厥事者雉雊不妖則人事之修豈獨在於君當然耶抑爲之臣者固可漠然不加意也兹欲考求其故而消弭之以應上天示戒之意以少紓九重懼灾之心何爲而可諸生志懷經論之業目擊閭閻之事當亦籌畫於中久矣願悉言之以助有司之不及

問　考課之法虞周所不廢自漢以來其品式之疏密事藋之分合甲乙之等批書之辭往往可見至于任事之臣其志尚亦人人殊有掩過揚善而無所按驗者有不鞫臧罪而猾惡自禁者其存心何其恕也有條奏貪殘五十餘人而天下肅然者有奏舉貪污十餘人而海内翕然者其用法何其嚴也内外考績入中上者纔才五十人此則疑于刻督運失米改判注者至一再變此則疑于專選人匿喪廢之終身將以振風義也顧亦有官吏小過不忍捃拾者矣監司不才付之一筆將以利生民也顧亦有下位小節不欲摘發者矣是皆一時任事之臣有聲績可稱者也而或寬或嚴人自爲治如此不知于法亦有戾乎否也國朝考課之法一以虞周爲準邇年以來法外之意時有損益蓋九重之上主于愛惜人才而百僚之間皆能將順德意故綜核雖嚴而不流于刻文法雖密而不過于察此皆諸生耳目之所親見者也請具陳之或别有所見可裨時政者幸亦以相告庶執事者聞之或有取焉

問　夷狄自古爲中國患而禦之未嘗無人如居雁門而匈奴不敢犯邊守雲中而匈奴深畏其略或誘鮮卑擊弱匈奴而邊無寇警戒於學行禮陳説道義而單于懷服有并州都督賢於長城者有隴州刺史威振北方者有請城方渠以遏吐蕃歸路者有總十一軍以築三城於要路者定兵精勁齊一而聲動虜中其謀猶何克壯也詔書犒賞而諸羌始爲漢用其人心何遽服也之數人之功烈可詳言歟洪惟我國家之於戎狄其綏之之道馭之之法無容議矣比者醜虜大舉入寇致廑宵旰之慮遣將出師逐之則潛迹而遁緩之則乘間而來兹欲挫其鋒使彼遠遁而不敢復來散其黨使彼孤立而不能爲患其術將何爲而可請著于篇行將爲子獻焉

中式舉人五十名

第一名　楊士雲　大理府學生　詩
第二名　王仲仁　太和縣學生　書
第三名　于經　澂江府學生　易
第四名　周希謙　貴州興隆衛學官生　春秋
第五名　趙儀　大理府學生　禮記
第六名　陳淳　呈貢縣學生　詩
第七名　楊敷頤　太和縣學生　春秋
第八名　董資允　安寧州學生　易
第九名　陳杰　曲靖府學生　禮記
第十名　樊昂　臨安府學生　易
第十一名　劉永　雲南府學生　書
第十二名　薛瀾　晋寧州學生　詩
第十三名　高輔　雲南府學生　易
第十四名　邵鏜　金齒司學生　詩
第十五名　楊翔　雲南府學附學生　書
第十六名　胡潔　曲靖府學生　詩
第十七名　汪城　騰衝司監生　易
第十八名　方明　貴州安莊衛學軍生　書
第十九名　沈冕　貴州赤水衛學軍生　詩
第二十名　易經　騰衝司學軍生　易
第二十一名　周翱　嵩明州學生　書
第二十二名　戈泰　騰衝司學軍生　詩
第二十三名　安孝忠　貴州思南府學增廣生　易
第二十四名　朱鳳　賓州州儒士　春秋
第二十五名　管壽　貴州烏撒衛學官生　書
第二十六名　胡繡　貴州普定衛學軍生　詩
第二十七名　殷輅　蒙化府學生　易
第二十八名　孫翰　鶴慶府學生　禮記
第二十九名　李希顔　雲南縣學生　詩
第三十名　何相　嶍峨縣學生　書

第三十一名　王文宿　雲南左衛儒士　易
第三十二名　劉紀　鶴慶府學增廣生　詩
第三十三名　王用臣　貴州普安州學生　書
第三十四名　陳時　蒙化府學增廣生　詩
第三十五名　朱全　貴州宣慰司學生　易
第三十六名　汪大量　貴州普定衛學官生　詩
第三十七名　周球　蒙化府學生　書
第三十八名　周鳳鳴　貴州宣慰司學附學生　易
第三十九名　潘志高　貴州普定衛學軍生　詩
第四十名　陶泉　貴州永寧宣撫司學生　春秋
第四十一名　張效　貴州烏撒衛學軍生　書
第四十二名　趙仁　趙州學生　易
第四十三名　李相　貴州宣慰司學生　詩
第四十四名　吴鯨　貴州新添衛學軍生　易
第四十五名　林巒　金齒司學生
第四十六名　樊珍　貴州永寧宣撫司學生　禮記
第四十七名　刑思敬　臨安府學生　詩
第四十八名　吴皋　貴州衛儒士　易
第四十九名　羅綸　貴州普定衛學軍生　詩
第五十名　朱瑛　貴州烏撒衛學軍生　書

第一場

四書

事其大夫之賢者友其士之仁者

王仲仁

同考試官教諭王批（揭書出題示公也場中作者類多浮詞惟此篇純正簡潔如渾金美玉自然令人把玩不厭也録之以爲求仁者式）

考試官教諭高批（簡明可取）

考試官教諭歐陽批（當時聖人教子貢意摹寫殆盡）

聖人告賢者爲仁惟隨所與而得其人焉蓋爲仁貴乎慎所與也令於大夫之賢而事之士之仁而友之則得其人矣爲仁之道豈外是哉宜吾夫子以

是爲子貢告也今夫爲仁之道固由於已亦資乎人是故一邦之中有大夫焉大夫不賢不事可也彼德足以尊主庇民仁足以敦化善俗非大夫之賢者乎不有以事之則此心無所依歸如爲仁何必也傾心奉承無傲惰也虚己聽順無敢慢也所謂用下敬上者在是豈曰禮貌云乎哉一國之内有士焉而未仁不友可也彼窮居而修身以道側陋而修道以仁非士之仁者乎不有以友之則此心無所嚮慕如爲仁何必也合志同方而契結金蘭也營道同術而情投膠漆也所謂久要不忘者在是豈徒面交而已哉夫事大夫之賢者則彼賢而我不賢有以與其嚴憚之心友士之仁者則彼仁而我不仁有以賴其切磋之力爲仁有所資矣尚何德之不成哉抑考聖門之徒問仁者衆而聖人告之各异姑舉其概若顔子問仁則告以克己復禮促弓問仁則告以主敬行恕司馬牛問仁則曰其言也訒樊遲問仁則曰先難後獲至此子貢問仁則又以是告之蓋子貢爲人病在悦不若己者無非因人而成就之也厥後子貢性與天道之悟天階日月之喻不有得於令日之力歟

故君子不動而敬不言而信

楊士雲

周考試官訓導張批（題主存養之功説而不動不言難於措辭此作會理成章其有得於心學者）

同考試官教諭秦批（此篇於敬信上用心事講最爲得旨）

考試官教諭高批（上達事最難於言吾於子有取矣）

考試官教諭歐陽批（存養事非體認真切者不能達此作得之）

君子於未然之時而存本然天其爲己之功密矣蓋敬信本然之天也君子不待言動而此心存焉則爲己之功孰有加於是哉中庸三十三章自下學立心之始推而言之及此謂夫君子爲己之學當何如其用功耶是故人不能以無動也然當萬念未萌一物未接之時則不動矣斯時也或可少忽而君子之心則不敢忽兢兢焉儼乎大賓之是見業業焉凛乎大祭之是承蓋於未動而已有此敬矣奚待動而後敬乎人不能以無言也然當萬境俱寂一事未應之際則不言矣斯際也或可少怠而君子之心則不敢怠確然真實無纖芥僞妄也渾然純一無毫髪虚假也蓋於未言而已有此信矣豈待言而後信乎噫敬於不動則動無往而不敬信於不言則言無往而不信君子爲己之功可謂益加密矣中庸示人爲學之要何其切哉考之中庸前章言聖人之德極其盛矣此復自下學之事推言其入德之要在省察存養而已蓋動而敬以省察静而敬以存養則動静交謹内

外一致而君子爲己之功無復加矣故下文馴致篤恭而天下平之盛以及無聲無臭之妙曷嘗不自此動静功夫中來耶學者不可不知

其爲氣也至大至剛以直養而無害則塞于天地之間其爲氣也配義與道無是餒也是集義所生者非義襲而取之也行有不慊於心則餒矣我故曰告子未嘗知義以其外之也必有事焉而勿正心勿忘勿助長也

于經

同考試官訓導潘批（此題頭緒雖多而理則貫串似易實難是作詞不費而理自足蓋嘗知養浩然者）

考試官教諭高批（曲盡養氣始終事可録）

考試官教諭歐陽批（約繁就簡孟義之獨優者取之）

大賢論氣由養而充必詳所以養而及其節度焉蓋養氣故在集義亦不可無節度也不然何以塞天地而配道義也哉孟子因公孫丑之問而告之以此蓋謂浩然之爲氣乃天地之正氣至大初無其限量至剛不可以屈撓其體段本如是也誠能自反而縮則得其養而又無作爲以害之則其本體不虧充塞天地而無間矣然能養成此氣則有以合乎人心之裁制有以配乎天理之自然使其行之勇決無所疑憚也若無此氣則其一時所爲雖未必不出於道義而其體有不充則亦不免於疑懼而不足以有爲矣氣之由養而充者如此而其養之之始乃由事皆合義而自反常直是以無所愧怍而此氣自然發生於中豈由只行一事偶合於義可以掩襲於外而得之乎若所行一有不合於義則不足於心而體豈能充之乎故我謂告子未嘗知義者以爲外而不復以集義爲事也然則集義者必當致力於所有事也豈可預期其效耶其或未充則但當勿忘其所有事也豈可作爲以助其長耶氣由集義而生者又如□是則集義勿忘即直養矣勿正勿助即無害矣此其所以塞天地而配道義者有由然哉嗟夫孟子之不動心其原蓋出於此乃若告子者以仁内義外而不復以義爲事則不能集義以生浩然之氣而欲彊制其心則又不免於正助之病付身心於冥然悍然之地所謂不動心亦异於孟子矣孟子以是爲公孫丑告則告子所言之非豈俟攻而後破哉

易

比輔也下順從也原筮元永貞无咎以剛中也

于經

同考試官訓導潘批(此題兩言卦體作者罕能分别多以九五於下順從一句講重而於剛中一句又重複支離見理親切講説明白無如此篇取之以冠本房)

考試官教諭高批(發明比道得三聖之意)

考試官教諭歐陽批(比道甚大此作形容盡之矣)

彖傳釋卦名以見下比上之義釋卦辭以見上比下之德蓋下所比在上而上之所以爲比在德也彖傳釋名辭而各本諸卦體者如此其闡比道之旨精矣昔伏羲畫比之卦文王繫比之辭吾夫子傳彖從而釋之以爲卦之所以爲比者蓋本人心仰戴衆志協從有親輔於上之義而非睽乖涣散之謂也然以卦體言之下體之陰有初二三也莫不翕然順服惟五之是輔上體之柔有四與上也罔不靡然歸向惟五之是附四方攸同王后其維翰矣八表景促皇王其維辟矣卦之得名非以此歟夫下之所以比者固在乎上上之所以爲比者尤在乎德故卦辭所謂人之所以爲比者必再筮以自審原筮以自察果有元永貞之德而無虧斯可當衆之歸而無咎者蓋以卦體言之九五居至尊之位爲顯比之主以陽居陽是之謂剛以九居五是之謂中剛不雜於陰柔一乾剛之□健也中則不失於偏倚一皇極之建中也所以爲元永貞者在是矣所以爲无咎者在是矣辭之所繫非以是歟是知下有心以比乎上上有德以比乎下上下交而比道成矣彖傳本卦體以釋名辭者如此可謂曲盡其旨歟雖然人君不患天下之未比而患吾德之未修吾德既修則天下之比蓋有不期然而然者矣故温恭允塞者舜也南河之避終不能沮謳歌朝覲之歸祗台德先者禹也陽城之逃終不能郤萬國玉帛之獻卒之中國中踐天子位而成虞夏之盛者未有不本於德也然則欲求君德備民心歸而有合於是卦之義者吾於虞夏有徵焉

易知則有親

董資元

同考試官訓導潘批(融會本義意思詞語整潔蓋嘗究心於易者歟)

考試官教諭高批(説出體□意可觀)

考試官教諭歐陽批(題難言而辭足以達之非深於易者不能)

善體乾道者不難於人之知自得乎人之比夫體道在己亦當驗之於人也吾之心既爲人所易知矣則同是心者烏有不親之者乎昔大傳論乾坤之理分見於天地此則言法乾道之易者謂夫乾之功雖至溥而无際乾之

德實至易而無難人之所爲果能如乾之易也吾知其本心瑩然明白而无傾險中扃湛若洞達而無迂迴昭昭乎暴白於人接其外即可以知其内彰彰乎昭示於衆因其語即可以得其心不假推測之勞而日章之實人皆可得而見之也奚難焉無事探索之力而存主之妙人皆可得而知之也奚難焉夫易知如此則是一人之心有以通衆人之心將見知其心者然其心勃然鶴鳴子和之機動知其易者慕其易翕然斷金如蘭之願與盍簪以聚不戒而自孚也舉於我乎是比拔茅以征不約而自同也舉於我乎是附人雖間於衆寡聲應氣求者則間焉勢雖殊於遠近響應影隨者則不殊焉是則易知則所以驗其易者已至親則所以資其易者益深必如是而後可久也此其所以爲賢人之德歟雖然此特體乾道之易者耳人能體坤之道則亦可爲賢人之業矣然猶未也體之而至於聖則可以與天地參矣夫聖人之所以聖者盡此易簡也賢人之所以賢者體此易簡也衆人之所以愚者又非昧此易簡乎噫均是人也而有聖賢愚之异非此理之异所造之不同也有志於易簡者烏可以不勉

書

敷奏以言明試以功

王仲仁

同考試官教諭王批（題本平易場中作者於敷言試功處殊欠體貼此篇寫出有虞御群后之氣象宛然在目宜置高選）

考試官教諭高批（辭不牽强而意自足可以爲文矣）

考試官教諭歐陽批（壁經義似此亦少）

行述職之典嚴考績之法聖世統御諸侯之道也蓋述職行則政無所隱考績嚴則人不敢欺有虞待諸侯之來朝可謂得其道矣史臣紀帝舜之時當五載之内天子一廵乎方岳諸侯各朝於京師然其來朝也豈無事而空行哉想其有來雍雍至止肅肅凡施設於一國者必使於是而敷奏區畫於四境者必使於是而對揚如正朔制度若何而一之同之五禮五器若何而修之如之明目張膽於黻扆之前歷歷乎可聽也輸忱露悃於冕旒之下昭昭乎無隱也述職之公蓋如此其言不善固有以告飭之矣其言之善也豈可以遽信哉必聽言而觀行徇名而責實如鑑斯空試其所施設者有益於生民否乎如水斯止驗其所區畫者有關於治體否乎正朔制度果同歟一歟五禮五器果修歟如歟或勤或怠舉莫逃於洞察一至公而無私也若殿若最悉不出於藻鑑一至明而無蔽也考績之嚴又如此是則述職公考績嚴庸錫之典斯無愧矣有虞法制之善所以不可及歟

抑論之天不能自治而付之天子天子不能獨治而分之諸侯諸侯各守一國所以宣上德而達下情也使五載之間不行敷言試功之典則無以作其勤而起其怠上下之情何由而通欲民盡被其澤難矣後千餘年成周有六年五服一朝又六年王乃時巡考制度於四岳諸侯各朝于方岳大明黜陟雖疏數异時繁簡异制然後世稱治化之盛必曰虞周良有以夫

出入起居罔有不欽發號施令罔有不臧

劉永

同考試官教諭王批（題本文武德上説明白易見作者往往以發號施令爲政殊失本旨此篇得之矣蓋嘗用心於經學者歟）

考試官教諭高批（理明詞暢）

考試官教諭歐陽批（得旨可取）

動無不敬言無不善前王得近臣之助然也甚矣近臣於君德有攸繫也則夫前王動之敬而言之善者豈非得近臣以爲助哉昔穆王命伯冏爲太僕正而告之至此意謂文武之時君聖於上臣賢於下其侍御僕從之臣又極旦夕承弼之力則德之修也夫何如哉是以居上臨下不能無動也文武之動也或出入焉惟以抑畏而爲心或起居焉惟以祗肅而爲念周旋中規何者非天理之自持折旋中矩何者非天命之自度穆穆乎一和敬之旁作也雍雍乎一篤恭之顯象也深宫如是大廷如是合幽顯而一揆豈有一毫之不敬乎一日萬幾不能無言也文武之言也一發號焉莫不盡善而盡美一施令焉莫不至精而至備王言如絲何者不切於生民王言如綸何者不關於治體洋洋乎嘉言之孔彰也秩秩乎德音之濬發也微言如是大政如是舉小大而一致豈有纖芥之不善乎是則文武之聖尚有賴於近臣之助今予德不及於文武得不賴伯冏以爲助哉大抵僕臣之於人主服御所由職掌大命所由出入不可不擇人以任之也苟非其人則朝夕移養而不知漸入於邪僻欲動之敬言之善亦難也已故穆王於誥命之際惓惓乎此噫若文武者匪特爲穆王者所當法實萬世有天下者之所當法

詩

申伯番番既入於謝徒御嘽嘽周邦咸喜戎有良翰不顯申伯王之元舅文武是憲

楊士雲

同考試官訓導張批（此題預道申伯就封之事而戎有良翰文武是憲二句蓋體宣王分封本意作者率多忽此是篇詞暢理明宜取之以冠多士）

同考試官教諭秦批（題乃一篇之關鍵作者多於良翰爲憲處不知照應保南土式南邦意此篇體認親切挑剔分明且理致精到而文采不浮蓋嘗究心於本領者與）

考試官教諭高批（大雅義詞約理精者無踰是篇故録之）

考試官教諭歐陽批（四篇經義俱可觀而惟録此篇者譬諸嘗鼎一臠旨可知矣）

詩人之贈親臣美其就封而有以慰乎人表其重望而足以法乎人蓋慰乎人而法乎人非威望素著者不能也詩人於親臣之就封得不預道以美之哉宣王之舅申伯出封于謝而尹吉甫作詩以送之及此謂夫申伯以王朝之世臣膺南土之重寄威武足以讋服乎人心勇略足以作新乎士氣觀其就封之時徒焉步行以從者擁導前後何如此其衆也入謝之際御焉挽車以行者環衛左右何如彼其盛也周邦之人得於觀感之間交致喜慶之辭以爲是申伯之武必能鎮定南服所謂之屏之翰者有所賴矣汝今不有良翰乎斯申伯之勇必能保障南土所謂于蕃于宣者有所托矣汝今不有良幹乎然是甚顯之申伯以言其親則姻連玉牒而爲王室之懿親其寵之隆也何如榮冠戚里而爲宣王之元舅其望之重也何若是以操觚染翰南土未必無文士也莫不以其文是法焉披堅執鋭南國未必無武士也靡不以其武是憲焉是則南土是保式是南邦固宣王分封之本意戎有良翰文武是憲又申伯就封之能事尹吉甫預道以贈其行其意不既深乎嗟夫愛人以德所以贈人以言也吉甫一代文章之伯於申伯封謝則咏崧高於仲山甫城齊則咏烝民其事實其情親與後世葩詞藻句者大不侔矣然則二賢固有德行者矣吉甫亦善於贈行者歟

儀式刑文王之典日靖四方

陳淳

同考試官訓導張批（題本平易作者多襲陳言令人厭觀此篇説出後王格先之由詞理嚴整筆力老健其工於葩經者與）

同考試官教諭秦批（題意具於傳注作者多體認不真此篇順題講義坦然明白且氣充詞贍無片言陳腐使人望之而知其爲奇士矣）

考試官教諭高批（體貼周王所以格先享祭之意無餘藴矣）

考試官教諭歐陽批（詩正而葩此作得之）

法前王之舊章安今日之天下此王者格先之由也蓋前人之所制後人之所法也今後王法典以安天下其感格先王之神有由然哉此宗祀文王於明堂以配上帝之樂歌也想其登歌之頃致其冀享之誠謂夫我之奉祭上帝之享既不敢必文王之享則有可必然所以必我文王之享豈無自耶誠以文王安民之心寓諸典籍也今雖没矣典不與之俱没我則儀而式之于以恪遵成憲罔敢有或違文王安民之政布諸典册也今雖往矣典不與之俱往我則式而刑之于以率由舊章罔敢有或懈如懷保小民典之行於岐者悉舉而行之使行於昔者行於今焉如惠鮮鰥寡政之布於豐者咸遵而布之俾布於前者布於後焉夫我之法典者豈徒然哉蓋以文王之典安天下之典今日之天下文王之天下故自西自東四方何大也舉是典日以安之使咸蒙至治之澤地雖异而澤之所及無或异自南自北四方何廣也布斯典日以靖之俾悉囿咸和之治人雖殊而治之所被無或殊于以保郊鼎於無虞而鳧鷖既醉之太平千載猶一日也于以衍姬録於不墜而棫樸卷阿之大化百世猶一朝也噫法典安民則所以感格之者其有素矣配享之祭文王之神豈不既右享乎考之明堂之祭周公以義起之也然於天維庶其饗之不敢加一詞焉於文王則言儀式其典曰靖四方天不待贊法文王所以法天也卒章惟言畏天之威而不及文王者統於尊也畏天所以畏文王也天與文王夫何間之有哉

春秋

諸侯遂圍許曹伯襄復歸于曹遂會諸侯圍許（俱僖公二十八年）

周希謙

同考試官學正王批（題本胡傳晋討許不臣曹復國不義人皆知之究其聖人所以予奪者則難發揮是篇獨能組織傳注鋪叙明白且有斷制真得屬比之教者况三場俱優取冠本房公論協矣）

考試官教諭高批（説曹許可責處讀之凛然）

考試官教諭歐陽批（得聖人正名分嚴義利之意）

諸侯討罪春秋正君臣之典諸侯復國春秋嚴義利之别觀諸書法特予諸侯圍許深責曹襄復國意斯見矣聖筆之精一何至哉昔者晋文主伯吾聞其一戰勝楚兩朝于王矣迺今因許不會率會温之師以討之禁其樵采絶其往來文之圍許似亦過也經於此迺予晋文其意也何按古者天子廵狩諸侯皆有方岳之朝周法天子行幸三百里内有起居之問河陽踐土是許之密邇者使許誠能膏車秣馬以會夫諸侯端委弁冕以觀夫天子庶得

人臣之職則亦無可討者夫何諸侯再會也許則若罔聞知天子再臨也許則略不介意則於禮當討而在文問罪之師不容緩矣雖曰環城而攻似爲過舉然不朝是討不臣是問以王法律之在貶爵削地可也烏可執此以重文之咎耶故經於此書曰遂傳曰其稱遂繼事之辭也其予夫晋文所以責夫許者何如哉所謂正君臣之典者蓋如此若曹人從楚吾聞其見執於晋以畀於宋矣迺今因晋見釋遂會諸侯以圍許位其固有國其宜君曹之復國不亦可乎經於此於曹書名其貶云何夫義者天理之公正其義必推之天下國家而可行利者人欲之私放於利必至奪攘而後厭正義明道在諸侯所有事者使曹苟能持詞執禮以請於王仗義執言以復其國庶得歸國之道則亦無可議者奈何始之見執也既不上告王室以求伸今之復國也又乃下貨筮史而得釋則於利是行而於晋囚執之刑幸而免矣借曰貨以藩身何愛之有然臨難苟免以賂得國以大義律之誠匹夫賤者事也豈可以此而薄曹之罪耶故經於此書其名曰襄傳曰其歸之道非所以歸也其深責曹襄而所以生名之者何若哉所謂嚴義利之别者又如此雖然許曹不足言矣然晋文合四國能勝强大之楚合十一國之師不能服蕞爾之許何哉蓋踐土之盟血未乾又帥諸侯以會温城濮之大勞甫息又帥諸侯以圍許禮煩威黷諸侯亦罷於奔命矣况討許以不朝爲名假公義以濟私忿乎故曰晋文公譎而不正

冬十月壬午公子遂會晋趙盾盟於衡雍乙酉公子遂會雒戎盟於暴（俱文公八年）

楊敷頤

同考試官學正王批（内夏外夷作者類能言之於盟會上講雒邑戎不當居處略弗之及此作詞不煩而理獨到之必造詣之深者取之）

考試官教諭高批（得謹嚴意）

考試官教諭歐陽批（春秋謹華夷之辨意正如此）

即春秋深别華夷之盟見春秋深謹華夷之辨夫明族類别内外春秋法也得不於公子遂之盟趙盾雒戎以深致意哉何則中國之有戎狄猶君子之有小人在周公有膺懲之舉在大易有否泰之分戎狄者豈可雜處於中國而中國者安可混同於戎狄耶迺今魯文中葉仲遂執政内焉欲免晋討外焉欲結戎援十月壬午既偕趙盾而講盟衡雍是月乙酉復偕雒戎而結盟于暴衡雍盟也以大夫而專諸侯之禮猶以中國而交中國于暴盟也以戎醜而干中國之事是以中國而交夷狄度

彼參此固無足取矣夫春秋記約而志詳者也於是二盟而深别之何詞之贅而不憚煩乎蓋以雒邑天地之中王畿之内四時陰陽之所和萬國衣冠之所萃斯何地歟以戎醜而可居耶彼戎以西方之夷僻在荒服之外氈毳其服侏㒧其語戎何人斯於雒邑而可居耶以聲明文物之區雜被髪野祭之俗華夷之族類泯然矣内外之藩籬蕩然矣苟於此而不深别之謹嚴之法安在哉經於是一則曰公子遂二則曰公子遂不使雒戎同於趙盾一則曰壬午二則曰乙酉不使戎盟混於晋盟而又正其名與地以深别之者使人知華夏之中雒邑之内此爲華彼爲夷猶薰蕕之不可以同器涇渭之不可以同流則族類以明内外以别名分截然確乎其不可雜矣立法之精且嚴何如哉不特此也中國而夷狄則狄之夷狄猾夏則膺之謹魯隱于唐之盟志楚子陸渾之伐皆此意也觀於夾谷之會所謂裔不謀夏夷不亂華之言則知春秋之旨矣噫以爲經世之典撥亂反正之書百王不易之大法信夫

禮記

故祭帝於郊所以定天位也

陳傑

考試官教諭高批（作此義者類襲陳言可厭而於定天位處亦欠明白詞理兩得是篇其空群矣）

考試官教諭歐陽批（説出先王達禮教之意）

先王行尊天之禮所以立尊君之禮蓋莫尊於天而君儗之也因尊天而尊君之禮立焉則禮教何患其不達哉記禮運者謂夫帝乃天之所主天乃帝之所寓萬物資之以始功莫尚也先王則儀物具陳駕鑾輿而有事於吉土之郊歲功資之以成德莫加也先王則精誠懇到被龍衮而大饗於泰壇之上攄報本之心於燔燎之餘惴惴然恐帝之遠而難格也伸反始之念於對越之頃勿勿乎冀天之聽而來饗也所以然者蓋以民之於君猶君之於天君而不知所以尊天民而安知所以尊君哉今郊祭而尊天之禮以行則天下之民莫不曰代天理物吾君之功無間於帝知帝之至尊則知君之同尊也又莫不曰繼天立極吾君之德配合於天知天之當事則知君之當事也巍巍九重四海傾心而仰之如帝位於是而定矣穆穆一人萬方拱極而戴之如天分於是而正矣吁禮行而天道顯位定而君分尊先王達禮教之意何其至哉抑不特此耳祀社於國所以列地利也祖廟所以本仁也儐禮鬼神而祀山川本諸事爲而祭五祀皆是使禮教之四達廟有宗祝朝有三公學有三老五更皆明禮教以淑天下至於君之一身乃居巫史瞽侑之中而守至正焉則又以禮自防示教於天下也先王以禮示教而以身爲率如此所以幽感神明感人而臻類應之效也夫豈不宜

紀綱既正天下大定

趙儀

考試官教諭高批（本傳注先序之以禮爲説有發揮有照應經義如此可録矣）

考試官教諭歐陽批（得子夏告文侯意）

惟禮得其序斯世極其治蓋禮乃世之大閑也孰謂禮得其序而世有不治者哉子夏答魏文侯推言古樂之所由作如此謂夫者聖王因天下大當以興制作立父子君臣以爲紀綱紀則有六所謂諸父諸舅有善而有義族人昆弟有叙而有親以至師長朋友有尊而有舊也紀之所在禮莫大焉綱則有三所謂相臨而有君臣君則爲臣之綱相生而有父子父則爲子之綱以至相聚而有夫婦夫則爲妻之綱也綱之所在禮莫逾焉紀焉既正其必行之族黨鄉里無反無側井然而有條矣綱焉既正其必施之朝廷閨門無偏無黨秩然而有序矣夫禮所以定民志也今紀綱正矣則自東以西天下雖大孰不在於範圍之中自南以北疆域雖廣孰有出於維持之外遠近又安無復有乖争凌犯之風而世臻於極治矣不謂之天下大定可乎内外寧謐無復有搶攘摇杌之勢而時底於太平矣不謂之天下大定得乎夫禮序於上而化成於下如此古樂之所由以作也不在是歟大抵樂不可苟作也必禮序而後可作禮不可徒制也必治定而後可制此古之帝王始之以飾治功而終之以贊化育其所由來者不易而所以致用者匪輕也否則區區文具而已嗚呼後之人主有比湯武而幾成康者猶謂治之隆替不在禮樂而莫之究彼文侯何人斯而足以與此子夏之言秖見其托迹於簡册之間也噫

第二場

論

孟子以道自任

楊士雲

同考試官訓導張批（論題本以道字爲重而於時字亦不可輕過作者類多忽略此篇有發揚有歸宿筆力高古自是一家議論得士如此可以爲秋闈慶矣）

同考試官教諭秦批（寫出孟子以道自任之意有挽萬鈞筆力子其善於論者）

考試官教諭高批（以時與力二字推孟子心事曲盡無餘而議論滚滚無一句一字不切當者可以爲論矣）

考試官教諭歐陽批（是作議論淵源筆力蒼健反覆曲折發盡程子道孟子之意末復發出程子自任之意其亦學焉有得者歟）

理有出於衆人之所同而聖賢獨任之此必有不得已者矣道之在天下非一人之所得私也衆人與聖賢之所同也衆人與聖賢同有之則固宜衆人之分任之也然不可以徒任也力能任則任之時可任則任之力不足而任者愚非其時而任者妄有其力遭其時而諉於不任者畫三者聖賢不由也然則以衆人之所同而聖賢獨任之其心豈得已哉程子曰孟子以道自任予於是有以知孟子之不得已者矣請終言之斯道也何道也原於天而具於人天下古今所共由之道也韓子所謂堯傳人舜舜傳之禹禹傳之湯湯傳之文武周公文武周公傳之孔子皆是物也孔子之道顔子蓋得之矣簞瓢陋巷自樂其樂恝然若無與於斯道者何也當是時任之者有孔子故也若時無孔子則顔子亦必將駕其説於天下舍陋巷之安而授室於列國去簞瓢之樂而傳食於諸侯□欲退焉若愚以終其身不可得已孟子之得孔子之道猶顔子也而其時則非顔子之時也不遭顔子之時而欲樂顔子之樂是固無賢者也何足以爲孟子孟子之在當時蓋有以好辯譏之者矣其曉之之言曰予豈好辯哉予不得已也夫孟子之好辯將以明道也非苟以求勝於人而已也即求勝於人亦求孔子之道勝也非求勝其私説也故曰不直則道不見我且直之此孟子之所爲以道自任者也且孟子之時何時也邪説横流之時也邪説横流壞人心術其禍蓋有不可勝言者孟子以命世亞聖之才生當其時目擊其禍力足以任之而不爲之圖則安在其爲聖賢也夫聖賢之於衆人其性同也其性同則其道無不同者然天之生聖賢非如衆人之泛泛然而已也生一聖賢者將以衆人付之也天以衆人付之聖賢則聖賢視之猶一體也而顧爲獨善之計可乎今夫道路之間有遺物焉其重百鈞問之路之人皆曰是烏獲之物也過者日千百人力不能舉皆委而去之不顧也烏獲過之而認得爲已物將委而去之乎抑亦舉而歸之其家乎孟子之於道其認之也何以异此吾道之重不啻百鈞而亦非孟子之所得私者然孔子之嫡傳在孟子由孟子認之固若已物然今而害於邪説之横流則其爲道路之遺也久矣其私以爲已任者政以舉其故物耳而况其力又足以任之者乎其所以任之者何也距楊墨也息邪説也當孟子時邪説之害道者不止楊墨爲甚故其距之最嚴其意以爲人之所以爲人者以其有君父也孔子之道所以爲正者以其有仁義也楊氏爲我

是無君也墨氏兼愛是無父也無父則不仁無君則不義不仁不義則其去禽獸不遠矣使楊墨而非人也則可楊墨亦人耳顧乃陷於禽獸而不自知又以引吾同道之人使我坐視其禍而不之救是縱之也助之也其去楊墨幾何故昌言極論必使天下之人曉然知楊墨之害而後已楊墨之道息則孔子之道箸矣其他异端曲説私智小數凡可以病吾正道者一一辭而闢之以塞其源若爲并耕之説者闢之爲義外之説者闢之爲善戰之説者闢之爲連諸侯之説者闢之闢乎彼所以衛乎此也其惡之也切故其闢之也嚴其任之也重故其衛之也力於乎孟子之有功於斯道也大矣夫孟子之功固大矣而其不得已之故則非知道之君子有不能真知之者蓋其所遭之時與其所賦之才力皆有不容不任焉者故也使其幸而得爲孔子之徒則陋巷之樂當與顔子同之此任固無與也又不然而使顔子與之并生於戰國則孟子猶有可諉者亦將退焉若愚以終其身而已耳今孔顔既不可作而旁觀一世之人其才力又皆無足與於斯者然則孟子不以身任之而欲諉之誰哉程子之言不徒曰任道而必曰自任而又曰以道自任任者如有所負而不釋之辭自者獨致其力而不容人參之之辭以者如物在手而左右之之辭非孟子之識時以察其幾量力以致其决其孰能與於此哉程子生於千四百年之後而推尊之如此其可謂深知孟子之心者矣雖然斯言也程子非獨爲孟子發也蓋亦有自狀之意存焉程子之道上接孟子之傳者也自孟子後以道自任者非斯人吾誰與歸

表

擬宋龍圖閣直學士趙汝愚進名臣奏議表（淳熙十三年）

王仲仁

同考試官教諭王批（造語精而用事核表製佳矣）

考試官教諭高批（得宋臣忠愛意）

考試官教諭歐陽批（詞語醇正得四六之體可嘉）

伏以責難陳善懋昭建極之休納諫聽言丕闡用中之懿義雖出於往古文則述於先朝竊惟治道之盛衰實關言路之通塞堯設諫鼓聿臻於變之風武置戒鼗爰致永清之化自時厥後理亂相尋循之則興違之則壞粤稽祖宗之立法固於諫諍而留心增置諫員大振敢言之氣崇奬直節深懷不諱之朝許給舍以對還責侍從以獻納故當時之士咸思學古通經而投匭之章皆欲惠民保國顧往事之可爲法戒即今日之在所依歸因稡成百餘卷之書亦既閲二十年之久分門列類則自君道而訖邊防據事繫時則由欽宗而泝藝祖豈但易求政事得失之迹蓋亦可推國家隆替之由顧效力於涓埃曷叨塵於

進御恭惟孝隆德壽澤洽黔黎圖作敬天恐起居之或懈禮嚴敵國猶恢復之靡忘肆寤寐以思賢恒優容而受諫惟哲后多求古訓而聖人不弃邇言彼充棟之藏萬幾諒未暇及若連屏之繪一目則已無遺妄意此書殊切人主臣身違象魏心係龍墀才不如徵莫紀帝王之政忠惟慕相敢陳晁董之文伏願鑑此辛勤留神乙覽不必泛求而寡要但常致力以精思對列聖於遺編當有因往知來之益屈群策而决事不效尋章摘句之爲用躋世道於昇平以復祖宗之隆盛臣無任瞻天仰聖激切屏營之至謹以所撰皇朝名臣奏議一百五十卷奉表隨進以聞

第三場

策

第一問

楊士雲

同考試官訓導張批(寫出聖祖創治之難頒誥之意粲然有章足見所學)

同考試官教諭秦批(聖製一策敷答詳盡斷制明白真策手也)

考試官教諭高批(皇祖與湯武時勢之難易化導之异同士子間知其略然未有如此卷敷陳具盡者况他策俱稱魁多士知無愧矣)

考試官教諭歐陽批(聖祖創造之難垂訓之意揄揚殆盡其服膺而有得者歟)

知我聖祖定天下之難當知我聖祖致太平之難蓋武功以定天下文教以致太平此湯武與我聖祖之所同也時异勢殊道有升降取之既難化之亦不易此我聖祖與湯武之所以异也知乎此則聖神功德之盛庶可窺其萬一矣請因明問而敬對之自古大亂之後必有聖人起而掃除其禍若湯之放桀武王之伐紂皆神武不殺一怒而安天下之民者然其爲功則未有若我太祖之難者也是故夏之德衰于桀成湯于是乎有鳴條之役罪人既黜則兆民允殖矣未聞放桀之後復別有所攻伐也商之德衰于紂武王于是乎有牧野之師凶殘既取則四海永清矣未聞伐紂之後復別有所戡定也元政不綱群雄訌亂驅烏合之衆逞鴟張之威淫名僭號相望于天下甲僨而乙起東討而西叛恣爲荼毒賊我良民時勢之難爲未有甚于此時者也我太祖以江淮聖人應運而起恭天成命伐暴救民一征而起顛賊亮再征而拮僞吳三征而披閩粵四征而卷齊魯遂擣元都掇秦晋掀巴蜀復中國帝王所自立之地况不階寸土一民呼吸響應以成大業簡册所載未之前聞較之資毫衆以興師藉西

師而舉事者其難易又何如也嗚呼盛矣祖訓有曰群雄之强盛至難服也而朕以服之觀于此豈不益信矣乎自古帝王之興必有施命以告天下若成湯之誕告萬方武王之明大命于妹邦皆涣其大號風動而教化之者然其爲教亦未有若我太祖之難者也是故當桀之時同惡相濟者雖有其人然止于簡賢附勢者耳其餘則皆良民也故成湯之誥無費詞商之餘民染紂之惡者亦不過妹土之人耳其他故家遺俗尚多有之故武王之誥專妹土元以夷狄入主中國變我綱常污我衣冠盡天下之民耳濡目染日改月化相率而爲鳥獸之群者幾百年教化之難行未有甚于此時者也我太祖用夏變夷駸駸至于十八九年之後其風猶未盡革于是有三編之誥預示天下一不已而至于再再不已而至于三如父母臨之師保誨之必欲與斯世同躋于皇極之五福而後已其曰申明五常即克綏厥猷之旨也其曰爲民造福即輯寧邦家之心也其曰誥如擒惡受賞即群飲勿佚盡執拘以歸于周之説也其曰輕生易死復出三誥以示之即勿庸殺之姑惟教之之意也勝殘去殺已見於創業之時禮樂可興不待於繼世之後於乎盛矣祖訓又曰民經世亂務習奸猾至難齊也而朕已齊之觀于此又豈不益信矣乎夫湯武皆古聖人也其功德之盛復何間然顧其所遇之時視我聖祖則有不同焉者此我聖祖之所以爲難也百三十餘年來至于今日天下之民皆得以安養于大順大化之域優游于遵道遵義之天者果誰之力歟用之而不知習之而不察者此凡民也非豪杰之士也愚也何敢自擬于豪杰執事倘與其進尚能歌猗那之詩誦下武之章以揚厲神功聖德于商周之世

第二問

楊敷頤

同考試官學正王批（具事核立詞正讀之令人起敬其亦兩省之杰者）

考試官教諭高批（西京人才枚數幾盡而評品亦當是真尚友者乎可敬）

考試官教諭歐陽批（古帝王用賢圖治子能一一品第言之亦可以覘子之所養矣）

帝王之治世必資乎賢而賢才之行誼當究其實蓋君以臣興臣以君出名以實著實以名求也然欲評品其高下不於行誼之實其何以哉執事發策下詢承學請勉對其萬一粤稽諸古虞舜之帝也雖曰以玄德之升聞而其所以致風動之休則有禹稷契皋陶之輩焉周文之王也雖曰以明德之肇造而其所以培王業之基者則有太顛閎夭散宜生之徒焉是古之帝王未有不資賢人而共理者載諸典籍漫無可議姑舉漢世言之嬴秦鹿失漢室龍興方其

草昧之初則張良蕭何韓信之力居多及其建儲之際則東園公夏黄公綺里季角里先生之功爲最之數子者固皆一時之偉人至其優劣則有可言者氣象近儒良獨優矣出處不易四皓有焉而械繫夷族者又其下也及夫孝武繼世雄材大略維持時茂材應舉學富天人則董仲舒其人也賢良有策名重經術則公孫弘兒寛其也之三儒者雖皆一代之英俊而其優劣亦有可較者正誼明道董最高矣中和立論寛其次焉而曲學阿世者風斯下也自是之外則曹參之將相可觀也周昌之剛正可取也王陵之仗義直言劉章之托田進諫賢可知矣卒之諸吕盡滅劉氏無虞致治之功可少乎賈誼之治安時政賈山之至言懇切賢可見矣卒之帝心知嚮風俗少移致治之功可短乎軍法嚴明則有周亞夫矣明習律曆則有和張蒼者矣斷獄明允終致無冤之譽非張釋之之能乎而于定國則繼美者也性資忠直竟寢淮南之謀非汲黯之賢乎而申屠嘉則庶幾者也以霍光之性資重厚則立宣而有功以嚴延年之正直不阿則彈劾而莫避魏相之嚴毅廉正丙吉之深厚不伐則宰相之得人也趙充國之料敵制勝張安世之宿衛忠貞則將帥之得人也如黄霸龔遂之善政如延壽文翁之教化非守令之得人乎二疏之去有以長恬退之風龔勝之死有以勵志行之士以至忠誠則有劉向議論則有匡衡與夫或以文章顯或以篤行聞或擅一職之勞或專一節之美璧峙林立弗可僂指是皆西漢得人之盛而當時致治之隆未有舍此而得之者也雖然亦有憾焉迹近儒矣終於黄老之歸論固高矣不免灾异之惑忘親立功識者有譏洛陽少年君子興嘆近社稷臣者失之褊迫比伊尹功者病於不學數君子皆一代人物之楚楚者其失如此他何道哉此其迴視五臣四友蓋有不可同年而語者矣然則玉必琢磨而後可成瑚璉之器人必自勵而後可希賢聖之域愚也脱與幸進而竊禄于朝以立玉堦方寸地誓當尚友古人以虞周之臣自期待區區漢臣何足言哉管見如斯惟執事進而教之幸甚

第三問

王仲仁

同考試官教諭王批（説出弭灾之意詳盡無遺該博之學經綸之才純正之識於此策見之他日效用其風采必自有動人者）

考试官教谕高批（弭灾一事議論是識見高可以觀子之志矣）

考試官教諭歐陽批（召灾有由弭灾有術此策言之甚悉録之以爲今日修省之助）

天人不能無交感之理君臣當盡乎交修之誠蓋天人本乎一理而君臣貴

於一心也天之變异固將示戒於人使或君臣之間所以消弭之者有一未至則亦何以收格天下之功哉此愚於明問之及而不能不重有所感必欲吾君臣上下更相戒飭以盡應天之實庶乎天意可回民心可得而和氣可應也夫地何爲而震也周太史伯陽甫曰陽伏而不能出陰迫而不能升則地震劉向五行傳曰治宫室飭臺榭則稼穡不成土失其性而爲灾則地震之异固非無自而然也然自古以來無代無之姑即其已甚者言之則在漢文帝同日地震二十六處在宣帝地震河南以東四十七郡太宗貞觀之時京師地震松業二州靈州河東地震穆宗之時京師地震屋瓦皆墜户牖間有聲是其在治世則欲以警動人君使因之而戒懼不以既治而驕也在季世則欲以譴告人君使因之而修省不以有事而怠也是天之於君誠如父母於子者矣方今聖天子致中致和於上大臣奉職守法於下宜乎灾异無自而生而雲南之异乃如此豈非天心仁愛所以答吾君敬天勤民之意固有加而無已者哉惟人子事親之心無所不至不以喜而少縱其心不以怒而少衰其孝君之事天亦何异此則所以消灾弭异之心固不能不廑於上矣然君者出令者也臣者行君之令而致之民者也比者聖天子一聞地震之异遂遣祭告之使凡所以奉承天意以答天譴者或自得於聖心或建白於臣庶無不極力行之則所以應天者固至矣第不知奉行於下者果能一一如此乎執事謂政事或有所缺失者愚固不敢謂盡無也誠使爲之臣者上以率下下以事上一皆以奉法循理爲意各懷愛君憂國之誠禁奢惜費不敢盡民之財止工節役不敢盡民之力黜奸貪之官進循良之吏民之所利在於必興不爲流俗因循之論所惑民之所弊在於必革不爲讒邪柔佞之人所沮則庶幾應天以實所謂上下交而德業成也天意安有不迴變异安有不弭者哉迂疏之見固非特爲一方言之而亦未知是否惟執事進而教之

第四問

高輔

同考試官訓導潘批（此策援據前代考課之法無遺而模寫今日考核得宜之意殆盡非積學有待者不能是用録出）

考試官教諭高批（論考課之法有考據有斟酌子之學其博而通者歟）

考試官教諭歐陽批（歷代考課之法惟我朝爲最善是策條答詳明且一本於得人可謂知要者矣）

歷代之考課各有其法而操之在乎人今日之考課雖主于嚴而行之在乎恕蓋人以濟法則或嚴或恕皆足以舉一時之吏治而不必泥其迹恕以濟嚴則一張一弛皆足以鼓天下之人才而不必求其備愚也於歷代之法與今日之事

蓋嘗略聞之矣請爲執事一言之考課之法其所由來者遠矣品式之疏密不同事藿之分合亦异虞有三考之黜陟周有歲終之大計計簿之察責之御史州牧之奏下之三公此漢之法也六載之考委之達官優劣之等上之每歲此晋之法也唐制則百司之長歲較其屬之功過而差以九等宋制則内外選人周一歲爲一考而磨堪叙遷其甲乙之等則若河南吴公之第一茂陵蕭育之第六皆是也其批書之辭則若官無异稱之中上催科政拙之考下皆是也法之行于上也因時而損益法之用于下也因人而操縱以丙吉之寛大好禮則掩惡揚善而無所按驗以袁安之仁信道孚則不鞫臧罪而猾惡自禁條奏貪殘而大下肅然者楊秉之風裁可想也舉奏貪污而四海翕然者黄瓊之精可尚也趙宗儒懲至德之黜陟則考中上者纔五十人而不爲刻是亦矯枉之意也盧承慶重督運者之雅量則改判注之語至一再變而不爲專是亦觀人之法也選人匿喪者賈黯廢之終身將以振風義也韓億之意則不欲錮人于聖世而以捃拾小過爲大戒然但曰小過而已則大者之不赦可知也監司不才者范仲淹付之一筆將以利生民也杜衍之意則欲使人改過遷善而以摘發小節爲不恕然但曰小節而已則大者之必懲可知也嗟夫水火之用不同而同于利物醎酸之用不同而同于適口寛嚴之用不同而同于奉法二者之用惟視其人何如耳得其人則嚴者足以飭吏治而恕者亦足以鎮雅俗不得其人則其嚴也或至于矯激有假擊搏之威以肆其殘忍之性者矣其恕也或流于姑息有借持重之名以濟其不斷之私者矣我朝考課之法一以虞周爲準品式周詳體統不紊以藩臬察郡守以郡守察縣令有廵按者以莅之有廵撫者以總之行部則廉其臧否之實代還則上其批書之語其後恐風聞之失實而使人坐被空文也則令歲終奏報下之吏部而明著于册又其後恐胥吏之漏言而使人因緣爲奸也則吏部取每歲所報櫝而藏之臨事而後啓大約總計所報以三分爲率三分俱報其賢者爲上二分者次之俱無焉者爲下其防之也謂周而察之也可謂審矣仕者雖欲飾名以求功巧文以逃罪不可得也皇上端居九重之上而游念四海之遠愛惜人才之意常寓于綜核名實之中往年吏部上罷黜之數聖諭則曰人才難得如有不公許其伸理于是行覆考之令止欲去其太甚而新任者皆復其官繼後壹諫言黜陟之事聖諭又曰考察重事毋得偏聽致有枉折于是申明批考之法止據見任開報而既往者不追其過蓋立法雖嚴而行之甚恕即古昔聖王使人以器與人不求備之盛心也一時奉法之臣皆能將順德意嚴重者有黄瓊范仲淹之風寛厚者有丙吉杜衍之譽所以吏稱其職民安其業治化之盛比隆虞周而非漢唐宋之所能及也執事于此猶過爲借聽之謀欲求可以裨益時政者迂儒不知通變將何説以

應雖然言及之而不言亦君子所不與也竊有所見願終言之蓋聞昇時之考課也吏部就來朝各官中簡其治行尤异者具疏以聞寵以异數或陪祀于南郊或賜燕于南宫或别記其姓名或亟擢其顯位一時之仕者傾耳而聽企踵而睹往往咨嗟嘆羨而耻已之不與則争相磨礪勉修職業以冀後日之或與焉此所謂賞一人而千萬人勸亦轉移感動之一機也其事未遠其效可徵不知今日亦可舉而行之否乎僭妄之言承問而對執政者聞之或有取焉則豈惟仕者之幸

第五問

趙儀

考試官教諭高批（禦戎之策據古酌今非尋常敷演者比充積如此明春大廷之對知不多讓）

考試官教諭歐陽批（歷陳古人禦戎之法參酌時勢非有卓見者能之耶）

莫難於禦戎而得其法也易莫難於用法而得其人也易不得其法則所以備於豫者不固謀於變者不神戎狄之來也無以應之不得其則静而玩愒無撤桑之謀動而畏縮無鷹揚之勇法何從而出也必既得其法又得其人以守則固以戰則克尚何戎狄之足慮哉愚也草茅下士曷足以與廟堂之訏謨顧明問下及有不敢默焉者請復其萬一夫中國之有夷狄猶晝之有夜陽之有陰君子之有小人也故邊境自古爲患而備禦代不乏人試以自周而後者言之若居代雁門而匈奴十餘歲不敢犯邊者李牧也爲雲中太守而匈奴深畏其略者李廣也祭彤誘鮮卑擊弱匈奴而邊無寇警蓋恩惠所感焉陳禪於學行禮陳説道義而單于懷服蓋天理所孚焉都督并州而邊塵不驚比之長城者李勣之功何著哉刺史隴州設爲譙櫓以禦虜暴者馬燧之威何震哉請城方渠以遏吐蕃歸路楊朝晟萬全之計審矣總十一軍而築三城於要路李德裕措置之方密矣定州練兵精勁齊一而聲動虜中非韓琦之謀猷克壯而致是乎以詔書犒賞諸羌受命而始爲漢用非范仲淹之能服人心而得是乎之數君子者忠義著聞恩威并用其一時邊塞寧謐未必非其功也洪惟我國家之於夷狄來則厚金幣以賚之間又遣使臣以慰之綏之道既善矣嚴城壘之設以爲之防命文武之臣以爲之守馭之之法又至矣奈何比來北虜負恩敢於犯順及遣將出師也逐之則潛蹤而去緩之則乘間而來此所以致廑宵旰之慮然竊聞之夷狄不義縱暴必亡在備禦之得其法將帥之得其人耳誠使爲邊將者如李牧之在雁門廣儲積慎烽火練習騎射恩遇士卒勿輕舉以損其威謹妄動以蓄其鋭俟彼之來也則以逸待勞可一鼓而破之其鋒一挫自爾遠遁敢復來乎如祭彤之虜鮮卑結以恩惠示以財利諭以逆順禍福誘

以交相攻伐使於我各售其功於彼各分其志若彼之動也則以衆當寡可不戰而屈之其黨既散自然孤立敢爲患乎以至凡握兵守土者皆陳禪李勣之流韓琦仲淹之輩或以德化或以威略而國家明旌别之典嚴黜陟之條功多有厚賞不迪有顯戮則人皆自奮争樹功業將使隻輪匹馬絶迹於邊徼鬼蜮獸形退伏於窮荒保金甌之全勢紓宵旰之憂勤恐於此而得其萬一矣雖然愚又有説焉七旬苗格於誕敷文德之後四夷咸賓於明王慎德之時今日夷狄之患安知非天心仁愛欲如虞周之盛乎人事修則天意得則邊釁弭此又在聖天子加之意而已區區芹曝之誠敢以是爲篇終獻

雲貴鄉試録後序

弘治辛酉秋八月壬申雲貴鄉試事竣取士五十人刻其文之尤者二十篇合爲録獻于上皆成法也巡按雲南監察御史何琛實監臨之防範之嚴去取之審蓋有法外意焉故事録有序巖幸與有司列謹序其後曰乎雲貴之取士至此亦云盛矣嘗考之其初舉者纔十數人而止漸益之至四十有五人又再益之乃如今日之數至今又三科矣士之進修日益盛由今之試者觀之雖更益數人亦可也然而有不可者法也法之所在不得以私意出入之者也豈惟取士之數爲然由今録中所刻及諸得雋之文觀之爲易義者不得如書如詩而春秋不得如禮如易也爲論者不得如義而爲判爲策對亦不得如詔誥之類也何者亦各有法故也夫取士之數裁定於今因時而損益作文之格沿習於古與時而高下是二者皆以成法所在不容以私意參之而况於士之自立無時而可變者而獨無成法乎哉蓋自修已以至于安百姓自一命以上至於宰天下自戒慎恐懼以至于位天地育萬物君子小人之分義利公私之辨皆有聖賢之成法在焉爲士者當從事於此以終其身隨其職守才力所至以敬其事非可因時勢而爲之高下損益者也夫以取士之有法也外之則罪矣作文之有法也失之則黜矣士之自立萬有一焉或悖於聖賢之成法縱幸不爲有司之所罪與黜如内愧何如天下之公議何諸生皆誦法孔氏者孔氏之法士莫重乎其始進故於其始進也以是瀆告之有司者將考其後焉

湖廣長沙府湘陰縣儒學教諭高巖謹序

正德二年雲貴鄉試録

雲貴鄉試録序

皇上登寶位之二年適龍飛第一科鄉試廵按雲南監察御史陳天祥謹循舊典諗于有司禮聘儒紳以專校文而貴州應試之士例亦附焉時兩藩奉命内外臣工鎮守太監崔安張誠右少監孫清總兵官黔國公沐崑廵撫右副都御史吴文度右僉都御史王質廵按監察御史董紅朱衮清刑郎中朱鎏皆慎重其事傳等如期畢至以八月丁丑入院傳與教諭朱麒爲考試官劉謙劉漢杜誥廖軫程一嘉爲同考試官提調則左布政使熊禄左參議陳一經監試則副使李裕中僉事王經而左布政使任弘按察使劉杲左右參政沈林馬金孫春副使丁玥陳振朱璣左右參議黎民表胡拱林鐀僉事朱儀張弘宜范玶彭程則協恭於外也合雲貴就試生儒一千二百有奇皆提學副使彭綱毛科所擇三試之得士五十人以文之優者萃而爲録傳僭序之竊惟世運一新文運隨之故曰八音與政通而文章與時高下况國家景運重開制度文爲翕張變化天下萬國耳震霆之洪音目太陽之赫曜莫不動心駭目手舞足蹈以鼓舞維新之政而文章之在世表裏元化感動轉旋之機尤莫先焉與試之士固皆列聖培養之素而皇上又作新之譬諸稼焉耕耘盡人之力雨露得天之功而收獲之際風日清美飽滿成就無淫霖爛之疾風什之宜乎得美稼矣傳忝司文柄凡諸士之文悉得過目佳者類亦不一或淵粤蒼古或宏博富麗或平淡爾雅或春容紆徐或簡勁奇偉光彩絢爛精神流動其盛矣哉夫以雲貴僻地而學者之造詣如此非世運一新之會人自磨濯何以致之雖然諸士負文藝而至主司懸文鑑以臨之固一以文事相與也科舉之設止文而已乎蓋將因文求人而措之用者也自德行興賢高不可考射御選士卑不足行於是後世不能不設科求之其爲制莫盛於唐宋若韓柳之文章韓范之功業周程張朱之道學率由是而進者科目得人蓋不誣也我國家右文崇儒遠過前代自洪武永樂以來所得魁杰命世之英視前賢無讓者不可悉數科目之盛可謂極矣諸士與登鄉書其陟於有位可待尚期近追當代之英遠繼往古之哲爲科目之光以無負龍飛第一鄉試之選斯爲得之

直隸揚州府泰州儒學學正王傳謹序

正德二年雲貴鄉試

監臨官

巡按雲南監察御史陳天祥（元吉武功左衛籍直隸吴江縣人　丙辰進士）

提調官

雲南等處承宣布政使左布政使熊禄（曰貴江西進賢縣人　戊戌進士）

雲南等處承宣布政使司左參議陳一經（宗文四川成都後衛人　甲辰進士）

監試官

雲南等處提刑按察司副使李裕中（容正四川資陽縣人　丁未進士）

雲南等處提刑按察司僉事王經（文濟浙江山陰縣人　庚戌進士）

考試官

直隸揚州府泰州儒學學正王傅（希説廣東番禺縣人　壬子貢士）

江西饒州府鄱陽縣儒學教諭朱麒（汝祥福建懷安縣人　丙午貢士）

同考試官

河南開封府祥符縣儒學教諭劉謙（益之山東濱州人　己酉貢士）

四川重慶府榮昌縣儒學教諭劉漢（天章湖廣麻城縣人　戊午貢士）

順天府薊州豐潤縣儒學教諭杜誥（汝欽山東即墨縣人　辛酉貢士）

浙江處州府雲和縣儒學教諭廖軫（鍾宿江西崇仁縣人　戊午貢士）

直隸寧國府宣城縣儒學教諭程一嘉（懋中福建莆田縣人　辛酉貢士）

印卷官

雲南等處承宣布政使司經歷司都事陳鎡（用之湖廣臨武縣人　吏員）

雲南等處提刑按察司經歷司知事袁鋭（廷用四川成都中衛人　監生）

收掌試官

雲南府知府葉元（本貞江西貴溪縣人　甲午貢士）

尋甸軍民府知府李達（士行直隸固安縣人　丙辰進士）

受卷官

大理府同知張壇（主器福建龍溪縣人　丁酉貢士）

楚雄府同知曾顯（克達江西泰和縣人　丁酉貢士）

彌封官

鶴慶軍民府同知楊金（時重四川左護衛人　丙午貢士）

臨安府通判趙繼宗（叔敬浙江慈谿縣人　庚戌進士）

澂江府通判晁必登（汝吉四川宜賓縣人　庚戌進士）

謄録官

景東府通判劉瑞（世吉河南衛輝守禦所人　壬子貢士）

順寧府通判韓奎（文東江西永豐縣人　丙午貢士）

曲靖軍民府馬龍州知州陳亮（志明直隸廣德州人　戊戌進士）

對讀官

雲南府昆陽州知州林昕（弘耀廣東揭陽縣人　庚子貢士）

雲南府晋寧州知州喻敬（修己四川内江縣人　癸卯貢士）

大理府趙州知州蕭澄（鑑之江西泰和縣人　己酉貢士）

巡綽官

雲南右衛指揮同知張鎧（朝儀直隸永安縣人）

雲南後衛指揮同知陳軒（廷策江西新淦縣人）

雲南中衛指揮僉事方鉞（廷器直隸宣城縣人）

雲南左衛指揮僉事王晟（崇德直隸含山縣人）

搜檢官

雲南左衛指揮使周璿（世珍直隸滁州人）

雲南前衛指揮使蔣銘（自新山東博平縣人）

雲南右衛指揮同知蘇昂（廷舉直隸滁州人）

雲南中衛指揮僉事周紳（崇冕直隸盱眙縣人）

供給官

雲南府通判陳鸞（天奇湖廣黄陂縣人　癸卯貢士）

鶴慶軍民府順州知州封澂（太淵直隸嘉定縣人　己酉貢士）

五井鹽課提舉司提舉范志（希道山東即墨縣人　監生）

楚雄府經歷司知事王錦（希文浙江蕭山縣人　監生）

雲南府嵩明州同知林世杰（子勵福建懷安縣人　吏員）

雲南府昆明縣縣丞楊本（有源四川雙流縣人　吏員）

雲南府左衛倉副使王麒（廷瑞直隸金壇縣人　吏員）

雲南右衛倉副使白振（宣威河南郟縣人　吏員）

雲南右衛倉副使漆瓚（廷器四川巴縣人　吏員）

廣南衛倉副使李淇（志淵陕西涇陽縣人　吏員）

雲南府滇陽驛驛丞梁詠（廣言四川温江縣人　知印）

第一場

四書

今吾於人也聽其言而觀其行　聽者本也財者末也　集大成也者金聲而玉振之也

易

大君之宜吉　揚于王庭孚號有厲告自邑不利即戎　盛德大業至矣哉　天地設位聖人成能

書

皋陶曰都慎厥身修思永惇叙九族庶明勵翼邇可遠在玆禹拜昌言曰俞皋陶曰都在知人在安民禹曰吁咸若時惟帝其難之　俾萬姓咸曰大哉王言又曰一哉王心曰聖時風若　太保率西方諸侯入應門左畢公率東方諸侯入應門右皆布乘黄朱賓稱奉圭兼幣曰一二臣衛敢執壤奠皆再拜稽首

詩

其儀一兮心如結兮　樂只君子天子葵之　其胤維何天被爾禄君子萬年景命有僕其僕維何釐爾女士釐爾女士從以孫子　令妻壽母宜大夫庶士邦國是有

春秋

元年（隱公）　無駭帥師入極（隱公二年）季孫行父如齊（宣公元年）晋侯使士匄來聘（襄公八年）叔孫豹會晋趙武楚公子圍齊國弱宋向戌衛齊惡陳公子招蔡公孫歸生鄭罕虎許人曹人于虢（昭公元年）仲孫何忌會晋韓不信齊高張宋仲幾衛世叔申鄭國參曹人莒人薛人杞人小邾人城成周（昭公三十二年）　公會晋侯宋公衛侯曹伯莒子邾子滕子薛伯杞伯小邾子齊世子光伐鄭同盟于戲（襄公九年）　用田賦（哀公十二年）

禮記

臨財毋苟得臨難毋苟免　以正君臣以篤父子以睦兄弟以和夫婦　發號出令而民説謂之和　其寬裕有如此者儒有内稱不辟親外舉不辟怨

第二場

論

仁義人主之術

詔誥表（内科一道）

擬漢舉賢良方正直言極諫之士詔（建元元年）　擬唐以馬周爲監察御史誥（貞觀三年）　擬纂修孝宗敬皇帝實録成進呈表

判語（五條）

講讀律令　賦役不均　服舍違式　優恤軍屬　干名犯義

第三場

策（五道）

問　帝王之興宜有一代之文以爲教於天下後世是之謂君師之道然天之於人不能使之盡得其全而無少不足者大哉帝堯君哉帝舜二典之載特史臣所紀之詞堯舜未嘗發於精神心術以爲文也若六經之文孔子以是爲萬代事業堯舜所不得與者而君師之位孔子未之有焉造化之不足於人者固如是乎我太祖高皇帝有大誥三編太宗文皇帝有爲善陰騭孝順事實二書宣宗章皇帝有五倫書列聖皆以天地之德帝王之位奎璧之文齊堯舜而兼孔子矣天之所以全其賦畀者亦有可知者歟生斯世爲斯民居治教之中於聖制之大固宜服膺也試舉宏綱大要一二與諸生論之大誥之布至於再三屢出而不厭者其故何居丁寧而不已者其指安在其間爲條凡幾何者爲始何者爲終可得言歟爲善陰騭有治獄而能活人者何人有用兵而能活人者何人昆虫之活細事也何以亦獲天之報瓜菓之設小善也何以亦獲福之隆孝順事實孰爲帝王之孝孰爲公卿之孝孝一也而何以有孝忠孝義之异又何以有孝友孝節之殊五倫書所載君臣之倫何其詳父子兄弟夫婦之倫何其略堯舜禹湯君之聖也謙德之所載載堯節儉之所載無舜豈舜不能儉而堯不能謙乎叙君道臣道之善行爲類各四十有八其間亦各有序乎否也三誥三書有司者懼吾人莫不飲食鮮能知味也故於秋闈發之諸生試鋪張而條答焉則與凡民异矣

問　封建之制古有之矣肇於何時盛於何代何爲而國增益多何爲而國減復少秦罷侯置守廢封建而爲郡縣後世論封建者惟秦之罪然自漢以來封建之行何代無之豈秦之所廢者果非此乎我太祖高皇帝立國廟謨酌

古準今萬代無弊郡縣之制固在而封建之制亦未嘗無嘗竊論之有封建之名而非前代封建之實者天下之宗室是也有封建之實而非前代封建之名者曰裔之酋長是也其間立法之善有可得而言歟三代以上之封建不可復矣而經生學士尚有是古之論蓋以前人甲可乙否迄無定説姑舉一二大儒言之有曰公天下之端自秦始有曰封建者公天下之大端大本也有曰封建者争之端亂之始也有曰必如是然後能公天下以爲心而達君臣之義於天下數家之説孰得孰失古之封建其果可行乎不可行乎請折衷以己見用祛萬世之疑

問　古之爲民者四士農工商是也兵爲國之大事自黄虞以來蓋有之而周制益詳然稱民止四不及於兵何歟管子内政有士農之鄉有工商之鄉而士非四民之士也抑不知四民之士將何以置之歟其所以爲兵亦有可考歟易象曰君子辯上下定民志程子曰古之時公卿大夫稱其德農工商賈勤其事而後民志定公卿大夫即士之流也志定則安其分而外無所慕各事其業而他無所遷然則舜耕歷山伊尹耕有莘釋耒耜而致時雍之化去泥塗而任天下之重果士爲農乎抑農爲士乎傅説舉於版築膠鬲舉於魚鹽果真工乎果真商乎是民志未見其爲定也程子之言無乃不足信歟三代以降制不如古隷尺籍者遍於中土躬甲冑者盈於疆場論後世之民者亦宜如古所謂士農工商而不及於兵可乎古之制果盡善否歟如其善亦可行於今歟今之爲制亦有近似者歟諸士抱藝而來其於古今世變展轉於中素矣其悉陳之毋讓

問　天地間財止有此數不在於官則在於民今天下承平日久海内奠安宜乎公私具足積於無用可也夫何地之所斂或倍其常而用之所需反乏於舊將以爲在官耶則天下諸省倉廪罕見有紅腐之積府庫未聞有貫朽之財小有用費輒憂匱乏甚至内帑之儲户部之積欲求充盛或亦少之是不在官也將以爲在民耶則四方之民耕桑多不能爲衣食之資俯仰多不遂事育之願一遇凶荒相率流移甚至膏腴之地豐稔之年欲求飽煖亦或難之是又不在民也然所以致此者其故何由兹欲使國富於上民給於下其處之必有要而行之必有本焉請著于篇以觀先天下之憂而憂勿謂思出其位

問　自古爲治者必美教化以善風俗風俗未善而欲求治者鮮矣以雲貴言之古爲西南夷地我國家取而郡縣之所以揆文教奮武衛者亦爲詳備固宜與中州等也然而百餘年來風聲氣習無异於前革故鼎新未收其效夷民之异言异服者始終莫變盜賊之肆行劫奪者歲時無已貪財賤義之徒自

爲得計無情健訟之輩轉相效尤士或有乖庠序之教女或不知行露之義親戚之恩或至於薄婚姻之黨或非所宜民俗如此何由而可善耶或者以爲化導之機本於郡縣而郡縣之職或爲流官或爲土官土官以子奪之莫及而或縱肆其欲流官以更代之不常而或苟簡其政民之望於聊生尤不可得而况於俗善也臨之以藩臬之司糾之以憲臺之臣律流官者嚴矣果能惕其心乎令其朝覲以觀文明之治清其宗派以杜襢襲之争而待土官者亦至矣果能易其轍乎風俗之所責成者果有在於是歟斡旋之機亦別有其道歟諸生生長是邦目擊其弊更化之術亦必講之審矣明以告我以觀有用之學

中式舉人五十名

第一名　卓文林　雲南府學生　易
第二名　鐵潤　金齒司學生　書
第三名　王璽　臨安府學生　詩
第四名　陳暍　蒙化府學生　禮記
第五名　張嵩　貴州宣慰司學生　春秋
第六名　沈淳　大理府學增廣生　書
第七名　戴倫　昆明縣學生　易
第八名　張鳳翔　安寧州學生　詩
第九名　金罍　趙州學生　書
第十名　董雲漢　澂江府學生　易
第十一名　周瑭　雲南府學增廣生　詩
第十二名　張古　金齒司學生　書
第十三名　繆輔之　通海縣學增廣生　易
第十四名　莫清　貴州清平衛學生　詩
第十五名　楊紹軻　浪穹縣學生　禮記
第十六名　夏松　金齒司學生　書
第十七名　趙鳴鴻　雲南府學生　春秋
第十八名　党賢　貴州宣慰司學生　易
第十九名　洪毅　貴州普安州學生　詩
第二十名　朱旒　臨安府學生　易
第二十一名　范府　貴州宣慰司學增廣生　書

第二十二名　趙士賢　臨安府學生　詩
第二十三名　聶文　貴州平越衛學生　易
第二十四名　李大經　臨安府學生　詩
第二十五名　李藻　貴州平越衛學生　書
第二十六名　何邦憲　大理府學增廣生　易
第二十七名　馮睿　貴州普定衛學軍生　詩
第二十八名　楊富　大理府學生　禮記
第二十九名　黄玉　臨安府學生　易
第三十名　張拱堯　大理府學附學生　詩
第三十一名　楊徽　貴州畢節衛學生　書
第三十二名　張含　金齒司學生　易
第三十三名　王天爵　貴州普安州學生　詩
第三十四名　易翼之　騰衝司學軍生　春秋
第三十五名　葉庭　貴州平越衛學生　易
第三十六名　方春　曲靖府學生　詩
第三十七名　陸懷　貴州烏撒衛學軍生　書
第三十八名　陳表　北勝州學生　易
第三十九名　佘翔　貴州宣慰司學生　詩
第四十名　錢用昂　雲南府學生　書
第四十一名　唐彝　貴州普安州學生　易
第四十二名　項藻　曲靖府學生　詩
第四十三名　張濬　貴州安南衛學官生　書
第四十四名　王輔　雲南府學生　易
第四十五名　羅廷俊　貴州永寧宣撫司學增廣生　詩
第四十六名　楊珮　賓川州學增廣生　書
第四十七名　周良佐　貴州普定衛學生　易
第四十八名　楊表　安寧州學生　詩
第四十九名　桑格　貴州永寧宣撫司學生　禮記
第五十名　蔡仁　貴州永寧宣撫司學生　春秋

第一場

四書

今吾於人也聽其言而觀其行

卓文林

同考試官教諭劉批（因文以觀士子之實此作體認親切知其非徒言者）

考試官教諭朱批（人顧力行何如録此以戒時弊不特取其文也）

考試官學正王批（能言者每無近裏著己之實此作認得題意取之）

聖人之警賢者自言今當求人於實焉蓋能言而行不逮賢者之失也然則今之於人豈可聞言而信不求觀其行之實哉昔宰予志不能以帥氣不能以掩言夫子警之意謂忽於前者當致謹於今勉於今者斯能善於後彼以言取人昔焉吾嘗失於易矣過此以往可不知戒乎以言舉人向焉吾固略於事矣自是而後可不知省乎故於今也聞其人之出諸口者一皆務學不倦之談若可與共學矣然有言者未必有德烏可聞言而遽以爲爾耶聆其人之發於聲者一皆求道不已之論若可與適道矣然能言者或不能踐胡可聆言而遂以爲然耶必省察斯人於燕居獨處之際果於學也嘗加勤勵之功歟否則付彼爲徒言耳夷考若人於日用常行之間果於道也能效强勉之力歟否則置彼爲空言耳蓋雖聽其言之若是必欲觀其行之何如固不以人而廢其言亦不以言而信其行聖人言此其警宰予之意何切哉抑論之業精于勤而荒于嬉也古之聖賢未嘗不以懈惰荒寧爲懼勤勵不息自强夫何宰予以聖門高第列言語之科顧乃當晝而寢不能如其所言則是志氣昏惰教無所施宜乎夫子責於前而復警之以此也雖然豈必因予不逮於行而始聽言觀行耶特因此立教以警群弟子使謹於言而敏於行耳人其可不知勉諸

德者本也則者末也

鐵潤

同考試官教諭廖批（德爲生財之本子能會意成文是可録也）

考試官教諭朱批（講本末意思明白蓋嘗究心於義利之分者）

考試官學正王批（舍德理財皆非良圖録此文以爲時政萬一之助）

在內之理爲所先在外之物爲所後蓋德乃理之在內財乃物之在外者也然德必有財而財由德之致其爲本末之先後豈不較然矣乎大學釋平治之經及此意謂欲盡絜矩之道當明本末之分彼原於天命而衆理咸備具於人心而萬事由應所以公其好惡不爲一己之私度於物我能同衆人之欲者

德也德何以爲本耶蓋以德感心則兆民允懷而際天薄海皆歸于邦域以德行仁則萬姓咸若而遐陬僻壤悉入于版圖不必以利爲事也殆見因天分地何利之弗獲焉不必以富爲心也將見任之作貢何富之不有焉德非爲本乎謂之本者以財對德言則德在所先故爲本也乃若地利兼收於府庫之中方物畢集於帑藏之内所以廣儲蓄而給軍國之需充貨殖以備公家之費者財也財何以爲末耶蓋財之爲類雖至廣也然亦難於强求必以德爲豐財之大要財之生世雖無窮也然不容於易得必以德爲發財之大方欲財之聚實原於有土土宇之廣一德以致之也得土之廣又原於有人人衆之歸一德以招之也財非爲末乎謂之末者以德對財言則財在所後故爲末也是則不患財之未足惟患德之未周此君子所以先慎其德也歟雖然國不可以無財財乃民之心也古之帝王思以一人治天下不以天下奉一人凡可以節民財者無不爲之也後世不知以德爲本而惟財是圖瓊林大盈積以萬計卒不免於悖出之禍果何益哉噫財固不可以過取而亦不可以浪費苟取之盡錙銖用之如泥沙兩失之矣有天下者宜鑑于兹

集大成也者金聲而玉振之也

沈淳

同考試官教諭廖批（孟子長於取譬而此子亦善發揮宜録其文）

考試官教諭朱批（聖道未易形容此作就大成處見意蓋妙於文者）

考試官學正王批（此篇文韻清新自有優柔平中氣象取之）

大賢即樂之全而著其由以見聖道之大也夫大成之樂未易作也必金以宣之玉以收之會衆樂於一終斯其爲大成歟想孟子之意以爲三子之行各極其一偏孔子之道兼全夫衆理不猶樂之大成乎彼樂有金石絲竹之不同匏土革木之不一若獨奏一音而自爲始終特小成耳必衆音并舉斯爲大成八音各奏而自爲始終亦小成耳必群樂合作乃爲大成然其作也何如蓋八音之中金石爲重方其未作則擊鑄鐘以宣其聲揚六律於鏗鏘之頃播八音於和鳴之間翕然并作高下以之而有條群然交奏清濁由之而不紊是金聲一宣爲衆樂之統宗矣俟其既闋則擊特磬以收其韻肅群音於一終之後卷衆樂於九奏之餘高下之音詘然而遏息清濁之韻截然以終止是玉韻一收爲衆樂之總括矣金以宣於先則凡自一成以至於九成者莫不由是肇其端玉以收於後則凡自一變而至於九變者一皆藉此畢其事二者之間脉絡通貫無所不備合衆小成而爲一大成也豈非孔子集三聖之事爲一大聖之

事乎抑論夷清尹任惠和所造固各抵於其極但不免倚著於一偏也惟孔子則仕止久速各當其可兼三子之聖而時出之先儒謂三子春夏秋冬各一其時孔子則太和元氣流行於四時信斯言也孟子于此既樂以喻之下文復即射以明之其深知孔子而善於形容者耶此其乃所願則學孔子

易

大君之宜吉

卓文林

考試官教諭劉批（君臨天下宜不自用而任賢臣此篇善於道意故録）

考試官教諭朱批（談易能就人事上發揮方見心易之妙此作近之）

考試官學正王批（君道至大臨爻一言盡之此可見易不徒爲卜筮）

得居尊之體爲臨下之善此聖人繫六五爻義也蓋任人則優於天下居尊之體得矣以是而臨下何有於不善哉且臨之六五以柔中而下應不自用而任人乃知者之事爲大君之宜彼大君者首出庶物撫莅萬邦所臨何廣耶苟自足其善而無操約及廣之方則非所當務也時乘六龍統御四海所臨何衆耶苟自恃其長而無務寡服衆之術殆非所當爲也惟虚心下賢不專自用則是萃衆善以爲己善萬邦雖廣同歸於乾旋坤轉之中其所當務不在是乎推誠使能必欲任人則是集衆長以爲己長四海雖衆舉囿於日照月臨之下其所當爲果外是乎夫莫難盡者君之道也今既萃衆善以爲臨必其行合天道而大亨以正之善可獲未易全者君之德也今既集衆長以有臨必其動皆順説而教思容保之效可臻推臨之大于以建夫可大之業繼蠱之元亨而天下治矣行臨之中于以妙夫用中之極啓觀之神道而天下所矣向使專於自用而不思所以任人固非宜也如吉何哉抑論五之應二其人君任相之道乎故不患治之未隆惟患相之未得誠得相而任之則君逸於上臣勞於下天下之務將無足爲者矣然相之賢否治忽所關人君擇之又不可昧於邪正之辯故曰知人則哲臨之六五繫以知臨於此見用人之道其要在知人也

盛德大業至矣哉

戴倫

同考試官教諭劉批（説理文字自是簡潔此作其庶幾乎）

考試官教諭朱批（造化全功一筆寫出其亦善言易者）

考試官學正王批（易理無中含有最難形容詞簡理明僅見是作）

大傳贊造化之全功而有以妙其極焉蓋盛德大業一皆造化之功也所

以然者又豈有加於其間哉宜大傳舉而贊之也且一陰一陽之道無乎不在以在造化者言之方其動而爲德之發也有象有形無隱不彰可名可狀無微不著生生者亘古今而相禪化化者貫始終而相繼是蓋自然而然浩乎不可以淺近窺也德之盛爲何如及其静而爲業之本也功有所成斂大化於無形用有所歸會一元於無迹妙機緘而莫測者有生咸具含變化而至密者隨在各足是蓋無爲而爲渾乎不可以限量求也業之大爲何如夫德之發者固爲盛矣使有終窮則非盛之至也業之本者固爲大矣使有滲漏則非大之至也今德之盛與時偕行初無終窮之或間是德之所以行豈復有加其盛乎業之大體物不遺曾無滲漏之或外是業之所以立尚復有加其大乎造化之全功如此何莫而非陰陽之所爲也大抵天地之間陰陽兩端而已道具於陰而行乎陽顯諸仁即天道之元亨誠之通而爲德之發也藏諸用即天道之利貞誠之復而爲業之本也造化之德業如是乃若易簡理得聖人之德業也可久可大賢人之德業也學者誠能由易知易從而馴造其極則士希賢賢希聖聖希天矣天人豈有二哉噫非知道者何足以語此

書

臯陶曰都慎厥身修思永惇叙九族庶明勵翼邇可遠在兹禹拜昌言曰俞臯陶曰都在知人在安民禹曰吁咸若時惟帝其難之

鐵潤

同考試官教諭廖批（得臯陶陳謨大要而大禹俞吁之旨亦能體出録之）

考試官教諭朱批（寫出禹臯虞廷問答雍容氣象是用録出）

考試官學正王批（善體貼收拾可以見子之會理成文矣）

大臣美所問而廣其謨同列深然之大臣美所言而廣其旨同列深難之蓋致治固本於修身尤在於知仁也此大臣推廣而致同列然否之辭者有以哉思昔虞舜垂拱臯陶陳謨因禹之然美禹之問乃推廣允迪謨明之義以爲治本於身而修之在慎也必戒謹恐懼使無言行之失身主於心而思之在永也必深謀遠慮不爲淺近之圖由是推之於家則親親恩篤而家齊推之於國則群哲勉輔而國治又由近而可推之於天下之遠者亦不外是蓋身修家齊國治而天下平矣禹聞斯言遂拜之曰修齊治平非輕言也實盛德之嘉言篤近舉遠非虚語也誠保邦之要道其深然之者非有契於其心乎夫致治固不外乎修身然非知人安民又爲治之累也故臯陶因禹之俞而復推廣其未盡之旨嘆美其言以爲在於知人必因能授任使野無遺賢以急加之先務在於安民必布德施惠俾萬邦咸寧以成仁之極功則允迪謨明之義盡矣禹聞斯

言遂吁之曰仁兼乎知雖帝也其仁如天而四凶在位知又難能也知兼乎仁雖堯也其行如神而病諸博施仁又難能也其不然之者非有難於其事乎夫以皋陶之陳謨而大禹一然於前一難於後者有如此無非所以勸戒期望於其君也噫至矣哉是知有虞之臣忠良登於一堂謨猷會於衆見其曰俞曰都者非阿諛曰吁曰咈者非拂逆言若牴牾而義實相足外若背馳而内實相孚唐虞雍容氣象可想見矣夫豈後世之可及哉

太保率西方諸侯入應門左畢公率東方諸侯入應門右皆布乘黄朱賓稱奉圭兼幣曰一二臣衛敢執壤奠皆再拜稽首

金罍

同考試官教諭廖批（有周臣子尊君體統之嚴模寫殆盡當是作手）

考試官教諭朱批（寫出周家臣子尊君氣象亦可以覘子之能忠）

考試官學正王批（叙事整肅令人頓生敬畏璧經中之翹楚也）

二伯率諸侯各列覲君之位諸侯獻方物同肅覲君之儀蓋班次分列固朝會之常儀而儀物兼隆又臣子之正道也自非有周盛時曷克爾哉昔者康王嗣位群后畢朝是時太保爲西伯則西方諸侯在所統矣於是率之皆踧踖如也以入于應門之左畢公爲東伯則東方諸侯在所統矣於是率之皆足躩如也以入于應門之右外以承内若網之在綱有條而不紊秩然其森嚴也内以統外若身之使臂有令而必從截然其整齊也夫同入其門各列其位至於君前矣可無物以爲贄哉布於庭者則陳四黄馬而朱其鬛執於手者則舉所奉圭而兼以幣形之言曰藩衛之臣不在兹其來也敢執壤地所出以成夫奠贄之禮屏翰之臣不一兹其朝也敢執對内所産以表夫恭敬之心於是又相率皆拜以至於再若大若小儼一敬於天威之密邇也相與稽首以至於地若尊若卑罄一誠於龍顔之咫尺也吁班次分於近所尊之初儀物備於既近所尊之頃諸侯朝見康王如此正始之道不於是而可見哉考之王制二百一十國以爲州州有伯八州八伯各率其屬以聽於天子之老二人則二伯之制蓋始於此矣洛誥召公語成王以御諸侯之道有曰享多儀儀不及物惟曰不享而又宫省之禮朝會之位貢獻之物無非素籌而預定者張子曰爲治而不法三代終苟道也誠哉

詩

其儀一兮心如結兮

王璽

同考試官教諭程批（講君子用心處明白簡易蓋亦知心之所用者歟）
同考試官教諭杜批（能脱去外占知内之説得詩人渾融之旨録之）
考試官教諭朱批（此題有不容言之妙而子能言之可謂善説詩矣）
考試官學正王批（體認真切而詞足以發之可取）

即其動容之善而爲用心之善詩人美君子然也夫儀之所在心之所在也觀君子儀容之一非其心之如結而何哉鳲鳩之詩詩人美君子用心均平專一而作也意謂心者一身之主宰儀者一心之運用心焉不存儀能一乎今觀曹之君子自燕處以至酬酢凡布於四體之間抑抑然爲之慎密而不過其則自間居以至應接凡見諸一身之際秩秩然爲之整肅而不逾其閑周旋中規折旋中矩而所以中規中矩者久暫一致初不謹乎大而忽乎小也容正可觀進退可度而所以可觀可度者終始一誠初不修於顯而怠於隱也然儀之所以一者豈有他哉蓋以威儀之著見莫非精神心術之微容貌之展舒莫非虚靈知覺之妙念慮所施有以管攝乎四體心思所及有以檢制其一身大者此心小者此心一心之精誠合久暫而無間不有如物之堅固不可解乎顯者此心隱者此心一心之妙用貫終始而不渝不有如物之凝結不可散乎是則心所以維持此儀而儀所以運行是心豈儀自儀而心自心耶若曹之詩人亦可謂善觀君子者矣嗟夫心之於人亦大矣宰一身而統萬事貫一理而妙萬化也然以心而觀心則隱而難知以儀而觀心則顯而易見此則詩人之深意也况蕞爾曹狃於風聲氣習舊矣能知此心爲用者幾何人哉故詠侯人者有赤芾之譏詠蜉蝣者有麻衣之嘆回視淑人君子能無愧乎此删詩者所以特表而出之又斡旋風化之一大機也不可不知

樂只君子天子葵之

周瑭

同考試官教諭程批（當時君臣腹心相孚氣象模寫殆盡）
同考試官教諭杜批（詞理精切説出人君推誠待臣之意）
考試官教諭朱批（詩正而葩此作蓋得其遺緒者）
考試官學正王批（寫出周廷明良之盛宛然在目）

王者於諸侯嘉其人而度其心也蓋諸侯可樂則其心之所藴也可知王者寧不有以度之哉采菽之詩天子所以答魚藻也意以爲下者禮有所忽則爲上者或有所忌何有於可樂乎今我諸侯念朝廷之分所尚者嚴君臣之禮所主者敬望龍衮於穆清俯伏舞蹈之容翼如也接其丰采而天顔爲之一開

何樂似之瞻冕旒於堂階拜手稽首之儀蹌如也睹其輝光而天威爲之一霽何樂如之吾知一恭足以諧帝旨一敬足以悟宸衷天子必曰惟爾諸侯向也出莅侯服視天階蓋九重也雖曰爲上爲德孰與其忠今焉彼交匪紓而愛君之心畢露於朝見之頃一念忠貞不惟諸侯自許而天子亦許之昔也出守侯邦視君門蓋萬里也雖曰爲下爲民孰亮其誠今焉彼交匪敖而愛國之心洞徹於會同之日一腔忠赤不惟諸侯自知而天子亦知之以翼翼之恭蘊而忠貞之節凡可以緝熙帝載者無不默運於心思豈必於其來也見諸獻納而後與其忠哉以肅肅之敬篤而爲忠亦之忱凡可以圖惟化理者靡不潜孚於念慮豈必於其至也指諸行事而後亮其誠哉是知非諸侯之樂只固無以致天子之揆非天子之推誠又何以知諸侯之心君臣之間可謂各盡其道矣雖然古之聖君不患臣禮不吾盡也而患體悉之未周古之賢臣不患君恩之不吾溥也而患敬禮之未至今觀有周君臣其來朝也則曰彼交匪紓敬禮至矣其燕饗也則曰天子葵之體悉周矣此所以君臣相得而爲有周之盛也千載而下猶可想見其氣象

春秋

元年（隱公）

張嵩

同考試官教諭劉批（發明人君之用心學之傳深得聖人紀元之意宜録）

考試官教諭朱批（場中泥於元日元紀對乾元坤元惟此作獨出群昧）

考試官學正王批（體元以正心處而述古之意宛然寓於其中杰作也）

春秋托魯君嗣位之因著大君體元之義此見夫子祖述憲章以體元爲人君之職也其經世之志何如哉且仲尼一身天理攸係是故假魯史以修春秋因衰世而立治法乃於隱公即位之始年不謂之一年而謂之元年者意以嗣位雖諸侯之常春秋實天子之事彼大哉乾元萬物資始天之用也至哉坤元萬物資生地之用也人君成位乎其中則與天地參者也可不體乾坤之元以爲用邪元者何仁是也仁者何心是也吾覆幬乎天當思所以法天而覆幬乎民吾持載乎地當思所以則地而持載乎衆以仁存心以心應物建立萬法酬酢萬事無非此心之運用帥馭萬夫統理萬國無非此心之經綸必也動焉正夫此心静焉正夫此心而使萬法萬事莫不咸歸於至正之中語焉正夫此心默焉正夫此心而使萬夫萬國靡不悉歸至正之内將見陰陽調而風雨時與乾之始萬物也同一功群生和而萬民殖與坤之生萬物也同一化體元之用不其大乎如二帝之所以帝天下者此元也夫子元年之紀其亦祖述舜典

紀元日之遺意歟三王之所以王天下者此元也夫子元年之稱其亦憲章商訓稱元祀之舊章歟吁德之大者莫大於乾坤用之大者莫大於天地聖人欲人君體乾坤之德以參天地之用其致望之意深矣抑論心者人之神明所以具衆理而應萬事者也堯舜禹以天下相傳首曰人心惟危道心惟微周公稱乃考文王亦曰克宅厥心乃立兹常事聖人修春秋亦欲人君以正心爲要前聖後聖异世同符於此亦可驗矣雖然體元者固人君之職而調元者乃宰相之事此又經國者所當知

公會晋侯宋公衛侯曹伯莒子邾子滕子薛伯杞伯小邾子齊世子光伐鄭同盟于戲（襄公九年）

趙鳴鴻

同考試官教諭劉批（説鄭恐鄭成而楚屈如目擊當時行軍之法者可取）

考試官教諭朱批（服鄭所以敝楚處恩威斬然且蒼古謹嚴當是作手）

考試官學正王批（寫悼公用武子之謀服鄭以罵楚若胸中有兵甲者）

觀霸主之於貳國也既用善令以致其從復用善謀以堅其從于以見悼公能從武子之謀故不戰而成服鄭之功也觀春秋所書而意自白矣昔鄭自鄢陵之後而從楚之心益堅晋自次鄫以來而服鄭之心尤切至是鄭也方及子貞以爲平晋也遂合諸侯以致討夫列僻偕行其師固爲强矣苟非用令之善未必能得鄭之從也幸而悼公獨斷于衷拒荀偃之謀而不用其號于大衆也命雖不同惟欲振我之威而不使有意外之虞也其令于列國也詞雖有异惟欲慰彼之心而不使懷長往之念也不亟亟以迫其從惟徐徐以致其服由是鄭人恐懼乃遣使以行成焉然鄭之所以行成於晋者非真有幡然改圖之心也良由悼公發令之善有以悚動之耳夫鄭之從晋其迹固可喜矣苟非處之有道亦未必能得彼之心也幸而悼公廣詢於衆□知罃之策而必從大勞未艾非君子之心也寧休兵以釋鄭不久役以勞乎衆也暴骨以逞非先王之制也寧還師以敝楚不亟戰以病乎民不以戰勝爲功惟以謀成爲事由是許鄭之成而使之得與於盟事焉然鄭之所以結成於晋者非誠有確然不易之心也良由悼公用謀之善有以感化之耳吁晋之服鄭有道如此非徒欲服鄭也將以罵楚也鄭既服則楚自屈矣若悼公者其亦善於安攘者與雖然晋之服鄭罵楚固云善矣然非悼公之謀也乃智武子之謀也智武子明於善陣之法以佐晋悼公屢與諸侯伐鄭楚輒救之而不與之戰楚師遂屈得善勝之道矣故春秋於三駕伐鄭之下而書蕭魚之會以美之讀是經者屬比而觀則悼公君臣之善自不容掩矣

禮記

以正君臣以篤父子以睦兄弟以和夫婦

陳蝸

考試官教諭朱批（推原聖人與魯蜡祭有懷古望今之意且文詞爾雅可佳）

考試官學正王批（敦禮義以風化天下亦今日之務也此子能發其意豈特以文字取之）

王者維持大倫一本乎禮義爲用焉夫禮義人之大閑也王者維持大倫舍禮義其何以哉昔孔子與魯蜡祭而懷古傷今之意謂夫大古之時風俗淳美彝倫攸叙無爲之化不可及矣迨至三代古風漸降不能不以禮義爲治焉是故相臨也而爲君臣相親也而爲父子此人之大倫也由以禮義正乎君臣也則朝廷之上君以仁臨其下臣以敬事其上截然冠履之分明矣以禮義篤乎父子也則家庭之内父以慈畜其子子以孝事其父秩然天倫之分正矣君臣也父子也一範圍乎禮義之中豈復有相凌相夷之患哉同一氣而爲兄弟合二姓而爲夫婦亦人之大倫也由是以禮儀睦乎兄弟則兄友弟恭而如手如足藹藹乎一塤篪之迭奏也以禮義和乎夫婦則夫義婦聽如賓如友雍雍乎一琴瑟之和鳴也兄弟也夫婦也咸維持乎禮義之内豈復有相戕相褻之患哉孔子因蜡祭而歷言三王禮義之治如此將有望於魯復興周道於東歟抑論之大朴散而人心不古若矣聖王作則以人情爲由修禮以畊之陳義以種之故耐以天下爲一家中國爲一人而成大順之治也若治國不以禮義猶無耜而耕耕而弗種豈能經綸乎天下之大經而成大一統之治哉有天下國家者不可不知

發號出令而民説謂之和

楊紹軻

考試官教諭朱批（太和氣象未易形容此篇詞不費而意自完當是作手）

考試官學正王批（題有關於治體此作亦善發揮三復其文知必爲佳士也取之）

君命施於上人心順於下此和之所由名也蓋世道之和必原於民無不悦也自非君命之善疇克以臻此歟且夫人君以一身而尊居九重運一心而統理萬化非發號以新天下之觀聽也必涣其大號由朝廷以及於閭閻一雷霆之鼓舞焉非出令無以一天下之心志也必施其正令自王畿以至於侯甸

一天風之播蕩焉然號之所發莫非因時制宜而有以合人之情殆見萬姓交歡舉欣然而有喜色矣令之所出罔非更化善治而有以得人之心殆見群黎咸樂舉油然而生喜意矣夫未易致者民之悦也苟發號而拂其情則嗟怨日興如乖戾何至難得者民之悦也苟出令而失其心則愁嘆日滋如悖戾何故惟大號一發民悦隨之則是四海之内心既和而氣亦無不和矣太和之化流動充滿得不謂之和哉正令一施民悦應之則是□有之間形既和而聲亦無不和矣至和之妙薰蒸洋溢豈不謂之和哉吁君命敷於有言之表人心樂於忘言之天此世道以和而治效所由盛也抑論太古之春皇以道化民不知號令爲何物自世降而王乃有所謂號令者然當時之民踴躍惟恐或後夫何後世號令一布而民疾首蹙額之不暇者何哉蓋其法網太密時禁過嚴惟欲使民戰慄而不容犯故耳求如古之民悦而和其可得乎噫渙王居无咎此先王號令之初意也君人者其鑑諸

第二場

仁義人主之術

卓文林

同考試官教諭劉批（講爲術處議論最正知其人必心術正者行將有官守言責之寄慎勿以他術雜之）

考試官教諭朱批（通篇渾厚和平了無雕琢委靡之習治世之文固如是乎録之足以華國）

考試官學正王批（詞氣沛然若不竟其説者昔人謂汪洋大肆決非膚淺之人其子也乎）

論治者必本於德德而能用其全則人主之道得矣夫天下以一人爲主一人以一心爲主心者德之所具而運用之以御天下者也故治本於德而德貴於全然以全爲名則必有所謂偏也德果有偏全乎理得於心渾淪備具而泛應於外用各不同人之用或不得其全於是本無偏者始有所謂偏耳是蓋仁義之謂也有過於仁而不知用夫義者有過於義而不知用夫仁者是豈仁義之過哉用仁義者過之也故仁義可全也不可過也過則偏矣惟仁也而後可以悦天下之心惟義也而後可以讋天下之心於一己之全德而并用之久安長治之道在是矣人主之術尚何有加於此耶今夫仁義之理其□於太極乎太極者陰陽兩端而已天地萬化出焉所以爲天地者不越乎兩端陰陽是也所以爲人者亦不越乎兩端仁義是也試觀諸天地焉陽既舒矣必繼之以

陰陽蓋未嘗有所偏也陰既慘矣必繼之以陰陽亦未嘗有所偏也天地之德惟其全也故日月星辰水火土石之體無所變洪纖高下飛潜動植之類無所窮元會運世歳月日時之運不見其有所斷續天地於是乎奠位矣人稟夫天地之氣囿於太極之理而人主又父天母地爲之子者仁義固其所具而所以用仁義又其所急人主之仁一天地之陽舒也人主之義一天地之陰慘也人主之主乎兆民猶天地之主乎萬物天地主萬物以陰陽而本於無心人主主萬民以仁義而涉於有心則經緯之方運用之妙皆謂之術非後世之所謂智數拳謀也即修道之教制用之法也仁義果足以盡人主之術耶天下亦大矣大川襄谷异制民生其間异俗剛柔輕重遲速异齊愛惡相攻而吉凶生遠近相取而悔吝生情□相感而利害生於是紛紛者難一也擾擾者難定也涣散者不可以收拾也獨不有其術乎是故人心雖衆而操簡御繁者自有其具天下雖大而以静制動者自有其規要不出乎仁義而已人心不離斯可以言治也必其人心自不忍離而後其合也堅人心不叛斯可以言治也必其人心自不敢叛而後其服也夫仁義者所以致人心於不忍離不敢叛者也宜舉其全而不可以偏害之也曷爲仁測隱慈愛寬裕温柔者是也曷爲義發强剛毅嚴威儼恪者是也萬物一體八荒我闥有仁民愛物有老安少懷有博施濟衆凡此者皆仁之施也制民之欲防民之行刑以弼教兵以止亂有親賢遠奸有彰善癉惡有立綱陳紀凡此者皆義之施也寬大之政忠厚之風于是乎寓焉操縱之妙闔闢之機于是乎在焉禮樂刑政皆所以爲仁義之具條教號令皆所以達仁義之施履實位開明堂所宣布者非仁以育民則義以正民也貢斧扆正南面所申命者非漸民以仁則摩民以義也仁柔也義剛也剛柔得其宜是即沉潜剛克高明柔克者矣仁寬也義嚴也寬嚴盡其道是即猛以濟寬寬以濟猛者矣和氣氤氲甘澤流布人主之仁風被於四海矣雷霆其威霜雪其厲人主之義氣冒於九有矣是所謂人主之術也是所謂用其全而不以偏害之者也由是仁之所及天下莫不愛義之所及天下莫不畏愛則親上之意油然而興如水之朝宗星之拱極無睊睊胥讒之怨矣畏則尊君之意惕然以有如風之偃草臂之運指無敢有越厥志之爲矣仁義行於家家之愛畏同也仁義行於朝朝之愛畏同也仁義行於國國之愛畏同也仁義行於天下天下之愛畏同也納六合於範圍之内置宇宙於把握之中紛紛者以一擾擾者以定涣散者亦皆全萃而聽命矣灾害不生禍亂不作禎祥以至歌頌以興宗社以安國運以延人主之全德致功用之盛有如是夫三代之君若相授受然者故拯昏墊泣罪人禹之仁也而塗山之會防風之戮非其義乎解網祝禽自責禱旱

湯之仁也而十一國之征南巢之舉非其義乎不悔鰥寡重民五教文武之仁也而遏徂莒之衆興吊伐之師非文武之義乎開創者以是而作於先守成者以是而爲於後是以祚運靈長四百載於夏六百載於殷八百載於周享國之福鮮克儷矣後世如漢之文帝恬静元默慈祥淡泊可謂有仁矣而風流篤厚禁網疏闊似有過於仁宣帝之綜核名實信賞必罰可謂有義矣而刑名之苛誅戮之頻則有過於義是又得其一而遺其二者也夫過於仁者姑息緩縱而猶不失爲寬厚長者之風過於義者迫促褊急而未免有慘刻少恩之失夫人未始不生於優游閑易而困於束縛馳驟者也故仁可過也義不可過也與其爲宣帝之義莫如爲文帝之仁與其爲文帝之仁又莫如爲禹湯文武仁義兼隆而□□也治效淺深享國久近蓋有明效爲治者□知所擇耶後世之君莫不欲天下之治智不出此昧其術而爲之或欲富國或欲强兵或欲設險守國或欲粉飾治具而於人心之愛畏漫不知省故雖采章文物不足以爲盛金城湯池不足以爲固帶甲組練不足以爲勇紅腐貫朽不足以爲富治亂相尋否泰相仍未有極也是不得其爲術故也雖然仁義固人主之術人主之仁義亦有未易言者必有是德而後有是事□□音笑貌可得而爲之苟無實德於中則假仁之名亦足以違道而干百姓之譽假義之名亦足以拂百姓從己之欲然矯誣之行自不可掩虚誕之事尚何克有終乎人主欲行仁義其亦本之於誠存誠之功又在於静存動察去聲色貨利之欲絶便劈諛佞之徒親賢人君子以養其本然之天則本深末茂實大聲宏言行政事之間無適而非仁義是知仁義爲人主之術而存誠又爲仁義之術

表

擬纂修孝宗敬皇帝實録成進呈表

董雲漢

同考試官教諭劉批（表擬實録豈是淺易題目子能優爲之高于人矣）

考試官教諭朱批（寫出先帝聖德神功萬世共見豈直應試之文）

考試官學正王批（錦綺成章咸韶協律表之佳者）

伏以二典首經仰見唐虞之致治四詩兼史爰徵文武之興邦匪由簡册之傳曷睹帝王之盛肇初於古大備於今惟先皇之功德難名在嗣聖之孝思罔極心存盛事天啓斯文既成編述之功當謹進呈之舉一人繼志光廟增光恭惟孝宗建天明道誠純中正聖文神武至仁大德敬皇帝天縱之資生知之聖青宫育德儲前星少海之祥紫極御天膺出震繼離之責追先王之逸駕幸太學而耕籍田驅當代之异端放法王而流佛子聖經賢傳每資乙夜之觀奇

獸珍禽旋罷四方之獻敦儉約以先臣庶辯誠邪以治身心視膳問安隆重闈之大孝保邦圖治纘皇祖之詒謀議祧祫而深仁大義之無偏建皇儲而早定豫教之有則奠王帛於郊祀誠敬格天收賢才於制科英雄入彀一念絶游畋之好萬幾躬宵旰之勤大同公卿欲究太平之績優容臺諫盡聞忠讜之言降絲綸而愛惜人材設警蹕而親裁獄訟處朝廷宫闈一皆王道之公遇后戚宗藩不爲私恩之繫録開國元勛之後盟續河山增孔庭從祀之賢禮加籩豆修大明會典昭邦家治世之規崇安國春秋示學者明經之要小人不敢以傷善類邪慝不得以亂正經豈惟文事之輝煌抑且武功之赫奕臨軒遣將再摧北虜之鋒下詔出師兩掃南蠻之穴猺獞屢征於嶺海苗民薄伐於洞庭寰宇清寧皇風敷暢億兆同聲而作頌蠻夷重譯以來王豈意玉凡就憑龍髯莫挽遽斂萬年之慶聿興九有之思皇上雖在諒陰謹求典禮用鋪張於德業將永久於乾坤乃召儒臣弘開史館處鳳閣鸞坡之禁紬木天金匱之藏既分檢於諸司尤博求於四海奏牘具在鄭帙咸登浩若煙雲炳如星日窮探極索悉巨細以無遺并蓄兼收盡始終以備載系月編年而摽題循序左言右事而會萃同歸幸已卒編庶幾脱藁録盡當時之實書成一代之全十八年之繼體守文五百歲之乘時應運摹天地而繪日月其曷能之窮造化而亘古今不可尚已伏願羹墻在念常懷謨烈之光夙夜惟勤永保雍熙之治臣等無任瞻天仰聖激切屏營之至謹以所修實録若干卷隨表上進以聞

第三場

策

第一問

王璽

同考試官教諭程批（能言我祖宗之所以盛而於聖制又條答無遺足見學識）

同考試官教諭杜批（本朝爲天地循環之初氣惟聖祖言之子能發揮其説蓋凡民中豪杰者）

考試官教諭朱批（此問欲觀士子知列聖道冠百王處答者千百莫喻其旨子獨得之敬録以詔天下）

考試官學正王批（此策關涉最大子能條答詳明在末場文字中猶五緯麗天芒寒色正者也）

有天地循環之大運有聖人御世之全功夫天道人事未始不相關也而

况聖人之於世功用之偏全夫豈偶然之故哉造化之意蓋有默行乎其間者於此有以知堯舜之文或缺孔子之位不遇豈固有待於我列聖之出盡發而全畀之也歟請試陳之自鴻荒既遠人文以宣君師之道不可不寄之於人也天故篤生聖人以爲之主功用之大非一人兼總之也必歷數聖人而後得其全蓋文明之漸氣運然也堯舜雖不待於文而有以盡君之道孔子雖不待於位而有以盡師之道然亦天有以不足之焉先民有言堯舜以上道之元堯舜以下道之亨洙泗魯鄒道之利濂洛關閩道之貞造化之盛氣爲之一終而君師之道息矣於是元以夷狄亂華人紀絶滅成開闢所無之禍爲天地莫大之污夫不有大亂則不足以有終不有大治則不足以爲始故剥盡而復貞下起元我太祖高皇帝取帝王之中國以自立掃宇宙之腥膻於一空自謂當天地循環之初氣於御製閲江樓記發之大哉王言真有以知造化之有在也皇祖開天於前則有大誥三編太宗文皇帝宣宗章皇帝繼統於後則有爲善陰騭孝順事實五倫書是則我朝爲大治之朝列聖爲大全之聖君師之道齊堯舜而兼孔子者不有在於斯乎凡我臣民何幸遭其盛也奎璧麗於層霄光輝被於下土萬世共睹而齊聞者宏綱大要其有不知者耶大誥之布凡三屢出不厭者以善良率教而凶頑梗化也丁寧不已者無非善可爲法而惡可爲戒也首編爲目七十有四首君臣同游而終之以頒行大誥續編爲目八十有七首申明五常而終之以頒行續誥三編爲目四十有三首臣民倚法爲好而終之以頒行三誥爲善陰騭治獄而能活人者雖非一人何比干之存活數千乃爲其尤用兵而能活人者亦非一人曹彬之不妄殺人則爲最顯設瓜餉客而孫鍾之後王昊編竹渡蟻而宋郊之第首選是其一念之仁雖形於細故而存心之厚必不忽於終身寔寔之報夫豈爽耶孝順事實帝王之孝則虞舜文王武王漢文是也公卿之孝狄仁杰崔玄暉張九齡廉希憲是也高登之孝忠李植之孝義曰忠曰義固由於孝之推郭全之孝及□氏之孝節曰友曰節亦本於孝之發蓋孝爲百行之本衆善之原會萬爲一夫何异耶五倫書君臣之倫所以綱紀乎天下之大則其所載不得不詳父子兄弟夫婦朋友之倫不過關係乎一身之微則其所載不得不略謙德無堯節儉舜蓋對舉而互見之非堯不能謙而舜不能儉也叙君道之善行始聖德而終教育臣道之善行首輔德而終恬退蓋以序而編類焉先乎其大而後乎其細也伏讀聖制仰而思之孟子所謂天下之生久矣一治一亂蓋亦本造化之運言之其間治亂相因之大至我朝而極皇祖撥亂反正之功雖禹抑洪水周公兼夷狄驅猛獸且莫能及而漢唐宋諸君何足擬哉誥書之作與六經垂訓而無窮大寶之傳與天地并立

而爲父愚也寓天地生成之内居君師治教之中不敢以凡民自弃平日之竊有所見者如此僭陳於右惟執事其進教之

第二問

卓文林

同考試官教諭劉批（封建之説爲世儒纏繞古今自是异宜豈可拘泥我朝所行可爲萬代法此作蓋知所從違矣）

考試官教諭朱批（抑揚開闔不拘問目古今事如貫珠而斷制允當其有兼人之學而懷高世之見者乎）

考試官學正王批（謂异姓封建不可有同姓封建不可無一篇大旨在此二句聖人復起不易斯言矣）

先王之法行之者必因乎時諸儒之論求之者必當乎理夫先王之法莫要於封建也諸儒之論亦莫詳於封建也先王之法行於古而不可行於今則論之者亦豈可不審於今而徒泥諸古哉蓋其可行者時也不可行者亦時也可行者固理之在也不可行者亦理之在也必如是而求之則封建之是非可得而我朝封建之法制度之善固無不行亦不泥古度越百王者在是矣明問所及其能默焉而已乎夫封建莫知其所從始也史記召會征討之事見於黄帝紀尚書巡狩朝覲之事見於舜典其盛也國增必多禹會諸侯塗山執玉帛者萬國蓋承唐虞之盛其衰也國減必少湯受命之時其能存者三千餘國蓋承有夏之衰武王定五等之封凡千七百十三國藩屏王室則皆同姓春秋之世見於經傳者一百六十五國蠻夷戎狄亦在其間盛非無故而盛以協和而盛衰非無故而衰以吞并而衰此其封建本末盛衰之太略也秦有天下裂都會而爲之郡邑廢侯衛而爲之守宰攝制四海運於掌握封建之制廢矣漢興以來踵秦故智悉用郡縣而於封建亦間有之始以封韓彭英盧而非功臣不得繼以封子弟親屬而非同姓不與降漢而後异姓者不可復得而惟同姓矣此古之封建所以不可復而後世之罪秦者以此也然而議者紛紛猶以爲先王之法不可不用於是争辯者互起而矛盾焉柳宗元曰公天下之端自秦始蘇子瞻曰封建者争之端亂之始也是以封建爲非者矣胡仁仲曰封建者公天下之大端大本也朱晦庵曰必如是而後能公天下以爲心而達君臣之義於天下是以封建爲是者矣然徐考之有封建之善亦有封建之弊其弊於夏則有扈羲和之有罪士師之不得以治之六師往征必勞天子親總之舉其弊於周文昭武穆之大封异姓不得以先之數傳而後即有末大不掉之憂在三代之時已有其弊如此况後世乎柳子蘇子既剖析利害指陳得失明白切當

而程子亦曰封建之法本出於不得已秦法固不善亦有不可變者朱子又曰封建只是歷代循襲勢不容已柳子厚亦説得而今之論者猶曰必有公天下之心而後可以行封建自其出於公心則選賢與能而大小相維之勢足以綿千載自其出於私心則忌疏畏逼而上下相猜之形不能一朝居此説之行則持論者猶未免墮於牽制而莫之决也大抵异姓之封建不可有同姓之封建不可無歷代行之而不得其宜我國家處之而曲盡其善宗室之封遍於天下派天源分玉葉者何其多也寵以尊崇之禮而不委以政事之煩備其官屬輔導者有人使令者有人所謂親之欲其貴也愛之欲其富也是雖非若前代封建之實而所以處之者盡其恩矣四裔之酋長周於四方服旃裘語侏離者何其衆也列之以官爵之殊隆之以世襲之恩别置僚佐既有以分其任亦因以防其欲有罪則懲之而冀改其過大惡則除之而更置其賢是雖若有前代封建之實而所以處之者得其義矣一王之法制萬代之準繩又何有加之者哉約而論之天生斯民立之司牧惟在於治安則人心悦而天意得固不必於封建郡縣優劣之分也堯舜之禪受行於燕噲則亂湯武之仁義行於桓文則詐是皆務先王之美名而不知其弊者蘇子曰世無封建而相戕之禍斯絶仁人君子忍復開之歟斯名言也執事以爲何如

第三問

鐵潤

同考試官諭廖批（問目頭緒頗多似難下手此答如金歸於範形質自成其文場中之哲匠也歟）

考試官教諭朱批（考古論今歷歷指掌末論兵民之制而所處尤爲有見噫經生所養有如是乎）

考試官學正王批（民與兵古今不同亦世道推移使然能不爲經生常談而取必於古者濟時之學也）

有古今四民之异有古今制兵之异夫天之生民一也可以爲民可以爲民方其兵寓於民以爲四則世質民淳而有可稱及其兵分於民以爲五則世變風移而有可議是非兵民之能异也所以爲古今者不能以不异也今承明問庸敢無辭以對乎自夫耒耨之利興天下始有所謂農矣日中爲市之利興天下始有所謂商矣有弧矢舟楫宫室之制天下始有所謂工矣結繩而易以書契天下始有所謂士矣然黄帝戰涿鹿虞舜伐有苗兵之來蓋亦久矣稱四民而不及於兵者豈不以兵即民爲之用而亦非所常用者歟語民則兵在其中矣世有升降人有賢愚古之人方其爲士則道問學及其爲農則力稼穡爲

兵則善戰陣投之所向無不如意士之有位者各稱其德有學者不干於進農工商賈所享有限上下之志以定彼此之分各得古之爲民不可議矣在易之履曰君子辯上下定民志其吾夫子衰世之意乎蓋以士庶公卿日志於尊榮農工商賈日志於富侈億兆之心交鶩於利故舜與伊尹之聖雖農而不足爲卑非堯求之急湯聘之勤畎畝自若也傅説膠鬲之賢雖工商而不足爲賤非武丁舉之文王起之巖市自如也其志有不定乎程子之論蓋未始不吻合也四民之在古今淳漓如此至於兵制之异又有可言者焉周爲井田之制寓兵於農戎馬干戈素具於平時蒐苗獮狩簡教於農隙無事則爲比閭族黨州鄉之民有事則爲伍兩卒旅師軍之衆兵者視農而益損行者視居而益損兵農之制此其盡善矣管子内政於都邑近地爲士農之鄉十五以賦三軍在鄉曰農在軍田士也爲工商之鄉六以給財費工不知卒商不知軍也惟文學之士特爲貴之處以閑燕之地不雜農工之流國之外無兵國之内無農兵農之分此其作俑矣嗣是而後隸尺籍者遍於中土躬甲胄者盈於疆埸降而秦漢兵不謀民民不謀兵矣又降而唐宋兵自爲兵民自爲民矣惟唐之府兵頗爲近古教閲於農隙之時調發於有事之日行兵則自置甲胄自備資糧罷兵則將歸於朝兵散於府固爲善矣然亦不旋踵而廢之四民之外有所謂兵者蓋不可得而易矣周之爲制固善豈所望於後世乎暑葛寒裘各因其時而不可以倒施章甫逢掖各有其地而不可以通用亦猶是也方今之兵民大抵皆歷代遺意執事乃欲求其近似者愚則以爲屯田之制兵以耕田食以給兵庶幾兵農合一之意然耕者多不戰戰者多不耕固已不類唐之府兵矣求三代之制所謂愈似而愈不似焉管見如斯然尤有耿耿之懷不敢不終其説居今之世不必求之古矣仰惟我太祖高皇帝之定天下萬姓遵義百度順軌兵民之在天下亦何讓於古哉然無不弊之法亦無不變之時以今之四民言士嬉而荒於學農貧而病於耕工以濫惡欺人商以虚夸逐利四民之所以弊者如此也以今之兵制言營乏壯古伍多虚籍逃避者不盡心於清補操練者不加意於存恤兵制之所以弊者如此也是責也典守者其可辭乎文臣所以親民必也清身心敦教化示好惡以臨之明勸懲以警之則可以還淳厚之風矣武臣所以掌兵必也去貪暴戒驕縱同甘苦以撫之嚴紀律以御之則可以起廢弛之政矣然所以督率乎文武臣工者又有道焉文臣三歲述職以行黜陟者有典要必不以簿書期會者爲能而以留心教化者爲善責其效之有無而以進以退武臣五歲考選以行予奪者有令要必不以撤堅中的爲急而以撫綏軍士爲先稽其政之善否而以勸以懲上之所以責成者在是則下之所以遵循者

亦在是宿弊可革美政可成而求唐虞之治不難矣若夫任乎人以主考選而悉本於公庶稽於衆以憑黜陟而不昧於賢否則在於今日廟堂留意焉非愚生所知也

第四問

張鳳翔

同考試官教諭程批(偏鄉之士能周知天下之務者絶少子何練達如是豈嘗留心於經濟之學者耶)

同考試官教諭杜批(洞見財用消息而歸本於九重之上可謂芹曝之獻矣)

考試官教諭朱批(文詞敏妙財用處置尤爲超絶蓋有志於經國者宜用録出)

考試官學正王批(説天下財用豐耗詳悉無遺而忠愛之言尤當寧所宜聞者异時致用必有大過于人)

工於經國者既究夫耗財之弊必求其豐財之本蓋耗財者未始不由於奢豐財者未始不由於儉以天地間有限之財而供上下無窮之用苟非去其奢之弊求其儉之本則財益至於耗而不可以望其豐矣愚嘗觀之以天下之利養天下之人財之在民者宜足也以天下之賦供天下之用□之在官者宜足也夫何民無恒産者凶年饑歲固告病矣而沃土豐年猶不免於流移是財果在民耶官無餘積者諸省有司固告匱矣而内帑户部猶未見於充實是財果在官耶國家自洪武永樂至於天順上下之間法度修明人心儆畏國無妄費民無濫爲財用豐盈海内殷富故雖有兵荒之急不足爲患比年以來游惰之徒遍於中土不耕而食所謂一夫耕之十人食之者有矣不蠶而衣所謂一婦蠶之十人衣之者有矣此其一弊也豪商鉅族僭擬王公置一器用足當中人之産爲一飲食不惜萬錢之費此又一弊也有民社者惟志温飽綰章綬者相尚豪華飲食服御必極其盛子女玉帛必窮其故此又一弊也京師貴倖衣一衣乘一馬辦一宴會非窮奢極麗不可其他所爲亦各稱是修第一治一墅創一庵寺非數萬金不可其餘所蓄尤不可計此又一弊也課税出於民而流移者負欠無徵租賦出於在而凶荒者減免其數縣之所虧者百則郡之所虧者必千矣郡之所虧者千則省之所虧者必萬矣内帑供邊者今日出西北明日出東北所需無間户部之給俸者今日給文臣明日給武臣所費不貲他如冗員以鼠雀其間緇黄以尾閭其内不急之工作例外之賞賚又有不可數計者矣嗚呼天地之生財今猶古也而生齒日繁國用日益加以數弊四出而奪

之欲國不虚民不困胡可得耶脱有水旱兵戈吾不知何以爲處也爲富國足民計者孰不曰禁游惰抑鉅族汰臟吏律貴倖而不知其抑末矣故論當今之務者勿求其有餘去奢而已勿患其不足崇儉而已奢去而儉崇則天地所生之財自足以供上下之用釋此不務而惟目前之計是圖未見其有濟也然所謂去奢而崇儉者豈可以他求哉蓋京師者天下之本朝廷者四方之極欲天下儉焉必自京師始欲京師儉焉必自朝廷始昔漢文帝欲作露臺以惜百金之費而寢其役宋仁宗夜思燒羊恐以爲例而遏其念夫以天下之大百金與燒羊豈足惜哉蓋防其漸則末流自息也我太祖高皇帝以宫中隙地不起臺榭但令種蔬曰不忍傷民之財勞民之力太宗文皇帝所服裏衣袖敝垢納而復出曰自念當惜福每澣濯更進夫以天下之大隙地與裏衣豈足靳哉蓋謹其微則大者可知也今天子踐祚之初凡百政化圖維更新將必遠稽前代近法祖宗崇儉德以答天意節財源以恤民艱思天地生財有限而不欲盡錙銖之求知國家爲費無窮而不忍如泥沙之用二月賣新絲蠶婦之勞可念也五月糶新穀農夫之苦可想也運至仁於九重涣大號於天下以禁游惰以抑鉅族以汰臟吏以律貴倖則推無不準動無不化浮靡之習可以祛除淳古之風可以挽回矣在民者何患其有不足而在官者何慮其有不裕乎否則號令雖繁而風俗日流於富侈會計雖詳而國用愈至於空虚欲天下財用之足萬無是理也經理之術恐不外此塵容俗狀得與進而觀上國之光尚當以蒭蕘鄙見陳之

第五問

沈淳

同考試官教諭廖批（舉目前之切要者爲言而治風俗之道實不外是彼迂談者退避三舍矣）

考試官教諭朱批（論一方事關繫甚大意之所至辭足發之而筆力雄健恢乎有餘可以爲文矣）

考試官學正王批（論事精到鑿鑿可行舉而措之則風移而俗易矣得士如此允爲科目之光）

讀孔子告冉有之言則知民富而後教施讀孔子答哀公之問則知人存而後政舉夫民俗之未善由民生之未富民生苟富則其教也不令而從矣民生之未富由有司之失職有司得人則其富也可立而待矣爲治者因是求之而不失其施爲之序何患風俗之不善耶請陳其説雲貴古西南夷地風氣晦塞聲教不通淪异域者不知其幾千萬載我皇明奄有兹地分郡縣而置官吏

列衛所以治甲兵既以揆文教又以奮武衛百四十年餘攀鱗附翼之士建功立業之人後先相望宜乎俗盡衣冠人皆禮義矣然而异言异服肆行劫奪貪財賤義無情健訟士乖庠序之教女昧行露之義親戚之恩或薄婚姻之黨非宜是皆目擊耳聞之實誠有如執事之所謂者風俗如此果可以爲文明之盛乎愚嘗見其端矣田連阡陌者不一二而地無立錐者蓋多焉身被裘帛者不數人而體無完衣者蓋衆焉欠官租者以貧而鬻子女負私貸者以貧而弃屋廬遇兵興也闔境困於供需遇灾傷也比屋仆於凍餓貧也如此望其能爲禮義廉耻之事乎又嘗求其故矣上官之設因其類而撫之也能撫之者誰歟流官之設宣其化而安之也能安之者誰歟求牧與芻而不得視其斃者有之刈葵放手而莫恤傷其根者有之名爲輸税而所取半入於私家名爲詔恩而斯民不蒙於實惠有司如此望其能有飽煖安逸之民乎此風俗之所以不善也爲今之計不在責於下而在責於上不在治其民而在治其官臨以藩臬監以臺臣此平日之舊規也流官宜知謹矣然守法者固有而貪饕者甘心於敗伏辜者既往而方來者蹈轍而行法網之設雖嚴而奸亦不絶矣其如之何哉嘗觀仕於兹地有以願告遠方而來者非其年邁則以家貧有以地里非宜而來者道途勞苦資費窘乏凡此者皆不足爲其持廉之地也雲貴王土也豈宜鄙薄其地而以苟禄者加之乎是非末學所敢議也在廟堂議也必也銓選得人而若輩者不以尸位則吾民之福矣清其宗派令其朝覲皆近時新典也土官宜知化矣然清宗派固免争襲以殃民赴朝覲不無搔擾而害衆觀光之效未臻而民已受困矣其亦如之何哉嘗觀治夷方者律令不施而有從其土俗之例恩威未及而遂養成驕惰之風凡此皆不足動其守法之念也土官王臣也豈宜鄙夷其人而以姑息者待之乎是非末學所能議也在地方重臣之議也必也操縱有法而若輩者於此革心則夷方之慶矣如是則有司者無不得人而爲之上者又從而提撕警覺之先責之以養民則必有實惠之施而後責之以教民則不爲虚文之設爲之民者衣食足而知榮辱倉廩實而知禮節則稚卉者可以用夏變夷劫奪者可以雖賞不竊矣義利自明而無貪得之耻曲直自喻而無健訟之非士盡其業而衣食不困於心女貞其行而禮義可制其欲骨肉之恩知所念也婚姻之禮有所謹也是則責成有司固更化之道也斡旋之機又豈外於是哉雖然此特論雲貴之風俗姑就其所宜者言之若夫一道德以同俗因奢儉以示教是則敦本之論不可無者而規模廣大綱領宏闊未遽行焉今日之事則當先於其要者而後及於是可也譬之醫家先之薑桂大黄以破其痼疾而後以參苓芝术以養其元氣則病可去而人可壽醫之道得

矣以風俗爲念者用治疾之道治之則不善之弊庶幾其少瘳矣乎狂斐之言未達至計進退之則惟命

雲貴鄉試録後序

聖天子正位大寶之初適天下開科取士實龍飛盛舉也有司慎重厥事聘儒紳以專文柄麒濫宇焉嘗考諸志在昔西南諸郡半隸雲南後始割爲貴州故士之應試者猶附先時有議雲貴設科法者孝宗敬皇帝申命折衷定以雲南三十一人貴州十九人仍合試之特名其録爲雲貴鄉試遵制取擇其文之議論詞氣正者萃而爲録將以進呈傳諸侯天下麒謹序之切惟我國家取士以科目爲正途當時以科目所出之士爲正流士之所業以六經爲正學爾諸士從正學履正途稱正流其爲號大矣盍思所以圖之孔子曰政者正也行將上春官對大廷駸駸嚮用從政有日烏可不迪于正耶必正心以修身正己以率物正其誼而不謀其利在朝廷則以正道事君居民社則以正令善俗其或所遭不同亦必確乎以正自持凡意料所不及者吾惟順受其正焉庶幾不負所學不負所取不負所稱而有以全天地之正氣無愧於正人君子之流矣顧不偉歟舍此曲學以阿世枉道以徇人俾天下後世指其名而非議之則非今日主司之所望也自洪武設科至于今凡數十舉矣每科必有録每録必有序每序必有説麒無能加敢謂道莫大於正願與就有道而正薦

江西饒州府鄱陽縣儒學教諭朱麒謹序

嘉靖元年雲貴鄉試録

雲貴鄉試録序

仰惟聖天子御極紀元之初載實天下開科取士之期飛龍在天萬物利睹於是雲藩得遵行故事合雲貴兩省之士試焉先是巡按雲南監察御史羅玉謀于前巡撫雲南右副都御史何孟春暨今巡撫右副都御史王啓集藩臬議禮聘學職司試事戒修百具以協禮典維時鎮守雲南總兵官黔國公沐紹勛貴州鎮守太監楊廣巡撫右副都御史湯沐鎮守署都督僉事陳珣巡按貴州監察御史陳克宅咸祇若德美崇獎士類時户科右給事中吴廉監察御史李美刑部郎中王袍各以公至與議焉期既届御史羅玉實主監臨之任考試則學正鑾教諭周忠同考試則學正方田訓導張嵩詹文慶鄭要提調則雲南右布政使黄衷參政劉鶴年監試則雲南按察使陳良珊僉事潘棠外則左布政使方璘參政鄧相晁必登參議羅方陶心副使王忠陳璋詹源姜龍僉事周愚陳卿翁素各贊翊之自餘印卷以下諸執事罔不遴具而貴州左布政使宗璽參政鄭錫文傅習參議江玠按察使李麟副使劉瓚僉事王瑞之沈圻亦續食多士迤邐而來乃集提學副使鄭元僉事夏邦謨所選士鎖院三試之雲南都指揮胡章張松方仲外率其屬防範惟謹御史羅玉且誓于衆曰以人事君臣之職也所不盡心于國事違公徇私拔庯黜賢者神則臨之殄厥禄誓已退各事鑾等精一校讎靡有夙暮額得士五十五人其不能悉取者或有矣既乃刻其文之純者爲録以獻鑾當序諸首惟雲貴古秦黔之地而西南之紀也然其風厚其氣和山水之會萃陰陽之融結固必有异物出焉往時如良馬犀象金貝文石或産于絶域利用中土然皆禹貢所弃雖勤遠貴异之世猶未之取乃今則纖無遺矣孰知瑰瑋俶儻卓犖不群之士固彬彬然先後繼出其間皆能和其聲以鳴國家之盛邪蓋山川之正氣不鍾于物而鍾於人太平之景象不寶异物而寶賢人矧惟我國家仁覆海隅聲教四訖外夷子弟亦知嚮義求入大學肆今餘百五十年學校之設殆徧天下而雲貴遐土尤切霑濡至于增學校廣解額實與夫鼓舞作興之機皇上稽古右文柄用儒碩群奸宿弊一切掃除而嘉靖一詔拳拳以却貢獻禁守臣爲言夷裔老幼携扶往聽想見德化

之成士以逢掖遊庠序者苟非暴弃之徒皆欲抱忠貞以求自效蓋祖宗豐芑之遺列聖菁莪之化於是爲至宜其人才之盛物産之啬而士之投牒而進者加多於昔也是豈山川之靈淑能獨使之然哉夫今兹之選諸士既有以自見矣由是益加砥礪不爲空言期於實用上以贊休明之治而下求所以异於齊民我之所應而有司之所求舉於責無訾焉則亦幾矣脱或行不掩言名浮於實甘於卑下而不耻僞爲矯飾以欺人則科目何賴於賢而吾儒光大之功用固如是乎哉諸士其慎厥始圖惟厥終無貽終身之悔可矣

河南汝寧府信陽州儒學學正季鑾謹序

嘉靖元年雲貴鄉試

監臨官

巡按雲南監察御史羅玉（汝成四川南充縣人　辛未進士）

提調官

雲南等處承宣布政使司右布政使黄衷（子和廣東南海縣人　丙辰進士）

雲南等處承宣布政使右參政劉鶴年（惟新四川巴縣人　戊辰進士）

監試官

雲南等處提刑按察司按察使陳良珊（子珍直隸華亭縣人　己未進士）

雲南等處提刑按察司僉事潘棠（希召湖廣辰州衛人　乙丑進士）

考試官

河南汝寧府信陽州儒學學正季鑾（廷用廣西馴象衛籍横州人　壬子貢士）

浙江寧波府慈谿縣儒學教諭周忠（節夫福建閩縣人　癸酉貢士）

同考試官

河南開封府許州儒學學正方田（仲莘湖廣巴陵縣人　丙子貢士）

江西撫州府臨川縣儒學訓導張嵩（中夫福建寧州籍餘姚縣人　丙子貢士）

江西袁州府儒學訓導詹文慶（用升湖廣江夏縣人　己卯貢士）

浙江湖州府安吉州儒學訓導鄭要（守約福建龍溪縣人　丙子貢士）

印卷官

雲南等處承宣布政使司照磨所照磨潘鍇（廷剛浙江仁和縣人　知印）

雲南等處提刑按察司照磨所檢校雷謙（克讓江西南城縣人　監生）

收掌試卷官

雲南府知府邵鏞（伯倫南京羽林右衛官籍當塗縣人　戊辰進士）

楚雄府知府陸相（良弼浙江餘姚縣人　癸丑進士）

受卷官

澂江府知府童璽（信之福建連城縣人　庚子貢士）

曲靖軍民府馬龍州知州陳通（睿夫四川温江縣人　庚午貢士）

臨安府寧州同知張鶚翼（時薦四川瀘州人　辛酉貢士）

彌封官

大理府知府高公韶（大和四川内江縣人　乙丑進士）

雲南府推官水祥（應和蘇州府長洲縣人　監生）

臨安府寧州知州堅晟（伯明陝西秦州衛人　監生）

謄録官

臨安府知府汪金（汝礪江西貴溪縣人　甲戌進士）

雲南府晋寧州知州楊壽（元則四川榮縣人　戊午貢士）

鶴慶軍民府劍川州知州何思（勉睿湖廣道州人　癸酉貢士）

對讀官

尋甸軍民府知府汪淳（宗程湖廣武昌縣人　乙卯貢士）

臨安府石屏州知州甘珂（世亮江西豐城縣人　甲子貢士）

廣西府師宗州知州段景會（時亨湖廣麻城縣人　丁酉貢士）

巡綽官

雲南左衛指揮使武鎧（子聲山東兖州府鄒縣人）

雲南左衛指揮使周璿（飾之直隸滁州人）

雲南右衛指揮同知蘇昂（子顒直隸滁州人）

雲南中衛指揮同知潘鑑（克明直隸應天府溧陽縣人）

搜檢官

廣南衛指揮使于鰲（任之直隸滁州全椒縣人）

雲南左衛指揮同知羅綸（廷言湖廣常德府桃源縣人）

雲南中衛指揮同知梁鎧（士威山東萊州府膠州人）

雲南右衛指揮僉事汪軒（良策直隸廬州府合肥縣人）

供給官

雲南都指揮使司經歷司經歷孫淮（景川直隸河間府河間縣人　監生）

雲南等處承宣布政使司照磨所檢校蕭清（源潔湖廣桂陽州人　監生）

雲南等處提刑按察司照磨所照布元吉（德中湖廣德安府孝感縣人　監生）

臨安衛指揮使司經歷司經歷顧禄（君錫直隸松江府華亭縣人　監生）

景東衛指揮使司經歷司經歷許鋭（乾夫湖廣永興縣人　吏員）

大理府照磨所檢校王大淵（仲宏四川利州衛人　監生）

曲靖軍民府照磨所檢校衛廷舉（舜選四川江油縣人　監生）

澂江府路南州同知徐獻（景賢廣東保昌縣人　監生）

雲南府晋寧州呈貢縣知縣李和（節之江西瑞金縣人　監生）

雲南府安寧州禄豐縣知縣李必昂（時望福建浦城縣人　監生）

雲南府晋寧州歸化縣知縣范宏（德宗直隸萬全都司人　監生）

雲南府昆明縣縣丞李文燦（彦明湖廣石首縣人　監生）

臨安府建水州吏目袁棟（朝柱北直隸撫寧衛人　監生）

雲南府滇陽驛驛丞任信（大節四川西充縣人　吏員）

雲南府晋寧州晋寧驛驛丞張俊（士杰四川眉州人　吏員）

第一場

四書

國治而后天下平　夫子喟然嘆曰吾與點也　學問之道無他求其放心而已矣

易

比吉原筮元永貞无咎　進以正可以正邦也　是以明於天之道而察於民之故是興神　物以前民用易之爲書也不可遠爲道也屢遷

書

敬敷五教在寬　恭默思道夢帝賚予良弼　文王不敢盤于遊田以庶邦惟正之供　宅乃事宅乃準兹惟后矣

詩

于以采蘩于沼于沚于以用之公侯之事　樂只君子德音是茂　既燕于宗福禄攸降公尸燕飲福禄來崇　帝命式于九圍

春秋

公會齊侯于防（隱公九年）　公敗齊師于長勺（莊公十年）公會齊侯盟于柯（莊公十有三年）　晋人宋人衛人曹人同盟于清丘（宣公十有二年）遂城虎牢（襄公二年）　戍鄭虎牢楚公子貞帥師救鄭（襄公十年）

禮記

五者備當上帝其饗　雜帶君朱緑大夫玄華士緇辟二寸再繚四寸禮樂之説管乎人情矣　君爲正則百姓從政矣

第二場

論

講學爲正心之要

詔誥表（内科一道）

擬漢勸農桑禁采黄金珠玉詔（景帝後三年）　擬唐以楊綰爲國子祭酒誥（大曆五年）　擬宋製觀文鑑古圖輔臣賀表（慶曆四年）

判語（五條）

損壞倉庫財物　守掌在官財物　乘驛馬齎私物　私受公侯財物官吏聽許財物

第三場

策（五道）

問　帝五爲治之要道莫粹於洪範百聖傳心之要典莫粹於大學善乎儒先有曰不學書無以議制又曰爲人君而不知大學無以清出治之原是故唐虞三代治隆俗美而非後世所及者蓋有堯舜禹之中湯之敬文之純武之極大本立而大用著夫豈徒哉洪惟我朝太祖高皇帝天聰明之至妙聖神之機當大業甫定之餘即聖學緝熙之日於尚書洪範則親御翰墨詳疏其旨於大學衍義則揭於殿廡時復睇觀蓋得二書之純以立其本也審矣其間聖製之所述聖政之所施與凡當時侍臣之所論議無非經世之用千載而下可仰而窺也其脗合於洪範大學與比隆於唐虞三代者多矣諸生涵濡聖化蓋已有年其敬陳之毋忽

問　詔令者帝王以心動天下之大幾也幾動於善則天下應之以善矣

堯舜聖者也其幾動於治天下也一出言即可爲世法今觀其典謨所載都俞吁咈之間君臣氣通内外機應天下即形之矣湯雖聖者自時則有誓矣誓也者終不若典謨相信之深也周之末則詛矣民不惟不信且有作慝作怨之刑而上下之心離矣秦尚奚足言哉自漢之興詔多可紀有聞之而士生色者有聞之而民伸眉者惟士與民天下元氣元氣理則百體從令矣仰惟我皇上即位一詔上以昭天道下以悉人情其録忠褒節與詩書所載者何所同其愛民惜財與帝王所行者何所合敬老乃示民以知孝也優賢乃示民以崇德也皆慎固邦本之大端培養元氣之首務今并舉而互言焉宜天下之感動如此其速也矧察其廢閣也有方考其振舉也有法即是而之焉三代之治可復也諸生仰聽之餘不知尚將何以爲獻請明著于篇毋使隨何之誚嘖嘖

問　昔人謂讀書萬卷不讀律致君堯舜終無術則刑律一節固學者之所當講者我朝法律因時以定制緣情以制刑誠萬世所當遵守者也竊以平日所疑者與諸生議之夫五刑在古所不宥也而舜典許其贖金至穆王五刑之疑罰鍰有等然則贖罰固可訓乎抑或别有論也延及於漢因討西羌兵食不繼建爲入穀贖罪之法謀國可謂忠矣何以有開利路傷治化之譏又至於宋因人情冒利犯禁别爲贖法使人重穀帛免刑罰憫下可謂切矣何以有貧者不能自免之議夫刑以繩奸在盛世亦所不免而准贖一法又非後人之所裁定毫芒輕重之間世教勸懲所係諸生蓋必有超然之見矣願一言之

問　學之一言其來尚矣至孔門辨之始無遺義而後世謂之學者尚多可疑焉其借名於孔門以售己説者類亦多矣至宋有五星聚奎之祥而諸儒應徵而出發古人未言之妙啓後學難知之微使無志於斯學者則亦已矣如有志於斯焉舍是宜無所與論也試舉一二與商之玉山有講義白鹿洞亦有講義其所講之義同歟异歟春秋有講義乾卦亦有講義其所講之義一歟二歟講於東湖書院者可得指而陳耶講於竹林精舍者可得舉而言耶嚴陵一講其條目凡幾和靖一講其名義何居是皆正學之階梯入聖之門路諸生不欲爲吾道之學吾固不得而强聒也如耻爲世俗之學焉舍是則無所與共圖者盍悉之以觀修身用世之具

問　蠲貸之令三代之時不聞然則何從而始也豈後世之寬仁反過於古與自是有蠲逋貸者有寬逋賦者有除户調絹綿者有蠲度支鹽鐵者有減上供饋運者有免官司債負和買役錢者條目雖殊而寬貸之仁一也然儒臣建議又多不同夫積久負欠每年帶納一分似爲便民矣何以有豐年不如凶年之論民窮賦重盡數蠲除而困尚未甦也何以有催理九分遷延一分以待

蠲放之説嗚呼蠲貸之典本欲厚民而歲計未免侵損本欲博愛而小民未必霑恩果何如而使德澤旁通困窮受惠也其詳言之以觀經制之策

中式舉人五十五名

第一名　張合　金齒司學生　書
第二名　李元陽　大理府學生　詩
第三名　趙汝濂　大理府學附學生　易
第四名　吕鳳池　賓川州學生　春秋
第五名　何清　貴州普安州學生　禮記
第六名　張塗　太和縣學增廣生　詩
第七名　封祖裔　雲南府學增廣生　易
第八名　龔瑀　金齒司學生　書
第九名　王璠　浪穹縣學生　禮記
第十名　沈森　宜良縣學生　春秋
第十一名　孫鰲　晋寧州學生　詩
第十二名　羅應元　澂江府學生　易
第十三名　任俊　嵩明州學生　書
第十四名　茹寧　貴州宣慰司學生　易
第十五名　項蓬　曲靖府學生　詩
第十六名　張欽　鶴慶府學生　禮記
第十七名　沈淵　太和縣學生　書
第十八名　楊振文　貴州宣慰司學增廣生　詩
第十九名　徐瀾　石屏州學生　易
第二十名　賈文元　大理府學生　詩
第二十一名　李時新　澂江府學生　書
第二十二名　楊志林　通海縣學生　詩
第二十三名　顧堅　貴州宣慰司學增廣生　易
第二十四名　唐錡　晋寧州學生　書
第二十五名　王相　雲南府學生　易
第二十六名　胡實　貴州安莊衛學生　書
第二十七名　楊欽　大理府學增廣生　春秋

第二十八名　李良輔　貴州普定衛學生　詩
第二十九名　張紀　昆明縣學增廣生　書
第三十名　蔣廷璧　貴州普安州學生　易
第三十一名　趙儒　雲南縣學生　詩
第三十二名　裴璋　雲南府學生　易
第三十三名　文袍　貴州永寧衛學增廣生　詩
第三十四名　郭廷珪　蒙化府學生　易
第三十五名　郭如磐　姚安府學生　詩
第三十六名　陳賡　貴州赤水衛學生　書
第三十七名　陳佐　貴州程番府學生　詩
第三十八名　龍雲　趙州學生　易
第三十九名　黄潤　貴州宣慰司學增廣生　詩
第四十名　景鸞　貴州普定衛學生　書
第四十一名　唐堯臣　貴州清平衛學生　春秋
第四十二名　李廷嘉　貴州思南府學生　詩
第四十三名　倪輅　雲南府學生　書
第四十四名　李堯佐　貴州都匀府學生　易
第四十五名　王璽　鶴慶府學生　禮記
第四十六名　胡文光　雲南府學生　易
第四十七名　楊椿　金齒司學增廣生　詩
第四十八名　陳汶　貴州清平衛學生　書
第四十九名　陳正學　澂江府學生　易
第五十名　洪廷玉　貴州普定衛學生　詩
第五十一名　熊旂　貴州安莊衛學生　春秋
第五十二名　王遵　貴州平越衛學生　易
第五十三名　羅經　劍川州學生　詩
第五十四名　茹夔　貴州宣慰司學生　易
第五十五名　歐纂　貴州赤水衛學生　書

第一場

四書

國治而后天下平

張合

同考試官訓導詹批(大學一題人皆能習之皆能道之下筆處便欠切當是篇發明經意略無泛漫之語而氣格復整豈深於造道者邪)

考試官教諭周批(講聖經本色語自是難造此作妙矣)

考試官學正季批(無一句可疵録之)

既有以新一邦之民斯有以新一世之民甚矣化行自近始也新民之功由一邦而推之於一世焉其序固如是哉聖經覆言大學之條目至此蓋謂國於天下雖有遠近之殊而化之所被初無彼此之間是故提封井井而根本乎諸夏天子之國政令於是乎出京邑翼翼而表正乎四方天子之邦聲教於是乎行烝民之生習俗所移未易一也然自新之德出于身而加于民凡有所觀感者舊染之污以革翕然遵道遵義之風群黎之聚氣品所拘未易化也然自明之德發乎邇而見乎遠凡知所興起者敦睦之俗自成居然不識不知之域國其有不治耶夫大道之行有可化之機至仁之推無不準之理由是薄海之内體國之外天下固大矣皆歸于允修之極天之所覆地之所載四海固廣矣舉囿于昭明之天凡民有行意以之誠心以之正而矯僞之忒不作蕩蕩乎民協于中之盛也有生之衆身知所修家知所齊而親長之愛以流熙熙乎萬國咸寧之休也天下有不平邪是則舍近而謀遠其爲力也難篤近而舉遠其責效也易自新之功既至新民之化自成蓋有不期然而然者矣大學君子可不知所務哉蓋嘗論之治天下有本身之謂也治天下有則家之謂也大學言明德新民之序極其體用之全蓋不徒爲入德之門雖堯舜之治亦不過此而後之君子卒致嘅乎至治之澤何哉大學之道不明而正心之功未講耳善乎董子之言曰正心以正朝廷正朝廷以正百官正百官以正萬民森然孔氏家法也聖君賢相苟欲共成正大光明之業者尚鑑兹哉

夫子喟然嘆曰吾與點也

趙汝濂

同考試官訓導鄭批(場中作此題者率爲暮春以下數句經繞於聖人許點之意全形容不出此作於清明峻潔之中有雍容頓挫之態亦异乎諸士

之撰矣）

考試官教諭周批（寫出曾點自得及聖人嘆許氣象宛然在目）

考試官學正季批（胸次不凡立論自别）

聖人於賢者形於嘆而許之深所以重其志也蓋聖人不輕以譽人也於曾點而嘆許之深者其亦有所感哉昔吾夫子當門人言志之餘正曾點敷陳之際真樂氣象感觸乎與物同體之天順適襟懷契合乎隨寓而安之妙於是天機默應而感嘆隨之心有所樂而口之宣揚自有不能已者矣妙理潛孚而嘆息繼之中有所悦而言之吐露蓋有不容遏者矣其意以爲人孰無志也而或失於外馳志非不壯也而每忽於内重惟爾曾點充然自得崛起於儔伍之中脱然無累杰出乎風塵之表涵養既熟而動静從容依稀乎欲盡理還之境較之汲汲於功名之會者自不侔矣寧容已於嘆賞乎識見既精而志嚮卓越仿佛乎安土樂天之趣比之規規於事爲之末者有間矣寧容已於稱許乎數言之間具見心事真實可以激頽風者在是吾不許點而誰許哉一時之對足知操履真純可以敦士行者在是吾不與點而誰與哉是則非諸子不能見曾點之高非曾點不能發聖人之嘆孔門師弟子雍容交與之氣象於是乎見矣雖然曾點之志固高矣使人皆潔身遠引獨善廢倫則天下之事孰與共理哉但世至春秋急於功利或失身喪節而不能自振者多欲累之也果心境虚豁而不爲勢利紛華所制則其建立必有大過人者此可見事業之偉實原於人品之高惟有壁立之風度斯有孤高之氣節固相須而難掩者噫曾點豈易及哉

學問之道無他求其放心而已矣

李元陽

同考試官學正方批（此題場中作者多以學問二字混講枯澀可厭且於本章説仁義處略不相關此作專主周易學聚問辨立意發揮殆盡其起結又能照管仁義深得孟子立言微旨子可謂究心理學有素矣）

考試官教諭周批（遍觀諸作全非孟子本意獨此篇體認真切筆力雄健非平日養心静而充之以學者不能至此）

考試官學正季批（洗滌舊聞可以式矣）

大賢論爲學之要收心之外無餘事也甚矣人心易放也爲學之要亦惟存此而已豈復有他道哉昔孟子論仁爲人心而嘆人失之不求及此謂夫人不可以不學學莫貴於知要是故天下事物之理有所當然者焉載諸古訓而可知有所以然者焉布在方册而可考學不容已也必須學以聚之或索之文

字之間或資諸師友之論何爲所當然而體驗之不遺何爲所以然而講求之匪懈學不可謂不博矣理之所當然者學雖有知猶或涉於疑似理之所以然者學雖有得猶或滯於彷彿問不容已也必須問以辯之或博考乎群書或延訪乎衆論决其疑於師匪直資諸人而已辯其義於友非但訪於衆而已問不可謂不審矣夫學問之事固非一端推原其要惟求諸心耳蓋心也者人之神明所以具衆理者此其體所以應萬事者此其用易放也或出或入無一定之時易失也于彼于斯無常止之處必斂之於翼翼之天使既出者而復入鎮静自如無時不在可也約之於惺惺之地使在彼者常在此一真自若無處不然可也學問之道如此而已豈復有他求哉夫如是則學問有益於己而心存心存則仁存矣仁存則内而心之有制外而事之得宜義亦在其中矣學者欲求仁義之理可不先於此心之致力與抑孟子生丁是時藿謀功利之徒縱横游説之輩藉此相高可謂月异而歲不同矣一旦憫人心之陷溺慨道學之不明而揭此以示人有功於吾道顧不偉哉先儒謂其功不在禹下益信其然矣

易

進以正可以正邦也

趙汝濂

同考試官訓導鄭批(講正邦處嚴整條暢一結尤見忠愛得士如此進之可自慶矣)

考試官教諭周批(因卦變而推治道誰不知之但有根據而善發揮如此者少)

考試官學正季批(得彖傳微意)

即卦變晋正之善見治道表正之本彖傳釋利貞之意也蓋治化之行繫於身本既端矣而施之於政焉有不正者哉彖傳之意蓋如此今夫漸之所以利貞者何所取哉嘗觀諸卦變矣九居於二昭於涣也今進處於三則變於艮而得陽位之正矣九居於四著於旅也今進位於五則變於巽而得陽體之正矣由下僚而晋具瞻之地何有乎僭躐之嫌從潜邸而履帝位之尊允協乎歸依之願夫如是則爲世道一新之會朝廷更化之機邦國豈有不正乎吾知上下同心以正理而應庶務君臣合德以正法而肅斯民操乾剛之正於崇高之上而左右臣屬感以堯舜之道輔之凡紀綱法度之施悉皆光明正大之宏規也秉陽德之正於宸極之嚴而奔走百辟咸以仁義之道佐之凡詔令政刑之舉絶無偏黨反側之夙弊也自一心以推之於萬幾罔非王道之懿而可以挽回風化矣凡囿於覆冒者孰有不正乎自朝廷以達之於邦域莫非天德之純而可以斡旋世道矣凡得於

觀感者焉有不正乎是則先有正己之本而後有正人之用使進若可議則人皆弗信弗從矣雖一家尚難況欲正其邦耶此筮而得漸者不可不利於貞也抑進得其正而效可以正邦是固然矣使玩安忽治而或以匪人間之亦安能保其終無敝哉是以古昔盛時志同道合都俞吁咈之間莫非警戒相成之道猶恐憸邪乘隙以撓正而提防疏遠無所不至嗚呼是豈得已哉蓋天下之勢治日常少而天下之人邪佞易親此保治之策自不容於不謹也

易之爲書也不可遠爲道也屢遷

封祖裔

同考試官訓導鄭批（場中講屢遷處多牽引下文變動周流四句填實則此句似無味矣是作融會全節而句格亦新蓋邃於易者）

考試官教諭周批（易有至妙不可違得士如此吾敢違而不取乎）

考試官學正季批（説理之文難乎明暢此可謂易人之所難也）

大傳論易切於人由其有變通之妙也蓋易道有資於人大矣苟少違焉則所具之理何由而自行於人哉大傳之意蓋如此今夫易之爲書本爲卜筮而設若可遠也然卦爻森列括盡天下之理切於民生而不可須臾離焉變象具陳曲盡古今之事利於日用而不可頃刻違焉不存於心終爲韋編之陳迹而吾操縱之藋無其本矣豈若他書專爲一事而作者猶可違乎不接於目卒爲簡策之虚文而吾張弛之方無其要矣豈若諸書偏於一節而言者猶可忘乎夫易之不可離者如是其切由道之載於書者莫測其機如詩理性情書之局於一者也易則變化無端而未嘗少有凝滯如禮謹文書之偏於一者也易則通變無方而未嘗少有拘泥雖曰不過卦爻而已耳其中精微之道在此在彼而動蕩之無常可以守經也可以行藋也從之則安外之則危顧可得而遠哉雖曰不過變象而已耳其間玄妙之理或往或來而流行之匪定可以行己也可以應物也循之則吉悖之則凶又可得而離哉是則人有百爲必玩易而後善易有萬變須待人而後行聖人言此無非欲人體易而開物成務之心始慰矣嗚呼六經皆聖人垂世之典也曷獨於易而不可遠哉蓋易之爲教雖曰廣大悉備總而言之不過曰時而已時在造化亦不能違而況於人乎人徒知讀易而不知隨時之義雖常存心目而卒歸於無補也噫使人皆知此義則易具六十四卦亦足矣而曷用煩辭爲哉於此見聖人憂世之心果不得已也

書

恭默思道夢帝賚予良弼

張合

同考試官訓導詹批（高宗中興事業都在恭默思道上此篇極其形容渾雄偉麗無不有之録以爲學書者法）

考試官教諭周批（發明傳意略無費辭佳作也）

考試官學正季批（意圓詞贍程式之文也）

極圖治之誠感輔治之兆賢王自叙之辭也夫天人相與之際微矣賢王圖治甚誠而得賢甚异感應之理有如是哉昔高宗因群臣之諫故作書喻在己之意若曰表正四方固予之責不肖先德尤予之懼顧敢易言乎由是斂此身於整齊嚴肅之中凝神淵默而沉思之不已囿此身於齊莊恭敬之内戒謹隱微而致念之不忘如何而可以飭百官如何而可以統萬民凡爲治道之圖者反覆思惟如有不及而孜孜法祖之心亦甚切焉如何而可以正宫闈如何而可以馭四夷凡爲化理之計者往來念慮若有不逮而拳拳憲天之念亦甚急焉夫惟望治之心有甚於饑渴故得賢之兆有感於夢寐予當蘧蘧然氣定之時精神感召儼然上帝以良弼而授我焉栩栩然神游之表意氣招來宛乎上帝以賢佐而賚予焉想像之真戀慕恒切雖未見焉將欲物色以求之也庶輔弼有資而圖治法祖之心可少慰乎思賢之極景慕何深雖未接焉將欲弓旌以招之也庶贊襄有賴而思治憲天之念可少紓乎夫惟賢王求治之心誠故上天錫賢之事异如此宜自叙之以爲群臣告也與雖然君臣相遇自古爲難也商造中微賢人在下傅巖之築所謂若將終身焉者高宗帝賚之辭其事若迹亦异矣豈賢人之生固自不偶邪卒之舟楫霖雨麴糵鹽梅之喻致乎中興之功則夫帝賚之事夫豈偶然之故哉噫湯以伊尹而開基高宗以傅説而再造後先一轍抑所謂上下交而德業成者歟

宅乃事宅牧宅乃準兹惟后矣

龔瑀

同考試官訓導詹批（説周公述夏臣告君之言以戒其君意首尾明盡而辭莊氣裕有噩噩之風即子之言他日所用將無疑於子矣）

考試官教諭周批（書義要如此作）

考試官學正季批（明贍可誦是好文字）

克安大臣之位斯盡大君之實蓋大臣之位未易得其安也今既有以安之人君之實有不盡乎夏臣叙之以告其君其知恤也何如哉且其意以爲三宅之官職任既非群臣之比關係實爲君道之重可不度德以定其位乎是故王之所與共治天事者有常任焉必其有猷有爲足以剸繁而治劇不愆不忘

足以立綱而正紀信乎其宅乃事矣所與共子天民者有牧夫焉必其引養引恬爲萬姓之歸塈克長克君稱斯民之父母信乎其宅乃牧矣以至準人則與王共守天法者也務使惟明允克種德而民乃依以簡以寬惟好生而人不犯準亦無不宅焉是則才德之美固各稱其所居信任之專俾各展其所藴矣夫然後君人之實斯無負也蓋君道莫重於理物事既宅則百揆時叙帝載有用熙之美庶績其凝天工著寅亮之休君人之責不於是乎塞耶君道有在於安民牧既宅則本以固邦以寧四方成寵綏之治德惟迪功惟叙四海訖聲教之同君人之道不於是而盡耶以至慎罰又人君之所貴也既宅乃準焉則惟察惟法元命自作足以配享之實有倫有要天威具嚴足以致敬事之誠君道又不於是而盡哉是則非徒崇高富貴之爲尊而且憂恤擇任之有道矣有夏人臣教君之敬如此周公舉以爲成王戒非其忠愛之拳拳能若是耶我儀圖之夏后之籲俊求盡事天之實耳此其臣之致敬致告要亦皆以任賢事天爲君人之實猶之商之丕釐周之敬事皆此意也然群賢和朝固三代有道之長而其要在專擇百官有司之長此周公立政一篇前乎此以常伯任準人爲言後乎此以三宅三俊三事常事司牧獄慎有司爲訓鄭重丁寧不一而足蓋深知爲君之實端在是矣孔子曰爲政在人朱子曰人主以論相爲職其亦有得於是也夫後之告君者尚其鑑諸

詩

樂只君子德音是茂

李元陽

同考試官學正方批（南山一題乃美與燕之賓其旨明甚塲中作者率以常語牽合雖多無取也此篇詞氣春容豐而不贅善説詩者耳置之魁選可爲得人賀矣）

考試官教諭周批（文字峻整佳作也）

考試官學正季批（寫主人尊賓意千載如見可以爲式矣）

詩人美與燕之賓著名譽之盛也甚矣名實相副之難也今與燕之賓而著聲譽之隆謂非斯名稱情者能然哉此亦燕饗通用之樂道達主人尊賓之意謂夫君子人與以有事而戾止邦畿以令德而作賓王家昔焉遠處封邦容止不可即矣今登筵之始而從容氣象宛乎其可親向焉各居封守威儀不可見矣今即席之初豈弟威儀温乎其可即徘徊於尊俎之間嚴而泰焉使人心乎愛矣而不忘何樂只耶遨游於獻酬之頃和而節焉使人中心好之而不已何樂易耶不寧惟是且其德有可稱修身樂善而成積中發外之美善有可名制節謹度而無自

用自專之失由是流而爲聲譽之芳尤偉乎甚大王畿知之侯國知之或内或外皆濯濯厥聲之孔昭也德音信乎其茂矣豈直不已而已哉播而爲聲聞之美猶浩乎孔博圻甸聞之要荒聞之在朝在野一憲憲令名之洋溢也徽音允乎其盛矣奚但不已而已哉是則非臣之賢無以得君之懽心非君之明無以知臣之令德有周燕饗一行而君臣相與相得如此此所以爲明良之會也與大抵君臣之賢否關於氣運之盛衰盛則治隆於上俗美於下手足腹心相待一體否則恩禮衰薄將國人視之而已安望其共成光明俊偉之治哉後世稱盛治者謂泰和在光明偉之治哉後世稱盛治者謂泰和在成周予於此言益信

帝命式于九圍

張塗

同考試官學正方批（題本明白而場中作者不纏繞無歸著則涣散無意味令人厭觀既得此卷讀之殊爲快心豁目取之）

考試官教諭周批（商頌盛德形容之意此作發之以滂沛而不淫泆善於作頌義者也）

考試官學正季批（以莊整之辭發修敬之德佳作也允稱高薦）

詩人頌天眷聖君爲法於天下其必有以致之矣夫天命未易得也聖君所以膺天眷而法天下者謂非一敬致之哉此商人祫祭之詩推本成湯受命之由蓋謂有商之業雖基於玄王實成於烈祖烈祖之敬既格乎天心天下之命孰有外之者哉是故夏失其道天心厭之久矣昭假我祖之敬赫然駿命之攸歸政失其平天心惡之素矣降鑑我祖之德昭然景命之有僕使之宅中土而聽治焉皇極於此乎建也命之奄六合以爲家焉人紀於是乎脩也作之君作之師荆梁雍豫無人而不歸於範圍之中賞而慶刑而威冀兖青徐揚何者而不在於甄陶之内以祖之敬而回威侮之習九圍之大皆欲其成式矣豈復小國是達而已哉以祖之德而清怠弃之源萬邦之廣皆欲其取正矣豈止大國是達而已哉是則湯之王業上承先世長發之祥下啓後世無窮之祚皆本於一敬之得天也宗廟以是美盛德而告成功有由矣夫大抵敬者得天人之本也堯以欽明而膺萬邦之命舜以温恭而紹曆數之傳禹祗台文敬止武敬勝得天得人皆是物也所謂克敬惟親惟德是輔書之言豈欺我哉

春秋

公敗齊師于長勺（莊公十年）公會齊侯盟于柯（莊公十有三年）

呂鳳池

考試官教諭周批（深得傳旨）

考試官學正季批（齊魯搆怨釋怨予奪繫焉此篇融徹傳意弛驟頓挫而不失嚴整之度末復揭莀之盟以責魯莊向亡復讎之志尤出人意表杰作也得子無愧賢科云）

望國脩易世之怨可譏釋易世之怨可予此見聖人惡長亂而善釋怨也觀長勺于柯之書法可識矣思昔齊桓致修怨之師魯莊申敵讎之義長勺之役似所謂敵加于己不得已而應之宜若無罪也何責耶蓋不師不陣已有明訓襄也既亡怨在可釋文告以諭使之不縮而退則善矣夫何行登軾望轍之謀以卒幸一勝之功用彼竭我盈之計以苟舒一朝之忿恥雖少雪抑豈知已亂之道不急於尋兵耶故經不書齊伐而主魯以責之意蓋如此迨夫齊桓欲爲脩睦之舉魯莊遂締鄰國之交于柯之盟似所謂不共戴天方再世而忘之宜若無取也何予耶蓋敵惠敵怨不在後嗣齊桓易世鄰則當善擇義以從使之釋憾而平則可矣況彼身任安攘之責而摽劍之仇既捐與國同推獎之誠而尊周之義以重心雖有在抑不思盡孝之道實切於安邦耶故經於平怨而書爵以予之意蓋如此噫怨不可構也魯故可責也怨可釋也魯故可與也聖人藿輕重而立法此所以爲經世之典歟傳者或舉齊襄之事以爲莊公深罪君子曰柯之盟魯不得而干也齊桓倡伯尊王安夏使莊如不赴是讎周耳然則莊公賢已乎曰當無知之亂莊公不能聲大義於讎人之國顧及大夫之盟以謀其所不當立復讎之志于莀荒矣莊公之罪安得而委之哉

遂城虎牢（襄公二年）　戍鄭虎牢楚公子貞帥師救鄭（襄公十年）

沈森

考試官教諭周批（二傳書法甚大作者多戾本旨而文亦欠整此以森然法度之言發春秋謹嚴之意讀之令人敬服録以爲習麟經者式）

考試官學正季批（此傳要如此作可録）

弃險而受制於内春秋之責在二國扼險而遺義於外春秋之責在諸侯此虎牢之城不繫鄭其戍繫之及書楚救也鄭晋之罪無所逃矣且虎牢鄭地也晋悼復霸從獻子之謀率會戚之兵以城之將以逼其從已焉爾曷爲責在鄭耶聖人以爲制邑之險聞於天下地有所必據城有所必守而不可弃焉者鄭也不克固守爲晋所城門户已毁非復滎陽之舊封藩籬已徹非若宛陵之私屬是果世守者乎卒之君臣上下曾無一息之寧玉帛犧牲徒爲二境之待無所厎告然後請成誰之責歟經不繫鄭止書城虎牢若曰鄭人土地本之君

親失其所有曾黄人之不如也其責任在鄭如此者夫虎牢既城矣悼猶隱憂任魏絳之賢聚初駕之兵以戍之將以守其復叛焉爾曷爲罪諸侯耶聖人以爲鄭人從楚固云不義無乃於己有闕亦當任在内自省而不可脅焉者晋也不自省躬伐而復戍非欲斷荆楚之路以爲鄭蔽仍欲踵前城之志而迫其求成是果義服者乎已而楚共得聞即投袂而起子囊往救遂夾潁而軍事雖假義師則有名誰之罪歟經繫之鄭又書楚救若曰列國分地受諸天子肆其淩逼曾荆楚之不若也其罪諸侯如此者吁責弃險者家天下之心罪扼險者明王制之意聖人維持世道其所感深矣雖然鄭之弃華即夷無足道者悼於三駕之餘推至誠以待人鄭自此不復叛而楚竟不能争休兵息民當世有賴嗚呼悼亦賢君也哉

禮記

五者備當上帝其饗

王璠

同考試官訓導張批（備當字作者殊欠體認此篇發揮真切筆力蒼然禮經之冠也録之）

考試官教諭周批（典雅文字適有此篇）

考試官學正季批（明净可録）

物之備者既宜神之尊者必格夫莫尊於天之帝也於祭物而備且當焉寧不有以來其格哉記月令者之言如此且禮莫重於祭祭必備乎物先王於仲秋命宰祝之官供循行之職至此以爲犧牲不備不敢祭也既於全具於芻豢有以視之按之而不失於肥瘠於物色有以瞻之察之而無遺而又於小大長短在所必量是其於五者無不備焉然備而不當猶不備也今則所視所按者合乎事之程式而無不善所瞻所察者當於事之倫類而無不宜而與夫所量者亦中其度是又於備也無不當焉夫然則備物之敬隆而報本之誠竭殆見皇天上帝雖至遠也感吾敬之潜孚且將來享冥冥之中矣況群神之近者有不享乎雖至尊也鑑吾誠之默契且將來格於洋洋之表矣矧群神之卑者有不格乎所以致風雨之節在是所以致寒暑之時在是夫一祭牲之備而來天神之格如此汝之循行可不慎歟嗟乎仁人之事天也如事親故先王於郊祭之禮獨隆然豈私其身哉凡以爲民祈福而已其敬天勤民之心何至耶他章有曰唯聖人爲能饗帝言敬之至也以此垂教後世猶有褻天而不知事者噫

君爲正則百姓從政矣

何清

同考試官訓導張批（此題有關爲政之體此作寫出上下孚感度意正爾可人録之不但以其文也）

考試官教諭周批（辭氣詳雅讀之爽然）

考試官學正季批（説得明盡非苟作者）

上能端其所行下必順其所令蓋君正莫不正也使君有不正欲下之從其政也難矣哉昔孔子對哀以爲政之問及此意謂有國者不患乎人心之不順而患乎吾政之未修不患乎吾政之不修而患乎所爲之不正何則人君一身下所則也故必敬以修己使所爲一出於正無大廷深宫之間也而邪佞不得以惑之道以修身俾所行一由於正無大德小德之逾也憸壬不容以間之見於刑賞焉刑所當刑賞所當賞無偏而無黨也形於好惡焉好所當好惡所當惡無反而無側也夫君之所爲既無不正則表率倡導之源以清激勸化成之本以立將見聚廬而居凡在乎君臨者非一姓也莫不曰吾君正矣吾何以不從自翕然於感化之餘而唯其所令比閭而處凡歸乎統馭者非一人也罔不曰吾君正矣吾何以不順自驩然於鼓舞之中而唯其所施會極歸極順於風之偃草也梗化者誰與遵道遵路捷於響之應聲也弗率者誰與吁君正於上而民從之如此斯政之所以爲政也然則人君烏可以不正耶抑論之君民一體君以民爲體民以君爲心其所關甚重也奈何世之爲君者徒恃崇高之位而不知正身以帥民嚴刑峻法必使從其所好無怪乎民心之日離而亂且亡也孔子告哀公以此及其問所以爲正而答之則不出乎三綱其啓之也深矣哀公卒不能行其言此魯之所以不競歟

第二場

論

講學爲正心之要

張合

同考試官訓導詹批（今士子作論下筆輒數百言率皆堆積浮蔓徒以湊合爲能於本題之意全無干涉甚至好奇喜怪而首尾支離自不知其何説此時文之弊也是作不惟意有根據而且層見叠出血脉不斷於從容委曲之中有峻激雄勁之態亦何嘗不循時格而穎异之見自是難掩斯可以爲論矣）

考試官教諭周批（講學以正心此治道切要之論忠臣愛君莫急於此

子能歷證前代而發明曲盡一字一句皆含深意非空言者篇末數語尤見剴切他日見用慎毋忘也）

考試官學正季批（此作句簡而工意多而正抑揚開闔不外題旨而清俊整潔讀自不厭顧不可刻耶）

甚矣爲君之難也以天下之大係於一身而身則有本焉必端本而後可理天下之務然本之端也又有至切之要不可得而緩者苟失其要而惟末之圖雖勤且勵祇見勞矣大體所在寧有益乎既無益於身心必無濟於天下此後世識治之君每惓惓以正心爲急而心之由正又恒以開廣睿聰爲首務也噫朱子斯言其爲宗社生靈計可謂憂深而慮遠者矣人君忽此而欲收平治之效於天下未之有也竊嘗觀之行路矣有大道焉有小徑焉若知平直險夷則必審所趨避而不陷於顛躓否則混見聞昧取舍一舉足而萬里之悔無及矣是心之邪正其猶路乎知路之岐其猶學乎學之一言虞夏以前未聞也至高宗與傅説始言之自是帝王始知威福不足恃而從事於學矣然學之爲道豈易言哉若不事詩書者固無足論其少知嚮慕者則又或惟談苦空或篤好音律或攻書篆以爲能或騁詞章以競美雖曰工矣心何補哉然就中取善若漢宣帝以圖籍日陳於前唐太宗鋭意經術宋高宗披覽載籍亦似知務學者矣但人君之學與韋布不同若惟涉獵是務而耀講學虚名宏綱大法漫然弗究雖曰學矣不如已焉匪書盡無益莫知要也要之所在其明理乎理在天下無所不備有是非焉有善惡焉有邪正焉其中又有涉於疑似而不容不辨者若徒曰吾心正矣毋庸學矣則情好偏局而静之所養動之所發未必皆由於正猶不知路之險夷而跬步一差秦越頓异者盍觀夫漢唐叔季之君乎如崇尚佛老自以爲心之善矣窮極術藝自以爲心之敏矣喜功黷武自以爲心之壯矣姑息寬縱自以爲心之仁矣旁搜苛察自以爲心之明矣濫賞私恩自以爲心之惠矣殊不知理在於心自有本然之正今各有所偏而罔覺其非者由講究弗明而是非疑似之間得以亂之耳使先知正心之要則必以崇正爲急而何累乎善也必以大體爲務而何累乎敏也必以戡定爲威而何累乎壯也必以感化爲恩而何累乎仁也必以周物爲智而何累乎明也必以普遍爲公而何累乎惠也嗚呼學一不講而心之所發懸遠如此良可畏哉是以古之賢君明緩急之序達先後之宜知心之爲物雖曰萬理歸宿之地然隱微之間真妄錯雜苟理不先明則其所存所發未必皆由於正況近似亂真如前數者之累而爲君心之害愈深如之何而不懼也於是乎究古今之變察理欲之幾如何爲昏明如何爲邪正如何爲安危如何爲淑慝遠稽前代何者可以以勸懲近鑑祖宗何者可以效法講筵啓沃因言而思之方正忠良虚心以訪之

治安易忽曷以慎之儉壬易昵曷以遠之宴安易懷曷以儆之正邪易混曷以辨之公私易雜曷以清之思其理而不泛用其心窮其本而不徒事乎末如此則治理昭明大本以立猶未舉足而已先知路之險易矣是以當其心之未動也湛然清明渾然純一及其感發也果在天理耶必知所以充之在人欲耶必知所以遏之凡所欲行皆正大光明之體無偏黨反側之私而一心正矣由是推之朝廷則百官承式推之於國則百姓昭明推之天下則四方風動而莫敢有不正者矣大學欲正心必先於致知推極其效至於平天下董子所謂正心以正朝廷而先之以勉强學問皆此意耳使學先不講雖天資敏睿出於尋常而疑似之間見之未必真信之未必决施於有政可訾多矣雖欲救之其能及乎與其救之於終孰若審之於始始得其要則至静可以制動也至簡可以御繁也至約可以該博也又何必騁浮華工記誦衒讀書之彌文而於身心卒無補哉使屑屑必於書焉則堯舜禹湯文武之時無書可讀又何資也自今觀之堯惟執中舜惟精一禹惟祇德湯惟建中文不過敬止武不過建極而已夫精一中敬皆理之微也正心之要也數聖人能講明之即所謂學也雖性本生知心不待養而後正然亦何嘗緩於學哉朱子不曰講學以正心而必曰要者可見學之一言所係甚切欲臻功化之極必須由此進爲猶岐轍不差而萬里可馴至矣辟之行路不亦信乎夫欲正君心固本於講學矣但人主一心攻者甚衆安能保其終無間乎故古之聖君尤於是乎致謹也左右前後罔非正人深宫禁密凛然弗懈所以涵養君德而維持聖學者無所不用其極夫然後本固性成治行化洽無負乎天下望也嗚呼爲君之難詎不信夫知其難而及時講學亦無難者是又在於立志之堅如説命所謂念終始典于學雖二帝三王亦易及耳夫何難哉使漢唐宋號稱英敏之君能知此義何至君德不純治功小就卒貽後世無窮之惜哉玩一時之安貽千載之戒可慨也已詩曰殷鑑不遠其是之謂乎又曰學有緝熙于光明惟守成賢君能之噫朱子斯言豈但爲當時告實爲萬世爲君者告也

表

擬宋製觀文鑑古圖輔臣賀表（慶曆四年）

張合

同考試官訓導詹批（標著事序使之明白謂之表此作不惟鋪叙詳明且四六流麗而典雅不浮非記誦陳言者）

考試官教諭周批（詞不深僻而含蓄忠義未審當時有此作否）

考試官學正季批（得體製而精緻可嘉）

慶曆四年二月丙辰上命圖製前代帝王美惡之迹可爲鑑戒者號曰觀文

鑑古圖御迎陽門出示臣等者伏以以人爲監帝王致治之良規取善爲師令主保邦之要道欲光前而啓後因考古以儀今朝野揚休臣鄰稱慶臣某等誠懽誠忭稽首頓首上言竊惟心莫要於審幾治莫先於擇術是以明堂素牖悉登聖哲之容太液新亭盡寫唐虞之迹開元實千秋之鑑憲宗繪三合之屏無非明聖撝謙急欲隨時體道治安愈慎常思觸事警心逮至欲縱情迷遂盡洛神之賦神摇心蕩遽張列女之圖妖華遍染於重闈粉黛旁施於四壁豈知涉川攸利在視乎前舟而行道無危須觀乎往轍孰愚孰智遺後人褒貶之公可戒可師關世道興衰之運昌期偉觀曠古奇逢兹蓋伏遇握紀御天應期啓運以鎮静人心爲本以阜安海宇爲先誠意感孚甘雨已徵於默禱仁慈周恤燒羊寧忍於宵饑兢業以斡化機憂勤以靖王略比隆三代治兼教養之施参贊兩儀身任綱常之責正邪弗蔽於偏聽予奪一循乎至公刑以不殺爲威財以不畜爲富崇儒重道恢弘列聖之丕基偃武修文度越百王之至治聖人之德何以加焉太平之功可謂盛矣猶謂帝王事迹雖備載於簡編然美惡儀形須顯憑於采繪始因儒臣之請旁搜秘閣之藏遠從軒轅之時邇接貞觀之季記分十二焕雲漢之昭回事列百餘燦丹青之藻麗治道有純有雜朝綱或是或非創業最難每起於憂勤之積守成不易常生於安靖之驕好惡同情自是難逃輿論昏明异域何嘗不本諸心身雖往而名猶存貌雖疑而事則實片言之善亦當垂範千年一念之差遂至貽譏萬世左瞻右盼揖古人於想像之間前規後箴悟心事於丰神之表蓋將睹狂爲而興嘆觀賢主而若親懲勸森嚴正邪炳若是誠一代之令典信爲億載之徽章臣等才慚鼎軸職玷班行世際唐虞敢廢詩書之舊學君同堯舜尚期稷契之愚忠伏願拊迹論心永作邦家之鑑因人進德無更山水之圖直超近代之規模允復隆平之景象臣等無任瞻天仰聖踴躍歡抃之至謹奉表稱賀以聞

第三場

策

第一問

張合

同考試官訓導詹批（帝王爲治之道聖人傳心之要我聖祖深體力行之功燕翼貽謀之訓悉明習而揄揚之末寓諷諫有裨聖政子豈賈董之儔歟大廷之對拭目於子矣）

考試官教諭周批（聖祖修身制治之道實自洪範大學中來此篇鋪張有體而文亦閎深不卜可知爲佳士矣）

考試官學正季批（我聖祖學問心思之奥立法貽謀之詳此策叙述無遺豈亦有志於用世者乎）

對觀百王傳道之大要則知聖學之原觀一代致治之弘規則知聖心之用夫學之要原於理治之規本於法者也是則言之所立雖不能以盡同而理之所該則不能以獨异規之所制雖不能以盡一而法之所統則不能以或偏知乎是可以論斯道矣仰惟我太祖高皇帝以天縱之資加日新之學當夫戎馬倥偬而講藝之罔休迨夫崇高已極而論道之不怠思古聖之心則皇皇焉如有求而弗得圖古聖之治則汲汲焉如有望而未見以帝王爲治之要道莫粹於洪範也則親御宸翰而詳疏其旨以百聖傳心之要典莫粹於大學也則揭之殿廡而時復睇觀是何若是其勤勤也愚嘗仰窺聖心之所在矣請以洪範言之初一曰五行次二曰敬用五事次三曰農用八政次四曰協用五紀次五曰建用皇極次六曰乂用三德次七曰明用稽疑次八曰念用庶徵次九曰嚮用五福威用六極而天人之理備矣故宋儒蔡沈曰人君治天下之法是孰有加於此以大學言之一曰格物二曰致知三曰誠意四曰正心五曰修身六曰齊家七曰治國八曰平天下而先後之序悉矣故宋儒朱熹有曰大學如行程謂造道者用力之途次也我聖祖知其然潛心體乎此而有以會其要領篤志察乎此而有以收其實效觀乎遺東宫親王有訓諭臣民有誥教民有令齊民有律而大誥一序四民之業極其詳悉而於攸好德考終命之義特致意焉其所以叙彝倫立皇極而保萬民者皆本於天道而驗於人事謂非有得於洪範之奥者乎觀乎因節用愛人而取孔子之言以明白易知而贊典謨之旨語善惡則有稂莠害苗之論語毁譽則辨賢不肖之真尊孟子仁義之説而黜漢武帝之神仙稱李沆灾异之奏而抑宋真宗之侈大諭侍臣則曰人民凋弊生息未遂也諭郡縣則曰天下初定百姓困窮也亢旱爲灾則修己以答天甘露獻賀則因瑞而致戒毁鏤金之床損食肉之獸謂聲色爲伐性之斧謂技巧爲覆車之轍無優伶近狎之失無酣歌夜飲之歡正宫無自縱之藿妃嬪無寵恣之幸教太子則欲其熟聞善言不邇詖行擇臺省都督府之官以兼東宫贊輔之職其所以明道術辨人才審治體察民情崇敬畏戒逸欲嚴内治定國本皆由於身心而達於天下謂非有得於大學之實者乎蓋嘗聞之文中子曰不學書無以議制又嘗聞之西山真氏曰爲人君而不知大學無以清出治之原我聖祖并用之以收創業之明效而一時輔業之臣相與都俞咨度之制定不刊之典爲垂範無窮之謀誠以聖學之源固深聖心之用則妙上有以接三聖之道統下有以開萬世之太平所以比隆於唐虞三代者端在於是而所以示法

於聖子神孫者亦無二道矣雖然人主之心斂之足以妙衆理放之足以舉八埏但他岐之二外誘之私後宫盛色之溺讒邪利口之移養之者無幾而攻之者甚衆夫以無幾之養奪於甚衆之攻内之所操者無主故外之作則者無法而欲其政之不紊者難矣是以高宗之得傅説則望以格心之事成王之詔群臣亦期以示德方卒之成中興之功而光文武之業者良有以也後世願治之君宜莫如漢之文帝唐太宗矣蓋文帝靳百金之費而已一臺之作示敦朴之先而簡帷帳之文太宗言及稼穡之艱難則務遵節儉言及閭閻之疾苦則議息征徭是故刑措之化貞觀之治三代以下之所無也然能修清净之道而能不狃於晁錯之刑名能詢鬼神之理而不能不惑於新垣平之詭詐能燭譽樹之奸而不能不牽於狐媚之愛能抑萬紀之規利而不能謹於十漸之不終何者天性之仁雖厚學問之力雖博而正心之實均未切耳此我祖訓持守之二言又爲百聖傳心之大要也敢用爲今日法祖正心之獻謹對

第二問

李元陽

同考試官學正方批（此策正欲觀士子事君使民之心志而此篇援古證今出入帝王之途轍豈布衣而有天下之慮者乎行將見用執此以往可也得士如此良慶良慶）

考試官教諭周批（條答之餘而忠愛拳拳是可與論世道者）

考試官學正季批（才氣横逸識見超軼場中之士少有及之者佳士也參之前二場允稱高薦）

天下一氣也而伸縮由於心天下一體也而動定由於心心也者君是也氣也者臣是也體也者民是也心以使氣氣以使體自然之勢也其心正則其氣順其體安此亦自然之理也心藴於中正耶邪耶人鮮得而知也惟其發於言也則其邪正始可得而見矣傳曰其心明乎正理則其言平正通達此不易之定論也君之運天下也亦然君正則其臣順而天下之民安且和矣然人君高拱於穆清之上心之正與邪焉天下未易測也聽其言也則其撫我虐我也昭於人目盈於人耳矣孰謂詔令非所以動天下之大幾也耶請因明問而復之仰惟我聖天子屬以倫序入繼大統奉天即位改元一詔正往昔奸邪之誤主申祖宗舊章以告民其於諫止游巡之臣而被廢者則復其生者之官而加之顯恤其没者之後而加之贈此非成湯顯忠遂良之德意也乎其於應濟征伐之類而被擾者則蠲其往者之逋而不之追寬其來者之税而免之半此非武王散財發粟之遺意也乎民年八十九十者賜予有差使民知曰朝廷之待

老如此我何以不孝且敬乎官年賜休乞休者存問有禮使民知曰朝廷之優賢如此我何以不修爾德乎將由是而興起於孝將由是而勸勉於德而三代之俗可跂而待也五帝之化可望而及也邦其永昌不在于兹乎民生得其所則元氣固矣傳曰惟邦本本固邦寧此聖王之訓也恐奉行者之未至則使風憲官糾察之孰敢有廢閣者乎慮莅事者之或怠則使分道官考驗之孰敢有不振舉者乎即是而之焉主之以誠心加之以持久二帝三王之治可復見也雖典謨之相得而相告者即此心也商之誓則淺於前日君民之心矣周之末則詛且懕而怨焉於是刑之革之矣革且不從而上下之心背馳矣秦漢而下日趨於非不足論矣是固時使之然亦教化不明之過也君有作臣有守則世有教化矣有教化自不患乎世無善治也是故教化者治之本也君臣者教化之本也故曰爲政在人取人以身孔子之治天下如斯而已矣昔者漢高曰聞王者莫高於周文霸者莫高於齊桓皆得賢人而成名賢士大夫有肯從我游者吾能尊顯之夫是詔也乃練諫閱歷之言不有是心漢幾何而能成乎天下之士始欣欣然有詩書禮樂之願而漢之命脉生矣漢武曰朕即位以來所爲狂悖使天下愁苦不可追悔今事有傷害百姓糜費天下者悉罷之夫是詔也乃悔悟深切之言不有是言漢幾於不可知也天下之民始帖帖然無背叛反復之想而漢之肌膚固矣夫往者鑑式於今者也來者取法於今者也商書曰事不師古匪説攸聞使傅説而愚人焉則亦已矣如曰天賚中興之賢佐則其言固可信矣周書亦曰慎厥麗乃勸厥民使成湯而庸君焉則亦已矣如曰天錫一代之聖主則其言固可信矣愚也樂育明時躬逢聖主尚當以緝熙聖敬終始典于學爲獻則德可久業可大而愚芹曝之誠舍此無敢言者也庶可免隨何遇漢文而不能興文之誚雖然上有明君則下有良臣臣之能爲臣又在其君致之也兹惟時哉謹對

第三問

趙汝濂

同考試官訓導鄭批（前輩業儒者兼律令習之故學爲有用是篇考究詳明斷制精當推之於政而可行本之於經而有據非平日諳練世故决不至此子其有志於致君堯舜者乎）

考試官教諭周批（策貴警拔彬蔚如前輩對策何嘗拘拘對偶而文自可觀此作其庶幾矣）

考試官學正季批（全篇雖不爲劖刻斬絶之言而其鋒自不可犯亦可謂筆底秋霜者）

刑以弼教聖人不得已用之也然有法焉有情焉法固在所當執情亦不可不原雖有畫一之法每有不一之情情原故誤之分法歸輕重之等如是或決遣之或收贖之而先王天討之公欽恤之仁兩全而無害矣嗚呼天地之大德曰生矣然春生秋殺既潤之以風雨復鼓之以雷霆何嘗專於生也聖人效法於是乎制刑焉然刑期無刑辟以止辟而生意亦未嘗不存乎其間也夫刑有五而干犯在所弗宥法之正也其見之虞典有曰金作贖刑者蔡氏以爲刑莫輕於鞭扑蓋官府學校之所用耳於是許贖所以養其愧耻之心也若吕刑贖法蓋五刑之中疑其可赦者不遽赦之姑取其鍰以示罰耳繼曰閲實其罪則無可疑者惡能逃乎自是贖罰之途既開遷就之謀紛起漢宣帝因討西羌兵食告乏張敞議令諸州非殺人及盜者皆入穀贖罪以若所爲免轉輸之勞實邊徼之備亦何不可而蕭望之以爲如此則當者得生貧者獨死恐開利路以傷治化是固老臣經世之慮而事體輕重之間蓋之熟矣宋仁宗以先王用法簡約後世刑用滋章令天下或有冒利犯禁過誤可憫者以穀麥錢帛贖焉此詔一下或以爲寛慈之仁稀濶之典可以常行而識者以爲富人皆得贖罪貧者曷能自免豈朝廷用法之意哉是固大臣體國之忠而舉措得失之辨籌之審矣夫張敞建議不及賊盜殺人仁宗詔令止言犯禁過誤而當時臣屬尚以爲非則贖罰一節果無益於世教明矣我太祖高皇帝裁定律令實上稽天理中順時宜下合人心立萬世之凖繩爲百王之憲度者至於贖法雖沿唐舊而就中斟酌事情蓋衡輕重實吻合堯舜慎獄好生之意自制律以來所未有者伏睹聖祖諭刑部有曰自今十惡非常赦所原者則云重刑其餘雜犯許聽收贖至太宗文皇帝又令死罪情重者依律處治情輕及公罪皆得收贖仰惟祖宗立法之意止以贖罪待情輕者而重罪未嘗寛貸奈何在外所司罔思體悉但知儲蓄不審罪情積財多者爲良吏減罪衆者爲陰德嗚呼朝廷何少此毫芒錢穀而翻致干犯愈衆法梶不行哉先王之制刑與祖宗之律令果如是乎否也愚聞之書曰天討有罪又曰天齊于民蓋用刑之蓋出於天人君與有司特奉行之耳既知天法又可任情以高下於其間乎夫有罪不刑雖堯舜不能以化天下以漢高帝約法三章猶曰殺人者死若不論情之輕重雖賊盜殺人以至於罪惡滔天者一概移情就法以利贖之則刑不出於天而秖爲奸邪市恩之具罪不據乎律而翻爲豪强解脱之資決遣皆貧窮而富饒獲免配没皆寒苦而雄黠得安古之狃于奸宄敗常亂俗三細不宥者後世皆夤緣請托而曲從輕典矣良可慨夫况又所贖之金不資軍國之用或充貪墨之囊考之周禮貨罰入於司兵蓋以爲治兵之工直也今則皆如是否乎噫法以止奸刑以繩慝使有罪者皆得以利免則人皆曰吾金多矣何畏乎官司吾謀巧矣何憂乎

斧鉞汲汲焉惟利之務盈元奸鉅蠹何憚而不爲惡乎此所以犯者接踵人心弗平而甚失先王明刑弼教之意也昔人謂何以孝弟爲財多而光榮蓋亦有感於是矣然贖法亦律之不廢者若不失先王制刑之意上體祖宗欽恤之仁必如何而可也盍考諸書乎舜典曰宥過無大刑故無小吕刑曰上刑適輕下服下刑適重上服使法輕而情可惡矣必置於罪以爲豪横之戒有力不必論也法重而情可憫矣或令收贖以開自新之路正典自不廢也如此則咸知有意干彝者莫能逃利刃無心觸法者亦得以改絃貧富同刑强弱胥懼人情悉體大法固存必如此而後謂之明刑必如此而不失祖宗御世防奸之意抑究而言之又在乎所司之公明剛正也惟公則輕重適平而自不偏於私惟明則隱微洞照而自不流於枉剛則不徇時而徇理之中正則不惟情而惟法之執否則剖斷未真操持未定縱出有罪虐入無辜傷天地之和玩經常之典關係國家誠非細故此書所以簡重司政典獄而惓惓於非佞惟良之訓也嗚呼人君用人可不慎與愚生章句迂疏罔知刑律敢掇拾平日所聞以爲明問復諒執事亦原其未學而不深罪之也

第四問

吕鳳池

考試官教諭周批（歷數古人之學如對面談而商確焉者且歸宿于責志深得聖賢心事豈亦用心于内而有得者乎）

考試官學正季批（開闔抑揚若王良之御見馬而不見路真擅場乎也置之高選良有光于主司）

性之囿於氣也其賦同學之變乎氣也其功大氣者人所賴以生者也而不能無清濁厚薄之殊性者人所禀以爲人之理也則固無古今聖愚之异惟其性之同也是以人皆可以爲堯舜惟其氣之殊也是以必資於學焉學也者反其同而變其异之道也此聖人善憂天下後世而爲之立此法也粤稽古堯舜孟子所謂性之也其爲聖之道故不待於學亦未嘗廢學也觀其曰欽明文思曰允恭克讓此衆人所可見之德容也然其中心恒如不少間斷雖出於自然即此便是學之道也自禹湯文武之爲君皋陶伊傅周召之爲臣則皆孜孜以學爲言矣曰緑圖曰務成曰甘盤之數君子者皆相資以學之人也周衰道廢异端并興幸而天心篤愛乎斯人神物默相乎吾道時則有若孔子之聖者出雖不得堯舜之位以澤當時然已得堯舜之傳以澤後世而吾道吾學有主矣春風沂水所樂者堯舜之氣象秋月尼山所談者堯舜之文章師友雍雍道義侃侃立正學之高壇拓正學之大道揭正學之弘名歸乎此者曰吾黨之徒也背乎此者曰异端之徒也以此立法猶有异言者有如李斯田子方之徒皆

借名吾道自成一家牢不可破而吾孔氏之説不能不爲之亂也使天下貿貿焉卒無所之而吾道隱矣迨夫天運轉乎上而五星則聚于奎人事協于下而諸儒則出乎世濂水之源一開月岩之光遂揭太極一圖天理明而人事顯矣二程繼之相與闡明此學清風一噓率土四應則吾道之氣復完於天地間矣朱子起焉以天授穎敏之資天挺豪杰之才聰明始開即能沙畫八卦端坐默視此謂非天有意於吾道而篤生乎斯人不可也位不滿德潛修于家得以俯而讀仰而思大究乎聖言問者師辨者友深明乎正學嘗膺玉山尹之聘也感其建學延師爲之設座開講首以孔子古之學者爲己今之學者爲人爲從游者言之以見聖人教人爲學非是使人綴緝言語造化文辭但爲科名爵禄之計而已須是格物致知誠意正心修身而推之以至於齊家治國平天下方是正當學問復因程珙之問而爲之詳説孔子言仁孟子兼言仁義使之於身上用力不可於册上漫談至於氣質之清濁工夫之淺深無不并舉而兼教之雖以副邑大夫建學教人之良意實以廣吾道修己治人之正傳也同時有象山陸子静者少服父兄師友之訓克勵聖賢道義之心因郡侯之請開白鹿之堂集郡邑群賢於講筵揭論語一章之大義其曰君子喻於義謂君子之志義則所習者必在於義斯曉然於義也其曰小人喻於利謂小人之志利則所習者必在於利斯曉然於利也至於謂科舉取士久矣古儒鉅公皆由於此士由此而出亦可謂正也但於未得之則不可以得失爲計既得之則不可以禄位爲念但當悉心於國事盡力於民隱能以職業爲心便是君子之喻於義若以禄位爲心便是小人之喻於利斯言亦救世之良劑也朱陸之學昔人辨之詳兹其所謂喻於義者非爲己之學歟喻於利者非爲人之學歟何所异哉春秋講義吕東萊之作也首言學欲切而思欲近春秋夫子筆也而以深切自命傳經者亦謂撥亂世反之正莫近於春秋君子將用力於切近之地置是經其何從降隱迄哀所褒者既往之功也所貶者既往之罪也終日歷數古人而我無與焉豈所謂切近者哉乾卦講義黄勉齋之作也首詳元亨利貞四德之切於人而以孟子人之有是四端於我而自謂不能者自賊者也謂其君不能者賊其君者也數言繼之且曰五帝三王載籍之傳以仁義禮智對立而并言者自孟子始蓋人受天地之中無非此性雜之以氣質撓之以習俗不能親師取友以致其學問之功雖有此性亦未免於晦而不明窒而不通矣吕黄之學源流傳之正矣兹其所謂切者即四端根於心也所謂近者即四端備於己也奚有於二哉講於東湖書院者則道之不行也我知之矣智愚賢不肖之過不及而指其道爲仁敬孝慈信之在於人者中而已矣過與不及人失之也講於竹林精

舍者教人之方則曰居敬曰窮理曰力行讀書之法則先大學次論孟而終之以中庸勉人以立志則拳拳以去私欲信道篤爲要言示人以歸宿則切切以希堯舜學禹湯爲地位陳北溪之講於嚴陵也其設條目則有曰道學體統曰師友淵源曰用工節目曰讀書次序蔡久軒之講於和靖書院也其名義蓋以和靖甫生爲程門高第其學深有得於大易敬義之旨以爲終身受用之地此立學之體也程子謂和靖之學他日必有用於世爲先生之學者亦將以有用於世此行學之用也體立用行吾道之學備矣以此而用於世則可以堯舜其君民也以此而用於家則可以堯舜其倫族也以此而爲人則順以此而爲已則祥信矣哉聖賢之學不我欺也然豈强人所不能哉出於人性之固有求於人力之能爲彼僞學之徒自壞乃性耳夫豈其性則然哉聞諸李延平曰道可以治心猶食之充飽衣之禦寒也學也者耕耨蠶績之功也求其人而證之可乎伊周孔孟同一學也而伊周遇時故事功成之於當時孔孟雖不偶於時而其事功垂之於當時孔孟雖不偶於時而其事功垂之於萬世傳曰修身人也遇不遇天也君子知修吾學而已遇之則當爲伊周不遇則當爲孔孟是固在我之立志務學如何

第五問

王播

同考試官訓導張批（先有濟世之志而發之於文庶不泥於古不流於俗使無定見則惟空言是逞雖華何益此作參考往迹而昌以正論固有體而欲達諸用者）

考試官教諭周批（儒生不達世務者皆目曰腐此作關係政體曲盡事情根據舊聞深悉民隱迂腐者能爲是言乎）

考試官學正季批（叙事不遺工詞有理頓挫起伏而嚴整不亂孰意風簷寸晷有此作也）

民困不可不憫也欲施一念之仁須盡萬全之慮若徒知益下而經理周防之術雖頻蠲屢貸而閭閻之困固自若也如是則上之所施下之所望不亦兩負也哉嗚呼仁覆斯民如三代帝王亦云至矣而未見有所蠲貸者蓋取民雖用田賦而又隨時隨地爲之藿衡民皆遵從輸納自不至於逋負尚何用蠲貸爲哉自是以後賦税之額始定額外之征又繁不得不視時之豐歉民之貧富而時布蠲放之恩亦其勢然也故逋貸之蠲起於漢武逋負之寬起於吴嘉禾以晋惠帝有户調絹綿之除以唐宣宗有度支鹽鐵之免減上供饋運者始於大中九年也免官司債負和買役錢者昉於紹興三十二載也是皆有仁民之心者矣然其間又有不盡免而藿宜於其中者考之宋哲宗

時令諸路屢年負欠以十分爲率每年帶納一分似爲便民矣而蘇東坡訪問濠壽父老有豐年不如凶年之云者蓋以天灾流行民雖乏食縮衣節口猶可聊生若豐年舉催積欠符檄日至其門鞭笞日加其身則人皆求死而不可得反不若凶歲之易過也夫恩典雖厚奉宣匪人民何由而受惠哉宋自紹興以來邊隅多警役繁賦重極力寬之民病猶未甦也而朱元晦上封事有遷延一分以待蠲放之議者蓋宋初舊法凡催理官物數及九分者諸司即行住催版曹亦置不問州縣得其贏餘以相輔助貧民亦得遷延以待蠲除恩自朝廷惠及閭里較之虚文無實所謂黄紙放白紙取者不亦相去遠哉愚竊聞之天下財賦一歲所入止足歲之用况又水旱無常虧縮未足若憫民彫悴舉數年逋負而一旦免之固懽欣鼓舞於田野矣然大而軍國邊境之需次而官胥廩禄之費當取辦於何所哉倉庾儲峙在在空虚如之何其可也是以宋高宗因湖秀水灾欲除下户積欠慮恐侵損歲支輒於内庫撥補乃曰内庫所積正備水旱本是民財却爲民用何所顧惜夫湖秀一隅侵損未多補給尚易也若舉天下而出内帑給之勢亦難乎其爲繼愚恐高宗亦未如之何也由是觀之則蠲貸之令豈可輕舉而無周悉萬全之慮哉昔人謂赦者小人之幸愚初未敢以爲然今夷考往迹始知非虚語也盍觀之唐乎玄宗蠲免七年以前逋負當時稱爲异數而識者猶有未然蓋寬貸之舉止爲貧民若果貧民欠負盡數免之以蘇疲困有何不可但膏脂已竭於貧窮而恩典翻歸於豪猾中間雖究已收未收之等然亦誰肯自陳其弊哉官司欲證其實未免拘集小民里胥追呼文移煩複農事因之妨廢貪污緣以爲奸况又懼包攬之强而俯首認納畏械繫之苦而依令重陪害及鷄豚利歸豺虎小人之幸良不誣也使當時君臣果知此弊勿免日前逋負止於次歲量除明開何等徵需定與減免分數庶窮鄉僻壤盡知應免應納之數而貪吏豪猾亦難肆重徵侵剋之奸矣昔宋臣趙善防議稱貧民下户每歲二税但有重納未嘗拖欠朝廷蠲放利歸攬户鄉胥而小民未嘗霑恩乞明詔自今郊霈惟減次年賦税其日前殘零務依數納足則貧民實被寬恩官賦亦易催理此誠切要之策而當時未盡舉行良可惜也嗚呼自昔有天下者欲施不忍之政而必竭盡心思典法之立非徒然者使行法得人則蠲減新徵固可也寬貸積逋亦可也否則德意徒存奉宣未至不但視爲紙上之文而反重爲閭閻之擾甚至罔民之愚侵國之用徒知飽煖乎已不思失信於民此淳熙州縣之吏不能仰體至懷而屢詔以督責之也然則赦之布也豈但豪猾小人之幸亦貪墨之幸耳嗚呼心何忍哉是以漢時欲安斯

民必擇守令而傳曰文武之政布在方策其人存則其政舉此雖儒生常談而人君治世之規恐不出此執事以爲何如惟貸其狂而教之幸也

雲貴鄉試録後序

夫科舉必有録録必有序録之式載官使以昭事載名氏以昭賢載文章以昭用序之式申勸戒以昭義列撫臣藩臬以昭類列守臣以昭備總之皆爲貴士設也是之謂制制之行合天下而同也夫合天下而同於貴士士宜乎軼前修而上之矣而顧或不逮意者勢使然乎是故科舉之制益飭而有志之士或鬱而不暢或興而不奮者有矣今天子以聖神入嗣大歷服躬修德教體貌儒臣表忠節登俊良作士氣以培國家之元氣於永久凡含生之類莫不振動忭蹈訖于無外則夫有司飭制以貴士者皆聖神精微之所運用已是蓋古聖賢遑遑終老而不獲見者而况雲貴之遠乎傳曰周之士也貴此其時矣請與諸士驗諸今之場屋如監察御史羅玉之風裁藩臬之慎肅群司百執事之恪共道洽而通氣和而豐祺然肆然罔不心快目爽於諸士之進曰今科其何時今士其何遇也際千載難逢之會殆必有千載間出之士起應之乎如是而諸士猶踵故常以自居惡在其爲士也夫士之貴于世者非人也天之畀以聰明靈哲將使之以是而導人也君人者奉若天道故取而官之使盡其分有也苟昧於分有以學則曲以志則溺以才則局以行則肆以名則忽即不忽則加之好矣是故曲則失正溺則失義局則失用肆則失己忽而好則失實如是則於分所當貴者篋矣士自賤之誰其貴之而世焉賴之世無賴於士而天下之事有不僨乎西漢趙宋之末其士可考也諸生誦法孔孟學不可謂不正期在效用志不可謂不立抱負奇氣才不可謂不達蒙養童習行不可謂不修疾無聞而耻干譽名不可謂不實所可委之外者惟曰時不勝道也位不勝用也今遭值盛時位有待而無可委矣其甚可畏也哉且雲貴之士校天下甞寡至于今則文鳴四方志角天下賢埒諸藩已信乎我國家覆露之恩久則無間也然亦文焉是徵耳要之因才考行舉學明志而又求以佐其名雖天下士容敢謂其分之畢盡乎似於此又不容以多讓爲也忠校文事事諸士策名于賢科而負時深望故曰可畏甚而不可以故常自居也

浙江寧波府慈谿縣儒學教諭周忠謹序

嘉靖四年雲貴鄉試録

雲貴鄉試録序

士以言揚也久矣夫言不苟飭也裕之以學言不苟達也文□□□言不苟信也副之□□以□苟□也統之以行□□是□□□□也篤者之□□□□□□□言閎以深□□和□□□□通者之言□□言□□□言誕狡者之□□□□者之言淫中無主者之□又以達于治猶影響然是故朝廷之制命宗廟之聲歌聘問之辭令官府之播告戎旅之檄諭微而通幽玄顯而昭化理言之義用大矣洪惟我朝聖祖神宗稽古□□養士有學取士有科□□□□□□之於子史徵之□□□□之於積歲而取之於浹□□□是録而後□□□□□□無遺者嗚呼盛哉列聖馭世理人之道至要而至大存焉爾嘉靖乙酉厥期既届巡按雲南監察御史熊榮議舉試事而貴州之士亦并叙焉制也先是雲南藩臬以具白于巡撫雲南都御史黄衷既具則又白于鎮守雲南太監杜唐總兵官黔國公沐紹勛咸曰典也維□巡撫雲南都御史吴祺繼至益崇優奨巡撫貴州都御史楊一渶鎮守太監楊廣都督僉事牛桓巡按監察御史鍾卿□尤□志協德用相厥成清戎監察御史江良材事事兩藩振飭益力而前巡按御史郭楠拓院之規左布政使楊惟康右布政使鄧相經始之務亦至是畢矣兹舉之盛此其大都也仲秋初吉考試官則儀與訓導王洪同考試則教授耿光教諭吴悌高鳳山訓導高山各以聘至提學副使孫繼芳僉事趙淵預取之士亦既濡穎而待矣御史榮乃申令于内曰量材稱事巨細必式參政劉鶴年參議東卿司之禁慝戢譁維典維法按察使葛浩副使盛儀司之又申令于外曰内供必節外防必恪參政黄昭道劉瓚副使陳璋姜龍李潤劉用中沈良佐戴書僉事邵清傅尚文郭叙楊材司之防維推拔各殫厥心貴州參政鄭錫文于湛參議江玠李楫按察使于鏊副使潘鑑僉事楊薰成周司之宵鉦晝柝偵卒有翼都指揮方仲胡章張松司之至如揭綱舉維井井絡絡御史榮之所綜也是月丙申鎖院丙辰而撤凡三試之拔士之尤者五十有五人併其文具録以獻儀次當叙儀曩聞諸談者言秦黔之地率皆异其産而略乎其才竊嘗疑焉而未有言也頃道辰沅歷鎮遠帶甲控弦之衛連絡不絶椎結革裘之子蹻健上下虎關鳥道盤迴數千

里每陟益峻勢益嶮而觀益奇躋雲躡霧者逾月而達則豁然大觀閉者以融隱者以燦炎濁之氣灑然高寒視江南都會形便特勝因仰而嘆曰嘻壯哉使談者之言而信數千里之所盤迴峻者嶮者觀而奇者閉而融者隱而燦者則其所産豈但燐然而光沃然而澤雜然而變之物爲世之玩而寶之者□翔價於天下而已哉不然必有際其盛者矣既而負席珍之儒歌鹿鳴而來也三日所呈肆而閱之鈎深引類移刻連卷蓋已信多士之工於言矣盡晷而披繼燭而較典而莊者制命之儲也雅而麗者聲歌之流也婉而盡者辭令之軌也簡而重者播告之宗也嚴而辨者檄諭之選也譬則良冶之蓄型範莫同而爲器均耳雖然士陳之有司□且獻之學誠裕矣才誠文矣物誠副矣聖朝文教旁被無外此亦足證而信矣然統之以行則有司有深懼焉尚勉乎哉脩於家而不壞於天子之庭者是則士行之良者也其尚勉乎哉無□燐然之光沃然之澤雜然之變之物卒於玩而已矣

四川成都府新都縣儒學教諭劉儀謹序

嘉靖四年雲貴鄉試

監臨官

巡按雲南監察御史熊榮（以仁河南光山縣人　丁丑進士）

提調官

雲南等處承宣布政使司右參政劉鶴年（惟新四川巴縣人　戊辰進士）

雲南等處承宣布政使司右參議陳卿（汝忠四川宜賓縣人　乙丑進士）

監試官

雲南等處提刑按察使司按察使葛浩（天宏浙江上虞縣人　丙辰進士）

雲南等處提刑按察使副使盛儀（德章直隸江都縣人　乙丑進士）

考試官

四川成都府新都縣儒學教諭劉儀（來鳳湖廣安陸州奉祠所人　癸酉貢士）

江西南昌儒學訓導王洪（大器湖廣江夏縣人　癸酉貢士）

同考試官

浙江衢州府儒學教授耿光（謙甫湖廣麻城縣人　辛酉貢士）

江西袁州府宜春縣儒學教諭吴悌（大友福建南靖縣人　己卯貢士）

湖廣長沙府攸縣儒學教諭高鳳山（瑞鎮福建安溪縣人　己卯貢士）

直隸鎮江府丹徒縣儒學訓導高山（仰止福建甌寧縣人　己卯貢士）

印卷官

雲南等處承宣布政使司理問所副理問張紳（朝儀四川南川縣人　監生）

雲南等處提刑按察司照磨所照磨布元吉（德中湖廣孝感縣人　監生）

收掌試卷官

雲南府知府茅貢（承禹直隸太倉州人　甲戌進士）

臨安府知府汪金（汝礪江西貴溪縣人　甲戌進士）

受卷官

曲靖軍民府知府俞文曦（懋敬浙江鄞縣人　甲戌進士）

永昌軍民府知府嚴時泰（應階湖廣江夏縣籍浙江餘姚縣人　辛未進士）

彌封官

臨安府同知蕭子良（元弼湖廣江陵縣人　甲子貢士）

臨安府石屏州知州甘珂（世亮江西豐城縣人　甲子貢士）

麗江軍民府通安州知州苑學（啓愚山東鄆城縣人　癸酉貢士）

楚雄府楚雄縣知縣陳言諫（信夫四川内江縣人　甲子貢士）

謄録官

曲靖軍民府同知馬性魯（進之應天府溧陽縣人　辛未進士）

廣西府維摩州知州盧元愷（舜卿河南沈丘縣籍浙江餘姚縣人　庚午□士）

臨安府建水州知州林渠（希瑩福建莆田縣人　乙卯貢士）

雲南府晋寧州歸化縣知縣范宏（宗道直隸萬全都司人　監生）

對讀官

武定軍民府同知任似（象賢四川南充縣人　乙卯貢士）

武定軍民府和曲州知州周雍（仁夫浙江永康縣人　癸酉貢士）

大理府賓川州知州吴仲善（原一湖廣宜都縣人　戊午貢士）

雲南府安寧州禄豐縣知縣李必昂（時望福建浦城縣人　監生）

巡綽官

雲南後衛指揮使劉瑭（國用山東兖州府濟寧州人）

雲南衛指揮使于鰲（任之直隸滁州全椒縣人）

雲南中衛指揮同知梁鎧（世威山東萊州府膠州人）

雲南右衛指揮僉事紀璋（朝用直隸揚州府泰州人）

搜檢官

雲南右衛指揮同知蘇昂（子顒直隸滁州人）

雲南右衛指揮同知趙昂（德顒江西宜春縣人）

雲南前衛指揮僉事顧浩（大源直隸鳳陽府臨淮縣人）

雲南後衛指揮僉事樊泰（汝和直隸和州含山縣人）

供給官

雲南等處承宣布政使司經歷司都事葉槐（廷相廣西横州人　壬子貢士）

景東衛指揮使司經歷司經歷許鋭（乾夫湖廣永豐縣人　吏員）

雲南府經歷司經歷陳恕（時勉浙江上虞縣人　監生）

臨安府經歷司知事蘇民望（時雨廣西永淳縣人　監生）

曲靖軍民府照磨所檢校衛廷舉（舜選四川江油縣人　監生）

臨安府河西縣知縣鄧宗魯（希參直隸密雲後衛人　監生）

雲南府昆明縣縣丞李文燦（彦明湖廣石首縣人　監生）

永昌軍民府保山縣主簿楊賢（惟謙四川滎昌縣人　監生）

雲南十八寨守禦千户所吏目牛九齡（壽遠陝西葭州人　監生）

雲南府滇陽驛驛丞梁翼（騰霄四川巴縣人　承差）

曲靖軍民府羅雄州多羅驛驛丞楊顯（廷晦四川西充縣人　知印）

大理府趙州定西嶺驛驛丞周洪（原量湖廣道州人　承差）

大理府趙州雲南縣雲南縣驛驛丞税瑛（德光四川南溪縣人　承差）

第一場

四書

鄉人皆好之何如子曰未可也鄉人皆惡之何如子曰未可也不如鄉人之善者好之其不善者惡之　莫見乎隱莫顯乎微故君子慎其獨也　君正莫不正一正君而國定矣

易

包荒得尚于中行以光大也　利用爲大作元吉无咎　與天地相似故不違知周乎萬物而道濟天下故不過旁行而不流樂天知命故不憂安土敦

乎仁故能愛　爻也者效此者也象也者像此者也

書

敷納以言明庶以功　終始慎厥與惟明明后先王惟時懋敬厥德克配上帝今王嗣有令緒尚監兹哉若升高必自下若涉遐必自邇無輕民事惟難無安厥位惟危慎終于始有言逆于汝心必求諸道有言遜于汝志必求諸非道嗚呼弗慮胡獲弗爲胡成一人元良萬邦以貞　次五曰建用皇極次六曰乂用三德明王立政不惟其官惟其人

詩

寬兮焯兮猗重較兮　鴥彼飛隼其飛戾天亦集爰止方叔莅止其車三千師干之試方叔率止鉦人伐鼓陳師鞠旅顯允方叔伐鼓淵淵振旅闐闐　夙興夜寐洒埽廷内維民之章　維清緝熙文王之典肇禋迄用有成維周之禎

春秋

齊侯衛侯胥命于蒲（桓公三年）盟于召陵（僖公四年）　齊高子來盟（閔公二年）齊人取濟西田（宣公元年）　公及夫人姜氏會齊侯于陽穀楚人伐黄（俱僖公十一年）狄侵衛（僖公十三年）　會王人晋人宋人齊人陳人蔡人秦人盟于翟泉（僖公二十九年）狄侵齊晋人秦人圍鄭（俱僖公三十年）公會晋師于瓦（定公八年）

禮記

主佩倚則臣佩垂主佩垂則臣佩委　故天不愛其道地不愛其寶人不愛其情　夫歌者直己而陳德也　民以君爲心君以民爲體

第二場

論

人君所以御其臣

詔誥表（内科一道）

擬漢令太官勿受遠國珍羞詔（永元十五年）　擬唐加李靖光禄大夫誥（貞觀四年）　擬宋崇政殿説書趙師民進勸講箴表（慶曆四年）

判語（五條）

信牌　錢法　祭享　夜禁　違令

第三場

策（五道）

問　人君爲文與韋布不同貴乎達之於政也然政亦多端而孔子謂治天下國家有九經果足以盡之乎夫唐虞三代之君其文具載典謨不可及矣當時雖未有九經之説而不知行政之實亦果九經之所能該乎文之與政可岐而爲二乎嗣後若漢唐宋號稱英主之文亦嘗纂集矣有曰號令文章焕然可述者有曰爲文賦詩贍麗冲邁者有曰援翰屬思極其精妙者不知果有合於九經否乎我太祖高皇帝睿本生知動符經典化筆妙於神授心學得於自然嘉言聖謨衣被海宇而概見於御製文集其所以心同孔子治合九經非徒托之空言而悉見於實政者可得而條陳乎諸生涵濡聖化蓋亦有年願鋪張之以爲聖明法祖圖治之一助問我孝宗敬皇帝大明會典一書蓋仿周禮而作者也周禮近監二代遠取唐虞然而有不盡然者何邪先儒謂周公致治之大法具在然須知道者觀之可决是非夫豈無據而云然邪會典備載我太祖高皇帝諸司職掌諸書與太宗文皇帝以及列聖之所增定典章詔令分類編録爲昭代成書其視周禮蓋异世而同符矣然亦上稽古帝王不專周制下陋漢唐宋間亦有采焉豈亦周公折衷古制之意邪伏讀孝廟序文有所謂純乎天理則行之萬世而無弊者然則行周官之法度豈亦無所本邪諸士子其悉舉而鋪張之毋以未服官政爲讓

問　際會之不可失者時也漸流之所當防者幾也古人真見於此故曰時敏曰惟幾憂勤惕厲於治心莅政之間而不敢少忽蓋治亂之所由分理欲之所由定勢不容不然者三代之君能及時審幾者具在簡策可悉陳也繼是以後史稱功德兼隆由漢以來未之有者則歸之唐太宗夷觀政要所紀信乎比迹湯武庶幾成康但考貞觀十年之後志業舉措多不若登極之初其近臣進規則曰頃歲以來漸不克終又曰千載休期時難再得若甚有所不滿者豈臣子之於君父故盡責難之忠乎抑太宗隨宜通變而别有所見乎亦氣數人品自有所限乎當可爲之時失防微之漸良可惜也諸生讀史至此獨不概於中乎備言其故明著于篇

問　先正有言賢才出國將昌固也然賢才而不用亦將昌其國乎三代而下得人之盛無如漢之武帝賢才之盛無如宋之神宗其所以致之者有其由乎其間道學文章忠義政事具有品目就而論之孰爲一世之才孰爲百世之才乎合而較之孰爲尤盛孰爲不及乎説者謂史臣於武帝獨不言相而宋臣於神宗

亦明言其無將豈天之降才爾殊否乎夷考其時以道學文章名家者徒多小試豈不足於政事乎以忠義政事名世者不獲大用豈或愧於文學乎夫二君者皆負大有爲之志其於文學忠義之臣亦知首舉尊禮敬納其言愛重其文矣何君臣之間終於不遇乎豈其君心之有蔽乎抑有蔽賢者左右於其間乎若使二君移任柄臣之心以任諸賢其治效可比隆於三代乎諸生其明以告我

問　雲南古梁州之南境貴州本西南羅施地也雖距京師萬有餘里而衣冠文物漸與内地相埒惟土夷種落錯雜居民聲教固已宿遵猖狂時或恣騁古人制馭之法不過曰羈縻曰撫綏曰修文德曰擇信臣而已然性偏氣梗恩被而罔知法寬而反玩固非一朝夕矣兹欲掃蕩峒穴慮涉俱焚之殃抑欲疎闊繩銜或致奔踶之擾夫在虞夏盛時固無戎狄之患而亦有三苗之冥雖聖人惠風廣被澤覃幽荒脱不幸而梲吾德化焉蓋必有所以處之矣體其情參以法而酌其時當如何而後可

中式舉人五十五名

第一名　趙龥　澂江府學生　易
第二名　楊維藩　澂江府學生　書
第三名　佘桓　貴州宣慰司學生　詩
第四名　陳爵　通海縣學生　春秋
第五名　□璋　騰衝司學生　禮記
第六名　楊僎　臨安府學生　詩
第七名　胡杰　永昌軍民府學生　易
第八名　鄭文燦　騰衝司學生　書
第九名　施欽　永昌軍民府學生　詩
第十名　李粟　大理府學生　禮記
第十一名　李俊　永昌軍民府學生　詩
第十二名　楊翼　雲南府學生　易
第十三名　田鑾　永昌軍民府學生　書
第十四名　劉恒　貴州宣慰司學生　易
第十五名　楊東山　嵩明州學生　詩
第十六名　高尌　大理府學附學生　春秋
第十七名　黄鳳翱　雲南府學生　書

第十八名　李大經　貴州安莊衛學生　詩
第十九名　李會春　雲南府學生　易
第二十名　鄭尚經　貴州清平衛學生　詩
第二十一名　段廷實　劍川州學生　書
第二十二名　程元　永昌軍民府學生　詩
第二十三名　俞崇舉　貴州宣慰司學生　易
第二十四名　盧鳳儀　大理府學生　書
第二十五名　王橋　貴州清平衛學生　易
第二十六名　王國臣　通海縣學生　禮記
第二十七名　韋時雍　貴州赤水衛學生　書
第二十八名　劉輔　昆明縣學生　易
第二十九名　張一鵬　河西縣學生　書
第三十名　屠顯達　貴州都匀府學生　易
第三十一名　王信之　臨安府學生　詩
第三十二名　馮文奎　石屏州學生　易
第三十三名　鄭重　貴州銅仁府學生　詩
第三十四名　繆宗堯　通海縣學生　易
第三十五名　黄明良　晋寧州學生　詩
第三十六名　姚大濩　貴州烏撒衛學生　春秋
第三十七名　盧湘　貴州宣慰司學生　詩
第三十八名　朱希文　鶴慶軍民府學生　書
第三十九名　薛大梁　貴州普定衛學生　詩
第四十名　錢世賢　雲南府學生　易
第四十一名　□蘭　貴州銅仁府學生　禮記
第四十二名　鍾嶽　臨安府學增廣生　詩
第四十三名　吴鴻儒　貴州普安州學生　易
第四十四名　錢若愚　宜良縣學生　詩
第四十五名　高登　貴州威清衛學生　書
第四十六名　喬嵩　曲靖軍民府學生　易
第四十七名　楊本清　鄧川州學生　春秋
第四十八名　俞崇魁　貴州宣慰司學增廣生　詩
第四十九名　馮彦　臨安府學生　易

第五十名　楊茂　安寧州學生　詩
第五十一名　陸嵩　貴州永寧宣撫司學生　書
第五十二名　張以恭　貴州永寧宣撫司學生　易
第五十三名　鄭芹　貴州思州府學生　書
第五十四名　陶璞　貴州永寧宣撫司學生　春秋
第五十五名　熊應徵　貴州永寧宣撫司學生　書

第一場

四書

鄉人皆好之何如子曰未可也鄉人皆惡之何如子曰未可也不如鄉人之善者好之其不善者惡之

趙纁

同考試官訓導高批（題本平易但字面復出檃括爲難士子率爲所窘是篇體認親切而文復合作宜録出之）

考試官訓導王批（詞不費而理自明□處識見不凡當是佳士）

考試官教諭劉批（先儒謂學者當將問處便作己問答處便作己答此作有之）

賢者欲以好惡之同而取人聖人告以不當于其同而當于其類也蓋人之善惡各以其類爲好惡也觀其類可以知其人矣何必泥于同哉宜夫子以是答子貢之問也想子貢之意若曰一鄉之衆論亦公矣有人於此凡鄉之人皆以爲可欲而好之焉是亦能得衆者也其人果何如乎夫子告之曰行之苟合者每見悦於衆也衆好之必察焉而後可豈可據以爲賢乎子貢又曰鄉人皆好固未可矣如或舉鄉之人皆與其相忤而惡之焉是亦能違俗者也不知其人何如夫子告之曰人之詭世者每見憎於衆也衆惡之必察焉而後可豈可執以爲是乎夫鄉人皆好之孰若鄉人之善者好之立志不群者與其志之同行道有得者嘉其道之合好之者善人則見好者必非不善人也使無可好之實善者何爲而好之哉鄉人皆惡之孰若鄉人之不善者惡之以私滅公者疾其不爲黨縱欲敗度者憎其不相比惡之者不善人則見惡者必其爲善人也使有苟合之行不善者何爲而惡之哉是則合衆觀情或至失於徇人分類求情庶有符於公論汝賜也豈可泥其同而不觀其類邪大抵人性有善而無惡故人情好善而惡惡唯君子爲能約情以

合於中小人則欲動情勝而所好惡遂與人遠矣故觀人者宜於此致審而修己者亦宜以是自考也子貢方人而悦不若己者其於好惡之情非惟審之未真抑恐發之未能自謙也夫子教之而後聞性與天道嗚呼聞性矣而□有不中節者乎

莫見乎隱莫顯乎微故君子慎其獨也

佘枏

同考試官教諭高批（道理隱微不爲窘束是固有獨見者）

同考試官教諭吴批（説理之文難於明著此篇易人所難録出以式多士）

考試官訓導王批（不爲隱僻語而自足以發）

考試官教諭劉批（理因詞見意由文顯蓋善作者）

中庸即人心難掩之幾示君子自省之要蓋人心之幾莫昭於隱微而省察之要莫切於謹獨也能致慎而不忽焉尚何離道之遠哉中庸論率性之道以明由教而入至此蓋謂道具于心固當養於未動之時尤當省於方動之始何則幽暗之中踪迹邃密人莫能窺其際可謂隱也然念慮初萌而邪正攸判人雖不睹也己則了然於胸中見之之真莫可得而掩矣舉天下之著見者孰有過於隱乎細微之事端緒眇忽人莫能測其機可謂微也然思惟甫動而善惡遂分人雖未聞也己則昭然於方寸知之之切莫可得而揜□極天下之明顯者孰有逾於微乎夫幾微之動明著如此苟或肆焉則人欲滋長於獨知之際而馴至離道之遠矣是以君子既嘗我懼矣而於此尤加謹焉因其所發之初隨致省察之力一念之邪即遏絶之務使邪不得以撓正而惕乎儆戒之弗寧不以人所不知而侈然以自放也因其方萌之始隨加點檢之功一念之惡即禁制之務期惡不得以混善而凛乎警省之無已不以人所不覺而偃然以自恣也如是則私欲窒而人心之危者以安本體全而道心之微者以著體道者可不知所務哉嗚呼莫難審者惟幾乎故大舜之惟精顔子有不善未嘗不知皆是道也子思憂道學失傳於此不得不詳言體道之方以詔後世而世又有所見涉於疑似彌近理而大亂真者則去道又遠矣是以君子又在乎窮理也理明則見自正而守自篤太學言格物先於正心良有以哉

君正莫不正一正君而國定矣

楊維藩

考試官訓導王批（揭書出題本無深意作者多於一正君處深求重講殊戾朱注此篇轉换數語而其義了然是用録之）

考試官教諭劉批（發新奇於平易中而有矩度佳作也）

大賢推人君心正之善而及國治之由以見人臣當以正君爲急也蓋君心之善國治之功一皆大人正君之所致也然則爲人臣者可不急先務哉昔孟子之意以爲大人之事君也不以用人行政爲急而獨以正君爲急者何哉蓋以人君之心攻之者衆私意一萌見於用者皆邪矣夫既格之□□於仁焉則所存者正而有以立天下之□□□心一動發於事者多枉矣夫既格之□□於義焉則所主者□而有以凝天下之大□□□正朝廷以正□□舉直錯枉咸得其宜□□□授自無偏□□□之私也何往而不王□□□官以正萬民□□□紀各當其可庶政之□□□公乎正大之體也何適而非正耶夫君心□□□□□□此所以大人之事君不瑣瑣於人之□也唯以正君而爲要焉一正其君則百爲之度以貞矣措之於國尚何有不治乎不屑屑於政之間也唯以正君而爲急焉君心一正則萬化之源以清矣施之於國抑何有不定乎將見一人元良而百辟刑之君子盡得以爲國謀也群小不得以摇國是也治隆於上俗美於下宗社由之而奠安矣夫何顛覆之足患哉一人有慶而兆民賴之良法自足以壽國脉也匪彝不得以亂國典也遠之有望近之不厭邦家由之而底綏矣又何危亡之足憂哉是則國不自定也本于君心之正心不易正也資於大人之德爲人臣者可不知所務耶抑觀伊尹樂堯舜之道故能格太甲之非而有處仁遷義之美周公備元聖之德故能格成王之非而成刑措不用之治大人之功不其偉耶獨慨夫魯哀齊宣親遇孔孟不聞有所感悟徒起夫美矣至矣之嘆委諸好勇好貨好色之疾使齊魯之國終無一變之幾良可惜哉吁聖賢之所能者人也所不能者天也吾於孔孟乎何憾

易

利用爲大作元吉无咎

趙鼒

同考試官訓導高批（居下受益貴於盡善而子能發之他日見用慎勿忘斯言也）

考試官訓導王批（寫出臣子報益之心可愛取之不但文耳）

考試官教諭劉批（文從理順似亦大作）

宜圖大以報益必盡善以免愆蓋人臣受知固以圖大爲宜而尤以盡善爲美也不然曷足以免其愆哉聖人繫益爻如此其意以爲益之初九以陽居下受上之益當斯時也情誼結於下交之初膏澤覃於大賚之始臣子之心豈可徒然無所報哉要必舉修於家者悉達於有道之朝以學於幼者咸行於可

爲之日不規規於細務也而凡告之於君措之於民者皆經綸天下之宏規庶於平世而相宜矣不屑屑於末事也而凡議之於廷達之於政者皆開闔造化之偉績斯於昌期而不負矣然處卑而任大多涉非分之嫌居下而得君每招援上之議必其凡所行者至公無私以協天下之公論可以施之於近而無訾也行之於遠而舞弊也務期盡善而不爲目前之計可焉凡所爲者至誠無僞以合聖賢之成法可以參諸人情而不悖也揆諸事體而無乖也務底至善而不爲隨世之圖可焉如是則在己免冒濫之耻在人無指擿之尤雖曰受上之益而反躬自無愧也智小謀大之咎何有哉雖曰膺君之寵而拊心□無怍也讓力小任重之誚奚有哉是則欲報稱者乃臣子之心欲至善者乃盡瘁之義居下而受上之益者固如是哉嗚呼天下之事不難於行己之志而難於得君之心苟扞格焉雖以周公之大勛勞亦不免成王之疑也况於下者乎况於小臣乎是故又在乎守之以敬而持之以謙耳惟敬足以感君惟謙足以處衆而事業之成無難也不然雖盡善乎大作寧免意外之咎哉故孔子謂事上也敬又曰謙也者致恭以存其位也噫聖人斯言其亦洞照萬世之人心與

爻也者效此者也象也者像此者也

楊翼

同考試官訓導高批（説者泥於章首四句謂此爻字即指六爻言不必從始爲一畫説來然則章首象字乃指□卦言亦可遺六十四卦乎蓋大傳本互文以見意觀因重字則次序可知此卷非□知此其説效象處意更親切□素潛心於易者未足語此）

考試官訓導王批（見□明而措詞雅□□易義當如是矣）

考試官教諭□批（乾坤易簡即天理流行□見之實聖人仰觀俯察爲爻象以法之人人皆知也而未見有發揮至此者）

大傳原夫易書之作惟法乎易簡之理而已蓋天地有自然之易卦爻不過效而象之爾夫豈作意於其間哉大傳此章言卦爻吉凶及此謂夫造化无言也常以易簡而示人聖人有見也必假爻象以顯義夫易之初作惟有爻爾而形分奇偶自夫始爲一畫以分陰陽次爲二畫以分太少倍之而焉三重之而爲六而奇偶錯綜之不一豈假於□排乎不過效夫乾坤之易簡而已是故奇之形即模擬至健之天道偶之畫即仿佛至順之地德周流乎六虛者固皆太極動静之運行變動於二體者亦皆一元通復之貫徹蓋无朕之中而无窮之數已具特假易爻發之爾若乃之既畫斯成象□而時有消息觀夫始於二

純六交成於一貞八悔或爲陽長陰消之卦或爲陰長陽消之卦而消息相因之无窮夫豈出於臆見乎不過象夫乾坤之易簡而已是故陽長陰消則默寓乎確然之性情陰長陽消則顯設夫隤然之法象變易以從道莫非易知簡能之至理交易以隨時孰非知始作成之妙用蓋无極之前而有象之器已含但假卦畫泄之爾是則聖人畫卦作易之本旨皆原於天地自然之理如此易書冒天下之道也不以是哉大抵天地畫前之易也唯聖人爲能契之使夫人皆聖人也則何所事夫易哉故曰天何言哉子欲無言易之作聖人爲天下後世而設也稽實待虚則在乎學易者心玩而身體焉然後信其爲大哉易也夫體易亦非易易事也故又曰神而明之存乎其人

書

敷納以言明庶以功

楊維藩

考試官訓導王批（虞廷□對雍容氣象自難摹寫此作於悠揚暢達之中有雅勁嚴肅之趣足覘所養之不凡矣）

考試官教諭劉批（即理致之言其平□體認之功於是乎驗）

大臣期君之用賢既當觀其所蘊又當考其所成夫因言以觀其蘊則欲爲之志彰因事以考其成則有爲之才著以是用人何人才之不盡其用哉昔禹欲帝舜明德以化頑讒雅言用賢之道如此意謂不肖之未格每病於賢者之弗庸賢者之既庸恒沮於激勸之無道是故感帝德之光而共帝臣之願萬邦黎獻吾固見其人矣然外貌之著雖恭而中心之蘊猶伏謀諸面者不若聽□言也於是乎敷納之典行焉宏好問之規於兼收之日使夫□□有懷得盡攄於明良之遇廣好察之量於并□之時使夫草茅有負得异□於上下之交言發□三德之餘也納之言出於六德之緒也納之彼以言進也吾以言揚也雖則臣鄰之托未加而股肱耳目之任不有其地矣乎至若感時舉之會而奏奮庸之言萬邦黎獻吾固聞其語矣然口或易於出好而躬常耻□不逮聽其言者不若觀其行也於是乎明庶之典行焉責實於庶事之康而殿最之以崇其術業不苟且於名譽之徇省成於庶績之熙而等級之以呈其器能務察識乎聲望之實功多於有家者明之功多於有邦者明之彼以功聞也吾以功舉也匪惟忠直之行可徵而翼爲明聽之資其有所試矣乎是則言或可以僞爲行不可以幸致二者兼舉而考課之法無遁情讓善之美可馴致矣頑讒有不化哉抑此即舜之所□而命之龍者兹復深致意於禹何哉蓋緝熙之治難保都俞之雅難終於其所難而復以此輩梗之苟非□哲鮮不爲其惑者禹不欲

其立威以昭慝而□其明德以來賢蓋亦寓夫□消□奪之幾而相與責難以神聖人之化耳吁有君如舜而猶爲此懼世主於小人之防可不慎哉

明主立政不惟其官惟其人

鄭文燦

考試官訓導王批（場中講立政處多欠明白此作渾厚精緻無一贅語而一結尤探本之見得士如此亦可謂惟其人矣）

考試官教諭劉批（步驟不凡句句切實讀之惟恐其盡也）

前聖建官以圖治不必於職之備而必於職之稱也夫爲政在人得其人則職稱而治可圖矣奚以求備爲哉此前聖之建官所以特爲慎重也歟昔成王歸於宗周董正治官先舉古制之善者發之如此若謂任官之要今日固所當求先王之法後世尤所當監我□古之明王帝莫聖於堯舜也繼天立極以開□虞之運不事乎條貫之□□爾已蓋有一代之□規而設官以共政於是乎政無不和而咸寧之休臻焉王莫聖於禹湯也受禪革命以造夏商之邦不苟於事功之小小爾已亦有一王之定制而分任以共事於是乎事無不舉而用乂之美集焉明王立政如此人見夫政和於大猷孰不謂堯舜之官人將人人而官之也殊不知揆岳牧伯雖内外相承而體統所在數惟百而不紊人見夫事舉於昭代孰不謂禹湯之任人將事事而任之也殊不知會通繁簡雖疏數异宜而倡率所存惟視百而加倍然其意果何如哉亦惟思庶政之和不自和也所以和之者惟人懋乃禮樂之司簡乃刑政之任賢必衆推而后用非其人不用也肯使賢愚競入而雍熙之化混於無從耶念庶事之舉不自舉也所以舉之者惟人嚴彼工虞之咨慎彼教養之托能必衆讓而后任非其人不任也肯使真僞雜進而康乂之休委諸適然耶是則不惟其官則不備者非所急必惟其人則不稱者無所容帝王致治保邦之道固若是哉考之天工人代自古未有獨任而能成事者故爲官擇人在唐虞夏商鮮克儷焉成周稽古建官視惟百惟倍若加然自百歸六自六歸一卒不越其要領阜成之績有由然矣後世此制不考一於任法而不任人少知鑑戒者則又程書傳餐不憚獨任之煩然不知役智勞神之力殫而求精救弊之策荒矣豈不胥失之哉嗚呼法不傳天下無善治此又復古者所當知

詩

夙興夜寐洒埽廷内惟民之章

佘柜

同考試官教諭高批（説出厲精圖治之意明暢警拔閲而誦之倍覺惕然蓋自儆有素而發之親切者）

同考試官教諭吴批（題若近易也而含道理心學之微子能講究至此□可以常士目之耶）

考試官訓導王批（人所忽略者而子□□詳斯可爲文之式矣）

考試官教諭劉批（據理成章自是不俗）

賢侯之自警□□謹細行以立大法焉甚矣圖大當於其細也苟於此而或忽焉其何以爲民之表哉衛武公使人日誦於側以自警者如此其意以爲大德多累於小節之疎天意每回於人事之盡爾居民上可不知所警耶何則寢興之常細事也一或弗勤湛樂之所由生矣何以警乎衆耶要必鷄鳴而起舉思於夜氣之清者悉著於躬行之實嚮晦始寐舉施於旦晝之顯者畢省於燕寢之時審臧否於蚤暮之間毋溺於宴安也慎動止於朝夕之際毋躭於逸豫也雖曰細而常者亦當周其慮焉其可以少忽哉家庭之内近地也一或弗治荒湛之所由起矣曷以示乎民耶又必洒浥□氛俾萬化從出之地一清爲之自如掃蕩其□俾衆人屬目之所一塵爲之不染庭除之間務整齊而嚴肅也門庭之内務清静而潔修也雖曰内而近者亦當飭其備焉其可以或略哉夫如是庶乎其儀不忒而四方之標準以立其家可教而萬民之模範以端作止於宫壼之中者可以一閭閻之趨向凡民之得於觀瞻之下亦將以勤勵不息自强矣外規以爲圓者無有焉修爲於家庭之内者可以爲邦國之儀刑凡民之興於感動之餘亦將以懈惰荒寧爲懼矣外矩以爲方者無有焉是則詳于内而不忽乎近謹于常而不遺其細則人事修而天意亦可回矣武公之自儆如此其厲精圖治爲何如哉大抵君子觀人不於所勉而於所忽下之從上不於其令而於其身未有身不正而能教於家家不齊而能教於國者故衛武公惓惓以是而自警焉蓋亦得表率之機養心之要者矣後世乃有縱恣於居處而潤色於事爲濶略於宫闈而粉飾於外廷者寧不有愧於武公也夫

維清緝熙文王之典肇禋迄用有成維周之禎

楊僎

同考試官教諭高批（場中作者多以有成爲大備不指治功全與禎字

不應此篇體認真切而句意清新録出以祛衆惑）

同考試官教諭吴批（文無陳腐而結有忠愛之意爲國之禎非子也邪）

考試官訓導王批（周家詔復光前之美其於此作見之）

考試官教諭劉批（冲贍明暢）

詩人□後王當遵先王之法因表其法之所以當遵也甚矣文王之法之善也開萬世之治而昭一代之祥焉爲後王者豈可以弗遵哉是詩亦祭文王而作也意謂奉祭以格神爲主格神以法典爲先則夫文王之典豈非子孫當□者哉故我後人不必作聰□以亂之也當因□舊章而清明之繼繼不已不使至於紊雜可焉不必役私智以變之也當考其成法而熙明之繩繩無間不使就於堙晦可焉蓋我文王爲是典也運一心之妙監二代之規修於身而刑於家者一皆區畫之周詳所以佑啓後人者在是矣良法美意其可以弗守乎施之國而達之天下者一皆損益之精當所以貽厥孫謀者在兹矣宏規懿範其可以或忘乎然是典也天豈無裨於治而不可行於其久者哉故自始祀之時迄今承祀之日時固异矣而是典秩然其大備用之於身而身修也御之於家而家齊也隨試輒效績罔有弗著焉世固遠矣而是典昭然其具存措之於國而國治也推之天下而天下平也隨感輒應治罔有弗臻焉故休徵出于天不過兆太平爾文王之典足以開太平於無窮其爲徵也益休矣何待出於天者而後謂我周之禎乎嘉祥見於地不過昭至治爾文王之典足以致至治於無疆其爲祥而愈嘉矣何俟見□地者而後爲我周之禎乎吁守成法於繼述之餘頌盛德於對□之下周人所以祀乎先者至矣於昭之神尚何有弗顧者邪大抵麒麟鳳凰人皆知其爲禎也周人獨以文王之典而爲禎焉豈無所見而云然哉觀□禮以禮教之所成爲承天之祜又以孝告慈告謂之大祥知天祜天祥唯在於人倫慈孝之間則周人之所謂禎者可見矣噫是禎也不在乎他而在於典後之王者可不自己求之哉

春秋

齊高子來盟（閔公二年）齊人取濟西田（宣公元年）

陳爵

同考試官教諭耿批（題本正大二傳甚明但場中作者非浮則晦此篇發揮義利詳盡嚴整而美刺的確蓋粹於經學者）

考試官訓導王批（惟在己秉義忘私之心充養有素而後可斷案古人録子之文不但得春秋筆法也）

考試官教諭劉批（體貼傳意而文采煥然迥异諸作）

從義定難者春秋之所予貪利黨惡者春秋之所譏觀諸書法則齊之君臣美恶爲自見矣昔者齊桓因魯有慶父之難而欲爲取魯之謀乃使高傒將南陽之甲以省難焉然則傒之來齊之命也春秋何以獨予傒耶蓋人臣奉使貴乎明義而從藋方桓之命傒也詞爲兩可志靡一定使傒也唯徇君□利乘其虚而取之則魯不可復矣幸而傒也不以兼國廣地爲功而以平亂善鄰爲義君雖有二命也從其可而替其否魯雖有大禍也治其亂而持其危立僖以從人望定盟以一衆□使人民既危而復安國統幾絶而復續是皆傒之善也故不稱使而稱子以見靖難之藋在於傒耳春秋所以予之者蓋如此若夫魯宣因夙與子遂□謀而恒懼齊師之討乃使行父以濟西之田而請平焉然則齊之田魯與之也春秋何以獨責惠耶蓋人君爲國惡乎貪利而忘義方宣之自立也人道不容王法不赦使惠能保義弃利聲其罪而討之則亂庶少弭矣夫何惠也不以計賊寧亂爲利徒以開疆拓地爲利重賂是貪也而不顧三綱之淪元惡是助也而不思九法之戮坐受濟西之田以滿溪壑之欲使中國胥爲戎夷人類滅爲禽獸是皆齊之罪也故不稱與而稱取以見黨惡之愆同於取□春秋□以譏之者又如此吁予一高傒則後世□忠□義者知所勸責一齊惠則後世嗜利忘義者知所懲聖人垂世立教之嚴有如是夫抑考之前此仲孫省魯事不异於高傒其後齊以田歸蓋亦似乎悔過然春秋責仲而復責魯又可也蓋仲孫不急於討賊宣公以諂事而得地奉使雖同而實頓殊故物雖復而實可耻□不推見至隱□曰於書法之間則趨利忘義之徒接迹於世□意春秋非聖人莫能修信哉

公及夫人姜氏會齊侯于陽穀楚人伐黄（俱僖公十一年）狄侵衛（僖公十三年）會王人晋人宋人齊人陳人蔡人秦人盟于翟泉（僖公二十九年）狄侵齊人晋人秦人圍鄭（俱僖公三十年）

高𦒱

同考試官教授耿批（此題合六傳成文比事筆削氣脉自貫且不見有斧鑿痕當是佳作）

考試官訓導王批（説出春秋責備桓□□意且詞有斟酌讀之痛快自是本色文字）

考試官教諭劉批（桓文霸業漸隳本於怠荒驕忿而致亦誅心之論也）

霸政弛而啓外患爲可責霸政失而縱外患亦可責此桓文霸政不終皆□以來狄人之侮也比事而觀其責二君之意□矣昔齊桓主霸自葵丘而後

志不逮初彼會□诸侯之禮講好陽穀携聲姜以相從黄爲同盟之國久被楚兵寢援師而不出於是狄人窺伺其釁乃肆腥羶之暴以侵衛焉夫狄當桓公糾合之時亦嘗慴其威矣今猶夫人也胡爲而敢内訌哉蓋由桓於是時行荒於寵樂之耽業怠於簡書之忽伯政漸弛有以致其肆行而無忌也防非自我而壞乎使能慎克厥終因上天之戒而儆之則德修於内彼將稽顙之不遑矣敢猖獗之若是哉書曰無怠無荒四夷來王桓何足以語之經于陽穀之下□□□策以責之伐鄭此若夫晋文繼霸自踐土以來慮弗及遠懷鄭文不禮之忿尋盟翟泉而爲□□之謀假二心於楚之故復連秦兵以爲圍鄭之舉於是狄人間俟其虞乃驅犬羊之衆以侵齊焉夫狄當文公主盟之日亦嘗畏其力□今猶乎昔也曷爲而敢内侮哉蓋由文於是時志荒於報復□私謀失於安攘之義伯政寢失有以致其横□而不憚也戚非自我而貽乎使能釋彼宿憾移圍鄭之師以伐之則職修於内彼將奔潰之不暇矣敢躑躅之若是哉詩曰戎狄是膺荆舒是懲文何足以知之經于翟泉之下直書其事以責之者如此吁始焉侵衛者齊也非狄也終焉侵齊者晋也非狄也五伯假仁於此亦可見矣春秋責之豈非欲有國者崇帝王之道敦不息之誠也哉大抵桓文之事固爲聖門之所不道者然當時强大之國莫加於楚鄭在王畿之内頻肆侵凌或觀兵周疆其志□非小也向非桓文治兵以遏之則周室安能□□□□□欲□□□又不可不録其功亦春秋□□也

禮記

故天不愛其道地不愛其寶人不愛其情

吴璋

考試官訓導王批（此題末句本大而作者往往小之殊與上二句不相稱獨此篇能用孔孟成□説非惟切中情字尤見大順之世人人有□□子之行而與上二句埒□其□□禮者歟）

考試官教諭劉批（一□□□氣象宛如在目其善鳴世道之□者歟）

三才不秘其所□□□順之□感也□天天下之理惟感與應也舉三才而皆不秘其所有焉□非大順□□感而何哉禮運君子論先王以大順治天下而其感召之大有如此謂夫立天之道曰陰與陽陰陽□□而□□寓焉以不順而感之鮮□□□道□矣□□□□□□□而有以通其神由□□氣順布寒□時而□成之意無窮四□□□風雨節而化□之□□已瑞日麗而景星出□□□□□華也甘露降而卿雲見下土被□□□也天何愛其道哉立□□□曰柔與剛□柔成質而寶斯興焉以不順感之鮮不愛其

□□矣唯兹大順感通而有以□其靈由是百質可極凡以養□之生者用之而不竭萬□□□□以利民之用者取之而不窮焉□□車山□□□□也麟鳳龜龍藪沼□□□也地何愛□□□□□□□□□道曰□與義藴於中□□□□□□□□而爲□□□□不順焉□有不隱□□□□□□□大順□□□哉智者不□异□□□□□□□□□□□□□者獻其誠僞者披□衷不□□□□□□□□患臨而所欲有甚□生則舍生而取義也危迫及而所

嘉靖十三年雲貴鄉試録

雲貴鄉試録序

國家迯昭文德斂才徵言無遠邇舉敦化率教以奉揚休命歲甲午實賓興之期巡按雲南監察御史董珊矢心在公遵度維寅飭事維預總兵官黔國公沐紹勛巡撫副都御史胡訓靖綏崇獎士類聿興巡撫貴族副都御史戴書都督僉事楊仁巡按御史王杏皆秉精合德以觀厥成而行人席大賓以宣詔適亦駐兹先是前巡按御史楊聘考官于列省皆奉慎簡以至珠與教諭張澤充考試官尹一仁趙琬李綽文大才充同考試官提調則左布政使張峨左參政黄祺監試則按察使衛道僉事辛東山綜理防範則右布政使袁擯右參政馬龠左參議劉彭年按察副使鄒輗車純僉事劉道都指揮僉事馮立馮鳴鳳貴州左布政使周忠左參政曾鵬按察副使林茂竹馮裕陳則清僉事康世隆都指揮僉事田茂狄遠逮百執事則罔不夙夜肅慎以協于成右參政初杲右參議華金副使王閣僉事杜朝紳都指揮僉事蕭𪗿貴州左參議張楠則先期入賀均與贊襄焉乃合提學副使陳焕暨貴州按察使韓士英僉事戴元所選士一千五百有奇三試之取中式者五十有五并録其名氏與文之優者以獻珠乃進諸士告之曰夫文渾渾噩噩瀚以充矣衎衎繹繹翕以布矣煒燁絢爛涣諸物矣高朗宣融萃諸人矣是故上世會道中世昭文污世徇物隆世命人文之變也夫雲貴古秦黔之徼也前世無文焉然山川物采固有可紀而薦者矣巃崇蜿蜒山喬而穎矣澒洞淵澄水順而静矣齒角金貝羽罽文石之屬利用於天下者物珍而富矣人皆曰此秦黔之文而西南之焕如者也孰知山川之靈運之氣機物采之華發之寶藏精秘所積於當應之人文而後已耳亦何貴於物之文也皇上光裕大德作新善類鴻恩麗澤滂洽海内者十有三年矣于是兩省逢掖之士咸袚除振響以揚靈效才於方岳之下故兹今日之所薦者莫非嚮往思奮承休順則之文渢渢乎可誦可式者矣是故精深之謂賾暢達之謂明渾璞之謂醇雋雅之謂則參伍以變錯綜而通之之謂文淵乎備矣豈非近被棫樸菁莪之化遠孕山川物采之靈毓精會元以闡今日之郁郁者乎昔者成周三年之比合六鄉之士考其德行道藝者升之天府是以至德薦

士也今胡以文辭爲哉夫文莫精於德行莫通於道藝君子擬之後言議之後動修辭立誠而天下之理得矣是謂天下之至文夫至文無聲至德無文神而明之存乎其人諸士其知所以自勵者詩曰辭之輯矣民之洽矣辭之懌矣民之莫矣諸士修辭以呈身而敷辭以安民其何事之弗濟乃若曲學阿世媚辭售姸怵聲勢而徇人視民如草菅而莫之恤者是文之厲也顧齒角金貝羽罽文石之弗如矣諸士慎毋忘其初也哉

江西南康府儒學教授黄珠謹序

嘉靖十三年雲貴鄉試

監臨官

巡按雲南監察御史董珊（邦奇陝西膚施縣人　丙戌進士）

提調官

雲南等處承宣布政使司左布政使張峨（蜀望四川成都前衛人　甲戌進士）

雲南等處承宣布政使司左參政黄祺（允吉江西安義縣人　甲戌進士）

監試官

雲南等處提刑按察司按察使衛道（正夫河南葉縣人　甲戌進士）

雲南等處提刑按察司僉事辛東山（魯望河南洛陽縣籍膠州人　甲戌進士）

考試官

江西南康府儒學教授黄珠（珍卿福建莆田縣人　庚午貢士）

河南開封府陳州商水縣儒學教諭張澤（汝厚湖廣黄岡縣人　乙酉貢士）

同考試官

浙江紹興府諸暨縣儒學教諭尹一仁（任之江西安福縣人　戊子貢士）

河南衛輝府新鄉縣儒學教諭趙琬（文瑞山西鎮西衛人　乙酉貢士）

浙江金華府永康縣儒學教諭李綽（汝達廣東南海縣人　辛卯貢士）

江西吉安府泰和縣儒學教諭文大才（希周湖廣廣濟縣人　辛卯貢士）

印卷官

雲南等處承宣布政使司經歷司經歷張綸（時用浙江泰順縣人　監生）

雲南等處提刑按察司經歷司經歷劉遠（紹卿直隸蘇州衛籍江西新

淦縣人　監生）

收掌試官

臨安府知府馮世雍（子和湖廣江夏縣人　癸未進士）

楚雄府知府楊麗（益夫四川南充縣人　癸未進士）

受卷官

廣西府知府李渾（子原浙江慈谿縣人　甲戌進士）

尋甸軍民府知府劉秉仁（思孝四號大邑縣人　甲戌進士）

曲靖軍民府同知程勉學（克愚陜西寶鷄縣人　庚午貢士）

臨安府石屏州知州唐昇（啓東四川宜賓縣人　戊辰進士）

彌封官

雲南府同知張如巒（人　望四川印州人　甲子貢士）

大理府同知趙時（中甫四川犍爲縣人　丁卯貢士）

尋甸軍民府通判文誠（惟一四川合州人　癸酉貢士）

廣西府彌勒州知州杜桂（世芳四川長寧縣人　庚午貢士）

曲靖軍民府陸涼州知州蔡珀（玉卿湖廣黄岡縣人　己卯貢士）

謄録官

雲南府推官莫汝高（退之四川保寧守禦千户所人　癸酉貢士）

臨安府推官王輔（世忠直隸涇縣人　乙卯貢士）

楚雄府鎮南州知州譚紹宗（汝賢四川銅梁縣人　庚午貢士）

武定軍民府和曲州知州何士鰲（安周廣西蒼梧縣人　丁卯貢士）

新化州知州王域（堯封直隸青縣人　己卯貢士）

對讀官

曲靖軍民府推官尹耕莘（朝聘陜西西寧衛籍山西清源縣人　監生）

雲南府昆陽州知州李第（承恩四川叙南衛官籍直隸臨淮縣人　己卯貢士）

大理府賓川州知州蔣英（世華四川成都前衛官籍陜西咸寧縣人　甲子貢士）

臨安府建水州知州沈常心（天叙浙江崇德縣人　監生）

武定軍民府禄勸州知州徐進（德卿陜西岷州衛籍　監生）

巡綽官

雲南右衛指揮使楊翺（鵬舉江西豐城縣人）

雲南中衛指揮使蘇綱（國維山東膠州人）

云南前衛指揮使蔣增（文益山東博平縣人）
云南右衛指揮同知張鎧（朝儀直隸萊安縣人）
云南左衛指揮僉事賀恩（君寵直隸儀真縣人）
云南右衛指揮僉事張威（可畏湖廣均州人）

搜檢官

雲南左衛指揮使武鐙（子聲山東鄒縣人）
云南後衛指揮使方策（子籌直隸定遠縣人）
廣南衛指揮同知曹忠（汝良直隸六合縣人）
云南右衛指揮僉事汪軒（良策直隸合肥縣人）
云南中衛指揮僉事周瑀（朝佩直隸盱眙縣人）
云南前衛指揮僉事田略（子奇直隸太和縣人）

供給官

雲南都指揮使司經歷司經歷瞿良翰（周臣四川達州人　監生）
雲南都指揮使司斷事司斷事郭選（登瀛山東膠州人　監生）
雲南府晋寧州同知簡敬（尚賓江西新喻縣人）
雲南府昆陽州同知劉隆（惟脩江西安福縣人　監生）
大理府趙州同知毛海（景學浙江鄞縣人　監生）
雲南府易門縣知縣伍惟真（元吉四川滎縣人　監生）
楚雄府廣通縣知縣皮英（峻業江西新淦縣人　丙子貢士）
大理衛經歷司經歷李純（一之直隸華亭縣人　監生）
平夷衛經歷司經歷陳憲（天章四川雅州守禦千户所籍監生）
雲南府經歷司經歷許宸（覲夫江西貴溪縣人　監生）
雲南府昆明縣縣丞陳才（德夫四川犍爲縣人　監生）
臨安府税課司大使陳嘉龍（天賜四川巴縣人　吏員）
澂江府陽宗縣典史方珏（廷璋四川梁山縣人　吏員）
雲南府板橋驛驛丞吴義（惟和四川安縣人　承差）
雲南府晋寧州晋寧驛驛丞曾應祥（汝賢四川巴縣人　承差）
大理府洱西驛驛丞周佐（廷輔湖廣麻城縣人　承差）
曲靖軍民府霑益州松林驛驛丞王瓚（廷用貴州石阡府人　承差）
姚安軍民府姚州普淜驛驛丞吴朝章（德華陝西鄠縣人　承差）
武定軍民府和曲州和曲驛驛丞楊挺（士特四川射洪縣人　吏員）

第一場

四書

子曰君子道者三我無能焉仁者不憂知者不惑勇者不懼子貢曰夫子自道也　尊賢則不惑　友也者友其德也不可以有挾也

易

大哉乾乎剛健中正純粹精也　豚魚吉信及豚魚也利涉大川乘木舟虛也中孚以利貞乃應乎天也　極天下之賾者存乎卦鼓天下之動者存乎辭化而裁之存乎變推而行之存乎通神而明之存乎其人默而成之不言而信存乎德行　天地之道貞觀者也

書

文命敷于四海祗承于帝　以義制事以禮制心　王拜手稽首曰公不敢不敬天之休來相宅其作周匹休公既定宅伻來來視予卜休恒吉我二人共貞公其以予萬億年敬天之休拜手稽首誨言　今爾罔不由慰日勤爾罔或戒不勤

詩

樹之榛栗椅桐梓漆爰伐琴瑟　湛湛露斯在彼杞棘顯允君子莫不令德其桐其椅其實離離豈弟君子莫不令儀　民之靡盈誰夙知而莫成　載穫濟濟有實其積萬億及秭

春秋

秋八月庚辰公及戎盟于唐（隱公二年）　春齊侯宋人陳人蔡人邾人會于北杏（莊公十有三年）秋七月辛巳豹及諸侯之大夫盟于宋（襄公二十有七年）　冬晋人執虞公（僖公五年）　城中城（成公九年）

禮記

博聞强識而讓敦善行而不怠謂之君子　命有司爲民祈祀山川百源大雩帝用盛樂乃命百縣雩祀百辟卿士有益於民者以祈穀實　事君以自顯也　夫樂者先王之所以飾喜也軍旅鈇鉞者先王之所以飾怒也故先王之喜怒皆得其儕焉喜則天下和之怒則暴亂者畏之先王之道禮樂可謂盛矣

第二場

論

修己以安百姓

詔誥表（内科一道）

擬漢文帝舉賢良方正能直言極諫者詔（二年） 擬唐以孫伏伽爲治書侍御史誥（武德元年） 擬宋以程頤爲崇政殿説書謝表（元祐元年）

判語（五條）

官吏給田 荒蕪田地 服舍違式 優恤軍屬 聽訟迴避

第三場

策（五道）

問 帝王之治本諸學帝王之學本諸心堯舜禹湯文武之治蕩蕩巍巍弗可尚已一皆本之心學以見之事功者其曰人心惟危道心惟微精惟一允執厥中者群聖傳心致治之要法也降及嬴秦無論焉漢高帝不事詩書然恢闊大度事多暗合于古人唐太宗不及禮樂而好賢納諫駸駸乎熙皞之風焉宋太祖陽施陰構事亦譎矣然崇儒重道卒致乾德開寶之治是三君者果天資之美不學而能歟抑有得於心學之助歟我太祖高皇帝丕顯之謨太宗文皇帝丕承之烈直與二帝三王之治并稱矣其在當時大廷便殿老臣宿儒相與從容咨訪莫非精一執中之道觀心有亭洪範有注論正心之章正而確揭明德之典簡而明其法天運精育神復命之道一皆心學之傳淵乎微矣然亦可得而悉言歟我皇上御極十有三年勵精圖治明物察倫仁孝誠敬之道直接乎精一執中之傳其所以修之深宫而見之大廷以達之天下者焕若日星則又與我聖祖神宗其道固脗合而無間者也諸士子能敬陳而三嘆之歟抑以覩仰聖明心之學

問 太平作樂所以和神人合上下六律調而後五音正理固然也周禮謂樂六變則天神皆降八變則地祇皆出九變則人鬼可享其變法可得聞歟漢書以五音配於五行而考其德月令以六律分於五方而應其時或謂吕有上生而無下生又謂納音不同於納甲其詳可得言歟太簇一也天以爲徵地以爲角姑洗一也地以爲徵天以爲羽其義果何用歟圜丘樂有圜鍾方澤樂有函鍾其名何以异三鍾之變皆會于卯其意何以同唐無徵音説者謂李嗣真求得於弩營之中宋無商聲説者謂蔡元定惡其有陵君之象然歟否歟鄭譯條從相生爲八十四調元積宫調改革爲八十一調是歟非歟樂記所稱君臣民事物咸寓於音亂則有殃樂元語所記四夷制樂曰兜禁昧離皆先王所作以順天時亦必有説矣願詳言之以見考古之學

問　漢人尚評晋人尚駁皆私議也今與諸士秉公議以尚論古人可乎漢高帝懲亡秦孤立之失大封同姓及异姓功臣以分制疆宇周以固矣然未及數世而功臣徹侯誅戮殆盡至哀平之世中外俱弱不可支持議者以漢有吕新之禍多歸咎於外戚不知所以致此者果外戚歟抑别有故歟唐太宗承亡隋極亂之後大振乾綱以成不世之功宏以遠矣然未及數世而政藿下移國祚日傾逮僖昭之世冠舄倒置不可救藥議者以唐有安朱之禍多歸咎於藩鎮不知所以致此者果藩鎮歟抑别有故歟宋藝祖厭五季兵戈之亂釋兵藿戒殺戮以安天下之民厚而仁矣然未及中葉而徽欽北狩高宗南遷逮至理度之季大勢已去而竟不可支矣議者以宋有金元之禍多歸咎於夷狄不知所以致此者果夷狄歟抑别有故歟我聖祖繼天立極創業垂統其宏綱大要以貽謀後世者至精至備真能超三軼五而萬世可行矣故外戚無干政也藩鎮無專制也夷狄無驕横也恩威行而情法盡烏有漢唐宋末流之弊哉然天下之事變每生於意料之所弗及而防微杜漸尤臣子事君之至情今諸士幸際聖明正忠言讜論得以自陳之日也其漢唐宋致釁之由與我國家今日所以持盈保治以衍億萬年無疆之休者願詳言之毋隱

問　象數之學其來尚矣近世考曆者或推測之未精而談數者多粗迹之是務故不能無可質者夫歲差之説古有之矣顓帝曆者實統宗會元之法宋熙寧中用之不驗乃改正月建寅爲建丑以日短星昴爲日短星東壁而更定新曆然則洛下閎所謂八百年差一筭者果相合否乎唐大衍曆者得步歲候氣之詳宋皇祐中行之不合乃改閏十二月爲閏正月移立春晷景爲立冬而造奉元曆然則向子信所記八十年差一度者又相合否乎占候之失古亦有之矣或謂下漏家常患冬月水澀夏月水利以爲水性之常又疑冰澌所壅萬方理之終不應法然則得其傳者必有所據矣或謂一日之氣即其短長播爲刻分至交一氣則頓易刻褢黄道觚而不圓縱有强爲數以步之者亦非乘理用筭然則盡其妙者必有可考矣若歲運又有主氣客氣之分天月亦有二道九道之异十二辰而有天時人事之别二十八宿而有三十三度十七度半之殊其詳可得聞歟天運之周有行黄道之褢者有行黄道之外者有行黄道之上者有行黄道之下者有循度者有失度者有犯經星者有犯客星者其義果何謂歟有推步日蝕而知其强弱之限有占測雨候而得其晦暘之宜有增六十甲子而成上壽之數有獻九卷新曆而更乾元之制者其人之得失可悉言歟渾儀渾象之制何以不同韓顯符舒易簡之造孰爲詳略馮相保章分職也至何時而兼太史占候兼官也至何時而分若有以祝融之功而推楚之治

以虞舜之德而占陳之存其有關於世道亦大矣幸盡言之毋忽

問　雲南乃古秦黔之地遠在邊徼控御惟難自我聖祖龍興混一區宇懷遠爲近一以中國治之法至備矣奈何承平既久玩愒日滋亦有當思患而預防者何也夫狼子野心賓貢愆度土酋之桀驁甚矣未聞有懾而震之者豈不犯無武之戒生計蕭條賦役繁重土軍之窮困極矣未聞有撫而恤之者豈不懷寡助之憂土酋之桀驁固也而多惑於漢人之教誘奸僞百出果何道以禁之乎土軍之窮困固也而又加以漢軍之逃亡營伍日虚果何道以實之乎關隘設險夷夏之大防也而石門失守三營罷戍則中國反受制於外夷屯田額徵兵食之大計也而重價求售以軍作民則外夷多置莊於中國軍衛之儲每歲用之不充而有司積貯者多朽腐而不可食所謂國有五寒者非歟流品之官多取於廢斥之輩而以才能進者又齟齬而不可行所謂君子有五耻者非歟古之入滇者有置郡治於白崖不屯兵而諸夷竟服有勒石碑於瀘川既旋師而諸夷復叛有征討封離而請兵務求其奸黨有檢校南寧而置郡乃任其豪帥其得失可盡言歟管子曰化夷之道九變而後安之不知今日亦可循行否也願明告我將以聞于當宁

中式舉人五十五名

第一名　朱文質　雲南府學生　易

第二名　陳泉　雲南前衛人監生　書

第三名　謝寵　貴州永寧宣撫司學生　禮記

第四名　李登　雲南縣學生　詩

第五名　楊懷哲　大理府學生　春秋

第六名　施繼遠　雲南府學生　書

第七名　史筆　曲靖衛人監生　詩

第八名　田時中　貴州思南府學生　易

第九名　吕鳳來　賓川州學生　春秋

第十名　王廷佐　通海縣學生　禮記

第十一名　張鑽　大理府學生　詩

第十二名　楊坦　昆明縣學生　易

第十三名　秦國賢　嶍峨縣學生　書

第十四名　徐州　嵩明州學生　易

第十五名　黄明賢　晋寧州學生　詩
第十六名　張汝學　雲南府學生　易
第十七名　陳學　貴州威清衛學生　書
第十八名　羅裲　貴州永寧宣撫司學生　詩
第十九名　楊慶成　大理府學增廣生　書
第二十名　羅應時　雲南府學生　詩
第二十一名　葉松　賓川州學生　易
第二十二名　沈一鵬　永昌府學生　詩
第二十三名　張文淵　貴州宣慰司學增廣生　易
第二十四名　馮文明　貴州普定衛學生　春秋
第二十五名　齊承爵　雲南府學生　易
第二十六名　劉楷　臨安府學生　禮記
第二十七名　陳璉　昆陽州學生　書
第二十八名　李佐　貴州清平衛學增廣生　易
第二十九名　胡嵩　貴州安莊衛學生　書
第三十名　李渭　貴州思南府學生　易
第三十一名　鄧璋　貴州清平衛學附學生　詩
第三十二名　王嘉謨　南安州學生　易
第三十三名　李茂陽　昆明縣學生　書
第三十四名　紀經綸　臨安府學生　易
第三十五名　劉宗鼎　晋寧州學生　詩
第三十六名　常憲　雲南縣學增廣生　禮記
第三十七名　車文琮　劍川州學生　詩
第三十八名　石賓　貴州永寧宣撫司學生　書
第三十九名　張朝元　貴州永寧宣撫司學生　詩
第四十名　田時雍　貴州思南府學生　易
第四十一名　薛大棟　貴州普定衛學生　春秋
第四十二名　王鉞　貴州宣慰司學生　詩
第四十三名　張經緯　澂江府學生　易
第四十四名　戴國經　河西縣學生　書
第四十五名　趙純一　大理府學增廣生　詩
第四十六名　樊巍　鶴慶府學生　易

第四十七名　俞緯　楚雄衛人監生　禮記
第四十八名　馬應麒　貴州普定衛學生　詩
第四十九名　馬宗儒　昆明縣學生　易
第五十名　敖宗慶　貴州思南府學生　詩
第五十一名　黄爵　貴州安莊衛學附學生　書
第五十二名　李遇元　臨安府學生　詩
第五十三名　白桂　貴州宣慰司學生　書
第五十四名　陶登　貴州永寧宣撫司學增廣生　春秋
第五十五名　全文　貴州都勻府學生　易

第一場

四書

子曰君子道者三我無能焉仁者不憂知者不惑勇者不懼子貢曰夫子自道也

陳宬

考試官教諭張批(聖人子貢之意體認俱到辭亦渾厚)

考試官教授黄批(識得聖賢氣象不徒工於文者)

聖人以君子之道而不居賢者以爲辭之謙也夫君子之道聖人之所優爲也而猶不自居焉賢者以爲辭之謙真知足以知聖人者哉昔夫子意謂學貴於大成理難於速契吾固不敢以自□□亦安敢以自誣耶誠以君子以德則盛矣以業則大矣而語其爲道則有三焉顧我學之不講也德之不修也而反之于身皆無能焉何則自其純於理而有仁之名仁者渾然無欲斯不憂矣而我未免於憂也自其明於理而有知之名知者洞然無蔽斯不惑矣而我未免於惑也自其强此理而又有勇之名勇者毅然無屈斯不懼矣而我未免於懼也是其有愧於君子者多矣時子貢在侍乃作而言曰至道固不易窺而盛德終於難掩夫子道集群聖罔弗備矣聖由天縱蔑以加矣故有稱夫子之仁者必將曰仁之至也有稱夫子之知者必將曰知之盡也有稱夫子之勇者又必將曰不賴勇而裕如也今乃曰我無能焉是蓋聖不自聖之心形而爲謙己之至自不覺措之詞而遂有是過甚焉耳矣而在夫子也則固有不得而辭也哉抑立必俱立之心發而爲誨人之切自不容惜之言而姑爲是退托焉耳矣而在□賜也亦遽肯信以爲然也哉吁夫子

遜之子貢知之授受之間兩無負矣抑夫子斯言多爲子貢發蓋孔門顔子而下穎悟莫若子貢但務方人容有矜己騖遠而自治或疎故借之己以警之不然他日與回孰愈之問莫我知也之嘆何皆獨於子貢焉發之夷考其終至聞性與天道則於所謂仁知勇三者思之過半矣此固見夫子之曲成而亦以見子貢之速肖云

尊賢則不惑

朱文質

同考試官教論尹批（聖人動君微旨子能發之）

考試官教諭張批（精確）

考試官教授黄批（講不惑最精切）

人君能重乎君子斯可以進於明矣夫君子之有關於君德也大矣苟非尊重而得以親之其何從以進吾之明也哉昔夫子對哀公以九經尊賢之效意謂人君一心惟在所養君子養之以善則知矣但人君處崇高之極而視夫韋布之微固已難親而易疎而彼君子負道德之高而審於去就之義則又難進而易退非有以尊之孰得而致之乃若慕古王公之風内則盡敬于凡所以樂善而忘勢者無所不用其極鑑今諸侯之失外則盡禮于凡所以折節以下士者無所愛於其情悦矣而能養也養矣而能舉也隆之以親師取友之恭而讒諂不得以間之結之以言聽計從之契而貨色不得以沮之夫然懿德之好自有以動其樂用之心而謙光之施又有以爲受言之地將見納約之資動有所悟沃心之助日罔自知義理得於薰陶之益而察中庸于兩端遠而聖賢大學之道亦將躍然於心目之間矣聞見充於講論之功而析萬殊於一貫上下而帝王心法之傳亦將了然於精神之會矣其不惑者有如此以之修身而身益修以之用人而人益辨尚何文武之政有不舉哉抑此道惟古能盡之明哉良哉卓乎不可尚已魯有孔子而不知所以尊之攝相三月定公似矣齊人歸女樂季桓子受之惡在其爲貴德而奚异乎其惑也然東周之望遽能忘情耶故因哀公問政即以九經啓之列尊賢於修身之次而及其效焉使知身爲治本賴賢以修而知人非自明不可意獨至矣惜乎哀之猶夫定也

友也者友其德也不可以有挾也

楊懷哲

考試官教諭張批（發出孟子論友語意還淳黜浮之文可以式矣）

考試官教授黄批（辭理明當是可與論友者）

大賢論友資於人者重而有於己者輕也夫所資於友者重其德也使有所挾焉則豈取友之道哉孟子告萬章之意如此今夫朋友乃生人之大倫爲天下之達道故獨學者來寡聞之譏而麗澤者取相資之益雖論諸學而定交實同其氣以爲求也是友之云者將拍肩執袂以爲容悦而已邪抑朋攀類引以相結納而已邪是故直也諒也多聞也仁足以成人之美而義足以責人之善彼之所有者德也吾惟因言以觀其行所足畏也從而友之朝夕相磨于以藉其薰陶之力因迹以考其心所可益也從而友之肝膽相示于以仰其切磋之功德業之勸過失之規胥焉賴之蓋將相觀以爲善而淬礪焉以自新也信誓之期平生之托久焉要之蓋將因人以成己而道義焉以相終也友非所以友其德乎若夫長也貴也兄弟也勢足以傾於一時而力足以兼乎天下我之所有者此也以此而恃諸己歟適足以爲長傲遂非之資耳於性分乎何加以此而施諸人歟徒足以爲席寵怙侈之地耳於輕重乎何有德色者距人千里之外不惟失乎人而因以失乎己也驕氣者自矜一己之長非惟喪乎名而且喪乎業也友而可以有挾乎是知德之與勢輕重殊科在君子藿之而已於此而不失其倫斯之爲能友也夫嘗聞之古之教者七年論學取友謂之小成自天子以至於庶人一也追而考之堯舜以下若晋平若費惠若獻子猶有聞者自此而友道日廢在上者以莫予違爲賢在下者以巧附爲能無復知所謂貴貴尊賢之義輔仁之風嗚呼微矣世道不古彝倫之攸斁又何怪焉故詩存伐木谷風之刺易示致一斯孚之占有以也夫

易

豚魚吉信及豚魚也利涉大川乘木舟虚也中孚以利貞乃應乎天也

朱文質

同考試官教諭尹批（孚貞之理辭足以發）

考試官教諭張批（確而正）

考試官教授黄批（雅健）

彖傳釋中孚之辭孚貞之義舉之矣蓋孚且貞天之道也則其感物而濟險也庸舍此而他求乎夫子彖傳若曰中孚之卦有曰豚魚吉者厥義維何蓋豚魚者罔覺者也感而通者信之浹也立人之道信而已矣信則精誠神應妙必動之機而物莫能外體信達順本無心之感而物罔弗從是信足以及乎豚魚矣豚魚且然維人維靈有弗感矣乎中孚之吉有如此者何言乎利涉大川也蓋卦爲全體外實中虚擬象乎舟虚而乘巽之木以行乎兑澤唯虚也實德

中涵故能涉天下之險而無虞惟巽也誠順積中故能拯天下之難而有濟是孚足以濟乎大川矣大川且然履道坦坦有弗順矣乎中孚之利有如此者夫至信可以感物矣涉險矣而尤利於貞者何耶蓋維天之命於穆不已者一孚貞焉耳今焉有孚顒若而貞固以守乎天理我與天一而已矣至誠無息而中正以觀乎天下天即我而已矣先天焉而天莫之違也後天焉而奉厥天時也豈不有在應乎天哉天且弗違而况於人乎况於豚魚况於大川乎然則中孚而本於正也不亦宜哉彖傳之旨深矣大抵天下之道二誠與僞正與邪而已矣故信非正則諒諒者道之蔽也正非誠則忒忒者道之慝也其何以感物神化而冒天下之道哉故文王於中孚拳拳以孚貞之義開未萬世扶焉抑焉宰造化之力著心易之本焉者也於戲非夫子之聖之至其孰能與於此

極天下之賾者存乎卦鼓天下之動者存乎辭化而裁之存乎變推而行之存乎通神而明之存乎其人默而成之不言而信存乎德行

田時中

同考試官教諭尹批（純正細密深於易者）

考試官教諭張批（切當）

考試官教授黄批（析理明措詞整）

大傳論易備天下之用必言用之所以妙於天下焉蓋卦爻變通天下之能事畢矣待其人而後行也不有在於德行也哉且天下之賾易理之散見也究極於雜陳之中而廣大悉備之無遺則存乎卦卦立而賾無不探矣天下之動易理之發用也鼓動於利用之際而殊塗百慮之皆順則存乎辭辭告而動無不效矣陰陽動静有自然之化也而裁之存乎變蓋進退極而陰陽易位動静分而剛柔趨時易窮則變化裁不在兹乎陰陽變易者有可行之道也而推之存乎通蓋變以趨時而當動之理寓易以從道而攸往之幾形易變則通推行不在是乎然是變通也精義入神而周知乎變化之道知來藏往而大明其終始之幾是必齋戒是存而人之至者爲能與於此苟非其人道不虚行矣然其神明也無瀆再三而至理渾成於己無騰口説而微幾妙契於心是必窮神知化而德之盛者爲能與於此苟不至德至道不凝矣是則大用備於易而妙用係於人所以聖人用易而必神明其德也夫大抵有言畫之易也卦爻也無言心之易也德行也聖人洗心退藏於密心易具矣百姓日用而不知易安得而不作也乎故有言之易甚非聖人之得已者而乃以德行望之人無非欲同歸於無言之域也歟不此之務而徒卦爻焉是卜抑亦不占而已

書

文命敷于四海祗承于帝

陳宸

考試官教諭張批（命意修辭宛然虞廷氣象）

考試官教授黄批（説出大禹祗承意純雅可録）

已成天下之大化猶獻天下之大猷史臣贊聖人然也甚矣聖人之不自滿假也大化既成於天下而猶獻其猷於帝焉圖治之心何至哉史臣紀大禹之謨而首之以此蓋謂昔禹之佐舜也天下之大患既平致治之大功已定由是祗台德先著而爲聲教之布流衍洋溢有不疾而速之機也方懋厥德發而爲教化之施浸漬浹洽有不行而至之妙也漸於東海被於西海無遠弗屆燦然禮樂衣冠之會矣暨於南海及於北海舉世丕冒焕然聲名文物之區矣是蓋職盡于錫圭之餘化行于功成之日而禹之心不但已也誠以好問如舜而望治之心無窮禹於是而敬應之彼此有協恭之美樂善如舜求道之心罔極禹於是而將順之明良孚一德之休下而民德之觀感係焉則君臣之艱不可以不慎也而經世之大要是陳豈曰治已隆矣責難其少置耶上而天道之昭鑑存焉則善惡之辯不可以不嚴也而保邦之鴻謨是獻豈曰君已聖矣陳善姑少緩耶是則化成既見澤民之仁謨陳又見致君之義古之大臣當大任而遠慮也如此夫抑治化之盛未有加于有虞之世也而君臣上下方且勉力不怠每皇皇然惟恐難成之功易隳而謀猷之陳交相儆戒君不自聖臣不自滿相與都俞吁咈于一堂之上惟日不足此其治所以卓乎不可及也後世論絶德者曰禹之功皋陶之謨自今觀之禹豈徒功而已哉

王拜手稽首曰公不敢不敬天之休來相宅其作周匹休公既定宅伻來來視予卜休恒吉我二人共貞公其以予萬億年敬天之休拜手稽首誨言

施繼遠

考試官教諭張批（形容尊异周公處親切）

考試官教授黄批（成王叙謝之情此作盡之）

賢王敬禮大臣必叙其建都之美而謝其卜都之辭也蓋建都稽卜事未有重于此者賢王叙而謝之安得不致其敬哉成王授使者以復周公而拜手稽首蓋尊异元勛而重其禮也乃曰宅中圖大天休渥矣公弗敢以慢心乘之故繼太保而大相東土仰稽天心俯察地理配周命于無窮乎逮夫元龜協吉基圖定矣公不敢以己意裁之故遣使而昭示予□休祥朕兆無疆惟吉我二

人其共當乎且公之宅洛也規模壯偉允矣萬邦之方蓋欲我穆穆皇皇以宜王萬億年敬天之休也用意何至哉氣象恢宏誠哉惟民所止蓋欲我子子孫孫永保民萬億載荷天之寵也爲謀何遠哉是蓋撝謙于將意之餘而優崇于感德之際故又拜手稽首以爲告卜之辭使固獻之矣然含蓄無涯至教隱然于言外庸敢忘乎陳卜之言予固受之矣然該括深微而至意宛然于面命敢不謝乎吁始盡禮而叙之祥終致謝而敬之至君臣之相與何其盛哉大抵宅洛者先王之意周公成王成之雖則取天地之中實爲式化殷民之地故遷洛之後成王退居宗周而留公治洛蓋成王不欲舍祖宗之舊而托周公以承保之責卒之殷民化訓而王業靈長八百年精神命脉未有不基于此

詩

湛湛露斯在彼杞棘顯允君子莫不令德其桐其椅其實離離豈弟君子莫不令儀

李登

同考試官教諭李批（君禮臣恭宛然在目）

同考試官教諭趙批（成周明良氣象模寫殆盡）

考試官教諭張批（明白正大）

考試官教授黄批（典雅精當）

王者於諸侯兩興其與燕之善也夫恃恩易忽於禮也諸侯與燕而德儀交盡焉其來天子之予也亦宜矣此天子燕諸侯之詩其意蓋謂慈惠者君之恩敬慎者臣之禮今日之燕何如耶因興之曰天道以普物爲心也湛湛露斯則在彼杞棘而優渥之惟均矣况我顯允之君子秉離之明體孚之貞皆磐石我宗社者也登筵于斯孰有不令德者乎齊聖之心無將於既醉之餘温恭之念愈嚴於交錯之後夜飲之厭厭一初筵之秩秩矣何伐德之足慮耶又興之曰地道以生物爲功也其桐其椅則其實離離而蕃衍之皆盛矣况我豈弟之君子暢豫之樂協巽之順皆龍光我邦家者也依几于斯孰有不令儀者乎情雖洽也而禮益修不吴不敖也飲雖久而容益慎不戢不難也在宗之雍雍一至止之肅肅矣何愆儀之足慮耶吁燕在君也而善是燕者臣也周王於諸侯而歌之以此其亦美不忘規者歟大抵先王制爲燕享非徒爲游豫之舉所以合上下之歡而通其情者也故惟開納之誠可以啓忠告之益而有道之君子亦必待禮貌恭敬而后得其委心也古之聖帝明王其盛德大業未有不成於此者即諸湛露之歌其義備矣此上下之所以交而爲泰也此周德之所以爲盛也讀是詩者可以觀矣

民之靡盈誰夙知而莫成

史筆

同考試官教諭李批（温厚和平真善説詩者）

同考試官教諭趙批（寫出武公求教之心可録）

考試官教諭張批（明暢）

考試官教授黄批（純正）

人能虚心以受教斯易於有成矣夫虚德之歸也虚斯明明斯成矣欲成厥德而可以自滿乎衛武公作抑詩使人日誦於其側以自警至此若曰爾德之不成知之晚也爾知之不早滿之招也爾欲成德無亦滿之是去乎人誠知夫天下之義理無窮而一人之知識有限也畢以自牧每懷夫望道未見之心慮以下人恒切夫檢身不及之念有焉而若無也實焉而若虚也孳孳好善之誠自忘夫崇高之分敢訑訑以驕人耶明而守之以愚也勇而守之以怯也拳拳好問之切不遺于芻蕘之言肯沾沾以自足耶夫民之靡盈如此是其資性之謙冲足爲受善之地而意氣之感召孰不興願教之心吾知教戒之下聰明爲之日啓一身之微而衆善咸萃固將先人而有知也領悟之餘問學以之日新一心之虚而衆理咸歸固已先人而有覺也知焉既早則知至至之忽不自知其優入於聖賢之域而學之所成蓋有如金錫圭璧者矣夫豈待抱子而尚未有成乎知終終之忽不自覺其先登乎義理之岸而德之所就蓋無不淑慎臧嘉者矣夫豈待既耄而尚未有成乎由是觀之謙斯受益而有光滿則招損而無成兹固聖愚之所由分而成敗之所以异也爾小子其亦知所從事也哉考之易曰君子以虚受人書曰謙受益滿招損君子進德修業實以謙虚爲要但人君處崇高富貴之中驕泰易生而受教尤難武公乃惓惓以靡盈自儆真上契易書之旨而得大禹不自滿假之心此其所以踐履篤實而終成睿聖之德也嗚呼賢哉

春秋

春齊侯宋人陳人蔡人邾人會于北杏（莊公十有三年）秋七月辛巳豹及諸侯之大夫盟于宋（襄公二十有七年）

楊懷哲

考試官教諭張批（得聖人經世之志）

考試官教授黄批（嚴整可式）

春秋於會盟也有罪其啓霸之迹有罪其召夷之横夫王降而霸霸降而夷皆天下之大故也聖人至是不能不憂其始焉昔齊桓公假平亂之名偕四

國爲圖霸之計夫是以有北杏之會考之文王始爲西伯受商王之命也矧赫赫宗周典章之舊猶存桓也未聞受命顧可遽主會盟之政耶當時或有執此詞者王道尚無恙也惟夫四國戴之自是天下諸侯皆俯首東向而宗齊又烏知夫王也夫桓霸既開其端末流不可復制迨桓之没一霸於宋襄再霸於晋文秦穆楚莊相繼而起竟成五霸之名皆此會爲之作俑也周道之微聖人憂焉欲誅始亂正王法人四國以見之也故曰五霸者三王之罪人也若合左師倡彌兵之説楚屈建主交見之議夫是以有于宋之盟稽之宣王命將南征守周公之訓也矧堂堂晋伯攘之然猶存楚也義當膺懲顧敢交見晋楚之從耶當時苟有仗此議者霸圖尚不墜也惟夫趙武從之自是中國諸侯皆傾心南向而朝楚又烏知夫霸也夫大勢既張於前燎原莫之能御迄靈之世一逞於會申再逞於代吴執徐滅賴無與抗違遂貽八年之禍皆此盟爲之造端也中國之衰聖人憂焉欲誅大惡正人倫再言宋以見之也故曰今之諸侯五霸之罪人也吁會也繫王霸消長之機盟也關夷夏盛衰之由聖人作經至是其傷之也至矣嘗觀上古稱號其名有三變皇矣而帝帝矣而王應乎時也况春秋之頽運乎王迹熄不得不變而爲霸霸道微不得不變而爲夷勢使然也雖然可憂也亦可幸也如齊桓召陵之師霸也楚莊辰陵之盟夷也而孔子皆與之又曰微管仲吾其被髮左衽矣夷狄之有君不如諸夏之亡也亦幸之也爲其尚有補於周道也

城中城（成公九年）

吕鳳來

考試官教諭張批（聖人重禮之意正如此）

考試官教授黄批（義精辭暢）

春秋譏望國因其守國之微而昧於謹禮焉夫城非春秋所貴也又不知謹禮以爲國故書以致譏且魯城君國謂四境之守不足恃也乃有中城之城切於宫庭朝市若亦得於保國者君子則曰百雉之城七里之郭扞蔽也君人之事設險之大端也故易曰王公設險以守其國辯尊卑分貴賤明等威异物采令政也君人之紀體險之大用也故易曰君子以辯上下定民志是有國不可以無城有城不可以無禮何成也惟見其城城不聞其謹禮耶若曰城以衛民其效速也禮以防民其事緩矣抑不知經世安民視道之得失一失其道國無常經禮之喪也固無以範圍人心而杜絶陵替强者逾其節弱者殺其分上下亂矣雖有城猶空國也國空則人孰與守城果不足恃也易教人以設險寓

謹禮之意焉苟得其道國有常法禮之興也自有以綱維衆志而限隔名分智者信其道愚者守其度上下安矣雖無城猶善國也國善則人孰與敵禮固所當謹也易教人以辯分即體險之謂焉由是觀之非城無以爲保障生民之具非禮無以爲固結民心之本緩急輕重明矣今乃急於目前而遺經國之遠圖切于近小而略安民之大計其爲儆守也益微其所以自治者益疏謂之不知類者公其有焉説者謂凡城之誌皆譏得春秋之旨矣抑春秋非無稽而然也左河濟右泰華桀之險不可及左孟門右太行紂之險莫能當矣然南巢一舉孟津一會又何有於險耶即此可以驗中城焉嗚呼房闉不謹宣伯譖行君臣交辱沙隨之事公亦幾不能免其身而況於國乎其不能謹禮之明驗也春秋於此非有所見而然歟

禮記

事君以自顯也

謝寵

同考試官教諭文批（説事顯字透徹）

考試官教諭張批（精切）

考試官教授黄批（明贍）

記者論人臣道盡于事上身成于獲上蓋臣之事君固道之所當盡耳而成身之榮抑豈有所要而然哉禮運言君之分非所以事於人則所以事人者其惟百姓乎彼臣以君爲元首故策名委質左右就有方之養以承弼乎一人民以后爲腹心故用下敬上夙夜效匪躬之節以服勤於王室凡力所能爲無弗爲之有官守修其職有言責盡其忠務欲處其位而履其事也凡分所當致無弗致之内以安中國外以攘夷狄罔敢受若直而怠若事也百姓事君如此豈徒益於國而無利於己哉吾知匪事乎君則窮之所養終於韜晦無以表見當時不行其義則幼之所學甘於懷藏何以明揚朝著今也奮庸熙載而側陋之微獲覲天子之光修其職者以才顯盡其忠者以諫顯矣受爵策勛而閭閻之賤得爲萬夫之望安中國者以文顯攘夷狄者以武顯矣身豈有不榮哉夫謀其國不遺其身如此然則事君雖所以成君乃所以自成也歟大抵天下之勢莫患於禮教之不違而名分之不定上下之分既定則自有相成之機夫豈强勉而然耶故此曰則君以自治也養君以自安也事君以自顯也中庸曰尊賢則不惑敬大臣則不眩體群臣則士之報禮重若此者君何以負於臣臣何以負於君哉是故上下交而德業成矣後之爲君臣者可不鑑諸

夫樂者先王之所以飾喜也軍旅鈇鉞者先王之所以飾怒也故先王之喜怒皆得其儕焉喜則天下和之怒則暴亂者畏之先王之道禮樂可謂盛矣

王廷佐

同考試官教諭文批（子亦想見禮樂之盛）

考試官教諭張批（莊重）

考試官教授黄批（雅暢）

聖王以禮樂而著情之公必原其效而贊其大也甚矣禮樂之道之大也然則聖王所以公其情而感人心者舍此其何以哉樂記君子意謂有無私之德者而後可以成無爲之化不觀諸先王之世乎是故雅頌干戚之謂也先王善端造於自然和順積於罔間不能不喜動於中矣於是被諸聲容以顯其忻喜歡愛之懷軍旅鈇鉞禮之謂也先王事有弗如吾意化有未愜于衷不得不怒發於外矣於是詰爾戎兵以昭其神武不殺之德夫樂以飾喜是以道制欲好非私好樂以天下也禮以飾怒是以理奉天惡非私惡憂以天下也喜焉既中其節則以順感順聞之者父子和親君臣和敬五刑不必用矣怒焉既當其類則以序召序見之者暴民不作諸侯賓服兵革不必試矣由是觀之先王之道法制固非一端不過末節耳而其大者則在至禮不讓而天下自治禮不極其隆乎禁令雖非一事徒爲文具耳而其要者則在至樂無聲而天下自和樂不極其盛乎是知始也以禮樂而治吾之情終也以禮樂而化人之心自非聖王建中和之極安能臻此無爲之治耶嗟夫禮樂之在天下固不可一日無特在舉而措之何如耳故嘗論三代而上治出於一而禮樂達於天下三代而降治出於二而禮樂爲虚文彼謂天下未定不宜以興禮樂者惡足以知之雖然隱於人心者歷古今未始亡其必有待於至德乎先儒曰王道純則禮樂興良有以夫

第二場

論

修己以安百姓

陳宸

考試官教諭張批（發敬學無餘藴想見聖人當時告子路之心）

考試官教授黄批（意格不凡文詞雅暢録之）

君子能使天下相安於大順之化其敬德之功至矣天下之人雖异而此敬之德則同夫惟其本同也使加於民者不若身之所藏則吾心已失之乖戾

而大本不立矣大本不立吾知推之天下將必扞格而不通烏能使之弗我悖哉倡之而愈悖是塞天下之望其治始病之病君子自爲之也豈民之罪乎固雖君子有病天下之心而肯終俾一夫之不獲真有以病天下之治耶知天下之病在塞之也塞之則不可以不通通則不可以不順然所以順之者亦惟立極以爲之先耳夫立極豈有出於一敬之外哉蓋敬則修己者此也及物者亦此也聖德神化人與我自然誠一罔間純而久久而融會貫通莫不各得其所而皆囿於範圍之内矣夫是之謂大同夫是之安嗚呼大同之道豈易言哉必若古之蕩蕩如也熙熙如也皞皞如也而後可謂之安然地如此其遠勢易隔也俗如此其殊情易否也動如此其衆分易睽也以是不可齊之勢乘之以不可挽之情間之以不可比之分苟無道以聯屬之吾恐動之而莫則言之而莫信雖日令月申家喻户曉庭除之間尚不能行於妻子况州里乎况群黎百姓乎何者天下之治本於道天下之道原於心天下之心統於敬敬者存心之要也心者握道之樞也道者運治之機也故己者民之則敬者德之聚包内外徹上下兼遠近貫始終未見有异之者在易之壯曰雷在天上大壯君子以非禮勿履坤曰直方大不習無不利夫動容中禮則高極於天敬直于方則大極於地孰謂敬之用不廣乎用之廣者體之同也體同本通也本通則本從也以其本通本從者而使之通而使之從猶引水以流濕引火以就燥有不沛然熾然者乎若使獨謀其身則是聲色貨利之私而已雖曰將從其所好也但恐劫奪之教施而與吾爲敵者紛紛耳矣豈能久而安哉此君子所以不敢自异以孤立於上者正欲觀民以觀我無人無己由克復以造至仁推致曲以至動變耳是故奸聲亂色不留聰明淫樂慝禮不接心術惰慢邪僻之氣不設於身體不睹不聞莫見莫顯參前倚衡所其無逸而四德在我罔不實七情在我罔不公五倫在我罔不全凡躬行於上者皆由順正以行其義由是而静虚動直心平氣和其所施爲無不各當允爲人極之主譬之天地至誠無息而萬物各正性命矣惟聖同天亦豈强有作爲哉自家而及其國自國而及其天下於是有遍爲爾德者矣於是有無敢作好作惡者矣於是有允升大猷者矣於是有不言而喻不行而至莫知誰之所爲者矣强弱智愚老幼疾病鰥寡孤獨極天地之所覆載親賢樂利各足其欲薰爲太和之世矣彼謂勢之易隔者不至是而協乎情之易否者不至是而泰乎分之易睽者不至是而合乎歡忻交通雖四靈出萬物育天地位皆由此而致之矣此之謂體信達順此之謂篤恭而天下平此之謂自正而天下歸易曰天下之動貞夫一書曰敬修其可願禮曰毋不敬其致一也嗚呼夫子一言足以盡天下之道如此而子路猶少之豈知君子合

一之學至微而至彰至約而至博哉彼潔己而忘人責人而恕己是隘與私者之所爲也而謂君子之道如是乎徵之於古堯之欽明而黎民於變舜之恭己而四方風動禹之祗台而地平天成湯之懋敬而兆民允殖文之緝熙而西土冒怙武之敬義而四海永清其修己同也其安百姓亦同也雖然沙石不能使之生寒谷不能使之煖在天地固所不免而聖人之心曷嘗足乎噫此堯舜之所以病也夫堯舜之病非病其修己也病其勢之所不能者耳既曰勢之所不能豈能終病乎堯舜也哉使堯舜而可病則天地亦將病之矣是故君子惟有自反而已

表

擬宋以程頤爲崇政殿説書謝表（元祐元年）

朱文質

同考試官教諭尹批（華藻不露才美具見首選允宜）

考試官教諭張批（麗而則規而婉佳士佳士）

考試官教授黄批（委曲冲淡得程子稱謝意）

具官臣頤伏奉制命特受臣通直郎充崇政殿説書者臣頤誠惶誠恐稽首頓首伏以紫霄分秩天開法從之司玉署聯班地列台垣之象階同郎佐任屬賓師啓沃帝心讜論發勾陳之彩敷揚王道嘉猷昭太乙之光實韋布之殊榮真巖廓之妙選談經鳳閣世重名儒衍道鴻都代延佳士詎期簡錫濫及凡庸事駭雲泥魂飛淵谷恭惟稟乾昭運履泰承元大道神凝至文天啓謂萬幾之始道在求賢故莅政之初人惟用舊嘉禾連茹青苗之病帶咸除威鳳鳴陽白髮之老臣尚在聖學重經筵之講清朝精輔導之官乾德右文舊章可紀寶元昭治故事如新昔建官以惟賢豈容輕授今居乘而辭負終罹輿評竊念臣頤河洛衡茆山泉野服安貧娉節初受學于濂溪崇正黜浮嘗上書于象魏從游胄學志在明經卒業南宫情違優仕前承校書之命尚歉報于涓埃兹重説書之銜愈增慚于蚤夜况殿稱崇政實天王端本之堂而官任講筵豈臣子冒榮之地在師民之感遇隨呈勸講之箴若孫奭之受知遂獻無逸之警顧臣頤道窺孔孟素非裕治之通儒德愧伊周尚昧格心之要旨褐衣應聘周旋未習乎多儀法語書紳起坐徒循乎故步欽仰皇衷之眷注思效微勞切念臣悃之忠貞黽將成命敢不時遵古轍益勵初心非仁義之道不陳實封三事惟典謨之言是告專對六參伏願主敬爲師至道無嫌于俯納存誠爲要微言允見于躬行悟折柳之規防情婦寺移避嫌之敬勸駕賢豪憂勤每切于寸陰繼舜惟幾之典講究毋虛乎隻日體文未見之心庶帝王能事不讓于前修而位育極

功復見于今日臣無任瞻天仰聖激切屏營之至謹奉表稱謝以聞

第三場

策

第一問

朱文質

同考試官教諭尹批（我聖祖神宗皇上心學淵微真足以比隆帝王子能揄揚其盛且詞氣醇雅可以録矣）

考試官教諭張批（只此可以占子心學矣）

考試官教授黄批（善揄揚心學之妙）

對帝王盡天下之道以成天下之治者無他術焉本諸傳心之學而極敬一之功焉耳矣蓋敬則弗怠而會道之精一則弗二而體道之確古之帝王所以盡天下之道以成天下之治者莫不致力於此以修身而裕治焉故致治莫先於心學傳心莫要于敬一而帝王之能事畢矣此我聖祖神宗至德淵微之應而非漢唐宋所能及者歟請得而敷陳之昔堯舜禹湯文武之治天下也巍巍乎其有成功蕩蕩乎民無能名焉然皆本之心學以措之事功者其曰人心惟危道心惟微惟精惟一允執厥中者堯舜禹相授之心法也又曰建中于民皇建其有極者湯文武相傳之心法也言雖不同而所以授受于心以立三極之矩者實不外乎精一執中之一言傳心致治之道無餘藴矣後世聖學不傳而事功是尚若漢高帝恢闊大度事多符古唐太宗好賢納諫幾至刑措宋藝祖崇儒重道馴至太平然治不古若而君子不能無議焉者何也蓋其不事詩書未免雜霸之習内多慚德終淪雜夷之治而陽施陰稱又難逭徂詐之譏焉故曰王降而霸德之衰矣洪惟我太祖高皇帝龍飛淮甸用夏變夷太宗文皇帝鳳起燕藩寧家靖難豐功偉烈當與二帝三王之治并稱矣其在當時大廷便殿之從容老臣宿儒之咨訪莫非精一執中之道章章而可誦焉若曰堯舜授受其要只在執中悟大道之言也問帝王心法而喜其以精一執中對得傳心之旨也凝神體道發於觀心之亭立極保民頒諸洪範之注以至啓静一養心之説者正而確揭克明峻德之章者簡而明何者非法天運精之言育神復命之語乎我皇上繼統以來勵精思治其肇修人紀稽古禮文之事至精至備粲然具矣兹舉其大者言之禮莫大乎郊社也四壇設而分合之制定矣事莫先乎民也籍田耕而重本之勸興矣内無荒政而親蠶之禮行外無佚豫而無逸之亭建正先師之祀而王道攸崇復功臣之裔而仁恩覃被大典始明萬世

之綱常賴焉會典續就一代之制度昭焉天下之人咸仰而嘆曰大哉堯舜之事功乎卓哉周孔之制作乎而不知所以致此者有道焉耳矣嘗伏讀皇上敬一之箴及注宋儒程頤四箴范浚心箴而知其故焉敬一箴有曰曰敬維何怠荒必除郊則恭誠廟嚴孝趨其堯之允恭克讓者乎曰一維何純乎天理弗參以三弗二以二其舜之温恭允塞者乎注視箴有曰觀其邪正辨其賢否不爲奸巧之所惑庶幾忠與不肖不得并進用舍不至於倒置矣注聽箴有曰吾心泰定不爲諂佞之徒以惑則所納者未必不可所屏者未必不當其禹之知人則哲湯之用人惟己之意乎注言箴有曰令出之善則四海從焉一或不善則四海違焉注動箴有曰或恃中國之强而好征伐或盤游無度而殘虐百姓其文之無射亦保武之不泄邇忘遠之意乎注心箴有曰吾心克正則百體四肢莫不聽其使令若心有一毫不正則被聲色所移物欲所攻便動與理反豈不於人道違哉則又湯之以禮制心武之敬勝怠者吉之意乎蓋惟皇上體諸身者一皆精一執中之道故見諸事者莫非仁孝誠敬之至是以遠與堯舜禹湯文武之心脗合而無遺上與聖祖神宗之心符同而無間所以功德并盛直超出千古之上以垂光裕之休于億萬年者矣猗歟盛哉雖然愚生管蠡之見也曷足以知此然芹曝之誠自有弗容已者書曰念始終典于學詩曰學有緝熙于光明此聖學成始成終之要而王政之所願聞者敢以是獻焉執事其進教之以轉達于上

第二問

陳宸

考試官教諭張批（以考音考德立説事實義明至望我聖君賢相加意處尤見忠愛）

考試官教授黄批（考據精核殆成於樂者）

論樂於三代之下者考其音論樂於三代之上者考其德夫樂也者施於金石越於聲音用於宗廟社稷事于山川鬼神與民同焉者也其爲用亦大矣苟不于其本而惟音之務安知其不爲溺音也乎執事發策而及諸古之音律蓋將有意於移風易俗也愚生將言之三代之上乎將言之三代之下乎夫人生而静天之性也感物而動性之欲也物至而人化物也情發而禮蕩情也是故聖王爲之禮樂以節之于以宣其鬱而道其和于以平其慾而釋其躁此樂之所由作也是故絲竹金石樂之器也清濁高下樂之音也論倫無患樂之情也欣喜歡愛樂之官也是故物感然後心動心動然後聲出聲出然後變生變生然後音起焉此樂之本也上古聖人莫不有作或制而未之備或遠而莫之考自黄帝堯舜以及周

之文武而樂始之大備然亦不越乎六律五音而已曰黄鍾太簇姑洗蕤賓夷則無射者陽律也太吕夾鍾仲吕林鍾南吕應鍾者陰律也曰宫商角徵羽者五音也管凡十二徑各三分有奇空圍九分而黄鍾之長九寸太吕以下律吕相間以次而短至應鍾而極焉以之制樂而節音聲則長者聲下短者聲高下者則重濁而舒遲高者則輕清而剽疾如以黄鍾爲宫則用林鍾爲徵太簇爲商南吕爲羽姑洗爲角應鍾爲變宫蕤賓爲變徵七律自成均而聲自和諸太簇以下以次而均之則聲以漸而和而五音正矣所以和神人者此也所以合上下者此也按之周禮其祀天也以圜鍾爲宫黄鍾爲角太簇爲徵姑洗爲羽數合至夷則無清宫焉直至圜鍾之清宫凡六變也其祀地也以函鍾爲宫太簇爲角姑洗爲徵南吕爲羽其數合至南吕無清宫焉直至太吕之清宫凡八變也其求人鬼也以黄鍾爲宫太吕爲角太簇爲徵應鍾爲羽其數合至應鍾無清宫焉直至黄鍾之清宫凡九變也以是而禮諸天神地祇人鬼也而有不享矣乎漢書曰盛德在木其音角者依於仁也在火其音徵者立於禮也在金其音商者發於義也在水其音羽者妙於智也在土其音宫者本乎信也所謂道五常之行者非歟月令曰東方律中仲吕南方律中夷則西方律中應鍾北方律中太簇自子而至巳皆陽也自午而至亥皆陰也所謂合生氣之和者非歟以相生言之陽律陽吕皆下生陰律吕皆上生謂律無下生吕之理豈其然乎以易數言之乾納甲而坤納癸始于乾而終于坤納音則始于金而終于土謂法有不同示之考乎徵者物之成也羽者物之終也天功成於正月故天以太簇爲角地以太簇爲徵天功畢於三月故天以姑洗爲羽地以姑洗爲徵義以時而异之耳不曰夾鍾而曰圜鍾者以天體言也不曰林鍾而函鍾者以地體言也名以用而别之耳圜鍾函鍾黄同會于卯者卯爲昏明之交當其晝夜之間而輔之所以交上下而通幽明也其意安得而不同唐徵音謂李嗣真以散車一鐸而補其闕傳之妄也宋無商聲謂蔡元定以其臣陵君而不用或一道也六律六吕有從聲有變聲而鄭譯條具之爲八十四調不免有犯聲側聲正殺寄殺之謬十二律各七均乃成八十四調而元積爲琵琶八十三調不免有偏字倚安隻字半字之訛此皆三代以下之音也姑舍是禮記曰宫亂則荒其君驕商亂則陂其臣壞角亂則憂其民怨徵亂則衰其事勤羽亂則危其財匱五者皆亂迭相陵謂之慢如此則國之滅亡無日矣故曰聲音之道與政通焉樂元語曰東夷之樂曰離持矛舞助時生也南夷之樂曰兜持羽舞助時養也西夷之樂曰禁持戟舞助時煞也北夷之樂曰昧持干舞助時藏也故曰先王制夷狄樂不制夷狄禮焉夫知聲而不知音者禽獸也知音而不知樂者庸衆也知樂而不知德者三代以下之人也自羲黄以來其樂可得而知也言其德

則如天之無不幬也如地之無不載也如日月之無不照臨也言其法則通變以宜民也神化以合俗也言其時則天地訢合也陰陽相得也萬物煦嫗也德之盛也和之至也自是而下秦漢唐宋音日以侈而化日以漓桑間濮上之音遍滿天下而清廟之奏寂然無聞惡怪其治之不古若也是知樂之音不必求也節之禮義以養其心道之平和以養其情出之優柔以宣其言然後播之聲詩薦之郊廟歌之朝廷布之邦國以奮至德之光以動四氣之和以著萬物之理此之謂大樂與天地同和此之謂比隆三代否則偕倫夔而奏咸池大章於秦皇漢武之廷何益乎勝國以來音樂漸缺朝廷之上亦嘗講求而古樂至今未盡復意者於身心教化之道未之先乎此實聖君賢相之所當加之意焉者若夫聖學之原聲律之本別有説焉而尚未之遑也

第三問

李登

同考試官教諭李批（拳拳於持盈保治之道忠愛溢於言表）

同考試官教諭趙批（以防微慎德爲保治之道良爲有見）

考試官教諭張批（達治體）

考試官教授黄批（以審勢謹微立意最是）

立長治之法者存乎勢寓治亂之機者存乎微君子當審勢以創法謹微以運機焉耳矣知創法矣而勢弗審焉未免後車覆轍之弊知審勢矣而微弗謹焉未免尾大不掉之患均之害治道焉故明君英辟審勢以操天下之蘿是謂之善法而功可久矣謹微以銷未然之變是謂之善機而業可大矣雖然蘿變之際難言也子欲除前人月旦私駁之弊秉公持正以與執事者尚論古人可乎夫嬴秦郡天下二世而失鹿者孤立之弊也漢高帝起而懲之分王同姓昆弟及异姓或臣以强榦聯支焉立法可謂周固矣然僅及一傳而吕雉者出牝鷄晨鳴僭干天憲始則韓彭以讒疑受戮終則劉氏以曖昧見誅所遺者惟長沙王吴芮朱虚侯劉章數人耳矣當時無平勃輩調和于内安保漢氏之血食哉迨哀平二帝之世昔之磐石之宗已殫微而不可支孝元王后乃收璽綬而竊據之至舉天下之兵付之巨奸之手而漢之子孫稽首若崩矣議者以禄産新莽之奸足以移漢而不知吕雉之猖亂孝元之稔惡溺愛外戚之所致也程頤氏曰婦居尊位吕氏是也非常之變不可言也其是之謂乎隋煬任用匪人二傳而短祚者失蘿之弊也唐太宗起而懲之振綱秩度抑宦寺之官無過四品立法可謂宏遠矣未及數世而高力士李輔國程元振者相繼并出依凴城社竊弄刑賞始則省决章奏終則參預軍謀其甚者陵辱宰相僭領宿衛而太阿之柄下移矣當時無李郭輩以振揚

于外安保唐宗之不綴旒乎迨僖昭二宗之世昔之冠履之分已倒置而莫能辨王守澄楊復恭乃脅乘輿而播遷之甘心國老蹀血禁塗而唐之宗社莽爲丘墟矣議者以禄山朱温之惡足以覆唐而不知李輔國之階釁王守澄之從逆狎恩恃愛之所致也司馬光曰宦官之禍唐慘于漢漢不握兵唐握兵也非是之謂乎五季兵戈之擾生靈塗炭之苦極矣黷兵之弊也宋藝祖起而懲之釋藩鎮之藿戒殺戮之慘以安天下之民存心可謂仁厚矣然未及中葉而王安石者出負偏僻之學濟紛更之政始則變法以榷民財終則要君而拂正議其所欲者在用兵破遼以炫志肆功耳矣當時吕誨文彦博諸賢雖極力救正于其間而宋之精神命脉已消索而無餘卒之徽欽北狩而不返高宗南遷而弗競者皆援引共事之人踵其故智以貽患于無窮也逮理度二宗之世昔之碩儒正士悉擯斥而弗用而史彌遠賈似道韓侂胄之徒接踵用事乃内蔽主聽外蓄群邪浸淫反復舉中原而陷之夷焉議者以金元之難足以亡宋而不知安石之變法史賈之弄藿文奸飾儒之所致也富弼曰安石雖有時名然好偏執見置諸宰輔天下必受其禍信哉言乎夫漢之禍不在外戚而在女王之竊柄由人主昵私愛而忘大計也故外戚因之以釀亂唐之禍不在藩鎮而在宦官之擅政由人主狎近習而遠君子也故蕃鎮因之以叛君宋之禍不在夷狄而在士夫之亂政由人主務忠厚而少旌别也故夷狄因之以猾夏夫幾微之際治亂之係大矣可不謹哉可不慎哉洪惟我國家繼天立極其創業垂統以貽謀裕後者至精至備萬世行矣其處閨門也恩嚴并用後宫不得以預政馭閹宦也驅使有職機密不得以與聞待士夫也忠信重禄秩有禮矣至於旌别功罪之典考課黜陟之法一毫無假借者此所以百六十餘年之久法守日嚴人心日定以外戚無干政也以藩鎮無專制也以夷狄無驕横也一切外患不生而享國有道之長矣執事又謂天下之事變每生于意料之弗及而防微杜漸尤臣子事君之至情以下詢承學予草茆士曷足以知此然嘗讀易而知謹微之漸矣易曰履霜堅冰至蓋言天下之事變非一朝一夕之故其所由來者漸矣由辨之弗早辨也抑嘗讀典謨而知慎德之治矣書曰與治同道罔不興與亂同事罔不亡終始慎厥與惟明明后蓋言治亂無常惟德是與耳君天下者誠能謹于幾微以清治亂之原而始終慎德以立治道之本則漢唐宋末流之弊不生而國家保盈致治之道實在於此請以爲今日獻

第四問

謝寵

同考試官教諭文批（文有根據嘗究心天文者）

考試官教諭張批（悉陳象數足驗窮理之學）

考試官教授黄批（考究精切杰作也）

法象莫大乎天地而星曆之職所由詳衍數莫先乎四時而推步之法所由盡稽諸古昔欽若是天敬授人時者布曆之敬也分命羲和審時驗方者校曆之精也夫推測天道治曆明時天下萬事莫不由此故古之聖王重之秦火以後曆法不傳久矣近世考曆者率多牽合疏漏而推測之未精蔓引膚窺而粗迹之是務紛紛莫定愈究愈差而終昧夫一定之法端可慨已且以歲差之説言之古顓帝曆統宗會元之法也宋熙寧中用之不驗乃改正月建寅爲建丑以日短星昴爲日短星東壁而更定新曆及考之顓曆斗差六度歲差一辰則未及六十年已有推移矣洛下閎謂八百年差一筭者妄説乎唐大衍曆步歲候氣之法也宋皇祐中行之不合乃改閏十二月爲閏正月移立春晷景爲立冬而更造奉元曆及考之大衍失五十餘刻乃移其閏是過六十年已有遷轉矣向子信謂八十年差一度者不近道乎以占候之失言之下漏之家常患冬月水澀而行遲夏月水利而行速又疑冬澀而遲者冰澌所壅也至萬方理之終不應法者何耶蓋冬至日行速天運已期而過表故百刻而有餘夏至日行遲天運未期而日至表故百刻而不及此理既明以之覆求晷景漏刻無不合者或以水性之利澀而局方以求驗不亦迂乎又謂一日之氣即其短長播爲刻分則氣至有定數而可占矣今氣至而交乃頓易刻襄而卒無一定之術者何耶蓋測日之法以圓法相蕩而得襄則襄無不均以妥法相蕩而得差則差有定數此理既明順循之以索變衡無不通者或以爲黄道觚而不圓乃强爲數以步之不亦謬乎以歲運言之相火之下水氣承之土位之下風氣承之客氣也歲半以前天政主之歲半以後地政主之主氣也日之所由爲黄道南北極之中爲赤道天之二道也南朱北黑東青西白黄道内外各四并而爲九者月之九道也十二辰之内若勝光爲王者向明而治功曹爲歲功成而會計小吉爲婚姻酒食之事大吉主文武大臣之事皆人事也大魁從魁太乙天罡明傳送大衝神后之數皆天時也二十八宿而有三十三度者自日之所行三百六十五度而分之也又少而爲十七度半者自黄道之斜直取虚宿以爲斗分也以天運言之有行黄道之裏者有行黄道之外者有行黄道之上者有行黄道之下者蓋一歲一月之中一陰一陽之際各有消長非曆數之可盡也有循度者有失度者有犯經星者有犯客星者蓋以一那一刹之中一會一元之間各有四時非世法之可悉也以推步言之衛朴造宋曆知崇天蝕限之弱熙寧蝕限之强止運平度而疾徐得中焉沈存中占雨候知濕土用事而厥難成燥金入候而太陰難伸不待他求而自臻至理焉楊文鎰謂支干相承止乎

六十儻兩周甲子共成上壽乃失之穿鑿者故苗守信表爲無據之言吴昭素以新曆經紀爲二卷晨昏日躔刻分各一卷爲書以獻蓋頗有條理者故元象宗稱爲闡藴之書渾儀者測天之器設于崇臺即古璣衡以候垂象者也渾象者象天之器置于密室用水激之以符天行者也韓顯符造渾儀仿晋孔挺之法而表漏皆遺其簡略而無取者乎舒易簡造渾儀用唐一行之法而頗爲詳悉其齟齬而難行者乎周有馮相氏掌歲月日辰之位保章氏觀動静吉凶之變至秦乃合而兼之并爲太史之官而占候之職專焉漢太史令以著述爲宗而兼掌曆象至魏乃析而分之始有著作郎之置而天官之任重焉以至史伯知楚之必治而原其祖功史趙知陳氏不亡而考其宗德此則知人知天而明乎治亂之機者矣夫象數理之器也推測數之精也今之學者膚淺膠固遞相沿習而弗能研究其已然之故是以曆數之士無慮數百家終無一人有定見以明差法者善乎孟軻氏曰天之高也星辰之遠也苟求其故千歲之日可坐而致矣朱熹氏曰曆法當先論太虚以見三百六十五度四度之一皆有定位然後論天行以見天度加損虚度之歲分歲分既定然後七政可齊此二賢據理推測之正論而學者所當潜心而黽求者也雖然愚抑有説焉夫觀象數以考天文者曆家之事也推天以合人者也察天文之順逆以修德者君子之事也以人而合天者也有天下國家者乃若泥象數推測之學而無修己畏天之誠信甘石術數之文而鮮尊儒重道之實將見景星慶雲徒昭佚逸之應而日食天變諉爲無情之警此王安石之言所以貽禍于萬世而未已也愚見如此然杞人之憂隱而切焉不知執事者以爲贅言否也

第五問

楊懷哲

考試官教諭張批（以恩信爲今日感化之急務最是）

考試官教授黄批（籌晝斷制確有的見）

善救弊者有通變之法而行之存乎人善識治者有感化之道而行之盡乎變夫救弊無法則弊將日深而小人犯刑感化無道則政將日隳而君子犯義率是道也中土不可一日爲而况于滇乎此所以廑執事今日之憂愚也言及之而不敢默且雲南之地古稱荒服在漢唐則皆叛服不常在宋則不通於中國元雖兼併羈縻而已惟我聖祖混一區宇裂其地而城池之籍其人而冠裳之蓋始復帝王之舊以中國之治治之矣顧承平日久玩愒日滋是以土酋桀鷔未聞有震慴之者執事曰豈不犯無武之戒愚則曰馭夷狄如馭犬羊姑惟察其情順其好惡不服而後威之又不服而後殲之如此則師直爲壯足以

讋服其心矣何桀驁之足虞哉土軍窮困未聞有撫恤之者執事曰豈不懷寡助之憂愚亦曰凡土軍本無糧餉苟不節其力均其勞佚則舟中無非敵國若居閑蠲其戍役而赴敵給之糗糒則親上死長肘腋之變不生何寡助之足憂哉至於漢人之教誘土酋惟當申潛通夷寨之令謹奸細漏洩之防使不得挾漢貨以出入諸夷爲耳目以探聽消息則奸僞之百出者不患其不弭矣漢軍之逃亡日甚惟當罷官司無名之征禁徵呼迫逐之擾而又稽餘丁以補役嚴勾察以清隊則營伍之日虚者不患其不實矣以關隘言之昔穎國西平之克平大理遂分兵以下鶴慶麗江收三營之砦破石門之關自此而略永昌而定百夷是前此猶有關砦而今皆撤之矣吾恐倉卒有警而夷兵或反據之我豈無失險之悔邪故設兵戍守是爲遠圖未可以無虞而忽之也以屯田言之今瀾滄鶴慶之田膏腴千頃奸人皆詭作民田利重價之售捐足食之資於是乎有外夷莊有外夷佃蓋額已損三之一而册籍亦併毁矣吾恐外患不作變且中起我豈有噬臍之及邪故賫糧召寇是生厲階未可以細故而輕之也軍儲之入催科者視爲己帑既不足取盈之數則諉之歲凶逋負何怪乎歲用之不充歟若推選殷富有行義者主之豈有是耶民糧之貯充積者將以備荒今地方不宜久貯而不肯出陳易新何怪乎朽腐之不可食若一以常平之法處之豈有是耶單快謂國有五寒今倉廪空虚亦其一矣建官惟賢任事惟能今顧以遠方目雲南而流品之官率以廢斥之士充之則負才而於邑者乃或怠於自勵其以才能進者又多跋前躓後而復難於展布劉向謂君子有五恥今居其位無其言有其言無其行亦其一矣我思古人寤辟有摽且如漢諸葛武侯之生擒孟獲置郡治於白崖而不留一兵以守計若疏矣然諸夷慕德莫不去山林而居平地是萬代所瞻仰也隋史萬歲之擊破爨翫勒石碑於濫川且奏請將翫入朝功若偉矣然納賂沉江不一年而翫復反又萬世之遺臭也漢以從事揚竦討封離之叛而大破之既降其二十六種又奏長吏奸猾侵夷者九十人減死州中此其得綏夷之道甚可嘉也唐以檢校韋仁壽按行南寧既置七州十五縣又因其豪帥以爲宰牧蠻夷悦服非其能服夷之心克致是耶夫由前所言則救弊不爲不周由後所言則用人不可不謹而變通之法盡矣而執事復以管子九變之説策其可否且曰我將以聞于當宁何其憂之深計之遠耶夫管子之謀非吾所及愚請以近而易見者言之今夫滇之民率夷之半焉然皆錯居海服編之圖甲服食中國之土田供輸公家之税賦無事則耒耜而食力有事則踴躍以赴調蓋無异内綏之良氓而非前代叛服之無常者但今之治夷者弗久遠之圖而惟智術苟擾之是務是以黠詐之徒始則革

面終則携貳小則剽掠大則屯聚誠有如前日安鳳之變者矣于是徙而分之以散其黨革而錮之以耗其勢嚴文移之防以杜其奸卒之上之所以處之者日密而下之剥削以濟其私者日以濫爲夷民者方將控訴之無及而又何怪夫窮而之盗也爲今計者誠能矜其頑愚之罪憫其剥削之苦立甦息之法以示之恩申誅求之禁以昭之信梗化則勦之效順則置之構隙則解之一待以中國之法而不絶之以禽獸如是則恩信之下魍魎可化而况於夷乎况于率化之民乎由是執事所謂一切之慮可以潛消默釋而環滇皆良民矣又何必一一整頓而勞心以紛更爲也彼服心如諸葛而善變如管子者其長治之法不知有加於此者乎是知善治夷者不在乎操縱智術之繁而在乎恩信以感化之耳矣此固今日之急務而不可緩者否則三營石門之增戍雖雄鎮矣而疆圉之憂恐未遽已也惟執事者其留意以庇我滇民焉幸甚

雲貴鄉試録後序

粤嘉靖甲午秋乃雲貴大比登賢書成澤也當後序録以終義則臨文盱衡而贊曰唶蔚矣哉滇之文乎其士之修辭崇古齊軌中州近則有唱第于臚句魁選於春官者矣兹舉也一一焉彬彬焉限于額計而弗獲兼登者尚繁有士蔚矣哉滇之文乎恒言目滇曰遐域澤也竊載稽古滇域非遐也青陽黄軒之封壤也黑水玄禹之導迹也逮德下衰靡莫據鬼方擾矣建武葉榆氏郡永平蘭津開路德又下衰而鐵橋阻玉斧晝矣迹是以論非德盛而流光化行而服遠乎故曰地過日月之表誠登三咸五之盛迹也我太祖高皇帝德隆黄夏業懋炎漢以世運輪衍之寔五帝之黄也三王之夏也漢又不足言也滇之啓閉合分足徵之矣不然何黄夏啓而殷周閉兩漢合而唐宋分乎故滇文之蔚也實彰聖代文治之廣矣大矣况漸漬以百六十年之育養哉今皇仁聖以文致太平明詔於文體三致意焉士生兹時沐浴涵泳能無慨然矣乎詩曰思皇多士生此王國王國克生維周之楨子諸士詎以遐自晝乎奚足以文爲鞶帨之藻也飾羽之畫也見其外矣未見其内也聖天子所以寤寐賢儁以臻三五者如兹而已乎先正有言學者博誦云乎哉必也貫乎道文者苟作云乎哉必也濟乎義澤也於斯文無能爲役敢藉是言爲子諸士誦之以終鹿鳴之義

河南開封府陳州商水縣儒學教諭張澤謹序

嘉靖十六年雲貴鄉試録

雲南鄉試録序

嘉靖丁酉歲秋八月乃天下賓興期先寔貴州士合試於滇至是用言者請貴州特設科論士雲南則增解額總若干名而掄材擢秀仍舊貫焉疏下禮部議上其事制曰可於戲可以仰見國家豐芑之遺神化漸被之遠聖天子作人之盛矣廷相也不佞竊惟周書論辭貴乎體要尼父陳訓惡乎异端古人爲文率皆明道德經世務若太羹玄酒然如典謨之明白易知是已初無險僻艱深之狀奇澀茁軋而不可讀也嘗莊誦高皇帝聖語曰諸葛孔明出師表不事雕刻而誠意溢出至今使人誦之忠義感激又曰近世文士不究道德之本不達當世之務辭雖艱深意實淺近即使過相如楊雄何裨實用大哉王言真醇淵懿濟濟多士藹然嚮風聖子神孫益隆紹述百六十年來海内髦俊抱墳策而頌太平者咸布帛菽粟之雅而一時名卿碩輔代工熙載以復惇大成裕之治者胥此焉出誠科目之榮也猗歟休哉迨我皇上敬天法祖崇雅黜浮敬一之箴洪範之序焕乎堯文而太朴未斫所以風天下之士習者久矣頃年復用禮官議申禁鈎棘浮藻之文俾典衡者式焉天詔涣頒校讐易轍雲南雖古六詔邊陲而士生其間搦管濡毫亦皆知脱雕麗而就質素剪華彩而務雅馴不佞於供事之頃得而縱觀之於易義之文見庖羲之故焉於書義之文見陶唐之渾焉於詩禮春秋義之文見天理民彝之常焉其誥表策判之文胥稱是雖熟而爲宗廟之粢盛裁而爲朝廷衮黼也亦宜矣於戲盛哉間有競巧趨新靡麗騰口摇筆而散珠動墨而横錦務爲炳炳烺烺以投主司之肯首是殆經賊文妖無補於治者則黜之不少貸焉於戲諸君子生長遐方遭逢盛際亦既以其辭之醇且朴者得雋固榮矣尚相與鞭策淬礪排闥古聖賢純懿之域而優入焉則主司者之望也毋徒以地之遠而自鄙夷斯善矣何也孟子曰舜生於諸馮東夷之人也文王生於岐周西夷之人也彼丈夫也我丈夫也有爲者亦若是諸君子顧力行何如耳毋自諉曰辭達而已矣海濱之子奚足以語此則幸也是役也合提學副使陳焕所簡經生之英而拔其尤擇其文爾雅渾厚者登諸册名爲雲南鄉試録肇今制也廷相與訓導穆旺濫竽考試官教諭沈仁

戴希顥訓導許士德爲同考試官分經供事維謹皆四方之良也迺若工部右侍郎潘鑑奉命督木崇重賢科征南將軍黔國公沐朝輔新握兵符雅尚文事巡撫雲南右僉都御史汪文盛經略邊鄙加志儒林監臨則巡按雲南監察御史陰汝登提調則雲南左布政使王俊民右參政葉珩監試則雲南按察副使程旦僉事戴邦正綜理防範則右布政使李顯左參政黄祺右參政車純按察副使朱方鄭登高任維賢僉事郭田胡仲誥都指揮僉事馮立樊泰右參政胡德僉事余承業則先期入賀胥贊厥成收掌試卷則知府梅月姜恩其餘如謄録對讀如供給受卷名號靡一例得以執事書時王師將問罪交南兵事倥偬而文闈完整雖乏金碧之輝殊無湫隘之陋議者以爲有司得貞固之幹云

河南汝寧府上蔡縣儒學教諭鄭廷相謹序

嘉靖十六年雲貴鄉試

監臨官

巡按雲南監察御史陰汝登（民獻四川内江縣人　癸酉貢士）

提調官

雲南等處承宣布政使司左布政使王俊民（用章湖廣石首縣人　甲戌進士）

雲南等處承宣布政使司右參政葉珩（鳴玉福建莆田縣人　丁丑進士）

監試官

雲南等處提刑按察司副使程旦（孟明直隸歙縣人　癸未進士）

雲南等處提刑按察司僉事戴邦正（貞卿直隸上海縣人　丙戌進士）

考試官

河南汝寧府上蔡縣儒學教諭鄭廷相（調父湖廣黄岡縣人　壬午貢士）

江西廣信府弋陽縣儒學訓導穆旺（相甫福建閩縣人　辛卯貢士）

同考試官

河南南陽府桐柏縣儒學教諭沈仁（子恕福建漳浦縣人　辛卯貢士）

江西廣信府鉛山縣儒學教諭戴希顥（秀夫廣西柳州衛籍湖廣寧鄉縣人　己卯貢士）

直隸蘇州府吴江縣儒學訓導許士德（容甫廣東南海縣人　乙酉貢士）

印卷官

雲南等處承宣布政使司經歷司經歷張壐（崇德湖廣石首縣人　監生）

雲南等處提刑按察司經歷司知事胡大嵩（邦秀湖廣瀏陽縣人　監生）

收掌試卷官

雲南府知府梅月（子恒貴州普定衛籍陝西三原縣人　丙戌進士）

臨安府知府姜恩（君錫四川廣安州人　癸未進士）

受卷官

曲靖軍民府知府姚正（在養福建莆田縣人　辛巳進士）

大理府同知范言（孔嘉浙江秀水縣人　丙戌進士）

曲靖軍民府同知吴讓（懋恭湖廣澧州人　庚午貢士）

臨安府阿迷州知州苟儒（宗遒四川綿州人　己卯貢士）

彌封官

楚雄府同知顔階（崇升福建龍溪縣人　癸酉貢士）

永昌軍民府同知徐士華（希舜貴州烏撒衛籍直隸崑山縣人　庚午貢士）

雲南府晋寧州知州鮑冕（惟瞻直隸歙縣人　戊子貢士）

雲南府嵩明州知州劉陞（進之南京豹韜左衛籍湖廣通山縣人　監生）

永昌軍民府騰越州知州程輅（宗殷貴州普定衛籍直隸歙縣人　庚午貢士）

謄録官

武定軍民府和曲州知州何士鰲（安周廣西蒼梧縣籍湖廣長沙縣人　丁卯貢士）

鶴慶軍民府順州知州王璋（德卿四川瀘州人　庚午貢士）

楚雄府鎮南州知州王畲（以治江西安福縣人　丙子貢士）

雲南府晋寧州歸化縣知縣張澤（汝厚湖廣黄岡縣人　乙酉貢士）

騰衝衛經歷司經歷吴尚經（宗正湖廣通城縣人　監生）

對讀官

大理府賓川州知府唐佐（一夔廣西靈川縣人　丙子貢士）

大理府太和縣知縣景鸞（應期貴州普定衛人　壬午貢士）

楚雄府定邊縣知縣董檻（汝壽湖廣麻城人房縣籍　監生）

麗江軍民府經歷司經歷汪世卿（承選直隸歙縣人　監生）

楚雄府經歷司經歷宋含美（時暢直隸趙州人　監生）

巡綽官

雲南中衛指揮使蘇綱（國維山東濟南府人）

廣南衛指揮同知陳麒（仁夫湖廣通城縣人）
雲南左衛指揮僉事馬昇（騰霄直隸和州人）
雲南右僉事紀璋（國器直隸如臯縣人）
雲南右僉事張威（可畏湖廣鈞州人）
雲南中衛指揮僉事方雄（世英宣城縣人）
搜檢官
雲南右衛指揮使楊翺（鵬舉江西豐城縣人）
雲南右衛指揮同知汪軒（良策直隸合肥縣人）
雲南右衛指揮同知李潮（宗源直隸宿遷縣人）
雲南右衛指揮同知孫世爵（君錫直隸淶水縣人）
雲南前衛指揮僉事田略（子奇直隸太和縣人）
廣南衛指揮僉事王鰲（汝吉直隸蒙城縣人）
供給官
雲南都指揮使司經歷瞿良翰（周臣四川達州人　監生）
雲南等處承宣布政使司經歷司都事劉蘭（時芳湖廣衡山縣籍貴州前衛人　監生）
雲南等處承宣布政使司照磨所照磨吴時秩（伯禮江西臨川縣人　知印）
雲南等處提刑按察司照磨所照磨党夢熊（應周陝西富平縣藉耀州人　監生）
雲南府通判吴顯（仲微直隸石埭縣人　監生）
雲南府經歷司經歷馮驎（從化湖廣攸縣籍貴州平壩衛人　監生）
廣南衛經歷司經歷喻暉（子升四川内江縣人　吏員）
雲南右衛經歷司知事萬璋（朝用四川内江縣人　吏員）
順寧府經歷司經歷周珙（良器湖廣桂東縣人　監生）
雲南府昆明縣縣丞林克立（崇禮福建閩縣人　吏員）
楚雄府南安州吏目關節（介卿直隸大河衛人　監生）
雲南等處承宣布政使司理部所提控案牘王曜（明之四川南溪縣人　吏員）
安寧守禦千户所吏目胡寅善（復之江西廬陵縣人　承差）
雲南府昆明縣典史鄭璋（廷器四川内江縣人　吏員）
雲南府安寧州禄脿巡檢司巡檢王賓（惟善四川内江縣人　吏員）

雲南府滇陽驛驛丞周易（宗仁四川中江縣人　吏員）
雲南府板橋驛驛丞張瑞（祥之四川内江縣人　吏員）
蒙化府樣備驛驛丞張襲（繼宗四川富順縣人　吏員）
臨安府通海縣通海驛驛丞蘇鵬程（九霄雲南太和縣人　承差）
尋甸軍民府易龍驛驛丞陳惠（德敷四川岳池縣人　吏員）
武定軍民府和曲州和曲驛驛丞楊挺（士特四川射洪縣人　吏員）

第一場

四書

視其所以觀其所由察其所安人焉廋哉人焉廋哉　天地之道博也厚也高也明也悠也久也　以德服人者中心悦而誠服也如七十子之服孔子也

易

九二見龍在田利見大人　象曰雷在天上大壯君子以非禮弗履　鼓之以雷霆潤之以風雨日月運行一寒一暑乾道成男坤道成女　履和而至謙尊而光復小而辨於物恒雜而不厭損先難而後易益長裕而不設困窮而通井居其所而遷巽稱而隱

書

肇十有二州封十有二山濬川　爾惟德罔小萬邦惟慶　三八政一曰食二曰貨三曰祀四曰司空五曰司徒六曰司寇七曰賓八曰師　治民祇懼不敢荒寧

詩

爲絺爲綌服之無斁　瞻彼中原其祁孔有儦儦俟俟或群或友悉率左右以燕天子既張我弓既挾我矢發彼小豝殪此大兕以御賓客且以酌醴　王命召伯定申伯之宅登是南邦世執其功　於皇武王無競維烈允文文王克開厥後嗣武受之勝殷遏劉耆定爾功

春秋

秋公會衛侯于桃丘弗遇冬十有二月丙午齊侯衛侯鄭伯來戰于郎（俱桓公十年）春正月齊人衛人鄭人盟于惡曹（桓公十有一年）　遂伐楚（僖公四年）諸侯遂救許（僖公六年）　晋人執鄭伯晋欒書帥師伐鄭（成公九年）　春叔弓會楚子于陳（昭公九年）六月叔鞅如京師（昭公二十有二年）

禮記

侍坐於先生先生問焉終則對請業則起請益則起　故聖人參於天地并於鬼神以治政也　廉直勁正莊誠之音作而民肅敬　孝子之有深愛者必有和氣有和氣者必有愉色有愉色者必有婉容

第二場

論

先王禮樂之本

詔誥表（內科一道）

擬漢選高才生受左氏穀梁春秋古文尚書毛詩詔（建初八年）　擬唐以裴度爲中書侍郎同平章事誥（元和十年）　擬宋輔臣謝賜御製瑞聖園觀稼城南觀麥詩表（祥符九年）

判語（五條）

擅勾屬官　隱蔽差役　服舍違式　優恤軍屬　冒破物料

第三場

策（五道）

問　自古聖人首出庶物胥垂製作範圍兩儀其煥有之章載賡之歌渾噩弘肆光昭汗簡所謂風行水上爲章于天不可尚已嗣是炎劉以降趙宋以前誼辟英君摛辭麗藻代不乏人第無裨化理讀者病之洪惟我太祖高皇帝堯思舜文赫著簡素賁飾萬物冠冕百王藏秘府而播天壤百六十年于兹矣諸士子於國初儒臣之仰讚御製文集之珍傳諒心醉服膺又矣其詳著于篇將轉聞於上以爲法祖右文之助

問　上世聖君事必師古遜志時敏帝學肇開宿衛環列庶常吉士侍御僕從罔匪正人其講臣固無定職勸學亦無定所矣乃若白虎石渠講筵有地侍講侍讀勸學有人至於宋朝經幄彌重其益弘多備載汗青皆可指述洪惟皇祖兵戈倥偬不忘文學横經啓飫典學緝熙揆之商周不多讓矣迨矣列聖右文祖孫一道講讀尤詳此固執事者所願聞也諸生其縷陳之毋隱

問　漢唐宋開創之主悉有佐命翊運之臣爲之指授而登壇裹瘡而健鬥迨其成功則圖形畫閣勒碑刻銘河山帶礪天日在鑒可謂厚且至矣然議者於兹每有憾焉得非諸君猶有萬一之鍥薄者乎我皇祖龍飛淮甸鹿逐胡元於一時佐命翊運諸臣手足腹心恩禮無間崇階高爵世耀簪纓追念存殁

廟庭配享殊無粟髮之可訾議者寧不爲盛德事哉方今海内宫居而粒食擊壤而歌游秋毫皆我皇祖君臣開創之遺也諸生其揄揚於篇以驗朝家忠厚之澤

問　尚書春秋仲尼裁定雖本古史魯史記而作不可概謂之史也自遷固而下二晋所紀南北所載類有譏評或謂可與左丘明雁行可使范曄北面可使陳壽作衙官晋史而下以奴僕命之又謂是非頗謬於聖人崇勢利而羞貧賤輕仁義而賤死節或譏其朱紫無别鬼怪詼諧號稱穢史作史不以難歟迨我憲皇誕命儒臣本朱子綱目修續宋元綱目之書其筆削之公義例之美殆將同符尚書春秋而陋遷固晋唐之史於下風矣諸君子沉酣群史誦法聖謨舊矣其詳言之毋略

問　選將而任分之以閫自升陑之師牧野之役已然矣若漢之高光宋之藝祖是三君者以雄武之資或混一區宇或光復舊物其選任之方駕馭之術凡懷鉛握槧者類能言之可縷數其故歟仰惟皇祖攘狄驅胡丕成鴻業度越千古當時論兵馭將之略藏之册府垂之玉牒赫赫若前日事焉固臣工之所素講者也方今逆庸不庭聖人赫怒遣將授鉞重兵自天而下飲馬富良之濱勒勛銅柱之表蓋有日矣諸生其悉陳之勿諉曰軍旅之事未之學焉

中式舉人四十名

第一名　馬應羲　大理府學增廣生　易
第二名　段有成　雲南府學生　書
第三名　楊茂時　臨安府學生　詩
第四名　党宗正　雲南縣人監生　春秋
第五名　梁佐　太和縣學增廣生　禮記
第六名　劉舉良　石屏州學增廣生　易
第七名　陶庚　雲南府學生　書
第八名　楊錫文　安寧州學增廣生　詩
第九名　蕭綸　澂江府人監生　易
第十名　張曽　大理府學附學生　書
第十一名　馬應龍　保山縣學生　詩
第十二名　王起明　大理府人監生　易
第十三名　邵惟中　保山縣學生　書

第十四名　王采　石屏州學生　詩
第十五名　楊本聰　大理府學增廣生　春秋
第十六楊珂　大理府學附學生　易
第十七名　孫之謀　蒙化府人監生　書
第十八名　馮育　永昌府學生　詩
第十九名　楊作舟　大理府學生　禮記
第二十名　李秉忠　永平縣學生　易
第二十一名　周棐　嵩明州學生　書
第二十二名　楊大韶　劍川州學生　詩
第二十三名　趙安世　太和縣學生　易
第二十四名　耿介　雲南縣學生　書
第二十五名　張朝棟　雲南府學附學生　詩
第二十六名　佘應桂　雲南府學增廣生　春秋
第二十七名　傅訓　雲南府學生　易
第二十八名　張一鶴　河西縣學生　書
第二十九名　張舜民　安寧州學生　詩
第三十名　戴國賓　騰越州學生　易
第三十一名　徐第　蒙化府學生　書
第三十二名　胡彔　永昌府學生　詩
第三十三名　趙宋儒　嶍峨縣學生　易
第三十四名　霍薰　永昌府學生　書
第三十五名　朱綱　臨安府學生　詩
第三十六名　濮大綱　臨安府學生　易
第三十七名　楊和　嵩明州學生　詩
第三十八名　張鍌　曲靖府學生　禮記
第三十九名　趙秉忠　趙州學生　易
第四十名　李鼎　保山縣學生　詩

第一場

四書

視其所以觀其所由察其所安人焉廋哉人焉廋哉

馬應義

同考試官教諭沈批（是題作者體貼傳注不明文多牽滯簡明通暢僅見此篇故録）

考試官訓導穆批（甚得聖人觀人之意）

考試官教諭鄭批（典則）

惟致審於觀人則人無難知矣蓋人不可以不知也苟觀之不審何能得其情哉昔夫子之意若曰人固未易知也而亦不難知也顧吾所以觀之者何如耳故始則視履焉以考其行果爲善歟抑爲惡歟自其顯者而別之也事雖善矣而意之所從來未可知也吾則因事焉以逆其志果爲己歟抑爲人歟又自其微者而觀之也所由雖善然猶未知其心之所樂者果何如也吾於是而加察焉或好德之無斁歟抑矯强於一時歟蓋有以推其至隱而究其中心之誠否也夫始焉而求之事繼焉而求之意又繼焉而求之心既不因事而遺意又不因意而遺心則夫顯微無間始終一德者可以知其爲君子否則皆不免於小人之歸彼雖欲匿之也烏得而匿之謂之曰人焉廋哉人焉廋哉信乎人莫能欺而觀人之道盡矣抑考之夫子嘗曰吾以貌觀人失之子羽以言觀人失之宰予他日又有論篤色莊患不知人之訓則夫子於此一事蓋屢言之豈非以人之不知則無以考德而省己故詳於觀人者乃其所以自觀也歟

天地之道博也厚也高也明也悠也久也

段有成

同考試官教諭戴批（平平寫出理致自在非淺學可到）

考試官訓導穆批（體認精切）

考試官教諭鄭批（善作中庸之義者）

論造化本於誠而各極其盛焉蓋誠體物而不遺也孰謂天地之極盛不本於誠之所爲乎宜中庸言之以明至誠無息之功用也且夫天地之道誠而已矣語其理則無二言其運則不息故其爲道雖無聲臭之可名要之一誠實爲造化之根柢則其盛何如哉自地言之人但見其隤然而已而不知其質之凝也一氣之所磅礴求之愈遠而莫知其畔岸測之愈深而莫知其底止是何其博厚乎蓋坤道之盛所以載物者在是矣自天言之人但見其確然而已而不知其象之垂

也一氣之氣充周穹窿冲漠上徹於無際宣朗昭融旁燭於無疆是何其高明乎蓋乾道之盛所以覆物者在是矣然博厚高明又豈局於淺近而法象於一時哉殆見地位乎下而安貞不遷天位乎上而運轉有恒推之於前而不見其始引之於後而莫知其終蓋一氣之所貫徹所謂博厚高明者又極於悠久而有以成乎物矣向使非誠則造化亦幾乎息矣烏能各極其盛之若是哉即此則至誠之功用可推矣大抵天地之道皆實理聖人之德皆實心其致用一也然而位育之效必本於中和之致而彌綸參贊非盡性者不能也是聖人有功於天地豈特同之而已哉然則未至於聖者當何如亦曰思誠而已矣

以德服人者中心悦而誠服也如七十子之服孔子也

楊茂時

同考試官訓導許批（題本平易作者類騁浮辭前後纏繞惟此篇見理頗明遣語簡當亦滇士之難得者）

考試官訓導穆批（平實）

考試官教諭鄭批（不事雕琢而意已足）

大賢論王道得人之應而深著其出於誠也蓋人之相感者心也王道誠矣則人之應之也又豈有不誠者哉宜孟子以聖德之感人者形容之也且其意若曰惟道爲能公天下而無私惟誠可以通天下而無間蓋嘗觀諸王者德藴諸己必達之於政而民之沐其休澤者咸尊之爲元后政非徒法必本之於心而民之蒙其惠利者咸戴之爲父母非强之也上以誠感則下以誠應媚兹之念蓋有維諸中而不可解者非要之也上既好仁則下必好義親比之意蓋實由於衷而不能已也然果何所似哉譬如七十子之於孔子仰道德之高厚終身以之爲依歸荷恩義之綢繆無往不隆其師事陳蔡之厄困矣猶相從而不忍舍匡人之圍急矣雖冒險在所不辭蓋其感之者皆至德而服之者皆真心區區尊禮之間不足言矣王者思服之民亦何以异於是哉噫此王道之所以爲大也歟抑論之三代以降王道之不行也又矣漢文之天資近道然亦雜於黄老願治如唐太宗猶未免有假之之意然皆足以致一代之治况純用德教者其效當何如耶至是然後知孟子之言爲有驗彼謂王道不可行者特未之思耳

易

九二見龍在田利見大人

馬應義

同考試官教諭沈批（九二備龍德而當正中之時者也作者措辭多類

九五殊失本旨此作得之）

考試官訓導穆批（理明辭暢）

考試官教諭鄭批（發揮象占明當可取）

聖人於乾之九二擬以顯德之象示以仰德之占蓋九二備龍德於己爲人所利見者也聖人擬象示占之意良有以哉昔伏羲畫乾之卦爻至九二周公繫辭蓋謂非德不足以善世非時不足以顯德九二君子備剛健中正之德當出潛離隱之時位雖在下也然盛德至善之懿不俟教令而輝光所被自有舍舊從新之化時雖未遇也然天德王道之妙無假言説而心迹所及自有遷善敏德之休是猶神龍起蟄霖雨將於此而普施也龍見于田膏澤將於此而廣布也其象如此占者值之當何如哉必以是大人者偉然斯世之望于焉尊德樂道而趨承之不違卓乎萬民之瞻于焉致敬盡禮而親比之恐後上焉者寤寐臣隣而克勤乎下交之儀則謀猷相資大業以之而成矣下焉者仰止神聖而聿興乎快睹之念則矜式所在習俗以之而美矣何利如之占者若有見龍之德則當利見九五在上之大人也周公擬象示占之意精矣哉抑因是而求之大舜矣歷山之耕河濱之陶身雖側微而濬哲文明温恭允塞其德固已昭著於天下而升聞于帝堯矣當時耕者讓畔器不苦窳以至主祭而神享主事而民安澤及於物豈非天下利見之時乎是必有如是聖人之德而後可以當是爻之用

履和而至謙尊而光復小而辨地物恒雜而不厭損先難而後易益長裕而不設困窮而通井居其所而遷巽稱而隱

劉舉良

同考試官教諭沈批（講九德抑揚處辭不費而理已具可以占所養矣）

考試官訓導穆批（文有變態自超衆作）

考試官教諭鄭批（簡潔精微得易本旨）

大傳論九卦之德之妙以明處憂患之道也夫易卦之德周天下之用也即九卦而德皆不偏焉其於處憂患也何有昔吾夫子大傳論九卦之德而再陳之若謂易非聖人不能作德非諸卦不能備然或涉於一偏未免滯於日用是故禮者順人情而非强世若和矣然品節詳明事理精當而實爲至焉謙者德欲盛而禮欲恭若卑矣然天道所益人道所好而尊且光焉復以一陽生於群陰之下何其小也然善端既復欲不能間矣豈以小而無辨乎恒以一身混於紛華之中何其雜也然常德在我久而不變矣豈以雜而有厭乎至若懲忿窒欲以修身損先爲難從事既久則無忿可懲無欲可窒也何易如之遷善改過以長善益實自裕

究而言之則善所本有過所本無也何設之有窮與通异困爲柔揜不能以自振者但實德既修心無怨尤無入而不自得矣静與動反井居其所不能以自動者但剛中爲泉上出爲功自有利澤及物矣以至巽德之制蓋以一心之權度運萬用之機宜經以處其常也權以通其變也泛應曲當又何形迹之可窺乎噫君子反身脩德以處憂患之道蓋已盡於此矣抑考文王當羑里之時而演易以憂患之情發之辭變象占之間皆開物成務之意故夫子曰其辭危危者使平由是推之六十四卦皆德也夫子獨陳九卦者偶舉此以見例耳若乾言誠坤言敬敬立而誠存聖學無餘事也又以見乾坤之理可以總括六十四卦之藴

書

肇十有二州封十有二山濬川

段有成

同考試官教諭戴批（不蹈陳言自出一機軸簡潔明盡無逾此篇）

考試官訓導穆批（語意純正）

考試官教諭鄭批（分析明而有含蓄）

史臣記聖人疆理之周而防患之豫焉夫治莫先於疆理而亦莫急於水患之防也聖人因舊而增修之亦惟其宜而已矣昔史臣之意若曰人徒知有虞之治爲無爲而不知其初之大有爲也何則九州之制昉自中古及舜即位以冀青之地視之他州爲廣也於是始分冀之東爲并東北爲幽又分青之東北爲營也若夫九州則惟仍其舊焉豈非所謂十二州乎增官屬溥化理而吏治爲之一新也九山之封其來已久然州域既增則亦不可以無鎮也於是封營丘於幽恒山於并又封醫無閭之山於營若夫九山則惟因之而不改也豈非怕謂十二山乎立表識崇祝號而祀事爲之有屬也九川滌源似在不必浚矣舜則以爲水患出於不測而備禦在所當先乃爲之修利堤防以止其潰爲之通達溝瀆以開其障使凡十二州之水莫不各安其所庶有以保平成之偉績也是則州之增非侈也山之封非瀆也而川之濬又非過慮也皆行所無事而已聖人何心哉抑論之舜即位之初汲汲焉惟土宇山川是務若於治不甚切者殊不知體國經野乃先王之所以奉若天道舍之不務其何以一道德而同風俗也哉噫帝舜不復作矣然而萬世而下猶可以按迹職方興思河洛謂非當時之功不可也

三八政一曰食二曰貨三曰祀四曰司空五曰司徒六曰司寇七曰賓八曰師

陶庚

同考試官教諭戴批（質而不俚核而有序箕子演疇之意藹然可見）

考試官訓導穆批（講八政處不晦不混宜録以式）

考試官教諭鄭批（警策得體）

君子之演八政必以序而列其目也蓋王者之政凡以爲民但所係不能無緩急耳宜乎箕子叙次之以告武王治天下之法也且其意若曰禹因洛書左三之數而第爲八政其理則因乎天而不可易其用則切於民而不可離何以言之彼民無食則無以爲命而重農力本在所當先故一曰食焉非貨則無以爲資而阜財惠商亦不容緩故二曰貨焉生養遂而孝敬生則祭以報本亦理之所不容已者是以有禮焉而列之於三然民不可涣散而無居則有司空掌土而宫室之制興故居四焉亦不可逸居而無教則有司徒掌教而學校之建廣故居五焉道化尼而淫慝作則刑以禁奸亦勢之所不能免者是以有司寇之設而序之於六人情非禮不通於是乎有賓以新邦國賓處乎順故居七焉禍亂非兵不弭於是乎有師以平邦國師權乎變是以居末而爲八政之終事焉爲治者果能行此則民生無不厚而彝倫又豈有不叙者哉抑因是而考之武王焉重民五教惟食喪祭而六典建官終周世不改孰謂非箕子啓之耶至於所以爲之則又本之人君之心是以列五事於八政之先而首以敬用爲言故曰必有關雎麟趾之意然後可以行周官之法度

詩

王命召伯定申伯之宅登是南邦世執其功

楊茂時

同考試官訓導許批（推本黍苗以著城謝之功於世執處以作式爲輔爲説自非他作可及）

考試官訓導穆批（先王封申伯之意是如此）

考試官教諭鄭批（温潤詳盡録之）

周王封親臣有以建其業而欲以永其傳也夫建國而命大臣親之可謂致重矣使傳之不永又何以裕其後哉宣王之舅申伯出封于謝尹吉甫作詩以送之及此若謂申伯之生也嶽實降神而其功也懋在王室謝邑之封何如哉彼立國建侯周之懿典也王以召伯而授厥命使之因是謝人以經營其居列爵分土國有常經也召伯以司空而任若事于焉率彼烝徒以大啓其宇以

定經制以辨章程奠雄鎮于一方肅肅謝功于是乎告成矣原隰水泉之治墉垣家室之立慰王心于九重翼翼南國于是乎底績矣然此豈特示寵异于一時大封拜于今日而已哉蓋繼序其皇君之所以望臣也將俾世其職者保有成業于以衍國祚於靈長不顯亦世士之所以生周也將俾作之後者念兹戎功于以綿國脉于悠久世德之作求永爲南國之式後之繼申猶申之繼甫也而藩翰者有所藉矣舊服之纘承恒爲周室之輔後賢之繼述有光于上民之開承也而于宣者有所賴矣是則申伯之封非幸致宣王之錫非濫及有周封建之典于是可見而吉甫播揚以爲贈也固宜抑論申伯以元舅之親出封于謝宣王豈直爲親親已也蓋申伯德業聞望足爲當時之重而謝之爲邑實作鎮于南土所以鎮定而綏服之者亦不可匪其人也崧高之作反覆於藩翰作式爲憲之説而激勸感發之意默寓其間故讀其詩則宣王親賢懷遠之道當時友朋勸示之益俱可想見于千載之上

於皇武王無競維烈允文文王克開厥後嗣武受之勝殷遏劉耆定爾功

楊錫文

同考試官訓導許批（模寫周公象功作樂之意明白可録）

考試官訓導穆批（講趙意能知輕重取之）

考試官教諭鄭批（腴而整）

詩人頌王者有大功必表其因所啓以成功也蓋周有天下固武王之功而啓之者則文王也詩人推本而言之也有以夫此周公象武王之功爲大武之樂首之以嗟嘆之詞若曰大哉武王之爲君也聖武布昭而興王之績上格于天皇靈丕振而創造之功有隆于古其烈之盛天下無得而競矣然豈無所自哉蓋允矣思文之文王也修和有夏而維新之命有以立後世仰承之基開國之規模固自岐周而肇啓矣輯寧邦家而有二之業足以爲後人憑藉之地興周之氣象固自遷豐而光顯矣故我武王之嗣興也思寵受之重而致駿惠之功於鑠之師既興戎衣一著遂勝殷于牧野純熙之時既會大介是用因止殺于崇朝由是上而天命于周而有僕允陟元后而一代之大業以成維揚之武視文考而有光也下而人心于周而攸同奄有萬方而帝王之大統以集丕承之烈蓋自今而致定也夫功雖開于文王而實成于武王此武王之功所以爲大也歟抑是詩也雖象武功而作孔子之論樂極于周道四達禮樂交通有聲之雅亦曰皇王維辟無思不服武王之有天下固非以力取之者而允文文王有此武功亦非不足于武可知矣前後相承文武并用所以創成周八百年

之業非偶然也大武桓賚之歌揚之宗廟三復之猶可想見其盛

春秋

遂伐楚（僖公四年）諸侯遂救許（僖公六年）

党宗正

考試官訓導穆批（善發褒貶齊桓之意）

考試官教諭鄭批（嚴整可録）

伯主攘外失於專春秋譏之恤小合於義春秋善之此楚之伐許之救而齊霸之得失判矣且伐楚者齊桓公也伐之何如曰爲其久病中國也久病中國而伐之功弗少矣君子顧於桓乎譏之何曰爲其失於專征也征伐自天子出受命于祖受成于學非臣下可得而擅也桓公是舉不待天王之命爰興八國之師彤弓未錫而闖制自由牙璋未啓而天討奚在噫文武之建侯也以蕃王室也賢如桓吾方望其宗周而先天下也今也討有罪之國而已涉無王之嫌主中夏之盟而首犯先王之令回視羲和之征桓不逮胤侯遠矣書曰臣無作威桓其昧之經書伐而曰遂者譏其專也此義行則篾視君父者懼而君臣之分嚴矣哉救許者亦齊桓公也救之何如曰爲其近罹楚禍也近罹楚禍而救之事亦常耳君子顧於桓乎善之何曰爲其急於救患也夷虜爲中國患如火斯焚如水斯溺非盟主所得緩焉者也桓之是役不待逾時之久即移六國之兵楚旅還轅而外侮以禦許人安堵而小國以寧噫湯文之字小也以除暴横也强如桓吾方恐其討鄭而忽許難也今也遏荐食之謀而凶暴有所懲解倒懸之厄而弱小有所恃回視凡伯之伐桓其過衛宣遠矣詩曰戎狄是膺桓其以之經書救而曰遂者善之尤也此義行則輕弃諸姬者懼而恤患之義昭矣哉是則伐而書遂貶其遂也救而書遂褒其遂也所謂美惡不嫌同辭其此之謂夫抑伐楚過矣難掩夫服楚之功救許功矣難掩夫失黄之過此伯者假之之私而非若王者之純乎公也然考之當時王政不行諸侯僭亂而爲桓公者猶知以尊周攘夷爲念兵車之屬六乘車之會三帥諸侯而朝天子使天下猶知有共主焉則其有功於周室亦不淺矣桓其可盡訾哉

晋人執鄭伯欒書帥師伐鄭（成公九年）

楊本聰

考試官訓導穆批（辭不煩而有斷制深得謹嚴之旨）

考試官教諭鄭批（不失傳意）

春秋紀伯討之非有所以明大分者有所以正大防者此見春秋之義不

可以一端求也且鄭懷楚賂而會楚晋惡鄭貳而討鄭乃因鄭成之朝而執於銅鞮隨遣欒書伐其國焉夫晋本侯也窮諸人何居邦黃定諸侯之獄司隸掌執人之事大司寇之職周官之法度不可干也鄭固罪矣晋始執也不以王命既執也不歸京師君子曰執而無命則不臣不臣則不爵窮諸人賤之也豈復得爲伯討乎於時伯綴行成晋戮之矣略而不紀者何曰天下有大分君臣是已成非綴之君綴非成之臣耶君實有國神之主而民之望也成執于晋進退惟其所制榮辱莫之或知國之患莫大乎此綴之身庸足多乎傳曰既執其君矣則行人爲輕明此則天下皆知君之爲重而後其君者寡矣貴有常尊大分不既定矣哉於時楚子重侵陳以救鄭矣削而不書者何曰天下有大防夷夏是已晋非禮義之國楚非禽獸與鄰者耶景雖不競猶主夏盟者也鄭附于楚德之不懷而威焉是畏親之不篤而首焉是從變之不善一至於此楚之救庸足多乎傳曰鄭無可救之善楚不得有能救之名明此則天下皆知夷之可鄙而變於夷者鮮矣夷不亂華大防不既嚴矣哉于以見聖人之筆削無非爲君臣夷夏計也國史焉得而與夫抑楚奚待責乎鄭奚足責乎晋景嗣伯中國所仰無亦以德禮招携懷遠乎鄭與楚合而即來朝過而悔矣執其身伐其國戮其使暴也夫召陵之禮楚使蕭魚信鄭不疑桓乎悼乎賢於景也遠矣雖然仲知有以教之也景不桓不悼也臣又不仲不知也禮信焉攸施故曰爲政在人

禮記

故聖人參於天地并於鬼神以治政也

梁佐

考試官訓導穆批（見理精到而文足以發）

考試官教諭鄭批（講參并處與衆自別）

記者言聖人法造化以爲治以見治道之原也蓋道之大原出於天也聖人法造化以爲治夫豈私意臆度而爲之哉禮運承上章言政之意以爲君者政之所自出也政者君之所由安也能治其政以安其身舍聖人其誰與哉是故兩儀奠而法象形道運於天地而不已也聖人則仰觀俯察裁而成之以知其化育焉二氣行而屈伸著事寓於鬼神而有迹也聖人則彰往察來擬而議之以成其變化焉内藴易簡之理而覆載之功我其贊之参其兩而爲三矣中涵寂感之幾而動静之樞我其握之并其二而爲一矣夫此豈有他哉凡以治吾之政而已蓋政莫先於立教也體天地之撰而變通之則所以立極而垂訓者资之愈深而教於是乎立矣政莫要於定制也因鬼神之故而損益之則所以開物而成務者循之可久而制於是乎定矣運用於一心推之萬變而皆宜

所謂同民心而出治道者此也建立於一時垂之萬世而無弊所謂一道德而同風俗者此也夫然則政豈有不正而身豈有不安者哉考之下文有曰君者立於無過之地者也夫能正其身而無過則亦聖人而已雖然記者之言蓋本於中庸也夫政即三重也無過即寡過也參即建之而不悖也并即質之而無疑也三代有道之長率由乎此後世乃欲以區區智力把持天下毋怪乎其治之不古若也噫

廉直勁正莊誠之音作而民肅敬

考試官訓導穆批（不以金石絲竹入講蓋知音樂之辨者）

考試官教諭鄭批（分析字義明白當是作者）

記者審樂音之敬而知民心之敬焉夫音生於心也心苟敬矣而其發之於音也寧不敬哉樂記此章申言首章之意若謂心感於中而無常音發於外而有象然則音之作也豈惟喜怒可知而已哉彼其應以生變稜隅整飭不混而淆何其廉也變以成方節奏簡徑不句而曲何其直也至剛至健抑之愈高無反無側守之愈確又何其勁正乎恪恭祇慎不怠以荒純一敦固不二而雜又何其莊誠乎僴然於永言之際而有不可犯者存聽之者惕然而有所興也毅然於咏嘆之餘而有不可奪者在聞之者悚然而知所勵也是音也果何從而生耶必其有所戒也有嚴有翼而慄慄之是將有所畏也惟兢惟一而惺惺之匪懈守之愈嚴而惰慢之心無自而投則其音之不可犯也固也不然則奸而濫矣寧不蕩然而忘返乎斂之愈約而非僻之心無由而入則其音之不可奪也宜也不然則湎而淫矣寧不薾然而莫振乎以是而觀則知音之本於心也尚矣心不能敬而徒矯飾於聲音之末以求其敬也胡可得哉抑又論之惟敬則蕭惟廉則勁而莊惟直則正而誠故曰其敬心感者共聲直以廉義已盡矣然民心之所以敬者則又在先王德澤入之之深而禮義養之之固也故曰先王慎所以感之者

第二場

論

先王守禮樂之本

馬應義

同考試官教諭沈批（前輩謂作論如文與可畫竹觀子殆胸日中有全竹者滇士中不多得也首選允宜）

考試官訓導穆批（法度嚴密意味深長殆探本之論也可敬可嚴）

考試官教諭鄭批（文勢若長江大河文彩若奇葩麗卉低頭東野之拜

將不敢抗顔於子矣）

論曰聖人之爲斯世也天而已矣夫苟至於天焉吾知藏於人心之微而不在於耳目觀瞻之頃關於天地之大而不假於器數聲容之末是則無體無聲者也萬一聖人於此弗以天處之而以人御之强擭而矯拂睽疑而乖違則萬轍千岐争馳競逐人者勝而天者微矣聖人與天同運者也而肯以人勝天耶唐之太宗何如主也而遽謂治之隆替不關於禮樂焉是人矣而非天也先王守禮樂之本宋儒司馬光殆懼夫後世之昧者弗察焉而覺之也請終言之禮云而不以玉帛樂云而不以鍾鼓孔子之言也禮所以節文乎仁義樂所以樂乎仁義孟子之言也知孔孟論禮樂之旨則知司馬氏探先王禮樂之本矣夷考其時衣裳官室之制作樂崇德之旨固聞諸易也而説焉未詳所謂禮樂者猶夫太始之天也伯夷寅清之言后夔直温之教固聞諸書也而語焉未竟所謂禮樂者猶夫太初之天也噫不灼其影昧者弗見也不烈其聲聵者弗聞也聖人於此將聽其岐轍之紛紜騰口之靡定哉聖人要亦有變通宜民之術矣於是以開闢天地之規模而拯夫世變江河之思慮亦惟因夫民心固有之禮而示之以禮禮一順也天也順之外固無禮矣因人心固有之樂而示之以樂樂一和也天也和之外固無樂矣於戲禮焉而示之以禮之天樂焉而示之以樂之天聖人無迺斲天下之朴而不欲游於堯舜氏相志之天歟殆不然遭適至之時神化裁之妙雲興波動而清明不移朴分質剖而渾厚猶在所謂無體無聲而人心之天者固自若也故曰聖人之爲斯世也天而已矣夫以人道之大經而維持人文之脉絡而接續吾聖人爲禮樂計也蓋已悉矣而議禮樂者往往築室而聚訟何哉良有由矣蓋自夫比屋可封之俗弗見焉而後世談禮者始索之文爲之末自夫康衢詩歌之咏弗聞焉而後世議樂者始求之形器之粗是則外矣而非内迹矣而非化尚安能囿一世民物於至順至和之天歟知乎此則知先王所以教禮樂者悉原於天也天者何觀諸其道而已天不變道亦不變一氣之相爲流通自太極而來至於今不易也日月之在天至於今明也江河之在地至於今流也山嶽至於今峙草木禽獸蟲魚至於今蕃且育也凡若此者非有度數焉而成禮非有均節焉而成樂所謂不言而化無爲而成者也兹其所謂無體之禮無聲之樂也而道實爲之故曰天也夫天也其孰能知之曰唯聖人能知之其孰能體之曰唯聖人能體之何也禮也者人心之禮即人心之天也樂也者人心之樂亦人心之天也由是聖人因其天者而教禮樂焉叙爲彝倫修爲人紀置之充然大順之域夏篚之用殷輅之乘周冕之服不與焉洽爲德澤流爲雅頌納於藹然至和之中大夏之興大濩之作大武之奏不與焉當時所謂禮樂者惟見其四極和寧而已惟見其萬民咸悦而已

惟見其江漢無犯而已尊其尊親其親而辭遜於天高地下之間玆無體之禮也聲相應氣相求而舞蹈於蟲鳴螽躍之地玆無聲之樂也論至於斯則知聖人之心大乎天地不足爲容皦乎日月不足爲明嵬乎泰華不足爲高渾乎江河不足爲流轉知之者天也同之者道也化之者人也漸而澤之者天下後世也天也聖人也不可以差殊觀也故曰天也奚俟求諸旦暮之功索諸形器之末哉抑嘗因光之慨夫唐而考夫唐之禮樂矣蓋自貞觀垂統内有慚德而閨門之禮樂紊矣顯慶多中决之政而朝廷之禮樂發矣一傳而有斜封墨敕之濫再傳而有漁陽召亂之釁又再傳而有閹宦擅政之禍上下李唐諸君所謂垂統弗正而繼體昏風將併其本而仆之人矣而非天也烏足以言禮樂哉是無怪乎司馬氏憂深思遠而爲中正和平之論以開夫時君世主之天也有子曰君子務本曾子曰此謂知本愚於光禮樂之言亦云是爲論

表

擬宋輔臣謝賜御製瑞聖園觀稼城南觀麥詩表（祥符九年）

劉舉良

同考試官教諭沈批（麗而能則冲淡可喜）

考試官訓導穆批（駢儷中委曲詳盡殆杰作也宜冠本房）

考試官教諭鄭批（冲腴典則四六之擅場者）

臣某等言某年月日欽蒙聖恩特賜瑞聖園觀稼城南觀麥詩者伏以靈苗瑞實呈异穎於星田聖藻仙葩捧宸辭於龍檢啓函拜賜拭目增榮臣等誠懽誠忭稽首頓首竊惟周朝以農事肇國故豳風以七月陳詩多稼偉曾孫之詠興紀丘園來牟藹后稷之傳情垂隴畝惟免艱而後罔艱思無逸乃能有逸迨夫王迹既熄慨矣删後無詩大風沛筑念靡及於桑麻夜帳楚歌涕徒悲於姬侍芝房花萼惟騁雕纖雞塞玉笙虚工流麗文不在玆時將有待玆蓋伏遇禹稼蕃滋堯文炳蔚青宫浴德灼見小人之依丹詔騰輝獨高大雅之作妙造化之機軸斲元氣之斧斤满心而溢弗出冥搜肆筆以成允爲天縱湯銘舜典匪直清燕以摛辭孔思周情且乘逸游而麗藻雕輦翠旃時臨内圃珠旗玉軑載駕城南秋實春華欣欣然喜經御覽銀綰金縷洋洋乎揮灑瓊章一穗两歧不數張君之詠十畝千石方輕氾氏之書允矣掩蘭菊於漢篇卓哉越茨梁於周雅仰符出洛俯陋横汾絲綸之實射奎璧而争光菽粟之篇迴琳琅而振響臣等啣命自天感恩無地飽百禄之素餐荷十行之賜札幸獲窺於黼黻慚無補於涓埃方將什襲以珍藏至欲銘心而鏤骨伏願一人有慶恒先稼穡之艱難萬壽無疆敢後岡陵之祝頌臣等無任瞻天仰聖激切屏營之至謹奉表稱謝以聞

第三場

策

第一問

馬應義

同考試官教諭沈批（五答雄贍是策尤偉昔葛文康謂記問之博當如陶隱居耻一事不知子豈其人歟健羡健羡）

考試官訓導穆批（其氣充其辭偉佳士也可敬可服）

考試官教諭鄭批（敷腴中度雋氣不群殆滇□□英也高薦何忝）

古今能文者多矣必闔闢造化然後足以爲聖人之藻彩帝王善文者衆矣必經緯天地然後盡聖人之偉觀粤稽諸古黄竹白雲垂芳帝籍玉書金簡爲章於天放勛之文焕有虞舜之歌惟幾殷盤周誥炳若丹青充棟汗牛不一而足雖崆峒之碑漫滅石鼓之文脱漏人猶競傳而寶之豈非想陶唐之遺風羡宣王之大雅歟嗣是炎劉以降趙宋以前誼辟英君代有作者沛筑形歌唐殿載咏修辭亦壯矣然未嘗思治念不及民識者少之修嫮艷冶宫體雕纖構思若艷矣然溺志嬪御慚德閨閫讀者憾焉外此非無文也率皆疾風勁草溢美臣隣賞花釣魚流速光景求其邁殷湯之晨露掩重華之薰風者寂寥汗青不多見也洪淮我太祖高皇帝德侔天地道冠黄虞值奎壁宿翳之開紹帝王垂絶之統萬幾之暇作爲文章掞雲漢之黼黻濯江漢之濤瀾易簡之訓範圍兩儀昭回之光賁飾萬物猗歟盛哉愚嘗拜觀國初儒英之仰贊御製文集之珍傳而窺其萬一矣請略陳之登極之詔所以嚴華夷之防大祀之文所以謹郊禋之禮皇陵之碑述創業之艱難究公之敕崇聖賢之苗裔答御殿之表而宰臣之體貌以隆草靖江之詔而官僚之責任斯重平蜀之製則昭旗常之日月鐵券之文則録佐命之功庸誥湯和誥沐英尚元勛也誥李祺誥黄琛貴戚里也勸農桑免租税則后稷稼穡之教也諭安南詔高麗則周王薄伐之仁也誦循環之論而天道昭讀閲江之記而輿圖正水旱之説成而堯湯之心慰矣伯夷之頌駁而韓柳之見卑矣秋宇澄清之製姚姒之英藻也沛邑之歌寧不當北面哉黄河良馬之文姬周之杰作也横汾之咏寧不拜下風哉列聖相承天葩輝映迨今皇上法祖崇文頒繼統之詔而大禮明降分祀之制而大祭謹敬一有箴髣髴唐虞精一之學也洪範有序依稀夏禹九疇之演也欽天有記聖王嚴恭之懿矩也緝熙之美不再見耶四箴有注孔門傳授之心法也敬止之風曾是加耶睿製奎章崢嶸秘府播之寰宇人誦家傳雖嵩衡岱華不足以

爲高黄鍾大吕不足以爲清大哉王言真有以追皇祖之遐軌攀列聖之逸駕矣於戲堯言炳焕而如見聖謨灝噩而孔彰愚也惟晝誦而昧夜思而求耳若乃鋪張對天之洪休揚厲無前之偉績則自有文學供奉之賢在草茅何足以語此幸執事進而教之

第二問

段有成

同考試官教諭戴批（五策涉筆動數百言不費探索而斷送處深識講筵要領殆老成之見也一薦何忝）

考試官訓導穆批（結末數言足覘忠悃高選允宜）

考試官教諭鄭批（講筵顛末歷述贍明是胸中有書笥者）

覽説命之書而後見講讀之所始披帝學之篇而後知講筵之甚重何哉商周盛時哲王世有師氏之職同與膳夫掖廷外朝統於冢宰師保疑丞之外保氏史官之餘靡人非賢靡地非學於戲至矣降而漢唐古意浸失出入禁庭講論經學者似榮矣然望之名儒出補外郡石顯憸巧播弄秘庭白虎石渠之講讀果能不變其初耶横經帝幄紬繹陳編者似善矣然梨園之樂汩亂聰明寧王之笛轉移心術集賢書院之講學果能無改其舊耶甚者尚書樸學厭而不好博士倚席廢而弗講駁乎無以議爲也迨夫宋室奎壁騰輝人文滋盛英君誼辟鋭意講筵勸學有所講讀有官以水喻政得之小旻烹鮮喻治得之匪風善詩學也薄征緩刑荒政論之脩德承天視祲議之探禮學也上承下施蓋取諸鼎亂極生治蓋取諸萃易學明也讀説命之篇而三句特誦講五子之歌而六句再陳書學深也論魯封疆講鄭鑄刑容非邃於春秋者歟中庸修身大學入德容非優於記禮者歟噫趙宋講筵有光帝學固可稱矣然比隆商周賢聖繼作者則概乎未之見也恭惟我皇祖甫入建康禮賢創館首徵儒碩訪治談經列聖相承講筵增重夷考其時自微言以及大政皆謀議之所先自公鄉以及將吏皆咨訪之所及宫僚之議參之兩府藩屏之建謀之侍臣桂彦良帝王心法之言則蒙帝師之褒宋丞旨帝王傳心之論致動天顔之喜祭酒吴顒次第進講則訓以中正之道待制王禕進講大學則論題以德本之言聞解縉正心之講而睿覽至再喜士奇堯典之陳而稱善久之講乾之九四以儲二爲言則學士王達之見敏也纂周易直指而備述本義則学士楊士奇之論詳也留神乙夜數御講筵春坊講章内閣改正尚書毛詩則解縉胡廣專閱焉經術何鋭情也周易春秋則幼孜士奇更覽焉古訓何探賾也是誠以講學爲治本以聖賢爲家法矣迨我皇上察倫明物法祖右文經筵日講而不間夫寒暑隨

處用力而靡二於宫庭隆體貌於細旃究心原於古訓垂敬一之旨衍四箴之義示學宫也正孔子先師之號抑廣孝配享之非昭禮樂也雖商宗之監成憲成王之酌祖道不是過矣一何盛哉執事倘與薦焉則進陽爻退陰位如昭素之辯乾龍闢君子闔小人若馮元之推泰象尚當於丹陛下陳之

第三問

楊茂時

同考試官訓導許批（五策明實可録而是篇尤嘉真策手也何惜高薦）

考試官訓導穆批（藻彩溢出而豐約中度是善揚厲者取之）

考試官教諭鄭批（周悉之見忠厚之言允宜録出以範來學）

咏行葦之詩則知壽耉之當崇佩中庸之旨則知臣工之宜體此三代之家法萬世之懿矩也況開創之主其佐命之臣冒矢石而不辭處風波而自任艱難備嘗茂著勞烈功成之後謂宜貌敬心孚終始一致而崇德報功可也奈何商周不作識者憾焉犬馬土芥致嘆軻書騎項溺冠貽譏青史誅在蹙項淮陰之績偉矣而卒招狗烹之恨填國撫民酇侯之功高矣而未免械繫之羞麟閣下名大臣之至禮也未幾而有赤族之慘凌烟賦詩宰衡之至愛也無何而形仆碑之咎乃若中令元勛鼎鐺有耳魏公宿德倚重長城溥質疾瘳而爵賞醫工夷簡抱病而剪鬚親賜其體貌之尊崇禮意之優渥固本能同符商周聖武之君其視漢唐鍥薄之主則彼善於此矣仰惟皇祖龍飛淮甸鹿逐胡元以忠孝爲家法以禮義爲國維元勳碩德既崇爵於土龍既禱之餘縟典盛儀復追報於喬木見思之日中山不禄則欷歔而流涕開平櫬至則痛哭而拊膺武靖之功奇矣不以甥舅少貴戚而或掩良禎之績茂矣不以兄弟之并用而見疑稱吾子房而不名重劉基也賜百歲之衣而慰藉禮宋濂也俞忠烈病革則曰平章知予問疾乎天性骨肉之恩不是加也郭靖海起避則曰第坐不汝關焉家人父子之愛不是過也覽竹帛之舊績而六王之元祀以崇龍蛇一章不愧汗於兹耶勒鼎彝之前勛而列侯之爵以厚弓藏數語不赧容於是耶若迺韓成之委身紀信之誑楚也孫炎之駡賊巡遠之流亞也忠節諸臣不一而足血食廟貌册府增光於戲厚矣矧金書鐵券天藻輝煌帶礪河山爵及苗裔所謂洽魚水於一堂慶雲籠於千載我皇祖以之矣愚也食粟而憶稷踐土而思禹於我皇祖君臣丕天之功自知不能摹乾坤繪四月而揄揚其萬一矣謹摭拾以爲明問復

第四問

党宗正

考試官訓導穆批（評隲歷代史才如指諸掌而結末斷案歸美兩得之强學待問者也讀之終篇不覺斂衽）

考試官教諭鄭批（博極群书邃於史學主司得子可以自慶矣）

事紀於儒臣之筆者可以史名事定於聖人之筆者當以經論自有載籍以來芸編蠹簡浩穰滿家史法相沿代有作者温純如左氏簡潔如子長雄健如孟堅是誠史家之魯殿靈光而巋然者也然其才氣之所充規摸之所就要之所謂多聞習事而猶未能離乎史也乃若朱子綱目之作發宣尼之藴成一家之言雖未敢擬經中之史亦可謂史中之經矣此我憲皇所以特命儒英法之而有續通鑑綱目之書也請陳其概而執事擇焉可乎蓋嘗考之書者古史也帝王之軌範政治之權輿所從出也聖人從而定焉芟繁亂而剪浮辭自唐虞而訖成周人經大法曉然而易遵坦然而易行由是觀之則書非孔子莫能定矣請米而作佳傳者豈能爲其厮養耶春秋者魯史記之名也君臣父子之大經禮樂征伐之事所由紀也聖人從而修焉抑諸侯而尊王室即十二公之行事見於二百四十二年之間而後善人勸焉淫人懼焉執此論之則春秋非孔子莫能修矣受金而諛盛德者豈能望其藩籬耶於戲尚書春秋不可及矣弗獲已而思其次其惟諸史乎諸史之良遷固其尤也辯而不華質而不俚遷之得也議者謂其崇勢利而羞貧賤特合抱之寸朽也可盡訾歟贍而不穢詳而有體固之長也議者謂其輕仁義而賤死節特連城之微瑕也可盡譏歟吁自史才言之遷固又非諸史可同日語矣昔之評者曰遷固之史可與左丘明雁行可使范曄北面可使陳壽作衙官晋史而下可以奴僕命之何也評者之意蓋以左氏之傳其文緩其旨遠炳然有三代之風而班馬二史之雄深雅健似亦少減故曰可與左丘明雁行焉范曄之述東漢標格卑陋文彩不足以動人嘗自擬其博贍不及班固則於遷可知矣故曰可使范曄北面焉若夫陳壽之志三國義例舛駁校其書而譏之者十有八九矣寧不爲遷固之衙官耶外此若二晋所紀南北所載朱紫不分鬼异詼諧則淫巫瞽史之流矣寧非遷固之奴隸耶於戲遷固二子固史之良也求其發聖人之微言邁二子之製作吾於考亭綱目見之矣觀其自序云表歲以首年而因年以著統大書以提要而分注以備言歲周於上而天道明矣統正於下而人道定矣大綱概舉而鑑戒昭矣衆物畢張而幾微著矣真尚書春秋以來未有也是固不可及矣然而威烈而上未萃成編藝祖以還又自爲籍是猶未免執卷有浩繁之嘆臨文乏啓

沃之資也職此之故是以我憲宗皇帝誕命儒臣以宋元二史之舊仿綱目之法而成書也其書由建隆之開基至海南之訖籙凡其中命令紀綱之詳國體安危之係大書特書據往牒也敢爲臆説乎正例變例本成規也敢爲高論乎彼契丹之出鮮卑女真之起渤海亦爲采摭而附見焉毋放失也敢闕略乎迺若胡元主華世運極否似無足齒矣第勢成混一傳世頗久雖則大書其年猶存外夷之意也諸凡書法煒然華衮之褒凛然市朝之誅矣末則紀天兵之征討戡亂雄之割據王師所加勢如破竹不旋踵而再闢乾坤肇修人紀真萬代之快睹矣所謂三年鬼方之伐六月獫狁之師豈足以俎豆於此哉於戲訓裁斷自於淵衷謨烈光昭乎信史與尚書春秋并觀可也史云乎哉愚不敏謹述舊聞以對執事以爲何如

第五問

梁佐

考試官訓導穆批（深悉御將之略善談兵者也可嘉可嘉）

考試官教諭鄭批（處分邊務甚當志存經濟者也置之高等允協輿論）

讀司馬附衆威敵之書則知制勝之道存乎將誦少陵神武英雄之則知駕馭之道存乎君何也疆埸之事甚重兵戎之寄匪輕矧開基逐鹿之秋重恢九縣之日食非己之穀粟取非己之城邑於斯時而得聖明豁達之主馭鷹揚壯猷之將則氣燄之振賢於長城威名之重隱若敵國而成混一丕天之績者無難矣萬一不知屈群策攬英賢焉所謂有一范增而不能用者也幾何不敗乃翁事哉於戲商周放伐之迹遠矣請以漢宋創復之故質之登壇一拜而國士收於俄頃之間洗踞一見而爪牙屈於指顧之際則繼秦而帝也在目中矣高帝之英孰出其右歟岸幘以迎而致伏波帝王之嘆澠池以褒而激馮异巾車之恩則祀漢配天也特掌上耳光武之賢孰能爲之大歟吁高光之雄尚矣藝祖之略亦有可稱郭進之在西山軍校越訴則執之以賜進此感之以誠也曹彬之請使相官恐太隆則寧賜之以錢此勉之以權也伐西蜀之將至脱裘帽以衣而不惜謂非結之以恩耶征江南之將至出匣劍以警而無貸謂非懼之以法耶嗟夫漢之高光宋之藝祖誠孫綽所謂馭龍馭虎者矣噫兹特昔人謂之暗合孫吴者爾惟我聖祖奮迹淮甸汛掃胡塵精神義氣感召招徠一時猛將如雲謀臣如雨殆將擢頗牧於禁中走穰侯於堂下矣何其盛哉嘗敬考之其與劉基論兵則曰克敵在兵而制兵在將兵無節制則將不任將非其人則兵必敗至謂因敵制勝豈必泥古闔闢奇正在通其變容非不泥其迹而獨用其神乎論徐達伐張士誠則曰自大亂以來豪杰并起江南亂雄西有陳友

諒東有張士誠聚淵寇攘數侵疆埸今姑蘇諸郡未下命鄉等討之又謂克敵者必以成功爲效樹德者必以廣恩爲務是誠仁義之師神武而不殺者也取中原之命則勤懇於部伍分數之嚴虛實通變之法其决勝萬全之師範歟捷蘭州之諭則諄切於恃功驕恣之戒高危滿溢之憂其明哲保身之藥石歟佩遣使諭將之敕而凜乎四失之責真對病之良劑也讀與李翀論武之言而確然四善之兼真却敵之良圖也於戲聖謨昭乎日月睿筭炳乎丹青方今南征之將果能書紳而儆目莊誦而銘心又於定興指授之略西平策應之方凡擊蛇首尾之勢逐鹿犄角之謀悉講求其故而不泥其迹焉將見如虎豹之在山若風雷之肅物乘月奏笳而胡騎遠遁雪夜進旅而元濟成擒矣何也昔徵側勇冠一方而竟就伏波之戮吕嘉威行五嶺而終摧下瀨之師矧么麽逆庸特釜中之魚机上之肉耳寧免服藁街之誅快鯨鯢之戮哉知此則執事所謂飲富良之馬標銅柱之勛者可坐而策也生非知兵者然望長安而興感慨封狼居而禪姑衍竊有志焉幸恕其狂斐而進教之

雲南鄉試錄後序

嘉靖丁酉秋八月旺不穀以應聘至濫竽文柄以職事當序末簡稽之前史滇省爲古西南夷尚矣自漢迄唐臣叛靡一迨胡元統天始入職方若幸也第以服左衽而言侏𠌯者猶夫昔也匪滇爲然斯時也腥氣迷天污流漲地雖河洛文獻之邦中土衣冠之裔胥而爲夷者十室八九自今考之若許魯齋之闡明道學郝伯常之博綜經史亦士之魯殿靈光而歸然者顧乃俯首而拜犬豕甘心而飽胡禄他尚何責耶間有若劉因者居元近甸密邇朔庭而於胡鼎不肯一染指焉可謂巨浸懷襄而砥柱中流者矣然降奴奔妾之言見於渡江之賦識者恨之得非夷俗入人之深雖賢者有不免歟是亦天地之大變矣恭惟我皇祖驅胡沙漠廓清海宇開天一詔傳檄中原讀之使人毛髮森灑凛然夷夏之分定律議禮俾中國復文明之會洗左衽之俗焉旋乾轉坤卓越千古皇祖之績蔑以加已列聖相承化民裕俗經生學究一變至道其弓旌之所迎科目之所舉率皆當時豪俊而翊贊皇猷丕闡化理雖唐虞之際於斯爲盛焉是以滇雲之域號稱僻壤而士生其間往往涵泳聖涯歌頌熙皡擢科登仕代不乏人頃歲言者以兹土雖遠夷荒域而天地涵育之久人文炳蔚崇而館閣要而臺省胥皆沐殊恩叨清選與中州縉紳項背相望有鄒魯之遺焉請增解

額爲遐壤勸疏奏皇上特賜俞允其變夷之功作人之盛可仰窺其萬一矣是舉也就試者殆千人鎖院如制三試之則見摛辭脱穎談王論道主六經而奴百氏啖粱肉而茹苦荼華藻雅贍若照乘木難媚澤奪目所謂盈前珠璣而揀汰爲難者也豈不盛歟諸士子之登兹選者其千載一時之逢亦既幸且榮矣尚其仰體豐芑之遺而以古豪杰自期焉可也昔李唐之盛閩廣之遐未聞有舉進士者既而於閩得歐陽詹於廣得張九齡文章相業光昭汗簡至今其地號詩書之府其士挹歐張之風不衰諸君子生長之地亦既相若矣行將試禮闈策大庭服官序有日矣其亦争自磨濯而動念於斯否乎若夫志伊學顔爲國華彩而上不負天子焉則又主司者之深願也寧不爲科目之光哉

江西廣信府弋陽縣儒學訓導穆旺謹序

嘉靖二十五年雲南鄉試録

雲南鄉試録序

夫命鄉論秀其猶古之遺乎然而法制之畀藝極之陳風聲之樹蓋至我聖朝而獨備矣兹歲丙午大比維期先時禮部覈故事集群議請于上乃降發綸音凡以登賢剔弊申敕有加雲南於諸藩最遠尤汲汲先事之備維歲首月巡按御史郝銘輒謀于藩臬緘詞束幣走使四方徵校職以司文柄其他繕場屋庀器具以至筐篚飧牽之細咸戒有司調度以需期且届御史劉廷儀奉命代至毅然曰惟是監臨豈异人任爰殫厥心力諸所規畫益慎而詳于時鎮守黔國公沐朝輔素敦儒雅樂觀盛典巡撫右僉都御史應大猷綏懷善類式增士氣考試官則佐偕教論彭洛

同考試官則教諭莫遺賢胡悊劉濟民羅萬鵬咸應聘而至提調則右參政劉伯躍右參議沈繼美監試則副使譙孟龍僉事李文鳳自餘百執事咸慎簡以充比入鎖院乃合陞任提學副使吴鵬署管僉事楊儒魯所選士千五百有奇三試之拔其儁者四十人并録文之優者以獻蓋昔者解額嘗羡于此而貴州之士附焉今雖稍損而雲南之士顒之顧人文勃鬱以興主司有不獲盡取之憾亶乎盛哉事既竣佐乃再拜颺言曰首庶物而寧萬國者惟聖乎曠千載而幸一遘者惟時乎雲南山川形勢之勝誠亦天地奥區然故靡莫之域而西南徼外地也唐虞聲教所未之訖成周禮樂所未之覃秦漢而降威嚴綏輯所未之能必而定也迨我聖祖高皇帝混一寰區誕敷文德籍其地而郡邑之淑其人而庠校之斂其才而科目之蓋始駸駸乎振起莫不誦法孔子而業專經術矣重以列聖休澤熙洽皇上道化彌隆沾濡涵煦百八十祀于兹蒸蒸乎蜚英騰茂人懷利賓固其宜也易恒之彖曰聖人久於其道而天下化成夫恒之爲卦有雷風相與之象焉風行雷動含生之類莫不啚達昭蘇矧靈秀攸鍾有弗靡然響應其庸以遐阻自外乎雖然古之取士或以德進或以事舉或以言揚言固其又次也至論不朽有三立德立功立言復并舉之蓋功以德立皋夔旦奭其選也言以德立典謨訓誥其選也夫何軒輊之有諸士今之見録有司固惟其言矣嗣是宣猷展采惟所任使以圖稱塞無寧弗以道德自命邪誠

自命以道德乃明庶敷納有功不惟叙言不惟服斯未之信也夫昔也猶未免鄉國之士矣兹進而與天下士埒又安得弗尚友古之人邪詩有之高山仰止景行行止嚮往之志曷惟其已昔祁奚能舉善人之稱之也曰唯善故能舉其類佐也不佞竊願徼有榮譽于諸士是舉也綜理于外則右布政使劉佐右參政程資左參議郝維嶽副使余承業僉事文衡安如山都指揮僉事石邦憲汪勲其宣力維均者也從役于公則左布政使曾存仁左參政黄行可按察使蔡雲程副使岑萬皆先事與勞者也宜備書焉

直隸池州府建德縣儒學教諭朱佐謹序

嘉靖二十五年雲南鄉試

監臨官

巡按雲南監察御史劉廷儀(汝修太醫院籍浙江慈谿縣人　戊戌進士)

提調官

雲南等處承宣布政使司右參政劉伯躍(起之江西南昌縣人　己丑進士)

雲南等處承宣布政使司右參議沈繼美(子充四川保寧府守禦千户所人　丙戌進士)

監試官

雲南等處提刑按察司副使譙孟龍(乾甫四川南充縣人　乙未進士)

雲南等處提刑按察司僉事李文鳳(廷儀廣西慶遠衛人　壬辰進士)

考試官

直隸池州府建德縣儒學教諭朱佐(思忠浙江海寧衛人　甲午貢士)

河南開封府中牟縣儒學教諭彭洛(中父江西浮梁縣人　庚子貢士)

同考試官

江西南安府南康縣儒學教諭莫遺賢(嘉卿廣西蒼梧縣人　辛卯貢士)

應天府江浦縣儒學教諭胡悊(明叔湖廣沅州人　甲午貢士)

直隸蘇州府常熟縣儒學教諭劉濟民(道卿河南洛陽縣人　甲午貢士)

陝西漢中府洋縣儒學教諭羅萬鵬(勝宵四川南充縣人　戊子貢士)

印卷官

雲南等處承宣布政使司經歷邵元(子仁浙江仁和縣人　監生)

雲南等處提刑按察司經歷司經歷范秉哲(天啓浙江鄞縣人　監生)

收掌試卷官

雲南府知府陳光華（道藴福建莆田縣己丑進士）

臨安府知府鄭重威（子修湖廣監利縣人　丙戌進士）

受卷官

大理府知府蔡紹科（弘哲浙江黄巖縣人　丁卯貢士）

尋甸軍民府知府林斌（道純福建莆田縣人　壬午貢士）

永昌軍民府同知戴希顥（秀夫廣西柳州衛籍湖廣寧鄉縣人　己卯貢士）

澂江府路南州知州伍偉（良臣湖廣漢陽縣人　壬午貢士）

彌封官

雲南府同知李允簡（可大廣西融縣人　壬午貢士）

北勝州知州洪庭實（德光福建南安縣人　乙酉貢士）

大理府賓川州知州朱官（彦臣貴州安莊衛籍應天府上元縣人　戊子貢士）

永昌軍民府保山縣知縣孫衣（宜之貴州清平衛籍直隸如皋縣人　辛卯貢士）

姚安軍民府姚州大姚縣知縣王珮（仲佩貴州貴州衛籍江西彭澤縣人　丁酉貢士）

謄録官

曲靖軍民府推官王一夔（樂仲浙江永嘉縣人　監生）

武定軍民府和曲州知州金梅（用卿浙江歸安縣人　壬午貢士）

雲南府昆陽州知州何清（澄之貴州普安衛人　壬午貢士）

雲南府嵩明州知州陳栢（次公湖廣漢陽縣人　丙子貢士）

雲南府昆明縣知縣鄺民舉（時行湖廣臨武縣人　甲午貢士）

對讀官

曲靖軍民府馬龍州知州王經（伯常浙江嘉興縣籍秀水縣人　壬午貢士）

大理府趙州知州潘嗣冕（宗周廣西靈川縣人　壬午貢士）

曲靖軍民府羅雄州知州袁衍（世卿廣西桂林右衛官籍江西新喻縣人　丙子貢士）

白鹽井鹽課提舉司提舉徐璣（在甫貴州都勻衛籍江西南城縣人　戊子貢士）

雲南府嵩明州同知黄潛(昭卿福建晋江縣人　監生)
巡綽官
雲南左衛指揮使王輔(廷臣陝西商縣人)
雲南右衛指揮同知汪軒(良策直隸合肥縣人)
雲南右衛指揮同知蘇民望(商霖直隸滁州人)
雲南右衛指揮同知孫世爵(天錫直隸保定人)
雲南右衛指揮同知潘雄(國威直隸和州人)
雲南後衛指揮同知樊世鯨(從化直隸含山縣人)
搜檢官
雲南右衛指揮使楊翱(鵬舉江西豐城縣人)
廣南衛指揮使賀景(維賢直隸壽州人)
雲南右衛指揮同知趙昂(子顒江西宜春縣人)
雲南中衛指揮同知唐助(順卿直隸盱眙縣人)
雲南左衛指揮僉事席璋(廷用直隸定遠縣人)
雲南前衛指揮僉事袁爵(子修直隸天常縣人)
供給官
雲南都指揮使司經歷司經歷金湛(澄夫應天府上元縣人　監生)
雲南都指揮使司斷事司斷事戴璞(美中四川梁山縣　監生)
雲南等處承宣布政使司經歷司都事胡約(心甫江西廬陵縣人　監生)
雲南等處承宣布政使司照磨所檢校張頫(宗儒四川仁壽縣人　監生)
雲南府通判吴全(才仲廣西儀衛司籍浙江慶元縣人　己卯貢士)
曲靖軍民府馬龍州同知姜楠(器之浙江天台縣人　監生)
曲靖軍民府霑益州同知張棟(士隆直隸涇縣人　監生)
永昌衛經歷司經歷胡應占(姚亨浙江崇德縣人　監生)
廣南衛經歷司知事宋鸞(汝和廣西柳州衛人　監生)
楚雄衛經歷司知事李勳(大功山西廣靈縣人　監生)
雲南府照磨所照磨曾棐(思周江西新淦縣人　監生)
宜良守禦千户所吏目楊莊(啓敬雲南太和縣人　承差)
雲南府稅課司大使茹守正(公夫陝西涇陽縣人　吏員)
雲南府安寧州禄脿巡檢張魁(一之四川富順縣人　吏員)
澂江府新興州鐵爐關巡檢司巡檢高萬俸(世禄四川德陽縣　吏員)
武定軍民府和曲州小甸關巡檢司巡檢黄世仲(汝孚陝西富平縣人

吏員）

楚雄府定遠縣黑鹽井巡檢司巡檢尹崇華（宗堯陝西朝邑縣人　吏員）

雲南府昆明縣典史梅貴（本良湖廣邵陽縣人　吏員）

雲南府滇陽驛驛丞和宗堯（一中陝西寧州人　承差）

雲南府晋寧州晋寧驛驛丞雍積玉（善夫廣西臨桂縣人　承差）

雲南府安寧州禄脿驛驛丞張殊（一理四川樂至縣　吏員）

楚雄府峩崀驛驛丞劉誥（命夫四川威遠縣人　吏員）

第一場

四書

孔子曰君子有九思視思明聽思聰色思温貌思恭言思忠事思敬疑思問忿思難見得思義　可以贊天地之化育則可以與天地參矣　夫世禄滕固行之矣詩云雨我公田遂及我私惟助爲有公田由此觀之雖周亦助也設爲庠序學校以教之庠者養也校者教也序者射也夏曰校殷曰序周曰庠學則三代共之皆所以明人倫也人倫明於上小民親於下

易

文言曰坤至柔而動也剛至静而德方　豚魚吉信及豚魚也　子曰易有聖人之道四焉者此之謂也　昔者聖人之作易也將以順性命之理是以立天之道曰陰與陽立地之道曰柔與剛立人之道曰仁與義兼三才而兩之故易六畫而成卦分陰分陽迭用柔剛故易六位而成章

書

慎徽五典五典克從納于百揆百揆時叙賓于四門四門穆穆　若金用汝作礪若濟巨川用汝作舟楫若歲大旱用汝作霖雨　公其以予萬億年敬天之休　惟周公克慎厥始惟君陳克和厥中惟公克成厥終三后協心同底于道道洽政治澤潤生民

詩

于以盛之維筐及筥于以湘之維錡及釜　牧人乃夢衆維魚矣旐維旟矣大人占之衆維魚矣實維豐年旐維旟矣室家溱溱　王遣申伯路車乘馬我圖爾居莫如南土錫爾介圭以作爾寶往近王舅南土是保　懷柔百神及河喬嶽

春秋

滕子來朝（桓公二年）齊人來歸鄆讙龜陰田（定公十年）　春齊人陳人曹人伐宋（莊公十有四年）盟于召陵（僖公四年）會于蕭魚（襄公十有一年）　夏公會齊侯于夾谷公至自夾谷（定公十年）

禮記

先王之立禮也有本有文忠信禮之本也義理禮之文也無本不立無文不行　善歌者使人繼其聲善教者使人繼其志　然後聖人作爲父子君臣以爲紀綱紀綱既正天下大定天下大定然後正六律和五聲弦歌詩頌　此五行者足以正身安國矣彼國安而天下安故曰吾觀於鄉而知王道之易易也

第二場

論

道以中庸爲至

詔誥表（内科一道）

擬漢議可以佐百姓者詔（後元年）　擬唐以狄仁傑爲侍御史誥（儀鳳元年）　擬宋建邇英延義二閣成群臣賀表（景祐二年）

判語（五條）

同僚代判署文案　器用布絹不如法　見任官輒自立碑　隱匿孳生官畜産　官吏詞訟家人訴

第三場

策（五道）

問　先聖後聖其揆一也矧一代之興創守中興之賢聖祖孫相紹盛德大業宜無有不一者如成湯建中高宗協德文武受命宣王中興其德業相望者可徵矣自漢以下光武之於高祖豁達大度史稱同符憲宗之於文皇勵精求治庶幾貞觀似矣其視商周果若是班乎洪惟我太祖高皇帝肇建華夏功德之盛誠有以軼殷周而陋漢唐矣迨我皇上晋臨區宇懋昭大德并隆治功丕顯丕承猗歟休哉顧其間致治之迹雖不能以皆同然亦有默契焉者本諸身而達之家國天下不知凡幾其大且著者昭如日月則天下臣民之所共仰也可得聞歟仰惟至德至治宜無待仰贊一詞而臣子愛君之誠尤有不能自已者不知我太祖聖神功化之極可爲今日中興萬一之助者何歟諸士子躬逢其盛鋪張揚勵之下

必有先得我心之所同然者願備陳之以共效芹曝之獻

問　古樂之作可以感神人移風俗世之君子嘗究心焉試舉其概與諸士商之粤自易象豫雷書命后夔樂作教興邃矣大矣然音起於聲而調於均均之調爲難於是古樂遂廢而其説固在也觀諸大司樂掌成均之灋以樂德樂語樂舞教國子而和之以六律六同之聲音伶州鳩亦謂古之神瞽考中聲而量之以制度律均鍾因并著六律六閒之名義而中聲之説世尤宗焉何歟自漢以下類多作者惟蔡元定律吕新書明白淵深縝密通暢諸儒莫及而元定又謂律吕之器不可復見然古人制樂之意則猶可考其詳可得聞歟兹欲上窮作樂之本下達樂制之宜推其异而合之同舉其粗而會之精不泥於形器而能深契作者之意以成一代之制如之何則可

問　古帝王當治平之時恒以閲武爲重久安長治良必由之是故大司馬四時各有所教名各不同義亦迥异且一歲之間王再臨焉而并及蒐狩何歟漢唐宋立國代有其制軍儀詡然載在史册班班可考于時嗣君遵而行之有講武于平樂於驪山于近郊于東武者雖優劣不同要皆足以作將士之氣懾華夷之心非以好大而窮黷也我國家經制大備悉仿諸古維是大閲之儀尚少遺焉豈有待哉邇者殘胡豨突本兵旰食諸臣論列蓋亦廣矣何將士驕惰邊務縱弛猶夫昔也議者謂宜稽古制而作六師則轉移之機有不令而從者果然歟抑别有鼓舞駕馭之術安邊固圉之策歟諸士子抱藝而來必有識時務贊廟謨者試陳之毋讓

問　能自得師學者事也古之君子言道德則孔孟言功業則伊周宋人乃曰立志以明道希文自期待何歟且自宋祖開基天象兆祥英賢輩出有沉潜體道者有剛毅自立者有明睿燭幾者有誠篤憤悱者其道德豈不足多或者獨以孟子之後一人稱明道者豈無謂歟無亦以其所賦之美所學之正徵諸處已接人事君澤物者知其中之所存果有大過人歟慶曆以後名臣接踵有豐功偉量者有清忠粹德者有抗論虜庭者有文章擅名者其功業豈不足尚或者惟以第一流人物稱希文者抑獨何歟無乃即其直亮之節仁明之才發諸匡時濟世知人料敵者驗其志之所向果非尋常可及歟今明道希文之所以自待與諸賢門人之所以稱之者固在也豈皆無可議歟然志士尚友惟以是爲的歟抑將進於是歟今之學者類能談道德功業以聖賢自期其於體用本末視二子果能兼舉否歟愛其人故得其行事之詳況願學如明道希文者乎盍各言之以觀諸士子之志

問　滇古黔中之地靡莫哀牢之屬也自南詔啓土中國人士多流寓焉

逮我太祖取而郡縣之揆文奮武休養生息以迄于今其山河之固人材之盛固足以防患而飾治矣然散處之民尚有可虞黌序之建尚多未備議者謂宜設險以衛民生明教以興民德然滇有故城國初又爲增築諸城往日草竊之生或恃有城而無恐或以無城而被荼毒者故鑑此請城鶴慶是已然宜城者豈獨鶴慶已乎舍近而圖遠均之未爲衛也滇舊有學國初又爲增建諸學近日人材之出或以有學而益盛或以無學而日就荒落者故緣此請建馬龍諸學是已然宜建者豈獨馬龍已乎舉彼而遺此猶之未爲興也或又有勞民費財徒設無益之譏何歟將事有重且大者宜不計小費不恤浮言歟諸士子生長兹土平居相與得諸輿人之誦審矣願計其便

中式舉人四十名

第一名　李廷詔　鄧川州學生　詩
第二名　石雷　永昌府學生　書
第三名　藺潡　保山縣學生　易
第四名　陳瑞麟　馬龍州學生　禮記
第五名　楊一麒　姚安府學生　春秋
第六名　萬谷　永昌府學生　詩
第七名　陶鑾　曲靖府學生　書
第八名　湯憲　昆明縣學生　易
第九名　吴崧　永昌府學生　詩
第十名　周佐　永昌府學生　禮記
第十一名　郭斗　雲南府學生　詩
第十二名　李良材　大理府學生　書
第十三名　李文蔚　石屏州學生　易
第十四名　陳重　劍川州學生　詩
第十五名　周儒　雲南府學生　書
第十六名　張燭　安寧州學生　詩
第十七名　陳葵　石屏州學生　易
第十八名　馬繼龍　永昌府學生　詩
第十九名　陸鳳鳴　永昌府學增廣生　書

第二十名　胡然　雲南府學增廣生　春秋
第二十一名　蘇文舉　北勝州學生　易
第二十二名　陳嘉言　臨安府學生　詩
第二十三名　蔣國賓　雲南府學增廣生　易
第二十四名　吴希賢　臨安府學生　詩
第二十五名　束載　曲靖府學增廣生　書
第二十六名　陳瑞鳳　馬龍州學生　禮記
第二十七名　包萬殊　臨安府學增廣生　易
第二十八名　劉效淳　永昌府學生　詩
第二十九名　黄冕　蒙化府學生　易
第三十名　劉定楚　蒙化府學生　書
第三十一名　陳大受　騰越州人監生　易
第三十二名　任之良　臨安府學增廣生　詩
第三十三名　俞汝欽　楚雄府學生　書
第三十四名　徐行　昆明縣學生　易
第三十五名　王國賢　永昌府學增廣生　詩
第三十六名　李繼祖　臨安府學生　易
第三十七名　張其恭　雲南府學生　書
第三十八名　楊邦俊　大理府學生　詩
第三十九名　劉承恩　昆明縣學生　易
第四十名　何世彦　賓川州學生　春秋

第一場

四書

孔子曰君子有九思視思明聽思聰色思温貌思恭言思忠事思敬疑思問忿思難見得思義

石雷

同考試官教諭莫批（約而達雅而健結復合九思爲一蓋有得於本原者録之）

考試官教諭彭批（精當）

考試官諭教諭朱批（整潔）

聖人論君子慎思之學皆求得乎理而已夫理無不在思則得之也君子之所思者何往而非求得其理哉夫子欲學者之求諸心也故其言曰心主乎一身而其體足以管乎衆理理散於天下而其妙不外乎一心人惟未之思也則心學荒而離道遠矣君子隨事窮理已豫夫致知之功觀物察則罔忽於物交之感其有感而思者大凡有九焉何則目以司視耳以司聽聰明者乃其德之懿也君子則思其作哲思其作謀而聰明適得吾體焉耳色見於面貌動乎容温恭者固其則之嘉也君子則思其可親思其可象而温恭不失吾常焉耳言不忠事不敬弗可行也君子必慮其終而思忠焉稽其敝而思敬焉蓋於言行無所苟而已矣疑不問忿不懲將益滋也君子必思問以解其惑焉思難而平其氣焉蓋於私意無所留而已矣見得則利心生焉人之恒也君子則以取與之未審恐性分之有累如其義焉斯受之矣非其義也肯貨取乎吁君子可謂善事其心者矣兹其非夫人之可及也與雖然君子之學分而言之固有九思合而言之實一理而已苟無得於大本大原之所在徒欲因事而思逐物而會則其心益病其思益鑿其學無統矣然則將廢思乎曰居敬以立其本主静以致其功則思作睿睿作聖無思而無不通矣其善學哉可以贊天地之化育則可以與天參矣

蘭溆

同考試官教諭羅批(講參贊處體認親切文思親新機軸迥异凡作其誠造理有得之士邪允宜高薦)

考試官教諭彭批(明潔)

考試官教諭朱批(純確)

聖人成天地之能斯成位乎其中矣夫贊化育而參天地功用之盛莫可尚矣非至誠盡性其孰能與於此哉宜中庸舉之以明天道也意謂人立天地之中以生繼善之初本與同體神化之極實與同功未始不相配也自夫梏於私而窒於化其違也遠矣至誠者既合己與人物之性而盡之而黎民時雍焉萬物咸若焉大業炳焕於無疆至和充周於無間是天地以生成爲德而歉於政猶未免有所偏也聖人盡財成之道而後化育有全功則托其始者天地也所以代其終者存乎聖矣非以其所及贊其所不及邪乾坤以易簡爲能而限於分猶若將有所待也聖人盡輔相之宜而後化理無餘憾則啓其幾者天地也所以代其工者存乎聖矣非以其所能助其所不能邪夫至誠之贊化育如此雖曰法象莫大乎天地也然异形同體惟肖之理存焉异質同神三才之道

備焉乾稱曰父坤稱曰母聖人以父母天下爲王道有以中天下而立矣天位乎上地位乎下聖人易簡而天下之理得可以成位乎其中矣若然則天地不可謂之大也聖人不可謂之小也參之奚歉哉是何也盡性至命乃爲功用之全而不能踐形者斯無以作配也否則聖人之於民亦類耳何其首出而特盛也哉嘗稽之易曰復其見天地之心又曰天下雷行物與無妄則人身皆具一天地矣惟聖盡倫惟王盡制豈於性分有加邪故盡性者即中和之致參贊者即位育之義學者不遠是復而法先王茂對之仁則天地之配可幾也若不探性命而欲論禮樂語經濟者末矣又何足與議參贊之道

夫世禄滕固行之矣詩云雨我公田遂及我私惟助爲有公田由此觀之雖周亦助也設爲庠序學校以教之庠者養也校者教也序者射也夏曰校殷曰序周曰庠學則三代共之皆所以明人倫也人倫明於上小民親於下

李廷詔

同考試官教諭劉批（長題作者類多浮泛冗雜此篇獨能融會體要而辭更明整宜録以式）

同考試官教諭胡批（錯綜組織文采粲然）

考試官教諭彭批（深得孟子告滕文旨）

考試官教諭朱批（簡而文）

大賢於滕君啓以助法之當行因示以教化之當務也夫世禄須於助法教化興於富足也稽古驗今爲治之道豈不昭然可見哉宜孟子以是曉滕文也意謂民之爲生爲德理固相維而不可離君之爲富爲教道則相成而不可廢是故制産賦民誠莫善於助矣助法以厚小人世禄以重君子然分田始可以制禄而上下之業定焉自今觀之世禄之法滕固已行之矣助法獨所未舉則取民無制豈王政之本乎體國經野吾且有徵於周矣詩云雨我公田遂及我私然惟助爲有公田而上下之分辨焉由此觀之助法之善雖周亦行之矣滕獨在所不講則憲章未備豈法祖之治乎誠能取之有道則民生可阜矣養之有素則民行可興矣設爲庠序學校所以教之也綱維制度豈無所於稽邪庠取諸養校取諸教序取諸射鄉學之建義各有攸當也夏則曰校殷則曰序周則曰庠國學之崇名則其所同也緣道立教一皆人倫之是明因性牖民使其帝則之必察夫惟教隆於上而五品遜焉有以昭率乂於大公由是俗美於下而百姓親焉有以成雍睦於大順正德厚生畢遂其願爲國之道不外此而得之矣滕君尚知所力行也哉抑可見孟子之學識其大者焉論學原諸性善

而必稱堯論治惟重教養而必徵諸三代之盛王豈以滕文果足與有爲而告之以是以廣其所未聞也乎噫此帝德之盛王道之全也雖謂爲萬世立準焉可也故先儒謂孟子之學識其大

易

文言曰坤至柔而動也剛至静而德方

湯憲

同考試官教諭羅批（講柔剛静方處辭不繁而意自足子其深於易者邪）

考試官教諭彭批（理趣深長筆力精健）

考試官教諭朱批（脱去陳言當是作者）

文言闡坤德極其順而健也夫柔静者坤之順剛方則健矣順而健坤德其至矣哉夫子文言釋牝馬之貞意謂天下之言坤者則順而已矣孰知其有不倚於順者乎試以貞言之是故應乾從事居後爲得而無所於擅夫坤可謂至柔也已至柔若不足於剛矣然承天以爲動也氣閉而即藏大化不愆其期道斂而即歸成物不失其令翕然闔者其機也浩然成者其勢也舉天下莫之能撓而亦莫之能禦也何剛如之夫柔與剛本相悖也動焉而剛豈坤之戾其常哉蓋柔之一者乃所以爲剛否則爲懦弱而不振矣何以言天下之至柔也故柔不足以盡坤柔而剛焉斯其至矣神功收斂機緘不露而無所於擾夫坤可謂至静也已至静若不足於方矣然生物以爲德也萬一各正不顯其致役之勞大小有定咸囿於代終之化群而分者物也區以别者類也亘古今莫之有改而亦莫之或紊也何方如之夫静與方非一致也静焉而方豈坤之過其則哉蓋静之極者乃所以爲方否則爲雜亂而不恒矣何以言天下之至静也故静不足以盡坤静而方焉斯其至矣用是而觀柔以爲剛剛非外於柔也静以爲方方非外於静也静柔而剛方以寓坤之道貞夫一而已矣抑天之陰陽也地之柔剛也人之仁義也天地人之至理也奈何夫人失之於動也擾之於静也六鑿攘而三極荒至德孤而大道隱始與天地不相似矣兼體而不累者其惟聖人乎君子修之敬義而已矣

子曰易有聖人之道四焉者此之謂也

蘭溆

同考試官教諭羅批（論易道而歸於聖人之神非有得於易者不能到可以式矣）

考試官教諭彭批（潔净精微僅見此作）

考試官教諭朱批（説理明瑩讀之令人豁然）

大傳論易道歸於聖人者以易用之原於聖人也蓋辭占象變易之所有者也而皆原於聖心之神爲之則謂之聖人之道宜矣大傳歷言人之尚易而歸功於聖人蓋曰人非易無以制其用而易非聖人無以妙其用故爲用而不尚諸易何以妙推行之利語易而不歸諸聖何以發精微之蘊哉彼繫辭以盡言因變以著占是辭也占也乃易所以開天下之物通天下之志者也而極其精矣極數以定象化裁以爲變是象也變也乃易所以定天下之業成天下之務者也而極其變矣是四者皆變化之道神之爲也無一而非易之蘊則無一而非易之道矣乃謂易有聖人之道者正以辭占至精而所以精者易不得而與也乃聖人以其至精之神而極之也深極於聖人則聖人之精因易以示矣象變至變而所以變者易不得而與也乃聖人以其至變之神而研之也幾研於聖人則聖人之變因易以發矣深以通志而其通也極天下之至神聖人精神心術之所運也豈易之自能邪幾以成務而其成也極天下之至妙聖人道精義之所發也豈易之自爲邪所謂易有聖人之道者以此此其所以爲人所尚而有功於天下也與雖然深也幾也神也一而已矣不在易而在吾心者也是故洗心退藏齋戒神明聖人之心何假於物哉人惟無得於象數之外而惟滯於形器之粗意見牿而虚靈蔽則吾心亦物而易道隱矣乃欲假區區術數以自神如京房延壽之爲吁易之神固如此哉

書

若金用汝作礪若濟巨川用汝作舟楫若歲大旱用汝作霖雨

石雷

同考試官教諭莫批（高宗命傳説納誨屢托之喻真有見於相道之關君德如此是篇形容殆盡宜録以式）

考試官教諭彭批（親切）

考試官教諭朱批（典實）

賢王命大臣以納誨必屢托喻以深致其望焉夫相道之繫於君德也大矣賢王屢托喻以求誨其望治之心不亦切乎想高宗之命傳説及此意謂上下交而德業成君臣之相須也久矣我之望汝納誨者何以擬諸其形容哉彼金所以利用非礪則金無所成顧予德有未修而弗類之偏不能以自克者似之也其用汝以作礪乎則夫斷同心之利以變化其氣質懋淬礪之功以堅定其德性者於汝有深賴焉猶未也險莫甚於巨川舟楫則無以利涉顧予德有未進而向往之機罔知津涯者似之也其用汝作舟楫乎則夫引其不逮以弘濟乎艱難示我攸往以誕登于道岸者於汝尤深賴焉猶未也大旱之於霖雨

望莫切焉者也顧予樹德之滋弗遂而罔顯之學就荒者猶夫大旱也其用汝作霖雨乎則夫發久閟之蒙以資潤身之德沛時雨之化以植澤物之本者又非賴汝相須以有成邪吁高宗命傅説至此言愈切而意愈深矣則夫説之納誨以輔德者豈容已哉抑論高宗奮起積衰恭默思道以端化理似無藉於臣之啓沃矣今觀其托物之喻真若弗類而惓惓焉厥後麴蘖鹽梅之喻股肱惟人之喻不一而足真聖不自聖之心也嗚呼憲天法祖遜志典學之訓説之獻納於高宗者亦詳矣卒之君臣協德爲有商一代之賢君名佐有自哉

公其以予萬億年敬天之休

陶鑾

同考試官教諭莫批（文氣沛然周公謀國之忠發揮殆盡且結内體出終不果遷之故尤見學識録之）

考試官教諭彭批（通暢）

考試官教諭朱批（得旨）

賢王於大臣之宅洛而美其遠有所期也夫洛邑之作將以凝天命於無窮也成王叙以美之其深識周公之心哉且其授使者復公之詞若曰人臣之愛君也深故其謀國也遠公之作洛也而豈徒哉彼朝諸侯而撫商民天固眷我有周矣使自服土中者無其地則克紹上帝者無其基何以永承天休邪辨方位而卜洛都公固作周匹休矣然經始之既周則區畫之必當抑豈近謀逸豫邪披其圖而審其勢規模弘遠蓋欲我宅中圖大兢兢焉祗承天眷於無窮既其卜而稽其兆思慮深長蓋欲我居重馭輕翼翼焉敬迓天休於勿替故自今以至萬億年之久恒來百辟之享則恒受申命之休而昌而富俾卜休之兆真有符焉耳永奠商民之居則永膺申祐之眷益隆益熾俾恒吉之徵真有見焉耳可大之業寔寓夫可久之規天之基命定命予雖弗及知也而以人驗天竊自慶其貽翼之有托矣相宅定宅公雖略示其概也而以意逆志已預覘其遠猷之有在矣噫周公忠君愛國之心非成王其孰能知之哉雖然伻來命寧之後卒不果遷者何也蓋自時中乂者周公之心亦召公之心也而未欲舍鎬京以廢祖宗之舊者則成王意也且祈天之實敬德諴民爲要區區形勢抑其次耳則又何擇於鎬與洛之都也善觀有周卜世之長者當在此而不在彼矣

詩

牧人乃夢衆維魚矣旐維旟矣大人占之衆維魚矣實維豐年旐維旟矣室家溱溱

李廷詔

同考試官教諭劉批（作文不知關鍵雖文無益也是篇美牧事而歸重富庶足闡詩人之旨末復推本明德仁民又發詩人所未發者滇士有此可爲西南得人慶矣）

同考试官教谕胡批（理真辭達）

考試官教諭彭批（形容中興氣象宛然在目是善作雅義者）

同考試官教諭朱批（宏偉）

詩人叙牧人感夢之异而兆富庶之祥焉蓋庶而且富國家莫大之福也牧人感夢而兆是祥非宣王中興之盛何以致之哉此詩美牧事有成作也意謂天下之治無往不復國家之興有開必先不驗諸今日中興之盛乎維彼牧人知自盡其有事而已感夢之异則非緣舊於習心者焉故其精神凝會之餘夢衆也而維魚也變動莫之或居宜必有未然之徵也夢旐也而維旟也恍惚不可爲象宜必有非常之應也於是獻之天子占之大人蓋以曰衆曰魚皆以豐年而後盛者也然人之多猶不若魚之多今夢衆維魚其豐年之占乎君德厚於斂福天命錫以平康四時和焉百穀成焉所謂豐年穰穰者信有之矣夫食民之天也既富矣而民有不若其生者哉曰旐曰旟皆民庶所由統者也然旐所統猶不若旟之衆今夢旐維旟其人衆之占乎上帝昭求莫之鑑大君溥安集之恩四方歸焉兆民殖焉所謂室家溱溱者胥得之矣夫民邦之本也既庶矣而邦有不孚於休者哉是則夢感於牧人而所以成其夢者非牧人所能與也占究於大人而所以獲其占者非大人所能知也天將啓中興之治特假此洩其徵耳夫豈偶然者哉抑王政有本焉有序焉仁民愛物其序也明德其本也故時雍咸若惟克明峻德者致之茁葭恩及庶類説者以爲鵲巢之應宣王聽納脱簪之諫側修雲漢之憂所以成中興盛治有自也無羊之詩豈溢美哉善學者可以觀矣

懷柔百神及河喬嶽

萬谷

同考試官教諭劉批（見理明而氣復鬯達允宜高薦）

同考試官教諭胡批（題難形容平正通達僅有此耳）

考試官教諭彭批（字字體貼明確是善作者）

考試官教諭朱批(語和而莊)

周王舉祭告而遍格乎神可以觀天受矣蓋有天下者祭百神也然則天之右序有周豈不可驗諸群神之格哉此巡守而朝會祭告之樂歌也意謂我周方集大統於會朝即行時巡於天下豈獨朝會而諸侯震疊已哉天子者百神爾主者也景命維斯新則告報在所當先也爲之置茅蕝設表望以招徠之而百神之效靈者咸翕然於萃涣之始大典肇行則儀物在所當備也爲之奠圭幣將牲體以妥侑之而百神之效順者皆安然於觀薦之餘夫神之佑助者信也我周明信昭焉故懷之而罔不懷來格如在乎其上耳神所凴依者德也我周明德馨焉故柔之而罔不柔居歆如見乎其位耳以神之大者言之深廣有河祀及於河之神焉則翕猶率其性固已鑑精意於淵泉矣崇高維嶽祀及於嶽之神焉則艮止安其常固已垂降臨於峻極矣以與雲雨以取財用河嶽皆祀典之所載也感通若甚難也今信以孚之果何限於崇深邪以毓靈秀以發精英河嶽皆聖王之所隆也昭假之未易也今德以動之又何間於高大邪河嶽且格而况深廣非河者乎况崇高非嶽者乎於此益驗百神之受職昊天之右序也周王之君天下也豈不信然也哉抑武王執競之心至此若可少紓矣噫聖人純一不已者也方且審慶讓黜陟之典斂戎器而陳之文德其致謹於天人之際以嚴保命之防者至矣八百年靈長之祚夫豈偶然哉

春秋

春齊人陳人曹人伐宋(莊公十有四年)

胡然

考試官教諭彭批(肅確是善作春秋義者)

考試官教諭朱批(桓仲一匡功業始於節兵薄賦故伐宋之役即繼北杏而書聖人蓋有意也是作得之允宜録出學是經者當得其言外之意)

春秋予霸國之討貳以其兵之有制也蓋兵以制興則必賦於民薄矣管仲相桓之功於是爲大春秋予之也宜哉且齊曷爲而伐宋也以其背北杏之會也春秋何以予之蓋武以戡亂武而弗經是爲亂也是故伐叛救民雖經世之大猷而强本治内尤保邦之急務春秋諸侯知此者鮮矣幸而齊桓創霸管仲佐之深惟民爲邦本貴能休養之有方兵出有名不專威强之是逞故自滅譚以來務以息民爲念内政既作一惟簡便是崇今兹宋之伐也苟可聲罪已矣而不動乎大衆苟可仗鉞已矣而不遣乎大夫蓄威養鋭使力不疲於征討所謂師出以律者是也輕徭薄賦俾財不匱於轉輸所謂取民有制者是也卒之雄稱海岱而賜履之勛益光威振域中而抗衡之國自服南莫强於荆楚也

而有以摧之西莫勁於秦晋也而有以抑之率天而莫能與之争者謂非今日休養之效不可也向使桓仲君臣輕謀淺慮恃其方興之勢而毒衆以逞不爲厚下之圖而悉賦以從則四出之征亦難乎其繼一匡之業安必其能成乎故伐宋之役三國稱人非貶之也蓋曰將卑師少去爾所以予其用兵有制而賦於民薄也於是見桓公之霸不爲無關於世故仲父之佐不爲無益於人國聖人有取焉豈徒然哉嗟夫兵凶戰危王者用之於誅暴禁亂非得已也春秋之時無名妄動者踵接矣其所以予桓者亦謂彼善於此爾北杏之會爲平宋難尋復背之無乃己德有闕而何遽以兵加之乎故傳有之曰桓公文之節制不如湯武之仁義

盟于召陵（僖公四年）　會于蕭魚（襄公十有一年）

楊一麒

考試官教諭彭批（深得聖人美桓悼之意）

考試官教諭朱批（春秋之時惟詐力是競不知禮與誠爲何物矣僅於召陵蕭魚見之故聖人不得已而有予於桓悼也子能善發其藴録出以式）

創伯禮以服外繼伯誠以感貳春秋胥著其美焉蓋召陵之盟蕭魚之會桓悼二伯之美績也是故見予於春秋且召陵何爲而盟邪齊桓伐楚按兵陘亭因屈完如師而爲是盟也當是時納款雖勤應對未屈使桓也惟戰勝攻克是期則浸强之夷何以厭其心乃今知天下無不可制之敵惟患吾禮有未盡也退師召陵徼與同好而不遂焉威震於觀兵之際信孚於共歃之間以兵戈則既戢矣以文告則既修矣以驕暴則既斂而泯矣彼楚人者亦安得不降心而輸款哉噫舞干息而因壘遠王者之事弗可復見孰圖桓之庶幾乎此論者謂爲五伯之盛信矣蕭魚何爲而會邪晋悼伐鄭觀兵東門因伯駢行成而爲是會也當是時内附雖切從違靡常使悼也惟刑牲歃血是爲則携貳之鄭何以堅其從乃今知天下無不可感之人惟患吾誠之未至也即彼蕭魚請服于會而弗疑焉推赤心以相與置明神而罔徼以斥候則納之也以侵掠則禁之也以俘囚則禮而歸之也彼鄭人者亦安得不心悦而誠服哉噫盟詛煩而約劑亂傾危之俗不可復挽孰圖悼之推誠若此論者謂其有君子之資信矣是則桓公之績莫大於制楚悼公之功莫大於服鄭斯皆一經之僅見者也聖人大書特書豈容己哉抑齊之能致楚者始於管仲之對楚之不能争鄭者由於知罃之謀桓悼二公善用而聽焉斯其所以成伯烈也雖然盟會非春秋之所貴也召陵蕭魚兹其深美之者美其事也非予其盟與會也其亦聖人不得已之意也夫

禮記

善歌者使人繼其聲善教者使人繼其志

陳瑞麟

考試官教諭彭批(意新語健夐异衆作宜録以式)

考試官教諭朱批(講二使字能説出善歌善教者之意)

記者即善歌以明教必各著其所以善也蓋教益於人斯其爲善也大矣記者即歌以明之其事异而理同者歟學記之意以爲道由師傳學貴有得然爲師之道何以能使學者之有得哉觀乎善歌也可見矣蓋歌者直己而陳德者也寧無肆之者乎使倡之也非善焉則孰從而繼其聲也唯夫善歌者依永之聲自動夫同然之契而和聲之律默感其聽德之聰如抗如墜固無心於聆者之協一也然音響雋永同好翕然以相應在夫人業猶夫在己也中鈎中矩教固無望於聽者之合一也然意趣悠揚同聲繹如以相成其在彼也猶夫在此也是繼其聲者雖人也而鼓其幾者歌之者使之也謂非善歌可乎夫歌曲藝也其善且然而况於善教者哉蓋教者長善而救失者也寧無師之者乎使喻之也非善焉則孰從而繼其志也唯夫善教者無言之感適觸其有覺之天開導之機時遂其憤悱之願語默隨宜固嘗因性以牖之也而起予之益殆發其未傳之藴博約异施固嘗因材而篤之也而心解之神實闡其獨得之真是繼其志者雖人也而啓其思者教之者使之也謂非善教可乎是知繼之云者學者之深於得也使之云者則教者之妙於喻也能善是斯可以爲師矣雖然繼志之教固師之善而所以能繼其志者亦學者之善也否則投之無幾受之無地雖有善將安施哉是故四勿方傳請事隨繼一貫之唯洞然不疑顔曾之外無聞焉聖人之教固無私也君子之學可自諉乎

此五行者足以正身而安國矣彼國安而天下安故曰吾觀於鄉而知王道之易易也

周佐

考試官教諭彭批(黜浮崇雅詞旨明當佳士也)

考試官教諭朱批(純正可觀)

聖人舉鄉飲備衆善而裕於治因以見其言之有徵也甚矣禮教之足以裕治也聖人觀於鄉而知其易易焉其深有感於是夫記鄉飲酒者意謂人知王道之成也其效大而不知禮教之達也其幾同彼鄉飲之行貴賤明也隆殺辨也弟長而無遺也安燕而不亂也和樂而不流也是五者之行也足以立百

順大化之基矣推而行之安往而弗獲哉吾見以之而修身也則利用安身懋著夫作孚之表崇德修慝丕成夫齊正之階身不由是而正邪以之而安國也則德溥化光一國遂太和之效道成政治一方臻至治之休國不由是而安邪國既安矣將見信義篤而禮讓行九有興和敬之俗賢能衆而治功美萬方成秩叙之風天下不由是而安乎夫大本立而萬化行王者之所以致治也今觀於鄉飲而昭然斯義之攸存朝廷正而天下治王道之所以爲大也今行是五者而秩然斯理之攸寓故雖未施於有政也然舉斯心而加諸彼信乎措之而無難雖未及以化民也然見其禮而知其政允矣推之而自易吾之所觀其足徵乎吁即鄉飲之行而知王道之易如此則先王制禮之善聖人精義之神豈不皆可見哉抑是禮也聖王務焉五帝憲三王乞言其由來遠矣然必有敬德之存於中而後禮文將於外是故皇極建而彝訓行峻德明而黎民變也否則文焉耳矣安能爲修齊治平之具也哉故曰恭敬者弊之未將者也夫子有志於大道之行而未逮於是乎有感焉學者即此求之則其化成天下之意從可識矣

第二場

論

道以中庸爲至

李廷詔

同考試官教諭劉批（題涉理學最難發揮此篇順理修詞略無阻礙取之）

同考試官教諭胡批（是作浩浩千餘言剗去險棘若無甚高論亦非卑之苟同於俗議蓋能體認中庸旨趣矣敬羡敬羡）

考試官教諭彭批（才氣充盈理致明正非徒騁浮蔓爾也宜録以傳）

考試官教諭朱批（沛以渥蓋涵濡有得者）

道有極致也而見之偏者失之是故憂道者不能已於言矣夫道散於天下而極於萬殊之不齊若汗漫無所底止而要其極致則有一定而不可易者探之冥冥索之茫茫始有以偏見病道者矣道在此而見騖於高則逾道固未嘗踰也道在此而見溺於卑則歉道固未嘗歉也弗踰弗歉道之極也而夫人者乃以偏見病之聖人固能已於言乎師也過商也不及皆非至乎其道者夫子以爲過猶不及蓋所以示之的也子朱子則曰道以中庸爲至夫苟能中庸矣而何過不及之有邪是真有得於聖人之至教者矣然則聖賢之心其憂道之心乎且夫道之大原出於天也而天地之中民受以生焉

道具於人之一心心統性情者也而喜怒哀樂之未發則謂之中焉夫其本於天然而隱於未發也寂然不動何有於中何有於不中也其本體固如是也夫其本體如是也吾人者均性同體則宜其皆合於中適於庸而奚至於有所謂偏倚過不及之差者顧性道之同不能不雜於氣禀之异而決擇之未精向往之或悖則始有偏執其所見以爲道而不悟者而道始病矣嗚呼人以私智臆見病道而道未嘗病也道者萬世無敝者也泰山之高有却走而不見者矣有見而不至其趾者矣有至其趾而不及其巔者矣而泰山未始有變也百步之的有射而越焉者矣有射而不至者矣而的固不移也泰山也的也其至也至其至者人也登泰山而不至其巔者非登山者射而越之者而未至均之不中乎的也徒射者也古有所謂聖人者堯舜禹湯文武是也執中者握其至用中者神其至建中建極者立其至以軌天下也聖人固以事變交於前而吾之所以應之者無將迎無内外無歆羡無畔援惟求協於中焉爾矣協於中則固未嘗不庸也中庸即道也人不皆聖人而其道未始有异也道不异於聖人而卒不能同夫聖人者偏之爲害焉耳今夫天地之高厚也四海九州之廣也彝倫之大也事物之微也三千三百之儀也一語一默之形也八政九經之操縱也變有萬形而皆會於道道有萬殊而必極於中庸中庸也者性之德也心之端也道之大本也其體渾然而不雜其則一定而不移其矩至正不頗其用至神而不滯其機至速而不難坦夷而不亢也典常而不异也止乎其域而不遷也動乎其天而不二也叩之而即應也率之而即是也昏以料想則惑矣參以巧力則鑿矣戰以攻則擾矣飾以雕琢則僞矣離以須臾則偏倚矣加以毫末則太過矣減以秒忽則不及矣誠所謂天理之當然精微之極致也下愚而不移百姓日用而不知蓋自弃於道不知其不及者也過爲詭异而淫用匪彝則敢於叛道不知其過者也至於執其一偏之見以庶幾於道雖非弃與叛道者之比然有之不虚執之大固擬議之間不自知其墮於過與不及也而要其所至終亦不免於偏倚駁雜之弊矣是故師之好爲苟難望道於高者也而不知道也者愚夫愚婦之所能知之所能行也何嘗失之於太高邪商之篤信謹守泥道於卑者矣而不知道也者天地聖人之所不能盡何嘗失之於太卑邪道匪高也亦匪卑也而二子者乃欲以一偏之見盡之將求道適以病道矣子貢以爲師愈於商則亦擬道於高者也夫子教之曰過猶不及的之以歸於中焉耳不曰中而但曰過猶不及悟二子而使者自得之也聖人立教傳道之心亦切矣而門人不皆善學也是則夫子之所憂也顏氏之子其殆庶幾乎亞聖

之才優於師矣乃不違如愚得一善則拳拳服膺而勿失曾子之才其魯似商也真積力久於一貫之旨而能默契焉夫一善也一貫也皆中庸之道也顏子不以其高而忽之曾子不以其魯而自已此所以終於聞道而非二子之所能及也雖然義命哀敬之論而執德之弘信道之篤則亦幾於仁者師也顧豈終於太過者乎博學篤志切問近思之功徑造於爲仁而河西之民擬於夫子則商也亦非終於不及者矣記曰過之者俯而就之不及焉者跂而及之夫子之道之教之化何嘗豐於顏曾而嗇於師商也哉抑因是而知中庸之道似易而實難也以孔門親炙之徒尚不能頓悟而遽到而况未及其門者乎是故持异説以争鳴於天下者紛如也而行之不協於中不可爲常不求其至者皆非有得於道者也是又夫子之所深憂也故曰中庸其至矣乎民鮮能久矣嗚呼聖人憂道之心見矣使非夫子昭然以示之的則天後世之學者固將限於氣禀溺於見聞蔽於學術而中庸之道益晦而益塞矣然則朱子之言固淵源之有自憂道之心其亦猶之夫子也歟噫中庸之道至矣求之有要乎書曰若升高必自下若陟遐必自邇易曰君子以順德積小以高大夫苟能存心以極其廣大之體致知以盡其精微之妙誠明以達夫性命之原約之不外夫一心而放之可以參乎天地則至德備於我而中庸之道不其可至矣乎故曰苟不至德至道不凝焉

表

擬宋建邇英延義二閣成群臣賀表（景祐二年）

石雷

同考試官教諭莫批（組繹駢麗用事切當真杰作也宜冠本房）

考試官教諭彭批（博洽麗藻四六中之佳者）

考試官教諭朱批（典則）

景祐二年某月某日臣某等伏遇皇上建邇英延義閣成謹奉表稱賀者伏以紫氣凌雲象魏藹宜春之盛賁庸挂斗天門垂營宿之光大惟王以涣居勤若考之作室飛翬棘矢匪徒侈乎美觀重道親賢實有裨於至治臣等誠歡誠忭稽首頓首竊以正位奠居一人建極宅中圖大萬國具瞻大壯豫風雨之防惟上棟而下宇聖人肇宫室之建斯合土以范金非壯麗無以重威始景觀終爲協吉策勛布政玄堂極於八階諦序通神清廟妥乎七世堯卑三尺猶懸貝於塢宫舜闢四門乃頒瑞於群后受命隆鑣庭之禮洽德呈蒿柱之祥古道既湮頹風不振匏居陋乎柏寢露臺靡於雪宫驅石探奇平壽何勞望海蘭競技天策奚貴登瀛花萼聯輝庸敷恩於棠棣綺春騁望祇導欲於沉檀惟天禄

燃藜蓋以校歷朝典籍而凌煙畫象直爲表一代功臣德愧前王時需今日茲蓋伏遇體道應樞凝神立極巍巍覆物穆穆含章禹儉湯寬至仁自依乎安宅陽施春盎大化允暨於茅簷孝竭慈闈親臨孔廟求言之詔屢下睦族之禮是崇耕耤田而重乘屋之風置説書而究攸居之義罷犀却蛤以四海爲一家發廩賑荒視饑民猶同室深思底法益厚丕基秘館崇文已見貽於百世玉清昭應矧可改於三年言廣鴻圖式興鼎建載營二閣爰僝群工揆日定方悉經綸於内地慮材審曲雄結構於中天神屆竣功豈曰雉門新作子來趨事何殊靈囿速成積翠流丹盤龍錯鳳金鋪玉井昭回日月之光桂棟蘭橑納擁嵩河之秀五宫抱文昌之府乾象在茲二室睎王屋之城坤靈遥應獨摛藻思特表璇題扁揭邇英鋭意英儒之接名垂延義虚心義理之求親君子而遠小人孚惠心於九五集衆思以廣忠益協問道於重華焕東壁之星躔群賢畢至邁西崑之册府多士維禎納陛駿奔猶信百工之諫倚天鵠立不遺二史之書鼓鐘于宫君臣胥悦鶴鳴在野天地同和蓋一時之偉觀而天下所快睹也臣等敝屋貯寒拙工執藝志存向上愧無臺閣文章目眩仰瞻敢許國家楨榦樗朽不裨尺寸蔦綿豈任支持直以從繩固劣智於公輸之巧喜惟大木常盡心於秦隴之求實實枚枚同效閟宫之頌熙熙皡皡聿興衢室之歌伏願新又日新户牖對刻銘之警立之斯立栟幪覃大厦之推稽古訓於先王屏依無逸率攸行於烈祖門豁洞開道切羹墻敬存翼翼學深堂奥静體安安止所止以綏兆民作聖亶終於完美居廣居而首庶物配天峻極於高明宏規鞏不拔之基大業衎無疆之慶臣等無任瞻天仰聖懽忭踴躍之至謹奉表稱賀以聞

第三場

策

第一問

李廷詔

同考試官教諭劉批（我皇上至治同於太祖者由於至德士子類能言之求其稱述詳盡而詞不費者僅得此篇）

同考試官教諭胡批（敷對嚴整佳士佳士）

考試官教諭彭批（是作我聖祖皇上聖德神功歷歷如見允宜録出以昭我國家謨烈之盛）

考試官教諭朱批（寓忠愛於稱頌之末此臣子自獻之誠也録之）

聖人爲治之迹未嘗必其皆同而自無不同者有至德以爲之本也治也

者德之迹也德也者治之本也惟本立而後天下之治成惟治成而後聖人之德著是故觀其治則知其德矣觀其德則知其同矣此詩書所稱徽猷懿德曠世而相感我太祖皇上聖德神功异世而同符者固可以仰窺萬一矣請敬陳之且聖人之生固爲不偶而理在天下無或有間也况父子之相傳祖孫之相續精神命脉之相爲流通性情道德之相爲畀予而有异乎哉是故成湯建中以裕後昆高宗協德以光先烈文武緝熙執兢而大周室之基宣王側身修行而建中興之治要之能垂謨烈監成憲聖聖相承授受一道考諸説命之辭雅頌之詩可知也漢之光武同符高祖似矣然規模皆在其範圍唐之憲宗治追貞觀似矣然怠心遽萌於平蔡安在其爲同也仰惟我太祖高皇帝以上聖之資掃胡元之亂中天下而立爲民物綱常之主其聰明天縱固無待於學也且汲汲於治心存於中者皆堯舜之心施諸治者有仁義爲本則正心修身之間其盛德固已溥博淵泉矣由是推之以正宫閫則内外之防嚴由是推之以馭近習則干預之漸杜由是推之事親則感孝養不逮而悲咽太子諸王皆感泣由是推之享帝則返視却聽上契冲漠體道迎神誠一弗二由是推之制禮作樂則親定山川岳瀆孔子之祀禮制圜丘大祀先聖歷代帝王之樂章由是推之恤刑則因傅瓛之奏而有惕然決遣之語由是推之救荒則於西安鳳翔之旱灾遂有涸魚之喻凡若此者難以悉舉皆我太祖德化之隆巍然涣然固天下臣民之所共仰也我皇上龍飛江漢君臨萬邦至性夙成至德淵微悉源於睿皇之授受固無待於學矣猶且不自滿假以敬一自箴以無逸作所深宫大庭罔有弗臧食息起居罔有弗敬仁聲義聞充塞天壤則我皇上之所以正心修身者方諸太祖何如也麟趾之化久而益孚貂璫之流戢而莫肆則我皇上之所以正内治嚴近習者方諸太祖何如也極尊親於睿考隆孝養於慈闈郊祀之儀經制大備上帝之敬終始不渝則我皇上之所以事親享帝者方諸太祖何如也隆先師之禮訂明倫之典正冠服之章審聲音之本作九廟之歌新樂舞之器則我皇上之所以制禮作樂者方諸太祖何如也每歲論囚旋輒報罷十餘年間皇恩汪濊泣罪之仁有光夏禹四方水旱每廑賑貸或遣大臣以親臨或發官帑而散給子惠之德遠配成湯則我皇上之所以恤刑救荒者方諸太祖何如也凡若此者難以具陳然即是觀之則我太祖之與我皇上雖相去百餘年而其德業之隆功化之盛如出一轍誠足以侔德商周矣豈漢唐諸君所可彷彿其萬一也哉執事於此猶有望焉引固賢臣忠愛之盛心愚也敢不求所以副之乎間嘗伏讀史臣之贊我太祖其略有曰彌勤爲治孜孜

不息於戲聖祖此心其純一不已之心乎皇上之心其亦聖祖之心乎蓋於法宮燕閒之地隱微幽獨之中雖聖德日新與天并運然終始典學在聖心乾乾不息者臣子何足以窺其微哉愚也囿於過化存神之内竊謂皇上功德同於太祖者性焉安焉不期然而然者也今日克明峻德式於九圍日慎一日雖休勿休上追太祖孜孜不息之念遠紹文王純一不已之誠以臻聖神功化之極者在我皇上加之意耳疏遠賤士不識忌諱惟進而教之幸甚

第二問

陳瑞麟

考試官教諭彭批（古樂情文兼備非聖人不能作此篇考究精詳蓋達於樂者也）

考試官教諭朱批（能言音樂之詳如此者絶少）

作樂之道有本焉有變焉天地人心之和古今之所同此其本也器數制度之末古今之所异此其變也窮其本之同而知其變之异不拘拘於异而卒會於同於是乎可與言樂矣非天下之至神其孰能與於此且樂之未作藴諸天地及其作也寓諸律吕故自豫之象著而天地之藴泄矣自夔之教行而陰陽之妙彰矣甚矣古樂之足以善治也記曰奮至德之光動四氣之和以著萬物之理又曰修身及家平均天下是樂之道擬聖德之形容順陰陽之代運闡民彝物則之幽致修齊治平之效若之何其可緩也然嘗慨夫語樂於三代之前夫人能知之也語樂於三代之後雖君子亦未之或知也何也古之君子之論樂曰其數可陳也其義難知也今之君子之論樂曰其義可知也其器難明也蓋制度之末當時之所通知故弃而不載而所載者精微玄妙而已耳孰知千載之下其器不可復見而制無復能知由是古樂遂廢而好古之士尚猶幸夫名義之存由精以求粗因時以制宜不能無望於積德百年之餘也故觀諸大司樂以樂德教國子其曰中和祗庸孝友者本諸身也以樂語教國子其曰興道諷誦言語者和其聲也以樂舞教國子其曰雲門大卷大咸大磬大夏大濩大武者觀其成也以六律六同和聲音變吕言同亦或謂之閒者獨陰獨陽其能同乎陰配於陽樂斯同矣吕閒於律聲斯和矣州鳩之言曰律所以立均出度也古之神瞽考中聲而量之以制度律均鍾平之以六成於十二天之道也夫六中之色也故名之曰黄所以宣養六氣九德也二曰大簇所以金奏贊陽出治也三曰姑洗所以修潔百物考神納賓也四曰蕤賓所以安靖神人獻酬交錯也五曰夷則所以咏歌九則平民無貳也六曰無射所以宣布哲人之令德示民軌儀也爲之六閒以陽沉伏而黜散越也元閒大吕助宣物也二閒夾鍾出四隙之細也三閒中吕宣中氣也四閒林鍾和

展百事俾莫不任肅純恪也五閒南吕贊陽秀也六閒應鍾均利器用俾應復也律吕不易無奸物也細均有鍾無鎛昭其大也大均有鎛無鍾甚大無鎛鳴其細也大昭小鳴和之道也此其名義居然可見其所謂中聲者實作樂之要也是黄鍾之聲也即所謂元聲也兹義也在樂爲中聲在天爲中氣在人爲喜怒哀樂之未發及發而中節者也其輕重清濁疾徐之節蓋有促之不能使之密豁之不能使之疏損之不能使之少益之不使之多者漢初古樂猶存文帝謙讓未遑武帝雖有志於樂然所好者特世俗之樂非先王之制也嗣是魏用杜夔隋用鄭繹何妥宋用和峴胡瑗輩非不留心於鍾律而卒無所得焉惟蔡元定旁搜遠取巨細不捐積之累年乃若冥契著爲新書明白而淵深縝密而通暢不爲牽合附會之談其言雖出於近世之所未講而實無一字不本古人已試之成法觀其黄鍾圍徑之法則漢斛之積分可考寸以九分爲法則淮南大史小司馬之説可推五聲二變之數變律半聲之例則杜氏通典具焉變宫變徵之不得爲調則孔氏之禮疏在焉元定嘗曰律吕之器不可復見然古人制樂之意則猶可考信斯言也則其嘗固在而作者之意固可推也然古樂終不可復者豈世無古之人邪吁必待后夔而後作樂必待師曠而後聽音斯人不世出而樂在天下不可一日無也而音豈不可聽哉世無后夔師曠而后夔之心師曠之耳則固未嘗無也故房庶有曰古樂與今樂本末不遠上古世質而聲樸後世稍變焉亦猶大輅起於椎輪龍艘生於樂葉耳庶之言及此其達樂之變乎方今重熙累洽和氣薰蒸真所謂大定大順之世此千載一時也然則魯兩生之説詎可緩乎誠得夫開物成務之才妙解音律之士參酌乎周禮大師之所掌禮運樂記之所記國語之所述史記之所書因文焉以會其意引緒焉以求其端即名義度數之可稽達天人淵微之至妙會而通之與時宜之隨絲竹金石秬黍之所寓均之而使適其宜裁之而使中其度古樂之宜於古而復宜於今者則因之宜於古而不宜於今者則變之因其所當因變其所可變或由今之器以寄古之聲或以古之器而象今之德去其慝灩靡曼之聲而歸之中和雅正之樂則音容節奏之間可以備天地萬物之理而臻雍熙太和之盛矣是固聖人在天子之位建中和之極操制作之柄者之能事也記曰五帝殊時不相沿樂迂儒是古而非今曲士貴耳而賤目故曰非常之原黎民懽焉及臻厥成天下晏如也執事以爲何如

第三問

蘭淑

同考試官教諭批（策士非徒取其記問蓋欲驗其才識此作援古證今確有定見末歸之選將之精待將之厚馭將之嚴非出入韜略者不能及此）

考試官教諭彭批(駕馭之策統馭之才子皆兼之矣敬服敬服)

考試官教諭朱批(有籌略有斷制)

兵無常形在鼓舞之何如耳將無常能在駕馭之何如耳何則人有勇怯而鼓舞之也存乎倡將有賢愚而駕馭之也原於擇倡則勇者成其能擇則賢者畢其用是故聖人之治兵親簡閲以定其趨慎選擇而重其托是以六師奮而四夷寧兆民安而外患息轉移之機其在兹乎夫兵者國之大事也愚嘗讀商周之書究韜略之旨而知其概矣又嘗竊怪夫漢之文帝時當承平雍容謙讓若無事於武者一旦匈奴擾其北鄙帝也赫然震怒拊髀興懷思得頗牧之將勞軍細柳亟稱亞夫之能卒之匈奴北去兵雖不試他日七國之變終收亞夫之功何其英明哉幾於大勇矣是故經武之要不可不講也講武之禮不可不行也易曰隨無故也蠱則飭也夫隨以無故而偷安蠱以有事而始飭故鐫金石者其功難摧枯朽者其力易勢則然也周禮大司馬中春教振旅中夏教茇舍中秋教治兵中冬教大閲振旅者所以斂耕作之民也茇舍者所以教夜戰之法也治兵者所以教晝戰之法也至於大閲則合三時而教之矣中春振旅王執路鼓中秋治兵王載太常是一歲之間天子再臨焉又於簡閲之後因行蒐狩之禮其所往也有地其與期也有時有地則不害稼有時則不妨農一游一豫惟禮惟仁而豈徒哉是以將帥士卒有所畏而各精其能夷狄奸宄有所警而各戢其暴周所以延八百年之祚者不爲無助也由周而下稱治者漢唐宋也漢當十月之時行斬牲之禮會五營之兵爲八陳之肄貙劉以誓衆乘之以習兵乘輿駕白馬朱鬛親臨幸焉唐於中冬之月定講武之期兵部承詔將士爲壇尚書肅奉引之儀將帥嚴旗鼓之節天子乘革輅至壇歲一臨焉宋制始於建隆而定於咸平其教射之法教陳之規尤爲精嚴講武之日帝乘馬登臺臨觀焉然中平之世講武於平樂觀先天之初講武於驪山宋太宗講武於近郊真宗講武於東武村此四君者雖人品不同其車馬之盛紀律之嚴足以嚴内治備外攘者則一而已矣就而論之玄宗正郭元振唐紹虧失軍容之罪獎薛訥解琬戎陳堅肅之美其得將將之道乎太宗嚴木鏃相射之法定韋稍相擊之等其得練士之道乎其所以身致太平取威制勝誠萬世所宜法也我國家簡閲之制操練有時更番有期遴選而爲三千諸營合之而爲十二大團營有大將以總督之有參將諸臣以分攝之可謂精且練矣然邇者殘胡爲寇戕我邊鄙雖無足慮而守備空虚上廑宵旰之憂臣工論列章數十上備禦之策似已詳盡然求其威敵制勝之將投石超距之兵尚未有聞焉議者以爲演武之地近在北郊竊有望於翠華之臨以示親閲六師之義賞其戎陳之嚴整者罰其行伍之失次者拔其梟健之可用者汰其老弱之不堪者威嚴之

下號令一新鼓舞之餘旗幟皆變使天下曉然知選將練兵之誠攘夷固圉之意非襲故常非飾虚文則庶幾上可以備一代未備之制下可以動天下將士之心是俄頃功化足以昭文德張武威□聖人之所作爲出於尋常萬萬矣兵法曰器械不利以其卒予敵也卒不練習以其將予敵也將不知兵以其君予敵也君不擇將以其國予敵也是故講武所以練兵也所以選將也選將也者尤練兵之首事也奈之何膏粱紈綺世代因仍平時飭貌作威既乏统馭之才有警束手無策安望守禦之績變而通之庸可泥乎魏元忠言於其君曰今朝廷用人類取將門子弟及死事之家彼皆庸人豈足當閫外之任古之名將皆出貧賤而立殊功未聞其家代爲將也忠也斯言其見今時之弊於千載之上何其明且智哉誠用元忠之言博求材武之士不拘一途若衛青之在奴僕郭子儀之在儒臣畢誠之在侍從狄青之在走卒皆得以見推於縉紳列名於將帥而陰令本兵徐察其能而爲之等第以備萬幾之暇時賜召見或詢其謀或試其勇或較其藝或辨其材將必有卓异者出於其間然後仿古人推轂之儀禮體唐人親送之意授之以節鉞之柄予之以賞罰之權厚其所以充賞之貲嚴其所以至罰之條不牽之以文法使之得以行其志俟其賞罰既行號令既一人心既齊地利既熟則可投之所向無不如意俾之練兵則援枹而鼓義不反顧聞命而趨馬首是瞻赴湯蹈火殆將能之而况使之嘗敵乎俾之備邊則遠斥候詗敵情敵來或堅壁清野憑城審勢以待其惰歸或輕騎所營據險逆擊以奪其鋭氣梟敵得儁往無不利而何有於堅敵乎俾之爲大將則申嚴戎政務存大體而無幸功之心俾之爲偏裨則賈勇深入直趨虜帳而破敵人之膽是衛郭畢狄皆在任使何憂乎套虜何畏乎殘胡何言乎借才於异代也哉雖然擇將貴精待將貴厚而馭之之道尤貴於嚴何者三軍之命繫於一人一方之恃在於一將北虜之衆不足以當中國之一大縣然莫之禦者法之玩也僨軍而必罰者古今之大法也明法以肅令者人主之大柄也罰一人而千萬人懼又使千萬人皆全其生天下之至仁也或者猶以爲疑皆未足以語兵也是故正樊愛能之辟者五季之頽風且振責陳曙之敗者崑崙之露布尚傳彼何人也一轉移之間猶足以振頽而告捷况天下之大四海之廣握是以馭之能無濟乎

第四問

石雷

同考試官教諭莫批（道德功業本非二致然必體用本末兼舉斯爲合一之學是作得之）

考試官教諭彭批（是蓋志明道希文而有得者）

考試官教諭朱批（發言不群可以知其志矣）

善學者求諸聖人而已矣善學聖人者求諸賢人而已矣賢之與聖其道本無不同而希賢舉聖其序自不容紊也循其序以至於道此入聖之途也作聖之階也陵節焉則鋭躐等焉則疏鋭與疏非學也故曰行遠自邇也登高自卑也夫是謂之善學夫是謂之有本之學是故君子慎趨而戒速此執事發問意也且孔孟之道德伊周之事業人皆仰之然或以其道大且至而其世遠且久則望之若不可企及由是向慕之心或幾乎息羹墻之念無由以興也故胡安國曰立志以明道希文自期待豈非以聞知者不若見知者之爲詳取法於古者不若取法於今之者之易於感發乎去明道希文之世若此其甚近也而可忽乎哉粤自有宋開基忠厚立國五星聚奎既朕兆賢哲之生仁育義正復培植豪杰之氣故至仁宗之時英賢輩出窮理盡性咸達精微之藴若周敦頤之沉潜體道張載之剛毅自立邵雍之明睿燭幾謝良佐之誠篤憤悱其於道統之傳皆能有得程頤於明道獨稱之曰孟子之後一人何哉蓋其資禀超邁氣質純粹得諸天才固非諸賢之所可及沉潜六經寤寐群聖淑諸人者亦非諸賢之所能盡也是故雲淡風輕之咏浴沂之氣象也春陽和氣之度申夭之容色也致君堯舜責難之恭也視民如傷安人之仁也此其泛應曲當渾然天成庶幾乎廓然太公物來順應之域矣其言曰以聖人之訓爲必當從先王之治爲必可法吕大臨曰其自任之重學寧學聖人而未至不以一善而成名朱光庭亦曰先生得聖人之誠者也才周萬物而不自以爲高學際三才而不自以爲足行貫神明而不自以爲异識照古今而不自以爲得蓋其所知上極堯舜帝王三代之治其所包博大悠遠上下興天地而同流斯言也明道非真有所見則趨向取舍何以致若是之决諸生非真登明道之堂安能形容至此乎是故明道當之無愧色稱諸後世無异詞此其所以大過人者哉固萬世學者之師也若共慶曆之間名臣接踵多所建樹以成一代之治若韓琦之豐功偉量司馬光之清忠粹德富弼之抗論虜庭歐陽脩之文章擅名其於事功之建皆能成章朱熹於希文獨稱之曰有宋第一流人物何哉蓋其自秀才時便以天下爲己任其於富貴貧賤毁譽欣戚不一動其心是故論上壽之儀去貪墨之吏識胡瑗之賢發中庸之藴服富弼之心策韓琦之敗妙救荒之術溥南園之施此其規模宏闊莫窺其際庶幾乎一夫不獲時予之辜矣其言曰先天下之憂而憂後天下之樂而樂又曰不得爲宰相則願爲良醫曾鞏稱之曰事有天下非之君子非之而公獨曰是天下是之君子是之而公獨曰非其既也君子自以爲不及天下亦曰范公之守是也斯言也希文非真有所得則負荷擔

當何以能如是之審子固非真知希文之心何以揄揚至此乎是故即希文之自待與子固之所以稱之者誠非尋常可及者哉固萬世學者之宗也夫明道所學聖人之事也而其所至則顔孟之域也希文所學亦聖人之事也而其所得則伊尹之任也大而未化也復而未至也是學者之軌也偱其軌而漸造其域至其域則亦大有所得矣抑安敢自畫自弃而負天之所以與我者乎世之士聰明才辨非不多談道德功業非不廣然或得其體而不適其用或專徇其末而莫探其本其最下者猶或藉此爲蹊徑陰以徼名而侔利則亦安望其窺二子之藩籬而與之論道德功業也哉雖然君子不敢有輕天下之心也精以擇之仁以居之勇以行之不爲詭异之行不趨世俗之名道德也而孔孟而業未嘗不廣功業也而伊周而德未嘗不崇是故聖人學之的也弗至弗止者學者事也又安知天下果無若人乎是豪杰之士也嗚呼聖人吾不得而見之矣得見明道希文者斯可矣志明道希文之志以奮乎五百年之後者存乎其人耳愚生亦竊有志焉而未之逮也惟執事與其進

第五問

楊一麒

考試官教諭彭批（築城建學乃滇中第一事是作卓識遠見鑿鑿可行昔人謂識時務者在俊傑子非其人邪）

考試官教諭朱批（老成練達不鑿不浮佳士也）

爲治之道二安民也養士也安民而求以衛其生則安之也至矣養士而求以興其德則養之也至矣是故爲之城焉爲之學焉匪徒爲目前之謀而責效旦夕者將以垂可久可大之規也執事爲滇謀尚有踰此者乎愚雖不敏請誦其所聞以備采擇焉夫滇在星野屬井鬼之墟在禹貢爲梁州之域三代以前未始通中國也漢武時始隸益州沿至南詔屢入西蜀取其士民而分置之文物之美漸以繁矣及洪武十五年我太祖遣三將軍帥師二十萬取其土地而郡縣之治化之敷漸以溥矣繼而復徙天下豪右以實之先後三十萬休養百餘年至於今民庶熙熙人材彬彬外户之不閉也垣牖之不限也郁乎鄒魯之名區也淳乎蘇湖之風聲也固將因俗順治與斯人相忘於逸樂可也然或者以爲意外之虞雖盛世所不免目前之患在今日所當鑑也且其地西通西域北接吐蕃南連交廣東限羅夷俯而視之不知其幾千里誠邊徼沃衍之所也人生其間者性習殊途風俗异齊變故百出難於逆睹是故屯營之獷悍也夷漢之侵侮也撲拇之相噬也僰玀之相呰也沙儂之角毒也蒲縹之獰肆也雖平定安集之謀招徠拊循之策在所當急然久安長治之道潛移默化之術

尤不可無者故建城廣教此今日之所當預而圖之當以漸者也易曰天險不可升也地險山川丘陵也王公設險以守其國因天地之險而爲之城池緩急有所恃而趨焉此聖人保民之心也後世若周城朔方以防狄患漢令縣邑城以剗秦弊蓋亦有見乎此滇之有故城惟雲南大理洪武中沐英等增修之又分命將校相地築城始於曲靖達於騰衝南竟臨安西犄景東衛所相望大小相維可謂周悉矣然土地既廣城郭自遠往日安鳳之變起於尋甸首犯鄰境嵩明之民扶老携幼以奔滇城賊尾其後慘不可言向使是州有城可恃且戰且守與楊林相爲犄角非惟可以保其室家而烏合之衆豈敢徑趨滇城哉近築鶴慶之城雖微意所在不敢與知然鶴慶當城而澂江廣西諸府獨不當城乎昆陽晋寧新興石屏劍川路南諸州縣獨不當城乎夫一人之失所吾之憂也而况不止於一人乎誠能超然遠覽度地相時順人心之所欲藉和雇以鳩工而版築興焉諸處并舉而不以爲勞盡出官帑而不以爲費數年之後城郭完固無事則散處以就耕牧之便有警則入保以免劫掠之虞此萬世之安也記曰古之教者家有塾黨有庠州有序國有學因人性之同教之以學校明道義而需器使焉此聖人養士之心也後世若漢令天下郡邑建學唐四夷遣子入學要亦有得乎此滇之舊有學亦惟雲南大理洪武中張紞等增置之乃今各有司隨處建學因其郡縣相其州衛師儒有所廪餼有常相觀而善相師以成可謂詳備矣然初制有禁生徒未繁近日科目之盛多在城市間及附郭下邑之士遠涉久出以就師友力有不足業自中廢若使隨處有學可依且耕且讀與諸生相爲切磋非惟可以必其成就而比屋之民寧不樂歸至化哉近馬龍六凉禄豐之建學雖其情懇乃爲之請然馬龍六凉禄豐宜建學而新興霑益獨不宜建乎武定路南彌勒建水廣通定邊諸州縣獨不宜建乎夫一士之失所吾之責也而况不止於一士乎誠能毅然必行有教無類合酋長之子弟群民間之俊秀而黌舍興焉雖遍設之而不以爲多常廪之而不以爲濫數年之後風俗丕變家誦詩書户習禮樂入以事其父兄出以事其長上此萬世之功也或曰是役也必勞民必傷財作無益害有益譬之牧者驅之廣野順其性焉可也是不然凡吾府庫之所有者皆吾民之所共者也吾民之所有者皆府庫之所未共者也吾之積也凡以濟民以利用者也出吾之所有以衛吾民吾民安則一境之内舉安既安且富則民自足府庫之未共者可長共也孝弟忠信士之懿德也而聰俊黠桀者乃民間之美質也可與爲善可與爲不善者也推士之懿德以成其美質美質成則一方之教以興既興且洽則無兵守固吾之所有者可長有也且禦蓋捍患以爲民也移風易俗以善治也政之大經也國初新造猶築城如彼建學如彼樓櫓壯麗文教勃興况今承平之

日財賦充溢而可少靳於此乎故曰論大計者不惜小費又曰見小利則大事不成通達國體者必有以審此矣雖然猶有幾焉天下之事每患於議論多而成功少者何也任之者難其人也昔禹治洪水八年而後底績井田學校孟子爲滕計者詳矣而陰壞於許行事之難成易敗也類如此今欲築城建學非有身任其責及同心體國之君子相爲先後焉吾未見其可也噫此固滇之一大幾也愚端有望於今日之百執事

雲南鄉試録後序

嘉靖丙午雲南鄉試事竣洛濫司考校例當序諸末簡洛嘗讀漢書至肅宗元和間滇池出龍馬四白烏見因興起學校漸遷其俗則知滇之有學自漢始及讀司馬相如諸傳其使西南夷嘗略斯榆舉苞蒲而南中人士往往有受學相如歸教鄉人者乃又知西南之文業自相如始逮夫五季之衰敝於南詔宋代之末淪爲异壤遂使碧雞金馬徒聞其神黑水葉榆莫詳其地文教方興而復斁其將有所待哉洪惟我高皇帝至仁洋溢長駕遠撫兼容并包使六合八方懷生之物皆得涵濡於休澤雖滇南亦罔遐遺焉故嘗諭將臣有曰雲南之地稽之古典氣厚風和人民尚兵上古以爲遐荒中古禹蹟所至以别水土故地屬梁州之域自漢隋唐皆爲中國所統大哉聖謨注意西南蓋其詳矣故今逖陬裔土既皆脱桴鼓以修俎豆且百餘年今天子則天象地制禮作教復以聖學旨要揭爲敬一箴頒布寰海西南雖遠而臣民之游庠序皆得仰窺千聖相傳之心法有非漢代詞章之習所能彷彿於萬一者於戲盛哉滇士之生於斯時何其幸也洛菲謭叨校文之役竊謂文章也者志氣之所發也然本于教化繫于風俗佐于山川今觀滇士之交其舉理精而考辭達非聖學融液爲之本歟其思致深而寄寓遠非漢文淵源爲之繫歟其負氣厚而稱物芳非碧雞黑水爲之佐歟故是録之作有以見四履之盛焉有以見化成之候焉有以見大明之隆焉而人文之宣鬱風氣之開塞係乎一方者非所論矣多士既躬逢盛際而獲登是録可不思自樹立以求無負於聖化哉若相如特援以溯文業之自爾非敢以是望多士也多士幸相與勖哉

河南開封府中牟縣儒學教諭彭洛謹序

嘉靖四十三年雲南鄉試録

雲南鄉試録序

皇上綏猷建極隆億萬載文明之治四十有三年甲子秋八月復當賓興之期維時監察御史王諍奉命按滇飭令甲修試事乃檄提學副使薛天華精簡核毋俾鈎棘靡薄之徒溷焉與試者一千有奇視往時汰十之三遵朝命也届期士咸雲蒸霧合以待而四方文學亦以徵聘至乃以德音及教諭毛子翼司試事教諭盧整揭啓蒲凝翠許衍則分經校閲之提調則右布政使宋國華左參議盧岐嶷監試則副使陸綸僉事胡庭蘭餘皆慎簡以充而御史寔監臨之矢天日肅内外蓋至嚴已既三試拔俊四十人并録其文以獻蓋滇南科目人文之盛得視中土自我皇祖始而專設科廣解額則自我皇上始猗與盛哉德音不佞濫執事之列其敢以無言乎德音之應聘而來也入其境則平原沃野有水泉灌溉之利魚鹽果隋之饒蓋西南隩區也途轍所經目冠裳之製耳絃誦之聲庶幾乎遐陬鄒魯矣比扃院閲多士之文莫不發明六籍網羅傳記涉其瀾而嗜其胾渢渢乎纚纚乎言固人人殊要之不詭於正道而適於用乃喟然嘆曰兹非昔日六詔之産靡莫之屬與夫金馬葉榆山川猶昔日而人文若此者可不知所自哉有皇祖混一表正之治其人質以思故其爲文也奮發而感慨有列聖豐芑之仁其俗恬以愉故其爲文也和順而婉約肆我皇上壽考作人棫樸菁莪之化其澤淪以浹故其爲文也縝密而典則其所感者然也夫天之生材爲世用也龜珠角齒皮革羽毛畢登于天府不以遠而遺也今得士如此藉手以獻于闕下此主司之所喜也雖然實中其聲謂之端不中其聲謂之窾不得其端而得其窾又主司之所懼也多士其知所繫之重矣乎唐虞三代之舉賢也曰天工人代曰籲俊尊帝曰天惟純佑則商實曰以敬事上帝立民長伯然則天之生賢以承君也君之求賢以事天也御史率藩臬百執事孜孜以舉賢爲務士荷上休澤感會遘期趯然奮矣乃弗竭忠宣力以對恩遇人其謂何國家重惜民財力唯恐纖芥侈費至於待士之厚不特居官有禄秩其賓於鄉也歌鹿鳴以送之宴享之唯恐其不豐續食計偕舟車遠邇相屬於道館穀之唯恐其乏不慮煩費者何也爲費小而所利之大也多士亦不見父

母之愛其子者乎裹糧而適郊野暮而弗歸則倚閭而望之矣適千里浹旬弗反則挈糈而卜之矣若策名賓貢違親遠游則甚欣然跋涉萬里無離憂者何也爲幼學而壯行之令名足爲親榮也主司之於多士非有傾蓋之雅非知其平日迪履之素也校一日之文以卜其終身之行是循聲以責其實者也其中與否非所敢必再多士之自毖焉耳多士他日能敬事亮工以忠君報國爲急則非惟寵其身榮及其親耳矣將使滇之人指而稱之曰今日得人之盛彬彬如此也則國家賓禮之隆庶其無負而主司之懼其亦少釋矣乎是舉也鎮守黔國公沐朝弼飭備宣威士類有所利賴巡撫右都御史吕光洵輯近綏遠文教藉以綱維綜理防範則右參議歸大道副使王春復僉事蕭鳴邦署都指揮僉事史符署都指揮同知袁縻入賀朝宗在左布政使劉斯潔左參政汪克用副使繆文龍張天復署都指揮僉事王世科先期遷秩則右參政熊桴協力分猷皆有功於試事者也於法得書敢併及之云

四川成都府綿州儒學學正王德音謹序

嘉靖四十三年雲南鄉試

監臨官

巡按雲南監察御史王諍（子效湖廣竹山縣籍浙江永嘉縣人　庚戌進士）

提調官

雲南等處承宣布政使司右布政使宋國華（崇樂江西奉新縣人　甲辰進士）

雲南等處承宣布政使左參議盧岐嶷（希稷福建長泰縣人　甲辰進士）

監試官

雲南等處提刑按察司副使陸綸（理之浙江歸安縣人　庚戌進士）

雲南等處提刑按察司僉事胡庭蘭（伯賢廣東增城縣人　庚戌進士）

考試官

四川成都府綿州儒學學正王德音（伯宣湖廣安化縣人　乙卯貢士）

江西吉安府安福縣儒學教諭毛子翼（時保浙江餘姚縣人　癸卯貢士）

同考試官

四川敘州府富順縣儒學教諭盧整（敬甫貴州前衛官籍浙江臨海縣人　乙卯貢士）

直隸徽州府黟縣儒學教諭揭啓（子瞻江西南豐縣人　己酉貢士）
湖廣岳州府澧州石門縣儒學教諭蒲凝翠（崇厚廣東南海縣人　戊午貢士）
江西南昌府南昌縣儒學教諭許衍（應中福建龍溪縣人　乙卯貢士）

印卷官

雲南等處承宣布政使照磨所檢校李國元（子一四川富順縣人　監生）
雲南等處提刑按察司經歷董琈（子粹直隸涇縣人　監生）

收掌試卷官

大理府知府羅𧙗（文挈貴州永寧衛籍直隸泰州人　甲午貢士）
永昌軍民府同知張澤（汝濟山西榆次縣人　甲午貢士）

受卷官

永昌軍民府知府楊朗（啓東江西南昌縣人　庚子貢士）
麗江軍民府同知辜用琥（子壽湖廣竹山縣籍江西南昌縣人　癸卯貢士）
雲南府通判潘應奎（文瑞湖廣五開衛官籍江西德化縣人　監生）
永昌軍民府推官趙龍（季震四川廣安州籍江西進賢縣人　己酉貢士）

彌封官

臨安府推官湯惟允（時中江西安仁縣人　甲午貢士）
雲南府嵩明州知州張劾（惟憲貴州烏撒衛籍河南沔池縣人　庚子貢士）
曲靖軍民府霑益州知州姜時棠（思召湖廣通山縣人　己酉貢士）
澂江府新興州知州湯克俊（仲登貴州宣慰司籍直隸桃源縣人　乙卯貢士）

謄録官

大理府趙州知州符有光（汝謙貴州思南府籍江西新喻縣人　癸卯貢士）
白鹽井鹽課提舉司提舉王朴（子厚貴州清平衛官籍浙江嵊縣人　辛卯貢士）
雲南府昆明縣知縣錢濟民（仁可四川江津縣人　丙午貢士）
雲南府富民縣知縣胥鉉（玉卿四川華陽縣人　庚子貢士）
雲南昆陽州三泊縣知縣王政魁（國賓貴州銅仁府人　監生）

對讀官

雲南府昆陽州知州周一鳳（應文四川綿州人　辛卯貢士）

雲南府宜良縣知縣劉守恒（養元貴州衛官籍河南開封府人　戊午貢士）

大理府太和縣知縣劉璧（元象四川雅州人　己酉貢士）

雲南府晋寧州歸化縣知縣羅士英（伯育貴州普安衛官籍直隸桐城縣人　監生）

姚安軍民府姚州大姚縣知縣向承節（以和湖廣溆浦縣人　監生）

巡綽官

雲南左衛指揮僉事席納言（之龍直隸定遠縣人）

雲南左衛指揮僉事馬文春（季元直隸和州人）

雲南右衛指揮僉事趙俊（德用陝西西寧州人）

雲南前衛指揮僉事楊春育（體仁雲南安寧州人）

廣南衛指揮僉事陳世功（守愚江西鄱陽縣人）

廣南衛指揮僉事王世隆（懋之直隸蒙城縣人）

搜檢官

雲南左衛指揮同知馬性（天然陝西西寧州人）

雲南中衛指揮同知楊世功（繼勳江西豐城縣人）

雲南後衛指揮同知趙檜（汝楫山東滕縣人）

廣南衛指揮同知孫承恩（德夫直隸淶水縣人）

雲南右衛指揮僉事狄潤（德身直隸和州人）

雲南前衛指揮僉事董岑（伯高雲南安寧州人）

供給官

雲南都指揮使經歷司都事謝于田（汝龍江西安福縣人　監生）

雲南等處承宣布政使司經歷司都事殷儀（一卿湖廣應山縣人　監生）

雲南等處提刑按察司經歷司知事劉敬民（國信直隸阜平縣人　監生）

澂江府通判徐子麟（瑞卿直隸江都縣人　監生）

雲南府安寧州同知劉瑄（子陳四川武隆縣人　監生）

楚雄府廣通縣知縣沈嘉言（廷璋貴州前衛籍直隸嘉定縣人　壬子貢士）

澂江府江川縣知縣胡應恩（祁霑直隸沭陽縣人　監生）

曲靖軍民府南寧縣知縣朱瑤（國珍陝西行都司籍浙江慈谿縣人

監生）

蒙化衛經歷司經歷高逵（鴻漸浙江臨安縣人　監生）

雲南府經歷司經歷張思微（睿夫直隸行唐縣人　監生）

澂江府經歷司經歷顧信（孺成湖廣黄岡縣人　監生）

雲南府照磨所檢校甘士元（天貴江西豐城縣人　儒士）

曲靖軍民府馬龍州吏目鄒邦（維藩陝西山丹衛人　監生）

楊林守禦千户所吏目沈奇（守正浙江慈谿縣人　知印）

馬隆守禦千户所吏目顧伯儲（廷用浙江雲和縣人　知印）

雲南府昆明縣典史何萬銓（廷寵四川巴縣人　吏員）

雲南府晋寧州呈貢縣典史李廷敬（國欽福建連江縣人　吏員）

第一場

四書

立則見其參於前也在輿則見其倚於衡也夫然後行　天地之道博也厚也高也明也悠也久也今夫天斯昭昭之多及其無窮也日月星辰繫焉萬物覆焉今夫地一撮土之多及其廣厚載華嶽而不重振河海而不洩萬物載焉今夫山一卷石之多及其廣大草木生之禽獸居之寶藏興焉今夫水一勺之多及其不測黿鼉蛟龍魚鼈生焉貨財殖焉　公事畢然後敢治私事

易

天地養萬物聖人養賢以及萬民頤之時大矣哉　受兹介福以中正也是故法象莫大乎天地變通莫大乎四時縣象著明莫大乎日月崇高莫大乎富貴備物致用立成器以爲天下利莫大乎聖人　象也者像也

書

惟德動天無遠弗届　織皮崑崙析支渠搜西戎即叙　惟曰欲至于萬年立政任人準夫牧作三事虎賁綴衣趣馬小尹左右携僕百司庶府大都小伯藝人表臣百司太史尹伯庶常吉士司徒司馬司空亞旅夷微盧烝三亳阪尹

詩

游環脅驅陰靷鋈續　賓之初筵左右秩秩籩豆有楚殽核維旅酒既和旨飲酒孔偕鐘鼓既設舉醻逸逸大侯既抗弓矢斯張射夫既同獻爾發功發彼有的以祈爾爵　迺立皋門皋門有伉迺立應門應門將將聖敬日躋昭假

遲遲上帝是祗

春秋

秋郳黎來來朝（莊公五年）　八月公會齊侯宋公鄭伯曹伯邾人于檉（僖公元年）秋齊侯宋公江人黄人會于陽穀（僖公三年）春王三月宋人執滕子嬰齊夏六月宋公曹人邾人盟于曹南（僖公十有九年）　夏季孫行父如齊（宣公元年）夏公會齊侯于夾谷公至自夾谷（定公十年）秋季孫意如會晋韓起齊國弱宋華亥衛北宫佗鄭罕虎曹人杞人于厥慭（昭公十有一年）

禮記

考禮正刑一德以尊于天子　故人情者聖王之田也修禮以耕之陳義以種之講學以耨之本仁以聚之播樂以安之　移風易俗天下皆寧外無敵内順治此之謂盛德

第二場

論

聖人太極之全體

詔誥表（内科一道）

擬漢舉茂材异等詔（元封五年）　擬唐加李靖光禄大夫誥（貞觀四年）　擬禮部尚書陶凱進宴享九奏樂章表（洪武四年）

判語（五條）

官文書稽程　私借官車船　不操練軍士　因公擅科斂　依告狀鞫獄

第三場

策（五道）

問　我聖祖肇建區宇再闢乾坤之功自書契以來未之有也矧滇南則用夏變夷德澤尤深渥矣嘗考兹土自漢以來叛服不常今則尺地悉入版圖夷落盡爲編户非漢唐所可倫矣當時戡定混一之功有可得而言者與方王師之深入致討也胡元遺孽屯兵厚集曲靖以禦我師矣白石江之戰出其不意而獲達里麻我兵之進攻大理也段氏以五萬之衆先扼下關據險以守矣分遣奇兵攻其無備而擒段世此豈天之所啓與抑將之多算與曲靖既下雲南何以不戰而服大理既得諸夷何以相率來歸與楊苴嘗糾衆二十萬一寇雲南卒之拔營宵遁諸蠻授首平緬嘗率衆三十萬以寇定

邊卒之戰象不反醜類盡殲何也潁川之弘烈西平之偉績固也然聞聖祖命將出師時已授成算及再敕潁川候傅友德諭以平定安輯之策則神謨遠略所以圖始慮終者已先定矣其詳亦可得聞與及南中既平雖偏州下邑莫不設爲庠序以化導之歷今二百餘年文物衣冠之盛與中國齒齊民號易治豈非學道易使之效哉恭惟皇上至德廣淵聖學緝熙敬一有箴四箴有注頒布天下鐫之學宮故遐方僻壤青衿之士涵濡聖化彬彬嚮風益非昔比矣間者醜虜匪茹即命將徂征莫不仰仗玄威以收屢捷之功南中蕞爾夷酋時或梗化即撲滅不旋踵諸部落渠率尺檄調發奔命恐後惟畏威也夫聖祖以武功定天下而文教之誕敷皇上以文教致太平而武功之駿發雖典謨所稱帝德廣運聖神文武者又何以加焉此固多士躬逢而目睹者願揄揚之以鳴國家之盛

問　性者萬物一原之理故孔子曰性相近也語最渾然子思懼其義之未彰也乃以天命表之孟軻懼其實之未著也乃以利善言之故天下之言性惟本於子思孟軻則相近之旨得矣後世儒者擇焉不精語焉不詳不免角出以相勝如曰天就不可以學事矣而又謂質撲必成於教化教化之成豈即天之就與如曰繕俗以復其初矣而又謂隨氣所適之善惡善惡之適豈即初之使然與四儒者間與孟子而并稱果得利善之要歸否與其曰剛柔善惡中而已者義至備也而又曰仁義禮智人性之綱則何惡之可易與其曰性者道之形體心者性之郛郭名最善也而又曰自内以立本自外以致用則何形體郛郭之可岐與四儒者皆以子思爲正傳果得天命之名義否與彼生之謂性告子之妄而飲食男女則生之類也而曰皆性何與惡以言性荀氏之謬蓋惡者氣之戾也而曰亦不可不謂之性何與既以性之動爲情而又以性之動爲心然則心統性情非與既以感物而動爲欲而又以不能無感謂性然則至静無感非與其究愈深而其説愈長矣茲專主相近而言則渾淪而似乎善惡之混主天命而言則太廣而同乎人物之生主利善而言則太峻而遺乎氣質之禀無异乎諸儒之角出以相勝也折衷之論必以告於執事者

問　氏族之重自古記之要皆掌於王官者也五代以降散佚不傳士庶子孫別而爲氏者不勝其多或氏於國或氏於謚或氏於官或氏於爵或氏於事枝分縷析參錯而難考固也至於近代則世守一氏相傳而不變固宜其簡而易知矣而人顧罕能辨其源焉何也昔柳芳作氏族論謂漢高帝興徒步始尚官魏氏立九品始尚姓至謂山東之人尚婚姻江右之人尚人物關中之人

尚冠冕代北之人尚貴戚果若是其不同耶滇南雖在荒徼外自漢唐通道置郡即有中土人士錯居其間至我朝洪武中始開拓成一統又取衣冠之族分置列郡然則今日滇中士族固中國之流裔也諸士子生長斯土必能推知其本矣願論其世與其所尚以觀博雅之學

問　古者兵農合而文武出於一後世兵農分而文武出於二古者國有大師則公卿寔職之如有扈之戰乃召六卿南征之役方叔莅止之類是也有因地出兵者則列國寔職之如征徐命魯公追貊以韓侯之類是也逮及春秋晋楚用兵此意猶存其詳可得聞與後世兵農既判文武殊途章縫之士諱言戰伐而世俗之論亦謂書生不可任以軍旅矣若夫推誠布公以討賊興劉爲事者豈章句之儒哉而史臣反以短於將略譏之聞雞起舞以廓清中原自誓者非忠義之士乎而史臣復以職爲貪亂少之能爲攻心之説矣而不免街亭之敗能爲鑄錢之議矣而不免陳濤斜之敗謂儒者無裨於成敗非過也然經略陜西遏元昊之跳梁而軍中有一韓一范之謡犒師江上破金虜之鞆張而宿將有吾輩愧汗之言又非儒者之效哉今聖明在上文武忠良之臣咸奮勵以圖表見誠千載一時也諸生固國家之所培養以待用者即使他日當折衝之任必不以章句自諉而思以古人自期待也錯綜人物因以道志執事者願有聞焉

問　班固謂春秋内中國外四夷而繼之曰地不可耕民不可畜固矣然自滇省觀之則以中國之人而處夷僰之間其所謂夷僰者固亦耕田供税非化外不五穀不布帛者也故郭欽之疏江統之論昔人以爲萬世之長策者殆不可承用於兹土矣邇者群蠻不靖致勤師旅雖折首獲醜旋即底定顧撲滅之勣孰與輯綏兹欲不假兵威使自讋服者抑有道乎嘗讀元樞使李京作雲南志謂孔明用其豪杰而財賦足以給軍國梁毗清節自持酋長感悦不然即冤憤竊發勢實使然虞集以爲其術最簡易可鑑觀其信然否諸生擇其可行者以爲當路之助可也

中式舉人四十名

第一名　許鎡　石屏州學生　詩

第二名　張震　蒙化府學生　書

第三名　李維唐　雲南府學生　易

第四名　楊道東　姚安府學生　春秋

第五名　俞世傑　楚雄府學生　禮記
第六名　趙友仁　臨安府學生　詩
第七名　許嘉榮　臨安府學生　易
第八名　木從繩　保山縣學生　書
第九名　曾倬　臨安府學生　詩
第十名　蘇湖　大理府學增廣生　易
第十一名　楊京　趙州學生　春秋
第十二名　鐵世材　永昌府學生　詩
第十三名　馬騰漢　臨安府學生　易
第十四名　施從政　安寧州學生　書
第十五名　李三樂　劍川州學生　詩
第十六名　許國良　石屏州學附學生　易
第十七名　段文魁　雲南縣學生　書
第十八名　楊時達　大理府學生　詩
第十九名　馬應乾　嶍峨縣學生　易
第二十名　潘龍　永平縣學生　禮記
第二十一名　王恩民　臨安府學增廣生　詩
第二十二名　吴大顯　元江府學生　易
第二十三名　張仲仁　臨安府學生　詩
第二十四名　施繼述　昆明縣學生　書
第二十五名　馮文明　石屏州學生　易
第二十六名　張孚極　大理府學生　詩
第二十七名　徐方　浪穹縣學生　書
第二十八名　蔡明弼　雲南府學生　易
第二十九名　張萬化　太和縣學增廣生　詩
第三十名　劉子麒　保山縣學生　春秋
第三十一名　段尚雲　呈貢縣學生　易
第三十二名　張翼先　太和縣學生　詩
第三十三名　常乾亨　雲南縣學增廣生　禮記
第三十四名　劉思忠　永昌府學生　詩
第三十五名　黄勉學　澂江府學生　書
第三十六名　陳大立　雲南府學生　易

第三十七名　唐執中　雲南府學生　詩
第三十八名　楊紹　通海縣學生　易
第三十九名　王以善　臨安府學生　詩
第四十名　張繼芳　雲南府學附學生　書

第一场

四書

立則見其參於前也在輿則見其倚於衡也夫然後行

許鎡

同考試官教諭蒲批（措詞認理不蹈時調可式也録之）

考試官教諭毛批（能發時文之所未發者）

考試官學正王批（詞意典雅）

隨在而心與理遇斯可以語行矣夫忠信篤敬之理達之天下而根於心者也心一不存其將何以行之哉子張以務外之心問行夫子欲其於心求之也若曰行之機非由於外至心之理未易以遽純忠信篤敬之行乎蠻貊固也然豈待行焉而後用其力哉何則忠信者非可以僞爲也其必未言之先所以顧諟之者常存存而不息篤敬者非可以色取也其必未行之先所以服膺之者恒亹亹而匪懈方其立也本無所於參也而心不忘道固有前若爲參者焉參不以象而以神其吾心對越之真乎方其在輿也本無所於倚也而心不忘道固有衡若爲倚者焉倚不以迹而以理其吾心陟降之實乎道體無往而非真心體隨時而常覺斯固君子存誠之學也而何以利于行耶蓋言固所以行也其未施信而民信者非言所能與行亦所以行也其未施敬而民敬者非行所能爲惟未言而忠信之理存焉夫然後其言者皆立與在輿之心也天地雖至大且不能違況囿於天地者乎惟未行而篤敬之理存焉夫然後其行者皆參前倚衡之心也豚魚雖難化且無不孚況未必豚魚者乎故曰雖蠻貊之邦行矣是行也者因必有爲之先者也子欲求行可不俯焉先於心求之而徒以務外爲哉雖然此内聖外王之學也存其心而蠻貊可行者感應之自然也若以行乎蠻貊之故而始存其心則雖其所存者不越乎天理而憧憧往來亦卒歸於僞焉已矣故天下之人可以無心感之不可以有心必之也夫咸無心者也而易以速言之觀於此可以知無心之感其感深矣

天地之道博也厚也高也明也悠也久也今夫天斯昭昭之多及其無窮也日月星辰繫焉萬物覆焉今夫地一撮土之多及其廣厚載華嶽而不重振河海而不洩萬物載焉今夫山一卷石之多及其廣大草木生之禽獸居之寶藏興焉今夫水一勺之多及其不測黿鼉蛟龍魚鼈生焉貨財殖焉

李維唐

同考試官教諭許批（理到之言自別可以冠多士矣）

考試官教諭毛批（辭不費而意已盡）

考試官學正王批（渾厚且曲盡可録以式矣）

中庸本造化之極盛而因著其生物之功焉夫造化之所本誠而已矣則其極盛而生物者非一誠之所爲與此中庸以言天道也若曰誠者聖人之本亦天地之本也觀聖人所以隆無疆之業盍觀天地所以妙不測之功者乎夫天地惟其不二也則實理所積含弘妙無方之化而静深立萬有之根博且厚焉地道何盛也實理所發清通超峻極之神而輝光被萬象之表高且明焉天道何盛也且往來不迫引之後先而不匱其行寛裕有常窮之終始而莫得其朕是悠也久也所謂乾健之不息坤順之無疆天地之所爲極盛者也夫其盛如此則其生物之功何如今自昭昭以言天固生物之無幾也極之而無窮則日月懸象星辰爲章盡萬物而覆之孰非天之統元氣者乎自一撮以言地固生物之有限也極之而廣厚則河海淵涵華嶽奠麗盡萬物而載之孰非地之統元形者乎結而爲山不止卷石及廣大之極則草木之繁蕪也禽獸之咸若也而寶藏亦發其英華矣融而爲水不止一勺及不測之極則黿鼉蛟龍之胤靈也魚鼈之滋息也而貨財亦豐於利用矣是山水之生物孰非天地之所爲生物者乎吁其極盛也聖人同體之妙也其不測也聖人同用之神也體妙用神非天下之至誠其孰能與於此雖然誠非自外至也吾性分中之實理也天地具此實理運乎無疆聖人體此實理配乎天地故聖人者天地之心天地者聖人之郛郭而實理者天地聖人合一不測之藴也學者不知而求之瀰漫六合之際不若反而求之性分之中立其誠焉而天下之道歸矣

公事畢然後敢治私事

張震

同考試官教諭盧批（田制既定則斯民奉公之意自有不容已者此作得之）

考試官教諭毛批（善道斯民意中事）

考試官學正王批（發明先公之義曲盡）

即治田者必先于公而田制之善見矣夫人情莫不顧其私也井田之民不敢以私先公非立法之善其何以有此哉孟子告畢戰以井田之制而及此也意若曰不觀斯民趨事之情無以見先王經制之備蓋自井田之法行而中外之界定治公田以爲君子之養者其事謂之公治私田以爲小人之依者其事謂之私斯民於此何以用情哉謂公田雖屬乎公然非上之所能自治也故公事未治則不敢以或後謂私田雖切於身然非可與公田比也故公事未畢則不敢以或先時乎東作也必助耕之既終而後躬耕者乃得以盡駿發之力時乎西成也必公田之既穫而後受田者乃得以收穡人之功是非不以百畝之不易爲己憂也而所務有大於此者以爲吾人之得利其利皆上之賜故雨澤之降於天尚冀公田之先被也况吾之奉乎公者而敢或怠哉非不以農事之不可緩爲己慮也而所急有甚於此者以爲吾人之得樂其樂皆上之惠故雨澤之普於施尚欲私田之後及也况其力之出於身者而敢自愛哉嗣爾股肱皆藉斯民之力而事不容於并施分田制禄皆爲當務之急而序不容於少紊先後异治而同功公私异分而各足助法之善何以逾此不然則公私無辨與貢法等耳何以曰治地莫善於助耶抑於是而知三代之所以教民非但學校庠序爲然也觀治田之事而上下之義明教道行乎其間先王體國經野之意深矣不特此也凡所以使之出入相友守望相助和順親睦固結聯絡者亦寓兵於農之意也豈特養民教民已哉吁後之井田不可復矣爲治者師其意而不泥其迹可也

易

受兹介福以中正也

許嘉榮

同考試官教諭許批（人臣承寵本於中正此作得之足占素藴取之不徒以其文也）

考試官教諭毛批（豐潤中有精思）

考試官學正王批（體製宏容邃詞意昌達）

象申爻之承天寵者而著其由於德也夫臣之福莫大乎承天之寵也二以中正之德承之斯其爲明良相遭之盛與且晋之六五以柔中之德履上行之位而際文明之世固宜天之福之以錫其極于天下也而爲人臣者亦孰不願輸忠于時而共迓乎天之休也然有不可必得者矣晋六二之辭曰受兹介福是爲臣者宅臣鄰之寄非獨詔之爵己也而遐福於是乎仰承膺弼直之司非徒詔之禄

己也而繁祉於是乎駢錫王者祈天以永命萬福固攸同矣而王者不以自私也祈天之祐與佐代天之責者共焉帝心簡在二寔有以臻其盛矣維皇建極以錫民五福固時斂矣而維皇不以獨享也建極之祜與身輔極之任者同焉帝賚方殷二寔有以值其休矣兹固六五之介福而二受之也然豈五之私於二哉蓋福者人君厚下之典也德者人臣承福之基也六二居中而得正焉是其精一之功懋於緝熙既以昭夫明德之體居貞之守純於豫養又以裕乎康國之用其立之也中黄離之德所爲協也則上之所以弘建中之治者在必資焉而承以遐福夫固玄德之升聞者感之矣不然初之摧如且罔孚也何以結知於明主哉其行之也正玉鉉之節所爲著也則上之所以敷表正之化者將必賴焉而錫以繁祉夫固一德之咸有者致之矣不然四之鼫鼠且有厲也何以承毗於盛王哉噫夫子申易及此其思以身際其盛而喜幸之意藹然於言表矣大抵臣之幸莫大乎寵之承莫不幸乎有恃寵之心故人臣遇知於君而益勵其匪懈之節者凡以盡臣道而保恩寵也苟爲不然是先自失其中正者也已何以徼介福於有終哉隨之九四有之有孚在道以明何咎此人臣居寵之正也

是故法象莫大乎天地變通莫大乎四時縣象著明莫大乎日月崇高莫大乎富貴備物致用立成器以爲天下利莫大乎聖人

蘇湖

同考試官教諭許批（闡明莫大之意最爲詳盡而詞又冲雅深于易者也）

考試官教諭毛批（詞意典贍杰作也）

考試官學正王批（明健可録）

大傳欲贊神物之功徵諸造化而歸於聖人也夫以前民用而配造化神物之功大矣然非聖人在天子之位其孰能興之以前其用哉夫子懼天下以卜筮小易也故先言此若曰人知蓍龜之生所以紹天之明而闡易之秘者也抑孰知其興於德位兼隆之聖人乎夫凡以氣浮者皆法象也而非其大也天則確然無所不覆有以宰四時日月之樞大莫大於天矣凡以形附者皆法象也而非其大也地則隤然無所不載有以統四時日月之運大莫大於地矣以言乎變通則四時也者運神道以出入天地之化所以錯行而不已者此也否則歲成之利幾乎毀矣孰有大於四時乎以言乎懸象著明則日月也者麗太虚以旋轉天地之化所以久照而不窮者此也否則明生之利幾乎息矣孰有大於日月乎凡此皆造化也以至列爵五焉分土三焉非不可言崇高矣然其分猶有限也乃若作君作師而中和建天地之極四時以爲吏也日月以爲官

也制作之權自我操之所謂貴爲天子富有四海之内者是已其崇高之大何如哉智者創之巧者述之非不可言利用矣然其用猶有窮也乃若盡物盡制而裁成極天地之利四時以爲柄也日月以爲量也聰明之德自天縱之所謂聖人不勉而中不思而得者是已其利用之大何如哉夫曰富貴則位隆矣曰聖人則德隆矣二者備而蓍龜興焉此其所以定吉凶成亹亹而天地之撰斯其體之矣不然其孰定而孰成之哉雖然神物之興聖人也其所以幽贊之者亦聖人也是故百莖之生非偶合也九疇之文非虚出也彼其靈然而生粹然而宰斯豈泛鍾於氣化者之能哉蓋包犧神禹有以贊之者矣此乾於九五大人所爲言先天也而作易不與焉噫天人之際其深矣哉

書

織皮崑崙析支渠搜西戎即叙

木從繩

同考試官教諭盧批（講不治夷狄意得禹貢之旨取之）

考試官教諭毛批（語意明備超出衆作）

考試官學正王批（雅健不浮必究心於經學者）

史臣記三國貢物之同而見遠人之順治焉夫未易感者遠人之心也即土賦之通於西戎而順治之功不可見也哉史臣記大禹雍州之成功而及此也意謂聖人功之所成者大則化之所及者遠雍州之水土既平則任土以作貢者豈但境内之球琳琅玕已哉彼享上者匪物無以昭其敬而織皮則物之足以爲裘罽者也是物也奉以入貢者則有河源之崑崙河西之析支朔方之渠搜焉爲國雖异而所獻則未嘗异其視冀之皮服同一任土之宜乎爲名雖殊而所執則未始殊其視青之檿絲同一方物之輸乎雖曰中國之常有也然王者不貴异物取其誠不取其物也雖曰裘服之常事也然王者不賤用物取其常不取其异也夫是三國者雖附於雍而非分土於雍是西方之戎近於雍者也向也洪水横流鳥獸迫人何有於物今則睹懷襄之既息而志切於慕義即其假物以輸誠可以驗迪德之大同奉正朔而尊王化者自奔走之恐後向也原隰沮洳道路未通何有于貢今則幸天地之平成而人樂于嚮風即其通道以底貢可以知文命之既敷親中國而爲外臣者咸效順之争先夷狄固治之以不治而其翕然來歸者亦順受之而已此其就功之驗蓋方與三苗同一丕叙矣戎狄固待之以無心而其不忍自絶者亦與其進而已此其順治之機蓋將與中國同一惟叙矣吁禹績之遠不亦可見哉抑史臣於西戎島夷萊夷淮夷之貢賦必繫之戎夷以别之島夷萊夷淮夷皆在冀州青徐之間而西戎

亦近於雍别之如此其嚴也得聖人内夏外夷之旨矣以此爲訓猶有以諸夏而致金繒之奉以戎狄而位侯王之上如漢世者

惟曰欲至于萬年

施從政

同考試官教諭盧批(發出周臣祈君永命之意忠愛藹然佳士也)

考試官教諭毛批(詞語不贅而題意明備)

考試官學正王批(純暢典切)

周臣祈君以永年之至忠愛之意見矣夫國之永命存乎德也周臣以萬年爲期其深於愛君者與昔周臣進戒于君而復期之永命也意蓋曰人君之御世也固有不容已之治而人臣之事君也亦有不容已之情臣之所以納忠於王而欲王監之者豈無意哉亦惟遠有所期耳蓋以諸侯國之屏也王之明德以懷遠則屏樹矣民國之本也王之用德以和民則本固矣將見建可大之業者雖本於先王而凝可久之基者實在於今日由是而丕若有夏歷年臣之心未已也有秩之祜申錫於無疆雖歷萬年之遠而有周之右序常如今日焉式兼有殷歷年臣之心未已也眷命之隆永貞於弗替雖歷年所之多而社稷之靈長終將賴之焉尊爲天子所受之中國可以長守其貴凡諸侯之屏翰於我者咸翼戴之罔敢懈也奄有四海所界之疆土可以長守其富凡臣庶之統御於我者咸固結而不可解也有道之長非常數所能拘蓋有與天地相爲悠久者此固臣子之所大欲而亦理道所必至者矣昌明之運非常期所能限蓋有與乾坤同其不毁者此固人臣之所深願而亦理勢所必然者矣噫因其進戒之詞而寓夫永命之祝周臣忠愛之意不亦可想見乎抑於是而知周之德實周之所以興也君之望於臣則曰億萬年敬天之休曰不顯亦世臣之期於君則曰萬年厭于乃德曰欲王以小民受天永命曰天子萬年君臣之間相期於修德諴民以爲永年永世之本者不一而足其享國之長久也有以也哉

詩

賓之初筵左右秩秩籩豆有楚殽核維旅酒既和旨飲酒孔偕鐘鼓既設舉醻逸逸大侯既抗弓矢斯張射夫既同獻爾發功發彼有的以祈爾爵

趙友仁

同考試官教諭蒲批(此題不難於敷演而難於整潔是作芟去蔓冗發揮本旨殆盡録之以式多士)

考試官教諭毛批(詞不煩而理自足善説雅義者)

考試官學正王批（簡净醇雅無一長語邃養之士也）

詩人詳射者之善其飲所以寓自省之意也夫一於禮而不苟此射飲之所以善也由是則亦何有於過舉也哉衛武公作此詩意謂酒所以洽禮亦所以長過洽禮者其始也長過者其流也蓋嘗觀於射而知君子之靡不有初者矣方其未射也預爲之賓以行禮必肆之筵以禮賓此固君子之所不廢也而君子豈徒飲哉吾見賓之登筵者左焉秩秩也右焉秩秩也獻酬雖未行而位列已不紊矣物之優賓者有籩豆殽核也有旨酒思柔也勸侑雖未舉而品物已曲全矣於是凡百君子酌彼康爵將之以德成禮而不繼以淫也行之以敬合歡而不及於亂也其端莊齊一之度蓋無爽於即席之初矣是則未射而飲者不猶見其禮儀之盛乎及其將射也遷鐘鼓於堂下避射位於厥明此固射儀之所由行也而君子豈徒然哉吾見舉其酬爵焉則賓主以交少長以遍禮尚往來整暇而有序矣供其射具焉則大侯既抗弓矢亦張既備乃事從容而有節矣於是因左右之既比而拾發以獻功衆耦期於巧力庶幾可以言中也各心競於純奇庶幾飲汝以爵也其雍容揖遜之節蓋藹然於序賓之時矣是則既飲而射者不猶見其禮儀之盛乎夫有酒以行射而有禮以飲酒此固善飲者之始於治者也使由此而克終焉夫何酒過之有也哉抑武王封康叔作酒誥則如禹之絶旨酒可也顧又曰飲惟祀曰無彝飲武公作賓筵以悔過亦宜痛絶之也而又曰飲酒孔偕曰舉醻逸逸是何也蓋先王不以酒過廢大禮故司徒之陽禮則教之以飲酒鄉大夫之賓興則賓之以飲酒凡以禮也然曰賓主百拜而酒三行曰終日飲酒而不得醉焉則所以備酒過者固自有道矣

聖敬日躋昭假遲遲上帝是祗

曾倬

同考試官教諭蒲批（聖人修德本於敬發明親切此篇得之）

考試官教諭毛批（渾厚有味）

考試官學正王批（詞義明順）

商人頌聖人敬德之懋惟以昭事乎天焉夫敬聖人所以神明其德者也成湯之昭事一於此則其會天之命爲有道矣昔商人祖契而宗湯此其祫祭之詩也若曰天之篤生聖人也固豫乎寵綏之命而聖祖之懋敬厥德也適昭乎基命之符今夫修敬之功有所强勉可以言敬而未可以言聖敬也居德之力猶有間斷可以言敬而未可以言日躋也以此而事天吾未見其能永孚矣

惟我烈祖也一德妙于性生而嚴威以作所者每存存而不忘至道凝于天錫而恂慄以中存者恒亹亹而不已德既聖矣而心不自聖檢身不及之誠日新又新不有與日而俱升者乎敬已純矣而志不自滿昧爽丕顯之德惟日不足不有與日而俱積者乎存之自下而昭之自上夙興夜寐莫非昊天之欽若焉蓋以此而懋修則以此而對越矣積之自躬而假之自天亦臨亦保一惟上帝之祗順焉蓋以此而洗心則以此而靈承矣天運無窮而聖人之心亦無窮合冲漠以流通誠有先之而不遠後之而奉時者自事天之外豈復有餘事哉帝命不息而聖人之敬亦不息泯聲臭于淵微誠有動焉而與俱静焉而與游者自敬帝之外豈復有餘心哉是知敬德之純事天之至也此成湯之所以會成王業而終玄王相土之烈者也商人特祫致頌以宗之可謂知所本矣抑書稱成湯之德曰不邇不殖曰制事制心曰改過檢身善至備矣至于廟頌則惟一敬是稱焉何哉夫敬德之聚也所以祈天永命之本也堯之欽舜之恭禹之祗皆是物也蘊之爲天德之純發之爲王道之大聖聖授受惟此一道而已敬肆幾希之間相越不啻千里故曰敬者聖學所以成始成終也

春秋

秋郳黎來來朝（莊公五年）

楊道東

考試官教諭毛批（書名書朝二意發揮殆盡）

考試官學正王批（措詞切實正合作經之法）

遠人修禮于内春秋既外之而復進之也此黎來稱名而特書曰朝春秋馭夷勸善之意備矣莊公五年郳君黎來親造我魯之邦用修覲見之禮夫國君不名例也郳國也曷書其名以其爲夷狄之附庸也蓋内夏外夷天地之常經夷狄之賤不可混于華也明矣故先王列諸男甸采衛之外而太司馬有九畿之正職方氏有四夷之辯凡以嚴爲之限而不使亂之也郳之來雖可進也然果盟蔑之儀父乎朝穀之蕭叔乎正朔不加聲教不及斯固王道之所必外者也其與中國冠帶之君則甚异矣苟不辯之何以正夫華夷之分哉故特以名稱外之也所以防其紊也而窺内之釁庶乎其不萌矣若夷狄書來亦例也郳夷也曷書來朝以其能修乎朝禮也蓋殷聘世朝諸侯之常禮夷狄之陋無望其修此也久矣故先王制爲以時入賓之儀而象胥掌傳言之令懷方氏掌送逆之節凡以引之使進而不欲泯之也郳之國雖可外也然果來襄之白狄乎來僖之介葛盧乎禮文是尚誠敬是將斯固君子之所樂取者也厥後天王錫爵之榮基于此矣苟不與之不有以阻其自新之志哉故特書曰朝進之也所以昭其順也而慕義之夷庶乎

其知效矣是則類所當外春秋不以善而廢其防者立法之嚴也善所可進春秋不因類而廢其行者宅心之恕也嚴以示萬世之經恕以寓一時之勸聖訓其精矣乎雖然夷屬例書名矣州寔乃中國諸侯也何以亦書其名修禮特書朝矣祭伯亦能脩禮者也何以止書曰來蓋春秋化工也中國不名而名州寔者所以著諸侯自取之戒來朝必録而略祭伯者所以正人臣私交之失或名或不名或與或不與真如造物賦形之妙而可以一例拘哉先儒謂春秋非聖人莫能修信矣

夏季孫行父如齊（宣公元年）夏公會齊侯于夾谷公至自夾谷（定公十年）

楊京

考試官教諭毛批（理明詞正深切題意）

考試官學正王批（詞有根據可録）

修禮以求安者大夫謀國之失順理以化强者聖人相國之功此行父之如齊所以爲可貶而聖人之神化則於夾谷之會而有徵矣宣之元年遣卿如齊魯求安于鄰也時則將其命者實行父焉夫敬嬴謀而出姜歸宣仲之惡極矣沐浴之請吾於斯人有望也何乃任公室之輔甘心納賂之行負忠良之名忍爲請會之舉私好繼定而天討免加是則惡之黨也已噫相三君而無私積范文子所以稱其賢也顯君之業固所能爲使非有黨逆之累則動勞恭儉之勛其建立不有可觀哉君子謂行父使齊之失起於三思之惑也不待貶而罪自見矣定之十年會齊夾谷魯修平于鄰也時則相是會者有孔子焉夫犂彌謀而萊兵劫齊人之横甚矣感動之機信非聖人不能也幸而神人德義之對既以格其心裔夷盟好之責又以昭其罪君知悔過而臣請謝質是則化之神也已噫率其君以行古道齊景公所以屬其臣也俄頃之功於斯可驗使其得邦家而治則綏來動和之效其治功不尤可尚哉君子謂仲尼一言之感重於三軍之威者亦順於理而已矣是則任臣如行父魯政所以下移也相禮如孔子聖道所以小試也觀其所用而魯之失得見矣抑孔子用魯之化不特徵於斯也繼而爲魯司寇攝相事遂墮三都誅少正卯三月而商賈信男女别魯國大治期月而可信其然矣奈之何女樂沮而孔子行三年有成之化載諸空言而已然六經删述而其道昭如日星是則萬世之太平固在也故曰聖人者以人合天不任於天以義立命不委於命

禮記

考禮正刑一德以尊于天子

俞世傑

同考試官教諭揭批（述職尊君之意發揮殆盡録之以勸效忠者）

考試官教諭毛批（豐潤可式）

考試官學正王批（文字中可占忠敬）

人臣盡述職之典將以致尊君之義也夫天王大一統者也諸侯於述職之時而修其所當修焉非所以尊君者乎記王制者之意蓋謂天下之不逃者君臣之分而人臣之不可忽者敬君之心天子無事與諸侯相見固矣然豈徒侈乎彌文而已哉蓋自人君之節天下者有禮焉議諸宗伯雖有定體而奉行於侯邦者得無違僭乎故於來朝而考之凡所以治神人和上下者無敢自用也稽之以經常之則必使率由乎舊章斯可矣自人君之威天下者有刑焉議諸司寇雖有定法而奉行於侯邦者寧無偏枉乎故於來朝而正之凡所以詰奸慝刑暴亂者無敢自專也制之以中正之規必使不違乎成憲斯已矣若夫一德之存又君之所以屬望於臣而臣之所以自獻者也則於斯時也揆之謀慮以驗其篤棐之誠察之身心以占其靖共之節必使勿貳以二勿參以三咸有一德足以近天子之光期可矣若此者謂非所以尊於天子耶蓋天子者建惟皇之極而德教期於不悖操獨運之權而邦令期於必行其所以綦天下之貴者固於此乎在也今於來朝而考禮正刑焉見其自天子出非人臣所得紛更也肅將而無失者皆所以盡對揚之忱又於來朝而一德焉見其心在王室非斯須所得慢易也侯度之克謹者實所以遵紀法之宗事之在於諸侯者無异政則尊之在於天子者豈復有二上乎是則人臣之義既盡則天王之分自明於諸侯之朝不可以想見盛世之風乎雖然禮也刑也德也三者固皆人臣之所當盡然一德爲要焉書曰德惟一動罔不吉人臣能一其德則其所以考禮正刑者出之有本自無私意之累而可以稱明王之治矣苟爲不然則其施之於禮樂刑政之間者皆霸術功利之私耳何以四達而不悖也後之欲爲純臣者當自一德始

外無敵内順治此之謂盛德

潘龍

同考試官教諭揭批（講盛德處甚得肯綮勇敢之士觀此可以興矣）

考試官教諭毛批（爾雅之作）

考試官學正王批（辭簡意盡）

君于隨用而成功可以觀其所養矣夫無敵順治功之著於内外者溥矣非盛德能如是乎聘射有取於勇敢强有力者以其有養也意若曰功莫難於兼濟德必要於渾全即勇敢强有力者觀之而盛德存乎其中矣蓋斯人也用之於軍旅而威敵焉所以攘外也則見嚴毅行於征伐而一怒奮安民之勇震疊本乎德威而一舉收靖遠之功師以貞勝也而天下畏之武烈昭矣不謂之無敵乎用於邦國而附衆焉所以安内也則見治道達於禮義之立而施之以不悖德澤沛於輯綏之久而動焉以有孚治以順達也而天下懷之文教敷矣不謂之順治乎夫不足於武則外患之未彌偏於柔而已不足於文則内治之未修偏於剛而已皆未足語盛德也今順治之中而嚴威者存焉勇之發於軍旅者不循乎血氣之私剛健中正而非徒柔者矣果毅之中而禮讓者寓焉道之敷於邦國者皆得於躬行之實優柔平中而非徒剛者矣剛克柔克而同歸於至一之協兼體而不累也允文允武而動合乎時措之宜相濟以成能也不謂之盛德而何哉是則所貴於勇敢者爲其行禮也所貴於行禮者爲其致用也蓋至於無敵順治而德斯盛矣勇敢之士可不知所以自養乎抑非勇敢强有力者不足以行禮故先王貴之也然必責其行禮焉非有他也蓋人之賦性鮮有不偏勇固可貴而害亦甚先王蓋欲裁成變化以歸於中也是故責之以禮義而要其成功勇而無禮則爲剛愎爲不遜何以收無敵順治之功乎周宣王威嚴順治而詩人歸其美於文武之吉甫使夫人而勇於行禮也夫孰非吉甫哉

第二場

論

聖人太極之全體

許鎡

同考試官教諭蒲批（自性之初發太極全體詞意親切議論宏邃視掇拾蔓華者遠矣宜冠多士）

考試官教諭毛批（理致淵然具占造詣之純）

考試官學正王批（才贍理足積學之士也取之）

聖人者其得天之厚者乎其渾然夫性之初者乎夫凡禀命於天者皆性也聖人何言乎其初也太極之理繼之者善而氣不與存焉人之所得於天地之初也惟初故一惟一故全其偏焉者氣之囿一之漓而蔽其初者耳性之初者未嘗漓故聖人之心未始雜人見其未始雜也以爲聖人之心渾然一貫萬

理具足則聖人之學致然而不知聖人所以全其性之初者蓋非有待於外也聖人者天將命之以兼攝萬類均理萬化則非以其渾然而至一者厚之以爲宰制和一之具未能也故聖人之性一天之性也未之有漓焉爾聖人之心一天之心也未之有雜焉爾是故湛乎其常虚而非寂也犂乎其常覺而非感也淵乎其與神俱入天下不見其機焉而非内也倏乎其與化俱出天下不見其迹焉而非外也寂感皆融内外合一而中正仁義之極無不在夫是之謂太極之全體夫是之謂聖人夫所謂太極者何也夫子蓋嘗言之矣曰易有太極夫易之爲道言屢遷也風雨露雷無弗變也天各一其象矣水火土石無弗化也地各一其形矣皇帝王霸道德功力無弗錯綜也人各一其感矣是易者天下之至涣然而不可以一者也聖人乃悉櫽括而歸之於太極何哉噫斯所謂理之渾然一者固有以一之也夫方其未兩也渾然爾矣動静分焉則一者兩之矣方其未五也渾然爾矣木火土金水生焉則一者五之矣方事之未感也渾然爾矣五性動而剛柔善惡以類分焉則一者萬之矣夫其有所分也即不可以言全然二者一之始分猶未甚漓乎其初及太極之妙乘乎其機于是乎一而二二而五二五絪緼之氣互爲變合而紛紜雜揉卒不可勝窮蓋至是而太極渾淪之初愈分愈漓雖欲反其萬之漓而會之至一之初也非甚矯拂困勉必不能矣故人滯於所賦高明沉潛者之不能以相克溺於所習仁智者之不能以互資隨所見而目爲全體焉何則漓之者使然也天地以民生之寖漓焉而不可以還其初於是聖人生焉是聖人者天之所厚而以太極之全體畀之者也是故闔者之不能爲闢言殊性也聖人則闔闢涵其機矣覆者之不能爲載言殊職也聖人則覆載兼其用矣生者之不能爲成言殊能也聖人則生成合其撰矣百姓得其漓故常化於物聖人得其一則粹乎不以天下萬物撓己也天下見聖人之動而不知其不囿於動何者所以爲動之本體者未嘗動也天下見聖人之静而不知其不囿於静何者所以爲静之本體者未嘗静也夫聖人之心方其寂也淵乎其深純之至也冲乎其凝湛之極也頹乎其一化之神也當是時雖鬼神無以窺其微天地無以指其蘊焉非不可以爲静也然淵然深者惺然而常照也冲然凝者盎然而常運也頹然一者洞然而常貫也蓋鬼神微是無以爲之宅天地微是無以爲之宰而中正仁義之極常周流於動静之間而不離故泯然無感之中若非虚明應物之妙而幾微之際一有感焉則凡思之而通觸之而應蓋有渾然全體應物而不窮者是乃天命流行生生不已之機即一日之間幾務沓至而其寂然之本體則固未嘗不存也所謂未發已發其機一焉而已所謂大本達道其理均焉而已所谓天地位萬物育其化齊焉而已雖

然聖人亦豈以其天之所獨厚者顧漫然無所用其心哉昔者堯舜大聖人也書稱德曰欽明文思安安允恭克讓曰濬哲文明温恭允塞其於太極之體可謂合矣其稱治曰協和萬邦黎民於變時雍曰四方風動從欲以治錫極之化亦可謂乎矣然當時君臣之相告戒也惟精惟一惟時惟幾日孳孳焉而喜起交修昌言互益常不敢以一日寧者斯豈有所勉焉而試爲之者與噫斯其爲太極全體之心也聖人心通太極之運無止息之時太極爲天地萬物之體聖人以天地萬物爲體故精一之戒所以察吾之大體也而百體于此流焉時幾之敕所以察吾之百體也而大體于此宰焉苟一癢疴之及其害無幾而其相爲抑搔也不言而自喻何則其中固有以貫之也至誠惻怛昭明不昧故常不以其大者自足而以其猶有憾者自見其所未能是固其心體之未始漓未始雜者穆然運之雖欲已之而不可得者也未始漓故常覺未始雜故常一常覺常一皆非有待於外者也心極全體之真其神矣哉雖然所謂漓者亦未始不可使反於一也一之分而爲二也二之分而爲五也五之分而爲萬也所謂一者未始不存也上之而生知安行也次之而學知利行也又次之而困知勉行也所謂性之一者亦未始不存也孟子曰人之有是四端也猶其有是四體也厚於仁而薄於義通於禮而寡於智非不可謂得太極之一體也有而未至焉者具體而微者也故擴其端則火然泉達之機著推其極則上際下蟠之化神而要之自主静始是静者又合動静而一之者也周子作通書曰士希賢賢希聖聖希天噫至於天則全體之極敷乎天下矣斯其爲意太極之蘊者乎

表擬禮部尚書陶凱進宴享九奏樂章表（洪武四年）

李維唐

同考試官司教諭許批（駢驪中寫揄揚之意且典則可誦録之以式多士）

考試官教諭毛批（得當時進樂本意）

考試官學正毛批（體裁雅麗可觀）

洪武四年某月某日禮部尚書臣陶凱撰成宴享九奏樂章謹繕寫進呈御覽者伏以中和建于聖人率土式合同之化禮樂出自天子明廷協交泰之情睠懷陔夏之娱賓肆設宫縣而侑食群工燕喜萬國騰歡臣凱誠惶誠恐稽首頓首竊惟德上孚而聖志惟熙用錫鼎烹之惠仁下逮而臣心感悦聿昭豫順之功嶰谷製韻于軒圖樂臣鄰之共慶咸池耀美於堯曆皆喜起之賡歌盡善聞於重華猗那協於一德迨自周文之郁郁幸見雅調之洋洋授几御于臣工爰發魚麗之咏被詩章於管籥載申天保之篇度廣倫清情殷文洽慨王風之載熄遂正韻之

沉湎歌酣馬上之詩文曲艷房中之奏希宗雅頌徒事鏗鏘昭武正世之音何與六英韶濩芝房實鼎之什遠謝九變雲門欲矜耀乎三軍侈稱朱鷺徒誇功乎七德綴舞玄關斯固已濫殆尤有甚胡元竊運夷樂雜華豈惟導欲增悲適以奸和斁正蓋乖謬之既久宜大雅之亟還斯蓋有待於今日也伏惟皇帝陛下道纂軒皇功高函夏鳳姿日麗禎祥應聖出之圖王氣雲開靈命啓龍飛之瑞蕩妖氛於日羽瀚海消氛迴化景于霜戈金陵定鼎推誠撫將隆禮致賢轉坤軸而握乾符稽帝文而披王度肆今日豐亨之候寔典章明備之初於是陋漢室之未遑追周京之胥樂特廑聖念涣發綸音釐前代以還淳集儒臣而開局謂禮以導敬既命臣諒以定朝班謂樂以宣和又命臣凱以調音律按六經而校德眇古昔以論功伏念臣和繆未辨於七聲盛美欣聞乎九叙闡太初混沌之秘以闢以生際大明熙洽之期效成效順生民允殖光天宇以奠海隅品物咸亨茁草木而儀鳥獸駕六龍以時御履泰階于昇平君德成三極通乎精一聖道運四序會于玄冥彝度灑清合重譯而齊軌化機寧謐熙玉燭以皆春匪易揄揚疇能贊述爵不盈而几不倚恭儉之訓攸存酒取醉而樂取歡慈惠之仁以著蓋以燕賓御恒懷時幾時敕之思而用秩肅雝庶合九德九功之雅者也臣叨官典禮賴至德之誕敷被命矢歌寫元聲之依永敬陳寸衮用竭微衷伏願采狂瞽之俚言開清閒之玄覽上下幽明之咸格神功同七政以光華性情聲氣之俱和駿業與三靈而泰定播鈞天而宣風九殿六合均樂豈之休調玉律而延祚萬年一人衍純禧之慶臣無任瞻天仰聖喜躍屏營之至謹奉表隨進以聞

第三場

策

第一問

張震

同考試官教諭盧批（我聖祖皇上武功文教超越千古此作能揄揚其盛非素抱忠愛究心典章者不能也録之）

考試官教諭毛批（條對詳明其涵泳聖化而有得者佳士也）

考試官學正王批（敷陳盛時專用文教之意甚悉得發問之旨）

對帝王之治天下也必保大定功以振天下之威而後中外歸其治必敦典建極以軌天下之趨而後中外被其化保大定功之謂武敦典建極之謂文文教誕敷而後武功賴以固武功駿發而後文教賴以行文武并用自近及遠此帝王所以成統一之業而溥無外之施者由此其選也執事發策而以我太祖及皇上

之聖神文武詢于承學且獨舉滇事爲言豈不以視遠可以知近舉一隅可以知天下乎請因明問而敬陳之聖人之道猶天然天之覆幬萬物也凡日星之照臨雲漢之昭回雨露之滋潤所以長養生育者皆謂之至教而奮擊以雷霆摧折以霜雪則又天之震耀威戮者焉王者法天而立道亦猶是也三代而下或戡定武功而文教之未遑或崇尚文教而武功之不競豈足以語此哉夫滇周之百濮而漢之西南夷也漢史所謂南夷君長其西滇最大則今雲南澂江廣西尋甸諸郡也所謂昫町則今之臨安也漢之哀牢夷今之永昌也唐之南詔今之蒙化麗江鶴慶大理也自漢以來叛服不常離合靡定今則尺地悉入版圖夷落盡爲編户詩書禮樂之化培養於國初而浹洽於今日則聖祖及我皇上之盛德大業至矣哉蓋往者王師之討不庭也孽胡嘗屯兵曲靖以爲捍禦矣白石江之戰一鼓而獲達里麻此則泝流潜渡先人有奪人之心兵家之善謀也及乘勝而攻大理也段氏嘗以五萬之衆先扼下關矣分遣奇兵爲犄角未幾而擒段世此則從山而下疾雷有不及之勢良將之多算也曲靖既下則雲南無援所以不戰而服大理既得則諸夷破膽所以相率來歸楊苴之再寇雲南也我兵以萬騎破其二十萬之衆卒之拔營宵遁諸蠻授首者將士之勇先懾其心矣平緬之復犯定邊也我兵以二萬破其三十萬之衆卒之戰象不反醜類盡殲者火攻之鋭已挫其氣矣時則有若潁川侯沉毅果斷而虚心以聽納西平侯出奇制勝而謀勇之兼資弘烈偉績卓乎其莫與儔固也然我聖祖命將出師之初所以諭諸將者則曰曲靖雲南之咽喉諸夷必併力於此審察形勢出奇制勝既下曲靖直擣雲南彼疲於奔命破之必矣雲南既下徑趨大理先聲已振勢將瓦解其餘部落可遣人招諭不必苦煩及群蠻之再起也聖祖之敕諭潁川侯傅友德者則曰諸蠻伺官軍散處大勢不合故有此變今宜屯聚大軍蕩除蠻寇戮其酋長使之畏威方可屯兵守禦然則我聖祖制勝之策將將之略所以開拓於始而平定於終者夫固早見而預圖之矣事平之後不但畫州分邑以綱維之而且建學立師以化導之故洪武中滇南之士以明經起郡邑由京闈登制科者可數也故歷今二百餘年文物之盛庶幾與中國齒而習民禮義至今號爲易治聖祖之功遠矣恭惟我皇上以惇典庸禮之教率天下海隅蒼生莫不漸被而敬一有箴四箴有注頒布天下鎸之學宫則遐陬僻壤之士皆得涵濡聖化滇之士子仰德嚮風敢自後於他邦哉夫南北二虜自前代號爲驕黠邇者侵犯我邊疆邊吏以告命將徂征莫不逐奔千里執訊無算矧南中蕞爾夷酋此區區者曾不足以膏蕭斧時或梗化隨即撲滅諸夷部落俯首以聽指麾尺檄調發奔命恐後雖臂指相使不足以喻執事謂聖祖以武功定天下而文教之誕敷皇上以文教致太平而武功之駿發是也夫

勇智高天下而後足以服天下武功駿發者勇智高天下者也書曰天乃錫王勇智是也道德高天下而後足以率天下文教誕敷者道德高天下者也書曰克綏厥猷惟後是也聖祖之創業皇上之繼統皆文武并用自近及遠以永億萬載之鴻業豈特滇南一隅涵濡治化而已哉執事謂雖典謨所稱何以加焉者愚以謂夏書紀五百里綏服三百里揆文教二百里奮武衛虞夏之盛也文教武衛至綏服而止矣綏服之外不能洽也以今視昔其遠近何如哉雖然愚生於此又有獻焉天道以生物爲心故長養生育者其常也其震耀威戮者不過用之於一時耳今之塞内諸夷翕然效順邊徼寧謐四封無虞此長用文教之時也當國家大競之運乘無敵之威政莫不若教莫不率益溥綱常禮義之澤盡易獷悍繹騷之俗此今日之所當有事也今郡邑之吏特以簿書案牘爲務耳目應接且不暇未暇及移風易俗也此文法之文非文教之文也夫治遐方以文法若樂鳥以金奏也聽之則由眩惑之虞正夷俗以文教如絡馬以羈馽也弛之則由翹陸之患何以知其然也箕子之治朝鮮也簡節疏目行八條之教而民貞信不淫以此知不貴文法也任延之守九真也正民嫁娶易其僻陋之俗而郡爲之大治以此知必用文教也我朝名臣之治南贛者慮其民聚居山谷習爲暴悍今民間冠裳衣履悉效畿甸之制復選其俊秀俾肄業博士而教化大行夫民禮教不與則頑梗易作在内地名藩者尚欲變其習俗而况於遐逖之民乎今滇南已迪德矣民俗已嚮風矣其未迪者不過山箐諸夷耳雜居無别狃於故習剽掠竊發往往有之夫周之淮夷漢之干越在今日則爲文物之都苟能以中國之禮義倡率諸夷安知其不革心以從事也夫道待人而後行功待時而後彰今幸際聖人時雍風動之世則所以宣上德意以導疏逖化殊俗使得耀乎光明豈非千載一時哉執事幸擇而教之

第二問

許鎡

同考試官教諭蒲批（不膠衆説而折衷有見可以羽翼聖人相近之旨矣）

考試官教諭毛批（直探性學要領窮理之士也）

考試官學正王批（詞有倫要學有淵源）

一言而盡天下之道者性而已一言而盡天下之性者理而已然理不能以無附也而氣行焉氣則有陰陽有陰陽則清濁偏正之分是昏明强弱之所生也性不能以無感也情出焉情則有邪正有邪正則喜怒哀樂之發是應感起物之所生也故性即理也乘於氣而動於情萬事萬化所自出根天根地之橐籥也故天下之言性也可以一理盡而不可以一端求也必合虚與氣以定

其名和人與物以著其實合動與静以會其神合外與内以要其歸合質與教以友其同蓋語理而不語氣則偏而不備語人而不語物則滯而通語静而不語動則寂而無感語内而不語外則體而無用語質而不語教則蕩而無成是故理氣合而後命各正矣人物形而後分予均矣動静俱而後感應通矣内外合而後神化彰矣質教備而後成功一矣執事以性下詢承學必欲析諸儒之論折衷于子思孟軻而統宗于孔子是以知性之學望諸生而諸生則習讀者耳請因明問所及而質言之昔者聖人之道猶天然無意於立言者也其言曰性相近也語意渾然而義則畢備矣夫一則不可以言相近言相近則由不一者存蓋近者由彼至此之名而理氣之所爲别也今人言一則遺於二言二則判於一鑿乎理氣之本然者也聖人止言相近則未始滯於一而亦未始歧於二涵乎理氣之渾然者也書曰降衷秉彝若有恒性是近也言乎其若有恒也立萬世論性之宗者也賢人之學以明道也有意於立言以命世也子思之言曰天命之謂性孟子之言曰乃若其情則可以爲善矣乃所謂善也子思懼相近之難名也故以天命名之孟子懼相近之易岐也一以利善决之然既謂之天命則流行賦予理固乘氣而有立矣既謂之利善則故利爲本善固與惡而相待矣詩曰天生蒸民有物有則民之秉彝好是懿德是命也言乎其生也利也言乎其好也發夫子未發之旨者也然此皆統理氣通人物合内外一動静而言而領惡全好以變异反同之事則存乎其人矣後世儒者莫不知宗子思孟軻以師孔子至其立言則犂然异者何哉非必角出以相勝也學有純駁而識之偏正隨之矣造有淺深而辭之疵粹因之矣彼莊荀董楊非不儼然稱通儒也然工於立言者也工於立言則言恒各指其所之故荀子曰性天之就不可以學不可以事言善惡之限于天成矣而董子則曰質樸之謂性性非教化不成夫教化以成其質樸則學問之功固大也何天成之可限哉莊子曰繕性於俗俗學以求復其初言復初之必由於繕學矣而楊子則曰善惡混氣也者所適於善惡之馬也夫善惡惟氣之所適則繕學之功誠不可廢詎容任其趨而不之救哉夫四子之言非以相反也所究之旨不同也求其得乎利善之要歸則莊之復初董之成教近之矣而就不可變混之不可分則故非其利而利失其真不已謬哉以至周程朱邵非不褎然稱大儒也然專於講學者也專於講學則言必各發其所藴故周子曰剛柔善惡中而已者莫非性也易其惡至乎中治性之功也而朱子則曰仁義禮智人性之綱夫仁義禮智以爲綱則粹然一出於善果何惡之可易也邵子曰性者道之形體心者性之郛郭莫非性也具乎道涵於心語性之妙也而程子則曰自内以立本自外以致用夫合内

外以同歸則渾然一統於性又何形體郛郭之可岐也夫四子之言非以相勝也所明之理各適其當也求合於天命之名義則朱之仁義禮智爲實體程之已發未發爲中和得之矣而周之善惡至中邵之道心具體即天之與人而人之成天豈不益詳哉他如生之謂性告子之妄君子以爲不可詆矣而飲食男女生之類也亦以爲性者兼言之也蓋仁義禮智之粹然者理也知覺運動之蠢然者氣也人物之生理與氣和而已故天命之性以理言也然命之自天則二五之精妙合而凝者矣故謂飲食男女即性固不可而謂飲食男女非性生亦不可天下豈有離氣之理耶惡以名性荀子之謬君子以爲不足辨矣而强梁邪佞惡之類也亦以爲性者析言之也蓋直義順慈之得中者本有之善也剛惡柔惡之失中者戾氣之所生也人之所稟氣與理俱而已故純粹至善以理言也然受之自人則形生神發五性七情出焉故謂性爲惡固不可而謂惡不出於性亦不可天下豈有離理之氣耶是故論性不論氣不備論氣不論性不明二之則不是矣然此特其是非之較然者不有動静寂感之機内外通一之奥者乎吾心者虚靈不昧之體也情者應感起物之用也彼以性之動爲情情固性之所由以順應者矣而又以性之動爲心則心豈性之所由以主宰者乎性有定理而心無定鄉如心不能主宰乎性則應事感物性又何緣心而動也是知心也者太虚湛一之真也性則其生生之理情則其感應之神理故一神故化莫不統於吾心故曰心統性情未失也夫性本吾心之生理而非塊然者也萬事萬化皆吾性之所自出非外至者也彼以感物而動爲欲則未感之先渾然在中無欲可知又以不能無感爲性則應感在物本然不離非性而何蓋性有定體而感無定時使性非至静以涵乎所感之理則憧憧往來感又何緣性而順也是知性也喜怒哀樂未發之中也感則因物而動欲則緣動以生其本則寂然而已故曰至静無感未失也此動静寂感之微通一無二之理而繼之善成之性命之天而利之自人旨益密矣執事復疑之曰主相近而言則渾淪而似於善惡之混而不知相近之中固自有純粹至精者存何疑於混也曰主天命而言則太廣而同乎人物之生而不知天之所命固自有各一其性者在何嫌於同也又曰主利善而言則太峻而遺乎氣質之稟而不知故者以利爲本人物各循其性之自然是其知覺之所之也又何遺於氣質也是故相近之旨萬世性學之宗其渾然者也子思孟軻發夫子未發之蘊其粹然者也莊荀諸儒求工於言而不求工於理故多疵而寡醇有宋諸儒求工於理而不求工於言故大醇而小疵若周之成性程之定性朱之理性張之存性則根極要領而獨得其宗後有作者雖百世不能易其言矣雖然語焉而必詳擇焉而

必精此固學者事也然詳焉而莫之存精焉而莫之盡卒歸於習讀談聽而已者何益哉善夫程子之言曰性猶山也自聖人以至於庶人登山者也或蹈其半或止其下其强力者出入上下無所不至無所不至者聖人也或蹈其半或止其下斯賢否之別與蓋能盡其性則氣命于理無所不至之聖人由此也不能盡其性則理命於氣蹈半止下爲賢爲不肖者由此也故學者之於性不貴於知而貴於盡也天下之物未有逃於吾性之表而吾性盡天下之能事者也故自其取諸内以立本也爲聖人之神大而至於參天地廣而至於贊化育極天下之高明而寂然不動以待萬物之至者非天下之大本乎自其取諸外以致用也爲王者之事凡觀變以應天下之動利用以成天下之務鼓衆宜民與一世同患無所感而不通盛德大業待之以立者非天下之達道乎本乎天而成乎人動於無爲而著於有形此所謂天下之物未有逃於吾性之表而吾性盡天下之能事者矣故曰一言而盡天下之道者性也一言而盡天下之性者理也合内外之道也張子曰形而後有氣質之性善反之則天地之性存焉天地之性存則天下之能事畢矣此未必非執事策愚生意也敢以敬復

第三問

李維唐

同考試官教諭許批（姓氏之學不講已久子獨能言其詳必究心而有問者）

考試官教諭毛批（歷歷有據非苟作者）

考試官學正王批（有醞籍有發揮）

嘗聞聖人之立教也别生分類雖以勵天下之善而立賢無方未嘗阻夫人之進何也吾於氏族之法而知之矣昔者聖人爲姓氏之别而公卿士庶其源流燦然以辨所以勸誘世胄之自立能克紹其家聲使國有世臣鄉有世族所以勵天下之善也而其官人也則唯其賢而已苟賢矣雖賤必舉非賢雖世胄弗庸其不阻人之進也如此視後世之崇膴籍而遺寒素相沿以爲選舉使利孔數出流弊滋多者固不可同年而語也知乎此而姓氏之説可得而言矣執事發策以姓氏爲問豈不以草茅之中亦有肉譜如李守素者乎而愚非其人也嘗聞其概矣春秋傳曰天子因生以賜姓胙之土而命之氏諸侯以字爲謚因以爲族官有世功則有公族邑亦如之則惟天子得以賜姓命氏諸侯則有命氏而無賜姓傳曰黄帝之子二十五人得姓者十有四人所謂姓也范宣子曰匄之祖在周爲唐杜氏晋主夏盟爲范氏所謂氏也姓者統其祖考之所自出者也百世而不變者也氏者别其子孫之所自分者也數世而一變者也

别姓則爲氏如有扈氏斟尋氏皆同出於姒姓者也别氏則爲族如十六族皆同出於高陽高辛氏者也天子因生以賜姓其得姓雖一而子孫别而爲氏者不勝其多焉或氏於國則齊魯蔡吴之類是也氏于謚則文武成宣之類是也氏於官則司馬司徒之類是也氏於爵則王孫公孫之類是也氏於事則巫乙匠陶之類是也姓以别婚姻故百世而婚姻不通氏以辨貴賤則公卿大夫士庶之族易辨而可考其所由來者尚矣三代而上有賜姓命氏之繁自秦而下則直以氏爲姓世守一氏傳千萬年而不變執事謂古者枝分縷析若參錯而難考而反易知後代守一不變固甚簡易而人罕能辨其源者愚聞之吕伯恭矣在譜諜之明與廢而已夫譜諜之明與廢不獨民間爲然也周人小史掌邦國之志奠繫世辨昭穆蓋專官以掌其事而後世則未聞有專掌矣且氏族之不辨不特譜諜爲然也古者有大宗小宗之法宗法立則姓氏益明二者寔相維繫而後世則宗法之廢久矣譜諜不明宗法不立而欲姓氏之辨得哉矧其中又有以去國而改如范蠡者有以避禍而改如智果者以避仇而改如張禄者以賜姓而改如婁敬者以吹律而改如京房者以避難而改如束晳者以被嘲而改如氏儀者以筮易而改如陸羽者而張孟之灌鄭注之鄭知遠之劉敬塘之石依附假托變更淆亂而欲源流之燦然了考亦難矣若賈弼摯虞何承天之所撰許敬宗韋述路敬淳之所録其意主於矜誇門第崇尚廕籍吾不知其於姓氏之學果有所發明否也執事又舉唐柳芳所論謂漢高帝興徒步始尚官魏氏立九品始尚姓又謂山東之人尚婚姻江右之人尚人物關中之人尚冠冕代北之人尚貴戚有若是其不同者愚嘗聞芳之言曰山東之人質故尚婚姻其信可與也江右之人文故尚人物其智可與也關中之人雄故尚冠冕其達可與也代北之人武故尚貴戚其泰可與也此所尚之得也又曰尚婚姻者先外族後本宗尚人物者進庶孽退嫡長尚冠冕者略伉儷慕容華尚貴戚者徇勢力忘禮教則所尚之弊也夫此數弊者蓋有所由來矣自曹魏立中正九品之次上品無寒門下品無世族而齊宋亦因以取士北齊之制非四姓不得選舉故士之假托媒衒習以成風賣婚鬻譜流弊滋甚逮及唐世而其弊猶存以是較之則不如漢世尚官者之得也嗟夫古之官人者明揚側陋未嘗論其世也而魏氏之法不論其材而論其世矣古之别氏族也欲使朝有世臣鄉有世族故公卿之子孫降在皁隸則耻之所以進人於善也後世之别氏族也則寒素不得舉側陋不得揚雖懷才抱德者無由進矣不免阻人之善也其得失遠矣夫王滿連姻實駭物聽有如沈约之所糾者豈論婚姻哉事去名存比之鐵步有如柳子厚所譏者豈論冠冕哉李陵生降隤其家聲隴西之士羞

言李氏豈論人物哉弭仲叔高德美名命世之才張伯英以爲非弭氏小族所宜有新豐瘠土所宜出豈論貴戚哉士之自立亦何必以世系爲重乎國初編修吴沉之進千家姓也其言曰使天下之人有以知聖朝土地廣大人民衆盛恩德深厚而思各保其族於悠久以同躋仁壽之鄉也無前代矜誇之失而有維世翼教之助其言得之矣今姓氏之學日廢其敝也使世數莫考源流不知不可以莫之究也唯師隆古三代之意使譜牒詳明族類有稽如吕伯恭所言立大宗小宗之法使朝有世臣人知重本如程子張子所論二者交相維繫藉是以爲尊祖睦族勵世興行之具如成周九兩之法所謂以族得民者而黜魏晋矜誇媒衒偏重矯冒之失則善矣執事又謂滇中士族固中國之流裔而欲多士之論其世與其所尚夫自莊蹻略地唐蒙遣使而華人之錯居于滇者始此矣哀牢内附武侯南征而華人之錯居于滇者益衆矣加以國初守戍之兵近日吴越荆襄流寓之族生齒繁衍其間則華人已十之五六矣欲推衣冠之族而論其本則更僕未易數也然愚以謂執事豈真欲多士之論其世系所出哉有以窺執事宣風廣化之盛心矣大約滇俗之所尚最貴重漢姓其次則僰人而夷姓爲下故漢僰不屑與諸夷齒而諸夷亦不敢望漢僰今僰人之起家儒籍及由佐史登仕者相望而諸夷獨擯不與諸夷之執役輸賦無异漢僰也春秋之法夷狄進於中國則中國之諸夷之慕中華而重漢姓也是欲弃幽谷而遷于喬木者若之何絶之也絶之則彼甘以夷狄自待而進之則其慕義之心益固愚以謂諸夷之求齒於中國者雖吏之可也雖隸之學官可也書曰欲并生哉此之謂也故士之能自立者不當問其世夷之求進於華者不必問其類不識執事以爲何如

第四問

楊道東

考試官教諭毛批（任事之忠折衝之略讀之具見子其以孔明希文自待者矣敬羡敬羡）

考試官學正王批（才識俊逸議論慷慨必素以忠勇自負者）

世之論將者有曰學敵萬人闊視孫吴者矣此則武力之士而非國家之急有曰起身文墨高談韜鈐者矣此則議論之士而非國家之急國家之所急在於忠勇之兼資名實之相副也蓋勇而匪忠則雄赳有之矣而不足以立貞純之節實不副名則聲譽掃之矣而不足以究心術之藴以是處之無事猶懼蹶於用也况於緩急之際乎故必忠勇兼資然後才適於用而成敗非所論名實相副然後任當其才而真似非所慮何也才有真似而功有成

敗持必成之畫者難與論事操似是之見者幾於失人如是而曰才難其然豈其然乎夫經武莫要乎兵需材莫難於將書曰克詰戎兵言備武也詩曰文武吉甫言任將也蓋將者國之輔三軍之司命安内攘外胥此焉而可弗慎乎唐虞三代之盛也兵無専統將無專設無事則濟濟師師而將歸卿列有事則赫赫業業而諸卿皆將故有扈之戰南征之師取之股肱而辦非別爲推轂之謀也魯之伐徐韓之追貊取之屏翰而足非別爲授鉞之命也當是時君知其臣臣知其君將帥由於環衛折衝本於尊俎非嘗試而泛使之也非冥授而妄投之也其果毅沉鷙忠義勇武皆君所目濡耳涵者夫是以才適於用任當其才頌于襄之績而稱來威之功者至今猶奕奕也吁可易言哉逮德下衰以兵力相雄長者莫如晋楚然興師遣將猶不失先王之遺意若郤縠欒枝孫叔敖子友子庚之徒皆以上卿董戎旅邢伯養叔伯州犁苗賁皇之徒皆以大夫備行列此非周人居則爲比閭族黨州鄉之卿士出則爲伍兩卒旅師軍之將帥之制乎德又下衰此意漸泯業爼豆者不問軍旅之事習紈綺者蔑視詩書之澤進取之途既廣文武之用自殊執事所謂章縫之士諱言戰伐書生不可任以軍旅者是矣然吾聞之瑟不可以膠柱調士不可以拘方論愚生不敏嘗讀史而概於中矣孔明之於漢也祖逖之於晋也同一興復之事也一則三顧托心而許先帝以馳騁一則聞雞扼腕而以廓清爲己任彼羽扇綸巾貌若迂闊然七擒孟獲而曰天威走生仲達而曰奇才流馬木牛之制思巧若神此豈章句之儒能辦哉漢史以將略非其所長蓋不知亮矣繫楫中流氣甚激烈故一戰而起淮陰再戰而克譙城練兵積穀之計志慮甚遠信非忠義之士不能矣晋史謂職爲貪亂蓋不諒逖矣馬謖之於孔明也劉秩之於房琯也均之信任之專也一則巵言投于夙交而謂其才術過人一則詭論售於簪盍而謂其能敵多賊然街亭之旅舉措煩擾致違節制之誅攻心之説徒左券耳豈非大言無當之效乎昭烈有曰謖言過其實不可大用信矣而亮不之察何哉陳濤斜之師車戰不利乃遭輿尸之凶鑄錢之議猶直鈎耳毋亦拘泥古法之過與進明嘗曰琯迂闊大言引用浮黨審矣而琯不之悟何哉夏元昊恃其强悍數寇邊鄙匪河隴間一羌酋也宋固不能以覊縻其父祖者而制畜之矣時則范仲淹經略環慶夫淹草萊經生也而付以邊寄非投之至艱乎乃務持重不急近功小利至决策取横山復靈武威德著聞蕃部震竦破膽之謡自軍中頌之此其名將之選乎金虜逞其驕逆深躪江淮誠脅背間一疽毒也王權已不能力拒于合淝而思退保矣時則虞允文犒師江上夫虞白面書生也而迫於勁

賊非臨之卒然乎乃徇軍中檄權先遁之罪至措畫列馬步分戈船鼓勇併進俘斬甚衆愧死之嘆自劉錡發之此其仁者之勇乎就而論之馬謖之負孔明劉秩之負房琯斯皆以市井之心肆徂詐之術而不免焉無足論已虞允文保障江淮而金人北遁人主褒之曰今之裴度范仲淹捍蔽鄜延而僞夏乞和羌人仰之曰龍圖老子此則威名著於天下勛業滿於邊陲君子固嘉其能成天下之事矣乃若孔明負王佐之才而鼎據巴蜀不能進取中原尺寸祖逖抱恢復之志而憤恚發疾卒之河南復爲荆棘蓋天方厭亂雖十孔明百祖逖無救於敗故曰若夫成功則天也二賢之謂矣要之允文志於勤王祖逖志於匡晋仲淹忠於輔宋孔明忠於扶劉成敗雖殊忠勇則一果可以優劣論哉夫天下有似才焉劉秩馬謖之謂矣天下有真才焉諸范祖虞之謂矣嗟夫淄澠合而味殊宫商奏而響异之四臣者皆賢矣君子寧無折衷之見乎希文之言曰爲之自我者當如是其成與否不在我者聖賢不能必孔明之言曰鞠躬盡瘁死而後已成敗利鈍非所逆睹推是心也即書之篤棐詩之匪懈孔子之以忠皆是物也噫二賢之見又過於祖虞遠矣豈非後世爲將者之蓍蔡乎今聖天子在上總覽萬幾明照四海南征北討霆迅風馳文武忠良之臣固懔懔慄慄奔走役使不給况暨布之賤乎周王壽考兔罝干城漢室治安賈生抗請愚也海谷顓蒙摘尋章句浸沐闓澤争自濯磨軍旅之事非所敢議寧無效一命之寄殫致身之義而以孔明希文自期待乎夫南越之修幹礪以金鏃括以勁羽加諸强弩之上以射犀兕於千步之外無不立穿者此天下之利器而决勝覿武之所實也故孔明希文者南越之修幹天下之利器而國家之所急也今人置盂以注水盂圓則水圓盂方則水方設車以駕馬車右則馬右車左則馬左何也其所置設然也有志尚友者希亮而亮希范而范無所於尼也在夫所自置設耳夫仲淹自秀才時以天下爲己任而墨帳然燈攻苦問學所以豫養其先憂後樂之志者非苟而已孔明處隆中躬耕壠畝棲志澹泊抱膝梁父之吟一莘野樂道之高也孔子曰隱居以求志行義以達道由是觀之則孔明希文之所養固自有本矣故後之學者可無二賢之位望而不可無二賢之忠勇可無二賢之事業而不可無二賢之問學

第五問

俞世傑

同考試官教諭盧批（此作援古證今切中滇中夷情必留心於世故者録之）

考試官教諭毛批（才格恢弘文詞倜儻）

考試官學正王批（籌畫精詳足占經濟）

帝王制治有綏遠之道焉有威遠之道焉其綏之也以德而威之也以兵德也者常施之義治心之術也兵也者制變之權輔其治之不及者也有以綏之無以威之則法弛而民玩玩則亂心生焉有以威之無以綏之則暴勝而民殘殘則變志作焉生亂而長變則偏勝以爲罔此仁義并用所以爲長久安寧之道也且所謂德非必慈柔寬縱而姑息之爲也其道有三曰示之禮信以和其志阜之財求以厚其生同其教化以維其俗也所謂兵非必猛奮窮黷而凌殄之爲也其道有三曰養將士以固其謀習戰守以勵其氣蓄財用以裕其施也六者之行今日之急而執事者睹滇民之日變抵冒殊扞熟爛而不可救大壞之極也憂而咎之曰是非民之罪也故爲之策曰撲滅之勦熟與輯綏不假兵威使自讋服抑有道乎吁此甚盛意也任德而不任刑古之道也而愚生察今時之流漸積猥似有大謬不然者夫治之有德威猶天之有陰陽陽爲德而陰爲威德主生而威主殺董子曰刑不可任以治世猶陰之不可任以成歲非執事任德之説乎貴輯綏而賤威戮之義乎然天使陽出布施於上而主歲功又使陰入伏於下而時出以佐陽則終陽以成歲陰之力也是天任陽而不能廢陰猶治之任德而不能廢威也通於斯義可以復執事之策矣策曰滇省以中國之人處夷僰之間所謂夷僰者固亦耕田供税非化外也愚曰此其所以最難治而不可純任德者也何也其地不可耕也其民不可使也居荒徼之外政教號令之所不加此名夷而實夷者則一以夷治之其來也不拒其去也不追其附也羈縻而不齒度雖併包而防則峻焉治之不亦易乎其地經界也其民編户也居綏服之内仁義禮樂所常被服此名中國而實中國者則一以中國治之其善也必庸其梗也必誅其誅賞也一法而不議恩雖涵煦而威必行焉治之不亦易乎若夫滇省則异於是矣其地可耕也而土力未盡任也其民可使也而蕃户未盡入也以中國五方之華胄而與夷僰雜處其言語通矣其服食同矣其居室其田疇相屬矣其原隰衍沃屯落崖險寨栅之居相錯矣使漢人者聲名文物之軌禮樂章程之節稍自陵替幾何不胥而爲夷也哉以夷僰土著之人而與郡縣雜處其賦輸矣其繇供矣其於官府之法度常奔走之矣其間秀而雋者亦學詩書游庠序而觀上國矣使群其族類於聲名文物之軌禮樂章程之節咸率由之毋自弃焉幾何不胥而爲中國之民哉惟其言語服用田廬險阻之相錯賦繇供作奔走之相侔獨其犬羊桀傲獷狎跳梁之性不可終馴侵暴時作鬬亂日興此其治之也誠難執事者懼而求爲萬世之長

策患於此亦爲執事難之也昔者晋武之世西北諸部皆爲戎居郭欽慮其漸之不可長也乃爲之疏欲及平吴之威而徙之外地以峻出入之防焉晋惠之世戎居内地輒爲暴横江統懼其强之不可制也乃爲之論欲及兵威之盛而徙還彼土以遠腹心之疾焉兹二者皆其初自外而之内徙所宜徙者也當時莫之悟而不徙以致四起而爲雲擾之變德不足而威屈焉又何言哉今滇省之夷僰皆土著而内附者也漢人僑居而夷僰土著驅之而不能使之外也外之而不能使之遠也不能使遠而外之是固激之也不能使外而驅之是固絶之也激而絶之其不生禍而長變者幾希故求爲今日之長策莫先於輯綏而輯綏之道非禮信財求教化不可嘗聞夷僰性至詐也而可以信孚至貪也而可以廉感至無賴也而可以教導上之人每以其夷也而夷之惜已夫上之人猶御也民猶馬也御得其道則駑範馳驅御失其道則良馬泛駕矣上之人猶冶也民猶金也鑄得其法則頑鐵就器鑄失其法則良金躍冶矣執事之策曰孔明用其豪杰而財賦足用梁毗清節自持而酋長感悦之二賢者蓋善御也良冶也夷僰雖駑也頑也亦安得泛駕而躍冶也何也孔明征夷而就用其豪杰豈借才於裔土哉誠以中國之人而臨夷僰於荒徼吾懼其太峻必將鄙其俗之薄惡以爲不足與興教化也必將惡其情之蠢野以爲不足與聞禮義也日蹙迫以繩之不已復多其文法以更張之不能習而安之安在其爲善御也孔明深知其然也乃以其疇昔所服之豪臨其土著相馴之民因其俗而不易其常維其情而不拂其欲勸之耕織以興其本業結之然諾以孚其心志是故舉欣欣然出其賦以供上而不以爲厲已也奔走州郡承事長吏莫不以爲得也所以致軍國之足用由此道也孔明其天下之善御已經梁毗治夷而清節自持豈矯情以鎮物哉誠以大夫師帥下民之所視效遠方之所瞻暨以爲叛服者顧緣其俗之薄惡而嚚訟好鬬也置之法以罔之因其情之蠢野而安富崇積也籠其愚而奪之乘其資力以與民争利於下日削月朘民安得不窮且憒哉語曰皇皇求仁義惟恐不能化民者大夫之意也皇皇求財利惟恐不足者庶人之事也居大夫之位而行庶人之事何以帥人梁毗深知其然也乃砥礪名行無妄取焉夫不發其積則所藏於民者富矣不易其守則所風於人者遠矣損之自上而益之自下民知守矣而不敢欺民知富矣而不敢淫一廉立而利溥矣所以致酋長之感悦由此道也梁毗其天下之善鑄已故由此而言禮信則足以和志由此而言導利則足以厚生由此而言教化則足以維俗二事舉而三善備虞集以其術爲最簡易可以鑑觀豈不信然哉夫善御則天下無不可使之民善鑄則天下無不樂生之民民皆可使而樂生則又何惡於夷

而外之也執事欲以輯綏易撲滅蓋亦籌之熟矣而愚生測蠡之見則又以威武之修不可以盡弛蓋滇夷自漢而唐而宋屢服屢叛屢叛屢征爰曁我明一統而郡縣之列之以漢官實之以漢人齊之以漢法而後夷者日漸於漢彬彬乎夷夏同風矣惟夫犬羊之性反側不常而官師之長又或制御失道邇者東川武定之變易門嶍峨之警可鑑矣威武之備詎容一日弛耶然竊計此亦不遠於孔明梁毗之術而得之所謂養將士以固其謀者不必于他求也選今時土酋之豪立以爲長部落之壯僉以爲兵若猶慮其不可以獨用也復僉吾中國之可任將領者予之以駕御統理之權選諸府衛之可爲卒徒者寓之以主客相維之勢猶身之使臂臂之使指何敵之不可制而亂之不可遏也所謂習戰守以勵其氣者不必于他求也蓋上下山坂出入崖箐夷僰之足至捷也長戟利刃游弩往來夷僰之技至便也今就其素所服屬者繫之什伍以時飭之因其技擊之素閑者優其廪餼以利導之然後畫地使之守分城使之防而吾之所以操縱而錯綜之者不失其柄而亦不失其宜焉則何士氣之不振而威武之不揚也所謂蓄財用以裕其施者又非厚斂以豐財也蓋天地生財秪此數也不在民則在官誠如孔明之教耕織有以開其源如梁毗之不取有以節其流則出之者衆蓄之者富資之裹糧者不匱於以鼓舞其將領而成其致身之忠者此也於以鼓舞其卒徒而得其死力者此也何患於待哺枵腹而軍國之不給哉是三者威遠之道也若非所先也而實濟乎輯綏之所不及故曰天生五材孰能去兵雖然今滇之民非復昔之民矣其財賦日勤其顓蒙日開其崖險日闢其异等者日被冠帶錯郡縣而儕漢吏矣今滇之吏非復昔之吏矣其置法日密其施令日威其懷來日至又冒險阻麾瘴癘以業乎其官矣然民就窮而賦愈匱官愈勤而治日蹙其胥而爲盜者不獨夷與僰焉何哉其繇可知也劉敞曰衣食不足盜之源也賦役不均盜之源也教化不行盜之源也使吏于其土者有以足之均之教之而猶甘心於盜以取戮吾未之信也雖然求其所以足之均之之道舍梁毗之潔己孔明之善用無適也求其所以教之之道舍信義以孚之廉公以服之亦無適也吁孔明梁毗之道勝而郭欽江統之策窮矣若夫莅之以莊斷之以正威嚴以防其逸於以輔乎輯綏之理則又在乎執事者之所諗之

雲南鄉試録後序

嘉靖甲子秋子翼謬膺徵聘司雲南試事閲試既畢乃作而嘆曰美哉聖天子文德之昭宣也匪徵于近而徵于遠夫兩京首善之地江漢皇上二南之化在焉極盛宜矣若中土禮樂之所洽江南材俊之所聚風易流化易行也唯朱提炎方去京師萬里而遥得與冠裳之會未久也乃今視上國或庶幾焉嘗考宣德中舉于鄉者雲貴合十一人天順中合三十人逮嘉靖丁酉雲南始特試舉四十人歷今彬彬然所録有不盡者矣夫黎獻共臣此典謨所以贊帝德也譽髦斯士此詩人所以美王化也今聖世雍熙赫奕之治信軼虞廷而兼周室矣得時無怠多士其思所以自奮矣乎國家之所以旁搜博選孜孜求才者欲拔其賢俊而用之也故自畿甸達于遐陬凡三代漢唐聲教之所不洽者皆得貢士網羅之唯恐其遺也此豈爲尋常尺寸之士設哉夫鴻鵠之高飛者六翮也至於背上之毛腹下之毳不與焉主司願多士爲六翮之用不願其爲背腹之毳也今天下儒紳翔翔濟濟崒集闕下若千流萬壑之必歸于海當此之時非有純懿之操通方之才即無以自見往者漢世滇南風氣未開唯盛覽受學司馬相如簡册以爲美談今滇士之懷忠良摛文藻者何限賓興通籍所舉不過數十人豈易哉使覽生今之世聲名尚不出閭里況簡册耶故曰時异事畢主司願多士之志其大而毋狃于一時也昔鬷明一言叔向下堂執其手而信其賢今連篇而閲之累日而試之主司無古人之明惴惴然慮有遺賢是懼乃若樹績蜚聲奮六翮之用以爲主司光榮則二三子事也非主司所得與也

江西吉安府安福縣儒學教諭毛子翼謹序

萬曆四年雲南鄉試録

雲南鄉試録序

皇上御極之四年爲萬曆丙子天下當大比士先是輔臣言屬者士風靡靡逾逸繩矱請敕督學憲臣申嚴楷式陶育真材以需世用詔曰可諸督學栗栗然肅將明命益勤以毖寓内學士弟子靡不回慮迪矩俟徵今焉巡按雲南監察御史陳文燧禮聘文學之官至則以教諭蔣遵烈劉朝鳴爲主試學正梁應球教諭毛一鳳徐峨陶紳爲同試提調則左布政使方良曙右布政使顧言監試按察使沈人种副使李文續簾内外百執事皆慎選以充御史申飭科條諸司受約束惟謹合署提學事副使羅汝芳僉事郭良所選士一千四百有奇三試之拔其俊四十五人暨文之可式者以獻録成遵烈乃稽首颺言曰猗歟盛哉滇士如此其在中土可知矣在都轂又可知矣爾諸士亦知所自哉夫人材鍾於地靈興於主德而會於治運從古記之滇南宿稱遐徼自楚蹻開疆漢季置吏諸葛武侯南征始通諸夏被聲教其間金碧點蒼之勝峭厲迴複上薄紫霄昆池洱海泓演浩博淵然莫窺其際世徒以珍珉象貝甲於天下必其精粹所鍾而不知元氣漸摩靈秀孕結盤鬱已久匪賢哲曷足以當其盛哉聖祖開造列爲雄藩二百餘年文治宣濡俊乂蒸蒸世廟以來薦紳學士樹旨策芳卓然埒中土矣今皇上聖神天縱道化翔洽海隅黎獻共惟帝臣而又惓惓然振浮崇雅欲挽士習於太古之盛初嗣寶曆即罷兹省采買獨於科額增五人焉故聖意所加百神效靈乃井壁礦金近多縮額而抱瑋擷華之士駸駸然倍疇曩是滇士之精采濯於龍光意氣觸於鼓舞視諸藩尤厚幸也矧今歲在丙子陽德開先文明彪炳滇境屬南方實神聖向明之地則其含精炳靈應運而起者非千載一時之會乎故縱觀多士之文初試則典麗春融恍若蒼珉瓊玖爛焉奪目再試則敷陳忠懇剖議精嚴凜乎有凌逼萬仞之勢而其明道術籌世故汪洋宏放見諸三試者即昆洱之吞納潤澤不能過之兹固其鍾毓於古振耀於今而天祚聖明億萬祀無疆之治故多士之發祥遐僻者亦卓爾不群也豈特爲滇士慶乎顧惟國家以經義選士即虞周敷言陳謨之規也名卿碩輔自兹脱穎耳目不勝睹記乃今藝藻日盛於昔而醇固愨實則多讓之甚或

渝節窳行玉表石衷遇盤錯輒稱乏材致廑主上諄諄救飭將無藻繪工而太樸散耶今主司之取諸士諸士之見取於主司均以文耳玉卮無當綵艘難乘其中未必有也故滇士哉昔恐其不文而求之於今則又恐其文之靡焉蓋近質者猶可措其未施之巧而盡飾者則易滋其無已之情物理固然也彼孔子遜於躬行而必從先進若滇之始華肇自武侯其澹泊寧静之旨亦仰宗孔氏者也諸士頌法孔子而武侯之烈蓋稔聞之日且依乘風雲任致遠之責矣果能明志尚實自靖自獻大而篤棐調燮次而敷宣屏翰必成先資之信而綦隆往哲則聖明籲俊圖理之忱庶幾無負而其增耀於山川者不既多乎若乃汩溺其志摇眩其衷而藉選舉爲聲利之媒是上以誠求下以僞應又不若犀象珍貝可以充實國用而玀猓之刻木指劍以爲約劑擊銅轉袂以爲禮樂者其間能幾乎何者彼固朴而野此則文而不漸者也夫麗江之金斂而揚之又從而汰之精矣洪爐一煽躍鉛沉礫淘者安所逭其責也鶴慶之劍韜以鞞琫懸以珠璣華然麗也試之剸斷鈍若鉛刀將無拙冶之誚乎遵烈固願諸士鍊之愈堅試之愈鋭而髖髀鼓煽之區毅然不易所守焉固不特裒然爲科目光而吾屬亦以釋乎不精不鍊之懼也若其額數之多寡則虞帝五臣而今已九倍之周獻十夫而今將五倍之矣豈以多寡爲盛衰哉諸士爲之而已是舉也黔國公沐昌祚節鎮玆土雅志好文都御史王凝迪德震威昭軌崇化鼓鑄士類譽髦聿興左參政李渭右參政張文淵張諧僉事畢天能葉憲署都指揮僉事蕭世傑高忱參將陳世忠襄翼簾外綜理惟勤刑部郎中錢錫汝以讞獄至樂觀厥成副使湯仰僉事田應弼以擢任行左參議馮子京副使張明正署都指揮僉事佘胤以入賀往皆始有勞者也法得并書

湖廣荆州府公安縣儒學教諭蔣遵烈謹序

萬曆四年雲南鄉試

監臨官

巡按雲南監察御史陳文燧（汝相江西臨川縣人　壬戌進士）

提調官

雲南等處承宣布政使司左布政使方良曙（子賓直隷歙縣人　癸丑進士）

雲南等處承宣布政使司右布政使顧言（子行浙江錢塘縣人　丁未進士）

監試官

雲南等處提刑按察司按察使沈人　种（時壅直隸嘉定縣人　己未進士）

雲南等處提刑按察司副使李文續（□延四川宜賓縣人　己未進士）

考試官

湖廣荊州府公安縣儒學教諭蔣遵烈（叔武廣西全州人　丁卯貢士）

河南汝州伊陽縣儒學教諭劉朝鳴（獻謨廣東順德縣人　壬子貢士）

同考試官

四川重慶府涪州儒學學正梁應球（鳴甫廣東番禺縣人　甲子貢士）

四川重慶府璧山縣儒學教諭毛一鳳（伯起陝西南鄭縣人　庚午貢士）

四川順慶府西充縣儒學教諭徐峨（世瞻四川遂寧縣人　壬子貢士）

陝西鳳翔府岐山縣儒學教諭陶紳（豫卿四川宜賓縣人　庚午貢士）

印卷官

雲南都指揮使司經歷司經歷吕和（中節湖廣隨州人　吏員）

雲南都指揮使司斷事司斷事徐世紹（宗德江西上饒縣人　監生）

收掌試卷官

雲南府知府程道東（震伯直隸歙縣人　己未進士）

臨安府知府昌應時（廷佐福建莆田縣人　庚午進士）

大理府知府莫天賦（子翼廣東海康縣人　壬戌進士）

永昌軍民府知府陳師（思貞浙江錢塘縣人　壬子貢士）

受卷官

楚雄府知府張九歌（□宜山東曹州人　壬戌進士）

姚安軍民府知府陳度（公衡廣西馬平縣人　乙卯貢士）

武定軍民府知府辛存仁（體元貴州烏撒衛籍山東沂州人　戊午貢士）

臨安府推官趙時雍（文穆貴州貴州衛籍江西廬陵縣人　庚午貢士）

永昌軍民府推官葉尚時（盛春廣西馬平縣人　乙卯貢士）

楚雄府推官王惠（愛之廣西桂林中衛籍應天府上元縣人　戊午貢士）

彌封官

雲南府同知洪邦光（世麗福建同安縣人　戊辰進士）

武定軍民府同知周希貴（惟良江西安義縣人　丙午貢士）

楚雄府鎮南州知州羅廷賢（立卿貴州思南府籍江西廬陵縣人　壬子貢士）

曲靖軍民府羅雄州知州桑橘初（汝培貴州永寧衛官籍直隷昌平府州人　戊午貢士）

雲南府富民縣知縣李獻可（希誨四川蓬溪縣人　戊午貢士）

謄録官

雲南府推官李藎（明臣四川成都右衛籍直隷永平府人　辛未進士）

雲南府昆陽州知州夏可漁（仲盤四川涪州人　辛酉貢士）

北勝州知州楊承勛（天寵貴州鎮遠衛籍福建永福縣人　甲子貢士）

雲南府昆明縣知縣張志皋（汝諧貴州安南衛籍廣西全州人　庚午貢士）

雲南府昆陽州三泊縣知縣陳紀（惟脩四川内江縣人　丁卯貢士）

對讀官

雲南府嵩明州知州鄭邦福（洪疇江西上饒縣人　辛未進士）

雲南府晋寧州知州劉儲（文殷湖廣興國州人　丙午貢士）

雲南府安寧州知州李東苹（景瑞江西豐城縣人　丙午貢士）

澂江府新興州知州鄭良材（成之福建閩縣人　乙卯貢士）

楚雄府廣通縣知縣王墀（允嚴貴州清平衛官籍浙江嵊縣人　庚午貢士）

巡綽官

景東衛指揮使袁欽寵（承恩直隷合肥縣人）

楚雄衛指揮使吴繼勛（允述直隷沛縣人）

瀾滄衛指揮使李芳（瑞卿直隷臨淮縣人）

雲南中衛指揮同知梁棟（子隆山東膠州人）

廣南衛指揮同知崔象賢（維德直隷江都縣人）

木密關守禦千户所指揮僉事王三聘（用賢陕西會寧衛人）

搜檢官

雲南中衛指揮使蘇天秩（禮卿山東霑化縣人）

臨安衛指揮同知王磐石（本固直隷五河縣人）

雲南左衛指揮僉事吴山（子静直隷合肥縣人）

雲南後衛指揮僉事鄧顯祖（宗德湖廣臨武縣人）

大羅衛指揮僉事吴邦（磐石江西湖口縣人）

永昌衛指揮僉事木元瑞（□徵陕西狄道縣人）

供給官

雲南等處承宣布政使司經歷司都事周崇義（達夫江西永豐縣人　監生）

雲南等處提刑按察司經歷司經歷馬河（獻圖貴州前衛官籍陝西宜君縣人　丁卯貢士）

麗江軍民府同知潘鵠（立卿應天府上元縣籍浙江仁和縣人　丙午貢士）

雲南府通判劉宗觀（用仁江西萬安縣人　癸卯貢士）

臨安府建永州知州江文璧（邦瑞江西南城縣人　監生）

臨安府石屏州知州譚文達（時義廣西賓州人　乙卯貢士）

雲南府羅次縣知縣牟衍祉（幼行四川巴縣人　乙卯貢士）

雲南府昆陽州易門縣知縣唐之夔（樂卿貴州前衛籍湖廣盧溪縣人　甲子貢士）

景東府經歷司經歷涂公仁（□之江西南昌縣人　吏員）

雲南左衛指揮使司經歷司經歷張大儒（子□湖廣湘潭縣人　吏員）

雲南右衛指揮使司經歷司經歷江永（壽夫四川鹽亭縣人　吏員）

雲南中衛指揮使司經歷司經歷羅衮（朝儀湖廣江夏縣人　吏員）

武定軍民府和曲州元謀縣縣丞鄭一誠（守信江西臨川縣人　吏員）

大理府經歷司知事羅汝諧（思和湖廣攸縣人　吏員）

雲南右衛指揮使司經歷司知事唐堯臣（汝夔湖廣武陵縣人　吏員）

廣南衛指揮使司經歷司知事謝勛（賞重江西高安縣人　吏員）

大理府賓川州吏目胡東昇（□明直隸績溪縣人　吏員）

雲南府昆明縣典史陳卞（堯編廣東揭陽縣人　吏員）

大理府鄧川州浪穹縣典史傅鑾（朝用貴州貴陽府籍江西南昌縣人　吏員）

雲南府板橋驛驛丞萬儲（國用江西南昌縣人　吏員）

第一場

四書

子曰學而時習之不亦説乎　三者天下之達德也所以行之者一也

堯以不得舜爲己憂舜以不得禹皋陶爲己憂夫以百畝之不易爲己憂者農

夫也分人以財謂之惠教人以善謂之忠爲天下得人者謂之仁

易

元者善之長也　上九鼎王鉉大吉无不利　易无思也无爲也寂然不動感而遂通天下之故非天下之至神其孰能與於此　有大而能謙必豫故受之以豫

書

后克艱厥后臣克艱厥臣政乃乂黎民敏德　以承上下神祇社稷宗廟罔不祇肅天監厥德用集大命撫綏萬方　君子所其無逸　同底于道道洽政治澤潤生民四夷左衽罔不咸賴

詩

充耳琇瑩會弁如星　大人占之衆維魚矣實維豐年旐維旟矣室家溱溱　百辟卿士媚于天子不解于位民之攸塈載見辟王曰求厥章

春秋

冬城向（桓公十有六年）齊師宋師曹師城邢（僖公元年）齊小白入于齊（莊公九年）公會齊人宋人救鄭（莊公二十有八年）齊人救邢（閔公元年）秋八曰諸侯盟于首止（僖公五年）九月戊辰諸侯盟于葵丘（僖公九年）　季子來歸（閔公元年）　春王正月暨齊平（昭公七年）春王三月及齊平（定公十年）

禮記

五官致貢曰享　祀帝於郊敬之至也宗廟之祭仁之至也　大人舉禮樂則天地將爲昭焉　程功積事推賢而進達之

第二場

論

明君德業配天

詔誥表（内科一道）

擬漢賜天下今年田租之半詔（文帝二年）　擬宋以韓琦爲樞密使誥（嘉祐元年）　擬皇上幸大學禮成群臣賀表（萬曆四年）

判語（五條）

照刷文卷　轉解官物　禁止迎送　優恤軍屬　修理倉庫

第三場

策（五道）

問　帝王相傳必有心法堯以欽明配天舜以温恭協帝萬世治統自兹權輿嗣若祇台日躋敬止敬義視欽恭之説無同异而齋居决事帝範垂訓危竿之喻損齋之記其視帝王之學有同否也我聖祖開天立極締造之初制爲皇明祖訓貽謀萬世資世通訓播告臣民及精誠録觀心記見於儒臣所纂述者與堯舜之欽恭爲一轍矣可得而詳其實歟抑其指歸固有在歟我皇上天縱英資日新聖學萬幾之暇親灑宸翰一十二事宣付史館心法精純道化隆洽其與聖祖之合德堯舜者將無後先媲美歟即十二事之中亦有其要歟夫誦聖謨而揚厲儒生事也際日中而獻曝葢臣志也其尚推本政源仰禆聖治於萬一有司者將藉以獻焉

問　人君宰制群動齊一天下者法也案法治官人臣之義乃其説有不盡然者彼東山之役兩觀之誅嚴而當矣而晋陽之不繕城郭雁門之縱虜入犯勘河中者矯制命按梁國者燒獄詞初令晋城擅用庫錢而蒲鞭不施迄今稱循吏焉是又法不可必行者歟犯蹕不刑盗器不族寛而當矣而街亭之按其故人富平之繩及國士抑靈筌者忌殊功誅一錢者持峻議彈壓京兆笑比河清而驚破鬼膽迄今有能聲焉是又寛不可必用者歟方今皇綱震竦寓内乂安而宿贜巨猾尚多逋匿則法固有未盡行者所當起而震之乃或慮似是者之濫抑而法令愈密避者愈巧焉將無俗尚積弛而不便於繩束之具歟兹欲法令風行事功輻輳當有衷論其試言之

問　古者國有大事必合天下之議所以集衆思而求至當也當今之務孰非諸士所當料理然有重且急者焉國家倚藉運河歲致數百萬石以實京都近者漕河多梗直沽之運既不得行萊泇二河又未竟緒則欲爲久安之策者果安在歟京師切近胡虜向苦繹騷乃今稽首款貢九邊寧闃既數年矣而夷馬漸繁散處無術豺狼難厭蹢躅可虞則欲爲遠馭之計者固有歸歟天潢浩衍禄入不繼澤難靳於五世而情不便於四業將何以通其窮也行伍空虚寓内公患憲臣欲議罷遣而招募又慮勞費將何以救其敝也諸生先天下之憂其仰而借筯者有年矣願攄宿籌以備經國者採焉

問　周之士貴秦之士賤其大較然矣然九十而誇策事之壯一言而獲長子之封亦周士也而引迹桃源懼有漁郎之問殉義海島不忘宗國之思不幾於貴乎繄是而商山一出計安國本隆中三顧卒成鼎峙此勛伐砥於廉隅

也然脱穎自薦一言定從杖策投歸雲臺首烈而布衣獻策者卒不負佳士之許焉何磊磊者亦足以集事乎綈黨叔文自隕令緒河陽獻策貽譏士紳此芳猷騭於瓦合也然孝廉强起樹建萎然深源一出蒼生失望而素負時名者卒無救於陳濤之辱焉將表表者無益於人國乎方今振勵士風標表節行慎選精核無遺計矣然未聞士習丕變而材諝日充何歟抑當有推而廣之者歟幸言之以觀志學廣賢路焉

問　洪範八政食貨爲先周官一書經晝具備後世用之鮮有成績豈古今之异宜乎彼積儲楮幣其議詳於食貨志而或通輕重或權子母或善平糴或置均輸此甲彼乙莫能相尚其法果孰便與漢臣謂順民心而所補者三除博禍而致福者七其言當歟滇境環圍叠嶂舟楫不通歲入僅給饔飧稍旱則穀價踊貴且帑藏空虚物力胥竭緩急之際司計者詘策焉頃者積粟屢課鑄錢有令德意固甚渥也然設義倉則本貲無厝貯官庾則浥腐難堪積粟之法將何道而可久也銅本滇産冶鑄甚易顧銅廣則私鑄之徒易於作奸而俗久用貝卒難變更且慮夷民摇惑焉變通之法果安在歟夫食土之毛必灼利弊兹欲積粟鑄錢使官民胥給遠追成周之盛諸生固有概於中者願悉多見以對

中式舉人四十五名

第一名　楊應兆　臨安府學生　詩
第二名　楊同春　雲南府學生　書
第三名　傅爾珍　臨安府學增廣生　易
第四名　劉文徵　昆明縣學增廣生　春秋
第五名　吴璨　臨安府學生　禮記
第六名　李維美　臨安府學生　詩
第七名　張薰　晋寧州學生　易
第八名　阮和咸　臨安府學生　書
第九名　劉師周　蒙化府學生　易
第十名　孫愈賢　大理府學附學生　書
第十一名　張邦教　騰越州學生　易
第十二名　張元吉　鶴慶府學生　易
第十三名　李璟　元江府學生　詩
第十四名　彭商英　臨安府學增廣生　春秋

第十五名　張任教　臨安府學附學生　易
第十六名　劉熙載　嵩明州學附學生　書
第十七名　沈滋桂　臨安府學增廣生　詩
第十八名　侯師皋　江川縣學附學生　禮記
第十九名　王國治　石屏州學增廣生　詩
第二十名　繆文薦　昆明縣學生　易
第二十一名　李承芳　新興州學生　詩
第二十二名　段必登　昆明縣學生　易
第二十三名　吴琰　臨安府學附學生　詩
第二十四名　楊敦叙　蒙化府學生　書
第二十五名　陳銘　石屏州學生　詩
第二十六名　楊維清　昆明縣學生　易
第二十七名　吴堯弼　鶴慶府學生　書
第二十八名　李友松　安寧州學生　詩
第二十九名　李承慶　昆明縣學生　書
第三十名　繆文萃　昆明縣學生　易
第三十一名　吴曉　雲南府學附學生　詩
第三十二名　康阜　雲南府學生　易
第三十三名　蔡希儒　雲南府學生　禮記
第三十四名　楊時茂　大理府學附學生　詩
第三十五名　錢紹謙　昆明縣學生　易
第三十六名　范維賢　雲南府學增廣生　書
第三十七名　陳静安　晋寧州學生　易
第三十八名　史旌賢　雲南縣學增廣生　書
第三十九名　童正蒙　雲南府學附學生　詩
第四十名　李嘉謨　大理府學增廣生　書
第四十一名　馮運泰　臨安府學增廣生　易
第四十二名　胡森　昆明縣學附學生　春秋
第四十二明名　沈滋梧　臨安府學生　詩
第四十四名　李友梅　蒙自縣學生　易
第四十五名　董岐鳳　石屏州學生　詩

第一場

四書

子曰學而時習之不亦説乎

楊應兆

同考試官學正梁批（典雅冲淡理意渾然蓋有心得者允宜首録）

考試官教諭劉批（不落塵筌詞藻自麗）

考試官教諭蔣批（鎔意鑄詞極爲密緻）

聖人首著心得之學亦在乎熟之而已矣夫學求有得於心也所學者熟而心有不自得哉此萬世道學之原也夫子揭以示人若曰人心通乎太虚未有不説於道者也惟不學則不知道而學之未熟則苦難而弗説矣誠知人不可以不學也而仰法前修以爲進趨之準知學之不可以已也而遜志時敏以勤服習之功習其所知而明善之學時亹亹焉將求通於性命而瞬息之無間也習其所行而誠身之學時汲汲焉將求進於聖神而動息之有養也夫向往既專則精神自聚而喜意爲之潛滋積習有常則旨趣自通而天機爲之涣發知以涵泳而熟焉性命一源不苦於扞格也愈精明則愈融液固獨覺其妙而不能言者乎行以敦篤而熟焉神聖一心不苦於矜持也愈進修則愈浹洽固自得其趣而不能已者乎是學非外於心也所以還吾順適之真也説非離於學也所以要吾敏學之趣也以之錫類而所説不孤以之貞遇而所説不改斯其爲天下之全學也豈或作或輟者可與幾哉彼耳順從心吾夫子蓋得乎説之妙者而其敏求發憤必至於七十二始化焉是聖人固自志學以至終身而始要其成矣天縱生知其功如此則説心之妙豈易言哉噫竭才立卓顔其幾矣而願息之請亦爲聖人之徒焉此時習之學夫子所以首垂訓也

三者天下之達德也所以行之者一也

楊同春

同考試官教諭徐批（只用本色語而旨趣雋永可愛佳士也録之）

考試官教諭劉批（認理精深一洗俗調）

考試官教諭蔣批（大雅之文可式多士）

中庸指德之爲達而約之於誠焉夫誠者德之精也德通天下而非誠其何以行之哉夫子以此進魯君若曰治固貴乎敦本道必先於存誠明於道德之原而修身立政者裕如亦彼達道有五而三德行之智仁勇是也之三者賦出維皇

而明童公溥皆其本然之懿善緣民秉而剛健貞固乃其各足之良達之一世之天下此心同則此德同蓋自真精妙合之初不以聖愚爲厚薄也達之萬世之天下均是性則均是德蓋自理氣凝成之後不以古今爲异同也夫是之謂達德也以此三者行此五者其惟一誠乎蓋至理惟一則不虚而貫徹乎綱常者本無僞妄之間人心惟一則不雜而經綸乎物則者自妙推行之通統三德於一誠則心精之内裕固粹然其無疵焉心爲實心道有所據而自凝矣其天秩之所以叙乎運一誠於三德則性真之流行固渾然其無累焉行爲實行理有所依而自立矣其人紀之所以修乎是一以函三則心極純而德備三以行五則身極建而道修文武之止信惇信以立人極者胥此耳公其勉之哉雖然誠者天德之精非徒真妄錯雜不足以立德而擇善固執之際少有意念之牿焉亦非聖人純懿之學矣况魯公之實不足成者而能慰夫子東周之望乎彼外施仁義固不足效唐虞而執實御虚則亦術數之學耳而又何責於公也噫王道本於誠意信哉

堯以不得舜爲己憂舜以不得禹皋陶爲己憂夫以百畝之不易爲己憂者農夫也分人以財謂之惠教人以善謂之忠爲天下得人者謂之仁

傅爾珍

同考試官教諭毛批(此題頭緒頗多作之獨無痕迹且氣暢詞雅足覘邃學允宜高薦)

考試官教諭劉批(精瑩老練迥异諸作)

考試官教諭蔣批(意高詞古一結尤精)

觀聖君憂在得賢而其仁天下者大矣夫賢者人君之所寄以仁天下者也聖君之憂所以必先其大乎且夫帝王以身任君師之責其心於天下者無窮也然有不能必爲之勢焉惟得人以寄其心而已彼堯欲仁有唐之天下其可憂者多矣然而堯不憂也憂不得舜而已惟得舜而其心始慰焉舜欲仁有虞之天下其可憂者多矣然而舜不憂也憂不得禹皋陶而已惟得禹皋陶而其心始慰焉若夫百畝不易農夫之憂耳而豈堯舜之所以爲憂乎夫聖人所憂之大若此而不可以知其仁天下之大者哉蓋財爲民命自我分之惠矣而不足以盡利也善爲民性自我教之忠矣而不足以盡神也惟夫爲天下得人者以司導利之寄則養賢及民輔吾力之不及天下被容保之仁而不知其爲惠也豈若小惠之未遍哉以托綏猷之任則得賢弘化濟吾道之所同天下被錫類之仁而忘其所以教也豈若徒忠之未孚哉故禹皋之仁即舜之仁也舜之仁即堯之仁也惟其仁之大是以憂之急而又何容於耕乎吁充并耕之説不過分財教善之意而其術且

窮矣雖然聖人憂在得賢則岳牧群工皆其所急而獨憂不得舜禹皋者爲重端揆之任也蓋端揆得人則衆職咸舉玄德升聞而元愷彙進其機之類應固如此噫親賢之中有先務焉仁天下者法堯舜而已

易

元者善之長也

傅爾珍

同考試官教諭毛批（通篇發揮元德不著色相而理意充然可掬蓋大手筆也）

考試官教諭劉批（筆力遒勁文采爛然）

考試官教諭蔣批（意□詞腴可以式矣）

文言於乾德之元而著其統天下之善焉夫元固天德之大始也自人具之而天下之善不統於是乎昔文言之意若曰天之有元也造化由之以綱維群生由之以立命夫固爲天德之首矣而其在人也何如蓋天生萬物而元始之則吾人得之於賦予者惟此理爲最先天有四德而元統之則吾人受之爲秉彝者惟此善爲至大故繼善之後萬理咸備而一元之根於太始者實有以開萬理之原成性之中衆善悉有而一元之通乎太極者實有以主衆善之妙秩之爲五常善固各有定體也而肫肫塈至之意聯貫於其中者爲能兼總而不遺焉維皇降衷之懿兹其莫之與京者矣散之爲百行善固不可勝用也而生生不息之理渾融於其内者爲能宰制而無外焉上帝賦畀之良兹其莫之與并者矣要之未有物先則是元爲天地莫先之德既有物後則是元爲人心統體之全天下固未有一善而不統於元亦未有外元而可以爲善者也不謂善之長而何哉吁元之在任其大若此故聖人得之爲首出庶物之資體之爲克長克君之道者亦惟一元而已乾元之大至是其無餘藴乎雖然人君法天致治體元爲先而所以會乎元德之精著惟學而已蓋天以元運而神功昭心以學純而天德粹故如天好生萬古稱元良焉其精一之學可想也噫體元者當懋於學而調元者其亦加之意乎

有大而能謙必豫故受之以豫

劉師周

同考試官教諭毛批（保泰之旨發明殆盡且格調不凡易義之絶唱者）

考試官教諭劉批（理精詞典深於易者）

考試官教諭蔣批（善發序卦之旨）

觀持盈者之致豫而易卦相之義昭甚矣有之不可恃也能謙而天下之

豫應之矣序卦之旨深哉且夫治道以太和爲極隆而王者以謙虚爲盛節大而易盈欲致天下之和也難矣誠使撫盈成之運而懷抑畏之忱德欲其盛不敢驕以亢也際亨大之期而存挹損之戒禮欲其恭不敢矜以肆也則滿而不溢吾心有至和焉而協應者成不言之孚上而能下吾身以順動焉而從欲者妙無心之應撝謙崇於一人而禮讓刑於百辟以庶官擇和於朝焉喜起之風可想也温恭隆於五位而雍穆達於萬邦以兆民則和於野焉熙皥之治可繼也蓋謙不期豫而有必豫之理矣故序卦者於謙而受之以豫非有所强也先天下而憂者後天下而樂機之相因則然也受豫而先之以謙非無所爲也知無疆之恤者享無疆之休道之相通則然也謙豫相承之義謂不有取於是哉是則豫所以保天下之有而謙所以和天下之心聖王之治夫固考之易理而不悖者矣有大者其可以盈乎噫世之德色於治平者可鑑矣雖然君道盡於乾而不欲其亢皆謙之意也顧謙主於巽而易於不振焉故泰之包荒必曰馮河而威如之吉可以孚交是又以健制謙之道也若後之謙而未遑寛而無制其亦沉潛而不能剛克者歟故曰明剛柔之節而後可以言治也

書

后克艱厥后臣克艱厥臣政乃乂黎民敏德

阮和咸

同考試官教諭徐批（作此多泥體裁致忽本旨結構自然詞理精道僅見是文耳録之）

考試官教諭劉批（認意精深措詞渾雅）

考試官教諭蔣批（精確有體脉絡尤明）

大臣陳謨於君惟欲交儆以成化焉夫君臣萬化之原也能交修而政乂民善矣大臣陳謨及此其願治無窮之心乎想其祗承于帝若曰天下之治致之固不易保之亦甚難今之時雖平成矣而乘時以保治者其敢不慎乎彼人君主文命之治其道固惟艱也是必思天心難享而惕若以凝其精治功難成而奮勵以鼓其志孜孜然立政安民之憂蓋不敢以治安爲幸而實能圖其艱矣人臣輔文命之治其道亦甚艱也是必思身繫安危而愈勵乎精白之念力勝艱大而益操乎敬事之忱汲汲然惟輔政保民之圖蓋不敢以豫大爲慶而實克盡其難矣如是而治化其容已乎吾知政以人而舉也惟上下既協於同心則百揆乃底於時叙大綱舉焉萬目張焉蓋業廣於勤而朝於是乎無廢政矣使交修之未至能必政之盡乂乎民以德而化也惟表則既會於明良則兆民自底於從欲易其惡焉至其中焉蓋民從所好而野於是乎無頑俗矣使交

儆之或怠能必民之盡化乎噫大禹保治之心至矣夫兢業如帝無以復加而克艱之説禹復惓惓若此豈好爲危言者哉蓋惟舜有至虚之心故禹之責難不知其過若舜之命禹而遂以四海困窮危之則其情益切矣豈非以禹之不自滿假其心猶之已乎噫保治者其求諸二聖之心可也

君子所其無逸

孫愈賢

同考試官教諭徐批（周公忠愛勤懇子能言之旦不費詞擅場之作也）

考試官教諭劉批（語意懇到得忠告體）

考試官教諭蔣批（理明詞達義之佳者）

大臣表君子之居勤忠告之意至矣夫天下之治成於勤也以勤作所其君子之所以致治乎周公因成王初政而欲防其漸也故儆之若曰王業難於持盈君心貴於慎始嗣王新服厥命尚其仰法於君子乎蓋君子一身天下之安危係焉居已于逸而欲貽天下之安者難矣故以崇高非得肆之地也而天行爲健隨在皆兢業之圖以盈成非可恃之業也而日强爲敬無往非勵精之念自昧爽以至日昃時雖屢遷而居之愈微則防之愈切將以爲居身之珍而夙夜罔不勤焉自臨御以至宴息居雖不齊而所處益密則所操益慎將以爲宅身之要而出入罔不欽焉上而祈天則精明之念與於穆相爲感孚而兢兢然對越之不違蓋不待承之毖祀而莫非上帝攸臨之所矣其斯以熙鴻號於無窮乎下而保民則憂勤之衷與衆志相爲聯屬而皇皇然保乂之不懈蓋不必措諸設施而莫非顧畏民碞之所矣其斯以基鴻業於弗替乎要之開泰者垂懿恭之範保泰者紹緝熙之傳無逸乃逸而天下萬世享其安矣吾王其懋之哉雖然害治之弊非一端而周公獨以無逸爲戒何哉蓋人情勞則思善逸則思淫縱欲敗度皆自逸之一念啓之也故創業之君常恐佚豫之不足以貽謀而繼體者敢不慎哉噫成王幼冲之年逸欲未明而周公豫防之此其忠之所以爲大也

詩

大人占之衆维魚矣實維豐年旐維旟矣室家溱溱

楊應兆

同考試官學正梁批（中興氣象模寫燁然而末歸保終旨尤覺深邃宜録以式）

考試官教諭劉批（春融典麗結意獨精）

考試官教諭蔣批（鋪張盛治意到詞足）

詩人於牧人之夢而决其富庶之徵焉夫國家以富庶爲祥也而占於牧人之夢焉不可以觀中興之氣象乎詩詠無羊以志治者若曰國家之興也固必有鬼神以司其柄亦必有禎祥以顯其機衆維魚而旐維旟牧人之夢誠异矣大人者司占而决疑者也其將謂之何哉蓋我周以農事開國而豐年綏於萬邦維昔之富不可及矣今夢衆而魚固以少致多者也其必天祐斯民而歲月無易貽之以順成之休帝昭明賜而稼穡用登溥之以豐穰之慶以足民食則三農不匱也以厚邦儲則九賦可繼也蓋吾王憂旱之志固足以兆康而兹特洩其祕耳其視自古有年之盛不重光乎我周以聚民立國而庶繁徵於奕世維昔之庶不可及矣今夢旐而旟固以寡致衆者也其必太和洋溢而生齒日繁相安於樂利之境順治鼓舞而歸附日衆益顯乎明昌之運列之邦畿無怨曠也布之甸服無仳離也蓋吾王還定之仁固足以得衆而兹特示其端耳其視咸和萬民之盛不再見乎吁民富則君不患貧矣民庶則君不患寡矣以極治之象而兆於牧人之微詩人之頌亦婉矣哉蓋宣王側身修行回天保民富庶之祥乃其自致而時方懼其鮮終焉故托之夢兆而歆其無忘厥初耳惜千畝不藉料民太原而無羊之響息矣憂國者其慎諸

百辟卿士媚于天子不解于位民之攸塈

李維美

同考試官學正梁批(致願嫡嗣用答君福詩人意也此作得之宜録)

考試官教諭劉批(發明保治安民詞理具備)

考試官教諭蔣批(温厚懇切得詩人旨)

詩人願臣之愛君而切於保泰之慮焉夫君心係天下之安危也政勤而民安焉非忠君者之至願哉想其願君福而致望於嫡嗣者有曰君臣相遇以喜起爲情以交儆爲益者也王嗣立綱紀以燕及其臣乃諸臣之心何如哉彼百辟屏翰於外願治爲甚殷也仰明聖之度自切翼戴之忱而元首股肱其情油然不容已焉卿士輔相於内分義爲愈厚也幸際遇之隆益懷圖報之念而手足腹心其情藹然不能釋焉然豈敢以治安爲獻而不爲國家深長之慮者乎蓋謹始而慮終者人君之所以保其泰也憂治而危明者忠臣之所以防其漸也故惟明於治忽之理而迪德凝命遠紹乎無逸之風察於否泰之機而慎位保民丕振乎永清之烈以總乾綱雖盈成猶初服焉則上有恒心下有恒愛而熙洽之運將怙冒於無疆也吾君宜民之治兹其有寄乎以飭法紀雖厚終猶虔始焉則勞以一人逸以天下而治安之澤固昭升於不替也吾君保佑之

命兹其益申乎此則諸臣之心而君福之所以爲隆者也吁君以善治安其臣臣以保治媚其君一頌禱而計切國家忠哉周臣之愛君也蓋假樂之陳用笞鳧鷖固未知其嫡嗣爲何如而勤政之效婉然可即得非以王儲爲國本無逸爲家法而謀及其子孫者亦以規及其君耶噫作之者顯德宜人述之者勤政致媚信乎天下之治必君臣交泰而成也

春秋

冬城向（桓公十有六年）齊師宋師曹師城邢（僖公元年）

劉文徵

同考試官教諭陶批（聖人慎用民力意在言外此作以麗詞發至理而體裁峻潔非徒作者）

考試官教諭劉批（對待森然峻整可誦）

考試官教諭蔣批（詞意嚴整經世之見也）

春秋兩紀役之合時義者欲人君之重民力也甚矣仁君不盡民之力也此春秋於城向城邢而并書以示意乎且夫善爲國者先保其民善保民者必愛其力嘗觀春秋城向城邢之書而知之矣彼向圮其城魯於冬而城之孰不曰龍見戒事火見致用時可以使民矣殊不知役可以時而興勞不以時而免也耕穫甫畢於三時而勤動未息於終歲將無苦於力作而興楊柳雨雪之悲者乎使以時而略之則牛羊其人者皆以時爲辭而不恤其私矣吾君子謂時而不勞乎民可無誌也時而不能不勞乎民寧不爲之動念哉此城向之所以書也邢遷於狄齊率衆而城之孰不曰彌縫其闕匡救其灾義可以役民矣殊不知民可以義而役力不以義而弛也干戈甫息於捍患而版築遂興於設防將無疲於奔命而起束薪束蒲之嘆者乎使因義而削之則秦越其民者皆以義爲解而不體其情矣君子謂義而不勞乎民可無紀也義而不能不勞乎民能不爲之致意哉此城邢之所以書也吁合時猶慎而况於不時乎合義且謹而况於不義乎知此而重民力則食足生遂化行俗美胥有賴矣春秋之望於仁君者至哉雖然魯納突而城向義未盡協也特視夏城中丘彼善於此耳若邢被狄難一旅可却乃師次聶北俟其遷而城之得無養亂以爲功乎噫薄德之譏桓固有以來之也

齊小白入于齊（莊公九年）公會齊人宋人救鄭（莊公二十有八年）齊人救邢（閔公元年）秋八月諸侯盟于首止（僖公五年）九月戊辰諸侯盟于葵丘（僖公九年）

彭商英

同考試官教諭陶批（君臣分義勞勤條□不遺而議論正大深得屬詞之體宜録之以式明經者）

考試官教諭劉批（不牽文義獨暢本旨）

考試官教諭蔣批（是非定於聖人桓仲當爲心服）

春秋明嗣君之當立因有取於其臣之功焉夫桓之有齊分之正也即管仲功不廢于天下而不益見其當立乎昔子糾争立而小白入齊内無所禀上無所承白亦猶之糾也而春秋獨繫之齊者何哉君子曰少不先長分也位定於分制臨淄之地白所宜居而觀於管仲之功尤足徵焉蓋君子能爲可用而不能必用故必事君以自顯亦必得君而有成也若仲之事桓豈苟且以赴功名之會者哉徙義致圭既以其才而成當時之富强長慮遠謀又以其身而係天下之輕重故桓之時夷狄横矣中國諸侯誰與安之乃仲獨相桓而以其節制之師一救乎鄭再救乎邢焉冠裳鱗介凛然其防而夷不敢以干夏者非其廟筭之鎮定乎桓之時周道衰矣中國諸侯誰其尊之乃仲獨相桓而以其秩序之經一盟首止再盟葵丘焉國儲王禁昭然其分而下不敢以僭上者非其偉略之運用乎故功在當時則當時稱其仁功在後世則後世蒙其賜萬世公論定於聖人而獨於仲亟許之信乎仲之無可議也而仲之所事者復何議哉故曰小白之當立也雖然夫子之許仲固謂其擇君而成事也乃不能致桓於王道而伯業且未竟焉則仲豈粹然無議者乎噫學術既定伯不可以王矣射鈎之戒仲固諄諄而桓自怠焉則非仲之罪也伯業且然而况於王道乎有世道之責者可以思矣

禮記

五官致貢曰享

吴璨

同考試官教諭徐批（君權臣職發揮詳確蓋有□世之志者高薦尤宜）

考試官教諭劉批（一氣呵成全無斧鑿）

考試官教諭蔣批（治貴考成是作得之）

人臣獻功之典而明尊君之義焉夫列卿分職人君所以成治功也因時而獻其成謂非以尊君乎且夫帝王之建官也必分任而後可以廣佐理之猷

必考成而後可以明激勸之義今五官各有所寄矣然豈無以稽其成哉故歲會之時則庶績可以咸熙而舉其積累之所致者敷奏於九重之百工可以用乂而即其省試之所效者備陳於五位之前禮樂刑政吾其述之不敢隱也而賞罰之權惟宸衷之獨斷焉工虞教養吾其述之不敢飾也而黜陟之典惟大君之是聽焉如是而不謂之享乎蓋其一德以尊天子而效忠宣力咸輸靖獻之忱匪懈以事一人而積事程功恪守對揚之義雖非方物之獻也而天工之敷奏均自下而致之上焉則其享也以誠不以文而一心之精白固肅然其不敢懈也當其時使朝無幸位者不以此乎雖非廷實之供也而天職之備陳均自卑而達之尊焉則其享也以敬不以物而一念之虔恭固凛乎其不敢擅也當其時使官無惰政者不以此乎吁即五官之貢而總於天官者可知矣上有定權下無佚志此先王之治不可及也抑六卿左右天子分隆而情亦親矣乃以綜核之權御之毋亦過乎噫事必有叙政必有綱人君責諸六卿六卿綜乎百職分任責成天下不勞而理矣彼下行臣職固非體要而姑息太過者遂不免於積弛焉此乾綱之斷君道所以隆也

祀帝於郊敬之至也宗廟之祭仁之至也

侯師皋

同考試官教諭徐批（形容聖人仁敬之德字字句句皆出心精乃藝苑中不多得者也録之）

考試官教諭劉批（發協奥旨非摸軀殻）

考試官教諭蔣批（詞意備精尤多卓識）

觀先王之享天親而各盡其心焉蓋祭之義生於心也仁敬各極其至其先王之所以享天親者乎且夫先王之致祭固以將崇報之忱亦必有感孚之本吾觀於禮而知其德矣彼聖人奉皇天之大統嘗於南郊而祀之藁秸之薦象其性焉陶匏之用居其樸焉是固以質爲貴矣然豈崇儉而廢禮乎蓋德産精微舉天下之物無足以稱其大者故大報無事於彌文而明禋必肅於内志小心翼翼猶懼其對越之禍違也昭格遲遲猶懼其禮度之或愆也蓋以精白之衷而仰契乎玄穹之理則至敬無文雖燔柴不爲略矣非敬之至二何哉聖人承祖考之丕緒嘗於宗廟而祀之以順天時陰陽具陳焉以盡地利水土咸列焉是固以多爲貴矣然豈侈文而無實乎蓋親恩罔極竭天下之物猶不足以稱其心者故慕既篤於由衷而聚順必隆於繼孝心惕而奉之以禮九州之美所必竭也愛博而將之以文萬國之懽所必聚也蓋以不匱之思而求盡吾

圖報之念則至仁無已即備物猶爲歉矣非仁之至而何哉夫敬至則見天於心矣仁至則見親於心矣先王舉大典而天親交享者信非恃其禮也蓋天親一致仁孝一理惟心源瑩而俯仰無愧焉則亦保即以事親而善繼善述天心用豫矣若興思於雨露致敬於繭栗特其文耳豈仁孝之實哉噫爲天地宗廟之主者當知合一之義矣

第二場

論

明君德業配天

楊應兆

同考試官學正梁批(虛心受善乃帝王德業之本諸作多涉汗漫而子獨能根究題旨發揮殆盡且體裁高古議論□鉅開□抑揚卓有奇氣必忠言讜誼素積於衷者取冠多士非直以其文也)

考試官教諭劉批(旨意詳盡氣格雄古積學之士也)

考試官教諭蔣批(學富才雄氣昌議正擅場之作也)

帝王以身任天下之重而懋同天之化惟其心之虛而已矣夫天下重器也治天下重務也而人君以一身任其責則其厝注運量容非耳目心思所能周而所操所履又足以厭其心而天下之善未易達焉夫負至重之責而席易盈之勢以不易達之善而欲濟其難周之務將何以善治於不窮而比隆造化哉噫此明君所以虛其心以來天下之善而盛德大業與天無極也請申胡氏之論夫天者群物之祖也高明覆幬萬禩如新業至宏也玄化之樞凝而不汩德至精也然節其運而不過制其序而不流虧盈益謙之理旁皇周浹於兩儀四象之中故地道上行萬物訢合虛而不屈動而愈出而先儒以谷神不死虛室生白爲得造化之精擇天之道一虛也虛則通萬物爲一氣而德業不毀也顧天之於物既非根極靜篤希夷恬寂聽其自榮自瘁於大塊之中而雕刻衆形役役焉軀萬物而馳驟之又其所不忍則寄吾之德業而囿萬物於無窮者人君也人君代天之任則凡待命於天者皆待命於我者也民吾民物吾物而蒸黎而俊乂而疲癃疾苦而僻遠幽遐殊俗异類思以便其性居其宜者莫非吾之一體而禮樂刑政所以整齊而約束之皆其具之不容廢者也即使聰明神智高出等夷役而用之既不勝其勞瘁而自用者不裕自是者不張天下之務遺於聰明神智之外者多矣且位則天位禄則天禄喜爲湛露怒爲震霆薄

海内外非特不敢矯命雄行而睨視跂望且以爲畏其環吾身而處者又多奔走希覬諛治安而導佚樂以便其圖安之私蓋臣志士分在得言者忸怩於利害而不敢盡勢在可言者疏遠於日隔而不得盡即有攄衷款素思盡繩糾之分而批鱗苦口之説又不足以投人主之意嚮而滋其所疑故天下之庸默自保者日益衆衆言善言既壅驕侈易生自身心性情以至設施舉措將日戾於天則而終於不可支矣乃英明之主獨念其長於崇臺邃閫之中坐於勾陳負扆之内既不得周知天下之利便疾苦而投歡獻媚者又壅遏吾之聰明而一睫之外有泰華矣乃復狃以爲便而使陳善責難者萌悔心焉豈計哉故威命靈爽侔乎造化不敢侈也甘言諛行滿乎耳目不敢縱也明照萬物而下蒭蕘權總六合而先礬御造膝而陳敷心而告大臣之善也吾勤召對隆禮貌而納之折檻而諫排闥而語諫官之善也吾忘喜怒借顔色而容之衣食而詔非服御而導儉彤管紀過御瞽幾聲左右之善也吾黜忌諱降勢分而容之推而工誦史箴士傳民謗舉天下之人苟有規吾之闕失者即使危言激論大非人情之所堪而吾且以藥石愈於粱肉鍼砭優於歡洽欣欣然樂而聽聽而用惟懼其言之不詳焉則上無佚志下無隱忠天下之士明目張膽畢獻其善於吾前而砥礪既深嗜欲必寡氣完而無妄動神定而無越思伐性斫真之斧不得内滑其和而潛真守一炯炯洞洞皆天心也出之内照天下顧有壅而不理者哉是故衣食於饑寒拊循於疾苦居居于于帝力何有蒸黎得其所焉論材而官程功而進勞勩者不抑所能而巧猾者蔑以行其私俊乂得其叙焉刖者閽而瞽者師薪不童而漁不竭禽獸可繫羈而游鵲巢可攀援而闚而雕題辮髮將梯山航海求以被承德澤則疲癃殘疾异類遐荒莫不若其性焉進而臧否陟罰紀綱號令犂然當於天道人心而百靈叙秩五緯順布莫非禮樂之敷賁焉則剛健中正吾心之於穆也高明悠久吾心之奠麗也景星慶雲河清海晏吾心之熙明而愉快也大德不德與天同體大業不業與天同用吾之德業安乎一世之人即一世之天矣安乎千百世之人即千百世之天矣萬世之下德吾德業五業而萬世之人舉安焉則爲萬世之天矣又安得與造化論形體哉夫人君之德莫盛乎乾有亢龍之悔人君之業莫盛於泰而有復隍之憂至於冥豫繫益惴惴然必謙以居有豫始繼之何作易者之憂患若此耶大都敵國外患不足爲人君之懼而恃天下無可畏者則其大可畏者至焉蓋起於一念之盈也滿心一恣貽患無窮謙德一崇保治無射故則天如堯敕天如舜其德業之盛無以加矣然衢室總章之訪每兢兢焉他若拜言得師四友十輔言若甘飴歡若同體數聖人之心即堯舜之心故其德業即堯舜之德業也彼其初豈

故爲卑鄙不斷之行萎然屈萬乘之尊而道謀是聽乎要以治理無窮而代天之責不敢負也彼太甲成王繼體之賢者也惟其甘受逆心無逸之語而令名迄今不衰向使其侈然以自大視伊周之訓若贅焉則又安能必其爲何如主哉噫山不動而人推高善容也海不運而人推廣善茹也人君不出户牖而通天下爲一身善聽也若衛士傳餐身兼臣職者則已訑訑然拒人千里矣而欲語配天之治是却步而求前也之數君者其求治之心不下於堯舜也顧堯舜居己於虚而彼方恃其材智以求過於堯舜焉其所操者不同也然猶所謂聰明深慧者也所謂疆毅聰察者也而未之慧且毅者又將若之何哉奈之何其恃所長而自隘其天也雖然君能好善而不能使善言之必聞猶未好也臣能陳善而不能使善言之必行猶未陳也故進言有五要歸於誠若以忿躁激烈之私而滋浮浪迂誕之語則上下相持而不相入惟其諭之以理主之以誠登對自盟而不敢援之爲己功邀之爲己名真若幾諫其親而不拂於國體焉則至誠感悟而吾之説行矣噫勿欺而犯信而後諫此萬世臣道之極也

表

擬皇上幸太學禮成群臣賀表(萬曆四年)

楊同春

同考試官教諭徐批(我皇上心師至聖首舉臨雍將隆億萬年文明之治非特一時之慶也是作揚厲閎休宛若躬逢其盛者宜録以傳)

考試官教諭劉批(揄揚昭代盛典儀制具悉而崇儒重道語意藹然不止駢麗而已)

考試官教諭蔣批(才思充溢詞藻流麗可以彰盛美矣録之)

萬曆四年八月初二日臣某等恭遇皇上駕幸大學禮成臣等謹奉表稱賀者伏以聖主右文道建師儒之極明王軌世身先禮樂之宗風動八荒教傳千古宫墻洽慶章掖增輝臣等誠懽誠忭稽首頓首竊惟王政以教化爲先義隆首善治世以人才爲急道在崇儒唐堯特命司徒勞來匡直虞舜留心胄學直簡寬温禮備兩庠執醬執爵而養老學沿三代至德至行以明倫慨自竹帛煙秦吾道光芒暫息幸而大牢祀魯斯文氣脉潛回環冠帶於橋門徒增視聽群薪蒸於牧豎致慨蓁蕪東漢重興授明經而謾誇車服有唐嗣起增學館而大召名儒載拜摽侈乎虚文治非元祐横議鼎生於上舍道未熙寧豈若昭代之弘規遂揭中天之文運兹蓋恭遇皇帝陛下堯仁舜孝禹儉湯寛溥離照以撫鴻圖履謙光而凝駿命任賢勿貳切商宗之舟楫鹽梅遜志有恒邁周王之刀劍户牖經筵與講幃日御游心化理之源郊祀與廟祭躬承加意感孚之本

鸞迴寶翰紀庶事以修身電覽御屏察百官而勵治功勤作聖念及臨雍乃咨弼直而涣綸音遂敕儀曹以稽令典齊心祗事涓吉戒途節應金風麟旂藹西崑之瑞塵清玉輦鳳馭騰北極之輝葆幢出天宫擁千官而聲聯珩珮翠華來日觀麗萬象而光徹虹霓璧水摇波學海文章增焕儒林絢綵尼山日月彌高神晤百代之師拜瞻維謹禮隆三爵之制登奠必親有善天顔命儒臣以坐講無涯聖澤宣中使以傳茶明良胥慶於一堂彝倫攸叙啓沃披颺於六籍忠讜畢敷寶鏹錫珍藏欣被龍光優渥褒衣捧綸綍恍驚天語叮嚀萬壽之樂章和鳴蹌蹌獸舞三姓之子孫咸萃濟濟雲聯鷺序鵷班瞻玉帛萬方之化雕題辮髮仰奎躔千載之期鐘鼓樂辟雍人心與天心俱協風聲樹寰寓道統與治統齊光豈徒飭曠典於熙明蓋將挽泰運於沕穆臣等材同樸樕幸與陶甄俎豆無聞陋桓榮之稽古曝芹未獻企孫復之紓忠共叨有事之榮駿奔非偶莫頌無前之美雀躍何勝伏願嚴事心師懋敦身教羹墻見聖妙契千載之真傳箕福斂疇盡協庶徵之皇極臣鄰師師以承式載賡虞陛之歌帝德蕩蕩以齊天遍擊唐衢之壤河清海敷九譯而同文日升月恒迴萬年而過曆臣等無任瞻天仰聖激切欣躍之至謹奉表稱賀以聞

第三場

策

第一問

楊應兆

同考試官學正梁批（我皇祖及我皇上天縱聖神心學相契真與堯舜媲美者子能闡揚道妙推本政源而忠悃溢於辭表豈嘗管窺天德者耶）

考試官教諭劉批（頌述發心學之精揄揚切忠藎之獻必俊拔之士也取之）

考試官教諭蔣批（敷揚精切似有忠愛之實心者録之）

帝王之所以運治者其心乎帝王之所以純心者其敬乎蓋治統於道道原於天敬則所以純其心而會天之精者也故開泰者敬以格天則創一代之鴻圖而聲光流於後世保泰者敬以祈天則承萬世之丕基而紹光於前烈底之爲積所以運天工也昭之爲謨所以焕天章也懿爍之治與造化交相流焉固帝王之純學而千聖一軌者乎知此則我皇祖之懋昭聖學我皇上之仰契心傳聖甚媲美超軼萬禩者可得而揄揚其實矣請敬陳之嘗謂天有元氣而元化充溢則天之化天之心爲之也聖人位其位而子其民則亦當心其心而不敢怠故精一之

秘肇自堯舜授受之間以底時雍風動之化而史臣贊其爲欽恭者即精一之旨也乃若舜之授禹亦惟揭斯道而傳之蓋其心真見夫天之可畏有能持吾之説以安天下後世之民則吾之仰承乎天者亦可以不愧此其至公至仁之心固治統所基亦道統所自也禹湯承堯舜之傳而垂之爲子孫之業其欽恭之心視堯舜尤惓切矣故平成肇於祇台允殖隆於日躋堯舜之統乃自數聖人衍之而敬止敬勝文武可例而知也上古聖人所以開萬世之麗者其心有一息不純於敬哉漢唐諸君開國者闊略於草昧繼體者循習於故常諸不暇論即如宣帝之齋居决事稱勵精矣而不免雜於申韓太宗之帝範垂訓稱盛治矣而猶多慚於内德危竿之喻致治四十餘年損齋之記嘘宋燼而再燃之似若可覆稿竹之載者然湛静安舒流於姑息國威未振今猶病其損之過焉要之數君者無得於純心之學而徒以機智材辨矯飾一時故僅足以名季世之業而擬諸帝王何啻砆玉之相懸也哉洪惟我太祖高皇帝天錫智勇締構邦家酬雪則功高百王廓清則統承五帝其駿德鴻庥混闢以來未有也乃當開創之初而預爲萬世之慮履無前之業而益操兢惕之懷故昭揭琬琰光映典謨諸不勝睹記而至精至要爲聖神之桀矱者如皇明祖訓永垂燕翼自嚴祀至供用規畫井然而持守一章尤爲王政之綱焉固帝王時幾之敕也資世通訓表倡臣民自君道至民用法戒具陳而尊賢遠佞尤切淬厲之衷焉固帝王危微之訓也敬天忠君孝親爲要而反身契篤恭之軌則精誠一録見於吴沉所輯者可睹也人心虚靈秉機出入而操存密精一之學則觀心修記見於宋濂所述者可頌也此固聖祖之文謨炳麗萬禩如新者而仰窺其奥亦不越祖訓之所謂敬畏者而已蓋能憂天下必受天眷大哉皇言固統乎精誠觀心諸記而一貫之矣是非心天之心而學堯舜之學者哉列聖相承授守一道我皇上天縱聖哲丕闡鴻猷講讀則寒暑不廢聽納則蒭蕘不遺其敕幾慎位敬承之烈莫并也然時方冲睿而志必企乎堯舜治雖熙洽而念每戒乎盈成故親灑宸翰訓勵臣工諸不勝捧頌而至純至粹媲美聖祖之謨烈者有一十二事宣付史館以之存心則所謂謹天戒存敬畏收放心者即我聖祖省躬憂恤乘機操存之意也以之保身則所謂慎起居慎出入節飲食者即我聖祖居安懷警節飲時食之慮也因扣角而慨遺賢闢伶而旌讜論聖祖之貴德遠佞者切矣皇上親賢任能遠佞納忠之旨其後先一德乎賜張真而威薛顯汰金飾而種隙地聖祖之飭法慎儉者至矣皇上明賞罰撙節用之旨其創述一軌乎此我皇上之睿藻輝煌光紹祖烈者而竊探其要亦不越宸翰之所謂敬畏者而已蓋能存敬畏則百度惟貞旨哉聖謨固統乎身心政治之詳而備舉之矣是非心聖祖之心學堯舜之學者哉嗟乎自放勛至我明凡幾千禩而皇祖之學

與堯舜若同堂焉自國初至今日餘二百年而皇上之學與聖祖若面授焉得非聖神授受心心相照而一敬乎天不求其同而自無不同者乎彼昔岣嶁之碑人争模頌而飛白荅詔迄今以爲美談蓋神禹之德萬世猶存而貞觀之治亦希世賢君也故翰墨一流矜詡後世矧我聖祖之製訓皇上之宸謨龍盤鳳翥固超墳典而麗日星者也即如宋濂吴沉所紀不能揚祖烈之盛而皇上御極以來時和年登民康物阜炎荒奏凱窮髪輸琛即勛華相繼與聖祖肇造之烈不能過之難使鴻筆之臣畫天測海莫能鋪張萬一而愚生草茅之見執事固欲其推本政原以裨聖治哉人堯舜至聖不廢交儆之謨而桂彦良養心寡欲之諷於聖祖惓惓焉則愚生仰窺聖心之虚敢獻曝矣夫人君深居九重而天下之人洞若觀火一念壅遏則化機不流必乾健不息者乃足以保泰凝命也矧參天之餘養於萌蘖放海之波清於源流少成天性習慣自然聖人惜時而慎初者大學之所以爲豫也皇上春秋鼎盛天聰瑩然固靈根初植而真源未汨宗社生靈所恃以爲久安長治之基者也惟即其所爲敬畏者操之有恒養之無間大廷渙號丞弼端臨莫非出往游衍之天而媪蜎蠖濩之中雷聲淵默之際尤必慎於幾微鑑於祖訓益乎吾心之天者亟充之戾乎吾心之天者亟制之兢然若堯之敕幾禹之惜陰而一十二事永爲慎修之盤銘几戒焉則聖質凝定懿德淵涵氣暢神流日新月盛而駿烈奎章巍然焕然人將稱爲萬世之堯舜我皇祖諄切貽謀之心亦與天壤相爲不朽矣愚生何幸躬逢其盛

第二問

楊同春

同考試官教諭徐批（法無寛嚴惟當而已治久人玩行法者可事姑息乎子能參酌往事與時權衡可謂通達治體者）

考試官教諭劉批（博洽中有超然之趣奇士也）

考試官教諭蔣批（評議精確是知飭法振民者）

聖人之愛天下也甚厚而其慮天下也常周愛之厚則身視中國家視寰宇保抱煦育之意必欲其并生於和平温飫之區慮之周則防乎其漸制乎其流使之循習於規矩繩束之内而後寄其愛於不窮故用法之意常主於寛而持法之術必貴於嚴寛非徇天下也拘攣褊迫之政恐滋無聊之心而絞鮮束濕民不堪其命焉故濟之以寛成其嚴也嚴非苦天下也怠弛疏闊之過恐生不羈之習而吞舟逸柙民不勝其弊焉故操之以嚴成其寛也原聖人之愛以用法存聖人之慮以操法而要於其當譬諸御馬者急其棰而舒其轡不致跛曳而泛駕鼓瑟者促其柱而疏其絃不致沾滯而噍殺焉則天下無廢法無惰事而理道可言矣敢

敬陳之夫天之道好生者也然而春温冬肅惠風迅雷常并行於覆幬之間如其資生之仁即春而不冬雨而不雪降祥而不降殃足矣而何其并用不廢若此也蓋不斂則不舒不震則不育天固知其不可廢也惟陽居大夏陰居窮冬霜雷十而二之灾沴十而一之則其仁可掬矣聖人之仁天下豈不欲其羸衣枵食如已飫温萎膏膭醒如已蘇快歡然若吾家人父子之親而顧以法震之乎蓋天下之情難固而其隙易開强掩弱衆暴寡利不相分而相攘智不相教而相賊不有以齊之則僭兢凌獵不能有其衣食妻子甚則冒上忘等天下之大可畏者至矣故肉刑制於邃初而殛鯀誅苗之事去洪荒未遠也然數聖人者不曰欽恤則曰惟中三公八議以酌其情嘉石肺石以通其隱使天下不困於敲扑犴狴之間輸金束矢之罰而奸雄悍慢一與法杵毅然裁之故怙終者不得逭其誅過誤者又得伸其枉稂莠既去嘉禾乃茂聖人以爲必如是天下後世之民始得恃吾法以無恐也故其意藹如春煦如露而其法則嚴若峭壁迅若轟雷神若天降地設而民不敢玩焉豈惟民之不敢玩哉有法則固無法則潰即制法者亦不得而玩之也按細柳之轡而君不得馳格主長之僕而后不得怒勇若烏獲孌若韓彭成若操懿而鰓鰓然恐不逃於三尺者聖人之法固然也乃用法者曲於一隅而不知中正仁義之意故以嚴濟嚴則威竭而不振爲咸陽之轍矣以寬濟寬則惠褻而下不以爲恩爲元成之季矣不有昭曠域外之觀何以維天下之法而定持法者之評哉彼東山之征兩觀之誅非戕懿親而違衆好也法不得徇也乃尹鐸李牧諸賢至於墮城縱寇而公庾且矯發焉何其剗觚恣行若是也蓋事有必集無庸於拘攣褊迫爲也故五日告完不繕非惰矣一鼓成烈縱寇非殃矣志全子母則田叔不嫌於燬詞心在憂民則長孺不忌於發粟若夫通融庫藏固伯淳達權濟時之宜而循良化誨即文饒之蒲鞭且贅矣之數子者原聖人之意心以權天下之宜而不疑於君不訾於吏固以寬而用嚴者也盜器不族犯蹕不刑非輕主威而縱惡少也法不得過也若夫武侯魏公諸賢至於賊友抑功而嚬笑且不假焉何其刻核寡恩若是也蓋法在必行無容於賈法徇情爲也故不戮馬謖則祁山之師不可出不繩曲端則符離之敗不可救欲防邊釁宋璟非薄於靈筌欲懲悍胥一錢非忍於張詠若夫以嚴成功固孝肅澄清輦轂之意而豪右恣横即李果之峻厲非苛矣之數子者得聖人之慮以振天下之玩而内不逼主外不僨事固以嚴而成寬者也要之各有當焉而非膠柱者可與議也我聖祖酌古準今博稽遜覽制爲成法以肅天下臣民之心功當事事當言則賞功不當事事不當言則誅輿馬服器邊備夷情靡不有一定之制神聖潤色愈精愈詳行於縣邑州郡總於監司府部而大臣挈其綱臺諫補其闕餘二百年道揆法守凛如也夜半出片紙

即豪宗悍帥與四夷君長如笞小兒法令之行固矣然巨憝逋播於山澤贓吏尚逸於刑網越獄劫餉踵踵報聞誠如執事多憂者大都俗久而玩情狃而偷也積弛之後利用振刷乃慮豪杰之士觸足冒法而又以持法太急下多不肖之心愈密愈巧焉噫此豈法之弊哉行法者弊之也彼獸廢爪牙則充豺虎之腸矣國無紀綱則授奸雄之柄矣積金在市掉臂不顧置姬嬙於闤闠而人不敢睨目者法也法其可不嚴乎蓋使誠賢智而濫傷也誠猾杰而逸網也法之過也然而不然也今之人固有迹似而實不似者可遽信之乎即如不繕城郭擅用庫錢果皆尹鐸伯淳之賢乎則簿書期會之間稍存寬大涵容之意不然未可縱也即如大言無當輕身冒敵果皆馬謖曲端之不肖乎則壞法干紀之秋自有信賞必罰之典不然未可繩也此心迹之當辨者也贓吏以獄爲市俗儒以寬爲仁而福田報應之説浸其骨髓往往骫法紀以惠奸慝其高明者争事風力以搏虚聲希望過聽濫肆誅求至於刻木畫地而不敢對則寬嚴胥失其中矣此積習之當禁者也多指亂視多言亂聽從古患之今國家申飭法制本非於其舊即有不測之恩威意在集事而耳視目聽者未究其歸明一法則病其煩寬一人則疑其故而泄泄然以爲無擾可也無所事事可也則天下之法竟何自而申耶此議論之當定者也嗟乎今天下之士試思其所以訓子弟束臧獲者能愛而不勞乎能粱肉而不撻笞乎勞之笞之固成之也吾能愛天下如其子弟如其家人足矣奈何以按法循令者爲過而爲迂闊不經之論也即謂鷹鸇不若鸞鳳溲渤不若參苓而爲天下興利擇便以循疾苦然紀綱不嚴奸黠奎遏吾之惠能逮於民否也棟梁相持寬則不相固斲者不苦不甘乃成室焉此用法之平也尹鐸張詠諸賢之意亦聖人之意也非所謂商君韓非子之意也而老氏欲剖斗折衡以求不争正苦於民不畏死耳豈謂寬然以廢天下之法者哉故下有截然之規上有渾然之意使士農工賈各勤本業賞罰進退必當功罪紳弁循矩振玩以飭法守而輕重出入惟朝廷之指使焉至於廟堂之間交儆協心振紀綱而志不狃於因循維風俗而具必先於教化則元氣既厚神氣自振嘉樂唐虞固易易也令行事集豈足言哉

第三問

傅爾珍

同考試官教諭毛批（四事方今急務未易指畫是策洞悉源委而經畫井然蓋未離畎畝而先天下之憂者也）

考試官教諭劉批（區畫明盡卓有遠識）

考試官教諭蔣批（條列四事鑿鑿可行經世之學也）

天下之事有不能不因乎古者有不能必因乎古者時至而勢必趨焉勢

趨而理必從焉順必至之理而權其當爲之時宜於法古不嫌於非今宜於準今不嫌於悖古則時不我窮也勢不我局也而事必如吾議矣何者時异而我之應不窮也夫聽亂於多而事斷於獨固也然衢室總章郊祀鹽鐵諄諄而議固以時勢之當非衆見弗與也然局者變態神倏而不能逃於圖譜之中症與方合舉而用之旬日脉候不齊易一方而愈焉此國手也議法者何以异此今天下至事其可議者孰有大於河患虜患乎又孰急於宗禄民兵乎然議之而卒莫能應之者篤於時也夫黄河爲患從古病之三代而下議治河者不過賈讓賈魯之策矣然讓之議除害而非興利魯之策塞决而不濬流均無裨於運氣道也國家倚藉河運歲輸百萬石以實京師今茶城淤梗蓋數年矣直沽之運既以漂没告罷而境山坳石難疏膠萊海水相隔是膠河之難竟亦勢也嘗聞國初運道自淮達河自泌通衛兩不相妨嗣緣河决張秋乃導汶洸諸泉之利而徐吕險峻必資黄水行舟遂因蕭縣决口通浮濟二洪而河始侵漕矣然猶未病也嘉靖末年華山再决北徙茶城上侵漕河七十餘里則河病而漕亦病焉有如茶城東决横截漕河其害可勝言哉故復符離之故道改黄河於徐州之東而倍築長堤護衛陵寢分河漕而兩利焉責重費鉅然至計也暫開浮濟之淤以避茶城之害玉花諸泉引濟徐吕或斷流而大濬焉事便工省亦近筴也然水性就下智者順之今草灣雲梯等關日淤日壅尾閭不通上源安得而不漫乎故移泇萊二河之費以疏其壅而又多開支河以泄怒濤北而芝蔴等莊南而高寶等堤靡不爲之實心經理而嚴其賞罰使防河與防虜等焉庶人心競勸事懷永圖而飛挽雲連運道其有濟矣夷狄爲患從古記之自周以來議制虜者不過撻伐和親之策耳然迅掃幕南或失之黷和親歲幣或失之辱均無益於國體者也先帝威稜遠播今上文武聖神北虜稽款邊燧下警軼曩代矣顧夷馬之散處無策而嬴豕之蹢躅當防其説非過計也愚謂夷狄之强弱异時而中國之措置异便今之夷狄其强非冒頓其弱非呼韓也夫其不若冒頓也而歸降則拒款市則却固不免於狹小皇化而其不若呼韓也則又安得狃於柙虎籌鷹而漫然不爲之備也故責屯練之實效徹桑土於未雨之時而修築大邊歸并小堡藉羈縻而修守焉計歲程功此急務也散夷馬於牧場擇補薊鎮之額而寬其馬值以綏邊民防護根本此遠猷也然萬丈之堤慎於蟻穴今夷將通丁紛沓内地虚實阨塞已竊窺之肘腋可不慮乎故必靳重大之權以抑降將而又稽覈通丁防其漏逸宣大之獨石應朔關陝之甘固延寧靡不爲之加意堤備而失防通釁仍與失事同罰焉則可款可戰諸鎮自定而組繫東虜夷情不足慮矣國初宗屬四萬禄僅倍之而代肅諸藩額廪千石

將軍以下改官叙遷祖訓昭昭也乃今大倍其初而禄入不繼喧嗔公署甚則束腹待哺不若閭閻細民猶得糊其口焉此議之所以汲汲也愚以五世之祖尚得祧遷六世之孫封爵無紀是忍於親盡之祖而不忍於親盡之孫舛也故親郡世及無容議矣而郡主之次封鎮國者可限也輔奉中尉以嫡繼矣而奉國之降封世襲者可限也被罪降封法當并裁而宗女宗婿减婚貲之半而給之禄可殺其十三矣然殺其禄而不令治生非情也褫封之時設處閑田俾爲世業擇其穎慧者入宗學而選舉黜陟悉如時例盡弛出城之禁以居其宜焉固不必株守名封貽終身之坎壈也無已則有昔人惇宗之例乎酌處存留例銀置設院署敦請無禄貧宗計口計日給以廩養總支領之權於親藩而生育保勘視昔尤加慎焉非苦之也爲厚其生業彼惇睦九族尊位重禄孰不知之然漢之諸王庶子寢封唐宋袒免以下俱不賜名而同姓入仕則劉更生李長源趙汝愚諸賢可考也變而通之未必非親睦之仁矣不然則澤不斬於五世情不便於四業而愈衍愈繁即傾天下之賦能供禄入之額乎國初衛所星羅額軍餘三百萬而民壯弓兵因地制保甲之法規畫詳明令甲可稽也乃今逃亡日衆尺籍漸虚借抵操閲畢則群然而散矣脱遇警變將何以支此議之所以汲汲也愚以爲土著之兵熟知利便而室家丘隴休戚相關舍土兵之練而爲客兵之募迂也試查舊制額兵幾何衛所以不足則其餘丁可補也弓兵不充則其族屬可募也五取其一十用其二蠲其淫役登册籍而爲兵焉則吾民即吾兵矣然藉其入而不授以器猶無兵也汰弱清逋計其餘餉以爲器具之需教閲則逐名給散事完則歸之公庾而賞罰之費總領之官胥此制用焉固不必增益軍儲而待用有餘貲也乃訓練可不嚴乎三農既隙月必九閲責之清軍佐職簡教技略總殿最之權於撫巡而賞罰鼓舞悉如軍制焉非難致也固閑其藝也彼石壕之咏木蘭之詞孰不憐之然漢之騎士起於田野唐宋步兵廣鋭皆出州縣而民兵奏績若李抱真李德裕韓魏公之捷可考也酌而行之未必非足兵之計矣不然則召募而雞犬不寧清勾而甲乙异喙愈逃愈虚將竭斯民之不脂而募無用之兵乎夫治河制虜古法詳而不宜於今今之議可行矣然疏築之費不貲市易致价難定非有域外之觀灼見其機而持之者則尤懼其説鈴也宗禄民兵今制詳而不越於古古今之法當復矣然降封幾於寡恩而募民易於賈怨非有破調之材力肩其事而應之者則尤懼其畫餅也萬世之便不因道謀而志隳旦夕之安不以小利而技癢此所謂事應於時機斷於獨而善議者也然愚猶有一説焉殷憂啓聖多難興邦河患虜患亦天心仁愛人君者也惟迪德用賢以鼓天和則治河禦虜擇便成功此其根本在

朝廷者也千金之子內贍其家外威其鄰至足也今禄匱兵疲乏於財耳惟慎儉節財以臻富庶則禄繼而兵自强此其節縮在朝廷者也聖意所加萬彙響應而何憂於四議乎管見如此執事以爲何如

第四問

劉文徵

同考試官教諭陶批（士有恒心而無定向顧風之者何如耳是策以選舉考核之法廣而行之足以勵行而維風矣）

考試官教諭劉批（評議有見而風勵之説尤爲探本）

考試官教諭蔣批（氣格雄渾識見超拔非凡士也）

君子所以樹天下之功者必其勵天下之節者也君子所以勵天下之節者必其貞天下之志者也蓋功者濟世之具而不可倖成材者立功之本耳不可苟就故砥礪廉隅乃所以豫匡濟之略而竦節奇氣赫然焜燿于人之耳目者則旋乾闢坤天下被其化書裳馥稿後世仰其休此非委靡巽懦于平居而嘗試於功名之會者爲之也何者其所挾持者不輕而其所布置者始不可量也向使志有不立則無以堅其節而養其材厚其積而宏其用雖使時勢可乘無能建明於天下即或勉强樹立姑假烈烈至名然亦不能厭人心而杜後訾矣又况循然一無所就而徒失天下之望者乎嗚呼士君子身負綱常寓宙皆分事也奈之何其不自勵哉緬想唐虞之世元氣渾融明良合德都俞吁咈相與聚精神喜起賡歌相與召和氣無智名無勇功無節義之號也自樂堯舜於畎畝者一舉而救溝中之納負飛熊於渭水者一動而振鷹揚之功人固以掀揭宇宙之勛必成於高節令名之士而緊是則朝扣暮遊掉寸舌而横塞真源奴顔隸膝效鷄犬而解紐王教動則誤天下之蒼生而羞稱於君子之口焉將益以含貞葆素之士不可多得而貴賤之辨隨時雌黄矣既如鍾扶輿之淑間挺寥廓之芳聲者或非時所能限然中材之士與世浮湛則其不能脱迹於鼓鑄濡染之區者其大較也故周之士貴秦之士賤楊雄亦據時事而評其概耳夫周士貴矣而鬻熊辛甲皆周産也一以耄年謁文王而誇策事之壯一以傾蓋遇召奭而膺長子之封洪溷干進豈足貴乎不知菁莪棫樸之教皆慷慨質直之風植節砥行鱗集星輝二子蓋適時之行耳而周士之貴自若耶秦士賤矣而桃源海島皆秦地耶隱士竄迹而謝漁郎之問田横殞身而却漢主之招遺榮輕生豈可賤乎不知狙詐坑焚之後多聲利游揚之夫鄙曲逾閑接軫繁蔓二子特麻中之蓬耳而秦士之賤有故也四皓蹈迹商山而出安炎劉之業孔明高枕南陽而起成鼎足之勛是其操修不苟而致用自宏也乃毛遂自薦

楚趙定從鄧禹投歸雲臺首烈而張齊賢布衣獻策卒成賢相之功焉則异才亦起於自售不專以養望得之者然不知暗合道妙者不以膠柱而隳績是鄧禹諸賢各有當也子厚締黨叔文卒投老於西粤仲淹獻策十二乃托興於東征是其樹立既污而蒙詬非過也乃樊英强起損譽漢庭殷浩一出蒼生觖望而房琯素負時名亦不免陳濤之辱焉則誤國多出於徵士不專以干謁失之者然不知聲聞過情者難以倖時而建功而房琯諸賢固畫龍也之數賢者就事功論之則安劉定鼎鞏兩主之基解紛定難皆有用之器視諸旅進旅退貽譏黨友者相逕庭矣要心術而評之則商山之謀出於吕氏布衣之策終爲上援方諸抱膝長吟光明俊偉者隔霄壤矣蓋黄綺諸賢特衆人之尤而孔明則衆尤之尤也若桃源海島業無可見而清風凛凛尚有餘思樊英房琯寡謀輕試而迄今猶潤牙頬者何哉蓋世變江河士習愈下伏車泣血而不知哭途之鄙突梯滑稽而不知升斗之汙懊不得意坐而書空者視諸子之失猶瀾倒焉固宜其有述於後世也故士之於世寧爲玉碎毋爲瓦全寧爲雉經毋爲虺曲寧爲待聘之英强起之琯而毋若平原河陽自鬻以成其身焉至於開誠布公藉爲學古之梯而澹泊寧静毅然藩籬其身而不敢褻雖其成功在天不可逆睹而後彫之柏特達之圭人固仰之爲山斗矣而况節以志堅材以節立功以材運世豈有厚自珍惜而不能建立於世者乎噫可貴而不可賤可周而不可秦士人之立身行已固如是也然聞周之待士六德六行以爲稽尚其實也三詔五贄而後見遠其耻也八法八柄以辨治省其成也故士不得不貴而治不得不隆是化導之權在上而不在下也方今敦尚節行振勵士風選之以科目而戒其浮蔓課之以久任而黜其競躁其貴士養士之心不讓成周矣而猶有窳節乏材如執事所云者何哉大抵蓬户甕牖之志不過風雲月露之習文藝既攻青紫立至其於節行標致素所未嘗而既仕之後又以耀潤身家爲念陟巍躋膴爲期苟可得之即脂韋之行皆所不鄙而氣隳於積俗漸於靡故需材愈急而應之者猶夫其初也即欲起敝維風豈無術乎今之選舉無遺法矣然謂科目盡天下之材不可也枕流漱石豈無瑰瑋卓犖出於制舉之外者乎必舉辟薦之典責諸監司廣詢博訪有道德隆重者有孝弟力田者有行誼修潔者據實陳薦不限其數而其揮霍勇毅機智謀略可備一時緩急之需者將不病其爲屠釣爲草野特設一科而羅之以弭天下之變而待天下之用焉則埴之在冶惟陶所範未有上作而下不應者也此不可以廣選舉之所未盡乎今之考覈無遺法矣然謂格例鼓天下之趨不可也循資躐級豈無琦材异政限於資格之内者乎必酌久任之法責諸銓部尚實均勞無以清華爲捷徑無以

遠地爲贅員無以流品爲定局以目正耳資望兼收而其奉職循雅植節清修足爲一世人材之表者吾不疑其爲吏隱大破常調而庸之厚天下之倡以養天下之鋒焉則一人善射百夫拾决未有鋒在而劍不利者也此所以補考覈之未盡者也若徒操舉業爲彀率而逸奇行於驪黄專停解於如月而滯賢庸於雁次則俊茂倜儻之士安肯鄙猥自衒而曲學以覬聲利乎噫昔人所謂用法益密而進人益難者其説固具在也上挽其趨士勵其志而人材治道不古若焉愚固未之信也

第五問

吴璨

同考試官教諭徐批（積粟鑄錢裕民要務是作究極利弊斟酌時宜皆鑿鑿可行優於用世者也）

考試官教諭劉批（興利當圖久遠子言有卓識矣）

考試官教諭蔣批（經畫周詳不特可行於一方者）

聖王之致治也必導利以厚天下之生而操權以制天下之用蓋食者民之資以生也弗爲之殖則耗竭而不贍故導之而充然有餘則無不厚之生矣利者人之所必趨也弗爲之制則抏滯而弗通故制之而民習於義則無不足之用矣生厚用足則財裕而不争天下之業安所爲而不成也執事以積貯錢帛策諸生將謂其識時務與非其人也然敢不拾所聞以對嘗聞聖人在上而民不凍餓者非能耕而食之織而衣之也爲開其食貨之源也故辨土地以藝植因水旱而鑄金使四民各勤其業而遠近咸資其利一毫一縷事爲之制而見於周官一書者尤備焉九穀之生責諸三農國用之制以三十年爲通而九府圜法復有以濟粟之所不及當其時民有餘粟而國有餘財蓋因其利而利之非損下也因其足而通之非奪民也鳬鷖既醉之治有自來矣後之求理者亦常用之乃田雖井而新自新官雖周而隋自隋者何哉蓋古之人理其出而後之人理其入乃一切苟且之術也豈古今异宜哉管仲九府之制因貴賤以權輕重單穆公以錢輕爲患則量資幣而權子母焉是雖未必盡合周官之法度而操縱以時民胥便之固謂之得策矣李悝平糴之法因歲入爲斂散桑弘羊易以均輸則籠百貨而歸於官焉是雖均爲心計之運量然平糴裕農而均輸貿利悝固彼善於此者矣富民入粟實邊順民心而三有所補此晁錯積儲計也孝文賴以富庶可謂盛矣然積貲顯融則累行者抑奸民蒙宥則犯科者多胥天下離制而弃本冒禍而攘利焉其錯之作俑乎博銅盡歸公庾禁私鑄而致福有七此賈誼治安策也文帝竟弛錢禁非不公矣然利權旁落則倒持

太阿法網太疏則跅弛日衆至吴王鑄錢而富埒萬乘商賈殢財而不佐公家焉其誼之先見乎是數子者興一時之利便而爲司計者所宗固能臣也然財不可聚而獨厚於上權不可移而反歸於下其得失异致而治亂常相反者其所操者殊也我祖宗軫念元元節以制度墾田科税歲有常供官俸軍需用有定額上不侈而下常餘寓内蒸蒸富庶者餘二百年即滇南遠在徼外亦沐膏澤稱富饒矣乃者聖齒日繁歲入漸寡稍旱熯而餓夫盈途是蓄積不如古耶貨物翔踴閭里瀟然緣轉徙而額餉日逋是財而不如古耶居常無事醫瘡剜肉已不忍聞於慈父孝子之聲而卒然有警則安知其計之所出哉皇上睿德性生冲虚節愛積粟之課既頒鑄錢之令復下其視洪範之先食貨周官之阜民財者意尤渥也海内喁喁然思嚮皇風而登殷阜而滇之急在燃眉者當事諸臣將何以奉揚休美乎夫善爲治者莫不重穀今滇民不勤本業而生寡食衆銍艾甫停積蓄告匱粟之不足甚矣誠欲理之其要有三屯地有定額而隱侵於豪右乾没於武弁則餘丁以虚賠而質他室以負税夷民租種軍田輸税十一額失而弊滋矣必按籍以稽履畝而覈番休老壯盜沽之竇當塞也訪覈鱗圖乾没之奸當懲也則田足贍軍而亦可以寬民此清屯田之爲要也亦夫不耕受以饑矣乃武定迷蒙荒蕪未墾而游食日衆誠擇其長川廣野可以開溝洫而畫經界者授可耕之人而給之牛種薄征税之入而時勸相焉則緣南畝者多而積儲備矣此勸力作之爲要也夫常平非李悝之法也三代之法也今之春而貸秋而償善矣然栽桑紙上逋欠日多放則利歸胥猾徵則迹涉誅求加以潮濕浥爛又累司庾者之賠輸則孰與常平之爲便哉必隨地而擇其亢爽立爲庾司實以備賑之贖穀掌以茂實之耆民貴出賤入無貲者量貸之惟其饑之上下而不盡罄焉則貲本既有所出而浥腐亦不爲病此立常平之爲要也夫民方艱食而吾爲之開其源使三年九年之常蓄而凶荒水旱足以相恤如是而民生有不厚乎善理財者以錢代貝蓋金銀細分則耗布帛片折則廢惟錢爲便也今銅産於滇充溢闤闠市民捐軀命以浚求之况於錢之利而不害乎兹欲行之其要亦有三念賈誼召禍起奸之説而操之使不旁落藉其贏餘以周困匱則利權在我而劉濞鄧通之徒無自作矣此私鑄之當禁也錢議最多而莫善於孔顗者不惜銅不愛工也試效開元之制而定以新名務使體厚而肉好適均製工而輪郭周正則本多工費而天下之觸禁者少此規式之當定也三幣相準從古已然滇雲舊用海肥細微不混故稱便焉惟令錢貝兼使二幣通融而一準上幣以權之則俗不欺詒而賈無拆閲矣此權宜之當酌也夫朝有明令而吾爲之通其變使民情土俗之相安而公輸私費得以

兼資如是而財用有不豐乎噫此富滇之術而推之富天下可也雖然滇之可憂者豈止此乎租庸煩苦則宜差恒産勾流寓以甦其困也隴畝旱亢則當濬壩堰導桔槔以通其利也將卒柔脆而無用夷玀剽掠而難捕則設武館以閑技略嚴保甲以訊知音者可不早爲之防乎俗尚淫靡而惰農桑礦課虧額而羈命吏則植棉麻以杜其澆易專官以通其窮者可不曲爲之計乎若夫制防緬甸分北沙儂又未然之憂出於積儲錢幣之外者而要之莫非厚民計也顧豈無其本哉彼谷永守鬱林而烏滸内附李靖撫南粤而黎獠胥悦黄忠宣治安南而交人不忍遽叛者德其人也今之仕者率戀中原而厭邊徼除目一下索然無復向往之心司銓者曲而通之遠方之吏非例蔭則遷謫不然則朴直寡援者也其視中土懸异矣夫天下一體中原心腹也遠方四肢也四肢病而委諸庸醫善攝生者固如是乎故吏兹土者非廉潔不足以震威非材識不足以批蠹非久任不足以孚夷情練土俗而非超遷又不足以繫士望而固久任之心也則夫計材而陟擇人而使賢者不以避嫌邀名不肖者不以貪墨敗事足兵食之圖養和平之福則華尊夷遁九重寬西顧之憂矣是又在巖廊加之意耳愚生概此已久惟執事轉聞之焉

雲南鄉試録後序

萬曆丙子雲南鄉試事竣録既成監察御史陳文燧謂朝鳴祇役校文宜申忠告朝鳴遂言曰二三子舉於鄉執事者既歌鹿鳴而賓興之矣予何言哉無已則申鹿鳴之旨爲諸士告可矣昔叔孫穆子聘於晋晋公享之樂歌鹿鳴者三而後拜使行人問焉穆子對曰鹿鳴君之所以貺使臣而來周行美德音者也敢不拜嘉夫君之貺臣以周行德音爲望則其禮遇延接之誠已溢於琴瑟筐篚之外而臣之所以報稱主德者顧在於言語文字之間乎彼其屬望嘉賓者不曰德音孔昭則曰視民不佻而以君子是則是傚者終之蓋謂身無逸行則陳之爲周行昭之爲德音而臣民胥範焉是周之人君所以禮其臣者誠渥而責之者亦誠殷也今主上嗜學勤政執中建極遠邁成周而夢寐賢哲即遐陬僻壤之士必隆禮厚宴羅而致之惟恐其周行之説不亟聞於上諸士生於朱提炎方去中原萬餘里其初不過與齊民耦耳一旦策名天府光華燁然即且司民社臣鄰之寄奇哉遘也乃可銜空名於鉛槧潦盛美於聲華而不思履德蹈道以求稱塞於萬一乎夫熊蹯豹胎不若菽粟之味錦文綺縠不若韋布之温所謂不佻之德豈其踔礪崎崛而絶俗爲异者哉惟篤衷不欺表裏符

契則其材固君子之材文亦君子之文也今方内之士握瑜懷瑾孰不摽表藝林希高慕大孰不抵掌先哲居常奮嘆天下之事若以爲言之無由行之無會汲汲然不得以其身試之然一肩重鉅輒相牴牾無論屬厭温飽巽懦鮮立即或建樹卓犖焜耀耳目而玄覽未滌一涉於虚蹻之念焉則視古之立功立言者尚不免堂奥之隔諸士修詞績德蓋亦有年自今謀之心揆之後其能以周行之陳報寵遇不佻之德視臣民乎鹿鳴之音固在耳也奈之何其弗懋哉昔人謂君臣際會比諸雲龍而大雲五色其下必有賢人兹省之得名者固以彩雲自南方出也朝鳴初歷龍華境方旱熯蒼碧之巔雲峰硉兀咸欣欣然以爲雨也少焉飄揭晴空日出有曜衆且嗒然寂矣詰朝望瀟湘木容之區雲猶是也已而頹飆怒雹偃苗拔木人皆咨睢又明日陟苴蘭迴視盤龍太華諸峰煙霧四塞褰裳疾避乃霡霂淋漓槁甦仆植三農籲天稱慶焉然則民何心哉固雲之變態爾殊也今諸士之文即祥光景雲不是過日當服休服采雲附景從其爲浮雲乎無咎無譽矣爲暴雲乎衆且咨之矣惟輝煌治理霖雨蒼生使臣鄰胥有視傚則人將稱爲慶雲如昔賢臚第不負太史之奏即滇省人物自兹科稱盛而彩雲之號亦惟諸士當其實矣進而馥稿書裳垂光萬禩充之爲虞周之杰焉又豈得以滇雲之人物限之哉昔祁奚舉善任謂惟善也故能舉其類朝鳴非其人也追武前修式貽主司令名在二三子

河南汝州伊陽縣儒□□□劉朝鳴謹序

萬曆十年雲南鄉試録

雲南鄉試録序

萬曆壬午秋御史董裕監臨雲南鄉試精白乃心祇肅乃度用帥先百執事百執事罔敢不共闈以外提調則左布政使徐作右布政使魏體明監試則按察使徐元氣副使胡心得以職至闈以内典試則士淳與教諭貞一同試則教諭劉止訓導靳惟賢董以道周效良以聘至諸既集乃裒士而三試之先是提學副使荆光裕遴簡待試一千三百五十人至是則收儁四十五人録文二十首謹籍而獻之闕下御史乃顧百執事而宣言今天下輿圖西南萬里以滇爲徼滇在六籍時不稱遐裔荒服哉入秦紀以來蓋嘗置守吏奉約束亦往往自擅不討其後君長與守吏雜治雖無相侵害然聲教未一也已乃畫大渡河而弃之至於勝國胥之爲夷明德象覆載罔有疏逖爰始冠帶其民郡縣其土燿曶昧以光明迨於今兹斌斌濟濟埒乎中州矣由今溯天造之初孰知帝力爲士者宜知之自昔列辟直甌脱視滇耳一再不易莽然荆榛狐貍豺狼嘷而穴其中明興披其莽翳驅其嘷跳漸次修葺迄有寧宇紘誦之士緩帶而修其業惡可不思所從來夫滇在昔豈伊异域其見於經爲南交昧谷之交羲叔和仲之所宅而平秩也爲華陽黑水禹之所表而志也爲濮人周王之所杖鉞秉旄以麾而誓之者也其見於史爲西南夷滇嶲昆明牂牁楪榆邛筰之屬漢武宣之所遣幣而求馳檄而諭鑿池象而習戰者也蓋元封初司馬遷奉使南略邛筰昆明次年相如持節開越嶲而土人盛覽傳其學以教於鄉是時按道侯開益州建學授經人文於是乎始然稽之職方僅乃關沬若梁孫原而已詞臣尚夸以爲遠撫長駕中外禔福方之於今孰爲一體乎洪水之際武功底定文教勃興二百年來數增解額且雁行蜀粤而肩隨之名世將相之業稍稍間出主上承列聖休養之緒廣厲學官申布功令日月懸於天窮陬僻壤靡不照臨雨露被於物微荄弱株靡不沾溉萬里之外曠然爲家倫軌書文猶在輦轂夫一統之盛悉土悉民弃而蠻夷之則蠻夷進而中國之則中國天子不夷鄙滇人而飭以儒雅士故得與聞中原之文獻登昭明之途而益重自弃覽所爲詞本原經術通達世務依希乎有漢兩司馬之概焉昔西鄙野人并耦而游於

都市其一明禮義習威儀歸見於父兄甚都里中椎魯者慕而效之其一乘堅策肥崇夸滋侈歸見於父兄亦甚都而里中竊笑之今之滇非昔之滇也蓋耦而游都市矣禮義夸侈於是焉在惟士所取之金礦受鎔鎔則不復爲礦玉璞受雕雕則不復爲璞吾聞滇俗樹惇而守終純固一變至魯於先進之從爲近夫士既鎔既雕幸無忘厥初而徒盛都市之容猥爲椎魯者所笑也百執事唯然咸是御史言請書之屬士淳受簡是舉也鎮守黔國公沐昌祚振揚明威靖疆宇以保士巡撫都御史劉世曾勤宣德意監郡國以造士大理寺左寺正陳明經恤録甫竣弼教猶新左參政陣誥右參政邵元哲右參政兼僉事趙睿右參議胡僖副使賀幼殊辛存仁僉事楊際熙署都指揮僉事趙瓊楊循禮協庀於外以贊賓興副使馬顧澤以遷秩行左參議鄭宗學副使鄭孔道署都指揮僉事王三聘以入賀行皆先事有勞焉於法得書

四川保寧府蒼溪縣儒學教諭譙士淳謹序

萬曆十年雲南鄉試

監臨官

巡按雲南監察御史董裕（惟益江西樂安縣人　辛未進士）

提調官

雲南等處承宣布政使司左布政使徐作（汝念江西南昌縣人　壬戌進士）

雲南等處承宣布政使司右布政使魏體明（用晦福建候官縣籍福清縣人　乙丑進士）

監試官

雲南等處提刑按察司按察使徐元氣（汝和直隸宣城縣人　壬戌進士）

雲南等處提刑按察司副使胡心得（元静浙江德清縣籍仁和縣人　乙丑進士）

考試官

四川保寧府蒼溪縣儒學教諭譙士淳（仰通四川南充縣人　戊午貢士）

浙江處州府青田縣儒學教諭倫貞一（啓元廣東順德縣人　辛酉貢士）

同考試官

四川成都府縣儒學教諭劉止（孟敬湖廣咸寧縣人　庚午貢士）

陝西西安府咸寧縣儒學訓導靳惟賢（同夫陝西南鄭縣人　辛酉貢士）

湖廣荆州府遠安縣儒學訓導董以道（時重貴州普定衛籍陝西咸陽縣人　癸酉貢士）

湖廣武昌府通城縣儒學訓導周效良（遂卿四川新都縣人　丁卯貢士）

印卷官

雲南等處承宣布政使司經歷司經歷熊達（惟誠湖廣枝江縣人　儒士）

雲南等處提刑按察司經歷司知事李存（時誠浙江歸安縣人　監生）

收掌試卷官

雲南府知府洪邦光（樂甫福建同安縣人　戊辰進士）

臨安府知府甘一驥（德夫江西南昌縣人　辛未進士）

楚雄府知府戴記（儀周廣東東莞縣人　乙丑進士）

鶴慶軍民府知府桑荆初（汝滋貴州永寧衛籍直隸昌平州人　戊午貢士）

受卷官

大理府知府丁應賓（聘之湖廣龍陽縣人　乙丑進士）

廣西府知府蔡應科（思盛福建龍溪縣人　戊辰進士）

永昌軍民府知府陳嚴之（泰仲福建閩縣人　戊辰進士）

武定軍民府知府趙鉞（可虔福建長汀縣人　壬子貢士）

雲南府同知蔣上欽（思敬廣東新寧縣人　丁卯貢士）

曲靖軍民府同知姚繼先（子敬四川成都縣人　丁卯貢士）

彌封官

臨安府同知蘇兆印（君錫廣東南海縣人　辛酉貢士）

雲南府昆陽州知府蕭茀（子行四川内江縣人　甲子貢士）

大理府鄧川州知州陳輔（廷佐江西廣昌縣人　戊午貢士）

澂江府路南州知州羅應台（德臣貴州永寧衛籍直隸泰州人　丁卯貢士）

臨安府阿迷州知州孔宗海（道本貴州清平衛籍直隸儀真縣人　丁卯貢士）

雲南府昆明縣知縣劉之龍（起潛四川富順縣人　庚辰進士）

永昌軍民府保山縣知縣楊文舉（直卿四川南充縣人　丁丑進士）

謄録官

楚雄府同知吴應卯（子鍾四川内江縣人　乙卯貢士）

大理府推官王時輔（左卿江西臨川縣人　乙卯貢士）

安寧鹽井鹽課提舉司提舉方沆（子及福建莆田縣人　戊辰進士）

臨安府建水州知州彭芹（公獻廣東東莞縣人　戊午貢士）

雲南府晋寧州知州孫哲（子知貴州偏橋衛籍山東招遠縣人　庚午貢士）

雲南府宜良縣知縣沈昌胤（裕德四川保寧所籍直隸華亭縣人　戊午貢士）

澂江府江川縣知縣吴道東（傳之貴州思州府人　庚午貢士）

對讀官

曲靖軍民府推官趙之垣（衛甫四川涪州人　庚午貢士）

新化州知州蔣時材（惟成廣西全州人　甲子貢士）

楚雄府南安州知州佘賡（士鳴貴州前衛籍直隸全椒縣人　庚午貢士）

廣西府師宗州知州黄宇（伯居貴州平壩衛籍湖廣瀏陽縣人　丙子貢士）

臨安府通海縣知縣蔣養成（邦傑廣西桂平縣人　丁卯貢士）

澂江府河陽縣知縣梁國相（惟軒廣西賓州人　庚午貢士）

巡綽官

中軍官以都指揮體統行事指揮僉事陳化鵬（時翔直隸高郵州人）

越州衛署指揮同知胡來賓（覲夫直隸桐城縣人）

雲南右衛指揮僉事葛黁祖（功錫直隸欒州人）

臨安衛指揮僉事李延之（壽卿河南羅山縣人）

永昌衛指揮僉事陳一龍（少達江西寧都縣人）

曲靖衛指揮僉事馮維良（一元湖廣京山縣人）

永昌衛指揮僉事木元瑞（用徵陝西狄道縣人）

搜檢官

楚雄衛指揮使吴繼勛（允述直隸沛縣人）

廣南衛指揮同知崔象賢（維德直隸江都縣人）

臨安衛指揮僉事江維仲（用濟直隸六安州人）

雲南左衛指揮僉事吴山（子静直隸合肥縣人）

洱海衛指揮僉事夏成允（克踐直隸鳳陽府人）

曲靖衛指揮僉事胡珠（體元江西豐城縣人）

供給官

雲南等處承宣布政使司理問所理問劉應龍（世見江西安福縣人

監生）

雲南等處承宣布政使司經歷司都事成能（希聖直隸無錫縣人　監生）

雲南等處提刑按察司照磨所照磨張紳（廷獻福建德化縣人　監生）

雲南府通判李翺（民瞻四川大邑縣人　監生）

臨安府寧州知州饒乎（中天貴州思南府籍江西清江縣人　戊午貢士）

廣西府彌勒州知州李啓（子教湖廣湘陰縣人　乙卯貢士）

楚雄府碍嘉縣知縣李淳（伯初貴州思州府籍四川内江縣人　丙子貢士）

雲南府經歷司經歷沈仲鵬（九霄直隸涇縣人　吏員）

曲靖軍民府經歷司經歷謝天助（順之江西進賢縣人　監生）

澂江府經歷司經歷施汝俊（子用四川慶符縣人　監生）

雲南府照磨所檢校徐問禮（思誠浙江鄞縣人　儒士）

雲南中衛指揮使司經歷司經歷劉嘉岳（子重四川璧山縣人　吏員）

雲南右衛指揮使司經歷司經歷江永（壽夫四川鹽亭縣人　吏員）

雲南後衛指揮使司經歷司經歷劉尚仁（崇德四川巴縣人　吏員）

廣南衛指揮使司經歷司經歷朱鱗（汝化江西廬陵縣人　吏員）

臨安府嶍峨縣縣丞賀宗禮（原讓四川眉州人　吏員）

雲南左衛指揮使司經歷司知事冉文明（應元四川内江縣人　吏員）

雲南右衛指揮使司經歷司知事馬廷萱（子愛直隸當塗縣人　吏員）

武定軍民府和曲州吏目汪文相（名卿直隸安慶府人　吏員）

雲南府昆明縣典史汪天佑（申之四川永川縣人　吏員）

曲靖軍民府南寧縣典史韓炤（德亮江西臨川縣人　吏員）

第一場

四書

所謂誠其意者毋自欺也　子聞之曰大宰知我乎吾少也賤故多能鄙事君子多乎哉不多也　大人者言不必信行不必果惟義所在

易

彖曰大有柔得尊位大中而上下應之曰大有　君子以勞民勸相　鼓萬物而不與聖人同憂　離也者明也萬物皆相見南方之卦也聖人南面而

聽天下嚮明而治蓋取諸此也

書

無教逸欲有邦兢兢業業一日二日萬幾　后克聖臣不命其承疇敢不祇若王之休命　曰雨曰暘曰燠曰寒曰風曰時　道洽政治澤潤生民四夷左衽罔不咸賴

詩

彼茁者葭一發五豝于嗟乎騶虞　菁菁者莪在彼中阿既見君子樂且有儀菁菁者莪在彼中沚既見君子我心則喜菁菁者莪在彼中陵既見君子錫我百朋　子孫千億穆穆皇皇宜君宜王　敷時繹思我徂維求定時周之命

春秋

秋公會宋人齊人伐徐（莊公二十有六年）　冬十月不雨（僖公二年）春王正月不雨夏四月不雨六月雨（俱僖公三年）　冬公孫歸父會齊侯于穀（宣公十有四年）　晋欒書帥師救鄭（成公六年）夏曹公孫會自鄸出奔宋（昭公二十年）

禮記

天子曰辟雍諸侯曰頖宫　四者君以正用之故君者立於無過之地也詩言其志也歌咏其聲也舞動其容也三者本於心然後樂器從之　天下莫不貴者道也

第二場

論

帝王心法之要

詔誥表（内科一道）

擬漢賜天下今年田租之半詔（文帝三年）　擬唐賜裴度爵晋國公入知政事誥（元和十一年）　擬宋禱雨太乙宫是日雨輔臣賀表（慶曆七年）

判語（五條）

官員襲蔭　賦役不均　鄉飲酒禮　門禁鎖鑰　修理倉庫

第三場

策（五道）

問　帝王爲天下萬世計必立治法以惠無窮三代盛王其子孫累數百年同底治安者其法存也觀諸載籍可考矣後世勵精求治之主莫過漢宣帝宋神宗然法則仍秦治則雜伯上嘉者陋而不居也乃其臣條陳之其君守爲家法何遽侔德殷周宋至元豐法敝滋弱神宗與其臣所稱則堯舜也周官所置新法未爲盡非何致釀禍紹聖意者在人而不在政與何得失之异軌也我太祖高皇帝創業垂統遠邁百王經制明備焜耀區宇一代之治法隆矣列聖承圖纘爲治統我皇上冲聖嗣極碩輔矢謨法祖善治十禩于兹薄海内外承風順德真軼漢唐而儷三代談治統者曷罄名言顧法常敝於相沿治或湮於所忽兹欲飭治振起俾成法常新而無敝固憂治世者所欲言亦願治之主所樂聞也諸士其盡言之吾將持以爲獻

問　古今善言天人之際者稽诸洪範其言五事必配以五行而休徵咎徵類应靡爽乃孔子作春秋书灾异不書事應與洪範之旨异者何詎非以天心之仁愛人君者甚深人君之克謹天戒者當無時無事無不致其敬與洚水之儆桑林之禱雲漢之憂古先帝王之所以遇灾而懼天不能爲之灾者蓋有道也洪惟我太祖高皇帝開天啓聖論洪範庶徵之應獨超千古七曜紊度詔求直言矣京師大旱求言録囚矣而精誠有録存心有録所以欽崇戒謹者尤至詳且切故比堯而多其功于湯而邁其德周宣不足侔矣我皇上挺聖喆之資撫郅隆之運御極以來民物昌阜中外敉寧天下稱極治矣頃者雨澤愆期玄象示异風霾翳日疫沴時行四方水旱屢形奏牘兹固天心仁愛之徵也皇上齋心默禱蠲逋發賑敕内外大小臣工共圖修省凡所以增修德政以仰答天心者未易殫述此其心即皇祖敬天之心于精誠存心録有深契者粹乎無容議矣兹欲因天之垂象者以陳謨承皇上之敕下者以交儆則何道而可皇祖曰天人之理無二人當以心爲天又曰欲求事天必先恤民大哉聖言誠昭事之龜鑑也諸生達天人之際有能推原其説可以仰裨聖天子敬天之衷者其詳著于篇

問　舜命夔曰詩言志孔子曰興於詩詩之爲教大矣三百篇而後天子不采風諸侯不貢俗文人墨士各聘才情以擅一家故變而爲離騷變而爲五言最後變而爲近體極矣即以騷談之傳騷者稱其兼風雅光日月似矣太史公采之入傳無貶詞乃反騷者譏其不能龍蛇序騷者尤其怨懟沉江抑何説

與辯騷者指其合風雅者四事异經傳者四事可得詳與夫褒貶任聲抑揚過實非所以論古人也抑有至當不易之評與後之擬騷者無慮數家何者爲近與自漢魏逮齊梁馳聲藝苑者無慮百家固有第之爲三品者説者惟有取於柴桑之士而又不爲韓退之所取何與唐自貞觀以迄開成蜚譽詞林者亦無慮數百家有詮之爲四唐者説者惟有取於浣花之叟而不爲歐陽永叔所喜亦何説與夫詩體以代异調以人殊兹欲總异歸同以窺作者之致以鳴國家之盛何所繇與諸生紬繹風騷必有犁然當於心者其詳言之以觀博雅之學

問　田賦經國大務其法莫善於井田其所由來遠矣唐虞夏商相沿至周大備周禮遂人匠人之所掌者是已其賦則遂師縣師鄉大夫均人掌之其詳可得聞與秦開阡陌井田廢矣或謂不始於秦漢興去古未遠乃宜復而不復何與自漢歷唐宋其制何者爲近古其間變置得失可得而詳與惟我國家參酌古今履畝定賦田雖不井取民有制誠經國之良法也但法久弊生侵隱詭射至不可勝原邇者皇上軫念民艱特允當事諸臣之請詔天下有司度田舉宿弊而厘正之以甦疲瘵恩至渥也第滇省僻在西南括全省田賦不足當中州一大縣歲豐民堇堇足食一遇兵凶公私輒告匱司民命者烏可不爲之慮也兹欲就履丈之時定經久之計以大裕滇民而少裨國計畫將安出諸生明習世務於滇當尤切也其何以告我

問　滇南在三代時不列職方自莊蹻略地至滇因而王之此入滇之始也元封以後時通中國置郡縣然土流雜治嚮背靡常既玉斧畫流金沙未渡猶然阻風教矣我高皇帝混一區宇拓昆瀰墮鄯闡乃出夷狄而入中國按其圖輿右肩吐蕃前臨交阯西南控緬甸諸夷二百年來聲名文物駸駸埒中土而物産饒异逐什一之利者亦視爲陶中而錯趾其間真西南一大都會也乃入滇之路廑廑黔中一線是丸泥可封者即無論奸宄爲梗則夜郎以西舉爲可虞而紆遲驛遞則病於官踔遠侵掠則病於民是尤有可念者嘗考圖志金沙江貫絡滇洱引達江漢因勢疏鑿可通舟楫自廣南抵粤西浮牂牁可徑下番禺而由普安出田州尤爲兩粤捷徑兹可闢而通之與昔尉佗王南越滇王爲役屬輸款相如持節開越嶲滇南之地道通楚蜀其故道尚可考見議者欲水陸通道使北而巴蜀南而百粤聲勢聯絡潛銷負固之萌永貽官民之利亦萬世計也圖滇者之所當講求也夫人情重於慮始築舍難於道旁計利便籌因革諸士滇産也宜有石畫

中式舉人四十五名

第一名　鄒祖孔　臨安府學生　易
第二名　楊先春　大理府學生　禮記
第三名　張輔辰　安寧州學生　詩
第四名　劉信徵　雲南府學生　書
第五名　趙儒　趙州學生　春秋
第六名　黄學皋　臨安府學生　詩
第七名　張良遇　臨安府學生　易
第八名　郝維德　雲南府學生　書
第九名　趙瑄　臨安府學生　易
第十名　張官　鶴慶府學增廣生　詩
第十一名　閔宗聖　鶴慶府學生　易
第十二名　馬煒如　保山縣學附學生　詩
第十三名　趙捷　鶴慶府學生　禮記
第十四名　趙天民　保山縣學生　書
第十五名　楊如龍　騰越州學生　詩
第十六名　滕如蛟　保山縣學生　春秋
第十七名　羅萬理　澂江府學生　易
第十八名　李正芳　安寧州學生　詩
第十九名　郭維藩　雲南府學生　書
第二十名　劉安仁　臨安府學生　詩
第二十一名　顧紳　鶴慶府學增廣生　易
第二十二名　蕭韶　通海縣學生　詩
第二十三名　胡向禮　河西縣學生　易
第二十四名　汪桐　昆明縣學增廣生　書
第二十五名　段逵　安寧州學增廣生　易
第二十六名　楊堯仁　安寧州學生　詩
第二十七名　侯康　保山縣學生　詩
第二十八名　楊道明　元江府學生　書
第二十九名　趙端益　大理府學生　易
第三十名　吴天祐　趙州學生　易

第三十一名　馬翰如　永昌府學生　詩
第三十二名　羅大器　安寧州學生　詩
第三十三名　何渾然　太和縣學生　易
第三十四名　楊州雁　鄧川州學生　書
第三十五名　楊忠愛　石屏州學生　詩
第三十六名　蘇九河　晋寧州學生　春秋
第三十七名　李岐鳳　新興州學生　易
第三十八名　楊思謙　浪穹縣學生　書
第三十九名　饒允泰　蒙化府學生　易
第四十名　楊爲楹　太和縣學增廣生　詩
第四十一名　馮運吉　臨安府學生　書
第四十二名　吴仁　大理府學生　禮記
第四十三名　禄有政　蒙自縣監生　易
第四十四名　瞿昌胤　昆明縣學增廣生　書
第四十五名　尹紹皋　蒙自縣學增廣生　詩

第一場

四書

所謂誠其意者毋自欺也

鄒祖孔

同考試官教諭劉批（發戒欺意不作影響語直從人心靈覺處指切言之讀之神竦）

考試官教諭倫批（説理精徹措辭警策）

考試官教諭譙批（邃理之文自有關鍵）

傳者釋誠意在戒其不誠而已夫不誠莫甚於自欺也欲誠其意而可不戒哉且大學之道未嘗不始於誠意者也然謂之意則不涉於事爲其端固自我發也謂之誠則不由於假借其機亦自我决也故知之未致患無以識乎誠知之既致患有以累乎誠觸於善而知好此真好也顧好之一有不實焉無論天下之伺之者何如即反而質諸真好之一念亦甚悖矣得無自欺其好歟誠意者勿自欺其好也觸於不善而知惡此真惡也顧惡之有一不實焉無論天下之窺之者何如即反而質諸真惡之一念亦甚悖矣得無自欺其惡歟誠意

者勿自欺其惡也人之自誠而流于僞也常以心之有所蔽於内苟當昭然不蔽之中而僞得以參之是明知其僞而安焉者也非若蔽於内者尚可冀其有時覺而悔也使不嚴爲之禁而何以誠乎人之自誠而淪于妄也恒以心之有所眩於外苟當炯然不眩之中而妄得以雜之是明知其妄而安焉者也非若眩於外者尚可望其有時悟而反也苟不力爲之防而何以誠乎蓋意者萌於無形之介惟無形故入于欺也最易自欺者遂于有心之私惟有心故其陷乎人也甚深君子必慎其獨有以夫然則誠意者求諸我足矣又言格物者何曰其所謂物乃其所謂我也夫我者萬物咸備者也有其物則有其誠無其物則無其誠家之齊國之治天下之平均之成其不欺而已彼老氏之復佛氏之定不可謂無志於誠而卒未免爲自欺者蓋離物而求我也

子聞之曰大宰知我乎吾少也賤故多能鄙事君子多乎哉不多也

楊先春

同考試官訓導靳批（體裁莊整思致弘深發揮聖人不貴多能之意極盡）

考試官教諭倫批（精邁典雅不落塵筌）

考試官教諭譙批（明妥有致）

聖人之論多能無非明其不足貴也蓋多能非聖人意也君子之學惟務其大者而已奚以多爲且夫子之所以爲聖者惟其不多也大宰之聖夫子專以其多而智足知聖者亦兼以其多均之未觀其深矣夫子聞而曉之曰大宰其知我乎我之所以多能者非聖也以少賤也而其所以爲能者雖多也特鄙事也蓋内之非有關於道德性命之微而姑假之以寄其意外之非有關於天下國家之用而姑托之以適其情若是乎不足貴也然則君子者其果多乎哉君子非不有所知也要之其所知者乃斯道之易而知者也不多也非不有所能也要之其所能者乃斯之簡而能者也不多也當其始而求乎道也精神志慮悉凝然其收斂而中不役固未嘗有多之心當其終而得乎道也才略技藝悉渾然其融化而外不露亦未嘗有多之迹信乎道不在多而惟不多然後見君子也大宰觀於我之所以多觀於君子之所不多其可以知我矣而遽擬以爲聖也者無乃不可乎夫子之言如此則大宰固已失矣子貢亦未得也吾考子貢嘗曰博施濟衆曰回也聞一知十賜也聞一知二屑屑然惟多之是計夫子憂焉故曰近取曰弗如曰一貫皆警其多也卒之與聞性與天道其得於夫子深矣雖然性即道也道即性也兼舉而并言之其猶未離於多哉

大人者言不必信行不必果惟義所在

張輔辰

同考試官訓導董批（一洗鉛華天質自瑩末段入佳境矣結意尤超）

考試官教諭倫批（詞簡意周宜録爲式）

考試官教諭譙批（勁爽中更有精思）

大人之於言行惟其宜而已夫義者言行之宜也彼徒以信果焉者遠於義矣大人豈爲之哉昔孟子之論蓋曰所爲大人者非大於庸衆人大於理也天下有言而必於信者斯其人亦賢於不信者矣然而必於信其心遂未免爲信所繫也乃大人之於言則不必信焉天下有行而必於果者斯其人亦賢於不果者矣然而必於果其心遂未免爲果所繫也乃大人之於行則不必果焉夫亦曰有義而已蓋信者確然不可渝之謂義者確然不可渝之理也果者毅然不可易之謂義者毅然不可易之理也大人惟能虚其心而不有自能順乎理而不拘時而言也惟其宜於言也非我之隨乎言而之隨乎義也不必於信其所以爲信乎時而行也惟其宜於行也非我之隨乎而行隨乎義也不必於果其所以爲果乎蓋不信不果之失易見而信果之失難見以其迹之近於義也神而明之非大人不能也信果有方所之可執而義無方所之可執以其理之根於心也默而成之非大人不與也學者慎無務硜硜爲哉孟子言此其下即繼曰大人者不失赤子之心者也夫赤子之心純一無僞所謂僞者非必矯飾誕妄之謂也一心以爲信又一心以必於信一心以爲果又一心以必於果方寸之中不勝其計較是亦僞耳故孟子特指心之本體以示人而又嘗曰所惡於智者为其鑿也夫欲不失赤子之心者其惟不鑿乎

易

彖曰大有柔得尊位大中而上下應之曰大有

鄒祖孔

同考試官訓導周批（本卦材以寫一统氣象横厲莊雅是盛世之文也録之）

考試官教諭倫批（調新詞彩意復融徹）

考試官教諭譙批（華實并茂）

觀大有之由名而一統之盛見矣夫治以大有爲極也卦具大一統之義則名之爲大有也固宜夫子傳大有蓋謂聖人之所以宅中圖大者德位隆而人心屬也三者不備難以語有一有未盛尤難語大卦之名大有者慶天下之全盛也然何以曰大有哉六五柔得位得中而上下應之是身膺曆數之傳班爵班禄之

柄自我操之聖人之大寶曰位此則尊無二上者矣心涵精一之秘萬事萬化之本自我立之帝王之授受曰中此爲大中至正者矣上而百辟輸忠有道之朝委質者無二心也下而群黎推戴皇極之主則君者無越志也此其所履者匪偏安之業已也聖人在位臣妾億兆焉雖中外异地而其勢不分所圖者匪小康之務已也明主立隆玉帛萬國焉雖慶讓异施而其權在我謂之曰大有是以六合爲家天地之富有者吾皆有之以四海爲富帝王所自有者吾盡有之非大有而何吁觀此而大有之義昭矣抑君道貴剛而大有之君以柔者何也時也時也者中也蓋豫大之時易生侈心剛毅之主不難自用守成業而永治安未始不於寅畏謙讓者得之彼六王一而勤遠略海内富而陋漢規皆用剛之過也非有大有之道也此大有之君利用柔也用柔即用中也然一於柔則靡矣不可也象言遏惡揚善所以副其柔而成其中也兹所謂大中也所以保大有也

鼓萬物而不與聖人同憂

張良遇

同考試官訓導周批（藻繪既工淘洗亦盡文之有超詣者）

考試官教諭倫批（邊幅不窘色相蒼然）

考試官教諭譙批（意完調逸）

觀造化鼓物之妙道在是矣夫天地無心故無憂也此其鼓物不同於聖人也與且斯道通極於天地而天地則普物無心者也何也萬物待命於天地其顯其藏惟天地鼓之孰不曰彼天地者任其憂將與聖人同之矣不知一氣司闔闢之運而玄化妙於無端一理貫通復之機而神功流於不宰仁一顯而萬物皆向於有其出也若或鼓之也然賦予萬物而已不勞與聖人憂民生之未遂而既竭心思者不同也用一藏而萬物皆反其真其入也是孰鼓之也然以美利利天下不言所利與聖人憂民性之未復而不遑寧處者不同也聖人嘗先天下之憂天地則無思無爲無所憂也雖有憂不足爲聖人之累而無憂益以驗天地之神何者天人之分殊也聖人憂民之心無窮天地則易知簡能無庸憂也雖有憂然後見聖人而不憂益以見天地何者神化之用异也鼓萬物而忘萬物鼓者不知爲所鼓亦不知道妙天地如此天地其道乎抑論天地無憂四時之吏五行之佐宣其氣矣而又舉其責畀之聖人聖人者裁成其道輔相其宜兢兢焉惟恐一物失所干天地之和凡以代天地憂也聖人憂則天地可無憂矣然堯憂不得舜舜憂不得禹皋陶聖人亦求可寄吾憂者使憂之則吾可無憂也此有憂者卒歸於無憂故曰聖人心同天地

書

后克聖臣不命其承疇敢不祇若王之休命

劉信徵

同考試官教諭劉批（持議甚正用意忠懇是必心傅説之心者足爲得士慶矣）

考試官教諭倫批（氣勁思深具占忠款）

考試官教諭譙批（文有關係不爲浪語）

上有聖君則效忠於君者衆矣蓋惟聖爲能從諫也主聖則諫者衆矣尚何患其不言也哉傅説復於高宗者曰臣能進諫不能必君之受諫故有欲諫而不敢諫者凡以后弗克聖也后誠從諫而聖焉躬明哲之資秉以虚懷有聖不自聖之念純作則之範擴以弘度存不諫亦入之心則不命非以爲咈也命之非以導諛也將見處有道之朝懷忠者咸樂自盡當聖作之世感遇者寧忍負君君心默喻於其臣即不命之將承之以矢其謨況納誨之命王之啓忠者何休也疇敢不祇奉厥命以仰副乎舟楫霖雨之思臣心深諒乎其君未嘗命之亦承意以畢其愚況匡辟之命王之誘臣者何休也敢不對揚其休以自效乎啓心沃心之願蓋臣有犯顔敢諫者矣是萬一於君心之悟也有君如此則忠者益奮不必問命之與否在廷皆繩愆之士臣有信而後諫者矣是有所待而言也得君如彼則諛者亦直不必待命之如何在位多弼直之臣若然則爲王之臣者皆祇承王休不特一説爲然也然非后之克聖孰啓之王亦思所以從諫也哉抑高宗以形肖用説是以神不以言也乃説要之以從諫者何也蓋君不以治安而忘納誨之益臣不以主聖而忘進言之忠此明良交儆之風也説之君臣以之故相與有成千古稱神交也使君曰予聖臣曰將順成弼之意廢矣何以爲説嗚呼納諫之主導臣使言諫之臣導君聽言此説之君臣相遇以神相要以言也與

道洽政治澤潤生民四夷左衽罔不咸賴

郝維德

同考試官教谕劉批（氣度温醇脉络融贯同道化民之意櫽括篇中矣録之）

考試官教諭倫批（整潔明秀）

考試官教諭譙批（精練冲雅更耐咀嚼）

惟化之入人者深斯澤之所被者遠夫道洽政治化之入人者深矣其澤生民而庇四夷也有以哉康王期畢公之意若曰至治無近效王者務廣德惟

玆東郊尢四方之極中外之觀化恒於斯也三后固協心同道矣化之成也如何蓋道以運治而政爲之具是澤所從出者也道之壅而不洽者心之异向也心同則施之有本末焉精神心術之運流通於歷世者融液於無方理道之洽盎如也政之紊而不治者道之多岐也道同則爲之有次第焉紀綱法度之施整齊於三世者脩舉而罔墜庶政之治秩如也道化流衍久而益遍舉淩德之民潤於膏澤蓋形神俱釋而放心其盡明泯也已德教孚洽久而彌深胥滅義之衆潤於厚澤蓋身心咸裕而旌别可無用也已由是四夷左衽其人雖王者所不臣也然洛民化則四夷俱化傾心内向賴吾餘澤之施者無間於華也其視四方無虞之日不尤盛矣乎其俗雖冠裳所不被也然邇人安則遠人亦安輸誠納款賴吾餘潤之布者無間於近也其視大猷允升之世不益隆矣乎吁此化殷之成也慎始和中者於今爲烈公之成終者於前有光吾其樂觀厥成矣公也得無意於是耶吾於是而知周過其曆也周以忠厚基命歷千餘年而後大統克集蕞尒殷民治越三紀康王猶惓惓於道洽政治之命無忿心無怠志何其厚也是宜刑措而過曆也至四夷咸賴即於澤潤生民得之彼海内粗安遂疲中國以事外夷者於忠厚之道何如

詩

子孫千億穆穆皇皇宜君宜王

張輔辰

同考試官訓導周批（雍容深厚真得詩人祝君語意而詞彩燁然醒心奪目）

考試官教諭倫批（剗剔枝蔓旨趣淵永）

考試官教諭譙批（格整詞葩）

詩人願王嗣之多德足以宜其位也夫王嗣天下之本也多而且賢王者之福孰大於此哉想其答鳧鷖之意若曰吾王備假樂之德而膺保右之命固將合萬世之福以爲福者其可願何如哉彼王者之子孫君王之統繫焉然非多不足以盛其傳非德不足以宜其任也吾願吾王福在子孫其多則千億焉太和之在宇宙者萃於我周益以衍螽斯之慶忠厚之傳先世者流於今日益以兆麟趾之祥帝王相傳以敬者也皆穆穆而敬寅畏中存儼乎緝熙執競之遺矩帝王世濟其美者也皆皇皇而美精純内蕴宛乎徽柔於皇之懿範以之而屏翰一國非徒永帶礪之盟已也而咸宜於其君焉以謹侯度以揚王休一自敬美者出之周其世有顯諸侯乎以之而君臨萬邦非徒膺曆數之傳已也而咸宜於其王焉以建皇極以端元良一自敬美者出之周其世有明天子乎

至是則令顯之德自今日而衍其休民人之宜垂萬世永其烈天之保右申命也不徒在吾王而且及其子孫矣所謂千禄百福者孰加於此抑論周家王業之興雖一德爲之本而周官之法度盡善盡美又可守之萬世無斁者此則有家法以貽子孫固宜其開有道之長也詩人福君既願其子孫之敬美而必終之以率由舊章豈非欲其以敬法祖而爲祈天永命之本歟彼後之人臣導其君以祖宗不足法者抑獨何哉

敷時繹思我徂維求定時周之命

黄學皋

同考試官訓導周批（繹前功而布新命武王計安天下盛心是作能發之詞旨温剀讀之如對周人語也）

考試官教諭倫批（典暢精融迥异他作）

考試官教諭譙批（沉暢豐腴）

周王叙分封圖治之意而表其爲新命也蓋封建者帝王之所以計安天下也周王以之其命不維新乎頌大賚者曰帝王受命而與所丕承者先德所利賴者功臣凡以爲天下計也今我之大封何如哉彼開天下以一統之業者文王勤止之功也所可繹思也貽天下以萬世之安者亦文王勤止之心也所當仰體也我也以世澤之在人者不能忘而布之爲大賚之典先烈之垂後者可深念而公之爲懋賞之仁文王所遺之土宇吾不敢私也而與有功者共理焉藩屏之衆建維往求邦國之敉寧務使既集之業永綏於底定斯已矣文王所遺之人民吾不敢專也而與有功者共治焉侯封之廣樹維往求黎庶之乂安務使已附之衆永臻於克定斯已矣以之酬勛即以之保泰焕然昭代之王章以之班爵即以之求寧赫然更始之令典天以右序命我周今我之肇舉乎分封者正以體天之心也典制頒而天下一新其耳目非復由商之舊矣文以新命造我周今我之創行乎大封者正以顯文之謨也皇度彰而天下一易其心志非復襲殷之故矣時哉我周之命也爾諸臣其尚念之吁文王有創業垂統之功而武王爲久安長治之計此二后之所以并可頌也抑論周業之興自三后肇基至武王而大定然猶衆建諸侯以爲萬世治安計信乎公天下之大端大本莫封建若也後世治不師古裂封建而郡縣之乃爲之説者曰封建非聖人意也其未知求定之旨

春秋

秋公會宋人齊人伐徐（莊公二十有六年）

趙儒

同考試官訓導靳批（矩度森嚴詞彩鮮麗且能緣正出奇若將旗鼓稱節制之兵矣取之）

考試官教諭倫批（詞古氣舒麟經擅美）

考試官教諭譙批（整練不浮）

春秋紀望國之用兵見其無可危之道焉天師老勢孤兵家之大戒也魯之伐徐能不蹈此則安得而危之嘗聞徐戎合黨兵連曲阜之墟表裏爲讎世稔東郊之患莊公連齊宋以會伐焉我武既揚振旅言歸春秋宜以伐至矣而今獨不書至何哉蓋聞至之者幸之也幸之者危之也向使徐之伐也師困於久淹莊之行也勢衰於寡助則春秋得不爲之危乎維兹以秋而伐即以秋而返而荷戈閫外者無東山杕杜之懷也會齊以往復會宋以俱而授甲師中者多有邦厥鄰之助也出則張我魯之威歸則節我軍之力師貴以律莊其有焉以此行兵而何潰散之足虞乎伐以除門庭之難會以資犄角之勢謀貴萬全莊其有焉以此制敵而何撓敗之足患乎噫乎此一伐也昔嘗歷三時而後還君子以爲殆矣今之役則非昔日所可同者師貞之吉雖桓文之節制何加焉此一莊也往嘗提孤軍而深入君子以爲危矣今之行則非往日所可例者預定之策雖庸蜀之遠連曷過焉故春秋謂是役也人無怨心師有同力武之善經也全軍歸國則維其常而何以書至爲哉不然則前此之伐戎春秋嘗紀其至矣而於今也奚以异觀此可以知行兵之法矣雖然伐徐之年非即伐戎之歲乎春出夏歸秋而又復出是魯師無一暇日也齊人同會亦瓦合之衆耳萬一資糧扉屨之不備而厚誅於我是徐夷起於轂下而戎兵接軫也不見執轅濤塗乎是故兵者聖人所甚重毋謂其無危而輕出也

晋欒書帥師救鄭（成公六年）夏曹公孫會自鄸出奔宋（昭公二十年）

滕如蛟

同考試官訓導靳批（尚功崇賢春秋厚道子能推原而獎叙之而旨遠詞文尤稱奇品）

考試官教諭倫批（嚴峻中有博雅氣象）

考試官教諭譙批（開闔得法組織尤精）

春秋紀事嘉世勛而重賢裔焉勛臣者國之輔賢臣者國之紀也録其後

以示勸春秋義與且夫故國恒稱乎世臣用人必貴於公選若宋之華孫籍寵專行春秋無取焉然不曰晋有欒書者典兵三世而光榮不墜乎曰欒氏之胄不以世而以勛也彼書之先有欒枝與盾者曳柴僞遁效力於城濮之師固壘深溝宜猷於令狐之役其功有足稱矣績載旂常而緒垂奕葉苟無失德猶當百世祀之況有賢如書者可俾之無位耶今書也從三卿而主善不遷戮以罷民出有制鬪之勞内昭繩武之烈枝盾之勛得書而有光矣使書也怙寵而擅權晋人廢之不暇誰能與之又不曰曹有公孫會者鎮國再世而爵籍未泯乎曰公孫之胄不以世而以賢也彼會之先有公子喜時者守節逃榮義激於君執之日全身致邑名高於國亂之時其節有足尚矣祚庇後昆而義風百世苟無墜緒猶當十世宥之況有賢如會者可使之喪位耶今會也放逐而待命於郊流離而不失其正内無懟主之嫌遠光讓國之節子臧之義以會而不替矣使會也淩德而悖道曹人逐之恐後誰其憫之要之有欒氏之功而後可爲世臣有子臧之賢而後可膺世爵彼華孫者逆臣之裔視書與會何如者可委以兵權使之專行不忌耶抑嘗聞鯀殛而禹興蔡叔流而仲以祗德顯聖賢固不繫於世類也曹會既奔之後不聞代興欒黶不克負荷而三世之勛遂殞亦何取於功臣之胄哉是故官人之法惟其人不惟其類

禮記

四者君以正用之故君者立於無過之地也

楊先春

同考試官訓導董批（此題作者類多牽綴是篇只從本色中指點出來精神態度種種迥别）

考試官教諭倫批（發端本贊化意明徹可愛）

考試官教諭譙批（詞藻郁然）

記者推人君贊化之道而端本爲要焉蓋君身萬化之本也舉天地父師而正用之非立於無過烏能然哉今夫人君承天地之統據父師之尊其道至正而其本在身是故天生時地生財父師則以養以教者也四者皆聯屬於君身而惟君所用之然用不以正則亦不爲吾之用矣君人將以其身爲天下用必正其身以用天下以成天地之能本皇極之攸建者以化裁之爲明時爲阜財而覆載之有偏者吾取而兼用之用於吾之正也以終父師之功本元良之克端者以左右之爲厚生爲正德而生成之未全者吾取而咸用之亦用於吾之正也故君者匪徒立乎崇高之位已也三極之用備於身必納此身於軌物之中不徒立乎兆庶之上已也萬化之原起於身務節其身於中正之域天地

以正用即寡過於身君德猶未純也其所置身者必於無偏無黨之地焉蓋所立正而後所用正合天地之用而善用之者此也父師以正用即補過於身君道猶未光也其所安身者必於無反無側之地焉蓋立無過斯用無不正聯父師之用而咸用之者此也苟以有過之身爲四者之用奚其正蓋君之於民有天地之尊有父師之親故君之立身必建之而不悖俯之而不怍所用者四所以用者一正而已矣然是正也天地之道也父之生師之教皆是物也顧人君中天地爲綱常主所用者甚大所立者尤宜慎記者舉而歸之正推君道合天道也然務學要矣親賢急焉君天下者慎諸

詩言其志也歌咏其聲也舞動其容也三者本於心然後樂器從之

趙捷

同考試官訓導董批（鑄意摛詞精融俊爽文之有雅趣者擲之作金石聲矣用式多士）

考試官教諭倫批（語意婉足神彩媚人）

考試官教諭譙批（義精詞朗）

記者論樂而推其所本焉夫心樂之本也本諸心而器從之此樂之所以爲華也記樂者蓋謂德蘊於心樂被於器其機常相通而其本自有在也所謂樂爲德之華者何哉彼播之詩歌形之舞蹈皆樂也是未涉於器者也詩何爲也志動於中機不容默而詩也者則言其欲言之志也歌何爲也言不盡志言因以永而歌也者則咏其未竟之聲也舞何以動也歌而成聲即動而成象舞蹈之發一德容之動也夫由詩而歌而舞其愈發而愈暢者是樂之華也由容而聲而志其愈約而愈精者皆心之運也是三者本於心也涵之爲聲氣之元淵然深矣然後假善鳴者以鳴焉而金石從之所以合兩階而交應者皆是心之流通奕而爲文者也蘊之爲性天之妙盎然融矣然後假有聲者以聲焉而絲竹從之所以比五色而成文者是心之和動昭而爲華者也豈徒器焉而已耶是心爲無聲之樂而因樂以宣之則心有所寄樂爲形下之器而有心以本之則器因以神外心以言樂本之則無矣如樂何信乎樂爲德之華也然必養吾心之太和以端作樂之本然後氣和形和而天地之和應之古聖王所以陶性靈移風俗者其德茂其本深也豈鐘鼓云乎哉彼房中之樂七德之舞非不從之以器也而古樂之不復者則徒以其器也是故君子反情以和志

第二場

論

帝王心法之要

鄒祖孔

同考試官教諭劉批（此作命意精深根極理要縱橫辯博馳騁不羈至以天下治其心立論尤奇偉卓絶非大手筆不能）

考試官教諭倫批（氣格高古議論剴切未歸重守成是通達治體者）

考試官教諭譙批（豪宕雄健直追史漢）

人主欲致天下之治其要在乎以天下治其心而已夫天下大矣人君舉其身兼莅而總攝之苟不能治其即天下何繇而治顧人主之於天下甚尊也天下處其卑而吾處其尊則其心易縱而難檢苟不時時舉天下之故悚惕而警厲之其究將至於知有己不知有人崇高富貴之形近在耳目見聞之間者常見以爲可恃艱難勞苦之形遠在四海九州之間者常見以爲可忽然後驕淫邪侈日滋月茂無所底止即其心又何繇而治故心者人主之所以治天下之本也天下者又人主之所以治其心之本也夫惟能以天下治其心而後能以心治其天下張子論知農事爲帝王心法之要意蓋如此予誦其言未嘗不三嘆也嗟乎天下孰有急於農事者哉元元之衆孰有勞苦於農事者哉然而世之人主鮮克留意乎其間何也其故有二其一謂之壅其一謂之玩謂之壅者君民之判久矣是故其分殊而勢不相習也其勢殊而事不相習也其事殊而迹不相習也其迹殊而情不相習也是之曰壅謂之玩者也以是爲瑣屑委鄙不足務也吾從而深求之民生之所繇以蕃此也民俗之所繇以美此也禮樂刑政之所繇以四達而不悖此也泛而觀之則以爲是瑣屑委鄙不足務也是之曰玩玩始乎上壅積乎下其愳然不以留意無足怪也夫壅則蔽蔽則不明玩則惰惰則不恭人主之心業已墯於二者之間於是乎内之一切謬戾頗僻之端從之而出者既蕩而莫禁其往外之一切可欣可喜可矜可羡之欲從之而入者又紛然投間抵隙而莫禦其來如是而求心之治不可得也心既不治矣如是而求天下之治不可得也昔者考其詩書竊計古之帝王其於天下莫不綢繆其文物敦固其典章織密其法制至其告戒之間所謂改容變色叮嚀而反覆者獨民事爲兢兢而其説最著於七月無逸二篇七月之篇詳在下而未始不歸之上實其言可以無疚於壅無逸之篇詳在上而未始不歸之下實其言可以無疚於玩爲天下者甚不可不省也是故人主五齊八珍而爲之

民者何其役役然終歲疾耕而不足於食也試於此有思焉則知憂矣人主重錦文繡而爲之民者何其汲汲然終歲勤織而不足於衣也試於此有思焉則知勞矣人主璇宫玉宇而爲之民者何其閔閔然郊棲露處而不得寧也試於此有思焉則知艱矣人主出有警入有蹕雍容揖讓而爲之民者何其皇皇然胼手胝足而不得休也試於此有思焉則知懼矣人主春有觀夏有游秋有豫冬有息而爲之民者何其咨咨然吁嗟噫慨於祁寒暑雨之中而不得怡也試於此有思焉則知危矣夫人心未有無所用者也其用也未有無所假者也夫人主當其左圖右書羲之書堯之典舜之歌禹之訓湯之銘文之命武之誓若日月而揭諸前未嘗不有悚於志也俄然而離去之則其志亦次第而銷落彼所假者遠而不切也當其左三公右三孤卿獻規史爲書瞽爲詩工誦大夫箴士傳言苟語及於善未嘗不躍然喜也苟語及於不善未嘗不瞿然起也俄然而已則其躍然瞿然者亦次第而無存彼所假者近而有限也故不若假之於天下夫天下者人主之所有事也無時而非是也無之而非是也其休戚禍福又遞相藉也是故知憂則不敢言樂恐其病天下也知勞則不敢言逸恐其妨天下也知艱則不敢言縱恐其擾天下也知懼則不敢言侈恐其殘天下也知危則不敢言安恐其亡天下也夫如是可謂善假而知所以用其心者矣故能祓除洗濯使精神日奮志慮日澄而其心治心治而天下治無難也蓋嘗觀三代以還英君誼辟繼踵而起相望於後先乃其名能知農事者何廑廑也夫秦皇漢武非不亦雄才大略也徒侈然聽其意氣之所至以見奇而不能退而自克者誠未有以檢束其心也西京之元東京之章非不亦温乎其有意也徒煦然務爲聲色之美以見厚而不能進而自强者誠未有以悚動其心也有以檢束其心雖剛必柔有以悚動其心雖柔必剛夫惟剛而知柔柔而知剛然後能克己能克己然後能正己於是目無越視耳無越聽口無逸言身無逸動藏於獨而無逸念顯於共而無逸施其始曾不能以方寸而其終明效大驗浸尋而被天下是故漢文得其什七則幾致刑措唐太宗得其什五則七年而斗米三錢夜户不閉宋仁宗得其什四則財不蓄而自富刑不殺而自威此其彰彰較著者也嗟乎由秦而漢而唐而宋千有餘年而其名能知農事者三君而止何其難也夫太宗創業之主也不足爲异何則創業之主往往起自民間其閲歷也真其諳練也久一旦而據天下之上宜其兢兢也若夫守成者生長深宫紛華靡麗之所濡宴安逸欲之所染左右便佞之所漸磨固不少矣彼於民事曾不及稍試於耳目其孰從而知之是故非上智不能周公之告成王其稱商也舍成湯而數三宗其稱周也舍后稷而數太王王季至於文王蓋舉其難也嗟

乎可以監矣

表

擬宋禱雨太乙宫是日雨輔臣賀表（慶曆七年）

楊先春

同考試官訓導靳批（立格清新敷詞整潔絶無粉澤態度且模寫當時孚格之誠微婉有致是善言天人之藉匪特四六之工已也）

考試官教諭倫批（典暢流麗）

考試官教諭譙批（古雅可式）

慶曆七年某月某日具官臣某等恭遇聖駕禱雨西太乙宫是日雨謹奉表稱賀者伏以聖主勤民方效精誠之格皇穹眷德旋霑靈澤之敷合萬姓而咸濡普九天而皆潤歡騰海宇慶溢臣鄰臣等誠懽誠忭稽首頓首竊惟天道遠人道邇視徵信以交孚肅時雨乂時暘鑑明馨而是若惟天心之仁愛莫測肆人君之對越宜虔六事責躬殷切桑林之禱孑遺憫下周懷雲漢之憂夙星駕而税於桑田衛美中興之令主甘雨祈而介我稷黍詩稱有道之曾孫魯不焚巫文仲忠言是聽齊嘗避殿晏嬰善喻猶傳漢皇詔布乾封矯誣彰失唐帝術行縮水荒誕貽譏蓋應天不貴以文而捄灾亦惟在德自非有聖敬之昭假焉能致玄昊之潛通兹蓋伏遇聰明天授恭儉性成治有光於祖宗孝克隆於聖母右文稽古延義謹無逸之書節用愛人玉清罷不急之役觀刈麥於後苑周知稼穡艱難祀先農於東郊時慮陰陽愆伏聞雷東帶曾密禱於禁中徒跣沾衣寧露立於堦下邇當溽暑復值驕陽萬寶未臻告成烝庶憂蘊隆之虐九重不遑寧處晨昏冀霡霂之施太史具占謂天時之偶爾諫臣請禱動聖意之惻然初卜醮於醴泉繼改祈於太乙省鹵簿而御便輦薦圭璧以修明禋翠幄嚴凝瑞檢香浮於寶籙紫壇高峙靈旗風動乎玄冥熙典崇陳神功昭貺西海忽飛朱鬣中方頓舞黄龍電掣豐隆陰帝捲五湖清浪星馳屏翳巨靈曳四瀆洪瀾俄瞻靉油雲忽睹淋淋甘澍散郊原而優渥遍草樹以芳菲潤沛江河瞬息春回六合機捷桴鼓須更望滿三農無事減膳撤樂之虚名自速旋乾轉坤之妙應起宋苗於既槁何須雨玉雨珠滋禹甸以流膏會見多黍多稌誠清朝之希覯爲盛世之美談也臣等班近星辰久沾湛露光依日月深愧作霖叨陪祀於齋宫睹休嘉而欣欣有喜幸扈從於法駕荷帝德而蕩蕩難名舞效商羊鳴同垤鸛伏顧慮先未雨戒豫履冰圖豐大於日中萃戩穀於天保恤民瘼常如命駕出郊之時敬天心不改却蓋回鑾之日玉燭調而三光正永綿聖曆於無疆金穰足而九土安胥樂太平於有象臣等無任瞻天仰聖忻躍屏營之至謹奉表稱賀以聞

第三場

策

第一問

鄒祖孔

同考試官訓導董批（更化善治在守法而不在變法是作援引證據確有定論而敷陳我聖祖開天立法皇上守法治致之意婉切詳盡具占經世之學宜録以式）

考試官教諭倫批（以正大之論發古健之詞推原治亂得失如指諸掌蓋究心於理道者）

考試官教諭譙批（沉鬱而有精思簡嚴而有奇氣博雅士也録之）

帝王之興必立法以垂後世而後之紹鴻圖臻上理者必善守其法然後善其治於不窮所謂守法不安無事而怠不喜多事而擾斯守之善也開基創業之主其歷變深其揆事熟故穆然淵思者其仁也燦然畢備者其法也夫是乂安海宇而永詒後範守成之主邃處深宫章縫之士類持獨見豈無奮發圖治通達國體者藉令竭智殫慮僅可補偏救敝其大經大法孰能易之三代而下英君誼辟不少矣若其然撫盈成之運當時稱善後世無貶詞惟曰恪遵成憲耳已名臣碩輔獻納巖廊亦曰明習典章耳已喜多事而務更張者不與焉書曰鑑於先王成憲其永垂愆後儒王通氏曰不以三代之禮統天下終危邦也即三王之興皆儀鑑先代未有變更自用者况後王耶夏之興也有典有則詒厥子孫而曰聖有謨訓明徵定保禹不自作也而嗣禹之業者不敢變禹也商之興也三風十愆儆於有位而曰纘禹舊服兹率厥常湯不自作也而嗣湯之業者不敢變湯也周之興也立政立事董正治官而曰監於二代武王周公不自作也而嗣周之業者不敢變周也其子孫治安咸数百年而其祖宗之法實與之相爲终始漢承秦敝而上討周緒逌及唐宋所因所革同道同事大可考見孰有不遵道而興骫道而亂者乎漢宣綜核名實曰漢家自有制度魏相稱上意惟條奏漢家故事及賈誼晁錯之言而已夫漢制襲秦自三章約法十五定賦數事外君子無取焉後世且惜其不復古禮然而民安吏稱侔德商周者彼其所守雖非三代之法實漢祖之法也史臣所稱庶幾無愧矣有宋立國大綱雖正治具未張神宗勵精圖治排衆論而用安石彼其君臣之間語道則稱堯舜議法則軌周官其所置法如經義免役保甲義倉之類至今用之厥有成效豈無一當於時務然釀紹聖之紛紛啓靖康之奇禍者以其所行者安

石之法非藝祖太宗之法也引用群小爲一切趨事赴功之計此神宗所以爲宋室基禍之主也夫天下一人之身也祖宗之法元氣也氣之强弱禀於有生即爲定命順其氣而宣變之保聚之則身安且壽厭其爲弱而日投丹餌將有裂膚潰膓之患治天下者觀於身而已矣漢興立國最强董賈之議時見施行至地節時猶然壯固也孝宣又以信必守之故强者益强宋弱不支北兄西父卑卑謹守范仲淹稍變十數事即以罷去至元豐號錮疾矣神宗顧欲以强政濟弱勢是尫羸之夫而金丹之餌也其何能濟夫孝宣不敢議漢法神宗乃輕議於宋仲淹不能得之仁宗安石於神宗欲行所志多見不知量也洪惟我太祖高皇帝神武獨秉肅清中華宵旰思皇怔營憲令夫是一代典章考衷千古六卿分職則周官之制三壤定賦則夏王之法五禮節民則周禮之遺律令采漢租庸準唐經義取宋曆法仍勝國至於郊社合祀宫府一體府部相維内外輕重相制其斟酌前代參伍宸衷爲聖子神孫鞏萬世丕丕基者纖鉅畢舉善美兼盡蓋我聖祖之龍興也歴試諸艱閲世也最深其御天也三十六祀經制也最審其立國也有漢之强固而道則純王其治内也有宋之家法而國無弱政其由身心而建之天地措之四海真若元氣含暢於一身之中心志虚明百體康逸毛髮膚爪無不潤澤其綜之有要行之無壅又若肢體之咸隷於心心運於中手持足行臂指相使而無壅腫不通之患當其時天人協順華夷尊親道化蒸融禎祥輻輳身致太平法垂後世至明備也嗣是成祖繼統而潤色之列聖綦隆而敬守之一代治法纘爲治統肆我皇上冲齡睿質握紀承休嗣極以來孜孜化理與二三元老飭法興治不遺餘力是故禋祀郊廟豫協慈闈仁孝孚矣日御經筵修明典制治本正矣懲貪汰冗却貢蠲逋恩澤流矣臣工振肅民物昌阜夷酋款貢治化隆矣蓋法聖祖之法而治亦聖祖之治守成業而光前烈先後無兩乃執事舉漢宋之故事籌昭代之法程若曰法敝相沿治湮所忽深慮也夫法之立未始不肅而終乎弛人之行法也未始不奮而卒乎怠通變之際聖人兢兢彼睹乎吏治之偷窳不如先代之儼翼民俗之澆漓不如先代之龐固邊鄙之繹騷夷狄之匪茹不如先代之烝皇孔淑也遂謂法不足以繩天下各以所見而争議法聽其言則甚美實無當於事而祇以取擾天下臣民無所遵守疑耳目而亂心志則信乎議法之難也考漢宋往事可見矣今夫車之宜於陸也舟之宜於水也彼趨燕而南帆適越而北其轍行愈速而失道愈遠曰舟車之罪也誰不以爲狂哉不責行法之人而議法之敝何以异此今天下臣工確守憲典皇皇汲汲不敢怠違孰敢有辯言亂政者然敝生於積久政壅於習玩者勢之前所趨也兹非法之罪也所以奉行之者有未善耳不

怠不擾振而起之則有聖祖之法在是故吏治之玩也審官之法不核也儆官邪明廢置玩者修矣而馭吏之法勿之易也士習之靡也作人之教不張也杜于進抑浮薄靡者起矣學校之法勿之易也兵之不精也倡勇敢足資糧蒐之而已御戎之法勿之變也民之不安也去其擾民而已聯户比甲梳櫛而徽纏之朘削者售矣非古也四夷之不款也固吾之邊圉已喜功生事啓繒帛之邀其漸不可長非古也凡一切行法之中皆確守成憲而不敢紊而尤深求立法之意不敢於法外有所牽合焉出於法者舉成法以正之故有據而不疑怠於法者振其法以作之故有漸而不驚舍此不務而輒以己意横騖振迅曰立法曰善治云者滋擾而已愚嘗俯仰古今法久則敝雖三代聖王不能制其流而守成之君不恃其治安而玩以廢法則騁其私智而輕以變法不知重熙累洽之後賢人君子之振培雖多而奸黷不無侵蝕生齒之蕃殖雖夥而物力不無凋耗譬诸强仕以往者其膚革充盈智識廣覽非不加於曩时乃精氣之日蝕月銷者亦不少矣於此而圖攝生葆壽要在用静而不用動漢宣用静者也神宗用動者也故收效异也我國家治安二百餘年是祖法之維持古所希覯者顧忠賢之協贊多矣生齒之蕃殖廣矣其陰蝕潜耗容亦有之亦用静時也則蕩滌邪穢保聚太和以綿國脉於無疆者實在於守法而不在於變法然守法非飭法不可此漢宣之綜核所以爲善守而輕變如神宗雖有一二小善而卒無救於其敗甚不可也然天下之事易怠忽而難振作所謂與紛更事若相類而實不同况習之錮也而人心之私也有無借作新之説以濟其紛更乎有無借避紛更以文其苟安怠廢者乎是皆以私智處事而不以公心視天下故不可不察也宋儒之言曰祖宗德澤不可恃法度不可廢然則緣祖宗德意以守祖宗家法不尤盡善盡美乎我祖宗功德遠企商周有以延億萬年無疆之緒聖天子躬行仁儉厲精圖治明君賢臣作新化理真千載一時區區宣帝神宗事奚足爲此

第二問

楊先春

同考試官訓導周批（天人之理未易言也子能辨析精微直窺閫奥且揚厲我聖天子敬天勤民之心殆無餘藴末復指陳時事剴切明悉忠愛之意藹然）

考試官教諭倫批（識見博洽詞藻清新可誦）

考試官教諭譙批（雅馴條暢文之有典則者）

帝王所以懋德凝圖者豈有他哉亦曰存之爲敕天下之實心舉之爲憲

天之實政而彌文不與焉者也何謂實心夙夜基命居安思危履祥若災無一念弗純乎天者是已何謂實政側身修行不恃其未危而恃吾有持危之方不恃其無災而恃吾有弭災之道無一事不協乎天者是已内修於心外勤其民古之帝王所以斡旋造化統一人群者由此道也苟不求諸身心政術之間而徒規規於粉飾鋪張之具即條格日詳詔令數下人將玩之弗信矣而況於天乎知此則古帝王之克謹天戒暨我聖祖皇上之所以祇德格天者可仰窺萬一而洪範春秋之義晰如也嘗謂天地爲萬民父母天子者代天子之其胥爲一體若心志膚革聯貫而不離互爲保愛若榮衛脉絡宣變而罔間故天道遠矣祁寒暑雨必感於民民雖眇矣忻戚悲愉常徹於天天之愛民甚矣豈其使一人侈然於民上而不知所以恤之哉君人者必體天心以爲吾心而又保合民心以順天心天戒未形也不敢曰天命在我而懼天之忘我天戒有象也不敢曰天道之適然而修人事之當然蓋無時無之而非天也古之善言天人之際者必稽洪範其言休徵曰肅時雨乂時暘哲時燠謀時寒聖時風其言咎徵曰狂恒雨僭恒暘豫恒燠急恒寒蒙恒風以五行配五事休咎各以類應其説精矣乃孔子作春秋書災异不書事應揆之洪範庶徵之説不必盡然者兹曷故哉夫人君之事天猶事親天之愛君猶愛子故義方可教不廢於克家之子其或弗豫於衷而徵色而發聲而勞之威之要之不失爲愛而爲愉色爲順志爲愛其所愛以求自媚於親者亦不一其道故未然而防者父道也亦天道也先意承志者子道也亦君道也如曰某事失某災應是父子用愛發於聲者不移於色徵於色者不移於聲威之勞之舉不相通此慈父不能瑣瑣於其子天烏得而用之於君若書大雨必求事之狂書大旱必求事之僭書無冰必求事之豫書隕霜殺菽六鷁退飛必求事之急與蒙即有偶合所舛必多非所以訓也故春秋不書事應者以此胡安國氏又謂春秋雖不書事應而事應具存如雷電雨雪兆鍾巫之難春雨木冰兆沙隨之變日食星孛皆有徵應是春秋志災之意未嘗不與範同特不質言所應則夫子慮深矣是故九年之水豈堯之失德致之而洚水警予堯不以黎民於變有怠心焉此所以則天也七年之旱豈湯之失政致之而六事責躬湯不以九圍承式有侈心焉此所以配命也宣王赫然中興胡爲有旱魃之虐而靡有孑遺形諸雲漢之什者兢兢焉此所以過曆也蓋其始也畏天而其終也回天惟其遇災而懼故能反災爲祥皇皇乎聖喆弗可尚也已後世誣天旱爲乾封謂天變不足畏者無論已如京房劉向諸人日討事應以談災异是泥洪範之旨而失之而僅得春秋之意者惟日奏水旱之魏相奏四方災异之李沆而已治之不古無惑也洪惟我太祖高皇帝

神聖開天欽明立極講洪範庶徵之應曰天道微妙難知人事感通易見修德則災害不生不修則災异叠見睿知聖謨誠折衷箕孔洞悉天人之際矣至治休徵溢爲嘉祥未易殫述而於七曜紊度京師大旱惕然靡寧求直言録獄囚不一而足而又有精誠録其旨大約有三以敬天首焉博采經傳旁及左國用備省覽昭然顧諟之衷也有存心録凡祭祀之有感於災祥者皆載焉思感召之由求消復之道以祇天戒惕然時幾之敕也其所以欽崇畏慎者何其詳且切也故運諸潤衷沛於事業貽之典則布之四方滀祥集福民殷物阜蓋二百餘祀而海内宴如也执事謂功德過堯湯而周宣不足侔者旨哉言乎肆我皇上躬上聖之資撫郅隆之運御極以來懋學親賢内寧外謐庶幾哉我太祖配天之治矣頃因玄象示异雨澤愆期京輔疫沴之災四方水旱之奏致廑宸慮宮廷有禱同成湯桑林之敬賑恤有詔敷帝堯不虐之仁群臣有敕切周宣雲漢之憂所以焦勞其心思交儆乎中外者亦至詳且切粹然一我太祖憲天之心乃執事猶欲因天象以陳謨此憂治危明之心匪過計也嘗莊誦聖祖有曰天人之理無二人當以心爲天言求天於心也又曰欲求事天必先恤民言求天於民也大哉王言誠昭事之龜鑑也已皇上心天心而恤民艱得諸天性固無間然但天道至精天子者必肖天惟天惠民天子者必恤民是在皇上加之意而已是故帝典王謨日廑講幄湛然心之清矣退而燕閑師保離次清者得無少滓耶薦圭主鬯昭對清廟穆然心之敬矣出而御下尊卑易分敬者得無少肆耶端冕垂裳尊臨黼座儼然心之莊矣俄而宮壼狎昵易溺莊者得無少倦耶語災變問民碞悚然心之懼矣俄而可喜可樂可玩可欲者競進於前懼者得無少變耶夫人君一心攻之者衆始於儉卒入于奢始於勤常流于惰是不可不爲之防者皇上誠於此而加儆焉而又務學以明之親正人君子以養成則獨觀化源吾心正則天心亦正而災异有不弭者否也至於民隱猶有可言者東南民力竭矣而水旱相仍寬租之令不嫌於屢下西北黠虜臣矣而武備浸弛款貢之盟恐難以終恃緝捕非不嚴也而攫金之寇或出股肱之郡安可不防其漸懲貪非不亟也而吮髓之夫猶然囊橐之腴安可不禁其欲欽恤非不勤也而虎冠之吏快心鷹鸇之威安可不戢其暴詐愚陵上之禁非不肅也而左道妖僧悍卒頑民蔑如於投鼠之忌安可不芟刈之而窮其黨夫匹夫匹婦每能勝予而一夫懷憤天爲飛霜一女抱冤天爲大旱尤有不可不爲之慮者皇上誠寬良民而不貸亂民顯良吏而不貸奸吏使民得遂其有生之樂則怨讟不作民心悦而天意得而災异有不弭者否也夫天不以君無失道而忘儆戒之心人君不以世無窳化而忘脩省之念兹天心垂儆如此聖心幾微

如此民隱之可慮又如此則夫聖不自聖以心爲天雖休勿休以勤民爲務使志氣交動清和咸理五事順而休徵應諸福集而萬邦和近符聖祖遠媲堯湯帝德協天道同流國祚侔天運無極是重有望於皇上者也若粉飾文具是清朝所斥申飭臣工則明詔森然愚生安敢復贅

第三問

張輔良

同考試官教諭劉批（詩之意深矣此作上下古今折衷人物足定千古權衡大要歸於闡性靈裨風化蓋旨哉乎其言之也敬服敬服）

考試官教諭倫批（博綜揚扢深得説詩之旨）

考試官教諭譙批（有風骨有思致渢渢大雅之音）

論古人之詩者取其詞足以攄性靈義足以裨風化言與人不得而相掩也夫詩者言之有律者也六情緘於中百物盪於外情緣物感物易情遷而言因之揆其要領惟有關於彝教之大可以導人於善而袚除其邪心形之歌咏被之管弦可以中律吕而鼓群動君子取焉是故列之三經錯之三緯綜之四始厘之五際發乎性情止乎禮義可考而知也已運與世移質隨人异格緣習靡音逐氣漓言人人殊矣所貴談詩者尚論其人不徒以言也粤自扶徠啓咏堯壤行歌詩教興矣三代盛時采詩觀風詩爲有用之文三代以下徒騁才情無當實用而詩之義廢有王者作采而立教詎無可以諧宫商薦郊廟嗣百篇之餘響者耶曰匪然也夫詩天地之籟也而人籟生乎其中矣禮曰感物而動故形於聲言之不足故長言之嗟嘆之是詩者天籟之自鳴性術之所流也教化融徹即庸孺矢口有老師宿儒所不能道而亦因政俗以爲污隆故先王采之爲之示儉示禮以防其邪而導之正要之頌其所美則善心生以善勸善不教而成頌其所刺則惡心熄以惡懲惡不肅而嚴是詩之爲教也聖人删之爲經也是故詩奏於郊廟天神格地祇出奏於朝廷群后德讓鳥獸蹌蹌奏於閨門肅雍温惠珩璜琚瑀之節備播於邦國天下以諧萬民以洽賓旅以鼓動植而乖僻疵厲之氣消故曰感天地動鬼神莫近於詩季札觀上國而卜德祚盛衰左丘明以歌詩歷徵大夫善敗詩之義淵乎深矣然觀詩於三百之中里巷歌謡男女答贈淫蕩鄙俚之什不妨兼收觀詩於三百之外祁招可以畜君巧笑可以崇質翹車可以責善清河可以謀國涓水可以防微而不爲聖人所取彼概言删後無詩亦逐場之見非通論也安知當時歌謡贈答不出於薦紳先生有所托而寄其情夫子删之而去其名不可得而見耳後世莊人雅士孤臣屏子攄忠愛之忱陳感慨之臆發抒志意陶寫情景豈無一言之幾於道世無

尼父評品乖律取舍靡公人各以意互相排贊無所取衷焉耳詩變而爲騷騷變爲五言最後變爲近體極矣騷於詩爲近以騷言之屈子懷絶代之才抱貞孤之操不得於君流離放逐而作離騷千載而下玩其詞采其蘊奥如駕風鞭霆不可得而窺測嘗考劉勰辨騷謂騷有典誥之體有規諷之旨有比興之義忠怨之辭四者同於風雅似也至托詭譚怪狷狹荒淫摘其四事斥其异於經傳斯誠异矣抑豈知原者哉蓋騷之旨主於規諷而義兼風雅觀者惟察其情出於忠款而無乖於禮義至其詞之泛濫假托要當以意攝之譬之用兵貪詐奸猾頑鈍無耻之夫皆編之部曲至其用之或動於九天之上或潛於九地之下使人莫可窺測斯用兵之善者也今觀於騷如稱堯舜禹湯雅之體也假雲龍蘭芷風之遺也稱黨人靈修之類雅之變也蛾眉謡諑宓妃豐隆之類風之變也借怪誕不經之詞以寄幽憂靡訴之衷真如尚父登壇孫吴在列莫測其攻守之所自而忠君愛國昌微興墜之緒隱然見於言外則聞者不怒繹之有餘思焉此騷之大旨也胡以議之蓋三百篇之詩敦厚温柔隆古之希聲也屈子之詞瓌富奇崛文人之杰也聖人無意於文而屈子乃有意於文者組織風雅閎放厥詞三百篇之後一人而已淮南希武皇之意嘉其文而作傳司馬遷拾小山之遺高其人而入記載所謂蟬蜕溷濁之中蜉蝣塵埃之外泥而不滓與日月争光原之心事白矣揚子雲議其不能龍蛇班固議其怨懟沉江二子摹擬騷體如甘泉兩都比之風則詞謝美婉擬之雅則裁乏雅嚴於司馬氏猶倒影滅没不可望尚談屈子耶而雄之美新固之黨憲是又原之罪人也嗣後擬騷反騷紛紜迭作所謂無其事而效其言奚取焉漢魏以還河梁贈别實創五言之宗蘇李之高邁曹劉之卓犖鮑謝之清奥作者無慮百十家而説者獨稱柴桑之士豈不以陶潛之爲人不事二姓寄傲於壺觴菊松之間亦屈子之流亞與其詩冲澹蕭散實開韋柳之門而以鍾嶸所擬三品評之則公幹升堂思王入室陶子殆以人掩言哉韓昌黎文起八代而詩遜陶韋可輕議陶耶栢梁賡詠已開七言之端沈宋之綺麗王岑之壯逸韋孟之冲澹作者亦無慮百十家而議者獨許浣花之叟豈不以杜甫之爲人間關鳳翔不蹈於廣文輞川之轍亦有屈子之志行與其詩才奪蘇李氣吞曹劉掩顔謝孤高雜徐庾流麗集唐人之大成楊仲弘詮爲四唐或謂李杜齊名工部詎可擅美不知杜兼衆體且以人勝耳歐陽子文希山斗而詩則陸沉晚唐奚以議杜爲也嘗試評之浣花之作如祥麟威鳳見者媚焉柴桑之詩悠然孤鶴與其人俱邈矣靈均出入風雅變化不測其猶龍乎大都發於性情止於禮義無愧於三百篇之大旨均之不詭於詩者也藉令離騷非以靈修哀志則驚采奪色絶焱埋光雖使

揚雄息喙班固回嘲亦不號詞賦之祖陶杜非以忠貞鑄詞則晋真無文章唐亦失詩聖雖使昌黎推穀永叔退舍亦不登著作之壇知此可以論詩矣我國家道化淪洽風氣淳庬中和之極建於上詩書之澤陶於下其奏之效廟陣之宴享洋洋乎雅頌之休聲矣而鴻工哲匠繼踵摩肩往往孕杜苞陶即靈均且奴隸使之執事猶欲總异歸同以鳴國家之盛抑豈有出於三百篇之旨哉蓋詩首二南以風教也風起於上而動於下惟冀朝廷之上本關雎麟趾之心廣菁莪棫樸之化崇緇衣素絲之風黜蜉蝣貝錦之習敦尚爾雅剗滌浮澆則化行俗美歌謡里巷之詩宜有可采而爲之士者又博綜群籍涵養性靈本之二南以求其端參之列國以盡其變正之於雅以大其規和之於頌以要其止而又推之天下國家以驗其實際則詩之養性情達政事者此爲得之是深於詩者也由是而言所志過則風雅及則騷不及亦不失爲陶杜謂之鳴國家之盛疇曰不宜否則牽性情而逐光景工藻繪而鑿天真即拾香草於江潭獵奇葩於楚畹采東籬之落英襲杜陵之賸馥享其敝帚自謂千金亦優孟之學孫嫫姆而處子態也識者且唾矣奚其詩記曰誦詩三百不足以當一獻而不達於政雖多奚爲致用君子詎可徒詩爲也請以是爲明問復

第四問

劉信徵

同考試官訓導靳批（度田均賦我皇上嘉惠元元盛心子能博綜古今宣揚德意且爲滇人畫久遠計匪徒剿説已也具占經濟實用録之）

考試官教諭倫批（詳經制酌時宜惟此作得之）

考試官教諭譙批（良法美意瓈然畢陣）

为政之道其猶张弓乎高者仰之下者俯之高下隨機而應手惟其中而已矣其猶調瑟乎緩则急之急则緩之緩急隨宜以諧聲惟其適而已矣養由基之於射也伯牙之於琴也帝王之於天下也亦大都若此矣是故高岸爲谷深谷爲陵言時勢之有變更而不可常也冬日則飲湯夏日則飲水言處事之貴識時而不可泥也天運而人從時至而事起不師古人致治之迹而師古人用意之精不爲一切苟且之圖而爲經久可行之計斯則君子之所以神化宜民而善其治於不窮者爾夫自載籍以來其所稱至治之世至周焉極矣周人致治之法則莫善於井田然而非始於周也蓋聞黄帝時八家爲井井開四道而分八宅鑿井於其中是井田之所由來者遠矣唐虞夏商大率相沿至周而始大備今考其田在鄉遂者掌之以遂人周禮所謂十夫有畛百夫有涂千夫有道萬夫有路者其職也在都鄙者掌之以匠人周禮所謂二耜爲耦九夫爲井十里爲成百里爲同者其

職也當此之時田有定分民有恒業雖恣睢武悍之夫無所用其兼併古云和協輯睦於是乎興敦龐純固於是乎成其周人制產之法之謂乎夷考其賦則徵財屬之遂師使入野賦於王府矣而又有縣師掌邦國都鄙稍甸郊里之地域而辨其夫家人民田萊之數及其六畜車輦之稽以歲時徵其賦貢總之皆惟正之供也任衆屬之鄉大夫使定公事之征舍矣而又有均人掌均力政豐年則公旬用三日中年則公旬用二日無年則公旬用一日凶札則無力政無財賦總之皆撙節之意也當此之時賦有定法下有常供雖饕餮猛鷙之吏無所肆其多取古云事之共給於是乎在民之蕃庶於是乎生其周人經賦之法之謂乎秦不師古佐以商君於是阡陌開而良法廢人皆以此爲秦國罪固也而説者謂非自秦始蓋自魯宣初税畝而什一之制始壞自李悝盡地力而溝塗之界無存是秦人之阡陌固已濫觴於此矣嗟夫世道之不古猶水之愈趨而愈下也秦爲不道蕩滅古法罪蓋未易更僕數乃其壞井田而阡陌之者勢實使之而於秦又何誅焉赤帝受命去古未遠顧獨不能變秦法以復井田人皆以此爲漢咎固也而説者又曰復古難夫以智如酇侯以收前代之圖籍賢如子房猶有儒者之氣象使井田而可復則漢人當先爲之矣嗟夫書契苟可觀固不必結繩而後爲古也昔人謂欲復井田非數百年專力不可又云古者者自治其國終歲惟井田一事今統一天下吏數代易就使爲之終無成效而於漢又何惑焉自是而後法制代變得失世殊以田言之漢武行代田之法孝哀下限田之議唐人有授田之制宋人定方田之等是皆不失爲一代之美意而求其最近古者其惟唐之授田乎考其制成人者人授一頃其田十畝爲口分二十畝爲永業凡徙鄉及貧無以葬者得鬻世業自狹鄉徙寛鄉者得鬻口分已鬻者不復受此殆庶幾於周人一夫百畝之法可謂得矣然其後也羨田無厲禁而鬻田遂多惰民不嚴驅而游食日衆此則弊生於法久亦其末流之所必至者固不可以是而病授田也以賦言之漢初十五而税一光武税一於三十唐有租庸調之名宋有均税之限是皆不失爲一時之良法而求其最近古者其惟唐之租庸調之名宋有均税之限是皆不失爲一時之良法而求其最近古者其惟唐之租庸調乎考其制有田則有租歲無過二石也有家則有調隨其土之所出也有身則有庸役無過二十日也此殆髣髴於周人粟布力役之征可謂得矣然其失也户口之盛衰不一而怨起於取盈流移之虚實難稽而奸生於避役故其後行兩税而專主資産蓋所以矯其專主户口之弊固未可以是而病楊炎也洪惟我國家法古爲治不惟其迹而惟其意田有官民是殷人助法之遺也賦有等則是夏后則壤之制也限有夏秋是周官以時徵財之義也其間經書之詳意義之精蓋陋漢唐宋於不足言陸贄所謂其取法也

遠其立意也深其斂財也均其成人也固其裁規也簡其備患也周此六言者我國家田賦之法足以當之矣第法行日久弊亦潛滋侵隱詭射至難究詰我皇上軫念民瘼謂此弊且不可長會有以度田請者上於是可其奏令天下遍度民田焉百年來伏奸積弊一旦掃而更之即滇省僻在萬里外亦有以荷天子之仁窮荒父老扶杖相呼願少須臾無死此千載而一時也執事又欲以此時定經久之計愚生末學其焉能知之顧聞之道路則曰稽籍之法不可不嚴也導利之政不可不講也仁言之頒不可不信也夫今度田且告竣矣其田畝之廣狹賦額之多寡業且書之于版籍矣核之不嚴則奸民富室私與胥史爲市其田必以廣爲狹其賦必以多爲寡甚則盡其數而隱之以爲無而且以其所隱所損之數移而加之貧懦之夫是小民之所以受毒而無告也至其尤甚者則或惡其害已而去其籍是故周官書版之職掌之以司民今而後知聖人之爲慮遠也爲今之計其必專稽核之官而密收藏之地重欺隱之懲而嚴去籍之禁此弊庶幾少戢乎夫今天下財賦盛於東南而吴越其首稱也以全滇財賦乃不及彼一大縣此何以故哉吴越沮洳之地水利弘多故能化荒瘠焉沃壤滇之爲田者大半皆狐貍嘷聚之區而荆榛莽棘之所翳也今田則清矣賦則均矣然或昊天不惠玄冥失職則雖漢陰丈人何所負而灌焉是故周禮治野之制必有溝澮以時其畜洩聖人固非樂爲是多事也兹欲爲久計其必遍山畦而溝洫之治之者務擇其官開之者無擇其地不惜小費以妨大利靡憚一勞而廢永逸斯則鄭國開渠之惠也滇之民庶幾其有濟乎夫今天下之富厚廣大所乏者非財也要在不爲民病耳頃者度田有詔謂田必度而賦不加仁至渥矣民之蚩蚩惟恐度出餘田未免額外之賦故群然咻之以爲不便今乃知其必不加也則又欣然以喜猶未能帖然安也儻其後有喜事之人謂餘田過多欲稍稍加其賦而將掠之爲已功吾恐華夷雜居之地人貧而多野心苟使重困寧保其無他虞乎是故周官厚下之政恒薄征以寬其財力聖人固非樂爲是損上也兹欲爲久計其必時申不加賦之令而長遵守之勒之版圖堅於金石毋謂田額之有餘而盡力以求馬毋謂賦額之未充而竭澤以求魚斯則魏文侯却賀之意也滇之民庶幾其有瘳乎夫如是則田不必井而周人致治之本旨猶在固無害其爲善治也賦不必周而周官惠民之精義猶存亦不害其爲宜民也孔子荅魯公曰豈弟君子民之父母未有子富而父貧者也使末議可以濟滇民其於國計寧獨無少裨乎哉抑先儒有言曰必有關雎麟趾之意而後可以行周官之法度是又願治者所當先也執事以爲然否

第五問

趙儒

同考試官訓導董批（滇省阻遡西南通道粵蜀之議久矣乃格於衆見竟成道謀子能大越拘攣條析利害鑿鑿可行實萬世之長利也）

考試官教諭倫批（卓犖之見閎博之議具見此篇子其識時務者耶）

考試官教諭譙批（計慮深遠區畫詳明）

理國猶治身然形氣壯實則精神充盛血脉流通則痿痺之患不作人民者邦之形氣山川險要關隘道路者邦之血脉也人民寡鮮氣勢卑弱則外侮得以侵凌封壤阻塞鄰援隔絶則窺伺負固之徒萌跋扈之心而漸不可長善固國者必使吾民生養蕃息足耕足戰民不改聚而擅富强之勝至於水陸要害可嚴則嚴可闢則闢使吾之中國聲勢聯絡唇齒相依則折衝外侮内則孼蘖不萌而磐石之固在我矣舍此不圖是自坐深穽而不顧凌壓之虞非計之得者也執事察全滇之形勝籌保國之令圖咨諏及此遐方之士生長四塞之中日夜念此至熟也夫良醫之治病也察其形色覼其脉理閼塞不通必加劑砭以疏决之而後其人可以望壽考而無病故參苓之與烏附并行不廢否則人之病蹶然不瘳矣理國何以异此夫今日之滇士可謂晏然寧謐如强壯之人也無故而煩民畚鑿以興得已之役不以爲紆則擾故曰非常之原黎民懼焉然深憂遠慮之士玄究往牒指畫方輿圖險易於目前計興衰於事外安能徇尋常之尠議而忽豪杰之沉謀哉何者滇土天下之遠藩處夷落之中爲中國屏蔽其守與内地异周禮孟冬之月有司坏城郭固封疆完要塞塞蹊徑此爲備外者言之也若滇則孤懸萬里恃中國以爲聲援其地遼闊廣遠實東則西虚南顧則北單弱不患無地而患無人以守外有窺伺之虞而内有負固之漸如秦之函谷蜀之劍門一夫當關萬夫莫開非如中州之西通五達一號召之間士馬雲集無仰哺待救之難也嘗考自古入滇之路有三楚將莊蹻略巴黔以西威定屬楚其所由入則今之貴州古之牂牁郡也南越以財物役屬夜郎漢王然于乘誅南越之威脅取滇土史稱牂牁江出番禺城下其源在田州泗城之境與雲之廣南貴之普安實相接壤輕舟東下徑達南海所謂南路也司馬相如持檄喻西南夷諸葛武侯渡瀘深入皆由益部取道南中非古所謂西路耶自昔經略西南掃蕩草竊其故道章章若是此三道不通則全滇郡縣四望阻塞而扼我之吭拊我之背勢所必致矣又以其形勢言之東爲黔中在今日爲内地固勿論若南蔽元江元江之外爲車里此又外則交阯西蔽永昌永昌之外爲麓川又外則爲緬甸西北則羈縻麗江以爲捍蔽此外則爲吐蕃

氣勢稍弱則吐蕃西伺南交外竊西南諸夷不受約束此又其小者天寶間張虔佗暴使滇人唐有南詔之衄連結吐蕃終唐之世不入職貢宋室不競遂弃爲异域蒙段二氏崛據數百年計其士馬不足當中國一大郡然窮天下之力不能下者則以憑恃險遠下流仰攻形不便勢不利也我太祖高皇帝削平僭僞混一區宇戡定西夷置立州郡二百年來夷靺之風變爲中土編辮之習易爲冠裳一方之人如脱陰翳而睹日月之昭融神功聖德輝映古今矣然執事之問若有隱憂然者何也爲滇人之慮遠也且執事所謂紆遲驛遞則病於官踔遠侵掠則病於民是固然矣然又有甚者焉中原之人入滇其道里自西至者上荆門涉瀘水登陸陟烏撒自南至者溯流上郴桂泛洞庭巨浸又數千里始達沅州攀緣關嶺其鳥道盤鬱苗夷出没四旁於危磴中壘土築堡憑高瞭遠晝柝宵鉦日晏啓閈游徼之兵負弩尾躡而後敢啓行士旅往來若履虎尾而蹈春冰猶或白晝之中剽人而奪之金如此而謂保百年無事是目聽而耳食云耳丕特紆遲而危險特甚故議者紛然皆謂欲開通西南二路非無所考見而漫爲言也嘗考求故道在昔故多岐矣其小小間捷之徑人不得并肩車不得方軌者置勿論金沙江寬廣數里自麗江而下吞納滇洱諸水徑達蜀江其爲舟楫利涉行道之人能言之太祖高皇帝諭潁川侯謂關索嶺本非正道正道乃在西北聖謨具存乃土夷射利倡言爲梗一疏鑿之民固樂從昆明威楚羅婺之境皆可揚帆至矣詢之土人稱僅有一二梗澀之處稍加轉搬不過尋丈以天造地設之利弃之無用舛也若東南之勢又大异是廣南一郡便於入粤而艱於入滇去泗城不二百里而近普安安龍商旅往來自粤者日夜不絶在今仍爲通衢且山徑平夷無盗賊出没所少者亭驛憩息耳土曠人稀原産□礦誠於此郡邇封許土著之民開鑿取利以其七與民徵其三以爲經營之費客貨往來仍禁土人私斂官爲定額稍資其入以助官費之不足移維摩州於隘地以彈壓草竊不加賦於民而事集與跋涉黔中崎嶮之徑遠甚何憚而久不爲此愚謂開通此二道無大費而有巨利滇土故饒筰馬僰童髦牛礦碌諸産舟車輻輳省負輓之煩百貨增直一利也通二廣綿枲繒帛貝釜遠方難至之物自此踵集滇民益以富實二利也歲有荒歉可移民移粟三利也士旅往來無紆遲間關剽掠之警人樂游其土四利也流落邊徼老幼孤寡得繈負生還五利也水浮與陸走勞逸相懸人情孰不舍勞而趨逸者自此傳置資糧皆可次第裁縮紓官民之困六利也此又其小者西南有事調發滇南勁卒西可制蜀東南可控百粤其或滇中有負固内訌反側之憂如蒙段之割據皮羅思平之僭竊呼召川蜀之兵自岷瀘西入揚旗搗壘則邛筰以南無堅壁南

檄百粤左言鳥章之士不數日抵安龍廣南則鉦鼓相望於昆池其或外侮窺我門庭連掣三省戰旅麻列蝟合西指則吐蕃徙幕南馳則交夷不敢高枕而卧施長組問包茅不入則哀牢以西稽首納琛不敢猶豫趑趄利害較然明若觀火執事者毅然行之吾滇人萬世之利也豈特士旅之便已哉雖然此明問之所及也愚生之憂又有深於此者荒服之外氣運初開民多刀耕火耨其耕作不及中國也土多磽确蕪萊相屬其生殖不及中國也山谷冞阻民鮮懋遷其貨賄不及中國也祖宗淵思逖覽徙中國之人以充實此地官有圭田民有分土二百年來生齒日繁衣冠相望大抵皆中國之人耳邇者中土之民携負移徙就此耕鑿誠見土曠徵薄足以容之耳萬一司計者不爲深慮度田定賦一如内地則失其所望轉徙而之他可待也愚生隱憂嘗謂滇之所患有二道路閉塞其患在外若其腹心之疾則在夷氛漸勝而漢人不敵也蓋自宋人畫斧之外爲僰濮夷玀盤據數百年一旦驅之爲我服役蛟困涸溪虎號中野豈一日而忘巢穴哉吾之氣勢日盛文教日敷浸淫漸染則彼皆良民吾之氣勢稍弱且賦斂煩重夷漢離心則蕭墻之憂又有出於執事所詢之外者譬之養身者宣暢其外而頤養其中而後元氣與形神俱固爲國者開通其險要保護其人民而後可以望鞏固而無患至於邊徼之外夷情叵測譬之瘍癬之疾閉關絶之不使詗喝我疆埸則内固外攘如人身得兼養之術斯尤滇人所深望者惟執事財擇幸甚

雲南鄉試録後序

萬曆壬午秋滇南復大比郡國士御史董裕祇奉明詔諸凡虔毖而其申飭文體特勤貞一惟文章關乎世運蓋自古記之考信先代始未嘗不務體要而後乃漸漓也在人挽之而已我國家以經術取士洪永之文醇朴藴藉雖有巧心不可論工拙所傳可睹也已更而奇再更而麗乃今又异焉群率而爲玄虚謂之近體甚者去離經傳踰越準繩以爲鮮而氣薄矣雖數勤詔旨則曰有司者悦是也若是是以訓之之道戒之也又何异焉貞一今不自意獲執事於此貞一不佞竊有慕夫王師旦歐陽修之能任也滇即非四方所視夫孰非聲教之區焉拜聘以來矢天自許以爲明上指信士心是在今日故頃所推擇主於矯偏習有能持循矩矱雖質必録非是雖工必黜即雅有時名或不在選然貞一無顧也嗟夫亦足明貞一之不量其力也而又私惟滇僻壤耳假令吴越

諸國較短論長不可同年語也猶然以實求之未嘗缺人如皆有意世運不以爲細故也者而力挽之則所稱體要何渠不如往也文既録御史又顧而問士行貞一則沉思久之然後敢對即不盡中其實也庶幾得五乎嚮者貞一觀其深矣夫士之注思也神行其間其平其陂若或傳之此非在其聲律色澤也又非在其能深談理趣而慷慨當時也貞一嘗虛以遇之十不失一二惟是今有心而求或不逮無心也故曰五之云耳雖然固才是求一或不適貞一又焉逃貞一請以實要之夫實言乎心之真也知其一不知其二之謂真勵其始不倦其成之謂真故録爵有所不動毀譽有所不揺髮膚有所不愛惟我社稷之有利焉如營家室其有二於事也若是者自古帝王所側席而求拊髀而思者也諸士無亦是務乎且今主上加意名實其所登進必其朴忠者其所廢辱必其儇媚者固不得復藉云用非其求也諸士勖哉貞一望諸士遠且大不敢爲一方之説以隘若心若無忘不佞之祝詞惟天子使具能有裨世運則爾無畔質貞一無虛要不佞與多士果相與以有成也顧不休與諸士勖哉

浙江處州府青田縣儒學教諭倫貞一謹序

嘉靖二十五年貴州鄉試録

貴州鄉試録序

聖天子既馭寓以文教治天下遠邇嚮風咸尚經術維時貴州僰甸之域去王化最遠亦罔不含英纂華競于文事然以藩無專試物采猶略既十有四年禮部始請於貴州開科貢士士二十五人詔從之十六年歲適大比乃如制以行貴州之有鄉試自是歲始也科目興士之觀嚮而動者日益奮攻文力學不復以衡逖荒鄙自弃膠庠之習翕然改觀於是歲所賓舉士或以額故而鑑覈過萬矣議者欲廣之未果既二十有五年巡撫右僉都御史王學益巡按監察御史蕭端蒙以命至雅意人文胥謀表厲而提學副使今陞參政徐樾適以解額言於是二臣集諸藩臬亟議之咸曰如議遂疏以聞詔下禮部議議如二臺臣議特增士五人貴州之取士三十自是歲始也先是御史端蒙始入境謂試事不可後即馳一介之使聘沂等于諸藩八月丁亥咸至會城庚寅鎖院癸巳集諸士而初試之丙申再試己亥三試試之士凡千一百有奇則副使樾昔所遴擇者也遵新命取士三十人癸丑榜而示之乃爲録登名于天府録成都御史學益暨鎮守總兵官署都督僉事王良輔首觀之而嘆曰夫解額重典也聖天子作雖中州繁衍之地未嘗輙有增益蓋慎之也乃今一請而俞不俟浹日毅然而惠廣之所以勤念遠人而勸之也愛才作士洽遠敦風胥見之矣左參議楊僎右參議錢亮沙稷按察使郭日休副使陳貴僉事朱文質署都指揮僉事李葵朱昇則曰貴州昔爲要荒之域禮讓所不加固未聞有士也况科目乎今既貢士如列藩而又蕤蕤然解額之日增蓋文明之漸而休奕之流也録其徵之矣沂暨學正耿介教諭譽紹芳張思獻梁以衢則曰貴州在京師萬里外其所謂士者非戟夫鏦卒之胄即椎結侏儺之遺黎也乃今洽於聖天子之化而莫不丕變焉夫鄉有舉而里有選廣教也一舉而興再而厲三而群合以變孚應也績文之士月异歲差以今視昔奚啻倍蓰宏化也猗其盛矣昔文王之化之洽也則武夫爲腹心矣南國多賢才矣故詩人述焉兹以貴州言之其地不但江漢也其士不但兔罝也而賢士衆盛至於制額不足以盡之非聖化之洽其能然乎於是御史端蒙申言于衆曰由二重臣之言可以侈恩矣由三

司諸大夫之言可以徵運矣由諸學官之言可以考化矣有此三者是謂休圖不可以無述乃授簡於沂俾序之按故事内外之有勩者雖不在會猶得書若左参政林應標副使茹鳴金署都指揮僉事王賢展采首圖而以入賀行參將白浤楊欽芮恩經武翼文而以職守不來會所謂猶得書者也至於簾内外之有事者則既具于録矣序故略之

四川眉州儒學學正毛沂謹序

嘉靖二十五年貴州鄉試

監臨官

巡按貴州監察御史蕭端蒙（日啓廣東潮陽縣人　辛丑進士）

提調官

貴州等處承宣布政使司左參議楊僎（公翔雲南臨安衛籍直隸無錫縣人　丙戌進士）

貴州等處承宣布政使司右參議錢亮（執夫直隸丹徒縣人　壬辰進士）

監試官

貴州等處提刑按察司按察使郭日休（德夫福建莆田縣人　辛巳進士）

貴州等處提刑按察司僉事朱文質（彬甫雲南前衛籍浙江海監縣人　乙未進士）

考試官

四川眉州儒學學正毛沂（東鎮雲南雲南右衛籍順天府良鄉縣人　庚午貢士）

福建福州府連江縣儒學教諭譽紹芳（懋初廣東南海縣人　癸卯貢士）

同考試官

雲南臨安府阿迷州儒學學正耿介（廉甫雲南洱海衛籍直隸永平府人　丁酉貢士）

福建泉州府惠安縣儒學教諭張思獻（懷美廣東番禺縣人　庚子貢士）

江西吉安府廬陵縣儒學教諭梁以蘅（仲房廣東新會縣人　癸卯貢士）

印卷官

貴州等處承宣布政使司經歷司經歷姚文（載之四川建昌衛籍廣西臨桂縣人　監生）

貴州等處提刑按察司經歷司經歷知事王月謙（德修四川劍州人

監生）

收掌試卷官

思州府知府朱懷幹（守正浙江歸安縣人　壬辰進士）

都匀府知府林鳴鸞（應時廣東揭陽縣人　癸酉貢士）

受卷官

石阡府知府朱黼（懋章江西安福縣人　丙子貢士）

黎平府知府王璧（汝完萬全都司蔚州衛人　乙卯貢士）

程番府知府林廷衮（寅瞻福建懷安縣人　乙酉貢士）

都匀府推官汪大滂（時澤直隸歙縣人　監生）

彌封官

黎平府推官汪春（孔陽直隸南陵縣人　監生）

都匀府清平縣知縣丁子瑛（汝成雲南臨安衛人　己卯貢士）

思南府婺川縣知縣欒恕（德宏山東堂邑縣人　監生）

安順州判官朱獻箴（唐卿湖廣咸寧縣人　監生）

謄録官

貴州等處承宣布政使司理問所理問劉夔（舜卿江西安義縣人　監生）

程番府推官陳珏（聯璧江西南康縣人　監生）

鎮遠府鎮遠縣知縣葉松（惟喬雲南大羅衛籍浙江黄巖縣人　□午貢士）

龍里衛經歷司經歷陳鎧（大聲直隸和州人　監生）

對讀官

貴州等處承宣布政使司理問所副理問瞿學召（南仲直隸上海縣人　監生）

安順州知州許萬里（一鵬直隸寧國縣人　監生）

黎平府永從縣知縣莫庸（定理廣西恭城縣人　監生）

平越衛經歷司經歷郭衛（君藩直隸六安州人　監生）

巡綽官

貴州衛指揮使楊鳳鳴（岐山直隸定遠縣人）

貴州前衛指揮使洛希聖（宗誠直隸武邑縣人）

平壩衛指揮同知張遷（于喬直隸壽州人）

貴州前衛指揮僉事徐世遠（胤忠直隸望江縣人）

貴州衛指揮僉事武鳳（從儀湖廣江夏縣人）

貴州前衛指揮僉事丁偉（元卿直隸合肥縣人）
貴州衛後所副千户周鳳（子陽浙江西安縣人）
貴州前衛左所副千户趙桂（汝秋江西豐城縣人）

搜檢官

貴州衛指揮使白世南（紹勛山後人）
貴州前衛指揮使姚世隆（道亨直隸高郵州人）
貴州前衛指揮使秦柏（文相直隸武進縣人）
貴州衛指揮僉事周輅（用乘直隸當塗縣人）
貴州衛中所副千户王相（堯臣江西德化縣人）
貴州前衛左所副千户蔣鸞（廷瑞直隸滁州人）

供給官

貴州都指揮使司經歷司都事張偉（汝賢四川瀘州人　吏員）
貴州等處承宣布政使司照磨所照磨任伯倫（大道直隸邢臺縣人　吏員）
威清衛經歷司經歷蒙惠（君寵廣西武緣縣人　監生）
平壩衛經歷司經歷周球（宗器江西上饒縣人　監生）
普定衛經歷司經歷季齡（崇仁浙江臨海縣人　監生）
安南衛經歷司經歷趙應祉（汝善陜西漢中衛人　監生）
鎮遠府照磨所照磨張震（子亨浙江烏程縣人　監生）
鎮寧州吏目鄒弘道（懋卿山東泰安州人　監生）
貴州宣慰司陸廣河巡檢司巡檢陳嘉道（以政四川南部縣人　吏員）
都匀府清平縣典史楊應元（啓明四川崇慶州人　承差）
貴州宣慰司歸化驛驛丞寸永吉（汝修雲南鶴慶府人　承差）

第一場

四書

行夏之時乘殷之輅服周之冕樂則韶舞　送往迎來嘉善而矜不能所以柔遠人也　居天下之廣居立天下之正位行天下之大道得志與民由之不得志獨行其道富貴不能淫貧賤不能移威武不能屈此之謂大丈夫

易

包荒得尚于中行以光大也　聖人亨以享上帝而大亨以養聖賢　聖

人有以見天下之賾而擬諸其形容象其物宜是故謂之象聖人有以見天下之動而觀其會通以行其典禮繫辭焉以斷其吉凶是故謂之爻　有君臣然後有上下有上下然後禮義有所錯

書

象以典刑流宥五刑鞭作官刑扑作教刑金作贖刑眚災肆赦怙終賊刑欽哉欽哉惟刑之恤哉　三百里揆文教二百里奮武衛　惟臣欽若惟民從乂　亦越武王率惟敉功不敢替厥義德率惟謀從容德

詩

有匪君子充耳琇瑩會弁如星　濟濟蹌蹌絜爾牛羊以往烝嘗或剥或亨或肆或將祝祭于祊祀事孔明先祖是皇神保是饗孝孫有慶報以介福萬壽無疆　王配于京世德作求永言配命成王之孚撻彼殷武奮伐荆楚深入其阻裒荆之旅有截其所湯孫之緒

春秋

三月公及邾儀父盟于蔑（隱公元年）秋七月庚午宋公齊候衛侯盟于瓦屋（隱公八年）　秋八月蔡季自陳歸于蔡（桓公十有七年）城費（襄公七年）春叔弓帥師圍費（昭公十有三年）　鄭人侵蔡獲蔡公子燮冬楚公子貞帥師伐鄭（襄公八年）冬十有一月庚午蔡侯以吴子及楚人戰于柏舉（定公四年）楚子陳侯隨侯許男圍蔡（哀公元年）

禮記

在朝言禮問禮對以禮　醴酒之用玄酒之尚割刀之用鸞刀之貴莞簟之安而稾鞂之設　寬而静柔而正者宜歌頌廣大而静疏達而信者宜歌大雅恭儉而好禮者宜歌小雅正直而静廉而謙者宜歌風肆直而慈愛者宜歌商温良而能斷者宜歌齊　先勞而後禄不亦易禄乎

第二場

論

君子貞而不諒

詔誥表（内科一道）

擬漢申明車服制度詔（永平十三年）　擬唐以楊綰爲中書侍郎同平章事誥（大曆十二年）　擬賜文華堂肄業編修張唯等白金弓矢鞍馬謝表（洪武六年）

判語（五條）

弃毀器物稼穡等　附餘錢糧私下補數　乘官畜產車船附私物　投匿名文書告人罪　虚費工力採取不堪用

第三場

策（五道）

問　萬壽聖節者國家大典禮也邇者躬逢盛事拜舞庭階觀度思義固願與多士共闡述之也嘗聞制必有沿禮始於義考祥驗慶者存乎徵暴愛矢誠者存乎祝乃若兹禮也誕節之名何所昉慶賀之禮何所因輿輅旂常之飾何所裁表獻燕賚之儀何所取皇上巍蕩之德聲無不宜固無庸於頌祝矣然以蠡測觀之起所以爲聖壽之徵者又何所見乎夫陳昭代之典制美盛德之形容是亦金鑑之遺意也爾多士寧無慕之者乎其著于篇以宣揚鴻休贊述鉅制焉

問　瞽宗配食以明反始上丁舍采曰惟美報若今釋奠先師之禮是也漢唐而下代有褒儀矣至我皇上是酌古禮而厘正之説者以爲適于中義雖百王不能易矣其所厘者何制而所適者何義可得而揚厲歟近世之議者乃欲極褒崇之典復古始之儀或以爲南面而享近於瀆或以爲二仲而祀近於疏或以爲焚香近於俗或以爲秉炬近於陋兹數者果皆合諸古典而足以補今制之未備乎否也爾多士助獻有年習於典故矣其斟酌損益之以告我毋曰籩豆之事則有司存

問　貴州自入疆理即建藩置吏如中土制非若前代以夷禮治之也以百餘年控制之功宜若可以載平而無事矣然而棼結之勢每煩經略威信之施動有閡滯是又何也意者疆理之法猶有所闕乎命吏之戾公選乎土酋之狎常法乎武備猶疎乎招集未廣乎然以所聞者言之則疆理已詳而不治之患在制而不在政四者似非其要也夫急病者工於謀切灾者審於術凡爾多士所以爲其地計者必有定説矣試言經遠握要之略謂何執事者將采焉

問　執一方之策者不可以應機守一成之説者不可以議古是故尚論古今揆度事變良亦難矣試以數事與多士商之洛陽城建之議長陝西攻守之宜孰當論益州之領牧者其是非孰在議康居之矯制者其功罪孰明朱仙鎮之班師或惜其未權使其卒以權也其能濟乎壽春之死事或責其不知使

其始以知也其有立乎此數者古今之大計而紛紜之議迄千載而不決者也夫折淆亂之言持昭獨之見是在賢者故以訂焉若徒剿成説侈洽聞而已則非問者之志也

問　古之君子其爲政也莫不審俗察敝求民之所疾苦者而爲之謀故其政蔑不善焉乃今貴州之敝則有可言者矣煦嫗雖深而荒瘠仍昔禁戒已密而奸慝實繁此則民之所大疾苦者也豈非阜之者有遺利而治之者有遺法乎夫政在養民法先齊衆在今日言之阜聚蕃殖何者爲先禁詰豫防何者爲急救敝之宜何在因俗之政何施役心時務者必有所以爲之謀者矣夫保息萬民匡靖四境亦官守之常經也其以所聞所見者參言之將以觀子他日之爲政者

中式舉人三十名

第一名　孫應鰲　清平衛學生　禮記
第二名　楊培　安南衛學生　書
第三名　陳言　鎮遠府學生　詩
第四名　姚世熙　新添衛學生　易
第五名　陶淳　永寧宣撫司學生　春秋
第六名　越民表　貴州宣慰司學生　書
第七名　孫繼武　清平衛學生　易
第八名　吴應隆　銅仁府學生　詩
第九名　李棟　永寧宣撫司學生　書
第十名　萬象　永寧宣撫司學增廣生　易
第十一名　李紹元　思南府學生　詩
第十二名　李淑胤　安莊衛學附學生　書
第十三名　聞實　永寧宣撫司學生　詩
第十四名　鄧學　清平衛學生　易
第十五名　趙宇　貴州慰司學增廣生　禮記
第十六名　王夢説　貴州衛儒士　春秋
第十七名　熊世英　畢節衛學生　詩
第十八名　黄珊　安南衛學生　易
第十九名　任效忠　思南府學附學生　書

第二十名　戴冕　貴州宣慰司學生　詩
第二十一名　朱芳　貴州宣慰司學增廣生　易
第二十二名　江文弼　普定衛學生　詩
第二十三名　陶約　永寧宣撫司學生　書
第二十四名　鄭文藻　貴州宣慰司學生　春秋
第二十五名　何仕通　銅仁府學生　詩
第二十六名　馮璠　永寧宣撫司學生　書
第二十七名　鄒孟哲　思南府學生　易
第二十八名　王三聘　程番府學生　詩
第二十九名　李資元　思南府學生　禮記
第三十名　劉相　思州府學生　春秋

第一場

四書

行夏之時乘殷之輅服周之冕樂則韶舞

楊培

同考試官學正耿批（使子爲邦禮樂其可興矣）

考試官教諭譽批（善斟酌）

考試官學正毛批（知制作者）

聖人示大賢以經世監於四代而已夫經世之則唯酌古爲能盡制也聖人即四代而監之所損益可知矣昔者夫子於顔子爲邦之問而議禮制度以爲後王則者若此蓋曰王者撫世而改物因時以立政是故四代之所以相因不變者固不得而違之矣而其所必損益焉者其能無所斟酌也哉何則治曆明時王者所以詔作事之節而授民時者也吾得夏時焉履端於始序則不愆也舉正於中民則不惑也歸餘於終事則不悖也以夏正而首時五紀其用協矣時其從夏矣乎巾車建斿王者所以治出入之儀而章備物者也吾得殷輅焉素而木質昭其儉也質而一就昭其度也等而辨纓昭其數也以大輅而飾制令德其可昭矣輅其從殷矣乎冕者所以莊首冕弗盡文非以明有稱也吾則有取於周焉玉藻黻珽備物也以尊元首之道也衡紞紘綖備采也以文爲貴之義也蓋周道尚文而弁師所職者又其郁郁之制耳冕服之章其惟從周乎樂者所以宣化樂弗盡善不可以言備樂也吾則有取於韶焉論倫無患者

其情也治世之音也和正以廣者其文也盛德之舞也蓋五帝殊樂而后夔所制者特其洋洋之盛耳樂舞之制其惟從虞乎是則陳禮樂以立民極者王者治定功成之化也酌古道以一紀章者夫子祖述憲章之心也使其繼周二王所損益有不可知者乎雖然四代之制同歸于治而從周之志又夫子之所以守從時之義者也而於爲邦乃奚取而酌之邪蓋遠法帝王者思兼之心而酌取其良者救弊之道也他日嘗曰虞夏以質不勝其文殷周之文不勝其質蓋言敝也不然則五帝同道而异制而周公之經制大備後之爲政者有所持循兹固可以經一代之治也奚酌焉

送往迎來嘉善而矜不能所以柔遠人也

孫應鰲

同考試官教諭梁批（起講得章句由國以及天下之旨）

考試官教諭譽批（發明柔遠意是）

考試官學正毛批（暢達）

中庸詳言仁賓旅之事以著九經之一也蓋忘賓旅則仁匱遠人之所以不至也中庸詳言之以告時君而王政之端見於是矣中庸叙九經之事至此若曰人君之道治内之既修則治外之術不可以不講能邇之既備則柔遠之政不可以不施夫子庶民來百工則内而邇者處之既有道矣又進而天下有所謂柔遠人焉其事果何如邪蓋遠人之至于斯有往者而亦有來者於其往也則授以路節環人掌之達其道路野廬掌之所以衛之者有道矣於其來也則郊里之委積以待賓客野鄙之委積以待羈旅所以養之者有道矣是謂送往迎來仁之事也遠人之至于國有善者而亦有不能者於其善者則曰四方之良吾之良也器使之以盡其能不以其地故弃之矣於其不能者則曰人各有能有不能也恕求之以適其願不以其所不能者病人矣是謂嘉善矜不能厚之道也若是者何以爲柔遠人邪蓋賓旅無以仁之非所以廣施德于天下也兹吾盡法制之詳而是致是附惠此四方以處厚也懷柔之義於是乎備矣極禮意之周以綏以懷毋忘賓旅以示惠也而敦恤之意於是乎明矣往者得以安於疆來者得以安於國賓至如歸而無寧菑害焉者皆吾之各展其物者基之也則治外之道得而四方不自是而歸乎賢者有以盡其才不肖者有以遂其志賓旅荐至而莫不懷愛焉者皆吾之各體其私者起之也則柔遠之事盡而天下之旅不自是而悦乎所謂柔遠人者若此而九經之事此其一端矣是固文武之政所不廢也而况於魯國乎昔者陳侯送逆無節而單子知其必

亡晋人用楚材而聲子謂其獲逞甚矣柔遠之道之不可已也是故戎伐凡伯春秋譏之而秦下逐客之令君子有遺論矣邇叛遠携職此之故也吾不能無感於中庸之訓

居天下之廣居立天下之正位行天下之大道得志與民由之不得志獨行其道富貴不能淫貧賤不能移威武不能屈此之謂大丈夫

陳言

同考試官教諭張批（議論高格調奇佳士也）

考試官教諭譽批（觀此作若有浩然之氣者）

考試官學正毛批（雋特不凡）

大賢以大於道者爲大人以見异乎二子之撰者也蓋大人者無智名無勇功而以道正天下者也彼以取威爲道者會足以仰之乎孟子所以曉景春者若此其意以爲君子之謂大丈夫者天民者也大人者也世俗之謂大丈夫者事君人者也不可以不辨也大丈夫者果若何哉道足以立天下之本行足以達天下之權而介足以貞天下之守而已自其立本者言之以仁爲天下之廣居而攸寧者莫非道德以爲麗也以禮爲天下之正位而攸凝者莫非嚮明以爲節也以義爲天下之大道而利用出入者莫非坦道以爲履也是其養則而定命其自立有如此者自其達者言之陟于有位則經世之志愜矣由是而進以同人焉所謂兼善天下者也厄於無民則用世之志違矣由是而退以自則焉所謂獨善其身者也是其守道而偕時其出處有如此者自其貞守者言之富貴則裁之以禮上通而不困矣何充詘乎貧賤則厲之以節幽居而不淫矣何隕獲乎威武則制之以義暴政不更其所矣何奪志乎是其篤志而善道其獨行有如此者夫自立者以盡道也可以稽天而配命矣出處者以修行也可以安土而樂天矣獨行者以厚介也可以廉頑而立懦矣是故雖不期於懼也正己物正隱然有以銷天下之邪雖不必於熄也篤實光輝默然有以鎮天下之静此之謂大丈夫矣若公孫衍張儀者道則權譎也行則功利也介則與世俯仰也而景春以大丈夫目之不亦陋乎嗟夫戰國之士不獨景春然也俗成於尚士壞於緣是故論詐之便而諱其敗言戰之善而蔽其患者其士習則然也尊權力而賤仁義進游俠而抑處士者其俗尚則然也雖有大丈夫彼烏知哉故以孟子之賢而諸侯弗庸時人交詘如齊宣梁惠淳于髡屬者固靡靡也豈非吾道一否乎噫時之會也變之趨也若景春者又何尤焉

易

聖人亨上帝而大亨以養聖賢

孫繼武

考試官教諭譽批（雅飭）

考試官學正毛批（有體裁）

觀聖人所以達其誠於天下者則鼎用之大可見矣夫享上帝養聖賢皆禮之至大者也聖人舉禮而咸資於鼎焉其用之大有如是哉今夫鼎之用何如也吾嘗有得於聖人之享上帝矣蓋上帝萬物之父母也不有享之則事忘於尚本禮失於拂經矣非所以明有尊也惟聖人也因時大報資鼎而享之焉吾知其明德之馨有嚴於對越之餘虛中之誠於昭于奏假之際萃神於渙而騂角之牲於以將焉不薦之乎固其所殷薦者也柴望於益而太牢之犢於以格焉由中之敬固其所升中者也是享之者聖人而所以成享者皆鼎一亨之助也使非鼎焉則勿勿之誠將於我而窒之矣其能以自達邪是享上帝其用之大有如此者又嘗得於聖人之養聖賢矣蓋聖賢時人之耳目也不有養之則道近於簡弃失於虛拘矣非所以隆有德也惟聖人也緣禮尚賢藉鼎以養之焉吾知其見善而好式重夫嘉賓之宴悦賢而養克享其多儀之及饗殽以盛舉矣畜養之吉吾尚之也而飲食之衎者其以將恭敬者乎牢醴以隆施矣頤養之慶吾尚之也而式燕以敖者其以示慈惠者乎是養之者聖人而所以爲養者皆鼎一亨之資也使非鼎焉則翼翼之恭行自我而阻之矣其能以自致邪是聖賢之養其用之大有如此者夫鼎一也以之享帝而敬天上之由以協也以之養賢而勤民下之由以協也上下協而滋休至用之所以大也信矣夫豈烹飪之器已哉雖然道一天人聖人固有本也蓋鼎之輕重天下之安危係之是故不可不慎也敬天禮賢者苟徇諸其文而不反諸其本豈所以奠鼎之道哉故古之聖人基命宥密修身致賢至敬无文大恭无迹以奠九鼎率是道也否則繁牢而祭物不備也君子何以謂之瀆亟問亟餽儀匪不多也君子何以謂之簡邪嗚呼鼎之用誠大矣主之者其尚崇其本而毋徒用之貴哉

有君臣然後有上下有上下然後禮義有所錯

姚世熙

考試官教諭譽批（首咸意正如此）

考試官學正毛批（有發揮）

天下之大綱正則分定而化成矣甚矣君臣天下之大綱也一正之而分

定矣天下有不化成者哉序卦傳有之昔者聖人之作易也首咸以别經何蓋言夫婦之道實托始乎人倫而君臣之綱乃化成乎天下是君臣也者立人紀者也自夫夫婦之肇始而有父子也則有君以獨運於上而統天之道明有臣以佐理於下而承式之義著聖人作而萬物咸先於利見齊於后者臣無敢於成也元后出而萬邦共惟乎帝臣令於上者下惟代以終也是之謂有君臣矣夫惟有君臣也然後有上下矣由是卑高陳於貴賤之位而名分益以嚴小大齊於上下之辨而體統益以著君一位也卿一位也大夫士一位也率而下之以及庶人則等之所殺而以上臨下之則明建其牧也陳其殷也置其輔也推而上之以達天子則分之所昭而以卑承尊之秩定謂不有上下乎夫惟其有上下也禮義其可興矣由是分定則禮可達朝廷尊於紀法之正而文明之化可成知分則義可陳萬邦貞於皇極之建而人文之止用賁備之輿馬以飾其制等之服室以秩其分參而伍之而會通之典行矣予之法制以防其逸式之章程以維其情錯而綜之而和義之政舉矣謂禮義不有所錯乎夫上下之分定而后禮義之風起君臣之綱正而后天下之分明是君臣也者誠萬化之所從出焉者而必造端乎夫婦作易者首咸以别經有以哉古之品三綱者寘夫婦於父子君臣之間蓋取諸此也天下之化成之君臣而君爲臣綱始諸父子微夫婦則人道或幾乎息矣故綱君臣言分也綱父子言道也綱夫婦言功也可以人合少之乎是夫婦也者分不逮乎君臣而道則啓諸父子天下之治實基之其功倍而道重是故不可不慎也故聖人重之傳家人曰天地之大義傳歸妹曰人之始終嗚呼觀乎此而聖人取重之義可識矣

書

象以典刑流宥五刑鞭作官刑扑作教刑金作贖刑眚災肆赦怙終賊刑欽哉欽哉惟刑之恤哉

越民表

同考試官學正耿批（觀言信行他日必能爲民求生道者）

考試官教諭嚳批（明於刑典）

考試官學正毛批（得祥刑之義）

史臣詳記聖世制刑之典而因著其慎刑之仁焉夫刑者所以弼教而齊民也聖人制刑而以仁運之其斯以爲祥刑矣乎且夫聖人救衰亂之起則必有刑辟焉以防天下慮殘暴之端則必有仁心焉以安天下二者行而天下始無冤民矣故嘗觀舜之制刑也其蔽重刑焉象之五刑以威奸軌遏巨憝也而罪在所原者則流以宥之蓋有以示忠厚之意而啓之門矣其蔽輕

刑焉示之鞭扑以懲廢官警違教也而情在所疑者則金以贖之蓋有以養愧耻之心而開用勸之路矣若然則倫要定而刑辟明而刑之經不其列乎適爾者謂之眚灾刑之則失善也于焉而致三赦三宥之法蓋開釋無辜將以示蕩瑕滌垢之惠矣式爾者謂之怙終縱之則利淫也于焉而斷五刑之用蓋殄戮多罪將以昭威奸戢暴之舉矣若然則讞獄詳而用情允而刑之權不其著乎夫聖人之法固詳於防而聖人之心則未嘗倚法以削也是故定折獄致刑之倫而豫之以明慎用刑之敬盡明罰敕法之制而本之以議獄緩死之情存其敬忌以先之非徒曰議事以制而已也誠懼夫淫刑之殘民而吾之所以制刑者或戾乎制中之義矣則其好生之德不有以溢於刑象之所布者乎致其忠愛以盡之非徒曰罰麗於事而已也誠懼夫播刑之非中而吾之所以立法者或傷乎一成之戒矣則其仁厚之澤不有以寓於刑典之所建者乎是則自其有制刑之典也而民畏威自其有慎刑之仁也而民懷德有虞之世德洽于民心而民不犯于有司者非此之故乎世之言曰有虞氏畫衣冠异章服以爲戮而民不犯此殆非確論也夫堯舜之世不能無小人安可廢刑而况皋陶所掌虞典所載刑象較然安在其無刑者意者聖人欽恤之心德化之美而天下自以刑措故耳後有作者法舜之心之刑足矣而毋徒狃畫衣之説爲也

亦越武王率惟敉功不敢替厥義德率惟謀從容德

楊培

同考試官學正耿批（發明不替從字處甚明爽）

考試官教諭譽批（文有根據）

考試官學正毛批（典雅）

聖君所以篤前烈者亦惟圖任舊人而已蓋前王之烈成於得人者也聖君不改父之臣焉夫固以不改父之政而益篤之耳昔周公叙知恤以勉成王至此以爲帝王之治莫善於嗣德而纘功莫急於簡賢而求舊是固知恤之道也若武王者夫豈昧於是道而無所恤已乎昔者文王嘗用義德之臣以有此武功矣兹而武王繼之以九伐平邦國于以率其攸同之功以九法正諸侯于以刑其日靖之典德威廣而四方以寧也武功成而王靈丕振也若此者是豈新進之士之所堪邪夫惟義德也者文王之所已試而武王之所克知者也以斯人而奔走禦侮焉蓋本之相乎既得乎丈人之吉而俾之專斷又得乎師中之貞以定爾功以承先烈而非舊人莫與共事矣由是以鷹揚之勇而誕成乎

永清之勛所謂一怒而安天下者其在武猶夫文也不然則前人之所以篤祜者自我而遏佚矣而何功之能率乎文王又嘗用容德之臣以矢其文德矣兹而武王繼之晝其經制之規于以嗣乎文明之治運其經綸之迹于以纘夫丕顯之謨訏謀定而賁典用敷經緯成而鴻猷以振若此者是豈浮薄之士之所克邪夫惟容德也者文王之所圖成而武王之所灼見者也以斯人而疏附後先焉蓋忱恂之素信乎爲稽謀之賢而委任之專不復有讒間之患以斷大疑以定大業而非舊人莫敢任用矣由是以含弘之量而肆建乎丕承之烈所謂人文以化天下者在文猶夫武也不然則前人之所以貽謀者自我而泯没矣而何謀之能率乎是則自其有義德之臣也則勢一而外威嚴自其有容德之臣也則政脩而内順治兹固武王知恤之實而所以固國本於無窮者歟雖然周公之是訓也固所以述先德以勉後人也亦張皇六師之意也何者重熙之世文覿武匿謀臣宿將置之閒散多矣况當是時殷逋之反側未安淮夷之陸梁方熾其於敉功所必率者故周公陳訓以容德義德并言而篇終復以詰戎兵爲訓蓋示以文武并用以爲長久之術也厥後踐奄之績武功則競焉謂非舊臣之力邪老臣謀國其遠效也若是

詩

王配于京世德作求永言配命成王之孚

吴應隆

同考試官教諭張批（不事雕飾而意態自足）

考試官教諭譽批（純正）

考試官學正毛批（可觀）

詩人美聖君之纘緒必推其孝之足以信乎天下也夫孝者人心同然之理也聖君能繼先德而合乎天焉天下信之固其所矣此詩美武王纘太王王季文王之緒以有天下也若曰我周王業之成也惟三后成厥始惟武王克成厥終自今觀之三后運其神而於昭于天武王繼其位而作對于京則紹先世之業而大一統之治者其功也然豈惟世其業而不世其德哉蓋世德之所存即先王之所存也武王則克篤前烈而懋作求之志凡夫典則以貽來者皆遠宗之而不遺也世濟其美而宣重光之休凡夫啓佑以裕後者皆駿惠之而弗忘也是其咸有乎一德而追配於前矣天命之所在即世德之所在也武王則持執競之心而庸言允合乎天則其渾然者與心謀其穆然者與神謀也秉敬勝之念而庸行式符乎天載先天而天弗違後天而奉天時也是其所由惟一理而合德於天矣武王之孝有如此其不足以取信於天下乎蓋三后之德建

諸天地而不悖固天下之所素孚也而武王之德考諸三王而不謬亦天下之所必孚者也吾見仰君德之光前者莫不曰天下有哲后也蓋有未占有孚者矣豈待施信於民而後信之也哉睹聖人之復作者莫不曰皇王之維辟也蓋有不戒以孚者矣豈必彰信於民而後作孚也哉是則於其繼世德也見子道之盡矣於其成王孚也見君道之盡矣此武王之所以繼三后而有天下也抑武王之孝所以上承列聖之統者此也所以下啓八百之傳者此也然文王之無憂以武王爲之子而武王之善後以文王作之先則武王之孝其亦有所本也是故小心翼翼昭事上帝文王之孝也儀刑文王萬邦作孚武王之孝也周家世德之盛於此見矣記曰夫孝置之而塞乎天地溥之而横乎四海施之後世而無朝夕吾以是徵之

撻彼殷武奮伐荆楚深入其阻裒荆之旅有截其所湯孫之緒

陳言

同考試官教諭張批（會注成文而機軸則奇）

考試官教諭譽批（有思致）

考試官學正毛批（明整）

詩人美賢王伐遠之功以見中興之所由起也蓋戡亂以武王者所尚也賢王功著於伐遠焉兹其戡亂以中興者歟此商人祀高宗之樂也首叙其功以爲七世之廟可以觀德也我高宗之永享其祀者豈固極崇報之心而無取於流光之義邪吾嘗觀其武功矣彼商家之運困於式微而荆楚之惡堅於匪茹爲高宗者固不容已於一伐也以爲攘外所以安内而爲斷乃成武之善經也於是運其獨斷以興問罪之師致其果毅以振敵愾之旅于以奮伐荆楚而威之焉豈曰徐觀其釁而姑緩之也又以爲據勢所以制勝而不殺爲威師之善政也於是冒其險阻以喪彼之資奪其形勢以明我之勝于以裒荆之旅而屈之焉豈曰淫怒以逞而必劉之也夫如是則荆人服矣吾見威之所震而吾得以疆理之焉井牧如故截然皆王者之土矣復得而負固邪師之所指而吾得以肇域之焉幹止尚寧秩然皆土宇之舊矣復得而竊據邪夫荆楚之平奮伐之力也而所以尸其事者誰之功邪蓋湯孫武丁也以神武之資張而爲廓清之績以撥亂之志發而爲震叠之威以增式廓則我伐用張而一統之盛昭焉國之靈也以振先業則我武惟揚而光前之烈著焉君之力也使非湯孫則荆楚之不共者抵益固耳安能以服之邪是知高宗之烈非止於武功而首頌之者自其盛者言之也高宗之武功非止於荆楚而特言之者自其著者言之

也此固詩人之意而撻彼之所由作也歟嘗考先王之於夷狄耀德而已矣未聞其奮伐也薄伐之而已矣未聞其罙入也而高宗乃冒爲之得無犯黷兵之戒邪噫不然也制御之道因乎時綏討之略審夫勢夫荆楚域中之夷也窺殷之弱敢於抗衡此其不道甚矣非有以大懲之未見可以明大防而尊王室者况其裒旅而不殺爲仁截所而不貪爲義此又以王道行之者而何至於黷乎此荆楚之役詩人所以有取也是亦春秋予伐楚之義也

春秋

秋八月蔡季自陳歸于蔡（桓公十有七年）

王夢説

考試官教諭譽批（雅而甚文）

考試官學正毛批（謹嚴）

貴戚善處乎去就春秋特貴之也夫去就之際善處者難而有如蔡季可不以爲貴乎且蔡季者蔡之公子也其奔于陳而復歸也曷見其善處而可貴也季之去也以道者也蔡之統以序在季而封人愛鍾于獻舞則季疑而不遠則嫌矣季以爲吾過也其先事而遯也豈嘗榮勢之有徇也而姑存退托哉超然早覽使己之讓泯於無形而甯亡之恥甘蒙焉用意之厚匪但輕千乘爲潔而已也是其去也智足與權而不亂遠而不携者也非曰以道乎季之歸也以禮者也蔡之望以賢在季而封人命遺於獻舞則季釋矣釋而不還則懟矣季以爲吾罪也其應召而返也豈嘗幾會之有幸也而少萌窺伺哉怛然終事使己之情得以自致而衆心之屬弗與焉制行之貞匪但念宗國何適而已也是其歸也力足得國而不居邇而不迫者也非曰以禮乎夫去以道則异於有罪而避者矣歸以禮則异於有利而復者矣世之衰也人競其私而審於富貴篤於倫理以明於去就若季者蓋鮮與是故春秋之於季也不書名而書字字美稱也不言入而言歸歸順辭也所以取於季者深哉抑嘗因是而觀於荆敗蔡虜獻舞乃重爲蔡感也以季之賢使王社稷則必能以請謚之心宣尊王之義而安内攘外策皆有餘寧荆屈邪惜乎蔡侯有弟而不知蔡人有君而不遇獻舞徒以得位爲利而國破身俘竟求貴戚而不可得嗚呼於斯時也桓侯豈弗遺恨其誤蔡人豈弗共嘆其否而獻舞豈弗自悔其初欲遜末由哉觀其事者可以感矣

城費（襄公七年）春叔弓帥師圍費（昭公十有三年）

陶淳

考試官教諭譽批（有斷制）

考試官學正毛批（辭正義明）

春秋始紀大夫弱公室之萌而示用人之道終紀陪臣弱大夫之實而示反己之道此季氏之城費特書而南蒯之以費叛則但書叔弓之圍者聖人所以爲有國家之訓至矣哉且費之在季氏吾聞爲其邑矣而曷爲城之邪季宿專魯昭伯善之南遺附之遂妄勞民而有是城也甲兵藏於家百雉固於邑隱然若大都焉者何其越禮而非度乎吾見以身使臂之義於斯爲乖而大夫之張公室之卑由兹肇矣然豈季氏之自致哉蓋自僖公以季友之功而俾嗣其卿歷世無改焉國命之在其手也久國民之聞其威也習其在今日固履霜堅冰之勢所必至也向使非賢弗授非能弗使則朝不道者夕可以斥而植根之不深用物之不弘豈至是歟春秋特書城費而文無异詞所以著私家强公室弱之萌而見魯君之失於用人自貽慼爾夫費之在季氏既嘗爲所城矣而又曷圍之邪南蒯怨季子慭利之仲小謀之遂據以叛而有是圍也正卿爲之將大衆從之行凜然若敵國焉者何其强梗而弗順乎吾見葉大披枝之言於斯爲驗而陪臣之盛大夫之微至此極矣然豈南蒯之驟成哉蓋自季宿改行父之行而欲肆其志意如益甚焉所惡於下者以事其上所惡於上者以使其下其在今日固出爾反爾之勢所必至也向使事君以忠使臣以禮則上有好者下必甚焉而六尺之可托百里之可寄豈至是歟春秋特書叔弓帥師圍費而不言其叛所以志家臣强大夫弱之實而欲季氏之反求諸己尚誰懟哉由是觀之弱魯者非季氏魯自弱之也弱季氏者非南蒯季氏自弱之也君子之教在端本信夫雖然費之城昭伯爲之也天下之事不有小人交搆於其間以求媚則其壞也不遂是故三軍之作中軍之舍所以迭見於費之既城費之圍公室可張之幾也天下之事不有小人自作孽於其間則君子亦何由而成反正之功是故費之墮所以能行於其既叛獨惜夫小人之勢終成而聖人之化僅小試嗚呼天乎

禮記

醴酒之用玄酒之尚割刀之用鸞刀之貴莞簟之安而稾鞂之設

孫應鰲

同考試官教諭梁批（鋪叙春容且得經旨）

考試官教諭譽批（冲淡有味）

考試官學正毛批（質而豐）

記者論君子修古之事惟質之爲貴焉甚矣自然之質之近乎古也觀其所尚而君子修古之事可徵矣記禮器者謂夫君子之于禮也以敦質者商其本以修古者尚其朴吾於祭祀焉徵之矣彼酒之爲用所以達芬芳之德而交於鬼神者也自夫人而言之醴酒惟旨斯可尚矣而乃玄酒之尚何哉蓋醴酒者成於人者也玄酒者原於天者也成於人者雖可以致味而適足以亂其真原於天者雖非以悦口而實足以敦其素是故玄酒之尚者取其味之近乎古也不然則天下莫不用者醴酒也何舍之而不尚哉刀之爲用割犧牷之牲而薦之神明者也自夫人而言之割刀爲銛斯可貴矣而乃鸞刀之貴何哉蓋割刀者製之趨時者也鸞刀者製之存故者也趨乎時者雖足以利用而本然之真以漓存乎故者則足以和聲而物用之體不失是故鸞刀之貴者取其制器之近乎古也不然則天下莫不用者割刀也何舍之而弗貴哉至若几筵之設所以爲依神之具者言有席也自後世而觀之上莞下簟莫此爲安矣而乃稾鞂之粗本始之攸寓也精雖足以通天下之變而渾朴之體已蕩然而無遺粗則足以存天下之實而物則之原尚居然其可考是故稾鞂之設取其席之近乎古而質之爲可尚也否則莞簟之用天下皆是也顧可舍之而弗尚邪由是觀之本質之足尚而古道不可不修也如此然則典祀者無亦敬信誠慤之盡以求神明之享而已乎雖然經禮三百曲禮三千皆所以謹節文也何玄酒鸞刀稾鞂之用乃惟本質之尚邪蓋禮有本有文均之不可偏廢而周末文勝則無本不立之患尤記者之所深憂也是故反本修古之論其殆甚不得已之意與否則禮貴得中夫子亦既知之矣何以又曰禮與其奢也寧儉喪與其易也寧戚斯言也亦記禮者之意也

寬而静柔而正者宜歌頌廣大而静疏達而信者宜歌大雅恭儉而好禮者宜歌小雅正直而静廉而謙者宜歌風肆直而慈愛者宜歌商温良而能斷者宜歌齊

趙宇

同考試官教諭梁批（講宜歌處辨折曲當）

考試官教諭譽批（不苟作）

考試官學正毛批（知樂之士）

樂工述聲歌之所宜各當文德而已矣夫德者聲歌之所由起者也有是德而比是歌也顧不宜哉宜師乙述之以爲子貢告也今夫歌也者本之德

而形之言者也非歌無以表德非德無以稱歌也何也彼美盛德之形容者之謂頌夫人之寬裕而静柔順而正者則盛德之至者也以是人而歌是頌則直而不倨曲而不屈有以協其優柔平中之懿矣不亦宜乎陳政治之得失者之謂大雅夫人之廣大而静疏達而信者是樂善不倦者也以是人而歌是雅則廣不容奸通不失正而有以比其易直子諒之素矣不亦宜乎小雅者宴享之詩彼恭儉而好禮者奚取焉蓋其逮下之文不越乎大中之矩所謂比類以成德者也是小雅者非所宜歌者邪風也者列國之詩彼正直而静廉而謙者奚取焉蓋其美刺之義益奮乎至德之光所謂陳詩以考德者也是風也者非所宜歌者邪乃若肆直而慈愛者具柔德之巽順者也則宜何歌乎曰商而已矣蓋其剛决之音足以興起其沉潛剛克之志一唱而三嘆有自至其中之妙矣其歌商也固宜温良而能斷者其剛德之明决者也則宜何歌乎曰齊而已矣蓋其柔緩之音足以感發其高明柔克之心審音以知樂無不協於極之虞矣其歌齊也固宜是則頌也大小雅也風也歌之以養其德者也商也齊也歌之以濟其偏者也德得其養則久偏得其濟則中歌之時義大矣哉抑斯言也其得之孔子反魯正樂之後乎其徵諸雅頌得所之義乎不然何其直已而陳德不謬於聖人之旨動已而感應有得於中庸之教乎是知師乙者其諸師摯之流其誦所聞也聖人俄頃之化也不亦深哉奈之何女樂用而正樂廢孔子行而師摯亡拾遺音於散亂之餘獨幸有子貢之問師乙之述在也惜哉

第二場

論

君子貞而不諒

孫繼武

考試官教諭譽批（詞古而理足三讀之有餘味可以式矣）

考試官學正毛批（筆力不群）

天下至動貞夫一者也不貞夫一則其動也害矣害乎動者害乎一也何也理本一也而非膠於一之謂也天下之動無常形而理之所在有定是是無二也是爲正非是則非正矣出乎是則入乎非弗容間矣於其正是而固執之此之謂貞也若膠於一則有己矣有己則惟己之見必信而理之是弗究乃所以爲諒也而與貞夫一者异矣夫使天下之動惟已見之必信而理是弗究斯其害也可勝言哉孔子曰君子貞而不諒蓋以辨也夫人之所以爲靈者非心

乎夫心之所以爲靈者非理乎是理也本寂然神矣弗可以思爲得也易曰無思無爲寂然感通是也本森然湛矣弗可以聞見求也詩曰不識不知順帝之則是也是故天下之故雖紛紜交錯萬有不齊而人心本然自有之靈曰如此爲理之正而是如此爲理之不正而非弗可或爽也夫理之正而是也雖天地鬼神不能違之以爲非也而況人乎理之不正而非也雖天地鬼神不能違之以爲是也而況人乎是故心無二是理無二是天下之動無二是也古之君子於天下之事也惟其正而固者由此爾是故理以辭爲正而是也則一芥不爲輕及以受爲正而是也則授之四海不爲泰矣理以仕爲正而是也則三過不爲徇及以隱爲正而是也則老之釣濱不爲嘆矣理以生爲正而是也則去之不爲偷及以死爲正而是也則蹈之白刃不爲悔矣理以難爲正而是也則蒙之不爲辱及以避爲正而是也則過之微服不爲葸矣是故古之君子之正固也有天下宗之而一人耻之不爲移者矣有通國賤之而一人禮之不爲沮者矣亦有再聘囂囂曰何以爲也而至於三則幡然改不必其前之踐者矣亦有三宿濡滯曰庶反予也而他日養以萬鍾則弗屑就遂异其前之望者矣夫君子之於天下也惟信乎理而不信乎已是故其日用之間變化云爲由身以達之家國天下者無往而不得其正矣此所以爲聖賢之德大公之道也故曰天下之動貞夫一者也彼諒而不知貞夫一者豈不亦有所固哉而可否取必於意見之偏是故其所執而是者乃一已之私是而非理之公是矣其所執而非者乃一已之私非而非理之公非矣是故廉或爲仲子矣讓或爲季札矣共或爲申生矣是故亦有理之所是以爲正也而意見之蔽必於自信反以爲非如丈人之於子路者矣亦有理之所非以爲不正也而意見之蔽必於自信反以爲是如陳相之於許行者矣是故其意見之偏必於自信也亦有欲以其一人之偏是而易天下之公非如夷子之徒者矣亦有欲以其一人之偏非而易天下之公是如莊氏之徒者矣嗚呼豈不害哉昔者子貢問士孔子歷數其次而後及於言必信行必果者然必從而鄙之曰硜硜然小人哉夫必信必果豈肯自待以爲小人而孔子詆之不貸惡其害也而況必信必果之甚者乎蓋嘗觀於孔子之謂顏子曰用之則行舍之則藏惟我與爾有是而顏子之從孔子以畏於匡也曰子在回何敢死則於用舍生死之大已沛然正固矣嗚呼天下之動貞夫一也顏氏之子其殆庶幾乎

表

擬賜文華堂肄業編修張唯等白金弓矢鞍馬謝表（洪武六年）

孫應鰲

同考試官教諭梁批（措詞典而雅用事精而確雖千金不能易一字也）

考試官教諭譽批（觀此表知群無留良矣）

考試官學正毛批（穿楊之才）

洪武六年某月某日臣唯等伏蒙聖恩賜以白金弓矢鞍馬者魚服蜃珧介以六厩之上駟朱提寶鋌居然九牧之奇珍方叨鼓鑄之恩遽沐便蕃之寵中心所貺同黨咸休臣等誠懽誠忭稽首頓首竊以唐宗物色英賢以弘文而萃士宋室陶鎔雋乂作三館以儲材時稱入彀之榮史紀登瀛之盛懿兹烈后式廣徽猷當歸馬華山之初用養士燕臺之制意殷求駿曽何愛於千金鑑極披沙竟誤回於一顧借恩輝於驟進揚側陋以彙征蓋亦察其桑孤蓬矢之心是以忘夫牝牡驪黄之質故令駑蹇亦與班資始中選於澤宫俄崇登乎金馬置之禁苑聯以師儒俾悉發蘭臺之儲獲恣觀石渠之秘承明止蹕凡文章詞賦之咸見品題尚食傳餐至儲貳藩封之迭陪燕飲既惠徼於殊遇復貺予以多儀錦障騰空忽訝龍警之瑞碧光耀日競誇麟趾之精彤弓巧貫於夜號紫幹神輸於海若一時大賚衆美同歸望何止於識途義爰資其作礪教之臣鵠觀爾德容昔文侯之四馬六弓以成顯德而魏徵之黄金厩馬爰勸殊忠詎期疏遠之微踪兼得古今之异數兹惟昭曠寔佩寵靈循跡奚堪反身知愧兹蓋伏遇皇帝陛下欽明啓運文武成功一馳而殲群凶再發而清四海德法爲銜勒控馭群方仁育若鑪錘範圍萬物王道并精金之粹睿圖厲朽索之勤方肇造乎寰區爰弋致乎多士收之型冶以備驅馳假晋接之華爲從臣之勝事優匪頒之逮起詞苑之大觀臣等有事四方無稱千里踵陳繹之步驟勢終謝於行空竊孫綽之鏗鏘聲卒慚於擲地遭逢既溢其素望經營敢負其初心願言鞭策之私式矢錙銖之報念干旄之六馬何以畀之誦采繁之五章樂不失也臣等敢不守奔踶之累以自致於功名效百鍊之精用宏資其學問射策占翟何之技騁辭追班馬之風絶塵而奔奮圖睎驥正己後發冀免失鴻伏願銀甕徵祥朱髦協瑞和弓垂矢永珍匱府之藏宛馬荆金世守職方之貢臣等無任瞻天仰聖欣躍感戴之至謹奉表稱謝以聞

第三場

策

第一問

陳言

同考試官教諭張批（頌而有體述而不諛博而核華而則至其表揚德壽尤有明徵著作之才忠誠之悃具見之矣）

考試官教諭譽批（得詩人忠愛之體）

考試官學正毛批（善頌善禱）

表忠愛祈永命人臣之心也則必有禮焉以廣之章物采昭大觀國家之制也則必有儀焉以文之夫禮之起於下也凡以攄一日之诚也故隆焉而不以爲繁儀之定於上也凡垂百世之度也故詳焉而不以爲泰是故頌禱之殷情可稽矣制作之密義可測矣沿襲之章故可考矣度數之辨文可究矣此萬壽聖節之禮之所以爲大而非草茅之士所能多聞述之也執事策諸生而以揚休述制見命夫美之形容以示觀也著之紀述以示傳也兹亦文士之所希也而愚非其人也雖然嘗聞之詩矣天保既醉諸詩以祝君而作也閟宫泮水諸詩以紀盛而作者皆所以侈一時之盛事也况於聖節之盛不但如閟宫泮水而頌祝爲天下同情又不但天保既醉已也烏可無所贊述使一代之盛閟泯而不宣哉請因明問而卒條述之問曰誕節之名何所昉夫萬壽之名以義起也無所述者也求其似也則昉之詩者也何以言之玄鳥之詩曰天命玄鳥降而生商生民之詩曰履帝武敏歆攸介攸止載震載夙載生載育此詩人之重始生也則誕節之所以始也故曰昉於詩也世之説者類曰自唐玄宗之千秋節始夫以詩觀之則先王之世未必無其制而玄宗者特史傳所見而長春乾明之所襲者也豈其造始乎哉問曰慶賀之禮何所因夫萬壽之禮以情制也無所因者也求其似也則因之詩者也何以言之大雅朝會之樂也既醉之詩曰君子萬年介爾景福假樂之詩曰保佑命之自天申之此詩人之先頌祝也則慶賀之所由制也故曰因於詩也世之説者又曰自唐玄宗之開元禮始夫以詩觀之則先王未必無其儀而開元禮者特飾其度數而開寶建炎之所沿者也豈其首制乎哉問曰輿輅旂常之飾何所裁愚聞之縮取備物以鎮撫夫民者所以明尊也必於朝賀陳之以昭王度者所以明盛也是故車輅步輦之并陳慎儀也龍旂雉扇之錯列隆制也推而廣之則甲士在墀武士在户非所謂執戈與殳爲王前驅者乎韶樂在堂大樂在庭非所謂既備乃奏管簫具舉者乎仗馬列於阤非所謂我馬既同者乎火炬列於階非所謂庭燎之光者乎凡此者以辨等威以章儀衛而其制蔑不備矣豈特與輅旂

常已邪問又曰表獻燕賚之儀何所取愚聞之美之頌禱者所以示下之願忠於上也厚之賚予者所以明上之敷惠於下也是故表文之陳良馬之獻矢下忠也錫之壽燕分之節鈔昭上惠也推而廣之則九夷八蠻之長共其方物非取之莫不率從莫敢不諾者乎四方藩屏之臣咸來再庭非取之受大球小球爲下國綴旒者乎郡縣衛所即其土爲慶非取之四方攸同者乎未事而豫習於他所非取之攝以威儀者乎凡此者以彰盛典以成縟制而其文爲大備矣豈特表獻燕賚已邪夫達於名之所昉晰於禮之所因明於飾之所裁稽於儀之所取兹其於禮也亦得其大較矣而執事者復訪以壽徵之説愚也何足以知之然嘗學於詩而得貞勝之理矣蓼蕭之詩曰其德不爽壽考不忘言有德者必有福也鴛鴦之詩曰君子萬年宜其遐福言有其壽者必本之德也所謂壽徵者也皇上其德不器其福無方固不可以蠡測矣然自事功之炳於外著而聞見之出於衆觀者度之則愚尚不能無説焉愚請以詩明之夫南山有臺壽矣而曰德音下武壽矣而曰嗣服旱麓壽矣而曰作人卷阿壽矣而曰爲擇夫德音以立本也嗣服以達孝也作人以廣化也爲擇以敦教也此執事之所謂壽徵而愚之所謂貞勝之理者也皇上敬一之德至精至純有基命宥密之功焉即所謂德音是茂而可以爲遐不眉壽之徵矣祖德之休是述是訓有繩其祖武之烈焉即所謂昭哉嗣服而可以爲於萬斯年之徵矣加意庠序重文教而風之有菁莪之休焉即所謂遐不作人而可以爲福禄攸降之徵矣孝友之德光于上下有南陔之盛焉即所謂四方爲則而可以爲純嘏爾常之徵矣夫是四者得其一焉詩人尚詠之以徵其壽况於悉有衆善萃之于一身則其迓萬壽之福而受永命之祥也夫豈待蓍蔡而後喻哉壽徵之説誠無易於此矣雖然未也夫德厚者其祐隆是故有申錫之祥焉慶篤者其澤廣是故有戩穀之盛焉蓋不易之理也昔者周王壽考矣然匪徒集于其躬已也觀之詩則曰本支百世焉曰無思不服焉蓋聖人之所以昌後而宜民者莫不於壽考焉以觀厥成也此五福先之以壽之説也我皇上萬壽無疆庶祥荐至天不愛道地也不愛寶觀於天心而申錫之祥戩穀之盛從可知矣則其所以敷錫于庶民施祉于後代者不可以豫知邪謹按詩人以昭明有融頌其君矣而繼之曰永錫祚胤景命有僕言慶澤之遠由壽以徵之也以如岡如陵頌其君矣而終之曰群黎百姓遍爲爾德言治化之隆由壽以基之也此固區區頌祝無已之意也若夫摛金鑑之義以矢忠愛之誠則愚非九齡之才也又安能以續之

第二問

孫應鰲

同考試官教諭梁批（議論甚精援引甚當）

考試官教諭譽批（能爲專門之學者）

考試官學正毛批（知禮）

君子之言禮也協諸義而已矣夫事异於古今制睽於文質此則義所當循而執古以强世者謂之泥度以久而弛儀以沿而缺此則義所當益而因陋以就簡者謂之隨二者皆不協於義之過也記曰禮從宜言當循也又曰禮者體也體不備君子謂之不成人言當益也二者義之端也是故君子之議也苟可以從宜不必於過作以自取紛更之名苟可以備體則不嫌於易制以坐觀闕略之敝以此議禮而又安有泥與隨之失也哉故曰君子之言禮也協諸義而已矣褒祀先師蓋周官祭於瞽宗之遺也其祀夫子則自漢安帝始也歷代相承莫之敢替敕有司行薦享者魏文成也上丁釋奠者隋高帝也舞六佾設軒懸之樂者宋文帝也追王而謚之者唐玄宗也雖褒崇之意至而雅俗之道殊有識之士不能無議焉我皇上始酌古禮而厘正之此其獨斷之明也制作之密也反古之道也垂憲之仁也真足以當作者之聖而有以默契夫子之心矣愚也其曷能揚厲而執事復以宋濂之四議俾斟酌損益之愚也未聞性與天道安敢與於議禮邪嘗聞濂之説矣夫濂之説非止四議也其最善者則正名號毁像設祠啓聖此三者皇上既行之矣而其思議者愚固未敢以爲必可也而其議之所未及者愚亦未敢以爲必無可者也愚請陳其本末而縷疏之且折以禮經焉執事幸垂聽之夫釋奠之禮愚以爲不容議者三不必議者四不得不議者一夫名義正矣規劃善矣循而行之萬世不易所謂有其舉之莫敢廢也若皇上所厘之三事是也儀則纖曲制或趨時輕議則擾成易置則駭衆所謂有其廢之莫敢舉也若濂之思議是也若夫講畫有所未精因襲有所未替士心未厭物采未章所謂協諸義而協可以義起者也則愚竊謂樂舞之制未達於天下者是也何以言之謹按記曰名者人治之大也又曰謚以尊名節以壹惠夫褒之王爵非所以正名也加之大成文宣之號非所以壹惠也此開元咸平之失而後世莫或改之者也我皇上始厘正之去前代之封謚惟稱曰先師而後夫子之名號始正此其不容議者一也記曰至敬不壇掃地而祭古者學官釋奠有樂而無尸况像設乎用夷教而摶之非所以崇正也廢木主棲神之制非所以尚古也此開元之失而後世莫或改之者也我皇上始厘正之令天下屏像置主而抑邪崇正之義備此其不容議者二者記曰夫祭見父子之倫焉今也躋顔回曾參孔伋之祀非所謂不先父食之道也廢鄹大夫之血食非所謂反其所自始之義也此前代之所未及而莫或舉之者也我皇上始厘正之祀叔梁于別室而以顔無繇諸賢配之而后尊尊親親之義明此其

不容議者三也按古者春釋奠于其先師秋冬亦如之言四時之有祭也今以春秋釋奠疑若未足以極褒崇之意者然觀之記曰祭不欲數數則煩煩則不敬夫藉天下之郡邑而祀之以春秋亦既足以報本反始矣安在其必備哉此其不必議者一也古者宫室闢户於東南而西南謂之奥故祀神以西爲上者取諸幽之義也今廟户已南闢矣以爲因今之制而遷神與則失其所以爲尊以爲復古之制而立廟與則必盡天下之百神而改置之也記曰三王殊世不相沿禮夫周之尚西亦猶今之尚北也安在其必復哉其不必議者二也古者既奠焫蕭合羶薌所以求神也今易之以熏薌雖非古制然尚臭之義則均未有不可以致敬於鬼神也記曰虞人尚氣殷人尚聲夫周之不因夫殷亦猶今之不因夫周也安在其必同哉此其不必議者三也古者司烜共庭燎以共祭享之事所以備物也今則以秉炬矣夫炬雖近於陋也而其所由來者舊矣記曰君子行禮不求變俗苟有誠慤之心則燎可也炬可也安在其必變哉此其不必議者四也至於愚所謂不得不議者則又有説焉謹按記曰仲春之月命樂正習舞釋菜仲丁又命樂正入學習舞又曰凡釋奠者必有合也今天下郡學則有樂矣而州縣則闕焉蓋沿之也夫國初頒樂於府曰以爲度也曰爲度則凡有祀必有樂者可知也然而未有舉之者豈非襲陋循簡之過乎釋奠歲舉則代之以俗樂矣飾之以武樂矣遂使庠序之士老死不聞韶籥之音是其敝也非特習舞合樂之義有所未明而於化士教和之道亦所未備此愚所以敢於議樂也然吾所以議者非欲以六佾施之通祀也要在降殺有等而已夫國朝之祀夫子也嘗以八佾矣其後殺而六佾所以别郊廟也儐微明嫌之義也然而天下之同以六佾也愚則猶以爲非也何者古者樂佾之數諸侯六大夫四士二其等爲甚明也祭用生者之爵其義爲甚辨也此則所謂儐微明嫌之義也今州縣之祀既以樂舞之不具爲嫌而郡國之微者又以器幣之不共是患二者胥失其可無議乎故愚以謂宜仿儐微明嫌弁之意令天下釋奠樂舞各以其主祭者之爵爲差降殺以兩而州縣之祀亦設樂置器列之學官則庶乎禮樂名備而天地官矣此則愚所謂可以義起而不得不議者也謹按周禮大司徒以六樂防萬民之情而教之和今天子建中和之極制禮作樂天地昭矣而樂舞之制未達之天下其於移風易俗之道闕而未章甚非所以明教化之意也此愚之所以惓惓於議也執事者儻轉聞以行焉則移風易俗而舉明主於三代之隆者其在兹乎其在兹乎

第三問

楊培

同考試官學正耿批（言時事而不誣深於書者）

考試官教諭譽批（所論最合時宜）

考試官學正毛批（能道政事）

聖人之治天下其始也正之疆理以定其勢其次也立之規制以維其勢其終也一之統紀以聯其勢夫辨分域增式廓所以正疆理也置牧長樹官秩所以立規制也建連率重事柄所以一統紀也夫王者之肇造也以斥地爲功故首之以正疆理疆理正矣非文武錯置以蔽之牧長屹立以鎮之則無以弼成王制故次之以立規制規制立矣而岳牧連率之不立則勢分於衆建機眩於輿尸其何以卒功故以一統紀終焉斯固先王不易之定制也夫國家之撫有貴州其所以疆理之者亦既久而規制亦既密矣然卒未迄于小康者此其故可知矣非法之不足以定而機之不足以維也患在統紀之未一二一何以言之夫貴州古鬼方之域也自國初經理西南即入疆宇然其始也猶以要荒治之樹其酋長使自鎮撫略其文法以示羈縻蓋即禹貢五百里要服而益稷所稱外薄四海咸建五長之義也其詳内略外之勢不得不然者也及其既也聲教訖矣工業固矣三苗既丕叙矣乃置吏建藩使并之十二省之列蓋即虞典所稱肇十有二州而以冀青分幽并營之義也因時制治之道不得不然者也夫古也弼成五服至于五千耳而今也環僰甸之域而版章之其勢可謂定矣而况方圖之内規畫明備有藩臬以撫率之有郡縣以綏柔之有學校之化導之其所以揆文教者猶夫制也有都司以控馭之有衛所以參制之有堡戍以列守之其所以奮武衛者猶夫制也則所以維之者可謂固矣夫勢定矣規制固矣然而未至于卒定者此則愚所謂勢分於衆建機眩於輿尸之故也愚請得而備言之夫貴之未列爲藩也則三省之裔壤也其後割而置藩矣然猶慮其卒無以馭之也故貴州之壤土大率與三省之地相錯揉自今言之西則四川烏蒙芒部諸郡南則廣之泗城雲之曲靖東則湖廣辰沅鎮筸等處北則播州邑茶諸酋其土田則錯畎也其砦落則錯置也其夷民則錯處也所謂犬牙相制之國也乃今則有可議者矣僨事者指此以避辜懷奸者藉此以匿黨質成者假此以瀆辭逋亡者幸此以罷追下督責之令則以鄰爲解而寇無窮獮之威董征斂之常則以勢自分而賦鮮上供之賓是昔之所以犬牙相制者適足爲奸人私便之資也又况持論者懷异同之心當事者競利害之便機以牽制而摇筭以紛紜而失此一方膏肓之疾有識之士所以扼腕而私爲之計者也愚故曰患在統紀之未一而已夫今之爲貴州計者大率有四曰

慎牧長申威法飭武備廣招集四者而已其曰慎牧長者蓋以吏必遷謫而後除資必下品而後授予之太輕待之大薄厭其地者無固心限於格者無鋭志故必易法而後可此即所謂任官惟賢才而立政夷微盧烝三亳阪君庶常吉士之意也亦一良策也其曰申威法者蓋以土酋之積驕召釁養寇欺公用之則懷二志治之則法輕人無所懲故必繩之以重法此即所謂刑亂國用重典而牧誓及庸蜀羌髳微盧彭濮人予其誓之意也亦一良策也其曰飭武備者蓋以銅平諸隘戍兵單弱宜及未形增堡置衛此即費誓峙乃楨幹之意也亦一良策也其曰廣招集者蓋欲招失業之民畀之不耕之地非特藉以蕃庶亦可因之捍蔽此即多士尚寧幹止之意也亦一良策也四者之策施之今日固足以安民而定壤矣然以貴州大勢觀之則所謂救時補敝之方非經遠握要之略也所謂經遠握要之略奈何曰建重臣以一其統紀而已夫貴州非無重臣也責任未專事柄未一雖有治軍之命而無專制之權雖有兼屬之文而無受約之實此其統紀未一豈能成功於萬里之外哉謹按有虞之世有岳牧以柔遠其職爲最重其權爲最一故能蠻夷率服則以統紀一之故也竊以謂今之計莫若仿兩廣五嶺之制特建重臣專制其事而凡川湖雲廣之裔地皆得以役使之而又開府上流扼其要塞則所謂經遠握要之略無易於此矣此非愚之好爲紛更也顧以爲今日之疆理定矣規制備矣所以議論多而成功少則以衆建潰成輿尸敗筭故也又況官不改制籍不更圖既無變法亦無耗材不過稍稍申飭以通其變焉耳此固所謂申畫郊圻慎固封守之意而非紛更之謂也則何必泥於舊章而安於不變爲哉今之議者類曰要荒之地先王以不治治之而已嗚呼此殆非達變之論也書曰道有升降政由俗革言達變之謂也夫所謂不治者禮讓不加正朔不及之國也今貴州置吏建藩無异中州之制奈何復以是爲解乎此愚一統紀之説固所謂俗革之政而勢不得不然者也況先王之盛者莫如舜舜之治有苗也至以重臣如禹益者莅之一乃心力以治戎事三旬而後班師乃誕敷文德焉是故因威以樹恩則恩始固以文而飭武則武益章此有虞經略西南之遺迹也未嘗以不治治之也故愚以謂建重臣之説雖聖人復起不能易矣

第四問

陶淳

考試官教諭譽批(是非不謬識見不群不謂遐陬有此佳士)

考試官學正毛批(以春秋斷事最是)

天下之是非定于聖人而聖人是非之權見于春秋明於春秋之義者始可與論天下之事矣夫春秋之書聖人非特以是非當時也亦所以立萬世是

非之權衡也其所是者萬世之公是也其所非者萬世之公非也是故觀其所是以定後世之是則其所是也莫得而非之矣觀其所非以定後世之非則其所非者莫得而是之矣故曰春秋者禮義之大宗也執事策諸生以千載不决之疑愚則曰决諸春秋而已矣夫春秋之體公而嚴者也唯其嚴也則有世之所是而聖人以爲非世之所非而聖人以爲是者矣若名荀息抑宋襄之類是也唯其公也則有百是一非而不以貸百非一是而不以蔽者矣若恕荆楚責季友之類是也所謂春秋禮義之大宗也明於是義而後是非之極定愚故曰决諸春秋而已矣夫洛陽城建之議范仲淹則請城之吕夷簡則曰不可夫仲淹之請城者非取於守國之義也以爲汴之不足以都也城之者遷都之漸也而异簡諸臣皆以爲失體不達淹之志矣使淹之議而止於修城也則失乎春秋城中城之旨矣而淹慮後之遠也謀國之臧也匪夷所思者也夫豈用囊瓦之計邪謹按春秋之書虎牢下陽譏失險也則城之之議長矣陝西攻守之宜韓琦則主戰范仲淹則主守夫琦之主戰者非邀功於外夷也憤宋之不能振也伐之者伸吾之威也而仲淹諸臣咸以爲非宜不達琦之志矣夫琦之敗於好水川也固犯乎春秋戰郯而罪林父之旨矣而琦志之烈辭之壯也所不可没也夫豈蹈得臣之轍邪謹按春秋之紀召陵城濮美攘夷也則戰之策當矣劉備之取益州也或以爲得攻弱兼昧之道矣然璋漢裔也雖竊據王土猶有非劉不王之遺也而備取之夫乘人之弱不仁也因人之信而襲之不義也滅同姓無禮也此所以有辭於天下也謹按春秋衛侯滅邢而書名惡蔑恩也以此觀之則蘇軾之説是矣彼以備爲義者非爲賢者諱邪甘陳之破康居也或以爲有折首獲醜之功矣然郅支黠虜也雖抗衡中國漢固未嘗有問罪之詔也而湯延壽矯制斬之夫不請上命悖道也生事於蠻夷黷道也發城郭兵而深入危道也此其漸不可長者也謹按春秋於齊告戎捷而書曰獻抑貪功也以此觀之則匡衡之議得矣彼以爲當封者豈所謂不計其功者邪岳飛之北伐也秦檜沮之是以班師焉爾蔡清謂其未知權夫權之云者君子惜飛之心也飛之時則不然也夫飛之於士卒非有拊循之素也其所以奔走之者徒以忠義之心故也使飛而以權行之將士其能不貳乎君其能不討乎其蔑濟也必矣就使幸以成功其迹與入晋陽以叛者何以异也能免於春秋之責乎荀之在漢也曹操之篡是以飲藥焉楊時謂其由前則不知夫之云者春秋責備賢者之義也彧之心則可哀也夫彧之於漢非無依戀之心也其所以蹈難者則以見幾不早故也使彧而以知决之先去而事備可也逃而不仕可也何必死於無名哉就使卒無成功而吾之心與子哀來奔者無以异矣寧不爲春秋

所貴乎雖然大居正者固春秋之首義而本忠恕著權制亦春秋之所尚焉夫夷簡之説用之多難固非矣然求之築郿浚洙之義則亦治世之良規也仲淹之説施之孔棘則悖矣然求之會于蕭魚之義則亦用兵之常道也備之取蜀固不可矣使請命而行之則亦齊桓晋文之師也湯延壽之矯制信有罪矣使抑其賞而録其才是亦不没人善之意也用權之説在飛不能矣然其所爲權者則亦安國家利社稷專之可也之義也失身之知彧固失之矣然其甘於一死則亦仇牧不畏彊禦之流也是又本忠恕著權制之説也夫各有攸當也不然執一方之策以應機守一成之説以議古則董仲舒所爲守經事而不知其宜遭變事而不知其權其去春秋之義遠矣

第五問

姚世熙

考試官教諭譽批（以易傳時務其言曲而中矣）

考試官學正毛批（察於民之故者）

阜民之道二曰導之以利以厚其生也式之以度以寬其力也治民之道二曰申之以令以一其趨也厲之以法以防其流也四者行而政無餘術矣夫導利非施惠之謂也示民之宜因地之利如易所謂美利以利天下是也式度非弛征之謂也予之中制立之常典如易所謂中正以通是也申令多制之謂也飭舊之文明今之法如易所謂先庚三日是也厲法非示威之謂也懲彼之奸安我之善如易所謂禁民爲非曰義是也是故利導而民不困矣度式而民不傷矣令申而民不惑矣法厲而民不越矣有是四者而又出之以斷行之以漸守之以悠久雖躋之泰和之盛可也而又何荒瘠之慮奸慝之虞也哉愚聞之師矣以爲治在察俗政貴因時修其政而不附其俗則敗易其法而不權其敝則乖此救敝之宜因俗之政誠不可不講也自所察於貴州言之則執事所謂荒瘠仍昔奸慝實繁者固已熟察其敝矣而又求所以爲之謀者則愚也沉于大道也暗于世故也何足以知之然嘗聞之易矣繫之下傳曰何以聚人曰財夫聚人而必以財者生聚阜畜非財不共也節之彖曰節以制度不傷財不害民夫不傷不害而系之制度者杜厘節縮非法不備也巽之象曰君子以申命行事夫行事而系之申命者鼓民志敕廢典莫重於令也噬嗑之象曰君子以明罰勑法夫勑法而必以明罰者申事守飭上下莫嚴於罰也是故觀於繫之義則知導利之不可已矣觀於節之義則知式度之不可已矣觀於巽之義則知申令之不可已矣觀於噬嗑之義則知厲法之不可已矣慎此四者以治天下有餘理也而況於貴州乎故愚以謂救敝之宜因俗之政要在四者而已夫貴州之民生齒滋於承平户業養於休息固宜

其殷富如中土矣然而閭閻巨姓儲鮮百金倉廩蓋藏蓄無再歲民之苦於荒瘠者可恤也品式密於備防威法詳於積禁固宜其安堵如中土矣然而齬狂醜類動輙弄兵鼠竊纖凶時或攫貨民之困於奸慝者可恤也此執事之所謂大疾苦者也求其敝之所由起又非執事所謂阜之有遺利而治之有遺法之謂乎愚請得而備言之古者斲木爲耜揉木爲耒耒耜之利以教天下今也刀耕火種之習雖足以卒歲而污萊遍野游散盈市非所以興農殖之原也古者日中爲市致天下之民聚天下之貨今也村集貿易之制雖足以來商而舟車弗通貨賄弗流非所以明懋遷之義也古者説以先民民忘其勞今也使軺之往來役民以奉之者無虚日矣民之困於供億其能以滋生乎古者損上益下其説无疆今也帥長之浚削竭民以自封者無完産矣民之苦於誅求其能以厚殖乎如是則阜之者信有遺利而所以荒瘠仍昔者固其所矣重門擊柝以待暴客昔固有其法也今也什伍之舊無存堡戍之規蕩廢邊防漸略是不可不加之意也除戎器以戒不虞昔固有其制也今將乏團練之方士鮮循習之素戎制漸衰是不可不爲之慮也何校滅耳所以懲奸宄也今也扇亂之夫或幸於苟免非所以昭戢暴之威也利用侵伐所以威不軌也今也不逞之夷或務於姑息非所以伸猾夏之義也如是則治之者信有遺利而所以奸慝實繁者固其所矣夫荒瘠仍矣奸慝繁矣敝也敝而察於俗以救之所謂宜也則吾之所謂四者之政是也故爲今之計莫若使民盡闢其土毋責其租入而又則其壤地之宜黍稷稻稑桑麻之屬各辨其性而樹藝之而後尋求水政於凡水道可通者鑿障塞築堰壩以時泄畜而宣之舟楫既通利源自阜是之謂導利之政而易之所謂聚人曰財者在是矣嚴爲品節上需下賦具有恒度以示之民凡官使之擾帥吏之貪者皆爲之劼制非達節者汰之達節而逾于度者汰之倚征爲市者罪之非倚征而漁食者亦罪之是之謂式度之政而易之所謂節以制度者在是矣坏城郭固封疆完要塞謹關梁塞蹊徑修堡哨明戍守各按于法莫敢不臧而又練軍實簡士卒選將帥明賞罰以修戎政凡舊章之弛者皆申飭之以一觀聽是之謂申令之政而易之所謂申令命行事者在是矣簡諸民之敗群者絀之凡釀亂召釁樂訟幸灾者皆跡而伏之法其尤不逞者斥諸境外至于土酋之驕縱者夷獵之舌紀者悉以法治之一不共則文告以讓之再不共則刑罰以威之其卒不共者則師旅以遏之毋事姑息以啓邪心是之謂厲法之政而易之所謂明罰敕法者在是矣四者信行則所以阜聚蕃殖之者無遺利而禁詰豫防之者無遺法矣省方觀民之政其何以加諸此哉或曰貴州之域地非沃壤雖繁其法制不能使之富俗襲夷風雖詳其章條不能使之靖噫此非所以語政理也夫王者不易民而化君子不變俗而治舉其所偏

補其所弊施之以阜殖予之以禁戒雖蠻貊之邦可行也而况未至於是者乎在易觀之象曰君子以省方觀民設教言因俗而理也兹愚之習觀於貴州也地雖薄瘠而力於務本人雖鷙悍而恬於畏威勞來安集則生聚之澤易究振厲警飭則震疊之威易宣是在省方觀民者加之意而已此愚於觀之象而益信四者之政之可行也邊隅之士豈足以審於治民之方顧以爲察之於俗而聞之於師者若此明問所及敢僭告言蓋習於聞見者或不拂於時宜而守其師説者或不悖於大道是亦省方者之所樂采也

貴州鄉試録後序

嘉靖丙午秋八月貴州大比士興其賢能者三十人以賓禮賓之御史蕭端蒙乃播告于衆曰古者賓禮必有乞言禮也况兹多士入官之始也其庸以無勖於是紹芳乃肅學正毛沂等進多士而勖之曰若知所以答聖天子之德者乎夫燕而歌鹿鳴也聖天子之所以大亨以養也養之云者言上之不虚取於下也是在燕義則然也雖然上之不虚取於下而下之虚受於上者非所以明報答之義也爾多士寧無勖乎夫多士之以言揚也觀其言也則固以大丈夫自負矣然其修之於家而用之於國者果能居廣居立正位行大道乎否也兹未敢知也得時行道果能闡九經之用斟酌先王之禮樂以佐明王之治乎否也兹亦未敢知也此紹芳等之所爲懼也多士其思先勞之義而毋以虚受自累乎哉矧我聖天子法古爲治揆文奮武科目之設解額之增不遐遺也而苗民之不共撻然命封疆之臣致討焉奮伐也文武并用所以柔遠人者惠至渥矣多士其能無勖乎語曰育稼於稚育士於始兹多士進之始也故僭言以規多士其圖之於是御史暨諸大夫咸以爲然遂紀之末簡

福建福州府連江縣儒學教諭譽紹芳謹序

嘉靖三十一年貴州鄉試録

貴州鄉試録序

皇上受天眷命爲天下君師三十有一年凡禮樂政教大制懿典暨事關人才民命有夙曠而未舉嗣舉而未備者悉釐正而恢張之若貴州之取士設專科廣解額蓋一事也乃者苗民弗率士庶繹騷又創設重臣綜理三省軍務奠厥攸居此亦一事也經曰聖人養賢以及萬民故登庸俊乂以爲民也傳曰稂莠之去以茂嘉穀故癉厥非類以彰善也貴州古要荒之地去京師幾萬里而揆文奮武兩廑聖念如此此邦之士何其幸與屬者殲厥渠魁貴之人士胥賴以寧而今年壬子適當大比之期計凡六開科矣於是巡按監察御史董威監臨惟謹貞肅風紀慎簡執事乃柟暨教諭鄭廷俊李司鎮黄伯善何應宿俱應聘至司考校事提調則左布政使李涵左參議伍鎧監試則按察使胡堯時僉事龍遂如期合提學副使謝東山所選士千二百人鑰院三試之事竣録諸士之名氏并文以獻柟敬序諸首簡竊惟在昔虞帝盛時有苗蠢動爰命徂征而其誓師之辭若曰君子在野以是知遐方异域曷嘗無君子惟所用之何如耳乃今聖人在上賢哲是求而此邦之士則本華裔彦族蓋引而置之莊嶽之間者居多其土著而蕃者即亦非殷郊之舊今兹之舉將使野無遺賢士無留良以稱塞興賢之責諸士其亦聞乎夫玄豹隱于深林而文自炳璠璵淆于砂礫而澤彌輝何也寶物之緼地且弗愛矧可得而限量乎夫子鄉舉里選之法格伐檀巷處之英多説者謂力田孝弟法猶近古得士亦真而不知敷奏以言乃自古用之矣夫文也者則言之成章者也今觀諸士三試之文繹之經訓其旨晰矣根之理要其詞闡矣貫之子籍其氣昌矣敷之謨略其思深矣核之古今其義廣矣切之時宜其識宏矣美哉治世之音而人文之著也將埒中州而遠覬都邑故登是録者皆極里中之選褎然舉于其鄉者也孟氏所謂一鄉之善士非與夫諸士涵濡積化抱負奇器居常自許奚啻國士豈曰邁德一鄉已耶顧鄉黨者父兄宗族在焉誠使稱孝稱弟無或間言則庶幾乎一鄉之士然若人也以孝事君則忠以敬事長則順故曰其儀不忒正是四國即是之謂國士而所謂天下士者由此其選矣慨夫經生藝士童而習之壯而庸焉比仕而

弃其所學歸而無以見其鄉之人者往往而是若是者國家奚庸焉又奚賴焉昔明道先生行誼重于其鄉有將爲不善者曰程伯子得無聞乎竟改其行故鹿鳴之詩曰我有嘉賓德音孔昭視民不恌君子是則是效是故德音昭矣君子且效之况于民乎况于鄉之人乎諸士勖哉以今歌鹿鳴于鄉矣進而爲國士爲天下士宣令德而策勛名以對揚聖天子之休命豈非主司之大願乎詩曰人之好我示我周行我實好子誰能靳之維時總督兵部右侍郎兼右僉都御史張岳壯猶肇公振揚文教清軍御史趙錦簡肅戎政作興士類刑部員外郎劉崈平反欽恤教用以弼右參政楊應奇右參議劉望之副使趙之屏廖天明僉事萬敏署都指揮僉事曹宗岱但一麟翊務飭防厥勩惟均入賀則右參議趙希夔署都指揮僉事徐世遠贊成則鎮守總兵官都督同知沈希儀參將石邦憲李英陞任則前副使今行太僕卿魏尚純例地并書自餘百執事録也既載之矣

江西九江府儒學教授丘柟謹序

嘉靖三十一年貴州鄉試

監臨官

巡按貴州監察御史董威（重夫河南信陽州人　辛丑進士）

提調官

貴州等處承宣布政使司左布政使李涵（容之直隸遷安縣人　癸未進士）

貴州等處承宣布政使司左參議伍鎧（文衛福建晋江縣人　丙戌進士）

監試官

貴州等處提刑按察司按察使胡堯時（子中江西泰和縣人　丙戌進士）

貴州等處提刑按察司僉事龍遂（良卿江西永新縣人　乙未進士）

考試官

江西九江府儒學教諭丘柟（子才湖廣麻城縣人　辛卯貢士）

江西瑞州府上高縣儒學教諭鄭廷俊（章卿福建莆田縣人　癸卯貢士）

同考試官

浙江金華府東陽縣儒學教諭李司鎮（日守江西泰和縣人　丙午貢士）

浙江杭州府昌化縣儒學教諭黄伯善（達兼福建晋江縣人　庚子貢士）

河南開封府陳州商水縣儒學教諭何應宿（仲魁廣西蒼梧縣人　己

西貢士）

印卷官

貴州等處承宣布政使司經歷司都事曾守一（敬之四川大足縣人　監生）

貴州等處提刑按察司照磨所照磨周鶴（潔夫江西信豐縣人　監生）

收掌試卷官

鎮遠府知府程節（文純江西南城縣人　丙子貢士）

黎平府知府王璧（汝完萬全都司蔚州衛人　己卯貢士）

受卷官

貴州等處承宣布政使司理問所副理問彭德光（體觀江西安福縣人　監生）

思南府知府李寀（和卿廣西護衛官籍直隸定遠縣人　己卯貢士）

安順州知州花有稷（時新廣西賓州人　丁酉貢士）

普安州判官王宗岳（以瞻江西泰和縣人　監生）

彌封官

貴州等處提刑按察司經歷司知事王月謙（德脩四川劍州人　監生）

思州府知府王儀鳳（應和山東章丘縣人　乙酉貢士）

普安州知州高廷愉（孝之浙江樂清縣人　官生）

普定衛經歷司經歷許應文（文瑞直隸歙縣人　監生）

謄録官

貴州都司斷事司斷事夏民（伯達江西貴溪縣人　監生）

鎮寧州知州張邦珠（子明湖廣寧鄉縣人　庚子貢士）

安順州判官李桂（廷芳廣西全州人　辛卯貢士）

貴州衛經歷司經歷葉應前（際光浙江慈谿縣人　監生）

對讀官

程番府推官王尊賢（公輔四川閬中縣人　監生）

永寧州知州唐金（子南雲南晋寧州籍浙江淳安縣人　戊子貢士）

安南衛經歷司經歷陳河（天會湖廣臨湘縣人　監生）

清平衛經歷司經歷楊廷憲（宗周湖廣邵陽縣人　監生）

巡綽官

貴州前衛指揮使唐鳳（國瑞湖廣衡山縣人）

龍里衛指揮使王寰（伯居直隸臨淮縣人）

貴州衛指揮同知夏邦彦（國英直隸當塗縣人）
貴州前衛指揮僉事張溱（廷瀾直隸滄州人）
貴州衛指揮僉事周輅（用乘直隸當塗縣人）
貴州前衛指揮僉事馮應文（汝質湖廣江夏縣人）
貴州衛左所副千户李岐鳳（鳴陽直隸靈璧縣人）
貴州衛中所副千户鄒伸（廷懋湖廣黄岡縣人）
貴州前衛左所副千户趙桂（蕤秋江西豐城縣人）

搜檢官

貴州前衛指揮使洛希聖（宗誠直隸武邑縣人）
貴州衛指揮同知楊允武（子威直隸巢縣人）
普定衛指揮同知蔣文英（汝毅湖廣道州人）
新添衛指揮同知劉思忠（進之直隸山陽縣人）
貴州衛指揮僉事劉鏜（汝聞河南開封府人）
貴州前衛指揮僉事丁偉（元卿直隸合肥縣人）
貴州衛前所正千户許脩德（子誠直隸泗州人）
貴州前衛中所副千户李紹勛（世臣湖廣夷陵縣人）
貴州前衛中所副千户柴文學（希賢山東堂邑縣人）

供給官

貴州都司經歷司經歷孔相（廷佐廣西懷集縣人　監生）
貴州等處承宣布政使司照磨所照磨李觀（明遠湖廣巴陵縣人　吏員）
貴州宣慰司經歷司經歷程雨（沛然湖廣靖州人　監生）
貴州前衛經歷司經歷黄久誦（用詩廣西全州人　吏員）
興隆衛經歷司經歷門時化（啓霄四川内江縣人　吏員）
貴州宣慰司經歷司都事楊仕魁（文耀湖廣長沙縣人　吏員）
程番府小龍番長官司吏目虞朝陽（啓東浙江縉雲縣人　吏員）
鎮遠府偏橋長官司吏目楊瓚（廷器順天府玉田縣人　吏員）
貴州宣慰司貴竹長官司吏目周睿初（慧之四川彭山縣人　吏員）
貴州宣慰司陸廣河巡檢司巡檢蔣正茂（時秀湖廣衡陽縣人　吏員）
貴州宣慰司沙溪巡檢司巡檢徐萬珠（一本湖廣安陸縣人　吏員）
貴州宣慰司閣鴉驛驛丞王玠（期重湖廣江夏縣人　承差）
貴州宣慰司歸化驛驛丞寸永吉（汝脩雲南鶴慶府人　承差）
新添衛新添驛驛丞周珠（用之四川南溪縣人　知印）

第一場

四書

子曰予欲無言子貢曰子如不言則小子何述焉子曰天何言哉四時行焉百物生焉天何言哉　誠者不勉而中不思而得從容中道聖人也誠之者擇善而固執之者也　夫志至焉氣次焉

易

乾始能以美利利天下不言所利大矣大哉乾乎剛健中正純粹精也　聖人感人心而天下和平　舉而措之天下之民謂之事業　復則不妄矣故受之以无妄有无妄然後可畜故受之以大畜物畜然後可養故受之以頤

書

敬敷五教在寬　山川鬼神亦莫不寧曁鳥獸魚鱉咸若天子作民父母以爲天下王　自古商人亦越我周文王立政立事牧夫準人則克宅之克由繹之兹乃俾乂

詩

春日遲遲采蘩祁祁　天保定爾以莫不興如山如阜如岡如陵如川之方至以莫不增　仲山甫之德柔嘉維則令儀令色小心翼翼古訓是式威儀是力天子是若明命使賦　我求懿德肆于時夏

春秋

夏齊侯衛侯胥命于蒲（桓公三年）公會晋侯宋公衛侯曹伯齊世子光莒子邾子滕子薛伯杞伯小邾子伐鄭會于蕭魚（襄公十有一年）　秋九月齊侯宋公江人黄人盟于貫（僖公二年）　衛人救陳（宣公十有二年）夏楚子伐宋（宣公十有三年）　夏公會齊侯于夾谷（定公十年）

禮記

凡養老有虞氏以燕禮夏后氏以饗禮殷人以食禮周人修而兼用之　雖有嘉肴弗食不知其旨也雖有至道弗學不知其善也　君子之聽音非聽其鏗鏘而已也彼亦有所合之也　朝覲所以教諸侯之臣也

第二場

論

君子喻於義

詔誥表（内科一道）

擬漢議貢舉法詔（元和元年）　擬唐以劉洎爲侍中岑文本馬周爲

中書令誥（貞觀十八年）　擬宋以竇儀爲翰林學士謝表（建隆元年）

判語（五條）

官員襲蔭　賦役不均　多乘驛馬　聽訟迴避　冒破物料

第三場

策（五道）

問　大學孔氏之遺書古之大學所以教學者以修己治人之法本末始終燦然具備千萬世教者學者咸準則焉自有宋二程子取其書於戴記而表章之朱子又爲之章句或問可謂備矣至真氏又著爲衍義於八條目中止取其六而撮爲四要其義何居近世有病有缺略而補之者果確論與洪惟我太祖高皇帝以聖神文武之資留心於格致誠正之學嘗命左右揭大學衍義於殿廡以自觀省至於幸觀心亭御西廡所以諭儒臣者悉皆大學明明德之意成祖文皇帝采聖賢之言爲聖學心法一書出示儒臣有篤志力行足以爲治之諭列聖相承光昭弘謨可得贊揚其萬一歟我皇上聰明天縱造詣淵深敬一有箴五箴有注深得帝王傳心之要領經書備覽一詩又皆大學明明德之旨趣可得而敬述其概歟爾多士玩習大學之書莊誦昭代之典有年矣聖謨洋洋後先一揆兹欲仰窺聖訓之微旨遠探大學之格言以爲沃心輔德之助宜如何也尚敬陳之用以鋪張今日之盛

問　讀書所以窮理修德資於講學聖賢垂訓詞旨不一必有至當之論試舉一二言之孔子告顔淵以克己復禮爲仁而淵也則曰博文約禮豈禮之外復有所謂文抑二者殊塗而同歸歟後之儒者或教人以禮爲先果無待於文歟子思子作中庸曰尊德性而道問學孟軻氏曰學問之道無他求其放心而已豈學問只求之心抑德性之外别有問學歟後之儒者或謂學問之道有三若與思孟子之説不同又何歟仁一也孔子告仲于以敬恕言仁孟子言强恕近仁而不及敬不知恕果可以該敬抑各有所指歟或又謂學始終乎敬何歟性一也中庸言率性孟子則曰存心養性不知率之與養其義何别豈同功而异用歟大學之不及性抑又何歟魯論子罕言利而夫子傳易則曰利物足以和義似又合利與義言之不幾於相悖歟夫子傳易曰義以方外而孟子闢告子以義爲外不幾於未識易歟諸士子讀書講學於聖賢立言同异之歸學者今日用功之要所當辨析而定其趨者願詳著于篇以觀自得之學

問　士人不可無希古之志尚論古人必得其心術之微請舉古人一二可師而猶不能無疑者與多士商之身事漢而心在韓者忠矣然博浪一擊似

類輌政之爲棧道諸謀似非光明之舉或謂其平生智謀因事方用或謂其有儒者氣象果孰爲定論乎身事周而心在唐者正矣然奔走武氏不免辱身之嫌潜授五龍似竊反正之譽或謂其社稷之臣綱目則書周以某兼納言果亦有可議乎若鞠躬盡力扶漢於末造出師二表真可與日月同光或謂其知爲相之體或謂其有王佐之心道則未盡所以許之短之者果孰爲得乎若敦尚風節佐宋於盛時天章十事真以天下爲己任或謂其爲杰出之才或僅稱其才氣老成所以不安其位者抑何所短乎天人三策之陳或亦謂有儒者氣象西賊膽寒之謡或既羡其一時齊名然百代殊絶人物之稱二子不與焉豈論者忽之抑别有説乎尚友古人固多士所自待者設以身處其地伊誰之師毋但曰吾志三代之英而未暇及也

問　文武并用長久之道方今承平日久民不知兵儒者持文墨議論而諱言兵介胄世禄之士類多驕惰而於韜略之教藐未有聞若是而求天下有全勝之將得乎古之名將作用不同而稽之兵法率中肯綮者可得聞其一二歟諸葛孔明祁山之陣當司馬懿二十萬衆一戰大克而細柳之營湟中之屯皆堅壁不戰而俱以成功何歟王翦平輿之戰追楚以六十萬衆一鼓而勝而淝水之師渭曲之陣皆以寡敵衆而卒以大捷何歟孫臏以減竈敗魏然或以增竈破武都之寇李廣無部伍取勝然或以紀律静刀斗之鳴豈聲實張弛惟其所用而各有當歟吴起與士卒同甘苦而或用皆水陣成功李牧日椎牛饗士而或斬莊賈决勝豈威愛賞罰任其自便而不必拘歟夫因勢利導兵之上計而運用之妙存乎一心頃者北虜之驕肆未創南蠻之叛服靡常方廑九重拊髀之思折衝樽俎之圖蓋不可不之講也請究言之毋諉之軍旅未學

問　貴州古僰甸之域襟聯川湖三苗遺種其來久矣我祖宗列之藩服或仍土酋或建郡邑維以武衛聯以膠庠椎髻之風漸變然民夷錯處間弗奠居頃者上命重臣督鎮三省得便宜行事亦既仰奉天討薙獮殆盡民用輯寧然一二遺孽猶未盡殄兹既稽首歸順而其畏威竄伏者謂宜剪圖以與脅從者有間固也然大勢既定即一逋寇似無能爲議者謂除惡務本必滅此而後爲快也然大禹有班師之舉或又謂宥過無大即置之未可謂無勇也然虞舜有怙終之刑昔禹之徂征誓師之詞曰以爾有衆奉辭伐罪其義既正矣然三旬猶逆命焉豈化外庶頑自古不可必征耶益之贊禹誦帝之德曰至誠感神矧兹有苗其言近迂矣然七旬果來格焉豈舞干風動不必於兵耶乃者重臣督臨似得馭夷之要或謂事平宜割三省近疆改設撫治之職果長計乎列戍要害似得自守之術或謂自今宜減各營戍卒稍省供餉之費果得策乎虞之

格苗在敷文德今所謂撫果文德之敷乎周之詰戎在征弗庭今所謂剿果弗庭之討乎皇上聖文神武四夷來王蕞爾小醜黠猾成性不知久安長治之計至當歸一之畫宜何所出士生兹土必有概于中久矣願以所素籌者告我將轉聞于上用紓宵旰南顧之憂

中試舉人三十名

第一名　吴淮　貴州宣慰司學生　書
第二名　黄堂　平壩衛學生　易
第三名　李講　新添衛學生　詩
第四名　張勃　貴州宣慰司儒士　春秋
第五名　安守魯　思南府學增廣生　禮記
第六名　朱環　思州府學生　易
第七名　越民範　貴州宣慰司學增廣生　書
第八名　邊捷　思州府學生　詩
第九名　邵元高　普安州學附學生　春秋
第十名　丁文華　烏撒衛學生　禮記
第十一名　劉秉禮　貴州宣慰司學附學生　易
第十二名　蔡云吉　貴州宣慰司學增廣生　書
第十三名　何騰黄　平溪衛學生　詩
第十四名　萬惟一　平溪衛學生　詩
第十五名　顧堯輔　清平衛學生　易
第十六名　趙維屏　永寧宣撫司學生　書
第十七名　郁周　普定衛學生　詩
第十八名　陳表　銅仁府學生　易
第十九名　黄芳　普定衛學生　詩
第二十名　周廷璡　思州府監生　書
第二十一名　周希韶　安莊衛學生　春秋
第二十二名　張文燦　興隆衛學生　詩
第二十三名　羅廷賢　思南府學附學生　禮記
第二十四名　劉璧　清平衛學增廣生　易

第二十五名　沈嘉言　貴州宣慰司學增廣生　書
第二十六名　李顯陽　貴州宣慰司學生　詩
第二十七名　胡汝器　普安州歲貢生　易
第二十八名　張世美　新添衛學增廣生　詩
第二十九名　楊岳　永寧宣撫司學生　書
第三十名　張禮　龍里衛學生　詩

第一場

四書

子曰予欲無言子貢曰子如不言則小子何述焉子曰天何言哉四時行焉百物生焉天何言哉

吴淮

考試官教諭鄭批（此作詞雅意到可以爲式録之）

考試官教授丘批（天道聖教一也子能發明之其亦知求聖教於言外者乎）

聖人教欲無言因賢者之疑而示以天道焉夫言非聖人之所尚也今欲無言以爲教而賢者疑之安得不示之以天道哉想昔在聖門者學不察諸身心道惟求諸言語夫子隱之于衷久矣故言此以警之若曰誨人不倦仁者之心也教思無窮君子之責也予嘗于憤者思有以啓之悱者思有以發之言固不可以已也而今也則欲無言矣子貢正以言語觀聖人者於是疑而問之曰斯道也上達之資固得于心悟下學之士必待於言傳故天子法言人得而改也巽言人得而繹也誠有不可廢者今欲不言則小子何述焉蓋夫子之云將使求至道於言外而子貢之問未能得聖教於意表也夫子有難於顯言者從而示之曰大道不因言而顯亦不因默而藏曷不觀諸天乎成位乎上確然示人者易焉得一以清於穆不已者運焉天何嘗有言哉太和絪緼寒暑迭爲之用以四時則行焉爾乾道變化性命各得其正以百物則生焉爾其并行者不至于相悖而歲功以成其并生者未見其相害而化機以茂是天果何言而亦奚待于言也哉夫欲無言者夫子之至教而明以天道則又不能已于言矣賜也其將有得乎抑周頌之什曰維天之命於穆不已於乎不顯文王之德之純天之道聖人之德一也故善學聖人者求端于天雖然夫子之告子貢欲無言矣而异時與顔回言則又終日何也蓋徇言者當勖之精義默識者何嫌乎詳

説是故得聖言而忘意者可與入德外聖言以求道者亦不可與共學

誠者不勉而中不思而得從容中道聖人也誠之者擇善而固執之者也

黄堂

同考試官教諭李批（題本明白是篇組織傳注成文競浮詞者可以觀矣）

考試官教諭鄭批（理勝之作）

考試官教授丘批（明暢）

中庸論誠而著其有聖賢之异焉蓋聖人之德天道之自然也賢人之事人道之勉然也中庸論誠而詳著之其義明矣昔夫子之告魯君有明善誠身之説因言誠之爲道如此謂夫天人之道固有不同聖賢之等亦自有异故誠者天之道也何以見之彼誠者德由性成一渾然乎天理善有諸已一真實而無妄是以物來順應不習自無不利其中也不由乎勉也明覺自然無思而無不通其得也不係乎思也由仁義行範圍而不過與道爲一而措之宜焉順帝之則旁行而不流從心所欲而矩不踰焉是聖人之德也非即天之道乎誠之者人之道也何以見之彼誠之者得于天者不能不牿于人纯乎理者亦既少間以欲是以未能不思而得則主善爲師惟至當之是求而擇之極其精也未能不勉而中則遵道而行惟至善之是止而執之極其固也知之所及必仁以守之不因物而遷焉明以察之必健以决之不半途而廢焉是賢人之事也豈非人之道乎吁聖賢殊塗而其歸則同天人异分而其道則一顧人從事何如耳有斯民之責者詳之嗟夫道一而已矣乃夫子之告哀公曰達道達德九經可謂廣大悉備矣既而曰所以行之者一也而終之以誠之一言然後其義精以密其功約以切蓋誠則力諸已爲實學畜諸已爲實德措諸事業爲實政故曰天地之道其爲物不貳則其生物不測不貳也者誠之謂也夫誠天地且弗能違况于人乎故不誠無物君子誠之爲貴

夫志至焉氣次焉

李講

同考試官教諭何批（發出志氣兼重意典雅精當可以爲式矣）

考試官教諭鄭批（詞理俱到）

考試官教授丘批（講至次極親切）

大賢論志氣之不相遠以見勿求於氣之非也夫氣之與志其分不同而其切於人則一也究而論之夫豈甚相遠哉孟子論已不動心之异於告子此則辨

其言之非以曉公孫丑也意謂内外有相須之理君子有合一之學彼告子謂不得於心勿求於氣蓋有見于志而無見於氣也奚可哉今夫子其發於心者之謂志使志不足以御乎氣則與氣亦相等爾未可以言至也惟其志爲氣之帥也是存於中者若甚小而所以關乎外者則甚大一身之運用皆是志之操縱也苟無是志則虚靈乏主宰之神而衆體皆廢其職推行無統攝之地而百爲各失其常其爲氣也將涣焉而無所屬矣是志也則役乎氣而不役於氣體統常尊未有能或至先也斯不爲至極而無以加者乎乃若運於身者之謂氣使氣果無以助乎志則視志誠爲遠矣未可以言次也惟其氣爲體之充也是動于外者若甚微而所以係乎内者則甚切一念之注措皆是氣之輔翼也苟無是氣則趨向雖專無以資攸往之利感通雖速何以責有相之能其爲志也將索然而淪于虚矣是氣也者命於志而實助乎志效用有常蓋不可須臾離也豈非即次而不相懸者乎是則志而曰至是志固所當重也氣而曰次則氣亦不可輕也此交養之功有不容以偏廢者告子乃以氣爲外而勿求之失之甚矣丑其思乎雖然志氣之當兼養固也厥功維何亦曰集義而已蓋義集則志定志定則氣充兹孟氏所獨得者故其藐晋楚鄙儀衍是即不動心之徵也告子勿求於心勿求於氣無怪乎以義爲外而乃先孟子不動心焉不過襲取而强制之也此有養氣者所當知

易

聖人感人心而天下和平

黄堂

同考試官教諭李批（詞旨縝密和平二字尤善發明取之）

考試官教諭鄭批（崇雅黜浮之作）

考試官教授丘批（潔净）

聖人妙夫感天下成其化矣甚矣治化之成顧上之所感何如耳曾謂聖人以心感而和平之化有不成者乎聖人傳咸之彖及此謂夫天下之至神者莫速於感通之理而天下之易感者亦莫過於吾人之心有聖人者出焉主静以立人極既具夫感召之本信順以先天下復妙夫轉移之機知天下之人所同者心也聖人則推此同然之心以化導之不取必於聲色號令之間也知天下之心所同者理也聖人則舉此同然之理以倡率之不從事乎制度文爲之末也聖人之感人心如此固不期天下之應也但見誠能動物寓不疾而速之神乎乃化邦有不言而信之妙鼓舞於大順大化之天者慾心以平也躁心以釋也熙熙然雍穆之風行矣曾有一人之乖戾而自外於惟皇之極者乎優游於不識不知之境者自易其惡也自至其中也蕩蕩乎平康之俗作矣曾有一

人之偏陂而自甘於恒性之失者乎吁聖人感人心者自然之感也天下和平者自然之應也感應之理蓋與造化同一機矣彖傳極言以示人旨哉大抵天下無物無感無感不同故同聲者則相應同氣者則相求此固物理之常而天下古今之同情也然常人之感出於有意不免憧憧往來聖人之感本於無心惟廓然大公物來順應而已故曰聖人之常以其情順萬事而無情此固天德王道之妙存主感通知神所以能配天地無心之化也觀聖人則知天地矣

復則不妄矣故受之以无妄有无妄然後可畜故受之以大畜物畜然後可養故受之以頤

朱環

同考試官教諭李批（以心學立説而意義精到是用心易學者）

考試官教諭鄭批（學易有得者）

考試官教授丘批（知序卦之義）

心學相因之漸於易卦相承者見之也蓋无妄而畜畜而養皆善端之復基之也易卦相承而心學之相因見矣宜序卦發之以示人歟意若曰善學者當求之易善用易者當求之心知易卦之所以序則心學之漸其幾矣是故卦名爲復蓋善端既萌之際良心方動之機也夫嗜欲深者天機淺方其未復妄焉已耳今則著誠去僞之後湛一不奪於攻取閑邪存誠之餘外誘無雜乎真純寧有所謂妄乎易卦復之後次之以无妄者以此无妄云者蓋欲净理還之會人泯天定之時也夫誠之鑿者德之病妄苟未去無所於畜矣今則忠信所以進德積之可底於充實立誠所以居業藏之可幾於富有斯不可與語畜乎易卦无妄之後次之以大畜者以此大畜云者篤實輝光日新其德者也夫居之隘者充之無其基苟畜德不弘無所於養矣今則根本静深惟優游以俟其化充積盛大惟涵泳以要其成斯不可與語養乎易卦大畜之後次之以頤者得非取於養之義耶吁易卦相承自有其序學者之造必以其漸夫子闡以示人豈徒爲卦畫之粗迹已哉嗚呼不遠之復吾於顔氏之子見之心齋坐忘大而未化得於易者深矣然請事四勿不遷不貳此其好學之篤畜養之深至于今稱之要之復也者其潛心之本也善學易者請學顔子之所學

書

敬敷五教在寬

吴淮

考試官教諭鄭批（舜因民不親不遜故申命契教之使知親遜作者多

失此意是篇發揮本旨明白宜録以式）

考試官教授丘批（帝舜明契之旨正如此）

聖君于大臣命以曲盡教民之道焉夫民非教弗淑也敬以敷之而又寬以俟之教道復有加于此哉帝舜以之申命契也蓋謂民情易溺既由習而失之异然民性本善貴以教而反其同汝爲司徒以教民也宜何如哉彼以五品之人倫而著爲教令者是之謂五教苟敷教不敬其失也慢民將玩之而弗從矣其必有嚴有翼宣大猷於章程以一天之趨向無怠無荒納斯民於軌物而振人道之紀綱因其情而教之以愛使皆知有典之當敦朝夕惕若以期彝倫之叙而後已焉因其分而教之以敬使皆知有禮之當庸夙夜惟寅以期民衷之和而後已焉可曰克綏厥猷者君之責也而遂以易心乘之耶然敬而不寬其失也驟民將畏難而中止矣又在慮遷物之性難遽復也則優游厭飫不勉强以必其順以格心之化未易行也則先後和懌惟舒徐以觀其成寬柔以教施之而不悖使天性之愛自溢于涵濡之久不求備于一夫也從容以和求之而不拂使良能之敬自生于浹洽之深不忿疾于頑也可曰順于從上者民之分也而遂以欲速迫之耶是則敬以先乎寬其寬也不至于縱寬以濟乎敬其敬也不過于嚴執此以敷教而民有不化者乎抑是道也真聖世之教也以敬則爲剛而爲義以寬則爲柔而爲仁剛柔相濟而不偏仁義并行而不悖則有虞從欲風動之治豈偶然哉厥後成周之處頑民慎始者周公也和中者君陳也而畢公又成其終焉用此道也説者謂唐虞太和氣象在成周宇宙間吁有以哉

天子作民父母以爲天下王

越民範

考試官教諭鄭批（題意重庶民感皇極敷言之訓皆知歸功頌德尊之親之極其至也此作形容殆盡）

考試官教授丘批（能發庶民頌君之意）

庶民頌君既親之至而又尊之至也蓋作民父母親之至也爲天下王尊之至也庶民合是二者以頌君其有感於敷言者深矣箕子衍皇極之疇以告武王及此蓋謂君民之勢懸殊感通之機甚速庶民既由敷言之訓以近天子之光矣則感德而誦之也其能以自已耶顧莫不曰恩育乎我者言有親也吾民之父母也今天子以敷言爲訓則造就之仁不殊于義方之教曲成之化適同乎一體之恩啓吾固有之良而使之趨之愛而知勞也子惠之澤有心誠求之者矣動吾天性之真而使之由之弗納于邪也怙冒之德有欲報罔極者矣

雖曰君親之分不同而保愛之情無异恩育之利博吾民之瞻依無窮也天子其作民之父母乎不但已也彼君長乎我者言有尊也天下之王也今天子以敷言爲訓則軌物以宜民而綏猷惟后之責已塞修道以立教而知臨大君之宜以昭盡己性而盡人性通天下爲一身允矣四方之綱紀也作之君而作之師囿天下于一德巍乎一人之元良也雖曰遠近之情不一而會歸之極則同君長之道行吾民之仰戴無已也天子其爲天下之王乎夫始而曰民之父母則親之本乎情者自有因心之愛繼而曰天下王則尊之本乎義者自有因心之敬情以維愛義以維敬然則尊親之頌夫豈溢美之詞也哉抑身教者從言教者訟以言化民似末也不知建極錫福已孚于未言之先而敷言之教乃所以使之吟咏而自得爾否則何以致其頌德一至此哉是故激勸之機存乎言化導之本存乎身二者當知所先後矣

詩

仲山甫之德柔嘉維則令儀令色小心翼翼古訓是式威儀是力天子是若明命使賦

李講

同考試官教諭何批（仲山甫之德模寫殆盡真善於説詩者）

考試官教諭鄭批（經旨精明結意尤嘉）

考試官教授丘批（有温柔敦厚意）

詩人美大臣之德必備舉而言之也甚矣甚德之難全也而仲山甫獨有之宜詩人備言之以見城齊之無難與宣王明樊侯仲山甫築城於齊尹吉甫作詩送至至此若曰仲山甫之生也既本於天監故其德之盛業自出乎群類其德維何彼柔不能嘉是柔過期則非德之善也仲山甫則中和成其性沉潛而有剛克者寓焉巽而不爲隨也和順積於中高明而有柔克者存焉和而不爲同也其見於外也儀與色之皆善周旋中禮望之知其爲君子温然如玉就之信其爲有道其藴於中也戒與懼之常存莊敬持養德愈大而心愈小自强不息日乾坤而久惕若其表裏柔嘉有如此者古訓者先王之遺典也則仰而式焉前言往行多識以畜其德威儀者一身之大觀也則時而力焉可畏可象慎修以飭其躬其學問進修有如此者至於天之所命以爲君者天子也仲山甫能若之將順其美使上下交而德業成精白乃心俾謀猷孚而膏澤下天子之所出以及民者明命也仲山甫能賦之涣汗自上即敬以將治無有乎或壅也德意在民即奉以宣之沛然其四達也其措之事業有如此者是則仲山甫之德可謂極備矣信乎其生有所自爾异于凡民也哉抑春秋之義凡用民力

必書重舉事也城齊之行必屬之仲山甫而尹吉甫贈之又必言其柔嘉之德者何哉蓋役民之力用民之財不得已也非有長厚君子勞來而輔綏之則人情將有所不堪者矣故易曰體仁足以長人而民勞之什亦曰柔遠能邇此又贈言者之深意也

我求懿德肆于時夏

邊捷

同考試官教諭何批（修文圖治之意講得明瑩允宜録之）

考試官教諭鄭批（造語温潤）

考試官教授丘批（達周王圖治之心）

敷文德於天下周王圖治之至意也夫文德之敷所以開太平也周王巡狩而以此爲言保天命之道得矣此巡狩而朝會祭告之樂歌也及此意謂式序之典既行於諸侯矣然是道也可以明國法而不可以立人極可以儆有位而不可以興教化今者干戈戢矣弓矢櫜矣可不求懿德而布置乎是懿德也原于帝降之衷非有我所得私者也根于民秉之彝固夫人所同具者也是以我欲即衆人之所固有求以淑乎人心漸之必以仁焉摩之必以義焉非敢有所外求也因凡民之所同具求以復乎民性道之必以德焉齊之必以禮焉非敢强其所無也故幅員萬里時夏大一統矣務使純王之化沛然其四訖土宇昄章中國無异民矣務俾舊染之習焕然其一新錫類宣猷舉一世而甄陶以正天經矣修人紀普天率土皆惇信明義之風可也更化善治和群生而并育以一道德以同風俗此疆爾界皆敏德遷善之民可也夫求懿德是以德服人也肆于時夏是以天下爲度也以德服人者王以天下爲度者保天下周之王者豈不能凝右序之命而隆太平之業也哉抑書曰天佑下民作之君作之師是武王泰誓之詞也蓋其寵綏四方之志已定于恭行天罰之初今觀時邁之章震叠諸侯懷柔百神則君道備矣我求懿德肆于時夏則師道立矣君道備故皇極建而大綱正師道立故教化行而萬目舉此周家之治所以爲有道之長也故曰君志定而天下之治成矣

春秋

夏齊侯衛侯胥命於蒲（桓公三年）公會晋侯宋公衛侯曹伯齊世子光莒子邾子滕子薛伯杞伯小邾子伐鄭會于蕭魚（襄公十有一年）

張勃

考試官教授丘批（春秋善胥命而美蕭魚之會冀復古之意也此作可

謂得聖人之心矣取之）

考試官教諭鄭批（知聖人公世之志）

聖人志大公兩於不盟而信孚者致意焉夫大信不約也春秋善胥命而美蕭魚之會其公天下之心哉且敬信未施而人心自孚吾嘗聞諸虞夏大公之世矣逮誓會作而疑畔其澆漓之風浸日滋于天下春秋之時不盟而信者何幸首見於齊僖衛宣繼見於晋悼乎僖宣奚胥命于蒲也自相推而命伯也夫二君以互相雄長之勢交非素協者也使疑貳是懷豈不曰維兹大約必一歃而後定哉乃今布衷以告釋疑而孚長于東牧于北相命以言罔要乎盟焉噫懿哉僖宣之見也信義諭志蓋黍離以降所罕聞也世有盟而不信者况不盟而自信迥出一時群辟之陋耶此春秋之初有可以易薄還古之一機也聖人志大公寧不深有感歟是故特起胥命之文善之也冀復古也悼奚會于蕭魚也鄭受伐而行成也夫鄭以反覆不常之國成未可信者也使欺詐是逆豈不曰維兹叛國必再歃而後服乎乃今推誠以待禮囚而歸納斥堠禁侵掠相信靡疑不事於盟焉噫卓哉悼之見也信以懷貳又胥命以來所未有也世有盟而即叛者况不盟而弗叛遠至二十四年之久耶此春秋之中再可以易薄還古之一漸也聖人志大公寧不重有感歟是故特紀蕭魚之會美之也冀復古也他日嘗曰大道之行與三代之英丘未至逮也而有志焉謂志公天下徵兹言也志不獲行於而托諸魯史故特盟則惡之參盟則譏之不盟則取之以屢致其意也而頹習卒不可挽望斯辜矣雖然僖宣之胥命近正而失於自相命伯悼之服鄭雖善而失於不能撫陳夫子之取之者亦不得已而寄思古之懷也嗚呼可以觀世矣

秋九月齊侯宋公江人黄人盟于貫（僖公二年）

邵元高

考試官教授丘批（齊桓江黄之盟伐楚之課也子能得其微矣可録）

考試官教諭鄭批（深得傳意宜録以式）

春秋許霸主之遠交以其孤外勢也此貫之盟齊桓之善於制楚也春秋許之其昭經世之略乎且桓何事於結江黄也盟誓春秋所惡而何許乎貫之盟也曰桓於是乎善謀矣制敵在於審釋審釋在於察黨黨之弗睽敵之勢有所倚也勢之弗孤敵之强莫可制也久矣夫楚之爲患於中國也而所以强者多黨與之助也江黄者近郢東之國其楚之黨乎桓志於安天下而有見於天下之勢意以楚不攘不可冀中國之安也黨不離不可冀楚患之彌也乃合諸侯及江黄以盟焉陳之以牲歃庸昭矢言於天日資之爲犄角豫申大樂於鬼

神使二國之心附於楚者附於我也使楚之黨堅于昔者離于今也噫謀事始於定慮慮者兵之機也盟一倡而外與以來可以斷楚之右臂恒之慮其孔周哉舉事貴於以義義者兵之聲也盟一結而外攘以定可以免民於左衽恒之義其攸著哉慮之周必勝之形也義之著大順之兆也識者謂屈完之來召陵之績不在陘之次而在貫之盟矣桓之遠交誠善審天下之勢而得匡天下之猷者也盟雖春秋所惡而是盟也世之賴也可少乎哉是故諸侯皆在而獨言遠國許之也吁觀于此知制敵之方用武之要而聖人憂世之情見矣抑考貫之盟管敬仲有虞江黄遠齊恐不能救之諫矣仲之意非不欲桓結二國也正欲堅其外比之心以永宗諸侯也不知桓也始而定霸之志其結之也甚勤終而背信之忍其弃之也甚恝敬仲歿而楚兵至相繼以滅竟無一介之遺嗚呼江黄不負桓桓其負江黄哉故孟子曰仲尼之徒無道桓文之事者

禮記

君子之聽音非聽其鏗鏘而已也彼亦有所合之也

安守魯

同考試官教諭黄批（此題精義在合之二字是作發揮無餘藴矣取之）

考試官教諭鄭批（理致之作）

考試官教授丘批（亦知樂者）

君子之知樂亦惟有契於中也夫惟君子謂能知樂者爲其中之契合也豈徒聽音於鏗鏘而已哉昔子夏對文侯之意以爲不知聲者不可與言音不知音者不可與言樂是故知樂之君子固不以八音之器數爲樂之文具遂舍而不用也亦不以齊鳥之節奏爲情之流湎遂鬱而不宣也則君子固未嘗不聽音矣然使聽鐘聲而止於鏗焉聽石聲而止於磬焉得之考擊之下而聲音既闋則似未嘗有所聞者是則衆庶而已矣君子豈其然在聽絲聲而止於哀焉聽竹聲而止於濫焉聽鼓鼙而至於讙焉不越搏拊之間而鏗鏘既竟則若無所用其聽者是但知音而已矣君子豈若是哉蓋樂通萬物之情而其本則在於心心善萬物之理而其用則形於樂音者生於人心者也所聽者音而吾心之思各以類應感通之機有若或啓之而不得其故者矣樂者心之動也所感者樂而所思之心應感而起内外之情有不謀而合而莫知其朕者矣或思武臣也或思封疆之臣也心未形而立武立辨之音合之也樂觀其深聲入心通者寧不油然而動乎或思志義之臣也或思畜聚將帥之臣也理方隱而立志立會立動之音合之也樂通倫理審音知樂者寧不勃焉以興乎由此觀之聽樂者不以耳而以心知樂者不在聲而在理文侯無君子之心又安得有君

子之聽哉雖然文侯能師子夏而軾段干木其足用爲善之資可知矣聽古樂而惟恐卧此其自知之明子夏因事納忠所謂納約自牖者非歟方其時志義之臣則有田子方畜聚之臣則有西門豹封疆將帥之臣則有魏成子樂羊翟璜國人稱仁友邦懷義雖以崛强之秦猶有所畏而偃兵不動俄頃之助如此謂治之隆替不由於樂不亦誣乎

朝覲所以教諸侯之臣也

丁文華

同考試官教諭黄批（朝覲大禮也關係臣道亦大觀子之文令人生敬矣）

考試官教諭鄭批（詞整）

考試官教授丘批（簡當）

王者述職之典所以教臣道也甚矣君臣之義重也朝覲以述職得非以臣道教諸侯哉且因心爲教固先王制禮之微意爲國以禮尤先王立教之大坊豈特教之孝弟教之德與養而已哉又有所謂朝覲之禮焉五年以爲期蹡蹡濟濟稽首乎黼扆之前四時以爲序穆穆皇皇俯臨乎群后之享禮行於朝焉夙夜在公近天子之光蓋親見夫垂衣之治矣禮行於覲焉輯瑞以見謹王章之守殆恪共夫敷奏之典矣朝覲之禮有如此者其義何居哉蓋天尊地卑君臣之分嚴矣非朝覲則大君宗子何由以昭其敬錫徒分民諸侯之勢懸矣非朝覲則君門萬里於何而達其情禮行於朝而諸侯知有君之親義合而志同媚兹一人之念將有固結而不可解者矣非此禮爲之倡耶禮行於覲而諸侯知有君子之尊禮達而分定謹爾侯度之誠將有靖共而不敢懈者矣非此禮爲之紀耶謂非所以教諸侯之臣而何哉夫朝覲之禮非先王之自亢也君臣之教因人情而未之有改也此其制之善所以垂萬世而無弊與大抵禮者聖人所以順天道治人情之大竇也而朝覲之禮所繫尤重蓋君臣上下非此莫辨而交泰之治由此以成耳舜受堯命而群后四朝三載考績成王迪百官六年五服一朝考制度明黜陟之典尤拳拳焉故曰禮者聖王之大柄也

第二場

論

君子喻於義

黄堂

同考試官教諭李批（義利之辯學者第一工夫此作能詳之結尤令人

有深省處佳士也）

考試官教諭鄭批（子必深喻於義者録之）

考試官教授丘批（詞昌理到）

君子之道達諸天亦求諸己而已何也義也者宜也天之所以與我者也夫義與利對其是非得失之歸相去遠矣然其始則毫釐之差也於此有幾焉不可不察也察之而其志不決依違於兩持之間猶未察也志決矣然習之未幾而渝焉則無得於己而天之所以與我者孤矣猶未志也惡足以言喻於義哉君子所以异於人者喻於義也非襲而取之也求諸己者也求諸己者全夫天之所以與我而非有待於外也孔子以義教天下而以君子小人判於義利之喻至哉言乎義者天理之所宜性之德也我固有之也豈獨君子然哉夫義路也詩云周道如砥其直如矢君子所履小人所視嗚呼周道之直君子履之小人視焉豈非君子喻於義之謂乎今夫人之一身其倫則君臣父子夫婦長幼朋友其教則親義序别信其行則出處進退辭受取與死生利害所以裁之者義也故曰行而宜之之謂義要皆天之所以與我蓋吾性本有者也夫性之所有而獨喻於君子者何也所以察之者存乎幾所以決之者存乎志所以篤而守之者存乎習修此三者其惟君子乎夫天理人欲同行异情善利之間舜跖攸分罔念克念幾希之際而聖狂异焉何者幾善惡也君子察之人心道心之界辨之惟危惟微之端一念在義從而擴之一念非義從而遏之夫是之謂察幾且射之於的必正内志匹夫不可奪者其中定也出見紛華而悦者則其志之未定耳君子以聖人爲必可學以堯舜人皆可爲如其義也挽之而不可回非其義也誘之而不可動夫是之謂決志然而性相近也習相遠也習非一朝一夕之故也曰惟一曰終始典于學言習也人有負百鈞之重者其志未嘗不決未數步而蹶焉者非果其力之不足也弗至習焉故也易曰天行健君子以自强不息言習之篤也君子之於天下無適無莫義之與比比也者蓋無時無事而非義之從若相比而無間焉者也故曰篤習惟幾之察也則辨義精矣而無所於淆是慎獨之學喻義之本也惟志之決也則集義勇矣而無所於撓是果行之力喻義之實業惟習之篤也則安義俟命矣而無所於忘是據德之熟喻義之成也是故夔夔祇載義行於父子也夙夜匪懈義行於君臣也刑于寡妻義行於夫婦也式相好矣義行於兄弟也同人于野義行於朋友也不見諸侯非亢也公山佛肸之往非屈也萬鍾之受非泰也一介不以取與非矯也自靖自獻非詭也苟利社稷死生以之非激也何則惟義之歸君子無容心也故曰無所爲而爲者義也有所爲而爲者利也彼其昧乎義利之幾者是不智

也譬之多岐亡羊倀倀何適乎是故幾之不可不察也靡乎取舍之志者是無勇也譬之適千里者趑趄於跬步之間視之奔逸絶塵者瞠乎其後矣是故志之不可不決也察幾決志而隳功於所習之惰者是未可與立也譬之爲山九仞功虧一簣徒爲過焉者之惜耳是故習之不可不篤也子思子曰擇善明辨幾也宋儒陸氏講君子小人喻於義利謂學者當辨其志人之所喻由其所習所習由其所志朱子謂切中學者隱微深痼之病嗚呼知乎此則君子小人之分決矣然天之所以與我者君子有之而非君子所得私也小人弃之然未始不可變而爲君子也蓋其嘑蹴之不食爾汝之不受穿窬而知耻踰墻而共賤此其本心之明有所不爲者人皆有之也不然發明義利之旨而聽著爲之感動豈非其羞惡之同耶未得於喻義者亦達之而已矣故曰有所不爲達之於其所爲義也

表

擬宋以竇儀爲翰林學士謝表（建隆元年）

吴淮

考試官教諭鄭批（竇儀以清介厚重蒙知遇此作頌而無諂猶可想見其人録之）

考試官教授丘批（駢儷典則玩誦有味可以式多士矣）

建隆元年某月某日伏蒙聖恩以臣儀爲翰林學士者堂開玉署深嚴近切乎青霄詔下芝泥寵渥重分於舊秩忝竊非常之選秖懷不稱之憂臣儀誠惶誠恐稽首頓拜上言伏以官以翰學爲名實惟文章之任西崑群玉府恣香案之披吟東海六鰲峰同仙人之燕息國史燦文星之十八詞頭委奏牘之三千金馬直廬時待一人之顧問瓊臺視草日宣兩制之絲綸豈徒削青和墨以爲功抑亦論道經邦治有賴文非布帛菽粟何以達聖意而行四方學有溥博淵泉斯可贊皇猷而禆庶政苟惟雕蟲之尚寧免負乘之羞元和之疏動朝紳李絳心期於正諫奉天之詔感士卒陸贄望重於當時五花磚不惜乎流光七盛事徒傳乎侈説伏念臣液樠散質章句迂儒家學早承於義方士林謬擬於丹桂兢兢持三風之戒碌碌守萬石之醇刑統成編端聖朝之有待太常議禮等綿蕞以何禆天恩荐被於陳人地望榮躋乎獨座詎意清華之職仍加庸腐之材揣分奚堪驚心莫措兹蓋伏遇至仁天覆聖德海涵際五百年而興近符後唐明宗之祝作億兆人之主遠紹西周火德之祥兩京建而僭國漸平四廟立而彝倫攸叙陋歷代紫色蛙聲之閏位開一王創業垂統之洪基分賑諸州華夏之民蘇矣屢幸大學孔顔之贊昭如化與更新人惟求舊况草昧經綸

之日正申命行事之時慚非萬選青錢典是二麻紫誥由端明而再入班行雖亞乎前階荷側席以旁求慎重實昭於後命爰因左右載致叮嚀豈曰宿儒叨居禁地臣敢不勉持清白敬效朴忠矢貞心無愧於冰銜敦素履不渝於介石老當益壯深惟乳媪之譏言必由衷切謹葫蘆之訓嘉謀嘉猷而入告是彝是訓以爲期伏願明目達聰柔遠能邇崇儒重道以詩書禮樂致太平稽古右文以仁義中正立人極篤恭刑百辟國祚開有道之長養賢及萬民皇圖衍行無疆之慶臣無任瞻天仰聖激切屏營之至謹奉表稱謝以聞

第三場

策

第一問

李講

同考試官教諭何批（知大學之教且説出皇上法祖繼聖心學之傳其涵濡而有得者乎録之）

考試官教諭鄭批（列聖相承不出大學明明德新民之教子能鋪張其盛佳士也）

考試官教授丘批（稱頌而不忘忠愛可取）

古人之立言也因略以致詳而其義明聖人之體道也守約以施博而其功大古人之言非不欲略也以其不足以發明斯道也故詳言之雖其詳言之而其至要之理固存乎其間學者眩於其詳而不得其要卒之於道支離決裂而不知其所止則不善學之過也聖人者出始因其詳而考其大略不求之文義而求之心於是乎易簡而天下之理得而古人之説之詳始不能爲累此大學之道得古人而明待聖人而行也知此則孔氏遺書之全可得而言其概我祖宗與皇上聖學之妙可得而仰窺其萬一矣夫大學之書綱領有三以言乎其概也條目有八以言乎其詳也曾子從而傳之則又詳矣朱氏從而作爲章句或問則過於詳矣至真氏則又撰爲大學衍義於八條目中止取其六撮爲四要而於治國平天下之要獨遺爲非故遺之也本末厚薄之分孔子既明言之矣近世丘氏乃從而補之以爲治國平天下之要且謂前書主於理而此書主於事噫天下事理豈可分而爲二君子著書立言亦豈容各有所主耶且大學之平天下其大者曰理財用人而已然理財用人本於好惡好惡本於仁其曰惟仁人能好人能惡人此用人之本也其曰未有上好仁而下不好義者也此理財之本也而衍義補之所以治國平天下大抵皆百官有司之事而非帝

王全體大用之學也洪惟我太祖高皇帝繼天立極當干戈甫定尤留神於修己治人之道令左右揭大學衍義於兩廡之壁以便觀覽嘗語學士宋濂曰人心虚靈乘氣機出入操而存之爲難朕罔敢自暇自逸至論大學十章曰人者國之本德者身之本厚德則人懷人安則國固於昭祖訓大學明明德之旨盡在是矣我成祖文皇帝會道入神當海宇昇平尤加意於執中建極之道一日出御製聖學心法示侍臣曰聖賢明訓具著經傳然簡册浩繁未易遽領其要帝王之學但得其要篤信而力行之足以爲治至論正心章曰人主誠不可有所好樂一有好樂泥而不返欲必勝理若心能静虚事來則應事去如明鏡止水自然純是天理朕每退朝默坐未嘗不思管束此心爲切要丕顯文謨大學知本之旨盡在是矣我皇上聰明天縱造詣淵深敬一有箴如曰省躬察咎儆戒無虞即正心誠意之旨也曰静虚無欲日新不已即顧諟日新之學也經書備覽有詩如曰養吾靈臺光曰心學敬是極即緝熙敬止之傳也以至五箴有注析理精微發千載先賢之秘奥嘉惠溥博開萬世後學之愚蒙要皆不外大學明德修身之道祖宗心學相承之訣也切嘗論之大學之綱領雖有三然其實則莫先於明明德經曰明明德於天下是也其條目雖有八然其實則獨重乎修身經曰一是皆以修身爲本是也曾子作傳以釋其義雖疑於辭費至其傳平天下也卒歸於先慎乎其德之一言朱子之章句或問雖疑分析之大繁至其論聖學始終之要卒歸於敬之一字後之學者擇之精矣然精之又精鄰於巧語之詳矣然詳之又詳流於多其渾然者巧則裂其燦然者多則惑此先儒所以致嘆於斯也我皇上於章句之外而妙悟性情之真因條目之詳而深探一貫之旨主之以敬一則三綱領八條目之异於是乎兼該即朱子之所謂始終之要也本之以靈光則格致誠正修齊治平之理於是乎統會即曾子之所謂先慎其德也會聖經賢傳之精掃經生藝士之陋近承祖宗心法之妙遠紹帝王道統之傳靈臺光而萬幾洞照皇極建而四海仰承君子由此而聞大道之要小人由此而蒙至治之澤巍乎燦然所謂明明德於天下者蓋至此而無以加矣夫唐虞中天之治不忘時幾之敕成周景命之隆尤勤無逸之警古之君臣相與共成正大光明之業要不出乎大學修齊治平之旨我祖宗貽謀之遠我皇上法祖之懿睿藻奎章後先輝映一時名臣碩輔啓沃承弼遠遵經訓仰贊聖猷亦率不外乎大學明明德敬止之義治隆化洽於今爲盛昔宋臣趙普以半部論語致太平今欲求沃心輔德之道其要豈有出於大學之旨之教也哉以此效忠則謂之爲上爲德以此從政則謂之爲下爲民以綿悠久無疆之治以垂太平有道之長又公卿大夫

弼理承化者之責非愚生所取與知也

第二問

吴淮

考試官教諭鄭批（聖賢垂訓异詞同旨子能深究其微可以占所養矣宜録以式）

考試官教授丘批（發揮聖賢道學甚精）

觀聖賢不一之言當求諸道究聖賢至一之道當求諸心蓋不一者聖賢之言也而所同者道至一者聖賢之道也而所會者心天下無心外之道可以分合求而不可以内外視聖賢無道外之言可以异同論而不可以彼此觀知乎此則博約克復之教德性問學之旨敬恕心性之歸義利内外之辨可一以貫之而無餘矣請因明問所及而敬陳之夫文者載道之器禮之散殊也禮者嘉會之節文之歸宿也己者有我之私文與禮之賊也不博以文則明不足以察其幾不約以禮則健不足以致其決克己也者又約禮之要訣而博文之實功也顔子學孔子其稱循循之教曰博我以文約我以禮言教之始終也而其問仁孔子告之以克己復禮爲仁若無事於文焉者得非以顔子明睿之資所得已深文固有不必言者乎要之博約克復之功固殊塗而同歸者也横渠張子教人以禮爲先而其作西銘明仁人事天之道如指諸掌亦何嘗獨遺夫文耶德性者帝降之衷問學之本也問學者格物之功德性之資也心也者人之神明又性與學之管也不尊德性則博洽徒涉於支離不道問學則空寂無裨於實用求放心者又尊德性之實事而道問學之基本也子思子作中庸以明道統之傳曰尊德性而道問學言學之全功也子思之後孟子警人以學問之道無他求其放心而已若無與於問學焉者得非以人惟放心之求則上達可進而問學固有其地乎要之德性問學之序則德性固爲之本也西山真氏謂學問之道有三省察克治存養不容缺一蓋有見於求放心之義發以示人而亦何悖於問學耶仁者心之德也仁之體謂之敬仁之用謂之恕然敬以持己則私意無所容於内恕之本也恕以及物則私意無所容於外敬之推也仲弓問仁夫子以敬恕告者内外合一之學也孟軻氏以强恕求仁言外而未嘗遺乎内即孔子有一言而可以終身行之之謂也宋儒張氏謂學始終乎敬言内而可以該乎外即孔子修己以敬之謂也夫仁一也分言之則敬恕各一其名合言之則敬恕互爲其用固未可岐而二之也性者天之命也由之而不離曰率順之而不害曰養然慎獨者事心之學性之所以養也存心者誠身之功性之所以率也天下不知道子思子以率性言者天人合一之學也孟子言養性

而不言率然存心養性所以事天則不必言率而率之義固在矣曾子傳大學而不言性然格致誠正所以明德則不必及性而性之教固在矣夫性一也思孟言性既不异其旨曾子不言亦獨得其宗固未可以言求之也放利而行多怨利非可以爲訓也聖門教人利所罕言宜矣而夫子傳易之乾曰利物足以和義豈誠率天下以利耶蓋利者義之和也利物云者君子公利於物而義自和非私便其身而利於己者也若是而奚病於利之言乎心之裁制曰義義非可以襲取也告子外義孟子闢之是矣而夫子傳易之坤曰義以方外豈誠以義爲外耶蓋義者敬之用也方外云者君子敬以直内而外自方非無體之用而求在外者也若是而奚病於義之外乎嗚呼千蹊萬徑皆可適國畦步之謬奚啻千里聖賢之言因人隨事爲説不同而要其指歸一趣於當夫苟謹博約敬恕之訓審德性學問之功嚴義利内外之辯放心之求也己之克也性之養且率也以致知爲入門以力行爲實地以居敬爲成始成終之要則於聖賢之心之道其幾矣乎彼其溺詞章者矜靡麗以喪志談性命者竊定慧以亂真忘戒懼者忽幽獨以肆欺昧取舍趨徑捷以冥行口誦訓謨而心馳鴻鵠名學孔孟而行同盜跖其於平生所學所負者何如也得非今之學者之大戒耶明問所未及而欲諸聖心領其義者意或有在於此乎

第三問

朱環

同考試官教諭李批（古人出處功業正于其心此作得之子其有志於尚友者乎）

考試官教授丘批（講古人大節）

考試官教諭鄭批（是慕古而興起者）

善觀古人者不于其迹之同异而于其心術之微善觀古人之心者不于其功之成否而于其謀國之忠夫同异時也迹之不可拘者也然隱於心術者幾微自不容掩成否數也功之不可必者也然忠於人國者公論自不可泯故論古人而不于其心非善觀古人者也論古人之心而不于其謀國之衆非善觀人心者也嗚呼古之人若張良董仲舒諸葛亮之在漢狄仁杰之在唐范仲淹韓琦之在宋雖其迹有同异而其功之所就亦不能較然如一要之徇國之念异世同神固不可以迹之异同功之成否論矣執事策諸生而以之數子者問焉得非進之以稽古尚友之學乎愚非其人然讀史所得不敢以終默也請以數子者之心言可乎夫張良輔漢祖誅秦蹙項以布衣而成帝業其功偉矣然博浪之椎欲斃嬴致于一擊此特荆軻聶政之計智者所不爲也棧道之燒

外示項羽以不東至於沙中鴻溝之謀義者所不屑也陳氏謂其平生智謀因事方用宜無以自解矣殊不知子房身事漢而心在韓者也蓋其五世相韓韓亡不愛萬金之産爲韓報讎博浪之謀不遂橫陽之名不延匿身下邳天授漢祖始之事漢以報秦也歸韓而復趨漢以報項也程子曰張良説高祖燒絶棧道此其意在韓而不在漢蓋知良者也則博浪之擊非匹夫之勇也沙中鴻溝之謀非詭遇之獲也觀其謝病辟穀功成智隱張氏謂子房有儒者氣象豈非謂其進退從容乎綱目書遣張良歸韓至楚殺韓王成則書張良復歸漢與之也良之心可見矣狄仁杰事武氏反周爲唐以植綱常其義正矣然奔走僞周甘心豢養之縻是不智也潛授五龍假手後功之圖是不掩其瑕矣殊不知仁杰身事周而心在唐者也蓋武后臨朝唐室不絶如綫之緒岌乎其殆仁杰反正之念雖切而方張之焰難撲乃濡迹亂邦□觀事機始之以母子天性之愛以動其機納約自牖也繼之以薦賢爲國之謀以爲之地盍簪有得也既而武后感悟帝還東都議者曰吉頊爲二張謀后意乃定此其功在頊而不在仁杰蓋不知仁杰者也則臣周之迹不爲辱身撥亂之功不爲竊譽觀五王復唐蓋有所自楊氏謂其爲社稷之臣豈非以其匡復素定乎綱目書以狄仁杰同平章事而不係以周其卒也書司空梁文惠公與之也仁杰之心可見矣諸葛亮之在漢也感先主三顧之勤結魚水一朝之歡修江東之好而孫權協心破江陵之師而老瞞褫魄卒能佐昭烈王業偏安之勢惜食少事煩而營中星隕不能盡如其志天實爲之也觀出師二表鞠躬盡力開誠布公真可與日月同光吴氏謂其得爲相之體是也程子乃謂有王佐之心道則未盡豈非以勸取劉璋仁者不爲耶吁炎劉不熾孔明之心蓋汲汲興復矣而荆益之據則形勝之所必先故曰孔明可與權似未可以形迹過責之也范仲淹之在宋也知仁宗圖治之切感晏殊特薦之榮百官有圖極陳進退之急四論有獻咸切時政之宜且能致敵人相戒不犯之語比如參大政則深有裨益乃不能盡如其願數實限之也觀天章十事如黜陟貢舉農桑武備之陳真可謂國家大計朱子稱其爲杰出之才宜也張子僅許其才氣老成不及他美豈姑論其才未暇考其忠亮風節耶吁宋祚方隆仲淹之心蓋拳拳輔理矣而功業未竟則時勢之所難必故曰仲淹毅然以天下國家爲己任識者已於平日深器之也兹數子者臨川吴氏謂功業不同其爲百代殊絶人物則一斯言也可以爲萬世之斷案矣夫張良有儒者氣象固也至如董仲舒天人三策之對正誼明道之陳蓋有得乎正心誠意之學程子稱其有儒者氣象非虚美也武帝罷黜百家表章六經未必非仲舒之言有以啓之然江東命下不究所用良可惜耳范仲淹名重

一時西夏憚服固也當時韓琦均有西賊膽寒之謡經略安撫之任蓋有得乎同心共濟之義王堯臣稱其皆忠義智勇蓋群論也厥後定策兩朝不動聲色假令仲淹當此何以過之其人品則同事業稍异惟所遭耳臨川吴氏百代殊絶之稱獨遺二子豈以仲舒未竟其施韓魏公文章有所不逮耶嗚呼仲舒度越諸子漢之醇儒未可以功名之士概之而韓公德業無愧古人進退出處光明俊偉視四子者殆未可以優劣論也吴氏品藻古人偶未之及此愚之所未喻者也雖然數君子者出處功業俱不可及就其中而論之則學術純正無如仲舒志趣卓越無如仲淹故仲舒告君類多教化本源之論范文正自做秀才時以天下爲己任愚生所願學而未能者三代以下二子其尤然尚有進於是而未敢言也惟執事教之幸甚

第四問

張勃

考試官教授丘批（文武并用長久之術古之良將用兵之妙子能言之豈亦有胸中甲兵者乎録之）

考試官教諭鄭批（亹亹千言具見才識）

兵無常形所以利而導之者存乎勢將無定術所以神而明之者存乎機夫不易言者兵也勢之所形無常因勢以擇其便兵之上筭也不易得者將也機之所運不一因機以運其能國之上將也故遲速者節也多寡者形也張弛聲實者變也賞罰威愛者權也呼吸之間勝負攸繫不運其機何以神天下之能不因其勢何以據天下之便嗚呼將豈可易得而兵豈可易言哉執事發策及此豈不以文事武備儒者所不可偏廢者乎然兵非書生所敢與知亦嘗有以究其概矣請就明問所及者而對焉夫司馬懿督張郃諸軍二十萬密趨劍閣諸葛亮方在祁山參佐以賊衆强盛非力所制宜暫停以併聲勢亮慰而諭之曰吾統武行師以大信爲本士卒感奮莫不拔刃争先以一當十殺張郃卻司馬懿一戰大克信之由也法曰信則不欺孔明以之乎若周亞夫吴楚之陣吴攻梁及亞夫堅壁不出待其困斃引去日多然後遣精兵追擊吴楚大敗方文帝勞軍細柳徐行至營曰嗟夫此真將軍矣已而卒建奇功則亞夫固一時名將也趙充國屯田之策廷議不可充國力陳便宜及用其計留田湟中未幾羌虜獻馘以降振旅而還方宣帝聽計未决魏相竟奏曰臣任其計可必用也已而坐收全勝充國蓋三代之將也法曰以逸待勞以飽待饑亞夫充國之謂矣是故速者非暴也遲者非怯也適其宜焉已耳秦王遣李信及蒙恬將兵二十萬伐楚王翦方承顧問對以非六十萬不可秦王不用及李信敗績奔還

秦王謝而起之翦曰大王必不得已用臣非六十萬不可師次平輿軍中投石超距乃遣追擊大敗楚軍殺項燕乘勝長驅略定城邑筭之勝也法曰多筭勝少筭王翦以之乎若夫苻堅以全秦之師併力南下目中已無晋矣謝玄使人謂堅曰若移陣少却使晋兵得渡以決勝負不亦可乎秦從之麾兵使却退不可止玄乃引兵擊之秦兵大潰苻堅幾不能免古今以爲盛舉宜也高歡憑東魏之勢渡河而西士馬亦云衆矣然渭曲之陣李弼謂宇文泰曰彼衆我寡不可争也泰然之偃戈葭蘆聞鼓而起李弼乃乘亂擊之彼衆自解高歡遂以大敗至今以爲奇能是也法曰致人而不致於人謝玄李弼之謂矣是故衆者非黷也寡者非孤也惟其便焉耳孫臏抗强魏之師而減竈似示弱矣而馬陵之捷料龐涓如執左券虞詡平武都之寇而增竈似示驕矣而赤亭之圍破羌衆如探囊中夫兵法有餘而示之不足不足而示之有餘孫臏曰百里而趣利者蹶上將龐涓貪利而逐此兵家之所忌伏弩夜發不知所備臏之所以勝也虞詡曰虜見增竈必謂郡兵來迎且多行速必憚追我羌寇不知而恐此智將之所料易服張威設伏掩擊詡之所以勝也則强弱异用善將者因其勢而已矣若李廣以寬御下不必部伍之整而匈奴有飛將軍之號數歲不敢入境有能之將也程不識以嚴治兵必先紀律之齊而軍中無刀斗之鳴兵之所向輒能取勝有制之兵也法曰因敵變化又曰非正兵安能致遠夫有李廣之才則可以學其不拘然而雁門之敗終不能免則廣未可謂善將也有不識之紀或可保其不敗然而奇正之變未可盡拘則不識亦未得爲能將也聲實張弛固自有權膠柱鼓瑟非所以語兵矣吴起守西河而敵兵不敢東向其愛士卒則與同甘苦至爲吮疽韓信擊趙軍而先言破趙會食至其行師則背水爲陣兵殊死戰法曰視卒如愛子可與之俱死吴起結士卒之心而煦之以恩六十四戰俱以全勝蓋有自也法曰陷之死地而後生致之亡地而後存韓信爲背水之陣而示之必死兵皆赤幟斬將擒王蓋有以也則威愛异施善用者乘其利而已矣若李牧居雁門日椎牛饗士爲約曰有入盗者則急收保匈奴皆以爲怯邊士咸願一戰於是選騎縱擊大破匈奴自此十餘歲不敢近趙邊則牧之力也田穰苴扞燕晋莊賈以監軍後期數之曰將受命則忘其家斬賈以徇三軍軍中皆爲悚栗於是撫士驅戰大敗晋師盡取所亡故地率兵而歸則穰苴之能也法曰重賞之下必有勇夫又曰罰不遷列夫李牧之備邊非前怯而後勇也饗士數年用之一朝又因匈奴之懈而擊之蔑不濟矣穰苴之果殺非立威而忘愛也一人之懲千萬人之懼又得士卒之心而用之鮮不勝矣威愛賞罰用各有當按圖索驥不可與論戰矣嗚呼兵貴神速則速者利矣而遲者亦能

成功用衆進止則寡者奇矣而衆者亦以致捷先聲而後實則增竈者宜矣而減者無損於勝師出以律則張之者是矣而弛者未必爲縱兵貴人和則用恩者便矣而致之死地者不爲寡恩賞不踰時則信賞者勸矣而必罰者不爲示刻蓋良將之用兵譬之良醫之於藥不必脉理之求望其色而知其病辛甘苦澀之藥惟其所用而無不對病試之者立可全活此軒岐盧扁之妙術也其次則察脉辨症投之而起人痼疾者十七八亦不失爲醫之良下此則庸醫而適足以殺人矣故善戰者能速能遲能衆能寡能張能弛能愛能威如珠走盤而不出於盤投之所向無不如意故曰善攻者敵不知其所守善守者敵不知其所攻此古之良將能得軒岐盧扁之意而嘗試輙效者也其次則達常通變明號令信賞罰擇地利先人和量彼量己相機審勢而得勝筭十八九者亦可謂今之良將矣下此則昧利害之機迷險易之勢不教而戰以兵爲戲是趙括騎劫之兵醫之庸者也國家何賴焉雖然亦顧其任之何如耳充國之遠謀幾沮於衆口王剪之定畫僅效於再試虞詡幾危於鄧騭李牧竟弃於趙王則任將亦難矣愚非知兵者也折衝樽俎决勝帷幄仰副九重拊髀之思者未敢謂無其人得非有待於今日而後興起自見耶

第五問

邊捷

同考試官教諭何批（貴州苦苗患久矣如子之言殆究意馭夷之長計者乎執此以往宜有裨於一方矣取之）

考試官教諭鄭批（識時務者在俊杰此作近之）

考試官教授丘批（切中機宜用世之學也）

天下之勢内與外而已矣安乎内者攘乎外者也天下之道仁與義而已矣發之仁者裁之義者也夫勢一也而内外异焉然安内即攘外之具也道一也而仁義殊焉然體仁即和義之本也何也中國内也四夷外也内治未修而求外夷之服不知内外之體者也仁主於惠也義主於威也仁惠未孚而求義問之宣不知仁義之實者也行仁以濟義則威震而惠不褻治内以風外則中國尊而四夷自順所謂治之以不治乃所以深治之者也治之以不治非謂其不必治也仁義并用則安内攘外之道得而不治之治在是矣貴州之民苦於夷患久矣執事以治夷之法策諸生愚敢以仁義之説進焉執事毋以腐儒不達時變而以備采擇之萬一可乎夫貴州古西南夷地有虞氏三苗之遺種至周爲鬼方自秦爲黔中郡漢伐西南夷置五郡嗣是雖入中國然特羈縻已耳我國初建都司統領衛所以其地分隸川湖雲南氈毳左衽漸化冠裳永樂間

罷二土酋創設三司領八府四州十有八衛聲明文物藹然有諸夏禮義之風至于今寖以盛矣然民夷雜居苗夷猾黠叛服靡常其性然耳書戒猾夏詩稱是膺久矣夷狄之爲中國患也頃年以來承平日久苗蠻桀驁恃險負固豕突狼奔民遭荼毒甚矣皇上赫然震怒特遣重臣坐控三省大舉問罪之師俘斬殆以千計神人之憤泄於一朝其於是邦不可謂無勞矣乃漏刃餘喙尚懷不恭攻殺長吏蔑知畏忌譬之蛇鼠毒嚙擊之或急亦能反噬勢則然也天厭其惡元凶就戮既可以紓民怨而伸國典矣脅從黨徒次第納款亦可以明逆順而收渙散矣乃其間一二遺孽尚未盡鋤又不能自縛乞降以聽上裁蓋非懷疑而自沮即畏罪而深匿此其罪固可誅而其情亦可矜也夫崇林深箐人迹罕到彼獨居之其性與禽獸類故也今欲討而誅之乎則疲民息肩之日已非其所堪而委心歸順之夷恐聞風而自疑將誘而致之乎則獲原失信已非仁者之忍爲而形聲相吠亦非善後之長計抑將置之而不問乎則爲惡獲免何以示懲而明憲具在尤難於廢持是三者而莫知所決宜有以來執事之問而欲求萬全之策也夫除惡務本謂宜滅此而後朝食可也然大禹承舜命以徂征已而討罪不終隨爲班師之謀禹豈故示之以弱乎況窮寇勿追訓固有之矣宥過無大即已之而不爲意亦可也然虞庭明五刑以弼教則曰怙終賊刑不爲姑息之計舜果故爲是之嚴乎蓋欲并生哉典固垂之矣禹之誓師曰以爾有衆奉辭伐罪其義既正矣然三旬苗民逆命非禹之果怯也庶頑讒説猶爲聖人之所矜其心誠終不忍震之以威而非坐視其逆命也益之贊禹曰至誠感神矧兹有苗其言似迂矣然七旬有苗果格非益之幸中也招携懷遠是固聖人之所急其心誠欲風之以德而非僥幸其來格也夫地廣則勢分貴之苗寨銅平巨藪與湖之鎮筸永保川之酉播平邑砦洞聯絡地里延袤而川湖又貴州之所必資非有以專其任而聯其勢則散而無紀即有緩急士馬糧糗貴之所乏其勢不得不仰給於川湖十羊九牧何以一之其勢不得不都統於重臣此事體之章章較著者也若曰事平宜改設撫治割三省近苗疆土擇憲臣以撫臨之如鄖陽故事其論是矣然撫治名位於巡撫等三省之疆土可得而割也三省之兵餉不可得而統也呼吸安危之際牽制掣肘必矣鄖陽事體未可例論則撫治之設孰與專建總督之爲利乎或又謂宜以貴州撫臣兼制其計似爲簡便然兼制之名今之兵巡總參間亦有之未見有得行其志而伸其法何者名不正則言不順分隸於彼而兼制於此勢未有能行者也則兼制之説似未可爲經久之圖矣夫師行則糧從貴之苗寇誅剿不少元凶既已授首餘黨亦且撫平夷性犬羊譎詐叵測而川湖諸砦又貴苗之所素與非有以

多其戍而壯其威則弱而不振脱有不測練兵積餉其計已晚其勢不得不告急於憲臣臨渴掘井何以濟之其勢不容不重戍於要害此事理之明白易曉者也若曰自今宜稍從省約會各營戍守病卒議減掣以休逸之毋從滋冒費其説然矣西南夷患自古無常各營戍卒似可以省也四夷之守不可以忽也輕率減省之行削弱孤危必矣要害防守未可輕議則稍減戍兵之謀孰與簡練驍勇之爲宜乎或又謂宜於銅平本土募兵其説似爲知要蓋調到軍兵籍名給餉誠亦不乏未見有能出其能而效其力何者例既嚴而養之驕不募土兵而徒恃官軍事未有能濟者也則損彼益此似未可謂迂闊之論矣執事曰虞之格妙在敷文德愚則曰今所謂撫即古敷文德之遺意也愚所謂仁也惠也安内之具也夫先王制夷有不王則修德春秋内諸夏而外夷狄蓋有爲也然修德敷文要非示弱之謂蓋懷遠不可無仁而自治不可以疏也今宜繕城堡練兵卒修器械謹斥堠嚴法令信賞罰其悔罪歸順者勞而安之坐鎮大吏時諭其砦長而拊循之其懷疑而未順者姑寛之以俟其自化則仁而不失乎義惠流而威不竭是即有虞文德之敷也而亦何損於義正耶執事曰周之詰戎在征弗庭愚則曰今所謂剿即古征弗庭之遺意也愚所謂義也威也攘外之術也夫先王治夷有征討之備有威讓之令祭公謀父謂兵戢而時動動則威蓋有以也然征討威讓要非無名之兵蓋振威不可無義而治夷不可以急也今宜選將帥簡驍勇儲糗糒愛士卒察形勢多間諜其背信而不悛者聲而伐之設伏邀擊攻其不備而撲滅之其畏威而已順者柔之以風其弗率則義而不悖乎仁威震而惠不褻是即有周弗庭之討也亦何病於仁育耶夫貴州之民疲於苗患極矣然民之患非止於苗也蓋爲民之長者多土酋也敲朴朘削窮民相率轉徙流亡者不知其幾况重以兵亂之餘乎民之患在苗而所以釀民之患者又皆土酋爲之也蓋其始則利苗之出而分其貨賄其既則利官之徵兵而要其糧賞此所謂腹心之寇也不揣其本而惟末之齊失其要矣地利不如人和今防守有官軍矣然川湖接壤屯砦錯居吏于土者率各私其分民未見有臂指相使之形是未知普天率土莫非王事之義也今之戍兵固不少矣然老弱之未汰衣甲器械之未精聲援信令之未嚴譬之人身形骸雖具神氣已索鮮不爲客邪之所侵矣是故厚疲民之撫以植邦本也申土酋之禁以消禍萌也先人心之一以齊政體也老弱必汰衣甲器械必精聲援信令必嚴以重内治也植邦本齊政體仁之施也消禍萌重内治義之振也亦虞周治夷之遺術今之所當亟圖者也執事求久安長治之計以仰紓當宁宵旰南顧之憂意或無出於此乎然執事所論者治苗也而貴

州之患又不止於苗也向所患者苗耳今則有播州之寇矣始者播酋以父子構怨謀動干戈捕殺屬吏釀亂挑患糾苗據囤相持未已貴境毗聯流毒益甚究其亂本則土酋之親信奸黨惑其主以便其私圖也如此不已迄不知其所終矣然貴民蒙剥膚之害而伸縮不得自由自蜀視之猶疥癬也而張弛之權在蜀宜有所以處之者矣昔范仲淹治延州大閱州兵分六將領之日夜訓練量賊衆寡使更出禦賊敵人相戒曰無以延州爲意仲淹大興營田聽民互市招流亡定堡砦通斥堠羌漢相踵歸業則仲淹御夷固主於内治矣諸葛亮以嚴治蜀人或病之亮諭之以故而持法不改蓋内治修而後遠人服而刑亂國則重典不可廢也今之治苗苟執仲淹之法以往宜無不效而今之治蜀以諸葛爲師正典彌亂宜不可後此其機在蜀而不在貴也是在總督重臣暨諸藩憲臣加之意而已昔人有云規事建議不圖萬世之固而媮恃一時之事未可以經遠也愚請以爲終篇獻

貴州鄉試録後序

世之論者曰人才之生譬諸播種然視其土地之肥墝而物生之美惡因之是故中州上國王化之所濡典籍之所萃父兄師友之所教詔而漸摩士生其間豈非幸與至於荒陬蕞壤風化睽於山川之遥文獻缺於開承之寡後生小子觀感無其地而啓發無其資是亦可謂不幸矣廷俊竊以爲不然凡人之情狃於易者率怠玩而不修而視之爲難者往往憤悱决前以蘄必得故善用兵者能以寡勝衆德慧術智惟窮且厄者恒得焉視之難也昔周之季荆舒吴越之間猶爲詩人之所膺春秋之所外而吴有延陵季子楚有左史倚相當是時文武之化不及於二國國中之人求其賢而可取以爲助者不少概見季子聘於上國始得聞詩之風雅頌倚相所讀止於三墳五典八所九丘斯其所處亦難矣而二子者褎然出乎其間豈非豪杰之士無所待而興者貴州古裔夷之地在今日爲衣冠文物之區蓋風化之流汪洋淪浹與中州上國不殊六經四子百家之書家藏人見博學篤行先達之士可爲模範者未嘗乏人四方學士來仕於此者可以就正而請益士生此時視季子倚相之生於春秋二國何如是又不可謂弗幸矣而無志者猶諉曰化之遠也書之缺也授受之無人也則自誣而已矣今諸士之舉於有司者固皆卓然有志之士視之爲難而以憤悱得之者也從此上春官覲天子之耿光接識海内之賢人君子博覽平生未

見之書則所以開豁其神志增益其見聞者抑又不同矣庶幾堅持憤悱之初心而益力益前以蘄遠到哉若曰狃於易而怠玩不修以弃前功則非所望於諸士也且科目以文取士得人爲多此邦之士登薦者較寡然惟其人不惟其文惟其賢不惟其多寡舜有臣五人而武十人十之於五一倍之矣而唐虞之際孔子獨以爲盛則人才固不以多寡論也今諸士之中誠有人焉慨然以所謂五人十人者自期待不但以如季子倚相者自足則雖出於遐方而海内之士將仰而望之以爲千人之俊萬人之杰且進而擬諸古人於千百載之上必如是而後謂之才區區科目之多寡果不足論也

江西瑞州府上高縣儒學教諭鄭廷俊謹序

嘉靖三十四年貴州鄉試録

貴州鄉試録序

歲凡三積而一舉聯省士而歷試之蒐厥良以登天府此我國家監於成周官人之法而損益之以爲一代制科之典也是故立法甚精得人甚盛巍巍乎非前世之所能及乃貴罔有常試惟滇是倈亦罔有定名惟文所指肆我皇上不廢言者之請始設專科繼增解額駸駸與諸服同而容有不能盡同者差数耳蓋天生賢才以實我明皇上所以嘉惠而振德之也嘉靖三十四年秋數積於三時維其期巡按監察御史陳效古實敦兹典檄所司先介東聘教諭陳仁林應標于浙以校易禮南聘陳裕于楚北聘李緒于洛王霄于晋以校詩書西聘其力于蜀以校春秋八月甲子咸以期如會城戊辰將鎖院從事爰集提調左布政使高翀左參政楊守約監試副使劉望之僉事劉景韶暨簾内外諸執事者陳誓而告之曰艱哉兹役也取舍之極恒於斯毫厘之差其千里之謬與曰艱哉兹役也行止之幾恒於斯數日之長其終身之概與曰艱哉兹役也明良之會恒於斯群情所賢其夢卜之協與僉曰罔克敏惟而言是諒以辛未合提學副使謝東山所選士一千二百有奇而試之甲戌再試丁丑試糊名易書分經讎閲所得士三十人噫四十拔一其嚴乎謹第其名併文之優爲録以獻故事撤棘闢院一時共事兹土者咸得彙聚而觀焉举忻然喜曰有是哉貴之文也意根於經言不詭道遒壯類燕趙清潤類吴楊莊贍類閩越雄渾類河洛會文切理發揚伸觸瀸瀸汪汪方來而未艾識者知其連壤豫章湖蜀之墟也于是御史效古作而言曰觀化者貴探其本爾多士誠暢於文矣庸知所自乎皇上豈弟作人之敷錫也夫勞於愛養而逸於任使者人主自爲社稷計也修於其家而行於天子之庭者士人自許之常也益而弗效曰素其識之藩臬諸大夫曰出處遇也仁義忠信性也爾多士之出與古里選無异也苟視履之未詳則富貴利達之攖吾不知所謂終矣基而弗永曰毀其識之考試諸學官曰德行本也文藝末也爾多士之文謂非言揚不可也苟躬行之不逮則雖經天緯地無裨也學而弗踐曰離其識之噫忠告企望誼斯其至乎其力從而申之曰於御史之言可以觀報禮之重矣於藩臬之言可以觀居身之珍矣於學

官之言可以觀辨志之嚴矣報重則無涯之分不敢以易酬上不負吾君也居珍則不貲之身不容於苟錯下不負所學也辨嚴則成德爲行日可見之行也區區技藝有所不屑何負於兹選也先儒有言科舉之選古今咸爲榮蓋必士知自榮也而後人榮之其識之是舉也總督兵部右侍郎兼右僉都御史馮岳經略肇公盪平邛播士是不妨於業巡撫右僉都御史張鶚翼威懷孔至遠邇輯寧人獲執役於公康阜弼諧以作育章縫者右參政萬虞愷副使王璧僉事黄明良也飭武翼文而防範周密者署都指揮僉事丘潤也若左參議余爌署都指揮僉事徐效節素勤淬勵而以入賀行鎮守總兵官署都督僉事石邦憲與有振揚而以督嚴羈右參議汪垍又適至而逎觀厥成者也例得以備書云

四川嘉定州威遠縣儒學教諭陳其力謹序

嘉靖三十四年貴州鄉試

監臨官

巡按貴州監察御史陳效古（武周河南息縣人　甲辰進士）

提調官

貴州等處承宣布政使司左布政使高翀（允升湖廣安陸縣籍江西新淦縣人　丙戌進士）

貴州等處承宣布政使左參政楊守約（允中彭城衛籍湖廣長沙縣人　乙未進士）

監試官

貴州等處提刑按察司副使劉望之（商霖四川内江縣人　丙戌進士）

貴州等處提刑按察司僉事劉景韶（子成湖廣崇陽縣人　甲辰進士）

考試官

四川嘉定州威遠縣儒學教諭陳其力（克相雲南通海千户所籍湖廣宜都縣人　己酉貢士）

浙江台州府天台縣儒學教諭陳仁（一元福建福州左衛籍河南西華縣人　己酉貢士）

同考試官

江西臨江府新淦縣儒學教諭陳裕（士寬福建莆田縣人　丙午貢士）

浙江杭州府富陽縣儒學教諭林應標（廷立福建懷安縣人　己酉貢士）

河南河南府洛陽縣儒學教諭李緒（子恢湖廣武昌縣人　己酉貢士）

山西潞安府襄垣縣儒學王霄（子凌陝西秦州人　己酉貢士）

印卷官

貴州等處程宣布政使司照磨吴易（宗道江西金溪縣人　吏員）

貴州等處提刑按察司經歷司知事李觀（明遠湖廣巴陵縣人　吏員）

收掌試卷官

思南府知府劉廷儀（汝象太醫院籍浙江慈谿縣　戊戌進士）

思州府知府王儀鳳（應和山東章丘縣人　乙酉貢士）

受卷官

貴州都司經歷司經歷孔相（廷佐廣西懷集縣人　監生）

鎮遠府知府程節（文純江西南城縣人　丙子貢士）

鎮寧州知州包溥（弘道雲南臨安衛籍直隸寧國縣人　癸卯貢士）

普安州知州高廷愉（孝之浙江樂清縣人　官生）

烏撒衛經歷司經歷楊顯（汝晦江西安義縣人　監生）

彌封官

貴州都司經歷司都事胡軻（宗孟江西鄱陽縣人　監生）

程番府知府龍翔霄（潛之湖廣武陵縣人　己卯貢士）

石阡府推官鄭廷璋（允重廣東瓊山縣人　辛卯貢士）

都匀府麻哈州知州楊敏（汝學雲南太和縣人　庚子貢士）

貴州前衛經歷司經歷黄久誦（用詩廣西全州人　吏員）

謄録官

銅仁府知府吴江（道南江西豐城縣人　戊子貢士）

安順州知州林世清（子弘廣東崖州人　甲午貢士）

鎮遠府鎮遠縣知縣廖邦清（平甫廣西北流縣人　監生）

普定衛經歷司經歷許應文（文瑞直隸歙縣人　監生）

龍里衛經歷司經歷吴東陽（伯升直隸歙縣人　監生）

對讀官

石阡府知府簡書（命之江西新喻縣人　監生）

都匀府獨山州知州姚本（子立直隸旌德縣人　官生）

思南府印江縣知縣包萬殊（真夫雲南安橋籍直隸寧國縣　丙午貢士）

平越衛經歷司經歷蔡惟英（仲發福建建陽縣人　監生）

威清衛經歷司經歷嚴麥陽（明甫直隸崐山縣人　監生）

巡綽官

龍里衛指揮使李載春（一元直隸宿州人）
普定衛指揮使王元爵（伯璠江西都昌縣人）
貴州衛指揮同知楊均（伯平湖廣安陸縣人）
烏撒衛指揮同知李文龍（時化直隸安東縣人）
貴州衛指揮僉事劉鏜（汝聞河南開封府人）
貴州前衛指揮僉事胡恩（天寵直隸合肥縣人）
貴州前衛指揮僉事薛近宸（華甫山後人）
普定衛指揮僉事殷爵（汝尊直隸揚州府人）
畢節衛指揮僉事李志（子帥順天府小興州人）
貴州衛前所正千户李應期（思征湖廣衡陽縣人）
貴州前衛後所正千户葛天明（淳夫直隸和州人）
畢節衛右所副千户鍾朝用（國器湖廣夷陵州人）

搜檢官

貴州前衛指揮使唐鳳（國瑞湖廣衡山縣人）
威清衛指揮使蘇桂（子芳山東武定州人）
都匀衛指揮使李惟震（時鳴陝西開城縣人）
平越衛指揮同知王都（民萃直隸滁州人）
貴州前衛指揮僉事張溱（廷瀾直隸滄州人）
貴州衛指揮僉事周輅（用乘直隸當塗縣人）
安莊衛指揮僉事夏從寅（國建直隸通州衛人）
興隆衛指揮僉事高如山（宗岱直隸潮縣人）
貴州衛左所副千户李長榮（永仁河南嵩縣人）
貴州前衛中所副千户柴文學（希賢山東棠邑縣人）
畢節衛後所副千户葛覃（應時直隸南陵縣人）
貴州前衛前所百户程道亨（希舜湖廣茶陵州人）

供給官

貴州衛經歷司經歷葉應前（際光浙江慈谿縣人　監生）
安莊衛經歷司經歷賀良能（性之湖廣邵陽縣人　監生）
普安衛經歷司經歷萬文明（時亨江西新建縣人　吏員）
永寧衛經歷司經歷張宣（惟德四川巴縣人　吏員）
程番府羅番長官司吏目潘激（惟揚四川瀘州人　吏員）

都匀府平洲長官司吏目林一清（斯纓福建莆田縣人　吏員）
貴州宣慰司養龍長官司吏目蕭楠（元齡江西大庾縣人　吏員）
新添衛把平寨長官司吏目楊喬（宗岳無爲州人　吏員）
貴州宣慰司陸廣河巡檢司巡檢佘璉（廷器四川長寧縣人　吏員）
平越衛清平驛驛丞沈朝瑞（國器四川德陽縣人　吏員）
新添衛新添驛驛丞周大才（世用湖廣雲梦縣人　吏員）

第一場

四書

子語魯大師樂曰樂其可知也始作翕如也從之純如也皦如也繹如也以成　君子之道辟如行遠必自邇辟如登高必自卑　盡其心者知其性也知其性則知天矣

易

后以財成天地之道輔相天地之宜以左右民　益動而巽日進无疆天施地生其益无方成之者性也仁者見之謂之仁知者見之謂之知　易之爲書也廣大悉備有天道焉有人道焉有地道焉兼三才而兩之故六六者非他也三才之道也

書

帝乃誕敷文德舞干羽于兩階七旬有苗格　導岍及岐至于荆山逾于河壺口雷首至于太岳底柱析城至于王屋太行恒山至于碣石入于海西傾朱圉鳥鼠至于太華熊耳外方桐柏至于陪尾導大别岷山之陽至于衡山過九江至于敷淺原　皇極之敷言是彝是訓于帝其訓　懋昭周公之訓惟民其乂

詩

七月流火八月萑葦蠶月條桑取彼斧斨以伐遠揚猗彼女桑七月鳴鶪八月載績載玄載黄我朱孔陽爲公子裳　天保定爾俾爾戩穀罄無不宜受天百禄降爾遐福維日不足　昭明有融高朗令終　執競武王無競維烈不顯成康上帝是皇

春秋

春齊侯宋人陳人蔡人邾人會于北杏（莊公十有三年）春齊人陳人曹人伐宋（莊公十有四年）　秋齊侯宋公江人黄人會于陽穀（僖公三年）春王正月公會齊侯宋公陳侯衛侯鄭伯許男曹伯侵蔡蔡潰遂伐楚次

于陘楚屈完來盟于召陵齊人執陳轅濤塗秋及江人黄人伐陳（俱僖公四年） 秋楚公子壬夫帥師侵宋（襄公元年） 齊人來歸鄆讙龜陰田（定公十年）

禮記

自恒山至於南河千里而近自南河至於江千里而近自江至於衡山千里而遥自東河至於東海千里而遥自東河至於西河千里而近自西河至於流沙千里而遥西不盡流沙南不盡衡山東不盡東海北不盡恒山 連而不相及也動而不相害也 天高地下萬物散殊而禮制行矣流而不息合同而化而樂興焉 善則稱君過則稱己則民作忠

第二場

論

大哉聖人之道

詔誥表（内科一道）

擬漢武帝復高年子孫昭（建元元年） 擬唐以陸贄爲翰林學士誥（建中四年） 擬賜衍聖公孔彦縉一品金織衣謝表（永樂二十二年）

判語（五條）

檢踏灾傷田糧 懸帶關防牌面 從征守禦官軍逃 致祭祀神祇 承差轉顧寄人

第三場

策（五道）

問 道統在天地間如一元之氣周流磅礴不容間斷也天生聖賢隔千萬世而以傳符自信者非以是歟羲黄邈矣堯舜禹湯文武周公孔子數聖人者中天地而爲斯道之宗主比其授受之真行明之實可得而言歟亦若是乎班歟漢唐宋迭興其間英君誼辟類能得聞其概抑亦得與於斯文歟我太祖高皇帝天縱神聖肇造區宇主張道學有資世通訓有御製文集諸書不同同歸於發明斯道也我皇上撫運膺曆統天御人尤惓惓乎爲往聖續絶學敬一有箴五箴有注爲製不一凡以斯道爲己任也祖訓皇猷昭回雲漢宸翰天章輝映日星其視典謨訓誥疇範誓銘三篇九經所謂唐虞之際于斯爲盛也諸士涵泳久矣必有與聞焉者請敬陳之毋自諉曰非達天德者不足以語此

問　聖門之教先博文而次約禮大學之道首格物致知而次誠意正心修身蓋言先知而後行也然行有餘力而學文則又若先行而後知者何歟是猶曰爲弟子言則然耳若夫藝固文也聖門示學者先志道而後游藝豈文亦有時而後歟文也藝也謂之在外可也至於蒸民謂物則爲民彝孟子謂萬物皆備於我則物亦豈在外者歟孔子語門人以非學而識先儒指博記爲玩物喪志豈聖賢所謂博文格物者與世所云固有异歟如其無异也則學者自謂能博文格物者衆矣而罕有能通於約禮誠意正心修身者其故何歟豈古人之訓固無益於人歟將學者自爲支離而失厥宗旨歟説者謂知行合一博文格物不專於知不知於古人之訓果有合乎否歟夫明辨者擇善之功毫厘者千里之兆此不能明則其不能行也奚怪焉盍相與講明之

問　古今所謂名臣者必其德其功其言有可以濟時傳後者而後可以當之否則君子弗之與也宋人取其本朝諸臣言行編集之謂之名臣言行録嗣有拾所遺及取繼踵而起者編爲續録又别爲道學名臣言行録以附其後彼其始編之者果猶有所遺前後所録者果皆無可議歟始編名臣者亦不及濂洛諸儒其意安在録道學者果一無所遺歟近世儒臣有爲皇朝名臣贊述者而不詳其言行嗣有仿宋人例廣爲言行録有别爲理學名臣言行録以比於道學名臣録者前後所録其果無遺抑果無可議歟其繼踵而起者亦可得而數歟願詳言之以觀尚友之學

問　鹽者天地自然之利錢者國家制用之權也自昔立國未有釋此不議者試即今昔异同之故與諸士商之鹽法之興始於何時厥貢鹽絺潤下作鹹掌監之政令以共百事之鹽載在何典至於正監莢而利於齊司鹽賦而利於漢榷緡税而利於唐其作用何如也錢法之起原於何代禹鑄歷山之金成湯因之莊山續鑄以贖賣子言自何人至於九府圜法外府掌邦布之出入五銖開元太平諸寶其製法何居也我國初創收鹽課置寶源局專職督理遣官監造爲法不一而爲利甚博也乃今地不愛寶蜀滇秦廣以及淮滄閩解地之所生與昔不殊也然行有遠近利有虚實今爲邊儲之計何所可恃抑容有所處耶民僞日滋鵝眼榆莢以及沙板倒好濫惡不堪莫此爲甚也然弊有其源利有所歸今求國用之敷何所當興何所當革耶夫人上者導利而布之下者也豈欲自專但法一也于昔則有裨于今則不然耳兹欲復前代之制使公私不困必有當歸一之議願明言之毋徒執文學之論而後可

問　學校興化兵戎禦侮政之大務也方今一統之盛文教大行武威丕振而贵竹之區人才蔚興專科增額夷獠讋服偃兵息民若無容於議者顧窮

鄉僻壤絃誦或稀溪峒山箐劫掠竊發其故安在意者化導制禦之未至乎夷考古之人有治蜀而興學莅閩而造士征交阯而爲立條教平南中而專服其心規略何修而如是烈也兹欲責郡邑以興化責闖衛以禦侮宜何如而後可諸士其悉言之毋讓

中式舉人三十名

第一名　佘奕　貴州宣慰司學生　詩
第二名　邵元哲　普安州學生　禮記
第三名　汪若泮　貴州宣慰司學生　易
第四名　盧整　貴州宣慰司學增廣生　書
第五名　戚鈇　思州府學生　春秋
第六名　任懋官　貴州宣慰司學生　詩
第七名　顧堯年　清平衛學生　易
第八名　馬文標　貴州宣慰司學生　書
第九名　湯克肖　貴州宣慰司學增廣生　易
第十名　王廷揚　都匀府學生　詩
第十一名　李良翰　普定衛學生　詩
第十二名　戴愈達　思南府學生　易
第十三名　張輝南　安莊衛學生　書
第十四名　張邦臣　普定衛學生　禮記
第十五名　梅惟和　普定衛學生　詩
第十六名　李占初　思南府學生　易
第十七名　王敬賓　貴州宣慰司學生　詩
第十八名　楊以寧　貴州宣慰司學增廣生　禮記
第十九名　楊垓　安南衛學生　書
第二十名　陸書　都匀府學生　詩
第二十一名　孫一龍　貴州宣慰司學生　易
第二十二名　夏昊　普定衛學增廣生　詩
第二十三名　蔣其才　銅仁府學生　易
第二十四名　顧塤　貴州宣慰司學生　禮記
第二十五名　越民樂　貴州宣慰司學生　書

第二十六名　林大亨　貴州宣慰司學生　春秋
第二十七名　陳善道　貴州宣慰司學增廣生　詩
第二十八名　金液　普安州學生　易
第二十九名　湯克俊　貴州宣慰司學增廣生　詩
第三十名　白采　貴州宣慰司學增廣生　書

第一場

四書

子語魯大師樂曰樂其可知也始作翕如也從之純如也皦如也繹如也以成

佘奕

同考試官教諭王批（翕純皦繹體認分明得夫子當時與師言之意與録之）

同考試官教諭李批（詞理渾涵深於樂者）

考試官教諭陳批（典則可式）

考試官教諭陳批（純雅）

聖人告時官樂有可知而必示以樂之一終也夫由翕而純皦如繹如樂之所繇以一終也時官而昧於是焉聖人得不備言以示之也哉昔吾夫子之意謂夫先王作樂固緣情以飾治實與禮而同歸自夫古樂之不可復人遂以爲無所用知也然不知殘缺者數也理則异世而相沿失次者文也情則殊時而合愛是樂也豈無可知者乎故夫由寂而感五音得氣以成聲當其始作也一音不備不足以言合必有器則有聲群然并奏若有所赴而恐後其翕如有如是焉自纖而洪六律得候而比節時乎既從也一聲不諧不足以言和必有昌則有和忻然相叶各有所得而不乖其純如有如是焉純則疑於易雜也方且洽而有要條理以之而分明何有和之同而至於奪倫耶非純之外有皦也有相濟而無相溷純斯其至矣皦尤難乎其繼也而又清而有永脉絡以之而貫通何有明之激而至於斷絶耶非皦之外有繹也分有定而意無窮皦斯爲美矣夫始作而翕則聲氣之元以協無有乎不備之音所謂始條理也從之而純皦如繹如則節奏之功以收無有乎不諧之聲所謂終條理也雖曰大成之未集由是而再始焉九奏可推也奮至德之光者此也雖曰大化之未究由是而復亂焉九變可基也動四氣之和者此也信乎其爲樂之一終也向使泥其

數與文焉則太和之美或幾乎息矣樂之可知也如此爾大師其知所事夫抑禮樂之教异用而同功道志和聲皆先王同民心而出治道慎所以感之者也夫子何獨於樂而拳拳也蓋禮主於節制嚴而難踰樂本於和樂泰而易侈又況當時八佾之舞雍歌之徹樂之殘壞亦已甚矣夫子以垂世立教爲心安得而已於有言异時樂正雅頌各得其所豈非以成之既效歟

君子之道辟如行遠必自邇辟如登高必自卑

汪若泮

考試官教諭陳批（諸士講君子之道處類多浮靡子獨約費隱章旨成文非有養不能）

考試官教諭陳批（認理明造詞典可以式矣）

中庸於君子之道兩即喻以明進之有序焉夫道有定體循序者得之也觀行遠登高之自進道者可以躐等爲哉中庸懼人遠人以爲道而不知所循也故言此以示之若曰道在天下極之固難會其全體道之學進之則必以其漸是何也道也者始諸夫婦之愚不肖能知能行至於天地聖人所不能盡遠則不禦而邇則静正者也高不可及而卑不可踰者也夫是道也豈無進爲之序哉致廣大以爲務固欲盡神而育萬物矣至誠之化自不能外於致曲之功極高明以從事固欲盡性而參天地矣上達之機自不能外於下學之始辟諸行遠者乎必自邇始也蓋遠者邇之積也千里雖遠率由夫跬步以馴致使忽近而舉遠徒負遐遺之嘆耳辟諸登高者乎必自卑始也蓋卑者高之因也九仞雖高恒由夫平地以跂及使厭卑而好高徒廑仰止之思耳夫道而曰卑近則不若是小也從入之門見其卑近焉全體之大固自若也道而曰高遠或不若是荒也要其極致見其高遠焉一貫之妙徹上下也即是則道之費隱益可識矣夫人豈可遠人以爲道耶考諸書升高陟遐之喻顔子循循善誘之旨曾子忠恕之悟皆是訓也子思子身道統之任喫緊爲人示人以序使自得門而入耳自高遠觀之則盈天地間皆吾分内事不可離也自卑近觀之不下帶而道存求則得之初無難事此中庸明道之功於是爲大

盡其心者知其性知其性則知天矣

盧整

同考試官教諭陳批（心性天理本一貫孟子道性善此章緊要在知性子文約意精宜録以式）

考試官教諭陳批（理到之學文自不同）

考試官教諭陳批（精切）

大賢論心之所以盡而達諸天也夫心也性也理出於天而具之我者也於此能知而盡焉有不達天也哉孟子見人之求性於外而不能反諸吾心故言此以示之若曰天人之理一而已矣自其賦於人者而言謂之性自其統乎性者而言謂之心自其所從出者而言謂之天夫人徒見天之不可知也而不知實不外於吾之一心苟於是心也静而虚焉本然之量不蔽於物欲之私而神明之舍具衆理而無外動而直焉明覺之體不虧於客感之累而泰宇之地備萬物而不遺夫是心也匪能自爲盡也蓋必於降衷之懿有善無惡所以發吾心之惺惺者知至至之達顯微於無間妙合之凝至誠无妄所以致吾心之存存者知終終之會形神於一揆性之知心之盡也心豈能外性以自盡耶夫然則天之所以爲天者即是而可知矣吾知上天之載雖無聲臭之可聞然成之者即夫繼之者也無極之真蓋於是而有以得其故於穆之命雖無形色之可求然形而下者即夫形而上者也萬化之原蓋於是而有以觀其深否則氣質之偏邪暗之塞心且牿矣天人之際固判然爲二君子可無知性之學耶抑是理也誠也天者誠而已矣故曰其爲物不貳則其生物不測在人得之以有生而不能無安勉焉故子思子曰誠則明矣明則誠矣蓋示人以知性之學也孟軻氏得統於子思者也於此而又發明之其惓惓於性分亦勤矣彼以湍水杞柳爲況者不惟不能盡其心且於心亦不知爲何物而可以達天望之耶此孟子道性善其功不在禹下

易

后以財成天地之道輔相天地之宜以左右民

汪若泮

考試官教諭陳批（易旨本未易言財成輔相又聖人適當一元文明之會其茂對之功尤難發揮也此作得之故録）

考試官教諭陳批（深得聖人履泰之意）

聖人體易而盡有相之道焉蓋聖人以天地萬物爲一身也則夫贊天地之化以宜民者謂非以有相之道存乎我哉昔吾夫子傳泰之象謂夫天下之治啓之者造化也成之者聖人也天地交而萬物通造化之泰則然也人君履運觀象于此則何以耶彼普萬物而無心天地之道也理乘乎氣命之所以不已不能無過也于焉聰明以開其先凡於穆之運往來無窮者咸裁制之以歸於中察天之時焉經國之野焉肇人之紀焉非誣也窮神以繼其志範圍之當

然也鼓萬物而不憂天地之宜也化泯其迹機之若有所待不能無不及也于焉觀察以得其理凡俯仰之間象數可見者悉擬議之以代乎終爲之授時焉爲之辨方焉爲之察則焉非强也知化以述其事曲成之當爾也夫若此者聖人豈獨爲天地計哉亦以泰運方開顓蒙之俗未遠不有以翼之孰從而行之鼓之舞之使斯民各遂其生也文明初啓朴略之風猶存不有以植之孰從而立之左之右之俾斯民各得其所也沉幾創始贊天地之化者固所以前天下之用也亹亹而不倦道自我修矣夫何過耶備物致用成天土之能者固所以與百姓之能也出入之咸宜自我立矣夫何不及耶是知天地交泰造化以啓其運財成輔相聖人以成其能天人相待而成有如此夫抑考天人之際實相表裏粤自洪荒既闢泰和之景象可想也羲黃堯舜垂其統禹稷皋夔弘其緒所以贊化宜民者無所不用其極是以民到于今賴之然則作易者其亦有感于泰之時義而爲是上嘉之意耶

易之爲書也廣大悉備有天道焉有人道焉有地道焉兼三才而兩之故六六者非他也三才之道也

顧堯年

考試官教諭陳批（易理精微總一太極舊作多泛子於大小成以太極分動静立義得旨故録之）

考试官教諭陳批（簡切明當深於易者）

大傳贊易道之至而詳其具三極之理焉甚矣三極之理之大也易皆有以具之不其至矣乎夫子見人知易爲卜筮之書而不知體天地之撰類萬物之情翼易至此而贊之若謂聖人之作易也固嘗觀變於陰陽而立卦發揮於剛柔而生爻矣法象既陳而至神以寓蓋有不倚於法象之粗形器既列而至精攸涵蓋有不滯於形氣之迹其廣大而不可窮悉備而無或遺者耶何以言之塞乎兩間莫非三才而三才各一太極者也易則奇偶相生内體始備三之在上有天道焉二之在中有人道焉初之在下有地道焉無極之真顯設於有形之畫神明之德不於是而通耶卦之小成其所具有如此矣夫三畫成列必倍而爲六畫者又何言也蓋三極之道一實萬分而天命之流行者也易則因重已具外體始成五與上則天道以陰陽而成象者也四與三則人道以仁義而成德者也二與初則地道以剛柔而成質者也動静有常周流於六虚之位性命之理不於是而順耶卦之大成其所具如此矣是則天下之道不外於三極而三極之道不外於體用易皆與之準焉其廣大悉備不於是而可見乎抑

易之爲書雖聖人以之開物成務前民用也天地因以洩其秘聖人之心亦於是乎盡矣極也者無畫之易也易也者有畫之極也易其天地之心乎其聖人之心乎故周子曰大哉易也斯其至矣噫後世猶有爲臆説以準易者其亦不思甚矣

書

帝乃誕敷文德舞干羽于兩階七旬有苗格

盧整

同考試官教諭陳批（發揮文德干羽二句典雅可讀又下句場中多作速化皆失本旨惟此作得之）

考試官教諭陳批（詞理俱到）

考試官教諭陳批（善形容虞廷德化氣象）

史臣紀聖君德昭于有象而遠夷適化焉蓋舞儀所以象德也觀遠夷適化于昭德之後則益之所贊于禹者不亦可徵哉昔虞命禹征苗而猶逆命因益之贊而遂班師于時帝舜果何爲耶蓋深然夫人心之必可感而信益謨之必可見諸行也于是不敢以玄德升聞自滿而愈勵夫慎修之念不敢以文命素敷自足而益勤夫内治之修明刑弼教無時而非用德之功期必覃敷于九有也明目達聰隨寓而皆修文之實不忍遽置之度外也然猶恐民心未免於懷疑而象文莫良於樂舞乃戢干戈之威以爲干羽之具不疾不徐休休乎容保之氣象不復震怒于至頑之民舍六師之戒而爲兩階之容進旅退旅雍雍乎敦大之規模罔復勤兵於采入之境帝之退修文教如此于時苗民果何如耶但見干羽之舞甫及七旬之期而和氣之感果致三苗之格得之風聲者咸曰帝德好生也自潜消夫背逆之習而有媚兹之誠非惟不足征亦不待于征矣被其綏懷者咸曰吾君父母也自丕變夫頑慢之風以沐大同之化是雖無心於苗格蓋自不能不格矣觀此則益謨純用德化之贊信有足徵者矣史臣紀之以表見虞廷君臣協心圖治之休爲後世鑑也宜哉抑考有虞治化之隆固本於廣運之德冒海隅而動四方要之聖不自聖安不忘危所得于臣工左右贊襄之益則亦有不可誣者其詳載之三謨可概見矣若夫有苗適格于益謨昭德之後特就一時一事言之耳豈足以盡虞廷德化無疆之盛哉

皇極之敷言是彝是訓于帝其訓

馬文標

同考試官教諭陳批（彝訓二句發明敷言之旨殆盡非泛爲文詞者録之）

考試官教諭陳批（會文切理字字精確）

考試官教諭陳批（深達敷訓之旨）

君子贊敷言之教切於人而原於天也蓋化民不能以無教也令即民彝之得於天者用敷以爲教不亦既大且妙載昔箕子既演皇極之敷言以告武王猶恐人莫知爲所從事也而復深贊之曰欲納民于極者固乃君人之盛心而用敷訓于民者不出天人之實理是故先王思凡民之不可無教也而又不能外極以他圖思民情之未易感化也而又不可徑情以強入乃以建極之理敷爲訓民之詞反復乎戒勉之章惟欲人人得而咏歌之不自覺其從之易丁寧夫趨會之旨惟欲人人得而誦説之不自覺其入之深然是訓也初非高深隱僻之故而實切於人倫事物之常良知良能端可躬行而實踐者也否則苦難於入而可以強民乎亦非淺近狹小之私而實關乎家國天下之務大經大法端可篤近而舉遠者也否則推之不準而可以爲訓乎至若推原其本則尤有妙焉者蓋惟天降衷于民而不能使之咸協于衷故有師之教不能不賴之于君惟君敷極于民而不能必其自會于極故有教之方不能不假之于訓是敷訓雖在君實則發天之藴有言者之造就即無言者之造化也夫豈有二致哉設教雖在君不過代天之言形而下之德言即形而上之天德也亦豈誣民者哉是則皇極敷言之訓至于與天爲一如此有君人之責者信當知所從事矣嘗聞以言教者訟後世亦有殷人作誓而民始畔之説矣兹敷言之訓不亦异歟考諸五教之設九歌之勸遒人之職肇自唐虞夏商之世是皆帝王純任德教之心而不獨爲徒事文言之教故治化隆污咸由此别則知箕子之言非臆説也此又不可不知

詩

七月流火八月萑葦蠶月條桑取彼斧斨以伐遠揚猗彼女桑七月鳴鵙八月載績載玄載黄我朱孔陽爲公子裳

佘奕

同考試官教諭王批（豳民豫衣忠上俗之厚也場中士子多發揮不精是作意約詞蔚録之）

同考試官教諭李批（此條重在豫衣子能得之）

考試官教諭陳批（詞理可式）

考試官教諭陳批（得風人諷誦意）

及時備衣而思以奉上此豳俗之厚也蓋蠶績者衣之所從出也豳人勞於其事而不忘乎上忠厚爲何如哉昔周公陳后稷公劉風化所由以告君此

言其爲衣之豫也意謂王知夫豳乎感時而勤動固其居業之常也至於盡力以效忠何莫非達分之義耶彼七月流火禦冬之備於今歲者固庶幾其有成矣八月萑葦曲薄之需於來歲者亦無有于不周焉然蠶必以桑則取彼斧斨伐其枝也猗彼女桑存其條也小大兼收因物爲取用之節人力有弗齊乎布必以績七月鳴鵙占其候也八月載績效其能也精粗异制及時成經緯之功女工有不勤乎然此蠶績所成不但質焉而已别色以昭文法象乎天地而玄黄之必備炳文以飾美取義於離明而我朱之孔陽夫一蠶績也預備之周如此豈敢以自私哉皆將獻諸公子焉耳絲枲所貢而卒歲之資豫筐篚是將而章服之用備蓋衣裳在笥公子固非有須於我也然報其衣被之休吾民之忠庶藉是其少紓矣是則於蠶績之時見治事之勤焉於公子之奉見盡分之忠焉豳人爲俗之厚而先公風化之遠胥是矣嗣成業者尚念兹哉抑周自后稷以農開國爰及公劉民賴其慶所以啓後世王業之基也是故有豳公之愛下而後有行葦鳧鷖之歌有豳民之忠上而後有天保假樂之頌太和在成周宇宙間者豳風非先發之祥乎此周公獨觀其深惓惓於成王告而又重以無逸之戒也老成爲國之忠如是哉噫宋儒謂七月爲帝王所傳心法之要不益信耶

執競武王無競維烈不顯成康上帝是皇

任懋官

同考試官教諭王批（周人舉祀重在功德正世有哲王意此篇敷腴典則得頌之體宜録式多士）

同考試官教諭李批（文氣昌麗可觀）

考試官教諭陳批（精當不浮取之）

考試官教諭陳批（重心與德甚是得旨）

周人之祀先必舉其功德之隆者頌之焉夫功德并隆則創守者同一道矣周人于三后而以是頌之其知所以享親者哉此祀武王成王康王之詩也意謂先王之制祭義報德報功者也今日明禋之秩是豈漫無可稽乎彼周之天下以始之者武王之烈也使烈不本于純心何以成一統之盛耶惟我武王懋主敬之功者亹亹而不倦嚴怠勝之戒者存存而匪懈心之執競至矣故爲烈於天下也應天順人而未集之統會勝殷遏劉而永清之治成是雖未嘗與天下争功也然蹻蹻之造開于前者失其盛作于後者難其繼矣孰謂天下得而競之哉周之天下以守之者成康之德也使德不足以祈天何以延一代之命耶惟我成康緝熙典學而夙夜之宥密者焕離照之光率循大卞而光訓之

對揚者麗晋明之象德之不顯至矣故簡在於帝心也寵以維辟之眷而撫盈成于弗替畀以宗子之責而纘保大於無窮是非有心於上帝之懷也蓋明明之德在下者既隆于感在上者自神于應耳豈不爲帝命之所屬哉吁武王非不足於德也頌功而德可知矣成康非不足於功也頌德而功可知矣周人歌此以祀先其亦不忘所自也歟記曰子孫之守宗廟社稷其祖宗無美而稱之是誣也有而不知者不明也知而不傳者不仁也周人并頌祖功宗德豈無謂哉欲後人繹思而保世以滋大耳可不謂仁且明耶使徒豐於儀而誠之不至則徼福於回豈周人意哉故曰獨恭不優神弗也言有本也

春秋

春齊侯宋人陳人蔡人邾人會于北杏（莊公十有三年）春齊人陳人曹人伐宋（莊公十有四年）

戚鈇

考試官教諭陳批（春秋予桓仲不得已之意此作發揮精雅故取以式）

考試官教諭陳批（簡約得旨）

好始講春秋予創霸者之謀兵繼舉春秋予輔霸者之政此齊桓之善於經世管仲之臧於謀國也且北杏之會諸侯之戴霸非矣又何以爵齊蓋自王迹既熄周道浸微風斯靡矣微桓則南風日競斯民左衽之患何可勝言故桓也始有圖霸之謀遂切匡扶之志合衣裳之雅有以聯人心於既涣紹錫履之舊有以維世道於將頽九命之霸雖未受於天王然入春秋以來經營四方以尊周攘夷爲事者桓其始倡者乎迹此則九合諸侯一匡天下謂非今日會好之首事耶聖人用權而爵之爲斯世計也非正也伐宋之役諸侯之聲罪宜矣以何以人齊蓋自滅譚以前兵鮮節制法斯敝矣微仲則中國日疲斯民劻勷之擾何有紀極故仲也既篤輔霸之誠乃作内政之令大夫不遣下無暴横之征大衆不勤民無轉輸之困九伐之法雖未合於先王然入春秋以來善政内修以息民保邦爲事者仲其先務者乎迹此則南摧强楚西抑秦晋謂非今日節兵之善始耶聖人紀實而人之爲斯民計也非貶也吁北杏之予桓予其義也伐宋之予仲予其仁也聖人之微意可識矣抑仁義之利孟軻氏嘗言之其王霸之分特誠僞間耳使桓仲果能擄之以誠則葵丘之信召陵之盟不有光錫履之烈哉卒之濤塗之執江黄之滅不能掩其久假之僞噫吾誰欺此仲尼之童不道桓文之事

齊人來歸鄆讙龜陰田（定公十年）

林大亨

考試官教諭陳批（舊作於以天自處多不能隱括傳意此篇融會明核取之）

考試官教諭陳批（善體聖人書魯史意）

春秋紀大國歸地之誠而自處以天也此見三邑之田歸於齊之誠服也聖人自序其績夫何嫌之有且夾谷之會夫子以文事武備實監行焉於是却裔俘罷野享而鄆讙龜陰之田復歸於魯春秋於此書來歸者何蓋前此有濟西之歸矣由於請而非誠也後此有讙闡之歸矣出於順而亦非誠也惟兹三田之歸齊景啓羞惡悔過之心晏嬰陳謝過以質之語曲阜舊封侵之於前者畀之於後東蒙故地昔之見奪者今則見歸在魯非有所迫也感之以禮也在齊非有所勉也應之以誠也夫子過化存神綏來動和之妙兹其試諸然以來歸序績不幾於自伐乎蓋内不足者不免有避嫌之私心有我者不能擴大公之量聖人會人物萬象於一身體天之撰者也天不自秘其化聖人安可以自掩其績耶通古今百王於一息合天之德者也天不自藏其用聖人烏可以自泯其功耶此春秋直書曰來歸載之於策而不以爲侈傳之於後而不以爲誣矣嘗考歸田之事夫子行道之兆也故楊子曰仲尼用於魯齊人章章歸其侵疆惜乎女樂嗣至定之政怠矣尼谿之田嬰又阻之將如彼何哉此齊終不可變於魯而魯終不可變於道也噫春秋所以作也

禮記

自恒山至於南河千里而近自南河至於江千里而近自江至於衡山千里而遥自東河至於東海千里而遥自東河至於西河千里而近自西河至於流沙千里而遥西不盡流沙南不盡衡山東不盡東海北不盡恒山

邵元哲

同考試官教諭林批（内外詳略先王經綸之迹具見此篇用録以式）

考試官教諭陳批（詞約而意盡）

考試官教諭陳批（該捷）

先王分服之制計地於内而不盡地於外焉蓋中國四夷固天之所以限内外也則夫經理之异其宜者固其所哉且夫天下之不能强一者天地自然之勢也而處之各有攸當者先王經綸之法也何言之先王建萬國以親諸侯道里弗别則朝貢無度矣故自恒山以至南河自南河以至江又自江以至衡山雖有遠近之殊而截長補短大率皆千里焉是南北之相距固三千里也自

東河以至東海自東河以至西河又自西河以至流沙不無遐邇之异而哀多益寡大較皆千里焉是東西之相距亦三千里也地之近者其來數而不以爲煩地之遠者其來疏而不以爲怠蓋其地既近法不得以不詳治之以必治也其懷諸侯者何如耶先王莅中國而撫四夷界限不制則遠略是勤矣故西至流沙南至衡山之外者乎東至東海北至恒山非無不盡之土而不必皆封殖焉況東海恒山之外者乎在我者敷其文德而已輿圖非所計也在彼者暨其聲教而已貢賦非所較也蓋其地既遠法不容於不略治之以不治也其安中國者何如耶噫封疆極於四方而不爲有餘朝貢止於五服而不爲不足先王所以均勞逸而嚴内外者如此夫雖然聖人以天地爲心以萬物爲體謂之有外可乎蓋覆載極於無外者聖人之仁内中國而外夷狄者聖人之義仁天德也義王道也一以貫之也詩曰式闢四方徹我疆土匪疚匪棘王國來極是周宣命召虎以經營江漢亦不欲盡之已則聖人順治乎内威嚴乎外者非所以心天地而體萬物乎

天高地下萬物散殊而禮制行矣流而不息合同而化而樂興焉

張邦臣

同考試官教諭林批（經言禮樂之理肇始於造化纔欠體貼便是聖人制作之意矣此作最爲有得）

考試官教諭陳批（簡明）

考試官教諭陳批（達禮樂之本者）

造化有自然之和序而禮樂所由肇也蓋禮樂之理和序而已矣在造化有自然者夫豈創自聖人也哉樂記論禮樂之旨莫精於此且夫聖人有至德而造化有以爲之始天道有至教而聖人有以爲之終試言之人知聖人之有禮也而不知禮非起於聖人也蓋自夫太極分而爲兩儀天位乎上而確然者成其象地位乎下而隤然者成其形由是或本乎天或本乎地而小大有定也或親乎上或親乎下而性命各正也蓋一物各具一理有不可强同者焉而禮制其行於此乎何也禮不外乎一序而高下散殊固天地自然之序也故凡物采之异其宜等威之殊其用雖曰聖人之禮也而不知無體之禮已昭示於貞觀之際聖人不過觀其會通以象其物宜焉耳禮非始於天地者哉人知聖人之有樂也而不知樂非起於聖人也蓋自夫太極運而爲五行一動一静互爲其根而無已一屈一伸互藏其用而不窮由是德産會其精而發育者以之也絪緼闡其秘而化醇者以之也蓋萬物同出一原有不容獨异者焉而樂其興

於此乎何也樂不外乎一和而周流同化固天地自然之和也故凡協之而爲律呂稽之而爲度數雖曰聖人之樂也而不知無聲之樂已醞釀於太和之中聖人不過考其元聲以宣其和氣焉耳樂非始於天地者哉是知造化非人爲也而禮樂實昉之禮樂非自成也而造化寔示之然則聖人之制作夫豈有意而爲之者哉雖然肇禮樂之始者固在於天地成天地之終者則在於禮樂而聖人者又天地之用禮樂之主也向非履中正而樂和平者以開制作之先吾恐禮制雖行孰與行之樂情雖興孰與興之造化或幾乎息也故曰天地設位聖人成能又曰大人舉禮樂天地將爲昭焉噫盡之矣

第二場

論

大哉聖人之道

盧整

同考試官教諭陳批（聖人之道雖大不外一誠是作以盡性立誠發揮精當可以式矣）

考試官教諭陳批（講大字處明約可味）

考試官教諭陳批（簡古夐殊衆作）

聖人之道天道也天無外聖人亦無外其天人合一之神乎神者何性之用也性者何天之命也命者何太極之理也天以之命於我而我得之以爲性者也無極之真二五之精妙合而凝人是性也物亦是性也聖人是性也愚夫愚婦亦是性也不以人存不以物亡不以聖豐不以愚嗇者也故曰厥賦惟均者是也夫聖人何以异於人哉聖人能盡而全其天夫人不能盡而牿其天耳惟聖人能盡而全之是以性性而存神也物物而過化也神而化之聖即天天即聖矣此聖人之道於是爲大而極於無外也夫子曰巍巍乎惟天爲大曷爲乎見天之大也穹然上覆天何言哉日月以之而代明焉星辰以之而經緯焉四時以之而推遷焉品彙以之而并育焉山川有流峙也寒暑有往來也風雨露雷以顯諸仁也霜雪霰霧以玉其成也非天之爲大其孰能與於此然謂天之大不在是耶固不可也謂天之大即在是耶亦不可也於穆之中孰主張是孰綱維是命之流行必有宰之者存乎其間曰其爲物不二也苟有二焉宰之者失其職矣是故日月則薄蝕矣星辰則失度矣四時則愆忒矣品彙則夭札矣山川則崩竭矣陰陽則舛謬矣雨暘則恒若矣風雷則迅烈矣天亦一物而已夫何大之有聖人者天地之塞其體也天地之帥其性也人見聖人之道之

大也則曰彼生知也彼性之也天之栽培者也天之獨厚者是不知堯舜至途人一也知天之所以爲天則知聖人之所以爲聖人矣聖人獨觀其原知天命於我也性也誠之源也我之率夫性也道也誠斯立焉於是盡人之性也盡物之性也建中和之極也三辰則順軌矣五緯則協度矣嶽瀆則奠位矣鬼神則懷柔矣以至含齒戴髮跂行喙息昆蟲草木萌牙孕育引養引恬不殰殈矣五典有惇也五禮有庸也達道之行也九經之敷也禮儀之大提其綱也威儀之小詳其目也以位以育斯道之感召也不害不悖斯道之經綸也於乎聖人之道不其至乎斯道之大其諸天乎故曰天人合一之神也周子曰天道行而萬物順聖德修而萬民化大順大化不見其迹莫知其然之謂神其斯之謂歟使聖人之道弗率於性弗原於誠則離性背道不過私智獨力之運天以人淆真以僞鑿以之爲感召天地自不應矣人物自不孚矣是亦覆載中藐焉衆人之儔耳具曰予聖誰其與之嗟夫斯道之在天下未嘗息也人徒見衆人有之而不知賢人體之而未盡遂諉之曰是必生知者也是必安行者也不可以學力明不可以人爲求也是率天下而自暴弃矣道何負於人耶人自負之耳子思子見道之不明不行不忍例天下而置之舉修德凝道之大端以垂教天下後世意亦至矣然亦不越乎知行二者之間曰尊德性以至於致廣大温故敦厚皆所以存吾心也曰道問學以至於盡精微知新崇禮皆所以致吾知也知至是即盡心知性而知天矣心存是即存心養性而事天矣由賢而聖聖而神則人未始不爲天天未始不爲人矣故曰人皆可以爲堯舜顧善反之者何如耳反之而造其極其成功一矣

同前

邵元哲

同考試官教諭林批（聖道本于性分子能究心下學事其知希聖者）

考試官教諭陳批（體裁冲邃非流輩所及）

考試官教諭陳批（辭達理明步驟自别）

道之寄也有凖其入之也有方然所以約其凖與方者有要焉尤不可以不知也夫道至聖人而極則夫人之有志於道者舍聖人固無以爲凖而方所以造乎道乃學者之所共由而不容外焉者也然循其凖而或有所不符據其方而或有所不入豈其凖猶有未端而方猶有未善耶亦學之者不達其要焉耳蓋知有凖而不知有要猶爲不知凖知有方而不知有要猶爲不知方不知凖而循之不知方而據之其不符而不入也又何怪焉子思子曰大哉聖人之

道夫道貫乎三才者也故子思於中庸之道有曰天地之道者矣有曰聖人之道者矣有曰君子之道者矣而於聖人之道獨贊其大而言之詳其有由也蓋天覆地載人生其間而人之中有聖人者出焉全盡天地所賦受之理而財成其道輔相其宜以贊其化育而與之參是聖人之道未始不通於天地也而同類之中智者賢者愚不肖者雖其賦受之理與聖人同而或過焉或不及焉與聖人异故盡已之性以盡人物之性非天下至誠有所不能是聖人之道未始不通於人也夫其通於天地而又通於人是天人之道盡於聖人而其爲道固莫有加焉者矣故聖人而上天地之道或以爲遠而難知聖人而下君子之道或以爲由而未盡惟其以爲遠而難知由而未盡固雖欲揭以示人而使之由而人將駭焉而不信玩焉而不從聖人之道則同乎天地而非遠徵諸人心而無不盡從而揭其名以示天下後世則天下後世之人莫不信而從之曰是踐形惟肖者也是人之至而道之準也然準立矣而方具焉準也者聖人所以示夫人之則方也者君子所以趨於準之途方具而後準可得而符準符而後道可得而至也夫方亦紛紛矣惟其紛紛也而不得其要是以其準雖陳其方雖具而學者支離決裂日騖日遠卒之無益於身心是非其準之不端方之源善亦其要之不知而求之不得其當也蓋道一也統於性命著於人倫而散於庶物發育峻極性命是也禮儀三百人倫是也威儀三千庶物是也聖人之道其該貫於庶物者未始不通於人倫其昭察於人倫者未始不根於性命語性命而不及人倫庶物則性命爲空虚語人倫庶物而不及性命則人倫庶物爲粗迹故無一物之不體發育峻極非内也無一事而非仁禮儀威儀非外也故曰性之德也合内外之道也故天地萬物若是乎其汗漫也而獨者實主之矣鳶飛魚躍若是乎其顯著也而隱者實本之矣洋溢中國施及蠻貊若是乎其廣遠也而近者實基之矣達道達德九經若是乎其散殊也而一者實行之矣物而曰萬儀而曰三千三百若是乎其浩繁也而凝者實聚會之矣是聖人之所以爲聖學者之所以爲學其要固在乎此而不可以不知也故尊德性而道問學非二事也尊德性必資於道問學乃所以尊德性是尊德性者其要也蓋吾德天德也吾性天性也發育峻極即吾之所以位天地而育萬物者也所貴乎善學者求之乎庶物所以求盡乎人倫也求之乎人倫所以求盡乎性命也無非有事於德性而已矣今夫戒慎恐懼以脩道亦尊德性也學問思辨篤行以明善誠身亦道問學也言戒懼則學問在其中言學問則戒懼在其中然曰修道曰明善誠身則亦同歸於尊德性而已蓋德性其根也尊則樹藝之者也學問則培灌而删鋤之者也無非有事於根焉耳是故獨者養而位育之效臻矣

隱者存而明著之業彰矣近者篤而尊親之化溥矣一者具而達道達德九經之事立矣凝者成而經綸立本知化之用行矣是故以之居上則爲舜之用中爲武周之制作操三重之權極六善之備而不驕者此也以之居下則爲孔子之祖述憲章上律下襲不見知而不悔而不倍者此也至是則聖人之道之大其洋洋者其優優者不在聖人而在我矣後之學者不明其要知道問學而不知以尊德性爲主彼固曰三千三百之儀吾不可以不知也顧乃外德性而求之溺意於載籍之繁游心於器數之末而擬議仿像於影響形迹之粗以爲問學之道固宜如此而不知三千三百之儀蓋皆所以發揮乎天命人心之自然而調習乎耳目手足之所加措以治心而脩身非但爲粉飾視聽之虛文而已學者不達乎此而茫茫焉索諸其外不知於德性何與焉而聖人之道將終爲虛器而無可凝之日矣孟子曰學問之道無他求其放心而已矣蓋學問爲求放心而設者也苟無事於求放心則亦無事於學問矣是故求放心者尊德性之謂也學問之道道問學之謂也知學問不外於求放心則知道問學不外於尊德性矣後世之學禪者吾知其爲禪矣俗者吾知其爲俗矣若夫不禪不俗而漫無主宰於其間者猶爲執一也然則欲明子思之旨者盍以孟子之言證之

表

擬賜衍聖公孔彦縉一品金織衣謝表（永樂二十二年）

佘奕

同考試官教諭王批（宏麗典則是能敬揚我成祖重道崇儒至意視諸作之浮艷纖靡不根于理蹈襲舊聞體裁舛戾者遠甚録之）

同考試官教諭李批（忠愛之誠溢于言表）

考試官教諭陳批（藻雅博洽得獻納體）

考試官教諭陳批（用事精當造語豐腴可式）

永樂二十二年冬某月某日臣孔彦縉伏蒙聖恩賜臣以一品金織衣者哲后右文式重象賢之典明王建極適崇至聖之傳命服頒自中天王章賁于下土士林騰慶縫掖流芳臣彦縉誠惶誠恐稽首頓首上言伏以邃初懿制合三辰以則天文中古徽猷程九節而從陽數粤經緯昭回于雲漢肆黼黻掩映乎斗躔翬翟榮觀冰蠶衍瑞天孫幻巧製呈五色之華獸錦揚輝文炫七襄之彩以無常而見刺必有别而斯嚴錫玄衮于韓侯周歌小雅宜緇衣于桓武鄭著王風睠此匪頒當歸元碩詎意箕裘之末系乃廑綸綍之殊恩華階秩峻位已極于人臣金縷光粉寵攸崇于帝命桓榮陳車馬以矜稽古不是過矣宋室捐對衣而賜講官又何加焉於皇曠世之儀聿景惟今之盛兹蓋伏遇皇帝陛

下徽煥堯章弘敷禹儉垂裳化溥已徵治蹟于無爲視帶道存益闡文思于有象愼未明以求衣展也先王之時敕惡其著而尚絅亶乎君子之日章窮理務悉繭絲用人罔遺韄線青衿之政茂育群材黄裳之文斧藻萬物近陋唐宗三浣遠卑漢祖五時城中厘大袖之奢塞上普授衣之澤纂緝文華寶鑑式穀皇儲製頒性理大全攸關道脉學乃有獲能自得師爰追念于先臣肆賞延于後裔藉餘波之潤澤驚大賚以駢蕃遂荷纖紈荐加綿質濫鄙嬴秦十襲之制昭符姬旦九罭之篇安且吉兮身之章也焜煌黻藻載登楓陛之天章炳蔚紘綖爰襲桂池之霞綺衯袆披霧璀璨繁星效雀躍以曳婁光摇赤芾聯鵷班而舞蹈麗徹彤墀貺溢煖膚采彰下體竊念臣彦縉書傳魯壁胄忝尼山議道猶愧于惡衣廣譽未施于文繡緼袍不耻兼人徒慕仲由絢素尚迷啓予實慚子夏每欲綱維乎斯道恒蘄組織乎緒餘無所取材粗知蹈襲靈承豐澤思佩服以書紳際會明時慶彈冠而結綬刺浮維鵜困感懸鶉舊德永貞愓若終朝三褫自公退食勉希在位五紽何能累寸絲以代天工惟欲續如綫而延道統御屏十漸忠敢避乎引裾丹扆六箴願畢申於補衮意合乃題浴新斯振沐龍陛之謙光不獨誇榮于綺縠咏羔之洵美還期比德于大夫思順序而有文務從容而不貳鄭重無衣之賦恒懷挾纊之温伏願體乾純粹緝聖學以殫厥心履泰財成布武威而弘丕績功斯懋賞均沾一顰一笑之休德必稱衷載晰五服五章之度頌同周什龍圖綏固于萬千祝效封人麟趾綿延于百億臣無任瞻天仰聖忻躍屏營之至謹奉表稱謝以聞

第三場

策

第一問

汪若泮

考試官教諭陳批（道統自堯舜周孔以來惟我皇祖及我皇上天縱淵識得千載不傳之秘爲萬世開來學此作獨能揄揚故録）

考試官教諭陳批（忠愛之意藹然深得頌體）

聖人之弘道也其心一聖人之經世也其道同夫心一也是故疏觀造化之原闡發性命之微奮乎百世之上以肇其統焉所謂俟後聖而不惑者其是之謂乎夫道同也是故懋建綱常之極恢宏學問之功奮乎百世之下以紹其統焉所謂考前王而不謬者其是之謂乎知此則二帝三王之垂道統於古我聖祖皇上之繼道統於今其心法之精妙於授受經綸之迹著於謨訓者蓋有

與天地之元氣并運而不息帝王之彝憲异世而同神不可以仰窺其萬一乎請敬陳之粤稽諸古聖人繼天立極得道統之傳以示天下後世者羲皇遡矣嗣是如允執厥中人心道心者堯舜之得統於天以帝也惟精惟一制事制心亦臨亦保敬勝義勝禹湯文武之得統于堯舜以王也敬以直内義以方外周公之得統于文王以臣也克已復禮博約一貫孔子之得統于周公以師也此堯舜禹湯文武周公達而在上斯道之統于是乎行矣孔子窮而在下斯道之統于是乎明矣其原造化達性命以宣昭道術者夫豈有二致哉至於漢雜以霸唐雜以夷與夫宋之得國不正則乖天常斁人紀大經大法廢斁甚矣安可望之媲美帝王光振道統哉洪惟我太祖高皇帝以聖人之德法天啓運作君作師洗胡元之陋習而爲三綱五常之主肆我皇上以聖人之德統天御人盡制盡倫明禮樂之大典以立百王不易之法其道則準乎天其傳則自堯舜禹湯文武愚嘗考之資世通訓於其嚴君臣上下之等見本仁敬之達焉於其列士農工商之條見廣忠恕之施焉御製文集究天體七曜之循環原法象之始也咨天地二儀之高厚闡運數之精也此我皇祖以敕時幾以弘茂對以明天道以察民故言而世爲天下法是雖爲書不同然要其指歸則兼古帝王經典而太備之丕顯哉真聖人之謨也其所以發明斯道者至矣乃若漢高之歌風沛上唐宗之鋭情經術宋太祖之洞開諸門以喻我心者本之既失末復未究奚可以擬議其萬一也哉恭惟皇上光紹皇祖以自得之學而發傳心之要也又嘗考之敬一有箴曰匪敬弗聚與郊則恭誠廟嚴孝趨肅於明庭慎于閑居者主敬之功也可以見誠意之本焉曰匪一弗純與弗參以三弗貳以二行顧其言終如其始者主一之功也見純心之學焉五箴有注曰視聽言動者謂辨其是非分其邪正出言發令必謹征伐盤游是戒而程頤告君之旨益昭晰也曰心箴者謂吾心克正則百體四肢聽其使令一毫不正則聲色物欲動與理反而范浚著箴之意益喫緊也此我皇上以存其心以養其性以達訏謨以章遠猷行而世爲天下法是雖爲製不一然舉其綱要則繼我皇祖制作而緝熙之丕承哉真聖人之烈也其所以纘承道統者大矣較諸唐虞之典謨夏商之訓誥疇範誓銘周孔之三篇九經其心既一其道攸同不有以光昭於無窮也耶猗歟盛哉祖訓皇猷奎章宸翰皆帝學之純王政之大經世撫運樹坊制衆胥是焉出其維繫道統非先聖後聖而一揆者乎然愚竊以爲弘帝王之道者心而已妙心法之精者敬而已道匪心則虚而無統心匪敬則雜而不存道統其曷藉諸是我聖祖所謂勤皇上所謂敬者又豈非千聖相傳之秘萬世心學之要而爲聖子神孫億禩繩武之休烈哉敢以是爲芹曝獻

第二問

盧整

同考試官教諭陳批（聖賢立言垂訓各有所見是篇辨析詳明不詭于道必嘗究心理學之要者録式後學）

考試官教諭陳批（發明知行之旨殆盡）

考試官教諭陳批（確有折衷之論）

天下之道統於心君子之學亦求諸心而已矣蓋道散於萬殊而原於一本一本之所在而萬殊會焉則一本非内而萬殊非外均之一心也學問之道非一端而求放心爲之主欲求放心而資之以學問則求放心不爲少而學問之道不爲多均之求諸心也是故外心而言道不可以爲道矣外心而言學不可以爲學矣聖賢之訓彰彰如也而學者或自爲支離而失厥宗旨也宜乎學者之紛紛而得者之僅僅也夫道有本而學有要本也者性命之謂也要也者知行之謂也外性命而爲知行非知行矣外知行而求性命失性命矣學者必識夫性命而後知行可得而議明於知行而後性命可得而求矣故謂知行爲無二爲無先後耶然曰非知之艱行之惟艱曰生知安行學知利行困知勉行曰始條理者智之事終條理者聖之事是知行未嘗無二亦未嘗無先後也謂知行爲有二爲有先後耶然大學之明德天民之先覺孩提之知愛親敬兄是知行未嘗不一亦未嘗有先後也蓋以爲有二有先後者自其工夫而名之聞見之知知之次也雖聖人不能外以爲無二無先後者自其本體而言之德性之知知之良也雖下愚不能無然聞見之知非德性所知故必有德性之知主乎中而後聞見之知亦有資於德性而不爲外否則知之易而行之艱亦止於聞見而已故博文約禮聖門之所以爲教也然而禮者其本也蓋禮也者文之存於中者也文也者禮之見於外者也博文而非約之以禮則其文爲虚文約禮而非博學於文則其禮爲虚禮故約禮必在於博文而博文乃所以約禮固非今日博文而明日約禮亦非博文專於知而約禮專於行也然非有事於約禮則亦無用於博文矣是知力行之先於學文者力行爲本而文以輔之小子之學亦大人之學也志道之先於游藝者志道爲本而藝以文之聖人之言亦聖人之學也格物致知誠意正心修身大學之所以爲教也然而格物致知其端也故物非外也吾之明德所以感應天下國家之事者也意心身非内也吾之明德所以管攝天下國家之大者也故蒸民稱物則而曰懿德孟子稱萬物皆備於我而曰强恕而行反身而誠懿德者明德之謂所謂物也强恕而行者絜矩之謂反身而誠者誠意正心修身之謂所謂格物也故言格物致知而行在其中言誠意正心修身而知在其中固非今日格物而明日誠意

正心修身亦非格物致知之永及於行而誠意正心脩身之不用於知也後世以物爲外而謂今日格一物明日格一物不知何與於真知而使之能致何關於意心身而使之能誠與正與脩也且大學謂物有本末則固以知與意與心身爲物爲本而非别有所謂物也使外此而别有所謂物何傳者不一及之而但顚顚於好惡仁讓絜矩慎德忠信仁義之説耶昔者子貢之在聖門尚多聞而矜億中者也故孔子告之曰吾非多學而識之者也吾一以貫之者也或者不知以爲是惟聖人可以當之而不知聖門之教大抵以一爲主非多聞多見之貴也不然竭兩端而空空因少賤而多能鄙事何聖人之不以多知多能自居也當時稱孔子者乃謂當年不能究其禮累世不能殫其學而後世述之者至以羵羊萍實商羊之辨與商瞿之後防風之骨肅慎氏之矢之察以爲聖人之所以爲聖人者固在於是吾恐聖人之道不如是之雜也宋儒謝良佐侍明道語次見該博而明道曰是爲玩物喪志蓋明道之學以求仁爲主仁者以天地萬物爲一體識得此意以誠敬存之而已非記問該博之尚也及良佐有慚色而明道曰即此是惻隱之心是又示之以仁之端而所謂以天地萬物爲一體者不外是矣明道在當時聞風者悦服覿德者心醉固自有在而一再傳之後往往溺意於訓詁疲神於講説精之又精而鄰於巧詳之又詳而流於多如北溪之陳雙峰之饒其與漢儒説稽古累數萬言者何异而説者尚以爲伊洛之淵源吾恐明道之學不如是之雜也故後世之學自謂能博文而通於約禮者無幾也自謂能格物而通於誠意正心修身者無幾也蓋方其有事於博文也非誠有志於約禮也誇多鬥靡而已矣夫是以先者開而後者卒莫之繼其有事於格物也非誠有志於誠意正心修身也玩物喪志而已矣夫是以萬者索而一者卒莫之從雖然方其未知也固在於知之也曾子傳大學首之以明德子思作中庸首之以性道無非示人使先知之也蓋知明德之爲要則凡所以爲功者皆不外於明德知性命之爲要則凡所以爲功者皆不外於性命此其爲知非必待博文格物而後知蓋亦曰知其如是焉耳是則所謂聞見之知雖謂之先知後行可也然能因是而求知雖謂之知行合一謂之德性之知亦可也故曰明辨者擇善之功毫厘者千里之兆此又學者所當知

第三問

佘奕

同考試官教諭王批（名臣言行有宋及我皇明雖有不同要不出立德立功立言三者此作歸重德字探本之論非嘗究心尚友者不能）

同考試官教諭李批（秋陽不爽可爲知人之鑑）

考試官教諭陳批（責己嚴求人恕有見録之）

考試官教諭陳批（發揮甚精可覘所養）

人己之分不同故修己者不容不嚴取人者不容不恕蓋修己而不嚴則怠怠則於其所當勉者或缺而不修或修而未盡而天下無全德非修己不道也取人而不恕則苛苛則於其所當擇者舉其大必求其細因其短并略其長而天下無全人非取人之道也蓋嚴所以修己而不宜於取人恕所以取人而不宜於修己明乎此者庶乎不失己亦不失人矣執事發策而以古今名臣爲問愚生尚未知所以修己而何敢與於知人姑試掇拾所聞以對夫孰不爲人臣而人臣之中有所謂名臣者豈偶然哉是必其德其功其言所謂三不朽者有所托焉而後信於當時聞於後世如是其不泯也然古者立德以爲本而功與言出焉未嘗分而爲三也自夫德之不立而功與言之急於是一人之身三者不必備而全德鮮矣然功而不本於德則功爲小補言而不本於德則言爲虚文君子何取焉故觀人者必先考其大而後及其餘大者不虧雖其小節有未純功與言有未備亦不害爲君子不失爲名臣否則君子何取焉昔者臯陶論知人而曰行有九德所以求乎人者備矣夫以九德而有一之不備宜不可以爲諸侯大夫而乃曰三德則爲大夫六德則爲諸侯又若是乎其恕也是可以爲取人之法矣有宋文公朱子取本朝諸臣言行而編集之謂之名臣言行録其於去取之間不可謂不精矣然以范質竇儀李昉輩之羈旅王安石之紛更而亦録之何耶曰范之兢謹李之寛恕竇之清介皆一時之賢朱子録之亦夫子取管仲之意也朱子之論安石謂其質雖清介而器本偏狹志雖高遠而學實凡近亦一時之望名臣載之蓋古人不求備之意也要之據事直書春秋之旨亦朱子作綱目之意昔人襄助朱子此録陰寓本朝之史斯言得之矣至於李幼武之續録又其繼踵而起者也然以陳公輔之爲諫官而乞嚴道學之禁宇文虚中之被留虜中而修史者書其降而幼武皆録之何耶曰論安石與論士氣等疏公輔之於職亦可謂不曠矣道學之禁夫固有激而云耳若夫蠟書之謀不遂虚中之禍天也觀其與趙光遠詩曰脱身枳棘下顧我雪窖中其志亦可悲矣幼武之録二子亦朱子録范質輩之意也朱子録名臣而不及伊洛諸君子者以其有伊洛淵源録也幼武乃類而爲言行録并録朱子與其同時數公是矣然以陸九淵之高明亦朱子之所畏也而獨不與焉後之續淵源録者亦置而不録不亦聽聲之過歟國朝儒臣彭韶爲皇明名臣贊録自謂仿朱子言行録而爲之然其所取太狹且於諸公事迹未嘗兼收博采如朱子所編之法是猶不免於挂漏即開國功臣不啻數百人今所録者武臣自徐達而下文臣自劉基而下皆不過數人承平以後名臣所録亦僅二十餘人其未盡

可知矣或曰宋濂王偉非元材歟曰用夏變夷又非范質輩之比也至於楊廉徐咸之續録則取諸家文集與記事之書一仿朱子之法而爲之凡諸公之言行略具矣或曰以王雲鳳之介而甘張綵之臨受逆瑾之包以莊昶之高而遷延於在告罷黜於考察不亦晚節之謬歟曰雲鳳曾上疏請刑李廣之惡以謝天下矣何獨於張綵逆瑾而甘於失身必不然也昶之遲遲於去非其志也陳憲章曰此是定山最高處必有所見而啜啜者以爲有貪戀之私恐不然也若夫楊廉之集理學名臣録也其於去取亦不可謂不精矣而陸氏所新增其中尚有可言者焉宋濂丘濬其言其行其功其爲名臣無疑也然謂其爲理學則未也濂之爲志釋也其浮詞侈於七反而要於九聖之文彼其志亦止於爲文而已性命之學或未之聞也濬之爲學的也其序謂詳於讀書而略於格物之事彼其志亦正於讀書而已大學之道或未之知也至於婁諒之卓識吴伯通之精詣雖以廉之見而亦見遺焉豈二子者於莊昶陳真晟輩猶有所未及耶乃若遺所當拾及繼踵而起者如劉健之正大李東陽之通敏程敏政之文雅羅玘之勁特楊廉之敦恪吴廷舉之氣節劉瑞之謹嚴林俊之操履王守仁之義理胡世寧之慷慨席書之深沉羅欽順之端方何塘之介潔或以德行或以事功或以理學或以著述皆斷然不可泯没者也然亦有説焉所謂三不朽者固以立德爲先然欲德之立又必以理學爲本在昔稷契皋陶伊傅周召皆見而知之者也故教稼穡敷五教明五刑與夫左右鹽梅篤棐保厘之政未嘗無功都俞吁咈敷奏陳謨與夫伊訓説命無逸豳風旅獒卷阿之作未嘗無言孔門四科以德行爲先而顔淵閔子伯牛仲弓固未有不通於言語政事者也雖其功不見於政事而善言德行與聖訓之傳相爲悠久此其爲功莫大矣故君子之脩己也始於求道行道而有得焉則爲德有德則有功有德則有言達而在上爲稷契皋陶伊傅周召窮而在下爲顔淵閔子伯牛仲弓夫然後德爲全德功非小補言非虚文夫然後可以爲名臣謹對

第四問

戚鈇

考試官教諭陳批（考據詳議處當信足見之施行子其素志經濟非直剿説以應文選者可録可録）

考試官教諭陳批（一策足占用世之學敬羨敬羨）

有酌古裕國之定制有因時救敝之良法定制云何肇自國初經世成務之典理有所不可易者也良法云何其在後世通變宜民之術勢有所不得已者也制非酌古則失之罔而徒制不能以適用法不因時則失之泥而徒法不

能以必行顧制定于初者未爲不經而法守于後者不能無失則不免廢弛滯礙之弊矣于此而坐視日敝竟無所處可乎而况事關裕國之大計濟時之急務可視爲迂遠而不之講求乎方今水旱頻仍民多逋負虜夷竊發邊儲告艱以致上廑聖懷屢有蠲租賑貸之條有開例助邊之令而帑藏日虚經費難繼民窮日甚勸輸莫前甚有可慮焉者思欲紓目前之急則鹽錢二法獲利良溥信宜講求以資國計兹者執事發策下詢及此得非爲國先憂思求善策冀爲世用者歟顧愚書生豈諳世務然亦不敢虚負明問盛心蓋嘗稽古詢時而得其梗概矣庸述所聞以對竊惟天地有化育生物之功聖人有財成輔相之道自夫六府孔修五行攸叙而知鹽錢之所自來自夫書云利用傳記生財而知鹽錢之所由啓是二端者均皆聖人因天地自然之利爲國家制用之藋其切于民生利于世用一也初豈有二致哉但古之制用也公于民而未專于官故其流行也有其利而未見其害是故大禹成賦中邦而青州入貢成周用共王事而著令設官兹非鹽政之肇端乎高謙謂成湯鑄金莊山以贖賣子周禮記太公立九府圜法以掌出入兹非錢法之托始乎然在當時風淳事簡國無他虞民無缺用推與民同利之心而非專爲國理財之計逮至管仲正鹽筴以利齊鄭當時孔僅桑弘羊司鹽賦以利漢劉晏第五琦榷緡税以利唐雖各作用不同然皆鞭筭殆盡一孔不遺其後盗患日熾軍需浩繁而鹽价騰踴利害相半其得失有可考者五銖錢鑄于漢開元錢鑄于唐大平諸寶鑄于宋雖雖製法不一然皆更變無常厚薄雜出上無定制下無法守而折當迭更難于適用其利弊有足徵者至我國初本經世成務之淵衷爲酌古準今之定制以鹽法言之蓋思足國備邊以防不虞之患則鹽法所不可廢也故洪武元年置兩淮兩浙鹽官二年置山東北平河間及靈州廣東海北河東鹽官十五年置雲南四川鹽官創定課程各有歲額掣發轉賣各有地方及淮浙長蘆解滄諸司課利尤大足實邊儲乃以額課正鹽召商種納給引關支而竈丁私鹽則官給鈔貫買留待用每引四百斤給鈔二貫五百文值錢二千五百文商得隨便以支价無折閲竈得鈔價之用日可聊生况且輸輕惠溥用節禁嚴故鹽法疏通國儲自裕其後鈔法不行至永樂正統成化年間更有米麥收買之令常股存積之名准納折色之例弘治正德年來又被藋奸勛戚奏乞零鹽浸失初法雖國課未至虧損而客商竈丁困累愈極皇上即位思厘弊端廣集忠益其見于言官之敷奏十二事咸見施行由是商竈稍蘇邊儲賴濟奈何利源所競奸弊莫防兼之邊患常多給餉殆盡邇年以來不但淮浙長蘆解滄諸司法久弊生應募者寡雖閩蜀滇雲秦廣之間丁逃課減未敷舊額俱亦久矣國用邊儲將可

取給伏聞廷議可請添設撫臣總理淮浙等鹽或請分遣部臣清理各省鹽課是皆爲國忠謀勢非得已者然鹹鹵所産時异地同豈其豐于古而嗇于今哉特以處之未善焉耳何也正鹽利微税重私鹽利大价輕則奸徒何憚冒不死之刑以射不貲之利私鹽价賤得多官鹽价貴得少則民間何苦舍賤价之便而從貴買之難竈丁生齒繁而私煎衆因有餘鹽積滯不通之苦安得而不私賣客商種納貴而守支難且遭監掣避嫌深入之罪安得而不畏避鹽法壅滯此其大端爲今藿宜救敝之策或量减新增課價稍復舊制或官給竈丁實錢收頓餘鹽或各照地方食鹽定估時價毋容增减或寬恤種納客商支掣以時勿限本色仍申明私煎私販買窩賣窩之禁末减誤犯夾帶情輕例重之科如是則私鹽自阻官鹽可行商竈俱蘇國用可裕矣否則徒拘加納之重清理之繁巡捕之擾則法愈密而弊愈多豈能有濟哉以錢法言之又思貿遷化居以利國家之用則錢法所不可廢也故置寶源局于應天府鑄大中通寶與古錢并行後又鑄洪武通寶二十六年更造小錢以便民用永樂宣德年間遣官各省分投監鑄天順四年令民間貿易除假錢外止用歷代古錢折二當三准使成化十七年令止許行使洪武永樂宣德舊錢每銀一分易錢八文不得擅用折當且私鑄有科錫假有辨禁令惟烈犯無少假故錢法流通中外俱利其後古錢漸少正德以來民僞日滋閩錢私鑄于福建廣錢私鑄于廣東河間大名等處又有倒好沙板等號薄同榆莢輕過鵝眼而京師之錢每銀一分可易一十三文故錢法遂壞雖古錢尚兼行使而民從簡便盗鑄遂多皇上即位思禁新錢以防民僞其見于史臣之敷奏十二事亦見采納由是假錢莫行上下稱便奈何利孔所在塞潰實難方今中外不但歷代古錢未見用世并洪武永樂宣德等年通寶日益隔閡莫之行矣民生日用貿易何資邇聞雲南已奉明旨頒降通寶式樣開局鼓鑄新錢是亦因時救敝之計未爲不善者然錢神如泉所貴流布豈宜鑄于此而滯于彼哉要在先濬弊源使無壅塞焉耳何也雲南遠去京師相隔四省豈無轉運間關之勞所宜酌處雲貴類多土酋負險自固豈無乘機盗鑄之弊所宜預防嘉靖通寶既行則前此僞用雜錢豈無尚存混出所宜禁革天下産銅地方與凡淫祠佛像豈無堪收鼓鑄所宜查收錢法利病此其大端爲今通變宜民之策或分給鄰近各省一例行使俾得流通以代轉運或先令雲南除解京銀兩外其餘公私差賦并民間貿易一例行使以絶海蚆或檢括京城内外雜錢倍價易收盡行銷毁以杜混雜或行各省清查銅礦佛像盡數報官采辦監收以廣鑄造而又仿賈誼私鑄之禁稽孔穎達官造之式盡收鑄造之工免爲奸豪所用如是則私錢自絶官錢可通國柄不移用無匱乏矣否則徒有經畫之周工本之費轉運之勞則實源决而流弊深抑

何益之有哉鹽錢二法大概若此又獨不聞通變宜民存乎其時神而明之存乎其人歟是故鹽法一也行之李沆爲良行之蔡京則壞議之王堯臣張方平爲是議之王宗望章惇則非錢法一也周景王患輕而更重漢文帝患重而更輕劉秩以放鑄爲非九齡以放鑄爲是興革不同而利病迴異者豈直法之良與未良哉信有存乎其人焉耳詩云不愆不忘率由舊章愚敢用爲今日丹扆獻

第五問

邵元哲

同考試官教諭林批（學校兵戎貴州今日第一義也此篇議處無不可見之行者經濟之才也録之）

考試官教諭陳批（就時論事悉中肯綮）

考試官教諭陳批（待用之器理會自别）

教化之道漸與恒而已矣制馭之術恩與威而已矣操漸恒之本者存乎誠執恩威之要者存乎信計功于旦夕則迫遽而難久非誠也肆伐於殄滅則反側而難孚非信也有興化禦侮之任者於誠信之道豈可忽而不加之意耶請敬陳之夫貴州之地徵之輿圖蓋西南之遐荒而川湖之裔壤也山嶺環互風氣顓蒙至我國家統一寰宇疆理封域建藩列郡民夷雜治與中土相埒者二百年矣聖德廣被而文教覃敷王靈丕振而武功奮揚菁莪棫樸之化洋溢於庠序江漢常武之威震慴乎蠻夷若無事于更化而易政也顧窮荒僻陋之區經鮮師授而誦習或有弗及群籍罕得而聞見或有未充相觀而化也限於麗澤之寡儔待人而興也格於表訓之弗類所謂弦誦疏稀而人才闊絶者誠不敢盡謂其無也溪峒山箐之間踐梼據岨而嘯聚以逞伺隙窺便而肆出以掠鼠竊狐伏誅之不足以煩軍旅之興狼突鴟張寬之恐或以釀癰疽之患所謂劫掠竊發而居氓受害者亦不敢盡謂其無也執事疑於化導之無方制馭之無法似矣然有遺論焉何也夫興學校以育才其最近者非郡邑之官乎謹期會於簿書而弗暇於教導課殿最於趨承而弗及於人才甚者官怠於因循而乏永久之圖志淪於疏逖而鮮振飭之政欲其修學校之教而申化導之方何可得也飭兵戎以制夷其最切者非土職之責乎持首鼠於詐謀而無任事之勇扇獷悍於習俗而無圖報之忠甚者功以詭成而獻執非誅剿之獲賊以賂逸而遷延利餉犒之費欲其嚴兵戎之備而振制馭之威何可得也執事又曰古之人有治蜀而興學莅閩而造士征交阯而立條教平南中而服其心果何修而若是烈也愚嘗讀史而思其故矣蓋漢唐重郡邑之治故文翁常衮得以行便宜之政光武昭烈重將帥之權故馬援諸葛亮得以弘撫綏之略昔者

文翁之爲蜀郡守也以蜀俗僻陋乃選吏開敏有材者親自飭厲遣詣京師受業博士又修起學宫廣招學官弟子除傜受事誘令進學吏民咸以爲榮常衮之觀察福建也以閩人未知學爲設鄉校使作爲文章親加講導與爲客主鈞禮觀游宴饗與焉由是俗爲一變二人者其興化也行之有漸持之有恒材甄區别俟其自化真德實意藹然可挹非誠而能如是乎馬援之平交阯也所過輒爲郡縣治城郭穿渠灌溉以利其民條奏漢越律十餘事申明舊制以約束之自後奉行馬將軍故事諸葛亮之征南中也既擒孟獲遂平四郡即其渠帥而用之不留兵不運餉紀綱以立夷漢以安乃收其俊杰孟獲等以爲官屬出其財貨以助軍用終亮之世羌不復反是二將者其制夷也懾之有威懷之有恩灼幾明决爲謀審固忠肝義膽巍然可仰非信而能如是乎今吏之在貴州者既以沉淪而懈沮而國之任吏也復以疏逖而多抑之孰肯奮然求古人之美政而修之耶土職之在貴州者既以驕惰而玩愒而國之任土職也復以羈縻而概寬之孰肯惻然憫邊亡民之受毒而拯之耶爲今之計亦曰重守令之選而嚴其黜陟責土職之功而明其賞罰而已宜選有才能而資格稍淺者假以便宜之政俟其久任而有成效即加顯擢以示優厚則人不苦於沉淪而樂於職任矣何化之不可興哉責節制大臣以嚴督土職俾知朝廷威德修職衛民者必賞玩寇遺患者必罰則人不敢安於驕惰而勇於立功矣何外侮之不可禦哉草茅狂瞽之見未知執事以爲然否

貴州鄉試録後序

嘉靖三十有四年貴州大比士拔其俊髦如額録其文如式者二十有一篇將遵制以獻仁當叙諸末簡伏聞貴州古荒服地三代未入圖版秦始置黔中郡人皆服左衽語侏㒧顓蒙之俗今尚然也惟戍吏士賈人投諸兹裔土著而長子孫則其由來遠矣然士能自振拔以其道鳴者寥世莫得而云也洪惟我太祖高皇帝撫運膺曆迅掃六合朔南暨聲教奄被黔雲列聖纘圖懋熙鴻化迨我皇上憲天錫極稽古右文德臻草木施及蠻貊士之涵濡於重熙累洽者至深厚矣故貴州士稽之前代於今爲獨盛仁之始被聘也以貴州界在西南陲心竊少之逮獲執事其間則有大不然者今觀多士之文體要而該馴雅而則雄博者弗傷於支藻飾者弗詭於理噩噩渢渢文質遞禪則其充養於中可知矣殆與中州莫得而軒輊焉是果可以邊陲少之耶且夫國家取士猶工師之求木貴多美材豈山川性與中土殊良以溪磵險阻人迹罕致日月所照

雨露所濡遂其長養以至數十圍幾百尋掄之大匠明堂桷棟之用恒資焉貴州去京師將萬里比士之舉限之額或且阻於險遠弗克自獻席珍待聘者遺逸常多所謂君子在野是矣則其涵養真積淵邃高明所以贍舟楫霖雨之具蓋不可以一二數是故由余戎人也季札吴士也陳良楚産也千載而下豈無若人中州士始而脱穎即見網羅孟軻氏所謂牛山之木若彼其濯也是又可以邊陲少之耶雖然二三子受知於主司者文耳或謂企及進取士子常志雕文記問於世用無益也是則在二三子所志何如耳仲尼曰文不在兹乎文者道之具也今二三子計偕而上春官將入對大廷大而服休小而服采爲奔走爲禦侮皆是物也若席爲利達之媒静言庸違僨事覆餗併其文而弃之人將訾之曰是變於夷者也斯豈主司責耶得不重爲由余諸君子之羞二三子其勖諸

浙江台州府天台縣儒學教諭陳仁謹序

嘉靖四十年貴州鄉試録

貴州鄉試録序

聖朝設科以經術取士率三載而一舉蓋監古鄉舉里選之法而遠過者也嘉靖歲辛酉貴州又當大比士巡按監察御史巫繼咸職當監臨奉命馳至乃以前御史黄國用禮聘明經博士以綵暨陳安常若愚黄龍梁士楚充考試官比入院則左布政使楊守約右參議徐敦領提調副使張廷柏僉事蔣春生領監試凡内外慎擇可者而後授事御史陳事周慎肅布紀綱務精白爲百執事先乃合提學副使況叔祺所選士一千有奇既三試得其俊三十人次其名氏若其文之可式者以獻綵以役事宜宣言於首簡竊惟唐虞三代之盛治博稽載籍可考而知近者侯甸遠者要荒莫不靡然顧化其在要服則唯聲教加焉固未聞其興文物登賢良儼然與中國齒也貴州古要服及我文皇帝疆理天下始設藩臣部署之皇上中興文教四達貴州得專貢舉視諸藩同士應感而興烝烝嚮用蓋千古之希覯六籍之所不能談者也夫聖作物睹悠久無疆草莽之臣比屋可舉況我國家疆理之域聖天子所加志者哉綵自受聘以來輙沾沾自喜因念孱工管穴無可以仰稱明德乃今幸而在事儹附於以人事君者之義爲庯多矣退而深惟曰未也聖人之官人猶匠之用木榱題楝桷務勝其任無寧以不材錯置之其直中繩方圓中規矩材木也樗櫟之木雖大無所取材比年有事明堂徵材黔中諸部求之者不遺餘力矣即使不程其材而雜以樗櫟將焉用之乃今以尺寸之技而論士則其言勁而正閎而深疏達而有直體材矣行將得一當聖主俾各盡其所長豈惟其材之足多而在事者且自托於不朽使徒言有枝葉顧冒然舉之而終不可以納於軌物登於明堂是樗櫟類也在事者將安所傳其罪乎三代之興有周得人爲盛仲尼操議於千載之下則唐虞首稱蓋壽考作人非獨以其德懋也亦必久于其位而後天下化成堯舜是已當時則稷契皋夔都俞一堂之上此所謂材也彼其静言庸違者非樗櫟邪皇上御極四十年於兹治功焕然直與唐虞争烈多士生堯舜之世且於其身親見之蓋千載一時也居常自許則唯帝臣之揖讓何論三代之英乃今挾筴而干有司且以言揚矣他日之所以自獻其身者將安所決筴哉

信能操堯舜之道以往而無忘其平生之言則唐虞諸臣將不得專美於前矣豈惟在事者可幸無罪而以人事君之義其殆庶幾乎是役也總督兵部右侍郎兼右僉都御史今陞工部右侍郎黄光昇飭吏詰戎揚休錫類頃以代行總督右副都御史董威舊按兹土風猷尚在適以代至總督采辦大木左副都御史李憲卿統攝三省率暨聲教巡撫右副都御史今陞南京大理寺卿鮑道明拊揗綏戢闡猷宣化士風益振巡撫右僉都御史趙釴方膺新命撫巡兹鎮工部郎中李佑刑部員外郎何寵工部主事蔣弘德采木四川按察司副使王有爲均有事地方雅重彝典聿觀厥成若贊襄協志明謨弼諧則有左參議程時思右參議張可述副使陳天資熊勉學檢校左右綜理防範則有署都指揮僉事梁高楊均至於左參政羅時霖署都指揮僉事楊楚共事經始與有勞勩以入賀行鎮守總兵官都督同知石邦憲分守思石右參將汪輔揚威戒嚴振武翼文士藉以寧宇於法得書云

直隸徽州府黟縣儒學教諭陳綵謹序

嘉靖四十年貴州鄉試

監臨官

巡按貴州監察御史巫繼咸（宗臣直隸廣德州人　庚戌進士）

提調官

貴州等處承宣布政使司左布政使楊守約（允中彭城衛籍湖廣長沙縣人　乙未進士）

貴州等處承宣布政使司右參議徐敦（叔厚直隸太倉州籍長洲縣人　丁未進士）

監試官

貴州等處提刑按察司副使張廷柏（壽卿山西蒲州人　甲辰進士）

貴州等處提刑按察司僉事蔣春生（子成湖廣零陵縣人　丁酉貢士）

考試官

直隸徽州府黟縣儒學教諭陳綵（質甫江西廬陵縣人　乙卯貢士）

河南衛輝府獲嘉縣儒學教諭陳安（勉夫福建長樂縣人　乙卯貢士）

同考試官

河南開封府陳州商水縣儒學教諭常若愚（及卿廣西桂林中衛籍直隸當塗縣人　己酉貢士）

直隸安慶府宿松縣儒學教諭黄龍（世□廣東潮陽縣人　乙卯貢士）
浙江處州府麗水縣儒學教諭梁士楚（思立廣東番禺縣人　壬子貢士）

印卷官

貴州等處承宣布政使司理問所正理問文羽賀（宗本四川涪州人　監生）
貴州等處提刑按察司經歷司經歷張文□（德酬湖廣桂陽州人　監生）

收掌試卷官

思南府知府宛嘉祥（文徵直隸廬江縣人　癸卯貢士）
黎平府知府張廷桂（千秀江西浮梁縣人　庚子貢士）

受卷官

貴州等處提刑按察司經歷司知事孫江（永卿直隸定遠縣籍武進縣人　監生）
銅仁府知府葉繼美（兆中福建閩縣人　辛卯貢士）
思州府推官劉蘭（秀夫直隸蕪湖縣人　庚子貢士）
都勻府獨山州知州黄紋（質卿雲南臨安衛籍順天府固安縣人　監生）
都勻府清平縣知縣梅濱（子清江西星子縣人　監生）

彌封官

貴州等處承宣布政使司理問所副理問陳楷（式卿浙江景寧縣人　監生）
思南府推官陳南星（治曜福建莆田縣人　丙午貢士）
銅仁府推官陳大昌（子禹浙江新昌縣人　監生）
思南府婺川縣知縣毛鳳（文鳴順天府遵化縣人　監生）
安南衛經歷司經歷黄相（公甫江西石城縣人　監生）

謄録官

石阡府知府蕭業（可大江西新喻縣人　監生）
普安州知州黄犨（金卿廣東新會縣人　癸卯貢士）
鎮遠府鎮遠縣知縣吴元卿（天寅湖廣漢陽縣人　監生）
安順府判官余蔭（庇之湖廣江夏縣人　監生）
貴州前衛經歷司經歷賴秋榮（天眷廣東陽春縣人　監生）
威清衛經歷司經歷嚴夢陽（明甫直隸崑山縣人　監生）

對讀官

程番府推官李承恩（獻忠湖廣邵陽縣人　庚子貢士）

鎮寧州知州李諫（君信四川合州人　丁酉貢士）
思南府經歷司經歷劉密（汝嚴湖廣衡陽縣人　監生）
黎平府經歷司經歷薛枚（世芳萬全都司宣府右衛人　監生）
安莊衛經歷司經歷賀良能（性之湖廣邵陽縣人　監生）
平越衛經歷司經歷李炅（陽輝廣東萬州人　監生）

巡綽官

貴州衛指揮使白世南（紹勛山後人）
貴州前衛指揮使洛希聖（宗誠直隸武邑縣人）
貴州前衛指揮使唐鳳（國瑞湖廣衡山縣人）
貴州衛署指揮使馬應龍（羲化直隸儀真縣人）
貴州衛指揮同知夏邦彦（國英直隸當塗縣人）
貴州衛指揮同知楊允武（千威直隸巢縣人）
貴州前衛指揮同知李正殷（明實湖廣棗陽縣人）
貴州前衛指揮僉事馮應文（汝質湖廣江夏縣人）
威清衛指揮僉事柳廷用（□弼湖廣公安縣人）
貴州衛前所正千户徐椿（桂枝直隸合山縣人）
貴州衛中所副千户王一賓（濟剛江西德化縣人）
貴州前衛右所副千户王松（國用直隸泗州人）

搜檢官

貴州前衛指揮使李時榮（光國水三萬户人）
貴州前衛署指揮使李言（慎之直隸合淝縣人）
威清衛指揮同知楊昱（文真直隸合淝縣人）
平越衛指揮同知王都（名萃直隸滁州人）
貴州衛指揮僉事田簠（宗器直隸天長縣人）
貴州衛指揮僉事吴時春（惟和山東東河縣人）
貴州前衛指揮僉事薛近宸（華甫山後人）
貴州前衛指揮僉事胡恩（天寵直隸合淝縣人）
貴州前衛指揮僉事謝崇爵（君錫直隸歙縣人）
貴州衛左所副千户朱朝臣（國佐直隸吴江縣人）
貴州衛左所副千户劉桂（時興直隸定遠縣人）
威清衛右所副千户劉寵（君錫直隸儀真縣人）

供給官

龍里衛經歷司經歷鄭邦本（子民河南鄭州人　吏員）

新添衛把平長官司吏目晏寅珠（廷重四川内江縣人　吏員）

程番府金筑安撫司吏目楊廷（國瞻直隸撫寧縣人　吏員）

程番府洪番長官司吏目朱紹元（克孝山東齊河縣　吏員）

程番府小龍長官司吏目楊佐（蓋卿江西進賢縣人　吏員）

程番府廬山長官司吏目范永欽（惟敬四川富順縣人　吏員）

貴州宣慰司白納長官司吏目胡鈐（元和江西弋陽縣人　吏員）

貴州宣慰司貴竹長官司吏目費汝信（思言江西鉛山縣人　吏員）

貴州宣慰司水東長官司吏目謝繼崇（邦任廣東海陽縣人　吏員）

鎮遠府清浪驛驛丞陳大翀（騰霄四川榮昌縣人）

貴州宣慰司畢節驛驛丞李鎮（明遠陝西涇陽縣人　吏員）

第一場

四書

知者樂仁者壽　辟如天地之無不持載無不覆幬　禹疏九河瀹濟漯而注諸海决汝漢排淮泗而注之江

易經

先天而天弗違後天而奉天時　鼎有實慎所之也　盛德大業至矣哉　物相遇而後聚故受之以萃萃者聚也聚而上者謂之升故受之以升

書經

帝光天之下至于海隅蒼生　羽畎夏翟嶧陽孤桐泗濱浮磬　惟周公克慎厥始惟君陳克和厥中惟公克成厥終　出入起居罔有不欽

詩經

采采芣苢薄言采之采采芣苢薄言有之　春日遲遲卉木萋萋倉庚喈喈采蘩祁祁　執訊獲醜薄言還歸赫赫南仲玁狁于夷　君子萬年介爾昭　明綏萬邦屢豐年

春秋

齊師遷紀郱鄑郚（莊公元年）　夏六月乙卯晋荀林父帥師及楚子戰于邲（宣公十有二年）秋蒐于紅（昭公八年）　吴伐郯（成公七年）公會晋侯及吴子于黄池（哀公十有三年）　五月公及諸侯盟于皋鼬（定

公四年）

禮記

考禮正刑一德以尊于天子　以天地爲本故物可舉也　奮至德之光動四氣之和以著萬物之理　故必先有志於其所有事然後敢用穀也

第二場

論

修己以安百姓

詔誥表（内科一道）

擬漢留趙充國屯田湟中詔（神爵元年）　擬唐以褚遂良爲中書令誥（貞觀二十二年）　擬宋渾儀成擢張思訓爲渾儀丞謝表（太平興國四年）

判語（五條）

選用軍職　轉解官物　鄉飲酒禮　關津留難　聽訟迴避

第三場

策（五道）

問　性學之明晦關世道之污隆故韓愈氏謂孟子性善之説其功不在禹下誠確論也自是以還微言既絶横議并作有宋諸儒倡明理學各有著述惜在當時未盡崇信惟我成祖文皇帝特命儒臣采輯成書名曰性理大全親灑宸翰諸篇首其曰議論格言輔翼經書有裨斯道曰廣大悉備如江河之有源委山川之有條理聖賢之道燦然復明何深嘉而樂與之若斯也今其書具在試相與評之正蒙一書視之六經能無少雜乎皇極經世準之六經能無牽合乎律吕新書果可續古樂之殘缺否乎洪範内篇果可廢箕疇之要訣否乎我成祖聖學源流承前啓後所謂爲往古繼絶學爲萬世開太平者於宋儒之所撰述獨采擇不遺其淵衷微妙未易窺而謨訓在人可得而述其概乎我皇上緝熙性學如敬一有箴五箴有注光昭載籍同符聖祖丕顯丕承萬世爲憲爾諸生涵濡而佩服之久矣願摘所見聞與六經契合者鋪張而揚厲之以彰聖學之萬一

問　儒者品題人物必中持衡非徒隨聲附和也試舉一二與諸士商之老氏墨氏世以爲异論也漢代諸儒世以爲未聞道也然孔子問禮至稱其爲龍韓愈又以孔墨并稱此何謂也漢人傳經史氏列諸儒林至宋儒注書每援

引以取信此又何也今二氏之書兩漢之文十三經之疏皆在其有背於聖言者歟夫不察其操心立言之極而肆爲臧否此與觀場捫燭之見何殊諸生博覽群籍願昌言之因以自鏡焉

問　兵者聖王不得已而用之者也自軒轅氏涿鹿之戰下迨唐虞三代皆所不廢然有曰兵法有曰兵制如黄帝五陣太公三陣風氏孫臏吴起武侯皆有八陣李靖有六花陣十二陣周禮大司馬九伐之法孫子九地之術晁錯之所謂五技孔明之所謂五習是皆禦侮之不可不知者其義抑可言歟又如漢有八校隋有十二衛唐有三衛六軍十六衛宋有三衙四厢十衛是皆屏翰之不可不講者其制抑可考歟歷代之沿革古今之優劣抑又有可指議者歟文經武緯儒者事也願以請纓之志著之篇末

問　儒者談經咸謂先王經世之法周禮具備如井田酌古黄帝夏商之規而極一代之備鄉遂都鄙之制所以生之者有道三年六年九年之積所以儲之者有素是以雖有旱乾水溢民無菜色固也而又有十二荒政何歟且其所謂散利是即散所儲以賑之矣其曰蕃樂曰薄征曰弛役曰緩刑曰除盜賊尤爲荒政之不可廢者他如去譏舍禁近乎縱眚禮殺哀近乎簡索鬼多昏近乎誣且瀆凡此皆理之可疑者果皆救荒之急務歟後世常平義倉之設行之當時民甚稱便庶幾成周積蓄之遺意矣又有興營造弛鹽禁蠲租税罷冗吏縱流民募入粟放田租勸出粟招商人飭官吏與所謂十二政者率多出入豈諸君子仿周禮而行之抑亦因時而立政乎夫泥古者過於違世因俗者失之拂經兹欲酌而行之則吾將安取諸生懷用世之志久矣毋徙諉曰備荒無善政也

問　兵食經世急務貴陽僻在遐陬漢夷雜處以兵則諸衛戍籍十無一存以食則地鮮田賦仰給川湖比因銅平增兵防禦至借官軍額派以資饋餉即邊境晏然一歲之入尚不足支一歲之用或事起不意計將安出也頃者容山土酋戕守備寇施秉窺鎮遠聞我兵興則鼠竄兵散則豕突或謂宜合三省兵力搗其巢穴或謂衛司兼制徵調爲難川湖頻年逋負不出謂當割四府司四邊衛以隸貴不知果可行歟諸生生長是邦籌之預矣幸悉心正議無讓焉

中試舉人三十名

第一名　李維祐　清平衛學生　禮記

第二名　許崇德　貴州宣慰司學增廣生　易

第三名　朱應旌　興隆衛學生　書
第四名　鄭淮　鎮遠府學生　詩
第五名　吴世登　普定衛學生　春秋
第六名　羅繡藻　思南府學增廣生　禮記
第七名　饒養浩　銅仁府學生　易
第八名　孫世傳　普定衛學增廣生　詩
第九名　陳一龍　思南府學增廣生　書
第十名　李大晋　清平衛學生　易
第十一名　李蒙亨　貴州宣慰司學生　禮記
第十二名　張祺　龍里衛學附學生　詩
第十三名　張士勛　興隆衛學生　春秋
第十四名　俞紹文　普定衛學增廣生　書
第十五名　吴師張　普安州學生　易
第十六名　趙宜　貴州宣慰司學增廣生　詩
第十七名　鄭大本　貴州宣慰司學增廣生　禮記
第十八名　陸宗淵　貴州宣慰司學生　易
第十九名　吴國光　銅仁府學生　詩
第二十名　費從朴　都匀府學生　易
第二十一名　王新民　石阡府學生　書
第二十二名　楊和　思州府學生　詩
第二十三名　孫旁　清平衛學生　禮記
第二十四名　何天相　普安州學附學生　易
第二十五名　管世元　普定衛學增廣生　書
第二十六名　蔣思孝　普安州學附學生　詩
第二十七名　王培　清平衛學增廣生　春秋
第二十八名　蔣思忠　普安州學附學生　易
第二十九名　鄭國賓　平溪衛學生　詩
第三十名　陸仁　龍里衛學生　書

第一場

四書

知者樂仁者壽

李維祐

同考試官教諭常批（知仁樂壽體認得聖人聲口且不括有常句末方見出更覺精彩可以觀所養矣）

考試官教諭陳批（暢達雋永宜録以式）

考試官教諭陳批（清脱中有莊重）

聖人别言知仁之效以其所得之深也夫理相因而至者也知之於樂仁之於壽非其造之深也而有是乎今夫道一而已知者仁者見之而各就其性之所近故動也静也因之而各遂其情之所向矣然豈無其效乎彼性分之中真樂咸具故樂也者吾固有之也其或未至是者以有我之私牿之耳夫惟知者之動初非取必於樂也而樂自生焉明覺自然觸處皆裕如之境圓神不倚隨在皆活潑之機内省之餘俯仰無疚焉遇不足以累之也達觀之下天地與游焉物不足以蔽之也蓋自其樂也以爲知者之能適其情也不知動斯不括心逸而日休在知者亦不得而自知矣性天之運恒久不息故壽也者亦適得吾常也其有未盡然者以客感之私戕之耳夫惟仁者之静初非有期於壽也而壽自臻焉天真湛一物累已爲之俱忘成性恒存太和於斯乎保合至静之淵源心與之涵而久焉命之原於天者直養而無害也斯理之永貞神與之安而固焉分之存乎我者克完而無虧也蓋自其壽也以爲仁者之能得乎天也不知静斯有常德純而不已在仁者亦不得而自知矣由是而知惟知者爲能樂而知至於樂與水之無滯者一也惟仁者爲能壽而仁至於壽與山之不騫者一也情之所以异趨也有由然矣然非所造之各詣其極又何以至是也哉雖然仁知一理也動静一原也動而無動静而無静互相爲根如知者而盡性故能至命則固未嘗不壽也仁者而勝私故能不憂則亦未嘗不樂也其在夫子疏食水飲樂在其中從心所欲年彌高而德彌邵然則唯夫子爲仁且知矣

辟如天地之無不持載無不覆幬

許崇德

同考試官教諭梁批（辟如二字作者率多牽合支離反牿真意此篇豐腴而能切理令人三復不厭也）

考試官教諭陳批（深識天地聖人之妙）

考試官教諭陳批（博大可觀）

中庸贊聖道之大擬諸造化而無間焉夫覆載萬物而無外天地可謂大也而聖人與之凖焉觀此而後可以語聖道矣子思深得聖道之妙於私淑之後故贊之也豈不曰仲尼之道參於天地以形言謂之不异不可也以道言謂之不同不可也吾嘗獨觀其深矣彼祖述憲章是能集群聖之成而帝王之道在夫子矣上律下襲是能體造化之撰而天地之道在夫子矣夫子之道之大也辟則天地之無不持載不覆幬乎夫地以持載爲職夫子亦持載中人耳若非所倫也殊不知聖人之道兼總條貫舉古今上下之理莫不統會於一人之身而體之有以極其全是即地道之含弘光大盡天下萬有之類莫不該括於奠麗之中而合之有以盡其大蓋地以其形載天下之物聖人以其心載天下之理均之各極其盛而相似不違聖人其應地無疆矣乎夫天以覆幬爲職夫子亦覆幬中人耳若非其類也殊不知聖人之道包含徧覆舉古今上下之理莫不體受於一人之心而巍乎莫究其端是即天道之穹窿峻極盡天下散殊之類莫不丕冒於保合之中而渾乎莫窮其際蓋天以其神而物不能踰聖人以其心而理不能外均之各極其至而合一無間聖人其配天行健矣乎是則以天地辟聖人而聖道之全以昭以聖人擬天地而天地之大益見矣子思子其真知聖道者與雖然謂聖人有功於天地亦可也天地非聖人則無以神參贊位育之功而覆載亦形耳是吾夫子之生固以爲天地立心也夫何叔孫武叔之輩以坐井之見乃相與毁之故子貢解之曰仲尼日月也即子貢與中庸之言合而觀之而聖同天地不其然乎

禹疏九河瀹濟漯而注諸海决汝漢排淮泗而注之江

朱應旌

同考試官教諭黄批（春容雅淡不事穿鑿誠若睹河洛而有得者）

考試官教諭陳批（瑩潔可誦佳士也）

考試官教諭陳批（有本之學）

大賢備舉聖人之治水亦因其勢而導之也蓋江海者水之所會也聖人治水而悉歸於是焉其憂民之大亦可見矣孟子闢許行并耕之論以曉陳相意謂天下本有當務之急而夫人好爲立异之説以未聞聖人之道耳彼以堯之憂爲己憂者舜也而以司空任諸禹視民之溺猶己溺者禹也而以水土修其職是故天下皆水也而海爲之壑自洪水之逆行而不注于海斯無以通其

塞民未免於昏墊矣禹則以兖州之水有九河焉有濟漯焉而疏之瀹之自徒駭以至鬲津若其朝宗之性導王屋以達枝流適其統會之區其源不同同歸于海矣蓋海者水之宗也況九河濟漯又近于海者乎天下皆水也而江爲之匯自洚水之横流而不注於江斯無以順其勢民難免於胥溺矣禹則以徐州荆州之水有汝漢焉有淮泗焉而决之排之導天息以及嶓冢得其就下之常濬桐柏以及陪尾因其流濕之勢爲派不一一趨于江矣蓋江者瀆之大也況汝漢淮泗又近于江者乎夫疏瀹决排順其自然繼舜而治得其大體所以九州攸同無懷山襄陵之慮四隩既宅有地平天成之休聖人存心天下若此而奚暇於耕哉抑許行之論固非中正之道然后稷亦有事稼穡何也蓋民以食爲天聖人以養道教之爾而未始親之也故曰后稷天下之爲烈也豈一手一足哉雖然術可以謏聞動衆而甘自食其力行可以干千乘而不爲苟禄若許行者要亦非凡民也已

易

先天而天弗違後天而奉天時

饒養浩

同考試官教諭梁批（講先天後天處類多語滯而義晦此作發揮明白録之）

考試光教諭陳批（詞理明潔蓋究心於易者）

考試官教諭陳批（得旨）

大人之於天曾先後而協於一焉蓋道原於天而大人則體道者也天人之際夫何先後之有間哉文言申乾九五爻義及此以爲大人之於天地日月四時鬼神固無所不合矣然天則無所不包也大人之於天又何如耶彼天載妙於玄微元化運於冲漠大人固必先天以有爲也裁成輔相凡制作以創始者孰非闡神化以肇其機彌綸範圍凡顯設以開先者孰非立法象以啓其秘如畫卦以前用未畫之易於是而昭焉如治曆以明時有過之運於是而成焉天無心也大人則契天以爲心天何言也大人則代天以爲言斯則天亦不能不待大人以有爲矣又豈能違之耶若夫理寓於流行之氣道著於象形之成大人則後天以奉若也仰觀順承體天之撰者一皆寅亮以代其工上律時憲順帝之則者一皆效法以成其能如典自天叙惇之而爲五典何者非帝畀之良如禮自天秩庸之而爲五禮何者非天命之正貞觀者天也大人則以之而貞夫一焉無極者天也大人則國之而建其極焉斯則大人亦不敢悖天以有爲也孰非承之而時行耶是則天者大人之體也大人者天之用也會體用於

一原合上下而同流大人一天矣豈非人之所利見乎抑天之生斯人也各具一太極者也但衆人牿之而大人能全之人之利見亦豈徒聖作物睹已耶亦必求大人之全以復吾之所未全耳故曰有爲者亦若是希天希聖學易者不可不知

盛德大業至矣哉

許崇德

同考試官教諭梁批（造化德業發揮殆無餘藴似得精微之旨矣取之）

考試官教諭陳批（善言造化之理氣者）

考試官教諭陳批（暢達）

大傳贊造化之德業而極其妙焉夫天地無心而成化也則夫德業之著而極其妙也有以哉大傳論一陰一陽之道及此謂夫道不外於陰陽而實妙於德業今夫造化之顯諸仁所以鼓萬物之出機也黄鍾起貞下之元有以焕生意於莫掩橐籥乎寂中之感有以溥化育於咸章凡庶類之含實理於宥密者莫不揚詡於無外也德何盛乎及夫造化之藏諸用所以鼓萬物之入機也太和保合而元氣於是乎其凝性命各正而真精于斯乎畢聚凡萬有之具實理於胚胎者莫不完固於無窮也業何大乎夫德言盛矣業言大矣而或涉於有憂未可以言至也惟夫自静而動以爲造化之德在是矣殊不知天地司之天地不得而與之也無思無爲并其所謂盛者而忘之矣自動而静以爲造化之業在是矣殊不知天地宰之天地不得而知之也何思何慮并其所謂大者而化之矣運玄功於寂若泯意象於俱無信乎無心之妙非有心之所能及也又何如其至也哉吁於顯仁見道之行於陽焉於藏用見道之具於陰焉道之體用不外於陰陽如是夫抑德業一也在天地無心而成化聖人有心而無爲然天地之無心不能不賴於聖人之有心使非聖人裁成輔相範圍曲成而天地之德業亦幾乎息矣故雖不與聖人同憂而聖人之心代天地之憂又安知天地之心非聖人之心耶

書

帝光天之下至于海隅蒼生

陳一龍

同考試官教諭黄批（點掇明盡辭意雋雅至講海隅蒼生尤爲有見）

考試官教諭陳批（典則）

考試官教諭陳批（嚴整）

大臣期聖德所著之遠所以重其本也夫德者化民之本也聖德所著之遠如此而民有不化者哉大禹之意以爲民心可以德化而不可以威刼庶頑之不率凡以明德之未敷也是其可但已乎今夫自其和順積中而言則謂之德自其德之發外而言則謂之光斯民之所由以化也誠使帝也本諸身而徵諸庶民者德溥化光焕乎炳文章之著發乎邇而見乎遠者誠精文明奕然奮至德之光禮樂明備而天地官文德之誕敷日新而不容已也經緯有章而幾微著重華之播被富有而不可遏也由是天下之大也海隅蒼生至遠也帝德達於天下至于海隅蒼生則其大爲無外大之至也言乎遠則不禦遠之極也莫非王土則莫非至德深仁厚澤之所覃敷固有廓之莫究其極而不可以限量名者矣同一血氣則同一怙冒風聲教化之所感召殆有推之莫窮其際而不可以方所拘者矣如是則德之明于上者爲無歉而化之孚于下者爲自神聖德修而萬民服何庶頑讒説之不可化哉抑德者人君出治之本而法者輔治之具舜之化頑在於威禹之告舜在於德卒之苗頑弗即工皋陶方祇厥叙方施象刑惟明舜之命猶拳拳焉以是而知人君之法果不可以已也

惟周公克慎厥始惟君陳克和厥中惟公克成厥終

朱應旌

同考試官教諭黄批（文以時政爲主深得三公宜民本意録之）

考試官教諭陳批（通篇無斧鑿痕）

考試官教諭陳批（冲淡中有餘味）

賢王叙前臣因時之治而望大臣以成終焉夫道有升降政以時宜固矣則夫成終之道謂不有望于大臣乎康王命畢公之意以爲更化可以善治泥古適以病民誠以殷民之治方其始也世道方降之時政寬則民慢矣非治之善也是故周公毖殷而謹厥始所以使民易避而難犯者未嘗不用嚴以治之也世可以嚴則嚴周公不能不與世推移矣周公何心哉及其中也世道將升之時政猛則民殘矣非治之善也是故君陳有容而和厥中所以使民感慕而興起者未始不用寬以治之也時可以寬則寬君陳不能不與時消息矣君陳何心哉然古今之不相沿者時也而後先之所相望者治也公其念剛柔爲保民之道化裁以利其用寬猛爲爲政之體損益以宜其民不剛以濟周公之剛師其意不泥其迹務使協心之治有以息未殄之風治自周公始者亦自周公而終之矣不柔以濟君陳之柔通其變使民不倦務使由俗之政有以閑未定之心治自君陳中者亦

自公以成之矣至是則世變風移而殊厥井疆不足以擬之矣康王之望畢公何其切哉抑考之易曰窮則變變則通通則久此三后因時之治足爲經國遠猷而成周有道之長不可爲無所自也然清寧之化成於畫一而勵精之治未必不自同心者致之故政有因於其所當因此又不可不知

詩

春日遲遲卉木萋萋倉庚喈喈采蘩祁祁執訊獲醜薄言還歸赫赫南仲玁狁于夷

鄭淮

考試官教諭陳批（南仲班師情景形容殆盡設他日當事必且有見矣）

考試官教諭陳批（問人重邊將意是如此）

周王美大將及時以凱還而因著其外攘之功也夫攘夷之難爲功也大將之凱還兼遇乎時焉此周王所以美之而特著其績也與出車之詩勞還率也若謂人事之與天時每難於會逢其適中國之禦夷狄必貴於用當其才乃若我南仲之旋師也仰觀俯察以春日則遲遲也以卉木則萋萋也何莫非熙洽之時耳聞目睹以倉庚則和鳴也以采蘩則衆多也隨感皆太和之象當斯時也畢采薇之役而告成于王執訊者于斯乎獻功也率朔方之衆而行歸於國獲醜者于斯乎奏績也此其振旅言旋已釋乎多難之慮將與物而同其春休兵飲至復遇乎遭逢之慶殆與時而同其泰矣然則赫赫南仲也其功豈其微哉蓋自其威望素隆也施及乎邊陲之遠既足矣尊國勢而杜窺伺之謀况此制馭有方也克峻乎出入之防自足以屈群醜而紓北顧之懷蠢彼戎狄當懾息之不暇而又何簡書之不副也哉夫于其歸也而叙其時所以體之者周矣于其功也而舉其大所以嘉之也至矣有將如南仲固非待勸而效忠而周王之禮之也其真善於將將也歟抑考之周家天保以上治内采薇以下治外經綸之迹備矣求其所以治外者曰城彼朔方豈周之禦戎果猶爲中策歟蓋先王不忽於自治而亦不忘乎遠圖彼窮兵絶塞者忘乎近而專務和戎者遺乎遠其與先王荒服之制謬亦甚矣此惟周之所以内順治而外威嚴也

君子萬年介爾昭明

孫世傳

考試官教諭陳批（詞意温厚寫出忠愛無已至□録之）

考試官教諭陳批（庶幾善祝君者）

臣子之祝君也而欲其永受乎福之顯者焉夫久而彌光福斯全矣周臣

之祝君以之何其忠愛之至歟既醉之父兄以答行葦之燕也意謂得天者惟君之德輸忠者則臣之分有君如是能不知所以圖報乎哉蓋自畧崇高之分而隆敦睦之恩至和感召所以祈天而永命者裕而爲無疆之休一德上孚所以斂福而錫極者衍而爲有秩之祜化理維新囿斯世以奠麗之澤固其昭受之初耳其必於萬斯年而天休滋至靈長之慶此其兆之矣皇猷宣布開天下以清穆之風特其丕顯之始而其必萬有千歲而帝命溥將光終之吉此其基之矣卜年未艾則寵綏亦未艾以章物采以著人文重熙累洽之運萬年如一日焉卜世無窮則申錫亦無窮以格上下以被四表久安長治之休萬世其無斁焉則是文王之耿光惟君子能覲之而引之爲勿替明昭有周殆將與天地同其貞觀也武王之大烈惟君子能揚之而綿之爲悠久休有烈光殆將與日月同其照臨也如是則君子可謂獲福之厚吾人可以展事上之誠矣否則何以報稱於萬一乎然燕以行葦答以既醉君臣相與藹然家人父子之情説者謂泰和在成周宇宙間蓋觀於此而知之矣第紬繹是詩恐非所謂以引以翼者蘇子有言既醉者非徒享是五福而已必將有以致之噫此固詩人言外意也若周之父兄其誠善頌善禱者夫

春秋

夏六月乙卯晋荀林父帥師及楚子戰于邲（宣公十有二年）秋蒐于紅（昭公八年）

吴世登

考試官教諭陳批（不煩辭説而醖藉有餘結中歸美楚莊良是）

考試官教諭陳批（簡嚴得體）

春秋於内外之益兵而皆譏其异於古也夫楚用二廣以勝晋魯出千乘以蒐紅非古也其諸二國之侈心乎且自兵制之創於周也乘以七十五甲以二十五人此司馬法一成之賦也自丘甲之作於魯也或三甸而增一乘或每乘而增一甲此成公變古之端也嘗於邲之戰而知其增甲焉蓋楚之薄晋軍也爲乘廣以分左右語其一乘則用百五十人是其所增者甲也雖曰楚地五千里帶甲數十萬此據其兼并者言之爾若以戰車而益甲士非周之制矣彼晋之君不能料敵臣不能馭將何足道哉又嘗於紅之蒐而知其增乘焉蓋魯之簡軍實也自根牟至于商衛語其革車則有千乘之多是其所增者乘也雖曰諸侯地方百里兵車可出千乘此自其隷籍者言之爾若以徵調而有此數非周之制矣彼昭之易天地之紀悖人道之綱又何足道哉抑成益兵亦備齊而不能免於取龍巢丘之侮昭講武以張威而不能杜三桓之釁此先王所

以耀德不觀兵也若楚莊討賊於陳退師於鄭至於止戈爲武以却潘黨京觀之請庶幾仁人之言矣莊之霸諸侯也宜哉

吴伐郯（成公七年）公會晋侯及吴子于黄池（哀公十有三年）

張士勛

考試官教諭陳批（詞義典雅體裁嚴切心得之學也）

考試官教諭陳批（玩之自有餘味）

春秋於遠人因其用兵而黜之因其主會而抑之也夫夏而變於夷則外之春秋教也吴之始而舉號終而稱子其皆爲僭王之故乎昔吴至壽夢親將爲伐郯之舉是伐也將固尊焉者也考周之族屬則有伯父之稱而乃以號舉何也蓋在春秋夷狄上下同詞而不分爵號吴於是時弃本爵而弗居僭王號以自擬史自入於夷者也故今之伐郯元戎啓行不曰吴師而曰王師也兵威孔揚不曰君命而曰王命也夫夷而猾夏已無出入之防不有以黜之何以傾否而保泰乎故黜而舉號等諸夷也聖人非特爲其陵夏也爲其僭王也僭王之罪必因伐而始見爾吴至夫差與晋爲黄池之會是會也彼固主之者也考周之命圭嘗有吴伯之命而猶以子稱何也蓋在春秋四夷雖大皆曰子吴之先世冒一王之大號更數世而未革是不能自拔於夷者也故今之爲會席戰勝之威而凌駕乎晋室乘驕矜之氣而雄長於諸侯夫霸降而夷固已拂天地之經不有以抑之何以紀常而正名乎故抑而稱子視諸夷也聖人非特爲其主會也爲其無王也無王之罪必因會而益彰爾□吴之僭也不惟罪止其身而且及其後蓋君臣之際名器之重不容一毫僭差也抑聖人之抑吴固所以尊周亦所以存晋也何也郯之伐而莫救晋之憂也霸之争而莫兢晋之耻也晋不之憂而聖人爲之黜吴以先其憂晋不之耻而聖人爲之降吴以諱其耻世道之慮不既深乎

禮記

考禮正刑一德以尊于天子

李維祜

同考試官教諭常批（辭不發露而意獨精到深得尊天子之意）

考試官教諭陳批（宛然盛世氣象）

考試官教諭陳批（以一德另講最是）

人臣奉法而盡志者所以嚴事上之道也夫人臣之道莫大乎尊天子也諸侯修朝事而必考禮正刑一德焉謂非求盡乎此哉記王制者蓋謂諸侯之

朝天子固以述職爲事而必有所以爲之職者果安在耶彼頒自王朝而以綱紀乎天下有禮焉諸侯固嘗遵而行之矣然能必其無違僭乎則於是考之凡大小顯微之制經曲隆殺之宜求不乖乎紀法之宗而惟天子所議斯已矣出自一人而以防範乎天下有刑焉諸侯固嘗舉而用之矣然能必其無偏枉乎則於是正之凡附宥出入之條輕重小大之比求不失乎明允之當而即天倫以麗事斯已矣本之吾心以盡事君之義有德焉諸侯非不有是心也而能不二者鮮矣則從而一焉純乎篤棐之忱而不乘以僞妄之私確乎忠貞之念而無間於二三之雜蓋以天子之心爲心不自以其心爲心矣若此者非尊天子乎吾見其則君以自治而靖兵共厥職自獻以成信而精白承休考禮以尊禮也正刑以尊刑也一德以尊德也祇承欽若無非一王之典而罔敢自外於惟皇之極者皆自此而見矣竭情盡慎莫非昭事之誠而罔敢懷二心以事其上者胥於此乎立矣其爲尊天子也孰大於是是則天子因無事而朝君之所以禮其臣也諸侯因述職而尊天子臣之所以答其君也上下各盡其道而德業之成不自此甄耶然三者之中一德又爲尊君之本夫使人臣之德果不二於天子則執此以推何往非尊君之實不然則禮刑之考正徒故事耳惡在其尊天子哉禮曰臣見君必有贄贄者質也致己質誠也然則人臣之事天子也因所執以思義則庶乎知所以爲尊矣

奮至德之光動四氣之和以著萬物之理

羅繡藻

同考試官教諭常批（樂道精妙難言獨此篇發揮融徹殆華實并茂非與）

考試官教諭陳批（金石之聲可誦）

考試官教諭陳批（典實）

記者於大樂之作而著其功用之大焉蓋樂之所觀者深也樂作而天人物理皆於此乎昭焉其功用之大何如哉今夫君子友情比類以脩其身由是而達於聲音動静是之謂大樂也夫豈無成功之可言乎彼人心之德藏於寂初未有光之可見也惟樂爲能奮之咏間克諧而和順之積中者自不秘其英華之發行列交綴而美善之根心者自莫已其暢達之機情之深者文之明而輝光之發越固將遏之而愈揚矣何者德寓於樂之中故樂作而光奮勢之所必至也四時之氣運於天若難必其皆和也惟樂爲能動之越之聲容則以和敦和而春夏之仁動不至於散也施之金石則以順助順而秋冬之義静不至於密也感之深者化之神而真機之保合固將循軌而莫違矣何者樂由天而

作故樂行而和動機之不容間也至於萬物之理至賾不可紀也樂又能以著之蓋其聲氣之元實通乎倫理故節奏之合自妙於形容以比終始之序則君臣民事物之理悉於此乎呈象渾然者自爾而燦然矣以律小大之稱則親疏貴賤男女之理皆於此乎形見幽隱者自爾而昭灼矣不有以著萬物之理乎夫樂之爲用能奮德而動和而著物理如此使非修身以爲之本而徒事於聲容器數之末其何以致是哉聞之曰雅頌之音理而民正噭噭之聲興而士奮又曰鍾鼓鍠鍠磬管鏘鏘降福穰穰是樂道之妙信與天人相流通而天人不得樂終不可以成有相之功奈何漢魏之季不采其本而雅鄭混淆鍾石斯謬正樂之不講也久矣無惑乎聽者之唯恐卧也

第二場

論

修己以安百姓

李維祐

同考試官教諭常批（論修己以安之道由胸中出言之親切有味可與語敬學矣）

考試官教諭陳批（理明義正辭簡氣清）

考試官教諭陳批（經緯之文素養之士）

君子之道立本以適用也而本之所以立要必於此心焉盡之矣夫君子之成名人以爲不可及也而不知所以爲君子者道也道非外物也而所以統之者心也以心求道道具於吾心矣以道循名名在是矣苟外心以求道則道爲虚位外道以循名則名爲過情道以有本而立亦以無本而窮不於其本之立而欲其道之行此殆驩虞之術耳孰謂君子之道若是哉夫子告子路修己以安百姓爲君子夫是道也其諸盡性以盡人之性以盡無之性與天地參者乎獨惜乎子路之未達也請申之天之生斯人也天命之理具於吾心渾然完固在天不加益在吾心不加損所謂各具一太極者也衆人牿而小之斯爲小人矣所謂百姓日用而不知也君子知吾心本體之大而求以充其量不越乎敬而已矣蓋理欲之勢彼此相乘使一念之不謹一息之或怠則欲得以乘之而萬事萬物之本於是乎隳焉故曰敬者德之聚也君子於不睹不聞也則戒慎焉恐懼焉於隱微也則慎獨焉若視聽若言動以至起居食息無往而不慎焉然後吾心之本體不引於物不淆於仁天之所以賦於我者始克全耳無害矣夫若是者不過求吾之心修吾之身初何與於人何與於百姓殊不知隔於形骸者分也限於遠近者勢也夫人

之心不同而同有是理百姓之衆寡不同而同有是心吾以是心肇於此百姓則以是心通於彼吾以是心感之百姓亦以是心孚之若桴之應鼓影之隨形蓋有不期然而然者何也百姓有生之初同具是理者也特蔽於欲鑿於人其本然之體所謂知能之良固在也其初本同而人自异之君子不過因其自然之性以感發之耳是豈日令而月申家驅而户迫哉故易曰有孚惠心有孚惠我德書曰王道正直會其有極歸其有極詩曰民之秉彝好是懿德使君子於此若曰天下之大百姓之衆而吾以一心之微一人之身烏能通於天下而使之安乃從事刑政之末知術之巧以爲鼓舞天下之計則寡雖應而衆必違近雖從而遠必悖暫雖舉而久必選葑菲兼收網羅求圖緯之才蒭蕘靡弃伏念臣巴州寒士數學末流一藝粗通慚未聞乎大道幾年殫力敢自負於明朝乃製渾儀實稽往牒本諸張平子創物真立法之精詳傳於顔延之入關信絶代之奇秘上規下矩儼天地之象形左鼓右鐘定晦明之刻數仰窺俯察表裏類於雞丸觀象玩占運行譬乎蟻磨地足地輪地軸崇臺有架閣之陳中關小關定關密室置圓機之運氣朔具瞻咫尺乾坤不出户庭雖一得之微勞荷九重之采納乃於告成之日擢以渾儀之丞念保章之官非通儒莫授而經緯之任豈庸才能勝臣敢不益盡方寸之長誓竭涓埃之助勉精舊學衍洪範五行之疇圖效微誠陳豳風七月之候伏願聖躬天保帝德日新上下同流極財成輔相之道陰陽順序致雍熙悠久之休瑞藹春臺萬邦胥慶運綿寶歷百福駢臻臣無任瞻天仰聖激切屏營之至謹奉表稱謝以聞

第三場

策

第一問

李維祜

同考試官教諭常批（性學淵微賴表章而大明子能鋪張揚厲之其有得於教化之深者乎）

考試官教諭陳批（發揮諸儒有功處明盡）

考試官教諭陳批（貫串古今亦可與言性者）

曠百世而相感者聖人之所以盡性也集衆善以垂訓者聖人之所以益聖也夫道命於天具於心者性也稽諸古驗諸物理而求諸此心者善學者也得諸心徵諸行事而見之記載者儒者事也惟聖人爲能神而明之故興起乎异世而獨造其極會通乎百王而獨得其全以之繼往則心源默契而上下古

今由是而貫徹以之開來則述作兼資而宏綱樞要由是而恢弘然後知世有升降而性道無絶續見有异同而性學所由資也我成祖所以博采乎諸儒皇上所以緝熙乎聖學愚生庶乎彷彿仰窺其萬一矣請得以所見聞而掇述之可乎蓋自惟皇降衷若有恒性見於書而性之名始立繼之者善成之者性係於易而性之義始著詩有六義道此者也禮有三百三千節此者也樂有五聲十二律和此者也春秋大義數十以正名分正此者也故道在天地者具在六經夫何世遠教湮大義斯乖异論并作與正學争衡於是孟子起而闢之以仁義禮智證性之善以惻隱羞惡辭讓是非驗性之端反而求之則爲聖賢之學擴而充之則爲帝王之治性之爲盗昭然矣然而權謀功利錮蔽人心漢唐以降若韓愈氏且謂性有三品若歐陽修氏亦謂聖人教人性非所先他尚何望哉無怪乎性學之日趨於晦也天佑斯文濂洛關閩真儒輩出講學窮理著書立言其純乎無以議爲者周程與朱而已當是時諸儒相與講明性學各以意見所到著之簡編故學者拘攣舊聞互相質正其議正蒙則曰清虚一大涉於空寂也論皇極經世則曰引經引義别爲一説也樂有六律旋相爲宫而蔡季通乃以積分候氣變律變徵言之漢儒注疏爲多也此律吕新書之説也範有九疇而蔡仲默乃以九數衍之非範之理也此皇極内篇之説也不知宋儒之學本原經傳而演繹成文由前視之則往聖之支流也由後視之則後學之門户也夫有所得而著述者獨得之見也有所聞而論議者拘方之士也且道若孟子高明若告子至於言性尚與相持在諸儒可知矣孟子生於當時去孔子未遠尚不能以息异論在後世又可知矣加以有宋君臣方且厭聞目爲僞學則欲諸儒之學彰明當世不亦難哉洪惟我太祖高皇帝廓清海内購求遺書語人心出入已開心法之源論洪範庶徵直示箕疇之要至於表章經傳時尚未暇我成祖文皇帝繼天立極嘉尚文儒其論輔臣也一曰修齊治平之道悉具於易一曰天下古今事物散見諸書則事性道之妙獨得其傳矣又於宋儒諸書特命纂修於正蒙取其精深發六經之所未發而不以爲近於雜也於皇極經世取其作用直發先天之秘而不以爲泥於數也於律吕新書取其先求聲氣之元因律生尺而不以爲多出於漢儒也於洪範内篇取其紀天地之撰究極變通而不以爲偏於象數也蓋四子之作與太極西銘諸書并有功於經術故咸備采輯頒行天下則是性學將晦而復明成祖之所以爲聖乎兼諸儒之長以表章經術於不磨成祖之所以益聖乎我皇上憲天聰明神悟奥旨其揭敬一之箴一曰省躬察咎儆戒無虞一曰静虚無欲日新不已則性學之妙獨契其要矣又於宋儒之箴特加注釋在心箴則以涵養本原之功於斯爲切

弗以韋布之學略之也在四箴則以孔顏克復之學於斯喫緊不以章句之儒忽之也蓋二儒之作視宋家文字尤爲有補於性學故獨當聖心揭示學校則是心法愈衍而愈彰皇上之所以爲聖乎采二子之長以昭示性學於無窮皇上之所以益聖乎所以然者性道之在天下非聖賢則何以濬其源非宋儒則無以導其流自諸儒之言出而後之君子因考據以黜夫似是之非窺門户以接夫如綫之緒彼不睹其全而指摘一二是猶迷波而忘源也嘗觀之堯矣舜命官禹治水稷司農契敷教皋陶明刑伯夔典樂岳牧之司各效其職堯端拱於上而萬邦時雍至頌堯之爲君則曰大哉以堯因才而并用之也又嘗觀之天矣日以暄之雨以潤之風以鼓之雷以動之四時五官之吏各司其能天無思無爲而萬物自生及言天之道曰大哉以天包含而遍覆之也蓋觀乎天又觀乎堯而成祖暨我皇上之所以益聖從可知也况乎聖學心法虞廷之授受也文華寶鑑夏禹之典則也頒經書大全詩之譽髦多士也修爲善陰騭書之康乂兆民也鴻謨駿烈孰非自六經中來耶我皇上明倫大典揭綱常之懿欽天記頌發昭事之忱重華有咏闡精一之微聖學有詩述大學之要奎章宸翰又孰非自六經中來耶然要而言之道契千古聖人之神也學該諸儒聖人之量也於此有要焉敬是已惟敬則虚虚則兼人物通古今會此性之全體而不遺惟敬則明明則悟道體觀大晋察此性之淵源而不昧周子所謂主静立極張子所謂存心養性爲匪懈程子所謂涵養須用敬皆所以發明乎是道也蓋至於是然後知我皇上祖述二帝三王之道光昭二祖列聖之學焕四海而垂萬世巍巍乎莫可尚已愚生沐浴化育之深誠猶繪天地者難爲工何能揄揚其盛惟執事進而教之

第二問

鄭淮

考試官教諭陳批（造理之見該博之學步驟之才正大之論讀之爲子斂容矣）

考試官教諭陳批（論諸家與聖人始同流异誠非臆説是能尚友而將有得者）

夫學者博蒐載籍權衡往哲必考其平生大較與其論著可述於後者鑿鑿有當於衷設以吾身處其地而安也設起其人于既往評騭之而服也而後爲公是公非矣若不究其操心之實而妄置喙不窺其制作之閎而遽彈射之是猶借聽於塗之人郢書而燕説之也則謂之何愚嘗疑夫老氏墨氏漢世諸儒皆以一代之英而冒不韙之譏也且老子嫉世之攘奪於智力非至人之養

身故著道德以諷諭之觀其所謂知止不殆即益之謙受益也所謂其政悶悶即舜之恭己無爲也所謂天地得一以清寧即易之大哉乾元至哉坤元也至其再傳而蓋公授曹參以成相業豈專以顯真也又再傳而河上公授漢文以成帝業豈專以存神也故孔子謂老子其猶龍也墨子悲世之私便其身圖非仁人之用心故率天下而盡愛之觀其所謂尚同即孔之居是邦不非其大夫也所謂兼愛即孔之泛愛衆博施濟衆爲仁也所謂尚賢明鬼即孔子之好賢如緇衣我祭則受福也至其里名朝歌爲之回車守己之節非同流合污也工於守城敵不知攻濟世之才非空言無當也故韓愈謂孔子必用墨子不相用不足爲孔墨也然豈惟老氏莊生俯視宇宙眇小塵寰何其達也胸次之高殆列禦寇關尹子之流乎豈惟墨氏楊朱獨潔其身簡易不煩何其介也廉静之操其荷蕢接輿之徒乎是數子者制行不同其必欲爲善之念真切無僞與聖人之心一也特其爲教或傷於矯枉或病於過高其流之弊不能無少差殊視中正之道或以爲有异爾豈熏蕕懸絶也若漢儒傳詩書與易者各四家傳禮與春秋者各三家是數家者或子孫相繩守其世業或生徒傳受守其師説購求於秦灰之餘論次於殘缺之後良工用心亦已勤矣故太史公列諸儒林也由今而觀董子之醇正賈生之通達申公之持重夏侯勝之力學鄭康成之博洽匡衡之經濟京房之占候孔安國之注疏伏生之强識劉子駿之著作皆卓然爲當時之名家六籍之羽翼也蓋兩漢去古未遠其心胸渾厚非凉德薄識者之可倫其經學專門非掇拾糟粕者之可比假使當時無漢之諸儒則祖龍以降學之傳於今者刑名之習卜筮種樹之説爾宋儒雖有表章之功亦何所考據以取衷也世之人乃謂其不學無術此何异渡江河而忘其楫悦虎豹之文而去其皮也然漢人之可傳者獨經術已哉語史學司馬氏史記良史之宗也語詩學蘇李枚乘古風之祖也語政事龔黄韓趙吏治蓋烝烝焉語詞賦相如子雲文學蓋彬彬焉語邊功衛霍在西北虜庭至今稱漢也語奉使陸賈張騫在西南荒徼至今歸一統也試使後世論議之儒於漢材比氣量力較藝程能豈可得同日語哉大抵論人於三代之下老莊楊墨一世之高士也漢代諸儒百世之豪士也諄諄者不察其心毛比繩引其蔽豈直無星之稱無寸之尺已哉

第三問

陳一龍

同考試官教諭黄批（兵法兵制士子類能言之此篇條達詳明宜録以式）

考試官教諭陳批（蓋嘗究心武備者）

考試官教諭陳批（典雅敷暢）

制天下以威故治世不可以去兵也馭天下以勢故盛世不可以忘備也蓋天下之患常隱於形而幾每兆於未著患未形則人心狃於故常所以威天下之具不能不病於因循幾未著則人心忽於隱微所以固根本之地不能不敝於玩惕則吾之所以鞭撻四夷蕩平草竊者舛其機所以慎固根本居重馭輕者違其道是豈可不講之於素而備之於豫乎故易曰弧矢之利以威天下又曰重門擊柝以待暴客誠聖王之所以不廢盛世之所當務也治世發策以兵法兵制下詢承學書生談兵昔人耻之然載在典籍竊嘗考識萬一敢掇拾以答明問可乎何謂兵法黄帝象五行以制五陣曰金木水火土所謂五行陣也太公效三才以制三陣曰天地人所謂三才陣也風氏始創八陣則有天地風雲龍虎鳥蛇者是也孫臏嘗制八陣則有方圓牝牧衝方罘罝車輪雁行者是也吴起爲戰國名將固不能舍陣法以爲戰乃又爲曲直鋭卦車箱車虹鵞鸛衝陣蓋亦因風氏之制而异其名耳武侯爲三國將相亦不能外陣法以用兵乃又爲洞當中黄龍騰鳥翔連衡握奇虎翼折衝蓋亦因吴起之法而師其意耳至於有唐李靖爲一代名將武功莫尚焉靖則以八陣人皆習聞而知之不可不移敵人之耳目於是又變爲六花陣焉中軍治外爲左右虞候左右四廂之六名又爲十二陣焉中軍之外爲游奕大黑大赤當子午青蛇白虎當卯酉爲四正左突右擊當寅申前衝後衝當己亥摧鋒决勝當辰戌破敵先鋒當丑未爲四奇蓋按月將日躔而用之者也溯求夫周禮大司馬九伐之法曰眚曰伐曰壇曰削曰侵曰正曰殘曰杜曰滅所謂正正之師不可尚矣下逌夫孫子九地之術曰散地曰輕地曰争地曰交地曰衢地曰重地曰險地曰危地曰絶地所謂善善之道亦云至矣晁錯人稱爲智囊其立言有謂五技一曰輕車突騎二曰勁弩長戟三曰堅甲利刃四曰材官騶發五曰下馬地鬥此皆中國之所長匈奴之所短也孔明自比於管樂其立訓有謂五習一曰目習識旌旗之號二曰耳習察金鼓之聲三曰心習精教令之事四曰手習熟五兵之器五曰足習諳赴引之利在我卒有服習之效可不戰而屈人之兵矣夫用兵所以除殘救民也黄帝風氏之君相武王太公之君臣所謂仁義之師非後世所能及孔明以正名而輔漢李靖以戡亂而興唐皆節制紀律之兵亦庶幾順天應人之舉矣至於孫吴之徒肆封豕長蛇之毒以魚肉生民者豈可同日而語哉何謂兵制漢置南北軍而以八校尉分隸之曰中壘曰屯騎曰步兵曰越騎曰長水曰胡騎曰射聲曰虎賁蓋宫城門内之衛也隋定十二衛而以四將軍分統之曰翊左曰翊右曰驍左曰驍右曰屯左曰屯右曰武左曰武右曰禦左曰

禦右蓋都會禁兵之法也唐酌隋府兵之舊而建三衛則以貴戚大臣子弟爲之曰親衛曰勛衛曰翊衛別置左右羽林龍武神武之六衛又有左右衛左右驍衛武衛威衛領軍金吾監門千牛之十二衛焉唐府兵之法頗爲近古誠一代之善制也宋因五代侍衛之制而立三衙以樞密院掌之曰殿前司曰侍衛馬軍曰侍衛步軍外置捧日天武龍衛神衛之四厢又有左右金吾大將軍諸衛上將軍諸衛大將軍諸將軍府率副率之十衛焉宋禁軍之法頗稱强幹誠一代之良法也夫制兵所以重内輕外也而掌之之善尤在得人漢如金日磾之握符張安世之當軸皆以謹厚稱宋如王審琦之宿衛石守信之典兵皆以雄武稱亦庶幾師貞丈人之吉矣□唐之立法其始也爲最善其終也爲最敝府兵變而爲彍騎彍騎變而爲藩鎮其視漢宋之法不侔矣蓋嘗謂兵不可無法也而貴於精兵不精則無以威示四夷而震肅八紘矣然精兵非難任將爲難孫子曰未戰而廟筭勝者得筭多者也晁錯曰將不知兵是以主予敵也蓋任將之道必如莊子所謂驗之以九徵太公所謂稽之以八徵尤必推之以誠信寄之一心膂推轂受成以隆其禮建牙授鉞以重其權如是而威不加於四海者吾不信也兵不可無制也而貴於戢兵不戢則悍獷之風熾而綱紀之日弛矣然戢兵非難養兵爲難孔子曰足食足兵易曰君子以容民畜衆蓋養兵之道莫善於漢之屯田唐之府兵必如均土而稽考力而任遞役而征番上而直如是而勢不固於磐石者吾不信也愚也蠡管之識迂腐之談不達時務惟執事進而教之幸莫大焉

第四問

饒養浩

同考試官教諭梁批（荒政區畫切中時宜且能揄揚聖上以和召和之徵子其抱文正之志者乎録之）

考試官教諭陳批（知重民命通達治體）

考試官教諭陳批（酌古準今之學）

爲治者當酌諸古而泥於文者失之君子以爲師其意可也亦當通乎今而徇於俗者失之君子以爲達夫權可也夫意也者其先王經綸之運乎權也者其用世應變之機乎泥古之文而不師其意則無以知創制立法之善其失也拘徇今之俗而不達其權則無以得隨宜救弊之方其失也謬書曰監于先王成憲其永無愆其稽古之則也易曰通其變使民不倦其通今之準也執事以荒政下詢承學蓋以識時務者望之也愚非其人也嘗竊窺聖人爲民無己之心矣其慮天下也甚周故患未生而豫爲之備其救天下也甚詳故害既至

而曲爲之防其視天下也真猶吾之一體有一民一物之不得其所誠若痌瘝疾痛之切於其身者豈但已耶蓋觀於周禮而知之矣如井田之法監於皇帝夏商之規而損益之鄉遂用貢法曰遂曰溝曰洫曰川則遂人所掌焉都鄙用助法曰井曰邑曰丘曰甸曰縣則匠人所掌焉其於財用所以生之者有道矣三年耕餘一年之食九年耕餘三年之食以三十年之通制國用量入以爲出所以積之者有素矣夫生之有道積之有素則既備之未患矣故雖有灾歉之值亦將恃以無恐若是足矣而又有十二荒政豈聖人之過計哉灾祥間出世代有之聖人不能必變之不生而恃吾有濟之之術堯有九年之水湯有七年之旱而國無捐瘠者凡以備之有素而救之有方也故適然之數不能傷如天之仁虧允殖之治以是知處堯湯之後荒政尤不可已也試以周禮荒政言之散利之外其曰薄征以蘇其財也曰弛役以寬其力也乃用之以濟荒不可緩也曰緩刑以全其生也曰蕃樂以節其情也曰彌盗以除其害也乃資之以治荒不可廢也若夫舍禁去譏即傳之所謂通商惠工而非以爲縱也眚禮殺哀即易之所謂損益盈虚而非以爲簡也其索鬼也即詩之所謂靡神不舉而非以爲誣也其多昏也即易之所謂愆期有待而非以爲瀆也于斯見聖人敬天之實焉于斯見聖人勤民之政焉周禮一書誠周公致太平之書萬世治天下者之準則也降及後世履畝税於魯阡陌開於秦而井田之法壞雖代有限田均田口分世業之制亦不過剜肉補瘡之爲耳竟何裨爲斯民計哉噫是可爲太息也已天生斯民寄之民牧視斯民之灾歉若越人視秦人之肥瘠而漠然不爲之所忍也非仁人也世有升降政由俗革執揖讓之風以議于紛争之世而漫然必欲措之行固也非可以議於法也新都之井田安石之青苗其往事不既可鑑哉愚故以爲師其意可也達夫權可也後世爲民之計稍爲近古者其有取於常平義倉乎常平創於漢則耿壽昌之議也壽昌欲令邊郡築倉穀賤則增价而糴以利農穀貴則減價而糶以利民宣帝采之而民攸賴焉義倉設於唐則戴胄之議也胄欲自王公以至客户有田者畝税二升無田者分爲九等太宗行之而時有裨焉則雖不能如周室九年三年之積亦庶乎得儲蓄之方矣若夫救荒之政其惟有宋諸君子乎仲淹之興營造蔡襄之弛鹽禁皆濟一時之急至於韓琦則蠲租税也罷冗吏也縱流民而不禁也募入粟而行賞也當時之民所由以全活者甚衆朱子則放田租也勸出粟也招誘商人也戒飭官吏也一郡之民咸安堵不至遷徙是雖不至如周官弛役眚禮之法亦庶乎得濟時之策矣雖然朱子亦嘗言之曰自古救荒有二事其一感召和氣次則備儲之計耳又曰救荒之政固當蠲除賑貸尤在撫養存恤譬之病者湯

劑砭灸不可緩也將護節宣尤不可失宜由此觀之則濟之於已然者拯救之方也消之於未然者感通之道也方今聖明御極純敬格天太和熏烝雨暘時若敦治道於沕穆囿天下於咸熙固有以追成周之盛而媲美之矣邇者河北蝗旱交作江南水潦頻仍至廑九重軫念下賑貸寬恤之令無乃奉行德意者有未至歟或未盡舉成周之法而施之歟愚則又有説焉是故其務有五曰開民麗也曰重民命也曰恤民力也曰剔民蠹也曰急民患也夫成周式重農事夫家之罰閒民則轉移執事皆務本業而今之好閒者多矣故曰民麗之當開也周禮五聽三宥惟恐民之罹于刑而郵罰必麗于事今之好肉鼓吹而草菅者有矣故曰民命之當重也古者使民以時故時絀舉嬴君子非之今之州縣之民疲于奔命者衆矣故曰民力之當恤也古之君子律身以廉如清獻之琴鶴自隨至今稱之今世則有歐陽子所謂居官致富爲豪杰者比比然也故曰民蠹之當剔也昔秦饑晋閉之糴春秋譏之今之司牧秦越其心而民瘼罔念矣故曰民患之當急也夫民麗開則衣食充而饑寒之累鮮矣民命重則公道行而冤抑之苦伸矣民力恤則家室安而不病於流離之厄民蠹剔則貪墨懲而不困于剥削之苛民患急則上下協而成一體之義至於我國家設預備倉亦今之常平義倉也若果責實而行儲積有方贖鏹俱令入粟紅腐以時易新有司計數而考其績監司按籍以稽其弊一遇荒歉舉所謂十二政者參諸歷代之法酌而行之是亦求三年之艾於自今之畜也不然旱甚而爲之圖猶之夸父臨渴而索勺水漁父臨淵而後羡魚也烏能有濟哉

第五問

吴世登

考試官教諭陳批（指摘貴州時事如在目中而綜理區畫鑿鑿有見當事者誠不以文字目之黔中赤子會見衽席之安矣）

考試官教諭陳批（割四府司四邊衛隸之貴省無謂其不可者第未之行爾是篇及此俊杰之士也）

嘗聞之智者審事幾以濟時仁人弘度量以體國故圖難於其易爲大於其細哲人之見也裒多益寡損有餘補不足大公之猷也貴州之勢則可謂大壞極弊矣董子曰琴瑟不調甚者必解而更張之乃可鼓也爲貴計者而不更張雖使孟氏畫策管仲執籌未有能淑者也夫體國以濟時者視天下猶一身而其視天下之人猶一家也今有人焉體貌豐碩腹心無恙也忽手足痿痹慘然見乎其色有得秦越人之方者必裹糧以求之千金之家或孽子不能供朝夕猶執父券而嗇於推分也可乎夫謂手足之無預於身謂孽子之無關於家

非智也視其痿痹而不治視其匱乏而不恤非仁也今夫貴州上下山硐無曠衍之土則賦税無出也椎髻跣足無編户之氓則生齒不繁也自國初徙諸省居民填實於貴州列於戍籍非不知民之懷土重遷也不如是不足以供一省之備禦邇來軍士逃亡者十常八九册籍清勾者十無一二司牧之官乃以爲委瑣之務漫不爲填補也自國初派川湖税糧轉給于貴著爲令甲非不知彼之不可與此也不如是不足以供諸衛之饋餉邇來湖南之逋負者十之三四川西之逋負者十之七八拘方之士猶以爲他省之賦漫不爲徵輸也往年鎮筸之變議調兵戍銅仁哨平頭衛士則更番入直游卒則召募寄居然饟無所措至借官軍之額派給客兵之新增即邊境晏然一歲之入已難支一歲之用堇堇不足更費也有如饑饉相仍寇盗有警舟車所不通販糴所不至司計者則謂之何近日韓甸之逆集群蠻寇施秉窺鎮遠我兵興則鳥驚鼠竄我兵散則豕突獸馳夫縣雖屬貴而容山川之轄也衛屯湖之隸也即貴省全盛猶當用三省之力除三省之患章章明甚也矧貴公私兩竭軍民俱困芻粟所不産飛輓所不及籌邊者則謂之何或者曰四邊衛可割也蓋平溪清浪偏橋鎮遠其屯種錯雜於民間而鎮遠與府同一處也雖名兼制而莫能知其命往苗夷竊法四衛每以异省爲辭文移往復動經數月竟致攻陷城堡屠戮人民心勞朝廷遣兵將而後定也又况鄉舉生徒在貴則解額附名在湖則士籍削迹故湖之視四衛猶越人視秦人之肥瘠而四衛之視貴猶子弟衛父兄手足捍頭目知府周瑛嘗奏請矣其議有不可行乎或者曰四府司可割也蓋播州鎮雄烏蒙烏撒其疆域深懸於貴境而烏撒與衛久同一城也雖名兼制而莫能握其樞囊年例積逋諸司每以异省藉口遣官催徵動逾數月非空文抵飾則薄與塞責必請督府勤守臣而後可也又况追攝罪人在川則歲淹而月延在貴則朝發而夕至故川之視四司猶鞭之長不及馬腹而四司之視貴則猶同室有鬬不必借援於千里兩省憲臣嘗奏請矣其議有不可行乎嘗謂是衛司者自川湖觀之爲彈丸黑子失之不爲損自貴州觀之爲門庭之内卧榻之側得之爲有益不然徒執彼疆我里之説版圖定分之説而不爲之更張則貴以困憊之餘而當多事之際是亦杯水救燎原之焰剜肉醫眼前之瘡必至往來之襟喉以塞西南之門户以阻滇中之貢賦不通有識者且將食不下咽而烏能一日安其職也

貴州鄉試録後序

維辛酉貴州貢士典成至是舉行者九夫貴昔嘗附滇省薦書今則特設科矣貴昔預選者二十五人今則特增解額爲三十人矣是唐虞野無遺賢成周不忘遠之心也貴雖遐荒視諸省獨遠其感被湛恩而願效忠視諸省當獨深也方今龍飛四十禩所取多士固生長泰平之世涵濡聖化有得者兹於其始進敬申一言答鹿鳴之貺嘗讀孔氏春秋知人才在霄壤間氣運有時推移疆域非所限隔夫荆楚吴越春秋嘗比諸夷有能自通上國惓惓接引所謂來則嘉其慕義而接之以禮也夫湖湘三吴兩浙非故荆楚吴越之區乎今文獻冠裳甲於海内山川風物視往時何如也貴陽自昔不同賓貢太史公傳諸西南夷入國朝始列藩服置衛興學自丁酉開科以來文學彬彬與中土埒矣當聖人久道化成之侯雖卉服椎髻猶喁喁嚮風矧爾章縫之士沐文明之化誦仁義之説而不思自效于明時以樹尺寸是殊類之不逮也且考之載記丹砂産自萬山其上品光明中品白馬牙下品紫金是三品在深崖幽谷舟車所不通世方以爲有益於用采購者至窮其力之所能而未必可得疇能以遠方之物鄙之也使或不得其真而取瓦礫與沙石無適于用矣士之品亦有三上焉者立德中焉者立功下焉者立言匪是則今之所取蠟言爾人將沙礫視之矣爾諸生顧寧以是自待乎典文者日兢兢焉而不容釋也諸生其勖至哉

河南衛輝府獲嘉縣儒學教諭陳安謹序

隆慶四年貴州鄉試録

貴州鄉試録序

隆慶庚午貴藩例當比士巡按監察御史蔡廷臣司監臨祇承皇上求賢至意肅度矢公視故事益嚴以𢘅徵淛等典試事淛寡學竊聞貴本徼外西南夷地靈淑之氣古猶盤鬱未舒入國朝始列版圖升爲藩司而解額猶附於滇至嘉靖丁酉始專科取士寔我皇上虹流之歲則開泰運於貴藩者已肇之矣今龍飛第二科淛濫竽校文其何以須真材仰稱明詔於時御史率諸同事者奉新政所頒條格更相戒飭而後即事合提學副使秦淦所選士三試之遵制額取三十人而不能盡録者多矣猗與盛哉何荒僻之地人文殊尤凌邁至此哉夫人才與氣運相流通而治化之隆每徵於僻遠故唐虞聲教所訖必曰朔南暨成周作人以化及江漢爲候何者一元斡旋自北而南其理不可誣已貴雖逖界南服實與荆梁鼎足而峙其山川聳拔潫洄上薄青霄下瞰蛟室隱然有圭璧之形金石之聲所以蘊結而孕秀者蓋有待也我太祖混一區宇養士育材二百年來兹土漸濡列聖洪潤盡變澆邪舊俗而絃誦相聞渢渢乎與上國争鳴又仰荷世宗特允專科亦既寖明寖昌盛倍往昔矣今天子乘龍御極南面聽天下開經筵興禮樂尤加意膠庠采廷臣之議崇雅黜浮示天下以還古炳炳乎觀聽一新即勛華顯承之際何以加焉宇内時彦莫不響應景從願爲帝臣矧貴土精采濯於龍光意氣觸於感會有不歌忭太和治化中以求自效乎淛幸從執事之後博觀其所爲文類根極理道以揮仁義至於析微顯權古今雖步驟錯綜各以質就而温潤雅馴粹然一出於正是蓋天啓我明萬萬年無疆之昌祚將軼唐虞成周而駕之肆發祥於遐陬僻壤以副皇上今日之用以昭嚮明之治之盛固不止抒河嶽之精英泄豐鎬之靈秀而已夫楩楠杞梓木之良也然不産於中原而木閣安籠諸箐山所儲者爲有司采取貢之天府足以棟明堂而勝其任諸士受昭代培植長養之澤如高厚然今以言揚矣果克成其信勝明堂之任爲貴土重耶淛於是諦思之忠信之資可以近道爲其本質未漓振起爲易猶之巨木有根由尋丈而蔽雲霄未已也故虞舜大智不外取深山野人言行以用其中文王腹心亦得之兔罝武夫蓋渾厚敦龐之

士固聖世所亟求也貴俗太朴未散士多願慤有受采受和之基兹三十人者選自畎畝薦之天廷不啻野人見取於虞舜而職任所加行將有腹心之寄者也非千載一時哉使諸士念遭逢之不偶擴忠信之質爲忠藎之思求善言行無愧忠藎之思求善言善行無愧野人初心而干城之具有以克配武夫由之亮工熙載濟濟師師以媲美唐虞成周勛業則龍興致雲無負遭際之盛而主司亦可幸以逭責矣乃或静言庸違不以堯舜文武之道事吾君即世宗之所以專科者何如聖作之所以感召者何如而忍負之耶洲慶諸士類有所從故於其始進也不厭忠告云是舉也校士則洲與教諭陳彬暨學正陳雲鵾教諭謝廷試馬三才提調則左布政使蔡文左參議曹司賢監試則副使程嗣功陸相儒先是巡撫都御史王諍崇文振武風教夙揚今都御史阮文中銜命奠疆士心豫奮而左參政王鳴臣右參政羅一道右參議林澄源楊祐副使李鳳僉事金甌防範於外綜理惟周若陛任按察使劉炌右參議樊儆贊襄始事與署都指揮僉事孫克謙薛近宸胡大賓均與有勞焉參將沈禮周宗共武境域樂觀厥成例得并書云

直隸池州府儒學教授吴洲謹序

隆慶四年貴州鄉試

監臨官

巡按貴州監察御史蔡廷臣（藎卿江西德化縣人　乙丑進士）

提調官

貴州等處承宣布政使司左布政使蔡文（孚中福建南靖籍龍溪縣人　丁未進士）

貴州等處承宣布政使司左參議曹司賢（明卿湖廣武陵縣人　庚戌進士）

監試官

貴州等處提刑按察司副使程嗣功（汝懋直隸歙縣人　丁未進士）

貴州等處提刑按察司副使陸相儒（大衡浙江嘉興籍秀水縣人　乙未進士）

考試官

直隸池州府儒學教授吴洲（進之江西臨川縣人　壬子貢士）

江西饒州府餘干縣儒學教諭陳彬（子斐福建惠安縣人　丁酉貢士）

同考試官

湖廣武昌府興國州儒學學正陳雲鷃（子時廣西全州人　甲子貢士）

直隸鎮江府丹陽縣儒學教諭謝廷試（爾一福建晋江縣人　辛酉貢士）

河南河南府孟津縣儒學教諭馬三才（参卿雲南永昌衛籍應天府上元縣人　辛酉貢士）

印卷官

貴州等處承宣布政使司經歷司經歷劉學博（克一江西廬陵縣人　監生）

貴州都指揮使司經歷司經歷錢諮（維道浙江山陰縣人　監生）

收掌試官

思州府知府張子中（伯元浙江鄞縣人　官生）

石阡府知府李充（東甫浙江餘姚縣人　官生）

受卷官

貴陽府知府李濮（伯清直隸濬縣人　丙午貢士）

都勻府知府沈志言（子謨浙江海寧縣人　癸丑進士）

黎平府知府黄朝聘（希尹廣東順德縣人　庚戌進士）

銅仁府知府崔嘉（元孝直隸任丘縣人　丁酉貢士）

彌封官

貴陽府同知高任重（仁卿雲南廣南衛籍直隸碭山縣人　壬子貢士）

貴陽府通判高守謙（愈光雲南臨安衛籍直隸和州人　戊午貢士）

貴陽府推官顔熙海（載伯湖廣隨州人　監生）

鎮寧州知州劉壽祺（伯朋雲南曲靖衛籍山東樂安縣人　戊午貢士）

謄録官

永寧州知州吴敦本（尚之江西浮梁縣人　甲午貢士）

都勻府獨山州知州林汝桂（世賀廣東揭陽縣人　丁酉貢士）

都勻府麻哈州知州周希貴（惟良江西安義縣人　丙午貢士）

思南府婺川縣知縣遲問仁（汝居雲南中衛籍山東昌邑縣人　乙卯貢士）

對讀官

鎮遠府鎮遠縣知縣趙鉉（即卿雲南太和縣籍四川成都縣人　戊午貢士）

鎮遠府施秉縣知縣莫惟學（致道廣西靈川縣人　壬子貢士）
都匀府清平縣知縣楊度（自夫四川南充縣人　監生）
黎平府永從縣知縣牛輝（文燦四川昭化縣籍閬中縣人　監生）

巡綽官

新添衛指揮使胡夢鯉（應龍直隸定遠縣人）
威清衛指揮同知王尚仁（安之直隸巢縣人）
平越衛指揮同知林朝陽（望之直隸定遠縣人）
貴州衛指揮僉事劉守爵（仁卿河南陳留縣人）
貴州前衛指揮僉事張雲鵬（騰漢直隸滄州人）
貴州衛指揮僉事劉定民（仁甫直隸上元縣人）
威清衛指揮僉事柳廷用（子弼湖廣公安縣人）
清平衛指揮僉事劉紹勛（繼忠直隸太州人）
清平衛指揮僉事楊繼爵（貴甫直隸大興縣人）

搜檢官

新添衛指揮同知王之屏（國獻浙江富陽縣人）
貴州衛指揮僉事朱永寰（天宇江西樂平縣人）
平壩衛指揮僉事黄一夔（汝麟直隸鳳陽縣人）
普定衛指揮僉事范英（子實直隸鳳陽縣人）
貴州衛前所正千户徐椿（希莊直隸含山縣人）
貴州衛左所副千户朱鳳羽（鳴岐直隸合肥縣人）
貴州前衛右所副千户高近斗（以升山東諸城縣人）
貴州前衛右所百户何木（惟喬直隸定遠縣人）
貴州前衛所百户蕭鳳鳴（岐瑞湖廣衡陽縣人）

供給官

貴州等處承宣布政使司經歷司都事劉棉（惟瞻廣東仁化縣人　監生）
貴州宣慰司經歷司經歷楊暢（少通河南考城縣人　監生）
貴州衛經歷司經歷梅相（用忠湖廣麻城縣人　監生）
貴州前衛經歷司經歷李廷儉（廉之湖廣江陵縣人　吏員）
威清衛經歷司經歷湯廷耀（輝之四川巴縣人　吏員）
普安州吏目錢海（會之湖廣隨州人　監生）
安順州吏目黄玉瑚（國用福建光澤縣人　吏員）
貴州宣慰司貴州驛驛丞方鎧（汝聲江西大庾縣人　吏員）

貴州宣慰司龍里驛驛丞胡心善（體仁四川仁壽縣人　吏員）

第一場

四書

君子易事而難説也説之不以道不説也及其使人也器之　好學近乎知力行近乎仁知耻近乎勇知斯三者則知所以修身　子路人告之以有過則喜禹聞善言則拜大舜有大焉善與人同舍己從人樂取於人以爲善

易

君子體仁足以長人嘉會足以合禮利物足以和義貞固足以幹事君子行此四德者故曰乾元亨利貞　當位以節中正以通　言行君子之所以動天地也可不慎乎　聖人南面而聽天下嚮明而治

書

帝念哉德惟善政政在養民水火金木土穀惟修正德利用厚生惟和九功惟叙九叙惟歌戒之用休董之用威勸之以九歌俾勿壞　各守爾典以承天休　元后作民父母　學古入官議事以制政乃不迷其爾典常作之師

詩

騏駵是中騧驪是驂　以祈甘雨以介我稷黍以穀我士女　帝謂文王予懷明德不大聲以色不長夏以革不識不知順帝之則　昔有成湯自彼氐羌莫敢不來享莫敢不來王曰商是常

春秋

冬鄭公孫夏帥師伐陳（襄公二十有五年）叔孫豹會晋趙武楚公子圍齊國弱宋向戌衛齊惡陳公子昭蔡公孫歸生鄭罕虎許人曹人于虢（昭公元年）　秋齊侯宋公江人黄人會于陽穀（僖公三年）　秋晋荀吴帥師伐鮮虞（昭公十有五年）齊人歸我濟西田（宣公十年）　齊人來歸鄆讙龜陰田（定公十年）

禮記

一道德以同俗　以四時爲柄故事可勸也以日星爲紀故事可列也月以爲量故功有藝也　是故先王慎所以感之者故禮以道其志樂以和其聲政以一其行刑以防其奸禮樂刑政其極一也所以同民心而出治道也　儒有今人與居古人與稽今世行之後世以爲楷

第二場

論

誠者聖人之本

詔誥表（内科一道）

擬漢令郡國求遺賢詔（高帝十一年） 擬唐以陸贄爲翰林學士誥（建中四年） 擬宋作邇英延義二閣成群臣賀表（景祐二年）

判語（五條）

講讀律令　收支留難　鄉飲酒禮　孳生馬匹　帶造段疋

第三場

策（五道）

問　自古帝御世所以恢化理寧乂區寓靡不以崇文教飭武備爲先蓋法天之道以爲長久之術也然崇文不有本而飭武不有要歟粤考往籍自陳君道克艱聖神文武典謨始贊夫云聖神文武足矣必以廣運先之何歟然堯舜之世比屋可封四夷來王所謂敷教徽典誓師建長者其文武可想也抑尤有本要所在歟夏后殷周之盛如曰揆奮曰綏猷布昭曰顯謨承烈皆以文武言也兹其所以比隆唐虞者歟漢唐若宋英誼之辟非無文武可稱然或化有所雜或威不大競何遂治不類古也洪惟我太祖高皇帝開天肇紀遠契勛華當其櫜甲四征即首建膠庠親祀孔子及群雄既掃乃制定府衛條練兵戎且凡所爲經文緯武者聖訓神謨周悉備至必有大本大要所在矣可得而殫述之歟貽燕鴻偉萬世率循若我成祖文皇帝敦崇道化宣振英猷世宗肅皇帝文德誕敷武功駿競尤皆焯爍可頌述者何者與聖祖同符歟欽惟皇上臨御之始首幸太學繼躬大閲文武之業一時并興真憲天法祖媲美古昔保致太平之要圖也仰聞聖學茂新神衷獨運自臨雍閲武之外又有與二祖世宗默契若能窺測而名言歟諸士菁莪樂育頌戴清寧久矣亦有可贊獻於萬一者歟願恭陳之以鳴我昭代之盛

問　道一而已矣聖賢立言以明道顧不能無异焉是不可不辨也子思作中庸首發性命之説訓者謂天所賦爲命人所受爲性矣何又曰所賦者氣所受者理豈各有指歟孔子繫易始著道器之論訓者謂形而上者爲理形而下者爲物矣何又曰道亦器器亦道抑各有説歟四端統於仁固也而有配以陰陽五行四時者豈四端各自爲用歟性情統於心固也而又指性之有形爲心性之有動爲情者則心與情皆發自一性歟動爲陽而静爲陰孔子言知者

動仁者静是陰陽各有屬矣而易傳乃謂知爲陰而仁爲陽則動静又何分歟己爲體而人爲用子思言成己仁成物知是體用各有在矣而朱子乃謂智自明而仁及物則人己果何别歟忠以盡己信以盡物理本相須者也而有以天道人道分言者何其辨之异耶知以明理行以履事序不可紊者也而有謂知行互相發者何其統之同耶夫學厭多岐道貴心得凡此立言同异之間要皆身心切近之學必有根極統會之所在也諸士涵泳日久寧無反説窮理而自得於言語之外者乎幸詳陳之

問　仕學一理也學以基仕仕以行學養之身心而發之事業寧有异致哉孔子之言曰古之學者爲己今之學者爲人宋儒以爲爲己者終至於成物爲人者終至於喪己是又明學仕之相因而爲己爲人之取效异矣粤自唐虞以迄周季凡爲學者未有顯稱焉然夫子固必有所指也其所謂學果何學而其所以爲己爲人之辨也可無舉其大者而言之歟自今觀之學既爲己則何所往而不爲己也學既爲人則何所往而不爲人也夫子之言盡矣漢隋而下儒者又有謂古之仕者養人今之仕者養己古之仕者爲人今之仕者爲己雖不過仿佛夫子人己之言而辨析古今用世之殊也然於夫子論學之旨亦有所當歟否歟而古今仕之爲人養人也爲己養己也或由其學之所爲不同而然歟抑别有説歟自三代以迄漢隋而下其仕之爲古也今也人固不可殫述矣然其養人養己爲人爲己之仕豈無可略舉其著者以爲取舍之極歟諸士辨志正學行且有仕道之責願以夙所得於古今之判而體認乎聖賢之訓者明以告我

問　士君子之處世其出處去就皆有大閑不可以或踰也古伊吕孔孟大聖大賢尚矣姑自後世之昭在簡册者試一訂焉以出處言之商山采芝富春垂釣均之抗節於不臣也其所守果皆固歟安石不出深源不起均之繫望於一時也其所成果皆副歟就徵爲諫議大夫應聘爲中郎將其拜命同也何俱來友人之責招以手敕而不出拜爲拾遺而不起其自守同也何俱貽出位之譏衡山歸隱矣胡復有觀察之行終南自樂矣乃竟赴司諫之召凡此所以見於人己之間者昔人固已論之矣可述而言之歟以去就言之乞骸遣歸稱知足矣又有受爵而朝朔望者意何在也絶迹梁碭稱見幾矣又有不去而甘黨獄者見何殊也感秋風而興嘆志固有在也視夫賦歸去來而飄然長往者得無同歟解樞職而勇退心固有爲也視夫成都乞歸而控疏辭召者得無异歟優游緑野之堂矣何反取浮沉之譏從容獨樂之園矣何復就僕射之命凡此所以爲心迹之辨者昔人亦已評之矣可指而言之歟自今觀之其中亦有

不詭於道而無愧於古者歟抑自數子之外尚有出處去就合道而可言者否也夫論人於三代之下固難律以聖賢之全然品騭乎百世之前要亦必有大中之矩矣試詳言之以觀尚論之學

問　漢儒有言善聲而不知轉未可謂能歌也善言而不知變未可謂能説也蓋言未有不通變而能宜民者矣貴入我國朝始創藩省諸所建置一視中土蓋二百年於兹矣試以今日通變之所宜先者商之兵所以制夷也勾取日艱而逃亡愈衆何以爲足伍之圖糧所以餉兵也額濟歲虧而糜費愈增何以爲盈賦之術館馬之輸銀有限而代役者苦於賠貱之不勝何策以蘇之站伍之尺籍無幾而見存者困於送迎之日倍何道以逸之有田皆山也浹旬不雨歲且不入非疏築之未豫乎有民皆夷也黌校并興獷戾自若非化導之未至乎權不一則事不集議者欲以川湖之兼轄而專隸焉其舉果無滯歟化不更則患不彌議者欲於土司之梗化而改流焉其圖果可永歟夫善救弊者善守法者也諸生抱經濟之術必切梓里之憂則所謂善聲而轉善言而變者宜莫先於此矣其條著於篇當事者將有采焉

中式舉人三十名

第一名　陳時信　普安州學生　春秋
第二名　張志皋　安南衛恩貢生　易
第三名　胡夢豸　普安州學生　禮記
第四名　陸宗龍　貴州宣慰司學生　詩
第五名　趙芳　黎平府學生　書
第六名　周大謨　黎平府學生　詩
第七名　沈存仁　普安州學生　易
第八名　陳揚產　銅仁府學生　春秋
第九名　吴道東　思州府學生　禮記
第十名　趙時雍　貴州宣慰司學生　書
第十一名　沈橋　永寧宣撫司學生　詩
第十二名　孫哲　偏橋衛學生　易
第十三名　蔡于周　永寧宣撫司學生　詩
第十四名　曹仲賢　貴州宣慰司學增廣生　易
第十五名　朱國正　安莊衛學生　書

第十六名　楊之寧　貴州宣慰司學生　易
第十七名　聞道立　永寧宣撫司學生　詩
第十八名　王墀　清平衛學生　春秋
第十九名　李春和　永寧宣撫司學生　詩
第二十名　何汝賢　普安州學生　易
第二十一名　佘賡　貴陽府學生　詩
第二十二名　蔡日乾　貴州宣慰司學附學生　禮記
第二十三名　楊秉鉞　貴陽府學附學生　詩
第二十四名　潘鳳梧　普安州學生　易
第二十五名　周于用　永寧宣撫司學增廣生　書
第二十六名　徐嘉龍　貴州宣慰司學生　詩
第二十七名　許裕德　貴陽府學生　易
第二十八名　馬斯臧　普安衛學生　詩
第二十九名　張仕通　貴州宣慰司學附學生　易
第三十名　越應揚　貴陽府學附學生　書

第一場

四書

君子易事而難說也說之不以道不說也及其使人也器之

陳時言

同考試官教諭謝批（發明君子易事難說處親切）

考試官教諭陳批（詞意明盡可式）

考試官教授吴批（莊重精瑩）

聖人辨君子事說之難易所以昭公恕之心也蓋君子以公恕存心者也則其於事說之間而豈無難易之辨乎夫子之意若曰君子之不可及者存心而已矣君子之存心者公與恕而已矣彼君子居夫民物之上其位可以奔走乎人也則必有爲君子之役而事之者矣人知所以事君子而不知其事之易焉其勢可以號令乎人也則必有投君子之喜而說之者矣人知所以說君子而不知其說之難焉是故有說之不以道者其情則順其理則逆所謂說之難者正以其於是而不徇焉耳吾見中之以心之所甚欲而以其至剛者裁之則巽者適以爲拂也迎之以意之所甚喜而其至正者臨之則順者適以爲忤也

蓋以理御情而不以情廢天下之理矣其難説也何如有才之不能全者宜於彼或不宜於此所謂事之易者正以其於是而不求備焉耳吾見可以小知者則小用之而俾經理乎庶務之繁也可以大受者則大用之而俾負荷乎國家之重也蓋以才任事而不以事責天下之才矣其易事也何如是則不説所易説者自人以爲難説而非君子有心於難之也不責備於人者自人以爲易事而非君子有心於易之也此其公恕之心可見而豈小人之私且刻者所能及乎抑論君子之心主於道而已矣故事之易者其説未嘗不難説之難者其事未嘗不易蓋相因而不相悖也夫子使求爲宰使由治其賦而衛卿之位彌子不能説而主之則事説之難易可以想見矣故曰孔子聖之時好學近乎知力行近乎仁知耻近乎勇知斯三者則知所以修身

張志皋

同考試官教諭馬批（入德修身之旨發揮殆盡録之）

考試官教諭陳批（清順之作）

考試官教授吴批（明暢）

中庸指入德之方而因明身之所由修也夫修身必本於德也既知入德之方則所以脩其身者豈外是而得之哉中庸之意謂夫人君以修身爲本脩身以進德爲先行仁勇固爲天下之達德矣而求所以進之者則何如哉彼知以明道吾知之未能也而務學以窮其理恒亹亹而不厭焉則聞見既博智慮由之以漸啓矣於知不亦近乎仁以體道吾仁之未能也而躬行以履其事每乾乾而不已焉則體驗日熟私意由之漸忘矣於仁不亦近乎勇以强乎道吾未能勇也而知行之不若人恒用以爲耻焉則羞惡中存剛毅由之以日奮矣於勇不亦近乎夫是三者固求進於達德之事而爲體道成身之原也人患未之知耳苟能於此三者知至至之而向往之不迷知終終之而交修之不怠則功之深者德之所由以進也而慎修之要以存德之立者道之所由以行也而正己之功斯盡天下同得之理以一身而統會之所以建其極而示萬邦之儀刑者此也天下共由之理以一身而兼體之所以端其道揆而樹萬民之表則者此也孰謂修身之道不於三近而得之哉取人以立政者宜知所勉矣抑論三近所以修身而夫子又云齊明盛服非禮不動何歟此則所謂敬也自身之已脩者而言也吁曰敬止曰敬勝者文武之心法也心法得而治法可舉也使哀公知所勉焉則魯其東周而萬世君天下之法程在是矣

子路人告之以有過則喜禹聞善言則拜大舜有大焉善與人同舍己從人樂取於人以爲善

胡夢豸

同考試官學正陳批（聖賢樂善之誠講中識輕重且渾融無迹）

考試官教諭陳批（講大舜公善處意融而詞暢）

考試官教授吳批（整潔）

大賢叙聖賢之樂善而深贊虞帝之大焉蓋善必公於天下而後爲大也此大賢所以歷叙由禹而深有取於舜也歟昔孟子之意蓋謂好善者夫人之同情公善者聖人之極致吾茲有感於古之聖賢矣彼以子路之賢雖未立於無過而其心則勇於有聞者故人告之以過則喜焉蓋深幸遷善之有機而不難於反己以圖之者矣子路之樂善何其誠耶以大禹之聖雖若無資於人而其心則不自滿假者故一聞善言則拜焉蓋深慶致理之有助而不覺其屈己以受之者矣禹之樂善何其誠耶然善非己之善也聞過而喜則尤未至於忘己善非人之善也聞言而拜則尤未至於忘人未大也若大舜不猶有大於是乎亦惟擴吾大同之量以會其大公之理而已是故德至於舜已固無不善矣而自其謙以受益之心視之則惟知不足之在己而舍己以從乎人初無一毫繫吝之私也其以己之善而同諸人者乎人之善亦未必能如舜矣而自其沛然順應之心視之則惟知有餘之在人而取之以用於己初無一毫勉强之迹也其以人之善而同諸己者乎此則合人己於兩忘視夫喜聞過而猶知有己者何如也融物我於無迹視夫拜善言而猶知有人者何如也斯舜之所以爲大也歟抑此天道也天惟有於穆不已之誠而含弘光大也故能納萬有以成覆物之聖人惟其誠而明通公溥也故能涵萬善以普及物之化然則均一樂善之誠也子路誠之者也禹則明而誠者也舜則誠者也故曰聞過可賢又曰聖同天

易

君子體仁足以長人嘉會足以合禮利物足以和義貞固足以幹事君子行此四德者故曰乾元亨利貞

張志皋

考試官教諭陳批（乾道至教君子至德此作能發明之宜録以式）

考試官教授吳批（詞切實而意明盡是深於易者）

觀君子盡性由於健而經文繫乾之義可識矣蓋四德之全非至健不能也觀諸君子而經文之義不可識哉文言之意若曰天命之性同具於吾人盡

性之功獨歸於君子君子之盡性何如彼元之理在於人則爲仁君子以仁存心而措諸身者莫非仁道之充周則惠愛所及而物皆度内矣不足以長人乎亨之理在於人則爲禮君子以禮物身而接乎人者莫非典禮之會通則秩叙以彰而履皆中正矣不足以合禮乎得利之理而爲義正天下之分以利其民君子行而宜之之謂義也而質之無弗協矣得貞之理而智明天下之理以守乎正君子知而弗去之謂智也而動之爲有功矣夫君子行此四者而所以行之者豈有他哉蓋其心本無私而物不能屈故克全乎賦畀之重而於仁於禮盡之而無歉也事爲有主而欲不能奪故不失乎稟受之貞而於義智全之而罔缺也君子非健則四德其何以行之哉故曰乾元亨利貞乾惟天下之至健也主宰造化而元亨利貞迭運之不窮君子惟自强以法天也綱紀衆動而仁禮義智兼體之不累然則君子一乾也而乾之義非君子其孰明之噫天以至德命於人天之未始不爲人也君子以全德配乎天人之未始不爲天也易之理其至矣哉抑此王道也王道本乎天德天德一誠而已誠則不貳不息故剛健中正天德備而王道出也是故至誠贊天至聖如天惟大哉堯也君舜也然後能當之

言行君子之所以動天地也可不慎乎

沈存仁

考試官教諭陳批（天人感通之理發得明透可取）

考試官教授吴批（君子言行之慎其功在於慎獨此作得之）

大傳推言行感通之大而示人以致謹之意焉蓋莫大於天地而言行感通之則言行之於人重矣人其可以不致謹哉大傳釋中孚九二至此若曰天人有感應之機乎誠爲昭格之本君子欲存誠而妙感也亦致謹於言行而已矣彼出身加民言之榮辱固徵諸民矣然言之理即天地之理也出之自我而天地之所視聽者在焉發邇見遠行之榮辱固徵諸遠矣然行之理亦天地之理也所發在此而天地之所孚契者存焉故未言也誠已格於上下由是言之則言爲善言天地雖無言而於言之善者未始不歆享而佐佑之也使言不當則天地違之矣其未行也心可質諸神明由是行之則行爲德行天地雖無爲而於行之善者未始不陟降而保護之也使行不當則天地悖之矣夫言行而關千里之違應也雖欲忽之不可况上帝臨女可以慢焉而不敬乎言行而召一時之榮辱也雖欲易之不可况明命有赫可以肆焉而無忌乎故自邇言以上必敬必戒若有所忍而不發也非有心於天地之我應而道之在我當如是

矣自細行以上其難其慎若有所習而未能也非有徼於天地之我福而學之在我不可苟矣噫九二之孚而妙於感通者亦有得於夫雖然君子不求天地於天地而求天地於吾心故夙夜匪懈修身以事天一息不存則天爲有外矣聖人論學其要在於慎獨愚謂君子言行之慎亦慎其獨而已學地尚於言行之外求之

書

帝念哉德惟善政政在養民水火金木土穀惟修正德利用厚生惟和九功惟叙九叙惟歌戒之用休董之用威勸之以九歌俾勿壞

趙芳

同考試官教諭馬批（得大禹告君保治本旨）

考試官教諭陳批（詞簡而意盡）

考試官教授吴批（體格與諸作自别）

大臣啓君念保治之謨因詳治功之當保也蓋治化難成而易隳也使非激勸之有道何以保之於終哉大禹告舜之意蓋謂聖人之致治也固有可大之規尤有可久之道儆戒無虞益之謨信良矣然治忽有相乘之理而帝王貴未然之防帝其念哉念之何如夫人君有首天下之大德將布政而施之也豈徒善哉人君有立天下之大政將盡民而養之也豈徒法哉是故水火金木土穀者六府也正德利用厚生者三事也府事爲養民之要今乃惟修惟和各得夫自然之則矣功叙爲養道之成今乃惟叙惟歌式昭夫至治之隆矣則德非徒具而政有成績信可謂無虞也豈可不知所以保之哉蓋人情鋭始而罔終也故必因其勤怠之分而加之以懲戒之術人心樂成而難久也又必即其歌咏之言以播之於律吕之間斯則激勸有道足以起其奮迅不懈之心使勤者益樂於爲也怠者亦大勵其行也養道其永貞不替乎感發有機足以堅其趨事順則之念使思其初者不流于佚也樂其生者不倦于終也化理其恒久無弊乎如此則克艱已盡無虞可保而伯益儆戒之旨庶幾其無負矣帝當知所念哉抑愚於是而知唐虞之治有所本矣蓋古今之論治惟敬與和而已中庸自戒懼謹獨而推致於位育漢儒言心和氣和而推極於天地之和應皆此意也故慎憲欽哉之敕祇承儆戒之念篤恭之治也都俞賡歌之風惟歌九歌之勸泰交之感也故曰惟上下一於恭敬則天地自位萬物自育又曰大和在唐虞宇宙間觀於此亦信

學古入官議事以制政乃不迷其爾典常作之師

趙時雍

同考試官教諭馬批（詞氣不凡子亦博古通今者）

考試官教諭陳批（醇正之作）

考試官教授吴批（清雅）

賢王告庶官以酌古之益而尤欲其從今也夫古法當酌而王制尤宜遵也合古今而用之治道其無餘藴乎成王訓迪百官之意若曰爲治者道固宜于遠宗法充貴于近守凡我有官君子當何如哉彼唐虞行帝道以著和寧之績夏商行王道以垂用乂之休載籍猶存後世之成法也爾庶官其尚學于入官之時前言往行必多識焉而又因事參伍以酌其宜典謨訓誥必遠稽焉而又隨事錯綜以盡其變則動有所徵而經畫於朝廷者自協乎弼亮之道謀非無據而宣布於邦國者自得乎敷理之方尚何有于迷惑哉然學古固爲有獲而泥古未免違時其必監于成憲而政令之敷施皆周官之所考定也率由舊章而事功之建立皆昭代之所憲垂也官雖有治内治外之殊而所以亮天工者則當遵王朝之度蓋我周之謨烈兼統帝王道莫備焉者也而可或悖其啓佑之宏休哉職雖有總治分治之殊而所以阜民物者則當師畫一之規蓋我周之經制仰稽往聖法莫善焉者也而可不守其燕翼不遺則哉夫酌古則有所考而不失於自用矣從今則有所遵而不失於自專矣古今咸備大猷允升爾有官君子其懋之哉抑論治法雖有古今之异然二帝三王授受一道夫苟得其心法之精則學古即所以準今一從周而堯舜禹湯之道具舉矣噫成王學懋緝熙庶幾得乎心法者也以此爲訓亦有本哉

詩

以祈甘雨以介我稷黍以穀我士女

陸宗龍

考試官教諭陳批（用意周匝措詞典雅可以觀所蕴矣）

考試官教授吴批（公卿重農之意宛然在目）

公卿之祈年而援天以惠民焉蓋民非黍稷弗養也然必資於天澤焉此公卿所以爲民祈之也歟詩述公卿有田禄者力農奉祭而作至此意曰我公卿之重農凡以爲民也是故當報典之告成而遂有祈年之舉者豈無爲哉蓋苗生資於雨而降雨在於天此民之不有自致而仰望於神者也今作樂以御之也庶其感通於和樂之表時雨降焉此疆彼界均霑夫優渥之仁昭格於冥漠之中靈雨零焉中公外私咸溥夫霑足之惠天時有生斯地利有養也土膏

沃而物生遂黍稷時見其庭碩矣天有顯惠斯人有全功也滋培厚而物性充黍稷時見其堅好矣由是收成富而百室既盈斂穫多而民人胥育以之引養以之引恬蒸民遂乃粒之休而阻饑其可免焉則神之降康於吾民亦既溥矣謂非今日之所祈願於神者哉以樂其樂以利其利婦子有寧止之慶而艱食其無患焉則民之昭受乎明賜亦既大矣謂非今日之所祈望於神者哉是則方報而繼以祈也可以見其爲民無己之心祈年而不以己也可以見其美利不居之意盛時公卿之重農固如此抑不但是也有勞來之典以督乎民有斂散之法以節乎民而又有補助之政以恤乎民則神之不能惠者公卿又有以爲之所矣故曰民生於三代之前其命制於君民生於三代之後其命制於天吁君人者必求所以制命之道而後可

昔有志成湯自彼氐羌莫敢不來享莫敢不來王曰商是常

周大謨

考試官教諭陳批（以莊重之詞發聲責之義非素有涵養者不能）

考試官教授吴批（深得文告之體頌義之佳者）

商人伐楚必述遠人之守禮者以責之也夫禮行於商不以遠而可違也商人舉氐羌以聲責楚之罪也宜哉殷武祀高宗之樂也此則述責楚之辭若曰王治極於無外王師征乎不庭爾荆楚之敢於稱叛也獨不聞我商先世之所以服遠者乎誠以我祖成湯之在昔也王靈丕振而遐邇同風聖武孔昭而華夷一統雖遠如氐羌政教不加初未必其來享也然抑戴乎寬仁之主自願輸夫納款之忱凡夫任土作貢而不敢自私者若有所以驅之也正朔不及初未必其來王也然向慕乎彰信之風自莫已其朝宗之念凡夫稱臣請命而不敢自專者若有所以聯之也其心蓋曰以内馭外者王者之威以夷事華者吾人之分享以方物非自今伊始也蓋由商之常禮以修吾之常儀所以明有尊也否則是自干後至之誅矣而可乎王以求章非於今爲然也蓋率商之常制以盡吾之常職所以明有分也否則是自蹈先順之罪矣而可乎夫觀氐羌之享則享於荆楚可知也觀氐羌之王則王於荆楚可知也以先世所臣之國而不臣於今其能逭於撻伐之加乎吁高宗責楚之義嚴矣抑高宗亦不專恃乎此也觀夫恭默思道德懋於己矣不僭不濫政制其中矣而又得良弼之賚以爲之輔焉此所以撻武而楚自服也此所以能纘湯緒而成中興之烈也商人世世祀之也固宜

春秋

秋齊侯宋公江人黄人會于陽穀（僖公三年）

陳時言

同考試官教諭謝批（善發明經傳本旨而詞亦簡嚴可録）

考試官教諭陳批（其旨瑩其詞文）

考試官教授吴批（筆力謹嚴）

春秋於伯主善其講好以定制外之謀焉夫謀定而後戰者勝也此齊桓之會陽穀所以善於制楚也歟且伯有攘夷之責必禦之於其來而武有制勝之經必謀之於其豫君子所以善夫陽穀之會者何也蓋荆楚爲大邦之仇所以問猾夏之罪義莫有先焉者也齊桓當圖伯之始所以挫强楚之鋒事莫有難焉者也使不定謀於先則在我者雖有言可執何以抗夫方張之勢在彼者雖有罪可聲何以啓夫服義之忱於是務離其黨藏戰伐於申好之中玉帛之交錯其折衝之勝筭乎豫結其援寓神武於敦睦之内壇坫之周旋其攻心之上策乎慮夫楚之進焉無以當其鋭也則命八國厚集其陳以振撻伐之威聚而爲正敵不知所以攻吾之堅矣慮夫楚之退焉無以躡其後也則命江黄各守其境以爲犄角之助分而爲奇敵不知所以窺吾之秘矣筭之多者其事易成不待夫侵蔡次陘之日而可以策必勝之道勢之孤者其强易弱雖有乎方城漢水之險而無以敵萬全之師桓之善於制楚也固如此哉屈完盟而楚人輸款之恐後春秋末言以善之宜矣抑是舉也桓謀之仲相之念深慮周圖回於齊國之上迨其既也兵不暴而志不驕亦庶幾乎王者之事矣然又有轅濤塗之執何也噫桓德於是乎衰矣仲尼之徒無道桓文之事者以此

齊人歸我濟西田（宣公十年）齊人來歸鄆讙龜陰田（定公十年）

陳揚産

同考試官教諭謝批（歸田一也而其情則殊子能發之足以立勸懲之準矣）

考試官教諭陳批（得聖人書法之意考試官教授吴批詞嚴義正）

春秋兩著歸地者之情异而褒貶之法立矣夫齊人歸地於魯雖同而歸之之情則异也春秋得不寓意以褒貶之哉且濟西魯田也自魯宣賂齊而齊之有濟西也久矣兹曷爲而歸魯耶蓋平州會而負逆於己懼討於人斯宣公之志也故婚好之結於齊朝聘之勤於齊所以順而事之者至矣齊則以其媚乎己者爲可悦而不以其悖乎倫者爲可誅始之取非其有今之歸不以道刑

惡之典不加而怡然惠愛以相遺司馬之法不請而懽然土地之授受由是宣公得以安其位魯人無以議其惡而大防潰矣謂非濟西之歸有以成之耶春秋書曰歸我所以惡夫親我者而惠公之罪著矣若鄆讙龜陰亦魯田也自魯人失守而齊之有三田也舊矣兹曷爲而歸魯耶蓋夾谷會而謀不行於犁彌聽不惑於景公斯孔子之化也故語以華夏之盟好昭以神人之德義所以導而諭之地切矣齊則悟其夷俗之爲陋而翻然以古道爲可行數世所侵之地返之壇坫之上野享不設既以率禮之正而謝過以質又有格心之孚是蓋晏子得以效其忠景公有以成其美而大化昭矣謂非三田之歸有以得之耶春秋書曰來歸所以見夫婦之誠而景公之善彰矣夫歸地一也有出於濟惡而歸之者則其事爲貶有出於感化而歸之者則其事爲褒春秋之立義精矣抑齊惠不足言也景公以歷階數語良心動而侵疆復亦若可與有爲矣而女樂之饋又何爲者耶卒使夫子之不究其用也豈非天之未欲平治天下乎吁良可慨已

禮記

一道德以同俗

胡夢豸

同考試官學正陳批（發揮化民成俗之意透徹録之）

考試官教諭陳批（詞明暢而意雋永）

考試官教授吴批（善體認發揮）

大臣教民鄉學必有所以同乎其習也蓋民之所習成於教也道德一矣俗其有不同於下乎記王制者之意若曰先王立鄉學而以司徒總其政令也其迪乎民者甚備其範乎民者甚詳豈特禮教與政而已哉彼人所共由之謂道天下無异道也則以其所共由者繹而明之以布於章程之内人所同得之謂德天下無异德也則以其所同得者揭而示之以昭於品式之中皇極大中之矩吾爲之匡直之以成其能焉智不能益愚不能損也而道如此乎其一矣天命人心之正吾爲之輔翼之以勵其趨焉賢不能過不肖不能不及也而德如此乎其一矣若是者正所以示之軌儀則天下之趨向一焉曉然知教於上者之可從而不可悖也莫不師資以自守導之指歸則天下之習尚同焉昭然知訓於上者之可守而不可違也莫不觀法以自淑雖曰五方各有性也然師無异教則涵濡久而向方同蓋渾乎一其禮教之守而無有家自爲説者矣雖曰千里不同風也然教無异指則觀感深而遷善速蓋蕩乎一其政教之遵而無有人自爲學者矣卿大夫以之治其國者此道此德也士庶人以之治其身

者此道此德也何莫不本於司徒之善教乎抑一道德以同俗固司徒之教而古者比屋可封之治於是乎可稽矣後世言道以黄老言治以申韓而百氏競興又奚望乎道德之一風俗之同哉董子謂春秋大一統庶有合於一道德之旨而程子以爲有儒者氣象詎不信夫

是故先王慎所以感之者故禮以道其志樂以和其聲政以一其行刑以防其奸禮樂刑政其極一也所以同民心而出治道也

吴道東

同考試官學正陳批（王者感人有道此作得之佳士也）

考試官教諭陳批（明粹可録）

考試官教授吴批（精純典雅獨超諸作）

記者詳先王慎政以感人而必申其意焉夫禮樂刑政先王以之感人而慎者也謂非所以成天下之化而何哉記樂記者之意蓋謂情動於物音之所由生也政出於上情之所自制也是故先王以在民者不能已其應物之感而在我者所當慎其動衆之原志也聲也民之感於物而未化於物也則有以養之以禮道志以樂和聲所以培其本然之善者其道蓋詳於上矣行也奸也民之誘於物而將流於邪也則有以閑之以政一行以刑防奸所以禁其將萌之惡者其道蓋豫於先矣是禮與樂不一其事而施之於民則各神乎鼓舞之用政與刑不同其道而推之於下則均妙乎化導之方若此者何哉蓋示之觀感以約其趨善同好也不善同惡也會于其極而其心一焉則不怨不争强弱之所以各安其分也而道化於是乎宣布矣納之範圍以聯其志過思抑也不及思企也協于其中而其心一焉則合愛合敬智愚之所以各得其所也而德教於是流行矣民心既同治道不從是而出乎是則六情之感先王爲之制其流而未始拂之也四事之施先王爲之慎其感而未始强之也此民心以和而樂之所自興也歟在易有之天地感而萬物化生聖人感人心而天下和平化生見天地之感和平見聖人之感其致一也天下和平而樂其有不興乎樂書不言律而言兵不言兵之用而言兵之偃嗚呼得之矣安得知樂如太史公者而與之究作樂之本

第二場

論

誠者聖人之本

張志皋

考試官教諭陳批(體格正大議論精深非有得於心學者不能道)

考試官教授吴批(此作究極本原是善發天道聖人之藴者)

論道者求諸從出之原則知聖人之同乎人而非异乎人矣夫道之所從出者天也天以是道賦於人無分於聖無分於愚也聖人亦即夫天之所賦者全體而不虧焉非益之以理之所本無也是故觀於實理流行之始聖人之所有夫人之所必有也而不可謂之异觀於實理全體之際聖人之所能夫人之所不能也而不可謂之同不惟其异惟其同而夫人可以有志於希聖之學矣故曰誠者聖人之本周子之論聖亦自其從出之原而求之也夫周子曷言乎本也蓋本則譬人之體也體在外而人具之有一之弗備乎然欲從而益以一毫之形弗能也何者形生於天非出於人也本在中而人存之有一之弗全乎然欲從而益以一毫之性弗能也何者性畀於天非出於人也出於人者可得而損益之出於天者其可得而損益之乎夫惟不可損益而後知聖人之本同乎人也夫惟本同乎人而後知聖人之可學而至也吾嘗觀於天矣日月之運行陰陽之變化皆天也而非天之本也天之本誠而已矣吾嘗觀於地矣山川之融結草木之蕃殖皆地也而非地之本也地之本誠而已矣是誠也以其極至而言謂之太極非有外於誠也以其真實而言謂之誠非有外於太極也潛之未雕未琢之先莫知其所以始散之相摩相蕩之後莫知其所以終兩儀既生運化乃行其通也元而亨也其復也利而貞也天下雷行物與無妄乾道變化各在性命而誠之理始泄矣惟人也得其靈秀形既生而性亦具焉元而爲仁也亨而爲禮也利而爲義也貞而爲智也皆誠也皆人之所同也聖人與途人無以异也而不能不异者氣質也是故五性感動善惡雜揉而攻取之私勝矣湛一之本虧矣始與天地不相似矣夫惟聖人又得其秀之秀者其氣清其質粹天以是本而命於聖人聖人以是本而合於天生而知焉知此本也安而行焉行此本也不偏不倚其本極天下之中也不二不雜其本極天下之純也廣博無垠其本極天下之在也起居食息本之散見而非小也綱常倫理本之統徹而非大也灑掃應對本之緒餘而非粗也窮神知化本之極致而非精也旦暮晷刻本之通貫而非近也元會運世本之歸宿而非遠也庸言庸行本之明達而非卑也典謨訓誥本之深微而非高也退藏於密本之所以翕聚也以

彌六合本之所以流行也是故仁以育天下本之形於慈愛也而生之不傷厚之不困扶之不危者皆利賴於慈愛之本矣義以正天下之本之形於裁制也而以法相叙以信相考以睦相守者皆利賴於裁制之本矣禮以節天下本之形於度數也而品級有辨衣服有章井牧有伍者皆利賴於度數之本矣智以察天下本之形於昭晰也而明於吉凶洞乎利害審於悔吝者皆利賴於昭晰之本矣以贊化育而天有常覆地有常載者聖人之本爲之彌綸之也以參天地而得一以清得一以寧者聖人之本爲之範圍之也人見夫協和風動之治於唐虞而不知欽明濬哲則堯舜之本爲之也人見夫平成允懷之治於夏商而不知祗德建中則禹湯之本爲之也人見夫咸和永清之治於有周而不知徽柔敬義則文武之本爲之也究而論之五帝以之官天下三王以之家天下禪繼不同而其本一也周公以之相天下仲尼以之師天下窮達不同而其本一也極而言之太昊觀天地而畫八卦燧人察時令而鑽火帝軒聞風鳴而調律倉頡禮鳥迹而作書何莫非聖人之誠而亦何莫非人所同具之理哉至是則不獨全之所賦而有以成天之能矣不獨具人之所禀而有以立人之極矣是故語天者曰於穆不已語聖者曰純亦不已聖人與昊天同一道也莫非誠之謂也後世言道術者吾感焉墮體黜聰鑿聖人之本於幻者也徇生執有滯聖人之本於迹者也堅曰异同雜聖人之本於妄者也詞章功利牿聖人之本於卑者也權謀術數誣聖人之本於詐者也周子斯言其愛异術之亂真而闡明宗旨以續千載不傳之緒者乎然則思誠以希聖者宜何如周子曰聖人定之以中正仁義而主静立人極又曰君子修之吉夫主静者敬也修者不已其敬之謂也敬則無欲無欲則静虚□直明通公溥而誠可入聖人之本可幾矣故曰聖人可學而至

表

擬宋作邇英延義二閣成群臣賀表（景祐二年）

陳時言

考試官教諭陳批（典雅駢麗具悉書屏之意四六之佳者）

考試官教授吴批（用事精當造語豐腴擅場之作也）

景祐二年某月某日臣某等恭遇皇上建邇英延義二閣成謹奉表稱賀者伏以鼎觀中天肇儒臣論思之府賁文燦緯見聖心保泰之圖運際休明治隆熙皥歡騰四海喜溢百僚臣等誠惶誠恐稽首頓首竊惟理貴多聞謹時幾之敕者必廣忠益之集道憂治世享日中之豐者必嚴逸欲之防故堯開衢室以咨賢舜闢總章而清問禹下昌言之拜爰設鐸鞀武警怠勝之私載銘户牖惟圖回乎至

理故博采乎嘉猷迨秦侈阿房漢靡長樂蘭林蕙草恣佚豫於巡游承露迎風接羨門於魂夢金馬以宏達之大雅聘述作於篇章石渠以惇誨之名儒競校讎於同异事浮華而鮮實制靡麗以不經玆蓋伏遇聖性夙成睿謀神授陶埏六籍表正萬邦仁被茅簷懷生咸樂于覆冒化覃寰宇率土仰戴乎帡幪崇政説書究義路禮門之旨西疇刈麥重播穀乘屋之風闢四門以納言善無微而不録舞兩階而格遠兵不用以爲威乃者臨朝訪道謂有群彦之在前燕處清心欲援衆正而自助式營二閣爰僝群工筮龜協以揆時土圭正而測景據坤靈之正位抗應龍之虹梁離子督繩玉瑱雕楹而璀璨奚斯削墨金璧飾璫以焜煌蓬萊屹起乎中央采飾纖縟周廬縈紆以外列朱文陸離虬負檐馬承阿狀亭亭而干霧翚斯飛鳥斯革勢鍔鍔以翔鳳規示建瓴占孚隆棟偉制獨裁於宸斷鴻名涣發於綸音謂英髦之在周行匪邇則疏何以資其啓沃義理之關治道匪延則塞何以博其見聞既取義以名居復垂情於鑑古無逸圖上於孫奭忠矣獻替之勤閣屏書成於蔡襄燦若煙霞之麗曰中宗曰高宗曰祖甲寅恭慎天命之嚴曰太王曰王季曰文王抑畏守卑服之儉璇題輝日繪稼穡小人之依珠網羅星圖壽年享國之數綵毫飛白并奎畫以騰輝銀榜抽黄儷天葩而絢色出以觀入以省無勞披閲之煩寓於目契於心庶獲對瞻之便臣等氣禀顓蒙蓺能迂拙才非閎博愧辟雍議禮之名思則淹遲謝銅雀獻賦之敏螢窻夜習燭莫望於金蓮蓬户陋居班豈知於玉筍周章就列俯仰懷慚鄭璞齊竽濫荷鹽梅之寄秦冠漢綬曷光夢卜之求代言非陸贄之工疇矣助發揮於睿藻識書乏安世之學何以備顧問於禁林然敢不勉竭葵忱用酬乾造戒流連於圖内效班伯之讜論匡時可奏事於帳中希汲黯之直言悟主所其無逸時進逆耳之規能自得師務斯永命之道伏願不邇不殖正心洞啓乎重門惟一惟精主静常惺於虚室蓋如天而容如地仁恩逮於向隅言必聽而諫必行虚受通乎自牖盛德大業建皇極於無疆景福殊詳鞏國祚於有永臣等無任瞻天仰聖激切屏營之至謹奉表稱賀以聞

第三場

策

第一問

陸宗龍

考試官教諭陳批（能揄揚我皇上文武之烈而知本要所以亦涵泳聖化而有得者宜録以式多士）

考試官教授吴批（我皇上崇文重武至意有光先烈子能鋪張而揚厲

之末以純心爲言尤見忠愛録之非徒以其文也）

聖人法天以敷文武之治也其道廣大而無外其心動行而不已蓋道其彌綸之迹而心其化理之原也道有弗備非所以法天之大也惟文武具舉焉斯順治威嚴之兼盡而與天同其大矣心有或間非所以法天之久也惟至誠無息焉斯盛德大業之無疆而與天同其久矣心以盡道道以敷制其事則剛柔异用其體則内外相成其具則仁義并施其機則終始無間此自古帝王所以爲久安長治之術而成聖神功化之極者也知此則我太祖之所以開基成祖之所以纘緒世宗之所以中興致治皇上之所以凝命承休者可得而揚厲其萬一矣請敬陳之蓋聞天之丕冒乎萬物也其道大矣非陰陽以闔闢之則無以鼓其機聖人之統御乎萬民也其化溥矣非文武以張弛之則無以神其用是故古之帝王繼天出治慮天下之不若于彝也於是乎文教施焉蓋法天之陽以長養發育者也慮天下之不順乎軌也於是乎武備設焉蓋法天之陰以摧折震壘者也然天之陰陽也皆運於誠聖人則心純乎誠而默運乎文武矣粤觀往籍聖神文武典謨始著然稱文武而必言廣運者是非以其道之無外而心之無息乎是故敷教徽典時雍風動人知堯舜文教之廣也而不知執中精一乃其所以爲本者也誓師建長來格迪功人知唐虞威武之廣也而不知舞干儆念乃其所以爲要者也以至台德祇而成揆文奮武之功聖敬躋而普綏猷布昭之業敬止緝熙而丕顯之謨以垂執競敬義而丕承之烈以著夏后殷周文武之盛其所以比隆唐虞者豈徒專學校庠序之設六卿司馬之制已哉漢唐若宋諸君即號稱英誼者非無文武可觀然飭文具者不先於本根圖武略有靡執其機要則其雜霸雜夷而仁柔不振者謂非心學不講而德歉精純也哉亦何怪乎治之不古若也洪惟我太祖高皇帝天錫智勇會際貞元奮神武以拓疆恢聖文而肇紀當其擐甲四征宜不暇於文教矣然首建學校以育天下之人才親奠先師以明百王之道統罷黜异論表章六經布大誥以覺愚頑頒卧碑以謹士習其隆儒重道之心何切也及乎群雄既掃若無急於戎備矣方且立五府以隸兵籍設錦衣以衛宫禁與夫留守内制閫帥外連正條例以整軍士覽輿圖以語侍臣其詰戎耀武之念何至也若此者豈徒爲黼黻之具經營之備而無所本耶是故人君一心治化之本聖祖嘗以語曾魯矣與夫精誠有録存心省躬有録則自思文之後所未聞也彬彬乎文化之所以盛者非以其心極之立乎天下國家之重豈可頃刻忘戒聖祖嘗以語劉基矣與夫命將出師必戒不殺而云此心簡在上帝則自武成之後所未見也赫赫乎武威之所以遠者非以其心運之廣乎是我聖祖之德之治真克配乎天而

振古爲烈矣其在成祖文皇帝也書契精一而學培乎化源睿知如神而德秉乎强毅故以敦道化則御講筵而祭孔子申學規百嚴教法頒五經四書於天下賜孝順事實於學宫以振英猷則增府衛而設團營披輿圖而計邊郡戒武臣以蓄疑恤軍士以省役是其衍賁彝謨而昭宣威略者抑何其經綸之弘遠也其在世宗肅皇帝也敬一傳心而道凝乎淵穆英明遐燭而德勵乎乾剛故以敷文德則聖祀隆於内殿箴訓布於膠庠明倫典揭乎綱常父老諭宣乎慈孝以競武功則督撫重於邊防營操嚴於勛胄廟筭必周于絶徼褒㦤獨切于孤忠是恢張道術而敷達聲靈者又何其倫制之大備也宜乎昌明熙皞之化洪龐峻偉之功輝映後先隆固終始豈不焯燦可頌哉自今觀之頒書勒訓也敷典宣慈也何莫非皇祖隆儒重道之心至其祀聖師而臨講幄則盛典咸備而聖學攸同矣釋疑蘇役也命臣恤將也何莫非皇祖詰戎耀武之念至其定戎衛而加教練則宏謨胥協而淵慮一致矣是皇祖文謨武烈之盛克憲于天視古帝王而媲美成祖世宗崇文詰武之道克法乎祖繼之皇祖而愈光此豈有他哉要之心極淵微而睿思默運所以與天同運者既祖孫神聖之相符則化溥無方而威宣無外與天同大者寧不彰美傳盛勛華重協哉欽惟皇上以上聖之資當君師之位乃於臨御之初首幸太學既肅奠乎先師遂授經以進講盛典之行士人鼓忭莫不仰聖天子右文之意而思見德化之成既又念戎政漸弛操法寖廢乃詔司馬特加振飭鞫旅陳師躬臨大閲當是時也六龍飛輦而色動風雲萬騎奔塵而威承天日神武震耀之餘凡在觀聽者莫不拱衛歡騰而倍增厲氣矣斯於二祖世宗之聖化神功不亦覲揚而光大之乎不惟是也恭聞聖學日新隨事體驗知臨旁達物炳幾先故自臨雍之外則見其尤重經筵而特遴老成耆儁之選日親講幄而每開虚心納善之誠垂注賢科而正文體端士習之詔勤矣勉勵師生而推性命叙彝倫之敕切矣是其學即祖宗之學而與隆師敷訓頒規勸學者不其吻合歟自大閲之外則因山陵而念邊關之密邇重畿輔而計捍衛之萬全慮胡塵之未靖則將士爲之特戒也恤邊士之若勞則惠賞爲之有加也勛胄教習於京營邊圖進覽於兵部是其心即祖宗之心而與籌邊固圉簡將養士者不其默契歟夫既有是契祖之心而又有是法祖之政則與昊天爲一道而威靈之所遐布德教之所宣昭自繼乎堯舜禹湯文武之統而成萬世熙皞無虞之治矣猗與休哉而執事復欲責愚生以萬一之獻顧何能言雖然草茅所欲言者亦無出於崇文飭武之外法天法祖之道也夫人君之心不難於暫而難於久天下之治不能於始而難於終此唐虞之世禹益所以陳君道之克艱而必稱德於廣運者也然惟時惟幾之

敕無怠無荒之儆夫人類能言之矣今皇上文武之業一時并舉愚生請以周之文武言之中庸稱文王之所以爲文也必曰純亦不已易稱神武而不殺也必言洗心退藏于密則夫視民有傷望道未見非所以崇純亦不已文之乎不泄邇也不忘遠也非所以飭神武不殺之武乎皇上欲盡文武之德惟加意於此而已夫天之道惟其誠也故廣大而悠久我二祖世宗惟其有法天之誠也故文武之業有以配天無極焉皇上亦惟日嚴于天與祖宗而已抑愚生尤有説也夫文以化天下者治道之元氣也武以威天下者治道之神氣也元氣既完則神氣自固凡今日所以振威嚴而張神氣者固不可緩至于所以培元氣者則文教其尤先焉蓋此亦法天之意也董子曰陽常居大夏而以生育長養爲事陰常導大冬而置於空虚不用之地以此見天之任德不任刑也觀刑則兵可知矣是故天非無陰也陽常爲主而陰無所事事矣聖人非武也文教盛行而武不待於爲功矣故惟願皇上法天之道法祖之誠以培元氣而已愚生之見如此敢敬獻之以爲聖神功化之助

第二問

沈存仁

考試官教諭陳批（辨析諸言同异而歸于具有的見非苟作者）

考試官教授吴批（説理詳盡深明道一之旨可嘉）

天下之至一者斯道之原也而不能不散於萬天下之至不一者論道之言也而不能不本於心惟其散於萬也則聖賢之立言以明道者苟不隨事而辨析無以闡斯道之精微惟其本於心也則吾人之因言以求道者苟不隨在而深思無以探斯道之藴奥故必因其散殊之迹以求夫統體之原則説之詳者雖不能無衆言之淆亂而反之約者自可以會通於吾之一心矣執事以此下詢承學蓋示人以身心切近之功理學統會之極也愚生何足以知之雖然亦嘗講求先儒之緒論而竊窺其一二矣請敬陳之今夫道之在人也本之爲性命形之爲道器藴之爲仁義禮智統之于心之神明運之不陰陽動静著之爲成己成物見之而爲忠信體之而爲知行隨事發見觸處流通紛然不一不能無天人之分焉不能無精粗之辨焉不能無偏全之殊焉不能無内外體用之别焉不能無安勉先後之判焉而其道之至一者則固貫通于吾之一心也但三代而上其道明故堯舜禹湯相傳之旨微三代而下其道隱故孔子子思授受之教顯厥後諸儒默契道體互相闡明則又各自著述或有天人之互發者或有精粗之對舉者或有偏全之岐論者或有内外體用之异述者或有安勉先後之并言者要之其説不同同歸于道其旨不同同究其原而已是故性

命之説子思首揭之以示人蓋憂道學之失其傳也朱子釋其義則以天所賦爲命人所受爲性而又謂所賦者氣之所受者理似若岐理氣而二之矣殊不知理也者所以附麗于氣者也氣也者所以承藉乎理者也氣非理不立理非氣不行夫豈有二致耶是説也發於子思而非始於子思也詩有之天生蒸民有物有則物即氣也則即理也孔子又曰有物必有則知則爲物之所必有則知理氣之不可相離矣然則朱子訓性之言即孔子申詩之旨也夫道器之説夫子明揭之以立教蓋發造化之藴以示人也程子釋其義則以形而上者爲理形而下者爲物而又謂道亦器器亦道似又混道器而一之矣殊不知道也者所以主于器者也器也者所以載乎道者也器非道則滯道非器則虚非同出于一源耶是説也發於夫子而非始於夫子也書有之惟皇降衷下民若有恒性民即器也性即道也孟子又曰仁者人也合而言之道也知道成於仁與人之合一則知道與器不可分而爲二矣然則程子釋易之詞即孟子論道之訓也夫仁統四端程子探本之論也而朱子配以陰陽五行四時者則各指其用而言之爾要之四時之運行未嘗不本之春五行之發生未嘗不本之木仁則如天之元貫徹于其中而無不在者也故論天地而曰乾元坤元四德不待悉數而自足論人心而曰仁四端不待遍舉而自該矣非仁統四端乎朱子之論特程子未發之旨爾心統性情張子合一之説也而程子又指性之有形爲心性之有動爲情者則自性之發用而言之爾要之性爲吾心所具之理情爲吾心所達之用心則一身之主宰管攝於其中而無不該者也故論其已發未發雖各有體用之殊而原其大本達道實涵於虚靈之内非心統性情乎程叔子之言特張子未盡之旨爾知者動仁者静夫子之論仁知也固以仁屬陰而知屬陽矣朱子之解易乃謂知陰而仁陽不疑于見之异乎不知孔子之言以仁知之本體言之也解易之言以仁知之所見言之也况知者明覺自然則亦未嘗不静而與陰之翕聚者同一理仁者天理流行則亦未嘗不動而與陽之發用者同一機又何病其爲异耶成己仁也成物知也子思之論仁知也固以仁爲體而知爲用矣而朱子傳注乃謂知自明而仁及物不幾于説之殊乎不知子思之言以其性之固有言之也傳注之言以其施之各當言之也况仁雖所以成己而推以及人則亦有成物之知知雖所以成物而本於自明則亦有成己之仁又何病其爲殊耶程子之論忠信也以盡己盡物爲言所以明理之一也而朱子又以忠爲天道信爲人道若有天人之分矣然忠所以立信之體信所以達忠之用一真自如非遺物也與物無妄非忘己也其殆貫天人而一之者乎朱子之論知行也以明理履事爲言所以明學之序也而張子又謂知

行互相發若失先後之倫矣然知所以啓行之端行所以踐知之實擇善固執機相因也知至知終理相承也其殆合知行而一之者乎嗟夫斯道之流行於天地間也其體本合一而不離其用則相須而無間惟不觀其合一之體則無以知其從出之源不究其相須之用則無以知其統同之妙自夫詞説愈多而體要愈失言性者有杞柳湍水之喻論仁者有兼愛博愛之非言動静者不流於逐物則淪於苦空言知行者不務於徒博則失於冥行甚至分人己爲内外岐道器爲兩途吁弊也久矣故孔孟子思發明於先程朱諸賢闡述於後所以明道之萬殊一本而欲學者之會萬於一也苟能因衆言之淆而折之於聖論之精因諸説之紛而會之於至理之一知行有成德入德之异也則思所以底成德之歸忠信有天道人道之殊也則思所以詣天道之極則智仁全體而人己於是乎兼成性情協中而心學於是乎獨得由是道自我行而器不淆諸物矣命自我立而性可達諸天矣身心切近之學根極統會之原其庶矣乎苟徒事于旁求訓詁而無察識體認之功則於道孔益晦矣而何以得貫通之妙哉

第三問

同考試官學正陳批（古今仕學得失起於一念之微子能言之他日之仕必不負所學矣録之）

考試官教諭陳批（體認真切可占辨志之學）

考試官教授吴批（深得仕學合一之妙）

君子立身于天下也心術極其純則其得於學術也正學業極其正則其措諸事業也隆何則事業者學業之推善懋乎學者善裕乎仕者也心術者學術之管善事乎心者善篤乎學者也夫苟心有不純則炫名徇外之念終非近裹著己之益雖未嘗不學也而無以立仕之體矣學有不正則計功謀利之私終非濟世康民之績雖未嘗不仕也而無以達學之用矣審是則心以貞學學以基仕心之誠僞少异而學之醇疵頓殊此古今人品事業之所以不相及也然則體用一原之理内外合一之機孰有外於此心乎哉執事於秋闈策士而以仕學爲問豈以諸生之始進而示以辨志之學歟甚盛心也生也拘方之見何能與此然竊有志矣請就正焉嘗聞先正有言曰古之成材也易今之成材也難又曰周之士也貴秦之士也賤夫今之材所得於天之付畀者與古之材無不同而周之士其毓于太和之元氣去秦亦未遠焉何其貴賤之相懸成就之難易若是哉蓋成之難易語其效也士之貴賤别其行也然則效之成否本於行之淑慝行之淑慝原於心之邪正事心之學少懈則流弊至于材之難成而人且以賤士目之宜其措諸事業也益無足觀矣兹固義利從違之幾善惡

誠僞之判名實内外之辨學者可不慎哉周道日衰學術棼裂孔子不得已而鳴其道於齊魯之間故於古今之辨屢致意焉至論古今之學則曰古之學者爲己今之學者人爲人夫孔子之言學多矣而以古今心術爲辨則莫切於此然亦不言所謂學而又未及乎仕焉豈不以性分固無内外體用本自一原學之理即所以爲仕之事而爲己之心斯足盡性之理歟自孔子之言出而後世儒者因而推之有曰古之仕者養人今之仕者養己此非隋王通氏之言乎又有曰古之仕者爲人今之仕者爲己此非宋程明道之言乎古之學者爲己其終至於成物今之學者爲人其終至於喪己此又非程伊川之言乎夫三言者固皆因夫子人己之言而遂析其用世功效之殊也然究而論之夫子之言固盡矣而三子之言亦豈無當於夫子之旨哉愚請先終仕學之義而後徵于古今諸人可乎夫古人之學本以盡性也古人之仁本以行學也其心有見於古今之遠天地之大無一物非吾性之所固有則亦無一事非吾分之所當爲固不惟聞見之博踐履之篤以自成其身而凡天下含齒之類肖翹之物舉待我以遂其生者皆由我之盡性以應之故存之於心即爲德行舉而措之天下之民即爲事業澤流寰寓而功被生靈古人之所謂學者如此要皆自其循理之一念致之也今之人則不然理未及知而念已及於聲利行未及著而志先奪於他岐馳騖於該博而以徇象爲能矯拂於奇詭而以獵譽爲尚即其外之所爲者雖與古人若無大异而其中之所存者則公私不啻天淵矣故其達之於用非惟與天地萬物了不相涉而於性情倫物亦概乎無關焉以是言學者謂無體即窮徹於幽深要之皆詭於道也况其否者乎以是言仕是謂無用即顯設於事功要之無補於世也况其否者乎此義利异趨人己异致而伊川所謂成己終於成物爲人終於喪己而古今之不相及者亦何不自學之所爲异之耶夫古之學既爲己也則其仕也欲以盡吾之性欲以盡吾之分直以天下爲己任而一夫不獲輒引以爲己辜是其所爲皆爲己也執事所謂無所往而不爲己是也雖謂古爲爲己之仕亦可也非即明道仕以爲人之意乎今之學既爲人也則其仕也惟違道以干譽拂百姓以從欲以秦越視天下而無往非計欣戚得喪於人是其所爲皆爲人也執事所謂無所往而不爲人是也雖謂今爲爲人之仕亦可也又非明道仕以爲己之意乎是明道論仕之言固不出於夫子論學之外而王通氏養己養人之别要亦不出程氏所言之中而不背夫子之旨也然此皆學仕之義也而上下古今其人固能殫述矣亦豈無其大者可舉乎是故以三代之上者言之憂勤好善而底天下平成之績耕莘樂道乃有親見堯舜之功傅巖未離而霖雨之望已繫磻溪晦迹而牧野之烈以成之

四君子者由其爲己之學皆能見知於聖道而其爲人之仕自能澤被於生民如此也及周之衰大道遂隱實學無聞故業臻一匡矣而仁義終隳於久假聲施列國矣而功業不免於竟卑賢者且然他尚何論哉此夫子所以慨之也雖然以夫子之時自顔子克己好學之外若雍之居敬參之反身蹇居德行之科開負篤信之志無非親炙聖教而用心於内者豈皆爲人之學歟夫何務外自高者難免於干禄入知悦道者見奪於紛華則夫子之言固有所指也學仕之相因又不有明徵哉以三代之下者言之明天人道誼之學而驕恣克馴于膠東以好學禮教爲先而文雅遂變於蜀郡抱膝長吟者終成鼎足之勳卷對聖賢者卒持主器之重以至學爲帝師而以尊仁義黜功利爲主才本王佐而以格君心散民財爲急之五君子者要其人物雖未盡協於三代以上之純究其仕學亦何悖於明體適用之道也然兩漢之間學專經術尚號近古猶有賢良進身而取曲學阿世之誚明經召用而誇車馬印綬之榮學者如此他尚何論哉宜文中明道之有慨也雖然以程子之時自濂溪倡明道學之外若司馬君實之學主誠實而毅然以天下自任韓魏公之德望服人而措天下於泰山之安范文正性本忠孝而進退關輕重於天下志切憂樂而甲兵杜窺伺於敵人皆其學術純粹而勛業弘偉者豈皆爲己之仕歟夫何經術自用者主變法以耗竭民脂附和致顯者辭條例以苟免公議則明道之言固亦有所感也學仕之相因不亦有可見哉由是觀之三代以上士莫不明於爲己之學故其體用合而仕學出於一漢唐以下人各執其所守之偏故其隱顯離而仕學出於二此純王之治所以獨隆於古而罕追於後也噫心術義利之微其嚴矣哉自今言之禹之學得堯舜精一之傳禹之仕成萬世永賴之功不可尚矣學者欲窮不失義則必希顔曾雍閔之學而上求伊吕樂天之心欲達不離道則必懋司馬韓范之勛而上追伊吕名世之業庶體用兼該而性分克盡矣雖然尤幸有洙泗伊洛關閩之教在也夫道本一貫功垂六經及三月而墮都却萊一言而歸田悔過全體大用賢於唐虞夫子固萬世之宗矣至若親傳遺緒於濂溪而獨以道學鳴世力論新法時相而專務德教化民二程之典刑固未墜也以及學崇實踐而心印河洛用切救世而聲振外夷則朱子者尤仕學之師程焉若王仲淹生于魏晋佛老之餘而能講明王學慨然有濟蒼生之志雖其言不無純駁然明道謂其爲隱君子而朱子亦以伊周事業稱之則通亦豈可少之也哉然則爲今之學者必嚴其義利之辨决其誠僞之機又博于通言之純者而弃其疵非程朱之學不學而要其歸於聖人斯則體用合一不愧古爲己之學而或可以追唐虞三代之盛治矣執事試進教焉

第四問

胡夢豸

同考試官教諭謝批（古人行事惟揆時義所在子能以是立論品騭當矣足占尚友之學）

考試官教諭陳批（人才高下辨析精透佳士也）

考試官教授吴批（條答無遺品評有見）

君子之處世也其立身行己之大節不可以不慎也是故必裁之以義而後自守之道爲不虧必權之以時而後應世之道爲不悖義者君子居身之珍也不以義裁之則進退之宜未協雖其用世之志或欲樹功烈於一時要之所守之戾於道者多矣而何足以語周身之防時者君子應變之會也不以時權之則通變之宜以昧雖其憤激之爲或能垂聲稱於一世要之所行之不合於中者多矣而何足以語相時之義是故道隆則隆道污則污裁之以義之謂也樂則行之憂則違之權之以時之謂也此出處去就所以惟聖賢爲能不失其正而執此以論後世之士則其是非得失有不辨而自明矣愚嘗觀古之人莘野躬耕三聘乃起渭陽韜迹後車是載伊吕之所以求志達道者何其事業之光明也轍環列國道不苟徇歷聘齊梁身無少貶孔孟之所以行己應世者何其禮義之中正也自三代之風還而全節之士日少自聖賢之道晦而時中之義無聞漢唐以下諸子之出處去就則不免可議者多矣以出處言之商山采芝富春垂釣而身不可屈者非四皓與嚴光乎名重公輔望繫蒼生而相繼就辟者非謝安與殷浩乎王良就安車之徵而爲諫議樊英應玄纁之聘而爲中郎將陶弘景不屈梁武手敕之招李渤不就唐宗拾遺之拜以至李泌之起爲觀察种放之召爲司諫是數子或潔身以全遯世之名或乘時以赴功名之會其出處之得失昔人固已論之矣自今言之歌唐虞之日遠者志非不高也然能起然於嫚駡之主而不免輕身於羽翼之謀則商山之不得爲首陽者乃其所守之不固也彼桐江一絲足以維東漢節義之緒子陵之清風夫豈四皓之比哉以管葛而見推者名非不重也然徒有經略中原之志而不能成北伐之功則不免廢徙於桓温者乃其虚名之爲累也彼淮淝之捷有以扶晋室幾危之統安石之器略夫豈深源可及哉王良樊英自度無可以效用則固辭不起可也既已受其官爵矣而無奇策以匡時又不勇决以去位是豈高尚其志不榮以禄之義乎故往來屑屑之拒進退無據之議友人所以責之者當矣弘景李渤若未忘情於斯世則應召而起可也既已稱疾歸山矣而或預國家之大議或奏朝政之得失是豈不在其位不謀其政之義乎山中宰相之稱少室索

價之誚當時所以譏之者是矣五不可留李泌之還山何其果也使所志克終則其出處之光明孰能議之而乃俯首於觀察判官之行何哉彼代宗以萬乘之尊不能庇一舊友事已可行猶不知拂袖長往幾致殞身之禍焉泌亦不量其君而不安義命之過矣不可惜哉終南隱居种放之抱道何其高也使所守果堅則其清修之操孰能尚之而乃屈志於司諫之召何哉況賜還而復詣京師東封西祀無不預賜卒之誇飾輿服不免京兆之劾焉放亦自喪其守而不善於處達之過矣何足道哉夫就數子而論其心迹其優劣固不能不殊然要其出處之不能盡合於聖賢者則愚所謂不能以義裁之者也以去就言之請老乞骸者二疏也而受爵不去非蕭望之乎絶迹梁碭者申屠蟠也而甘心黨獄非李膺乎張翰之秋風興嘆陶潛之彭澤歸來錢若水之求解樞職崔與之之控辭相命以至裴度之緑野退閒司馬光之洛陽復起是數子或遺榮以明恬退之操或委身以畢徇國之義其去就之是非在昔人亦有評之者矣自今言之元帝之闇何如也廣受懼有後悔而移疾引去得止足之義矣望之身爲師傅無罪廢黜則高蹈丘園可也賜爵關内朔望趨朝果何爲哉其亦昧於明哲保身之道矣靈帝之時何時也申屠蟠逆知其禍而絶迹自泯得見幾之智矣李膺身負大名既出黨獄則避地而隱可也事不辭難罪不逃刑果何意哉其亦悖於亂邦不居之訓矣張翰之思蓴引去也蓋見晋室之將亂故托歸以求免於禍其意微矣若陶元亮彭澤作賦而不垂情於五斗之微是能委運大化者也況其義熙紀年忠晋之心又不有可尚乎錢若水之急流勇退蓋見太宗以爵禄輕士故爲高節以感動其主其守卓矣若崔與之成都乞歸而控疏以辭理宗之召是果於忘君者也然其清節屹然治蜀之績又豈可少也哉裴度之優游緑野非功成身退之道乎然而罷政未幾復有入朝之請晚年爲李訓所引而不耻與之并列焉是不知不可則止之義也或者猶以浮沉爲譏不亦過乎司馬光之獨樂名園非知難而退之義乎然而自洛入臨竟就僕射之命卒與公著同心而弼成元祐之治焉是真有旋乾轉坤之功也或者猶以紛更爲言不亦過乎夫就數子而論其制行其得失固不能不异然要其去就之不能盡合於中正者則愚所謂不能以時權之者也雖然論人貴嚴而取人貴恕彼諸子固難律以聖賢之道矣然其中豈無一二之不詭於道乎清風高節吾得之子陵樂天知命吾得之元亮若夫謝安石司馬光崔與之之經濟足以匡時而定國二疏申屠蟠錢若水張翰之節操可以立懦而廉貪雖於道未聞亦聖賢之所必與也下此而殷浩蕭望之陶弘景种放之徒無足道矣吾獨惜乎以元禮之公忠而不能沉晦以貽名賢之禍以鄴侯晋公之事業而爲晚節

之進退所掩使千載尚論之士猶有遺恨焉可慨夫然執事猶欲於數子之外而求出處去就之無愧於道者愚嘗求其人其惟漢之孔明乎高卧草廬不求聞達及感三顧之勤乃許先主以馳驅隱居行義之猷隱然伊吕之儔匹也其惟宋之朱子乎不辭州縣不拜提刑召對雖頻終不能安其身於朝堂之上仕止久速之間宛然孔孟之家法也君子由孔明以求伊吕之志由朱子以希孔孟之學則出處去就之間安有不合於道而戾於時也哉嗟夫孔孟未易學也伊吕之遇亦豈易哉然則未至聖賢而求善其道者宜何如其必先之以自守乎是故寧爲伯夷之隘毋寧爲柳下惠之不恭寧爲薛方之介毋寧爲唐林之通寧爲尹和靖之不對策毋寧爲楊中立之應召而出如是則庶乎無失己招尤之病而可以立天下之大節可以辨天下之大事矣執事以爲何如

第五問

趙芳

同考試官教諭馬批（説貴陽時事痛切而區畫補救之方尤中肯綮信可見之施行者）

考試官教諭陳批（敷陳時務切中機宜取之）

考試官教授吴批（經世之才具見是作）

法可因也君子以裕天下之治而不謂膠於其故法可革也君子以成天下之務而不謂拂乎其經蓋法者人之所爲而時與勢者則法之所由以通變而非人之所能爲也故時有古今不得不與時而升降勢有因革不得不與勢而推移上之所作而善也下之所由而安也則無貴於紛紛更以决天下之坊君子亦守其常而已矣利不易不興也蠹不易不去也則無貴於因循以滋天下之弊君子亦通其變而已矣法久則弊酌時與勢而得夫通變之宜以維其法於可久者非君子謀國之善曷克與於是哉執事以時務策諸生而即善聲知轉善言知變爲喻蓋謂法以通變爲尚固矣然愚又聞之曰利不十者不易業功不百者不改常則法其可以徒變爲哉夫貴固古荒服也洪惟我太祖高皇帝先之以廓清底定之功成祖文皇帝繼之以經綸規畫之道蕃臬建而省會之勢尊郡邑增而聯絡之制備土流兼設宣控馭之宏猷戎衛錯置張震叠之神武蓋彬彬乎與中土并隆而不復狃於前代羈縻之舊矣顧二百年來風氣以漸而開則儀制不若始之朴而簡也文爲以漸而增則經費不若始之殺而約也情僞以漸而滋則俗習不若始之淳而龐也此非時勢之所趨而不容已於神化宜民之道者歟以兵言之貴無兵也而勾中州以隸籍者制也但日削於介胄之士存者靡樂其生去者靡補其缺一所之軍計不滿百一屯之居計不滿十如是而可以備緩急之用乎惟

夫杜掊剋之私蘇役遣之困則戎伍獲於寧居而武備可以張皇矣議者謂附貴列藩嗣有充發之戍悉以隸貴庶補逃伍之虚是亦救弊之大權乎以食言之貴無食也而資川湖以協濟者制也但額缺於常數之供未納者藉口旱澇之傷已納者坐困飛輓之遥約其一歲之入不足以供一歲之出如是而可以禦倉卒之變乎惟夫時巡以督其課潔己以厚其民則田賦樂於上輸而儲蓄可以常盈矣議者謂以利害言則川湖自固二省之門户以大義言則川湖共守朝廷之疆圉是固立法之初意乎驛傳之差額派於民而代當於軍制已殊乎中土矣初猶支費之寡也今則馳以三省之使倍以抑勒之需蓋靡然敝矣以仍諸民則深逃乎林箐以責諸軍則額外已不堪舊制滇省有輸助之銀然供應之煩不敷也誠使冗票必革不以徇夫濫借之差需索必懲不以寬諸生事之輩庶驛傳之倒懸解矣而軍可也民亦可也又何俟於滇省之歲遺乎站堡之伍不以城守而以之迎送制已殊乎中土矣初猶宦轍之之稀也今則行李之往來山徑之負戴蓋雜然煩矣輕者間日一差重者月無虚日往歲督撫有限扛之議然條約之示罔聞也誠使募其少壯填夫空乏之伍均其多寡濟以通融之法庶站堡之奔命蘇矣而增糧之議亦無見於課有定額也夫豈折衷之定論乎民資於田田資於水也貴之崇岡插天隴畝列焉并藉夫天澤之濡耳浹旬不雨民且狼狽而公家之賦不輸矣然陂堰之疏築有方則天時之旱澇有備如史起引漳水以溉鄴而舄鹵稻粱之咏至今膾炙人口也不可仿而行之乎民有華夷性無間於華夷也貴之黌序并興弟子充焉咸利夫占藉之流耳諸酋之子不得在列而獷戾之性自若矣然禮義之化導既至則蠻貊之忠信可行如常衮明教化以率民而曼胡青衿之效至今燦然史策也不可仿而行之乎事不統於一則令泥難行今湖之衛所錯列於鎮仁之墟川之府司分據於思銅之境在彼爲僻壤既阻於撫綏之不逮在我爲要區又病於控轄之不專以勾攝則梗令而奸宄之訊詰爲艱以徵呼則亡命而税糧之逋負日積在昔守臣有割平清偏鎮之疏諸司有割永播烏芒之議豈非經遠之猷而今日之所當申請者乎化不必於更則患滋難彌今土司之大者逞衆横行而蠶食無已小者乘機竊發而侵掠不休骨肉相殘安然不覺其非父子就戮恬然不知所畏興師問罪率遠遁以自全移文督責又空言而無補即其一時强梗之迹雖殄滅郡縣之豈曰不宜念其先世歸服之忱仍化誨而懷服之未或不可豈非彌患之策而今日之所當參酌者乎夫天下一家也必其綜理得人而後一家之事無不理若任其縱横而漫無統紀其不至於决裂者幾希天下一身也必其血氣周流而後一身之養無不周若隨其耗竭不知節宣其不至於危亡者幾希嗟夫今貴陽之事何以异此兵不足以實伍也司兵者貴有優恤

之方糧不足以充餉也司計者貴得催科之善驛傳懲騷擾之奸則館役樂於趨事站堡酌均平之則則疲伍幸於息肩司牧者史起其人則灌漑之利溥而田皆沃壤矣司教者常衮其人則椎結之習變而人皆冠裳矣畫一之議定則規制善而治有裨於邊疆化誨之令行則悔悟興而患或彌於旦夕譬之理家者有綜理之術無決裂之憂善理家者也理身者有保衛之方無耗竭之害善理身者也愚生竊伏荒陬曷與經國之遠猷而目擊時艱扼腕而展轉於懷者亦有年矣狂瞽之見幸承明問以復惟試聽而終教之

貴州鄉試録後序

歲維庚午大比黔士報成爲賢書以獻彬職當有言乃晋多士申告之曰咨爾多士蔚乎文哉邦家之光也奚翅光于黔乎哉夫黔昔在荒服之外其俗喬而野樸而不文狉狉然夷也今濟濟乎彬彬乎即中州莫踰焉是聖天子文教之漸被薄海内外罔不率俾以臻于此猗與休哉彬始至黔竊計黔士之選止三十人爾殫厥心以圖之可使無遺賢已及縱觀其文而讎校之言人人殊咸不詭于道炳耀焜煌悦心而炫目比比是已真賢良在兹乎寧盡于兹無遺乎而數止于三十額限之已將若之何既而思之亦既殫厥心矣若有一名世者出于其間以佐成聖天子文德之敷其爲邦家之光不既大乎奚以多爲虞臣以五周臣以十振古得賢之盛莫與媲美矧黔之選於周三之於虞六之不既多乎比屋可以班瑞罝兔可以干城虞周之治固如此也士毋謂黔而少之諸有司有厚望焉雖然文治之盛黔于今蔑以加已文之盛質之漓也寧毋思其敝乎孔子贊周曰郁郁乎文哉故從周懼其文之盛其敝也至于不慚故又曰從先進先進失之野奚從焉從其質也救文之敝莫如質與其不慚也寧野以質之尚存焉耳子欲居九夷其從先進之心乎今黔非昔黔已其文之始盛質之始漓乎識之早返之易爾語曰既彫既琢還乎其樸爾多士念之哉毋不慚于文而忘其質毋師先資以徼榮而忘名世之實毋飾詐以怙寵以貽有司不適之讁毋身便是圖以負主上痌瘝求賢之急尚念之哉頃者蕞夷冥頑梗化聖天子用師於黔乃于黔士之選尤汲汲焉不可以觀上意所嚮歟昔在帝虞有苗弗率命禹徂征益贊之曰惟德動天無遠不届舜乃誕敷文德舞干羽于兩階有苗來格今選士以文矢文德也鉛槧之操其干羽之舞乎籲俊以尊帝天且格之矧兹有苗爾多士尚以虞周之俊是期乎故敢于末簡猷告于爾多士以終文德之義云

江西饒州府餘干縣儒學教諭陳彬謹序

萬曆四年貴州鄉試録

貴州鄉試録序

今上龍飛四年爲萬曆丙子兩畿十三省復當秋試在貴州則巡按御史秦時吉實監臨之先期走幣四方聘諸文學既至則以登龍暨教諭陳光宇爲考試官教諭謝蘇王汝爲靳邦僎爲同考試官提調則屬之左布政使李心學左參政林澄源監試則屬之按察使林烶章副使王天爵餘百執事咸慎簡以充八月丙寅會於舉院御史曰爲國求賢允惟鉅典小大外内宜罔弗欽持衡惟平秉鑑惟明諸文學事也慎之哉章程必備矩矱必飭藩臬及百執事事也慎之哉既肅戒而身率之群工各敬官軌度越三日已巳合提學副使鄭旻所選士九百有奇試之壬申再試乙亥三試遵制額拔其尤者三十人并梓其文之優者二十篇爲録以獻登龍當敷言於首簡乃言曰於乎多士誕兹遜土荷被聖祖神宗屢世熙洽之仁明天子四載維新之化自蒿萊中穎脱而出列於鄉書得上春官冀待對於大庭無論收與不收行皆有一命之寄迨今伊始稱帝臣矣其何以仰答鴻造以明事君之義而盡爲臣之責乎於乎多士爾固皆以明經進者也易首乾坤尊卑定矣含章從事貴於有終有終者不二心之謂也明乎不二心之義可以爲臣矣股肱耳目書則况之以衛腹心以戴元首崇一體也明乎一體之義可以爲臣矣夙夜匪懈詩不云乎思皇多士厥猶翼位之不懈民之塈也民有攸塈然後足稱靖共矣明乎靖共之義可以爲臣矣春秋紀事王必稱天覆冒之下何所逃乎宣猷勠力皆其分也明乎無所逃之義可以爲臣矣禮以表坊嚴乎冠履服勤無隱是謂不欺明乎不欺之義可以爲臣矣於乎多士有司者固皆以爾爲明經進者也念之哉爾尚思我祖宗聖武神功闢爾封疆貽爾家室囿爾庠序皇上知臨顯比羅爾科目榮爾冠紳寵爾禄位恩私廣厚海嶽崇深勉效涓埃以抒悃赤毋諉曰遜土之人未易表見甘心自外有負清時我聞曰玉韞山輝珠潛淵媚蓋言藉也然崑岡合浦豈皆近地哉人才之生亦何限於地也封建之初何啻貴筑亦何啻五嶺百粤即八閩四蜀皆稱裔土一有名世者出遂蔚爲文獻大邦由此言之果人以地重抑地以人重耶考之張九齡范鎮朱熹真德秀諸君子固閩蜀百粤之杰也其所樹

立表見微獨當時倚之爲重歷今千百歲仰之曰名臣曰真儒尚聞風而興起也朱子集諸儒之大成者爾諸士資經術以靖獻類宗朱子之説以探聖經之藴觀其言雖人人殊要皆闡道德之奥而盡義理之極者也果能言行合一終始不渝存之足以修身而復性推之足以尊主而庇民將輔世之烈名重泰山擬則前修三代之英何遠焉譬之連城照乘肇迹益遐天下之珍重之也益至豈地之所能限乎若乃借聖言以爲邀爵之階取世榮而忘忠藎之念是利禄之臣也即貴筑之士亦羞與爲伍矣昔楚臣論寶也謂聖能輔相國家則寶之玉與珠能庇穀禦灾則寶之若夫譁囂之美非所寶也而况乎珉之眩玉魚目之眩珠也哉是故誠僞之分明經者所當致辨而始進籍爲致身之準也孔子曰臣事君以忠忠則誠而無僞矣登龍不佞濫竽校文之役竊附於以人事君之義故惓惓以臣事君之説爲爾多士告於乎其共念之哉是舉也前巡撫右僉都御史嚴清夙敦文教遷秩甫行今巡撫右僉都御史何起鳴新奉簡綸擁旄適至刑部郎中錢錫汝總兵官署都督僉事吴國議獄詰戎同有事於兹土右參政陳洙右參議劉世賞梁士楚副使張守中楊起元僉事王恩民署都指揮僉事許文張奇峰右參將侯之胄咸有綜理防範之勞左參議李與善僉事周汝德署都指揮僉事楊仲雖預期入賀亦嘗與聞其事者也法得併書云

河南彰德府儒學教授顧登龍謹序

萬曆四年貴州鄉試

監臨官

巡按貴州監察御史秦時吉(脩之陝西南鄭縣人　戊辰進士)

提調官

貴州等處承宣布政使司左布政使李心學(景顔直隷臨淮縣人　丁未進士)

貴州等處承宣布政使司左參政林澄源(仲清福建莆田縣人　已未進士)

監試官

貴州等處提刑按察司按察使林烶章(繼暉福建莆田縣人　庚戌進士)

貴州等處提刑按察司副使王天爵(子脩直隷吴縣籍歙縣人　已未進士)

考試官

河南彰德府儒學教授顧登龍（子汲直隸吴縣人　辛酉貢士）

江西饒州府安仁縣儒學教諭陳光宇（少誠廣東順德縣人　戊午貢士）

同考試官

福建邵武府邵武縣儒學教諭謝蘇（時秀江西崇仁縣人　戊午貢士）

廣西潯州府貴縣儒學教諭王汝爲（子宣廣東瓊山縣人　辛酉貢士）

江西贛州府定南縣儒學教諭靳邦僎（文薦廣西桂林中衛人　甲子貢士）

印卷官

貴州等處承宣布政使司經歷司都事歐陽守（權甫江西龍泉縣人　監生）

貴州等處提刑按察司照磨所照磨張應舉（國彦雲南馬龍州人　吏員）

收掌試卷官

貴陽府知府李濮（伯清直隸濬縣人　丙午貢士）

石阡府知府鄭一信（廷允福建惠安縣人　乙丑進士）

受卷官

都勻府知府段孟賢（汝愚江西湖口縣人　壬戌進士）

思州府知府莫如德（惟一廣西融縣人　丙午貢士）

銅仁府知府張重（任之福建莆田縣人　癸卯貢士）

鎮遠府知府毛棟（隆甫江西吉水縣人　官生）

彌封官

貴陽府同知高任重（少仁雲南廣南衛籍直隸碭山縣人　壬子貢士）

貴陽府通判趙友仁（德輔雲南建水州人　甲子貢士）

貴陽府推官常正和（致卿四川富順縣人　辛酉貢士）

都勻府獨山州知州雷學皋（舜輔雲南臨安衛籍應天府上元縣人　戊午貢士）

謄録官

貴州等處承宣布政使司理問所正理問陳子芳（惟秀福建懷安縣人　壬子貢士）

普安州知州蘇兆印（君錫廣東南海縣人　辛酉貢士）

鎮寧州知州嚴守約（君卓廣東順德縣人　乙卯貢士）

對讀官

思南府印江縣知縣陳汝和（中甫雲南左衛籍直隸鹽城縣人　庚午貢士）

思南府婺川縣知縣洪朝璋（德彰廣東海陽縣人　丙午貢士）

都勻府清平縣知縣陸遜（來吴雲南永昌衛籍直隸吴縣人　辛酉貢士）

鎮遠府鎮遠縣知縣李子明（應文雲南太和縣人　監生）

巡綽官

貴州衛指揮僉事朱永寰（天宇江西樂平縣人）

貴州前衛指揮僉事張雲鵬（騰漢直隸滄州人）

威清衛指揮僉事柳廷用（汝賢湖廣公安縣人）

新添衛指揮僉事馬騰高（子升直隸滁州人）

貴州衛後所副千户夏廉（惟清直隸六安州人）

貴州前衛左所實授百户馬騰雲（允升直隸濬縣人）

貴州前衛中所實授百户王曰賢（珮能江西新昌縣人）

新添衛左所試百户柳成棟（國才湖廣平江縣人）

搜檢官

貴州前衛指揮使葉逢榮（汝暢浙江麗水縣人）

貴州前衛指揮使張世卿（汝賢直隸丹徒縣人）

貴州衛指揮同知蘇九野（體仁湖廣武昌府人）

貴州前衛指揮同知楊雲程（道亨湖廣德安府人）

貴州衛指揮同知劉之良（元輔河南固始縣人）

貴州前衛指揮僉事佘文明（德孚直隸全椒縣人）

貴州衛指揮僉事曹繼先（述之直隸來安縣人）

貴州前衛指揮僉事徐行孝（希舜直隸望江縣人）

龍里衛指揮僉事陳天祥（元吉直隸當塗縣人）

貴州衛左所千户何惟清（汝廉湖廣大冶縣人）

貴州衛中所副千户鄒夢麒（國瑞湖廣黄岡縣人）

貴州衛中所試百户周朝陽（啓鳳直隸定遠縣人）

貴州衛前所實授百户蕭時芳（子民山後人）

貴州衛右所百户沈奇才（國用直隸丹徒縣人）

新添衛前所百户田見龍（文明直隸定遠縣人）

供給官

貴州等處承宣布政使司照磨所照磨劉縉卿（國士四川内江縣人　吏員）

貴州等處提刑按察司經歷司知事吴滋（開甫直隸丹陽縣人　監生）

貴陽府經歷司經歷姚一元（子仁湖廣善化縣人　監生）

普安衛經歷司經歷湯俊（朝美湖廣湘鄉縣人　吏員）

龍里衛經歷司經歷鈯國珮（朝重雲南太知縣人　吏員）

安順州吏目吴煌（廷光江西臨川縣人　吏員）

貴陽府盧番長官司吏目陳儀（尚德湖廣石首縣人　吏員）

貴州宣慰司龍里驛驛丞李奇芬（秉素湖廣沅陵縣人　吏員）

貴州宣慰司渭河驛驛丞黄金輝（文振四川西充縣人　吏員）

第一場

四書

子曰君子義以爲質禮以行之孫以出之信以成之君子哉　天之所覆地之所載日月所照霜露所隊凡有血氣者莫不尊親　取諸人以爲善是與人爲善者也

易

文明以健中正而應君子正也唯君子爲能通天下之志　順而麗乎大明　知周乎萬物而道濟天下故不過　利用安身以崇德也

書

惟德動天無遠弗届　念終始典于學厥德修罔覺　恭作肅從作乂明作哲聰作謀睿作聖　爾有嘉謀猷則入告爾后于内爾乃順之于外曰斯謀斯猷惟我后之德

詩

晝爾于茅宵爾索綯亟其乘屋其始播百穀　王在在鎬有那其居　昭兹來許繩其祖武於萬斯年受天之祜受天之祜四方來賀於萬斯年不遐有佐幵實維阿衡實左右商王

春秋

春王正月公敗齊師于長勺（莊公十年）冬公會晋侯宋公衛侯曹伯莒

子邾子滕子薛伯杞伯小邾子齊世子光伐鄭十有二月己亥同盟于戲（襄公九年）公會晋侯宋公衛侯曹伯齊世子光莒子邾子滕子薛伯杞伯小邾子伐鄭會于蕭魚（襄公十有一年）晋士匄帥師侵齊至穀乃還（襄公十有九年）夏六月庚申公會晋侯齊侯宋公衛侯鄭伯曹伯莒子邾子滕子薛伯杞伯小邾子盟于澶淵（襄公二十年）夏公會齊侯于夾谷公至自夾谷齊人來歸鄆讙龜陰田（俱定公十年）　秋及江人黄人伐陳（僖公四年）　公會晋侯齊侯宋公衛侯曹伯莒子邾子杞伯救鄭（成公七年）　夏叔詣會晋趙鞅宋樂大心衛北宫喜鄭游吉曹人邾人滕人薛人小邾人于黄父（昭公二十有五年）

禮記

以日星爲紀故事可列也　樂由中出故静禮自外作故文大樂必易大禮必簡　天子者與天地参故德配天地兼利萬物　采蘋者樂循法也采蘩者樂不失職也

第二場

論

人主以天下爲度

詔誥表（内科一道）

擬漢舉賢良文學詔（元光元年）　擬唐以陸贄爲中書侍郎同平章事誥（貞元八年）　擬宋以范祖禹爲右諫議大夫兼侍講謝表（元祐四年）

判語（五條）

人户以籍爲定　致祭祀典神祇　公事應行稽程　軍民約會詞訟　修理橋梁道路

第三場

策（五道）

問　古之聖帝明王所以躋盛德熙洪業莫不由學以成唐虞三代尚矣詩書所稱可得詳歟自漢而下有表章六經者有詔講五經石渠者有幸三雍升堂辯説問難者有會同异白虎觀者有增學舍生儒撰定五經正義者有詔史舘日進太平御覽者有置春秋解座右讀中庸序不釋手者播于史册足爲千古美談似矣乃其效卒不古若何歟明興稽古右文建學弘化我太祖高皇帝掃胡元之陋納之綱常倫理之中成祖文皇帝黜百家之雜統以四書五經之正天下翕然

知道之有在學之有歸也列聖相承授守一道雖宏綱庶政莫可殫述要皆以務學爲本文明盛治淪洽二百餘年迨我皇上茂齡纘序益懋化理即位之初首親講筵嘉納輔臣帝鑑圖説邇者諏日臨幸太學躬爲多士倡皇心所注靡然回心嚮風矧以涵濡之久乎聖德日新海宇康乂遐荒要服咸訖聲教斯重學之驗已誠軼堯舜禹湯文武而陋漢唐宋於不足言者可得而鋪張揚厲歟抑又聞之宋臣人之進學莫不於少時蓋恐數年之後不如今日之專而重爲其君惜時今欲殫忠竭慮益爲聖天子惜時之助奚道而可願畢其説將爲轉聞于上

問　立德立功立言古人所謂三不朽也宋歐陽脩則謂顔回默然如愚人當時諸子有能政事言語者皆推尊之而後世更千百年亦未有能及之者然則其不朽而存者功與言果不足恃歟功之與言其亦有外於德歟宋史有儒林傳以紀群儒矣然周程張朱乃更爲道學傳道學與儒果有二致歟當時稱道學與朱熹鼎立爲三者顧道學傳又有與不與何歟我朝道隆化洽高出前古而翼運亮采諸臣勛業爛焉後先相耀近世輯皇明名臣言行録固紀其樹立之偉以鳴國家得人之盛矣或又摘其既録者四人廣其未録者十一人各加論贊名之曰理學云夫所謂理學者即宋之道學歟抑造詣或有不同歟不知此外尚有默契道體而可與數人并傳者歟仰止前脩士之止務也其詳言之觀嚮往之素

問　吾人立身宇宙間所謂耿耿不磨者維忠與孝而已昔賢遺躅輝映史册其大節塞天地至行通神明者吾無議已特其迹在可疑心未易白而論亦有難定者試舉一二相與揚榷之漆身吞炭五起而不忘國士之報忠矣然晋陽之役何頓忘三諫之規臨食舍肉一言而開誓母之惑孝矣然伐許之舉何不能懲一朝之忿挾吴成入郢之功復父讎也然累世食君之禄可無念乎絶裾急江左之行忠所事也然終身無復返之期是可忍乎蕩陰之節高矣而忘情一本之思其視育詩興感而徵辟俱辭者孰爲是也剖冰之行篤矣而甘心二姓之事其視賦辭見志而丘園終身者孰爲優也涉九折之坂而願忠願孝不同聞質母之招而從君從母或异斯皆古人忠孝之迹也因迹以求心其得失亦有可議者竭力致身之訓諸士子童而習之久矣稽古之餘必有折衷之論幸詳言之

問　兵者所以威不軌而昭文德而將則三軍之司命也顧用兵之法無常而將之材品亦未易辨宋人論將有賢將才將之分而謂衛霍輩爲賢將韓信輩爲才將其説果然歟數人皆非宿將一柄用而勛業爛然將何法以知之歟孫子論兵奇正不可勝窮矣乃若召陵之役謂或聚而爲正或分而爲奇唐之平淮西也或以李光顔之據郾城爲正李愬之襲蔡城爲奇其果然歟抑兵法即正爲奇

即奇爲正有不可以形泥歟苟况六術五權三至之論其於賢將才將何以屬之魏相特著義兵應兵忿兵之目然則奇正之變似又非所急與夫有文事者必有武備諸士於此藴之有素矣其爲我詳言之毋諉曰軍旅未學

問　漢開酒泉武威等四郡通道西域隔絶羌與匈奴交援之路雄略至今賴之貴州昔爲楚蜀徼外羈縻無專屬然實滇越門户云前代不知疆理貴州故失滇中沃野之利而南詔憑險跳梁爲中國邊鄙患歷宋而未艾也我太祖將廓清雲南先經略貴州肇建都司制普定牂牁阻深之區屯戍聯絡亭障相望諸夷帖伏山谷稱雄鎮焉成祖因田宗鼎輩擅兵相攻既置之法遂緝其地建藩臬諸司稱埒十三省民庶寧謐文教聿興大一統之盛蓋開闢所未有也豈特與漢之開酒泉等郡比烈哉然承平日久蠹耗日生亡論戍兵單弱即編氓亦日就凋敝黠夷乘間竊發每廑當事者之憂而説者則謂長養招徠最爲今急務其果然歟考之漢時趙充國留屯湟中上便宜十二策四郡卒賴其利今度貴州道里之形及坡阪民所未墾類與酒泉無异昔人募民實塞及就草爲田之策有可率而行者乎抑久安長治之略固不止於此也多士生長其地籌之必熟故欲切磋究之

中式舉人三十名

第一名　孫思述　普安州學生　書
第二名　沈　權　永寧衛監生　詩
第三名　程文燦　貴陽府學生　易
第四名　李廷楨　鎮遠府學生　春秋
第五名　楊念祖　普安州學生　禮記
第六名　姚之賢　新添衛學附學生　詩
第七名　顧爲麟　清平衛學生　易
第八名　楊應霈　威清衛學生　書
第九名　鄭國柱　鎮遠府學增廣生　詩
第十名　安其善　普定衛學增廣生　春秋
第十一名　鍾國芝　都匀府學生　易
第十二名　高如嵩　畢節衛學生　詩
第十三名　李　淳　思州府學生　書
第十四名　方民敬　石阡府學生　禮記

第十五名　劉順時　貴州宣慰司學生　易
第十六名　韓秉彝　畢節衛學生　詩
第十七名　曹育賢　貴州宣慰司學增廣生　書
第十八名　錢效節　新添衛學生　易
第十九名　薛鳳章　普定衛學生　詩
第二十名　婁九成　普定衛學生　詩
第二十一名　陳　泮　安莊衛學生　春秋
第二十二名　孫應陽　清平衛學生　書
第二十三名　黄　宇　平壩衛監生　易
第二十四名　張守剛　思南府學生　詩
第二十五名　王嘉賓　普安州學生　易
第二十六名　鄭國才　鎮遠府學附學生　詩
第二十七名　薛彦卿　貴陽府學附學生　禮記
第二十八名　胡國屏　普定衛學生　詩
第二十九名　劉鳳儀　鎮遠府學生　書
第三十名　熊應祥　貴陽府學生　易

第一場

四書

子曰君子義以爲質禮以行之孫以出之信以成之君子哉

孫思述

同考試官教諭謝批（義禮孫信總是一理别而言之各有歸趣士子類能成文殊少體認是作説理詳明而措詞穩貼録以式）

考試官教諭陳批（深得夫子立言之意是善於處事者録之）

考試官教授顧批（説理之文允冠多士）

聖人詳君子制事之道而深與之也夫主之以義而禮孫信以濟之制事之道盡矣不謂之君子哉夫子示人之意若曰天下之事本有定理而人之處事恒無全能其惟君子乎知事無常形而裁制之在吾心者即謂之義也于是隨事以觀理而其行其止惟以義權之也虚心以順應而或從或違惟以義斷之也一義立而事之質幹具矣由是而行之必以禮焉品節詳明俾協乎嘉會之則而不至過乎中也出之必以孫焉從容不迫俾適乎退讓之休而不至失

於矯也成之必以信焉以實心任實事俾始終皆一誠之貫徹而不至失之僞也夫義以爲質則適莫不存運於心者既有定準禮行孫出信成則中和交濟措於用者又有全能一事而衆善備焉是謂慮善以動君子所以酬酢萬變而行無不利者胥此也一動而衆理該焉是謂以理應事君子所以經綸天下而推無不準者胥此也謂之曰君子哉信非夫人之所能與矣欲處事者可不以是爲則哉抑四者信處事之要矣夫子他日又獨曰義之與比何哉蓋義其本也禮孫信特以善其用於不偏耳使義有不立雖有禮孫信欲施之得其當難矣易稱精義入神以致用夫精義而至於入神則於禮孫信一以貫之矣其於致用何有然則欲以義而制事者其必有精義之學而後可

天之所覆地之所載日月所照霜露所隊凡有血氣者莫不尊親

沈權

考試官教諭陳批（詞氣渾融筆力精健）

考試官教授顧批（此題極言聖德所及之廣子能根極造化聖化合一之妙且詞氣宏雅可以式多士矣）

中庸極言聖德之所被而愛敬盡乎人焉甚矣聖人德盛而化自神也則夫尊親之在人寧不極于天下之大哉是章明天道也意曰惟天下之至聖德固妙於感人矣曷自其化之所極言之彼宇宙至大舟車所不至有矣其孰能出於天地所覆所載之外乎人力所不通有矣其孰能遺於日月霜露所照所隊之區乎極覆載之所及而聖人易簡生成之德亦與之相爲無窮也極照隊之所届而聖人照臨正育之德亦與之同一無際也故於其間苟非人類斯已矣但有血氣而爲人者莫不仰大君之首出而顒然興元后之戴幸聖人之在上而油然起父母之懷分之所臨本有同尊焉而况通以皇建之極則凡則君以自治者敬仰之忱益會歸而不敢違也情之所屬本有同親焉而復聯以孔邇之感則凡待君以爲命者怙恃之愛愈依附而不可解也是蓋惟德之充積於中者能與天淵而同其盛故化之當可於外者自極天地而盡其廣所謂敬之信之悦之者豈但聲施於中國蠻貊已哉此所以爲配天之盛而天道無餘蘊矣抑論三才一理聖人感人心而天下尊親亦惟通之此心之理耳故以堯舜至聖不徒求之時雍風動之化而必本之克讓允塞之神語其治功之極至於日月順軌雨暘時叙肖翹動植之類無不各馴其性天地且感格焉况於人乎有志至聖之治必先慎所以感之者

取諸人以爲善是與人爲善者也

程文爍

同考試官教諭王批（孟子推尊大舜善與人同之旨此篇所講明透大於尚與子路之意隱然見於言意之□取之）

考試官教諭陳批（聖人公善之心發明殆盡）

考試官教授顧批（辭意俱到）

聖人之取善而有以善乎人焉夫善公理也舜取諸人而人因以勸其公天下以爲善者乎孟子深贊舜之大也若曰聖人善善以天下者也故不徒有以成乎己而又有以成乎人予於大舜見之矣舜之取諸人也固將會衆善於一身也而豈知其即以兼善天下乎蓋好善者虚其心則心之所感有善者將致力焉而益决其嚮往之機樂善者遜其志則志之所通有善者將激發焉而益務其進脩之實人固有爲善而未能自信者而好問好察適與之相孚則幸所長之見好將深信夫善之可爲而因所能以勉其所未能皆有舜以誘其進也人固有行善而未能自堅者而稽衆用中適與之相遇則幸一善之見用將益堅其志之所向而因所至以勵其所未至皆舜有以作其趨也取之以爲玄德之資而在野之敏德者愈奮焉遷善存乎人所以默助之者舜也舜固不知其與善也取之以爲帝德之助而在朝之迪德者匪懈焉進善由乎人所以默與之者舜也人亦不知其爲與也始焉以天下之善而善其一身繼焉以一人之善而成乎天下夫是之謂善與人同而舜之所以爲大也與抑是道也天地之道也易之咸其象爲虚虚則能感不言感而言咸無心之感感之至也大舜虚心以取善其與人爲善也感之以無心而已矣天地感萬物聖人感人心其致一也故曰聖人與天地合其德

易

順而麗乎大明

顧爲麟

同考試官教諭王批（本題專重人臣之順此作得之而文體正大詞藻蔚然誦之令人醒豁佳士也心服心服）

考試官教諭陳批（洗盡陳言深入理窟）

考試官教授顧批（方正整齊卓有古意）

人臣順以從君可以見獲寵之由也甚矣順者人臣事君之正道也卦具是德焉其以功而獲寵也有自哉夫子傳易彖以示人蓋謂人臣之事君也非建功之爲難而盡道之爲貴晋康侯之所以受寵也驗之卦德而得其道矣是故下體

坤也而其德爲順上體離也而其德爲明以坤而麗乎離明焉則是慶明王之御極而嚴恭以覲其耿光睹大君之智臨而篤棐以揚其休命守含章之貞而忠藎以自獻也顯比之猷有以總乾綱之斷吾惟無成以代其終而已謹匪彭之戒而靖共以自恪也懋昭之德有以端鼎命之凝吾惟安節以承上道而已服休服采分固有崇卑也而媚兹之忱不因分而或异有孚在道奉天子之明威焉蓋其以事天者事其君翼翼忠敬罔敢懈於位矣雖有功也安敢以自矜哉筮仕宦成時固有先後也而欽若之念不以時而或殊謨明弼諧順我后之明德焉蓋其以事親者事其君亹亹忠愛無所解於衷矣雖有勞也安敢以自伐哉吁人臣能忠順事上如此則以之建功而勛在王室者此也以之居功而忠結明主者此也此其所以受恩紀之隆歟嘗因是而論之君明臣順天下之福莫大焉皋陶賡歌惓惓於元首之明股肱之良都俞之風千載猶想見其盛也商之咸有一德周之赤舄几几允媲休矣學者讀詩至於柔嘉柔惠之咏其猶幸古道之存乎

知周乎萬物而道濟天下故不過

程文燦

同考試官教諭王批（仁以成知故能無過此作發明殆盡且詞調古雅氣象正大善作也敬服敬服）

考試官教諭陳批（文體端正渾融中含蓄許多意趣）

考試官教授顧批（詞意精到無踰此篇）

聖人智盡而仁至焉德之協於中也蓋仁智合一存于聖也智以周物而仁以濟之尚何有過中之弊哉昔大傳之意若曰吾性本具夫仁智之全而盡性實立夫人物之命何則萬物本吾一體無一非吾智之所當知無一非吾仁之所當濟者也使智及而仁不足以充之過之不能無也聖人則神明妙於内蘊而睿哲所照悉旁燭之無疆惠愛溥於由衷而美利所敷咸潤澤之無外周知乎民隱也而教思容保永底蒸民之生焉於人無所不濟矣周知乎物情也而裁成輔相各得庶物之宜焉於物無所不濟矣夫如是而何有於過乎蓋智之昭也高明如天者固以肇夫仁仁之顯也博厚如地者尤以實夫智吾見明通繼之以公溥人物之性盡而盡性之功克協于大中之矩斯其爲道之全也夫豈偏於智而失之蕩哉知明繼之以處當内外之道合而所性之德允協於時措之宜斯其爲德之至也夫豈智之鑿而失其真哉吁此見聖人盡性之極而所以克肖天地於不違也然其道何嘗不資於易哉雖然吾性之理一而已矣明此之謂智行此之謂仁所以成己者此也所以成物者此也至誠盡性以

盡人物之性成參贊之化特舉而措之而心易之藴固不取必於遍物以爲知濟衆以爲仁也學易者宜致思焉

書

念終始典于學厥德修罔覺

孫思述

同考試官教諭謝批（融會傳意成文説理精切而詞復冲雅是深于書者）

考試官教諭陳批（理精詞暢）

考試官教授顧批（典邃）

學有不息之功斯德有默成之妙焉夫德由學而進也學無止息而德之修也不自知矣傅説論學而推極于此若曰帝王有兼體不偏之學有至誠無息之功是故教人之與自學雖有始終之序而其功恒相因者也使一念有間安望進德之妙乎要必兼體用以并進恒持之念慮而有常合内外以兼修每操之淵衷而匪懈謙勤交致始之自學此心也終而推以教人亦孜孜而不倦焉蓋功無敢以偏廢心亦無敢以間斷也允懷于兹始之成己此念也終而推以成物亦亹亹而不忘焉蓋學不限於一偏心亦不間於一息也誠如是而德之修將何如耶蓋學也者學此修治之理即所以爲德也德也者得此修治之理非有外于學也其學愈純則其蓄愈盛而造詣自妙於默成其功益熟則其機愈融而聖修自臻於微妙無事致思而天德王道之日充淵乎機緘之俱泯蓋不止於修而來也而亦不知其所以修矣不事助長而全體大用之并進渾乎形迹之兩忘蓋不止於來而積也而亦莫覺其所以積矣至是則學古者已無餘功有獲者益有實驗又何有於建事哉王當知所圖矣抑此天道也天運不已聖人之心亦不已傅説既以憲天聰明告高宗此復以終始典學爲訓豈非望其法天作聖乎高宗聞言而良臣惟聖厥后堯舜之任即資於説其果於作聖有如此者此其克成厥德而中興商祚也與恭作肅從作乂明作哲聰作謀睿作聖

楊應霈

同考試官教諭謝批（發明五德自然之用處語甚渾成且通篇體格整嚴非究心天人之際者有是乎）

考試官教諭陳批（理到而詞蔚然）

考試官教授顧批（醇正可傳）

君子於五事之德而各著其用焉夫五德備於身本有自然之用也欲誠

身者可不敬以修之哉箕子演之以告武王若曰五事之在人也藴之於未發其德固具於各足驗之于已發其用亦妙於自然是故貌之德曰恭非有期于肅也莊敬中存則動容自中乎禮威儀之恪凛然其可畏焉蓋涵之爲恭即著之爲肅初非有异也言之德曰從從非有期于乂也和順内藴則擬議自成其章德音之宣秩然其有條焉蓋存之爲從即發之爲乂亦非有二也明爲視之德疏觀不蔽者其體也以之燭理則彰往察來見天下之賾而物無遁情哲非有异於明也即明之時措焉耳聰爲聽之德虚受不滯者其本也以之應務則揆事度物成天下之能而慮無遺策謀非有外於聰也即聰之默運焉耳以至睿者思之德也吾見其作聖焉至虚徹乎幾微而有感即通非聞見之所能囿至靈達乎幽隱而有觸即應非方體之所能拘肅乂哲謀之理蓋一以貫之矣聖之無不通者又非睿通乎微者爲之乎夫五德藴于中而其用見於外皆身之所全具者也人君敬以修之其於誠身也何有抑論修五事而必曰敬者蓋敬統動静而一之也静而能敬則有主而虚而德可立動而能敬則外物不累而用可行然其動也常本乎静而持敬者必自静始故又曰聖人主静立人極

詩

晝爾于茅宵爾索綯亟其乘屋其始播百穀

沈權

考試官教諭陳批（理明而確詞婉而莊）

考試官教授顧批（模寫豳人勤農重本之意典雅墾到詩義之佳者宜冠多士）

豳民勤趨乎治室之務者將慮乎農事之興也甚矣民事不可緩也若待時之已迫則不暇爲治室之謀矣其可以不亟哉周公陳豳俗以訓王也至此若謂國家以農事爲本非特君之所當重亦民之恒自急也不觀之豳民乎彼時未至於十月禾稼未同則宫功未可執也兹焉時既可矣以覆室者取諸茅晝而往焉皇皇其無怠朝也以葺茅者資乎綯夜而絞焉孜孜其無怠夕也於是亟乘其屋而治之上棟下宇之制不必求備而以蔽風雨恒於斯矣陶復陶穴之陋此其少新而以寧婦子恒於斯矣夫勤動於終歲而猶不敢少休於務閑之候胼胝於三時而猶不忍暫即乎一時之佚若此者豈好勞哉蓋以獻歲發春又將示以東作之期而天運人從復始事於百穀之播納之也未幾而播之也隨至苟於農隙之際而緩圖焉則繼此耰鋤之務服田之所有事也矣暇及於治室乎穫之也甫畢而殖之也嗣興苟於可役之時而愛力焉則自兹耕耨之事力本之當自盡也尚能爲居室計乎此我所以汲汲而不能自逸也吁

時方爲冬而遽慮於春事雖懷居而實爲乎食豳人始終憂勤不外乎農之一事君人者可不念哉抑此何莫非豳公之化以倡之也蓋其時去唐虞茅茨兢業之風未遠上之教詔惟農桑居食數者其民亦日習不見异物而遷焉故曰民勞則思則善心生周安得不興降此則奇淫雕刻傷農事者也而徹墻污萊之咏刺矣七月所以告也彼有欲繪爲圖以示其君者噫大臣之用心類如此

昭兹來許繩其祖武於萬斯年受天之祜受天之怙四方來賀於萬斯年不遐有佐

姚之賢

考試官教諭陳批（武王光前裕後之業敷揚殆盡）

考試官教授顧批（萬年得天得人意本相貫此作發揮明暢詞理精到文之佳者）

詩人美聖孝之著而因推其垂休之遠也蓋孝者天命人心之本也誠於其昭明者而不替焉則天眷人歸不與之俱永哉詩美武王之纘緒也若曰後先一道也故無所作於前者則無所成於後矣惟我武王求世德以成王孚光昭百代之洪圖永孝思以弘先德丕振一王之大烈其道固如此其昭明矣然是道也武王能爲可繼而不能必來世之繼其迹則爲子孫者有責耳使其鑑成憲而克循恒思締造之艱率乃祖而攸行不墜志事之善所以作求而配命者皆如武王焉將見昊天宗子其機相爲昭察者也既有以繩祖之武則亦有以受天之祜以爲天子常履帝位之尊也以有四海長享玉食之奉也而于京之對如一日矣於萬斯年以衍豐亨豫大之福我周殆世爲故國乎天命人心其理相爲依附者也既有以受天祜則自有以得人之心以修歲事玉帛執於萬國也以覲耿光車書萃於四方也而媚兹之誠猶前日矣於萬斯年以獲蕃宣屏翰之助我周不其世有良輔乎是則合天人以佑助歷萬世而不改雖后王繩武之效而實武王垂後之休有以裕之也此其爲可頌歟雖然亦在後人世守何如耳故啓賢能敬而後夏之典則爲弗墜而上帝是皇奄有四方誦成康之德不衰也嗚呼使繩祖武者世有人焉則天命人心久而愈固周雖至今存可也夫何菀柳之刺興而下武之詩絶響矣然則藉祖宗垂裕之澤其可忘繼述之思哉

春秋

春王正月公敗齊師于長勺（莊公十年）冬公會晉侯宋公衛侯曹伯莒子邾子滕子薛伯杞伯小邾子齊世子光伐鄭十有二月己亥同盟于戲（襄公九年）公會晉侯宋公衛侯曹伯齊世子光莒子邾子滕子薛伯杞伯小邾子伐鄭會于蕭魚（襄公十有一年）晉士匄帥師侵齊至穀乃還（襄公十有九年）夏六月庚申公會晉侯齊侯宋公衛侯鄭伯曹伯莒子邾子滕子薛伯杞伯小邾子盟于澶淵（襄公二十年）夏公會齊侯于夾谷公至自夾谷齊人來歸鄆讙龜陰田（俱定公十年）

李廷楨

同考試官教諭靳批（不師王事聖經望魯本意此作得之宜録以式）

考試官教諭陳批（嚴整）

考試官教授顧批（善發經意）

春秋於望國禦敵非道必要諸王道之極以責之焉于以見長勺之舉愧於伯而其去王益遠矣春秋所以罪乎慨昔齊魯構兵糾故之以長勺所爲戰也鼓之於彼竭我盈之餘逐之於轍亂旗靡之後孰不以門庭之寇利用禦之者不知已亂寡怨王者之事修辭備禦敵之方莊也幸一時之捷積大國之憤曹劌之謀左矣將焉用之君子曰若莊者可以語善戰矣不有不戰者乎智罃之善陣以之鄟門之師方集而于戲之信即成蕭魚之會鄭人所由中心以服也雖不戰愈於戰矣然此亦德衰也不有不陣者乎士匄之善師以之齊環之戚一聞而侵齊之旆遂返澶淵之盟齊人所由傾心以聽也雖不陳愈於陳矣然此猶不免於動衆也不有不師者乎夾谷之會魯之殆亦甚矣幸而孔子相焉左右司馬之具既有以謹其未然之防歷階而升之言又足以孚其同然之感我方告至三田遂歸一言重於三軍神功收於俄頃非聖人而能若是乎至此則智罃無所用其謀士匄無所用其衆而况詐以取勝如長勺者乎春秋主魯而責之者非欲其止於善陳善師已也蓋將以不師望之而進以王者之事乎觀此而聖人重兵之情見矣傳有之師之興由有争也魯始黨糾以争立則兵由此起安望其能不師如夾谷也哉世道日漓不師者吾不得而見之矣得見長子帥師如智罃士匄者斯可矣師九二云在師中吉无咎噫此亦春秋待天下來世意也

公會晉侯齊侯宋公衛侯曹伯莒子邾子杞柏救鄭（成公七年）

安其善

同考試官教諭靳批（予晉勤於安攘而楚鄭善惡該括無遺深得題旨

可録）

考試官教諭陳批（傳意精透）

考試官教授顧批（得旨）

春秋于伯兵之恤患而深美其得安攘之義焉于以見八國之會救也抑楚恤鄭義兼之矣晋景之得爲盟主也宜哉自繞角之志未伸嬰齊之師再舉晋於是合八國以救之君子曰是救也其内外安攘之一機乎維時鄭患則孔棘矣楚勢則益張矣使將非親行師非厚集抑何以挫强梁之勢拯危急之患哉幸而景也躬統三軍以恤難而宴安鴆毒之弗懷糾率八國以從戎而被髮纓冠之恐後以靖諸夏則天下稱仁焉反正之國至是始有寧宇而不爲江南之俘者晋遺之也否則仲羽之軍其備禦也非不切而匪晋爲援焉將何恃而不恐哉遏夷氛則天下稱武焉蠢爾之蠻徒兹蓄有戎心而不爲皇門之入者晋却之也否則予重之旅其荐食也且無厭而匪晋爲捍焉庸何憚而不肆哉噫簡書之畏撻伐之威久矣爲烈於天下也鍾儀獻而我武維揚軍府囚而華風丕振内由此安外由此攘矣其於前烈不有光哉春秋于此有取焉故特書救以美之知救者善則致救者不待貶而其罪自明受救者不待褒而其善自顯楚也鄭也咸具見於一書法之中矣聖人之旨深哉雖然主盟者固以安攘爲職而德其本也景也救鄭得矣然蟲牢不足以示禮于蒲不足以示信伐郯不足以示義其所以爲伯者亦末矣故雖得於保鄭終亦無以服楚求其如桓文召陵城濮之績不可得也先儒謂其無制諸夏之略信哉

禮記

樂由中出故静禮自外作故文大樂必易大禮必簡

楊念祖

考試官教諭陳批（題本精奥作者非膚淺則枝蔓獨此作透徹瑩潔深得本旨宜録以式）

考試官教授顧批（是達禮樂之原者）

記者詳禮樂之情而因著其自之善焉蓋樂静而禮文此其管於人情者然也易簡之善不即是而在哉樂記君子蓋曰大哉禮樂之道乎夫固合内外通造化而一以貫之者乎何則樂而曰中出者自其情之不可變者言之也吾見節奏本性術之源而文采根静正之體以成文而不亂也以從律而不奸也樂於是觀其深矣其静也何如禮而曰外作者自其體之不可易者言之也吾見物采昭會通之觀而經曲焕文明之止周旋之有度也裼襲之有章也禮於是乎增其美矣其文也何如夫樂而静焉所謂大樂與天地同和者然非以僞爲也以繩德厚一

順氣之流通以象事行本情深之發越是其理之恒易也其即乾之易知者哉禮而文焉所謂大禮與天地同節者然非以强世也以承天道而非徒飾于煩縟之儀以治人情而非有拂其秩序之本是其理之恒簡也其即坤之簡能者哉由是觀之可見樂由中出則求樂者當裕内以豫外禮自外作則求禮者當制外以養中内外交養禮樂之妙在吾心矣易簡之善配至德又何俟他求哉嗚呼禮樂之道原其始也本聖人以立其極要其終也參天地以同其化聖人修道立教固求端於天而獨探其原者也故曰明乎天地然後能興禮樂又曰大人舉禮樂天地將爲昭焉樂記之言其有合于中庸之旨也夫

天子者與天地參故德配天地兼利萬物

方民敬

考試官教諭陳批（體裁莊重詞氣明塏發揮聖人成能之旨殆盡杰作也）

考試官教授顧批（理趣融徹允冠本房）

大君能合於造化以其德之同而惠之溥也夫聖王能與天地參者唯其德也德配天地而物罔不被其澤焉盛德大業至矣哉昔記經解者若曰王者以一身而任繼天之責則必以一心而贊化育之功是故吾觀于王道而知其德業之大也今夫法象莫不於天地若難以參之矣惟夫天子中天地而爲綱常之主雖不必仰觀俯察自能相參於無間統宇宙而爲億兆之君亦不必崇效卑法自能相似於不違蓋天位于上地位于下聖王則成位于其中矣若是者無他亦惟德業之與天地準焉耳故以其德言之精涵易簡之善而成性之存妙合于確然隤然之理心體太極之全而純一之蘊允符于誠通誠復之機以高明則配天也以博厚則配地也擬之乾健坤順不其异形而同體乎以其業言之性真之所運而美利旁敷萬物自爲之咸若心極之所推而道化弘達萬世自爲之永賴高明而無物不覆也博厚而無物不載也擬之天施地生不其异用而同神乎夫其德業之隆而上下與天地同流如此此王道之所以爲大也歟抑論聖人參天地贊化育惟其誠而已誠者造化之樞聖人之本也使聖德少有不誠其何足以配天乎德不足以配天其足稱天之宗子乎然則天厚聖人而錫以德位之全者正欲其裁成輔相使人物各得其所也故曰聖人天地之用

第二場

論

人主以天下爲度

沈權

考試官教諭陳批（鋪序有體迥异諸作）

考試官教授顧批（聖君爲天地民物之王天下皆在并包之中賞罰好惡一皆至公至仁之施子獨能發揮詳備佳士也）

聖君大其心以仁天下而舉世咸歸其仁者豈有他哉亦唯純于天而已矣蓋天者群物之祖而斯道之原也聖君代天而理物法天而立道并包一世而甄陶之使無一夫不獲其所無一物不遂其生者天地萬物皆吾度内而無外之仁如是也然其道曷嘗不求端於天乎是故天之覆幬無外而聖人民胞物與之量亦至大而無外天之生成無私而聖人所以仁育義正于一世者亦至公而不私使有私焉則理窒而不通量窄而不廣非所以語於一體之仁矣公者正也正所以成其大也聖王以純王之心行純王之政而德業與天地同流夫豈私意小智之所能及哉人主當以天下爲度胡氏其知言矣請得而論之今夫天下之廣兆民之衆廣谷大川謡俗若是其不同華夏蠻貊族類若是其不一而聖人者固亦人類中之一人耳乃獨膺寵綏之寄上而爲天地之宗子下而爲億兆之元后總一海内宰制六合威命靈爽侔乎造化豈特以崇高之勢而慴服之哉實以大公之度聯屬于天下而與天爲一耳何也天地之大德曰生而其道則包含徧覆而無所擇陰陽寒暑之迭運震曜慘舒之异施要其歸使品物保合於太和而已矣聖人之德曰仁而其道亦溥愛容保而無所偏教養政治之兼舉慶賞刑威之并行要其歸使萬民允升於大猷而已矣是故昊天之盡物者以其普萬物而無心也聖人之盡民者以其順萬事而無情也知天地則知聖人矣蓋聞善言天者莫辯於易故於復見天地之心於正大見天地之情而於遏惡揚善則以爲順天休命焉於此見天之未始不爲人也善言人者莫辯於書洪範之皇極無作好而遵道無作惡而遵路而庶徵之應乃與天地流通焉於此見人之未始不爲天也董仲舒則謂王者承天意以從事故任德而不任刑嗚呼刑固不可任而亦不可廢也曷不自天道聖人之全者觀之乎是故陽居春夏以養育而生乎物也王者繼天而爲之子則有賞賞以勸善非私喜而作好也善人天地之紀天之所福也五服五章順天而命有德耳陰居秋冬以肅殺而成乎物也王者繼天而爲之子則有刑刑以懲惡非

私怒而作惡也惡人弃天之性天之所禍也五刑五用順天而討有罪耳夫聖人治天下也本之心德施之化導委之常秩樹之表儀非區區於賞刑之加而賞刑其樞要也是賞刑也原之爲喜怒之情順之爲中和之理制之爲詔爵詔禄奠食之恩黜遠梏拲斬戮之典達之爲爵人而與衆共刑人而與衆弃皆因人而施隨施而當人主如鑑空衡平而一己之私無與焉此其心誠有視我惟天地萬物而内忘乎己視天地萬物惟我而外忘乎物體正大之情得其所以生物之心而合天下以爲度者也存之無偏無黨有以立王道之體焉發之無反無側有以著王道之用焉感之會極歸極有以溥王道之化焉是故以是而正之朝廷則濟濟弼諧之風行矣而巧言者爲之化而忠也邪辟者爲之化而廉也而臣于是乎無比德矣以是而正之萬民則興仁興讓之風行矣而暴慢者爲之化而恭也狡猾者爲之化而順也而民於是乎無淫行矣以是而施及蠻貊則聲教四訖凡有血氣莫不尊親矣而猾夏者爲之革心也逆命者爲之來格也而方外於是乎無干紀矣由是而上格于天則三光順風雨時慶雲翔甘露降和之至也由是而下蟠于地則嘉禾興朱草生山不童澤不涸和之極也此無他天地萬物本吾一體王者中和之功既致則吾之心正而天地之心亦正吾之氣順而天地之氣亦順大順大化何莫非吾之度内也哉考之唐虞帝德廣運而時雍風動之化成焉則以舉十六相去四凶而奉天聰明也考之三代王化四達而允殖永清之化隆焉則以殖有禮覆昏暴而欽崇天道也古之明王所以體信達順者由此其選也自漢以後不知賞罰之出于天而任情喜怒快己自是則偏私拘係其量既不能納八荒於我闥而遠邇傳播窺見其私即情意閡隔而不服間有知不賞私勞不罰私怨賞必當功罰必當罪者然或勉强而不能終或偏駁而不能粹以是卒歸粉飾之私而不能語於王道之大也然則有志於二帝三王之化者不可不求諸道有志於二帝三王之道者不可不求諸心養心之要唯於精一者而致力焉則静虚而明明則通動直而公公則溥天下爲度者運吾心而有餘矣謹論

表

擬宋以范祖禹爲右諫議大夫兼侍講謝表（元祐四年）

孫思述

同考試官教諭謝批（是作發出宋臣陳善納誨之忱而明良相待有成之義具見）

考試官教諭陳批（渾雅精華陳謝中具見忠悃）

考試官教授顧批（莊重典則）

元祐四年某月某日具官臣祖禹荷蒙聖恩以臣爲右諫議大夫兼侍講謹奉表稱謝者伏以天工寅亮青瑣義重於弼違聖學緝熙丹帷禮崇於論道必大雅方稱其職豈菲才能兼其官聞命自天措躬無地臣祖禹誠惶恐稽首頓首上言竊惟大君撫運理必賴於臣鄰人臣效忠功每存于啓沃惟經筵稽古以正學在言職隨事以獻規善弼惟幾惟康之休職聯制事制心之助書紀大舜揭綱于明目達聰説傳高宗歸要於典學從諫以至丕顯丕承之后特垂詔𢇁掌諫之篇丹書紀刀劍户牖之銘衮職参左右疑丞之烈降是而後兹道漸微止輋受言猶廑借秦之喻投戈講藝難逃信讖之譏折檻叩堦鯁切未聞引道之策讀經質義訓詁非關畜德之方幸聖朝之御臨方志同以成泰講讀推褚量之博迨邢昺而經術益醇諫議仰魏徵之賢至田錫而忠讜愈著况玉堂賜篆光聯重金之榮兩省綴班先沐五品之貺休兹熙朝之盛事詎意愚臣之濫膺靦顔班行藉爲致身之始矢心就列敢忘報國之忱兹蓋伏遇英姿天挺聖敬日躋擴至仁以安民躬大孝而繼志悉蠲新法海宇沐行葦之恩隆禮耆儒搢紳咏卷阿之盛庶政已登諸理益懷永圖群賢咸聚於朝尤切好問惟慎簡首尊於宿德故旁求誤及於虚名臣祖禹性惟戇學本膚庸史從涑水之□摩徒能觀成敗之迹經出程門之指授卒未究賢聖之精昔棲遲而括囊今遭遇以疇祉清切之地愧非才賢之居負乘之羞誓竭贊襄之力直言國體罔擇五術之工殫究道真奚資七盛之詑遠稽十漸近取五規法處厚關雎之陳學孫奭無逸之解倘進德愛身之疏如可底行庶責難陳善之恭不爲虚語伏願心純乾健德懋晋□謨訓爲定保之徵罔以側言而改度紀綱敦愷悌之美恒持宥密而執中信順誕敷于九圍瑶圖益固文明光被于四表寶曆彌昌臣無任瞻天仰聖激切屏營之至謹奉表稱謝以聞

第三場

策

第一問

孫思述

同考試官教諭謝批（我祖宗之所以躋盛德熙洪業暨我皇上之所以紹休前烈此作鋪張揚厲備極詳明惓惓忠愛溢於言表信可以爲惜時之助矣允宜首薦）

考試官教諭陳批（今上聖學日新朝夕納誨子能鋪張揚勤勤懇懇惟欲及時充積以極其盛亦忠愛無已之至意也）

考試官教授顧批（發出帝王傳心之要與我皇上務學之誠詳盡精確真佳士也）

人主欲大有爲於天下其必先務學乎是故飭彝憲以舉弘規也固貴外焉以修其文廣疇咨以惇素履也尤貴内焉以懋其實内與外偕道章而化洽文隨實至教行而俗美鴻茂集於宸樞熙皞流於海宇知此則我今日之盛可得而颺言矣愚請先繹重學之故考古得失之迹而後鋪張休美焉可乎唐虞中天而興夏商周應運而生古今論德業者必以爲稱首雖帝王异號禪繼殊軌要未有外學以成之者故資躬上聖而俯降清問智秉全哲而不忘典學敕天時幾吁咈咨嗟所以儆志也訪衢館室闢門下車所以廣益也好問得師遜志時敏所以懋功也譽髦德造辟雍鍾鼓所以敷教也上之告語在輔德弼違以底高明光大之域下之啓沃在鑑古建事以勵始終緝熙之義所以交修也由是以作德則克讓温恭祇台制心於穆敬義純其蘊矣語德爲帝王之盛德也以基業則時雍風動文命彰信攸同永清弘其化矣語業爲帝王之大業也詩書所稱迄今爲烈唐虞三代尚矣由漢而下英君誼辟非不代作然率崇炫飾之虚文蔑躬行之實履建武表章六經勸學興禮而内多欲則惑也甘露詔講五經同异石渠而王霸無异則雜也永平幸三雍升堂辨説執經問難於前而弘度未優則隘也建初會諸儒白虎觀如石渠而外戚專恣則弱也貞觀增學舍生員撰定五經疏而風焉雜夷則慚也太平興國詔史館日進御覽三卷而天倫有議則譎也紹興置春秋解座右禁有日課而忘讎金虜則忍也寶慶讀中庸序不釋手至恨不與同時而黜配葉李則悖也何以庶幾於隆古哉洪惟我太祖高皇帝掃胡元之陋納之綱常倫理之中如提裘振領天下翕然知道之有在也至其命揭大學衍義廡壁而語宋濂曾魯之言則所心切磨化源者又何詳至歟我成祖文皇帝黜百家之雜統以四書五經之正如揭日行天天下曉然知學之有歸也至其衍爲聖學心法一書而味人心虚静之旨則所以翼勵功者又何嚴密歟執事謂宏綱庶政莫可殫述大要以務學爲本信然矣是以聖神謨烈上符唐虞遠邁三代而一時載筆之臣莫能模擬其盛者列聖繼承光昭前軌二百年來薄海内外沐仁浸義修禮陳樂絃誦家聞詩書户曉比屋有可封之俗享祚垂泰山之安猗歟休哉商周以還所未有也至我皇上茂齡纘序光樵洪圖乃四禩于兹矣觀夫稽古右文類舉於臨御之後訪經筵之舊章修太學之縟典蓋真以祖宗成憲當遵寒暑政事不少輟焉所謂飭彝憲以舉弘規而外以脩其文是矣乃復躬蹈實踐潜修爲心得之懿奉聖母之歡顔嘉輔臣之圖鑑蓋真以二帝三王爲師起居號令罔不臧焉所謂廣疇

咨以悖素履而内以懋其實是矣内外兼資文實并茂其視漢唐宋目爲故事文具而實德則病相去何如也肆今聖德隆盛與日躋升光光天海隅盡拜帝道之賜文治熙洽窮髪絶鄙且爲一家斯重學之驗已豈直橋門觀聽誇耀於漢營騎授經稱美有唐哉天下喁喁謂祖宗帝王之世復見愚也拭目太平安能揄揚其萬一乎而執事尤拳拳思爲聖天子惜時之助則宋臣范祖禹在元祐中有是言也今雖欲殫竭忠慮將何以加焉蓋我皇上聖質方茂純一未鑿正宜務學之時也請得畢其説蓋有三焉一曰進德二曰修業三曰愛身夫乾之進德貴於及時幼而習之爲功則易今未明求衣日出開講究聖經之奥旨納格心之正論愚固仰窺上心之無雜慮矣然人主當防未萌之欲聖學貴豫養正之功大禹論慎位惓惓于安止幾康之言周公勸敬德懇懇于自貽哲命之訓故秉清明在躬時以裕存養可勿緩也少之與長也异觀少之時耳目明達他無玩好人惟少之爲异及其長也情竇日開將責備之者至焉故南山嚴裝未行魏徵已早還言矣後苑游獵方舉韓休已促諫疏矣曷若完固於初而使狂戇之章不興於异日乎故以閑闕失則於此時可勿後也古者天子必有保傅之官保以保其身體後世此法無聞宋儒有乞於講讀之暇常留二人輪直日宿以備從容慮至悉已今旦覲天顔俄而入焉則扃禁數步之内宰臣講官不知也如上之策即未及行而凡動息起居毋亦得令知之使之遇翦桐之戲則諫聞乳媪之説則諫違持養之方則諫于以適起居之宜作畏慎之心爲補不小故愛養身體爲社稷計亦惟於此時爲急也夫難得易失者時也難進易退者功也難立易奪者志也乘其時篤其志勵其功近以匹祖宗之休烈遠以軼帝王之盛軌惟在加之意而已今上英明春秋日趨鼎盛方孜孜嚮學將君身强固聖德成性益明習國家事凡可贊萬世治安之計靡不悉舉固無廑杞人之憂也而愚生猶以惜爲獻其亦范氏之意乎往瞽蒭蕘惟執事進而教之

第二問

程文燦

同考試官教諭王批（景行前哲歸重理學立德之臣切當）

考試官教諭陳批（是嚮往有□者録之）

考試官教授顧批（敷答詳悉□出衆作）

君子之求道也惟全其固有之性君子之爲學也必本於事心之功道也者吾人率性之理而該夫體用之全者也不會其全所性之藴有或歉是故存體以應用者有道之儒也學也者求盡吾心之性而原夫内外之一者也不止諸一自得之真有或乖是故事内以豫外者真儒之學也執事發策而儒道爲

問末學何足以知之謹以聞於師者以就正可乎蓋聞道之大原出于天而賦之爲性涵之爲心具之爲理行之爲倫固皆統會於斯道而非有外也道之全體備於聖而藴之爲天德出之爲王道明道德之統以詔天下來世則爲經遵聖經之訓而躬行心得則爲儒固皆綱維於聖道而非有二也是故吾觀中庸自天命之性以及中和位育之功其發揮誠明之懿雖不明言于儒而儒者之學則固盡於斯矣吾觀孟子自堯舜之傳道以及于孔子之得統其發明見知聞知之實雖不明言于儒而儒道之宗則固原於是矣乃夫子告門人則曰汝爲君子儒毋爲小人儒其豫憂斯道之裂而啓之心學之純乎夫道一而已矣伯夷之清伊尹之任柳下惠之和非其相反正以三子各得道之一端而夫子則集大成而特出之也心一而已矣子貢之言語冉有之政事顏子之德行非其殊塗特以諸子各得聖人之一體而顏子則全體具而未能化也是故必立功立言而希圖不朽者是求道之粗也未若默成于德而自有輝光之發越也以訓詁窮經而寡要爲儒者是命儒之淺也未若默識于心而自得聖道之藴奥也執事謂宋有儒林傳又有道學傳夫儒豈能離道而爲學哉亦以諸儒通經學古猶爲纂要钩玄之習而周程諸君子則深造乎聖道之全云耳然竊有疑焉張栻吕祖謙與朱熹當時并以道學稱者張栻得與道學傳而祖謙不與焉何哉蓋以講明義利之辯與夫稽物訂事之博造詣自有淺深之不同也陸九淵與朱熹同時屢爲鵝湖會者學非事乎口耳而不稱道學焉又何哉蓋以徒知尊德性之爲大不知道問學之爲精學術自有异同之難掩也是宋之道學傳也即夫子所謂君子儒也學者寧可以异觀之哉執事謂我朝有名臣録又有理學名臣録夫名臣者孰非循理以自淑哉無亦以諸公立朝大節猶在設施事爲之間而薛胡諸君子獨用心于内修之實云耳然亦亦有疑焉既録之理學後學之仰止在是矣顧均名醇學之儒名臣有或録或否之异則昭示一定之公論使人知所嚮往者不容已也理學編次斯道折衷有歸矣顧有屢請從祀於孔廟而未有執筆以續之理學則明揭道脉之誰屬使人知所準裁者不可後也是我朝之理學也即宋之道學傳也學者可不知所尚論哉嗚呼斯道之不明也皆起於似是之亂真空言性命爲元者其究窒於亨之用詭遇事功爲利者其究賊於貞之體吾儒之全體大用不如是也故體用會合而盡性始有全功矣學術之不一也皆起於黨同而伐异攻支離者廣大高明之量以塞宗禪解者精微中庸之體以荒吾儒之裕内豫外不如是也故内外一致而吾心始無遺理矣嘗因是而論之宋儒以道學名者學皆純于心性者也故張栻謂濂溪之學淵源精粹寔自得於其以太極之圖洞察主静之爲本真接

洙泗之正傳矣邢恕謂明道氣貌清明夷粹接人和而有容其思索妙造精義其言近而測之益遠誠爲成德之完人矣陳淳謂晦菴心度澄朗瑩無查滓工夫縝密渾無隙漏孔孟周程之道至先生而益明誠會其大而貫其精矣此三儒者根心生色之妙百世之下猶聞風而興也我朝以理學名者功皆密於存養者也故薛瑄之學以復性爲主浩然自得威勢不怵其心去就不違其義觀于不言而躬行不露而潛修其誠意之功何至耶胡居仁學以主敬爲所潛心積慮窮理必觀其源距邪一出於正觀於心是神明之舍存則自明其顧諟之功何切耶陳獻章學以自得爲趣悟鳶飛魚躍之真機喻鴻儀碩鼠之雲泥觀其心常在内到理明後自然成就得大其任重之功何偉耶此三儒者致曲著明之藴生於其後尚敬慕不忘也愚生平日孜孜尚友先覺者如此然豪杰之才聖賢之學其可與諸儒前後輝耀而繼往開來固有不止於是者惟在博求而精擇之表章真儒主盟斯文端有望於執事非愚生敢臆説也

第三問

沈權

考試官教諭陳批（考究精詳敷陳明確）

考試官教授顧批（尚論古人忠孝之實而又能折衷以歸于全德其亦知所嚮往矣）

君親一原也忠孝一道也士君子處於家以事親則深愛篤行將使貫金石而通神明立於朝以事君則精忠勁節將使彌乾坤而扶宇宙未有盡孝而不能盡忠亦未有孝而或妨於忠者故曰孝者所以事君也未有盡忠而不能盡孝亦未有忠而或妨於孝者故曰事君不忠非孝也時值其常有從容自盡之職焉勢遭其變有周旋委曲之圖焉底豫之風行而協帝之謨隨效負扆之功著而成先之業攸彰胼胝之勛用錫玄圭矣而邁迹以蓋前愆牧野之師動稱文考矣而順天以清四海商亡而微箕就封全先祀也三恪不臣曷更姓之爲耻乎周興而夷齊抗節伸大義也中子嗣立曷忘親之爲憾乎蓋古之聖賢斟酌於輕重之宜剖析於心迹之辨而因以善處於經權之間此忠孝之節所以樹於一時而垂於萬世耿耿於天地而炳炳於人心也古今异世而忠臣孝子代不乏人其載在史册者至今覽之猶足以扶君臣父子之分而振頽風靡俗之衰宜無容喙矣而要其迹之所可疑心之有未白者又安可以無定論哉豫讓漆身吞炭以報智伯國士之知君子曰可以愧人臣之懷二心者矣然臣者君之輔也得其言則留不得其言則去讓也從事於晋陽之役而乏智果蚤見之明淪胥以亡豈其未聞三諫之禮乎

忠矣而未盡也潁考叔臨食舍肉以開莊公誓母之惑君子曰可以語孝子之錫爾類者矣然身者親之枝也虧其體則辱其親叔也争車於伐許之役而竟殪於子都之射忘身及親豈其不勝一朝之忿乎孝矣而未純也楚平淫虐而奢尚見夷伍員念念復讎之秋也志切枕戈而功成雪耻孝矣然入郢泄怒以逞而不忌非懟君乎不知人臣之義無以有己其幸而得君歟臣之願也其不幸而不得君歟臣之命也若之何其讎之一時父子之情孰與萬世君臣之義而况累世食君之禄尤人臣之所當繹思者員之孝而過者矣晋室傾頹而懷愍蒙辱温嶠皇皇急君之日也志切匡扶而功成翼戴忠矣然絶裾去母而不顧非忍親乎不知人子之義無以有己其幸而道隆歟則以禄養可也其不幸而道污歟則以善養亦可也若之何其舍之分之無所於逃孰與心之無所於解而况繼此無得見之期尤人子之所宜痛心者嶠忠忠而過者矣蕩陰之難以身蔽主庶幾其能臣乎然秘書之拜隱怂於山濤消息之語雖一本之恩弗念也彼誦蓼莪之時惕然中感終身坐不西向者果何人哉紹也有愧偉元多矣濺衣之烈曷若攀柏之悲乎卧冰之舉委身奉養幸哉其有子乎然大保之仕從容於魏晋禪受之餘雖二姓之耻弗嫌也彼歸去來辭之賦超然物外竟爲一代全人者果何人哉祥也有愧元亮多矣三公之貴曷若五柳之清乎乘九折之險者奉身而退王陽一舉足而不敢忘親也然王尊之刺益州猶陽也顧叱馭而驅何哉王臣蹇蹇匪躬之故則君爾忘身可也何畏道之足言乎陽得矣而尊亦未爲失也聞母氏之難者方寸已亂徐庶一舉念而不敢忘親也然王陵母之所遭猶庶也顧弃而不往何哉天親之愛不可人爲則辭劉赴項可也何忍母之伏劍乎庶得矣而陵則失之也此數君子者或以忠名或以孝著其於立身之大節可謂無虧矣而猶不能無遺議者良以其或出於性資之偶合或激於意氣之慷慨要之孝而未純猶可言也孝而妨忠則將有率天下而至於後君者忠而未純猶可言也忠而妨孝則將有率天下而至於遺親者孟子輿氏曰未有仁而遺其親者也未有義而後其君者也仁義一性也仁者見之謂之仁義者見之謂之義而君子之道鮮矣是惡足以語忠孝之全哉然則如之何其可也心迹之間有權存酌輕重之宜而因以善處乎經權之際古之人有行之者見諸史册班班可睹也士君子立身宇宙間邇之事父遠之事君安可不以古聖賢自期待哉雖然忠孝一原而孝其本也嘗聞之經矣身體髪膚受之父母不敢毁傷孝之始也立身行道揚名於後世以顯父母孝之終也是孝可以移於君而忠即所以成夫孝未有服勞奉養之節不能自盡

於家而夙夜匪懈之忱乃能自效於國者周官以六行教胄子漢世以孝廉舉賢才其庶乎知所本者歟傳曰求忠臣必於孝子之門信斯言也愚生可以自勵執事亦可以觀人矣惟而教之幸甚

第四問

鄭國柱

考試官教諭陳批（將材兵法發明詳盡）

考試官教授顧批（條答將將將兵之要有根據有識見蘇洵駕馭之方孫武戰陳之法子蓋深達其說而有得者）

執事以兵法將材試諸生蓋以天下乂安不可忘武備而被服儒術亦有識軍旅者也生非其人也敢掇所聞以對嘗讀易之師卦而知聖人安民禁暴保大定功之道矣夫舉一國之命脉而動之於征伐則所以鼓其氣而不使之懾聯其心而不使之渙必有一定之紀律也初爻之詞曰師出以律蓋言有制之兵乎舉三軍之司命而寄之一人則所以使之愛而不忍離使之戢而不敢亂惟在主將之得人也五爻之詞曰長子帥師蓋言有能之將乎使君非以道而擇將則將雖能不爲用使將非以律而制兵則兵雖衆不足恃安能握百勝之筭而坐收萬全之績哉是故以將言之晋文作三軍而謀帥在于德義悼公簡司馬而官長爵不踰德將材之重固如此也乃蘇洵則謂衛霍趙充國輩賢將也御賢將之術以信韓信黥布輩才將也御才將之術以智夫韓信連衆百萬戰勝攻取固人杰也然下齊而請假王非效忠報國之節此所以僅許其才歟觀韓信則薛萬徹輩可知矣衛霍深入伐虜捕斬過當固國器也然出境不敢擅誅以昭惟辟作威之誼此所以樂嘉其賢歟觀衛霍則李靖輩亦可知矣雖然賢才之伏無盡而知人之哲難施韓信出自亡命之中非有素行之孚乃漢高擇日築壇既已灼知而不惑解衣推食又已深信而不疑者良以蕭何薦其國士無雙張良稱其可當一面也若漢高者真豁達大度而夫將將者矣豈徒以智駕馭之哉以兵言之鄢陵之役分良擊其左右大鹵之戰兩伍偏角相離奇正之法固如此也乃齊陽穀之會或謂諸侯之師同次于陘爲正江人黄人各守其地爲奇唐淮西之誅或謂李光顔駐郾城嚴陳對壘爲正李愬自唐鄧雪夜入蔡爲奇夫以陽穀之會爲奇正者自其犄角之勢言之也厥後蘇秦説六國以却秦或出鋭師以救之或各守境而絶其後固以兵法而部勒諸國矣以淮西之師爲奇正者自出其不意言之也先是太宗破宋老生于霍邑因右軍之小却遂誘之以取勝夫固握奇而因敵制變矣雖然奇正相生之無窮猶鬼神相禪於莫測人皆知我勝之之形而莫知我所以制勝之形其致人而

不致於人也即正爲奇即奇爲正焉其深間莫窺也有正視爲奇奇視爲正焉故曹公旁擊爲奇李靖以合戰後出辨之吴起賤勇前擊李靖以正合奇勝明之若衛公者真得循環無窮而善乎將兵者矣夫豈泥於形格勢禁哉是知賢也才也人君以此察知其臣之所堪而托之以九伐之權者也荀況之論將則又有六術五權三至焉夫豈有出於才賢之外耶蓋將而知權術則才略迥出固爲干城之選將而知三至則識操允篤尤爲社稷之衛故語衛霍之得也號令明身先士卒者信無愧於名將滅匈奴志不顧家者益取重於人主語衛霍之失也欲報私恩而故徙前軍之部車弃粱肉而省戰士之饑則所謂可殺而不可使處不完可殺而不可使擊不勝可殺而不可使欺百姓者不如是也衛霍果能當賢將之稱哉正也奇也人臣以此妙運于戎行之間而以答大君三錫之寵者也魏相之論兵則又有義兵應兵驕兵等目焉夫豈故忽於奇正之法耶蓋仗鉞臨戎則制勝之法固以奮揚威武廟議出師則扶義之舉尤以培植國脉故聖人之兵皆出於不得已其出也百姓有徯后之思其勝也遠邇慶時雨之望後世用兵皆得已而不已其出也内外騷動或以起不測之憂其勝也得不償失終以致水旱之報則所謂善爲國者不師善師者不陳善陳者不戰非謬悠也附民者何必爲窮兵之尚哉是故武王之順天也鷹揚之烈屬之維師之尚父宣王之中興也嘽焞之猷屬之顯允之方叔此真得易象之師貞丈人吉而師律之臧長子之任其義不亦兼舉而無遺哉雖然荀況三至之言豈特爲選將言哉觀其以武卒鋭士不可以當桓文之節制桓文之節制不可以敵湯武之仁義則所以制天下治鄰敵者具是矣善乎其答臨武君也曰仁者愛人故惡人之害之也義者循理故惡人之亂之也嗚呼以仁義而用兵此王者之兵也非但白起之坑降卒者不足爲即汶篁之移植亦非所貴也善乎三略之説治要也曰道者人之所蹈德者人之所得仁者人之所親義者人之所宜嗚呼以仁義而爲將王者之將也非但趙括之讀父書者不足學即桓景之方略亦非所尚也史遷云形勢雖强要之以仁義爲本愚敢以此而補穰苴吴起之所未備云謹對

第五問

李廷楨

同考試官教諭靳批(貴爲西南荒壤時事甚艱子能委曲區處鑿鑿可試真留心於世務者)

考試官教諭陳批(諳練世務籌策無遺)

考試官教授顧批(通時務有經濟豪傑之才)

君子之經國裕民也必酌時勢之宜而有以貽善後之計夫天下無不可爲之事自坐視而不爲之所則遂至於不可振君子唯補偏以捄弊焉而一方之利可興矣天下未嘗無能爲之才自夬履而不揆諸宜則恐反以益其蠹君子唯變通以盡利焉而治安之策無窮矣易之蠱曰利涉大川先甲三日後甲三日夫其涉川也則不以難而自諉夫其先甲後甲也則不以易而自恃豈非治蠱之善道哉執事垂念貴州雕攰而試長策於諸生是將大造於偏方之民也生敢不陳其愚昔周之盛時創制立法體國經野所以立蒸民之命而貽萬世之安者周禮一書至純至備陵夷至於七國之際良法美意澌盡矣乃孟子爲梁惠王謀則惟因天地自然之利而導布於民既不狃於功利亦不騖於高遠使能舉而行之斯民有不被其澤者乎通於此説其知所以爲貴州矣夫貴州山谷崚嶒窅阸褮帶楚蜀徼外獠僰雜據政教不加蓋自古而記之遷史稱滇池旁平地肥饒數千里頭蘭常隔滇道漢唐蒙喻漢威德通略牂牁置郡然勞兵耗費歷代羈縻終不能有也而相如有侵犯邊境邪作横行之諭云蓋貴壤未屬疆理則昆明必隔絶憑陵觀閤羅鳳之變而南詔之憂延及五代吴天保之起而黔沅之境荐食無寧則貴州者蓋順治威嚴之樞也可緩焉而不爲之圖乎我太祖繼天立極也將廓清雲南俾入版圖先建貴州者指揮使司略定烏撒普定諸路哨戍聯絡諸夷屏息通行無阻觀其敕諭傅友德等險易進取神筭蓋明見萬里者也我成祖纘服凝命也因田宗鼎等擅逆既置諸法肇建貴州布政使司聯緝黔南牂牁等處置吏興學并列諸省一方寧謐觀其命蔣廷瓚爲左布政使聖謨蓋奠安萬祀者也顧地本窮險人樂因循歷年久而輯寧拊綏非但不及國初之盛廢眊辟痱且貽將來之憂矣竊以國家總一區宇席滇越之饒而通重譯殊絶之域者全藉貴州一線之路也則所以飭蠱而振民者庸可泄泄然坐視其衰廢乎愚請以漢之酒泉等四郡爲喻焉仰惟二祖之式闢旬宣比隆於唐虞之弼成廣運固非漢武所能窺其萬一而通道之舉則有异勢而同形者蓋酒泉武威之開以隔絶羌胡之交援而通道于西域貴州藩屏之建以制伏苗酋之陸梁而通道于雲南乃其道里之孤懸人民之遠寄土地之瘠薄羌夷之雜遝亦且相埒焉然漢之酒泉永受其利者趙充國屯田之策也今之貴州蠱壞不舉者樂因循積靡之勢也是故有軍則有額也貴州衛所名存而軍伍全虚哨戍無裨於簡閲綱運且每告乏矣屯糧無益於給軍影占且去其籍矣有土則有人也貴州山箐蓁莽野無人煙以土則坡阜荒磽無可耕之利矣以民則蕭條千里無可耕之力矣夫戍卒單薄夷賊鈔略此民所以不狎其野也愚以爲廣實軍伍當法充國留屯之議愛士卒遠斥堠

得高山遠望之便以護農逃亡者勾補之募至者厚邺之如鼂錯所陳和輯使有長居之心可也窮巷慘淒愁寄無聊此軍所以逃亡日多也愚以爲山坡荒地當法充國屯田之計公田未墾者賦民□草爲田比漢武徙民充實依漢景聽徙寬地如崔寔所陳開草闢土振人之術可也或以貴土蓬藋未墾悉非宜稻愚以爲一方地土之宜自足供一方民生之食貴壤乏水而薺菽之類蔔穫頗宜川民僑耕思銅之間者頗獲其利宜令有司惠心招來負耒鏝屋雜植甌窶或給其種而寬貸或正其疆而已責如河渠書所載河堧茭牧者賦與越人稍入可也或以苗賊縱横猝難化服愚以爲苗賊綿力薄材且其中柔馴亦多求盜者懦怯避罪多繫無辜盜賊之繁實由於此制馭之法宜除器詰戎豫養其氣如充國所謂令虜不得乘閑之勢又宜布恩信明分背如充國捐罪开暗昧之過明白自别相捕斬除罪賜錢可也然師帥不賢則主德不宣充國選擇良吏之法不容緩焉而邊鄙方略擬治亂絲尤必龔遂便宜行事可也然禮教不興則民多澆競田疇聚居禮約之法宜亟布焉子弟頗能愛書廣仁成造如文翁誘進就學可也如此而又能行之以忠持之以久搖惑於浮議不粉飾於僞增庶乎兵食既足豐亨可永貽於無窮威德洽孚民心自固結於不替我二祖經綸於屯左右於泰者貴州永籍苞桑之固而奠枕衍萬年無疆之休矣久安長治之略意或不出於此若乃忽善治之謀而以裕蠱爲樂狃目前之便而以長慮爲迂則非愚生之所敢知也執事幸進而教之

貴州鄉試録後序

萬曆丙子天下例當鄉試貴州舉行如章監臨御史秦時吉崈飭蔵事竊俊登録光宇以職當序諸末簡夫貴壤連亘楚蜀徼外稱西南夷歷代各因壤接稍葆就爲初郡然尚羈縻畜之皇朝始式闢疆理建藩屏之司綜學校選舉之制曶爽暗昧得耀乎光明士生其間涵泳德化被服儒術薰漸久賢才輩出蒸蒸然咸篤於文行矣始光宇入境見其山勢嵂崒逶迤特起滇越通重譯而達神京者路咸綰轂於玆蓋奠枕之攸藉也矧清淑之氣蜿蟺扶輿鬱積其在今猶周之荆揚漢之巴蜀云積久而人文宣朗正值聖神御極道隆化洽登明選公諸士其自慶千載亨嘉之會乎史遷作貨殖傳也叙述人民謡俗厚重多君子者類非林澤之饒貴州地瘠民勤於嚮義樂育菁莪者多遷徙衣冠之裔敦詩書而尚本業慮顓氣純不見异物而遷焉無或玩巧事末以淆其志我朝

以經術造士悉罷前代詞賦之科所以端士習者如此其至也顧通都大邑挾奇衺詭辯以亂道真者尚多有之貴既窮險四方游士不至通經之士守師説宗孔孟朝夕亹亹惟知學之有統道之有歸也無或邪説詖行以汩其心我朝科舉取文典實純正章程森然自綺靡之習勝而貞方之風日微頃者皇上特敕司教之臣力正文體以復之古貴之士夙主説理之文奉將德意争自濯磨今觀獲俊諸作理致精明詞格爾雅自成一家之言無或噞呀剽竊以破壞其體夫文載道之器也志趨道之的也學致道之準也志向端學術正發之斐然爲治世之文以際聖作之期彰棫樸之化其信爲邦國之楨也矣抑光宇又聞之孔子觀周道而曰郁郁乎文哉吾從周他日又欲從先進從先進也即其從周也貴州文日益寖昌然先進之風猶在彬彬然無過中也若越是而文勝質漓焉恐其敝非但文而不惭將有懁急仰機利者乘之矣諸士盍相與崇本懋實以永維俗美於無斁乎雖然此一方之風也若士之自待方居約閭里志道無營一旦去澳渫騁天衢覲光服采睹京華之巨麗而澹泊之志或奪處勢位之烜赫而寧静之志或移此養素克終之難而宋儒有人自累科舉之嘆也繼自今其必勵素履之往崇羔羊之節始終崇庳毋渝雅志所尚精白一心靖共社稷之役庶今日資言自獻者可以無負執事惓惓以人事君之義亦獲以少慰矣諸士懋之哉諸士懋之哉

江西饒州府安仁縣儒學教諭陳光宇謹序

萬曆十年貴州鄉試録

貴州鄉試録序

皇上握符御極于兹十年夙夜孜孜以進賢爲急申布功令振滌濟習德意飈馳海内喁喁嚮風唯是貴陽西南裔壤去神京幾萬里上所以搜奇仄陋者尤切歲届壬午復當大比士巡按監察御史傅順孫寔綱紀之四方文學博士應聘咸至以衮與孫繼先主考試譚時進孫桴倫大經同考試提調則以屬布政司左布政使沈人种左參議詹貞吉而按察司副使鄭秉厚僉事胡宥司監試焉餘各錯采有差乃進提學副使馮時可暨湖廣參議龍宗武所選士九百有奇三試之得俊三十人籍氏名與文獻衮不佞以職事當序首簡乃論次御史意諗于多士曰衮觀貴州之舉士也蓋嘆天地與人交相感云夫風氣轉移運行有漸山川鍾毓發洩有期人士感奮鼓舞有待勢若相懸而機寔相貫者也鴻荒之初渾渾噩噩貴與中土奚别也自清淑之氣肇開聖賢所生帝王所莅遂爲文明之域兹地曰鬼方曰夜郎若照臨不及焉者高皇帝混一寰宇升諸版籍而後參井之野腤爽暗昧得麗於光明斯非剖洪濛而開日月耶地屬荒服莫得要領而山川圖誌又禹貢職方所不紀箐穴蒸鬱葆就且難矧云郡縣文皇帝樹藩設學而後隍池亭候星聯棋布嵂崒瀠洄若增而高若濬而深壯哉一都會矣士徙中夏世稱實塞然羅甸八番之陋刻木擊銅吹匏頓地左言魋結猶夫故也肅皇帝專科廣額人文丕變我皇上弘敷賁飭聲教四達貴之文獻寖與上國埒蓋天發其祥地呈其秀人應其期盛矣哉自載籍以來未之睹也衮始應聘入境也竊自念傳稱齊魯嫻于文學其天性然也惟兹遐土矯而習之曷易言嫻及獲縱觀其文通經術明世務翩翩稱引澤於理道往往有不盡收之恨則又肅然北嚮嘆曰我皇上鼓舞之神一至若哉蓋風氣所不能囿疆域所不能限者乎史所稱啓迪鴻化緝熙康乂光照六幽翔海表而行鬼區者何以加焉既又自思曰皇上方以久道化天下遘奇際盛自兹伊始愈隆愈浹無俟揄揚顧多士以言進御史暨百執事所藉以宣上德意圖報塞萬一者亦惟多士之言爾矣言發于心而寔因乎時者也結繩而後六經毋論已春秋迄于西京雄渾冲粹非後世所能及者則以去古未遠耳貴俗顓蒙淳樸未鑿斯亦去古未遠者也珠聯綺合即匪性嫻然而涵濡聖化

應期而興若戴勝鳴春蟋蟀鳴秋不知其然而然者其不以奇袤險僻相衒貿嗱呀藻繢相剽襲也庶幾有可必者乎夫文載道之器也志趨道之的也學致道之準也志向端則學術正學術正則綜述精斌斌乎慥慥乎措之事業裕如矣是曰真才是曰實用皇上所籲俊登彦丕隆治理者唯此主司所矢公殫慮冀副任使者亦唯此多士辨之哉雖然生瘠土者嚮義見异物者多遷言專本業而一念慮也貴水不涵渟土無貨殖僻在遠徼綺麗鮮接蓋服勞而能儉者一旦去澳渫騁天衢得毋志奪紛華而修忘窮巷者乎澹泊是甘寧静是勵始終崇庳惟知精白靖共雅志弗渝庶今日資言自獻者可無負以人事君之義而協應文明宣暢靈秀蕞爾貴筑人杰競奮浸爲海内重矣其懋之哉是舉也前巡撫近移鎮南贛右副都御史王緝德澤覃敷士胥涵育今巡撫右副都御劉庠風猷首勵教益振興大理寺右寺正陳明經折刑甫竣鎮守總兵官署都督僉事胡守仁改秩戒行右參政兼僉事蘇愚右參議秦舜翰副使華啓直李薦佳綜理惟周署都指揮僉事劉招桂蔡兆吉左參將馬呈文右參將張奇峰飭防惟謹若左布政使錢藻移任於楚左參政史櫝副使段孟賢署都指揮僉事楊雲程馳賀於京皆先事與勞例得備書云

直隸徽州府儒學教授黄衮謹序

萬曆十年貴州鄉試

監臨官

巡按貴州監察御史傳順孫（克胤雲南昆明縣籍浙江錢塘縣人　庚午貢士）

提調官

貴州等處承宣布政使司左布政使沈人种（時雍直隸嘉定縣人　己未進士）

貴州等處承宣布政使左參議詹貞吉（惟一四川巴縣人　戊辰進士）

監試官

貴州等處提刑按察司副使鄭秉厚（子載浙江遂昌縣人　辛未進士）

貴州等處提刑按察司僉事胡宥（子仁直隸休寧縣人　辛未進士）

考試官

直隸徽州府儒學教授黄衮（補甫福建莆田縣人　丁丑進士）

直隸揚州府高郵州興化縣儒學教諭孫繼先（志顯雲南左衛籍應天

府江寧縣人　庚午貢士）

同考試官

河南河南府偃師縣儒學教諭譚時進（以漸廣東番禺縣人　甲子貢士）

浙江湖州府烏程縣儒學訓導孫桴（汝齊直隸貴池縣人　丁卯貢士）

江西南昌府進賢縣儒學訓導倫大經（少愷廣東順德縣人　庚午貢士）

印卷官

貴州等處承宣布政使司經歷司都事朱玉（必聘浙江永嘉縣人　乙卯貢士）

貴州等處提刑按察司經歷司經歷文希暘（達卿廣西全州人　吏員）

收掌試卷官

貴陽府知府周一經（于明江西貴溪縣人　戊辰進士）

思南府知府帥機（惟審江西臨川縣人　戊辰進士）

都匀府知府梁栢（朝采廣東南海縣人　戊午貢士）

石阡府知府袁亮（執夫湖廣麻城縣人　壬子貢士）

受卷官

鎮遠府知府王一麟（景仁湖廣漢陽縣人　己酉貢士）

黎平府知府張翼先（次星雲南太和縣籍直隸山陽縣人　甲子貢士）

貴州都指揮使司經歷司經歷石元麟（君安雲南永昌衛籍直隸山陽縣人　甲戌進士）

貴陽府同知萬銑（淬甫雲南安衛籍江西南昌縣人　辛酉貢士）

思州府推官王制（宗明雲南左衛籍直隸鳳陽縣人　丁卯貢士）

彌封官

貴陽府推官霍藎臣（于宣廣東南海縣人　庚午貢士）

銅仁府推官沈森（汝桂雲南楊林所籍直隸華亭縣人　癸酉貢士）

安順州知州馬伯瞻（良叔浙江秀水縣籍直隸崑山縣人　戊午貢士）

鎮遠府施秉縣知縣趙瑜（瑩瑾雲南臨安衛籍四川資陽縣人　庚午貢士）

謄録官

黎平府推官周大賚（懋功廣西臨桂縣人　癸酉貢士）

都匀府獨山州知州歐陽輝（汝實湖廣荆門州人　甲子貢士）

鎮寧州知州董學孔（以時雲南蒙自縣人　乙卯貢士）

黎平府永從縣知縣陳常（于夏四川富順縣人　庚午貢士）

對讀官

石阡府推官陶希皋（直輔雲南姚安府籍浙江黄巖縣人　癸酉貢士）

都匀府麻哈州知州陳汝和（中甫雲南左衛籍直隸鹽城縣人　庚午貢士）

永寧州知州鄒子先（朝選江西宜黄縣人　辛酉貢士）

思南府婺川縣知縣鄭向陽（時春雲南昆明縣籍江西金溪縣人　丁卯貢士）

巡綽官

貴州衛指揮使馬舜卿（虞佐直隸儀真縣人）

貴州前衛指揮使唐世雍（伯和湖廣衡山縣人）

貴州前衛指揮使王藎臣（子忠直隸無爲州人）

貴州衛指揮僉事張珮（國珍河南確山縣人）

貴州前衛指揮僉事李廷棟（國瑞直隸蕭縣人）

新添衛指揮僉事周時用（道亨直隸儀真縣人）

平越衛指揮僉事劉之屏（藎輔河南確山縣人）

貴州衛左所副千户劉世爵（君與直隸定遠縣人）

貴州前衛中所副千户宋朝聘（待用湖廣沅陵縣人）

貴州前衛右所百户朱有光（廷璧直隸壽州人）

貴州衛中所百户田秀實（大有陝西興平縣人）

搜檢官

貴州衛指揮僉事田一龍（從雲直隸天長縣人）

貴州衛指揮僉事曹繼先（述之直隸來安縣人）

貴州衛指揮僉事楊祖禹（思謨直隸無爲州人）

貴州前衛指揮僉事葛守仁（體之直隸壽州人）

貴州前衛指揮僉事姚大韶（和甫直隸歙縣人）

普定衛指揮僉事范英（于實直隸鳳陽縣人）

普定衛指揮僉事杜思召（廕棠直隸保安州人）

安莊衛指揮僉事吴體仁（子元直隸懷寧縣人）

普定衛左所千户謝世爵（君寵直隸合肥縣人）

貴州前衛中所副千户錢以金（良珍直隸吴縣人）

貴州衛中所百户袁應龍（雲卿直隸揚州府人）

貴州衛前所百户李化龍（在田福建漳州府人）

貴州衛后所百户丁應文（國用湖廣襄陽縣人）
貴州前衛前所百户庾仕欽（朝相湖廣湘潭縣人）
貴州前衙右所百户鍾世恩（天寵直隸盱眙縣人）
新添衛後所百户蔡崇文（子德直隸臨淮縣人）

供給官

貴州都指揮使司斷事司斷事王政（以德四川成都縣人　吏員）
貴州衛經歷司經歷吕廷瑚（君器廣西貴縣人　吏員）
貴州前衛經歷司經歷彭第（汝登四川宜賓縣人　吏員）
安南衙經歷司經歷朱尚材（時茂福建漳平縣人　知印）
畢節衛經歷司經歷段守成（子孝四川内江縣人　吏員）
普安衛經歷司經歷陳如松（盛之江西泰和縣人　吏員）
新添衛經歷司經歷范世琭（維賓直隸休寧縣人　知印）
清平衛經歷司經歷王恩（汝光四川巴縣人　吏員）
都勻府清平縣典史王興健（得坤廣西全州人　吏員）
黎平府歐陽長官司吏目湯枝（子茂直隸旌德縣人　吏員）

第一場

四書

子曰莫我知也夫子貢曰何爲其莫知子也子曰不怨天不尤人下學而上達知我者其天乎　道不遠人人之爲道而遠人不可以爲道　君子之守修其身而天下平

易

含弘光大品物咸亨　惠我德大得志也　鼓之以雷霆潤之以風雨日月運行一寒一暑　聚而上者謂之升

書

帝曰俞允若兹嘉言罔攸伏野無遺賢萬邦咸寧稽于衆舍已從人不虐無告不廢困窮惟帝時克　惟暨乃僚罔不同心以匡乃辟　明王慎德四夷咸賓無有遠邇畢獻方物惟服食器用　德威惟畏德明惟明乃命三后恤功于民伯夷降典折民惟刑禹平水土主名山川稷降播種農殖嘉穀三后成功惟殷于民士制百姓于刑之中以教祇德穆穆在上明明在下灼于四方罔不

惟德之勤故乃明于刑之中率乂于民棐彝

詩

螽斯羽詵兮宜爾子孫振振兮　旐維旟矣室家溱溱　百辟卿士媚于天子不解于位民之攸塈昊天有成命二后受之成王不敢康夙夜基命宥密於緝熙單厥心肆其靖之

春秋

冬天王使宰周公來聘（僖公三十年）春宋公使華元來聘（成公四年）公會齊侯于城濮（莊公二十七年）　遂伐楚次于陘楚屈完來盟于師盟于召陵（僖公四年）公會晋侯宋公衛侯曹伯齊世子光莒子邾子滕子薛伯杞伯小邾子伐鄭會于蕭魚（襄公十一年）夏楚子蔡侯陳侯鄭伯許男徐子滕子頓子胡子沈子小邾子宋世子佐淮夷會于申（昭公四年）　宋公伐邾（昭公十九年）夏曹公孫會自鄸出奔宋（昭公二十年）

禮記

大臣法小臣廉官職相序君臣相正國之肥也　束帛加璧往德也　暴民不作諸侯賓服兵革不試五刑不用百姓無患天子不怒如此則樂達矣　升車則有鸞和之音

第二場

論

正心爲天下萬事之本

詔誥表（内科一道）

擬漢令諸儒講五經同异詔（甘露三年）　擬唐以韓休爲黄門侍郎同平章事誥（開元二十一年）　擬大學士丘濬疏陳時政二十二條上嘉納親賜批答謝表（弘治五年）

判語（五條）

官文書稽程　私借官車船　宿衛人兵仗　斷罪引律令　采取不堪用

第三場

策（五道）

問　天人之際其難言也久矣漢儒謂天心仁愛人君且以諸福之物歸之政治所感言鑿鑿近道也唐虞三代邈不可尚自漢而下英君繼作中間謹畏天

戒軫念人窮者炳烺史册歷可攷鏡不識於古帝王之道亦有彷彿其萬一者與洪惟我太祖高皇帝受命開基成祖文皇帝嗣統綏化其祗承明命與夫籌畫區寓之實載在政要諸書者可睹也列聖相承授受一道迨我皇上躬操神明嗣登大寶十載于兹所以奉若天道子惠困窮者固足以衍億萬載無疆之福矣邇者星象垂异四方水旱屢奏公車乃上下禱祀齊居减膳蠲逋賑匱視昔有加且敕諭臣工共圖修省是其敬天勤民之心真有遠紹帝王近述祖宗而陋漢唐宋于不足言者亦可敬陳其一二歟又不知應天以實中外百司將何以仰答宸衷以爲上下承休之助爾多士固效用有日者願盡言之其勿讓

問　文章之作所以經世帝王之文載在六籍當時臯夔伊傅相與謨謀于廟堂初不言文而吐辭爲經垂憲萬古蓋政與學未相析也自戰國以來天下馳騖于戰功儒術既絀獨齊魯之間學者不廢於是始有以經生稱若申培公濟南伏生之流者焉而政與學析二矣司馬遷班固各有儒林循吏傳而范曄之作後漢書又分儒林文苑二傳業儒者務經術業文者尚贍博是學者又自相析而與政事爲三也魏晋以來崇飾浮競祖述虚玄陵夷至於梁陳之綺靡文儒之業幾墜于地唐興而陳子昂李白力追古詩韓愈氏力追古文自是詩文始各有擅長者而文苑之中又相析矣曾王歐蘇衍韓氏之流者也至周程張朱出而皆以土苴視之自今觀之韓歐之徒豈盡無一言幾于道者與今之學儒者稱程朱學文者稱史漢學詩者稱盛唐各就其質所近而終不如古人者何與其出而應世亦有俾于治理者否諸士必有心知其意者其究言之

問　古之成大事者于簿書期會之間不甚過人惟投艱應猝而後才始見遵何道也古人取人專在識量識欲遠而量欲大成大事者以此安用剞劂小才哉然識量果何以辨嘗觀古人有以履屐能任而知其克秦者有以蒲博必得而知其克蜀者有目瑯瑯總角而知其必誤蒼生者有見范陽偏校而知其必亂幽州者有於石晋開創之初而論郡國無備之患者有于慶曆治平之際而論汴都四戰之危者當時或未信及質之後如持券何其明與有泛海浪涌而吟嘯不言人審其鎮安朝野者有走馬突出而神色不動人决其必爲公輔者有發匕首于卧内而就枕自如者有竊銀器于帳外而熟視不語者有于朝堂見詆而不詢姓名者有爲諫官被論而反薦其父子者其人度量與世何懸絶假令局曲者當之亦能然與夫大匠不斲大庖不豆小謹者不大立餥食者不肥體豪杰之士安可以簿書期會程也此必有本焉諸士如慕效之其明著所由

問　古之取士未嘗有方或取於屠販或取於讎虜管夷吾之相齊穆公之霸秦皆然唐宋以後拘泥資格自科目而外鮮得進者顧其得人之效孰盛

漢平津樂安號爲儒宗卒不能爲漢立不世大功而趙廣漢尹翁歸張敞王尊皆起於吏胥乃能卓絶俊偉震耀四海豈務章句者之不如習法律耶抑上之人鼓舞之使得自奮也夫人固有才智奇絶而不能爲章句者苟之以制科是使奇才絶智有時而窮也近者廟堂屢下詔令吏部三途并用然卒不能大破拘攣之習而倜儻度外之士在制舉外亦鮮見豈古與今异非常之原不可施設與抑鼓舞未盡與諸士有概於中其詳著以對

問　管子有云夫兵古今莫能廢也我祖宗兵制令甲詳矣軍有屯者有技擊者以屯養技擊古者寓兵于農意也昇平日久軍政寖弛弱者竄而强者亢乃有振武新營之變有雲中之叛譚者遂嘆軍不足恃而紛紛議兵矣機兵弊而議客兵客兵弊而議土著此數者果無裨軍制乎比年閩浙有事島夷寔用以勝而近日一二跳梁者又出於兵弊所必至視軍何异哉且兵多則多制餉將多則多制禄民患益賦而衛所原屯日入漁獵是兵與軍兩相病矣貴筑抗制苗夷衛所錯置自昔爲用惟是尺籍之軍而已然消耗者什八老弱者什五即各哨兵亦俱以苗仲充虚數焉有如一旦事出叵測計將安出耶其亦可預資於召募耶夫地遠則募難民瘠則餉難貴之屯租已不足給軍之半即近日省城募兵千名而贖鍰亦竭矣意者因地通變他或有良筴歟或謂科糧無差人易影射議於其中量起丁役以塞弊孔而佐軍伍其説亦可行歟諸士生長於斯當必籌之審矣其陳諸篇以觀匡時之略

中式舉人三十名

第一名　吴鋋　都匀府學生　易

第二名　錢潮　銅仁府學生　詩

第三名　邵元亨　普安州學生　書

第四名　周郛　貴陽府學生　禮記

第五名　王塾　清平衛學生　春秋

第六名　越應甲　貴陽府學附學生　書

第七名　任謨　貴州宣慰司學生　詩

第八名　孫思繼　普安州學生　易

第九名　李時華　貴陽府學生　詩

第十名　何雲爀　鎮遠府學附學生　詩

第十一名　何汝岱　普安州學增廣生　易

第十二名　霍奎　普定衛學生　詩
第十三名　潘應相　新添衛學生　書
第十四名　曹珩　石阡府學生　春秋
第十五名　丁汝彦　永寧宣撫司學生　書
第十六名　袁國翰　貴州宣慰司學增廣生　詩
第十七名　王顯節　烏撒衛學生　書
第十八名　金待取　貴州宣慰司學生　易
第十九名　王之幹　新添衛學生　易
第二十名　强九齡　貴州宣慰司學生　詩
第二十一名　邊上臣　思州府學生　詩
第二十二名　田助國　思南府學生　春秋
第二十三名　沈三德　貴陽府學生　詩
第二十四名　郁德據　普安州學生　禮記
第二十五名　任天瑞　貴州宣慰司學附學生　詩
第二十六名　錢懋德　鎮遠府學生　易
第二十七名　馬性和　烏撒衛學生　書
第二十八名　薛揚　黎平府學生　易
第二十九名　顧一麟　清平衛學生　易
第三十名　葉聯芳　普安州學生　禮記

第一場

四書

子曰莫我知也夫子貢曰何爲其莫知子也子曰不怨天不尤人下學而上達知我者其天乎

吴鋌

同考試官訓導倫批(此題場中類不得夫子發嘆意是作獨中肯綮而詞理精到足式多士)

考試官教諭孫批(清脱古雅宜録)

考試官教授黄批(精邃簡健)

聖人之所以莫知者惟其不求人知也夫不求人知聖學也此人之所以莫知而惟天知之也與且春秋之世急人知者矜异行務實學者鮮知名故人

莫己知固夫子所不患而所以莫知者有未明焉乃其所深慮也于是有莫知之嘆而子貢曰何爲其莫知焉其亦未知夫子之深也從而語之曰道本通於天人學惟修其在我天有不得吾修之未能也不敢怨也人有不合吾修之未能也不敢尤也吾惟於天所賦予而人所同得者爲之不厭恒亹亹以盡下學之功而積之既深自駸駸乎有上達之妙自志學而從心循其序焉而已無异學也由知好而能樂進以漸焉而已非强達也爲之自我者如是而欲人之知我也無繇矣意者惟天無心惟理可契庶其知我而未可必也天或我知不爲徒學人即莫知而可無憾也賜也其謂之何要之惟夫子之道達諸天故人莫能知惟人莫能知乃所以爲夫子然則人之知不知又何足言也雖然夫子豈誠無意於人之知不知哉不見知而不悔者歸之聖莫己知而斯已者謂之果其樂天憂世之心可想也道大莫容人莫予宗矣使不以天之可信者自任天下萬世之學術將奚賴焉是則夫子衛道之意也

道不遠人人之爲道而遠人不可以爲道

錢潲

同考試官教諭譚批（體認不遠人處真切關鎖更覺精神非見道者不能到）

考試官教諭孫批（精詣不落言詮）

考試官教授黄批（理明詞古）

中庸論道本在人而爲道者失之遠也夫道即人之所以爲人者也曾謂遠人以爲之而可爲道哉夫子意曰道體無爲待人而爲則爲道固吾人之責也世有遠人以爲道者豈以道誠遠人乎哉吾謂道原於天是道即天之所以生人者也有人斯有道矣道率乎性是道即人之所以成性者也性在則道在矣天下無人外之道又豈有遠人之道哉人之爲道者亦惟不遠人以爲之而道即在是矣夫苟以道爲至大也人不足以盡之也而馳神於玄遠之歸爲道至難也非人可幾及也而役志於難爲之事生人之理爲道而乃求之人理之外焉迹其所爲若足以高天下而外人不可以言道也曷可爲道哉率性之懿爲道而乃索之人性所無焉雖其所爲或足以述后世而遠人即所以遠道也道曷可爲哉是道惟不遠人以爲之則雖位天地育萬物而道無不可爲何也凡吾人分内事皆道也遠人以爲之則雖超天地離萬物而道終不可爲何也凡非吾人所能爲皆非道也爲道者其審諸抑論道本至虚體道貴實實者人之謂也故子臣弟友人也庸德庸言所以踐其實也夫子之體道亦不過如是

彼鑿虚而高遠其説者是欲賢於夫子也其去道也不益遠乎

君子之守修其身而天下平

郡元亨

同考試官訓導孫批（講明身處不著□□發明守約施博最爲得旨邃養士也録之）

考試官教諭孫批（淵然之識蒼然之語）

考試官教授黄批（雄邁不群）

君子惟本諸身以成治道之所以善也夫道曰修身至約也而平天下不外是焉兹其所以爲善道與且道惟守約而施博者爲善道則凡執之寡要而其用易窮者未善也不有平天下之君子乎蓋自吾身與天下言之吾身其約也實天下所統會也天下其博也皆吾身所聯屬也君子惟守欲其約焉故不以天下治天下也嘗先天下以修吾之身亦不以天下役吾身也惟修吾身以通之於天下以身作則而均平四海有馀裕焉本端而末治何事規畫之煩也一人建極而輯寧萬邦可坐致焉道立而化行何有運量之勞也養之端莊静一之中出之道濟天下而無外是謂□其機要而神理備矣其篤恭而天下平乎斂之幾微宥密之地推之曲成萬物而不遺是謂不下堂序而王道達矣其垂拱而天下治乎夫守止於身守何約也而天下平焉施則博矣惟約也故其施爲不窮惟博也故其守爲知要此所以爲君子之善道也抑是道也語平天下若易易矣而身之修也可易言哉容止端矣而斯須不莊防檢密矣而一念少間皆未可言修也故孔子曰修己以安百姓而必本之敬焉是敬又修身之約也否則施仁義而慕唐虞即修身亦務博爾何足以語道

易

含弘光大品物咸亨

吴鋌

同考試官訓導倫批（發厚德亨物明澈簡浄深於易旨也取之）

考試官教諭孫批（詞約而意盡）

考試官教授黄批（典雅可式）

彖傳極贊坤德之厚因著物所由通也蓋含弘光大坤德厚矣而品物之亨以之不可以識亨之義乎彖傳之意若曰坤之爲道配天者其體也通物者其化也欲觀坤德之厚盍於是徵之乎彼化機不能以遽顯必有藴之而爲含者含矣弗弘德未厚也坤則藏生意於微茫而合萬有以并蓄蓋極天所覆皆坤之載也皆其所包括也何如其含弘耶化機不容以終藏必有發之而爲光

者光矣弗大德未厚也坤則彰化工於有象而焕生息於無窮蓋極地所載皆坤之含也皆其所發舒也何如其光大耶此誠坤之合德於無疆者而物因以通矣機緘既露而爲形爲色皆欣欣以向榮朕兆已萌而成大成小咸熙熙以并育向方資元之理以爲性也此則生理敷布而品物之各一其性者燦然條達焉寧復有鬱而未舒者乎向方資元之氣以爲形也此則氣機旁達而品物之各一其形者焕然暢茂焉寧復有蓄而未通者乎夫由品物之亨益以見坤德之厚由坤德之厚乃足配無疆之乾矣而坤亨之義不從可知歟然德合無疆者坤也應地無疆者君子也體易者誠能法坤之厚德以載物使萬國咸寧之化與品物之咸亨同一忻榮焉則所以贊化育而參天地者又在我矣

鼓之以雷霆潤之以風雨日月運行一寒一暑

孫思繼

同考試官訓導倫批（題本平正最難裁制而是作結構精密易象昭然殆不凡之士）

考試官教諭孫批（確實不浮）

考試官教授黄批（明喦）

觀象於天一易理之著見也蓋易以道陰陽也則夫成象於天者孰非易理之著見哉且天一陰陽也陰陽一變化也剛柔摩盪變化在易矣即是以仰觀於天而其理不可見乎彼天之成象一也自其搏擊而爲雷霆焉和暢而爲風雨焉或鼓元氣而神其奮迅之能或潤萬物而普其舒和之澤是其所以振化機而蘇群動者若是不同矣然雷霆者陰陽之義氣也風雨者陰陽之仁氣也若有物焉以宰之而特不得其朕者何莫非易理有以鼓潤之乎自其著明而爲日月焉變通而爲寒暑焉或麗天普照而消息盈虚之有常或隨時錯行而往來推遷之不紊是其所以繼離照而成歲功者若是不一矣然日月者陰陽之互藏其精也寒暑者陰陽之順布其序也若有機焉以運之而特不得其端者何莫非易理有以推行之乎是可見造化者易書之法象而易書者造化之實理大哉易也其誠足以體天之撰者歟而以卜筮小之者陋矣蓋易非出於聖人之私智也天地有自然之易聖人不過模寫以成之耳然必有聖人之心易斯可以盡作易之妙不然□如潜虚洞極太玄卦氣以之擬易果有得於易否耶善學者得之於言語象數之外焉斯其於易也深矣

書

帝曰俞允若兹嘉言罔攸伏野無遺賢萬邦咸寧稽于衆舍己從人不虐無告不廢困窮惟帝時克

邵元亨

同考試官教諭譚批（知歸重克艱而詞復簡潔可誦録之以式）

考試官教諭孫批（剴切有裨治道非苟作者）

考試官教授黄批（雅飭有文）

聖君推克艱之效必舉其事而歸之前聖焉夫克艱之效至大也顧其事有不易能者非帝堯其誰與歸舜因禹之謨而推廣之曰予之紹堯而治也方思盛治之難繼而君道之難盡也汝以克艱之謨進焉誠哉契予心矣予特患兹道之未易能耳信能上下勤恤而罔或不艱焉則豈特政之乂焉而已乎民之化焉而已乎以兹集謀猷而言其罔伏矣以兹登俊乂而賢其無遺矣以兹康民生而萬邦其咸若矣夫人懷其善而欲兼收之難也必其虚以稽衆即舍己無吝焉此言所以罔伏也民生至衆而欲舉安之難也必其惠以恤下即無告弗傷焉此民所以咸寧也賢才無盡而欲翕受之難也必其公以明揚即困窮必及焉此賢所以無遺也由其效之大以思其事之艱艱可知矣誰則能之惟帝焉耳蓋其智如神矣故克以集衆思而致賢良總章師錫之風可想也其仁如天矣故克以安兆民而和萬邦其咨俾乂之懷可想也帝誠克艱厥后矣乎則事既克盡而效有弗臻也哉噫吾固于舜之稱堯而得其克艱之心矣然是道也虚己其要也易咸之象曰君子以虚受人蓋能虚己則能親賢而愛民治道其易易矣故孟子論好善優於天下至稱舜之大亦曰舍己從人焉然則二聖之克艱其有所本哉

明王慎德四夷咸賓無有遠邇畢獻方物惟服食器用

越應甲

同考試官教諭譚批（講遠人歸德有照應無費詞讀之爽然）

考試官教諭孫批（義精詞雅）

考試官教授黄批（明當）

明王謹德以致遠而貢無异物焉蓋服遠之本在德也明王慎之而遠人之貢無异物焉此可以觀德化矣召公舉之以告武王也謂夫王者以一身爲華夷之主其何修以綏中國撫四夷哉亦惟端吾身孚化之本而已盍觀之明王乎夫謂之明王則語其德德之盛也而允迪已至然語其心心之純也而祇慎不忘故大德不踰矣猶恐聰明或壅於遐邇而惕乎其防必使德足作孚而

爲天下所胥向焉已也懋德克勤矣猶恐意念或雜於玩好而兢乎其守必使德足作肅而毋爲遠人所窺焉已也惟慎德如是吾知維皇建極而中外之勢以一則雖四夷殊疆而罔不率服矣以德服人而遠近之情斯聯則雖四夷殊俗而莫不來享矣德明而懷者賓焉非不以方物獻也然其所獻者惟服食也取其昭事上之忱而已何也知明王服食之外無他尚也德威而畏者賓焉非不以方物獻也然其所獻者惟器用也取其將享上之敬而已何也知明王器用之外無他好也故觀明王之所慎又觀慎德之所致者則今日旅獒之貢從古未有也而受之恐遠人窺吾淺深矣可不慎與抑慎德者王道大本不獨服遠係焉然必明以察其幾而後能慎也前乎丹書後乎旅獒皆慎微之炯戒也非遇明聖其孰察之故曰兢兢業業者言慎也曰知幾其神者言明也召公論慎德而歸之明王也其指深哉

詩

百辟卿士媚于天子不解于位民之攸塈

錢洓

同考試官教諭譚批（雅麗中有奇氣講不解處尤切本旨蓋深於詩學者）

考試官教諭孫批（模寫忠愛之心殆盡）

考試官教授黄批（理正詞婉録之）

詩人願諸臣之效忠于君而久道以安民也蓋民安則天下安也而臣子以是望君其忠矣哉宜詩人爲後王願也且夫世不常治而時尤易失此盛世君臣常相儆而精神常相通也是故修德任賢而綱紀四方君既勤而民亦塈矣乃百辟卿士猶以爲國之危也由于民之勞也而民之勞也由于上之懈也故臣之心常切于君而憂盛危明以用其愛則必使君之心常通于民而持盈保太以圖其終居至尊之地則志意易肆威儀聲譽得如始乎惟願君勿懈于進修也而令聞令望昭然如天地之不息當衆欲之攻則間隙易乘率由群匹果如初乎惟願君勿懈于延攬也而無怨無惡顯然如日月之無私王心常覺而四海之内可以坐照不愆不忘所以衽席我生民者與君福相無疆矣微臣何幸而永承夫燕及之休耶聖心常流而萬邦之遠可以默化爲綱爲紀所奠安我黎庶者與君身相寧謐矣微臣何修而未逬夫太平之盛耶是蓋君民相爲感通而天人相爲默應君志定而民心安民心安而天命固此忠臣愛君之至而後王莫大之福也吾王宜民宜人之治萬年一日矣抑鳧鷖假樂古人燕樂之章也其始曰宜民宜人其末曰不懈曰攸塈成周所以爲有道之長者心乎民也苟不心乎民而徒慕不懈之名則若衡石程書衛士傳餐者亦謂之能

保治乎

昊天有成命二后受之成王不敢康夙夜基命宥密於緝熙單厥心肆其靖之

任謨

同考試官教諭譚批（提掇應處神彩動人成王保命氣象宛然見之佳士也）

考試官教諭孫批（莊重爾雅深得頌體）

考試官教授黄批（精邕可式）

詩人即前王所以承命者而推後王之能保焉蓋文武以德受命周之盛王也非成王之善守孰能保哉且夫王者有業以靖天下也其創之者以心而守之者亦以心心不盡而業斯替矣我成王之繼二后何如哉蓋天監在下而有命既集在文王以明德受之于先在武王以明德受之于后而所以靖之者后人責也惟我成王念盛美之難繼而每勵夫無逸之衷思治安之難保而常切夫其勤之念天命無外非隘德可以基也自夙而夜所以承藉之者其德宏以深焉天命無間不可以淺德基也自夙而夜所以負荷之者其德静以密焉惟其宥也則聰明弗作而能繼續其業以盡吾紹述之心惟其密也則神理弗遺而能光大其業以慰吾纘承之念禮樂既興與天下相安于禮樂也天清地寧熙熙然寧謐之化遺于今矣法度既定與天下相順于法度也民恬物阜雍雍乎日靖之風遺于我矣昊天之成命不其永保之乎是則文武以心而創法此命之所以受也成王以心而守法此命之所以保也命不于常視我心焉耳履帝位者念兹哉抑執競之時頌成王也曰斤斤其明而此曰基命宥密斤斤者其迹也宥密者其心也詩人所咏不獨其迹并其深微之意而傳之然則當是時豈特任政者皆天下之士蓋執簡操筆而成歌咏者皆聖人之徒也于是見成周之盛

春秋公會齊侯于城濮（莊公二十七年）

王塾

同考試官訓導孫批（周幸有齊而尤幸有討衛之□子能得其微矣可録）

考試官教諭孫批（體裁嚴整）

考試官教授黄批（明健）

春秋紀霸好而幸有一王之命討焉蓋命討王者之大權也齊桓兩有奉

焉春秋寧不爲周幸與曷會乎城濮我公與齊桓謀伐衛也曷謀乎伐衛惠王使召伯廖賜齊桓命而請之也夫王者法天故五服五章謂之天命非可得私也桓自管仲相而急于圖霸以尊王實世道所攸賴者今鞏洛之音渙頒于内史晋錫于王臣而九命之榮桓所顯膺焉是大宗伯所掌者爲天子命德之大權而西周秬鬯之盛再見矣噫股肱夾輔之命先王勞之而賜之盟乃後有私相爲命于蒲者矣何幸桓之奉揚天命乎异日翼戴藩屏功成九合謂非本于伯廖之一行不可也王者法天故五刑五用謂之天討非可得私也衛因子頹之亂而敢于助孽以奸位實人心所共憤者今濮陽之問肅將于元臣授詞于伯舅而九伐之法桓其明敕焉是大司馬所掌者爲天子討罪之大權而西周鈇鉞之盛再見矣噫五侯九伯之征先王命之而賜之履乃後有矯之以行私于防者矣何幸桓之奉行天討乎异日南摧西抑業成一匡謂非始于立頹之一問不可也故書城濮之會而其美彰矣抑桓之奉兹以往誠有命無咎者而衛胡有甲寅之抗耶抗齊實抗周也使桓能一鼓得之以請戮於周則勤王有終矣乃取賂以還不亦上負天子哉此桓之止於霸而周之不復西也

遂伐楚次于陘楚屈完來盟于師盟于召陵（僖公四年）公會晋侯宋公衛侯曹伯齊世子光莒子邾子滕子薛伯杞伯小邾子伐鄭會于蕭魚（襄公十一年）夏楚子蔡侯陳侯鄭伯許男徐子滕子頓子胡子沈子小邾子宋世子佐淮夷會于申（昭公四年）

曹珩

同考試官訓導孫批（桓悼不戰之功殆伯而王者也是作模寫婉切録之）

考試官教諭孫批（詞勁意明可取）

考試官教授黄批（深得傳意）

春秋美二霸不戰之功以其近王事也甚矣王者以不戰爲威也桓之攘夷悼之服貳有焉春秋所以美之與蓋嘗於欒書桑隧之役而有感於二霸之功矣夫齊桓之創伯也事孰大於制楚者使徒制以力則吾力竭而二廣之虎視猶故也乃桓之伐楚也兵威已震于南海矣則用敬仲之謀而戰之不遑陘亭駐師而修以文告也徼與同好也豈以八國之全力而畏一楚哉誠不忍以吾節制之民而輕於一擊也果而屈完服義退三十里卒有召陵之款焉則九合之盛此其先聲矣楊子謂春秋美召陵其在斯乎晋悼之復伯也事孰大於服鄭者使徒服以力則吾力疲而二境之狐疑未釋也乃悼之伐鄭也兵力大振于東門矣則從伯駢之請而信之不疑蕭魚講好而禮囚遣告也納堠禁侵

也豈以十二國之兼力而難一鄭哉誠不忍以吾生息之民而困於屢舉也果而鄭簡輸誠逾二十四年始有于申之會焉則三駕之舉此其底績矣荀子謂春秋美蕭魚其在斯乎噫此固舞干因壘而後所僅見者若武子之旋師也其殆立於桓悼之間而無愧者耶宜春秋所悉與也雖然桓自制楚以還驕溢起而無善後之策悼自服鄭以往玩愒乘而無經久之規則楚氛益熾而鄭轅莫輓無惑也是故制勝易持勝難必存王者無怠無荒之心而後可

禮記

大臣法小臣廉官職相序君臣相正國之肥也

周郕

考試官教諭孫批(講國肥最有斟酌末復照出家與天下之肥自非淺學可到)

考試官教授黄批(精瑩雅馴)

舉一國而皆盡其道可以言順矣夫一國惟君與臣也君臣盡道而順之達于國也詎不信哉記禮者意謂國以大順爲治順以盡道爲極是故自身而家其肥固各有所指矣至于國也何如彼大臣所以表率百僚者也非法無以貞度兹則翼翼乎奉一人之道揆而不法者無有矣小臣所以分理百職者也非廉無以觀守兹則兢兢乎秉一心之精白而不廉者無有矣官職异等也而有式序之典不陵不援無相越矣非寅恭推讓之風乎君臣异位也而有相正之義惟令惟共無相比矣非明良吁咈之盛乎斯則職業克修而形迹罔間君臣交儆而精神常通非國之肥而何哉吾知觀政在朝而一德既爲之咸有則觀化於國而運祚自見其豐隆國有元氣非人不固今惟各盡其道則培養有人所以爲元氣之周流者何其盛滿而不窮乎國有神氣非人不張今惟各率其職則護持者衆所以爲神氣之振揚者何其充足而有餘乎是雖不外乎一家之推而宗社無疆之命□此其益培雖未達於九有之廣而天下和平之氣象此其已裕以此觀順順可知也君子原其始治情之功不誣矣雖然君心者順之本也化之原也古昔聖人以純王之心發爲純王之政不但國治而天地官萬物育者不期順而順也苟出之無本而有意於爲順則制作紛紛適以長戾於國矣如天下何故曰有天德便可語王道暴民不作諸侯賓服兵革不試五刑不用百姓無患天子不怒如此則樂達矣

郁德據

考試官教諭孫批(太和景象宛於篇中見之是知樂之深者)

考試官教授黄批（典則春容）

惟天下咸安見樂之所由通也甚矣樂未易言也即天下之相安而和德著矣樂其有不達哉記樂記者蓋謂惟至和而後可以語樂惟至和之通乎人心而後可以語達吾謂樂至則無怨者何以徵之蓋樂也者暴戾可化兵刑可弭上下可和者也一有所間則和氣尚鬱而未宣非樂之達也今焉暴民則不作而釁孽無萌也諸侯則賓服而靖共不貳也其野有良民而國有康侯矣乎兵革則不試而武備可弛也五刑則不用而紀法無奸也其德威惟畏而幾致刑措矣乎以百姓則無患皞皞然享至治於無虞以天子則不怒忻忻然樂太平之有象其兆民之永賴一人之有慶者乎允若兹樂其有不達哉蓋樂雖中出其用則通乎天下而不窮體雖主静其效則運於治化而無外樂以平心由天子以至庶民舉默順於大道之公者非强也惟和故心平而忻喜歡愛之真機至是其畢達矣乎樂以宣化由侯服以至王畿舉相安於雍熙之域者非勉也惟和故化宣而順成和動之妙用至是其具達矣乎吁此之謂至盛之樂也此之謂揖讓之治也大樂必易之妙於此可以觀其深矣雖然樂之達豈一於和者所能哉有爲之先者禮是也蓋樂達則情孚禮達則分定苟非禮以節之而徒曰樂足以化强暴戢兵刑而安上下也可乎記樂者以樂之達終歸于禮之行其深於樂者夫

第二場

論

正心爲天下萬事之本

周郛

同考試官教諭譚批（奇崛之才贍博之學精深之思三復令人斂衽）

考試官教諭孫批（格高氣暢一洗塵滓）

考試官教授黄批（雄詞卓識杰士也）

善治天下者不以天下爲也握天下之要而已矣蓋人主者天下所環拱而耳目之者也其窺我者甚衆所以用其窺我之術者甚密而我心少有所偏則不待發于音聲形于笑貌而天下得以識我所向夫惟有以識我所向而緣是以誘我則必墮其術而不自知是之謂以物爲主□正吾之心則我能先天下以用其察而天下無所用其窺是之謂以我爲主物爲主則汩没于萬物之中而何以理物我爲主則超然于萬物之上而物自可正比所謂握天下之要也善哉朱氏之言正心爲天下萬事之本也蓋世主之治天下有粥粥焉役耳目以當轇轕之衝

矣而不知耳目之用爲用也末十里之間而耳不能聞帷幬之外而目不能見其以彌被八圻盈塞九有若之何哉惟心者徹乎天地通乎神明洞乎晦昧貫乎遠近先後千變萬化無不本焉固道之窾係而治之樞紐也然而出入無常動静靡測著者或微安者或危未易正也而在人主爲尤難蓋天下之物可喜可玩而足以動人者日紛紛于前而天下之人求進其喜玩以使吾之悒慕不舍者日相逐于左右不特冶容珍味藻繡雕甍爲然而凡所以移易吾意者莫不未形而爲之啓當先而爲之逢既事而爲之遂已謬而爲之文而吾不能正其心以待之則邪壬之伏其中於心也微而其植根也膠而難解苟一不解則微者或横潰而著矣根者或引蔓而枝矣至于潰且蔓則雖有賢人君子以維持而匡弼之靡益矣故夫心之不可以不正而正之爲未易也夫冶容珍味藻繡雕甍猶其末也是數者可以誘中主而不可以誘聰明之主惟天下之攻于誘者雖聰明之主而有所不能逃其術至于不能逃其術則雖不正而不自知也是故心向于治若正也而或申韓之偏見藉以入也心向于學若正也而或公孫安石之曲學藉以入也心向于文若正也而或徐庾之淫艷藉以入也心志于事業若正也而或桑孔之財利衛霍之武功藉以入也何也彼數者之欲售其術而恐莫售也必張虚美飾小效以薰吾心而快吾意俾吾眩于其美而惑于其效自以爲治平無事也于是廣侈其志厭縱其欲而冶容珍味藻衛雕甍之類亦且浸淫而至至于横潰而不自覺不知天下之實禍隱憂于兹醖釀矣其始也欲爲上主之所爲而其繼也乃爲中主之所不爲雖粥粥于耳目不過帷幬之間十里之内自爲治耳天下萬事孰得其當哉蓋能正其心則吾之聰明爲我之用而權自我握不正其心則吾之聰明適爲邪壬之資而權不屬于我矣聖主知其然也不求正于天下而求正于心精之一之克之復之無日而不珍攝無日而不完養不使有一毫之妄念邪動以累我虚靈之天幽獨燕閑之中而若對上帝若趨宗廟女謁近習之前而若見法家弼上父兄師保紛華波蕩可以馳逞之際而若百官六軍萬姓之列于傍而議我也無晝夜無久暫如養珠如抱卵如捧盂水而方寸之地不爲五官百骸所勝矣然猶懼其或陷于過失而不自知也委任輔弼廣開耳目而凡其職一事苟有關于國家之理亂而係于人主之心術者莫不統于冢宰焉虎賁綴衣不以爲細人也飲膳烹庖酒漿醯醢不以爲微物也掃灑縫染不以爲賤職也幄帟次舍不以爲小事要皆制以有司之法而俾吾之舉動有所礙而不敢自恣紀綱不散名分不易爵禄不輕而左右前後無敢有蠱吾之心術以浸淫于政事如是則天理盎然充滿具足無欲無惡無偏無黨兼陳萬象懸衡其中而天下之聽唱而應視儀而動者孰敢不正縱有險壬之伏不待察而若望參表矣是故申韓不能惑而天

下靡慘刻之害也公孫安石不能迷而天下靡紛更之害也徐庾不能蕩而天下靡淫麗之患也桑孔不能謀而天下免椎剥之患也衛霍不能奮而天下免骨白磷青之患也由是修制則禮樂昭明由是稽績則品式周備由是布澤則湛恩龐鴻由是詳刑則獄訟清簡群辟摶心揖志以象其指庶氓矯手頓足以咏其澤而天子者惟端委恭己而已不出闉闕不離表著而經緯乾坤衡鏡宇宙外運渾元内霑毫芒以至黄支之南大夏之西東鞮北女此心無所不達而莫敢有矯命而雄行睨視而跂望者豈非以其能握天下之要與斯義也惟古之聖帝明王爲能之彼其理三苗朝羽民從裸國納肅慎未發號施令而移風易俗者其心行者乎故夫號令之所不至者德或至焉德之所未至者心或至焉由心而達于天下如影響矣苟不得于心而徒有經天下之具是猶無耳而欲調鐘鼓無目而欲善文章也亦何能勝其任哉嗟夫正心之道未易言也蒙鳩之巢加于苕而易折射干之莖産于山而增長所托者然也人主之欲正其心亦慎所托而已矣故親近大臣以維持此心而不使其正者之易淆此尤要務也嗚呼以虞舜之濬哲而益戒之曰罔游于逸罔淫于樂以湯之聖敬而仲虺告之曰以義制事以禮制心何者至治不以賡歌率舞遺諤諤之言至誠不以顯號鴻業惰冥冥之行此明盛之極也天下萬世之所以治安也

表

擬大學士丘濬疏陳時政二十二條上嘉納親賜批答謝表（弘治五年）

王塾

同考試官訓導孫批（事核而詞工體莊而意懇大臣忠愛之忱具發之矣）

考試官教諭孫批（華腴根於學識非剽竊爲□者）

考試官教授黄批（典雅駢麗）

弘治五年某月某日具官臣濬伏蒙皇上批答臣疏時政二十二條即命諸司議行謹奉表稱謝者伏以天啓宸衷俯納涓流之獻雲騫睿藻仰承華衮之褒碱砆托質于琳瑯螢爝分光于奎璧榮流鼎鉉寵溢衿紳徵畜德之日新宜豫鳴之雷動臣濬誠惶誠恐稽首頓首上言竊惟臣鄰弼輔獻納爲先密勿經綸時務爲大然必上能集思而廣益斯下乃補闕以匡違衢室闢于堯年嘉猷罔伏明臺開于黄序庶績其凝惠哲安民皋謨夏室聰明憲帝説訓商廷鐘磬鼓鞀古風既遠表啓章疏故事徒存奏牘三千惜俳優之見畜陳篇五百恨左校之旋輸皁囊切論于金商難彌鼠社彤史昌言于白虎莫止龍漦鳳扆一箴景德之天書益侈麟臺七驗巴陵之地道猶開若漢肅之嗟嘆四巡徒耽鞶帨而唐宗之揄揚三傑無藉珪章豈如聖朝躬親曠典兹蓋伏遇皇帝陛下堯

仁舜智禹儉湯寬得一神凝建中和于五位吹萬情辨敷化育于兩間運乾剛首屏犁園之技廣聖德旋寬豸史之囚騠譯窮天念猶虞夫逸欲琛維盡地慮尚切乎綢繆褒守陳講學聽政之言虛同止輦納王恕召見專對之議速如轉圜臣猥以疏庸荷蒙甄植一生仕宦常切太乙之藜六轉官階不遠玉皇之案青宮進秩已誇曳履星辰紫府參衡尤訝宣麻雲漢循涯非分報寵何階課吏考功慚無殿最之可録閉邪陳善心期膏澤之潛滋伏念弘治改元之年同符洪武戊申之歲天意不偶祖德宜承顧惟世運難值乎雍熙而君心每懈于閑暇虞夏已上居萬乘以爲憂漢唐之衰處其憂而爲樂衣袽失戒撓國步于因循桑土後時溺王綱于姑息瀸泉星火爲幾甚微而滔襄燎原其禍遂侈往車既析來軫當防玆者彗星屢燿變類宋熒异鳥三鳴灾同漢羽二儀高下或爽其常五行僭差孰思其咎荷祖宗之德澤固無他虞感天地之咎徵宜釐庶政謹馳精而測蠡勉綴説以續貂游目西京法賈生之慮平而涕世眷言東國宗郎顗之躬盛而弼君罔羅數百餘年條列二十二事疏縷至細合緯以成幃菽粟雖微積厢而盈廩酌三度五鎔墳典于毫端得一慮千執契繩于掌上設爲問答誰似墨卿之虛擬諸形容豈若齊諧之謬脣吻或滯肝膽必傾寧練治而寡文不工文以疏治堤防無隙庶藉是以彌灾旒纊有裨或緣玆而永命聖功常習似芹獻之無需帝度益弘乃葑采之罔弃文含玉律映白簡以騰輝字吐銀鈎照丹衷而動色謂時弊其切中實治道所當先寸矩盡方可以達之天下一車成轍遂欲式于萬邦蓋惟心若靈谷之虛故微聲即應襟如澄川之朗斯雜象畢陳臣敢不仰體睠懷俯修舊植細氈鳳尾繼白馬之危言清問螭頭追紫荷之舊貫事關君德不以咎小緘詞政係蒼生敢以機微杜口伏願戒惕六馬之馭怨謹三人之圖儲精穆清玄珠自運垂神朝宁太阿獨持審鵜翼之在梁名器必慎慮繭絲之罄地財用無糜來鴿轉龍斥西方緣業之論飛凫度鶴絶東海謬悠之徒匹佞不留金鏡無夷其冶一壬必掃玉燭永垂其光儒館獻歌宛如黄虞之代戎亭虛候常若祖宗之時臣無任瞻天仰聖激切屏營之至謹奉表稱謝以聞

第三場

策

第一問

吴鋋

同考試官訓導倫批（我皇上敬天勤民至意有光祖德此策揄揚殆盡

未復望諸司崇實政以仰贊皇猷尤見忠悃録之以式多士）

考試官教諭孫批（應天不徒以事而以心乃我皇上孚格玄穹之本子能仰窺而揚厲之蓋有志於靖獻者薦之）

考試官教授黄批（鋪張有體責實有要用世之文也）

天人之際所以相感者氣也所以相孚者心也蓋天地合和陰陽陶化運氣以生人而未始不乘人以宣氣故其儲與呼吸包涵品彙斟酌萬殊旁薄衆宜以相嘔附醖釀順之則祥逆之則害而其機則係于人心人心形也天象影也人有此心天有此應凡天之變皆因人心而發焉宣焉形而影之者也故匹夫庶婦精至則昊曠通衷確則神明鑑而况天子建中和之極身爲人神之主而心範天地之妙其精神情性常與造化相流通若桴鼓然者固其自然之理也是以明主不求天于天而求天于人不求天于事而求天于心求天于天者失之虚而求天于人者得其實求天于事者或有遺而求天于心者無不慎是故灾起而必虞灾消而不懈者聖帝明王所以常栗栗也非今日之隆其疇望哉甚矣天人之際難言也箕子之陳洪範也以五事而配五行欲人之每事致慎也孔子之作春秋也紀灾异而略事應欲人之無所不慎也漢儒之説失于附會而獨董子之言近乎理道其曰天地之變大者爲灾小者爲异灾常先至而异乃隨之乃天所以譴告人君而欲其恐懼修省此言天所以感人君也又曰人君正心以正朝廷而遠近莫敢不一于正則諸福之物可致之祥莫不畢至此言人君所以感天也斯義也箕孔之遺意也古之帝王所以祈求命而臻上理謨神明而規卓遠者用此道也三代以後克畏天戒蓋亦有作焉而未至也是故文帝加養老之賜蠲田租之半庶幾成康矣而沿祀五畤惑于鬼神吾無取焉章帝除慘獄之科著胎養之令無愧長者矣而鹽鐵猶擾吏多不良世或惜焉唐之太宗廣納諫之路輕捕盜之法外闔不掩蓋有由也而漸不克終是其失也宋之仁宗罷玉清之苑却西蜀之錦享國長久非無自也而武事不振是其短也是數君者能求天于事而未能求天于心得其彷彿而未契其精微者也是以治止小康而化僅補塞洪惟太祖高皇帝重闢乾坤立萬世不拔之基矣而猶兢兢焉奉大寶于盤水桑林露禱法湯之虔南郊戒飭遵文之敬因雷震而赦罪因旱灾而賜租是其求天于心非以聳觀聽也成祖文皇帝再造區夏培萬載無疆之業矣而猶業業焉御六馬于朽索親近儒臣杜絶女謁表章六經却請封禪因歲饑而贖子女因殿灾而求直言是其求天于心非以飾儀文也列聖相承率由是道迨我皇上茂齡踐祚獨運神明左圖右書朝經暮史孝養兩官躬親庶政以是明德耀乎中夏威靈暢乎四荒樞機周密品式

備具左右肅艾以象德臣鄰屬恪恭而錯采可謂至盛極治矣邇者星象之著水旱之奏未爲大灾極害也而鰓鰓焉慮失念咎克自抑畏動色于朝宁以正夫棼藉垂思于深宫以正其幽眇逆釐三神順修八蜡蠲内帑之金停司農之税賦醫藥賜棤櫝加精致誠敕諭臣工紬繹咎愆是其求天于心猶夫古帝王也猶夫我祖宗也而執事猶欲中外百司仰答宸衷以爲上下承休之助顧愚不足以及此也抑嘗聞之矣天道至大不越于五行星者五行之精故天戒重于星氣水者五行之本故地沴重于水泉是猶人之有五藏六體五藏象天六體象地藏病則氣色見于面體病則欠伸動于貌顧人常遭痾則常思保嗇而命因以延國常遇灾則常思戒懼而國因以永董子謂天心仁愛人君因其有失而譴告之愚以爲天于皇上非咎其有失而譴之乃慮其或懈而告之也蓋泰久則瑕類潛生治極則蠹壞從起是上天所慮而灾异所爲動也譬之父母于子當其盛年雖無疾病而必丁寧告戒者慮其易溺于欲也夫天于人君其有失而告之者仁愛之淺也其未有失而告之者仁愛之深也而人君于天求之于事者敬之末也求之于心者敬之至也天之愛我皇也深而我皇之敬天也至則弭灾致福不足言矣而愚獨慮夫百司庶府所以仰承聖意者未敢謂盡得其人也近讀詔旨有曰各處有司不體朝廷德意往往刻虐博名斂怨大哉王言鏡萬里矣蓋朝廷因名以察實而臣下或舍實以眩名故破觚斲雕之意失而束濕促柱之風滋自今言之萑苻之聚所當緝也或急於滿品得無有弗察嚅矢而指鑽隙爲探丸者乎繭絲之辦所當程也或恐其負最得無有弗勤撫字而工箕斂爲幹局者乎贖鍰所積應徵解矣而脂膏自潤得無有繁棱槢以空杼柚者乎厩置所需從裁節矣而賓客求稱得無有陰掊剋以飾厨傳者乎凡此皆默損于民而陰傷夫氣者也夫天之與人心之與氣相爲感通歡娱者生長之氣也民心歡娱則是氣應焉而爲瑞愁慘者衰瘵之氣也民心愁慘則是氣應焉而爲灾故明君聖主煦育蒼生富壽康寧各滿願欲常使其歡娱悦樂此祈天永命之要術也而要之不難致也鼎之載水也厝之以薪而斯沸釜之載湯也參之以水而始平今百司庶府所以轉移念慮以佐皇上之承休者譬如止薪加水無難也而我皇上秉靈體睿亦不必有加於昔也猶之殖焉既培茈之又日溉焉而已矣猶農之有畔焉日夜思之朝夕行之而已矣誠念祖宗之遺訓鏡理道之要原倚毗綸扉廣闢言路崇至仁行凱易却鶴列于麗譙去徒驥于錙壇察淫侈之華譽褒悃愊之實能威稜立而不厲聰明先而不眩法令察而不苛政事修而不競以越三五以規億萬則五氣式序九扈荐登彗爲含譽矣水爲醴泉矣旱爲

薫風矣皇皇乎丕天之大業天其能違之哉

第二問

錢制

同考試官訓導孫批（文章關世道子能品騭今古卓有定衡且欲求本實以裨治理豈徒留意文學即經濟足占矣）

考試官教諭孫批（文章政事統歸於道是作能直探源委考鏡盛衰博雅士也）

考試官教授黄批（是根極理要而不爲靡文者）

文章之與政事非有二也皆以神明爲主宰而以理道爲本幹由神明而研之則體物賁藻而莫非政也由神明而措之則砥躬炳業而莫非文也不然離文以言政而政爲粗迹離政以言文而文爲靡詞是皆無得于道而弗窺夫神明之奥者也是故古之學者文與政出于一而天下之治隆后之學者文與政出于二而天下之治入于弊矣請因明問而悉其説夫文何始乎肇其象于天地而泄其秘于庖羲自太極而分之奇耦自奇耦而形之字畫自此以往一與一爲二二與一爲三神明之用不能已而文章之變遂不可窮故叙詔倫則敷宣禮樂布施刑政張皇師旅與夫井牧州里之辨華夷内外之别先天下而開物后天下而成務悉囿乎文非文之外别有事也皋陶伊傅謀之于廟堂而爲謨垂之于紀籍而爲經萬世而下讀之猶窺見其神明焉所謂古之學者文與政出于一者此也至于戰國暗于大道而騖于事功其顯者工捭闔翕張之術而不遇者逞誕妄恣睢之談離析堅白移易充虚非毁先王眇末宇宙儒術既詘而秦虐斯張經爲驪山之焰而儒爲温谷之瓜于是世之衡柄一切歸于法吏碌碌刀筆者攘臂于時而言道德者溺其職矣迨武帝表章六經置立博士學士大夫始出于仳離之馀而掇拾其煨燼之緒家傳師授若憚天球然而與吏道闊遠矣司馬遷之作史記列儒林循吏爲兩傳二家之徒互相譏駁執徵以笑羽而不知其同律也執朱以憎玄而不知其共素也及范曄之作後漢書也又爲儒林文苑二傳當是時顓承師説者以舍味竊多目握槧爲藝生曰華丹之亂窈窕也優柔縟綺者以著造自侈鄙抱經爲學究曰瓦缶之奪鐘鼎也蓋學愈析而愈卑矣建安之後遒文壯節抑揚悲哀而太和益散正始以來名章迥句詭淑靡嫚而雅道益微迨于齊宋士子以簡慢矯飾舒徐相尚文章以風容色澤放曠精清爲高陵遲至于梁陳淫艷刻飾佻巧小碎不惟弁髦于儒林即文苑亦蠛蠓之矣陳正字出而陶洗六朝之鉛華感遇諸作托寄大阮微加斷裁而李杜之徒暢其餘馥遂爲詩家之宗工韓吏部出而振起八代之

衰弱原道諸篇表裏孟楊宏深奥衍而藉湜之輩疲于竭蹶遂爲文家之鉅匠自是學詩與文者或偏詣分馳而文苑又自相析何其支離也宋興百年而文章猶仍五季餘習鎪刻駢偶澒洞紕陋故歐陽氏樹獨幟于旌墟而二蘇曾王奮鞭弭于廣陌或紆餘而委備或標鶩而奔放或汪洋而澹泊或雄壯而俊偉一時之文號爲復古夫其敝而變也亦稱一時之縣解然皆研精于文以窺神明者也非由神明而達之者也故于道也舉其偏而或遺其全得其似而或遺其真是猶蓋之無一橑而輪之無一輻有之可以備數無之未有害于用也自周程張朱之學興諸子之稱雄于藝林者失其馳驟矣蓋周子之標理于極而推功于静程氏之性無内外而動静皆定張子之理一而分殊朱子之居敬以窮理皆體乎神明以立言者也非研精于文以窺神明者也惜乎未盡其用而政與學之出於一者未見也至于今則途愈多而實愈乖其取名愈高而敝愈滋學儒者執符于程朱而合契于孔孟自以爲路蕟之出于土鼓而篆籀之生于鳥迹也顧拾其咳唾而未窺其要領甚至糠粃經傳而托迹于性命之説眇末器數而借口于解悟之宗是陽附于宋儒而陰趨于釋氏者也言文者揮霍詞場莫不謂權輿于史漢也然矜激單辭求工片語體裁或失而精機弗吐是奴役于班馬而非役班馬者也言詩者啅吻升壇莫不謂橐籥于盛唐也然亟于硎範而薄于情致不病而顰無從而涕是假借于李杜而非宗李杜者也是何也惟其舍堂奥而求諸藩忽神樞而執諸象以故途遵上乘而不免邯鄲之步人握夜光而空爲合浦之還其出而用世也談儒業者高視而闊論不知有習俗之宜懸斷而輕臆不知有盤錯之變其於世故何益也談詩文者放浪形骸不知有禮度之守傲倪今古不知有文法之繩其於理亂何關也是數者方其風之初扇也憂在人而不在世及其風之既熾也憂在世而不在人有志於世道者所當挽其流而亟反之者也反之若何曰求其本核其實而已六籍者政與學之本原也今佔俾之徒剽其外郛而昧其中扃一釋芒屩則厭飫于李杜之糟粕而視之反蔑如此不尊經之故也諸史者政與學之實用也今章逢之士窘拾其餖飣而忽意于興衰一離案牘則浸淫於稗官之殘蠹而指之爲陳説此不博物之故也夫學術之于政治固本原而支委也學無實學斯政無實政由今觀之其身事視君家事視國者不可謂盡無其人而以窺看爲精神以操切射聲譽通若轉環滑如炙轂者比比然也不亟反之治曷由善哉而要之非可以空言導而號令驅也御民之轡有所貴而導士之路有所先上嗜而下食上服而下緝招之則呼挽之則趨神理一運而象指從化如轉閉錘無難也誠正本以教之而巧僞不售核實以用之而虚浮必黜使天下之士反夫神

明而澤于理道庶乎政與學出於一而上古之治可復可噫維風起弊仰佐神理黄屋玉階之内方飽基尺牘也愚何幸而躬逢其盛

第三問

邵元亨

同考試官訓導倫批（士惟識量過人斯可大受子其辨之審矣豈以豪杰自待者歟）

考試官教諭孫批（學該博而識高明乃慕古而有得者取之）

考試官教授黄批（充贍中有確見）

天下所少者非才也識量也才所以集事而識量所以運才集事者爲天下用者也運才者用天下者也爲天下用者以能爲能而用天下者以無能爲能無能爲能者遠大之器也故識欲遠而量欲大識非徒明也見本而知末睹指而要歸揆治忽如蓍蔡别可否如筌蹄萬物并興莫不響應夫是之謂識量非徒弘也沉静而不躁淵深而莫測無埃壒而不可污無扃鑰而不可誘險夷輻輳莫之動摇夫是之謂量識而擴之以量然後可以剖糾結而不窮量而濟之以識然後可以勝艱大而不匱此瓌瑋奇特之士所以樹大業垂鴻稱者此道也程子有言人惟識量不可强今人所見卑下者識量不足也旨哉言乎嗟夫世所謂識者或以舞智拂經慧辯矜飾爲察而已乎而非也譬之登高登培塿而見十里矣登嶔崟則見百里焉登岱華之巔則又見千里焉見有遠近斯識有不同也世所謂量者或以庾惡畜奸兼納比周爲容而已乎而非也譬之量物鐘釜受而小升斗矣江湖受則鐘釜弗能滿焉尾閭歸墟受則江湖弗能滿焉受有深淺斯量有不同也繇斯以談而明問所指可得而揚榷之矣夫李勢之在巴蜀也承藉累葉形據上流而桓宣武以孤軍徘徊于三峽衆寡不相程而舉朝怖色矣惟劉尹以蒲博之小技而决其摧鋒蓋不以形决之而以志决之也符堅之問晋鼎也狼噬梁岐虎視淮陰而謝征西以偏帥抑遏其百萬强弱不相衡而舉國怛顔矣惟郗超以履屐之細任而必其立勛蓋不必之以勢而必之以才也王大尉神姿高徹如瓊林瑶樹總角入仕爲談理所宗而山巨源一見以爲必誤蒼生卒之浮誕之俗成于雌黄而身爲墻土金行之運靡競矣安禄山忮忍多智如餓鴟野狼偏校入奏爲明皇所賞而張子壽一見以爲必亂幽州卒之鼙鼓之動肇于幄坐而國爲丘墟曲江之祠靡益矣石晋之初區宇平定磐石自喻也而郭西河以州郡無備夷狄風塵爲虞蓋劉石之徒已懷睥睨飛揚之意特戢翼于開創之武帝耳而易世之後尺伍單虚其何所憚世乃以降胡易之是有見于新造之晋而無見于易動之晋也仁宗之世函

夏寧謐覆盂自安也而范希文以汴城四達請繕洛陽爲奏蓋大梁之地本無襟帶建瓶之雄特倚藉于百萬之甲士耳而宿兵之久人驕獰憊其何所仗世乃以迂闊目之是有見于兵盛之宋而無見于兵衰之宋也海中之戲陽俟鼓翼走孫許矣而謝太傅神情方王吟嘯不言其後洛生之詠一作而壁傍之甲旋移者驗于此焉閤下之會走馬突出仆賓客矣而王東亭意貌自如端立不動其時黑頭之言一賞而金鉉之托不負者卜于此焉韓魏公駐延安而張元之使虎發卧内身寄匕首如俎肉耳而公就枕自如任其携首蓋度其不能害而從容應變所以懾敵人之謀也張文定官江南而門下之僕鼠竊簾外黄白百器非直瓦缶耳而公熟視不語任其發篋蓋視之不足重而鎮静自持所以稱宰相之器也吕文穆初入朝堂爲朝士所詆而不詰其姓名夫當鼎貴易驕之際又群衆屬目之時而闇然忘其爲辱何其汪洋無畔岸與文潞公入拜平章爲唐介所劾而反薦其父子夫常人能抑情于其暫不能無宿念于其終而獨始終不以爲隙何其豁達無芥蔕與嗟乎天下之事已著端倪者持筴鼓頰無難也惟其未形而有所不及計故遠識爲難天下之名可以號招者忍性閉欲無難也惟其偶然而有所不能强故雅量爲難之數子者識遠而量大者也是以其當機立斷也如决千仞之堤其從容制動也如立萬仞之壁光耀後先而爲瓌瑋奇特之士者豈偶然哉吁士難論也材有不同而器有不一大材可以爲舟航柱樑而不可以爲楫楔小材可以爲侏儒枅櫨而不可以爲櫚榱故施九品理萬國决煩解挐者不可責以捷巧鶩鄉曲之月旦襲衆人之耳目愉説小具者不可任以大功今世所稱説者突梯脂韋務持兩端和而不倡隨而不先籠罩當世射如破的其投機非不工也立持格局行應規表言不使人疑行不使人議其貞度非不當也儇詗滑澤翻覆閃倏密如崤函轉如閉錘其進趣非不利也談如剖冰議如掃枯雌黄囊哲領袖後進陳勢浩汗府奥難傾其尋微非不深也然見隅曲之一指而不知因天地以游惡睹所謂遠與大哉誠使數子者與之程簿書期會而較飛蓬之問必無當矣要以制决于咄嗟轉盻之間而樹震耀四海之績不亦河漢哉何也大才與小節异守庶職者如祝宰以能爲能也故才在技數處大官者如尸以不能爲能者也故才在識量鼓不與於五音而爲五音主水不與於五味而爲五味調識量不與于技數而爲技數督故能合五音者不與五音者也能調五味者不與五味者也能用技數者不與技數者也明於此而知大小之宜矣嗟夫人各有識利蔽之外則昏苟蔽于利而托舞智以爲識則山范接踵矣人各有量私塞之中則隘苟塞于私而托比周以爲量則韓吕比肩矣是故求肉者非

腐鼠之謂也求酒者非敗釀之謂也求識量者非舞智比周之謂也程子謂學進則識進識進則量進學也者所以廣識量也不學而欲識量之遠大猶拾瀋也其能哉故曰天下所少非才也識量也

第四問

周郛

同考試官教諭譚批（取人亡論有方無方惟其廣而已今之科目固有定制而廣則自古所無也精覈在大寮鼓舞在明天子何患才乏哉子言能悉是意取之）

考試官教諭孫批（論用人而惓惓於上下虛實之際有深長思矣）

考試官教授黄批（宏博精切之論録之）

善馭天下者不離乎法而不泥乎法夫然後可以盡天下之才而成天下之務蓋無法則吾所以用才者紛錯而靡所執泥法則人所以效用者牽制而無所成故法以存其大綱而出入變化則常默運于法之外以鼓舞乎天下使其欣欣然常有無窮之心而無自弃之念然後張弛闔闢惟吾所爲而無不如意是之謂善用天下之才明主哲相所以臨制海内陶冶人群者率用此道也今夫天下之士誠盡得調成五材變化應節者以展采錯事何虞治哉顧稟有偏全才有鉅細故聖人弘薪槱疏網羅俊造之秀固賓興于三物而胥史之賤亦博延于四門其始也羅之甚廣以虛名而致實用其繼也任之有數以實用而較虛名迨春秋競雄得士者富則管仲之舉二盗穆公之舉由余取威定霸亦有道焉三代以下惟漢得人爲盛而設科則廣有孝廉賢良明經茂才有射策上書入貲補試有孝弟武勇童子良家有三老掾史博士辟召所以抽揚小善藏納細流有先王遺風焉唐宋以後經義論策之科代相祖述而明經文學之選始重矣然郭子儀發迹于武舉李德裕緣階于父蔭宋琪起家于從事吕端致身于千牛他流亦未遺也特科目常操其權所以豪杰未盡其用耳夫以儒術尊顯至于封侯者在武帝時平津爲最遇而曲學阿世曾無顯功元帝時樂安爲鼎貴而專地盗土且有餘咎若夫趙廣漢河間之郡吏也守京兆而治理威名流聞匈奴尹翁歸河東之獄吏也守扶風而廉平鄉正治最三輔張敞太守之卒史也爲九卿則引古今處便宜公卿皆服王尊涿郡之書佐也治群盗則厲奔北起沮傷賊黨震壞是豈習章句者之不如法律耶蓋漢所以取士不問其爲儒與吏而下所以效用亦不自計其爲儒與吏也擇之以才待之以禮恕其小過而絶其大惡然後察其賢而爵之程其功而禄之勿弃于宂流之門勿牽于庸衆之口則彼有冀于功名自尊其身不敢無賴而奇才絶智出矣

嗟夫取士于科目類若浮文少實而實以樹英俊之旌蓋其明經術審治理識古今興亡得失之原故其臨事施設多能爲天下重是奇才絶智不可謂不盛于科目也取才于胥史類若樸樕瑣細而亦以張智諝之鵠蓋其習法律諳獄訟悉豪猾變化出入之情故其臨機應變亦足爲天下用是奇才絶智不可謂遂遺于胥史也故賢在貴而貴取賢在賤而賤取天之生才本無窮也惟人君精神所注向而造化因以轉移三代以前人主之精神無不向而造化之孕靈亦無適莫唐宋之際人主之精神有所偏而造化之毓秀亦若有所靳惜故廣運其精神所以廣造化之靈秀也且人流之業自古不同精審者歉於弘施恢廓者暗于玄慮猶火日外照不能内見金水内映不能外光假使孔明杜預而應近代之制科也是或方軌矣即令周勃霍光而應近代之制科也有不蹶足乎故制舉以羅天下之才而亦未盡天下之才也國初吴訥以醫士起中丞徐熙以吏胥登八座其後諸科既廢而制舉特重外此即有跅弛才亦無以肩鴻鉅故識者謂登籯之未廣而三途并用之説近屢省之矣然卒未能廣德意也有故乎夫科貢同出學校非若漢世之諸科判然爲二而吏員起自刑名亦非若前代之小技與治無資也迨流品既分清濁迴别人始批捩而跆藉之矣議者謂成均教養之法不具而獨以資歷待選則科貢之源不清辟舉掾幕之法不行而獨以入貲差等則吏員之本未正故必修太學之法而科貢可用遵辟舉之舊而胥史可超愚以爲不然也蓋銓叙人才法所能也鼓舞人才非法所能也苟華競而實遺毛舉而瑕摘則且失之于制舉之内矣則尚能羅之于制舉之外乎故用人者不能無法而不必專恃乎法天下奇俊之士少中庸之士多王者之道先爲其法以就天下中庸之士而精神運用獨可於奇俊之士加于其法之外而不爲法所限此其所以能鼓舞一世之人才也故科貢之以資歷符選胥史之以入貲差等此所以待中庸之士也不可廢也而非常之原間一用之以鼓其心而作其氣此在廟堂之所獨運者也今夫道路之人與之百錢而使之趨十里則十里而止與之千錢而使之趨百里則百里而止何者利止于此則期止于此也不能以千里也即與之萬錢而使之千里也亦必聽其自行也乃詔之曰趨必中采齊步必中肆夏必從吾指示則雖經歲亦安能至哉今之以貢入仕者率以遲暮見摧而滯迹于州郡以吏員入仕者率以刀筆見賤而止轍于筦庫是亦百里之期也而何能使之遠奮也綏旷者未必見奇任實者無以標异廉隅飭而或見傷于一夫之頰心力盡而或蒙咎于一眚之尤婆娑枳棘曾不施其片喙而望其倜儻度外是猶以止之之道驅之也其能乎試令趙張數子而在也欲施鉗箝鈎鉅其能免于俗議乎欲使偷長受署其

能不挂于衆口乎由此觀之天下固有無窮之才患在不叩不觸而使其神弛放而不張也誠抉拘攣之網批雌黄之口功程其所必能情體其所必至使天下之人洗濯磨淬日夜不息而無摧沮退縮之意則草野可以爲腹心雜流可以衡甲乙一介之士無所逃而庶事無不張矣

第五問

王墊

同考試官訓導孫批（兵制在我國家爲盡善萬世可無敝也求敝者惟循舊制而振厲之可矣是作深得匡時之意宜録）

考試官教諭孫批（募兵不若練軍確論確論）

考試官教授黄批（深識時務俊才也）

夫循法而察變者獨智也審時而圖返者雄斷也法之立也本至善而行之則必弊權之設也以救弊而沿之則忘返當夫劻勷多事之秋不知通之以微權而惟泥夫既敝之法是康莊而弗復蹊徑矣及夫清夷暇豫之時不知返之於長筴而猶狃夫權宜之術是藥石而弗復稻粱矣故曰窮則變變則通又曰鑑于成憲其永無愆誠欲督其弊之必至而預防之乘其時之可爲而亟返之此非智曷辨非斷曷成哉荀子所謂有治人無治法者也明乎此者可與譚兵矣今天下稱湛寧已聖天子德耀威暢齊和方内外施及陬澨暗昒之區投鐸寢柝又烏事兵耶然且南議夷北議虜廟算闔猷無虚日焉克詰張皇弗可廢兵也尚矣矧兹貴藩越在荒徼四望夷區孤懸鳥道猶然捍川湖抗滇中諸苗或狶突烏屯非時竊發緩而撫綏急而創艾制夷則需兵治兵則需食猶夫水之必舟而舟之必檝也夫烏得而闕一焉第議兵而兵猶乏議食而餉猶匱有如一旦軍興誠何以待之愚未暇及夫治兵足食之策請因明問而先以兵制論乎夫祖宗之制不可變也祖宗之兵制尤不可變也創業之君百戰而得天下事定功成立爲兵制譬如大匠自爲居室以貽子孫也安得輕議而變之哉我高皇帝定天下總群策博稽遐覽而爲軍制以世卒統之世官衛所屯兵棋置緣屬制靡不周匪獨兵寓於農合古意也蓋在當時已知昇平之後人必不樂爲兵一有召募即爲烏合之衆緩急莫恃故繫軍以籍而坐制其命此聖祖制軍意也承平既久馭委其轡馬駘其銜或至驕惰而難用此非法之弊也撫御之非人也夫不深究夫撫御之非人而徒曰軍不可用此軍之所以日敝而議兵紛紛矣往者閩浙患倭廣患寇變猝至而事突出驅既敝之軍萬不支一於是郡國乃有召募之議焉夫襄仲取穀申胥復楚曷常不資募兵耶在漢亦有募勇敢亢健之制故今日用之自足取勝救弊一時可不謂良筴哉然旋

議旋弊亦屢變矣機兵之弊也以供將迎則又議客兵客兵之弊也以苦騷擾則又議土著大都召募者無賴子未知伍符賄通兵尉勾引入幕盡爲奸氓稍有不愜輒嘯聚煽亂莫可誰何近日浙中之跳梁見矣即得懲創而兵之弊猶有可慮者存也彼見雲中五堡倡難而留都振武繼之遂獨病軍抑知夫兵亦必至此耶夫振武新營之軍非祖宗尺籍之軍也雲中之殺統帥則以撫之失宜卒亦一撫而旋定也英宗平石城寇以甘肅延綏軍武宗平中原寇以宣大軍軍豈盡不可用乎新營者召募之覆車雲中者厚撫之明鏡邊軍者善御之左驗且物有所繫而後不散葉之根網之綱繫也軍猝有變猶可繫以尺籍彼且世食國餼久結厚恩而未忍相率爲亂召募者浩乎不繫泛浮萍于江湖任其所之而已此兵之弊與軍之弊其利害已逕庭矣况兵多則多制餉將多則多制禄閭里元元歲苦益賦而衛所原屯曩日所需以養兵者且以委于漁獵即有督責之令賦盈遂聽其相蒙而軍尺寸終不得有誠如執事所論者悖之甚也夫復屯者償軍之質券益賦者剥民之脂膏是養兵之費與養軍之費其利害愈燕越矣此今日兵制之大較也在貴尤有可言焉貴之地其視諸郡國之地則异矣遐方僻壤人迹鮮至召募必難荒磽榛阜土多不毛益餉必難貴之時今視閩浙多事之時則又异矣疆埸安堵猶未有控弦鳴鏑之煩也將士弢弓猶未有羽書馳命之急也及是時也不圖治軍而徒求兵於召募是置其子而反育人之子也不圖治屯而徒需食於贖鍰是財貸於人而反假人之財也又悖之甚也今之軍伍半折丁壯阻消爲宜詳核所部悉清勾之使原伍漸還名不浮籍而又嚴逋逃之禁重督邏司譏闌出入毋令以賄脱伍者如是則軍復矣夫貴雖僻壤置衛十八各戌千餘誠得盡勾數萬之衆在也何憂兵寡今之屯田虚冒悉入豪右爲宜大索侵没董以重法必歸之軍無論賦盈而又嚴課耕之令督之總管别勤惰而考成焉如是則屯復矣夫貴雖瘠土而屯多膏田衛各若干誠得盡種九年之蓄在也何患食匱或者謂勾軍必假於緩期而抽丁可議以爲助貴之墾田科糧而無差有差之糧率資以影射兹欲量其糧而起丁役既足以塞弊孔時而訓練之又足以佐軍伍此固一筴也或者謂與其抽丁而充伍莫若先募民以墾田貴地多不宜稻而宜薺菽之類今蓬藋者半則無可耕之民故也川民僑耕思銅蓋亦有之其以閑曠益募川湖附民以漸墾之先給其資暫復其税且又差所墾之田與戰功同賞彼冒首功而徼國爵者比比然豈若此爲實用猶古孝悌力田意耶夫耕作日廣則生聚日繁積之歲月科田且蕃夫然後從而起丁焉則人樂趨命而不妨夫募耕之意矣况食足則兵自足此又一筴也凡此皆以論夫兵食之概而未及夫練軍之策

也夫軍宜練是矣然將練陣耶將練氣練心耶傳曰習而後用以一當百將不習兵而以訓卒此與耳食何异今之所習於大閲者不過鳴鉦擊鼓回旋幾匝若何而拳若何而鋋若何而分陣合陣率置不問其於練陣安在哉是故訓之貴以其法也又曰畜恩不倦以一取萬今也將無愛士之心故士無死綏之志力竭於供作而食耗於侵漁居恒懼者不得懽貪者不得豐臨敵安得同心之士斯於長上蔑如矣其於練氣練心又安在哉是故撫之貴以其道也淮陰驅市人以戰所嚮披靡者誠不慮夫無兵而慮無將兵者也夫天下事若奕棋然舉而不定不勝其耦故愚願當事者亟復祖宗不易之規而毋襲召募權宜之計一意練軍治屯清覈當確督率當嚴侵牟者當治漁獵者當懲而又馭之以良帥董之以重臣蒐苗視乎先王封埸飭於軍國虎旅林立葵藿不采之勢在焉北禦虜南備夷持此筴而往矣么麼諸苗夫何患乎跛者雖不能行然善譚慶忌之捷求捷者惡可廢之愚言猶足以方於此惟執事者圖之

貴州鄉試録後序

譚者曰造化神奇鍾于豐壤而洩于人地湫阸則弗炳靈非茂异所躔綜其實不然惟上作之爾有以作之則聲應氣求自相鼓舞若日有人程督其間者此惟其人惟其時而地靈弗與焉蓋自昔茂异之域紱冕所興者在虞夏之際三河爲卓舉迨文武興則群于陜洛孔孟作則群于鄒魯漢之盛也經術節義東西二京懸衡焉自唐以來而吴楚閩粤遭離不一文獻代爲雌雄地靈何常哉我太祖初掃雰霧基自江介故翼軫之野藻絢首盛歷紀臻兹風美所扇昭天漏泉即遐闊晻昧咸能殷薦厥心冀稱明德矧惟黔中麗于神州泳沫最久者乎列聖相繼咸以道德仁義霑濡而浸潤之無牂牁僰道之使無勞深靡莫之師葉榆以南五溪以西方領習矩步者委它乎其中横經而述堯舜周孔如述其先世我皇上臨御猶虞道之鬱滯數下詔書深懲雕蔚嘉與宇内之士臻于正學至精所動若元氣及物馳傳騖置莫先焉以故諸士子雖越在萬里外罔不濯慮竦神悦而承流如在輦轂之側而瞻依日月也蓋虞夏成周之際英賢所産僅盛于三河陜洛都會之間而我明際天極地光被六幽無不效其靈秀嗚呼盛矣不佞之被聘來也入疆而觀其士民其狀朖然不儇入棘而閲其文則咸能潤色六學旁及諸史藻不雕樸華不變淳駸駸埒中原矣夫銅鼓木閣之峰非增秀也來雁洗馬之泉非增深也而一時人文其流彌暢豈非有

以作之而聲氣自相鼓舞與故曰惟其人惟其時而地靈弗與也繼先又聞之人情貴耳而賤目先聲而後實良驥不擇地而產而世以爲必華山之騄耳而後行遠者泥于常也屬者黔之諸士學者牛毛而成者麟角也故千里一士以爲比肩不得與中原頡頏今异矣然或中原之士釋荷而來也少自遒上則以繡緣繡而以素緣素其懿灼然黔士之用于世也少不力則獨行衆指獨弦衆聽鮮不詆娸者而難乎才矣兹何也則以昔之黔士視而不以今之黔士視也繇斯以談今日爲若謀所上報天子下弗愧于中原士即鞭弭自倍猶懼退舍何則婉足久而未易伸也且爾諸士業已鼓舞其氣效奇于佔㑒中稱曰賢者賢者弗易稱名與實有當察者若曰吾以是媒禄利已也則氣雖作也時勸時衰譬之决塘非不汹涌易竭矣夫苟實欲爲賢者以俾贊王治而翼聖道也則自束髮以至没齒自牽絲以至懸紱何所不當砥礪何所不當鼓舞是猶萬川之赴大溟經晝夜歷四時安有窮也嗚呼知所以作其氣又知所以辨其志擷英茹實與中原士争伏周孔之軌躅然後可以爲賢者賢者可以綺離無根荄之言爲哉

直隸揚州府高郵州興化縣儒學教諭孫繼先謹序

圖書在版編目（CIP）數據

鄉試録：全10册 / 龔延明主編．—寧波：寧波出版社，2016.5
（天一閣藏明代科舉録選刊）
ISBN 978-7-5526-2068-9

Ⅰ．①鄉… Ⅱ．①龔… Ⅲ．①鄉試－人名録－中國－古代 Ⅳ．①K827=2

中國版本圖書館CIP數據核字（2015）第067540號

叢書名：天一閣藏明代科舉録選刊
書　名：鄉試録
主　編：龔延明

責任編輯：錢昇昇　張愛妮　王曉君
責任校對：羅敏波　王　灝
封面設計：劉　欣

出版發行：寧波出版社
地址：寧波市甬江大道1號寧波書城8號樓6樓
郵編：315040
網址：http://www.nbcbs.com
電話：0574-87264975　87842506（編輯部）

印　刷：浙江新華數碼印務有限公司
開　本：787毫米×1092毫米 1/16
總印張：561.75
字　數：8630千
版　次：2016年5月第1版
印　次：2016年5月第1次印刷
標準書號：ISBN 978-7-5526-2068-9
總定價：叁仟圓（全十册）